ENCUENTRO Y ALTERIDAD

ENCUENTRO Y ALTERIDAD

Vida y cultura judía en América Latina

Judit Bokser Liwerant
y Alicia Gojman de Backal
(*coordinadoras*)

Compilación de
Hellen B. Soriano

UNIVERSIDAD NACIONAL AUTÓNOMA DE MÉXICO

UNIVERSIDAD HEBREA DE JERUSALÉN

ASOCIACIÓN MEXICANA DE AMIGOS DE LA UNIVERSIDAD
DE TEL AVIV

FONDO DE CULTURA ECONÓMICA
MÉXICO

Primera edición, 1999

D. R. © 1999, Universidad Nacional Autónoma de México
Ciudad Universitaria, 04510 México, D. F.

D. R. © 1999, Universidad Hebrea de Jerusalén
Mount Scopus, Jerusalem, 91905 Israel

D. R. © 1999, Asociación Mexicana de Amigos
de la Universidad de Tel Aviv
Séneca, 307; 11510 México, D. F.

D. R. © 1999, Fondo de Cultura Económica
Carretera Picacho-Ajusco, 227; 14200 México, D. F.

ISBN 968-16-5983-X

Impreso en México

INTRODUCCIÓN

Este libro surgió de la VIII Conferencia Internacional de Investigación de la Latin American Jewish Studies Association (LAJSA), efectuada en la ciudad de México en el mes de noviembre de 1995. En ella participaron investigadores y académicos provenientes de 60 universidades de todo el mundo, que conformaron las 17 mesas de trabajo en las que se analizaron, desde diferentes perspectivas disciplinarias y analíticas, aspectos centrales de la vida y de la cultura judía en América Latina.

Esta asociación académica, abocada a los estudios del judaísmo latinoamericano, fue fundada en 1982 en Estados Unidos por un grupo de investigadores que consideraron importante unificar los dos grandes campos en los cuales venían desarrollándose las investigaciones sobre América Latina: por un lado, los estudios generales sobre el continente y, por el otro, la presencia judía en él. Como afirmase entonces su fundadora, la doctora Judith Laikin Elkin, "Estaba claro que en la intersección de los estudios sobre América Latina y los estudios judaicos se encontraba el área de los estudios judaicos latinoamericanos." En realidad muchos académicos se ocupaban de ambos campos por separado sin poder establecer el diálogo necesario para nutrir las convergencias que conducirían a un nuevo campo de estudios.

En este nuevo marco surgió la posibilidad de realizar conferencias internacionales de investigación, que hasta la fecha se han llevado a cabo cada dos años, en las que académicos de diferentes partes del mundo presentan los avances de sus investigaciones y discuten el estado actual de la cuestión en los diferentes campos de conocimiento que nutren a los estudios judaicos, tales como la historia, la literatura, la filosofía y, de modo general, las ciencias sociales.

El estudio académico de la presencia judía en este continente tiene como antecedentes las producciones culturales generadas por las propias comunidades judías. Éstas han sido el resultado de sus variadas tradiciones, así como del compromiso de conservar la memoria histórica. Ciertamente, esta última ha sido vista como elemento central para preservar la identidad de grupo y garantizar la continuidad de las próximas generaciones. En los relatos de los primeros inmigrantes se hizo hincapié en las penurias y dificultades por las que atravesaron en el proceso de desarraigo e incorporación a los nuevos entornos, sus modos de percibir y aprehender las nuevas tierras, su gran deseo de integrarse a ellas y el temor a perder su identidad originaria. Estos testimonios, que recogen la riqueza de las vivencias individuales y permiten llegar a una subjetividad colectiva —que contribuyeron a construir los que crearon la base para despertar el interés de las segundas generaciones en el estudio de la reconstitución de la vida judía en el Nuevo Mundo—, lograron a su vez despertar el interés y abrir las puertas a otros investigadores ajenos a la cultura hebrea.

De este modo se desarrolló gradual y progresivamente el deseo de rescatar la propia historia, reconstruir los orígenes, revivir la saga de quienes transitaron entre culturas, y contribuir con ello al conocimiento, así como a la construcción, de la memoria colectiva que identifica y cohesiona a una comunidad. Estas investigaciones, a la vez que revitalizaron la cultura del grupo, proyectaron su vida interna al entendimiento de la sociedad en su conjunto, y con ello contribuyeron a presentar la diversidad, la especificidad y las diferencias que caracterizan a las minorías en los diversos países de América. A partir de ellas el "otro" fue descubierto en su propia identidad cultural, planteando a las sociedades del continente el desafío de construir su identidad nacional a través del reconocimiento plural de la existencia legítima de la diversidad. Ello resulta particularmente importante a la luz de una trayectoria histórica en la que la integración a la cultura nacional privilegió la homogeneidad étnica, religiosa y cultural por sobre el mosaico siempre variado de los grupos humanos.

En esta línea de pensamiento, el aporte de los estudios acerca de las diferentes comunidades judías del continente no sólo ha contribuido a replantear el perfil ideal de lo nacional como un terreno definido por contenidos homogéneos y unívocos, sino que también ha posibilitado la ampliación del espectro temático y problemático de la investigación social y humanística en nuestros países.

La trayectoria histórica y la dinámica cambiante de la vida y la cultura judías en América Latina tienen su origen en la convergencia de dos grandes acontecimientos históricos que habrían de marcar de un modo complejo y a la vez contradictorio a la modernidad: la expulsión de los judíos de España y la incorporación al horizonte histórico global de la humanidad del así llamado Nuevo Mundo. El año de 1492 exhibió de un modo paradigmático el potencial de expansión de los encuentros humanos a los que la inventiva y la tecnología modernas conducían y, simultáneamente, la dificultad de incorporar en su seno la necesaria diversidad que de ello se derivaba. Encuentro y alteridad marcan, de este modo, el inicio de una historia —de múltiples historias— que habrían de protagonizar el continente americano y los judíos, que, provenientes de las más diversas regiones del mundo, se comprometieron con el desarrollo de nuevos espacios de vida.

En efecto, la presencia judía en América Latina durante la época colonial se vio condicionada por la conversión forzada en España, la expulsión de los judíos y el establecimiento del Tribunal de la Santa Inquisición en el Nuevo Mundo. La estrechez de los márgenes de acción condujo a la diversificación de los tipos y formas de articular la identidad judía —judíos conversos, nuevos cristianos, criptojudíos y judaizantes—, por lo que la redefinición de los lazos de pertenencia del grupo incidió de modo directo sobre sus condiciones de creatividad cultural y sobre la posibilidad misma de su continuidad histórica.

En su diversidad identitaria fueron actores de la Conquista, participaron en ramas centrales de la vida económica de las colonias y se proyectaron en las letras, sobre todo en aquella literatura que fue expresión de identidad reprimida y de clandestinidad. Los trabajos que integran la primera sección de este libro, dedicados a la historia colonial, buscan dar cuenta de los dilemas que enfrentaron los judíos en su inserción en el continente y en la definición de sus perfiles de identidad, en los diferentes marcos en los que habitaron. Permiten tender líneas de comparación en torno a las respuestas diferenciales y a la variada incidencia que los entornos tuvieron sobre este drama común. De modo genérico podemos afirmar que la prohibición del judaísmo convirtió al grupo en un actor ilegal e ilegítimo de la construcción del Nuevo Mundo, al tiempo que lo mantuvo alejado de los otros centros de vida judía. Este doble drama de falta de reconocimiento en la mirada del otro y de distanciamiento del judaísmo condujo, necesariamente, a la gradual e inevitable desaparición de la vida judía como saldo de los tres siglos de historia virreinal.

La intolerancia y el autoritarismo legados por la Inquisición incidieron, a su vez, en los procesos sociopolíticos y culturales de conformación de los estados independientes latinoamericanos. En las diferentes modalidades de búsqueda de su integración nacional y de los elementos que debían definir sus identidades nacionales, se confrontaron con el tema de la inmigración. Ya sea como recurso para incrementar poblaciones reducidas y dispersas, ya como medio capaz de contribuir al desarrollo económico, político y cultural, la posibilidad de atraer poblaciones extranjeras fue un tema sociodemográfico y político, toda vez que su consideración conllevó a discutir asuntos tan esenciales como la libertad de cultos y la tolerancia. El siglo XIX latinoamericano fue testigo de fuertes polémicas en torno al perfil existente y deseado de sus poblaciones y, de modo más general, en torno a los modelos culturales y civilizatorios que debían orientar la empresa de construcción de las nuevas naciones. Ello repercutió en la concepción diferencial de los grupos de extranjeros e incidió en la definición de las políticas migratorias de aquel siglo, así como en las del siglo XX.

Si bien a lo largo del siglo XIX la presencia judía, como tal, comenzó a tener nuevos signos vitales, sería hacia sus últimas décadas y durante las primeras del siglo XX cuando los judíos encontraron en el continente una opción de vida colectiva. Coincidentes con los grandes flujos migratorios que modificaron la ubicación de la población mundial, las migraciones judías respondieron a razones específicas, tales como su crecimiento demográfico, el impacto contradictorio de los procesos de modernización sobre sus ocupaciones tradicionales y manifestaciones de hostigamiento. Ello reforzó el desplazamiento de los principales centros de la vida judía tanto en Europa Oriental como en el imperio otomano, para lo cual América Latina atrajo su mirada.

La necesidad de emigrar no siempre coincidió con la disponibilidad de un lugar a donde hacerlo en condiciones favorables. De allí que asistimos a una compleja interacción entre las políticas migratorias cambiantes de los diversos países del continente y las necesidades del grupo judío. Del aliento inicial a las posteriores restricciones a la inmigración, y obedeciendo a criterios diferenciales y selectivos, las políticas migratorias y las respuestas concretas a éstas arrojan un complejo y variado panorama de construcción de vida judía en América Latina. A lo largo de este periodo se dio el trasplante significativo de la vida judía al continente americano de norte a sur y en él, a la luz de variadas trayectorias sociales y económicas, políticas y culturales, se perfilaron los espacios de encuentro y desarrollo de nuevas comunidades judías. Por ello el segundo apartado del libro, abocado al estudio específico de las diferentes facetas de la inmigración al continente americano, da cuenta de las dimensiones legales y políticas, nacionales e internacionales, que acompañaron a las olas migratorias. Aunque centrados sobre todo en el caso judío, arrojan luz para el análisis comparativo con otros grupos.

De los proyectos de colonización de vuelta de siglo a los flujos consecutivos de inmigración urbana, la presencia judía se consolidó en el continente a través del desarrollo de marcos de interacción del propio grupo, que orientaron el apoyo mutuo y la solidaridad, así como la recreación de patrones de interacción y creatividad cultural que se institucionalizaron en el espacio comunitario. Raíces comunes y experiencias particulares se expresaron en una amplia gama asociativa e institucional tanto religiosa como secular, en la que se crearon sinagogas, escuelas, asociaciones culturales, partidos y movimientos políticos, grupos artísticos y espacios de producción de la palabra escrita. De este modo, la comunidad judía organizada orientó al inmigrante en su proceso de incorporación e integración a las sociedades nacionales.

El desarrollo de los acontecimientos históricos en el viejo continente volvería a someter a duras experiencias a la historia judía moderna y a poner a prueba la disponibilidad de América Latina como refugio para los perseguidos. En efecto, el ascenso y la consolidación del fascismo y del nazismo en Europa, y el peso fundamental que el antisemitismo racial tuvo en él, se manifestaron en una secuencia de políticas que partieron de la discriminación y segregación y culminarían con el exterminio.

Por ello, y a la luz de la celebración, en 1995, de los cincuenta años del fin de la segunda Guerra Mundial, la conferencia de LAJSA convocó un importante número de trabajos abocados al análisis de diversos aspectos relacionados con la necesidad judía de emigrar y el comportamiento de América Latina. Los estudios abordan tanto aspectos estructurales como el análisis de los discursos y de la voluntad de respuesta de las naciones, fundamentalmente México y Argentina. De ellos surge un complejo panorama que incluye el impacto de las políticas migratorias restrictivas, las indefiniciones frente a los exiliados y las complacencias, así como las correlaciones de fuerzas internas a la luz del escenario internacional. La cuestión de la alteridad volvió a cobrar un significado particularmente agudo.

Por medio de múltiples interacciones, entonces, se fueron conformando los nuevos perfiles identitarios del judaísmo latinoamericano. Las identidades colectivas son el resultado de procesos de construcción social de fronteras y de confianza y solidaridad entre los miembros de una colectividad. Un aspecto central de dicho proceso es el de definir el atributo de similitud entre sus miembros *vis-à-vis* lo diferente, el otro. Este proceso está moldeado por diferentes códigos, entre los cuales aquello que es primordial ocupa un lugar central. En este sentido, la etnicidad o el género resultan fundamentales y ambos interactúan con la construcción de una cultura propia. Por ello el cuarto apartado explora la identidad desde diferentes ángulos que contribuyen a responder a interrogantes en torno a la definición de los así llamados "núcleos duros" de identidad. En estos marcos emerge a su vez el yo, en sus dimensiones tanto individuales como sociales, en su necesidad de pertenencia, en la construcción de su propia identidad. De este modo, los procesos de continuidad en el tiempo y de diferenciación, de definiciones de lealtades y de búsqueda de múltiples referentes de identificación, permiten llegar a una comprensión de las identidades no sólo como pasado e historia sino también como imaginario y futuro.

En línea de continuidad, la sección sexta explora esta problemática desde un terreno de expresión y conformación particularmente interesante: desde el discurso literario. En la medida en que las identidades son procesuales y sujetos de múltiples formas, depositarias de vivencias y de voluntades, resultado de la mirada propia y de la ajena, la literatura es un terreno que confiere certezas a pesar de las movilidades y expresa incertidumbres en torno a las pertenencias y arraigos. Si la generación de inmigrantes judíos al continente testimonió literariamente su experiencia desde una perspectiva profundamente enraizada en su judaísmo, la literatura de las generaciones siguientes busca recuperar aquella identidad desde sus nuevos marcos de vida. De allí que los trabajos que integran esta sección analizan tanto la nostalgia de los orígenes como las rupturas en la continuidad, las experiencias de quienes transitaron entre mundos diferentes y las de quienes pueden imaginar mundos ajenos. Literatura e identidad son elementos de un binomio que se nutre en la memoria individual y grupal y, a la vez, la redefine. En este sentido, la literatura constituye testimonio e interrogación en torno a la propia identidad y, por consiguiente, en torno a la alteridad.

Mientras que los estudios de identidad subrayan las dimensiones culturales y recuperan el papel del imaginario colectivo, el quinto apartado del libro, dedicado a los estudios sociodemográficos, busca reconstruir aquellos procesos de carácter más estructural que delimitan los rasgos y las características del judaísmo latinoamericano. Éstos se definen tanto por los mecanismos formativos de las diferentes comunidades judías del continente como por los contextos de las sociedades en las que se han desarrollado. De un modo global puede afirmarse que las tendencias cambiantes en los movimientos migratorios continentales e internacionales han afectado el número y tamaño de las comunidades en la región. Sus comportamientos sociodemográficos básicos en lo que respecta a natalidad, matrimonio y mortalidad reflejan la influencia diferencial de patrones tradicionales y modernos, ubicando a las diferentes comunidades en una gama diferenciada de modelos transicionales. Si bien la inmigración definió las bases de los modelos institucionales de las nuevas comunidades y condicionó los papeles iniciales que los judíos desempeñaron en diversas esferas de la vida latinoamericana, resulta particularmente atractivo el panorama de cambios intensos que se han dado en su estructura ocupacional y su inserción socioeconómica a lo largo de su desarrollo en este siglo. Entre éstos destacan su carácter urbano y su concentración residencial en los principales centros de actividad de los diferentes países. Tal vez resulte pertinente destacar el hecho de que las estructuras ocupacionales judías en los diversos países latinoamericanos tienen muchos rasgos comunes, tales como la creciente profesionalización y diversificación ocupacional interna, así como su adaptación a los cambios en los modelos de desarrollo económico nacionales y mundiales. El estudio comparativo de los cambios estructurales permite descubrir, a su vez, las propias diferencias económicas y sociales de los países del continente.

Un apartado especial mereció el dedicado al antisemitismo. En él se reunieron aquellos trabajos que analizan, a lo largo de diferentes momentos históricos, las manifestaciones de hostilidad y rechazo al grupo judío. Nutrido en una historia secular de exclusión y hostigamiento y redefinido por los procesos de intolerancia generados en la propia modernidad, el antisemitismo refleja de un modo específico la incapacidad de sociedades y culturas para confrontarse con la alteridad. Sus modalidades de expresión en el continente han sido variadas; mientras que en unos casos se ha manifestado en el nivel de valores y actitudes, en otros su expresión ha sido de violencia. Por otra parte, así como su manifestación se ha dado fundamentalmente en el seno de sectores localizados y muchas veces marginales de la sociedad civil, en otros ha estado asociado con actores y grupos centrales o bien ha tenido un carácter oficial. En todo caso, el antisemitismo es un fenómeno amplio y complejo cuya comprensión exige atención a múltiples niveles de expresión, algunos mensurables y cuantificables, otros no. Los estudios aquí reunidos aluden tanto a la dimensión organizativa más estructural como a los espacios públicos no institucionales; tanto al arraigo cultural de los prejuicios como a sus manifestaciones aisladas.

La última sección de este libro está dedicada al estudio de aspectos específicos relacionados con un acontecimiento que marcó la historia judía del siglo XX: la creación de una soberanía estatal judía. En este sentido, los países de América Latina asumieron un papel de creciente importancia en la definición del ordenamiento político de posguerra en el que se concretó la partición de Palestina, que condujo a la creación del Estado de Israel. A su vez, las comunidades judías del continente se volvieron, tras el exterminio del judaísmo europeo, un centro de creciente importancia para garantizar la continuidad de la vida judía en las diásporas, así como el apoyo al nuevo Estado. De allí que el estudio de personalidades específicas asociadas con este evento, así como del comportamiento de estas comunidades en el marco de las instituciones abocadas al resurgimiento de la vida judía contemporánea, como son los Fondos Nacionales, arroja una visión ilustrativa sobre las efervescencias ideológicas que acompañaron la expresión de solidaridad.

De este modo, los trabajos reunidos en este libro abordan, desde diferentes perspectivas analíticas, la vida y la cultura judía en América Latina. A través del estudio de temáticas centrales de su desarrollo emerge una visión de la variedad y riqueza de los aspectos puestos en juego en la construcción y consolidación de espacios. Éstos se han dado como resultado de los encuentros que han permitido potenciar la alteridad y el reconocimiento mutuo, desafiando los límites que los extrañamientos imponen.

ALICIA GOJMAN DE BACKAL
JUDIT BOKSER LIWERANT

PRESENTACIÓN DE LAS COMUNIDADES JUDÍAS DE AMÉRICA LATINA

HAIM AVNI*

El estudio científico de las comunidades judías latinoamericanas ha logrado dimensiones espectaculares desde que nos reunimos por primera vez en una modesta conferencia, en el año 1982. Pocas son las áreas de investigación del judaísmo contemporáneo que igualan cuantitativamente los alcances logrados en nuestro campo. En particular, dudo mucho que el estudio de alguna de las otras nuevas diásporas judías haya atraído a un grupo tan amplio de estudiosos que se ocupan de una tan variada temática, como lo han demostrado las conferencias anteriores de LAJSA, y como se evidencia también en el programa de la conferencia que iniciamos hoy. Es precisamente en la comparación de estas nuevas diásporas con el judaísmo latinoamericano donde concentraré mi atención.

El "descubrimiento" del "Nuevo Mundo" y de otras comarcas del globo por los viajeros peninsulares, al acercarse la civilización europea al final del decimoquinto siglo del calendario cristiano, abrió nuevos horizontes para el desplazamiento de los elementos más inclinados —u obligados— a la emigración. La coincidencia entre la expulsión de los judíos de España (y el bautismo forzado de los judíos en Portugal, pocos años después) y la ampliación del mapa del dominio europeo, transformó a la población judía de la Península Ibérica —en esa época una de las más densas y desarrolladas del pueblo judío— en un grupo tendiente al desarraigo. A partir de entonces, y durante toda la época moderna, la emigración pasó a constituir un factor básico de la realidad judía global. Durante el siglo XIX y la primera mitad del actual, debido a las convulsiones políticas que sacudieron primero a las naciones e imperios de Europa Central y más tarde al imperio de los zares, en Europa Oriental, así como a la descomposición lenta y luego acelerada del dominio de los sultanes de Turquía en los Balcanes y en el Cercano Oriente, los procesos históricos generales fueron acompañados por excesos violentos contra las colectividades judías y dieron a la emigración un papel cada vez más preponderante en la vida privada de sus miembros. La emigración de los judíos durante todo ese periodo formaba parte del fenómeno

---

* Universidad Hebrea de Jerusalén. [Traducción de Florinda Goldberg.]

migratorio general, pero la emigración tuvo en la historia del pueblo judío una posición mucho más central que en la de los otros pueblos.

Con el correr del tiempo se han formado comunidades judías en tierras otrora desconocidas por los europeos, y América Latina es una de ellas. Pretendemos en este trabajo trazar algunas comparaciones entre esas nuevas comunidades en diferentes regiones, tratando de encontrar y subrayar algunos rasgos que distinguen a las latinoamericanas. De ahí pasaremos a sugerir, para futuros estudios comparativos, algunos enfoques que se desprenden de esa singularidad, tomando en cuenta las dos dimensiones que convergen siempre en nuestro campo de actividad: la dimensión del judaísmo latinoamericano como parte del pueblo judío, por un lado y, por el otro, la dimensión del judaísmo latinoamericano como parte de las naciones latinoamericanas, sus sociedades mayoritarias y sus colectividades minoritarias religiosas, étnicas y culturales.

Tres elementos singulares resaltan cuando comparamos la historia de las comunidades judías de América Latina con la de las comunidades judías en los Estados Unidos, Canadá, Australia y África del Sur en la época de su fundación. El primer elemento es la falta de legitimidad para la misma existencia de judíos en América Latina, que precedió a la formación de las comunidades contemporáneas. Esta falta de legitimidad perduraba en algunas partes de América Latina, aunque en una forma distinta, incluso después de que tal existencia ya se había convertido en un hecho. El segundo elemento es la diversidad de orígenes, idiomas, costumbres y culturas que caracterizaban el judaísmo latinoamericano, y que no se advertía en las otras comunidades mencionadas. El tercer elemento es el papel activo —y en ciertos casos hasta dominante— que ejercieron organizaciones judías internacionales en la formación de algunas comunidades, incluidas las más importantes, hecho sin paralelo en la historia de las restantes nuevas diásporas.

Veamos algunos detalles con respecto a cada uno de estos rasgos elementales de la historia del judaísmo latinoamericano.

La legitimidad

Cuando a partir de la segunda mitad del siglo XVII empezaron a llegar los primeros inmigrantes judíos a las colonias inglesas en América, no existía en las mismas disposición legal alguna que prohibiera su presencia. La liberación de las trece colonias y la formación de los Estados Unidos de América tampoco llevaron a disposiciones negativas con respecto a la presencia de los judíos. Por el contrario: sin que mediara ninguna declaración especial, los judíos que vivían en las colonias resultaban "emancipados", es decir puestos en pie de igualdad legal, individual y política con los demás ciudadanos. Aun cuando la aplicación de esta igualdad legal tardó en manifestarse en algunas de estas ex colonias, no se discutía la legitimidad de la existencia misma de judíos en ellas.[1]

No fue éste el caso en Canadá o en las demás colonias francesas en América (Caribe, Cayena, Luisiana y Canadá). La prohibición rotunda de toda permanencia judía en las mismas estaba decretada por el Code Noire, y se aplicó rigurosamente a partir del año 1685. Pero, en lo que atañe a Canadá, esta prohibición se abolió en el año 1759, cuando las tropas británicas se apoderaron de la colonia e implantaron las normas vigentes en las demás colonias inglesas con respecto a la legitimidad de la presencia judía. Siguiendo a la flota del general James Wolfe, vencedor de los franceses en Quebec, navegaba por el río San Lorenzo, en su goleta, el judío alsaciano Samuel Jacobs; ese hecho simbolizaba la nueva realidad creada a partir de entonces: en una colonia —y luego una nación soberana— donde la población europea era profundamente católica y sus nuevos gobernantes protestantes, la tolerancia religiosa era una condición básica para su misma existencia.[2]

En Australia y en África del Sur tampoco existían disposiciones prohibitivas con respecto al establecimiento de judíos, prisioneros llevados desde Inglaterra, en el caso de Australia, e inmigrantes libres en el de África del Sur. Esto no implicaba necesariamente una igualdad de derechos personales y mucho menos políticos. En la misma metrópoli —Gran Bretaña— se utilizó hasta el año 1858 el argumento de que los judíos, al no poder jurar por los Santos Evangelios, no tenían derecho a ocupar bancas en la Cámara de Diputados, para las cuales habían sido electos democráticamente. Pero esta discriminación no quitaba legitimidad, ni en Gran Bretaña ni en sus colonias, a la existencia judía. Esta legitimidad se sustanciaba en otra característica de todos estos "nuevos" países: la heterogeneidad religiosa y étnico-nacional de la población europea inmigrada.

Los habitantes de las trece colonias inglesas de América del Norte pertenecían a una gran variedad de sectas e iglesias protestantes, y sólo una pequeña minoría practicaba el catolicismo; en Canadá convivían franceses católicos e ingleses protestantes; en África del Sur se radicaron holandeses calvinistas y una mayoría de ingleses anglicanos, y en Australia se enfrentaban irlandeses católicos con ingleses anglicanos. Esta misma heterogeneidad alentaba a los pocos inmigrantes judíos a reunirse para formar sus propios organismos comunitarios. Al no pertenecer a ninguna de las fracciones de la sociedad general, su identidad distinta era muy visible, y la agrupación comunitaria servía no sólo para asegurar la provisión de sus necesidades religiosas y espirituales sino también para darles la sensación de nor-

[1] Salo W. Barón, *La época moderna*, Paidós, Buenos Aires, 1965, pp. 19-23.
[2] Irving Abella, *A Coat of Many Colours. Two Centuries of Jewish Life in Canada*, Lester & Orpen Dennys, Toronto, 1990, p. 9.

malidad y de participación —a través de organismos propios— en la sociedad heterogénea general.

No era éste el caso en América Latina.

Descontando las pequeñas comunidades que se habían instalado —y prosperaban— en las colonias holandesas e inglesas en las islas del Caribe y en Surinam, en toda América Latina se prohibía rotundamente cualquier presencia judaica. En las colonias españolas, hasta su independencia en las primeras décadas del siglo XIX, y en Brasil, hasta casi el final del siglo XVIII, correspondía a la Inquisición velar por el cumplimiento estricto de esas prohibiciones. La abolición de la Inquisición llegó con la independencia y formó parte del esfuerzo sistemático de las nacientes repúblicas por separarse completamente de la Corona española. Si bien con ello se anulaban de hecho los poderes de vigilancia y opresión legal sobre la presencia de judíos en América Latina, no por eso se instauró algún cambio en cuanto a la legitimidad de su presencia individual y mucho menos de su presencia organizada y visible. En cada país la lucha anticlerical de los liberales, los avances en el campo de la separación de Iglesia y Estado, terminaban por facilitar la legalización de la presencia de judíos, pero en general no generaban un cambio en la actitud popular hacia ellos. El hecho de que en la mayoría de los países latinoamericanos no se hubiese producido una mayor diversidad religiosa y étnica después de la independencia dejaba estos países sin el impacto de un factor poderosísimo en el proceso de aceptación de la presencia judía. El resultado inevitable para los judíos era la sensación de riesgo al manifestar su judaísmo en la sociedad general.

En consecuencia, se necesita un gran esfuerzo de investigación para descubrir la existencia de centenares de judíos durante el siglo XIX en Perú y Chile.[3] En la ciudad de México, durante el Porfiriato, vivían suficientes judíos como para llevar una vida comunitaria. Pero su presencia no se reflejaba en la prensa mexicana, incluso cuando la misma se ocupó de un tema judío en los años 1898 y 1899, en que el *affaire* Dreyfus sacudía al mundo entero. Una revisión minuciosa de la prensa mexicana, liberal y católica, descubrió que aun cuando los diarios que apoyaban la causa católica adoptaron actitudes netamente antisemitas, imitando y aceptando en este respecto las noticias y análisis de sus correligionarios franceses, sus argumentos, a veces feroces, no mencionaban la presencia de judíos en México, a pesar que por entonces ya los había; ¡tanta era su invisibilidad! Todavía en 1904, en la fiesta del año nuevo, los numerosos judíos reunidos en el templo masónico para rezar en común consideraban prudente, para su mayor seguridad, evitar su exposición al gran público mexicano: las invitaciones al

---

[3] Gunther Böhm, "Inmigración de judíos de habla alemana a Chile y Perú durante el siglo XIX", *Jahrbuch für Geschichte von Staat, Wirtschaft und Gesellschaft Lateinamerikas*, vol. 25, 1988, pp. 455-493.

servicio debían presentarse en la entrada, para permitir un control total de los asistentes.[4]

La misma vacilación en manifestar abiertamente su judaísmo demoró la organización de la pequeña comunidad sefaradí en la ciudad de Temuco, al sur de Chile. Cuando en 1916 sus miembros establecieron su club social lo ocultaron bajo el nombre "Centro Macedónico", debido a que eran en su mayoría oriundos de la ciudad de Monastir, en Macedonia. Sus hermanos ashkenazis en la capital, Santiago, llamaron en 1911 a su club social "La Filarmónica Rusa" y más tarde "Centro Comercial de Beneficencia".[5]

La legitimidad de la presencia judía organizada fue cuestionada también en Argentina por los conservadores, los radicales y hasta por los socialistas, a pesar de la adhesión política de la mayoría de los judíos a estos dos últimos partidos. Las ideas dominantes del "crisol de razas" —la expectativa de que las minorías étnicas se disolvieran y desaparecieran lo más rápido posible—, así como las ideologías secularistas anticlericales, por una parte, y las del nacionalismo excluyente, por la otra, fueron los factores de esa deslegitimación de la presencia estable de minorías étnicas y religiosas, perpetuadas por sus organizaciones, órganos de prensa, redes escolares, etc. Los judíos, siendo una minoría étnica, religiosa y cultural, gozaban de mucha menor legitimidad que otras colectividades inmigradas.[6]

La diversidad

La población judía de Estados Unidos se componía, en el siglo XIX, de dos grupos principales: oriundos de Alemania y los demás países germano-parlantes, y judíos ashkenazis originarios de Europa Oriental. Sefaradíes occidentales, los así llamados "portugueses", habían llegado a las trece colonias a partir del siglo XVII, sentando las bases para las primeras comunidades y precediendo a los alemanes, que arribaron a mediados del siglo XIX. Pero, por su escaso número, los sefaradíes fueron desapareciendo y hacia fines del siglo XIX sólo quedaban sus huellas en el rito religioso que se practicaba en algunas sinagogas. De los sefaradíes orientales, originarios de todas las comarcas del decadente imperio turco, inmigraron a Estados Unidos muy pocos; hasta 1926, dos años después del cierre de la gran inmigración, habían

[4] Corinne A. Krause, *Los judíos en México*, Universidad Iberoamericana, México, 1987, pp. 39-90, 112-115; Haim Avni, "L'affaire Dreyfus vue du Mexique", en Michel Denis, Michel Lagree y Jean Yves Veillard (comps.), *L'Affaire Dreyfus et l'opinion publique en France et à l'etranger*, Presse Universitaire de Rennes, 1995, pp. 192-197.

[5] Moshe Nes-El (Arueste), *Historia de la comunidad israelita sefaradí de Chile*, Nascimento, Santiago de Chile, 1984, pp. 47-50; Moshe Senderey, *Historia de la colectividad israelita de Chile*, Dos Ydische Wort, Santiago de Chile, 1956, p. 60.

[6] Haim Avni, *Argentina y la historia de la inmigración judía, 1810-1950*, Magnes, Universidad Hebrea de Jerusalem-AMIA, Buenos Aires 1983, pp. 265-280.

pasado por sus puertas sólo unas 24 mil personas de este origen. El número total de la población judía ascendió por aquel entonces a 4 228 000.[7] La presencia de judíos no ashkenazis se notaba, por consiguiente, sólo en algunos sectores de Nueva York y en muy pocas comunidades fuera de ella, como por ejemplo en la de Seattle, estado de Washington. Esta realidad empezó a modificarse en las recientes décadas, con la inmigración de sefaradíes y judíos orientales de Israel, de Siria, de Irán, etcétera.

La historia del judaísmo canadiense se inició inmediatamente después de la conquista inglesa, con la presencia en Quebec de un puñado de judíos ingleses, en su mayoría sefaradíes occidentales. Hasta 1851, más de 90 años después de la conquista inglesa, el número total de los judíos en Canadá llegaba a sólo 451 personas. La gran inmigración judía a este país se inició en la penúltima década del siglo XIX, lo que la llevó, unos cuarenta años más tarde, a un total de 156 mil personas. El origen de casi todas ellas era uno solo: Europa Oriental.[8] En Canadá no se conocieron otros judíos —especialmente sefaradíes— hasta la sexta década del siglo XX, cuando empezaron a llegar judíos de Irak y luego, en los años sesenta, de África del Norte.

La composición del judaísmo sudafricano es todavía más homogénea. "La comunidad que estos judíos han erigido podría llamarse 'Colonia Lituana'", nos dice el profesor Gideon Shimoni, historiador destacado de esta comunidad. Esta aserción se basa en el hecho de que los cuatro mil judíos, en su mayoría de origen británico, que se encontraban en la Provincia del Cabo en 1880, fueron inundados en las tres décadas siguientes por unos 40 mil inmigrantes de Europa Oriental, en su mayoría absoluta de Lituania. Hasta el año 1948 se sumaron a ellos unos 30 mil más, dejando en minoría a los 6 mil judíos de habla alemana inmigrados de Europa Central a raíz de la persecución nazi. Según los historiadores de esa comunidad, el carácter específico de los judíos sudafricanos se forjó por la fusión del elemento lituano con los moldes judaicos importados de la metrópoli británica.[9] La presencia de judíos sefaradíes fue desconocida hasta la octava década de este siglo, cuando una parte considerable de los 5 200 judíos que vivían en 1970 en la colonia británica de Rhodesia (en su gran mayoría oriundos de la isla griega de Rodas) se afincaron en África del Sur, cuando Rhodesia se transformó en la república independiente de Zimbabwe.[10]

[7] J. M. Papo, *Sephardim in Twentieth Century America*, San José, 1987, p. 22; Sidney Goldstein, "American Jewry, 1970: A demographic profile", *American Jewish Year Book* (AJYB), vol. 72, 1970, p. 35, cuadro 6.

[8] Luis Rosenberg, *Canada's Jews*, McGill-Queen's University Press, Montreal, 1993, p. 10, cuadro 5.

[9] Gideon Shimoni, *Jews and Zionism, The South-African Experience 1910-1967*, Oxford University Press, Cape Town, 1980, pp. 1-19; Gideon Shimoni, "South African Jews and the apartheid crisis", AJYB, vol. 88, 1988, pp. 3-6.

[10] "World Jewish population", AJYB, vol. 72, 1971, p. 479; vol. 82, 1982, p. 288. En 1980 quedaban en Zimbabwe 1 550 de los 5 200 judíos de 1970. Las estrechas relaciones entre las comu-

El judaísmo australiano demoraba también en diversificarse. Los primeros barcos de prisioneros, que atracaron en el desembarcadero de Sydney
Cove el 26 de enero de 1788, llevaron desde Londres, entre sus 750 pasajeros forzados, 8 o tal vez 14 convictos judíos. Hasta 1868, durante 80 años,
habría llegado a mil el número de judíos entre los 160 mil prisioneros exiliados al remoto continente. A ellos se sumaban inmigrantes libres, en su
casi totalidad oriundos de la metrópoli británica. Todos ellos crearon, hasta
pasada la primera Guerra Mundial, una población judeoinglesa homogénea
de un total de 21 615 personas (según el censo de 1921), profundamente
arraigada en la sociedad general y muy temerosa de perder su integración
en ella. La llegada, durante la tercera y cuarta décadas del siglo XX, de una
ola de judíos de Polonia y de otros países de Europa Oriental, todos ellos ha-
blantes de idish, creó un factor disonante, que fue vigorizándose después de
la segunda Guerra Mundial con el arribo de sobrevivientes del Holocausto.
Entre los judíos ingleses y los de Europa Oriental se situaban los pocos miles de judíos de habla alemana que fueron admitidos en vísperas de la guerra. Esta composición tripartita, que posteriormente se redujo a dual, con el
correr del tiempo perdió muchas de sus diferencias. Los judíos sefaradíes no
fueron parte de ella. Los pocos que trataron de migrar a Australia después
de la descomposición del imperio británico en Asia fueron rechazados por
las autoridades pese a su nacionalidad inglesa, por no tener por lo menos
"75% de ascendencia europea" o "apariencia europea". Debido a estos criterios de discriminación racial, al terminar la novena década de este siglo,
en una población judía total estimada en 90 mil personas, los procedentes de
Irak (a través de India o China), de Egipto, Singapur, etc., sumaban sólo pocos miles. Se estimaba que en Sydney, su concentración más grande y visible, vivían unos tres mil.[11]

En claro contraste con todas estas diásporas, el judaísmo latinoamericano
se componía, desde su mismo principio, de inmigrantes de casi todos los
orígenes. Primero fueron los sefaradíes occidentales, quienes, apenas terminadas las guerras de liberación, extendieron su presencia desde las comunidades de Curazao, São Tomé y otras del Caribe a los países de tierra firme.
Así se fundaron las pequeñas comunidades en Coro, se establecieron núcleos
comunitarios temporales en Caracas, Barcelona, Santa Marta, Cartagena,
Barranquilla en Venezuela y Colombia, y se consolidaba la comunidad de
Panamá (1876).[12] A los sefaradíes occidentales siguieron los de Marruecos.

---

nidades judías de África del Sur y las de Rhodesia del Norte (Zambia) y Rhodesia del Sur (Zimbabwe), anteriores a la independencia de estas dos repúblicas, facilitaron el traslado de sus integrantes hacia el sur.

[11] Naomi Gale, "The history of immigration of Sephardi Jews to Australia", *Menorah*, vol. 4,
núms. 1 y 2 (diciembre), 1990, pp. 40, 42-58; Hilary L. Rubinstein, *Chosen. The Jews in Australia*,
Allen & Unwin, Sydney, 1987, pp. 1, 168-177, 213-214, 218-219.

[12] Haim Avni, *Judíos en América. Cinco siglos de historia judía*, MAPFRE, Madrid, 1992, pp. 97-102.

A ellos se atribuye —hasta la fecha sin fundamento documental suficiente— haber fundado, ya en el año 1826, la primera sinagoga en Belem de Pará, Brasil. Sí está documentada su presencia organizada en esa ciudad y en Río de Janeiro, la capital, a partir de mediados del siglo XIX. Ramas de esta inmigración, endebles al principio pero vigorizadas luego, llegaron a Buenos Aires y a Caracas. En el puerto del Río de la Plata se notó su presencia a partir de la octava década; algunos de ellos se afiliaron a la pequeña comunidad nacida en el decenio anterior. Poco después de que España anunciara, en 1875, su disposición a adoptar marroquíes residentes en la capital venezolana como sus nacionales, se registraron en su consulado los primeros judíos de ese origen. En ambas ciudades éstos fundaron más tarde sus organizaciones comunitarias particulares.[13]

La presencia de judíos de Europa Central y Occidental se notaba ya a partir de la mitad del siglo pasado. Incluidos en olas de inmigrantes alemanes no judíos a Chile y Perú; atraídos por las posibilidades comerciales que se abrían en Brasil y Argentina para empresas internacionales o bancos europeos, que ellos representaban; viajando en pos de nuevos horizontes para aplicar sus capacidades y, a veces, invertir sus modestos capitales, algunos de estos judíos, cuando superaron el temor a la ilegitimidad de su presencia colectiva, fundaron las primeras comunidades en Buenos Aires y en Lima. Con ellos ya venían algunos judíos de Europa Oriental, pero la gran inmigración de éstos a América Latina, como a las demás nuevas diásporas, se inició en la novena década del siglo XIX, a continuación de las tristemente conocidas olas de asaltos y asesinatos en masa (pogroms) y el menos conocido deterioro dramático de su condición económica. Por su magnitud numérica, esta inmigración ocupó muy pronto el escenario principal de las comunidades de los países inmigratorios: Argentina, Brasil, Uruguay y Chile. Sus ramas posteriores no tardaron en llegar también a los demás países latinoamericanos.[14]

En la última década del siglo XIX, y con un mayor alcance en la primera del siglo XX, se sumaron al mosaico judío en América Latina algunos elementos adicionales, que provenían de diversas regiones del decadente imperio otomano: Siria, las provincias europeas de ese imperio, Anatolia. Se distinguían entre ellos los judíos orientales de habla árabe y los sefaradíes orientales, cuyo idioma materno era el judeo-español. Con la revolución de los "jóvenes turcos" en 1908 y la implantación del servicio militar obligatorio por el nuevo régimen, se incrementó esta inmigración y, pasada la pri-

---

[13] *Ibidem*, pp. 102-106; Victor A. Mirelman, "Sephardic immigration to Argentina prior to the nazi period", en Judith Laikin Elkin y Gilbert W. Merkx (comps.), *The Jewish Presence in Latin America*, Allen & Unwin, Boston, 1987, pp. 13-24; Jacob Carciente, *La comunidad judía de Venezuela*, Centro de Estudios Sefaradíes, Caracas, 1991, pp. 44-47.
[14] Haim Avni, *Judíos en América*, pp. 106-112, 157-170.

mera Guerra Mundial, con el desmembramiento del imperio, se intensificó todavía más. Cada grupo fundaba su propia comunidad, diversificando así el panorama organizacional del judaísmo latinoamericano.[15]

La persecución nazi trajo a América Latina una nueva capa de inmigrantes judíos: los de Europa Central, generalmente de habla alemana. En los países euroamericanos del Cono Sur éstos se establecieron junto a sus hermanos de otros orígenes, agregando a la variada gama de colectividades las subdivisiones de ritos acostumbrados en sus países de procedencia. En algunos países indoamericanos, como Bolivia y Ecuador, fueron ellos los iniciadores de la presencia judía.[16] La Guerra del Sinaí entre Egipto e Israel y la rebelión contra el régimen soviético en Hungría, ambas acontecidas en 1956, trajeron a América Latina las últimas capas de inmigrantes judíos. Los judíos egipcios, que habían quedado en su país después del establecimiento del Estado de Israel, lo abandonaron y una parte de ellos aterrizó en Brasil y en otros países, creando o reforzando comunidades sefaradíes ya existentes; lo mismo hicieron los que salieron de Hungría como refugiados y, por varias razones, eligieron fundar en países latinoamericanos su nuevo hogar.

La gran diversidad de colectividades que caracteriza al judaísmo latinoamericano es superada sólo por la que existe en Israel. Pero mientras que en el Estado judío la soberanía constituye la fuerza de cohesión, en las comunidades de la diáspora, basadas exclusivamente en la adhesión voluntaria de sus integrantes, la cohesión no es una situación inmanente. Sin embargo, encontramos que, a pesar de la diversidad, se establecían en cada país latinoamericano organismos centrales que transformaban a las colectividades en comunidades unidas. La fuerza aglutinadora fue, a partir de la cuarta década del siglo XX, la necesidad de poseer una representación política adecuada para defenderse ante el antisemitismo importado y local. A partir de la quinta década de este siglo se sumaba a esa necesidad la voluntad de apoyar en común al Estado de Israel.

AYUDA JUDÍA FORÁNEA

El impacto que tenían las organizaciones judías internacionales sobre la formación de las nuevas diásporas en otras regiones fue incomparablemente menor a las huellas que dejaron las actividades de tales organizaciones en la evolución del judaísmo latinoamericano.

Los judíos de Estados Unidos se resistían a la intervención de sus hermanos del viejo continente en el proceso de la inmigración judía hacia su país.

---

[15] Victor A. Mirelman, "Sephardic immigration. . .", pp. 24-32; Margalit Bejarano, *La comunidad hebrea de Cuba. La memoria y la historia*, Universidad Hebrea de Jerusalén, Jerusalén, 1996, pp. 2-10, 20-26.
[16] Haim Avni, *Judíos en América. . .*, pp. 266-279.

En los años 1869-1872 se registró un gran éxodo de las provincias lituanas del imperio zarista a raíz del hambre causada por una muy prolongada sequía y grandes incendios. Las organizaciones judías de Europa Central y Occidental se esforzaron en guiar esta corriente emigratoria hacia Estados Unidos y lograron enviar allí a un total de 675 personas, en su mayoría padres de familias. Los representantes del judaísmo norteamericano se opusieron a ese operativo y en 1882, en conferencias internacionales de organizaciones judías sobre la solución al problema de los refugiados de los *pogroms* en Rusia, volvieron a oponerse a que dicha solución fuera la inmigración a su país. La avalancha de inmigrantes judíos a los Estados Unidos siguió espontáneamente, obligando a las organizaciones judías de caridad y de bienestar social a ayudar a los que llegaban a sus puertos, lo que incrementó todavía más su oposición a cualquier ensayo, por parte de las organizaciones en Europa, de fomentar este movimiento. Por esa razón, demoraron más de dos años en aceptar la creación de un fondo que el barón Mauricio de Hirsch ofrecía en 1889, con un donativo de 2.4 millones de dólares, cuyo fin sería el alivio de la suerte de los inmigrantes judíos: se temía que la noticia de la creación de este fondo alentaría a más inmigrantes a cruzar el océano. Como consecuencia, el Baron de Hirsch Fund se creó en Nueva York apenas en 1891, y con el propósito explícito de ayudar a inmigrantes que ya habían llegado a colonizarse a desplazarse hacia el interior del país, aprender oficios y adquirir la ciudadanía estadunidense. Ésa fue la mayor y también la última intervención por parte de organizaciones exteriores en el proceso inmigratorio —o cualquier otro— de la historia judía en Estados Unidos.[17]

La contribución de organizaciones judías de ultramar a la historia de la inmigración y el asentamiento de los judíos en Canadá fue de mayores alcances. En 1881, tras las protestas en Londres contra los *pogroms* en Rusia, se creó un fondo —The London Mansion House Fund— con el propósito de ayudar a los refugiados. El representante oficial de Canadá en Londres, Alexander Tilloch Galt, consiguió convencer tanto a su gobierno como a los dirigentes del fondo de que Canadá podría ofrecer un refugio adecuado a inmigrantes judíos que se establecieran en tierras fiscales en la provincia de Manitoba. En mayo y junio de 1882 llegaron a la capital de esa provincia un total de 340 personas en calidad de colonos. Ellos forjaron un nuevo eslabón en el asentamiento de judíos en Canadá. Pero la actividad de la organización patrocinadora de Londres fue de escasa intensidad y duración. Para conti-

[17] Mark Wischnitzer, *To Dwell in Safety. The Story of Jewish Migration Since 1800*, The Jewish Publication Society of America, Filadelfia, 1948, pp. 31-34; Zosa Szajkowski, "The European attitude to East European Jewish immigration, 1881-1893", *Publications of the American Jewish Historical Society* (PAJHS), vol. XLI, núm. 104, pp.128-138; Samuel Joseph, *History of the Baron de Hirsch Fund*, Filadelfia, 1935, pp. 13-22, 37-40.

nuar la obra de colonización y de ayuda a inmigrantes, los líderes judíos de Montreal se dirigían al mismo barón Mauricio de Hirsch, quien los proveía con fondos suficientes para sostener parcialmente a los colonos ya instalados. En 1907, por intermedio de un comité local de la Jewish Colonization Association (JCA) —la empresa del barón—, se fundó una nueva colonia y se ayudó también a inmigrantes urbanos. Con toda su importancia en estos momentos iniciales de la inmigración de Europa Oriental a Canadá, la JCA no cumplió un papel preponderante en la historia de la inmigración judía al país, como ocurrió en el caso de la de Argentina. Otras organizaciones judías, europeas o estadunidenses, no desempeñaron papel alguno en la evolución demográfica del judaísmo canadiense.[18]

Mientras que en la historia del asentamiento judío en África del Sur no hubo intervención alguna por parte de organizaciones judías internacionales, en la del judaísmo australiano la encontramos en un momento tardío: en vísperas de la segunda Guerra Mundial y en la década siguiente.

En diciembre de 1938, siguiendo sus compromisos de contribuir a la solución del problema de los refugiados del Tercer Reich, corroborados después de la Conferencia de Evian de julio de ese año, e impactado por las atrocidades de la "Kristallnacht" en Alemania y Austria en noviembre (la "noche de cristal", la quema y destrucción de las sinagogas, el asalto sistemático a negocios y casas de judíos y el encarcelamiento de decenas de miles de ellos en campos de concentración), el gobierno de Australia declaró que aceptaría hasta 15 mil refugiados. De hecho llegaron a Australia sólo 7 mil judíos, quienes fueron asesorados por la Australian Jewish Welfare Society, creada en ese momento. Las organizaciones estadunidenses Refugee Economic Corporation (REC) y American Jewish Joint Distribution Committee (JDC) financiaban una parte de las actividades; la primera asegurando fondos para el establecimiento de mutualidades de inmigrantes, tanto agrícolas como artesanales (un total de 140 mil dólares); la segunda, contribuyendo al fondo general de la organización judía australiana (31 mil dólares). Este apoyo era muy significativo para la institución australiana, cuyos ingresos de la colecta local llegaron en esos años a unos 225 mil dólares (50 mil libras esterlinas). La colaboración de las organizaciones estadunidenses se hizo todavía más urgente a partir de fines de 1947. Bajo su influencia se confederaron las organizaciones judías australianas en una sola institución —The Federation of the Australian Jewish Welfare Societies (FAJWSS)—, que llegó a un acuerdo con el gobierno comprometiéndose a alojar y asegurar trabajo a todo inmigrante judío que fuera aceptado en Australia bajo sus

---

[18] Gerald Tulchinsky, *Taking Roots. The Origins of the Canadian Jewish Community*, Lester Publishing, Toronto, 1992, pp. 109-128; Haim Avni, "Canada, Argentina and the Jews until World War II: The impact of immigration and industrialization policies on the formation of two diasporas", *Canadian Jewish Studies*, 1998.

auspicios. Una gran parte de los 17 mil judíos que ingresaron al país entre 1945 y 1954 se beneficiaron de este acuerdo: "sin la ayuda financiera [judeo] norteamericana el judaísmo australiano no habría podido poner en práctica su programa de asistencia a la inmigración de posguerra".[19]

En claro contraste con el impacto limitado que tenían las organizaciones judías mundiales en la historia de estas diásporas, su papel en la evolución del judaísmo latinoamericano fue decisivo. Con todo, hay que reconocer que esta afirmación se refiere casi exclusivamente a los sectores provenientes de Europa Oriental y de Europa Central.

La Alliance Israelite Universelle de París estuvo involucrada, en el año 1889, en la organización del viaje a Argentina del primer gran grupo de colonos judíos. Los 824 inmigrantes que llegaron al puerto de Buenos Aires a bordo del barco alemán *Weser*, el 14 de agosto de ese año, gozaron no sólo de la intervención de la Alliance sino también de la ayuda —y luego de la inspección— efectuada por dirigentes judíos de Alemania. Los informes sobre las penurias que sufrían esos pioneros —y el hecho de que muchos de ellos persistieron en su intención de enraizarse en sus campos— fueron el motivo por el cual se interesó en su suerte el barón Mauricio de Hirsch, quien era también el mayor mecenas de la Alliance. En consecuencia, Argentina se transformó en la piedra angular de la solución que el barón ideaba para el problema de los judíos oprimidos en Rusia. Su proyecto de trasladar a centenares de miles de judíos en un corto plazo a las colonias que iba a construir sorprendió a las organizaciones judías y a la opinión pública de Europa Occidental y Oriental, y transformó a Argentina, de un solo golpe, de república desconocida en un destino muy comentado para la emigración judía. Las noticias sobre su actividad diplomática en la corte imperial rusa, por intermedio de su emisario inglés (bien conocido antisemita. . .), y el anuncio de la fundación de su empresa Jewish Colonization Association, con un fabuloso capital de 50 millones de francos (10 millones de dólares), excitaron la imaginación de las masas judías en Europa. El retrato del moderno Moisés que estaba por llevar a los judíos oprimidos a una (nueva) Tierra Prometida adornaba muchos hogares en las aldeas de Europa Oriental. El impacto de esa imagen del proyecto del barón se notaba todavía en 1895, cuando la realidad desilusionante de su obra ya era conocida: en el opúsculo *El Estado judío*, que publicó entonces el fundador del sionismo político, Teodoro Herzl, el capítulo que trata del destino geográfico que se daría a dicho Estado lleva el título "¿Argentina o Palestina?", y el autor desistía de dar su respuesta concluyente a este interrogante. . .[20]

---

[19] Susanne D. Rutland, "I am my brother's keeper: The central role played by overseas Jewry in the reception and integration of postwar Jewish immigration to Australia", *Australian Jewish Historical Society Journal*, vol. XI, 1992, pp. 687-692.

[20] Haim Avni, "El proyecto del Barón de Hirsch: La gran visión y sus resultados", *Índice*, núm. 3, Buenos Aires, 1990.

La gran visión del barón no cambió la suerte de los judíos de Rusia, pero tuvo resultados importantes y duraderos para los judíos de América Latina. En vísperas de la primera Guerra Mundial vivían en las colonias agrícolas de la JCA 19 133 personas, que constituían el 16.55% de los 115 600 judíos argentinos, y otros muchos miles habían pasado por las colonias en el proceso de su integración en el país. En 1920 la red educacional que erigió la JCA en sus colonias —asesorada al principio por la Alliance— llegó a 67 escuelas en cuatro provincias y un territorio nacional, y aun después de haber transferido esta red escolar a las autoridades argentinas la JCA siguió apoyando la educación judía en la misma. Asimismo mantuvo, a partir de 1910 y hasta 1939, una red de "cursos religiosos israelitas" en las ciudades. Durante toda esta época la JCA apoyó a la Congregación Israelita de la República Argentina, y pasada la primera Guerra Mundial creó la Sociedad de Protección a los Inmigrantes Israelitas: SOPROTIMIS.

Por entonces —a partir de 1903— la JCA ya había iniciado su obra colonizadora en Brasil, en el estado de Rio Grande do Sul, abriendo nuevos destinos para la inmigración espontánea que llegaba a los puertos brasileños camino a los de Argentina. En Río de Janeiro oficiaba como representante oficial de la JCA, desde el comienzo del año 1924, el rabino Isaías Rafaelovich, en un esfuerzo por fomentar la creación de una red escolar y de consolidar las organizaciones comunitarias en todo Brasil. A partir de 1927, cuando la JCA, la Hebrew Immigrant Aid Society de Estados Unidos y la EMIGDIREKT, unieron sus esfuerzos en pro de la emigración judía, fundando la HICEM, toda la actividad referida al fomento y la exploración de posibilidades de inmigración a toda América Latina quedó en la órbita de actividades de la JCA.[21]

Mientras que las organizaciones judías europeas cumplían un papel importante en la formación de las mayores comunidades en el Cono Sur, las organizaciones judías estadunidenses se volvieron un factor decisivo en la consolidación de las de México y Cuba, en el norte.

Pasada la primera Guerra Mundial e implantadas las primeras restricciones a la inmigración a Estados Unidos, empezaron a llegar a México inmigrantes judíos con el fin de cruzar ilegalmente la frontera del "País Dorado". Alarmado ante el desafío que presentaron estos hermanos ilegales a las comunidades judías, el rabino Martin Zielonka de El Paso, Texas, logró interesar a la orden B'nai B'rith para que ayudara a los inmigrantes a establecerse en México. Él mismo ya se había esforzado, en 1908, por ayudar a los pocos judíos de México a fundar una comunidad unida, y la B'nai B'rith estuvo representada por el editor de su periódico de Los Ángeles en la organización de los servicios religiosos en la capital mexicana, en 1905. Siguiendo las sugerencias efectuadas por una comisión investigadora enviada a México en

---

[21] Haim Avni, *Argentina y la historia de la inmigración. . .*, pp. 99-143, 202-253, 329-378; Yeshayahu Rafaelovitch, *Tziunim ve-tamrurim*, Tel Aviv, 1952, pp. 163-250.

1921, la B'nai B'rith estableció un centro para inmigrantes que ofrecía a los recién llegados ayuda en búsqueda de trabajo, préstamos, servicios médicos y, para los más indigentes, incluso alojamiento. Esta labor duró hasta principios del año 1930 cuando, frente a la crisis económica y la disminución del número de inmigrantes, la organización estadunidense se retiró de México, confiando este servicio a una organización local que la sucedía. La meta de "crear judíos contentos" en México para que desistieran de cruzar la frontera fue lograda, y la ayuda prestada fue de gran importancia en el proceso de la formación demográfica de la comunidad.[22]

Las restricciones a la inmigración decretadas en Estados Unidos en 1924 fueron el punto de partida para la intervención de organizaciones judías estadunidenses también en el desarrollo de las instituciones de asistencia social de la comunidad ashkenazi en Cuba. La presencia de judíos de Europa Oriental en esta república se hizo visible sólo después de que Estados Unidos adoptó, en 1921, la primera ley que restringía la inmigración según cuotas rígidas para cada país de origen de los inmigrantes. Las cuotas establecidas para los países de Europa Oriental eran todavía suficientemente amplias como para permitir que la mayoría de los inmigrantes judíos de estos países, que habían desembarcado en Cuba camino a su destino final, fuesen aceptados en Estados Unidos después de una breve estadía en la república isleña. Mientras permanecían en Cuba se asesoraban parcialmente con los judíos de origen estadunidense y los sefaradíes que les habían precedido. Con el cambio brusco en estas cuotas, introducido por la ley adoptada en 1924, se encontraron muchos miles de judíos estancados en los puertos de Europa sin posibilidad de seguir hacia Estados Unidos, y los que se hallaban en Cuba perdieron la esperanza de ingresar en el país del norte. Ante la penuria de los inmigrantes frustrados, las organizaciones judías estadunidenses —HIAS, AJDC y otras— fundaron el Emergency Refugee Committee que, siguiendo las sugerencias de su emisario sobre la situación en Cuba, estableció en La Habana, en 1925, el Jewish Committee for Cuba. Con un presupuesto inicial asegurado de 140 mil dólares para 18 meses de actividad, esta organización se dedicó a la consolidación de la posición económica de los inmigrantes de Europa Oriental, así como al desarrollo de algunos servicios sociales —particularmente médicos— e instituciones comunitarias. La finalidad de esta representación, manejada por delegados estadunidenses, era el fomento de instituciones locales que prosiguieran su labor. El Centro Hebreo, fundado en 1924, fue el beneficiario directo del empeño de transmitir las funciones del Jewish Committee for Cuba a una organización local. Pero su dependencia de los benefactores del norte continuó mucho

---

[22] León Sourasky, *Historia de la comunidad israelita de México, 1917-1942*, México, 1965, pp. 132-135; Corinne A. Krause, *Los judíos en México*, pp. 153-159; Adina Cimet, *Ashkenazi Jews in Mexico*, State University of New York, Albany, 1997, pp. 33-34.

tiempo después de que éstos cerraron su representación en La Habana, en noviembre de 1927. Con esta ayuda, prestada en un momento critico y decisivo de la historia del judaísmo cubano, las organizaciones norteamericanas facilitaron la estabilización del sector que se volvió mayoritario en la comunidad judía de Cuba.[23]

Las persecuciones nazis en Alemania llevaron a las organizaciones judías europeas y norteamericanas a buscar nuevos horizontes para los nuevos refugiados y a apoyar en conjunto las actividades del Alto Comisionado para los Refugiados de Alemania, James McDonald. Éste se esforzaba en vano, en 1935, por encontrar en las naciones de América Latina hogares permanentes para las pocas decenas de miles de personas estancadas en los países vecinos de Alemania, que parecían ser el residuo del problema de los desterrados, y resultaron ser sólo el resto de la primera ola de los mismos. Todas las naciones exigían que los inmigrantes potenciales fueran agricultores. Respondiendo a dicha exigencia, la JCA estableció en el campo argentino a varios centenares de familias, pero, debido a que persistía en sus habituales métodos de colonización, el número de rescatados por la JCA en cada asentamiento agrícola no tuvo un impacto decisivo sobre el total de refugiados que lograron entrar a Argentina. En Brasil, a pesar de desviarse de su *modus facendi* al preparar la colonia Rezende, en el estado de Río de Janeiro, para la absorción de pequeños granjeros, la JCA no consiguió traer refugiados a esta colonia: la decisión antisemita del gobierno brasileño de no aceptar judíos aun cuando fueran agricultores impedía la llegada de los colonos. El aporte de la JCA a la formación de la nueva capa de inmigrantes judíos en América Latina se limitó a su ayuda al proceso inmigratorio a través de la HICEM.[24]

Las organizaciones judías de Estados Unidos tuvieron mayor influencia en el desarrollo de las comunidades en América Latina en esa época. Aceptando las sugerencias de Mauricio Hochschild, judío alemán dueño de muy grandes minas de estaño en Bolivia, el American Joint Distribution Committee (AJDC) invirtió grandes sumas en un ensayo de colonización agrícola —de poco rendimiento y duración—, así como en el mantenimiento de los miles de inmigrantes que a partir de 1938 llegaban al país andino, que hasta ese año no tenía una población judía de importancia. Esta organización extendió su colaboración a los débiles comités de inmigración que iban formándose en otros países indoamericanos, como Perú, Ecuador, Colombia y Paraguay, ayudando a ampliar, en esa época, el mapa de la presencia judía en el continente.

[23] Margalit Bejarano, *The Jewish Community of Cuba 1898-1939*, tesis doctoral, Universidad Hebrea de Jerusalén, 1992, pp. 94-100.

[24] Haim Avni, *Argentina y la historia de la inmigración judía*, pp. 402-426, 435-443; Avraham Milgram, "Rezende e outras tentativas de colonização agricola de refugeus judeus no Brasil (1936-1939)", AMILAT, *Judaica Latinoamericana*, vol. II, 1993, pp. 57-68.

La mayor inversión del AJDC para el establecimiento de nuevas comunidades fue la formación de su sociedad Dominican Republic Settlement Association (DORSA) en 1940. Su fin era la realización del gran proyecto de inmigración y colonización que proponía el presidente-dictador de República Dominicana, Rafael Leónidas Trujillo, y que fue respaldado por el presidente Roosevelt y el Intergovernmental Committee creado en la tristemente famosa Conferencia de Evian. Esta obra logró el establecimiento de la colonia Sosua, con un total de sólo 432 personas, la mayoría de las cuales se dispersaron pocos años después del fin de la segunda Guerra Mundial.[25]

La desproporcionada inversión en la formación de una comunidad que nunca llegó a florecer lleva a un extremo esta distinción del judaísmo latinoamericano entre las nuevas diásporas judías: ser el objeto de intervenciones comparativamente muy intensivas por parte de organizaciones judías mundiales.

ESTUDIOS COMPARATIVOS

De los tres rasgos que distinguen el judaísmo latinoamericano entre las nuevas diásporas se desprenden algunos temas interesantes para estudios comparativos, referentes tanto a las sociedades generales de América Latina como a las comunidades judías radicadas en ellas.

En lo que se refiere a la legitimidad de la existencia judía y los esfuerzos invertidos para ampliarla y profundizarla, el caso de los judíos puede servir en cada país latinoamericano como ejemplo —a veces extremo— del problema que comparten otras minorías étnicas y religiosas, o sea la ampliación de los límites aceptables del derecho a ser diferente. Al ser los judíos, para los factores que se oponen en cada nación latinoamericana a la extensión del pluralismo religioso, étnico y cultural, un objeto preponderante de rechazo, el estudio de su lucha (así como la de los demás factores minoritarios) para la superación de tal rechazo nos dará una imagen comparativa de las naciones latinoamericanas y de la actitud de cada una de ellas ante este derecho. Los límites aceptables del ser diferente reflejan, sin duda alguna, rasgos importantes de la identidad nacional. Por lo tanto, se aprenderá de tales estudios algo importante también en ese terreno, tan medular en la existencia de estas naciones. Además, como la lucha en este dominio es esencialmente una lucha política, se destacará a través de esta comparación también la cultura política que caracteriza a cada una de las sociedades estudiadas.

La diversidad interna de las comunidades judías latinoamericanas refleja también, además de la pluralidad de orígenes, algo que comparten todas las comunidades de inmigrantes, en América Latina o en otros continentes: la

[25] Haim Avni, *Judíos en América. . .*, pp. 274-279.

posibilidad de organizarse sólo sobre la base del voluntarismo, por lo cual las dimensiones de la comunidad organizada resultan función de la adhesión voluntaria de sus miembros. El estudio comparativo de las comunidades judías en cada país, y de las mismas con las comunidades de sus conciudadanos no judíos, nos ofrecerá una mejor comprensión, no sólo de la diversidad de objetivos para cuya realización se constituyeron las organizaciones, sino también de la gama de sistemas posibles para enlistar el voluntarismo de los asociados. Para que una organización voluntaria pueda formarse y subsistir es indispensable que el público referido tome conciencia de la importancia de la necesidad que la misma satisface, y que se encuentren los líderes y las formas de generar medios materiales suficientes para cumplir con esos fines. Estudios comparativos de estos elementos básicos para la organización voluntaria aportarán, además del conocimiento de la variedad de experiencias voluntarias, también información importante sobre las mentalidades y preferencias de cada sociedad estudiada.

La intervención de organizaciones foráneas en procesos que afectan la formación y la vida de comunidades judías refleja el sentimiento de responsabilidad mutua que rige en el pueblo judío. Un elemento que debe estudiarse con respecto a América Latina es la evolución de sus comunidades, desde la posición de receptoras de los beneficios de esa intervención a la posición de donadoras. En tales estudios se reflejará tal vez una diferencia entre las diversas comunidades judías latinoamericanas mismas, y entre ellas y las de otras diásporas. Los estudios comparativos nos llevarían probablemente a encontrar también diferencias en la teología respecto al dar y responsabilizarse, prevaleciente en las naciones en las cuales viven las comunidades. Un elemento muy destacado en esta área de estudios comparados sería el papel que cumplieron organizaciones y agencias foráneas en el desarrollo de las comunidades no judías. En este marco comparativo entrarán no sólo sociedades foráneas voluntarias —tal como las hemos encontrado en el caso judío— sino también estatales, como las de Italia, Francia, Alemania, etc. Una vez en este terreno, de la labor de representaciones diplomáticas en pro de organizaciones de inmigrantes de sus países surgirá la obvia comparación con el papel desempeñado por el Estado de Israel en la vida judía organizada en América Latina en los últimos cincuenta años.

PRIMERA PARTE
HISTORIA COLONIAL

PRÁCTICAS OCULTAS DE LOS "ANUSIM" DEL NUEVO MUNDO

SCHULAMITH C. HALEVY*
NACHUM DERSHOWITZ*

MUCHOS de los judíos de España y Portugal que fueron obligados a convertirse al cristianismo (llamados *anusim* en hebreo) y sus descendientes, emigraron a América.[1] Sabemos por los archivos de la Santa Inquisición que, mientras hacia el exterior vivían como cristianos, observaban determinadas prácticas judías como la circuncisión, la matanza ritual de animales, la aversión hacia el cerdo y el encendido de velas en el *shabat*.[2] Se presume que estos judíos secretos se asimilaron a las comunidades españolas mayores con el paso del tiempo. Wiznitzer escribe: "A fines del siglo XVII [!] toda la comunidad criptojudía de México había sido destruida".[3] Liebman considera que la comunidad judía oculta había desaparecido para el siglo XVIII.[4] Cuando fue abolida la Inquisición, en 1821, ningún judío se presentó en público. En 1925 apareció en un periódico judío norteamericano:

> Otro fenómeno inexplicable es que, poco después de establecida la libertad religiosa en España, Portugal y la América española, hayan desaparecido como por arte de magia. Los absorbieron las poblaciones respectivas y sólo unos pocos entre ellos volvieron al judaísmo en Brasil, México y Centroamérica, donde todavía hoy practican su religión.[5]

* Spertus Institute y Universidad de Tel Aviv, respectivamente.

[1] H. C. Lea, *The Inquisition in the Spanish Dependencies*, Macmillan, Nueva York, 1908; C. Roth, *History of the Marranos*, 2a. edición, Jewish Publication Society, Filadelfia, 1941; A. Wiznitzer, *Jews in Colonial Brasil*, Columbia University Press, Morningside Heights, 1960; A. Wiznitzer, "Crypto-Jews in Mexico during the sixteenth century", *American Jewish Historical Quarterly*, vol. 51, núm. 3, 1961: 168-214; A. Wiznitzer, "Crypto-Jews in Mexico during the seventeenth century", *American Jewish Historical Quarterly*, vol. 51, núm. 4, 1961: 268; R. E. Greenleaf, *The Mexican Inquisition of the Sixteenth Century*, University of New Mexico Press, Albuquerque, 1969; S. B. Liebman, *The Jews in New Spain: Faith, Flame and the Inquisition*, University of Miami Press, Coral Gables, 1970; A. Novinsky, *Cristãos novos no Bahía*, São Paulo, 1972; Liebman, *The Inquisition and the Jews in the New World*, University of Miami Press, Coral Gables, 1975; Liebman, *New World Jewry, 1493-1825: Requiem for the Forgotten*, Ktav, Nueva York, 1982; B. Lewin, *Los criptojudíos: Un fenómeno religioso y social*, Milá, Buenos Aires, 1987.

[2] Véase, por ejemplo, Liebman, *New World Jewry*, pp. 100-130.

[3] "Crypto-Jews in Mexico during the seventeenth century", p. 268.

[4] *New Spain*, p. 303.

[5] *The Sentinel*, 31 de julio de 1925.

Sin embargo, ha habido reportes esporádicos sobre la presencia de criptojudíos en Latinoamérica,[6] incluyendo un "descubrimiento" reciente en el suroeste de Estados Unidos.[7] Es más, dondequiera que se encuentre gente de origen español o portugués, todavía hay familias conscientes de su ascendencia judía y que practican tradiciones judías.[8] Las prácticas mejor conocidas incluyen: la aversión hacia el puerco, alguna forma de circuncisión y el ayuno alrededor del Yom Kipur. En estas tradiciones se puede percibir la aplicación literal de las leyes bíblicas.

En esta investigación identificamos de manera específica las prácticas *rabínicas* entre los *anusim*. La práctica criptojudía de otro origen que el bíblico que mejor se ha estudiado es el encendido de velas la noche del viernes. No obstante, hay muchas otras: separar la carne de la leche, la matanza ritual, salar la carne y enterrar a los muertos envueltos en sudarios de lino. Algunas de estas tradiciones son especialmente significativas puesto que no pudieron surgir de la lectura de la Biblia ni las practicaban los cristianos. En consecuencia, presentan clara evidencia de un origen judío. Es más, hemos encontrado, para nuestra sorpresa, evidencia dispersa de prácticas del judaísmo rabínico relativamente ocultas, prácticas desconocidas para la gran mayoría de los judíos occidentales, entre ellas ayunar el lunes y el jueves como penitencia, orientar las camas de norte a sur, barrer hacia el centro de las habitaciones y quemar los recortes de las uñas. Las prácticas rabínicas presentan evidencia contundente de una tradición judía ininterrumpida entre los descendientes americanos de las víctimas ibéricas de la persecución religiosa.

Las tradiciones que reportamos fueron detectadas a partir de conversaciones con más o menos cien *anusim* del Nuevo Mundo. Esta gente es originaria de México, el suroeste de Estados Unidos, Puerto Rico, Brasil, Colombia, Cuba, Honduras y Guatemala. Por supuesto, no todos los *anusim* practican las tradiciones que describimos. Las descripciones que hemos es-

[6] Véanse, para un ejemplo, los *Proceedings of the Thirty-Fourth Annual Convention of the Central Conference of American Rabbis*, vol. 33, junio de 1923: 431-432. Véase también J. Beller, *Jews in Latin America*, Jonathan David, Nueva York, 1969. En cuanto a los indios mexicanos judíos véase "The 'Red Jews' of Mexico", *Idisher Kurir*, 18 de enero de 1939, o *Indian Jews in Mexico: A Brief Sketch of the History and Survival of the Mexican Marranos*, American Friends of the Mexican Indian Jews, enero de 1944. Para un estudio completo de esta comunidad, véanse R. Patai, "The Jewish Indians of Mexico", *Menorah*, núm. 38, 1950: 54-67, y "Venta Prieta revisited", en Patai, *On Jewish Folklore*, Wayne State University Press, Detroit, 1983, pp. 447-492.

[7] R. G. Santos, "Chicanos of Jewish descent in Texas", *Western States Jewish Historical Quarterly*, vol. 15, núm. 4, julio de 1983, p. 327 y ss; véase también D. S. Nidel, "Modern descendents of conversos in New Mexico", *Western States Jewish Historical Quarterly*, vol. 16, núm. 3, abril de 1984, p. 249 y ss. Para una lista parcial de noticias en la prensa, véase S. C. Haley, "Anusim in North America: The ingathering", *Tradition*, vol. 30, núm. 1, 1995, p. 99.

[8] Hay una lista de estas costumbres en F. Hernández, "The secret Jews of the Southwest", en M. A. Cohen y A. J. Peck, *Sephardim in the Americas*, American Jewish Archives, Tuscaloosa, 1993.

cuchado se refieren con frecuencia a costumbres de generaciones pasadas, a las que sus descendientes ya no están apegados.

A una minoría de las personas con quienes hablamos les dijeron sus padres o sus abuelos, de modo abierto, que eran judíos. En varios casos fue la abuela la que pasó las tradiciones de la familia a una nieta de su predilección, a quien ella misma criaba. Algunas sabían del origen judío de sus costumbres pero la mayoría las transmitía sin saberlo. Para muchos de los que descubren sus raíces judías sólo cuando llegan a adultos la noticia puede ser perturbadora.

Encender una vela los viernes (por lo general en una habitación privada) siempre ha sido común entre los criptojudíos. Limpian la casa y se cambian de ropa para el *shabat*. A algunos niños sus padres no les permiten hacer nada la noche del viernes. La observancia del *shabat*, el sábado es, por supuesto, bíblica, pero encender velas es una tradición que prescribe la Mishná:[9] "Las mujeres mueren dando a luz por causa de tres transgresiones, por no tener cuidado [. . .] al encender la vela [del *shabat*]".

Algunos guardan el ayuno de Yom Kipur. Algunos otros celebran una festividad primaveral judía (algunas veces llamada Tránsito) en lugar de la Pascua, y durante la celebración consumen alimentos especiales, o construyen cabañas en el otoño alrededor del tiempo de Sucot. Estas fiestas tienen origen bíblico, salvo la de la Navidad, cuando algunos encienden ocho velas. Era común ayunar tres días para conmemorar el ayuno de Ester. Los *anusim* del Nuevo Mundo también veneran santos que no están en el santoral, como santa Esterika (santa Ester), santo Moisés, etcétera.

Muchos hombres y mujeres de edad ayunan los lunes y los jueves como penitencia. Esta tradición aparece en el *Arbaá Turim*,[10] el código de la autoridad Jacob ben Asher, y en los responsorios que corresponden al tiempo de la Expulsión.[11] Aparece también en el diario de viaje de David ha Reuvenu,[12] como una práctica judía en los edictos de la Inquisición[13] y en muchas confesiones obtenidas mediante tortura por la Santa Hermandad. Estos ayunos todavía se practican en tiempos recientes en Portugal.[14] También los musulmanes prefieren ayunar los lunes y los jueves, pero los católicos prefieren los miércoles y viernes.

Se dice que todavía existen sinagogas secretas, oratorios ocultos en las casas de los parientes viejos y grupos secretos de oración. Algunos, muy pocos, poseen *talit* y *tefilim*, *mezuzot*, *Tanaj*, *sidurim* y otros objetos judíos de uso ceremonial o decorativo, que se presume adquirieron de tiendas o mercade-

[9] *Shabat* 2: 6.
[10] *Orah Jayim* 134.
[11] *Responsa Levi ibn Haviv* 79.
[12] Edición de Kahane, pp. 72-74; véase Asaf, pp. 154-155.
[13] Liebman, *New Spain*, p. 96.
[14] N. Slouschz, *Ha-anusim be-Portugal*, Dvir, Tel Aviv, 1932, pp. 71-73.

res judíos.[15] Las plegarias con la Presencia (la Shejiná) son muy comunes. Algunas mujeres poseen conocimientos cabalísticos y los practican. Conservan la tradición de los 73 nombres de Dios (y no los 70 o los 72 de otras tradiciones), como lo hacen los *anusim* de Portugal y como se encuentra en el *Midrash Konén*.[16]

A los niños se les educa para casarse con "uno de los nuestros", expresión que a menudo se usa como los *nuestros* (o *muestros*), y a seguir las antiguas costumbres, *costuma d'antigua*, incluida la "dieta especial". Otra palabra clave es "puro": "Sólo debes casarte con los *puros*".

Algunos *anusim* son prácticamente vegetarianos; hay quienes evitan toda carne roja y la sustituyen por pollo; otros matan a las reses, los borregos y los chivos del modo ritual. Evitan el puerco ("el cerdo es *impuro*") y lo suelen llamar *carne de marrano*. Se refieren a la observancia de estas reglas del *kashrut* como *la dieta*. Los *anusim* que guardan "la dieta" nunca comen carne de conejo ni de animales de caza, tampoco mariscos ni camarones. Les prohíben a sus niños comer alimentos preparados por alguien que no sea su madre o su abuela materna.

Es común que separen la carne de la leche: dicen que mezclarlas da dolor de estómago. Muchos dejan pasar un rato antes de tomar leche después de comer; algunos incluso hierven o lavan con cloro sus trastes después de comer. Otros más se lavan las manos antes y después de las comidas (y para hacerlo usan una taza). Lavarse las manos antes y después de las comidas y separar la carne de la leche son tradiciones rabínicas.[17]

Unos pocos beben vino puro o *kosher* (el vino que no ha sido tocado por un gentil). José Caro, un exiliado español que vivía en Safed, escribe en su docto *Shulján Aruj*:[18]

Un judío que transgrede las normas porque teme por su vida sigue siendo un judío; sus animales sacrificados son permitidos y no hace que sea prohibido el vino que toca. Un apóstata que en una ciudad profesa ser idólatra enfrente de idólatras y en otra ciudad entra en casa de un judío y dice que es judío no hace que su vino sea prohibido. Uno puede confiar en la matanza ritual de un *anus* que haya permanecido en su tierra si en privado actúa apropiadamente y no pudo escapar a un lugar en el que pudiera adorar a Dios. No hace que el vino que toca sea prohibido.

[15] Hay un ejemplo de *talit* en H. D. Halevy, "Tzeetzaei haanusim vaatidam hayehudi", *Hatzofe*, 1 de abril de 1991, p. 4.

[16] Véase, para Portugal, Slouschz, p. 167. Slouschz no conocía que el número 73 tiene su origen en el Midrash, lo cual se dice en J. D. Eisenstein, *Ozar midrashim*, Nueva York, 1915, p. 253. Agradecemos a Moshe Idel por ayudarnos a localizar esta fuente.

[17] El lavado de manos se encuentra en la *Sifrá*, Lev. 15: 11 y el uso de un utensilio en la *Mishná Yadaim* 1: 2. Separar la carne de la leche está prescrito en *Hulin* 8: 12.

[18] *Yoré Deál* 119: 9-12.

Algunos les dan vuelta a las aves para marearlas antes de que las maten; otros les cercenan la cabeza de un tajo. Como es típico, antes de matar un animal con cuchillos especiales, probados contra el dedo o sobre un cabello, le ofrecen las disculpas que prescribe el ritual. Cuelgan al ave hasta que escurre toda la sangre; suelen cubrir ésta con tierra. Entonces sumergen la carne en agua caliente, a la que añaden sal para que acabe de salir toda la sangre. Inspeccionan la carne roja en busca de imperfecciones, la lavan, la salan y la vuelven a lavar en agua tibia; le quitan toda la grasa y la desechan. Entre algunos también se conserva la práctica de extraer el nervio ciático; hemos sabido de gente a la que le basta con no comer los cuartos traseros del animal.

Hoy es muy raro que un matarife ritual vea si el cuchillo no está mellado probándolo, además de en la uña, contra la yema de su dedo, aunque así lo prescriben el Talmud y los códigos:[19] "Rabí Papa ordenó: el cuchillo debe examinarse en la carne del dedo y en la uña".

Sacar el nervio, quitar las capas de grasa y tapar la sangre son prácticas bíblicas; salar, lavar y escaldar la carne son rabínicas. El Talmud de Babilonia[20] prescribe: "No se puede librar la carne de la sangre a menos que se la sale y se la enjuague por completo". Maimónides exige escaldar la carne:[21]

¿Cómo debemos proceder? Primero, hay que enjuagar la carne y después hay que salarla toda y dejarla en sal por el tiempo que nos lleva caminar una milla. Entonces hay que enjuagarla bien hasta que el agua salga completamente limpia e inmediatamente después hay que arrojarla en agua hirviente (no en agua tibia), para que quede blanca y no salga ya más sangre.

Caro también recomienda estas exigencias.[22] En la actualidad sólo los judíos yemenitas siguen la vieja práctica de escaldar la carne después de salarla y antes de comerla. Sin embargo parece que muchos *anusim* de todo el mundo han guardado la tradición hasta el presente.

Evitan cuidadosamente la sangre, tanto que hasta tiran los huevos cuando están manchados. Consideran repugnantes a quienes preparan morcillas o manitas de cerdo. La prohibición de tomar sangre es bíblica, pero su extensión a las manchas sanguinolentas de los huevos es rabínica:[23] "Los lim-

---

[19] Talmud de Babilonia (T. B.). *Hulin* 17b. Véase también *Arbaá Turim* y *Shuljan Aruj*, *Yoré Deá* 18: 19. Hayyim b. Moses ibn Attar es uno de los primeros rabinos que trató la laxitud prevaleciente en su *Pri toar* (Amsterdam, 1742), que se encuentra en *Yoré Deá*, *ad. loc.* El edicto de la fe de 1639 (Liebman, *New Spain*, p. 96) sólo menciona las uñas.

[20] T. B. *Hulin* 103a.

[21] *Mishné Torá*, *The Book of Holiness*, "Forbidden Foods", 6: 10, traducción de L. I. Rabinowitz y P. Grossman, Yale Judaica Press, New Haven, 1965.

[22] *Bet Yosef* en *Arba'ah Turim*, *Yoré Deá* 69.

[23] T. B. *Hulin* 64b.

pios de espíritu comen huevos sin fecundar. Si hay una mancha en ellos, hay que tirar la sangre y comer el resto [. . .] Si la mancha está en la yema, todo el huevo está prohibido".

Los *anusim* entierran a los suyos un día después de que han muerto, y solían envolverlos en mortajas de lino blanco. Acostumbran llamar a estos sudarios *lino* nada más o, si no, su nombre incluye la palabra *muerte*, en especial en los países donde se habla portugués. Cubren los espejos de las casas de los difuntos e instalan grifos en los cementerios. Confiaban los entierros a las mujeres. Algunos de los deudos rasgan sus vestidos, se sientan en el suelo y plañen durante siete días, después de los cuales se abstienen durante un año de festejos (incluida la música).[24] Salvo por el entierro inmediato y porque rasgan sus vestiduras, que son prácticas bíblicas, sus costumbres funerarias se originan en el Talmud o en prescripciones posteriores.[25] Cubrir los espejos es una práctica común en lugares como Nuevo México[26] y no es exclusivamente judía.[27]

En algunas regiones había un experto itinerante que practicaba las circuncisiones; se dice que, en otras, las abuelas circuncidaban a sus propios nietos.[28] Algunos *anusim* consagraban a sus niños varones al octavo día de nacidos y evitaban la circuncisión porque "podía atar al niño a la ley de Moisés", que le costaría mucho seguir. Es interesante cómo Samuel Aboab, del siglo XVII, mantiene esta creencia errónea (que viene de la Epístola de San Pablo a los Gálatas)[29] en sus memorias.[30]

Algunas mujeres se abstenían de las relaciones maritales y de ir a la iglesia por cuarenta días después del parto (pues seguían la cuarentena o "la

[24] El entierro inmediato tras la muerte y el año de luto eran prácticas comunes en el Nuevo México rural. Véanse A. Lucero-White, *Los hispanos*, Sage, Denver, 1947 (fue reimpreso como *Hispano Culture of New Mexico*, Arno, Nueva York, 1976, p. 16) y M. S. Edmonson, *Los Manitos: A Study of Institutional Values*, edición del autor, 1957, p. 35.

[25] Hay referencias a los sudarios sencillos de lino en *Yoré Deá* 352: 1-2 y en *T. B.*, *Moed Katan* 27b ("Antes los funerales eran más costosos para los parientes que la muerte misma, así que muchos de los parientes abandonaban el cuerpo y huían, hasta que rabí Gamliel vino y se humilló a sí mismo y lo enterraron en mortaja de lino, y el pueblo se acostumbró a hacer lo mismo.") Hay referencias a tirar el agua en *Kol Bo* (un compendio anónimo del siglo XIV), folio 86 (para atraer la atención hacia los muertos o, "como unos dicen, la razón es que el ángel de la muerte tira una gota de la sangre del muerto en el agua") y en *Yoré Deá* 339: 5 ("Se acostumbra derramar toda el agua recogida cerca del cadáver".) Para el lavado de las manos al salir del cementerio véanse *Kol Bo, loc. cit.*, y *Responsa Isaac Aboab* 7. La *Halaká* exige que el entierro sea el mismo día de la muerte y no permite ninguna excusa; los *anusim* solían enterrar a sus muertos el día después que morían.

[26] Lucero-White, p. 18.

[27] J. T. Frazer, *The Golden Bough: A Study in Magic and Religion*, parte II, vol. 3, pp. 94-95, Macmillan, Nueva York, 1935.

[28] S. Hordes nos dijo que las comadronas solían llevar a cabo la ceremonia.

[29] 2: 3-9.

[30] *Sefer ha-Zikhronot*, Praga, *circa* 1640, folio 75b, citado en S. Asaf, *Beaholei Yaakov*, Mossad Harav Kook, Jerusalén, 1943, p. 152.

dieta de cuarenta días").[31] Esta interpretación del Levítico 12: 4 fue objeto de discusión entre los rabinos medievales. Maimónides escribe:[32]

> Eso que se hace en algunos lugares y que se menciona en los responsorios de algunos *geonim*, que una mujer que ha dado a luz un hijo varón no puede tener comercio hasta que pasen cuarenta días y, si es mujer, hasta que pasen ochenta (incluso cuando sólo haya sangrado los primeros siete), no es una costumbre bien fundada sino un error de esos lugares que originaron los saduceos [karaítas].

Muchos *anusim* barren el suelo hacia el centro de la habitación. Moshe Hagiz describe esta práctica muy matrilineal como algo que todavía dos siglos después de la expulsión les costaba la vida a algunos portugueses.[33]

> He escuchado que era una práctica común en España tener cuidado y no barrer un cuarto de adentro hacia afuera. En cambio, comenzaban por la puerta y barrían hacia adentro por respeto a la *mezuzá*. Por esta razón, una de las acusaciones que los inquisidores de Portugal levantan contra los *anusim*, para incriminarlos, era que había testimonio de que barrían su casa de la puerta hacia adentro. Que Dios vengue la sangre de sus siervos que santifican su nombre dondequiera y cuandoquiera.

Los archivos inquisitoriales de España y Portugal confirman esta costumbre (la cual, al parecer, no se menciona en ninguna otra parte de la literatura judía).[34] En una obra literaria del siglo XVIII se nos dice que "los judíos barren hacia el centro de la casa para, como ellos dicen, no tirar sus posesiones".[35]

El Talmud consigna que "es justo aquel que entierre los recortes de sus uñas; es santo quien las queme; uno que las tire es perverso, pues una mu-

---

[31] También esto se menciona en el edicto como una señal de judaísmo secreto (Liebman, *New Spain*, p. 97) y era común en Nuevo México (Edmonson, p. 24). T. Atencio habla de otros aspectos de la misma "dieta" en "Resolana: A Chicano pathway to knowledge", Third Annual Ernesto Galarza Commemorative Lecture, Stanford Center for Chicano Research, Stanford University, 1988.

[32] *Mishneh Torah, The Book of Holiness*, "Forbidden intercourse", 11: 15. (Nuestra traducción sigue el texto de la edición de Kafih.)

[33] *Mishnat Hakhamim*, 1732-1733 (pp. 32b-33a de la edición de Chernovitz, 1863-1864). La traducción es nuestra.

[34] Hay informes de que una mujer, en España, barría su casa de esta manera los viernes. (F. Sierro Malmierca, *Judíos, moriscos e Inquisición en Ciudad Rodrigo*, Diputación de Salamanca, Salamanca, 1990, p. 177. Agradecemos a D. Gitlitz que nos haya indicado esta referencia.) Para Portugal, véanse E. Glazer, "Invitation to intolerance", *Hebrew Union College Annual*, 1956, pp. 353-354, e Y. H. Yerushalmi, *From Spanish Court to Italian Ghetto: Isaac Cardoso: A Study in Seventeenth-Century Marranism and Jewish Apologetics*, Columbia University Press, Nueva York, 1971, p. 37.

[35] Dom Francisco Manoel de Melo, *Apologos Dialogaes*, Lisboa, 1721, p. 273, citado en Glazer, *op. cit.*

jer preñada puede abortar por su culpa".[36] Esto también se encuentra en los edictos. Hoy en día hay muchos *anusim* que queman los recortes de sus uñas y de su pelo; otros los envuelven con cuidado antes de desecharlos.

Los *anusim* orientan todas las camas de la casas de norte a sur. La práctica tiene su origen en el Talmud:[37] "Abba Benjamin dice: toda mi vida me he esforzado en dos cosas [. . .] que mi cama esté entre el norte y el sur. Rabí Isaac dijo, quienquiera que ponga su cama entre el norte y el sur tendrá hijos varones [. . .] Rabí Nahman ben Yosef dijo, y su mujer no abortará". Mientras que las fuentes ashkenazis restringían su validez y algunos cabalistas interpretaban que el *Zohar* mandaba orientarlas de este a oeste, los sefaradíes han tenido cuidado en orientar sus cabeceras hacia el norte o hacia el sur.[38] No hemos encontrado ninguna referencia sobre la orientación de las camas en los archivos de la Inquisición, pero parece que, hasta el día de hoy, es muy común entre los *anusim* que, aunque no suelen percatarse de su significado religioso, siguen cumpliendo con la antigua tradición.

Como se dijo con anterioridad, muchos miembros de familias criptojudías no estaban conscientes de sus lazos con el judaísmo. De aquí que el descubrimiento de una tradición judía secreta en la familia pueda resultarles inquietante o hasta traumático. El catecismo cristiano, donde todavía se retrata a los judíos como criminales y deicidas, puede convertir el descubrimiento de un origen judío, aunque sea parcial, en una mancha vergonzosa. Quienes desean admitir en público que hay elementos judíos en su pasado ponen en riesgo sus lazos familiares, sus trabajos y sus amistades; para aquellos que tratan de reunirse con la religión judía puede resultar imposible encontrar una comunidad judía que los acepte y los comprenda, por no decir nada de guías competentes que los ayuden a distinguir en su crianza los elementos judíos de los cristianos.

Por dar un ejemplo relataremos la historia de una mujer de los *anusim*, la difunta artista y experta en genealogías Berta Covos.[39] Berta nació y fue criada como católica en una pequeña comunidad agrícola, San Elizario, en Texas.[40] Su familia no acostumbraba ir a la iglesia. Comenzó a investigar sus lazos con el judaísmo a raíz de que su marido, un gentil, la acusó de ser ju-

---

[36] *T. B., Moed Katan* 18a y paralelos. Los códigos más importantes no registran esta superstición.

[37] *T. B., Berakhot* 5b.

[38] Los códigos sefaraditas ordenan la orientación de las camas: Maimónides, *Mishneh Torah, The Book of Temple Service*, "The Temple", 7: 9, Yale University Press, New Haven, 1957; *Shulhan Arukh, Orah Hayyim* 3: 6. Maimónides explica que se origina en el respeto que tenían por la ubicación del gran templo de Jerusalén.

[39] Conversaciones sostenidas con S. C. Halevy entre noviembre de 1993 y septiembre de 1994.

[40] Los parientes describen la vida en el pueblo: A. M. Skaggs y S. R. Skaggs, *The Bells of San Eli*, edición privada, Las Cruces, 1990.

día porque consideraba impuro el puerco y no permitía que lo hubiera en su casa. Al indagar sobre su genealogía confirmó que había uniones familiares con nombres judíos que se mencionaban en los archivos de la Inquisición; esto la llevó a reflexionar sobre las viejas costumbres que le habían inculcado de niña. Cuando era pequeña, la explicación que le daban por lo común era que sus costumbres eran las de la nobleza. Con el paso del tiempo Berta enfrentó a su madre, quien, tras responderle "¿Por qué preguntas", finalmente admitió que cuando tenía 5 años sus tías, encargadas de criarla, le habían revelado su identidad judía.[41]

El abuelo de Berta, un hombre rico y poderoso al que se consideraba "intocable" (y cuya lápida era la mayor del cementerio), tenía un oratorio en su casa, donde con frecuencia se aislaba. Cuatro personas le dijeron a Berta que solía meterse ahí con un libro grande y negro que se parecía a su Biblia. Su abuela había sido lectora de salmos ambulante. Berta decía que, por lo general, los hombres y las mujeres oraban tres veces al día (como lo mandan los rabinos).[42]

Sólo después de su búsqueda y descubrimientos Berta pudo poner en su lugar diversos hechos biográficos. Ahora entendía lo que quería decir su bisabuela Agustina cuando decía que tenía "su propia" religión. Ahora tenía sentido que una tía se hubiese casado con un judío israelí, que un primo se casara con una mujer judía, que otro primo adoptara una niña judía y la estuviera criando como judía, llevándola al templo y poniéndole en la ropa una "estrella judía". Es más, llegó un momento en que su tío le dijo que se consideraba judío, una tía fue al funeral de su madre a decir *shalom* y otro primo más admitió que era judío y que se había casado con otra *anus*.

Su madre le repetía a Berta, cuando se iba a la escuela por la mañana, cuando se iba a la cama y en otras muchas ocasiones, lo que Berta llegó a identificar como los diez mandamientos. Sobre todos los otros, le daba importancia al décimo. Por ejemplo, hubiera resultado de muy mala educación pedirle dulces a un amigo. Durante la segunda Guerra Mundial su madre estuvo muy preocupada y se sentía terriblemente impotente ante lo que les estaba pasando a los judíos. Decía que todos los alemanes eran impuros. Cuando Berta le dijo esto a su esposo, un norteamericano de origen polaco acuartelado en Alemania, se desató una espantosa pelea en casa.

Berta esterilizaba su cocina todo el tiempo: tenía dos fregaderos, uno para las cosas puras que entraban en su casa y otro para las impuras. Lo que era limpio se contaminaba si tocaba lo impuro. Hervía los platos entre las comidas y se lavaba las manos antes y después de comer. Consideraba que la

---

[41] El primo de Berta, criado en la misma casa, confirma que su abuela le recordaba a ella todo el tiempo (en inglés y en español) que eran judíos.

[42] T. B., *Berakhot* 26b.

mesa del comedor era un "altar";[43] no dejaba que pusieran sobre ella ni siquiera un periódico.

Berta habló de sus orígenes en una convención de la Sociedad de Estudios Criptojudíos:[44]

Mi esposo [. . .] las cosas que le hice pasar: lávate las manos para esto, lavátelas para esto otro [. . .] Ahí estaba él, miembro de una familia de clase media alta, y yo pensaba que ellos eran muy sucios, que eran muy ignorantes junto a nosotros. ¿Cómo es que se llaman a sí mismos anglos cuando nos han despreciado por ser mexicanos y yo los encuentro gente culturalmente inferior? Eran muy ricos pero eran culturalmente inferiores a nosotros. ¿Cómo podía su madre poner su bolso en el lugar donde más tarde iba a comer? ¿Cómo podía tocar la comida si acababa de coger dinero y cómo podía llevársela a la boca? Yo purificaba su cocina. Cogía el cloro y limpiaba su baño. Pienso que los *anusim* se pueden identificar con lo que estoy diciendo, pues esto se ha conservado: no es una costumbre católica. Sí, hay "enfermedad mental" en mi familia porque tendemos a pasarnos de la raya, y yo soy así también. Si siento que el lugar es impuro no como ahí, me levanto y me voy. Si en un lugar los cocineros tocan el dinero, ése no es lugar para comer. Nos vamos a los extremos [. . .] Es difícil evitarlo cuando has sido criado así: lo llevas en el subconsciente. Mi hija me vuelve loca: "¡Lávate las manos! ¿Vas a comer sin darle gracias a Dios por los alimentos? ¿Sin rezar? Eso es de paganos". Estas cosas [. . .] están metidas en uno [. . .] Uno no se puede alejar de ellas.

La división entre puro e impuro se aplicaba a las personas también:

Recuerdo que en mi familia había mucha compasión, pero no no mezclábamos con la otra gente ni siquiera por esa compasión. Dividíamos a la gente de las clases inferiores en pura e impura. Yo solía preguntarle a mi madre: "¿Y quiénes son los puros y quiénes los impuros?" Ella me contestaba: "Los que tienen nuestras costumbres son los puros". Compartíamos tradiciones [. . .] Ahora los límites ya no son lo que eran antes. Veo que hay más mezcla de sangres de la que había cuando yo era chica. Teníamos más cuidado de conservar la sangre y la cultura.

Cuando la madre de Berta fue internada en un asilo se rehusaba a comer prácticamente todo, sin darles a los encargados ninguna explicación. Sólo cuando Berta les explicó sus reglas a los encargados y éstos le prepararon comida *kosher*, la madre de Berta empezó a comer. Berta escogió que el funeral de su madre (fue hace unos tres años) se hiciera del modo más simple posible, sin poner símbolos judíos en la lápida. Se encontró con la desaprobación de muchos familiares ante la cremación y la ausencia de ritos funerarios judíos. Encontraban notable que en el viejo cementerio de la familia hubiera,

---

[43] Cf. *T. B., Hagigah* 27a: "Cuando se erguía el templo, el altar servía a los hombres; hoy día les sirve su mesa".

[44] La reunión se celebró en San Antonio, Texas, en noviembre de 1993.

junto a las cruces, estrellas de cinco y de seis puntas. Si era posible, su familia evitaba entrar a los cementerios. Cuando tenían que entrar, se desnudaban al llegar a casa y se bañaban. También evitaban ir a los hospitales. Si iban, tenían instrucciones de caminar con las manos a la espalda y de no tocar nada. Si tocaban algo, tenían que purificarse.

Con el paso del tiempo Berta, una persona recta, vivaz y positiva, se frustró y se deprimió. Describió su soledad creciente como "cortarme con tijeras el corazón". Su esposo se quejaba todo el tiempo por lo del puerco. Le llevaba recetas que lo incluían y la estaba presionando para que lo aceptara. A su hija la empezaron a discriminar sus amigos y maestros; ella misma perdió el puesto que tenía en la sociedad genealógica de la cual era miembro y muchos de sus viejos amigos la rechazaron. Al mismo tiempo, quedó fuera de la comunidad judía, que la había aceptado a duras penas y de la cual había sido expulsada unos años antes por un rabino. Cargó con la culpa de sus antepasados, de quienes ella pensaba que habían tomado "la salida fácil" cuando tuvieron que escoger entre la conversión y la expulsión.

Berta expresó sus sentimientos con estas palabras:

> Pienso que necesito decirles que tienen el derecho de odiarnos. Tienen el derecho de estar enojados con nosotros, pues escogimos la salida fácil. No me voy a parar aquí a decirles que mi familia era de criptojudíos. Pienso que cuando cumplíamos con la ley del Levítico evocábamos un pasado judío (y mi familia destacaba por el cumplimiento de la ley) pero tienen que ser lógicos, y la única institución religiosa del suroeste era la Iglesia católica, y para mí era muy difícil reconocer la diferencia entre las costumbres judías y las católicas cuando me puse a estudiarlas. Muchos de los sacerdotes descendían de judíos. Hacíamos las cosas con inconsciencia, sin saber por qué las hacíamos. Después de estudiar a los hidalgos debo decir que estoy segura de que había muy pocos criptojudíos entre ellos. Probablemente eran conversos. Lo digo con todo mi corazón, creo que eran unos hipócritas [. . .] Dudo cuando tengo que declarar abiertamente que soy judía; no tengo ningún derecho al nombre de judía.

Hubo una vez, cuando la soledad se hizo especialmente difícil de soportar, en que ella expresó su deseo de olvidar sus recién encontrados lazos con el judaísmo, y canceló el compromiso que había hecho después del bombazo en Buenos Aires a fin de dar una entrevista para (en sus propias palabras) "meterse en un escondite". Sin embargo, por otra parte ella sabía que no podía quedarse sin hacer nada mientras otros judíos sufrían persecución y sentía que, cada vez que trataba de reprimir su espiritualidad judía, Dios la atraía violentamente hacia Él. Berta soñaba con ir a Israel y se le partió el corazón cuando tuvo una oportunidad pero su esposo le dijo que podía ir sólo si él la acompañaba. Berta está sola en su espíritu; en una de nuestras últimas conversaciones nos dijo que estaba "muriéndose por dentro".

Como muchos *anusim* desconocen el judaísmo, como han sido criados con estas costumbres desde que eran niños y las tenían por normales, les suele tomar mucho tiempo, como a Berta, antes de distinguir y separar lo judío de lo cristiano, antes de superar las explicaciones que les dieron cuando eran niños (para actos realizados como si lo mandara la tradición o como si fueran supersticiones) e identificar su verdadero origen. La transmisión era tan subliminal que muchos *anusim* estaban completamente inconscientes de sus antepasados judíos pero se convertían al judaísmo por razones intangibles. Aun cuando se mantuvieran puros por años, podían no relacionar el *kashrut* con cosas tales como que su familia nunca entrara a la carnicería del vecindario, que nunca hubiesen comido mariscos, nunca consumiesen cerdo ni animales de caza, evitaran la sangre y sus productos, que otros muchos disfrutaban a su alrededor.

Berta concluyó su participación pública con estas palabras:

> Me parece que nuestra conciencia judía está en estas cosas que no podemos olvidar; nunca saldrán de nosotros. Como dije, no es que estas cosas me den derecho a declarar que soy judía. Es un proceso y sé que será cuando Dios quiera que yo pueda regresar. Él me hará regresar. Puedo decirles que los amo; los amo a todos aunque puedo ver en sus rostros el mismo orgullo, la misma arrogancia que había en mi familia.

La observancia de las prácticas rabínicas entre los *anusim* de hoy en día es un poderoso testimonio de una herencia judía que todavía sobrevive. No pudieron originarse en la lectura de la Torá y no las comparten los cristianos. Las prácticas más ocultas ni siquiera podían tomarse de otros judíos. Las costumbres exclusivamente judías que no proscriben los edictos (barrer y la orientación de las camas) son evidencia de una herencia cultural y religiosa directa. Es más, hubiera sido tonto para un cristiano "viejo" o un converso sincero mantenerlas, por más triviales que fueran, si están contenidas en el edicto de la fe. Sólo los *anusim*, con el interés heroico que tenían en conservar su herencia, arriesgaron su bienestar y el de sus familias por una costumbre prohibida.

La familia de Berta cumplía todas las prácticas ocultas que se mencionaron aquí; ni ella ni su madre están ahora con nosotros para ilustrarnos más sobre sus costumbres. La información se va haciendo más escasa al tiempo que la antigua generación se va extinguiendo; al mismo tiempo, los descendientes de los *anusim* están haciendo preguntas urgentes. Queda mucha investigación pendiente si queremos entender todo este capítulo silencioso del valor de los judíos.

El viaje de Berta terminó con su muerte prematura. Aun muriendo abrió la puerta por la que otros siguen pasando. Esperamos que este trabajo sea un tributo a esa valiente y noble mujer.

LOS JUDÍOS DE MARTINICA Y GUADALUPE

MORDECHAI ARBELL*

LA HISTORIA de los judíos de Martinica y Guadalupe es relativamente corta, pues abarca 60 años nada más. Se inicia con el arribo de los primeros judíos de Amsterdam, que llegaron en el decenio de 1620 para administrar los intereses holandeses en las factorías que Holanda había establecido en la isla, y termina cuando los expulsan, en 1685.

Aunque de corta duración, la presencia judía tuvo un gran efecto sobre la vida en Martinica y Guadalupe. Trajo consigo cambios de importancia en la estructura económica de las islas y, al mismo tiempo, produjo tensiones entre los gobernantes laicos de la isla y las instituciones católicas.

En 1635 Armand Jean du Plessis, el cardenal de Richelieu, fundó la Compagnie des Isles d'Amerique (Compañía de las Islas de América), con la intención de fomentar la producción y el comercio de plantas tropicales. Le parecía que las Antillas podían ser una fuente de ingresos para la Corona francesa y para el Estado. El establecimiento de la compañía encontró opositores feroces en las islas, entre los colonos y los plantadores que habían llegado antes. Las leyes de la compañía imponían comisiones e impuestos que sumaban 20% del valor de las ventas, además de un arancel sobre las importaciones provenientes de Francia y una política de exportaciones e importaciones que privilegiaba a la metrópoli.

El establecimiento de la compañía coincidió con la ocupación francesa de Martinica, que realizó Pierre Belain d'Esmanbuc en 1635. Esta ocupación fue posible gracias a que en 1625 había desembarcado en San Cristóbal (St. Kitts) y la había reclamado para Francia, tras lo cual celebró un tratado con los ingleses por medio del cual dividían la isla en dos mitades, y propició los primeros cultivos tabacaleros y la producción de añil. Éste fue el origen de la Compañía de San Cristóbal, que era de franceses. Cuando Jean du Plessis, señor de Ossenville, capturó la isla para el rey, en 1635, en Francia surgieron expectativas de un vasto desarrollo de sus posesiones insulares en el continente americano y, en consecuencia, de una mayor recaudación de ingresos.

Las expectativas no se cumplieron. Como el principal producto, el tabaco, se comercializaba en mercados extranjeros, Francia no podía cobrar impuestos. Los precios mundiales del tabaco fueron cayendo cada vez más. La

* Universidad Hebrea de Jerusalén.

Compañía de las Islas de América estaba perdiendo dinero. En 1649 no le quedó más remedio que vender sus derechos a particulares (de origen noble), quienes iban a gobernar la isla según la versión francesa de los patronazgos ingleses y holandeses. En 1649 la familia Houel compró las islas de Guadalupe y María Galante, y don Dyel Du Parquet, sobrino del señor de Esnambuc, Martinica, Santa Lucía, Granada y las Granadinas.

Cuando los franceses ocuparon Martinica, en 1635, encontraron algunos judíos que habían salido de Amsterdam para trabajar como agentes y administradores de las empresas holandesas en las islas. El dominico Jean Baptiste du Terter, que llegó a Martinica en 1640 y se quedó ahí durante 16 años, describe un incendio que destruyó sesenta bodegas de holandeses,[1] lo cual nos muestra que la importancia de éstos en la isla era considerable.

Los franceses no molestaron a los judíos holandeses de las isla, cuyo número no era grande. Estaban dispersos por las bodegas, plantaciones y tiendas de la isla sin formar, hasta donde sabemos, una comunidad. Los judíos pudieron trabajar y prosperar bajo los franceses durante 20 años, pues los gobernadores los toleraban y los protegían ya que necesitaban sus habilidades comerciales y financieras y se servían de ellas. Poco a poco el éxito de los judíos fue suscitando la envidia de los colonos y mercaderes franceses. Al mismo tiempo, los monjes y sacerdotes católicos en la isla, que cada vez eran más, no podían soportar que hubiera judíos viviendo en territorios gobernados por franceses.

La presencia judía en Martinica cambió en forma dramática cuando los portugueses ocuparon el Brasil holandés. Por todo el mar Caribe erraban barcos llenos de judíos, colonos holandeses y otros protestantes en busca de un lugar para establecerse. Du Tertre, el monje, describe así la llegada de refugiados de Brasil:

> Un barco de 1 400 toneladas salió hacia nuestras islas, llegó a Martinica a principios de 1654, sus comandantes desembarcaron y fueron a presentar sus respetos a M. Du Parquet, y le pidieron que los dejara establecerse en la isla, en las mismas condiciones y términos que los colonos franceses. M. Du Parquet estuvo de acuerdo y algo les prometió, pero los reverendos padres jesuitas le dijeron que eso iba contra la voluntad del rey y que, al introducir otra gente en la isla, de la cual la mayoría eran judíos y otros herejes, se iban a introducir la herejía y el judaísmo, y se las arreglaron para convencerlo. Mal de su grado se decidió a rechazarlos del modo más cortés que le fue posible.[2]

Cuando M. Houel, gobernador de Guadalupe, supo que les habían negado la entrada a Martinica a los refugiados, pensó esperanzado que tal vez

---

[1] Jean Baptiste Du Tertre, *Histoire generale des Antilles habitèes par les français*, París, 1667, p. 1123.

[2] Du Tertre, *Histoire*, pp. 460-461.

tratarían en Guadalupe, lo cual efectivamente hicieron. Du Tertre nos da detalles de la llegada de los refugiados:

> Un gran barco lleno de gente de la isla de Tamarica [Brasil] y de sus esclavos ancló en la isla, y cuatro comandantes del buque fueron a pedirle permiso para residir en la isla con sus familias y sus esclavos en las mismas condiciones que los habitantes de la isla. M. Houel los recibió bien y aceptó su solicitud con gran alegría. Otros barcos llegaron en el curso de la noche siguiente. Una fragata holandesa y dos grandes barcos llenos de habitantes de Paraiba [Brasil] llegaron ese mismo día y, el miércoles siguiente, una gran nave con las guarniciones de Tamarica y de Paraiba.[3]

En su descripción Du Tertre nos informa que los refugiados de Brasil (de los cuales había, según sus cálculos, unos 900) llegaron con muchas riquezas. En Guadalupe pensaban que, una vez que desembarcaran, los refugiados de Brasil gastarían grandes cantidades de oro y plata en comprar las cosas que necesitaban para instalarse.

El gobernador de Martinica, Du Parquet, se dio cuenta de que estaba perdiendo una oportunidad única para hacer dinero y de que todos los nuevos colonos estaban desembarcando en Guadalupe. Expresó su enojo a los padres jesuitas, quienes urgieron a su superior a viajar a Guadalupe para convencer a Houel de expulsar a los refugiados de Brasil. Du Tertre relata que Houel le dijo al jesuita que no se metiera en lo que no le importaba. Los judíos y los holandeses se establecieron en Guadalupe. Poco después, un barco de refugiados llegó a Martinica con 300 holandeses y judíos. Esta vez, M. Du Parquet los recibió con los brazos abiertos.[4]

A partir de diversas fuentes y documentos, parece indudable que, de acuerdo con los términos en que los holandeses se rindieron a los portugueses en Brasil, los holandeses y los judíos podían salir de ahí con su propiedad mueble, su dinero y sus esclavos. Esto quiere decir que, cuando los judíos llegaron a Martinica y Guadalupe, llevaban consigo artículos de valor. Hubo una excepción. Un grupo de refugiados a bordo de la fragata *Valck*, con destino a Guadalupe, fue obligado por vientos adversos y una tormenta a detenerse en Jamaica (en ese tiempo Jamaica era colonia española). El gobernador español detuvo el barco y arrestó a aquellos pasajeros que, habiendo sido marranos, habían vuelto al judaísmo, lo que los hacía sujetos a castigo por la Inquisición española. El resto de los refugiados, holandeses o judíos de nacimiento, no eran reos de herejía y el gobernador les permitió seguir adelante.

Según el historiador Arnold Wiznitzer, pararon primero en Santa Catalina y después siguieron su camino a Nueva Amsterdam. Según él, a bordo

---

[3] *Ibidem*, pp. 462-463.
[4] *Ibidem*, pp. 463-464.

iban los 23 judíos que fundaron la primera comunidad judía de Nueva York. (La teoría de Wiznitzer ha sido objeto de controversia y, aunque existen variantes de ella, rebasan los propósitos de este trabajo.) Los que se quedaron detenidos provocaron en España una protesta oficial de Holanda, que alegaba que los detenidos eran ciudadanos holandeses, que la Inquisición española no tenía por qué meterse con ellos y que, por lo tanto, debían ser liberados. Entre las órdenes que desde España recibía el gobernador español llegó la de soltar a los detenidos por el bien de las relaciones con Holanda. Para entonces los judíos se habían quedado sin dinero, pues el gobernador español había confiscado una parte sustancial de su propiedad. Por fin el *Valck* prosiguió su rumbo hacia Martinica.[5]

En cuanto a los esclavos, es interesante la observación que hace Du Tertre[6] en el sentido de que los holandeses y los judíos trajeron consigo dos especies de "salvajes brasileños", una de cristianos en esclavitud y otra de paganos libres. El término "salvajes" se usaba entonces para llamar a los indios. Por lo que conocemos de la historia de los asentamientos judíos en el Caribe y las Guyanas, sabemos que en muchos lugares las autoridades, inglesas, holandesas o francesas, no solían permitir que los judíos tuvieran sirvientes ni esclavos cristianos. Algunas veces incluso acusaban a los judíos de oponerse a que se bautizaran aquellos que estaban a su servicio. De aquí podemos deducir que los paganos eran sirvientes de los judíos y recibían trato de hombres libres.

En cuanto a los "negros" (para usar las palabras de Du Tertre), los que habían venido con los refugiados de Brasil podían trabajar los sábados para ganarse un dinero y sus amos les daban parcelas de tierra, en las que sembraban papas y mandioca que después vendían, para su provecho, en los mercados.[7]

Queda claro que la descripción anterior se refiere a los empleados de los plantadores judíos, quienes no trabajaban los sábados. Ese día la gente a su servicio quedaba en libertad de atender sus propios asuntos.

El permiso que recibieron los judíos para establecerse en Martinica y Guadalupe atrajo a algunos judíos franceses de origen ibérico que vivían en Bayona y Burdeos, quienes tenían parientes entre los judíos que habían salido de Brasil, y su venida hizo que creciera el número de judíos en las islas francesas. Es difícil estimar cuántos había en Martinica y Guadalupe en 1658. Según un cálculo conservador, eran alrededor de 300 entre una población de cinco mil.

---

[5] Isaac Emanuel, "Les juifs de la Martinique et leur correligionaires d'Amsterdam au XVIIIe siècle", *Revue des Études Juives* (París, 1964), pp. 511-526.

[6] Arnold Wiznitzer, "The exodus from Brazil and arrival in New Amsterdam of the Jewish Pilgrim Fathers", *PAJHS*, vol. XLIV, núm. 2 (1954), pp. 86-88.

[7] *Ibidem*, p. 492.

Los padres jesuitas, que veían el establecimiento de judíos como una batalla perdida, no descansaron de sus esfuerzos incesantes para librar a la isla de su presencia. El 2 de abril de 1658 el Consejo Soberano de Martinica publicó un decreto que "prohibía a los judíos de las islas dedicarse al comercio" pero, por intervención del gobernador, el señor de Parquet, meses más tarde promulgó un nuevo decreto que derogaba el anterior, y por el que "se restituían a los judíos los privilegios para dedicarse al comercio".[8]

Hay que notar que los padres jesuitas fundamentaban su lucha a favor de la expulsión de los judíos en los estatutos de la Compañía de las Islas de América, aprobados por el rey de Francia, cuyo artículo cuarto dice que "a nadie que no sea ciudadano y no siga la religión católica, apostólica y romana le será permitido establecerse en las islas, colonias o asentamientos", y en el contrato que la compañía firmó con d'Olive y du Plessis, que habían capturado Guadalupe, en cuyo artículo sexto dice que "sólo los franceses y católicos podrán establecerse".[9]

En cuanto se instalaron los judíos establecieron casas comerciales, plantaciones de caña e ingenios grandes. Esto trajo, por un tiempo, prosperidad a las islas empobrecidas y ganancias para sus propietarios, Houel y Du Parquet.

Antoine Biet, un sacerdote católico que servía en Cayenne, en la Guyana francesa, describe en su narración el desaliento que sintió cuando fue a Martinica en 1662; vale la pena leer lo que dice en sus propias palabras (traducidas del francés).

Como los judíos eran dueños de las principales tiendas y tenían la mercancía selecta, no se les permitía observar la fiesta del sábado (el día de mercado), por lo cual se las arreglaron para cambiar el día de medida (el día en que, para poder recolectar los impuestos, se pesan los bienes que se van a vender) para el viernes, que también es día de mercado. El gobernador permitió esto [. . .] con lo cual tenemos que los judíos, a quienes no se tolera en Francia, han encontrado en una isla francesa la manera de practicar su judaísmo y, desde el viernes cuando oscurece hasta el crepúsculo del sábado, no le venden mercancía a nadie. No obstante, profanan el día santo del domingo y las otras fiestas de la Iglesia, pues venden a quienquiera lo que sea y los católicos se juntan en sus tiendas [. . .] Los judíos, grandísimos y crudelísimos enemigos de Nuestro Señor Jesucristo, al cual crucificaron, practican públicamente su religión y guardan el sábado. Los judíos tienen almacenes en el fuerte de San Pedro y en la ciudad, donde anclan las naves. Son los principales comerciantes y gozan el favor de M. Du Parquet (el gobernador y propietario) y el de su esposa. De ahí que los habitantes que han preparado azúcar, tabaco, añil y jengibre no hagan la pública medida el día sábado.[10]

[8] *Ibidem*, p. 515.
[9] A. Cahen, "Les juifs de la Martinique au XVIIᵉ siècle", *Revue des Études Juives* (París, 1989), pp. 95-96.
[10] Du Tertre, *Histoire*, pp. 49 y 68.

La principal aportación de los judíos a la economía de Martinica y Guadalupe fue en las actividades agrícolas. Las islas francesas estaban relativamente atrasadas en el desarrollo de la industria azucarera. Sólo después de que se asentaron los judíos de Brasil, expertos refinadores y comerciantes de azúcar, la industria azucarera empezó a tomar impulso. En 1661 había 71 ingenios en Guadalupe, y en Martinica había menos. No obstante, en 1671 había 111 ingenios en Martinica, en los que trabajaban 6 582 obreros y esclavos, y para 1685 había ya 172. Esto hizo que muchos plantadores dejaran el cultivo del tabaco por el de la caña de azúcar.[11]

Uno de los más eminentes productores de azúcar era Benjamín d'Acosta de Andrade, un judío que nació marrano en Portugal, que se estableció en el Brasil holandés y que llegó a Martinica en 1654. Era dueño de dos de los mayores ingenios de Martinica (que todavía están en pie para que los visiten los turistas). Se conoce y se recuerda a D'Acosta de Andrade por haber fundado la primera planta procesadora de cacao, producto que si bien había empezado a funcionar de manera rudimentaria en las colonias españolas de América, fue en Martinica donde progresó, se modernizó y sirvió para convertir el cacao en chocolate.

Al principio los franceses no recibieron el chocolate con agrado y los aranceles eran muy altos. Comoquiera, el consumo se desarrolló con los años y, para 1684, en Martinica se estaban construyendo numerosas plantas procesadoras y el chocolate se volvió su principal producto de exportación. Sin embargo Benjamín d'Acosta no se benefició de ese desarrollo. En 1664 Jean Baptiste Colbert (1619-1683), el primer ministro de Luis XIV, al ver que las islas del Caribe se estaban volviendo más rentables, fundó la Compagnie des Indes Occidentales (Compañía de las Indias Occidentales) y centralizó los derechos de las colonias, quitándoselos a los propietarios nobles y poniéndolos bajo el control directo de la Corona de Francia. De acuerdo con las reglas de la nueva compañía, todo el comercio debía ser transferido a manos francesas y realizarse con Francia exclusivamente. En consecuencia, Benjamín d'Acosta tuvo que dejar sus plantaciones,[12] que pasaron a las manos de sus socios franceses.

Estas restricciones también entorpecieron el floreciente comercio que realizaban judíos de los dos lugares entre Martinica y Amsterdam. Las limitaciones tuvieron su origen principalmente en el hecho de que la Compañía de las Indias Occidentales consideraba que los judíos eran sus competidores. Los contactos cercanos que éstos tenían en Amsterdam y en Curazao, una isla holandesa, desviaron buena parte de los productos de Martinica a puertos de otras potencias, lo cual generaba pérdidas al tesoro de Francia.

---

[11] Antoine Biet, *Voyage de la France Equinoxiale et l'isle Cayenne entrepris par le français*, París, 1664, pp. 303-304.
[12] Pierre Pirchon (comp.), *Histoire des Antille et la Guyanne*, Tolosa, 1982, pp. 93-94.

Al mismo tiempo, muchos de los plantadores franceses de Martinica y Guadalupe envidiaban la prosperidad de los judíos. Los judíos de Brasil no sólo tenían la técnica para producir caña de azúcar sino también los medios para financiar esa producción, que requería una inversión inicial considerable. La mayoría de los plantadores franceses siguieron cultivando tabaco y poco a poco se fueron empobreciendo. Su necesidad de dinero en efectivo los endeudó con los prestamistas judíos. Se acusó a los judíos de invertir fuera de Martinica, lo cual privaba a la isla de liquidez. Así las cosas, una coalición formada por los padres jesuitas y los mercaderes franceses puso manos a la obra para limitar la vida de los judíos y conseguir su expulsión.

La coalición se las arregló para presionar al gobernador Prouville de Tracy, quien en 1664 emitió un acta en la que hay un párrafo que dice que "quienes pertenezcan al pueblo judío deben comprar y vender el día sábado, a menos que Su Majestad ordene otra cosa".[13] El pobre De Tracy quería instrucciones más claras de Francia. Las recibió ambiguas, como una en particular que dice: "El rey no quiere alterar lo que se ha hecho hasta ahora con respecto a los hugonotes y los judíos".[14] El único remedio que le quedó a De Tracy fue hacerse de la vista gorda frente a las transgresiones a su propia acta. Los judíos siguieron observando el sábado.

En 1667 De Baas, un hombre de cultura, tolerancia e ideas liberales, fue nombrado gobernador, lo cual fomentó una actitud positiva hacia los judíos. En poco tiempo De Baas se convenció de que la presencia judía era muy necesaria para el bienestar de las islas, en especial el de sus plantaciones e industrias. El nombramiento animó a dos judíos que, por conducto de unos familiares de judíos de Martinica en Amsterdam,[15] hicieron llegar una petición a Luis XIV en la que le solicitaban oficialmente los mismos derechos comerciales que tenían los otros habitantes de las islas.[16] Sin duda los solicitantes[17] se habían puesto de acuerdo con el gobernador de Baas, quien les dio su recomendación. El resultado fue una carta del 23 de mayo de 1671, firmada por Luis XIV y por su primer ministro, Colbert, en la cual dice:

M. de Baas sabe que los judíos establecidos en Martinica y otras islas han gastado considerablemente en el acondicionamiento de la tierra y la fortificación de los poblados para el bien público. Por esta carta yo informo que es mi intención que usted tome providencias para que tengan los mismos privilegios que los habitantes de las dichas islas, y que les conceda la libertad absoluta de creencias, tomando, sin embargo, precauciones para que la práctica de su religión no escandalice a los católicos.[18]

[13] Jean Baptiste Labat, *Nouveau voyage aux isles de l'Amerique*, París, 1773, vol. VI, p. 3.
[14] Cahen, "Les juifs. . .", p. 96.
[15] *Idem.*
[16] Jacob Pereira da Silva, David da Acosta d'Andrade y David López Henriques.
[17] Emanuel, "Les juifs de la Martinique. . .", p. 513.
[18] Cahen, "Les juifs. . .", p. 98.

De esta carta los judíos dedujeron que podían practicar su religión siempre y cuando no lo hicieran abiertamente. Esto los animó para pedirle un rollo bíblico (Torá) a la comunidad de judíos portugueses de Amsterdam, el cual Benjamín d'Acosta de Andrade recibió en 1676.

Los judíos de Martinica entendieron bien la carta del rey. Hay más pruebas de lo que quiso decir en el diario que llevaba el enviado para la colonia francesa de Cayenne, Lefebre de la Barre, en el cual, en el año de 1671, escribe: "La única práctica religiosa que se permite en las islas es la católica, aunque hay algunos habitantes de la región que se dicen reformistas y, en Martinica, hay judíos declarados a quienes no se permite que practiquen en público su religión".[19]

Algunas teorías postulan que en Martinica hubo una sinagoga, la cual se ha pensado que pudo estar en diversos lugares. Sin embargo, las oraciones se hacían en una casa particular que, transformada en casa de oración, poco a poco se convertía en una sinagoga improvisada.

La existencia tranquila y feliz de los judíos de Martinica prosiguió hasta la muerte, en 1677, del gobernador De Baas. Su sucesor, el conde de Blenac, devoto de los jesuitas, había sido confesor de Luis XIV. Su primer propósito era expulsar a los judíos de Martinica. Hizo numerosas peticiones a la corte para que tomara medidas contra ellos. Los resultados de sus esfuerzos tuvieron altibajos. El propio superintendente de la isla, con otros funcionarios, se le oponía. A Versalles llegaban noticias contradictorias de los judíos. El mismo Colbert no quería modificar el estado de cosas.

Los padres jesuitas de la isla presentaron a Colbert, en 1681, una petición instigada por Blenac. En ésta se acusaba a los judíos de tener esclavos cristianos; de ultrajar el nombre de Jesucristo; de matar a los hijos de sus esclavos cristianos para que no los bautizaran y de observar abiertamente el sábado, la Pascua y otras fiestas judías; de circuncidar a los varones recién nacidos; de preparar la carne de acuerdo con las leyes judías, etc., etc. La petición recomendaba que se tolerara a los judíos únicamente por fines comerciales; que se les distinguiera de los otros con una marca externa a propósito; que a ningún judío que quisiera establecerse en Martinica se le permitiera hacerlo; que se les negara el permiso para tener esclavos, y que no se le permitiera quedarse en la isla a ninguno que, habiendo sido bautizado, hubiera vuelto al judaísmo.[20]

Al ver que los ánimos se acaloraban en su contra, los judíos de Martinica fueron saliendo poco a poco de la isla. En Guadalupe, con una historia repleta de revueltas, la población judía disminuyó en forma drástica.

---

[19] Sieur Lefebre de la Barre, *Relation de ce qui c'est passé dans les isles et Terreferme de l'Amerique, pendant la derniere guerre avec l'Anglaterre et de puis en execution du trate de Brede*, París, 1671, vol. I, p. 36.

[20] Cahen, "Les juifs. . .", pp. 116-121.

En 1683, cuando el conde de Blenac estaba con licencia en su país, se encontró con que Colbert estaba mal de salud y, por medio de sus contactos personales con la corte francesa, se las arregló para conseguir que el rey firmara una orden para expulsar a los judíos de la isla, junto con una carta que confirmaba que había recibido la petición de los judíos. Para estar seguro de que su orden se ejecutaría sin demora, el rey firmó el código negro (*Code Noir*) en 1685. En el primer parágrafo de este documento se declara que hay una orden que "será puesta en vigor en nuestras islas, la cual ordena a nuestros oficiales expulsar de nuestras islas a todos los judíos que en ellas se encuentren y hacer que se marchen tres meses después de la publicación de ésta, y confiscar todos sus bienes si no cumplen con el plazo".[21]

Hay diversos cálculos sobre el número de judíos que había en Martinica en el tiempo de la expulsión y del *Code Noir*. Se estima que, con las familias Pereira, Franco Athias, Molina, Letov, Barjuda, Pinheiro, d'Andrade, Vaz y Núñez, había menos de cien.[22] La mayoría de los judíos fue a Curazao después de salir de Martinica. Un historiador de Curazao y su *jajam* (rabino) principal, Izak Emanuel, anotó que las familias Vaz, Andrade, de Molina, Da Gama, Franco Athias, Pinheiro, Pereira, Da Acosta y De Andrade se instalaron en Curazao.[23] Los expulsados se llevaron de la isla el rollo bíblico (Torá) y otros adornos de la sinagoga improvisada.[24]

En la Martinica de hoy todavía quedan restos de la presencia judía en el siglo XVII, ruinas de ingenios, de mansiones, etc., de las cuales la más notable es el llamado barrio viejo brasileño. En Guadalupe queda la leyenda de un pescador judío de nombre Pietersz, que, después de llegar de Brasil, estableció una pesquería en un lugar de la costa. En 1759, bajo la ocupación de los británicos, fue fundada la ciudad de Point-au-Pitre sobre el mismo lugar que ocupaba Punta Pietersz.[25]

Hubo diversas interpretaciones sobre el código negro. Algunas decían que sólo se refería a los judíos que no eran ciudadanos franceses, y no a todos. Otras, que los judíos podían viajar a las islas pero no radicar en ellas. Se planteó la cuestión de si se les debía negar permiso para vivir en las islas a los judíos portugueses que vivían en Francia, por la autorización que les daban las *lettre-patentes* firmadas por los reyes. Casi todas estas cuestiones quedaron abiertas al criterio y el arbitrio de los magistrados locales.

[21] *Code Noir, Edit du Roy servent de réglement touchant la police des Isles de l'Amerique françoise*, firmado por Luis, rey de Francia y de Navarra, Colbert y Le Tellier, en Versalles, en 1685.
[22] Archivos del Ministerio de Marina (Colonies-Martinique), París.
[23] Emanuel, "Les juifs. . .", p. 516.
[24] *Ibidem*, p. 515.
[25] Albert Gastman, *Dictionary of the French and Netherlands Antilles*, Metuchen, 1976. Aunque Pietersz difícilmente parece un nombre judío, encontramos un Salomon Piertsz en Nueva Amsterdam, y un estudio del doctor Isaac Prins, de Jerusalén, muestra que su nombre original era Cardoso (Antiguo Archivo de Amsterdam, doc. núm. 3583) y que era judío.

Podemos citar dos casos que involucran a Martinica. El padre jacobino Jean Baptiste Labat describe la llegada, en 1699, de un miembro de la familia de Benjamín d'Acosta de Andrade, que venía de Curazao para cobrar unas deudas que había heredado de su antepasado. Los socios cristianos de D'Acosta habían tomado posesión de los ingenios. La visita fue infructuosa y le negaron el pago.[26] Sin embargo, por el hecho mismo de que hubo una visita, podemos concluir que eran posibles.

En cuanto a la residencia, dependía de la cercanía con las autoridades. David Gradis, un judío portugués de Burdeos, fundó una de las más grandes compañías que comerciaban con las colonias francesas y obtuvo permiso para que sus dos sobrinos, Mendes y Miranda, vivieran en Martinica. Su compañía era importante y al año llegaban al puerto más o menos seis barcos suyos. En uno de ellos venía Samuel Gradis, hijo de David, que murió en Martinica en enero de 1732. Lo enterraron en un monasterio, Frére de la Charité, con las plegarias judías del caso pero sin lápida sobre su tumba.

Esto nos permite llegar a la conclusión de que en 1732 había por lo menos diez judíos en Martinica para formar un *minián* (los diez varones judíos que se necesitan para que puedan rezar) en el entierro.[27]

Cuando llegó la Revolución francesa, para todo fin práctico no había ninguna presencia judía de importancia en Martinica ni en Guadalupe.

---

[26] Labat, *Nouveau voyage. . .*, vol. IV, p. 106.
[27] Cahen, "Les juifs dans les colonies françaises au XVIIIᵉ siècle", *Revue des Études Juives*, París, 1882, p. 132.

"PEMPHIGUS VULGARIS" ENTRE LA POBLACIÓN DE ORIGEN HISPANO Y SU RELACIÓN CON EL CRIPTOJUDAÍSMO EN NUEVO MÉXICO

STANLEY M. HORDES*
KRISTINE K. BORDENAVE*

INTRODUCCIÓN

LA HISTORIA del criptojudaísmo en México se conoce bien, pues la han estudiado diversos expertos de distintas materias a lo largo de las últimas dos décadas.[1] Lo que no se conoce tan bien, y que apenas se está empezando a estudiar, es la manifestación de este fenómeno histórico en la lejana frontera norte del virreinato de la Nueva España y el surgimiento, en el estado norteamericano de Nuevo México, de un grupo de novomexicanos que están comenzando a indagar sobre sus secretas raíces judías. Hoy, entre los "hispanos"[2] de distintas regiones del estado es posible encontrar diversas manifestaciones del criptojudaísmo, a saber, encender velas la noche del viernes, evitar la carne de puerco, guardar el *shabat* el día sábado, cubrir los espejos en el tiempo de luto, practicar la circuncisión de los varones, dejar guijarros sobre las lápidas de los parientes, y otras muchas costumbres sugerentes. Muchas de estas personas dicen que no saben si tienen alguna relación con el judaísmo. Algunos indican que saben de una secreta herencia judía porque se las han transmitido sus padres o sus abuelos. Sin embargo, parece que en la mayoría de los casos la conciencia del origen familiar murió desde hace muchas generaciones, dejando nada más que una vaga comprensión de las raíces judías.

* Universidad de Nuevo México.

[1] Véanse, por ejemplo, las obras siguientes: Richard E. Greenleaf, *The Mexican Inquisition of the Sixteenth Century*, University of New Mexico Press, Albuquerque, 1969; Seymour B. Liebman, *The Jews of New Spain*, University of Miami Press, Coral Gables, 1970; Solange Alberro, *Inquisición y sociedad en México*, Fondo de Cultura Económica, México, 1988; Eva Uchmany, *La vida entre el judaísmo y el cristianismo en la Nueva España, 1580-1606*, Fondo de Cultura Económica y Archivo General de la Nación, México, 1992; Stanley M. Hordes, *The Crypto-Jewish Community of New Spain, 1620-1649*, tesis doctoral, Universidad de Tulane, 1980.

[2] Usamos el término "hispanos" para referirnos a los habitantes de Nuevo México que descienden de los colonos que desde el siglo XVI y hasta el XX emigraron ahí desde mucho más al sur de la Nueva España. Sabemos que hay otros términos que se usan para referirse a esta población, como chicano, latino, mexicano, español, etc., pero parece que, en Nuevo México, "hispano" es el término más aceptado y, por lo tanto, lo usamos aquí.

Ahora quisiéramos compartir con ustedes los resultados de un esfuerzo de colaboración único, en el cual se reúnen los campos de la medicina, la genética y la historia, que puede ilustrar la correlación entre los descendientes de criptojudíos mexicanos, españoles o portugueses y una rara enfermedad, *pemphigus vulgaris* (pénfigo), que ha surgido a últimas fechas en Nuevo México. Empezaremos por repasar la historia de la experiencia criptojudía en España, Portugal, Nueva España y Nuevo México entre los siglos xv y xx, y tocaremos de paso los primeros esfuerzos que hicieron los mexicanos del altiplano para colonizar Nuevo México y las posibles relaciones causales entre la persecución de criptojudíos y la participación de los conversos en el establecimiento de la nueva colonia. En seguida daremos detalladamente los resultados de una investigación clínica realizada sobre la población hispana de Nuevo México que presenta *pemphigus vulgaris,* y analizaremos cuidadosamente los métodos por los cuales es posible usar la tipificación del HLA del genotipo para relacionar a los enfermos hispanos de Nuevo México con el acervo genético de los judíos. Terminaremos por examinar los vínculos culturales e históricos entre quienes padecen *pemphigus vulgaris* y tienen probables orígenes judíos.

Historia del establecimiento de criptojudíos en Nuevo México

Cuando Hernán Cortés conquistó México, en 1521, el largo brazo de la Inquisición se extendió a través del océano Atlántico. El reducido número de casos de judaizantes que pasaron por el tribunal mexicano del Santo Oficio durante los primeros cincuenta años de la Colonia española indica que los criptojudíos podían practicar su religión en una atmósfera de tolerancia relativa. Esta situación comenzó a cambiar en el decenio de 1580, cuando la inmigración de criptojudíos a la Nueva España aumentó dramáticamente. El establecimiento de la hegemonía española sobre Portugal, en 1580, hizo que los conversos portugueses se trasladaran a otras partes del mundo, incluyendo las Indias, en cantidades nunca vistas. Los que llegaban estaban considerablemente mejor educados que sus predecesores y conocían mejor la doctrina judía, por lo que su presencia infundió nuevo vigor a la religiosidad del virreinato.

Entre los inmigrantes portugueses había un ambicioso explorador y empresario, Luis de Carvajal y de la Cueva. Carvajal no era un extraño en la Nueva España. Hijo de una familia de conversos de la ciudad portuguesa de Mogadorio, Carvajal hizo su primer viaje a México en 1567, cuando llevó a vender a Veracruz, ciudad de México y Zacatecas un cargamento de vino.[3]

---

[3] Alfonso Toro, *La familia Carvajal*, tomo I, Patria, México, 1944, pp. 25-26.

Al reconocer las oportunidades de explotar los recursos agrícolas y mineros de la lejana frontera nororiental de la Nueva España, Carvajal regresó a España en 1578 para someter una propuesta al rey Felipe II. A cambio de abrir el Nuevo Reino de León a la colonización de los españoles, Carvajal le pidió al rey dos concesiones principales: *1)* que lo nombrara gobernador, y *2)* que no se investigara el origen étnico de los colonos que él reclutara para el nuevo establecimiento. Bajo los términos de la cédula real proclamada por el rey Fernando, en 1501, era ilegal que los descendientes de judíos o de moros fueran a las Indias. Por supuesto que muchos conversos y sus hijos vinieron legalmente, pero bajo nombres falsos o limpiezas de sangre fraudulentas. El rey Felipe accedió a los términos del peticionario y, por medio de una capitulación formal firmada el 14 de junio de 1579, Luis de Carvajal recibió el poder para comenzar su esfuerzo de colonización.[4] De inmediato reclutó a doscientas familias de España y Portugal, muchas de origen converso, y las llevó a la Nueva España, donde estableció la capital de Nuevo León en Cerralvo.

La nueva colonia sobrevivió a las dificultades materiales que le presentaba un ambiente hostil. En cuanto a sus asuntos religiosos, parece que los colonos quedaron en libertad para rezar como les viniera en gana, siempre y cuando lo hicieran en privado. Sin embargo, cuando uno de los colonos rebasó los límites de la discreción, se desbarató esta atmósfera de calma.

Poco después de llegar a la Nueva España, el sobrino del gobernador, de 14 años de edad, cuyo nombre también era Luis de Carvajal, decidió que, ya que era judío, iba a vivir como judío. No sólo empezó a practicar su religión en público sino que también intentó volver a convertir al judaísmo a algunos cristianos nuevos.[5] Esta conducta no podía aceptarse, ni siquiera en una atmósfera de tolerancia relativa como la de la Nueva España. El Santo Oficio de la Inquisición, recientemente elevado a tribunal, había estado observando durante los años anteriores el crecimiento de la comunidad de conversos portugueses, y expresó que le preocupaba el potencial que pudiera tener para extenderse la "ley muerta de Moisés".[6]

La reacción de los inquisidores mexicanos fue pronta y fuerte. Entre 1589 y 1596 arrestaron a casi doscientas personas, concentrándose en la familia

---

[4] *Ibidem*, pp. 39-40; Archivo General de Indias (AGI de aquí en adelante), Indiferente, 416, legajo 7, ff. 1-27v.

[5] Para más detalles de las actividades de Luis de Carvajal el Mozo véanse Seymour B. Liebman, *The Jews in New Spain: Faith, Flame and the Inquisition*, University of Miami Press, Coral Gables, 1970, caps. 7 y 8; Martin Cohen, *The Martyr*, The Jewish Publication Society of America, Filadelfia, 1973; Liebman, *The Enlightened: The Writings of Luis de Carvajal, el Mozo*, University of Miami Press, Coral Gables, 1967; Richard E. Greenleaf, *The Mexican Inquisition of the Sixteenth Century*, University of New Mexico Press, Albuquerque, 1969, pp. 169-171; Toro, *op. cit.*

[6] Archivo Histórico Nacional, España (AHN de aquí en adelante), Inquisición, Correspondencia entre el Concejo Supremo de la Inquisición y el Tribunal Mexicano, Madrid, 20 de agosto de 1588, microfilm, rollo 1, ff. 168r y v.

Carvajal, y las acusaron del crimen de judaizar o de extender las actividades criptojudías por todo el virreinato. Luis de Carvajal el joven fue arrestado en 1589 y se reconcilió en el auto de fe de 1590. Incólume ante su castigo, el joven Carvajal prosiguió sus esfuerzos proselitistas hasta que el tribunal de la Inquisición lo volvió a arrestar y lo condenó por caer de nuevo en el judaísmo. Lo quemaron en la hoguera en el auto de fe de 1596.

Su tío, gobernador de la provincia de Nuevo León, fue arrestado, no por judaizante sino porque toleraba la presencia visible de la herejía en su jurisdicción. Como lo encontraron culpable, apareció en el auto de fe de 1590 y murió en su celda de la Inquisición poco tiempo después.[7] Cuando lo arrestaron dejó en su puesto en Nuevo León, como gobernador provisional de la provincia, a un veterano jefe militar, Gaspar Castaño de Sosa. Igual que Carvajal, Castaño había nacido en Portugal. Sin embargo, a diferencia de él, no se sabe si Castaño tenía orígenes criptojudíos.[8] Lo que sí se sabe es que, inmediatamente después de enterarse de que el gobernador Carvajal había muerto en la cárcel de la Inquisición, Castaño reunió en Cerralvo a 170 colonos (entre hombres, mujeres y niños) y partió con ellos en una expedición improvisada al norte. El grupo se dirigió al río Grande [el río Bravo] y subió hasta su confluencia con el río Pecos, que siguió hasta cruzar el paso Glorieta para llegar al valle del río Grande, y se detuvo por fin cerca del pueblo de Santo Domingo, donde intentó establecer la primera colonia española permanente de Nuevo México.

Sin embargo, tal como era el sistema colonial español a fines del siglo XVI, la entrada de Castaño de Sosa, realizada en 1590, constituía una expedición ilegal. No sólo no le había pedido permiso al virrey para dejar Nuevo León (aunque sus enviados intentaron hacerlo por él) sino que tampoco le informó a ninguna autoridad que se estaba embarcando en tal empresa. Además, la de Castaño fue la primera expedición hacia la frontera norte que no contaba con un sacerdote ni ningún miembro de una orden religiosa.[9]

Los lazos estrechos de Castaño con el gobernador Carvajal, la coincidencia de su salida apresurada (e ilegal) hacia el norte, la falta de un sacerdote en la expedición, y las imputaciones que se le hacían de prácticas judías secretas, hacían sospechar poderosamente que Castaño había iniciado la peligrosa entrada con el propósito de llevar a otros judíos a un santuario segu-

---

[7] Greenleaf, *op. cit.*, p. 170; Liebman, *op. cit.*, pp. 131-182; Toro, *op. cit.*, tomo I, p 354.

[8] Actualmente se están llevando a cabo investigaciones para confirmar la historia familiar de Gaspar Castaño de Sosa; aunque no se ha establecido un lazo específico, en la Nueva España hay muchos Castaño y Sosa de Portugal que han sido identificados como criptojudíos; más aún, Martin Cohen, en *The Martyr* (pp. 103-104), sugirió que podía haber un vínculo entre Castaño de Sosa y la comunidad de criptojudíos de Nuevo León.

[9] George P. Hammond y Agapito Rey, *The Rediscovery of New Mexico, 1580-1594: The Explorations of Chamascado, Espejo, Castaño de Sosa, Morlete y Leyva de Bonilla y Humaña*, University of New Mexico Press, Albuquerque, 1966, pp. 28-39.

ro de la lejana frontera norte. Esta hipótesis se fortalece si se comparan los nombres de los colonos con los que se encuentran en los archivos de la Inquisición de esa época, en los que se acusa del crimen de judaizantes a personas de nombre Rodríguez, Nieto, Carvajal, Díaz, Hernández y Pérez.[10]

Cuando el virrey de la Nueva España supo de la salida de Castaño de Nuevo León, mandó a Juan Morlete, un viejo compañero de Castaño, a que los arrestara a él y su grupo, no por practicar el judaísmo sino por realizar una expedición ilegal. A Castaño se le acusó de traición y lo exiliaron a las islas Filipinas, donde murió poco después.[11] Muchos de los que sobrevivieron a la entrada regresaron a Nuevo León y participaron en la fundación de la ciudad de Monterrey, en 1596.[12] Otros más se quedaron en el centro de México, temerosos tal vez de atraer la atención de la Santa Inquisición, que a mediados del decenios de 1590 se encontraba en medio de una campaña vigorosa contra la comunidad de conversos de la Nueva España.

Para fines del siglo XVI el rey comprendió la eficacia de establecer un destacamento defensivo en la frontera más septentrional de Nuevo México. Diversos candidatos sometieron sus nombres para ser seleccionados a fin de capitanear la expedición. Uno, Francisco de Urdiñola, se benefició del apoyo de la Inquisición mexicana. Urdiñola era un comisario del Santo Oficio que, a juicio de los inquisidores, estaba en posición de asegurar la pureza de sangre y la ortodoxia de los colonos que fueran al norte.[13] Sin embargo, el virrey Velasco no estaba dispuesto a permitir que una jurisdicción competidora interfiriera en tal empresa secular. Se levantaron contra Urdiñola cargos de que había asesinado a su esposa y a varios de sus sirvientes y, frente a tan serias acusaciones, Velasco simplemente no podía permitir que el comisario quedara entre los candidatos a comandar la entrada al norte. El virrey suspendió la misión por tiempo indefinido.[14]

Al año siguiente Velasco escogió a Juan de Oñate, hijo de un rico y poderoso minero del norte, y descendiente de judíos españoles,[15] para que fuera

[10] Liebman, *The Inquisition and the Jews in the New World*, University of Miami Press, Coral Gables, 1974, pp. 1-164. Se están realizando investigaciones para rastrear la genealogía de los miembros de la expedición de Castaño de Sosa y saber así si hay alguna relación entre ellos y los que, en España o en Portugal, tuvieron problemas con la Inquisición.

[11] Hammond y Rey, *op. cit.*, pp. 39-40.

[12] Alonso de León, *Relación y discursos del descubrimiento, población y pacificación de este Nuevo Reino de León*, México, 1649, reimpreso en *Historia de Nuevo León*, Centro de Estudios Humanísticos de la Universidad de Nuevo León, Monterrey, 1961, p. 60. No es mera coincidencia que hoy haya en el área de Monterrey muchos individuos que están comenzando a reconocer su herencia judía.

[13] AHN, Inquisición, carta del Tribunal mexicano al Concejo Supremo de la Inquisición, México, 31 de marzo de 1595, microfilm, rollo 3, ff. 73r y v.

[14] Hammond y Rey, *Don Juan de Oñate, Colonizer of New Mexico, 1595-1628*, University of New Mexico Press, Albuquerque, 1953, p. 5; Marc Simmons, *The Last Conquistador: Juan de Oñate and the Settling of the Far Southwest*, University of Oklahoma Press, Norman, p. 58.

[15] José Antonio Esquivel, "The Jewish/Converso Ancestry of Don Juan de Oñate", ponencia presentada a la conferencia anual de la Historical Society of New Mexico, Tucson, Arizona, 1995.

como adelantado, y le encomendó la tarea de establecer una nueva colonia en la lejana frontera de Nuevo México. Entre aquellos a quienes Oñate se acercó para invitarlos a unirse en su esfuerzo había sobrevivientes de la expedición de Castaño de Sosa. Después de todo, hacía apenas unos años que habían regresado de Nuevo México y, en consecuencia, conocían bien la ruta hacia el norte, el terreno, y tenían información de primera mano sobre los indios pueblo, habitantes de las tierras que iban a conquistar y ocupar. En suma, Oñate comprendió la capacidad de estos sobrevivientes de la expedición de Castaño para ayudarlo a establecer su nueva colonia sobre cimientos firmes.

Por su parte, aquellos sobrevivientes que no regresaron a Nuevo León pueden haberse sentido más o menos vulnerables a un arresto de la Inquisición, la cual, como hemos visto, estaba en medio de la fase más intensa de su actividad contra los criptojudíos mexicanos. Ya sea que los hayan obligado o que hayan ido por su gusto, por lo menos tres miembros de la entrada de Castaño, Juan de Victoria Carvajal, Juan Rodríguez de Ávalos y Juan López, decidieron regresar con Oñate en 1598. Se encontró que en el campamento militar de Oñate, en Casco, había en 1596 otro miembro de la expedición de 1590, Juan Jaimes.[16] Parece que se les unieron otros tratando de escapar de las manos de la Santa Inquisición, entre ellos Juan Rodríguez, Francisco Hernández, Miguel Rodríguez y Antonio Rodríguez, a quienes la Inquisición llamaba "fugitivos". A tres de ellos los quemaron en efigie en los autos de fe de 1596 y de 1601. Es posible que Sebastián Rodríguez, otro miembro de la expedición de Oñate, haya sido una de las personas de ese nombre que capturó el Santo Oficio.[17] Otro de los soldados de Oñate, Cristóbal de Herrera, fue arrestado en Zacatecas años más tarde, acusado de enseñar la ley de Moisés a los indios oaxaqueños.[18]

Bartolomé Romero, uno de los soldados que acompañó a Oñate en 1598, aparecía en la lista de enrolados como hijo de Bartolomé Romero, de Corral de Almaguer, en Toledo. Los registros de finales del siglo XVI del Santo Oficio de la Inquisición de Toledo contienen referencias al padre y al hijo, las cuales dicen que estaban casados con mujeres de la familia Alonso, a la que se había acusado de practicar en secreto el judaísmo.[19]

[16] Hammond y Rey, *Oñate*, pp. 130, 148, 158-160; Hammond y Rey, *Rediscovery*, pp. 245-295.

[17] Hammond y Rey, *Oñate*, p. 297; Liebman, *The Inquisitors and the Jews*; Archivo General de la Nación (AGN de aquí en adelante), Inquisición, tomo 154, exp. 22, Proceso contra Constanza Rodríguez, portuguesa, muger de Sebastián Rodrigues, portugués, tratante en mercadurías. . ., ff. 50-64v.

[18] Hammond y Rey, *Oñate*, p. 297; Universidad de Tulane, Latin American Library, colección Liebman, caja 2, vol. 5, ff. 194-197; AGN, Inquisición, tomo 309, ff. 171-200 (mecanuscrito), Causa contra Cristóbal de Herrera, mercader, vecino de la ciudad de Zacatecas. . ., 1614. Tanto el juicio de la Inquisición como el listado de la expedición de Oñate indican que Herrera, hijo de Juan de Herrera, nació en Jerez de la Frontera.

[19] Hammond y Rey, *Oñate*, p. 293; AHN, Inquisición, legajo 132, exp. 17; legajo 133, exps. 1-4, 45-46; legajo 4159, exp. 11.

Otras coincidencias sugieren que había más vínculos entre los sospechosos de criptojudaísmo y los miembros de la expedición de Oñate. El proveedor de la expedición de Oñate era un mercader de nombre Baltasar Rodríguez. ¿Pudiera ser el mismo Baltasar Rodríguez, mercader de Nuevo León y hermano de Luis de Carvajal, que había escapado de los agentes de la Inquisición que quisieron arrestarlo algunos años antes?[20] Veamos también el caso de Francisco Gómez, a quien una generación antes se había implicado en el juicio inquisitorial en contra de su hijo, Francisco Gómez Robledo. Gómez, nacido en Coina, Portugal, vino a la Nueva España en 1604, protegido por Alonso, hermano de Oñate. Más o menos cinco años después Gómez dejó la casa de los Oñate, en la ciudad de México, para ir a la expedición de Peralta a Nuevo México, en 1609. Durante los casi cincuenta años que pasó en la colonia Gómez ocupó diversos cargos civiles y militares. Hubo testigos, años más tarde, que lo acusaron a él y a su familia de observar prácticas judías, entre ellas el ritual de la circuncisión de los niños varones.[21]

Las sospechas de orígenes judíos alcanzaban hasta los misioneros franciscanos, los encargados de ejercer la autoridad de la Inquisición mexicana en la colonia de Nuevo México. La investigación realizada sobre la limpieza de sangre de fray Esteban de Perea, propuesto en 1629 para el puesto de custor, contenía testimonios que acusaban a los antepasados del candidato de haber sido judíos.[22] A pesar de ello, las autoridades franciscanas decidieron pasar por alto esta evidencia potencialmente nociva y de cualquier modo confirmaron a Perea.

En medio de la reconquista de Nuevo México que emprendió el gobernador Diego de Vargas entre 1692 y 1693, 13 años después de la revuelta de los indios pueblo, llegó una nueva ola de colonos a asentarse otra vez en Nuevo México. Las listas de nuevos colonos que acompañaron a Vargas en 1593, y de aquellos que Juan Páez Hurtado reclutó dos años más tarde, revelan algunos nombres familiares y características demográficas que sugieren poderosamente la renovada presencia de los criptojudíos. Por ejemplo, Alonso Rael de Aguilar era el secretario de Vargas. Rael nació en 1661 en Lorca, un pueblo del sureste de España, en la provincia de Murcia, de Juan de Osca y Juliana Rael de Aguilar.[23] Los registros del siglo XV de Lorca

[20] Hammond y Rey, *Oñate*, pp. 102-108; AGN, Inquisición, lote Riva Palacio, tomo 12, exp. 3, Proceso contra Baltasar Rodríguez de Andrada, o de Carvajal. . ., 1589.

[21] Angélico Chávez, *Origins of New Mexico Families in the Spanish Colonial Period*, William Gannon, Santa Fe, 1954, pp. 35-36; AGN, Inquisición, tomo 583, exp. 3, Proceso y causa criminal contra el Sargento Mayor Francisco Gómez Robledo por sospechoso de delitos de judaísmo. . ., 1661, ff. 341, 360, 379v-380v. La nieta de Gómez, Francisca Gómez Robledo, se casó con Ignacio Roybal y se fue vivir al valle de Pojoaque; muchas de las personas que hoy se identifican como criptojudías remontan su linaje hasta esta familia.

[22] AGN, Inquisición, tomo 268, exp. 5., Carta de la Inquisición de Llerena acompañando datos acerca de la genealogía de Fray Esteban de Perea, franciscano, 1630, ff. 1-3v.

[23] Archivo Parroquial de San Mateo (Lorca), Libro de Bautismos, 8 de febrero de 1661.

revelan claramente los orígenes judíos de la familia Rael, pues citan la presencia de un comerciante de abarrotes conocido como "el hijo de Rael, de quien resultó que se convirtió en cristiano".[24] Una leyenda que persiste en la familia, la cual se cuenta hasta los descendientes actuales de los Rael, sostiene que el nombre viene de "Israel". Un examen de los registros bautismales de la misión de Isleta, en los que hay dos entradas del año 1596 que hacen referencia a una María Manuela Israel de Aguilar, la nieta de Alonso, confirma la leyenda.[25] Algunos de los descendientes de Alonso Rael de Aguilar han salido a la luz y han reconocido la existencia de prácticas judaicas entre las tradiciones de la familia.

Las entrevistas realizadas entre los hispanos de diversos lugares de Nuevo México revelan tradiciones que pueden sugerir la continuidad de la herencia judía. Aunque todavía falta que los expertos en folclor del Instituto Latinoamericano estudien las costumbres que practican esas personas, una descripción de algunas de estas prácticas puede servir para descubrir los lazos culturales entre quienes las practican y posibles antepasados conversos. Hay muchas costumbres que giran alrededor de prácticas sabáticas, pues nuestros informantes dicen que guardan el *shabat* el sábado y no el domingo. Entre estas familias es típico que todo el trabajo cese la tarde del viernes, cuando cambian las sábanas, se bañan, les cortan el pelo a los niños y preparan una comida de fiesta. Después de comer, de acuerdo con algunos relatos orales, uno de los mayores lee partes del Antiguo Testamento a la familia. No trabajan el sábado y la familia reanuda sus labores el domingo.

Comenzar el *shabat* encendiendo velas la noche del viernes es tal vez la práctica popular que más encontramos en el curso de las entrevistas. Normalmente se lleva a cabo donde nadie la pueda ver, ya sea en una habitación interior, detrás de las cortinas, en un baño, sótano o bodega. Algunos informantes recuerdan que se daba una bendición durante esta ceremonia, pero ninguno puede recordar la naturaleza exacta de la plegaria. Uno de ellos cuenta que su familia se reunía frente a la ventana cada tarde del viernes y ahí se ponían todos de rodillas y rezaban el rosario; sin embargo, a cada diez avemarías, en un rincón escondido, prendían una vela. Alternaban entre sonoras plegarias en alabanza de la Virgen y silenciosas oraciones judías, lo que daba la impresión a los que pudieran pasar de que no estaba sucediendo nada fuera de lo ordinario.

[24] Archivo Municipal de Lorca, Libro de Propios, 1473-1474, 8 de octubre de 1474, ff. 3v-4r, citado en Francisco de Asís Veas Arteseros, *Los judíos de Lorca en la Baja Edad Media*, Real Academia Alfonso X El Sabio, Murcia, 1992, pp. 63-64; Juan Francisco Jiménez Alcázar, "La frontera murciano-granadina: Crisol de hombres y culturas (1470-1475)", en *Proyección histórica de España en sus tres culturas: Castilla y León, América y el Mediterráneo*, Junta de Castilla y León, Madrid, 1993.

[25] Archivos de la arquidiócesis de Santa Fe, bautismos, misión de Isleta, rollo 5, cuadros 227 y 229.

También es común entre muchos de los informantes la observancia de las costumbres de la dieta judía. Parece que abstenerse de comer puerco es la forma más usual de observar la tradición; sin embargo, también encontramos con cierta regularidad que hay quien evita comer carne junto con productos lácteos durante la misma comida. Otra práctica de la que tenemos noticia es la matanza de animales según el método *kosher* tradicional. El carnicero pronuncia una plegaria antes de matar al animal, con la cual le dice a Dios que no está matando a la bestia por mal, sino sólo para proporcionar sustento a su familia. Entonces cuelga al animal con la cabeza hacia abajo y le corta de un tajo la vena yugular, para que drene toda la sangre, pues consumir la sangre se considera un pecado. En algunos casos remoja la carne en agua de sal, para asegurarse de que no le quede ni una gota de sangre. Hubo un solo caso en el que encontramos que alguien le quitaba el nervio ciático a los cuartos traseros del animal, de acuerdo con la costumbre judía.

Una de las costumbres que encontramos, y que no deja duda de que es judía, es la circuncisión de los niños varones. No sólo no se la practica entre las comunidades católicas, sino que es decididamente anticatólica. Cuando el apóstol Pablo estaba considerando cuáles tradiciones judías debían subsistir en la nueva estructura religiosa que se convertiría en el cristianismo, concluyó que la circuncisión se oponía al concepto de la universalidad del hombre. De aquí que se encomendó a los católicos que no se involucraran en esta práctica. En el México colonial, siglos más tarde, el Santo Oficio de la Inquisición tenía como poderosa evidencia de culpabilidad que los acusados de practicar en secreto el judaísmo estuviesen circuncidados.

Debido a que la circuncisión se popularizó en Estados Unidos a partir de 1930, en especial después de la segunda Guerra Mundial, sólo me fijé en los informantes que dijeron que los habían circuncidado antes de ese tiempo. En algunos casos dicen que son los únicos entre sus conocidos que han pasado por el procedimiento ritual. En otros, encontramos comunidades enteras que observan esta tradición. Entrevistamos en un pueblo a dos hermanos, de entre 70 y 80 años de edad. Cuando les preguntamos sobre la práctica expresaron sorpresa ante nuestra pregunta, pues la respuesta obvia era que todos los varones de la comunidad estaban circuncidados, operación que realizaba la comadrona. Una entrevista en otro pueblo reveló que un anciano, del que se decía que oraba en secreto con un manto sobre la cabeza, realizaba todas las circuncisiones. La jefa de una clínica de maternidad me hizo saber que a ella le había dicho una anciana que la circuncisión representaba una alianza secreta con Dios.

Unas festividades judías tienen más presencia que otras. Parece que el Purim, o ayuno de Ester, es una de las fiestas que más regularmente se celebra. Hay noticias de que en algunas comunidades del norte de Nuevo México hay quien venera a santa Ester. La Pascua, que cae en la Semana Santa, se reconoce porque entonces se consume pan ázimo en forma de galletas o de los panes que en México se llaman semitas (que puede querer decir pan semítico o pan de las semillitas).

Parece que el Antiguo Testamento figura con mayor importancia en la estructura de creencias de la comunidad, a veces en detrimento del Nuevo. Tomás Atencio ha sugerido que muchos criptojudíos del siglo XIX aprovecharon la oportunidad de dejar el catolicismo para convertirse al presbiterianismo, porque ello los acercaba al Antiguo Testamento. No es una tradición católica alentar a la gente a leer la Biblia. En el siglo XIX los nombres del Antiguo Testamento empezaron a salir a la superficie entre las familias criptojudías de Nuevo México, católicas y protestantes por igual, y se han conservado hasta el presente. Nombres como Abrán, Jacobo, Isac, Moisés, Salomón, Rubén, Leví, Efrén, David, Sara, Rebeca, Raquel, Lea, Ester y hasta Adonai (Dios en hebreo) son comunes entre esta gente. También los apellidos reflejan a veces los orígenes judíos. En ciertas familias hay tradiciones que sostienen que "Cobos" viene de "Jacobos", "Leiva" de "Levy" y, como ya dijimos antes, "Rael" de "Israel".

En el siglo XVII la endogamia era una práctica muy arraigada entre los criptojudíos de México. Parece que esta tradición se observaba también en Nuevo México. Muchos de los informantes indicaron que casarse con otros criptojudíos era esencial, especialmente en los años anteriores a la segunda Guerra Mundial, cuando las familias arreglaban muchos de los matrimonios. Incluso quienes no estaban conscientes de sus orígenes judíos consideraban que ciertas familias eran "seguras" para encontrar un cónyuge y que otras estaban prohibidas. En fecha tan reciente como 1987 una joven de poco más de 20 años me dijo que su familia la había obligado a romper con su novio porque no era "uno de la fe".

"PEMPHIGUS VULGARIS" Y SU CORRELACIÓN CON LA POBLACIÓN JUDÍA DE NUEVO MÉXICO

Pemphigus vulgaris (PV) es una rara enfermedad dermatológica de origen autoinmunitario que se caracteriza por ampollas intraepidérmicas que resultan en dolor, escamas e indefensión frente a las infecciones. Como otros desórdenes autoinmunitarios, parece que el PV tiene una predilección por ciertos grupos étnicos. Estudios inmunológicos han relacionado la enfermedad con el grupo étnico mediante tipologías de HLA. Los judíos ashkenazis tienen una alta incidencia de PV si se los compara con otros grupos étnicos, y los estudios del HLA de los pacientes judíos ashkenazis dieron como resultado que entre ellos abundaban los siguientes tipos: A10 (A25 y A26), B35, B38, DR4 y DQ3. Debido a que entre los hispanos de Nuevo México hay una alta incidencia de PV, se les hicieron estudios de genética inmunológica, etnicidad y cultura. El grupo de investigadores encontró 18 pacientes de PV en el estado de Nuevo México. De ésos, 13 eran hispanos, de origen mexicano los más de ellos. La distribución étnica de Nuevo México es de más o menos un 40% de población hispana entre un total de 1.3 millones. Un 42% de los pacientes hispanos de PV tienen HLA de tipo A10, B35, 25%, y el 75% DR4 o DR3. Además, de los diez alelos DR4 que secuenciamos, 60% eran DRB1*0407.

Al reconocer que en Nuevo México está empezando a emerger una población de judíos sefaraditas que alguna vez fue secreta, nos preguntamos si el predominio de hispanos entre los enfermos de PV puede deberse a la influencia de los genes judíos. El 60% de la población judía que muestreamos accedió a entrevistarse con nosotros y a relatarnos su herencia, sus prácticas culturales y sus creencias religiosas. La mitad de ellos estaba consciente de que tenía orígenes judíos sefaraditas o, si no, nos dieron información que así lo sugería.

Pemphigus vulgaris se caracteriza porque se deposita IgG en los espacios intercelulares de la epidermis. Estos anticuerpos actúan contra las proteínas que se encuentran entre las células y entre los desmosomas, lo que acarrea su interrupción y resulta en acantólisis y en la formación de ampollas. Aunque muchos pacientes presentan primero lesiones en la mucosa oral, es común que se difundan (por el cuero cabelludo, el tronco, los pies y las manos) conforme avanza la enfermedad.

La incidencia de la enfermedad varía, en la población en general, entre 0.1 y 0.5 casos por cada 100 mil habitantes por año. En cambio, su incidencia es mayor entre los judíos (de 1.6 a 3.2 casos por 100 mil habitantes por año), de entre los cuales son los ashkenazis los que más la sufren. Es más común que el PV se presente primero en la cuarta, quinta o sexta década de la vida, y tiende a distribuirse por igual entre hombres y mujeres. No parece que tenga un sesgo geográfico; no obstante, *pemphigus foliaceus* (en la variedad *fogo selvagum*) es endémico en ciertas regiones de Brasil.

Se han hecho extensos estudios que, tomando en cuenta la distribución relativa de la enfermedad, comparan a los judíos con los que no lo son, pero no se han realizado investigaciones particulares sobre los hispanos. De ahí que el propósito de este trabajo fuera encontrar los tipos de HLA y comparar a los hispanos de Nuevo México con otros grupos étnicos ya estudiados.

Durante los últimos años se han publicado numerosos estudios sobre el HLA, que reportan un aumento en la incidencia de A10 (A25 y A26), B35, B38 y DR4, DQ3(8) en los enfermos de PV de origen ashkenazi. Aunque en pacientes de otros orígenes étnicos también se han encontrado estos tipos de HLA, su incidencia es significativamente mayor entre los judíos ashkenazis.

Por ejemplo, en un estudio que publicaron Ahmed *et al.*,[26] 92.3% de los pacientes judíos ashkenazis tenía HLA-DR4, DQ3(8). De estos pacientes 75% tenían HLA-B35 o B38. En otro estudio de Ahmed *et al.* sólo el 48% de los enfermos de PV no judíos tenía HLA-DR4, DQ3(8) y el 60% tenía HLA-B35, DQ5. Se piensa que estos estudios de Ahmed *et al.* sugieren que hay dos alelos que codifican la susceptibilidad del sistema mayor de histocompatibilidad (MHC, por sus siglas en inglés): el HLA-B35 o B38, DR4, DQ3(8), "más antiguo", que se encuentra entre los judíos, y el segundo tipo, HLA-B55, DR6, DQ5, que se encuentra entre la gente originaria del sur de Europa.

Con estos estudios, y dado que se había percibido que había más PV entre los hispanos de Nuevo México, se les hicieron pruebas de HLA, usando el procedimiento serológico estándar, de PCR y de secuenciación de ADN, a todos los enfermos de PV del estado de Nuevo México.

Nos pusimos en contacto con los 18 enfermos de PV de Nuevo México y les preguntamos sobre su origen étnico y su disposición a participar en el estudio. Trece de los pacientes eran de origen hispano y estuvieron de acuerdo en que se les practicara una flebotomía, pero sólo nueve accedieron a revelarnos su herencia, sus prácticas culturales y sus creencias religiosas en una entrevista personal detallada.

De los 18 pacientes de PV, 13 (72%) eran de origen hispano. Esto corresponde a una incidencia de dos enfermos de PV por cada 100 mil habitantes por año, tres veces la tasa de incidencia entre la población de otras razas del estado de Nuevo México. Esto confirma nuestras sospechas de que hay una incidencia mayor de PV entre los hispanos de Nuevo México que entre la población no hispana a los valores promedio o esperados.

Tomamos muestras de sangre de los 13 pacientes hispanos, mediante la técnica estéril, y las depositamos en contenedores al vacío de 10 ml del tipo Becton Dickson, cada uno con 143 unidades de heparina de sodio y con EDTA.[27] Almacenamos esta sangre a temperatura ambiente durante 48 horas. Hicimos los estudios de HLA usando las técnicas serológicas estándar y cha-

[26] A. Razzaque Ahmed *et al.*, "Major histocompatibility complex haplotypes and class II genes in non-Jewish patientes with pemphigus vulgaris", *Proceedings of the National Academy of Science, USA*, vol. 88 (junio de 1991), pp. 5056-5069; Ahmed *et al.*, "Major histocompatibility complex haplotypes studies in Ashkenazi Jewish patients with pemphigus vulgaris", *Proceedings of the National Academy of Science, USA*, vol. 87 (octubre de 1990), pp. 7658-7662.

[27] Obtuvimos muestras de sangre de los 13 pacientes hispanos. Una de las muestras no se pudo someter a las pruebas serológicas, pues estaba contaminada con bacterias. Sólo diez de las muestras pasaron por las pruebas de ADN, debido a la falta de especímenes. El doctor Bordenave, supervisado por gente del laboratorio del doctor Gary Troup, hizo las pruebas de HLA con los métodos serológicos estándar, usando charolas Gen Trak y Biotest. En el laboratorio de los doctores Jeffrey Griffith y Thomas Williams se subclasificó el DRB1 utilizando la amplificación del PCR y la secuenciación del ADN. Revisamos todos los resultados y los comparamos con controles y con la bibliografía disponible del doctor Kenneth Friedman, del Departamento de Medicina Interna de la Escuela de Medicina de la Universidad de Nuevo México. El doctor Hordes se encargó de realizar las entrevistas individuales.

rolas para pruebas HLA de tipo comercial, como las que se usan para análisis serológicos de las clases I y II. Determinamos con una alta resolución los genotipos HLA de la clase II mediante PCR y, después, mediante secuenciación de ADN.

Las pruebas de HLA dieron los siguientes resultados.

Alelos	Pacientes
A25	3/12
A26	3/12
B35	3/12
DR4	10/12
DRB1*0402	6/12
DRB1*0404	3/12
DRB1*0407	1/10
DQ3	10/12

La frecuencia normal de HLA-DR4 entre las pruebas de control de los hispanos es de 29.8.[28] Estudios anteriores han reportado que el PV está asociado con HLA-DR4 en el 93-98% de los judíos ashkenazis, pero sólo entre el 26-57% de los que no lo son. Es más probable que los pacientes de los que se piensa que son de origen sudeuropeo tengan HLA-DR6. Si el HLA-DR4 se encuentra con menor frecuencia en los pacientes de origen sudeuropeo que el HLA-DR6, resulta sorprendente que tenga HLA-DR4 el 75% —10 de 12— de los hispanos de Nuevo México con PV.

También encontramos una incidencia mayor (42%) de HLA-A25 y A26 entre nuestros pacientes. La frecuencia normal para el HLA-A25 y A26 entre las pruebas de control de los hispanos es de 11% (4% para el HLA-A25 y 7% para el HLA-A26). Tres de nuestros pacientes (27%) tenían HLA-B35 (cuya frecuencia normal en las pruebas de control de los hispanos es de 28 por ciento).

Como dijimos antes, nueve pacientes de PV cuyas pruebas de HLA revelaron un patrón genético judío fueron entrevistados por Hordes, en español y en inglés, para ayudarnos a definir su origen étnico, su genealogía y sus creencias religiosas y culturales. A cada uno de los pacientes le hizo preguntas sobre su nivel de conciencia de antecedentes judíos de su familia y sobre prácticas residuales que sugieren una herencia judía, las cuales se observan sabiendo esto o no. Sólo uno de los nueve pacientes sostuvo que no tenía ni conciencia de su judaísmo ni observaba prácticas relacionadas. A seis les faltaba conciencia explícita de un pasado judío, pero exhibían costumbres que podrían representar prácticas judías residuales. Dos de los pa-

---

[28] Los datos de control de este estudio se basan en One Lamda Desktop Companion, cohorte de hispanos de California.

cientes estaban conscientes de que en el pasado de sus familias había habido judaísmo.

Un hombre de 70 años, católico en apariencia, dijo que había crecido en un hogar en el que estaba estrictamente prohibido consumir productos de cerdo. Su padre, violando la tradición católica, leía la Biblia en su casa y recalcaba la preponderancia del Antiguo Testamento sobre el Nuevo. Guardaban el *shabat* los sábados y los domingos, conmemorando los días de descanso judío y cristiano. Aunque él no estaba circuncidado, dijo que sabía que en otros miembros de la comunidad había sido llevada a cabo la circuncisión de niños varones, a veces por una comadrona que usaba como instrumento quirúrgico un alfiler de seguridad caliente. Respetaban las costumbres mortuorias, funerarias y luctuosas judías, lo cual incluía rasgarse las vestiduras, voltear los espejos hacia la pared y poner guijarros en las lápidas cuando visitaban las tumbas de sus muertos queridos.

Entrevistamos al otro paciente que sabía del legado judío de su familia y que estaba con su hermana mayor. Muchos años antes su prima había decidido revelar su judaísmo y vivir públicamente como judía en Albuquerque. El paciente y su hermana hablaron de sus tradiciones familiares, como no consumir carne de puerco, prender velas las tardes de los viernes, tapar los espejos durante el luto y poner piedritas en las lápidas de sus parientes.

Llevamos a cabo investigaciones genealógicas, utilizando los registros bautismales de la parroquia, las actas de matrimonio y de defunción, los censos, los archivos legales y de tenencia de la tierra, desde el siglo XVI hasta el XX, sobre la familia del paciente que acabamos de referir.[29] Aunque las investigaciones sobre la historia de esta familia no están completas, parece que entre los antepasados del paciente que vivieron en los siglos XVI y XVII había numerosos cristianos nuevos españoles, portugueses y mexicanos, entre ellos Bartolomé Romero,[30] Juan de Vitoria Carvajal,[31] Pedro Gómez Durán y Chávez,[32] y Simón Abendaño.[33]

[29] A los nueve pacientes que resultaron tener un patrón de HLA consistente con el de los pacientes judíos se les harán investigaciones genealógicas completas. Al día de hoy sólo se ha concluido la investigación sobre el paciente mencionado en el texto. La mayoría de la documentación se encuentra en los archivos de la arquidiócesis de Santa Fe, y los examinamos en microfilm en el New Mexico Records Center and Archives (NMCRA) de Santa Fe, Nuevo México. También examinamos los U. S. Federal Census Records, 1850-1920; los Spanish Archives of New Mexico, series I y II; los Mexican Archives of New Mexico, y diversas colecciones privadas que se encuentran en el NMRCA.

[30] Véase *supra*.

[31] Véase *supra*.

[32] Liebman, *The Inquisitors and the Jews in the New World*, University of Miami Press, Coral Gables, 1974, p. 64.

[33] Gutierre Tibón, *Diccionario etimológico comparado de los apellidos españoles, hispanoamericanos y filipinos*, Fondo de Cultura Económica, México, 1988, p. 2.

Conclusiones

Pensamos que la mayor incidencia de HLA-A10 (25 y 26) y de HLA-DR4, DQ3 entre los enfermos de PV de Nuevo México se debe a que tenemos, aunque no lo sabíamos, una gran herencia judía sefaradí. Para acabar de probar esta hipótesis habría que realizar vastos estudios genealógicos. Se van a llevar a cabo investigaciones para incrementar el tamaño de nuestra muestra, lo cual podría mejorar la significación estadística de esta teoría. Estos estudios se van a realizar en Texas, Arizona y México, donde vamos a entrevistar a pacientes de PV y a hacerles pruebas de HLA. Estas regiones han sido elegidas porque se sabe que tienen poblaciones judías sefaraditas secretas.

Los judíos comprenden una población genética muy bien conservada; sin embargo, hay muchos descendientes mestizos, resultado de su dispersión forzada por diversos entornos. Es probable que esto haya contribuido a que se propagara un material genético que puede acarrear enfermedades que antes se veían principalmente entre los judíos. Por lo menos hace dos mil años que hay judíos en países del sur de Europa, como Italia, España o Portugal. Es posible que los pacientes de PV, tanto de origen ashkenazi como de otros orígenes, que estudiaron Ahmed *et al.*, desciendan todos de los mismos antepasados originales. Si el PV se originó entre los judíos antes de que se dispersaran por el mundo, esperaríamos encontrar esta enfermedad en diversas poblaciones. Además, las pruebas inmunogenéticas reflejarían una variación creciente, con un probable cuello de botella y efectos fundantes.

La bibliografía médica reciente indica que las enfermedades autoinmunitarias pueden estar relacionadas con el sistema mayor de histocompatibilidad (MHC), en especial con los antígenos de tipo II (DR y DQ). Quisiéramos proponer que la mayor incidencia de PV entre los hispanos se relaciona con los fenotipos y genotipos de HLA clase II, que se asocian con las poblaciones judías y que tal vez se deban a la influencia genética judía. Esto puede aclarar la posibilidad de que el PV tenga un origen único y puede cambiar el enfoque con que la comunidad médica ha estudiado las enfermedades autoinmunitarias en los seres humanos.

La conciencia cada vez mayor que tiene la comunidad hispana de Nuevo México sobre su legado criptojudío, junto con los nuevos avances en la investigación genética, nos dan la oportunidad de volver a examinar diversas cuestiones fundamentales sobre los motivos para la exploración y la colonización de la frontera norte en el siglo XVI, como la migración y las relaciones comerciales entre México y Nuevo México durante el periodo colonial, los patrones demográficos de los hispanos a lo largo de los últimos cuatrocientos años, las relaciones entre la comunidad criptojudía y los ashkenazis que

llegaron de Alemania y Europa Oriental a mediados del siglo XIX y la predisposición de los criptojudíos hacia ciertas enfermedades. Sin embargo,
puede ser más importante que, al salir a la luz este elemento étnico, poda-
mos reconsiderar algunos supuestos básicos sobre la cultura de los hispanos
y la de los judíos, pues tal vez sean cuestionables algunos de nuestros estereotipos más antiguos sobre el origen y la conformación de ambos grupos.
Estos hallazgos, aunque preliminares, nos permiten examinar los puntos comunes de la historia cultural de los dos grupos y también nos ayudan a entender de un modo más cabal quiénes somos como comunidad.

IDENTIDAD Y ASIMILACIÓN: CRISTIANOS NUEVOS Y CRIPTOJUDÍOS EN EL IMPERIO ESPAÑOL

Eva Alexandra Uchmany*

Introducción

La EDAD moderna trajo grandes procesos de cambio en la Península Ibérica, entre éstos la intolerancia religiosa, fomentada por frailes celosos, que periódicamente levantaban al pueblo menudo contra los judíos, culpados de todos los males del siglo. Estos incidentes culminaban siempre en alguna violencia cuyo saldo, además de saqueo y muertes, fue la coacción religiosa.

Las prédicas que, por 1391, inició el dominico catalán Vicente Ferrer con el afán de convertir a los judíos y que, a fin de cuentas, le valieron la santidad, inspiraron al arcediano de Ecija, Ferrand Martínez, a atacar las aljamas de Andalucía. La turba que lo secundaba, y que se denominaba "los matadores de judíos", exterminó, solamente en Sevilla y sus alrededores, a más de cuatro mil almas. Según testigos oculares, el número de aquellos hebreos que impulsados por el terror aceptaron el bautismo, a cambio de su vida, superó con mucho a los muertos.[1] La violencia, que se extendió por toda España, redujo las aljamas a menos de la mitad de su población, y muchas desaparecieron por completo del mapa de la península. A su vez, las cruzadas contra los hebreos se sucedían a menudo a lo largo del siglo XV, culminando con la expulsión de los judíos de España. Con cada agresión religiosa aumentaba el número de conversos,[2] cuya asimilación a la cultura mayoritaria originó terribles conflictos socioeconómicos en España, que luego se extendieron a Portugal.

En definitiva, los tiempos modernos, caracterizados por la política de centralización del poder en manos de la Corona, personificados en España por los Reyes Católicos y en Portugal por don Manuel, depararon a los judíos la expulsión y a los conversos y cristianos nuevos el Tribunal del Santo Oficio de la Inquisición. En efecto, el nuevo concepto de la monarquía consideró la religión como la razón unificadora del Estado. Por su parte, las so-

---

* Universidad Nacional Autónoma de México.

[1] Véase al respecto Luis Suárez, *La expulsión de los judíos de España*, MAPFRE, Madrid, 1992, p. 190.

[2] Andrés Bernáldez, cura de los Palacios, *Memorias del reinado de los Reyes Católicos*, Consejo Superior de Investigaciones Científicas, Madrid, 1962, pp. 260-262.

ciedades castellana, aragonesa, valenciana y lusitana, que lucharon a lo largo de los siglos para sacar a los hebreos "de sus errores y supersticiones judaicas" y pugnaban para introducirlos a "la religión verdadera", cuando esto sucedió, por coacción o por persuasión, se negaron a aceptarlos como iguales tanto en la sociedad como en el seno de la Iglesia. No se olvide que en la España moderna se acuñaron los términos "cristiano viejo" y "cristiano nuevo", que indicaron en sí desigualdad y segregación. Aún más, los cristianos viejos se hicieron llamar a sí mismos "lindos", al mismo tiempo que denominaban despectivamente a los nuevos "confesos", "tornadizos" y "marranos". Cabe mencionar que el último término fue usado frecuentemente en el siglo xv, aunque la Corona lo prohibió mediante varios edictos. De aquí que no se encuentre en ningún documento oficial. Por su parte, los historiadores gentiles, así como los hebreos, lo usan en su vocabulario con frecuencia. Los primeros quizá sin reflexionar en que la palabra es sumamente ofensiva. Los segundos, por haberse acostumbrado a humillar a sus antepasados y, por lo tanto, a sí mismos.

Exclusión

Las sucesivas conversiones agravaron los conflictos sociales que causaba la absorción de una minoría notable, que según los cálculos de algunos historiadores alcanzó la cifra de 400 mil personas entre los años 1391-1492,[3] formada casi en su totalidad por una clase media, en una sociedad cuya emergente burguesía luchaba con todos los medios a su alcance para acaparar todas las oportunidades que le ofrecía su tiempo. Por cierto, el proceso de asimilación al cristianismo de judíos e incluso de moros se había iniciado en la Península Ibérica hacia siglos. Pero, por tratarse de conversiones individuales, y por lo general absorbidas por la nobleza, no ocasionaban problemas sociales. En verdad las más encumbradas familias se unieron en matrimonio con judíos, entre ellos la familia real de Aragón, pues Juan II contrajo nupcias con doña Juana Enríquez, hija de don Alfonso Enríquez, almirante de Castilla, cuya esposa se convirtió para el efecto. De aquí que la abuela de Fernando el Católico, doña Juana Enríquez, era hebrea.[4] A su vez los Tras-

[3] Yitzhak Baer, *A History of the Jews in Christian Spain*, The Jewish Publication Society, Filadelfia, 1978, vol. II, p. 438. Según Baer, la máxima autoridad sobre el tema, con la expulsión abandonaron España unas 200 mil personas. Sobre la base de esta cifra, y en vista de los testimonios acerca de las conversiones realizadas más por coacción y violencia que por convicción, a lo largo de los últimos cien años se ha llegado a la conclusión de que el número de los conversos era dos veces mayor que el de aquellos que abandonaron España en 1492. Es ésta también la opinión de Antonio Domínguez Ortiz, *La clase social de los conversos en Castilla en la Edad Moderna*, "Ensayo introductorio" por Francisco Márquez Villanueva y "Semblanza del autor" por Luis Javier Coronas, XLVIII, Universidad de Granada, Granada, 1991.

[4] Américo Castro, *La realidad histórica de España*, Porrúa, México, 1966, p. 49.

támara, la familia de Isabel de Castilla, también tenían uno que otro antepasado judío.

Las conversiones masivas de los hebreos, que a la vez que pisoteaban su identidad les abrían nuevas oportunidades sociales y económicas, desde un principio muy bien aprovechadas, generaron un conflicto entre los cristianos nuevos y los viejos. En las dos últimas décadas del siglo XV la contienda se agudizó y, en la primera mitad del siglo XVI, desembocó en guerra abierta. Los cristianos viejos, que representaban la clase media y media baja, luchaban en contra de los nuevos con dos tipos de armas. Una fue el Tribunal del Santo Oficio de la Inquisición, que aniquilaba física y socialmente a los individuos sospechosos en la fe, a sus familias y descendientes. La segunda fue la introducción de los estatutos de limpieza de sangre, que eliminaban la competencia de los cristianos nuevos en la administración de la monarquía, y reservaban todos los beneficios y prebendas en la Iglesia para aquellos que podían probar que descendían por tres o cuatro generaciones, por los cuatro costados directos y laterales, de cristianos viejos. Como era de esperarse, los últimos salieron victoriosos, pues las instituciones constituidas por la burguesía o aquellas en las cuales la clase media tenía una mayoría, adoptaron los estatutos que anteponían la raza y la sangre a la razón.

En definitiva, las primeras instituciones que introdujeron estatutos "de limpieza de sangre" tenían un origen burgués. Eran los colegios mayores, cuyos egresados ocupaban los más importantes puestos en la administración eclesiástica y en la monarquía. Les siguieron las órdenes mendicantes, los concejos de las ciudades y los cabildos catedralicios. En todas estas instituciones se encontraba un gran número de cristianos nuevos de origen hebreo, producto de las conversiones pasadas.

Cabe mencionar que la pugna más descarnada por beneficios y rentas eclesiásticas la entabló el cardenal Siliceo,[5] al introducir los estatutos en la catedral de Toledo contra la voluntad expresa de la Santa Sede, pero con el beneplácito de Carlos V y de Felipe II. En definitiva, la legalización de este acto por la Corona, hacia el año de 1550, marcó un coto a las aspiraciones de los cristianos nuevos a los puestos eclesiásticos. Los últimos en aceptarlos fueron los jesuitas, tanto porque el fundador de la compañía consideraba los estatutos opuestos al cristianismo, como porque su sucesor y segundo general, el padre Laínez, era judío converso. No obstante, en la última década del siglo, en el año 1593, también la Compañía de Jesús sucumbió a las presiones de la Corona y de la sociedad. Por su parte, las universidades conservaron su espíritu universal y jamás aceptaron los estatutos. De aquí que

[5] Es notorio que Siliceo era de origen campesino y antes de latinizar su segundo apellido se llamaba Juan Martínez Guijeño. Nació en 1486 en Villagarcía de Badajoz, y logró estudiar de limosna en París. De regreso pudo escalar posiciones en la Iglesia hasta que ocupó la silla primada de Toledo. Véase Antonio Domínguez Ortiz, *op. cit.*, pp. 36-39.

muchos cristianos nuevos, incluso de origen portugués, se graduaran en ellas, en particular en la de Salamanca.

Por todas estas razones, y para evadir persecuciones y humillaciones, muchos cristianos nuevos de origen español prefirieron irse a otras latitudes. Entre ellos se encontraban humanistas de la talla de Juan Vives y Juan Valdés; el doctor Laguna, que publicó su *Dioscórides* en Amberes, y el famoso médico y botánico García de Orta,[6] que prefirió emigrar a la India portuguesa, desde donde dio a conocer la flora medicinal de aquellas latitudes en Europa.

Asimilación

Las altas posiciones a las que algunos conversos de finales del siglo XIV y de la primera mitad del XV lograron escalar tanto en la Iglesia y en el Estado como en la vida económica en general, lo mismo en Castilla que en Aragón, les permitieron contraer matrimonios con importantes cristianos viejos, incluyendo la nobleza, lo que aceleró en gran medida la asimilación de los cristianos nuevos en España. En efecto, todos ellos perseguían el único fin de conseguir probanzas de limpieza de sangre. En muchos casos los testigos se mostraban favorables y, en otros, un pequeño o gran soborno ayudaba. No obstante, cuando alguien puso en duda los resultados de la primera probanza, se hizo una nueva pesquisa, que fue llevada a cabo con un mayor rigor. Cabe mencionar que las familias gastaban todas sus fortunas para lograr el documento que les abría el camino hacia la sociedad de los cristianos viejos.

La realidad española se reflejaba en las colonias. Los cristianos nuevos participaban en la Conquista y colonización del cuarto continente e, incluso, se hallaban entre las filas de los frailes humanistas y evangelizadores de la población indígena. Cabe mencionar tan sólo las figuras del gran defensor de los indígenas americanos, fray Bartolomé de Las Casas, y del padre Joseph de Acosta, el brillante autor de la *Historia natural y moral de las Indias*. Su presencia era también notable entre los oficiales reales que servían a los Reyes Católicos. Unos lograron hábitos de Santiago y jamás fueron molestados. A los otros se les recordaba de cuando en cuando su origen, como lo hizo fray Juan de Zumárraga al procurador y encomendero Alonso de Ávila.[7] Otros, en cambio, fueron penitenciados y uno que otro quemado por

[6] Américo Castro, *Cervantes y los casticismos españoles*, Alianza/Alfaguara, Madrid, 1974, p. 160.

[7] Averiguación hecha [. . .] en lo de Alonso de Ávila, acusado de tener un crucifijo debajo su escritorio y poner los pies encima, México, 1537, AGN de México, Inquisición, Índice, vol. I, exp. 23 bis 4 f.; véase respecto de la familia Eva A. Uchmany, "De algunos cristianos nuevos en la conquista y colonización de la Nueva España", *Estudios de Historia Novohispana* (UNAM), vol. 8, 1985.

la primitiva Inquisición, formada desde un principio por frailes y luego por obispos.[8] Sus descendientes buscaban disimular su ascendencia y se asimilaron totalmente a la religión y la vida de las mayorías.

Uno que otro logró incluso escalar en la jerarquía eclesiástica, como fue el caso del licenciado Cristóbal de Miranda, primer deán de la iglesia catedral de Mérida y comisario del Santo Oficio en Yucatán, quien llegó a la Nueva España en 1551 en compañía de su padre, Juan de Miranda. El deán trajo, junto con su nombramiento para la dignidad que iba a ocupar, las respectivas probanzas de limpieza de sangre. Pero tuvo mala suerte y fue reconocido por uno de sus feligreses. El Santo Oficio novohispano abrió una nueva investigación acerca de sus antepasados. De ésta resultó que sus bisabuelos maternos, Diego Donaire, tejedor de mantas, e Isabel García, fueron quemados como los peores judíos dogmatistas en el puerto de Santa María, en los alrededores de Sevilla, en 1516. Sus abuelos paternos, Diego López, mercader, y Leonor Rodríguez, fueron penitenciados en la misma localidad, según lo indicaban sus sambenitos colgados en la iglesia principal del puerto.[9] El deán luchó varios años para conservar su puesto pero no lo logró.

Por su parte Hernando Ortiz de Hinojosa, quien nació en 1544 en San Lúcar de Barrameda y llegó como niño a la Nueva España, se doctoró en cánones y teología en la Universidad de México, luego fue honrado con la cátedra de prima de teología y, a la vez, fue nombrado en 1592 abogado del Santo Oficio. De inmediato se hizo una extensa pesquisa sobre sus orígenes y se demostró que sus abuelos paternos, Hernando Ortiz de Sanlúcar, apodado "el rey de los judíos", y Violante Hernández, eran "confesos notorios descendientes de judíos, llanos y habidos por tales". El 1 de diciembre de 1592 llegó la información a México y, el mismo día, Ortiz de Hinojosa fue suspendido de todos sus cargos y su extensa familia, hermanos, hermanas y sobrinos, casados con las mejores familias novohispanas, quedaron manchados.[10]

LA VIOLACIÓN DE LA CONCIENCIA COLECTIVA

En el año 1496 don Manuel, deseoso de matrimoniarse con doña Isabel, hija de los Reyes Católicos, aceptó las condiciones de la infanta de convertir a Portugal en un país puramente católico. Acto seguido exhortó a los judíos a bautizarse, ofreciéndoles a cambio igualdad de derechos civiles con sus

[8] *Idem.*

[9] Cartas dirigidas al Santo Oficio desde Mérida, Yucatán, 1575, AGN, Inquisición, vol. 79, exp. 10; vol. 80, exps. 8, 10, y 11 y 21, año 1579, y vol. 82, exp. 14

[10] Javier S. Sánchiz Ruiz, *La limpieza de sangre en la Nueva España, El funcionariado del Santo Oficio de la Inquisición, siglo XVI*, tesis de maestría, UNAM, 1990, pp. 109-112.

súbditos cristianos. Pero los hebreos no aceptaron su propuesta y, por lo tanto, el monarca los condujo con todo el lujo de la fuerza a las pilas bautismales.[11]

Esta conversión total de un pueblo, pequeños y grandes, junto con sus rabinos, intelectuales y científicos, aunque no pretendía destruir físicamente a los judíos, los condenaba a una muerte cultural y borraba tanto su ser como su identidad. No obstante, el terrible acto que coaccionó las conciencias abrió a los conversos las puertas de las universidades, los honores eclesiásticos y grandes posibilidades económicas, incluyendo el comercio marítimo. Además el rey, queriendo facilitar la asimilación de los conversos a la religión del Estado, les prometió veinte años de tolerancia, esto es, un lapso durante el cual nadie iría a indagar sobre su ortodoxia. Sin embargo, solamente dos años después de la terrible coacción, en 1499, don Manuel anuló los privilegios otorgados a los conversos y les prohibió vender sus propiedades y abandonar Portugal.

En verdad la realidad de los neófitos fue sumamente problemática. Por principio las aguas bautismales no convencieron a los judíos de la autenticidad del cristianismo. Además, la violación de la conciencia y la negación del libre albedrío a un pueblo entero, intelectuales, rabinos, científicos y demás creyentes, era imperdonable. De aquí que la inmensa mayoría de los violados, obligada por las circunstancias, aprendió el modo de vida y las formas externas de la religión mayoritaria, pues para sobrevivir tenían que saber cumplir con el mundo, pero en la intimidad de sus casas, cobijados por la oscuridad de la noche, seguían siendo judíos. En suma, la conversión transformó a los judíos portugueses en criptojudíos, aunque uno que otro, por diferentes razones, optó por asimilarse.

EL RECHAZO SOCIAL

Las aguas bautismales vertidas sobre los judíos portugueses en 1497 dividieron en pocos días la sociedad lusitana en cristianos nuevos y cristianos viejos. La animadversión que los portugueses sentían antaño contra los judíos la traspasaron hacia los cristianos nuevos.[12] Incluso los odiaban más, porque cuando aún eran judíos sus actividades sociales y económicas estaban limitadas.

Pero después del bautismo los habitantes de la Rua Nova de Lisboa y de

[11] Véase al respecto el primer capítulo, pp. 23-41, Eva A. Uchmany, *La vida entre el judaísmo y el cristianismo en la Nueva España, 1580-1606*, Fondo de Cultura Económica/Archivo General de la Nación, México, 1992. [En 1994 vio la luz la segunda edición.]

[12] Alexandre Herculano, *História da origem e estabelecimento da Inquisição em Portugal*, Bertrand, Lisboa, 1975, vol. 1, pp. 96-105.

otras ciudades ya no estaban obligados a llevar encima de su ropa una estrella roja, que los señalaba desde lejos, y a recogerse en su barrio a la hora de las vísperas, sino que podían tratar y contratar libremente con los cristianos viejos, introducirse en el comercio marítimo, enviar a sus hijos a diversos colegios e, incluso, infiltrarse en la Iglesia.

La reacción no se dejó esperar. En la Semana Santa de 1506 el pueblo, reunido en la catedral e instigado por unos frailes dominicos, se lanzó sobre los conversos. La matanza duró tres días. Don Manuel, aunque castigó a los culpables y anuló el decreto recriminatorio, presionado por las instancias religiosas y los portugueses en general, solicitaba ya en los años veinte, en Roma, una bula que le permitiese introducir el Santo Oficio en Portugal. Su hijo Juan III siguió las largas y penosas negociaciones con Roma con Clemente VII y luego con Pablo III; el segundo finalmente accedió, en 1536, al establecimiento del Tribunal de la Inquisición en Portugal, aunque por medio de la bula *Meditatio Cordis* eximió a los penitenciados de la confiscación de bienes. En caso de relajación o condena a la hoguera, aquéllos deberían ser entregados a los legítimos herederos.

Desde la quinta década del siglo la persecución inquisitorial hacía estragos entre los cristianos nuevos, pues en el lapso de diez años, entre 1549 y 1560, se celebraron veinte autos de fe en Portugal. Por su parte, los papas de la Contrarreforma apoyaban estas cacerías. Incluso Pío IV confirmó al infante cardenal don Enrique *legatus ad latere*, en 1560. En otras palabras, le cedió un poder absoluto en cuestiones de la fe y, desde aquel año, el inquisidor general de Portugal era responsable por sus actos únicamente ante Dios. Desde entonces era fácil quemar a cualquier sospechoso en el país de los lusitanos, aunque la bula respectiva a la exención de confiscaciones de bienes, mencionada antes, siguió en pie hasta el año 1668.[13] Sin embargo, la introducción del Tribunal de la Inquisición en Portugal, aunque hizo miserable la vida de los cristianos nuevos, no los llevó hacia la asimilación sino que les hizo cerrar sus filas, elevar a mártires a los muertos en los sucesivos autos, reflexionar sobre su identidad violada y reforzar su fe en una próxima redención futura.

En 1580 Felipe II de España se aseguró la corona de los lusitanos y permitió a los "de la nación" la libre circulación dentro de la Península Ibérica, oportunidad que fue ampliamente aprovechada. Familias enteras emigraron a España y desde allí se trasladaron a las colonias españolas de ultramar, en busca de mejores oportunidades económicas y mayores libertades religiosas, que para su desgracia no encontraron. La inmensa mayoría de ellos llegaron a América armados con una profunda fe en la próxima venida del Mesías que los debería redimir como nación en la historia.

[13] *Ibidem*, pp. 164-165.

La identidad criptojudía entre 1580 y 1640

Desde los años de 1560 comenzaron a formarse minúsculas colonias de cristianos nuevos en todo el Imperio español, que se vieron reforzadas por una notable inmigración en las dos últimas décadas del siglo. La inmensa mayoría de los cristianos nuevos eran criptojudíos, aunque algunos abrazaron con el tiempo el cristianismo con sinceridad. Esto se debió a dos razones: la una, porque por motivos de seguridad educaban a sus hijos desde un principio como cristianos. Incluso los enviaban a diversos colegios para aprender gramática y latín, y cabe mencionar que también algunas hijas recibían una educación esmerada. Fue éste el caso de doña Mariana Núñez de Carvajal, que estudió una corta temporada en el Colegio de las Vizcaínas en México, el más prestigiado de la ciudad. Fue sacada de esta institución porque Gonzalo Pérez Ferro, pariente de su madre, doña Francisca, urgía a ésta y a sus hijos para que la sacasen de allí, pues "no tenían temor de Dios, pues ponían en condición a un alma de que le negase, poniéndola en parte donde podía correr el riesgo de volverse a la Ley Cathólica".[14] Por cierto, los Núñez de Carvajal habían perdido ya de este modo a un hijo, Gaspar, quien se enroló con toda su alma y fervor en la orden de los predicadores. Sus hermanos Baltazar y Luis trataron de volverlo al judaísmo sin lograrlo, aunque el dominico era leal a la familia y no los denunció.[15] Muchas otras familias perdieron también a sus hijos de esta manera. Solamente en casos muy raros éstos lograron regresar al seno de su religión ancestral.

Para que esto no sucediera, los criptojudíos introducían a sus hijas e hijos al judaísmo cuando éstos llegaban a la edad de *mitzvot*, o sea a la edad en la que deberían cumplir, según la ley de Moisés, los preceptos religiosos. Esto sucedía a los 12 y 13 años, respectivamente. Por lo general uno de los padres o parientes cercanos, algún tío, y en su ausencia otra persona, se encargaban de explicarles las bases de su religión. Esta iniciación se solía hacer antes de las fiestas de otoño, para que ella o él pudiesen participar en el ayuno del Kipur o el Día Grande del Perdón. Cabe mencionar que ésta era una hazaña sumamente peligrosa, pues jamás se conocía la reacción del joven. Por ejemplo Luis Díaz, quien llegó a Cartagena en compañía de algunos parientes como niño, fue introducido al judaísmo por Vicente Acosta, hombre culto, quien además de tres lenguas vivas sabía hebreo, latín y griego. Acosta se fugó de Portugal en compañía de su familia en 1578 y se trasladó a Holan-

---

[14] Doña Mariana Núñez de Carvajal, en la audiencia del viernes 2 de junio de 1600, Proceso de doña Mariana Núñez de Carvajal, hija de Francisco Núñez de Matos, portugués, relajado en estatua y de doña Francisca Núñez de Carvajal, relajada en persona, por judaizante, México 1596-1601, AGN, Inquisición, vol. 15, exp. 3, colección Riva Palacio.

[15] Eva A. Uchmany, *op. cit.*, p. 127.

da. Dejó a los suyos en Amsterdam y regresó a España, armó un barco junto con varios cristianos nuevos, navegó a Angola y de allí se dirigió a Cartagena de Indias. En aquellas latitudes encontró al adolescente Luis Díaz, que estaba por cumplir 13 años. Acosta se tomó la molestia y le enseñó los preceptos de ley, y lo preparó para su *bar-mitzvá*. Al respecto le recordaba Francisco López Enríquez a Luis Díaz que le debía mucho a Acosta, pues no siendo su pariente se atrevió a revelarle la verdad.[16]

A Thomás Treviño de Sobremonte lo introdujo al judaísmo su madre, Leonor Martínez, en Medina de Ríoseco. El primer Día Grande del Señor ayunó con ella y con parientes de su madre. Treviño fue un hombre culto y buen latino, pues además de gramática estudió un año cánones en Salamanca. Cabe mencionar que por parte de su padre, Thomás de Sobremonte, era cristiano viejo. En cambio en su familia materna eran judíos devotos. Todos ellos fueron castigados por el Santo Oficio.

Pero Thomás Treviño de Sobremonte se identificó plenamente con la familia de su madre. Se dejó circuncidar en 1624, durante su primer encierro en las cárceles del Santo Oficio novohispano, por Antonio Váez Castelo Blanco, que compartió con él la celda. Luego Thomás, como lo hacían muchos otros, circuncidó también a su hijo Rafael. Aprehendido por segunda vez en 1643, Thomás Treviño de Sobremonte guardó la dieta hebrea a lo largo de los años de su prisión y, finalmente, se dejó quemar vivo en el auto de fe que se celebró en la ciudad de México el 11 de abril de 1649.[17] En el mismo acto fueron relajados su esposa, María Gómez, la madre y hermanas y otros parientes de ésta. La mayoría de ellos desfilaron en autos previos que se celebraron en Cartagena de Indias y en la Nueva España.

Sin duda los criptojudíos educaban a su hijos como judíos, les enseñaban las *mitzvot* y, en la medida de sus posibilidades, celebraban en su compañía las grandes fiestas. Algunos rezos, como el de la víspera del ayuno del Kipur, las cenas y ayunos se hacían en compañía de cuñados y amigos. Aún más, preocupados por la continuidad del judaísmo, trataban de reconvertir a familiares cercanos y a otros que se habían alejado. Fue éste el caso de Isabel Núñez de Andrada de Carvajal, que trató de devolver a Felipe Núñez, uno de sus primos, a su religión ancestral. Éste la denunció, en la primera ocasión que tuvo, ante el Santo Oficio. Fue ésta la causa de su primera prisión y de la de toda su desdichada familia.[18] Por su parte Manuel de Luce-

[16] Luis Díaz, testigo número 9 contra Francisco López Enríquez. . ., en *op. cit.*

[17] Confesión de Thomás Treviño de Sobremonte en la audiencia del miércoles 27 de noviembre de 1624, Causa criminal contra Tomás Treviño de Sobremonte por judaizante, Oaxaca-México, 1624-1625 y Segundo Proceso criminal [. . .] por judío judaizante 1644-1649. Ambos están cosidos en el mismo volumen, AGN, Inquisición, vol. 20, colección Riva Palacio.

[18] Phelipe Núñez, natural de Lisboa, de edad de 28 años, soldado que andaba en la compañía de don Luis de Carvajal y de la Cueva, gobernador del Nuevo Reino de León. Era el primer testigo que vino a declarar, por su propia voluntad, contra doña Isabel Núñez de Carvajal, viu-

na quería convertir a cada persona de "buena maza", entre ellos a un viz-
caíno, el cual, aunque no se hizo judío, simpatizaba con ellos. En su afán religioso incluso deseaba enseñarle la "ley de Moysén" a Luis Díaz, clérigo, a
quien los inquisidores le habían puesto en su celda, unos pocos días después
de encarcelarlo, para que lo espiase. A causa de esta alma religiosa, deseosa
de hacer prosélitos, fueron encarcelados en los días siguientes su esposa y
familia y sus mejores amigos, incluyendo a Luis de Carvajal. A su vez, los
inquisidores tenían miedo de que Luis Díaz pudiera asimilar alguna enseñanza judía, pues Lucena hizo los máximos esfuerzos por convertirlo, y después de pocos días lo sacaron de la celda de aquél.

La siguiente generación fue más prudente y se limitó a cuidar únicamente la fe de los suyos. No obstante, en las circunstancias en las que vivían, incluso esto era muy peligroso. Al llegar Gaspar de Robles a la edad de *mitzvot*, sus tíos, Gaspar Méndez y Vicente Enríquez, lo introdujeron al judaísmo
durante un viaje que realizaron, en el año 1622, a Luanda en Angola. Por
1641 Robles confesó "que creyó desde entonces en todo lo que le dijeron, y
de todo corazón y voluntad creyó que la Ley de Moysén era la buena y la
necesaria para su salvación y no las de Nuestro Señor Jesuchristo, de la cual
se apartó y dejó desde aquel tiempo".[19]

Pero Robles no estaba tan convencido del judaísmo, en especial después
que tuvo un fuerte altercado con su tío Enríquez-Home, mercader en Campeche, en 1639, durante el cual le amenazó con denunciarlo al Santo Oficio.
Gaspar de Robles cumplió esta promesa dos años más tarde. Después de recorrer el norte de México, evadir peligros y sanar de una prolongada enfermedad, Robles llegó a la conclusión de que sus tíos no le señalaron el camino hacia la salvación sino que "lo perbirtieron y lo apartaron de la fe y
creencia de nuestro Señor Jesuchristo". El día 26 de marzo de 1641 Robles se
autodenunció y relató cómo sus tíos le enseñaron a guardar la *kashrut*, el sábado, oraciones, y que lo mandaron a estudiar, pero que no acudía al colegio en los días que ayunaba, como Kipur y otros. En la segunda audiencia
que tuvo con los inquisidores, el 11 de abril de 1641, abundó en detalles sobre su familia novohispana y denunció a todos sus parientes, incluyendo
padres, abuelos y hermanos en España y Portugal. Estas denuncias fueron
la causa directa de las masivas detenciones en el año 1642 y de los autos de
fe que se celebraron en los años 1647, 1648 y 1649, en los cuales desfilaron
más de doscientos judaizantes, de los cuales más de la mitad fue extermi-

---

da de Gabriel Herrera, en la audiencia de la tarde del día 7 de marzo de 1589, Proceso contra
doña Isabel de Andrada [. . .] de generación de cristianos nuevos de judíos, por judaizante, AGN,
Inquisición, vol. 558, ff. 1-177.
[19] Confesión de Gaspar de Robles, Proceso del Santo Oficio contra Vicente Enríquez-Home
por judaizante, México 1641, AGN, Inquisición, vol. 388, exp. 1.

nada.[20] Entre éstos se hallaban también los hijos y nietos de Justa Méndez y de Francisco Rodríguez, ambos penitenciados en 1596 y quemados en estatua y huesos en 1649. En efecto, más de treinta descendientes de estos patriarcas desfilaron en los tablados en las terribles fiestas durante las cuales el judaísmo novohispano quedó casi eliminado. Esta continuidad hubiese sido imposible sin las madres de Israel que desde la coacción religiosa de 1497 seguían educando a sus hijos, con todos los peligros que esto implicaba, en las leyes y tradiciones del judaísmo. Finalmente, cabe mencionar que algunos de los que sobrevivieron las cárceles y los autos, lograron evadirse de la Península Ibérica y asentarse en alguna judería, como fue el caso de Gaspar Váez Sevilla, que se refugió en Liorna, Italia. Otros, cansados de la intolerante Europa cristiana, fijaron su hogar en el vasto imperio otomano.

Conclusiones

Por medio de esta breve exposición se querían señalar los diferentes procesos históricos durante los cuales los judíos se convirtieron al cristianismo en España y en Portugal. La terrible violencia, desatada en 1391, que destruyó físicamente las más florecientes aljamas de España, y que se repetía en menor escala, casi periódicamente, a lo largo del siglo XV, y se manifestaba bajo diferentes caras, incluyendo discusiones públicas de teólogos cristianos con sabios hebreos —la más famosa fue la Disputa de Tortosa—, y la obligación de todos los judíos de escuchar sermones de frailes, en sus propias sinagogas, humilló y pisoteó al judaísmo a tal grado que, por un lado favoreció la conversión, casi masiva y, por el otro, hizo que los fieles a la ley de Moisés cerrasen filas y se apegasen aún con mayor ahínco a la unidad y unicidad de Dios, y a las tradiciones de sus mayores.

Las conversiones forzadas llevadas a cabo por las bandas saqueadoras de los "matajudíos", encabezadas por el arcipreste de Ecija, Ferrando Martínez, fueron acogidas con beneplácito por los españoles. Algunas familias que abrazaron el cristianismo voluntariamente a raíz de aquellas convulsiones lograron ennoblecerse, como los Santa María y sus hijos los Cartagena; los Santa Fe, los Conchillo, los Almazán, los Del Pulgar, los Cervantes y muchísimos otros en Castilla, los De la Caballería, Sant Angel, Cabrera, Sánchez y otros en Aragón y, de ahí, escalar posiciones tanto en la Iglesia como en el Estado.

Pero, a su vez, estas conversiones introdujeron un desequilibrio social que, con los bautismos que se sucedían a lo largo del siglo XV, aumentaba y, por un lado, fue la causa directa de la introducción de los "estatutos de lim-

---

[20] A su vez más de diez mujeres fueron encarceladas estando embarazadas, perdiendo a sus hijos después del parto. También otros niños murieron en ausencia de sus padres, sin que aparezcan en lista alguna.

pieza de sangre" y, por el otro, aunado con razones de índole política, causó el establecimiento del Tribunal del Santo Oficio de la Inquisición. Cabe mencionar que el Santo Tribunal dependía directamente de la Corona, amén del patronato real sobre asuntos eclesiásticos, concedido a los reyes por la Santa Sede en 1478.

De hecho, según los cálculos de varios historiadores, incluyendo a Domínguez Ortiz, durante los cien años de sucesivas conversiones en España, sumando las ocurridas entre 1391 y 1492, las dos terceras partes de lo que era alguna vez la floreciente judería española abrazó el cristianismo. Una tercera parte abandonó el país a raíz de la expulsión. Los conversos y sus sucesores, en su terrible lucha por posiciones en la sociedad e, incluso, por poder político, tratando de este modo de borrar la mácula de su origen, se asimilaron totalmente a la sociedad cristiana. Para ilustrar esta conclusión mencionaré a uno de los descendientes de don Abraham Senior, un tal Pérez Coronel, quien en los años ochenta del siglo XVI buscaba un puesto en el Tribunal del Santo Oficio novohispano y, al ser cuestionado sobre sus antepasados, declaró "que en sus venas corre sangre de cristianos viejos por más de mil años".

El caso de los judíos portugueses fue muy distinto. En un único día se violó la conciencia y dignidad de todo un pueblo, con sus rabinos e intelectuales. Esta herida jamás sanó. La lucha por conservar su propia identidad, que a su vez era una lucha contra la asimilación, fue apoyada por la misma sociedad portuguesa, que desde un principio tenía aversión contra los conversos y luego contra sus descendientes. A la desconfianza religiosa se aunaba la lucha por las riquezas del imperio y por posiciones en la Iglesia y en la monarquía en general.

Ante el rechazo social los cristianos nuevos cerraron filas e hicieron lo imposible por mantener viva su fe ancestral, que continuaron practicando en la intimidad de sus hogares, cobijados por la oscuridad de la noche, en las circunstancias más adversas y bajo las más terribles amenazas, incluyendo las cárceles del Santo Oficio y, consecuentemente, las periódicas celebraciones de los autos de fe, que significaban degradación social, vergüenza pública y hogueras, o condenas como remar en galeras, que a fin de cuentas significaba una muerte lenta y segura. Además, cabe subrayar que los criptojudíos portugueses tenían una fe inquebrantable en la venida del Mesías, que transmitían a sus hijos. Todos ellos esperaban que el Ungido de la Casa de David, el Mashiah, los viniese a redimir de su cautiverio. A su vez, algunos de aquellos que lograron sobrevivir todas las calamidades pasadas buscaban refugiarse, a lo largo de los tres siglos de la época colonial, en las juderías europeas, el imperio otomano e, incluso, en las múltiples comunidades judías del Oriente Medio y del sudeste de Asia. Uno de ellos fue Gaspar Váez, hijo de Simón Váez y de Juana Enríquez, quien se asentó, por los años setenta del siglo XVII, en Liorna, Italia.

LA DIÁSPORA JUDÍA NOVOHISPANA Y LA MULTIPLICIDAD DRAMÁTICA EN DOS OBRAS TEATRALES DE SABINA BERMAN

Mónica Bausset Orcutt*

La comunidad literaria latinoamericana se nutre de grandes aportes de autoras y autores judíos que se distinguen en todos los géneros. En la dramaturgia, por ejemplo, nombres como los de Samuel Rovinski, Diana Rasnovich, Eduardo Pavlovsky, Nora Glickman, Alfredo Díaz Gómez, Ricardo Halac y Sabina Berman han trascendido las fronteras nacionales. En el ámbito de la literatura mexicana la presencia de escritores y escritoras de tradición judía no ha sido estudiada en gran detalle sino a partir de 1980, cuando se produjo un resurgimiento de autores.

La obra literaria de la joven autora Sabina Berman es abundante y no se circunscribe exclusivamente al teatro, sino que incursiona en diferentes géneros literarios, abarcando una diversidad de temas. Dentro de su producción dramática se distingue una línea de revisión histórica que se concentra en algunos temas de la Conquista (*Águila o sol*) y colonización, que son de naturaleza crucial y delicada en el pasado histórico de México.

El siglo XVI marca una época de fuerte movimiento antisemita en la región que hoy se conoce como México, al ser instituido el Tribunal del Santo Oficio de la Inquisición. Berman no deja pasar por alto esta realidad histórica de su país; escudriña las raíces de su pueblo y con una visión contemporánea expone algunos conflictos humanos que no pasan de moda: la injusticia, la discriminación, la traición, la supervivencia, la conversión y la lealtad religiosa, para nombrar algunos. De lo que he podido observar en mis lecturas, *Herejía* es la primera obra que ha llevado al escenario la dramatización del tema de la Inquisición en contra de los judíos y sus implicaciones.

Después de la lectura de la pieza *Herejía* (1983) tuve la oportunidad de comunicarme telefónicamente con Sabina para intercambiar algunas ideas sobre la obra que me habían dejado intrigada. Demás está decir la sorpresa que me deparó la autora cuando me dijo que había reescrito la obra por no haber quedado "satisfecha" con la versión mencionada.

Al poco tiempo me envió una copia del manuscrito *En el nombre de Dios* (1991), el cual desencadenó una investigación minuciosa del momento his-

* Brigham Young University.

tórico y de las técnicas teatrales que tan artísticamente utiliza en ambas versiones. En esta oportunidad quisiera presentar algunas ideas que son parte de un extenso trabajo en el que me veo embarcada.

Sabina Berman es poseedora de una dramaturgia ágil, flexible, reflexiva, con desenlaces abiertos y sin rodeos temáticos, junto con la audacia para incursionar en asuntos de índole conflictiva y comprometedora. En esta instancia se lanza a presentarnos la vida y las penurias del criptojudío inmigrante frente a la sociedad cristiana novohispana mayoritaria, que plantea un conflicto de enfrentamiento de dos mundos. Esto impone madurez y objetividad para tratar el asunto y evitar caer en el panfletismo. Sabina Berman demuestra poseer estas cualidades de escritora de primera, a las que se debe agregar su experiencia como directora.

Las obras que nos conciernen giran en torno a la historia de la familia de Luis de Carvajal, que fue descubridor y gobernador de Nuevo León, conocido como el *Viejo* para distinguirlo de su sobrino y heredero Luis de Carvajal, el *Mozo*. Sabina me contó en detalle sus hallazgos en el Archivo Nacional y las copias de manuscritos que contenían la autobiografía de Luis el *Mozo*, conocido como el *alumbrado* o *Joseph Lumbroso*, como se hizo llamar, y los juicios inquisitoriales sufridos por los miembros de dicha familia.

Luis el *Viejo*, cristiano nuevo, muy fanático de la fe católica, recibió la venia de Felipe II para zarpar rumbo al Nuevo Mundo con un grupo de colonos que en su mayoría estaban emparentados con él. Su mujer, Guiomar, no compartía las ideas religiosas de su marido y se quedó en España, donde murió a los pocos años sin haber tenido hijos. Era una mujer de fuertes convicciones religiosas y no perdía la fe de que algún día su marido volviese a practicar la ley de Moisés. A Isabel, una de sus sobrinas que practicaba el judaísmo a escondidas y que poseía una fuerte personalidad y sabía leer el latín, le encargó la salvación de don Luis, ya que se embarcó rumbo a las nuevas tierras con el resto de la familia, los Rodríguez Matos. Eran judíos conversos al cristianismo, para guardar las apariencias, que salían a la búsqueda de una tierra de promisión que los amparase y liberase.

Durante un reportaje previo a la entrega del Premio Bellas Artes para Obras de Teatro 1993 Berman expresa lo siguiente sobre su pieza teatral:

> Lo que puede tener de valioso *Anatema* no es la investigación histórica previa, sino la intención de depurar la anécdota hasta abstraer de ella el conflicto más universal que se da entre la devoción y el dogma. Mi obra no impugna soluciones de ningún tipo, su valor son los sentimientos que motivan al espectador. Ésta no es una pieza clásica, tampoco hace mucho caso de la cronología; juega libremente con el tiempo [*Excélsior*, 1 de diciembre de 1983].

Uno de los ángulos que personalmente me intrigan es esta metamorfosis de los textos, proceso al que me gustaría proponer como reescritura hermenéutica. Utilizo el término *hermenéutica* desde la lente teórica de Hans Gadamer, para significar la historia como un diálogo activo entre el pasado, nuestro presente y el futuro, que busca romper las barreras que impiden una comunicación.

En este proceso es posible aplicar diferentes métodos que se complementan para esclarecer este "fenómeno" de la reescritura del texto original. Las ideas de Derrida, por ejemplo, no descartan este proceso hermenéutico sino que "drives it into its most extreme and radical formulation, pushes it to its limits" (Caputo, 1989: 5). Con la deconstrucción se examina lo que se creía estable, se subvierten los sistemas y el texto se disemina y dispersa. En este caso Berman aplica estos métodos, deconstruye y subvierte su propio texto. El dramaturgo argentino Eduardo Pavlovsky lo calificaría de "trasgresión del texto dramático", y este proceso se puede considerar también, como él bien lo denomina, "la multiplicación dramática":

> La escena original contiene en su misma estructura las futuras escenas improvisadas y las escenas de la multiplicación dramática también contienen la singularidad de la original, pero organizada de otro modo, vista desde otros ángulos, mirada desde otro punto de vista [Pavlovsky y Kesselman, 1982: 73].

Es interesante notar que la pieza *Herejía* fue montada en 1984 y su título original era *Anatema* (1983); que recibió el Premio Nacional de Teatro, y el manuscrito sin publicación o montaje (hasta la fecha) de la segunda versión cambió a *En el nombre de Dios*. Según lo que se describió anteriormente el título se subvierte y se multiplica. Decir *anatema* es sinónimo de *excomulgado* y por extensión significa *maldición*, lo cual sugiere alguna clase de confesión o juicio sin consecuencias muy drásticas. Ahora bien, *herejía* se refiere a una doctrina que, dentro de la fe ortodoxa, es contraria a la religión. Esto implica apostasía y alguna consecuencia grave. Ambos son términos que dan la impresión de que alguien es culpable de algún delito. En cambio, *En el nombre de Dios* abre varias posibilidades de interpretación y expectativa: ¿cuál es el delito?; ¿quiénes son los culpables?; ¿existe la justificación? Para dar una idea de estos procesos de multiplicidad dramática se comentarán algunas de las escenas que pasaron por este proceso y que dieron lugar a un texto de gran madurez y riqueza artística.

El marco histórico tiene lugar a fines del siglo XVI y la acción comienza durante un interrogatorio en la sala de torturas de la Inquisición. Es una escena que asienta el tono de lo que aparentemente será una aproximación a la tragedia clásica del principio al fin. Todo es implacable, terminante y cruel:

> INQUISIDOR: Te sabemos con una fe prohibida. Te sabemos con un nombre que escribes de derecha a izquierda. Cantor de una lengua muerta, te conocemos a ti y

a tu ambición equivocada de Paraíso, pero es menester oírte confesar. . . No basta culparte y sentenciarte. Debes arrepentirte [151].

Es interesante notar esta oposición binaria que es una de las varias que se entremeten en la obra, y la ironía que encierran. Por más que se arrepienta y confiese, nunca podrá escapar de la muerte.

Este tribunal que se apodera del escenario nos hace partícipes de la recreación de un auto de fe y permite que el público lector/espectador sea el fiscal o el defensor (otra oposición). Mediante el uso de las técnicas de la metaficción, los personajes deambulan por su pasado y reviven segmentos de su vida. Desfila ante nosotros el descubrimiento de nuevas tierras por don Luis, las penurias soportadas por los Rodríguez Matos para poder practicar su ley, la conversión de Luis *el Mozo* a la religión de sus padres, sus penurias en la cárcel, las torturas sufridas por doña Francisca, segmentos de la liturgia judía y de la cristiana (oposición), la fortaleza espiritual de Isabel, para mencionar algunos.

Un elemento muy artístico que penetra toda la obra y le agrega vitalidad es el uso del canto, la música, instrumentos musicales y algunos coros que ayudan al público/lector a captar las raíces sefaraditas de los personajes. El zapateo y el lamento del cante hondo flamenco son un elemento humanizador, ya que traducen el sufrimiento y el desconcierto de estos personajes que la Inquisición persiste en deshumanizar. Cada azote que reciben se ve proyectado en un eco de zapatazos:

INQUISIDOR: Denle.
El verdugo lanza el látigo tres veces, suenan atrás tres zapatazos duros y luego tres suaves. (*En el nombre. . .*)

INQUISIDOR: ¡Tu credo!
A una señal del inquisidor lo azotan; los zapatazos atrás suenan con el ritmo del baile flamenco y se acallan [3].

La escena 2 es un ejemplo brillante del uso artístico de la poesía y el canto que Berman utiliza para relajar tanta tensión creada en la primera escena, y que presenta el conflicto de la obra:

Calabozos, al fondo. Penumbras. Un hombre joven sigue zapateando. . . Se agrega el ruido de palmas del Viejo, en otro calabozo. De pronto el hombre joven cesa su baile y alza la voz (*a manera de cante hondo*):

Ay, cuánto habrán pecado mis padres
para que yo naciera
para que yo naciera

entre hombres que encarcelan el amor
Cuánto habrán pecado los padres de mis padres, ay,
cuánto habrán pecado
para que la devoción me hiciese mártir [3-4].

En la pieza *Herejía* estos elementos están presentes, pero no con la intensidad y variedad que se encuentra en *En el nombre de Dios*. A mi ver, la primera enfatiza la cultura y costumbres hebraicas mientras que en la segunda se introduce lo autóctono en los personajes de Juan y José, dos indios chichimecas serviciales y bautizados por los padres dominicos. Lo interesante es que en la obra nunca salen a relucir ni los bailes, ni la música, ni los instrumentos folclóricos autóctonos, sino que son coros gregorianos e instrumentos renacentistas, como el laúd que toca uno de estos indios o la guitarra que en otra escena tocan Isabel y Luis *el Mozo* durante el casamiento de una de sus primas.

Otro componente que considero de gran valor es el del humor que Berman utiliza al máximo, de una forma tan sutil y artística que no llega a la burla o a la ofensa, pero que deja un mensaje para meditar. Siguiendo con la escena de los chichimecas, mientras Luis *el Viejo* está en España esperando las órdenes para zarpar, acompañado por Juan y José, se encuentra ante el padre Jeremías, un jerarca de la Iglesia que se está asegurando de que no se embarquen "indeseados" a las nuevas tierras:

> PADRE JEREMÍAS: Chichi-macas.
>
> DON LUIS EL VIEJO: Chichi-mecas, padre Jeremías. Le cuidarán con esmero; le harán música cuando convenga y cuando convenga le cargarán los baúles, a usted que viene y va por las colonias del Imperio.
>
> PADRE JEREMÍAS (en secreto a Don Luis): ¿Pero no le oí decir el otro día que son bárbaros comedores de gente?
>
> DON LUIS EL VIEJO: Sus padres lo fueron. Juan y Pedro se criaron ya en mi hacienda de Tampico. Son dóciles y musicales y muy cristianos.
>
> (Pedro y Juan fruncen los labios para mostrar los dientes.)
>
> PADRE JEREMÍAS, alarmado: ¿Qué pasa?
>
> DON LUIS EL VIEJO: Están sonriendo.
>
> PADRE JEREMÍAS: Ah, vaya. Y esa fruta, viene con ellos. Es lo que comen.
>
> DON LUIS EL VIEJO: Comen de todo. Las bananas son otro regalo, su señoría.
>
> (Juan corta una banana.)
>
> JUAN (empezando a pelarla): ¿Quiere, su santísimo?
>
> PADRE JEREMÍAS (nervioso, pero también feliz de descubrir que Juan habla español): No, cómela tú, niño [8-9].

Con la entrada de los chichimecas se atestigua en cierta escala el proceso de la catequización y la importancia de afincar la fe cristiana entre los pobladores y la supuesta cultura superior de los europeos. En mi conversación telefónica le pregunté a Sabina a qué se debía que pusiese más énfasis en el cristianismo y me respondió que la obra original "no expresaba la experiencia de Dios fuera de la tradición".

La figura de Luis *el Mozo* es la que utiliza para representar tal experiencia. De pequeño había sido bautizado como cristiano, y luego, durante su adolescencia, en una ocasión en que su hermana Viviana le leía la Biblia, llegó a la parte donde se habla de la circuncisión. Así se enteró de que es la señal de los de su pueblo, y allí mismo Luis decidió hacer su convenio y se inició su proceso de conversión, que lo llevaría años más tarde a la hoguera.

Ahora uno de sus hermanos, Agustín, es fraile dominico. Esta situación tan opuesta sirve de lazo para que se produzca esta nueva experiencia de Dios a la que me refería anteriormente. Luis pasa por el fuego purificador (se circuncida) para reafirmarse en la ley mosaica y a su vez vicariamente sufre la pasión de Jesucristo —que era judío— durante los ritos de la Semana Santa que se celebran en la parroquia de su hermano en Jojutla. Luis estaba pasando una temporada con su hermano, tratando de conocerse el uno al otro nuevamente, ya que habían estado separados por muchos años. Durante su estadía le ayuda con la alfabetización de los indios y los trabajos de orfebrería. Es una ocasión que también le permite a los hermanos discutir sus puntos de vista sobre la religión.

Durante la procesión otro de los personajes nos describe que:

> por las calles se paseaban los indios vestidos de romanos y de gente del tiempo de los Evangelios. Los pocos BLANCOS que habíamos eran frailes y los visitantes, no más de diez visitantes españoles, que nos habíamos ido a refugiar en la iglesia, aunque la iglesia estaba también repleta de indios; indios vestidos igualmente de romanos o de gente de la Jerusalén antigua [57].

Durante el Vía Crucis el que representa a Jesucristo es nada menos que Luis *el Mozo*. El supuesto abogado defensor de los Carbajal, que presencia la celebración a escondidas dentro de la iglesia, lo resume todo al decir:

> Ha cargado su cruz por todo el pueblo, le gritaron injurias, lo latiguearon los indios, qué barbaridad. Es la costumbre aquí, latiguear de verdad, hasta sacar sangre. Y ahora viene a ser crucificado aquí dentro [58].
> ABOGADO: Yo no sé mucho de religión pero esto. . .
> Incontestablemente, herejía. Por fin. Joder, hasta un rabino lo llamaría herejía.

La crucifixión de Luis *el Mozo* y su familia tuvo lugar al poco tiempo de este incidente.

Durante toda la obra(s) Berman lucha con el problema de doble filo de la herejía, su significado y valor. Enfrenta el conflicto entre la fe y la tradición, la tolerancia religiosa y un sistema de justicia que no existe. Ambas obras merecen una lectura minuciosa ya que ofrecen un acercamiento reflexivo sobre el pasado histórico mexicano y una oportunidad para examinar el presente.

BIBLIOGRAFÍA

Berman, Sabina, *Teatro de Sabina Berman*, México, Editores Mexicanos Unidos, 1993.

——, *En el nombre de Dios*, manuscrito inédito.

Caputo, John D., *Radical Hermeneutics: Repetition, Deconstruction and the Hermeneutic Project*, Bloomington, Indiana University Press, 1989.

Orcutt, Mónica B., entrevista telefónica (notas), 2 de mayo de 1993.

——, entrevista personal, 6 de octubre de 1994, Cincinatti, Ohio.

Pavlovsky, Eduardo y Hernán Kesselman, *La multiplicación dramática*, Búsqueda, Buenos Aires, 1982.

COMENTARIO A LAS PONENCIAS DE LA SECCIÓN "HISTORIA COLONIAL"

Miguel León-Portilla*

Tres de las cuatro ponencias presentadas en esta sección guardan considerable relación entre sí. Versan ellas sobre la presencia y actividades de grupos de criptojudíos en la Nueva España, en particular en la región central de México y en algunos lugares del norte del virreinato, en especial en Nuevo México y el sur de Texas.

La otra ponencia se refiere a la llegada y actividades de judíos, que no ocultaban su religión, en las islas de Martinica y Guadalupe, posesiones francesas.

Hay otras diferencias entre estas ponencias que conviene destacar desde un principio. Los criptojudíos de la Nueva España tuvieron que comportarse, por su propia condición, de forma muy distinta a la de los judíos de extracción holandesa que, sin ocultar su propio origen, pudieron trabajar abiertamente en las dos islas, dedicados a algunas actividades agrícolas pero sobre todo al comercio. Otra diferencia que también debe tenerse a la vista es la que se refiere a la duración de la presencia de quienes se habían establecido. Los criptojudíos de la Nueva España no fueron expulsados de la misma sino en casos muy contados. De hecho, como lo muestran dos de las ponencias, permanecieron en ella por tiempo indefinido, perdiendo al fin en unos casos su identidad de judíos y conservando en otros ciertos elementos de su religión que, más o menos conscientemente, han perdurado hasta el presente. En el caso de los judíos holandeses de la Martinica y Guadalupe su presencia tuvo una duración bastante corta, aproximadamente 60 años. Una serie de dificultades culminó con la aplicación en su contra del *Code Noir* —es decir el Código Negro— en 1685, en virtud del cual fueron expulsados de las islas.

Por encima de estas y otras diferencias, el interés principal de estas cuatro ponencias radica en mostrar de diversas formas la llegada y presencia judías en el Nuevo Mundo desde los siglos XVI y XVII. Muestran ellas asimismo la voluntad judía de sobrevivir, aferrados en el Nuevo Mundo a sus creencias, con la esperanza de que allí podrían conservarlas, dedicados a diversas formas de actividades para poder subsistir y contribuir al mismo

* Profesor emérito, Universidad Nacional Autónoma de México.

tiempo al desarrollo de los lugares que habían escogido para establecerse. Rasgo asimismo en común es la aparición de actitudes hostiles, que les hicieron tomar conciencia de que, también en el continente americano, como les había ocurrido en muchos lugares de Europa, serían víctimas de constantes amenazas que culminaron a veces en acciones directas en su contra.

Analizaré ahora brevemente cada una de las ponencias. Atenderé en primer lugar a la de la doctora Eva Alexandra Uchmany, "Identidad y asimilación: Cristianos nuevos y criptojudíos en el imperio español". En este trabajo su autora recrea varios momentos y escenarios de las relaciones entre judíos y cristianos en tierras europeas y americanas. Su propósito es mostrar los comportamientos que se vieron forzados a adoptar algunos judíos de origen portugués en los dominios de España. Al verse perseguidos, y en ocasiones exterminados, los judíos se vieron forzados a convertirse, por lo menos en apariencia, al cristianismo.

Ante este hecho los llamados cristianos viejos reaccionaron en formas distintas. En ocasiones aceptaron la convivencia y colaboración, aun en cargos muy importantes, de los cristianos nuevos. Otras veces, para estorbarles su prosperidad e incluso para adueñarse de sus bienes, acudieron a dos recursos principales: las denuncias ante el Santo Oficio de la Inquisición y la exigencia de presentar en diversas circunstancias los llamados estatutos de limpieza de sangre. Quienes carecían de éstos encontrarían una serie de limitaciones para obtener cargos, prebendas y dignidades en diversos contextos.

La doctora Uchmany muestra cómo muchos judíos optaron por la huida, entre ellos algunos muy distinguidos, como Luis Vives y Juan de Valdés. Otros se fueron asimilando a la larga a la población cristiana y, para ocultar su antiguo origen, llegaron a comprar probanzas y estatutos de limpieza de sangre.

No pocos de unos y otros judíos pasaron al Nuevo Mundo. La relativa libertad de circulación, concedida por Felipe II, hizo posible su paso a diversos lugares del continente americano, de modo muy especial a México.

En su ponencia la doctora Uchmany se ocupa de varios casos en particular que muestran lo que ocurrió a los criptojudíos en la Nueva España. Atiende así a los casos de doña Mariana Núñez de Carbajal, Tomás Treviño de Sobremonte, Gaspar de Robles, de una generación posterior, y otros varios personajes. De considerable interés es lo que expone, basado en documentos del ramo de la Inquisición del Archivo General de la Nación de México, acerca de cómo estos criptojudíos mantenían viva su religión en México. Perseguidos y descubiertos, muchos manifestaron su fe públicamente, conociendo las consecuencias de ello, es decir, la confiscación de sus bienes, prisiones, penas físicas y en algunos casos también la muerte. Citando al profesor español Domínguez Ortiz, concluye que en medio de tantos sinsabores la mayor parte de los criptojudíos que optaron por permanecer en tierras de la Corona española tuvieron que abrazar a la postre el cristianismo. A diferencia de éstos, otros judíos de origen portugués, con una fe inquebrantable en la venida del Mesías, prefirieron exiliarse en distintos lugares dentro del imperio otomano. Como puede verse, esta ponencia ofrece un marco de conjunto bastante esclarecedor para situar luego los casos más particulares sobre los que versan las otras ponencias.

Comentaré simultáneamente las ponencias intituladas "Prácticas ocultas de los *anusim* del Nuevo Mundo" de los doctores Schulamith C. Halevy y Nachum Dershowitz y la otra, más extensa, que versa sobre el padecimiento conocido como "*Pemphigus vulgaris* entre la población de origen hispano y su relación con el criptojudaísmo en Nuevo México", debida a los doctores Stanley M. Hordes y Kristine K. Bordenave. En la primera de estas ponencias sus autores tratan de los judíos de origen español y portugués conocidos como *anusim* en hebreo, es decir personas obligadas a convertirse al cristianismo.

Como una premisa, se cita el parecer del profesor Wiznitzer, según el cual, a fines del siglo XVII, toda la comunidad criptojudía de México había sido destruida. Se tuvo así como cosa natural que ninguno —o muy pocos— de los descendientes de esos criptojudíos volvieran a su religión cuando alcanzaron la Independencia México y los otros países americanos, con la consiguiente libertad de creencias.

La tesis de los autores de esta ponencia, al igual que la de los doctores Hordes y Bordenave, es que, a pesar de todo, sobrevivieron en México, Nuevo México y algunos lugares de Texas varios grupos que conservaron, aun convertidos ya al cristianismo, una serie de prácticas del judaísmo rabínico, entre ellas ayunar los lunes y jueves, orientar sus camas en dirección norte-sur, abstenerse de la carne de puerco, encender velas en la tarde del viernes, barrer hacia el centro de la habitación y otras más.

En su trabajo los doctores Halevy y Dershowitz describen cómo han podido identificar varias de estas prácticas entre algunas personas consideradas hispanas que viven en varios sitios de Nuevo México, y otras al sur de Texas, como en el pueblo llamado San Elizario. El caso particular de la señora Berta Castillo Covos es estudiado con bastante detenimiento. Reconoció ella poco a poco su origen judío y decidió retornar a la fe de sus padres. Quiso incluso viajar a Israel. Dato bastante trágico es que esta señora no fue aceptada plenamente por las comunidades judías, a pesar de haber abrazado la fe de Moisés.

La conclusión de esta ponencia es que hay sin duda otras muchas personas descendientes de *anusim* en el Nuevo Mundo que, por estar aisladas de comunidades judías, desconocen que algunas de las prácticas que mantienen tradicionalmente pertenecen en realidad al judaísmo rabínico. Por ello señalan los autores que, dadas las transformaciones modernas que aceleran la desaparición de viejas prácticas tradicionales, es urgente incrementar la investigación antropológica al respecto para acabar de entender el que describen como heroico capítulo de la historia judía.

La otra ponencia que se desarrolla concediendo mayor espacio a la historia de los asentamientos criptojudíos en Nuevo México, a partir de la capital del virreinato, se dirige también a identificar prácticas semejantes a las antes descritas entre personas de origen hispano. A las prácticas ya mencionadas en la ponencia anterior se suman algunas relacionadas con la tradición del *kashrut* (pureza) en lo que concierne al consumo de carne, incluyendo la forma de desangramiento del correspondiente animal.

En ella se atiende además a otro elemento que puede tener considerable importancia. Éste es el de la frecuente incidencia, entre algunos hispanos de Nuevo México, de un padecimiento dermatológico conocido como *pemphigus vulgaris* (pénfigo). Consiste en la aparición de ampollas intraepidérmicas que causan dolor, acompañado de descamación o desprendimientos de la epidermis seca en forma de escamillas, así como de pérdida de protección contra infecciones. Se sabe que, como otros desórdenes del sistema autoinmunitario, el *Pemphigus vulgaris* parece tener predilección por ciertos grupos étnicos. De hecho se ha comprobado que entre los judíos ashkenazis hay una considerable incidencia de este padecimiento.

El hecho de que esto mismo se haya descubierto en el caso de algunos hispanos de Nuevo México movió a emprender entre ellos la investigación que describen los autores de esta ponencia. Se dirigió ésta a ver si precisamente entre los hispanos afectados por el *pemphigus vulgaris* había algunos que mantenían vivas algunas de las prácticas ya descritas, propias del judaísmo rabínico. Los autores nos dicen que, de entre los hispanos que aceptaron ser entrevistados, varios tenían conciencia o proporcionaron información acerca de esas prácticas y aun de sus remotos orígenes sefaradíes.

Pudieron luego encontrar que, de los nueve hispanos que aceptaron ser entrevistados, sólo uno manifestó no tener conocimiento de prácticas judías. Los otros se refirieron en diversas formas a algunas de dichas prácticas o declararon explícitamente que sabían de la existencia de judíos entre sus antepasados.

Esta correlación es presentada por los autores como un intento preliminar que sólo podrá aceptarse en definitiva cuando se lleven a cabo más amplias investigaciones, tanto en lo concerniente a la incidencia del padecimiento como en lo que toca a la indagación genealógica en los archivos respecto de los informantes con antecedentes de prácticas judaicas.

En opinión de los doctores Hordes y Bordenave, si pueden comprobarse las correlaciones descritas en el caso de determinados hispanos del actual suroeste de Estados Unidos y de mexicanos en varias regiones de México, podrá asumirse que esos pacientes de *pemphigus vulgaris,* al igual que los ashkenazis que también lo sufren, verosímilmente tienen, unos y otros, una ascendencia original común. Pienso, por mi parte que, si esto llegara a implicar una hipótesis de connotación genética que condujera a postular la existencia de una raza o grupo étnico judío, tendríamos una afirmación no sólo no demostrable sino riesgosa. Notaré tan sólo en conclusión que trabajos como éste, pluridisciplinarios —de enfoques histórico, antropológico, genealógico y médico—, hecha la anterior salvedad, pueden ser de considerable interés.

La ponencia sobre la presencia de los judíos en la Martinica y Guadalupe presentada por el doctor Mordechai Arbell se concentra, como ya lo he dicho, en un área geográfica y en un contexto cultural distintos. He notado ya también que, no obstante estas diferencias, guarda significativas semejanzas con las otras tres ponencias.

El autor menciona desde un principio cómo en 1635 el cardenal Richelieu fundó la Compañía de las Islas de América con la intención de desarrollar la producción y el comercio de plantas tropicales. Ello coincidió con la ocupación de la isla de Martinica y posteriormente con la compra de las llamadas de Guadalupe y Marie Galante. En la Martinica encontraron los franceses a un pequeño número de judíos que había llegado allí procedente de Holanda. Estaban dedicados principalmente al comercio, en relación con los productos que obtenían allí otros holandeses.

En 1654 llegó a la Martinica un primer grupo de judíos procedentes de Brasil, que había sido reocupado por los portugueses. Estos judíos obtuvieron permiso del gobernador de la Martinica para establecerse en ella. Pero, como con gran frecuencia ha ocurrido a los judíos, muy pronto surgió la oposición. El superior de los jesuitas que allí laboraban trató de convencer al gobernador para que expulsara a los recién llegados judíos.

No obstante tal oposición, los judíos alcanzaron a constituir un grupo considerablemente grande y continuaron trabajando, no sólo en la Martinica, sino también en Guadalupe. Las autoridades bien se dieron cuenta de que eran gente muy industriosa y comerciantes sumamente activos.

Casi a modo de anécdota habla el autor de otro grupo de judíos que, debido a una tempestad, tuvieron que dirigirse a la isla de Jamaica, que era entonces una posesión española. El gobernador de la misma detuvo a aquellos que habían sido conversos y que habían vuelto al judaísmo. Los otros continuaron su viaje y llegaron finalmente a Nueva Amsterdam, es decir a la actual Nueva York, en la que 23 de ellos fundaron la primera comunidad judía de esa ciudad.

A Martinica y Guadalupe arribaron luego otros judíos de origen español-portugués procedentes de Francia. Creció así esta comunidad hasta alcanzar aproximadamente el número de trescientas personas.

Los jesuitas volvieron a la carga tratando de obtener su expulsión. La historia que nos refiere el doctor Arbell es de gran interés. Estos judíos contribuyeron notablemente a la prosperidad de las islas, sobre todo en el campo de la agroindustria, especialmente en la producción de azúcar. A la postre las dificultades fueron en aumento. No obstante los informes que certificaban la buena conducta y capacidad comercial de los judíos, se siguió insistiendo en que no convenía que hubiera allí otras prácticas religiosas, además de la católica. El nuevo gobernador, el conde De Blanc, devoto de los jesuitas y que había sido confesor de Luis XIV, actuó ya en forma decidida para expulsar de las islas a los judíos. Al regresar a Francia, en 1683, logró obtener del rey la orden de expulsión. El soberano suscribió entonces el llamado Código Negro, que ordenaba la salida de aquéllos dentro de los tres meses siguientes a la publicación del decreto.

Los judíos partieron rumbo a Curazao; allí llevaron consigo sus ornamentos sagrados, así como el rollo de la Torá. En la Martinica quedan todavía algunos vestigios que recuerdan la presencia judía en el siglo XVII. Ésta, y cuanto allí realizaron, constituye otro episodio de considerable interés en la historia de los judíos en el Nuevo Mundo. Como ya dije al principio, esta experiencia ostenta a la vez diferencias y parecidos respecto de los judíos en la Nueva España. Por mi parte, quiero concluir citando de nuevo la frase de los doctores Schulamith C. Halevy y Nachum Dershowitz cuando afirman que este relato constituye otro importante capítulo en la historia épica de los judíos en el Nuevo Mundo.

Segunda Parte
INMIGRACIÓN

UN INTENTO DE COLONIZACIÓN JUDÍA EN TABASCO

CARLOS MARTÍNEZ ASSAD*

MÉXICO, RECEPTOR DE INMIGRANTES

DURANTE los años del gobierno del presidente Lázaro Cárdenas (1934-1940) México tuvo la oportunidad de afianzar su política de solidaridad internacional acogiendo a los refugiados españoles que se comprometieron con el gobierno de la República y encontraron en nuestro país el hogar que habían perdido. Las autoridades mexicanas fueron generosas y los barcos *Sinaia* y *Messic* atracaban en las costas veracruzanas, donde desembarcaron miles de seres esperanzados que huían de España, dejando atrás afectos personales y familiares que morían en los campos de batalla o antepasados que reposaban en los cementerios de sus pueblos.

Los mexicanos hicieron fiestas y jolgorios expresando su amabilidad con abrazos y vítores a niños de ojos interrogantes, a mujeres llorosas y a hombres con la dureza reflejada en el rostro. En 1936 comenzó a concretarse la política internacional del gobierno cardenista con la recepción de cientos de niños cuyos padres combatían en el frente, y todavía en 1938 el poeta y escritor alemán Ernst Toller se dirigió a las instancias oficiales solicitando apoyo para una "causa humanitaria" que consistía en reunir 50 millones de dólares para apoyar a los españoles, porque cuando estuvo en España

> vio de un lado el valor y la disciplina del Ejército Republicano, y del otro, el sufrimiento de la población civil, la situación angustiosa de las mujeres próximas a dar a luz, de los niños, de los ancianos. Todo esto lo hizo pensar que la población civil del lado fascista no es culpable de la actitud de los rebeldes, y en cambio sí es digna, por humanidad, que se le ayude para que no muera de hambre.[1]

La propuesta tuvo un apoyo amplio de parte de periodistas, escritores y artistas como Dorothy Thompson, José Bergamín, H. G. Wells, Pablo Picasso, Emilio Mira; asociaciones y personalidades religiosas como la Alianza Evangélica Universal, el decano de Canterbury, el arzobispo de Nueva York; periódicos como el conservador *Birmingham Post*, el liberal *News-Chronicle*,

---

* Universidad Nacional Autónoma de México.
[1] AGN, Presidentes, Lázaro Cárdenas, exp. 546.6/16.

The New Statesman and Nation, The Manchester Guardian, The Star; sindicatos obreros británicos, suecos, noruegos y daneses.

Conforme avanzaban los años treinta el problema de los refugiados sería cada vez mayor, porque en Europa la intolerancia se afianzaba y desde 1933 los judíos eran forzados a emigrar de Alemania hacia Francia, Inglaterra y Estados Unidos. Entonces comenzaron a llegar a México judíos procedentes de Polonia, Austria, Rumania y otros países de Europa, de tal forma que para ese año se calculaba que su número en México ascendía a aproximadamente 24 mil, según estimaba el doctor Salomón de la Selva, director del Centro de Estudios Pedagógicos e Hispanoamericanos de México, creado a instancias del presidente Cárdenas.

Casi al mismo tiempo que éste llegaba a la presidencia de la República, Adolfo Hitler —que su nombre sea borrado de la memoria— asumía los poderes en Alemania. Su libro *Mi lucha* había sido difundido en México y había despertado las simpatías de algunos grupos que consideraron que las ideas del nacionalsocialismo permitían encontrar los cauces para la organización obrera, en coincidencia con los planteamientos de Benito Mussolini quien, desde Italia, mostraba también sus intenciones expansionistas al invadir Abisinia en 1936 y soñaba, al igual que el líder alemán, en la refundación del Sacro Imperio Romano-Germánico.

El compromiso de México con los españoles permitió que su interés se centrara en la suerte de sus hermanos mayores, con quienes podía compartir rasgos culturales importantes, como la lengua y la religión. Por ello el consenso tan amplio que despertó entre los mexicanos el apoyo a quienes, luego de seguir al gobierno de la República, fueron perseguidos cuando las tropas comandadas por el generalísimo Francisco Franco recuperaron el dominio en los frentes de batalla.

Pese a los apoyos que el gobierno de Cárdenas dio, apenas iniciadas las hostilidades en España, a los españoles que decidieron enviar a sus hijos a un resguardo seguro en México en 1936, en ese mismo año la política demográfica cambió. Se promulgó la Ley General de Población "que prohibió el ejercicio de profesiones liberales a los extranjeros y se introdujeron cuotas de inmigración basadas en tablas diferenciales que se autorizaban cada año según el interés y las necesidades del país".[2] Aunque se permitía a los inmigrantes trabajar en diferentes ramas de la producción, la ley tenía una cierta predisposición a que se ubicaran en la agricultura, y limitaba la opción de que se considerara a México un país de asilo para los judíos.[3]

Desde 1933 los miles de judíos que habían llegado a México procedentes de Polonia, Austria, Rumania y de otros países europeos establecieron pe-

---

[2] Alicia Gojman de Backal, "Colonizaciones fallidas. Los judíos en provincia", *Eslabones, Revista Semestral de Estudios Regionales*, núm. 10, julio-diciembre de 1995, México.
[3] *Idem.*

queños comercios y talleres de ropa interior para dama, medias, suéteres y otros productos en la rama de los textiles. Pese a que vivían en paz y hacían amigos con facilidad, los grupos pronazis difundieron argumentos contra su presencia, tales como los bajos salarios que pagaban a los trabajadores en sus empresas.

El doctor Salomón de la Selva, en un extenso *Memorandum confidencial sobre la inmigración de los judíos a México*, dirigido al doctor Luis Quintanilla, encargado de negocios en la embajada de México en Washington, el 23 de noviembre de 1938,[4] argumentaba a favor de la presencia de los judíos en México al mencionar algunos personajes destacados, como el crítico musical Salomón Kahn, el editor Harry Block, encargado de un semanario de la Federación de Trabajadores de México, y la escritora Anita Brenner, que más adelante convertiría en clásico su libro *México detrás de los altares*. Los periodistas de renombre Nathaniel y Sylvia Weyl se encontraban muy cerca del presidente, y su testimonio perduraría en el libro *La reconquista de México. Los días de Lázaro Cárdenas*.

Recordaba también en su *Memorandum* que el gobierno manifestaba una ideología antinazi y de simpatía con los pueblos oprimidos. Una situación difícil fue la que tuvo que sortear cuando dio asilo a León Trotski, antiestalinista pero también judío. Consideraba que México no era ni comunista ni fascista sino sinceramente democrático. Reconocía, sin embargo, que algunos judíos que llegaron a México tuvieron que abandonar el país debido a las protestas que obligaron al gobierno a cerrar sus puertas a los judíos perseguidos en Europa.

Había dos causas que deben considerarse para entender la postura del gobierno mexicano. Técnicamente los judíos representaban una competencia considerable para ciertas empresas mexicanas, y económicamente el boicot de las compañías petroleras, luego de la expropiación del 18 de marzo de 1938, causaba una fuerte recesión que el país debía enfrentar para generar mayor ocupación. La carencia de fuentes de trabajo se ve como el principal motivo de que para esas fechas dos millones de mexicanos vivieran en Estados Unidos, adonde habían emigrado en busca de empleo.

La situación para México no era fácil en el escenario internacional, porque luego de la expropiación de las compañías petroleras tuvo que mantener relaciones diplomáticas con Italia, Alemania y Japón con el fin de mantenerlos como clientes para venderles el petróleo que dejaron de comprarle Inglaterra y Estados Unidos. Esta situación perduraría hasta 1942, cuando el gobierno mexicano decidió romper relaciones con los países del eje, luego del hundimiento del buque petrolero *Potrero del Llano* por un submarino alemán.

En ese contexto político que siguió al gesto nacionalista más relevante del

---

[4] AGN, Presidentes, Lázaro Cárdenas, exp. 546.6/16.

gobierno cardenista, la expropiación petrolera, ocurrió el caso del vapor hamburgués-norteamericano *Orinoco*, que atracó en el puerto de Veracruz y que supuestamente transportaba turistas, pero en realidad se trataba de inmigrantes judíos que el Jewish People Commitee de Nueva York y la Cámara Israelita de Industrias y Comercio de México apoyaban. El licenciado Ignacio García Téllez, secretario de Gobernación, declaró el 23 de noviembre sobre los criterios de la política de población que impedía dar acceso a ese grupo de refugiados porque sólo serían admitidos los extranjeros que hubieran perdido su nacionalidad en "los casos excepcionales de notorio beneficio para el país."[5]

El buque procedente de Alemania había hecho escala en La Habana y transportaba a 21 judíos austriacos y alemanes. El gobierno afirmó que no se trataba de prejuicios raciales y pese a la intervención del embajador estadunidense en México, Josephus Daniels, y de otras instituciones humanitarias, no se permitió el desembarco.

UN PROYECTO DE COLONIZACIÓN FRUSTRADO

Entre las iniciativas para albergar a judíos inmigrantes en México, la de otorgar tierras para colonización en Tabasco se contó entre las más discutidas porque, pese a todos los argumentos, la postura del gobierno mexicano se mantuvo firme, y mostró que su trato variaría según la procedencia de los emigrantes. Todo parece haber comenzado con la entrevista en casa del señor Frank Aydeloitte, presidente del Colegio Swarthmore, en la localidad del mismo nombre en Pensilvania, con las organizaciones cuáqueras y judías el lunes 19 de junio de 1939, tal como lo daba a conocer el licenciado Ramón Beteta, subsecretario de Relaciones Exteriores, al presidente Lázaro Cárdenas. En la reunión estuvieron presentes el doctor Rosen, los señores Levy, Maars y Leidesdorf del Comité de Distribución de Judíos, y el señor Pickett, secretario del Comité de los Cuáqueros Norteamericanos, organización a la que también pertenecía el señor Gary.

Rosen, de origen ruso y de nacionalidad estadunidense, fue caracterizado como un hombre con experiencia en asuntos de colonización. Aparentemente había participado en proyectos de ese tipo en Rusia, Palestina y Australia; consideraba que a las dificultades de otros pueblos, en el caso de los judíos había que añadir dos: 1. La readaptación para convertirse en agricultores, puesto que la mayoría tenía una cultura urbana, y 2. la segregación. En esa oportunidad Beteta aclaró que ésa no era la intención del gobierno mexicano y Rosen respondió que le agradaba esa actitud porque:

[5] *The New York Times*, 2 de noviembre de 1938.

no era cierto que el judío no se mezclara con otras razas y que en prueba de ello me podía asegurar que un buen número de los llamados judíos, actualmente exil[i]ados de Alemania o en peligro de serlo, eran mitad, un cuarto, un octavo o aun un dieciseisavo de sangre judía; que aun había algunos que no eran judíos en absoluto, sino que habían casado con judía, y por ello eran estimados en Alemania como no arios; que la segregación de los judíos no se debía a la voluntad de ellos sino a que los gentiles los forzaban a vivir en aislamiento; pero que, cualquiera que fuese la causa, lo cierto era que si se mezclaran desde luego elementos judíos con indígenas o mestizos mexicanos, se ocasionarían fricciones.

De su intervención se desprendía que los colonos podían estar en contacto con el pueblo mexicano pero no debían mezclarse, a lo cual contribuía el hecho de que los judíos no podían vivir separadamente (no se mencionó que el agrupamiento es necesario para cumplir con los rituales religiosos que requieren la presencia de diez varones), por lo que consideraba importante su ubicación en pueblos y ciudades.

La colonización debería excluir a los viejos y orientarse principalmente hacia los jóvenes, con mayores posibilidades de adaptación y que, además, ya habían sido adiestrados en labores agrícolas en Inglaterra, Holanda y Suiza. Rosen, por su parte, había vislumbrado la idea de realizar el proyecto en algún lugar de las costas de México, y ya consideraba la posibilidad de obtener agua del subsuelo para irrigación y de sanear lugares en Campeche o Tabasco que, sabía, enfrentaban problemas endémicos serios, como la enfermedad del paludismo.

En el largo memorándum Beteta mencionaba haber escuchado que entre los judíos expulsados había quienes estaban preparados técnicamente:

en industrias químicas que podrían establecer fábricas de colorantes, anilinas, medicinas, ampolletas, etc., para lo cual ellos mismos quizá conseguirían el dinero y que estas fábricas darían trabajo no solamente a judíos, sino también a mexicanos. También se mencionó la posibilidad de establecer en México las industrias que han desaparecido en Checoslovaquia, tales como porcelana, vidrio, juguetes, etc., que tienen un mercado mundial y especialmente norteamericano y cuyos técnicos y obreros especialistas fueron expulsados de Checoslovaquia.

Aunque se creía que esos conocimientos podían hacerse extensivos a los mexicanos, Beteta volvía sobre un punto que estaba presente en el ánimo del gobierno: no establecer ningún compromiso definitivo con otros refugiados que no fueran los españoles.

En un memorándum posterior, del 15 de junio, Beteta informaba al presidente Cárdenas de la reunión convenida con Frank Tannenbaum, quien conocía muy bien México, pues había realizado trabajos de investigación importantes que más tarde se convertirían en clásicos. A esa reunión, realizada en la embajada de México en Washington, asistieron representantes de las sociedades españolas y judías interesadas en los refugiados que deseaban vivir en México. Estuvieron los señores George Warren, secretario del Comité Presidencial pro Refugiados, Mordecai Ezekial, de la Secretaría de Agricultura de Estados Unidos, Franck Aydeloitte, que ocupaba el cargo de rector del Colegio Swarthmore y era prominente miembro del Comité de Servicio de Amigos (cuáqueros); de esa asociación estuvieron también presentes Mary Carter Jones y Lillian Traugott; Juan Pantin y Daniel Alonso de las Sociedades Confederadas Españolas, así como los señores Batel e Isaac Levy, del Comité de Distribución de Refugiados Judíos.

Tannenbaum explicó que México consideraba la posibilidad de recibir una inmigración numerosa y que había tierra en abundancia disponible, siempre y cuando los interesados contaran con lo suficiente para comprar una bomba de agua, un molino de viento y los instrumentos de labranza. México tenía lo necesario para brindar el transporte preciso desde la frontera o puerto de entrada para llevarlos hasta la colonia. Asimismo, creía que las sociedades que habían obtenido dinero para ayudar a los españoles seguirían haciéndolo, y que las compuestas por judíos, a su vez, podían hacer lo consecuente para apoyar a los suyos.

No obstante, expuso que México no podía aceptar una inmigración desordenada que le causara problemas de desempleo, y que, aunque no había prejuicios raciales, se estaba formando un sentimiento antisemita porque los judíos se habían distribuido mal, concentrándose en las ciudades y se dedicaban a ocupaciones comerciales, lo cual:

> ha traído la mala voluntad de los comerciantes, con quienes compite, lo mismo que la de los grandes almacenes, debido a que no son estos elementos judíos siempre escrupulosos en sus prácticas comerciales, como tampoco lo son aquellos casos en que se han dedicado a establecimientos de pequeñas fábricas, en las que han creado un sistema de explotación de los trabajadores, principalmente mujeres mexicanas, fuera de la ley del trabajo y de las defensas que tiene el trabajador organizado.

Para el mismo Beteta resultó pertinente aclarar las diferencias entre las dos inmigraciones a las que se había aludido. Mientras los españoles habían entrado y continuaban llegando porque son "elementos fácilmente asimilables, que hablan nuestro idioma", el ingreso de judíos apenas se estaba considerando porque tenían varios obstáculos como "la diferencia de idioma, la dificultad de asimilación, la existencia de una religión distinta a la de nuestro pueblo y la falta de preparación agrícola de los presuntos colonos".

Desde luego, los representantes de las organizaciones judías fueron sorprendidos por las palabras de quien expresaba la opinión del gobierno mexicano, lo cual motivó la intervención del señor Levy. Hizo notar que para obtener dinero era necesario mostrar al público que México era un país humanitario, que podía recibir a todos los perseguidos sin distinción de raza ni de religión. Obviamente se refería al trato preferencial que recibían los españoles.

La reunión, que duró más de dos horas, terminó con el acuerdo de que el doctor Frank Aydeloitte fuese nombrado presidente del comité de los refugiados con el fin de que el gobierno mexicano tuviera una persona responsable a la cual dirigirse, pero en cambio no se logró nada en cuanto a un compromiso formal de parte del representante oficial para allanar el camino a la inmigración judía.

Pese a todo comenzó a especularse sobre la posibilidad de colonizar tierras en México por parte de los inmigrantes judíos. Se hicieron algunos intentos en Baja California e incluso se propuso la emisión de bonos del gobierno de México, por 50 millones de dólares o más, con el fin de que los judíos radicados en Estados Unidos, Inglaterra y otros países los cubrieran con fines de colonización. El secretario de la presidencia, el licenciado Ignacio García Téllez, se encargó de dar coherencia a la propuesta en un memorándum enviado el 9 de agosto de 1939 al licenciado Agustín Leñero, secretario particular del presidente, en el cual expresaba que:

> nuestro gobierno carece de prejuicio contra cualquier raza, de manera que la inmigración de extranjeros sólo está condicionada a su capacidad de adaptación al medio nacional y a la naturaleza de las actividades económicas o profesionales a que se dedican, las cuales conforme a nuestra Ley de Población y a Decretos expedidos por el Ejecutivo Federal, no deben contribuir a aumentar las ocupaciones parasitarias o de comercio de importación por extranjeros.[6]

Era evidente que un argumento de peso para tales consideraciones era la cuestión económica, y la certeza del gobierno de que había capitales cuantiosos de parte de los judíos como para que la comunidad pudiera apoyar los nuevos proyectos de inmigración y financiar, por lo tanto, las inversiones agrícolas e industriales necesarias.

Por su parte, Aydeloitte no cejaba en su empeño de ubicar a inmigrantes judíos en México, y el 12 de septiembre escribió al presidente para informarle que el Comité de Ayuda para Amigos Americanos y los Comités Judíos en Nueva York habían formado un comite técnico, encabezado por Arthur Morgan y Joseph A. Rosen, que visitaría México para inspeccionar las tierras disponibles y escoger los terrenos adecuados para la colonia experimental.

---

[6] Exp. 34281.

El presidente pretextó una gira para no dar respuesta personal a esa carta, pero al mismo tiempo surgía el interés por parte del gobernador de Tabasco, el licenciado Francisco Trujillo Gurría, de acoger a los inmigrantes. Para Eduardo Hay, secretario de Relaciones Exteriores, el problema era el compromiso que se legaría al gobierno siguiente, toda vez que el sexenio del presidente Cárdenas llegaba a su fin.[7]

No obstante, el doctor José G. Parrés, secretario de Agricultura, tomó cartas en el asunto para pasarlo a la Dirección General de Población del Departamento de Migración. Allí se abordó el asunto, que tuvo apenas carácter de estudio; en él se establecían las condiciones para el contrato de fraccionamiento de los terrenos propiedad del estado de Tabasco que serían colonizados por más de 1 500 familias de nacionalidad alemana, checoslovaca, húngara, estadunidense y polaca.

Las condiciones que debían reunir los inmigrantes eran la prueba de la negativa del gobierno para aceptarlos, según ese documento del 2 de noviembre. Estaban obligados a cumplir con la Ley de Población que establecía debían entregar al Departamento de Migración "un documento debidamente legalizado, expedido por el país de que provengan, sobre que serán readmitidos, o de otro país que manifieste estar dispuesto a aceptarlos, en el caso de que sea necesario hacerlos salir del territorio mexicano".

No era difícil suponer que evidentemente los inmigrantes no contarían con esa aceptación de países de los cuales habían salido huyendo por las condiciones de guerra. Tampoco era de su incumbencia la cláusula que indicaba que se intercalara, entre cada dos lotes vendidos a los colonos, un lote proporcionado a un colono mexicano "de preferencia repatriado" y en forma gratuita; pero asimismo el gobierno del estado de Tabasco debía disponer de los fondos necesarios para construirles casas semejantes a las de los extranjeros y refaccionarlos a fin de que pudieran obtener provecho de la agricultura en sus lotes.

Evidentemente el gobernador Trujillo declaró estar de acuerdo en todo, pero se mostró reservado respecto al financiamiento hasta no hablarlo con el presidente. El documento agregaba que las restricciones a la inmigración sólo eran las de tipo económico, porque es "innecesario recordar que el gobierno del país carece de prejuicios raciales".

El plan de colonización estableció las siguientes proporciones de las familias extranjeras que debían guardar respecto de sus antecedentes de origen o nacionalidad: alemana (50%), checoslovaca (30%), húngara y polaca (10%, respectivamente) y sin límite la estadunidense (!).

Los colonos debían gozar de buena salud y estar en la plenitud de su capacidad física "para asegurar un promedio no menor de treinta años de vida

[7] Exp. 12586.

útil por cada unidad que inmigre". Debían tener, además, un 70% de conocimientos y experiencias agrícolas. Con el fin de acelerar la integración estarían obligados a asistir a las escuelas oficiales y a adquirir, en un plazo máximo de dos años, el idioma nacional. Los fondos destinados para el sostenimiento de los colonos tendrían que ser exhibidos por la compañía que realizase su internación y serían de tres mil pesos en el primer año agrícola por cada familia, cantidad a la que se sumarían 500 pesos para animales y aperos de labranza. Pero, por si fuera poco, los colonos se comprometerían en los documentos correspondientes a "no abrigar prejuicios raciales, estar dispuestos, en su caso, a formar familia mestiza mexicana, que se obligan a residir en el país, continua e ininterrumpidamente durante los primeros cinco años, y a no enajenar, hipotecar o gravar en forma alguna su parcela, o los derechos que sobre ella les correspondan".

Algo que se había negociado tanto tuvo que salir a la luz pública, y el 17 de noviembre de 1939 el diario *Excélsior* dio a conocer la noticia inexacta de que el presidente Cárdenas había permitido el ingreso de 1 500 judíos procedentes de Alemania, Checoslovaquia, Polonia y Austria para colonizar tierras en Huimanguillo, un municipio tabasqueño ubicado en la línea divisoria con Veracruz. El promotor de dicho proyecto era el señor M. R. Schwarz, quien radicaba en Nueva York. Las condiciones eran que cada familia invirtiera en la región asignada ocho mil pesos y contara, además, con tres mil pesos para gastos de manutención.

La nota decía que el gobernador tabasqueño, Manuel Trujillo Gurría, aceptaba que cada familia recibiera un terreno no menor de 10 hectáreas ni mayor de 30, y que los recursos que ingresarían al estado por las ventas de dichas tierras serían destinados al gasto en el programa educativo. Asimismo, el periódico atribuía al gobernador un fondo de un millón de pesos para construir una ciudad destinada a ese efecto.

Casi de manera inmediata la conservadora y profascista Asociación Nacionalista se opuso al proyecto porque la Secretaría de Gobernación había declarado que "de ninguna manera vendrían elementos extranjeros a competir con los nacionales ni a arrebatarles el trabajo". Por eso recomendaban a la misma secretaría y al presidente de la República "que no autoricen o toleren que elementos indeseables e inmigrantes, posiblemente todos judíos, vengan a nuestro país a crear problemas que ya agobian al pueblo mexicano y provoquen situaciones difíciles y serias para resolverse más adelante".[8]

Incluso el jefe del Departamento de Turismo, dependiente de la Secretaría de Gobernación, señalaba "el peligro de que penetren al país falsos turistas, especialmente de origen semita y consigan radicarse aquí definitivamente". Aprovechaba para explicar que a principios del año un individuo

---

[8] *Excélsior*, 19 de noviembre de 1939.

de origen alemán, aludiendo desde luego a M. R. Schwarz, propuso al departamento que dirigía la autorización para traer a México 1 500 turistas. A partir de entonces volvió a Nueva York y urdió la estratagema de un contrato de colonización con el gobierno de Tabasco para introducir así falsos turistas que en realidad eran refugiados políticos de origen semítico.[9]

Para el autor de la columna "Perifonemas" del diario vespertino *Últimas Noticias* (28 de noviembre de 1939) el anuncio de que el gobernador de Tabasco autorizaría el proyecto de colonización en Tabasco causaba risa. "El caso de estos nuevos inmigrantes —a los que por fortuna, la experiencia y sensatez del Presidente Cárdenas, que conoce bien el país, no ha otorgado el permiso, y es de esperar que lo niegue— no es sino una nueva amenaza indirecta para nuestros campesinos."

El periodista anónimo tenía razón; el presidente Lázaro Cárdenas no había aceptado finalmente el proyecto pero estuvo a punto de hacerlo, porque no sólo se elaboró el decreto sino que lo firmó el 13 de noviembre de 1939, aunque nunca se oficializó. En el decreto se decía que serían admitidas 1 500 familias extranjeras "apátridas" de origen alemán, checoslovaco, austriaco, húngaro y polaco, refugiadas en Suiza, Holanda, Bélgica, Inglaterra y Estados Unidos, para establecerse en Huimanguillo, pero establecía que debían mostrar "constancia oficial de ser readmitidos en los países en que radiquen o pasaporte visado con validez mínima de dos años".

El documento contemplaba, también, conceder a igual número de familias mexicanas, en igualdad de condiciones pero de manera gratuita, parcelas para el cultivo de la tierra. Todos los colonos deberían dedicarse a las tareas agrícolas y sólo se les permitiría abocarse a la industrialización de los productos que cosecharan.

El decreto que nunca fue expedido no mencionaba que los solicitantes compartían una característica común: eran judíos.

[9] *El Universal*, 30 de noviembre de 1940.

MARCO LEGAL DE LA INMIGRACIÓN JUDÍA A MÉXICO

Gloria Carreño*
Blanca López Gómez*

El Estado moderno mexicano, desde mediados del siglo XIX, comenzó a preocuparse por legislar en materia de inmigración, ya que el propio movimiento migratorio era poco significativo. México no era un país apreciado como receptor.

Un gran movimiento migratorio procedente especialmente de Europa Oriental, Asia y Medio Oriente comenzaba, fundamentalmente, hacia Europa y Estados Unidos, lugares que se convirtieron en regiones atractivas por su desarrollo industrial y las oportunidades de empleo. La información que enviaban parientes y amigos previamente emigrados despertaba el enorme interés de nuevos emigrantes y propiciaba el fenómeno de la migración en cadena.

A partir de 1903 comenzaron las restricciones a este movimiento con la adopción, en Inglaterra, del acta antiextranjera. En 1921 una severa crisis económica en Estados Unidos provocó la adopción de medidas regulatorias y de restricción. Se implantó una primera cuota, seguida por otras en 1924 y 1925. Una nueva crisis económica, en 1929-1930, provocó una mayor severidad en la aplicación de las medidas restrictivas norteamericanas.[1] Todo esto ocasionó una desviación de la migración hacia países de América Latina, entre ellos México, que de pronto se convirtió en país receptor de inmigrantes como una segunda opción.[2]

Hay dos momentos importantes de inmigración judía hacia nuestro país:
1. De fines del siglo XIX a la crisis de 1929-1933.
2. Durante la era nazi, 1933-1947.

La legislación mexicana en materia de inmigración que rigió en estos periodos desde inicios hasta mediados de este siglo está integrada por leyes,

---

* Centro de Documentación e Investigación de la Comunidad Ashkenazi de México.

[1] Robert A. Burchell, "La emigración a América en los siglos XIX y XX", en Willi Paul Adams (comp.), *Los Estados Unidos de América*, Siglo XXI, México, 1979.

[2] Considerando factor de atracción las condiciones del lugar de destino de migrantes, por ejemplo el nivel de industrialización, el ritmo de crecimiento económico, las oportunidades de empleo, la información transmitida por parientes y amigos que hubieran migrado previamente, el nivel salarial, el abaratamiento de costos de transporte, etc. Robert A. Burchell, *op. cit.*, pp. 166-170.

iniciativas o proyectos de ley (si bien estos últimos no siempre llegan a tener vigencia reflejan las líneas políticas estatales de la instancia gubernamental que las propone), reglamentos que especifican y regulan el sistema impuesto por la ley y los decretos, circulares, acuerdos y oficios que modifican parcialmente a la ley o reglamento.

La política oficial de inmigración imperante en México durante la primera mitad del siglo XX (la legislación considerada va desde 1886 a 1947) se sustenta sobre los siguientes principios:

1. La facultad discrecional administrativa.

2. La regulación poblacional para el país, que se basa en varios aspectos, presentes en la legislación mexicana a partir de 1926:

a) El crecimiento demográfico (prefiriéndose el crecimiento natural sobre la inmigración).

b) La afinidad cultural (prefiriéndose extranjeros sanos, de buen comportamiento y fácilmente asimilables a nuestro medio, en los que la cultura de sus pueblos de origen sea análoga a la nuestra).

c) La afinidad racial (prefiriéndose a razas que por su similitud y analogía sean fácilmente asimilables a la nuestra).

d) El factor económico (prefiriéndose a aquellos que se dedicasen a la industria en su más amplio concepto, la agricultura, el comercio de exportación y otros géneros de inversión en el país).

3. Las políticas de asilo a refugiados y perseguidos, en los que se sigue la norma de protección a la libertad y vida humana.

4. La regulación del turismo.[3]

La Constitución Política mexicana establece, en su artículo 11, el estatuto general para el ingreso al territorio nacional: "Todo hombre tiene derecho para entrar en la República, salir de ella, viajar por su territorio, sin necesidad de carta de seguridad, pasaporte, salvoconducto u otros requisitos semejantes". En este artículo el Estado mexicano manifiesta el carácter universalista que dio soporte a su facultad fundamental: los derechos universales del hombre. Pero con todo cuidado la segunda parte del artículo delimita claramente el soporte jurídico que regulará ese derecho: su *facultad discrecional:* "El ejercicio de este derecho estará subordinado a las facultades de la autoridad judicial, en los casos de responsabilidad criminal civil, y a las de la autoridad administrativa, por lo que toca a las limitaciones que impongan las leyes sobre emigración, inmigración y salubridad general de la república, o sobre extranjeros perniciosos residentes en el país".[4]

Facultad discrecional, por una parte, significa regulación de la inmigración, sea por nacionalidad, calidad migratoria, actividades, razas, cultura, o

---

[3] Óscar Treviño Ríos, "Principios en que se inspira la política oficial de inmigración a México", *Ciencias Políticas y Sociales*, año II, 5-6, julio-diciembre de 1956, pp. 317-324.

[4] Ley General de Población de 1947, artículos 58 y 60.

incluso, cuando se cumpliesen todas las condiciones impuestas, la facultad de negar la entrada al país o el cambio de calidad migratoria cuando así se lo crea conveniente.

Comenzamos por sentar estos principios, antes de hacer un recuento y reflexión de los avatares fijados por la ley para la recepción de inmigrantes extranjeros, y cómo ha sido manejada esta facultad discrecional de acuerdo con los sucesos, el momento histórico y el momento político del Estado mexicano en materia de recepción de inmigrantes y en su caso refugiados.

RECUENTO HISTÓRICO

El flujo inmigratorio a México, como un movimiento poblacional de importancia, comenzó a fines del siglo XIX, durante el gobierno del general Porfirio Díaz, gracias a una doble ilusión creada con respecto a la economía nacional: en primer lugar que el país era vasto en recursos naturales y en segundo que la población nativa era insuficiente en número y calidad para poblarlo y aprovechar estos recursos.

> La extrema apertura a los extranjeros para que poblaran el país, dio lugar a que a principios del siglo XX el Estado mexicano careciera de una legislación adecuada para enfrentarse a nuevos problemas, lo que dio lugar a la creación de la Ley de Inmigración de 1908, la que pretendió regular los problemas que estaba causando la inmigración china y turca, así como el hecho de que algunos extranjeros utilizaran el país sólo para pasar posteriormente a los Estados Unidos.[5]

Durante el gobierno de Obregón, mientras se hacía panacea de la necesidad de colonizar, se aplicaron restricciones discrecionales con diferente criterio; "prácticamente se abolió para los franceses y se aplicó con severidad a los suizos; en diciembre de 1923 se prohibió la inmigración india 'debido a sus hábitos y costumbres inmorales'".

Obregón presentó un proyecto de Ley de Migración en octubre de 1923 para suplir las deficiencias de la de 1908, proyecto que no se convirtió en ley, pero que sentó las bases de lo que sería la de 1926. En ese año comenzó a reglamentarse y limitarse la inmigración y se creó el Registro Nacional de Extranjeros. En el quinquenio 1926-1931 la inmigración se restringió a causa de la crisis económica. No es sorprendente que la regulación se haya hecho con argumentos abiertamente racistas. Se deseaba evitar el ingreso de individuos procedentes de países pobres, de cultura diferente a la occidental y de raza "exótica".

---

[5] Moisés González Navarro, *Población y sociedad en México (1900-1970)*, UNAM, México, 1974, p. 37.

El 15 de julio de 1927 se restringió la inmigración de trabajadores de origen sirio, libanés, armenio, palestino, árabe, turco, indobritánico y chino, por considerar que su influencia era un factor desfavorable, ya que se dedicaban al comercio ínfimo y al agio.[6] Dicha restricción se ratificó a fines de 1929.

Una nueva Ley de Migración se aprobó el 30 de agosto de 1930; en ella se dispuso distribuir a los inmigrantes de acuerdo con las necesidades nacionales y se creó el Consejo Consultivo de Migración. "La Secretaría de Gobernación da a conocer que la inmigración de extranjeros y de manera especial rusos, polacos, turcos y judíos en general había quedado restringida a su último límite."[7] La misma secretaría ordenó pegar en lugares públicos unos avisos en los que se prevenía a todos los extranjeros residentes en nuestro país que deberían llevar consigo los documentos probatorios de su estancia legal porque, decía, "los inspectores de migración tienen instrucciones de exigir la exhibición en cualquier momento y cualquier lugar".[8] Todas estas medidas iban colocando a los inmigrantes extranjeros a merced de las autoridades menores, hostigadoras y corruptibles.

Una nueva crisis económica, originada en 1929 en Estados Unidos, repercutió en México y tuvo consecuencias en las cuestiones relativas a la migración. Al restringirse aún más la entrada a Estados Unidos, México decidió prevenirse de un aumento a su flujo migratorio; también en el aspecto económico tomó varias medidas; una de ellas fue imponer gabelas a las mercancías importadas y fomentar la sustitución de importaciones.

Como respuesta a esta política presidencial, en junio de 1931 se inició la campaña nacionalista impulsada por las autoridades y el comercio, con objeto de convencer al público de que una alternativa contra el desempleo y la crisis era el consumo de productos nacionales.[9] Esta campaña pronto se revistió de xenofobia dirigida. Aunque no fueron los judíos los únicos extranjeros a los que se atacó y rechazó, sí fue a éstos y a los chinos a los que peor les iba en esta campaña que sirvió de ariete tanto para obligar a las autoridades a la limitación de la inmigración como para propiciar el asedio por parte de las autoridades menores.[10]

La actitud xenofóbica estaba latente entre la población, no sólo en la capital sino en la provincia, donde comités antiextranjeros y cámaras de comerciantes enarbolaban banderas por el boicot, antijudío y antichino funda-

[6] *Diario Oficial*, 15 de julio de 1927, t. XLIII, número 13.
[7] *El Nacional Revolucionario*, 11 de marzo de 1931.
[8] *El Universal*, 30 de mayo de 1931.
[9] Alicia Gojman de Backal, "La campaña nacionalista", *Cuadernos de Investigación*, núm. 8, Escuela Nacional de Estudios Profesionales Acatlán, UNAM, México, 1987; *Der Weg*, 9 de septiembre de 1931, p. 7; véase Alicia Gojman y Gloria Carreño, *Parte de México*, Comunidad Ashkenazi de México, México, 1993, p. 126, *Generaciones judías en México*, t. VII.
[10] *Excélsior*, 5 de junio de 1931.

mentalmente.[11] Estas campañas llamaban constantemente la atención de las autoridades, sobre todo en contra de los inmigrantes de nacionalidad polaca, alemana, húngara, rusa, armenia, checoslovaca, siria, libanesa, china e israelita.[12] Esa presión repercutió en agudizar las restricciones a través de circulares, acuerdos y prácticas de control, como la solicitud de documentos migratorios al realizar gestiones, la exigencia de que los extranjeros se dedicaran a los oficios que habían declarado en su ingreso, etc., todo lo cual sirvió de argumento en el constante hostigamiento de grupos de la sociedad hacia los inmigrantes y el aceleramiento de la legislación regional para restringir y controlar el asentamiento en provincia. Se modificó el reglamento de migración (6 de junio de 1932) que insistió en la preferencia de que ingresaran sólo los extranjeros que con mayor facilidad se adecuasen en nuestro medio.

Esta tendencia alcanzó la expresión más radical en las disposiciones dictadas en dos documentos, el primero del 17 de octubre de 1933 —la circular 250, confidencial, del Departamento de Migración, cifrada— y el segundo las adiciones a esta circular, de fecha 27 de abril de 1934.

La circular 250 sustituía todas las disposiciones vigentes sobre la inmigración, y señalaba:

Como continúa siendo indeseable [. . .] por la clase de actividades a que se dedican dentro del país, no podrán inmigrar al mismo ni como inversionistas [. . .] ni como agentes viajeros, directores, gerentes o representantes de negociaciones establecidas en la República, empleados de confianza, rentistas y estudiantes, los siguientes extranjeros:

1ª. Por razones étnicas, las razas negra, amarilla (a excepción de los japoneses), malaya e hindúes.

2ª. Por razones políticas, los nacionales de las Repúblicas Soviéticas Socialistas.

3ª. Por sus malas costumbres y actividades notoriamente inconvenientes, los individuos conocidos como gitanos.

4ª. Por ser gente aventurera y sin recursos, los "andarines".

Tratándose de polacos, lituanos, checos, eslovacos, sirios, libaneses, palestinos, armenios, árabes y turcos, la experiencia ha demostrado que por la clase de actividades a que se dedican en el país, las que con rarísimas excepciones, constituyen un motivo de competencia desventajosa para nuestros nacionales, su inmigración debe considerarse como poco deseable.

---

[11] *El Regional*, Culiacán, 17 de agosto de 1933; *El Universal*, 9 de noviembre de 1933. *Cf.* Gojman y Carreño, *op. cit.*; Alicia Gojman de Backal y Gloria Carreño, "Minorías, Estado y movimientos nacionalistas de la clase media en México. Liga antichina y antijudía", ponencia presentada en el XLV Congreso Internacional de Americanistas, Bogotá, Colombia, 1 y 2 de julio de 1985.

[12] *Excélsior*, 23 de noviembre de 1933.

Sólo se permitiría para oriundos de esos lugares la entrada de inversionistas y en caso de reunión de familias.

La autorización para el ingreso de finlandeses, estones, polacos, letones, lituanos y besarabos estaba condicionada a la obligación de que en cada caso las propias oficinas pidieran instrucciones previas a esa secretaría y exigieran un depósito en efectivo o fianza individual de compañía autorizada por la cantidad de 80 pesos para garantizar los gastos de repatriación.

Las adiciones a la circular 250, con fecha de abril de 1934, reiteran las restricciones, pero en cuanto a los judíos la Secretaría de Gobernación quiso precisar aún más el asunto y en el punto XII de esta circular anota:

> Esta secretaría ha creído conveniente atacar el problema creado con la inmigración judía, que más que ninguna otra, por sus características psicológicas y morales, por la clase de actividades a las que se dedica y procedimientos que sigue en los negocios de índole comercial que invariablemente emprende, resulta indeseable; y en consecuencia no podrán inmigrar al país, ni como inversionistas en los términos del Acuerdo de fecha 16 de febrero anterior, ni como agentes viajeros, directores, gerentes o representantes de negociaciones establecidos en la República, empleados de confianza, rentistas, estudiantes, los individuos de raza semítica.[13]

Sólo se permitía la internación al país en los siguientes casos: profesionales o profesores cuyo ingreso fuera solicitado por la Universidad Nacional o por cualquier órgano oficial; artistas y deportistas profesionales; trabajadores técnicos en alguna especialidad desconocida en el país, y los individuos que desearan venir como turistas y que fuesen dignos de tal franquicia.

Tratándose de judíos norteamericanos, por razones de reciprocidad y vecindad, los cónsules mexicanos podrían documentarlos como turistas bajo su más estricta responsabilidad, y admitirlos sin previa consulta y aun sin garantía de repatriación. El documento anota que:

> Como la identificación física de un judío, no obstante sus características raciales, resulta difícil por el hecho de que habiéndose extendido por todo el mundo, aunque sin romper su unidad étnica, pertenecen en la actualidad a diversas nacionalidades, la Secretaría ha creído que el medio más viable para establecer la identidad de un judío, es el de exigirle a todas las personas que soliciten permiso para internarse al país, como requisito indispensable para dar curso a su solicitud, declaren cuál es su raza, sub-raza y religión, ya que el judío profesa casi sin excepción, como religión la hebrea, judía, israelita o mosaica y si se descubre que es de

---

[13] AGN, Dirección General de Gobierno 2.360 (29) 8144, Circulares de la Secretaría de Relaciones Exteriores, circular 250 de 17 de octubre de 1933, y adiciones a la circular 250 de 27 de octubre de abril de 1934. Este documento consta de 12 páginas con especificaciones precisas para cada una de las nacionalidades. Fue descifrado, con una clave que corresponde a la palabra "México", por Ángel López Gómez.

origen judío, no obstante la nacionalidad a que pertenezca, deberá prohibírsele su entrada dando aviso inmediato por la vía telegráfica a esta propia Secretaría.[14]

El 1 de diciembre de 1934 el general Lázaro Cárdenas asumió la presidencia de la República mexicana. Durante su régimen hubo un cambio radical en la política demográfica. Se confió más en el crecimiento natural de la población que en la inmigración extranjera. Se emitió la Ley General de Población (1936), en la que se proponía resolver los problemas demográficos fundamentales: el aumento de la población se obtendría por crecimiento natural, se haría una distribución racional de extranjeros dentro del territorio y se fomentaría el mestizaje con extranjeros avecindados.[15] Se prohibió el ejercicio de profesiones liberales a los extranjeros y se introdujeron cuotas de inmigración basadas en tablas diferenciales que se autorizaban cada año según el interés y las necesidades del país, así como el grado de asimilabilidad racial y cultural, y conveniencia de su admisión. Se advertía que una vez cubierta la cuota por nacionalidad se cerrarían los puertos fronterizos y marítimos hasta el año siguiente.[16]

Esta ley establecía que los inmigrantes sólo podrían trabajar en la agricultura, la industria y el comercio de exportación; daba facilidades a los llamados "extranjeros asimilables", es decir, a aquellos cuya fusión, en opinión del gobierno, fuera la más conveniente para las razas del país, y facilitaba el establecimiento de los extranjeros que contrajeran matrimonio con mexicanas por nacimiento. Daba especial énfasis al mejoramiento de las razas por medio del mestizaje, inclinándose por el inmigrante europeo occidental y el latinoamericano.[17]

Todas estas disposiciones, controles y actitudes gubernamentales fueron limitando la viabilidad de México como asilo para los perseguidos por los regímenes totalitarios europeos. En este contexto las tablas diferenciales para 1938 fueron bien vistas por el público.

En éstas se estipulaba que los españoles, norteamericanos e hispanoamericanos serían admitidos en el país sin limitación, hasta cinco mil los procedentes de Alemania, Austria, Bélgica, Checoslovaquia, Dinamarca, Holanda, Suiza y Suecia. Polonia y la URSS quedaban fuera, con sólo cien permisos para reuniones de familia.

Durante este mismo régimen se plantearon varios proyectos para establecer colonias judías agrícolas en México: una colonia independiente en

---

[14] *Idem.*
[15] González Navarro, *op. cit.*, p. 48.
[16] *El Universal*, 9 de septiembre de 1936. *Manual del extranjero.*
[17] *Cf.* Corinne Krause, *The Jews of Mexico, A Social History 1830-1930*, tesis doctoral, University of Pittsburgh, 1970, pp. 180-183; Alicia Gojman de Backal, "Inmigración de judíos a México, siglo XX. Intentos de colonización", ponencia presentada en el XLVI Congreso Internacional de Americanistas, Amsterdam, julio de 1988.

Baja California, la de Huimanguillo, Tabasco, y la de Coscapá, Veracruz. Estos proyectos provocaron oposición tanto en el nivel social como en las instancias de gobierno; la suerte de todos ellos y los argumentos manifestados en su cancelación reflejan claramente los criterios que normaban la política inmigratoria del Estado mexicano y el peso de la opinión pública nacional que sin duda repercutieron asimismo en la formulación y aplicación de disposiciones legislativas y tablas diferenciales.

En el nivel internacional la posición del gobierno mexicano la manifestó el delegado a la segunda conferencia de Evian, el señor G. Lourders de Negri, en su informe del 15 de agosto de 1938:

> Haciendo a un lado los sentimientos humanitarios y generosos que impulsarán a nuestro país a dar asilo a los perseguidos de los regímenes totalitarios, es necesario que se tenga en cuenta el interés nacional. Es bien sabido que los elementos que buscan refugio integran grupos que no son asimilables y que la experiencia de otros países ha demostrado que a la larga, cuando el número de judíos es importante, llegan éstos a constituirse en una casta exclusiva, dominante y poderosa, que no tiene ningún vínculo con el país donde se establecen y muy a menudo son la causa de problemas interiores. Si hemos de admitirlos, que sea en el menor número posible, seleccionados con el mayor cuidado, y siempre que económica y étnicamente no vayan a constituir un problema para el país.[18]

En 1940 asumió la presidencia de la República el general Manuel Ávila Camacho, sin que hubiera un cambio sensible en las políticas inmigratorias; las formas del RNE se ampliaron a una cobertura local con la creación de la F-23 de registro regional, que se pretendía que cubriera las deficiencias en el control federal. Su aplicación hizo necesaria la instalación de una oficina de registro de extranjeros en cada municipio.

Ávila Camacho presentó, en diciembre de 1945, un proyecto de Ley General de Población para reformar la de 1936. En él se explica que la política inmigratoria no es discriminatoria bajo el punto de vista racial, sino selectiva. Esta ley fue aprobada para 1947; en ella se encomendó a la Secretaría de Gobernación la solución a los problemas demográficos nacionales.

CONCLUSIONES

La inmigración hacia México en la primera mitad del siglo XX, que es el periodo analizado en este trabajo, tiene dos momentos: de fines del siglo XIX a

---

[18] Informe de G. Lourders de Negri, delegado mexicano a la Reunión Intergubernamental de Londres, 15 de agosto de 1938, Archivo de la Secretaría de Relaciones Exteriores, III 342.1 (44) 1974.

la crisis económica de 1929-1933, y el correspondiente a la que llegó impulsada por la persecución durante la era nazi.

A pesar de que durante el periodo analizado fueron diferentes gobiernos los que rigieron los destinos del país, desde 1926 encontramos ciertas constantes: la legislación se encaminó hacia la asimilación de los inmigrantes; su carácter discrecional escondió argumentos racistas, y tuvo una marcada intención de proteccionismo económico.

Una vez que la primera crisis económica norteamericana de 1921 desviara el flujo migratorio de sus costas hacia México y América Latina, y provocara en nuestro país la mayor recepción de inmigración extranjera, el Estado comenzó a legislar en materia inmigratoria. El conjunto de leyes y reglamentos marca regulaciones y restricciones que no exceden las que pudiera plantear cualquier otro Estado en atención a la responsabilidad de la regulación de su crecimiento demográfico, la prestación de ciertas garantías y servicios como salud, empleo, habitación, etcétera.

Sin embargo, la inocuidad aparente de leyes y reglamentos no se presenta en otros instrumentos de ley, especialmente aquellos que modifican estas leyes básicas, como son los acuerdos, circulares y decretos que, o bien modifican, o bien estipulan ciertas condiciones de aplicación de la ley. Con base en el carácter discrecional de la ley, las prerrogativas que otorga ésta pueden ser aplicadas o modificadas bajo el criterio de la autoridad.

En estos instrumentos la norma se vuelve rígida y tiene ciertas constantes; la primera es su carácter racista, que excluye a negros, asiáticos, aceitunados y en cierto momento a judíos, como candidatos deseables a inmigrar al país; la segunda es una tendencia a la preferencia del crecimiento demográfico sobre la inmigración, a partir de la crisis de 1929; la tercera es la protección económica de los nacionales.

Se prefirió a la inmigración que fuera afín en el aspecto cultural, racial e ideológico, considerando afín al europeo occidental, especialmente español o latino; blanco, o por lo menos dentro de cierta escala cromática. Y al respecto es conveniente recordar que justamente uno de los criterios que impulsaron los planes colonizadores de fines del siglo xix y los albores del presente fue la convicción de que la población nativa necesitaba el impulso de una numerosa población extranjera, que tuviera un pasado común, referido a la idea de la madre patria, a la cultura occidental común, o incluso a un pasado común como países colonizados por el mismo imperio. Interviene también la idea del cristianismo como un elemento común, aunque con ciertas variantes.

Este asunto de la afinidad es una cuestión en la que prevalece el supuesto de que el extranjero se va a asimilar y que, por lo tanto, tiene que ser lo más parecido a nosotros, y no estar bajo el signo de la otredad.

No se percibe en este conjunto de disposiciones la posibilidad de que estos extranjeros (llámense sij, judíos, chinos, libaneses, etc.) se mantuvieran unidos como un pueblo o minoría étnica.

El conjunto de leyes y reglamentos (no de circulares, decretos y acuerdos) estará en concordancia con la posición de México en política internacional, que era de apertura y tolerancia hacia afuera y de restricción en la práctica, especialmente en el segundo periodo inmigratorio, es decir durante la era nazi.

Hacia el interior, el criterio racista que se percibe en este conjunto de normas menores obedeció en gran medida a la presión de la sociedad civil; por otra parte propició en ésta un aceleramiento de las respuestas xenofóbicas que tuvo su momento antisemita culminante en 1933-1934.

Los propios gobiernos propiciaron y abrieron espacios y ranuras en los que la sociedad civil pudo participar directamente, tanto en el nivel de opinión sobre el volumen y tipo de la inmigración que deseaba, como indirectamente en el control de los extranjeros avecindados en el país, según sucedió en 1938 y 1940, cuando primero se dio la función de controlar a la población extranjera a los ayuntamientos y concejos, exigiendo la documentación comprobatoria de estancia legal; después este control se hizo extensivo a inspectores de hacienda, trabajo, oficinas de gestión y por último a las cámaras de comercio y sus agremiados, estas últimas asociaciones civiles de carácter voluntario. Por supuesto esto obedeció al interés de limitar o definitivamente eliminar la posibilidad de ingreso ilegal, sobre todo en calidad de turistas, a refugiados perseguidos procedentes de Europa.

La sociedad civil llegó a considerar esta participación —como puede advertirse en la prensa— como una auténtica reivindicación social.

La legislación en su conjunto durante ese medio siglo tuvo, para el caso judío, dos repercusiones fundamentales:

1. El aceleramiento de actitudes de rechazo que alcanzaron características de antisemitismo.

2. La limitación a la posibilidad de que México se convirtiera en un puerto de refugio viable para judíos durante la era nazi.

LA COMUNIDAD JUDÍA DE GUADALAJARA

Cristina Gutiérrez Zúñiga*

Este trabajo tiene como finalidad describir algunos resultados del proyecto de investigación Historia de la Comunidad Israelita de Guadalajara, llevado a cabo durante 1994, con énfasis en las fuentes comunitarias y de entrevistas orales. Se prestará atención en primera instancia al proceso de investigación, y posteriormente se reportarán los rasgos esenciales de la transformación histórica de esta comunidad judía local, que va de la formación de enclaves lingüísticos multinacionales, hasta llegar a ser una comunidad judía unificada, perteneciente en lo religioso al movimiento conservador, e inmersa en la sociedad tapatía.

LA INVESTIGACIÓN

El objetivo de esta investigación fue el de la reconstrucción de la historia de una relación, es decir, no sólo de la comunidad en sí misma, sino en relación con la sociedad receptora. De esta manera, el ángulo de interés se ampliaba, desde una comunidad particular, a la historia de una sociedad y su relación con lo definido históricamente como ajeno, una diversidad étnica y religiosa bien delimitada, como la judía. Desde este punto de vista, la revisión hemerográfica del principal diario de la ciudad durante la primera mitad del siglo ocupó un lugar primordial para reconstruir los hechos principales de esta historia, así como la imagen del judío en la ciudad. La elección de la fuente oral, por su parte, fue planteada inicialmente como un complemento a la información hemerográfica y a la que suponíamos existía en el Archivo Comunitario. Sin embargo éste resultó prácticamente inexistente. Hay, por un lado, una compilación de documentos de validez legal —como contratos de compraventa de propiedades comunitarias, o actas constitutivas de las diversas asociaciones civiles formadas por la comunidad— que difícilmente llegará a 200 folios. Las actas de asamblea no están compiladas; sólo algunas se encuentran en poder de los respectivos secretarios de asamblea en turno. La conservación de documentos no había sido hasta la fecha una preocupación de la comunidad, pero sí de algún miembro, por lo que el acceso a ciertos archivos personales, principalmente el del ingeniero Isaac Bobry Ra-

---

* Responsable del proyecto de investigación Historia de la Comunidad Israelita de Guadalajara en El Colegio de Jalisco, A. C.

dosh, así como al archivo del Colegio Israelita, fue de gran valor para reconstruir los sucesos primordiales de la segunda mitad del siglo. Por otra parte, existen trabajos previos realizados por Guadalupe Zárate Miguel en el Archivo de Gobernación, oficina Guadalajara, y por Silvia Seligson con base en encuestas a jefes de familia durante 1974. Gracias a ellos fue posible reconstruir los datos numéricos más importantes del fenómeno migratorio a esta zona. Algunos documentos y datos fueron obtenidos en el Centro de Documentación de la Kehilá Ashkenazi referentes a Guadalajara, así como en otras obras ya clásicas de la historia de los judíos de México, que brindaron una ubicación general a esta historia de carácter local.

En vista de este panorama, la función de las entrevistas de historia oral creció en el proyecto, hasta convertirse prácticamente en su punto nodal. Se tuvo acceso a cuatro testimonios de residentes temporales judíos en Guadalajara recogidos por el proyecto de Historia Oral Judíos en México,[1] así como a dos grabaciones privadas con personajes pioneros de la comunidad, ahora fallecidos. En vista de los escasos sobrevivientes pioneros, se diseñó una guía de entrevista orientada a construir los testimonios de algunos miembros de primera generación, o bien escuchar la versión que de ellos oyeron sus hijos, la segunda generación de judíos, ya mexicanos por nacimiento. Se aplicó a cuatro migrantes de primera generación, y a 12 de segunda generación, y se realizaron algunas entrevistas complementarias a diversos personajes, que no fueron grabadas. El guión se orientó hacia el recuerdo de la inmigración, el establecimiento en la ciudad, el surgimiento y organización de la comunidad y la experiencia de identidad judía en la sociedad tapatía. Con base en esto se buscó no sólo el registro de la experiencia desde la subjetividad del propio actor —elemento que caracteriza a un testimonio oral—, sino también información fáctica sobre hechos, fechas, nombres y lugares, que contrastada entre sí, y con respecto a las fuentes escritas, fue la base primordial para la reconstrucción de esta historia. Como producto secundario, se trabaja ahora en la constitución de un Archivo Oral de Judíos de Guadalajara, abierto a la consulta comunitaria y especializada.

LAS ETAPAS INICIALES DE UNA COMUNIDAD

La comunidad judía de Guadalajara se compone actualmente de aproximadamente 200 familias.[2] Es una comunidad pequeña, cuya población procede de las migraciones del siglo XX. Aunque por medio de los archivos in-

---

[1] Dirigido por Alicia Gojman de Backal, depositado en el Comité Central de las Comunidades Judías de México.

[2] Jorge Samuel Szteinhendler, "El judaísmo", Martínez Réding (dir.), *Enciclopedia Temática de Jalisco*, t. IV, Guadalajara, Gobierno del Estado de Jalisco, 1992, pp. 199-215.

quisitoriales podemos deducir que existió una importante presencia judía durante la Colonia, como lo indican 21 casos de residentes o nacidos en la Guadalajara de la Nueva Galicia procesados por profesión de fe mosaica durante el dominio español,[3] no se ha encontrado evidencia alguna de continuidad genealógica entre éstos y las migraciones judías del siglo XX. Existen en la ciudad diversas familias de apellidos probablemente judíos, pero que se consideran a sí mismos cristianos viejos.

Los judíos que arribaron a Guadalajara en la primera mitad del siglo tenían diversas nacionalidades: más de la mitad provenían de Rusia, Polonia, Grecia y Turquía, mientras que el resto se agrupaba entre Lituania, Bulgaria, Alemania, Hungría, Siria y Líbano.[4] Las dos primeras migraciones de que se tiene noticia a través de la Secretaría de Gobernación datan de la primera década del siglo,[5] de las que no existe recuerdo entre los viejos de la comunidad actual. Se recuerda sin embargo a varios migrantes de las décadas de 1920[6] y 1930 que corresponden a las conocidas oleadas migratorias hacia el sur del río Bravo a raíz de las cuotas norteamericanas de 1921 y 1924.[7] Entre los migrantes de los veinte se encuentran dos que, habiendo logrado establecerse en Estados Unidos, decidieron salir huyendo del reclutamiento militar de la primera Guerra Mundial como vía rápida para la obtención de la nacionalidad norteamericana.[8]

El arribo a Guadalajara fue, en esas primeras décadas, completamente casual; se debió a su condición como "última ciudad mexicana" en el rumbo hacia Estados Unidos, a donde se aspiraba entrar por vía legal o ilegal para fines de reunificación familiar. En otros casos, y de manera creciente según avanzaba el siglo, se debió a la expansión comercial y búsqueda de nuevos horizontes de migrantes judíos previamente establecidos, por ejemplo, en la ciudad de México. Otros elementos de carácter regional harían de Guadala-

---

[3] La mayor parte de expedientes se encuentran en el Archivo General de la Nación (en adelante AGN) y reportados por Liebman Seymour, *Guide to Jewish References in the Mexican Colonial Era: 1521-1821*, Filadelfia, University of Pennsylvania, 1964 y Thomas Calvo, "Una defensa sin relieve de la ortodoxia; Los judaizantes", *Poder, religión y sociedad en la Guadalajara del siglo XVII*, México, Centre D'Études Mexicaines et Centramèricaines-H. Ayuntamiento de Guadalajara, 1992, pp. 127-131.

[4] *Estudio demográfico piloto de la comunidad judía de Guadalajara*, México, Comité Judío Americano, 1970 (cortesía del ingeniero Isaac Bobry Radosh).

[5] Guadalupe Zárate Miguel, "Judíos en Puebla y Guadalajara", ponencia presentada en el coloquio "Los extranjeros en las regiones", Oaxaca, 23 al 25 de marzo de 1994.

[6] En la tradición oral se recuerda a Henry Dubin, Isaac Varón, Carlos Bross y Manuel Modiano como algunos de los primeros inmigrantes que llegaron a Guadalajara.

[7] *Cf.* Silvia Seligson, *Los judíos en México: Un estudio preliminar*, CIESAS (Cuadernos de la Casa Chata, 88), México, pp. 107-108.

[8] Entrevista a Alberto Varón 18 de noviembre de 1994 por Cristina Gutiérrez, Archivo de Historia Oral de los Judíos de Guadalajara, El Colegio de Jalisco; entrevista a Carlos Bross por Paulette Modiano de Moel y Emily Bross, aproximadamente en 1978 (cortesía del arquitecto Eduardo Bross).

jara un polo de atracción para los judíos del Occidente. La migración judía a Guadalajara no siempre coincide con las oleadas de ingreso a México, sino con la reubicación de los migrantes en el territorio nacional. El conflicto entre el Estado y la Iglesia católica que en esta zona del país se extendió en forma intermitente desde 1926 hasta 1937 no interfería con la práctica privada de cultos como el judío. Sin embargo, el clima de intolerancia y violencia que caracteriza a esta fase sí afectó a los grupos religiosos minoritarios. Los poblados pequeños, y el campo en general, vivieron una situación de desolación económica y social. Bandas de "gavilleros" y la inseguridad generalizada determinaron una importante migración regional a Guadalajara, a la que se sumaron los denominados "judíos de los pueblos", que además buscaban una vida comunitaria. Durante los treinta judíos de poblados jaliscienses como La Barca, Ciudad Guzmán, Zacoalco de Torres, o de estados vecinos como Zacatecas y Colima, se encontraron en Guadalajara.[9] A ellos se sumaron las familias judías que estaban asentadas en Mazatlán,[10] sociedad en la que se desarrolló un importante movimiento antijudío y antichino en la etapa de crisis económica y exacerbación nacionalista de los treinta. Paradójicamente, no se ha encontrado evidencia de actos antisemitas por parte de los grupos cristeros; antes bien se tiene noticia de ciertas relaciones comerciales privadas entre judíos y miembros del ejército de Cristo Rey, como es el caso de un polaco que vendía machetes a los rebeldes, o El Famoso 33, que igual surtía géneros a conocidos cristeros[11] que colaboraba para la organización de las fiestas patronales de las numerosas parroquias del centro de la ciudad.[12]

La conformación de una comunidad fue un proceso lento. Los judíos avecindados en México tenían poco en común: pertenecían a culturas distintas en lo referente a idioma —unos hablaban ladino o español antiguo, otros idish y otros más sólo los idiomas de sus países de origen—; también eran distintos en cuanto a costumbres culinarias, así como normas de fiesta y de duelo. Ashkenazis y sefaradíes —prácticamente no hubo árabes— desconocían en su mayoría el idioma hebreo, reservado entonces y hasta 1948 para las celebraciones religiosas, cuyos textos recitaban los fieles sin una comprensión cabal de los mismos. Los rezos eran dirigidos no por rabinos sino

[9] Entrevista a Sabeto y Soledad Mizrahi, 16 de enero de 1995, por Cristina Gutiérrez (no grabada); Jaime Jerusalmi, 31 de agosto de 1994, a Zlata Schuster de Zlotorynski; 2 de junio de 1994 por Cristina Gutiérrez, AHOJG; entrevista a Salomón Levy por Mónica Unikel de Fasja, 1987, AHOJM.

[10] Entrevistas a hermanas Pessah Pessah, 21 de julio de 1994, y Lillian Meyer de Gaisman, 13 de julio de 1994, por Cristina Gutiérrez, AHOJG.

[11] Entrevistas a Zlata Schuster de Zlotorynski, citada, y a Isaac Sustiel Chaqui, por Gloria González Tejeda, 6 de junio de 1994, AHOJG. Jean Meyer sostiene también la inexistencia de antisemitismo en los combatientes cristeros, Jean Meyer, *La cristiada*, Siglo XXI, México, 1974, vol. 3, p. 284.

[12] Entrevista a Salomón Levy, citada.

por hombres con conocimiento; el *minián* se formaba con miembros de ambas tradiciones, ajustándose a las diferencias litúrgicas y fonéticas de la tradición ashkenazi y sefaradí. Cuando en la década de los treinta rentaron el primer local social judío, reservaron una sala para cada rito, pero si el *minián* no se completaba se pasaban de una a otra congregación o rezaban juntos. El cumplimiento de los preceptos alimentarios quedó bajo la responsabilidad familiar y sin contar con ninguna infraestructura comunitaria como apoyo.

Lo mismo ocurrió con la educación judaica, ya que los primeros niños judíos tapatíos empezaron a nacer en 1921.[13] Un *mohel* [circuncidador] al parecer viajó por el interior de la República durante la primera mitad del siglo atendiendo a las familias judías de la provincia.[14] La adaptación a las circunstancias prevaleció. Las opciones matrimoniales, por su parte, no eran muy variadas, y en esas circunstancias los migrantes empezaron a desarrollar rápidamente nexos familiares entre ellos, en general siguiendo los imperativos de la lengua materna. Por otro lado, las casamenteras y los noviazgos por correo transoceánico desempeñaron un papel primordial.[15]

LOS AÑOS DE LA GUERRA

La etapa de mayor tensión explícita entre inmigrantes judíos y habitantes tapatíos fue —como se registra en el periódico local— la de la competencia comercial en medio de la crisis económica internacional de los años treinta,[16] plenamente coincidente con la creación de un discurso nacionalista revolucionario que buscaba denodadamente la homogenización étnica en torno a la figura del mestizo.[17]

La segunda Guerra vino a transformar las relaciones entre la sociedad tapatía y la comunidad judía. La entrada de Estados Unidos a la guerra en el bando aliado, y la activa política del panamericanismo, cambiaron la opinión pública hacia los judíos. La situación que atravesaban sus paisanos en Europa bajo el nazismo despertó en los inmigrantes la conciencia de su judaísmo como un destino común. Además, el movimiento sionista les dio una causa y una identidad para presentarse ante la sociedad tapatía abier-

---

[13] Entrevista al ingeniero Alberto Varón Modiano, por Cristina Gutiérrez, 18 de noviembre de 1994, AHOJG. Véase Gloria González Tejeda, *La inmigración judía a Guadalajara 1920-1945*, tesis de licenciatura, Universidad de Guadalajara, 1995, cap. I.

[14] Se menciona al señor Klip. Entrevista a Zlata Schuster de Zlotorynski, citada.

[15] Entrevistas a Paulette Modiano de Moel, 20 de abril de 1994, por Cristiana Gutiérrez, AHOJG, a Zlata Schuster de Zlotorynski, citada, y a Jaime Jerusalmi Jerusalmi, citada.

[16] Véase Gloria González Tejeda, *La inmigración judía a Guadalajara 1920-1945*.

[17] Judith Bokser de Liwerant, "De la identidad a la integración nacional: México frente a la inmigración judía", *El movimiento nacional judío. El sionismo en México*, tesis de doctorado, UNAM, Facultad de Ciencias Políticas y Sociales, México, 1991, cap. 2.

tamente como agrupación judía. Estos cambios se hacen palpables en diversos hechos. En 1939, apenas fundado el Comité Central Israelita en la ciudad de México, 53 jefes de familia residentes en Guadalajara se encuentran inscritos. Pero su vinculación no se limita a una cohesión interna, sino que mueve a un activismo público. Por esos años los judíos desfilaron, al lado de sus antiguos contrincantes comerciales, los franceses, en un mitin público antifascista, y realizaron diversas colaboraciones con la Asamblea Democrática Internacional o ADI,[18] tales como impulsar mítines y conferencias en contra del fascismo,[19] así como cierres simbólicos de sus tiendas en protesta por el genocidio nazi.[20] Poco después, en 1944, cuatro años antes de la independencia del Estado de Israel, en el cuartel colorado de la ciudad se rindieron honores a la bandera israelí junto con las de las naciones aliadas.[21] Con ocasión de un acto de beneficencia —la donación de una ambulancia para la defensa civil— la comunidad hizo su primera manifestación pública respecto al momento que vivía como comunidad diaspórica:

Estamos identificados con el pueblo mexicano que comprende que la propaganda antisemita es únicamente un pretexto de los nazis y quintacolumnistas para infiltrar sus ideas salvajes.

México es nuestra segunda Patria, y deseamos vincularnos con sus problemas.

Hemos venido muchos a reconstruir nuestros hogares, a rehacer nuestras vidas y las de nuestros hijos en esta nación.

De nuestra participación efectiva en la guerra estamos orgullosos, pues nuestros hermanos combaten en todos los frentes a pesar de que se nos ha negado el derecho a formar un ejército judío con su propia bandera.

Nuestros enemigos tratan de empequeñecer nuestros sacrificios y nuestra participación en la guerra, pero el historiador del futuro tendrá que refutar esas mentiras.

Nadie negará que nuestros sufrimientos en esta guerra han superado toda imaginación humana. Hemos perdido lo mejor de nuestro pueblo. El judaísmo europeo está destruido.

Nadie nos negará el derecho de tener patria como todos los pueblos.

Esta demanda la presentaremos en la futura conferencia de paz, para lo cual creemos tener el apoyo de todos los pueblos libres de la tierra y especialmente de México, defensor por excelencia de los postulados del derecho y de la justicia.[22]

[18] Entrevista a Rafael Pessah, por Crisitina Gutiérrez, 26 de octubre de 1994, AHOJG.

[19] Carta de Jacobo Mondlak a Comité Central, 24 de junio de 1943 (se anexan recortes de periódico no identificados), AKA. Fondo Comité Central Israelita.

[20] Judith Bokser et al., Imágenes de un encuentro. La presencia judía en México durante la primera mitad del siglo XX, UNAM-Tribuna Israelita, México, 1992, p. 256.

[21] Entrevistas a Enrique Bross Tatz, 2 de marzo de 1995, por Cristina Gutiérrez (no grabada); a Rafael Pessah Pessah, 26 de octubre de 1994, AHOJG.

[22] Carta de Jacobo Mondlak, presidente de Agudath Ajim, publicada en "Aportación de los semitas", El Informador, 12 de junio de 1943, transcrita en Gloria González Tejeda, tesis citada, p. 148.

LA CONTINUIDAD COMUNITARIA EN MANOS DE LA SEGUNDA GENERACIÓN

Los años posteriores a la guerra están cargados de significados. La comunidad pudo hacer poco o nada en materia de refugiados y menos en cuanto a la tarea diplomática que la diáspora desarrolló en favor de la creación del Estado de Israel. Pero internamente debatió su futuro como comunidad. La creación de un colegio judío y la definición de su orientación hizo estallar el conflicto entre ashkenazis y sefaradíes. El colegio nació bajo la concepción judaica de las familias y maestros de habla idish. De hecho, en las décadas recientes había sido esta inmigración la que había llegado a Guadalajara, cambiando la proporción entre los sectores sefaradíes y ashkenazis establecida las décadas iniciales. La orientación del colegio hacia el idish estaba inmersa en el contexto posterior al Holocausto y tenía las características de una resistencia étnica. En esta generación migrante esa cultura estaba estrechamente ligada a los orígenes particulares. Preservar la cultura judía era aún preservar la cultura ashkenazi o sefaradí; no había un modelo hebreo común. Hacia 1950 los sectores sefaradí y ashkenazi optaron, pues, por separar sus locales de reunión y de rezo, y también sus finanzas. El colegio quedó a cargo de la comunidad ashkenazi y perduró su orientación idishista, así como el membrete de Agudat Ajim,[23] mientras que los sefaradíes constituyeron el Centro Sefaradí de Guadalajara como asociación civil en 1950 y rentaron su propia casa.[24, 25] Se estableció legalmente la propiedad y uso común del panteón para los miembros de ambas asociaciones.[26]

Mientras duró la separación legal de las comunidades, ambas mostraron una enorme vitalidad y voluntad de institucionalizarse; en 1953 se constituyó el Centro Social y Deportivo Macabi A. C. Por otra parte, siguieron manteniendo frente a la sociedad tapatía una imagen común: continuaron las labores de beneficencia y relaciones públicas con el gobierno del estado.[27, 28]

[23] Entrevista a Alberto Varón Modiano, 24 de noviembre de 1994, AHOJG.

[24] Véanse documentos de personalidad de la escritura de venta del 50% del terreno del Panteón Israelita. De acuerdo con éstos el 26 de enero de 1950 se constituye el Centro Sefaradí de Guadalajara, A. C. Mesa directiva: Isaac Jerusalmi, presidente; ingeniero Alberto Varón, vicepresidente, DO-CIG.

[25] Entrevista a Alberto Varón Modiano, 24 de noviembre, AHOJG, ubicación física, Lillian Meyer de Gaisman.

[26] Documento de venta del 50% proindiviso del Panteón Israelita, de Agudath Ajim a Centro Sefaradí de Guadalajara, 1951, DO-CIG.

[27] Por ejemplo, al inicio de la gubernatura de Agustín Yáñez la comunidad judía le regaló *El Dittionario Novo. Lexicon Novum Haebraicvm*, diccionario hebreo latín impreso en Venecia en el año 1587. Este volumen se encuentra depositado en la Biblioteca Pública del Estado de Jalisco. Entrevista al ingeniero Alberto Varón Modiano, por Cristina Gutiérrez, 18 de noviembre de 1994, AHOJG.

[28] "El Comité de Damas", escrito por Lillian Meyer de Gaisman, documento mecanografiado, 1994.

Asimismo en 1949 refundaron en Guadalajara la Logia Filón de la B'nai B'rith originaria de Atenas.[29]

En el año 1961 la comunidad volvió a unificarse. Este movimiento lo realizó la segunda generación de judíos, quienes poseían características distintas a la primera generación, no sólo en relación con su identidad como mexicanos sino también en cuanto a las tradiciones judías de sus familias: habían convivido entre ambas tradiciones desde pequeños e incluso había ya varios matrimonios entre ashkenazis y sefaradíes, como lógica consecuencia del tamaño de la comunidad. A esta generación le pareció sensato desechar la orientación idishista del colegio para instaurar la enseñanza del hebreo y establecerse legalmente como Comunidad Israelita de Guadalajara en 1963.[30]

La división ritual permaneció aún en el local comunitario propio y construido *ex profeso* hasta el año 1974, cuando estos mismos dirigentes comunitarios de segunda generación promovieron la vinculación al movimiento religioso conservador y la contratación de un rabino del Seminario Rabínico Latinoamericano; mediante este paso se estableció el modelo hebreo israelí, uniendo ambos sectores en el aspecto ritual y religioso en general y abriendo el servicio religioso a una mayor participación femenina. Asimismo se introdujo un libro de rezos común para ashkenazis y sefaradíes, con traducción al español, y se optó por esta lengua en una considerable proporción dentro de los servicios religiosos. Solamente algunos miembros de la primera generación se excluyeron de este proceso, en el que la segunda generación vio una oportunidad de sobrevivencia judía para una comunidad pequeña, que alcanzaba por esa época apenas las 120 familias.[31] Se inició entonces un proceso de reeducación de adultos y de educación religiosa judía infantil por parte de profesionales que impulsan este modelo único.[32]

Durante estas últimas dos décadas se han incrementado sin duda el interés por el conocimiento espiritual del judaísmo y el cumplimiento de los preceptos religiosos, algo hecho posible también por el establecimiento de las instituciones comunitarias y por el contacto con comunidades ortodoxas. No es extraño el caso del adolescente que le pide a su madre comida *kosher*, o la pareja que inicia su hogar bajo el cumplimiento estricto de las normas alimentarias. Tampoco el abuelo que prefiere no presidir la mesa de las fies-

---

[29] Esta refundación fue iniciativa de Julio Tazartes, para lo que convocó a miembros de ambas comunidades. Entrevista al ingeniero Alberto Varón Modiano, 2 de diciembre de 1994, AHOJG.

[30] Acta constitutiva de la Comunidad Israelita de Guadalajara, 17 de julio de 1963. Se encuentra en posesión de la directiva de la comunidad, compilada por el ingeniero Isaac Bobry Radosh.

[31] *Estudio demográfico piloto de la comunidad judía de Guadalajara*, citado.

[32] Entrevistas al rabino Jorge Samuel Szteinhendler, citada, y a Carlos Rabinovitz Fainshtein, 28 de noviembre de 1994, por Cristina Gutiérrez, AHOJG.

tas con sus viejas y medio olvidadas tonadas, y le deja el papel a su primogénito para entonar las bendiciones y canciones según las enseñanzas del *moré* [maestro] israelí del colegio. Sin embargo la comunidad tiene un carácter y una dinámica bastante definidas. Un rasgo importante a este respecto ha sido la no vinculación de la migración judía norteamericana a la comunidad judía tapatía.[33]

LAS ETAPAS RECIENTES

En los últimos años México ha sido escenario de profundas transformaciones que auguran una época de mayor tolerancia y pluralidad. La reciente Ley de Asociaciones Religiosas apunta hacia la garantía del libre ejercicio de los cultos y grupos religiosos. Por otro lado, el reconocimiento de México como país pluriétnico deja atrás los tiempos de la homogenización cultural, la "gran familia mestiza" mexicana. Sin embargo, estos cambios legales, aunque significativos, no resumen la complejidad de los procesos culturales de integración de una sociedad como la nuestra.

Estas transformaciones se reflejan tanto en la sociedad tapatía como en la comunidad judía local. La sociedad tapatía se muestra más tolerante y abierta, permitiendo que los individuos tengan múltiples roles y pertenencias religiosas, políticas y culturales. Por su parte, la comunidad también presenta signos de mayor apertura hacia la sociedad en general. Destaca el acercamiento con la Iglesia católica, que en los tiempos anteriores al Concilio Vaticano Segundo era inconcebible, y que debe mucho al carácter no proselitista de la fe judía, sin duda una de las claves de entendimiento con la catolicidad.[34] No obstante, todavía en años recientes se han registrado hechos antisemitas, como las pintas de suásticas que aparecen esporádicamente en las bardas de la ciudad, tradicionalmente atribuidas a grupos de la ultraderecha; en últimas fechas, sin embargo, son más frecuentemente interpretados como meros actos vandálicos, o bien relacionables con actos de protesta por la situación política y militar del Estado de Israel.

Por su parte la gesta histórica del Estado de Israel también ha cumplido un papel como causa común y como signo de identidad hacia el resto de la sociedad tapatía. Israel se constituye, más que en una patria, en un símbolo sagrado; su compatibilidad con la lealtad nacional como mexicanos representa en los judíos un proceso con distintas resoluciones. Un migrante de

[33] Entrevistas a Paulette Modiano de Moel y a Alberto Varón Modiano, citadas.

[34] Destacan la presencia del fallecido cardenal Juan Jesús Posadas Ocampo en la cena pascual ecuménica del Día del Perdón o Yom Kipur, en 1993, y la misa celebrada en una parroquia católica en señal de duelo por el atentado que se llevó a cabo contra la embajada del Estado de Israel en Argentina en 1994. Entrevistas al rabino Jorge Samuel Szteinhendler y a José Buchwald Kolinsky, por Cristina Gutiérrez, 1 de noviembre y 16 de agosto de 1994, respectivamente, AHOJG.

primera generación expulsado de su patria probablemente hubiera partido a Israel de haber tenido la oportunidad en su juventud; un miembro de la segunda generación apostó al sionismo como parte de su identidad diaspórica, pero no se fue; un miembro de la tercera y cuarta generación cuando niño acaso se pregunte ¿y si Israel y México entraran en guerra de qué lado vamos a estar? Al paso de los años Israel formará parte de su ruta educativa —una experiencia vital que deja huellas profundas—, pero probablemente fije su residencia en función de las oportunidades profesionales que le ofrezca su sociedad local, en conjunto con el origen de su cónyuge, con frecuencia miembro de otra comunidad judía nacional o extranjera. Su judaísmo se define crecientemente en términos de pertenencia religiosa, no nacional.

CONCLUSIÓN

Si bien la primera organización jurídica judía en Guadalajara se gestó en 1926, apenas 50 años más tarde la comunidad contó con una infraestructura básica que ofreciera continuidad a esa unidad formada a partir de enclaves lingüísticos y rituales diversos: una sinagoga dirigida por un profesional bajo una orientación religiosa común a la mayoría de los miembros, una sede social y deportiva dirigida por una única directiva honoraria y algún personal profesional remunerado, y un colegio que cubre la formación académica hasta el nivel medio básico en un ambiente judío.

Se observa que tanto en el proceso de formación de una comunidad unificada como en el de la construcción de una identidad judío-mexicana el elemento religioso ha desempeñado un papel vital: como un núcleo común de creencias y rituales menos permeables a las multiformes influencias de la vida diaspórica, y como un espacio normativo del ciclo de vida individual y familiar, así como de la convivencia comunitaria.

Particularmente interesante en el judaísmo es la capacidad de reproducción ritual en el seno familiar y sin la presencia de un profesional religioso, capacidad desarrollada precisamente en la experiencia de la dispersión étnica; asimismo, en el caso específico de la comunidad de Guadalajara la oportunidad de la vinculación a un movimiento religioso que permitiera no sólo una dirección rabínica profesional sino la unidad ritual de los sectores ashkenazis y sefaradíes afianzó la unificación social de éstos y abrió una vía de sobrevivencia a una comunidad a la vez múltiple y de tan pequeñas dimensiones como la tapatía.

Al ritmo y particularidades que va imprimiendo cada generación, la comunidad judía ha sido capaz de constituirse en una comunidad unificada a partir de un origen múltiple, así como de avanzar en su inserción, no como una migración extranjera, sino como una minoría étnica y religiosa que comparte una nacionalidad mexicana con una mayoría, cuya conciencia de heterogeneidad, por cierto, ha ido creciendo. Ofrece como tal una buena oportunidad de reflexión sobre los alcances y límites de la convivencia pluriétnica y plurirreligiosa que la sociedad mexicana ha experimentado a lo largo del siglo.

LOS JUDÍOS EN MORELIA, MICHOACÁN

MATY FINKELMAN DE SOMMER*
ROSA LOZOWSKY DE GERVITZ*

DESDE finales de los años veinte un grupo de judíos decidieron establecerse en Morelia y compartir territorio, no únicamente con los morelianos, sino también con otras minorías que desde el siglo XIX ya vivían allá. En 1932 los extranjeros que radicaban en Morelia eran españoles, franceses, chinos, griegos, alemanes, italianos y norteamericanos. Los judíos que se establecieron en esta ciudad llegaron de Rusia, Polonia, Lituania, Siria, Líbano y Turquía.[1]

Qué significó Morelia para gente de otras minorías, no lo sabemos; sin embargo, los testimonios orales de Morelia vista por los judíos son muy descriptivos e interesantes. Por ejemplo, el judío que como adulto joven llegó en plan de hacer negocios describe la ciudad así: "Era muy bonita, había mucho jardín, era una maravilla el zócalo. Las calles del centro pavimentadas, árboles, flores. En aquel tiempo yo no sabía que era colonial, en aquel tiempo no había edificios, había unos cuantos hotelitos".[2]

La señora que se casó con un judío que ya residía en Morelia opinó: "La provincia así es, aunque era capital parecía un rancho; era triste, muy triste, no había nada que hacer, si no fuera porque trabajaba yo no hubiera aguantado allá ni un día".[3]

El niño que llegó a los 2 años a Morelia y que aún vive en esa ciudad, ya de abuelo dice:

> La Morelia de mi niñez era la ciudad más hermosa que usted pueda imaginarse, podía transitar tranquilamente platicando, caminando, vivía usted una vida extraordinaria, no era cosa de tumulto, de preocupación, de asalto, no asaltaban a nadie. Había muchas calles empedradas, aquí había nada más una calle pavimentada, con un pavimento extraordinario que tenía 50 cm de altura, era la Calle Real que ahora es la Avenida Madero. Casi todas las calles desembocaban en una iglesia. Morelia cuenta con muchos subterráneos que eran comunicaciones de las

---

* Centro de Documentación e Investigación de la Comunidad Ashkenazi de México.

[1] Archivo Histórico del H. Ayuntamiento de Morelia, Michoacán (en lo sucesivo AHAMM), Secretaría del H. Ayuntamiento, Registro de Extranjeros, lista de solicitudes, junio de 1932.

[2] Archivo Kehilá Ashkenazi (en lo sucesivo AKA), Archivo de Historia Oral (en lo sucesivo AHO), entrevista al señor Israel Pasol por Maty F. de Sommer y Rosa L. de Gervitz, México, 6 de julio de 1995.

[3] AKA, AHO, entrevista a la señora Regina Yeger por Rosa L. de Gervitz, México, 3 de junio de 1995.

personas que estuvieron dentro del movimiento libertario de México, se comunicaban entre casa y casa a través de sótanos que ahora están clausurados. Era una ciudad hermosísima, muy tranquila y de gente muy noble. Ésta es una ciudad de edificios majestuosos, de edificios de cantera de color de rosa, una ciudad de costumbres muy refinadas, de gente bien, de gente distinguida. Morelia siempre ha sido una ciudad de tipo estudiantil en la que apenas empieza a haber un movimiento de tipo industrial.[4]

De los años treinta a los sesenta hubo aproximadamente veinte familias judías que se asentaron en Morelia, además de una lista de judíos que aparece en el Registro de Extranjeros, de los cuales no tenemos ninguna referencia posterior.

Entre los judíos que se radicaron en Morelia los hubo de origen ashkenazi, árabe y sefaradita. Dentro del primer grupo se pueden citar a Israel, José y Moisés Pasol, los hermanos Miguel y Bernardo Syrquin, los señores Rafael y Motl Vulfovich, Rafael Alkón, Salomón Grezenkovski, Aarón y Adolfo Rodal, Abraham Lew y Jaime Freidkes. Entre los judíos árabes estuvieron Salomón Masri, Marcos Entebi, el señor Dayán, Moisés Nahmad, y entre los sefaraditas figuraba la familia Levi.

Estos grupos tuvieron contacto entre sí, fueron amigos, se frecuentaron e hicieron negocios entre ellos, pero nunca hubo intercomunicación religiosa, ya que, según Moisés Pasol, los judíos de origen sirio o libanés nunca rezaron en hebreo; desde que él se acuerda ellos lo decían todo en árabe.

Inicialmente la comunicación entre Morelia y la ciudad de México se hacía sobre todo por ferrocarril, ya que la carretera era de terracería.

Rafael Alkón comenta:

En un principio, antes de ser asfaltadas, las carreteras se inundaban con piedras y tabiques, no estaban pavimentadas. Por 1938 se empezó a pavimentar la carretera que iba por Ciudad Hidalgo, Zitácuaro, Toluca y México.

Lo que más se usaba era el ferrocarril cuyas locomotoras trabajaban a base de leña, de Morelia al Distrito Federal paraba en Acámbaro, Celaya, Empalme Escobedo, Tacuba y ciudad de México. En cada estación la gente solía bajar a comprar tortas o cajetas.[5]

Los trenes eran muy seguros porque, a diferencia de los ferrocarriles que iban a Oaxaca, no había asaltos. La señora Yeger informó: "Cada dos meses venía yo a México con mis hijos a ver a mis papás; venía en ferrocarril por ocho días".[6]

---

[4] AKA, AHO, entrevista al señor Moisés Pasol por Maty F. de Sommer y Rosa L. de Gervitz, Morelia, Michoacán, 29 de agosto de 1995.

[5] AKA, AHO, entrevista al señor Rafael Alkón por Maty F. de Sommer y Rosa L. de Gervitz, México, 28 de agosto de 1995.

[6] Entrevista a la señora Regina Yeger, *cit.*

Debido a que en Morelia no se estableció ninguna institución judía, ni era una ciudad industrializada, los judíos salían a México por medio del ferrocarril, y después por carretera, para adquirir maquinaria y mercancías para vender en Morelia y en busca de los servicios comunitarios que ofrecía el Distrito Federal.

De las referencias que existen de las salidas de los judíos de Morelia a la ciudad de México deducimos que era un grupo de gente que se aferraba al judaísmo ya creado en la capital del país, sin pensar en establecerlo en la ciudad donde residían. Así, por ejemplo, se trasladaban para comprar productos *kosher* para Peisaj [Pascua]; para asistir a las sinagogas junto con sus familiares radicados en México en las fiestas de Rosh Hashaná [Año Nuevo] y Yom Kipur [Día del Perdón], y "Para el *brit milá* o circuncisión del hijo varón ya que la persona que hacía la circuncisión no llegaba a Morelia por el hecho de que perdía dos o tres días".[7]

Por ferrocarril también salieron los jovencitos de 13 años que se preparaban para su *bar-mitzvá*,[a] ya que a Morelia nunca llegaron maestros para enseñar judaísmo a la juventud y la visita de los rabinos era únicamente de tipo comercial. Moisés Pasol comentó: "Vinieron rabinos pero no a entrevistarse con nosotros, sino para arreglar asuntos de tipo comercial con las compañías aceiteras, pero no para atraer a la comunidad judía dentro del ambiente judaico".[8] Salieron también los jóvenes a estudiar a la capital y las chicas casaderas en busca de novio.

En 1930 la nación mexicana padecía una grave recesión económica, reflejo de la mundial, y la moneda perdía sensiblemente su valor adquisitivo; todavía en 1934 había 300 mil desempleados. Debido a esta situación, el gobierno desplegó una actitud xenofóbica contra los extranjeros.

Desde 1926 la situación de los inmigrantes que no habían legalizado su estancia, y de los que trataban de entrar al país, se vio modificada por la Ley de Migración del 15 de enero de 1926, la que trató de proteger a los trabajadores nacionales y controlar a los extranjeros a través del Registro de Extranjeros, de cuyas leyes no quedaron excluidos los judíos residentes en Morelia.

En 1927 se realizó un censo de extranjeros y en 1932 estas personas tuvieron que inscribirse en el Registro de Extranjeros. En un principio éste pidió el nombre de la persona y su constitución física; tiempo después exigió datos complementarios, como el lugar de residencia, profesión, lugar y fecha en que entraron al país, así como referencias del interesado. El extranjero siempre debió notificar cambio de domicilio.[9]

---

[7] Entrevista al señor Moisés Pasol, *cit.*

[a] Nombre que se le da a la aceptación del joven judío en la comunidad religiosa a la edad de 13 años.

[8] Entrevista al señor Moisés Pasol, *cit.*

[9] AHAMM, Secretaría del H. Ayuntamiento, Registro de Extranjeros, 1932.

En el caso de Morelia el presidente municipal adquirió la responsabilidad de que se cumplieran estas leyes; por lo tanto recurrió a la policía local, la que tenía "instrucciones de comunicar a los extranjeros que no se hayan presentado a efectuar su registro a que lo hagan desde luego, en cumplimiento de la Ley".[10]

El 14 de julio de 1937 se publicó en el *Diario Oficial* el acuerdo que dictó el presidente Lázaro Cárdenas para la protección del pequeño comerciante nacional contra la competencia de elementos extranjeros, en el cual se pedían, entre otros datos: nombre y nacionalidad del extranjero, de su esposa, número de hijos mayores y menores y si empleaba a trabajadores extranjeros o mexicanos,[11] ya que la Ley Federal del Trabajo estipulaba que los comercios y las empresas debían tener 90% de trabajadores mexicanos.

Estas leyes xenofóbicas por un lado aceleraron el deseo de adquirir la nacionalidad mexicana, pero por el otro dificultaron su obtención. Entre los requisitos para obtenerla se debía mencionar la razón por la que se querían nacionalizar.

Algunos judíos europeos radicados en Morelia expresaron su admiración por México y que no deseaban regresar a su país de origen. Estas declaraciones fueron hechas en 1931, cuando aún no afloraba el nazismo, pero sí basadas en el antisemitismo, en la carencia de trabajo y la falta de futuro para los jóvenes en los países del Viejo Mundo. Algunas de las declaraciones fueron las siguientes: "Porque siente gran cariño por México y le han gustado sus costumbres"; "Porque no piensa regresar a su país y además siente simpatía por México"; "Por convicción"; "Porque le tiene gran amor a México."[12]

Los judíos en Morelia se dedicaron al comercio y establecieron varias tiendas, como La Más Barata, tienda de ropa para mujer fundada por Israel Pasol; La Corona, perfumería de Bernardo Syrquin; El Volga, bonetería de Miguel Syrquin; La Fortuna, ferretería de Rafael Vulfovich; La Europea y El Buen Trato, boneterías fundadas por Rafael Alkón; Casa Vulfovich, de Motel Vulfovich; Casa Rayada, propiedad de Salomón Grezenkovski; La Industria Moreliana, de Moisés Pasol, y la zapatería de la calle Allende, La Fama, establecida por Samuel Yeger.

Además, durante dos o tres años se estableció en Morelia el señor Podoshwa, agente de tránsito judío, quien quedó en el recuerdo femenino "como un motociclista muy guapo".[13]

Los judíos se instalaron en Morelia debido a que era un lugar virgen en el ramo del comercio; únicamente había tres o cuatro negocios grandes y poderosos, pero no tiendas chicas.

[10] *Ibidem*, 2 de mayo de 1932.
[11] AHAMM, Secretaría del H. Ayuntamiento, Registro de Extranjeros, circular núm. 51, Departamento del Trabajo y Economía, 1940.
[12] AHAMM, Secretaría del H. Ayuntamiento, Registro de Extranjeros, 1932.
[13] Entrevista a la señora Regina Yeger, *cit.*

"Una vez fui a México y me ofrecieron vestidos tremendamente baratos, compré ciento y pico de vestidos, ni conocía la calidad, pero los compré
como ganga y los traje a Morelia. Corrimos la voz de que teníamos vestidos,
había colas para comprarlos, arrebataron los vestidos, se acabó todo. Decían
¡Vamos con los güeritos a comprar vestidos! Éramos jóvenes y güeritos
¡Cómo no íbamos a tener pegue!"[14]

Los judíos, además, intentaron crear una industria de ropa en Morelia. A
los dos años de haber llegado a dicha ciudad —que pudo haber sido en 1933
o 1934— José Pasol estableció una fábrica. Su hijo Moisés nos informó al respecto: "En la calle de Valladolid —no me acuerdo el número— puso una fábrica y allí estuvo unos seis o siete años, después la cambió a unos diez me-
tros de donde está la tienda. Era una fábrica de diferentes tipos de ropa, para
mujer y para hombre. En ese entonces se hacía mucha ropa de mezclilla. Fuimos la segunda fábrica más importante de la República en cuestión de mezclilla".[15]

La actividad económica de los judíos en Morelia despertó una actitud antisemita en un grupo de su población, que en forma anónima hizo correr
una cantidad de propaganda escrita.

Los redactores de los panfletos dirigieron sus esfuerzos a que se expulsara a los judíos de Morelia. Querían evitar que se comprara en los negocios
de judíos, ya que éstos daban la mercancía más barata. A los compradores
en casas comerciales judías los consideraban fuera de juicio: "Las madres de
familia que por una peseta o un tostón de economía van a entregar al verdugo la soga para el cuello de sus hijos".[16] Amenazaron con publicar los
nombres de los compradores. Implicaron a los judíos con la Guerra Civil Española y con la Rusia comunista, "sojuzgada por el judío Lenin".[17]

Amenazaron a Miguel Syrquin con fusilarlo si no salía de Morelia; a raíz
de esto tuvo que abandonar el país y a su regreso lo acusaron en forma irónica: "y si no que nos diga Miguel Syrquin. ¿A qué fue a Rusia hace algunos
meses, acaso a comprar corbatas, medias o calcetines?".[18]

A pesar de que estos panfletos siempre fueron anónimos, sus redactores
no lo vieron así: "Esta propaganda no es anónima porque expresa el sentir de
todo mexicano patriota y de todo hombre honrado del mundo externo".[19]

Como respuesta a esta propaganda los judíos morelianos contestaron con
un único panfleto, en cuyo contenido se defendieron y reflejaron su sentir

[14] Entrevista al señor Israel Pasol, *cit.*
[15] Entrevista al señor Moisés Pasol, *cit.*
[16] AKA, Cámara Israelita de Industria y Comercio de México, Socios, Antisemitismo en Michoacán 1932-1937, panfleto "Fuego de ráfaga", octubre de 1936.
[17] AKA, Cámara Israelita de Industria y Comercio de México, Socios, Antisemitismo en Michoacán 1932-1937, panfleto "Sigue el escándalo", 18 de septiembre de 1936.
[18] *Idem.*
[19] *Idem.*

como mexicanos nacionalizados, que no pretendían dañar a los mexicanos cuya nacionalidad habían adoptado.[20]

Los judíos fueron apoyados por la Cámara Nacional de Comercio e Industria de Morelia, a la que se afiliaron, y por la Cámara Israelita de Comercio e Industria, la que desde su fundación había luchado contra los brotes de antisemitismo: "Velando por los intereses de los comerciantes e industriales israelitas residentes en México".[21]

La Cámara de Comercio e Industria Israelita de México, presidida por Jacobo Landau, y como secretario Gregorio Shapiro, le envió una carta al señor general Lázaro Cárdenas, presidente constitucional de los Estados Unidos Mexicanos, el 10 de diciembre de 1936, donde le exponían los actos de agresión contra los judíos por parte de una agrupación anónima de Morelia, Michoacán, y le pedían su intervención ya que "su gobierno daba garantías a todo extranjero sin distinción de razas y nacionalidades".[22]

Unas copias de esta carta fueron enviadas al secretario de Gobernación y al gobernador de Michoacán, general Gildardo Magaña.

Como respuesta se recibió el 28 de diciembre de 1936 una carta girada desde la Secretaría de Gobernación de Michoacán al presidente municipal de Morelia, donde se mencionaba que el gobernador pedía que se les dieran a los comerciantes israelitas las debidas garantías dentro de la ley, en su persona e intereses. La carta fue firmada por el oficial mayor Manuel M. Cárdenas.[23]

En opinión de comerciantes judíos que tuvieron tiendas en Morelia en esa época, estos actos de agresión no eran calificados como actos de antisemitismo por parte del gobierno o de la población moreliana, sino como hechos de agresión de los comerciantes franceses que veían a los judíos como una seria competencia económica. Israel Pasol recuerda que, cuando ampliaron la tienda, "Nos echaron piedras, allí dominaban los franceses y alemanes. Además nos echaron bombas, bombas que estallaron en la cortina."[24]

Moisés Pasol comentó: "Los primeros problemas fueron cuando llegamos a competir con la colonia francesa. Porque había aquí el Puerto de Liverpool,

[20] AKA, Cámara Israelita de Industria y Comercio de México, Socios, Antisemitismo en Michoacán 1932-1937, panfleto "Al público", 1936.
[21] AKA, Cámara Israelita de Industria y Comercio de México, Socios, Antisemitismo en Michoacán 1932-1937, Carta de la Cámara Israelita de Industria y Comercio a Miguel Syrquin, 27 de septiembre de 1934.
[22] AKA, Cámara Israelita de Industria y Comercio de México, Socios, Antisemitismo en Michoacán 1932-1937, carta de la Cámara Israelita de Industria y Comercio al presidente Lázaro Cárdenas, 10 de diciembre de 1936.
[23] AKA, Cámara Israelita de Industria y Comercio de México, Socios, Antisemitismo en Michoacán 1932-1937, carta de la Secretaría de Gobernación del estado de Michoacán al presidente municipal de Morelia, 28 de diciembre de 1936.
[24] Entrevista al señor Israel Pasol, *cit.*

las Fábricas de Francia, Las Minas de Oro y al entrar familias judías en el ramo de la ropa y de las telas, ellos hicieron una campaña antijudía".[25]

Después de este incidente la relación económica del gobierno con los judíos siguió un curso normal. Así, por ejemplo, el Ayuntamiento de Morelia celebró un contrato con José Pasol "para la adquisición de trajes para niñas que serán utilizados para el reparto a niños pobres de esta ciudad el próximo día 14 de julio, en ocasión de celebrar el Día de las Democracias".[26]

El trabajo constituyó la parte más importante de la vida cotidiana; se trabajaba toda la mañana, después se cerraban los negocios por dos horas, tiempo que aprovechaba la gente para ir a comer a su casa y tomar una siestecita. Durante la tarde se trabajaba hasta las 8 de la noche. Los domingos se laboraba medio día y a la tarde la diversión la constituía el cine. Había un club que se llamaba Rebullones donde iban parejas de judíos jóvenes a jugar dominó y barajas. "Las muchachas iban a jugar una vez por semana en casa de Linda Levi."[27]

Moisés Pasol recordó:

En aquel entonces la gente se divertía en tertulias, se hacían juegos [. . .] los domingos íbamos a la Plaza de Armas y se divertía allí uno dándose la vuelta o comiéndose un algodón de colores, un raspado de nieve, hacían unas muy buenas gelatinas y les ponían rompope [. . .] las damas daban la vuelta en un sentido y los caballeros en otro sentido; se decían piropos, se aventaban flores, en fin, no se echaba propiamente novio pero sí una especie de convivencia, un romance.[28]

De todas las casas de judíos de ascendencia ashkenazi las únicas que hasta este momento sabemos que llevaban una cocina *kosher* y una tradición religiosa ortodoxa eran las de las familias Lew y Vulfovich.

El señor Vulfovich era un estudioso de la ley judía; también fungió como matarife para tener carne *kosher*. En su casa hacía un *minián* para rezar, al que acudía la familia Pasol. Moisés Pasol comentó:

Mi papá, mi hermano Carlos y yo, íbamos. Mi papá sabía leer el hebreo pero no sabía qué decía. En casa del señor Vulfovich había una Torá, la sacaba y la iba leyendo.

El señor Vulfovich que era una maravilla, era una gente muy *frum*, muy religiosa, era tan religioso que realmente espantaba porque era incapaz de voltear a ver a una mujer aunque fuera encuerada caminando por la calle.[29]

[25] Entrevista al señor Moisés Pasol, *cit.*
[26] AHAMM, Secretaría del H. Ayuntamiento de Morelia, Michoacán, Registro de Extranjeros, 23 de junio de 1938.
[27] Entrevista a la señora Regina Yeger, *cit.*
[28] Entrevista al señor Moisés Pasol, *cit.*
[29] *Idem.*

Los judíos que llegaron solteros a Morelia vivieron en cuartos de hoteles, pero los que llegaron en plan familiar alquilaron y después compraron departamentos o casas coloniales. El tipo de comida que prevaleció en esos lugares fue de tipo mexicano, aunque no faltó la cocinera moreliana entrenada por un judío austriaco que le enseñó las delicias de su tierra, que había aprendido en Austria en el restaurante de su hermana, donde solía comer el emperador Francisco José. "A Francisco José le fascinaba la cocina judía",[30] nos comentó Regina Yeger.

Los primeros inmigrantes judíos que llegaron a Morelia mandaron a sus hijos a estudiar la primaria en escuelas de gobierno. Por ejemplo Rafael Alkón asistió durante quinto y sexto años a una escuela llamada Tipo David G. Berlanga; de este colegio nos dice el señor Alkón: "Era de gobierno pero era de lo mejor, practicaba una disciplina dura y con ganas; había una influencia fuerte de la Iglesia en las escuelas del gobierno. Con una regla golpeaban a los alumnos, recuerdo la regla".[31]

La secundaria la cursaban en la Universidad de San Nicolás de Hidalgo, donde la Iglesia tenía ya muy poca influencia. Rafael Alkón comentó:

Yo puedo decir que esta Universidad de San Nicolás de Hidalgo, si no era la mejor universidad de América, sí una de las mejores; con catedráticos muy preparados, de primera categoría y los programas de estudio de un nivel mucho muy alto; los maestros no eran religiosos [. . .] era una universidad muy grande. No había muchos alumnos y todos eran hombres, yo no me acuerdo de ninguna mujer, sólo me acuerdo que una americana impartía inglés [. . .] La universidad la estoy viendo en la calle principal, la biblioteca en el primer piso; allí, en un frasco con alcohol, estaba el corazón de Melchor Ocampo.[32]

Los niños que formaron la segunda generación de judíos en Morelia estudiaron la primaria en escuelas particulares laicas, como la Benito Juárez. La Universidad de San Nicolás de Hidalgo siguió recibiendo a los jóvenes judíos que intentaban una educación secundaria y profesional.

La relación que tuvieron los judíos con la sociedad receptora se expresó a través de dos grupos con actitudes opuestas. Uno de ellos lo constituyeron los judíos que al llegar a Morelia formaron un grupo cerrado; sus amistades las hicieron con judíos pero eran poco abiertos con la sociedad circundante. El segundo grupo fue el de los judíos que pensaron que no se podía vivir aislado. Moisés Pasol informó: "No puede vivir usted despegado de la gente, no puede usted vivir en un islote. Si usted estudia en una universidad o en una escuela de gobierno, pues lógicamente hay mil gentiles y usted es el único judío y uno no se va a disgregar".[33]

[30] Entrevista a la señora Regina Yeger, *cit.*
[31] Entrevista al señor Rafael Alkón, *cit.*
[32] *Idem.*
[33] Entrevista al señor Moisés Pasol, *cit.*

Hubo niños judíos que eran invitados por niños católicos a festejar las posadas; Sheine Pasol recuerda que: "Los niños del edificio hacían posadas y mientras ellos cantaban, uno comía cacahuates. Rompíamos las piñatas, todo se llevaba de acuerdo a la tradición católica, pero nosotros nunca rezábamos ni íbamos como peregrinos. Con nosotros sólo era la cuestión comer y recibir dulces".[34]

Sheine también recuerda que como niña judía nunca fue segregada en la escuela; incluso fue la seleccionada para ser la reina de la primavera y con toda pompa desfiló en un carro alegórico por la avenida Madero. La segregación la vivió como profesionista, cuando trabajó en la Reforma Agraria, donde por "rica y judía" se le impidió cumplir con su trabajo.[35]

Moisés Pasol informó que sí se socializaba con gente no judía: "Las gentes que no podían convivir o no querían al judío, eran otro tipo de gentes, era la clase alta, la gente de alcurnia, la de cierta elite. Nos consideraban como una especie de enemigo; en cambio la convivencia con la gente humilde era perfecta".[36]

En conclusión podemos decir que los judíos en Morelia no formaron una comunidad con instituciones judías; debido a ello se desintegraron como comunidad.

La primera emigración de los judíos se dio con la creación del Estado de Israel, cuando la familia Vulfovich se fue a vivir a ese país. Los restantes se fueron a la ciudad de México a medida de que sus hijos iban creciendo y saliendo.

Creemos que este grupo de personas estuvo abandonado por los dirigentes de las instituciones judías de México, los que recurrieron a ellos únicamente como donantes de dinero durante la segunda Guerra Mundial. El señor Tjornitsky los visitó en enero de 1943 y en casa del señor Masri se juntaron $1 025 dirigidos a la lucha de los residentes de Palestina que iban a combatir en contra de los secuaces de Hitler.[37] En esa misma fecha se creó un subcomité relacionado con el Comité Central de México, en el que se inscribieron todos los judíos de Morelia, y cuya función fue la recaudación de dinero contra el nazismo.[38]

Morelia, al ser una ciudad estudiantil, les brindó a los niños y jóvenes judíos una educación privilegiada, que les permitió continuar sus estudios profesionales fuera de ella. "Mi juventud la pasé allí, estoy muy agradecido

[34] AKA, AHO, entrevista a la señora Sheine Pasol por Maty F. de Sommer y Rosa L. de Gervitz, Morelia, Michoacán, 1 de septiembre de 1995.
[35] *Idem.*
[36] Entrevista al señor Moisés Pasol, *cit.*
[37] "Der Folgraijer Eretz Israel Campein, is durguefirt guevorn in Morelia", *Der Weg*, México, 9 de enero de 1943, p. 2.
[38] "Ideies funem Idishn Central Comitet", *Der Weg*, México, 27 de marzo de 1943, p. 7.

a Morelia sobre todo por la universidad. En Morelia me hice hombre",[39] recordó con nostalgia Rafael Alkón.

"Cuando estuve fuera de Morelia la añoraba porque es una ciudad muy tranquila, llena de amistad y compañerismo, sentí a Morelia como el viejo hogar",[40] nos refirió Sheine Pasol, la que junto con su padre Moisés Pasol y su madre forman hoy el minúsculo grupo de judíos de Morelia.

[39] Entrevista al señor Rafael Alkón, *cit.*
[40] Entrevista a la señora Sheine Pasol, *cit.*

INFLUENCIA DE LAS RELACIONES INTERNACIONALES EN LA LLEGADA DE INMIGRANTES JUDÍOS RUSOS A MÉXICO, 1929. ESTUDIO DE CASO

Celia Z. de Zukerman*

México fue el primer país del continente americano que estableció relaciones diplomáticas con la recién creada Unión Soviética. El 4 de agosto de 1924 el gobierno de México le comunicó al gobierno de la URSS que aceptaba la designación de Stanislas Pestkovski como representante plenipotenciario de ese país en México, y al mismo tiempo solicitaba que fuera aceptado el profesor Basilio Vadillo como el representante mexicano en la URSS.

Estas relaciones tuvieron un significado muy especial para los dos países; para México significaban una expresión de independencia en su política exterior, a pesar de los compromisos y presiones que tenía con Estados Unidos, y para la URSS era un gran logro en su lucha por ser reconocida en el seno de la comunidad internacional.

Si bien México ya había mantenido relaciones con Rusia, y así lo dijo el presidente Álvaro Obregón cuando recibió las cartas credenciales del enviado soviético el 7 de noviembre de 1924, expresando: "nunca ha habido que vencer por nuestra parte dificultad alguna para tal reanudación, pues México siempre ha reconocido el derecho indiscutible que todos los pueblos tienen para darse el gobierno y leyes que mejor satisfagan sus propios anhelos",[1] debido a la gran diferencia existente entre el régimen de la Rusia zarista y el régimen del joven Estado soviético se trataba, en realidad, del establecimiento de nuevas relaciones con el país que hasta el nombre había cambiado.

Las relaciones de México con Rusia tienen una historia que empezó en el siglo pasado. El primer presidente de México, Guadalupe Victoria, en su mensaje del 1 de enero de 1826, manifestó su complacencia por la actitud del zar hacia México: "en la conducta del Emperador de las Rusias no se descubren prevenciones hostiles contra la admirable revolución de las Américas, y como México es de todos los nuevos estados el que más se acerca a las posesiones rusas, tarde o temprano se establecerán comunicaciones con el gobierno de San Petersburgo".[2] En 1829 se hizo el primer intento de establecer

---

* Centro de Documentación e Investigación de la Comunidad Ashkenazi de México.
[1] *Excélsior*, segunda sección, 8 de noviembre de 1924, pp. 1 y 8.
[2] *Un siglo de relaciones internacionales de México a través de los mensajes presidenciales*, Secretaría de Relaciones Exteriores, Archivo Histórico Diplomático Mexicano 39, México, 1935, p. 8.

relaciones cuando el embajador de México en Londres, Vicente Rocafuerte,[3] se dirigió, en nombre de su gobierno, al cónsul de Rusia en esa ciudad, con el afán de establecer entre los dos países un tratado comercial y de amistad, tratado que no se logró porque el entonces ministro de Asuntos Extranjeros de Rusia se opuso y no le dio ninguna importancia a una relación con México, país que consideraba demasiado lejos de su ámbito.

Varios años después, y en un México convulsionado, durante el gobierno de Maximiliano, en 1864, se estableció una relación con Rusia, aunque ésta fue prácticamente unilateral por parte de México, quien envió a un ministro plenipotenciario, Francisco Serapio Mora, ante el zar Alejandro II, sin que éste enviara a un representante ante el gobierno de Maximiliano, gobierno al que nunca reconoció.

Sólo a principios de 1887 se dieron los primeros pasos para establecer una relación con Rusia en forma seria, negociación que fue llevada por el embajador de México en Bélgica, Ángel Núñez Ortega.[4] La lejanía entre México y Rusia hacía que ésta no tuviera mucho interés en entablar relaciones comerciales con México. Las negociaciones llevaron varios años hasta que por fin, en enero de 1891, se nombró oficialmente al barón Rosen como enviado extraordinario y ministro plenipotenciario de Rusia en México y al general Pedro Rincón Gallardo como representante de México en Rusia.[5] Éste fue el inicio que dio la pauta para establecer una serie de consulados tanto en Rusia[6] como en México.[7] En 1910 el general Porfirio Díaz hizo público el tratado que habían suscrito ambas naciones en relación con la amistad, la navegación y el comercio.

Los acontecimientos que se estaban suscitando en Rusia, la caída del zar, el cambio de régimen, las nacionalizaciones, la entrega de tierras a los campesinos, la necesaria flexibilidad para conseguir la paz, determinaron que la mayoría de las naciones europeas desconocieran al nuevo gobierno.[8] Ante esos hechos, México llamó a su representante diplomático en aquel país, sin que esto significara una ruptura oficial de relaciones, pero sí la suspensión por el momento.

La Revolución rusa había hecho eco en México —que estaba en ese momento consolidando la suya— y sobre todo en varios personajes de la polí-

---

[3] Héctor Cárdenas, *Las relaciones mexicano-soviéticas: Antecedentes y primeros contactos diplomáticos (1789-1927)*, colección del Archivo Histórico Diplomático Mexicano, Serie Divulgación, núm. 2, Secretaría de Relaciones Exteriores, México, 1974, p. 18.

[4] *Ibidem*, p. 29.

[5] Archivo Histórico de la Secretaría de Relaciones Exteriores —AREM—, AREM III/323 47:72/14, 42-30-56, f. 25.

[6] San Petersburgo, Moscú, Helsingfords, Riga y Libau.

[7] México, Veracruz, Monterrey, Guadalajara, Laguna del Carmen.

[8] En el Segundo Congreso de los Soviets, el 8 de noviembre de 1917, Lenin lanzó su decreto para conseguir la paz (Brest-Litovsk).

tica. El propio Emiliano Zapata envió a Lenin en febrero de 1919 un telegrama de solidaridad: "La causa de las revoluciones de México y Rusia pertenece a la causa de toda la humanidad, a los más altos fines de todos los pueblos oprimidos".[9]

Durante el gobierno de Venustiano Carranza, en 1918, éste declaró en el Congreso que todos los países deben respetar mutuamente sus instituciones y preservar el principio universal de la no intervención; de manera que el gobierno de Carranza no desconoció al gobierno soviético. Sin embargo, se abstuvo de mandar a un representante diplomático debido a la situación inestable en que se encontraban los dos países, y sobre todo a que en México ya empezaba a sentirse cada vez mas fuerte la presión electoral y con ello el miedo al estallido de un nuevo conflicto.[10] Sin embargo, durante la presidencia de Venustiano Carranza se empezaron a gestar los principios del comunismo en México. Se encontraba en México el nacionalista y comunista hindú Manavendra Nath Roy, quien tuvo relación con agentes soviéticos que llegaron a México, como Mijail Gruzenberg, conocido también con el nombre de Mijail Borodin, quien habría de participar más adelante en la preparación de la Revolución china; Charlie Phillips, un comunista norteamericano que vivía en México; Carleton Beals, activo participante del comunismo mexicano.[11] Por medio de Nath Roy lograron una entrevista con el presidente, a quien propusieron que estableciera en México una oficina latinoamericana de la Internacional Comunista con el propósito de unir a los pueblos latinoamericanos contra el imperialismo, a lo que Carranza sólo contestó con una felicitación al nuevo gobierno soviético, sin que esto significara una aprobación. Precisamente en esta época, 1919, se formó el Partido Comunista Mexicano, auspiciado y dirigido por estos dirigentes comunistas extranjeros.

La mala situación económica en la que se encontraba la URSS debido a la guerra y al bloqueo económico la apremiaba a buscar relaciones comerciales con otros países, y como México nunca las rompió oficialmente, los cónsules mexicanos gestionaron ante el gobierno mexicano la posibilidad de enviar excedentes de productos nacionales a aquel país por vía marítima.

La confusión en los conceptos de reconocer a un gobierno y establecer relaciones con él hacía que las pláticas entre el gobierno de la URSS y México fueran muy lentas, ya que México insistía en que nunca había desconocido al gobierno que se encontraba en el poder ni había roto oficialmente, por ello hablaba de restablecer las relaciones formales. En marzo de 1923 Maxim Lit-

[9] Cárdenas, *op. cit.*, p. 40.
[10] Álvaro Matute, *La carrera del caudillo*, en *Historia de la Revolución mexicana*, vol. 8, El Colegio de México, México, 1980, pp. 17-19.
[11] Jean Meyer, Enrique Krauze y Cayetano Reyes, *Estado y sociedad con Calles* en *Historia de la Revolución mexicana*, vol. 11, El Colegio de México, México, 1977, pp. 45-51.

vinov, vicecomisario del pueblo para Asuntos Exteriores de la URSS, se dirigió al general Plutarco Elías Calles, secretario de Gobernación, solicitando que se le retirara el permiso al barón Rosen, quien era diplomático del derrocado régimen zarista, como un primer paso para entablar el diálogo entre los dos países.

Pasaría todavía un año más de pláticas, hasta que Litvinov aceptó la propuesta que hizo el embajador de México en Alemania, Pascual Ortiz Rubio, al encargado de negocios soviético, Étienne Brodovsky, de establecer relaciones políticas y económicas. Finalmente, en agosto de 1924, los dos países nombraron a sus representantes diplomáticos.

En el discurso de entrega de credenciales el embajador soviético dijo, entre otras cosas, "Los vínculos de lucha y actividad que unen a nuestro pueblo con el pueblo de México son la mejor garantía de que nuestras relaciones amistosas irán siendo más firmes y más estrechas."[12] El espíritu de solidaridad que el pueblo de México tenía con la Unión Soviética se demostró en la reunión que se llevó a cabo en la Escuela Nacional Preparatoria en honor del aniversario de la Revolución rusa de octubre, y a la que asistió el recién acreditado embajador soviético.

La situación de México no era muy tranquila cuando el embajador soviético empezó sus labores; una serie de huelgas estalló entre 1924 y 1928, y estas luchas obreras eran inseparables de las luchas políticas que se reflejaban tanto en el nivel nacional como en el estatal. Estados Unidos, con el que México reanudó relaciones el 3 de septiembre de 1923, temía que la URSS aprovechara las luchas internas para propagar las ideas comunistas entre obreros y campesinos. No cabe duda de que algo de cierto había en ello si nos basamos en el mensaje que envió el comisario de Negocios Extranjeros de la URSS, Chicherin, al ejecutivo del Komintern el 4 de marzo de 1925:

Hemos logrado el restablecimiento de relaciones diplomáticas —lo que nos da una base política en el nuevo continente— con el vecino de los Estados Unidos, México. El gobierno mexicano tiene como base los sindicatos de derecha y la pequeña burguesía radical. La República Soviética es extraordinariamente popular en México. Nuestro representante plenipotenciario, Pestkovski, encontró en México la acogida más entusiasta, recibiendo constantemente por todas partes las demostraciones más amistosas hacia la República Soviética. México nos da, por lo tanto, una base política muy conveniente en América para el desarrollo de nuestros futuros nexos.[13]

La presión de la URSS por intervenir en asuntos de América Latina era obvia, lo que llevó al presidente Calles a expresar que "el gobierno de la Re-

[12] *Excélsior*, segunda sección, 8 de noviembre de 1924, p. 1.
[13] Cárdenas, *op. cit.*, pp. 77-78, nota 23.

pública no tolerará que se abuse de su buena fe, pretendiendo tomarlo como instrumento para la realización de maniobras o combinaciones de política internacionales o para la propagación de principios que no sustenta".[14]

Pestkovski se relacionó en México con los grupos laborales más radicales, lo que le valió la enemistad de la CROM (Confederación Regional Obrero Mexicana), la asociación obrera más poderosa de la República entre 1924 y 1928, cuyo instrumento político era el Partido Laborista Mexicano; era una organización de obreros fabriles, trabajadores citadinos y campesinos; no se adhirió a la Internacional de Moscú ni a la de Amsterdam, en cambio trabajó con la American Federation of Labor[15] y su líder, Luis Napoleón Morones, acusó a aquél de enemigo del gobierno. La misión de Pestkovski llegó a su fin en 1926 y regresó a Moscú sin abandonar sus actividades latinoamericanas. Lo siguió en el puesto Alejandra Kollontai, primera mujer en el mundo que desempeñara un cargo diplomático de tal importancia. Su principal labor fue en el ámbito del intercambio comercial. En su discurso en la entrega de sus cartas credenciales[16] subrayó la importancia del comercio directo entre México y la URSS, prescindiendo de intermediarios. El presidente Calles hizo hincapié en esa ocasión en que el gobierno mexicano

> No ha tenido impedimento alguno para iniciar las relaciones amistosas con un gobierno que, como el soviético, apareció en el mundo como un fenómeno nuevo entre las formas tradicionales de organización política de las naciones; y no lo ha tenido [. . .] porque fiel a su línea de conducta no desea y no debe condenar las reformas sociales que cada pueblo instituye y lleva a cabo en su propio territorio [. . .] porque una larga y dolorosa práctica le enseñó a comprender lo digno que es el respeto y lo noble que es el esfuerzo de una nación que ha derramado su sangre y ha gastado sus fuerzas espirituales para conquistar su libertad.[17]

La misión de Kollontai duró sólo seis meses debido a una enfermedad que se le recrudeció en México; su estancia estuvo plagada de incidentes que reflejaron las intenciones de su gobierno de inmiscuirse en los asuntos internos de México. La URSS había descubierto América Latina y esperaba todo el apoyo de la burguesía nacional antimperialista, como había sido en el caso de China.

La señora Kollontai fue sustituida por otro revolucionario de nombre Simón Swif, pero que usaba el seudónimo de Makar, y a quien el presidente Emilio Portes Gil calificó de ser un hombre de poca cultura, poco conocedor del medio mexicano y de cortos alcances intelectuales. "La legación soviéti-

[14] Meyer, op. cit., p. 46.
[15] Ibidem, pp. 77-84. Enrique Krauze, Jean Meyer y Cayetano Reyes, La reconstrucción económica, en Historia de la Revolución mexicana, vol. 10, El Colegio de México, México, 1977, p. 183.
[16] El 24 de diciembre de 1926.
[17] Cárdenas, op. cit., p. 84.

ca en México era un centro de inquietud política y de propaganda"[18] de donde salían agentes a toda la república para hacer propaganda comunista y criticar al gobierno. El presidente Portes Gil en varias ocasiones se quejó ante el embajador soviético por su comportamiento así como el de su gobierno, los cuales violaban los principios del derecho internacional, al inmiscuirse en asuntos internos del país. La excusa que dio el señor Makar fue que las agresiones que recibía el gobierno mexicano no provenían del gobierno soviético, sino de la Tercera Internacional, que era un órgano independiente del gobierno.[19]

Mientras tanto, en la legación mexicana en Moscú también hubo cambios. Jesús Silva Herzog, un ilustre personaje de las letras, la política y la economía mexicana, sustituyó a Vadillo. El nuevo embajador reportó que Moscú mantenía dos políticas; una era la de afianzar las relaciones con el gobierno mexicano y tratar de establecer buenas relaciones con la CROM; por otro lado había un contacto con el Partido Comunista en México que, a través de las directrices del Komintern, quería controlar a la CROM por ser la organización obrera más grande de México y, de no lograr esto, imponer otra autoridad obrera. Los comunistas crearon la Confederación Sindical Unitaria Mexicana.

El movimiento obrero comunista no tenía la fuerza necesaria para enfrentar al gobierno, sin embargo los campesinos que se armaron para defender al gobierno de la rebelión que surgió de la extrema derecha en contra de Portes Gil, al ser asesinado Álvaro Obregón, eran un elemento valiosísimo que podía usar el Komintern para sus fines,[20] y así ordenó que el Partido Comunista Mexicano se infiltrara entre los campesinos y los convencieran de que utilizaran sus armas en contra del gobierno, a lo que se negó su líder máximo, Úrsulo Galván.[21] En cambio Guadalupe Rodríguez, el tesorero, trató de llevar a cabo el plan al exhortar a los campesinos a apoderarse de las tierras y a implantar el comunismo en México. Sin embargo fue capturado por el ejército, aunque fue liberado casi inmediatamente, pero luego fue sorprendido tomando armas del gobierno de Durango, por lo que la Jefatura de Operaciones de Durango lo aprehendió y fusiló.[22]

---

[18] Emilio Portes Gil, *Quince años de política mexicana*, Botas, México, 1941, pp. 374-375.

[19] La misma respuesta recibiría más tarde el embajador Silva Herzog del vicecomisario para Asuntos Exteriores de la URSS, Maxim Litvinov, el 26 de octubre de 1929, AREM, 14-25-2 (I) f. 4.

[20] Ricardo Treviño, secretario de la CROM, acusó al Partido Comunista de "incrustarse en todas las instituciones y en todos los gobiernos para provocar la división y servir de espionaje", en *Diario de la Cámara de Diputados*, 4 de octubre 1927, vol. 117, p. 11.

[21] Úrsulo Galván representó a México en 1923 y 1928 en el Krestintern (Comité Ejecutivo de la Internacional Campesina). En 1926 incorporó la Liga Nacional Campesina al Komintern.

[22] Reporte del ingeniero Marte R. Gómez, secretario de Agricultura, al embajador Jesús Silva Herzog el 10 de junio de 1929, en Jesús Silva Herzog, *Cuestiones internacionales*, Archivo Histórico Diplomático, SRE, México, 1985, pp. 31-33.

El fusilamiento de los líderes campesinos Guadalupe Rodríguez y Salvador Gómez, miembros del Partido Comunista, fue la luz verde para que con una fuerte propaganda del periódico *El Machete*, órgano de este partido, se enfrentara al gobierno, con ayuda de las organizaciones afiliadas a la Tercera Internacional, que se dedicaron a hacer frente a las legaciones mexicanas mítines de protesta que en ocasiones llegaron a ser violentos, todo esto acompañado de una virulenta crítica en la prensa soviética. En el informe de Silva Herzog del 4 de julio de 1929 al subsecretario de Relaciones, Genaro Estrada, le expuso su situación: "el asesinato de Guadalupe Rodríguez, el desafuero de Laborde, la clausura de *El Machete* y de las oficinas del Partido Comunista, hechos de los que se ha ocupado la prensa rusa, comentándolos como es lógico suponerlo muy desfavorablemente, han modificado radicalmente mi situación [. . .] la legación está completamente aislada y sin posibilidades de triunfar en un medio terriblemente hostil".[23] El 13 de julio de 1929 la Tercera Internacional publicó en el periódico *Pravda* un manifiesto en contra del gobierno fascista de México, exhortando a obreros y campesinos a unirse al Partido Comunista: "levantad vuestra voz de protesta en contra de las amenazas del gobierno fascista mexicano!".[24]

La sorpresa de esos ataques llevó al presidente Portes Gil a protestar ante el embajador soviético, preguntándole cómo era posible que "los únicos países amigos sinceros de la URSS son México y China; sobre todo México, al que nada ha importado el exponerse a una acción desfavorable del gobierno americano. Sin embargo, son México y China los países más atacados por el Soviet, acaso porque ambos son débiles."[25]

Las relaciones entre ambos países se fueron haciendo cada vez más tensas, agudizándose en el mes de noviembre cuando, en el conflicto de fronteras entre China y la URSS, México propuso al comisariado de Negocios Extranjeros en Moscú, Litvinov, que resolvieran las diferencias entre los dos países bajo el espíritu del tratado de renuncia a la guerra conocido con el nombre de Briand-Kellog,[26] compromiso del cual también era firmante la URSS. Litvinov tomó la actitud de ofendido y acusó a México de obedecer órdenes de Washington.[27]

En el cable enviado el 4 de diciembre de 1929 por el embajador Silva Herzog al subsecretario de Relaciones Exteriores, Genaro Estrada, expuso cinco

[23] Informe político confidencial del ministro de México ante la URSS al subsecretario de Relaciones Exteriores del 4 de julio de 1929, en Archivo de la Secretaría de Relaciones Exteriores (AREM), 14-25-2 (I) f. 9.

[24] *Ibidem*, pp. 39-41.

[25] Portes Gil, *op. cit.*, p. 375.

[26] Aristide Briand, ministro de Asuntos Exteriores de Francia y Frank B. Kellog, secretario de Estado de Estados Unidos, redactaron el tratado que fue firmado en agosto de 1928 por nueve países y al que se unieron más tarde 56 más, por lo que tenía importancia internacional.

[27] Silva Herzog, *op. cit.*, pp. 57-59.

razones por las que se dificultaba tener buenas relaciones con la URSS: la distancia entre los dos países, la falta de contacto cultural, la falta de interés económico, las diferencias de ideología entre la Revolución mexicana, que era básicamente nacionalista, y la rusa, que teóricamente era internacional, la imposibilidad de hacer llegar al pueblo ruso el conocimiento de las obras de cultura y progreso social que se llevan a cabo en otros países.

La lucha que el gobierno mexicano llevaba contra los comunistas, la posición de México respecto al conflicto de la URSS con Manchuria, aunada al débil interés económico que había con México, hicieron que las relaciones se resintieran gravemente.

Ante esta situación el presidente Portes Gil optó por romper las relaciones con la URSS; cuando se le comentó al embajador norteamericano, Dwight Morrow, la política que el gobierno mexicano tomaría con respecto a la Unión Soviética, éste le pidió al general Calles que se reconsiderara la decisión, porque la tendencia internacional en ese momento era la de entablar relaciones con ese país; Inglaterra ya lo había hecho y muy pronto lo haría Estados Unidos.

El presidente aprovechó la coyuntura de que Silva Herzog tenía interés en ir a estudiar a Berlín y terminar con su misión diplomática. Para relevarlo de su cargo le fue concedido el permiso, y el 5 de enero de 1930 el embajador mexicano abandonó Moscú. El 24 de enero de 1930, estando en Berlín, recibió un telegrama en el que se le avisaba que el día anterior se habían roto las relaciones con la URSS.[28] Posiblemente para el gobierno soviético también fue una sorpresa, ya que no valoraron debidamente el hecho de que las motivaciones de los seguidores de su causa no tenían que ver con la ideología internacional del comunismo, sino más bien con un profundo sentimiento antinorteamericano.

Todo este ambiente de crítica y acusaciones por parte de la URSS hacia el gobierno mexicano causó que se tuviera recelo de los inmigrantes rusos, a los que se señalaba como agitadores dentro de las organizaciones obreras y campesinas. Por lo tanto en mayo de 1929 se giraron órdenes a los cónsules mexicanos en Hamburgo y en Rotterdam, así como al propio Silva Herzog, para que se abstuvieran de dar visas a rusos que desearan viajar a México, con el fin de evitar que se infiltraran agitadores políticos. Estas medidas afectaron seriamente a los refugiados rusos que huían del comunismo.[29]

Las decisiones que adoptó el gobierno mexicano fueron un golpe para la inmigración judía, pues si bien no existió una política favorable hacia la inmigración de judíos a México, hubo dos ocasiones en que se consideró que la inmigración judía podría ser ventajosa para el país, y por lo tanto se con-

[28] *Ibidem*, p. 61.
[29] Sobre la política del gobierno mexicano hacia la inmigración rusa, véase Martha Ortega, "Política del Estado mexicano hacia la inmigración rusa 1920-1950".

cedieron los permisos con mayor facilidad. La primera fue durante la presidencia del general Álvaro Obregón (1920-1924), cuando se hizo una invitación pública y directa a los judíos para que inmigraran a México, condicio-
nando los permisos a grupos de agricultores a los que se les darían tierras
en el estado de Chihuahua.[30] La invitación por escrito se formuló el 10 de
mayo de 1922 a petición de Paul Rothemberg, un judío de Chicago, organi-
zador de la Asociación para la Colonización Judeo-Mexicana, y en ella se decía con respecto a la emigración de judíos rusos:

> Me es grato manifestar a usted que el gobierno que me honro en presidir, vería
> con gusto a dicha inmigración; mas creo oportuno informar a usted, que si los
> emigrantes desean adquirir propiedades en cualquier lugar de la República, de-
> berán nacionalizarse como ciudadanos mexicanos [. . .] en el país hay varios mi-
> llones de hectáreas de terreno apropiado para colonización, gran parte del cual es
> susceptible para la agricultura e irrigación [. . .] los emigrantes [. . .] gozarán de
> las garantías, seguridades y protección que a todos los ciudadanos otorga la Re-
> pública Mexicana.[31]

La invitación fue reiterada al Congreso Judío Americano un mes más tarde. El proyecto no se llevó a cabo por haber sido rechazado por el secretario
de Agricultura y quizá por las fuertes protestas en contra que recibió el presidente Obregón; sin embargo las organizaciones judías internacionales no
quitaban el dedo del renglón y siguieron insistiendo y comprometiéndose
económica y moralmente por los judíos que llegaran a México.

El sucesor de Obregón, Plutarco Elías Calles, manifestó su interés en la inmigración judía, sin condicionarla únicamente a la agricultura.

> Estoy muy interesado en la situación de miles de inmigrantes judíos detenidos en
> Europa y sobre el particular ya he conferenciado con varias organizaciones ame-
> ricanas y judías [. . .] si ellos pudieran asegurar una medida de apoyo financiero
> [. . .] yo estaría preparado para pedir a mi gobierno en cuanto regrese de mis va-
> caciones en Europa, que garantice una larga extensión de tierra cultivable para
> asentamientos judíos [. . .] Existen en México ciertos prejuicios religiosos en con-
> tra de los judíos, lo mismo que existe en todos los países hispano-católicos y la
> única condición que se impondrá a los inmigrantes en México será la obediencia
> de sus leyes [. . .] por medio de un sistema de cooperativas de asociaciones, se
> emplearán muchos miles de judíos en las diversas industrias ya establecidas o por
> establecerse, por ejemplo en las fábricas de vestidos y en otras muchas para las
> que mi país ofrece grandes probabilidades.[32]

---

[30] Gloria Carreño, *Pasaporte a la esperanza*, t. 1, Comunidad Ashkenazi de México, México,
1993, pp. 50-53 (*Generaciones Judías en México*).

[31] Archivo General de la Nación (AGN), Presidentes, Fondo Obregón-Calles, 823-J-1.

[32] *El Universal*, vol. XXXIII, año IX, número 2849, 11 de agosto de 1924.

En Nueva York, el 24 de octubre de 1924, confirmó su invitación a las organizaciones judías, con la esperanza de que los inmigrantes judíos unidos con el pueblo mexicano ayudasen a construir y desarrollar la industria y el comercio nacional.[33]

El establecimiento de relaciones diplomáticas con la URSS facilitó la inmigración de judíos rusos. Sin embargo, la definición de judío ruso no siempre era clara. Un número considerable de judíos que antes de la Revolución rusa vivían dentro del imperio ruso quedaron fuera del nuevo Estado soviético cuando en 1920 se redefinieron las fronteras y países como Polonia, Lituania, Latvia, Besarabia, permanecieron fuera del ámbito soviético;[34] por otro lado, había judíos que huían del comunismo y por lo tanto eran considerados enemigos del régimen soviético, de tal suerte que muchos de ellos conservaban documentos del régimen zarista que ya no tenían validez; estos casos había que tratarlos con discreción para no causar un incidente diplomático.

A pesar de esas dificultades, y tomando en cuenta el criterio de la Secretaría de Relaciones, el número de inmigrantes judíos rusos durante el periodo del presidente Obregón fue de 209 y en el del presidente Calles de 777; durante la presidencia de Emilio Portes Gil llegaron al país 252, según datos obtenidos por el Registro de Inmigrantes de la Secretaría de Gobernación.[35]

Las facilidades que dio Calles fueron aprovechadas por un número de judíos que llegaron durante el año 1928. Una vez establecidos, ya en 1929 empezaron a realizar los trámites necesarios para traer a México a las familias que habían quedado en la URSS, en los diferentes pueblos de Ucrania, como Bielogorodka y Lietichev.

Los trámites eran lentos en algunas ocasiones; sin embargo se fueron obteniendo los permisos. Ya para el 8 de noviembre de 1929 uno de los inmigrantes recibió el permiso para traer a su hermano de 15 años dándose la autorización para que aquél continuara sus estudios en México, "previa comprobación del parentesco ante el C. Cónsul de México en Moscú, Rusia, y al efecto ya gira oficio a la Secretaría de Relaciones Exteriores, suplicándole instruya al citado funcionario para que le extienda la documentación necesaria al citado joven; habiéndose girado igualmente oficio al C. Delegado de Migración de Veracruz, Ver., a fin de que permita su desembarque e internación".[36] El 10 de diciembre de 1929 el ministro Jesús Silva Herzog in-

---

[33] Carreño, *op. cit.*, pp. 54-57.

[34] El 18 de marzo de 1921 se firmó el Tratado de Riga, que estableció las nuevas fronteras entre Polonia y el Estado soviético. John Coutouvidis y Jaime Reynolds, *Poland 1939-1947*, Leicester University Press, 1986, pp. 20-23.

[35] Luis Enrique Hernández Jiménez, "La inmigración ashkenazita en cifras", en Carreño, *op. cit.*, pp. 130 y 143.

[36] Departamento de Migración, Inmigración del señor Srul El Zak, exp.IV/553.1(47-0)75, en AREM IV-155-13.

formó a la Secretaría de Relaciones que recibió las instrucciones y tomaría debida nota de su contenido. Otros permisos redactados en los mismos términos fueron dados el 30 de diciembre de 1929 para traer familias enteras,[37] como en el caso de unos hermanos que habían solicitado el permiso para sus padres y tres hermanas que habían quedado en Bielogorodka.

Estos permisos se obtuvieron a pesar de la política que el gobierno había adoptado de restringir la inmigración rusa. Cuando todo estaba ya listo, y los inmigrantes contaban los días para volver a ver a sus familias, sucedió lo inesperado. En enero de 1930 el gobierno de México decidió suspender las relaciones diplomáticas con el gobierno de la URSS, dando permiso al ministro mexicano en Moscú de abandonar aquella capital, y el 22 de enero de 1930 la Secretaría de Relaciones Exteriores transmitió el siguiente mensaje al jefe del Departamento Diplomático: "Por acuerdo del señor Presidente de la República, a partir de esta fecha quedan suspendidas las relaciones diplomáticas entre México y la URSS. Gírense las instrucciones al Secretario Encargado de Negocios ad-interim, señor Fernando Matty [. . .] se translade de Moscú a la Legación en Berlín, Alemania, donde deberá quedar adscrito. El intérprete señor Enrique Baigts deberá salir simultáneamente para París, Francia, cesando la señora Olga Filipova como Escribiente Auxiliar".[38]

El epílogo de los casos estudiados es el siguiente: una de las familias tendría que pasar otros seis años en la URSS, con el beneplácito de la hija mayor, que estuvo feliz de quedarse ahí; ella creía en el régimen y en Stalin. El padre, considerado un burgués, fue encarcelado dos veces,[39] la familia fue despojada de su casa y tuvieron que abandonar su pueblo e irse a vivir a Proskurov sin poder llevarse nada de la casa, sólo algo de ropa y algunos dólares que lograron esconder. Salir de la URSS se iba haciendo cada vez más difícil y vivir ahí cada vez más peligroso.

Durante todos esos años se hicieron gestiones ante el gobierno mexicano para poder traer a la familia, lo que se pudo lograr cuando Lázaro Cárdenas tomó la presidencia, a pesar de las leyes de inmigración que para entonces eran muy severas y estaban reguladas por la aplicación de cuotas diferenciales. Durante su presidencia entraron a México sólo 40 judíos rusos.[40] En esa época empezaron a reanudarse las pláticas tendientes a restablecer las relaciones diplomáticas con la URSS, negociaciones que fueron llevadas a Ginebra ante la Sociedad de Naciones.[41] Mientras tanto el embajador sovié-

[37] Departamento de Migración, Inmigración del señor Samuel Dubovi, señora Zirel y hermanas Chana, Perel y Lifsha Dubovi, exp. IV-553.1(47-0)95, en AREM IV-155-28.

[38] Acuerdo enviado por la Secretaría de Relaciones Exteriores, en AREM 14-25-2 (I) f. 16.

[39] Estuvo encarcelado en la cárcel en Yampol. Testimonios de Jane Dubovoy de Simpser y Pola Dubovoy de Ovseyevich.

[40] Hernández Jiménez, *op. cit.*, p. 143.

[41] El representante de México ante la Sociedad de Naciones era el doctor Francisco Castillo Nájera.

tico en Ginebra[42] exigía que México diera una explicación sobre lo ocurrido en 1930. No obstante la disposición favorable de Cárdenas para el restablecimiento de relaciones, en diciembre de 1936 el licenciado Narciso Bassols, representante de México ante la Sociedad de Naciones, declaró que el presidente Cárdenas consideraba que no era el momento oportuno para el restablecimiento de las relaciones diplomáticas.[43] Sin embargo, a pesar de no haber relaciones formales, los vínculos con la URSS se estrecharon en el nivel cultural y dentro de las organizaciones obreras. Era la época en la que el general Francisco J. Múgica, secretario de Comunicaciones y Obras Públicas, arengaba a los obreros con ideas comunistas, y el licenciado Gonzalo Vázquez Vela, secretario de Educación Pública, enviaba maestros a los campos para que adoctrinaran a los campesinos con ideas soviéticas.[44] México votó a favor de que la URSS fuese admitida en la Sociedad de Naciones y se le concediera la representación permanente.[45]

Los vínculos de amistad con el Estado soviético y los nuevos decretos que en 1935 dio a conocer el Departamento de Migración, permitiendo "el ingreso al país a padres, esposas, niños y parientes hasta tercer grado", de las personas que se encontraran radicando legalmente en el país",[46] hicieron posible obtener el permiso de inmigración para la familia arriba mencionada. Pero había otro obstáculo que no todos pudieron superar: conseguir los permisos de salida de la URSS; esta familia lo logró y en 1935 hacían su entrada triunfal los padres y tres hijas en el puerto de Veracruz.

En otros casos se hicieron los mismos trámites, pero desgraciadamente los afectados no lograron arreglar sus papeles de salida de la URSS y los permisos que México había extendido caducaron —debemos recordar que no había relaciones diplomáticas formales con el Estado soviético—, de tal suerte que las familias no pudieron salir y quedaron atrapadas en sus pueblos cuando estalló la segunda Guerra Mundial, como fue el caso del inmigrante que había solicitado permiso para su hermano de 15 años que vivía en Letichev, Ucrania, con su familia.

Con la invasión alemana a la URSS el 22 de junio de 1941 dio comienzo la nueva etapa de la política nazi hacia los judíos: la liquidación total. Los judíos que vivían en las áreas de Rusia Blanca y Ucrania —zonas del primer avance alemán— trataron de huir al interior de la Unión Soviética, pero se

---

[42] Maxim Litvinov.

[43] Adolfo Mejía Gonzáles, *México y la Unión Soviética en la defensa de la paz*, Agencia de Prensa Nóvosti, México, 1936, p. 39. *Relaciones mexicano-soviéticas, 1917-1980*, Archivo Histórico Diplomático Mexicano, Secretaría de Relaciones Exteriores, México, URSS, Academia de Ciencias, México, 1981, p. 75.

[44] Portes Gil, *op. cit.*, pp. 390-391.

[45] *Relaciones mexicano-soviéticas, 1917-1980, op. cit.*, p. 77.

[46] Alicia Gojman de Backal y Gloria Carreño, *Parte de México*, t. VII, Comunidad Ashkenazi de México, México, 1993, p. 80 (*Generaciones Judías en México*).

los impidió el avance del ejército alemán y las propias fuerzas de seguridad soviéticas. Comenzaron las matanzas masivas;[47] la tarea le fue encomendada a los comandos de asalto (Einsatzgruppen).[48]

Víctima de esos acontecimientos fue la familia del inmigrante antes mencionado, sólo se salvó el hermano, quien se encontraba lejos de la familia por estar sirviendo en el ejército ruso.

Gracias a los esfuerzos redoblados de este inmigrante (que para entonces ya llevaba más de 30 años de ser ciudadano mexicano) por conseguir los permisos, tanto de la URSS para que pudiera salir como de México para que pudiera inmigrar el único sobreviviente de su familia, finalmente logró el objetivo en 1961, cuando su hermano, con toda su familia, arribó al aeropuerto de la ciudad de México.

BIBLIOGRAFÍA

Archivo General de la Nación (AGN), Presidentes, Fondo Obregón-Calles, 823-J-1.

Archivo Histórico de la Secretaría de Relaciones Exteriores (AREM) III/323 47:72/14, 42-30-56, f.25; 14-25-2 (I) f. 9; IV-155-13; IV-155-28.

Arad, Yitzhak, Yisrael Gutman, Abraham Margaliot (comps.), *Hashoa Be'tiud* [Documentos sobre el Holocausto], Yad Vashem, Jerusalén, 1978.

Cárdenas, Héctor, *Las relaciones mexicano-soviéticas: Antecedentes y primeros contactos diplomáticos (1789-1927)*, colección del Archivo Histórico Diplomático Mexicano, serie Divulgación, núm. 2, Secretaría de Relaciones Exteriores, México, 1974.

——, *Historia de las relaciones entre México y Rusia*, Secretaría de Relaciones Exteriores, Fondo de Cultura Económica, México, 1993.

Carreño, Gloria, *Pasaporte a la esperanza*, t. I, Comunidad Ashkenazi de México, México, 1993 (*Generaciones Judías*).

Coutouvidis, John y Jaime Reynolds, *Poland 1939-1947*, Leicester University Press, 1986.

Engel, David, *In the Shadow of Auschwitz. The Polish Government-in-Exile and the Jews, 1939-1942*, University of North Carolina Press, 1987.

Gojman de Backal, Alicia y Gloria Carreño, *Parte de México*, t. VII, Comunidad Ashkenazi de México, México, 1993 (*Generaciones Judías*).

Krauze, Enrique, Jean Meyer, Cayetano Reyes Jean, *La reconstrucción económica*, en *Historia de la Revolución mexicana*, vol. 10, El Colegio de México, México, 1977.

---

[47] Del reporte de los Einsatzgruppen sobre la aniquilación de judíos en Ucrania, en *Hashoa Be'tiud* [documentos sobre el Holocausto], Yad Vashem, Jerusalén, 1978, doc. 179, pp. 331-332.

[48] Unidades especiales dirigidas por la Gestapo, cuya misión era seguir al ejército alemán en sus avances en la URSS y limpiar las áreas ocupadas de elementos indeseables; ellos se convertirían en los primeros ejecutores de la "solución final". David Engel, *In the Shadow of Auschwitz. The Polish Government-in Exile and the Jews, 1939-1942*, University of North Carolina Press, 1987, pp. 159, 173, 285-286, nota 7.

——, *Estado y sociedad con Calles*, en *Historia de la Revolución mexicana*, vol. 11, El Colegio de México, México, 1977.

Matute, Álvaro, *La carrera del caudillo*, en *Historia de la Revolución mexicana*, vol. 8, El Colegio de México, México, 1980.

Mejía Gonzáles, Adolfo, *México y la Unión Soviética en la defensa de la paz*, Agencia de Prensa Nóvosti, México, 1936.

Ortega, Martha, "Política del Estado mexicano hacia la inmigración rusa 1920-1950", ponencia presentada en el coloquio Águila o Sol, Historia de la experiencia inmigratoria en México, s. xix-xx, 28 de septiembre-1 de octubre de 1993, México.

Portes Gil, Emilio, *Quince años de política mexicana*, Botas, México, 1941.

Relaciones mexicano-soviéticas, 1917-1980, Archivo Histórico Diplomático Mexicano, Secretaría de Relaciones Exteriores/URSS, Academia de Ciencias, México, 1981.

Silva Herzog, Jesús, *Cuestiones internacionales*, Archivo Histórico Diplomático, Secretaría de Relaciones Exteriores, México, 1985.

——, *Un siglo de relaciones internacionales de México a través de los mensajes presidenciales*, Secretaría de Relaciones Exteriores, Archivo Histórico Diplomático Mexicano, 39, México, 1935.

JUDÍOS ALEMANES EN AMÉRICA DEL SUR DURANTE EL SIGLO XIX

GÜNTER BÖHM*

LA EMIGRACIÓN de judíos alemanes a América del Sur y Centroamérica comienza en forma sistemática apenas hacia 1840.[1] Sólo en contadas oportunidades lograron organizar una vida judía en sus nuevos países de residencia. Su rápida asimilación al medio ambiente, junto con el hecho de que algunos de ellos contraían matrimonio con jóvenes católicas, son la causa principal de que ningún descendiente de estos emigrantes judíos del siglo pasado profesara entonces la religión de sus antepasados.

Las pocas publicaciones judías aparecidas durante el siglo XIX, referidas a la fundación, posterior evolución y vida judía organizada en Sudamérica, apenas mencionan la presencia de judíos alemanes en esta zona, y sólo la más renombrada publicación judía, fundada en Alemania en 1837, *Allgemeine Zeitung des Judentums,* da a conocer algunas noticias al respecto, hechas llegar por los mismos judíos alemanes desde algún país latinoamericano.[2]

Los motivos por los cuales se establecieron judíos alemanes en América del Sur son, por lo general, los mismos que causaron su emigración hacia los Estados Unidos: graves problemas económicos en Alemania; falta de fuentes de trabajo; discriminación social y laboral; necesidad de evitar el servicio militar obligatorio, que no les permitía practicar sus costumbres religiosas y, en especial, la búsqueda de una más amplia libertad, que les facilitara integrarse en un país con menos prejuicios que el suyo de origen.

La emigración judía a los países latinoamericanos sólo pudo hacerse efectiva después de que éstos se declararon independientes, y una vez que se

---

* Universidad de Chile.

[1] Günter Böhm, "Deutsche Juden in Südamerika", en *Neue Welten-Amerika-Neue Wirklichkeiten*, Braunschweig, 1992, pp. 173-281. Günter Böhm, "Deutsche Juden in Peru im 19. Jahrhundert", en TRUMAH, Wiesbaden, 1987, pp. 159-174. Günter Böhm, "Judíos alemanes en la República Argentina durante el siglo XIX", en *Proceedings of the Tenth World Congress of Jewish Studies*, Jerusalén, 1990, pp. 473-479. Günter Böhm, "Inmigración de judíos de habla alemana a Chile y Perú durante el siglo XIX", en *Jahrbuch für Geschichte von Staat, Wirtschaft und Gesellschaft Lateinamerikas*, Viena, 1988, pp. 455-493. Günter Böhm, "Die ersten hamburger Juden in Argentinien", *Hamburgische Geschichts-und Heimatblätter* (Hamburgo), octubre de 1988, pp. 68-76. Günter Böhm, "Edward Edwards, primer cónsul de Hamburgo en Curazao", *Judaica Iberoamericana* (Santiago), 1978, núm. 2, pp. 77.

[2] También aparecieron algunas informaciones sobre vida judía en Latinoamérica en *Les Archives Israélites*, París, a partir de 1840, y en *The Jewish Chronicle*, Londres, desde 1841.

hubieron abolido los tribunales inquisitoriales. Pese a esto, sin embargo, los inmigrantes debieron enfrentar nuevas dificultades, como, por ejemplo, el hecho de que, en los primeros decenios de la centuria pasada, la religión católica fuera la oficial de los estados americanos, por lo que los no católicos, fuera cual fuese su origen, veían muy restringidas sus posibilidades de practicar libremente su culto. No era fácil tampoco, para los judíos, legalizar el acto del matrimonio, ni enterrar a sus difuntos. De manera que eran muchos los obstáculos que impedían su permanencia en América del Sur.

No obstante lo anterior, ya hacia 1820 encontramos antecedentes de judíos alemanes emigrados a Venezuela y a Brasil. Uno de ellos fue Enrique Mayer, natural de Dessau; nacido en 1799, llegó a Venezuela en 1819, movido principalmente por un espíritu aventurero.[3] Una vez en Venezuela se integró al Ejército Libertador de Simón Bolívar. Quedó gravemente herido en una de las numerosas batallas en que participó, y regresó con el cargo de teniente coronel a Alemania, para recuperarse de sus graves lesiones. Falleció en Berlín en 1843 y fue enterrado en el cementerio judío local. La ciudad de Caracas quiso erigir un monumento en su tumba, por considerarlo un héroe de la guerra de Independencia, pero la familia de Mayer se opuso, ya que el acto era contrario a las costumbres religiosas judías.

Entre los primeros judíos alemanes en Brasil encontramos a dos miembros de la familia Moretzsohn —en la documentación oficial figuraban como "súbditos prusianos"—, los hermanos Ludwig y Ezequiel. Llegados al país alrededor de 1820, se establecieron un año más tarde como comerciantes en la ciudad minera de Ouro Preto. En 1830 hicieron viajar a algunos sobrinos desde Alemania, entre ellos a David Moretzsohn, cuya hija, Emilia, contrajo posteriormente matrimonio en Río de Janeiro con un comerciante brasileño, Antonio da Silva Campista. Uno de los hijos de este matrimonio, David, ocupó durante muchos años altos cargos políticos en Brasil, y llegó a ser el ministro de Finanzas en 1906. En 1909 fue propuesto como candidato a la presidencia de Brasil, candidatura que fue ampliamente combatida por su origen judío.[4]

Algunas calles, tanto en Río de Janeiro como en São Paulo, llevan el nombre de David Campista, pero en cada caso se ha hecho omisión de su apellido materno, por su origen judío.

Un pequeño grupo de judíos alemanes figuran, a partir de 1850, como socios del club alemán Germania de Río de Janeiro; tal es el caso de Moritz Hermann, también "prusiano", socio por más de 30 años de esta institución. En 1899 fue nombrado cónsul de Brasil en Berlín, y a su muerte dejó numerosos legados para instituciones alemanas y brasileñas. Otro judío prusiano,

---

[3] Günter Böhm, "Abraham Heinrich Meyer, compañero judío de armas de Simón Bolívar", *Escudo*, núm. 63, 1987, pp. 124-126.

[4] Egon y Frieda Wolff, "Judeos nos primordios do Brasil", *República*, 1979, p. 167.

Berthold Goldschmidt, fue cofundador del primer diario alemán en Río de Janeiro, *Der Deutsche Beobachter*, del año 1853. Durante 20 años se desempeñó como médico naturista y profesor de alemán en el Gimnasio Imperial Dom Pedro Segundo.[5]

A las repúblicas de Argentina, Perú y Chile los primeros judíos alemanes ingresaron a partir de 1840. Desde Argentina emigró en 1841 a Chile el súbdito prusiano David Levingston. Lo encontramos en las minas de plata cercanas a la ciudad de Copiapó.[6] Malos negocios lo obligaron a abandonar esta ciudad en 1863, junto a su esposa chilena y a sus numerosos hijos, para regresar a Argentina, donde nació, en 1868, Guillermo, el último de sus descendientes. Su hijo, Roberto Marcelo Levingston, llegó a ocupar el cargo de brigadier general del ejército argentino y, después de 1970, el de presidente de la República.

Parte de los judíos alemanes que hemos podido ubicar a mediados del siglo XIX en Argentina, Perú y Chile fueron empleados de firmas alemanas establecidas en estos países; otros buscaron alternativas de empleo como comerciantes independientes. En general se trataba de varones jóvenes que se integraban con mucha facilidad a la vida cultural y social que les ofrecían las instituciones alemanas allí existentes, las que, en general, mostraban mayor tolerancia hacia sus connacionales'judíos que lo que se acostumbraba en Europa. Por esta razón, estos jóvenes judíos continuaron siendo socios de las primeras instituciones alemanas —en cuya fundación en algunos casos colaboraron activamente—, aun cuando después se integraron a nuevas organizaciones creadas por correligionarios.

Los datos biográficos que se conocen de un judío alemán, Ludwig Hartwig Brie,[7] natural de Hamburgo, el cual permaneció hasta su muerte en Argentina, nos pueden ilustrar el azaroso camino recorrido por un joven judío desde su país natal hasta su nueva patria. Nunca dejó él en claro cuál fue el motivo que lo llevó a abandonar su hogar en 1847, a la edad de 13 años. Sólo se sabe que al llegar, después de 70 días de viaje, al puerto de Río de Janeiro, sin medios económicos, sin profesión ni conocimiento del idioma, se integró en una unidad militar brasileña al mando de dos oficiales alemanes. Esta unidad brasileña formó parte, más adelante, del ejército revolucionario que combatió al dictador argentino Rosas. Durante una de las batallas el joven Brie ascendió al cargo de sargento.

A la edad de 24 años, en mayo de 1851, contrajo matrimonio con una joven católica, Rudesinda de los Ríos, y en 1871 le fue otorgada la nacionalidad argentina; esta nacionalización fue la primera obtenida por un extranjero de origen judío. Hasta 1870 Brie participó activamente en el ejército

[5] Kurt Loewenstamm, *Cultos judaicos no Brasil*, vol. II, Río de Janeiro, 1956, pp. 95-100.
[6] Paul Treutler, *Andanzas de un alemán en Chile*, Santiago, 1959, p. 72.

argentino, ascendiendo finalmente al grado de coronel. Después del fallecimiento de su primera esposa contrajo matrimonio, en 1900, con otra dama cristiana, Ana Baumberger. El hecho de haber tenido esposas cristianas no fue razón que impidiera su contacto amistoso con la mayoría de los judíos extranjeros residentes en Buenos Aires.

El primer servicio religioso judío en Argentina fue realizado por un pequeño grupo de residentes en 1862. También por aquellos años, en 1868, se constituyó la Congregación Israelita de Buenos Aires, de cuyos 18 socios la mayoría había nacido en Alemania, según se desprende de un informe del *Allgemeine Zeitung des Judentums*.[8]

A esta congregación no perteneció Ludwig Brie en forma oficial sino hasta después de la muerte de su primera esposa.

Hacia 1893, sin embargo, ya aparece formando parte del directorio de esta congregación; poco tiempo después es elegido vicepresidente y, posteriormente, presidente de la misma por un periodo de tres años.

Gracias a las gestiones de Brie se adquirió un sitio para la construcción de una sinagoga, cuya primera piedra se colocó a fines de junio de 1897. De la documentación existente se desprende que el dinero para su edificación se obtuvo gracias a donaciones tanto de "israelitas aquí residentes como de generosas personalidades de otras confesiones", entre ellas la del arquitecto del edificio, "Don Carlos Neumann", un alemán no judío que confeccionó gratuitamente los dibujos técnicos para la construcción de la sinagoga. Los pormenores de la colocación de la primera piedra fueron publicados en los diarios de Buenos Aires.

En diciembre de 1906 Ludwig Brie fue elegido nuevamente presidente de la Congregación Israelita. Posteriormente se le dio el título de presidente honorario vitalicio. Brie falleció en Buenos Aires en 1917, a la edad de 83 años. Sus funerales se realizaron en el Cementerio Israelita de Liniers y fueron ampliamente comentados por los dos principales diarios de la ciudad, *La Prensa* y *la Nación*. Su lápida lleva la inscripción "Ludwig H. Brie, Miembro Fundador. Presidente Honorario."

También el fundador y primer presidente de la Congregación Israelita de Buenos Aires, Siegismund Auerbach,[9] era natural de Alemania, al igual que los hermanos Isaac y Gabriel Kramer. Estos últimos, así como otros tres miembros de la familia Kramer,[10] se cuentan entre los 20 fundadores de la primera Comunidad Israelita de Buenos Aires, habiendo participado activamente en la creación de otras numerosas instituciones alemanas. Uno de

---

[7] Böhm, "Judíos alemanes en la República Argentina. . .", *op. cit.*
[8] *Allgemeine Zeitung des Judenthums*, Leipzig, Berlín, 1868, p. 172.
[9] Bernard D. Ansel, *The Beginnings of the Modern Jewish Community in Argentine, 1852-1891*, University of Kansas, 1969, p. 115.
[10] *Ibidem*, pp. 101, 111, 112.

ellos, Simón Kramer, fue iniciado en la logia masónica alemana Germania, donde llegó a ocupar, en 1877, el puesto de "Venerable Maestro". Su elección como presidente de la Congregación Israelita de la República Argentina entre 1888 y 1891 muestra cuán importante fue su participación en la vida comunitaria judía.

También en el vecino Perú un grupo de inmigrantes judíos alemanes lograron fundar, ya en 1870, una Sociedad de Beneficencia Israelita, la que de inmediato se preocupó por socorrer a los judíos enfermos y pobres, organizar una vida religiosa estable y adquirir un terreno para su cementerio.[11]

Los primeros judíos alemanes inmigraron a Perú después de 1855, entre ellos el comerciante Louis Gosdinski y su esposa Johanna, los que se habían embarcado en Hamburgo a fines de abril de 1855. Su hijo Adolfo es probablemente el primer judío nacido en Perú y, al mismo tiempo, uno de los pocos varones judíos que participaron en las filas del ejército peruano en la sangrienta guerra que este país libró con Chile entre 1879 y 1883.[12]

La mayoría de los inmigrantes judíos llegados a Perú eran jóvenes comerciantes. Se establecieron entre 1855 y 1870 en Lima y en el vecino puerto de El Callao. Entre ellos se cuenta Max Bromberg, fundador del club alemán Germania.[13] Casado con una peruana católica, donó una apreciable suma de dinero para la compra del terreno del Cementerio Israelita. Entre los miembros de ese primer club alemán de Lima se encuentran muchos judíos alemanes que, a su vez, figuran entre los socios de la recién fundada Sociedad Israelita de Beneficencia.[14]

Algunas noticias sobre estas primeras actividades comunitarias judías aparecieron también en la publicación judía alemana *Allgemeine Zeitung des Judentums*. Una de sus ediciones, la de 1873, contiene un extenso informe de Carlos Herzberg, una de las personalidades más destacadas de esta nueva comunidad judía del Perú y en cuyo primer directorio sólo se encontraron nombres de judíos de origen alemán.[15]

No es de extrañar, entonces, que tanto el texto de la lápida recordatoria, relacionado con la adquisición del cementerio, como los recibos que hacían mención de la sepultura de los judíos fallecidos, estuvieran escritos en alemán.

Esta primera comunidad judía no logró adquirir o edificar una sinagoga durante todo el siglo XIX. Los servicios religiosos se realizaban en casas de particulares o en una sala que les facilitaba la logia masónica alemana Fortschritt, la que contó entre sus miembros con un grupo considerable de judíos emigrados de Alemania.[16]

[11] Böhm, *Judíos en el Perú durante el siglo XIX*, Santiago, 1985, p. 58.
[12] *Ibidem*, p. 42.
[13] *Ibidem*, p. 47.
[14] *Ibidem*, p. 48.
[15] *Ibidem*, p. 68.
[16] *Ibidem*, p. 89.

En el caso de Chile la inmigración de judíos alemanes se inició por lo menos un decenio antes que en el vecino Perú, lo que seguramente se debe a las políticas implementadas por el gobierno chileno, hacia 1840, relativas a la colonización alemana de las provincias del sur del país.

Gracias a una carta que un colono alemán, Johann Jakob Keller, envió a sus familiares, sabemos de un médico judío, el doctor Franz Kaskel, natural de Berlín, que hizo la travesía junto con numerosos colonos alemanes en el barco hamburgués *Hermann*, en 1850. Él atendió, como primer médico alemán, a los numerosos colonos alemanes en la región de Puerto Montt.[17]

Las actas notariales y la documentación existente relacionada con la fundación de varias instituciones alemanas en la ciudad de La Unión, en el sur de Chile —una localidad que en 1864 contaba con 400 habitantes, entre ellos 50 alemanes— nos permiten reconstruir una sana convivencia entre colonos alemanes y sus connacionales judíos.[18] Tanto el boticario Moritz Levy, oriundo de Breslau, como el comerciante Jakob Hezberg, figuran entre los fundadores del Club Alemán, del Colegio Alemán y del Cuerpo de Bomberos de esta localidad. Los restos de Jakob Hezberg descansan en el Cementerio Alemán de La Unión. Su amigo Moritz Levy recibió sepultura en el Cementerio Alemán de Valdivia, ciudad en la cual residió los últimos años de su vida.[19]

Por esos mismos años, en 1854, emigró desde Geseke, en Westfalia, a Chillán, una pequeña ciudad de la zona central del país, un judío alemán llamado Salomón Goldenberg. A él se debe la fundación del Club Alemán en esa localidad, al cual posteriormente también ingresaron sus sobrinos, a los que hizo venir desde Alemania.[20]

Tanto él como sus familiares se convirtieron al catolicismo para poder casarse con chilenas católicas, lo que no impidió que mantuvieran contacto epistolar con sus parientes judíos residentes en Alemania. Durante la persecución judía en el periodo nazi los Goldenberg chilenos ayudaron a numerosos familiares a ingresar a Chile.

Muchos judíos alemanes se radicaron, alrededor de 1850, no sólo en Santiago,[21] la capital de Chile, sino también en Valparaíso, el principal puerto del país, y en Copiapó, zona de las minas de cobre y plata.

De los judíos alemanes que encontramos en Valparaíso una cantidad apreciable provenía de Hamburgo. Algunos de ellos fundaron comercios cuya casa matriz, en Hamburgo, tenía también filiales en San Francisco, Ca-

---

[17] Günter Böhm, "Judíos en Chile durante el siglo XIX", en *Comunidades judías de Latinoamérica. 1971-1972*, Buenos Aires, 1974, p. 357.
[18] *Ibidem*, p. 359.
[19] *Ibidem*, p. 360.
[20] Böhm, "Inmigración de judíos de habla alemana. . .", *op. cit.*, p. 474.
[21] *Ibidem*, pp. 459, 477.

lifornia, como es el caso de la firma Loeser, Mack y Adelsdorfer, que inició sus actividades en 1848.[22] De su presencia en Valparaíso hay constancia no sólo en las actas notariales y en los diarios de la época, sino también en los protocolos de las distintas instituciones alemanas fundadas por aquellos años, así como en diarios de viaje de alemanes residentes en Chile.

Integrados a diversas instituciones alemanas del país, numerosos judíos alemanes ayudaron a fundar el primer Colegio Alemán[23] y hasta la primera logia masónica chilena.[24] Todos ellos fueron sepultados en el Cementerio Británico de Valparaíso, junto a protestantes ingleses, norteamericanos y alemanes. Estos últimos no se opusieron a dar sepultura a sus connacionales judíos. Ahí descansan los restos de Morry L. B. Schlesinger, el primer judío alemán, fallecido en tierra chilena, en 1857.[25]

En el puerto de Valparaíso, que alrededor de 1857 contaba ya con 80 mil habitantes, hallamos también a Carlos Seckel, fundador de una renombrada casa comercial dedicada a la venta de muebles, cristales y porcelana —instalada después también en Santiago—, la cual concluyó sus actividades apenas hacia 1930.[26]

Carlos Seckel se casó en mayo de 1860 con una judía alemana, Cecilie Rehfisch, en la iglesia La Matriz de Valparaíso. Por falta de un registro civil este matrimonio tuvo que ser legalizado en un libro especial que el cura párroco llevaba para anotar los matrimonios entre residentes no católicos.[27]

La carencia de contacto entre los distintos grupos de judíos alemanes residentes en Chile durante el siglo XIX, repartidos de norte a sur en un país tan largo como ése, fue, sin duda, la razón principal de que nunca intentaran fundar allí una comunidad judía.[28]

---

[22] *Ibidem*, p. 460.

[23] Böhm, *Manuel de Lima. Fundador de la masonería chilena*, Santiago, 1979, pp. 44, 45.

[24] *Ibidem*, pp. 60-68.

[25] "Inmigración de judíos de habla alemana. . ., *op. cit.*, p. 464.

[26] *Ibidem*, pp. 465, 466.

[27] *Ibidem*, p. 465.

[28] Günter Böhm, "Documentos relacionados con la primera comunidad judía de Chile. 1909-1914", en *Michael*, Tel Aviv University, vol. VIII, 1983, pp. 53-55.

Es importante mencionar que entre los firmantes del acta de fundación de la primera comunidad judía en Chile no figura ningún judío alemán, lo que demuestra el desinterés de los judíos alemanes, muy asimilados, por pertenecer a una institución judía fundada por judíos provenientes de los países del este de Europa.

ARMENIOS Y JUDÍOS EN EL ONCE, 1910-1950

Nélida Boulgourdjian*
Diana L. Epstein*

> En el seno de ese mundo occidental proyectado a América na-
> ció Buenos Aires, ciudad marginal, cuna de una sociedad que
> fue también marginal durante dos largos siglos.[1]

LAS COMUNIDADES judías y armenias llegaron a Argentina en instancias temporales diferentes; sin embargo, a partir de la década de 1930 compartieron
un espacio —el barrio del Once— y una actividad —la comercial— que determinaron una interacción particular, objeto de nuestro trabajo.

Hay que destacar, sin embargo, que ambos grupos han recibido desigual
atención por parte de los científicos sociales. La inmigración judía en Argentina cuenta con una amplia bibliografía, ya que numerosos autores han
analizado distintos aspectos de su llegada al país.[2] Los estudios sobre la comunidad armenia, en cambio, son escasos y la bibliografía muy reducida.[3]

Al margen de esta diferencia, ambos grupos coincidieron en establecer
sus comercios en el barrio del Once, aunque su asentamiento en él se produjo en tiempos distintos: los judíos alrededor de 1907[4] y los armenios a fines de la década de 1920.[5]

El objeto de este trabajo es analizar un aspecto escasamente estudiado: las
causas que llevaron a judíos y armenios a instalar sus comercios en dicho barrio y el carácter de las relaciones establecidas entre ambos, al compartir un
espacio común, considerando la actividad mercantil como principal ele-

---

* Universidad de Buenos Aires/Conicet.

[1] L. A. Romero, "Prólogo", en J. L. Romero y L. A. Romero (dirs.), *Historia de cuatro siglos*, t.
1, Abril, Buenos Aires, 1983, p. x.

[2] Numerosos autores argentinos y extranjeros se ocuparon de la comunidad judía en Argentina, como H. Havni, V. Mirelman, L. Senkman, I. Klich, M. Bejarano, R. Feierstein, J. Lie-
berman, N. Elnecavé y muchos otros, imposibles de citar en esta nota por su cantidad.

[3] N. Binayan, "La colectividad armenia en la Argentina", *Alzamor*, Buenos Aires, 1974; N.
Boulgourdjian, "La inmigración armenia en la Argentina", ponencia presentada en Jornadas de
Estudios sobre Inmigración, 1984; "Armenian pioneers in Argentina", *Hai Sird*, vol. XLVIII, núm.
151, 1992; "Los armenios en Buenos Aires", *Todo es Historia*, núm. 301, agosto de 1992; K. Heki-
mian, "Armenian immigration to Argentina", *Armenian Review*, primavera, 1990, vol. 43, núm.
1/169, pp. 85-113.

[4] N. Teubal, *El inmigrante, de Alepo a Buenos Aires*, Buenos Aires, 1953, p. 171.

[5] Binayan, *op. cit.*, pp. 95-96.

mento de interacción. Para ello analizamos la distribución geográfica de sus comercios y sus principales rubros, teniendo en cuenta la ubicación espacial de los comercios de ambas comunidades en la zona de Balvanera Norte, que corresponde al distrito 11 de la ciudad de Buenos Aires, donde está ubicado el Once.

Circunscribimos nuestro estudio en este barrio a las manzanas que se encuentran entre las calles Callao, Pueyrredón, Córdoba y Rivadavia, sin desconocer que el Once abarca un ámbito mayor, extendiéndose más allá de las calles señaladas. Hemos seleccionado aquellas calles y cuadras que, según nuestro criterio, conformaron el núcleo —a partir de ahora Micro Once— donde la coexistencia e interacción entre ambos grupos fue más intensa. Las calles elegidas fueron las siguientes: por un lado, Tucumán, Lavalle, Sarmiento y Cangallo y, por el otro, Junín, Uriburu, Pasteur, Azcuénaga, Larrea, Paso y Castelli.

Los datos referidos a la distribución de los comercios por rubros, por ubicación espacial y por nacionalidad, han sido obtenidos del *Anuario Kraft* (años 1907, 1912, 1926, 1941 y 1946), guía completa de comerciantes, comercios, fábricas, instituciones, profesionales, etc. de Argentina, teniendo en cuenta los apellidos de sus propietarios. Debemos aclarar que hemos hallado algunos negocios con denominaciones comerciales, sin nombres personales que nos permitieran identificar el origen de sus dueños, que no fueron tomados en cuenta.

Además de los *Anuarios Kraft* —mencionados anteriormente— hemos utilizado censos (1914 y 1936), y memorias del Departamento de Migraciones. Para estudiar las relaciones entre ambos grupos se llevaron a cabo 20 entrevistas personales, teniendo en cuenta la importancia de la historia oral en la reconstrucción del pasado histórico.

Debido a la diferencia temporal de la llegada de estas corrientes migratorias al país y a los efectos de su análisis, hemos dividido el trabajo en tres momentos. El primero se refiere al arribo de los judíos; el segundo, al de los armenios, y el tercero a la interacción entre ambos.

INTRODUCCIÓN

A partir de 1880 Buenos Aires experimentó importantes transformaciones, no sólo en su estructura social sino también en su aspecto físico. Aumentó y diversificó su población, creció su actividad y alteró su fisonomía.[6] Estas actividades económicas nuevas promovieron una era de bienestar y riqueza

[6] J. L. Romero, "Latinoamérica, las ciudades y las ideas", Siglo XXI, Buenos Aires, 1986, p. 247.

que se manifestaron en el embellecimiento de la capital, con la creación de nuevas plazas, paseos, teatros y lujosos edificios.

El puerto adquirió un movimiento inusitado y Buenos Aires se convirtió en un centro comercial de sustancial importancia. Por ese puerto no sólo entraron productos, sino también numerosos inmigrantes de las más variadas regiones, buscando mejores posibilidades económicas.

Paralelamente, se fue organizando en la ciudad el régimen municipal. Éste fue un proceso largo y conflictivo, ya que apenas en 1889 quedaron definitivamente establecidos sus límites.

En un comienzo el núcleo central de la ciudad fue creciendo en tres direcciones: noroeste, oeste y sur. Sobre estos rumbos se fueron estableciendo pequeños núcleos urbanos. Si bien en un principio fueron parroquias, con posterioridad éstas dieron origen a lo que serían los futuros "barrios". En 1854 se agregaron cuatro parroquias nuevas a las ya existentes, entre ellas Balvanera, cuya creación corresponde al crecimiento de la ciudad hacia el oeste y constituye el germen del barrio del Once.[7]

Sin duda la inmigración masiva, que tuvo lugar desde fines del siglo XIX hasta casi mediados del XX, por su intensidad y volumen renovó sustancialmente la población del país.[8] En cincuenta años la ciudad de Buenos Aires aumentó su población diez veces, ya que de 286 mil habitantes que había en 1880 pasó a tener 2 254 000 en 1930.[9] En 1914 Argentina contaba con casi ocho millones de habitantes distribuidos de manera poco uniforme, ya que cerca del 20% se asentó en la ciudad de Buenos Aires, donde encontraron una infraestructura que favoreció su rápida inserción. Contaban con un sistema educativo obligatorio y gratuito, una situación económica favorable y, especialmente, un sistema municipal organizado en función de los barrios. Así, a medida que los inmigrantes iban llegando, se fueron distribuyendo en "los barrios".[10]

Este flujo migratorio arribó desde los más diversos lugares, básicamente de Italia y España, pero también —y junto a ellos— ingresaron "inmigrantes no deseados" para el proyecto inmigratorio que había estimulado la elite, tales como judíos, sirios, libaneses y armenios, entre otros.[11]

---

[7] E. J. Sarrilah, "Lámparas y adoquines", *Historia de cuatro siglos, op. cit.*, p. 405.

[8] G. Germani, *Política y sociedad en una época de transición. De la sociedad tradicional a la sociedad de masas*, Paidós, Buenos Aires, 1965.

[9] J. L. Romero, "La ciudad burguesa", en *Historia de cuatro siglos, op. cit.*, p. 9.

[10] F. Korn, *Buenos Aires, los huéspedes del 20*, Sudamericana, Buenos Aires, 1974, p. 157.

[11] Los inmigrantes "que provienen del Asia Menor, sirios, palestinos, armenios, etc. [. . .] son inasimilables por sus idiomas, costumbres y peculiaridades [son] en su mayor parte hombres de tienda, comerciantes que llevan la mercancía a cuesta, etc.", *Resumen estadístico, 1923-1927*, Dirección General de Inmigración, Buenos Aires, p. 29.

"Los barrios"

A medida que iban llegando los grupos migratorios, se distribuían pareja-
mente en la ciudad. No se conformaron conglomerados uninacionales[12] sino
que, de acuerdo con su nivel económico —sin ningún tipo de presión institucional— tendieron a agruparse, según sus lugares de origen, en un mismo
barrio, donde recrearon sus costumbres y fundaron sus instituciones. En determinados casos el nivel de concentración de estos grupos fue muy alto,
como pasó por ejemplo con los judíos en el Once y los armenios en el barrio
de Palermo.

En Argentina no hubo *ghettos*, no existió ninguna concentración étnica
con el tipo de organización y condiciones de vida que pueda considerarse
como tal. Los inmigrantes no estuvieron segregados físicamente, ni sus residentes estaban obligados a vivir en la zona, ni existieron muros que los se-
pararan del resto de la ciudad. Además, el Once no era un área deteriorada,
sino que el valor locativo de la vivienda estaba por encima del valor medio,
por lo menos en los distritos 10 y 11.[13]

En Argentina, sobre todo en la capital, Buenos Aires hubo "barrios". Esto
significa "pertenecer a una unidad difícil de precisar geográfica y culturalmente, pero que por alguna razón, también difícil de precisar, hace que sus
miembros se puedan identificar desde afuera y desde adentro".[14]

El Once

Lo que administrativamente se conoce como barrio Balvanera[15] abarca una
zona muy extensa; por ello es difícil ubicarlo como barrio. El habitante de
Buenos Aires subdividió tácitamente su superficie en núcleos más pequeños
y, aún hasta el presente, reconoce más fácilmente el barrio "del Congreso",
el "del Abasto" y el "del Once", y todo esto es Balvanera. En la parroquia de
Balvanera se fueron asentando distintas comunidades extranjeras, en un comienzo irlandeses y franceses; posteriormente, en el último tercio del siglo
XIX, se instalaron italianos y españoles; por último, a comienzos del presente siglo, comenzaron a radicarse otras colectividades. Se ubicaron en el sector norte del barrio. La colectividad judía se instaló teniendo como eje la calle Corrientes.[16] Los armenios se ubicaron especialmente en dos paralelas a

[12] Korn, *op. cit.*, p. 160.
[13] *Ibidem*, p. 185.
[14] *Ibidem*, p. 160.
[15] El barrio de Balvanera comprende distintos sectores: Balvanera Sur (distrito 10), Balvanera Norte (distrito 11) y Balvanera Oeste (distrito 9), *Censo General de Población, Edificación, Comercio e Industrias de la Ciudad de Buenos Aires*, 1909, p. 15.
[16] *Buenos Aires Nos Cuenta*, núm. 8, 1984, p. 37.

dicha arteria —Tucumán y Lavalle— y en dos calles transversales: Azcuénaga y Larrea.

LA COMUNIDAD JUDÍA

Desde mediados del siglo XIX comenzaron a arribar a Argentina numerosos miembros de la colectividad judía. Llegaron migrantes de los dos grandes grupos que integran al judaísmo y al mismo tiempo lo dividen, los que provenían de Europa Central y Oriental (ashkenazis) —de mayor importancia numérica— y los que procedían, básicamente, de los países árabes parlantes (sefaradíes).

Al igual que el resto de los inmigrantes que llegaron al país, los integrantes de la comunidad judía que se radicaron en Buenos Aires se fueron asentando en diversos barrios de la ciudad. En un comienzo los que llegaban de Europa Oriental ubicaron sus negocios y residencias en la zona céntrica y posteriormente en otros barrios, como el Once y Villa Crespo. Los procedentes de Siria se separaron según sus lugares de origen: los judíos de Damasco se concentraron en los barrios de Barracas y Flores y los de Alepo también se establecieron en el Once, junto con los judíos de Europa Oriental. Finalmente los marroquíes lo hicieron en la zona sur de la ciudad, en el barrio de Monserrat.[17]

Del centro al Once

En el Censo Municipal de 1936 había en Buenos Aires 120 195 judíos, lo que significaba el 5% de la población total de la capital, que ascendía a 2 415 142 personas.[18]

El asentamiento en la ciudad del grupo llegado de Europa Oriental fue sufriendo alteraciones, relacionadas con la situación económica y social por la que transitaba el país. Cuando llegaron, alrededor de 1895, el núcleo principal se ubicó en el centro de la ciudad, en los alrededores de la Plaza Lavalle (actualmente la zona comprendida entre las calles Lavalle, Viamonte , Libertad y Talcahuano). Su inserción laboral se expresó en un mercado informal de trabajo, con pequeñas tiendas y almacenes, vendedores de ropa de segunda mano y casas de empeño.[19]

Paralelamente, el crecimiento demográfico, junto con el cambio físico que

---

[17] V. Mirelman, *En búsqueda de una identidad; Los inmigrantes judíos en Buenos Aires, 1890-1930*, Milá, Buenos Aires, 1988, p. 38.
[18] *IV Censo General de la Ciudad de Buenos Aires*, 1936.
[19] R. Feierstein, *Historia de los judíos argentinos*, Planeta, Buenos Aires, 1993, p. 143.

alteró el rostro de la ciudad —creación de nuevas diagonales, construcción de elegantes y caros edificios con la subsiguiente demolición de miles de viviendas—, tuvo como efecto un importante déficit habitacional. Esta situación produjo un paulatino desplazamiento de este grupo desde la Plaza Lavalle hacia el oeste, en el barrio del Once, zona cercana y más accesible en sus precios que los nuevos edificios céntricos.

De 1907 a 1925 el barrio del Once —el más próximo al centro— pasó a ser la zona de mayor concentración de los judíos en la ciudad de Buenos Aires,[20] convirtiéndolo en foco comercial (y residencial) de los judíos argentinos y asiento de muchas instituciones judías principales.[21]

EL ONCE COMO CENTRO COMERCIAL

Los judíos sefaraditas llegaban al país en forma independiente y solían dedicarse de preferencia al comercio de telas. Su conocimiento del ladino o el español los hizo entrar más fácilmente en la sociedad argentina. Ellos fueron el germen de la instalación de la comunidad en el barrio del Once.[22]

Según relata Nissim Teubal, los originarios de Alepo fueron los primeros judíos en instalarse en este barrio, que antes había sido una zona residencial poblada básicamente por españoles e italianos. Teubal afirma que "en realidad nosotros fuimos los primeros en establecernos en el Once como importadores y mayoristas de tejidos; parientes y amigos vinieron luego a vivir cerca de nosotros y cuantos iban llegando después del extranjero se ubicaron también en nuestra vecindad. Unos y otros se establecían con variedad de negocios de tejidos de algodón, lana y sedas. El final de esta agremiación en el Once tuvo por resultado que la zona se convirtiera en centro de negocios mayorista." Finalmente concluye: "los alepinos en el Once, en Azcuénaga entre Corrientes y Tucumán, extendiéndose luego hasta Lavalle y Viamonte".[23]

Así, cuando comenzó a instalarse el subgrupo judío que llegaba desde la Plaza Lavalle, en su gran mayoría de origen ashkenazi, el barrio contaba con una pequeña comunidad judía ya establecida. Estos nuevos vecinos instalaron sus viviendas y comercios en la zona, donde se establecieron en un principio con pequeños locales que abarcaban las más diversas actividades, sobre todo tejidos, casimires y marroquinería. Progresivamente fueron prosperando hasta transformar el barrio —que más tarde compartieron con los armenios— en el centro comercial más importante de Sudamérica.[24]

---

[20] *Ibidem*, p. 146.
[21] Mirelman, *op. cit.*, p. 44.
[22] D. Samoilovich, "Los judíos y Buenos Aires", *Plural*, año 5, núm. 24, julio de 1980, pp. 25-29.
[23] Teubal, *op. cit.*, p. 171.
[24] T. Kamenszain, "Los barrios judíos", *Plural*, año 4, núm. 22, noviembre de 1979, p. 12.

La calle Corrientes se fue convirtiendo en el corazón del barrio del Once, centro de una febril actividad, donde se mezclaban pequeños negocios textiles y de ropa, junto con almacenes de comida típica, vendedores de diarios en idish, teatros judíos, bancos, organizaciones de crédito, comunidades religiosas.[25] Entre 1907 y 1926 el aumento y la concentración de este grupo étnico habrían de ser ininterrumpidos. Esta situación puede apreciarse en el cuadro 1.

Si analizamos el cuadro 1, observamos que el incremento tanto de la población total (no judía) como la de origen judío del Micro Once fue notable.

CUADRO 1. *Incremento de la población judía en el Micro Once entre los años 1907, 1912 y 1926*

	1907			1912			1926		
Calles	Población total	Población judía	%	Población total	Población judía	%	Población total	Población judía	%
Corrientes	259	21	8.1	294	49	16.6	379	120	31.7
Tucumán	85	3	3.5	120	22	18.3	165	73	44.2
Lavalle	73	5	6.8	98	24	24.5	193	90	46.6
Paso	22	1	4.5	72	9	12.5	82	26	30.6
Larrea	24	1	4.2	56	2	3.6	94	35	37.2
Pasteur	35	3	6.6	79	13	16.5	82	36	43.9
Junín	32	3	9.3	70	18	25.7	73	46	63.0
Cangallo	135	3	2.2	158	6	3.8	197	17	8.6
Castelli	12	—	—	29	1	3.4	28	6	21.4
Uriburu	36	3	8.3	55	5	9.1	68	13	19.1
Azcuénaga	56	3	5.3	123	5	4.0	92	36	39.1
Sarmiento	130	4	3.0	147	9	6.1	199	29	14.6
Total	899	50	5.6	1 301	163	12.5	1 652	527	31.9

COMUNIDAD ARMENIA

Introducción

La inmigración armenia en Argentina no es de las primeras; italianos, españoles, judíos, sirio-libaneses la precedieron.

Si bien existen referencias sobre una presencia aislada y temprana,[26] la

---

[25] Feierstein, *op. cit.*, pp. 157-158.
[26] Binayan, *op. cit.*, pp. 14-15.

primera oleada inmigratoria a Argentina comenzó a fines de la década de 1900, proveniente, en su mayoría, del imperio otomano.[27]

Aun cuando en la decisión de migrar, por lo menos en este primer periodo, pudieron influir causas comunes a casi todos los pueblos migrantes, entre los armenios —así como entre los sirio-libaneses—[28] se agregó la persecución que ejercieron los turcos sobre las minorías del imperio.

La inmigración armenia a Argentina se acrecentó hacia 1920, como consecuencia del genocidio de 1915-1917. El éxodo fue casi total luego de la firma del Tratado de Lausana (1923) que no consideró la "cuestión" armenia.[29] Ese año coincidió con el del saldo migratorio más alto de la década en Argentina.[30]

Una estimación del número de armenios

Con respecto al número de armenios ingresados a nuestro país —mayoritariamente instalados en la ciudad de Buenos Aires y en las zonas suburbanas sur y norte— no existen datos precisos.

Si tomamos en cuenta la estimación actual dada por la misma colectividad, el número de armenios y sus descendientes en Argentina oscilaría entre 80 y 100 mil personas. Esta cifra —a nuestro entender algo elevada— pone en evidencia que su incidencia en la población total del país no es significativa (0.24 por ciento).

Si se retrocede hacia los comienzos de la presencia armenia en Buenos Aires, resulta sumamente complicado determinar el número de inmigrantes, porque hasta 1920 no se los desagregaba de los otomanos. Además, muchos entraron bajo otras nacionalidades (sirio-libanesa, macedonia, "levantina", etcétera).

Debido a esta distorsión, comenzamos un relevamiento de las listas de pasajeros de la Dirección de Migraciones —a pesar de las limitaciones que ellas presentan— con el objeto de tener una aproximación a su número. Según nuestro estudio, desde 1900 hasta 1923 inclusive ingresaron al país 2 220 armenios.[31]

En contraposición a esta cifra, Binayan estima ya dos mil armenios para 1914 en la ciudad de Buenos Aires.[32]

[27] N. Boulgourdjian, "La inmigración armenia en Buenos Aires entre 1900 y 1923. Aspectos generales", en *Temas de África y Asia*, Facultad de Filosofía y Letras, UBA, Buenos Aires (en prensa).

[28] J. Bestene, "La inmigración sirio-libanesa en la Argentina. Una aproximación", *Estudios Migratorios Latinoamericanos*, año 3, núm. 9, agosto de 1988, p. 249.

[29] R. Hovannisian, "La question arménniene en le crime de silence", Flammarion, París, 1984, pp. 54-59.

[30] *Resumen Estadístico de la Dirección General de Migraciones*, 1923-1927, p. XXVII.

[31] Boulgourdjian, "La inmigración armenia en Buenos Aires, *op. cit.*

[32] Binayan, *op. cit.*, p. 74.

Hacia 1934 el Centro Armenio levantó un censo que arrojó 9 400 connacionales en Buenos Aires, sin aclarar si en esta cifra se incluía la zona suburbana.[33]

Existe otro relevamiento informal llevado a cabo por uno de los miembros de la comunidad, según el cual, en 1941, había 18 700 armenios en Buenos Aires y zonas suburbanas. De acuerdo con este estudio, se ubicaron en los barrios del sur de la ciudad —Flores, Nueva Pompeya y Villa Soldati— y en los del centro —Palermo, Urquiza, Colegiales y Villa Crespo.[34]

Tal como señalamos anteriormente, en los censos de 1909 y 1914 los armenios no estaban desagregados de los turcos u otras nacionalidades que integraban el imperio otomano. Apenas en el Censo Municipal de 1936[35] se detectan los llegados con nacionalidad armenia; sin embargo, para los efectos de nuestro estudio, se pierden aquellos que ingresaron bajo otras nacionalidades. (Véase el cuadro 2.)

Según el Censo Municipal de 1936, sobre una población de 2 415 142 en Buenos Aires existían 3 054 armenios, es decir sólo el 0.12 por ciento.

"Trabajo y vecindario"

Entre los armenios, como entre los otros grupos migratorios, un sistema informal de familiares, amigos y "compatriotas" facilitó la inserción de los recién llegados en la sociedad receptora. Tal como lo señala Vécoli[36] para el caso italiano, en "el trabajo y en el vecindario, el inmigrante tendía a quedarse entre los suyos". Las redes familiares facilitaban la búsqueda de un trabajo y un lugar donde vivir.

A pesar de la significativa extracción campesina de los armenios llegados a Argentina, según sus lugares de origen,[37] se establecieron en la ciudad.

Algunos trabajaron en los frigoríficos de La Plata y Berisso. Para ellos éste fue sólo un medio de reunir un pequeño capital y establecerse por cuenta propia.[38]

Tal como afirma Hovannisian:[39]

[33] Actas Institución Administrativa de la Iglesia Armenia. Memoria del Ejercicio de 1934-1935.

[34] O. Der Jachadurian, "Los armenios en la Argentina" [en armenio], *Diario Armenia*, mayo, junio, julio, agosto y septiembre de 1941.

[35] *IV Censo Municipal de 1936*.

[36] R. Vécoli, "Los italianos en los Estados Unidos: Una perspectiva comparada", *Estudios Migratorios Latinoamericanos*, año 2, núm. 4, diciembre de 1986, p. 406.

[37] Véanse similitudes con el caso francés en M. Hovanessian, "L'évolution du statut de la migration arménienne en France", *Sociétés Contemporaines*, núm. 4, diciembre de 1990, p. 57.

[38] M. Lobato, "Una visión del mundo del trabajo. Obreros inmigrantes en la industria frigorífica, 1900-1930", en F. Devoto y E. Míguez (comps.), *Asociacionismo, trabajo e identidad étnica*, CEMLA, Buenos Aires, 1992, p. 215.

[39] M. Hovanessian, "Soixante ans de presence armenienne a Issy-les-Moulineaux", *Revue Europeenne des Migrations Internationales*, vol. 4, 3, 1988, p. 83.

Dejar la fábrica "para ponerse por cuenta propia" significaba el acceso a un status "superior" para los armenios. En el plano de las representaciones, el abandono de la dependencia del mundo industrial marca una etapa decisiva para la revalorización de su identidad, fundada sobre la rehabilitación de ciertos conocimientos adquiridos en su patria.

Las ocupaciones fueron evolucionando. Algunos retomaron los oficios ejercidos en su lugar de origen —zapatero, sastre, joyero, herrero, etc.—, que les permitieron establecerse por cuenta propia. Otros vieron en el trabajo en relación de dependencia o en el comercio ambulante el canal para establecerse por cuenta propia en un futuro más o menos cercano.[40]

Acerca de la ubicación de los armenios en los barrios de Buenos Aires, según observamos en el cuadro 2, se distribuyeron por circunscripciones, en forma uniforme, con concentraciones en la 1ª (20.5%) y en la 18ª (15.8%). Esta última, junto con la 17ª (5.8%), conformó el barrio de Palermo, conceptualizado como el núcleo de la vida comunitaria armenia. Fue allí donde se construyeron el Centro Armenio —inaugurado en 1932— y la Catedral Armenia —consagrada en 1938.

Según las entrevistas realizadas, las redes sociales y las posibilidades ofrecidas por el medio receptor determinaban la elección del lugar de residencia. Así, la circunscripción 1ª, Vélez Sarfield, hacia el oeste de la ciudad (6.9%), la 4ª, la Boca (3.2%), la 3ª, Barracas (6%), hacia el sur de la ciudad y Villa Urquiza (5.5%), hacia el norte, captaron a un porcentaje importante de armenios.

CUADRO 2. *Distribución de la población armenia en la ciudad de Buenos Aires*

Circunscripción	Número	%	Circunscripción	Número	%
1ª Vélez Sarfield	211	6.9	11ª	57	1.9
1ª Nueva Chicago	32	1.0	12ª	33	1.1
1ª Nueva Chicago	628	20.5	13ª	21	0.7
2ª	98	3.2	14ª	18	0.6
3ª (1ª zona)	182	6.0	15ª San Bernardo	70	2.3
3ª (2ª zona)	40	1.3	15ª Villa Devoto	127	4.2
4ª	98	3.2	15ª Villa Mitre	146	4.8
5ª	64	2.1	16ª Belgrano	71	2.3
6ª	55	1.8	16ª Villa Urquiza	169	5.5
7ª	21	0.7	17ª	177	5.8
8ª	87	2.7	18ª	483	15.8
9ª	53	1.7	19ª	50	1.6
10ª	43	1.4	20ª	20	0.7

FUENTE: Censo Municipal de Población (1936).

[40] *Ibidem*, p. 60. Véase la similitud del caso argentino con el francés.

La llegada al Once

El Once, objeto de nuestro estudio, contó con una escasa presencia armenia como lugar de residencia: el 1.9% del total de los armenios de la ciudad. En cambio atrajo a aquellos que se dedicaron al comercio, especialmente mayorista.

Además, y de acuerdo con los *Anuarios Kraft* (véase cuadro 1), durante las primeras décadas de este siglo no se registraron comerciantes armenios en él. Apenas a fines de la década de 1920[41] se ubicaron sus primeros comerciantes, atraídos por el dinamismo comercial que había cobrado el barrio. La tendencia a permanecer entre los suyos hizo que esos primeros comerciantes fueran seguidos por otros durante las décadas de 1930 y 1940, como una continuidad de la cadena migratoria en el ámbito comercial.

Al respecto, encontramos un claro testimonio en Kardashian,[42] quien en su autobiografía explica cómo fue el proceso de su llegada al Once:

Por fin [en 1929] encontré la oportunidad de trabajar establemente. Un connacional [. . .] me llevó casi de la mano y me presentó al señor Haigaz Sary [. . .] en la calle Tucumán 2406, en el barrio del Once, donde comencé a trabajar como cadete [mandadero] con un sueldo de 40 pesos [. . .] La mayoría de los negocios eran casas mayoristas dedicadas a la venta de artículos de mercería en general, y lanas.

Las causas que llevaron a los armenios a instalar sus comercios en el Once fueron ilustradas por nuestros entrevistados. Uno de ellos opinó que "entre 1930 y 1950 el Once fue el centro mayorista. Ya estaban los judíos y los árabes de antes y los armenios dedicados al rubro textil fueron adonde se vendían los textiles. Los del cuero fueron a la calle Boedo, los almaceneros estaban en los distintos barrios; para los textiles el centro neurálgico era el Once".[43]

JUDÍOS Y ARMENIOS EN EL ONCE

Como hemos visto, los armenios se instalaron tardíamente en el Once, donde la comunidad judía estaba asentada desde 1907 como zona residencial y comercial.

Probablemente haciéndose eco de la imagen que la sociedad receptora tenía sobre este barrio, un entrevistado opinó que en el Once "el 90% hacia 1930 y 1940 eran judíos, también habían siriolibaneses que eran mahometa-

---

[41] Binayan, *op. cit.*, pp. 95-96.
[42] H. Kardaschian, *Hagop y su vida*, Buenos Aires, 1985, pp. 51-52.
[43] Entrevista realizada al hijo de un comerciante armenio establecido en el Once en 1934, que continúa el comercio en el mismo rubro que su padre, septiembre de 1995.

nos".[44] Si bien es cierto que la población judía "del Once" fue indudablemente mayoritaria, estos datos no coinciden con nuestro relevamiento. Este hecho puede verificarse en el cuadro 3.

Según este cuadro, en 1941 los judíos representaban el 47.4% de la población relevada. Si a este porcentaje le sumamos el de los armenios instalados en la zona (2.6%), el total del grupo estudiado (1 311 personas) representaría el 50% de la población del Micro Once (2 621 sujetos). Para 1946 los judíos representaban el 48% de la población total y los armenios el 2.8%. En este caso ambos grupos sumaban el 50.8% de la población total (3 098). A través de estos datos podríamos inferir que, en 1946, la mitad de los comercios eran de otras nacionalidades, especialmente italianos y españoles, según consta en los listados del *Anuario Kraft*.

En términos generales encontramos que, en cinco años, se produjo un crecimiento armónico, lento pero sostenido, de toda la población del Micro Once. Esta situación varía según las calles que analicemos, presentándose diferentes alternativas. Por ejemplo, en algunas de ellas encontramos una sustancial disminución de la población judía; tal es el caso de Junín, donde el porcentaje de dicha población decreció del 52.8 al 41.1%, y de Castelli, que de 24.1% bajó al 14.4% (la población armenia se mantuvo estable en Junín). En otras calles el incremento del grupo estudiado fue significativo; por ejemplo en Larrea, del 52.9%, ascendió a 59.3%. Otra variable observada sería la de la calle Azcuénaga, donde el porcentaje de la población armenia ascendió del 7 al 8%, mientras que la judía decreció en términos relativos del 61.5 al 56.8 por ciento.

Hemos observado que si concentramos nuestro análisis en algunas de las calles y en determinadas cuadras del Micro Once, encontramos un alto grado de concentración del grupo estudiado. Esto se puede verificar en las gráficas 1 y 2. En ellas denominamos "otros" a la población que no pertenece a nuestro grupo de estudio (italianos, españoles, árabes, etcétera).

Del análisis de ambas gráficas inferimos que la presencia mayoritaria de judíos y armenios se concentró en las siguientes calles: Corrientes (entre Paso y Larrea), Azcuénaga y Larrea (entre Sarmiento y Lavalle) y finalmente Lavalle (entre Azcuénaga y Paso).

Tanto en 1941 como en 1946 observamos una disminución de la población "otros" y un notable aumento de nuestro grupo de estudio en relación con el resto del Micro Once. Un ejemplo de ello sería la calle Lavalle, que en 1946 concentraba el 90% de judíos y armenios, mientras que "otros" representaba sólo el 10 por ciento.

Probablemente esta altísima concentración observada en las gráficas 1 y 2 fue lo que cristalizó en el imaginario social y se trasladó a todo el Micro Centro (recordemos los testimonios mencionados anteriormente). Sin em-

[44] Entrevista realizada en septiembre de 1995.

CUADRO 3. Incremento de las poblaciones judía y armenia en el Micro Once entre 1941 y 1946

Calle	1941							1946						
	Total población	Población judía	%	Población armenia	%	Total población judía y armenia	%	Total población	Población judía	%	Población armenia	%	Total población judía y armenia	%
Corrientes	505	277	55	4	0.8	281	56	609	338	56	8	1.3	346	57
Tucumán	249	126	51	4	1.6	130	52	264	181	69	1	0.4	182	69
Lavalle	316	177	56	13	4.1	190	60	325	189	58	16	4.9	205	63
Paso	183	102	56	0	0	102	56	227	123	54	1	0.4	124	55
Larrea	187	71	38	28	15	99	53	239	108	45	34	1.4	142	59
Pasteur	168	102	54	0	0	102	54	193	124	64	1	0.5	125	65
Junín	157	83	53	1	0.6	84	54	180	74	41	0	0.5	75	42
Cangallo	270	43	16	0	0	43	16	309	62	20	0	0	62	20
Castelli	58	14	24	0	0	14	24	69	10	14	0	0	10	14
Uriburu	108	54	50	0	0	54	50	137	59	43	0	0	59	43
Azcuénaga	213	131	62	15	7	146	69	250	142	57	20	8	162	65
Sarmiento	187	63	34	3	1.6	66	35	296	78	26	3	1	81	27
Total	2 621	1 243	47	68	2.6	1 311	50	3 098	1 488	48	85	2.8	1 573	50.8

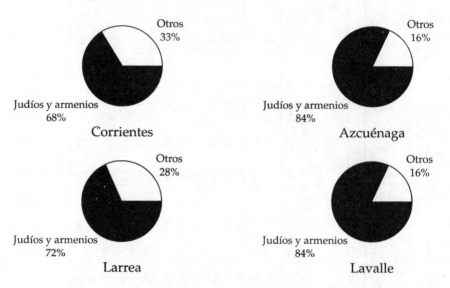

GRÁFICA 1. *Porcentaje de la población armenia y judía en relación con la población total en cuatro calles del Micro Once en 1941*

Otros
33%

Judíos y armenios
68%

Corrientes

Otros
16%

Judíos y armenios
84%

Azcuénaga

Otros
28%

Judíos y armenios
72%

Larrea

Otros
16%

Judíos y armenios
84%

Lavalle

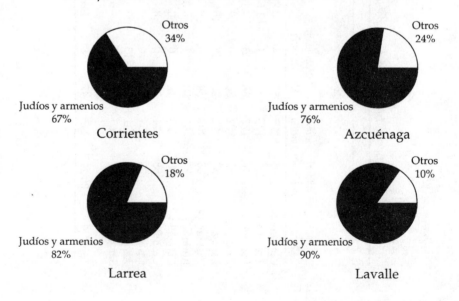

GRÁFICA 2. *Porcentaje de la población armenia y judía en relación con la población total en cuatro calles del Micro Once en 1946*

Otros
34%

Judíos y armenios
67%

Corrientes

Otros
24%

Judíos y armenios
76%

Azcuénaga

Otros
18%

Judíos y armenios
82%

Larrea

Otros
10%

Judíos y armenios
90%

Lavalle

bargo, sólo fue en este núcleo del barrio del Once donde nuestra población se acercaría al 90% del total.

Como ya hemos señalado, la población armenia que se instaló en el Once se dedicó sólo a la actividad comercial, mientras que la de origen judío, además, ubicó allí sus residencias. Ambos grupos coincidieron en su "vocación" por el rubro textil. Esto puede verificarse en el cuadro 4.

Tal como se observa en el cuadro 4, existieron marcadas diferencias entre ambos grupos. Mientras que el de origen judío se diversificó entre el comercio —tanto minorista como mayorista—, la importación y la instalación de fábricas o talleres, el grupo armenio se concentró en el comercio minorista, básicamente en tejidos y, dentro del mayorista, en tejidos y mercerías.

Con referencia a la categoría "Comercio" en su dimensión minorista, entre la población de origen judío se observa la presencia de ciertos indicadores —comestibles (abarrotes, fruterías, carnicerías, panaderías, lechería, etc.); farmacias— que demostrarían que no sólo se trataba de una zona comercial sino también residencial. Además encontramos un alto porcentaje

CUADRO 4. *Radicación de comercios minoristas y mayoristas de origen judío y armenio en el Micro Once, 1907, 1912, 1926, 1941 y 1946*

	1907	1912	1926	1941		1946	
	J	J	J	J	A	J	A
Comercio minorista							
Comestibles*	4	16	44	60	—	49	—
Farmacias	—	—	4			8	—
Sastrerías	3	19	34	59	—	47	—
Peleterías [pieles]	—	4	13	27	—	26	
Tejidos	—	—	97	52	7	58	7
Tiendas	1	7	6	13	1	15	1
Mercerías	2	—	3	38	18	36	10
Roperías [ropa de segunda mano]	1	1	12	30	1	31	2
Compraventa	1	2	9	7	—	5	—
Total	12	49	233	286	27	283	20
Mayorista							
Tejidos	—	—	4	24	6	65	10
Confección	—	—	—	12	4	20	4
Mercería	—	—	—	16	10	23	28
Ropería [ropa de segunda mano]	—	—	—	17	—	19	6
Total	—	—	4	69	20	127	48

* Abarrotes, salchichonería, panadería, carnicería, etcétera.
FUENTE: *Anuario Kraft*, años 1907, 1912, 1926, 1941 y 1946.

de instituciones comunitarias y profesionales. Por el contrario, estas categorías no están presentes entre los armenios. Éstos sólo ubicaron sus comercios en el Once, como ya hemos señalado, mientras que eligieron otros barrios como lugar de residencia.

Por otro lado, se destaca la importancia creciente —entre la población judía— del indicador "tejidos" a partir de 1926 y, en menor escala, los de peletería [pieles], sastrería, y ropería [ropa de segunda mano]. Esta tendencia se incrementa sustancialmente en 1941 y 1946.

Si bien tenemos conocimiento de que estos mismos indicadores estaban presentes entre los armenios, sus comercios se ubicaron fuera del área de estudio durante las primeras décadas. Sin embargo, el grupo armenio estuvo presente, en 1941 y 1946, en el rubro textil, básicamente en las áreas de tejidos y mercerías.

En relación con la categoría "comercio" en su dimensión mayorista se observa su ausencia casi total en los primeros años. Sin embargo encontramos, en 1941, y con mayor énfasis en 1946, que los indicadores tejidos, confección, mercería y ropería están fuertemente representados en ambos grupos. Este hecho cobra singular importancia si tenemos en cuenta no sólo la bibliografía consultada sino también la opinión de todos nuestros entrevistados, quienes coincidieron en señalar que una de las actividades de mayor peso en el Once fue la textil, en su dimensión mayorista.

Según el cuadro 5, la categoría "importación", en su indicador "tejidos", está sustancialmente representada entre la población de origen judío ya desde 1926, con un notable incremento en 1941 y 1946; lo mismo sucede con la categoría "fábricas".

Un indicador fundamental que demostraría que el Once era un lugar de residencia para gran parte de la comunidad judía sería la presencia de numerosas instituciones comunitarias, entre ellas sinagogas, asociaciones de ayuda mutua y de beneficencia, escuelas e instituciones vinculadas a la educación, clubes, bancos y cooperativas, asociaciones varias, y sobre todo la sede de las dos entidades que son el eje de la vida de la colectividad judía argentina: la AMIA y la DAIA.

A diferencia de la realidad judía, la población armenia no contó con instituciones de carácter comunitario en el Once sino que, tal como dijimos anteriormente, aquéllas se establecieron en los barrios elegidos como lugar de residencia, en particular Palermo —tomando como eje la calle Armenia entre las calles Córdoba y Cabrera— y en barrios más alejados, como Flores Sur y Liniers.

En otro orden de cosas, habría que destacar la presencia de profesionales judíos en este barrio, sobre todo médicos y dentistas.

CUADRO 5. *Radicación de importadores. Fábricas y profesionales de origen judío y armenio en el Micro Once*

	1907	1912	1926	1941		1946	
	J	J	J	J	A	J	A
Importación							
Tejidos	—	4	25	57	3	71	5
Mercería	—	—	—	—	1	4	—
Joyería de fantasía	—	—	—	2	—	—	1
Confección	—	—	—	—	—	1	1
Fábricas							
Gorras	—	7	14	7	—	15	—
Camisas	—	—	—	28	—	32	—
Corbatas	—	—	—	12	—	15	—
Tejidos	—	—	—	7	—	7	—
Impermeables	—	1	3	3	—	13	—
Artículos de cuero	—	—	—	24	—	30	—
Blancos	—	—	—	6	—	8	—
Calzados	—	—	—	—	1	1	1
Lencería	—	—	—	2	—	1	1
Total	—	8	17	89	1	122	2
Profesional							
Contador público	—	—	—	2	—	4	—
Dentista	—	—	—	2	—	9	—
Médico	—	—	—	5	1	11	—
Otros	—	—	—	1	—	4	—
Total	—	—	—	10	1	28	—

FUENTE: *Anuario Kraft*, años 1907, 1912, 1926, 1941 y 1946.

Cordial competencia

Las similitudes de experiencias vitales de nuestro grupo de estudio en sus lugares de origen —ambos provenían de imperios multinacionales, como el zarista y el otomano— así como sus estrategias para la sobrevivencia (muchos fueron vendedores ambulantes hasta su radicación definitiva),[45] y su inserción comercial en el Once, despertó nuestro interés por conocer el carácter de sus relaciones, tanto personales como comerciales.

Según el relato de Hagop Kardashian,[46] "la mayor parte de los clientes eran vendedores ambulantes, árabes o judíos, y para atenderlos no tuve otro remedio que aprender palabras y números en sus idiomas". Contamos tam-

[45] R. Vécoli, "Problemas en estudios comparativos en las comunidades internacionales emigrantes", en *The Lebanese in the Word: A Century of Emigration*, Taurus, Londres, 1992.
[46] Kardaschian, *op. cit.*, p. 52.

bién con el testimonio de un informante que nos manifestó que "las relaciones entre judíos y armenios eran amistosas, de vecindad, de competencia y de mutuo respeto. Los judíos nos ganaban en la confección. La clientela nuestra era en su mayoría judía y del interior".[47] Esta afirmación coincide con la de otra informante, de origen judío, quien nos comentó que "éramos de Coronel Suárez, provincia de Buenos Aires, y mi padre tenía un comercio de ramos generales. Yo me acuerdo bien de haber visto facturas de mayoristas armenios del Once a quienes les comprábamos".[48]

La información obtenida nos permitiría inferir que las relaciones entre armenios y judíos en el Once fueron armónicas y fluidas.

Por otra parte, a partir de la información brindada por nuestros entrevistados, inferimos que esas relaciones se centraron en el ámbito comercial. No hemos podido detectar si se extendieron al ámbito personal o social. Esta situación sería acorde con el comportamiento asumido por todos los grupos migratorios, en su primera y hasta segunda generación. En general esta actitud tendió a cambiar en generaciones posteriores, donde la interacción se extendería a lo social y familiar como consecuencia natural de la apertura hacia la sociedad.

CONCLUSIONES

Las comunidades judías y armenias, llegadas tanto a Argentina como al barrio del Once en tiempos diferentes, coincidieron en compartir dicho barrio, así como la actividad comercial. Pero mientras los armenios se abocaron al comercio en sus dimensiones mayorista y minorista, fundamentalmente en el rubro textil, la población de origen judío, además, se diversificó en la actividad fabril y en la importación, sobre todo en el rubro textil. Como hemos señalado, un hecho que demostraría que el barrio del Once era para parte de la comunidad judía no sólo un ámbito laboral sino residencial fue la proliferación del comercio minorista, básicamente el de al alimentación, así como la ubicación de entidades étnicas que se constituyeron en el eje de la vida comunitaria judía.

El hecho de que esta zona estuviera habitada por un alto porcentaje de población judía fue probablemente lo que contribuyó a crear en la sociedad la imagen del Once como un "barrio judío" exclusivamente. Sin embargo, del análisis del Censo Municipal de 1936, así como de nuestros datos, podríamos concluir que, además de la población judía, estaban radicados italianos, españoles, armenios y árabes.

Según nuestro trabajo, no podemos llegar a la conclusión de que en el pe-

---

[47] Entrevista realizada en septiembre de 1995.
[48] *Idem.*

riodo estudiado las relaciones entre armenios y judíos se extendieran al ámbito personal. Esta situación variaría en décadas posteriores, teniendo en cuenta el comportamiento similar de todos los grupos migratorios.

En síntesis, las relaciones entre los miembros de nuestro grupo de estudio fueron, en general, de "competencia y mutuo respeto".

ALEMANES, JUDÍOS Y JUDÍOS ALEMANES EN EL URUGUAY DE LOS AÑOS 1920 Y 1930

Dieter Schonebohm*

Was ist das für ein Land,
das an den Fingern reisst,
wenn man den Koffer hebt.

Herta Müller[1]

Emigrantes y exiliados: Preguntas introductorias

Alemanes y judíos han llegado a Uruguay casi desde los inicios de la vida independiente del país, en la tercera década del siglo XIX, aunque en el caso de los últimos no existe documentación por nombres antes de 1907. Esta presencia de extranjeros respondió a una variedad de acontecimientos a corto plazo y procesos a mediano y largo plazos, que imposibilitaron su permanencia en sus respectivos países de origen.

Como país de baja densidad poblacional original, Uruguay, al igual que la vecina Argentina, el sur de Brasil y Chile, creció y se desarrolló bajo el impacto de una inmigración masiva procedente de diferentes países europeos. En su contexto, el ingreso de alemanes y judíos tuvo un peso cuantitativo menor, si lo comparamos con las vertientes mayoritarias, de Italia y España. Sin embargo, en términos cualitativos la presencia de ambas colectividades se hizo sentir en la vida cultural, económica, social y política del país y se tornó visible a los ojos de la población uruguaya en general, a través de la creación de redes institucionales propias.

Esta ponencia abarca dos décadas, de características diferentes y separadas por los acontecimientos políticos del año 1933: en Alemania, los nacionalsocialistas bajo Adolf Hitler se establecen en el poder (30 de enero a 23 de marzo de 1933); en Uruguay, el presidente Gabriel Terra protagoniza un gol-

---

* Universidad de Montevideo.
[1] Escritora; nació en Rumania (región de Timisoara, con una fuerte minoría de población de origen alemán); tuvo que abandonar el país, para radicarse, a partir de 1987, en Berlín. Traducción de la cita: "Qué país es éste, que casi te arranca los dedos cuando levantas la maleta", *Barfuessiger Februar*, Rotbuch, Berlín, 1987.

pe de Estado (30-31 de marzo de 1933), que instala una dictadura civil, apoyada por los sectores más conservadores del Partido Colorado y del Partido
Nacional (o Blanco), ambos dominantes en la política uruguaya desde la primera mitad del siglo pasado. En una coyuntura política en que una parte de
la población uruguaya se manifestaba en favor de la garantía de los derechos civiles en su país, comenzó la llegada de los perseguidos del nazismo.
Al mismo tiempo la causa de la República española conmovió a la opinión
pública y condujo a la formación de un movimiento de solidaridad con ella.[2]

Este trasfondo lleva a una aclaración relacionada con los términos "emigrante" y "refugiado". Las estadísticas alemanas anteriores a 1924 consideraron emigrantes a todas aquellas personas que viajaban en tercera clase o
en el entrepuente. En cambio, quienes iban en camarote fueron clasificados
como viajeros. En 1924 se adoptó la definición de la Oficina Internacional de
Trabajo, según la cual "un emigrante era el que tenía la intención de quedarse en el extranjero más de 12 meses, sin reparar en la clase de navío".[3]

Sin embargo, este criterio más objetivo y menos clasista no logra diferenciar entre la decisión de una persona de abandonar su país de origen debido a su situación socioeconómica o las limitaciones a sus posibilidades de
expresión cultural, y la decisión de refugiarse ante amenazas contra su integridad psicofísica y la de sus familiares. Sigue subsistiendo, en el primer
caso, una —en los hechos muchas veces hipotética— libertad de decisión entre dos opciones, que no implica un peligro inmediato para la vida de quien
la adopta. La mayor parte del movimiento migratorio alemán a ultramar en
el transcurso del siglo pasado se adapta a este criterio, revistiendo características estructuralmente similares al actual flujo continuo de habitantes de
países africanos, asiáticos y americanos —y más recientemente del este y sureste europeo— hacia Europa Occidental y Noroccidental, así como a América del Norte.

Este movimiento secular, en cuyo transcurso decenas de millones de europeos abandonaron el Viejo Continente, entre ellos aproximadamente siete
millones de habitantes de los estados alemanes y de la Alemania imperial,
fue interrumpido por periodos con picos migratorios. Éstos respondían a
persecuciones de carácter ideológico-político —por ejemplo en la década de
1850, tras el fracaso de la revolución democrática en los estados integrantes
de la Confederación Alemana—, o racista, durante el periodo nazi; quienes
lograron escapar no fueron emigrantes en un sentido amplio, sino, más es-

[2] Este movimiento es el objeto del estudio de Álvaro Perroni, *El movimiento de solidaridad con la República española en Uruguay durante los años de la Guerra Civil, 1936-1939,* Facultad de Arquitectura, Universidad de la República, Montevideo, 1994, mimeo.

[3] Statistik des Deutschen Reichs, Neue Folge, tomo 306, p. 225, citado en H. Kellenbenz y J. Schneider, "La emigración alemana a América Latina desde 1821 hasta 1930", *Jahrbuch fur Geschichte von Staat, Wirtschaft und Gesellschaft Lateinamerikas* 1976, tomo 13, p. 391.

pecíficamente, refugiados en busca de un país de exilio que, con los años, se convirtió en residencia definitiva. En el caso del periodo comprendido entre los años 1933 y 1945, el proceso de emigración desde Europa Central —y más específicamente desde Alemania— y búsqueda de refugio hace referencia a móviles y causales de orden político.[4]

En el caso de la mayoría de los refugiados de la persecución nacionalsocialista, "judío" y "alemán" fueron sinónimos; se trataba de judíos alemanes o alemanes judíos,[5] que ocuparon un lugar importante en el conjunto del movimiento migratorio a América Latina, incluyendo Uruguay. Sin embargo, estuvieron lejos de constituir la mayoría de la población judía del país, dado que, bajo el aspecto cuantitativo, prevaleció el componente de Europa Oriental.

Si los países de origen y los móviles de emigración y búsqueda de refugio en el Río de la Plata variaron de la década de 1920 a la de 1930 (sobre todo en su segunda mitad), es de suponer que variaron también: a) el desarrollo institucional de las respectivas comunidades; b) las estrategias individuales de inserción social, económica, política y cultural, y c) las respuestas a las exigencias impuestas desde afuera, de definir una identidad y de actuar de acuerdo con ella. El relato sucinto del desarrollo de la colectividad, que se hará en los siguientes capítulos, puede aportar elementos respecto al primero y, de forma general, al segundo de los puntos mencionados.

Sin embargo, la inmigración y el exilio judíoalemán[6] de los años treinta reviste características específicas, tanto en comparación con las demás vertientes migratorias judías como con la presencia alemana no judía, frente a la cual debía actuar. En consecuencia, la ponencia tratará de encontrar respuestas a tres preguntas. ¿En qué se diferenció la inserción de los inmigrantes judíos alemanes de los años 1930 de la de los procedentes de Europa Oriental de los años 1920? ¿Cómo se compara con la colectividad alemana preexistente en el país? ¿Qué influencia ejercieron los acontecimientos euro-

[4] "El término 'emigrante' [. . .] define una persona que, por motivos políticos (en el sentido más amplio), fue obligada a abandonar su patria, existiendo una diversidad de móviles: oposición política, discriminación racial y disidencia cultural o científica", Patrik von zur Muehlen, *Fluchtziel Lateinamerika: Die deutsche Emigration 1933-1945*, Neue Gesellschaft, Bonn, 1988, p. 11.

[5] En el contexto de su evaluación de una encuesta entre inmigrantes y refugiados judíos procedentes de Alemania a Argentina, observa Elena Levin: "Una de las dificultades que encontramos al comenzar la decodificación de las encuestas fue el nombre con que designaríamos a las personas que entrevistamos: alemanes, alemanes judíos, judíos alemanes, argentinos, etc. Nuestra confusión se fue develando a medida que los encuestados mostraban su propia confusión respecto de ellos mismos"; Elena Levin, *Historias de una emigración (1933-1939): Alemanes judíos en la Argentina*, Manrique Zago, Buenos Aires, 1991, p. 97.

[6] Con Elena Levin, "utilizamos el término 'judío' en su sentido más amplio, superando toda interpretación meramente religiosa, nacionalista, racista o unilateral. En este texto, el vocablo comprende *todo aquel* que por razones familiares o de colectividad se encuentra ligado de algún modo a las tradiciones culturales, religiosas, filosóficas o históricas del pueblo judío"; Levin, *op. cit.*, p. 25.

peos y, sobre todo, el régimen nazi, sobre el accionar de emigrantes y exiliados alemanes y judíos en Uruguay hasta 1941?

CAMINOS SEPARADOS: ALEMANES Y JUDÍOS HASTA FINES DE 1932

El movimiento migratorio: Algunos datos

Entre los países destinatarios de la emigración alemana —y, como se verá, también de la judía— destacan, particularmente a partir del decenio de 1830, los Estados Unidos de América. En los doce años anteriores (1818-1830) Brasil ocupó el primer lugar como destino, ingresando aproximadamente 40 mil personas a este país,[7] mientras que entre 1830 y 1900 Brasil fue el tercer receptor de inmigrantes procedentes de Alemania, después de Estados Unidos y Canadá. De un total de 5 079 096 emigrantes registrados entre 1846 y 1931, 4 505 091 (88.7%) se dirigieron a Estados Unidos y Canadá, 132 483 (2.6%) a los países americanos de habla española —aproximadamente la mitad de ellos a Argentina— y 147 170 (2.9%) a Brasil.[8]

En términos absolutos, así como en cuanto a su importancia relativa en el total del movimiento migratorio alemán, Uruguay cumplió un lugar subordinado como destino. En ningún momento atrajo más de 0.2% del total de los emigrantes alemanes. Sobre la base de los saldos migratorios de los censos nacionales[9] y las estadísticas del movimiento de pasajeros por el puerto de Montevideo, como única terminal marítima de ultramar, se ha calculado en 3 304 el número de alemanes ingresados al país entre 1879 y 1903, y en 13 077 para el periodo entre 1904 y 1940.[10]

Cabe señalar que durante todo este lapso, con excepción del quinquenio 1936 y 1940, en ningún momento el saldo de la migración alemana, así como tampoco el de la austrohúngara, llegó a acercarse al de la italiana y española. Sin embargo, en un entorno de estancamiento generalizado del movimiento durante el quinquenio mencionado, los registrados como alemanes ocuparon el primer lugar; se trataba, en su abrumadora mayoría, de refugiados judíos.

Esta observación acerca de la inmigración de habla alemana refleja la composición del movimiento de emigración, que se originó en Alemania (en 1933), Austria (1934 y 1938) y Checoslovaquia (1938), del cual alrededor de

---

[7] Kellenbenz y Schneider, *op. cit.*, p. 387.

[8] *Ibidem*, p. 394.

[9] Durante el siglo XX se efectuaron solamente cuatro censos nacionales de población, en 1908, 1963, 1975 y 1985. El quinto está previsto para el primer trimestre de 1996.

[10] Juan José Arteaga y Ernesto Puiggrós, "Inmigración y estadística en el Uruguay, 1830-1940", en Instituto Panamericano de Geografía e Historia (comp.), *Inmigración y estadísticas en el Cono Sur de América*, México, 1990, pp. 271, 272.

94% correspondía a judíos. Familiares y cónyuges de matrimonios "mixtos", así como personas perseguidas por razones políticas e ideológicas, representaron solamente 6% del total de la emigración. La mayoría de los refugiados alemanes no judíos —entre 22 y 36 mil personas, de un total de entre 59 y 65 mil— abandonaron su país ya en 1933; "el movimiento posterior de emigración fue casi exclusivamente judío".[11]

Al igual que en el caso alemán, el grueso de los emigrantes y refugiados judíos procedentes de Europa Oriental y Central se dirigía hacia Estados Unidos; aunque los países de América Latina ocupaban también un lugar destacado como receptores. Mientras entre 1881 y 1915 una abrumadora mayoría de los alrededor de 2 400 000 migrantes se dirigía a Estados Unidos (2 040 000 personas, equivalente a 85%), Argentina se ubicó en segundo lugar (113 mil personas, 5%) y Canadá en tercero (105 mil, 4%). Una vez concluida la primera Guerra Mundial, entre 1915 y 1948, Estados Unidos recibía, de un total de 1 600 000 personas, 650 mil (41%), seguido por el territorio del futuro Estado de Israel (485 mil personas, equivalente a 30%) y Argentina (115 mil, equivalente a 7 por ciento).

En este periodo muy amplio, que incluye a los refugiados del nazismo y los sobrevivientes del Holocausto, 125 mil personas (8%) se dirigieron a diversos países extraeuropeos, no latinoamericanos, y 140 mil (9%) a América Latina, con excepción de Argentina.[12] En la primera fase de este periodo histórico, es decir, durante los años 1920 y hasta 1932, Uruguay recibió el mayor número de sus inmigrantes judíos, procedentes sobre todo de Europa Oriental. En el total de la población judía uruguaya esta vertiente ashkenazi se estima en 70% del total; 15% corresponde a la ashkenazi procedente de Europa Central, 12% a la sefaradí y 3% a la húngara.[13] El grueso de la población judía de habla alemana ingresó entre 1935 y 1939, con un promedio anual de dos mil personas y un total de entre seis y nueve mil;[14] pero ya en 1940 el número anual de ingresos bajó a 373.[15] Este ingreso se produjo a pesar de la adopción de una serie de medidas legales contra la inmigración en los años 1932 y 1936.[16]

[11] Von zur Muehlen, *op. cit.*, p. 12.

[12] Cifras según *Enciclopedia Judaica,* Keter, Jerusalén, 1971, tomo 16, columnas 1518-1529.

[13] Estimaciones de Rose Perla Raicher, *Enciclopedia Judaica,* tomo 16, pp. 10-11.

[14] Rose Perla Raicher, "Asilo en el Uruguay de refugiados judíos perseguidos por el nazismo", AMILAT (comp.), *Judaica Latinoamericana,* Magnes, Universidad Hebrea, Jerusalén, 1988, p. 71.

[15] Teresa Porzecanski, *Historias de vida de inmigrantes judíos al Uruguay,* Kehilá-Comunidad Israelita del Uruguay, Montevideo, 1986, p. 22.

[16] Se trata de un conjunto de leyes y decretos: la ley núm. 8868 (29-8-1932), la llamada "ley de indeseables", tres decretos del Ministerio de Industrias (6, 9 y 15-9-1932), uno del Ministerio de Relaciones Exteriores (16-9-1932) y uno del Ministerio del Interior (17-9-1932). El obstáculo principal a la inmigración a partir de este año lo constituyeron el artículo 4 de la ley núm. 8882, los artículos 1 y 4 del decreto del 6-9-1932 y el artículo 1 del decreto del 9-9-1932. Este último estipuló el pago de $600 de la época, *per capita,* de mayores de 18 años, si no venían con-

Inserción socioeconómica y desarrollo institucional

La inmigración alemana y la judía tienen, aparte de ser corrientes minorita-rias en el conjunto del movimiento, algunos elementos en común. En primer lugar, en ambos casos se desarrolló una actividad económica, científica y cultural con proyecciones, más allá de las fronteras comunitarias, hacia el conjunto de la sociedad. En el marco de fuertes cambios socioeconómicos y jurídicos[17] a partir del último cuarto del siglo XIX, así como de la pacificación definitiva del país[18] y del establecimiento de reglas de juego democráticas, aquélla, a su vez, se mostró receptiva a los aportes de los nuevos residentes.

Con las tierras productivas distribuidas y cercadas los inmigrantes, a la hora de su llegada al Uruguay, ya no tuvieron muchas opciones para su in-serción en la vida económica. Esto vale, más que para la corriente alemana y suiza del siglo pasado, para la judía del siglo actual, que, casi forzosa-mente, tenía que dirigirse a las ciudades y, sobre todo, a la capital.

En segundo lugar, los inmigrantes asignaron una importancia funda-mental a la vida comunitaria y a la creación de una red institucional capaz de cubrir varias necesidades básicas: contactos y amigos, ayuda en la bús-queda de trabajo, atención de la salud, lugares de culto, educación, vida cul-tural y deportiva. A pesar de su número reducido, ambas colectividades lograron establecer una amplia gama de instituciones; presentamos a conti-nuación un breve esbozo de su desarrollo.[19]

tratados de antemano o si no tenían invitación de un familiar residente en el país. Véase *Regis-tro Nacional de Leyes y Decretos* (1932, pp. 518, 533-534 y 541-542).

Para los refugiados centroeuropeos esta exigencia se constituyó en un serio obstáculo, aun-que en su caso las restricciones impuestas por la ley núm. 9604 (13-10-1936) —exigencia de que todos los inmigrantes deberían portar certificados consulares de buena conducta, de arte u ofi-cio, de salud y de ausencia de actividades "político-sociales" consideradas peligrosas—, y las amplias facultades que otorgó a las autoridades locales de migración, tuvieron consecuencias mucho más serias, como se vería, por ejemplo, en el episodio del *Conte Grande* (véase abajo). A estas restricciones hay que agregarles el impuesto por el abandono del Reich [*Reichsfluchtsteuer*] de 1931, del cual el régimen nacionalsocialista se servía intensamente, mientras todavía permi-tía la emigración.

[17] Mencionamos sobre todo el alambrado obligatorio de los campos, la adopción del Códi-go Rural y la introducción de la escuela primaria general, obligatoria, laica y gratuita en todo el país (reforma del sistema educativo de José Pedro Varela), así como la expulsión de los gau-chos del campo y la instalación definitiva de la ganadería extensiva.

[18] La última guerra civil entre el gobierno central en manos del Partido Colorado, en Mon-tevideo, y las tropas anticentralistas del norte del país, que respondieron al Partido Nacional (o Blanco), finalizó en 1904 con la victoria colorada.

[19] En esta descripción, en lo referido a la colectividad alemana, también se hace referencia a la presencia suiza en el país. Esto responde al hecho de que inmigrantes de habla alemana pro-cedentes de Alemania y de Suiza participaron conjuntamente en varias instituciones comuni-tarias. La presentación de la inmigración alemana se apoya en María del Carmen Medina Pin-tado, *La presencia alemana en el Uruguay, 1850-1930*, Montevideo, 1986, pp. 40-70, y en Bernd Mueller, *Deutsche Schule Montevideo, 1857-1988*, Sociedad Escolar Alemana de Montevideo, Montevideo, 1992, pp. 9-15.

La presencia alemana en Uruguay se remonta hasta principios del siglo XIX, cuando, al decir del historiador J. P. Barrán,

los extranjeros, en realidad, ya habían poblado al país y se estaban integrando a la nacionalidad en la misma medida en que la habían conformado. El siglo XIX fue su obra. Montevideo en 1943 tenía dos extranjeros cada tres habitantes y en 1860 uno cada dos. El siglo XX fue, en cambio, hecho por los hijos y nietos de los extranjeros, los uruguayos: Montevideo en 1908 tenía un extranjero cada cuatro habitantes.[20]

Durante las primeras cuatro décadas del siglo pasado se inauguraron los primeros establecimientos comerciales en Montevideo, mientras paralelamente se produjo el ingreso de un número indeterminado de empleados urbanos y rurales. A estos dos grupos de no más de alrededor de 650 personas en total, hasta 1842, se sumó un tercero de cierto peso económico en el interior rural del país: los empresarios estancieros.

Paralelamente se recibieron, en Uruguay, los primeros impulsos para la organización de una vida comunal, cuando en 1843 se fundaron una iglesia y una escuela evangélica en la vecina Buenos Aires. Después de un intento fracasado de repetir la experiencia, en 1846, apenas 11 años más tarde, en 1857, el pastor evangélico Otto Woysch logró fundar definitivamente una escuela alemana como parte de la comunidad evangélica. En 1865 se abrió una escuela en la localidad de Nueva Helvecia, departamento de Colonia, seguida por la fundación, en 1866, del Club Alemán de Montevideo, el cual sigue existiendo hasta el presente.

En 1878 la escuela y la comunidad evangélica fueron separadas. Con la creciente emigración a América Latina durante la Gran Depresión, entre 1873 y 1895, aumentó la presencia alemana (y suiza) en el país. Entre 1880 y 1890 se crearon tres nuevos centros religiosos —Padres Pallotinos, Hermanas Alemanas y Padres Redentoristas— y se inauguró, en 1882, la Caja Alemana de Ahorro, seguida, en 1884, por la Sociedad Alemana de Ayuda Mutua y, en 1885, por la Asociación Cultural y Sinfónica.

A partir de principios del siglo XX apareció una cuarta vertiente de nuevos residentes en el país, la de colonos agrícolas, sobre todo en los departamentos del suroeste y oeste del país (Colonia, Soriano, Río Negro y Paysandú). Finalmente, en el marco de la política de reformas sociales y educativas del primer gobierno de José Batlle y Ordóñez (1903-1907), se crearon varios institutos estatales de investigación científica; uno de ellos, la Escuela Superior de Agronomía, contrató directamente científicos alemanes. En los años 1904 y 1907, cuando la colectividad alemana se manifestaba a través de una

[20] José Pedro Barran y Benjamín Nahum, *Batlle, los estancieros y el imperio británico*, t. 1, *El Uruguay del novecientos*, Ediciones de la Banda Oriental, Montevideo, 1979, p. 90.

serie de instituciones ya instaladas, llegaron a Uruguay los dos primeros inmigrantes judíos conocidos, como precursores de la inmigración masiva de las décadas siguientes. Como contraste, ya en 1913 la Sociedad Escolar Alemana inauguró un edificio propio que sirvió al colegio y al liceo durante 33 años.

A pesar de que una característica de la inmigración judía fue su presencia en el medio urbano, ya en 1914 un grupo de colonos inició una colonia agrícola, la colonia "19 de abril", en el departamento de Paysandú. Se trató de la única experiencia de este tipo en Uruguay, y tuvo una duración de más de 20 años. Otro intento fracasó en el término de apenas tres años.[21]

La vida en comunidad comenzó a desarrollarse a partir de la formación de las comisiones de entierro sefaradíes y ashkenazis, en 1916. El cementerio judío en la ciudad de La Paz, a pocos kilómetros de Montevideo, se inauguró en 1917. En 1918 se constituyó la primera organización sionista (Agudat Zion, Dr. Tschlenov) en Uruguay, a la cual le siguió una serie de organizaciones que respondieron al ingreso masivo de judíos procedentes de Europa Oriental en la década de 1920.

En 1925 se fundaron el primer Club Obrero, de orientación izquierdista, el cual posteriormente se llamaría Centro Obrero Cultural Morris Winchevsky, con biblioteca y cuadro dramático, y la primera Caja de Ayuda Mutua. Cuatro años más tarde el partido inauguró su primer lugar de reunión en el barrio Reus, al norte, mejor conocido como Villa Muñoz, donde residía la mayoría de los inmigrantes de Europa del Este.

Cada grupo de inmigrantes, según su procedencia, residió en diferentes barrios de Montevideo: los sefaradíes, en la Ciudad Vieja, los del Este europeo, en los dos barrios Reus (al sur y al norte), los de origen alemán en el centro, al igual que los húngaros. Las cuatro comunidades se fundaron en los años 1932 y 1936 (la Nueva Congregación Israelita, de los judíos de habla alemana).

En 1932 —año en el cual los efectos negativos de la crisis económica mundial en Uruguay llegaron a su máxima expresión— se registraron también con claridad los síntomas del ascenso del nacionalsocialismo, al fundarse una agrupación local del partido NSDAP. Sin embargo, en el mismo año, se estableció también el Club Cultural de Obreros, de habla alemana y de orientación antifascista, de modo que ya antes de 1933 los acontecimientos europeos influyeron fuertemente sobre la actuación de las dos colectividades, que hasta entonces habían seguido un desarrollo separado y sin contactos entre sí.

[21] Gregorio Mostovich, "Trabajando en instituciones económicas judías de izquierda. 1925-1939. Referencias a la colonia agrícola Tres Árboles", en Haim Avni, Rosa Perla Raicher y David Bankier (comps.), *Historia viva: Memorias del Uruguay y de Israel*, Instituto de Judaísmo Contemporáneo, Universidad Hebrea, Jerusalén, 1989, pp. 26-30.

A esta altura la diferencia principal entre ambas se relaciona con el tiempo de su presencia en el medio; mientras muchos integrantes de la alemana habían logrado, a lo largo de varias generaciones, una inserción económica y social plena en el Uruguay, así como la creación de una red de instituciones sociales, económicas, educativas y deportivas, los nuevos residentes judíos apenas habían terminado de (re)construir sus vidas y su colectividad.[22] Procedentes de Europa Oriental en su mayoría, estaban aprendiendo el idioma español, mientras seguían hablando idish entre sí. Los dos principales diarios en este idioma, *Folksblat* y *Unzer Fraint*, ni siquiera se habían fundado.

Por otro lado, a la hora de asumir Hitler en Alemania, las noveles instituciones de la colectividad judía organizada, en toda su diversidad, desempeñaron un papel importante para facilitar el ingreso y la inserción de los inmigrantes y exiliados de los años treinta. Las alemanas, en cambio, se convirtieron, en su mayoría, en "correas de transmisión" de la voluntad del partido nazi, a través de su "organización para el exterior" (Auslandsabteilung).

1933 Y DESPUÉS: LA "IRRUPCIÓN" DEL MUNDO EXTERIOR EN URUGUAY

Actividades nazis y política del gobierno uruguayo

El 25 de febrero de 1939 el buque italiano *Conte Grande*, con pasajeros provenientes de Europa, entre ellos muchos judíos procedentes de la Alemania nazi, atracó en el puerto de Montevideo. En virtud de las disposiciones legales vigentes en materia de inmigración, 68 pasajeros que querían ingresar al Uruguay fueron rechazados y siguieron viaje a Buenos Aires, donde tampoco serían aceptados.

Días después, en Montevideo, se realizó una importante reunión del Consejo de Ministros del Uruguay, en la cual se trató el tema. Se resolvió no permitir el desembarco de "determinados pasajeros" [entiéndase judíos] de los vapores *Conte Grande* y *General San Martín* —llegado este último el día 27— porque sus pasaportes, visados por un funcionario del consulado uruguayo en París, fueron incorrectos.

Hasta aquí el relato de M. Feldman[23] de un episodio revelador del hecho de que Uruguay fue más que un simple testigo a miles de kilómetros de las

---

[22] "Durante los años 30 habían logrado los 25.000 judíos (cifra aproximada) viviendo en el Uruguay, en el seno de una población de más de 2 millones, crear los fundamentos de su vida pública interna", Raicher, "Asilo en el Uruguay. . .", p. 68.

[23] Miguel Feldman Joffe, "El caso del *Conte Grande*: Inmigración y antisemitismo en el Uruguay", en *Vida y muerte en comunidad*, Kehilá-Comunidad Israelita del Uruguay, Montevideo, 1990, p. 83.

persecuciones desatadas por el nazismo en Europa. También en Uruguay organizaciones sociales, sindicatos y partidos políticos, entre otros, tomaron posición, y el fantasma del antisemitismo estuvo presente en la actuación de las autoridades.

No fue por primera vez; ya en las postrimerías de la Revolución de octubre en Rusia y la Semana Trágica de Buenos Aires, entre el 7 y el 17 de enero de 1919, también en Montevideo las autoridades acusaron a los "rusos" de querer desestabilizar al gobierno nacional. En aquel entonces, en un contexto de crisis económica como consecuencia de la primera Guerra Mundial, la fuerte actividad sindical de corte anarquista inquietaba a las cúpulas políticas. Cientos de obreros, entre ellos muchos judíos, fueron presos en diciembre de 1918 y, sobre todo, en enero de 1919. Con la ayuda de la prensa liberal y la defensa legal del líder socialista Emilio Frugoni, recuperaron su libertad durante ese mismo mes.[24]

Veinte años más tarde se encontró una solución al problema del *Conte Grande:* los pasajeros judíos, cuya documentación era supuestamente falsa, recibieron el permiso del gobierno chileno de radicarse en el país trasandino. Este caso, el de mayor trascendencia pública, revela el endurecimiento oficial hacia la inmigración y la voluntad de las autoridades de hacer cumplir las disposiciones legales de 1932 y 1936.

Este cambio en la política uruguaya se produjo en el marco de una relación estrecha entre el gobierno autocrático de Gabriel Terra y el régimen nacionalsocialista. De hecho, durante el ejercicio de Terra (1933-1938) las relaciones diplomáticas entre ambos gobiernos, así como las relaciones comerciales entre los dos países, basadas en el principio del comercio por compensación —modalidad adoptada debido a la escasez de divisas del Banco Central alemán— se intensificaron, encuadrándose en la estrategia del régimen alemán de buscar aliados y abastecedores de materias primas.

Luego de la ratificación del convenio comercial inicial entre Uruguay y Alemania (3 de mayo de 1934), y de varios otros durante los años 1937, 1938 y 1939, las importaciones desde Alemania llegaron a ocupar el segundo lugar, con 10.4, 16.40 y 16.78%, respectivamente, después de las de Gran Bretaña y por encima de las provenientes de Estados Unidos. Desde Alemania llegaban maquinaria agrícola, materiales eléctricos y productos químicos, mientras Uruguay exportaba lana y carne congelada. Durante el mismo periodo, y en el marco de una política energética del gobierno uruguayo que apuntaba hacia una independización del país en esta materia, la construc-

---

[24] Lucía Sala y Jorge Landinelli, "50 años del movimiento obrero uruguayo", en Pablo González Casanova (coord.), *Historia del movimiento obrero en América Latina*, t. 4, Siglo XXI, México, p. 258; diario *El Día*, 21-12-1918, 14-1-1919. A diferencia de Montevideo, en Buenos Aires la represión cobró decenas de vidas y fue acompañada de miles de arrestos y saqueos de comercios y casas. Véase Edgardo Bilsky, *La semana trágica*, Centro Editor de América Latina, Buenos Aires, 1984.

ción de la primera represa hidroeléctrica del río Negro[25] fue adjudicada a un consorcio liderado por Siemens y AEG. Esta adjudicación fue polémica también porque "la construcción de la represa afectaba [. . .] directamente a las compañías extranjeras suministradoras de combustible", dado que ayudó a sustituir gran parte de estas importaciones.[26]

Durante la presidencia de Alfredo Baldomir (1938-1943) el gobierno uruguayo se movió hacia una posición neutral primero, para después —una vez desatadas las hostilidades por parte de las tropas alemanas— iniciar un proceso de acercamiento a los gobiernos aliados. Con la ruptura de las relaciones comerciales, en 1941, seguida por la de las relaciones diplomáticas, un año más tarde, el intercambio comercial entre ambos países se tornó insignificante.[27]

Influyeron en este sucesivo acercamiento a los aliados las actividades desarrolladas por los integrantes del NSDAP en el país, a través de las instituciones alemanas establecidas.[28] Ya en 1932 los activistas locales formaron una "sección uruguaya", dependiente de la organización para el exterior del partido, la Auslandsabteilung. En un lapso de pocos años alinearon ideológicamente a la mayoría de las organizaciones. En 1933 la "sección" tomó el control del *Nachrichtenblatt fuer Uruguay*, convirtiéndolo en su vocero, el *Deutsche Wacht* [el *Centinela Alemán*]. Los avisos que en él publicaron muchas empresas alemanas de larga data en el país, así como las iglesias católica y evangélica, sugieren que se lo seguía considerando un órgano representativo de la colectividad, aun después del cambio de dirección.

Siguieron la Asociación de Profesores Alemanes en el Exterior, que se convirtió en el grupo local de la Unión Nacionalsocialista de Profesores (en 1933); la Federación de Asociaciones Alemanas, que fue asociada a la Federación de Asociaciones Alemanas en el Exterior, de Berlín, controlada a su vez por el partido (1935); y las sociedades escolares alemanas, unificadas en la Sociedad Alemana del Liceo Hindenburg de Montevideo (1937).[29]

---

[25] Hasta hoy en día la represa de Rincón del Bonete lleva el nombre de Gabriel Terra.

[26] María Camou, *Los vaivenes de la política exterior uruguaya ante la pugna de las potencias*, Fundación de Cultura Universitaria, Montevideo, 1990, p. 11.

[27] *Ibidem*, pp. 44-49. En los hechos, el comercio bilateral ya había disminuido al mínimo debido al bloqueo británico en el océano Atlántico durante la guerra.

[28] Mientras no se indiquen otras fuentes, la presentación de las actividades nazis en el país se basa en los ya mencionados trabajos de Camou, pp. 14-18, y Mueller, pp. 96-116. Resulta fundamental la denuncia parlamentaria del diputado socialista José Pedro Cardoso, que sirvió de fundamento para la designación de una Comisión Parlamentaria Investigadora sobre actividades antinacionales, en 1940. Véase J. P. Cardoso, "Denuncia de las actividades nazis en el Uruguay", *En nombre del pueblo*, Montevideo, 1946, pp. 127-140. Sobre las actividades informó también el semanario *Marcha* (23-6-1939), pp. 9, 10.

[29] Fue precisamente en la anterior Sociedad Escolar Alemana, de orientación nacionalista, pero no nacionalsocialista, donde los nazis encontraron cierta resistencia a sus planes de alineación. El colegio y secundaria Hindenburg recibió apoyo financiero desde Alemania hasta 1940 y, a pesar de la ruptura de las relaciones diplomáticas, siguió trabajando hasta 1946, cuando, en

Las actividades nazis en el así llamado "distrito Uruguay" tenían su base en los puntos de concentración alemana: la capital, Montevideo, la ciudad de Paysandú, ubicada al noroeste del país, sobre el río Uruguay, y las obras de la empresa hidroeléctrica del río Negro, en el centro. Allí, "los nazis exigen públicamente el uso de la camisa parda en las reuniones que celebran todos los meses".[30]

Las organizaciones antifascistas

Las voces de oposición contra la infiltración nazi —y contra el régimen de Terra— se nucleaban en una serie de instituciones y movimientos apoyados por amplios sectores de la población. En ellos intervinieron los refugiados alemanes judíos y no judíos de orientación liberal, socialista y comunista, conjuntamente con los sindicatos obreros y movimientos estudiantiles.[31] Su actividad se nucleaba en torno a dos temas: el apoyo a la República española en primer lugar, y la ayuda a los aliados —sobre todo la Unión Soviética— a partir de 1941. Existía, en los hechos, una continuidad en la militancia por ambas causas entre muchos integrantes de los respectivos comités de solidaridad. Pero ello no debe entenderse como una comparación respecto al grado de participación popular e intensidad del compromiso. Por más que la segunda Guerra Mundial conmovió a la opinión pública uruguaya, no parece improbable la siguiente afirmación referida a la Guerra Civil española: "Ningún otro tema venido de la escena internacional, y muy pocos surgidos de la problemática interior, concitaron tal grado de interés, movilización y participación".[32]

La diferencia radicaba, quizás, en la amplitud alcanzable del movimiento, el cual, en el caso de la resistencia antinazi, se vio restringido por dos razones: el idioma —idish o alemán— y un contacto más reciente de sus protagonistas con el pueblo de su nuevo país de residencia. En el marco del movimiento en defensa de la República se creó, por parte de organizaciones uruguayas, una serie de instituciones que perduraron aún después de su derrota, tales como los ateneos populares en las ciudades del interior del país, hecho que no tiene paralelo en el caso de la lucha en contra del nazismo.

Como portadores de la oposición al nacionalsocialismo se formó una serie de grupos e iniciativas, que actuaron básicamente dentro de los límites

medio de una aguda crisis financiera, le fue retirado el permiso de funcionar a la secundaria. En consecuencia, la sociedad escolar resolvió cerrar también la escuela primaria.

[30] *Marcha* (23-6-1939).
[31] Raicher, "Asilo en el Uruguay. . .", pp. 69, 70.
[32] Perroni, "El movimiento de solidaridad. . .", p. 89.

culturales —e idiomáticos— de las respectivas colectividades y grupos de inmigrantes/refugiados, aunque contaron con el respaldo mayoritario de la clase política. Una característica de la militancia antinazi fue, en principio, que entre los refugiados de Alemania, quienes asumieron la lucha antifascista desde una perspectiva socialdemócrata o comunista, establecieron, por primera vez, una militancia conjunta de centroeuropeos. Por otra parte, judíos y no judíos trabajaron —parcialmente— juntos para tratar de establecer una red de instituciones en casi todos los campos en los que el fascismo se hacía sentir.[33]

Ya en 1932 obreros emigrados formaron, apoyados por el Partido Comunista de Uruguay, el Kulturklub Deutschsprachiger Arbeiter [Asociación Cultural de Obreros de Lengua Alemana], que contaba con entre 60 y 80 integrantes. El club editó el periódico mensual *Arbeiterwelt* [*Mundo Obrero*] e impulsó una escuela llamada Pestalozzi en el barrio obrero de Peñarol, donde, por otra parte, funcionaba una escuela alemana de corte oficialista. Bajo la presión del gobierno de Terra la publicación cerró en 1936, mientras el club se disolvió después del arresto de varios de sus miembros. Sin financiamiento desde sus inicios, el proyecto de la escuela tuvo que ser abandonado en 1940.

Un segundo órgano de prensa de oposición, de orientación cristiana y conservadora, fue el periódico *Die Zeit* [*El Tiempo*]. Publicado por el ingeniero Erich Schoenemann a partir de 1934, adquirió una tendencia crecientemente antisemita a lo largo de los años.[34]

Mientras tanto, las diferentes expresiones económicas y culturales de la comunidad judía seguían desenvolviéndose. Entre otros se creó, en 1932, el "Centro Comercial e Industrial Israelita del Uruguay", de orientación comunitario-sionista, que incluía una sección mutual, mientras, cuatro años más tarde, la primera cooperativa con caja de ayuda mutua, de orientación izquierdista y de arraigo principalmente entre los obreros y talleristas de Europa del Este (fundada en 1925), se convirtió en el Banco Israelita.[35] En 1935 se crearon los dos principales diarios en idish, *Folksblat* (1935-1965), de orientación liberal, y *Unzer Fraint* (1935-1973), de corte comunista.

Los esfuerzos por auxiliar a los judíos alemanes se expresaron en el Co-

[33] La descripción del trabajo antifascista se basa sobre todo en Von zur Muehlen, *op cit.*, pp. 253-261.

[34] En ocasión de la fundación del Club Alemán Independiente, en 1939, el periódico publicó dos artículos titulados "Wieder ein neuer Verein" y "Der neue judische Emigrantenclub" (15-3 y 15-4-1939) ["Otro club más" y "El nuevo club judío de emigrantes"], en Von zur Muehlen, *op. cit.*, p. 255, nota 38.

[35] Su Sección de Previsión Social se constituyó, en 1942, en la Mutualista Israelita del Uruguay, que existe hasta el día de hoy. En el cementerio de la ciudad de La Paz, en las afueras de Montevideo, a la mutualista le corresponde un sector propio, independiente de las cuatro colectividades. Sobre el desarrollo de la izquierda judía véase Dieter Schonebohm, "Judíos de izquierda en Montevideo (II): La comunidad progresista", *Hoy es Historia*, núm. 44, 1991, pp. 59-71.

mité contra las Persecuciones de los Israelitas Alemanes (sector comunita-rio-sionista) y el Comité de Frente Unido contra el Fascismo y Antisemitis-mo en Alemania (sector de la izquierda judía), ambos fundados en 1934. A ellos hay que agregar el Hilfsverein Deutsch Sprechende Juden, creado en-tre fines de 1934 y principios de 1935.[36]

La liberalización interna bajo la presidencia de Alfredo Baldomir (1938-1943) facilitó una expresión más abierta de las diferentes posiciones políti-cas, a la vez que permitió defender con mayor énfasis el derecho de los per-seguidos a recibir refugio en el país. Coincidió con el recrudecimiento de las persecuciones en Alemania, cuyo símbolo y fanal fue la noche del 9 de no-viembre de 1938, la "noche de cristal", así como con las crecientes dificulta-des de la España republicana.

A raíz de la noche de cristal personalidades de la comunidad pidieron al gobierno una flexibilización de su política de inmigración, que se logró en parte, aunque no se derogaran las disposiciones de la ley de 1936, incluyen-do su potencial arbitrario que se mostraba con claridad en el caso del *Conte Grande*. También en 1938 el periodista Hermann P. Gebhardt inició la difu-sión del programa radial antifascista "Stimme des Tages" ["La Voz del Día"], el programa radial de habla alemana de mayor duración en el país.

Como reflejo del avance del fascismo en Europa ganó mayor impulso el movimiento de solidaridad y, también en 1938, refugiados alemanes funda-ron el Deutsches Komitee zur Unterstuetzung des Republikanischen Spa-niens [Comité Alemán de Apoyo a la España Republicana], presidido por Willi Eckermann. El comité se constituyó en antecedente directo de la pri-mera organización suprapartidaria de los dos grandes partidos alemanes de izquierda (socialdemócrata y comunista), en la cual, además, alemanes ju-díos y no judíos trabajaron juntos: el Freier Deutscher Klub [Club Alemán Independiente], fundado en 1939. Su órgano de prensa fue la *Deutsche Ein-heit* [*Unidad Alemana*].

Pero así como los acontecimientos externos trabajaron en favor de los mo-vimientos suprapartidarios de solidaridad, otros deshicieron de un momen-to a otro lo construido. La cooperación armoniosa según las líneas de un frente popular entre comunistas y socialdemócratas en el seno del club —que mantenía buenas relaciones con el movimiento Das Andere Deutsch-land [La Otra Alemania], de fuerte presencia en Buenos Aires— se terminó repentinamente con la celebración del pacto de no agresión entre Alemania y la Unión Soviética (23 de agosto de 1939). Quedaron pocas posibilidades de colaboración entre los defensores del pacto y quienes lo rechazaron como una traición a la causa de la lucha antifascista. En consecuencia, un número no definido de integrantes comunistas abandonó el club, mientras éste se

---

[36] Raicher, "Asilo en el Uruguay. . .", p. 73.

acercó al Das Andere Deutschland, de orientación socialdemócrata, sin rechazar de lleno al movimiento de inspiración comunista, Freies Deutschland
[Alemania Libre]. También en la izquierda judía el pacto tuvo un efecto de-
vastador, dado que, como respuesta, el partido Bund cortó sus vínculos con
la parte prosoviética de la izquierda uruguaya.

La agresión alemana a la Unión Soviética (junio de 1941) aclaró las líneas
de confrontación y reactivó una cierta unidad antifascista, al crearse el
Deutsches Antifaschistisches Komitee zur Unterstutzung der Sowjetunion
[Comité Antifascista Alemán de Apoyo a la Unión Soviética] (21 de julio de
1941). Este comité se integró, como sección alemana, a la organización uruguaya de carácter suprapartidario Acción Antinazi, y se adhirió, a partir de
1943, al Lateinamerikanisches Komitee der Freien Deutschen [Comité Latinoamericano de los Alemanes Libres].[37]

CONCLUSIONES

La visión doblemente comparativa —inmigración judía de Europa Oriental,
de habla idish, y de Europa Central, de procedencia alemana, así como inmigración judía y presencia alemana— permite constatar algunas coincidencias y diferencias.

Destacamos, en primer lugar, la importancia asignada al desarrollo de
una vida comunitaria y los carriles que tomó ésta. Si bien no parece factible
constatar una reproducción, también en Uruguay, de las ocho estrategias generales de adaptación definidas por R. Levine,[38] se pueden observar algunos elementos. Existen un marcado énfasis en la educación y el mantenimiento de una cultura propia sobre la base del idioma idish, el desarrollo de
una infraestructura judía (negocios, comercios, bancos, cajas de ayuda mutua, clubes, cuadro dramático, sin hablar de las instituciones religiosas, etc.),
una gran dinámica en el establecimiento de nuevas formas de producción y
venta (dos ejemplos: la venta en cuotas, de puerta a puerta; el impulso al desarrollo de la industria del tejido de punto), así como también el desarrollo
de barrios con un alto porcentaje de población judía.

[37] Aunque bajo conducción comunista, el comité no fue una organización políticamente homogénea. Perseguía una política de confrontación con Das Andere Deutschland; concluida la
guerra, parece haberse disuelto durante la segunda mitad del año 1946, después de divisiones
internas y deserciones de varios integrantes. Von zur Muehlen, *op. cit.*, pp. 259-261.

[38] Sobre la base de la evaluación de las respuestas de ex residentes judíos en ocho países latinoamericanos a un cuestionario, así como de otras fuentes, el autor constata: "The responses
showed eight strategies to have been the most commonly employed by Jews arriving in Latin
America after the First World War: ghettoization, resistance to full assimilation, caution and
conservatism, borrowing from the host society, isolation within a Jewish infrastructure, outmi-
gration, occupational alienation and creativity, and an emphasis on education", Robert M. Levine, "Adaptive strategies of Jews in Latin America", en Judith Laikin Elkin y Gilbert W. Merkx
(comps.), *The Jewish Presence in Latin America*, Allen & Unwin, Boston, 1987, pp. 71-84.

Sin embargo, estos fenómenos no pueden ser interpretados como expresión de una "guetoización", ni tampoco como una resistencia a una asimilación plena que se debería a un rechazo de la sociedad receptora, visto que ésta, en el caso uruguayo, se mostró bastante permeable, sobre todo en lo que a la apertura de sus partidos políticos y sus sindicatos se refiere.

En segundo término, la adscripción a un país o una región y una determinada cultura de origen prevaleció a la hora de construir una vida comunitaria y llevó a una reducción de los contactos intercomunitarios entre las colectividades. Se plasmó, asimismo, en la elección de lugares diferentes de residencia dentro de la ciudad de Montevideo, a pesar de una diferencia de no más de diez años entre la llegada masiva de los inmigrantes de Europa Oriental y los de Europa Central.

También en el caso de la colectividad alemana no judía un largo proceso de integración socioeconómica llevó a la consolidación de una red de instituciones propias, que incluyeron escuelas, cajas de ayuda mutua y clubes varios. En ella participaron también inmigrantes de origen austriaco y suizo, y la identificación con una cultura y un idioma propios se constituyó en un elemento de cohesión más allá de las fronteras estatales existentes en Europa.

Un tercer elemento de coincidencia, aunque con signo contrario, es la orientación hacia el país y la región de origen de las colectividades, tanto las judías como la alemana no judía. Mientras en ésta prevaleció, durante los años 1920 y 1930 (e incluso desde la fundación del imperio alemán), un enfoque nacionalista y posteriormente nacionalsocialista, en general de acuerdo con la línea dominante en Berlín, que trasladó a Uruguay las posiciones ideológicas reaccionarias y, más tarde, racistas, en aquéllas el embate nacionalsocialista tuvo un efecto unificador hacia afuera, en defensa de la colectividad judía en su conjunto. La creación del Comité Central Israelita, en 1940, se enmarca en esta necesidad de una defensa colectiva.

Las principales diferencias entre los procesos de integración se ubican, en cambio, más en el nivel subjetivo de la búsqueda de un lugar en Uruguay, como país destino de una emigración que, a partir de 1933, no fue voluntaria. Expulsados de Alemania por una sinrazón racista, los refugiados judíos alemanes se encontraron ante una necesidad —mayor que los inmigrantes de los años 1920— de redefinir su identidad. Constata E. Levin sobre la base de la evaluación de una pregunta de cuestionario acerca de la nacionalidad de los emigrantes judíos alemanes en Argentina:

Estas encuestas simbolizan el epítome de los judíos en Alemania como singularización del proceso general sufrido por los judíos europeos a partir del siglo XVIII. La religión judía en las personas de práctica cotidiana aparece como separada del sentimiento de pertenencia a lo alemán. En casi ningún momento de las encuestas se advierte religión y nacionalidad en confrontación. Por lo contrario, está claramente explicitado que ambos se potencian, no se divorcian, y que el sentimiento de ligamen a la religión judía en este grupo está íntimamente entretejido al orgullo de ser alemán.[39]

Este sentimiento de ser parte de una cultura común alemana está compartido con los alemanes no judíos, quienes, sin embargo, no reconocieron esta identidad. Al mismo tiempo, no tiene un equivalente entre los inmigrantes de Europa Oriental, quienes, durante todo el siglo XIX, tuvieron la oportunidad —y estuvieron en la obligación, como respuesta a un entorno político represivo— de mantener y seguir construyendo una cultura con un idioma propio. Éste les serviría también en su país de emigración como vehículo de cohesión e identificación, mientras el alemán siempre fue, al mismo tiempo, el idioma de los opresores y de los perseguidos.

Queda entonces planteada la pregunta. Hasta qué punto en el caso de Uruguay, en un nivel subjetivo, también tendría validez la siguiente afirmación referida a Argentina: "Mi situación es esquizofrénica, culturalmente pertenezco a Alemania, mi corazón late en Jerusalén; vivo y tengo hogar y familia en la Argentina".[40] Un estudio de la actuación de los refugiados judíos de Europa Central, especialmente de Alemania, en Uruguay, a partir de la década de 1940, podría dar respuestas.

[39] Levin, *Historias de una emigración. . .*, pp. 105, 106.
[40] *Ibidem*, p. 100.

INMIGRACIÓN DE LOS JUDÍOS DE EUROPA ORIENTAL A LOS ESTADOS UNIDOS Y A BRASIL: UN ANÁLISIS COMPARATIVO

Ethel V. Kosminsky*

Mi investigación compara los procesos de asimilación de los judíos de Europa Oriental que emigraron a Estados Unidos y a Brasil a principios del siglo xx. He utilizado a mi familia como un caso de estudio sociológico. ¿Cómo se integraron estos inmigrantes a la estructura de clases y a la estructura ocupacional de cada país? ¿Cómo afectó su compromiso con el judaísmo sus relaciones familiares? ¿Cómo se afiliaron a asociaciones culturales y religiosas? ¿Qué tensiones familiares se desarrollaron mientras se asimilaban a la nueva cultura?

Recogí las biografías de la primera generación de nacidos en Estados Unidos y de nacidos en Brasil. Además de sus vidas, me contaron la experiencia de sus padres en los dos continentes. Entrevisté a los hijos de los inmigrantes en sus hogares, en Nueva Jersey. Los hijos de los que emigraron a Brasil viven en Recife y en Río de Janeiro. Para saber cuándo llegaron a Estados Unidos los inmigrantes, también utilicé documentos históricos como las listas de pasajeros que están en los Archivos Nacionales de Nueva York. Traté de hacer lo mismo en Recife pero los registros correspondientes a los años entre 1900 y 1920, alojados en la Administración Portuaria de Recife, se desintegraron debido a un almacenamiento inadecuado. En su estado presente mi investigación revela más sobre la generación de los inmigrantes que sobre la de sus hijos.

El origen de la familia Feldman

El apellido de soltera de mi abuela materna era Feldman. Al empezar el siglo los Feldman eran: Bella Feldman, la viuda de Israel, que había muerto de una enfermedad pulmonar, y sus hijos: Fishel, Herz, Dvoira, Isaac, Malke, Gittel y Rachel. Malke era mi abuela. Salieron de Ucrania, en el imperio ruso, de una región que estaba dentro del Área de Asentamiento.[1] Como hi-

---

* Profesora de sociología de la Universidad Estatal de São Paulo, campus Marília.

[1] El Área de Asentamiento [o Demarcación] era una región en la cual el imperio ruso obligaba a vivir a los judíos. La región estaba formada por los siguientes lugares: Lituania, Bielo-

cieron muchos inmigrantes, fueron saliendo uno después del otro, lo que resultó en la fragmentación de la familia,[2] aunque de hecho ésta ya vivía separada antes de que emigraran sus miembros.[3] Así las cosas, Fishel y su hermano Herz salieron de Kupil, Ucrania. Fischel se fue, en 1900, a Elizabeth, Nueva Jersey, y Herz a Nueva York, en 1901. Su hermana, Dvoira, salió de Volhynia Gubernia, Ucrania, rumbo a Nueva York en el año 1907. En la lista de pasajeros del barco en el que vino no está claro cuál era su último lugar de residencia, y sólo es legible la provincia.

Isaac fue el primero de los Feldman que partió a Brasil. Después de haber trabajado en las pesquerías de Siberia, viajó a Recife, probablemente entre 1902 y 1906. Por desgracia no hay ningún registro documental de su llegada. Jack, el mayor de los hijos de Herz, dijo que Isaac escogió Brasil y no Estados Unidos porque "no quería que lo estuvieran mandando, ni que sus hermanos le dijeran qué hacer".

Bella y sus tres hijitas, Malke, Gittel y Raquel, salieron de Proskurov, Ucrania, para reunirse con Isaac en Recife, pero su barco no pudo entrar al puerto porque había una epidemia de fiebre amarilla. Tuvieron que ir a Buenos Aires, donde vivieron varios años. Malke se casó con León Volfzon en Buenos Aires. En algún momento entre 1910 y 1912 Bella, sus hijas y su yerno se fueron a Recife, donde se encontraron con Isaac. Bella llevaba consigo una novia de Buenos Aires para Isaac. Desafortunadamente no hay pruebas documentales de esta parte de la emigración. Bella y dos de sus hijas, Gittel y Rachel, dejaron Recife. Se fueron a Elizabeth, Nueva Jersey, en 1914.

¿Por qué Isaac y Malke se quedaron en Recife?[4] Tal vez Malke no quería ir a Estados Unidos porque estaba embarazada de su primera hija, Rosita. Sin embargo sólo Bella, Gittel y Raquel tenían boletos. Mis primos segundos de Estados Unidos tienen otra explicación: sus ojos podían darles problemas. No hubieran pasado los exámenes médicos de la isla Ellis.[5] Todos los

rrusia, Ucrania y Nueva Rusia. En 1835 el área se conformó definitivamente mediante la incorporación de las provincias centrales de Polonia. Véase Steven Zipperstein, *The Jews of Odessa*, Stanford University Press, Stanford, 1985.

[2] Sobre la fragmentación de la familia y sus problemas véanse, por ejemplo: Samuel Golden, *Some Days Are More Important; A Memoir of an Immigrant: New York, 1903-1914*, introducción de Deborah Dash Moores, Susquehanna University Studies; Lillian Gorenstein, "A memoir of the Great War, 1914-1924", en Arthur Goren (comp.), YIVO *Annual*, vol. 20, Nueva York, 1991.

[3] Como las condiciones de vida en el Área de Asentamiento eran terribles, había una constante migración interna; en su lucha por la sobrevivencia, los judíos iban de un lugar a otro.

[4] La mayoría de los inmigrantes prefería ir a Estados Unidos y a Canadá. En esa época había un desorden constante en Argentina: los inmigrantes iban y venían. Muchos se iban del país y emigraban a Estados Unidos, incluso a Brasil (Haim Avni, *Argentina y la historia de la inmigración judía, 1810-1950*, Magnes/Universidad Hebrea de Jerusalén/AMIA, Jerusalén, 1983).

[5] "Una de las partes más temidas del examen era la prueba de la vista, en la cual los médicos, en busca de tracoma, una enfermedad de los ojos común en el sudeste de Europa en esa época, pero desconocida en Estados Unidos, le volteaban los párpados a la gente con un gancho, un pasador o con los dedos. Puesto que la enfermedad era contagiosa y podía provocar ce-

recién llegados, excepto Bella, cambiaron de nombre en Estados Unidos. Fishel se convirtió en Philip; Herz en Harry; Dvoira en Dora; Gittel en Gussie, y Rachel en Rose. De los que se quedaron en Brasil sólo Malke cambió su nombre por María. De ahora en adelante, utilizaré sus nuevos nombres. Aunque las mujeres cambiaron su apellido cuando se casaron, seguiré refiriéndome a ellas por su apellido de soltera.

Dos sociedades diferentes: Brasil y Estados Unidos

En general los inmigrantes encontraron circunstancias muy diferentes cuando llegaron, al comenzar este siglo. La sociedad norteamericana ya estaba desarrollada e industrializada mientras que la brasileña estaba subdesarrollada y todavía no se industrializaba.

En 1920 Brasil necesitaba comerciantes y trabajadores especializados. Como resultado, los judíos del este de Europa se convirtieron en tenderos, que vendían en abonos, y en artesanos, propietarios de pequeñas sastrerías y zapaterías. Sólo después fabricaron bienes industriales.

Aunque la mayoría de los judíos que emigraron a Brasil eran muy pobres, en tan sólo dos generaciones alcanzaron posiciones de prestigio y riqueza. Los inmigrantes de Siria y de Líbano experimentaron un ascenso social similar.[6]

Estados Unidos necesitaba obreros para sus fábricas, cuyos propietarios eran descendientes de los primeros colonos ingleses. La principal ola de inmigrantes, de 1840, trajo consigo irlandeses que escapaban del hambre y que, poco a poco, se hicieron poderosos en asuntos políticos y educativos.[7] Los judíos de Europa Oriental formaban buena parte de la segunda ola, que empezó en 1881. Algunos se hicieron tenderos, pero muchos de ellos se pusieron a trabajar en los talleres de ropa, donde padecían terribles condiciones laborales y bajos salarios. O bien los padres y sus hijos podían trabajar en casa, donde ganaban lo suficiente para vivir al día. No todos los judíos vivían en la pobreza. Algunos de origen alemán que habían emigrado a mediados del siglo XIX pusieron tiendas departamentales o eran dueños de fábricas. Con el tiempo los judíos del este de Europa también se convirtieron en propietarios de sus propios talleres.[8]

guera si no se la cuidaba, no se permitía entrar a Estados Unidos a quienes tuvieran tracoma", Pamela Reeves, *Ellis Island, Gateway to the American Dream*, Dorset, Nueva York, 1991, p. 59.

[6] Henrique Rattner, *Tradição e mudança, A comunidade judaica em São Paulo*, Federação Israelita do Estado de São Paulo/Instituto de Relações Humanas do Comitê Judaico Americano, São Paulo, 1970. Henrique Rattner, "Economic and social mobility of Jews in Brazil", en Judith L. Elkin y Gilbert W. Merkx (comps.), *The Jewish Presence in Latin America*, Allen & Unwin, Boston, 1987.

[7] S. Gittelman, *From Shtetl to Suburbia. The Family in Jewish Literary Imagination*, Beacon, Boston, 1978.

[8] Isaac Metzker y Harry Golden, *A Bintel Brief*, Schoken, Nueva York, 1971.

¿Cómo se enfrentaron las dos ramas de la familia Feldman a las condiciones diferentes de cada uno de estos países?

León, el esposo de María, primero trabajó como abonero y luego puso en Recife una tienda de telas que vendía al mayoreo. Prosperó. Sin embargo, con la crisis de 1929, tuvo que cerrar su tienda. Él, María y sus niños se mudaron a Natal, una ciudad más pequeña del noreste, donde León abrió una mueblería y carpintería modesta.

A Isaac le fue peor que a León. Se fue de Recife y llegó a Buenos Aires, donde vivió con su familia algunos años. Su esposa quería irse a vivir cerca de sus familiares. Cuando regresó a Recife, abrió una tienda en un pueblo de los alrededores.

Por lo que toca a los que fueron a Estados Unidos, Philip trabajaba en un deshuesadero de Elizabeth, Nueva Jersey. Fue el primero de los hermanos que emigró a Estados Unidos. A Elizabeth llegó con un primo. Para cuando Harry, hermano de Philip, llegó a América, "Philip ya era un hombre de negocios bien establecido", según cuenta Jack, el hijo mayor de Harry. Philip hizo dinero más rápido que sus hermanos y hermanas y le pagó el pasaje a Estados Unidos a toda la familia.[9]

Lo primero que hizo Harry fue vender en abonos; luego trabajó para la Compañía Gasera de Brooklyn y después abrió una dulcería en la ciudad de Nueva York. No tardó en mudarse a Booton, Nueva Jersey, donde puso una mueblería de usado. Su hijo Jack dice que recogía "metal, no chatarra sino metal, lo cual es mejor que lo que hace el resto de los pepenadores". Cuando se jubiló, a los 87 años, hacía ya mucho tiempo que manejaba su propio camión.

Dora trabajaba en una fábrica de cigarros de Newark. Goldie, su hija, me dijo:

Mi madre se casó con un hombre muy pobre de Newark. Mis padres eran muy, muy pobres. Mi madre hacía la ropa de mis hermanos y la hacía con costales de papas. Mis hermanos vendían bolsas a cinco centavos. Iban al mercado, donde podían ganar algún dinero, y vendían bolsas para guardar las compras. Mi madre también trabajaba duro. Al principio el deshuesadero de papá estaba junto a la casa y ella le ayudaba. Mis hermanos también le ayudaban. Toda la familia estaba en el negocio. Cuando juntó algo de dinero puso otro deshuesadero, ya más lejos de casa. Mi padre, Harry y Philip estaban en el mismo negocio. Vivían en Elizabeth. El mismo negocio en el mismo lugar. Es más, no creo que Harry tuviera un deshuesadero. Recogía chatarra y tenía un camión. El negocio empezó a ir

[9] Según las listas de pasajeros de los barcos. No obstante Goldie, la hija de Dora, dijo que su madre les había pagado el boleto de Brasil a Nueva York a Bella, Gussie y Rose. Dora no se acuerda si fue Philip o Harry quien pagó el pasaje. Según Jack, el hijo de Harry, es probable que haya sido Harry, pues tenía mucho más dinero que su padre. Sin embargo Sue, la hija mayor de Dora, no estuvo de acuerdo: "Fue Harry", dijo.

mejor en los años treinta, justo antes de la segunda Guerra Mundial. Me parece que el tío Philip hizo su fortuna durante la segunda Guerra Mundial.

Gussie, la hermana de Philip, trabajaba en una tienda. Se casó con un talabartero. Pusieron una peletería en Elizabeth, donde vivían. Rose, la hermana de Gussie, también trabajó en una tienda antes de casarse. Se casó con un señor que le vendía trigo a los panaderos. Se cambiaron a Los Ángeles, donde abrieron una mueblería de segunda mano. Después Rose puso su tienda de ropa en Newark. Pasaron casi toda su vida en Elizabeth.

Harry, Gussie, Rose y sus familias intentaron llevar una vida mejor en California pero no lo consiguieron. "Tuvieron dinero, lo perdieron y se fueron a California", dice Goldie. Regresaron a Nueva Jersey.

Como muchos de los inmigrantes judíos del este de Europa, los Feldman se enfrentaron a una vida difícil en Estados Unidos. También era difícil para los inmigrantes italianos, que llegaron casi al mismo tiempo que los judíos de Europa Oriental. Ambos grupos encontraron mejores oportunidades en Brasil y en Argentina que en Estados Unidos.[10]

LOS INMIGRANTES Y LA POBLACIÓN EN GENERAL

El asentamiento de europeos en Brasil empezó en 1500, cuando llegaron los portugueses. Hasta el siglo XIX la población de Brasil se componía principalmente de portugueses, negros e indios. A mediados del siglo XIX empezaron a llegar inmigrantes de Alemania, Italia, Portugal, España y Japón.

Casi toda la población del noreste[11] es originaria de Portugal o de África. Los negros vinieron como esclavos de las plantaciones de caña. Estos dos grupos se mezclaron con los nativos. En el estado de Pernambuco, en el noreste, uno puede encontrar descendientes de los holandeses que vivían ahí hasta que, a principios del siglo XVII, los expulsaron los portugueses.

Ya en el siglo XX muchos portugueses y españoles emigraron a Bahia y Pernambuco. Unos pocos italianos se quedaron a vivir en Pernambuco y los sirios y los libaneses se dispersaron por todo el noreste. Sin embargo, los grupos más grandes descendían de portugueses y de negros. Casi toda la población de la zona es mulata.

[10] Herbert Klein, "A integraçao dos imigrantes italianos no Brasil, na Argentina e nos Estados Unidos", *Novos Estudos CEBRAP*, núm. 25 (São Paulo), octubre de 1989. Herbert Klein, "The integration of Italian immigrants into the United States and Argentina: A comparative analysis", *American Historical Review*, núm. 88, abril de 1983, p. 2.

[11] Aunque varios estados componen el noreste de Brasil, en este artículo sólo nos referimos a tres, Rio Grande do Norte, Pernambuco y Bahia, donde vivían los Feldman y donde todavía viven sus descendientes. Las capitales de los estados son, respectivamente, Natal, Recife y Salvador.

La inmigración judía moderna a Brasil empezó gradualmente después de la Independencia del país, en 1822.[12] Los judíos sefaraditas se instalaron en el norte del país durante la gran expansión de las plantaciones de caucho, en 1830. Además de ir al norte, se fueron al noreste, donde se dedicaron a vender en abonos.

Los primeros judíos del este de Europa que emigraron a Brasil, entre 1903 y 1910, se instalaron en dos colonias agrícolas de Rio Grande do Sul, al sur de Brasil. Cuando fracasaron las colonias, se fueron a Porto Alegre y a Santa Maria (las dos en el estado de Rio Grande do Sul), São Paulo, Río de Janeiro e incluso a las ciudades del noreste.[13]

Otros judíos de Europa Oriental que emigraron en la primera década del siglo fueron a Salvador, a Recife y a Natal; a pesar de ello, Brasil nunca fue un destino importante para los emigrantes del este de Europa. Sólo llegaron 18 889 judíos a Brasil entre 1881 y 1925. En los años veinte la inmigración se aceleró y arribaron más de 30 mil.[14] No obstante, durante la gran emigración de judíos del este de Europa, antes de la primera Guerra Mundial, preferían ir a Estados Unidos, Canadá, Argentina o a otros países de Europa. Brasil era la última opción. Los inmigrantes judíos que llegaron a Brasil después de 1930 se instalaron, en su mayoría, en dos ciudades, São Paulo y Río de Janeiro. Más de 27 mil judíos de Europa del Este, Alemania e Italia se instalaron en este país entre 1921 y 1942.[15] La mayoría huía del nazismo. En la década de 1940 muchos judíos se trasladaron del noreste a São Paulo y Río de Janeiro. Más tarde algunos salieron del país para ir a Israel. En el presente el grupo más grande de judíos brasileños lo forman los procedentes de Europa Oriental y sus descendientes.

Como había muy pocos judíos en el noreste, los Feldman, como otros, desarrollaron relaciones cercanas con gentiles. Rosita, la hermana de mi madre, me dijo:

---

[12] Aunque antes, en el siglo XVI, hubo una emigración de judíos a Brasil. A principios de ese siglo empezaron a llegar cristianos nuevos de Portugal, lo que fue el comienzo de una inmigración que aumentó a mediados de siglo (Anita Novinsky, *Cristãos novos na Bahia*, Perspectiva, São Paulo, 1972). Los judíos sefaraditas se instalaron en Recife durante la ocupación holandesa del estado de Pernambuco (1630-1654). Cuando expulsaron a los holandeses de Brasil, algunos huyeron y otros se quedaron pero se hicieron cristianos. A pesar de esto, hasta después de la Independencia, en 1822, casi no había una presencia judía en el país (Egon y Frieda Wolff, *Participação e contribuição de judeus ao desenvolvimento do Brasil*, Río de Janeiro, 1985).

[13] Esta empresa de colonización fue patrocinada por la Asociación Judía de Colonización (JCA, por sus siglas en inglés), compañía fundada en Europa, en 1891, por el barón de Hirsch. Jeffrey Lesser, "Jewish colonization in Rio Grande do Sul, 1904-1925", *Estudios* CEDHAL, núm. 6 (São Paulo), 1991.

[14] Jeffrey Lesser, *Pawns of the Powerful. Jewish Immigration to Brazil, 1904-1945*, tesis doctoral, Universidad de Nueva York, 1991.

[15] Jeffrey Lesser, *Welcoming the Undesirables. Brazil and the Jewish Question*, University of California Press, Berkeley, 1995, p. 180.

Mi madre, María, tenía amigos gentiles entre sus vecinos de Recife. Era muy amiga de Carlota, cuya hija Clarissa también era muy amiga de Anita, mi hermana. Yo tenía amigos gentiles en la escuela. Solía estudiar en casa de Arlete en las tardes. Su madre nos daba un tentempié, pan con jalea de guayaba.

Mi madre Anita me dijo:

Cuando estábamos en Natal, Albantina, mi vieja amiga, vivía cerca de nosotros. Mi madre, la de Albantina y su abuela eran muy buenas amigas. Nosotras, Albantina y yo, hemos sido amigas por más de 60 años, aunque hemos vivido en ciudades distintas desde 1980.

El antisemitismo no era un problema, tal vez porque la población judía era pequeña, o quizá porque el catolicismo era liberal[16] e incorporaba otros rituales religiosos. "Me imagino que no sabían qué quiere decir judío", solía bromear Anita. Los judíos eran bien recibidos porque los comerciantes judíos vendían a crédito a la población del lugar.

Los primeros judíos que llegaron a Estados Unidos, en el siglo XVII, eran sefaraditas. A mediados del siglo XIX hubo judíos alemanes que escaparon de Europa, después del fracaso de la revolución de 1848. Para 1812 sólo había 10 mil judíos en Estados Unidos.[17] La primera oleada de judíos del este de Europa que llegó a Estados Unidos se topó con un viejo "inventario" de colonos ingleses, escoceses, holandeses, suecos e irlandeses. Entre 1881 y 1922, cuando se establecieron las cuotas de inmigración, más de dos millones de judíos de Europa del Este fueron a Estados Unidos. Muchos se hacinaron en el Lower East Side de Nueva York, con los inmigrantes italianos, alemanes y húngaros. Los italianos y los judíos conformaban los grupos más grandes. Trabajaban la mayor parte del día, recibían mala paga y vivían en vecindades.[18] Sin embargo, tenían esperanzas de mejorar su nivel de vida.[19]

En Nueva Jersey, a donde llegaron los Feldman, había una población heterogénea desde los días de la colonia. "En diversas épocas llegaron en busca de oportunidades económicas, libertad religiosa o asilo político británi-

[16] Gilberto Freire, *Casa grande e senzala. Formação da família brasileira sob o regime da economia patriarcal*, 25a. ed., José Olympio, Río de Janeiro, 1987.
[17] Gittelman, *op. cit.*
[18] Véase la nota 9. Hay una extensa bibliografía sobre la vida y el trabajo de los inmigrantes judíos del Lower East Side. Por ejemplo Irving Howe, *World of our Fathers*, Schocken, Nueva York, 1989; Moses Rischin, *The Promised City*, Harvard University Press, Cambridge, 1977.
[19] Había diferencias en la movilidad de los judíos y la de los italianos. Como los judíos de Europa Oriental no podían regresar, se preocupaban más que los italianos por triunfar en Estados Unidos. El objetivo de los italianos era diferente al de los judíos del este de Europa. Ellos habían ido a Estados Unidos para ganar dinero y mandarlo a Italia. Es probable que por esta razón los judíos hayan tenido más éxito que los italianos. Véase la nota 11.

cos, suecos, holandeses, irlandeses, alemanes, italianos, austrohúngaros, negros, judíos rusos, puertorriqueños y cubanos."[20]

La inmigración judía a Nueva Jersey siguió el modelo norteamericano en general: en el siglo XVII, sefaraditas; a mediados del siglo XIX, judíos alemanes; judíos del este de Europa en la década de 1880. A estos últimos los atraían la posibilidad de libertad religiosa y las amplias oportunidades laborales y de establecer, con el tiempo, sus propios negocios y sus tiendas.[21] También fundaron, entre 1882 y 1892, colonias agrícolas en el sur de Nueva Jersey.[22]

Los inmigrantes judíos[23] y sus hijos enfrentaron prejuicios. Por ejemplo Goldie, la hija de Dora, recuerda que había "un poco de antisemitismo" en la escuela primaria de Elizabeth. "Ellos [los niños gentiles] pensaban que mi padre tenía un deshuesadero porque era judío y me tenían envidia, no les gustaba."

Sol, el hijo de Rose, recuerda su infancia en Linden, Nueva Jersey:

Cuando era niño había un antisemitismo terrible. Vivíamos en un vecindario de gentiles. Padecía un gran antisemitismo. Tenía siete años y después de la escuela me molestaban y me tiraban sobre el hielo del parque. Me llamaban "Kike" y "Sheeny". Como tenía cara de italiano, decía que me llamaba Sal para sentirme un poco mejor.

El antisemitismo los hizo un grupo más compacto y aislado. Hasta quienes no experimentaron un "antisemitismo directo", como Jack, el hijo de Harry, preferían tener sólo amigos judíos: "Cuando era niño, allá en Booton, mis amigos más cercanos eran dos niños judíos, y algunos conocidos de la preparatoria eran gentiles, pero eso sólo porque la comunidad judía era muy pequeña, sólo había 25 familias judías".

Aunque los judíos del este de Europa padecían a su vez los prejuicios de los sefaraditas y de los judíos alemanes,[24] los Feldman no hablaban de eso. Me contaron sobre la brecha entre los pobres y los ricos de los judíos de Europa Oriental.

Goldie compartió conmigo su experiencia con "los judíos ricos":

[20] *The Encyclopedia Americana, International Edition*, vol. 20, Grolier, Danbury, 1985, p. 185.

[21] Ruth Marcus Patt, *The Jewish Scene in New Jersey's Raritan Valley. 1698-1948*, Jewish Historical Society of Raritan Valley, 1978.

[22] Gertrude Dubrovsky, "Jewish agriculture in America", en Abraham Peck (comp.), *The American Jewish Farmer*, American Jewish Archives, 1986.

[23] Philip Roth nos cuenta cómo eran las cosas en Newark, Nueva Jersey, cuando era niño. Tenía problemas en la escuela y en el barrio con los niños antisemitas. Su padre tuvo dificultades para ascender en la compañía de seguros donde trabajaba, pues era judío. Philip Roth, *Facts: A Novelist's Autobiography*, Viking Penguin, Nueva York, 1989.

[24] Véase la nota 23. Ande Manners, *Poor Cousins*, Coward, McCann & Geoghegan, Nueva York, 1972.

No sé cómo decirlo. Los judíos ricos de ELizabeth se quedaban juntos, y no hacían nada con los judíos de la parte baja de la ciudad. Y eso que algunos eran dueños de sus tiendas. Tal vez vivieran cerca de ellas. Los judíos ricos vivían en hermosas mansiones lejos de sus negocios. Cuando fui a la preparatoria, algunos de ellos me invitaron a visitarlos porque tenía buenas calificaciones y era muy amigable, y porque, como mis padres estaban haciendo dinero, tenía bonita ropa.

LA INTIMIDAD DE LA FAMILIA FELDMAN

Los Feldman, como muchos otros inmigrantes, se enfrentaban a una difícil situación que probablemente causaba algunos problemas dentro de la familia.[25] Sue, la hija mayor de Dora, me dijo que Bella, su abuela, vivía con ellos. Se quejaba:

Lo raro es que mi tío Philip era tan malo y tan rico que yo tenía que ir al tribunal cada semana para pedirle al juez cinco dólares. Era muy rico pero no quería ayudar. Este hermano Philip era muy malo con mi mamá. Era terrible. Era malo con su hermana y con su mamá.

A pesar de esto, los Feldman también tienen buenos recuerdos. Jack se acuerda de su tía Dora con cariño: "Conocí a la tía Dora durante 85 años. Como tengo 87, me acuerdo que cuando vivía en Nueva York ella siempre se encargaba de mí. Era muy amable conmigo aunque vivía en Elizabeth". Es probable que Dora haya ayudado a la mayor parte de la familia. Goldie cuenta:

Mi tía Gussie fue a California y no les quedaba nada de dinero y tuvieron que regresar y mis dos primos se vinieron a vivir con nosotros. Harry tenía muchísimo dinero y me imagino que lo perdió cuando se fue a California. Uno de sus hijos más jóvenes se vino a vivir con nosotros. Mi mamá no tenía mucho dinero pero aceptó a sus dos sobrinos, y también ayudó a su hermano y a su hermana. Más tarde la tía Gussie tuvo algún dinero pero a mi madre no le gustaba pedir prestado. No sé, pero ellos ni eran ricos de verdad ni se ayudaban unos a otros. Recuerdo también que mis primos vivían en la casa, y que los hijos de Rose se quedaban con nosotros.

La solidaridad y los conflictos eran evidentes en las relaciones familiares. Es posible que los problemas se hayan relacionado con las diferencias en la riqueza de los inmigrantes. Algunas veces estas diferencias perturbaban las relaciones entre la familia. Uno pensaría que el miembro más rico asumía la jefatura de la familia, pero sucedía lo contrario. Dora, que era la más pobre,

---

[25] Véanse las notas 3 y 9.

tenía ese papel, aunque no era la mayor, sino la tercera, después de Philip y de Harry. La familia se apoyaba mucho en Dora; solían pedirle que cuidara a los niños siempre que lo necesitaban.

Este tipo de problemas no era tan común en Brasil. La solidaridad de la rama brasileña era mayor. Cuando Isaac, su esposa y su hijo salieron de Buenos Aires, vivieron un tiempo en la casa de María, en Natal. León le mandó boletos a Lituania a su madre, su hermano y su hermana para que emigraran a Natal. Su madre y su hermano, que estaba enfermo, vivieron hasta su muerte en casa de León y María. Esto es muy distinto de lo que vivió Dora. Según Goldie, cuando Dora emigró a Newark "no se fue a vivir con sus hermanos. Vivía en una pensión. Vivía en una casa que recibía huéspedes, que recibía gente, tenía que pagar por un cuarto, y trabajaba y lo pagaba."

La solidaridad de León y María rebasó a su familia. Cuando murieron unos paisanos de León que habían sido sus amigos, dejando a dos huérfanos, tomó un tren e hizo el viaje de un día a Recife. Los trajo consigo para que vivieran con la familia, que ya tenía nueve miembros y era muy grande.[26] Vivían en una casa grande pero incómoda, que tenía un solo baño, exterior.[27] Sin embargo, solían ayudar a los inmigrantes judíos y los invitaban a vivir en los cuartitos del patio. "Recuerdo que un viejo, Isaac, vivió muchos años con nosotros. Pienso que sabía algo de medicina, nos recetaba cuando enfermábamos. Tal vez en su país era boticario. No me acuerdo de haberlo visto trabajar."

Tanto los inmigrantes brasileños como los norteamericanos se casaban según el rito judío. Todos los matrimonios eran arreglados, pues así se acostumbraba. Bella escogió al marido de María y a la esposa de Isaac. León era autoritario e impaciente, y María todo lo contrario, muy tranquila y paciente. Rosita se acuerda de una historia simpática: "Mi padre estaba caminando de prisa por la calle y mi madre iba detrás de él cuando un viejo amigo, el mayor Fontoura, se acercó a ella y le preguntó: '¿Están bien, doña María? ¿Está enojada con el señor León?'" A pesar de sus diferencias, se llevaban muy bien. León la llamaba Monnie.

A Isaac su madre lo obligó a casarse con Berta: "¡Qué vergüenza! Te traigo una *idishe meidl* [una chica judía] de Buenos Aires para que te cases con ella y tú no la quieres", dice Rosita que decía Bella. Isaac se casó con Berta y era "muy infeliz. Ella tenía tantos celos que se escondía detrás de la puerta para ver qué estaba haciendo", me dijo Anita. Cuando emigraron a Buenos Aires se divorciaron y él se casó con otra mujer. Hasta le mandó una fotografía de su segunda boda a su hermana Dora, que vivía en Estados Unidos.

---

[26] En esa época era común que las familias brasileñas tuvieran muchos hijos. Las familias de clase media siempre tenían sirvientas, que completaban las tareas domésticas, cuidaban a los niños, cocinaban y limpiaban.

[27] Una especie de construcción doméstica muy común en Brasil hace unos años.

Según Rosita, "le escribió a María que iba a regresar a Natal. Mientras atracaba el barco María se dio cuenta de que estaba otra vez con Berta. Ella empezó a llorar porque lo lamentaba. No sabemos qué pasó."

En Estados Unidos Philip se casó con su prima, que ya vivía en Elizabeth. Harry conoció a su primera esposa por el *landsmanshaft*[a] de Nueva York. Jack decía:

Mi padre vivió dos vidas. Primero estuvo casado 35 años con mi madre, y luego estuvo casado 30 con Beckie, lo cual es notable. Tuvo dos vidas completas, y tenía dos familias completas y las familias siempre estaban juntas. No pensábamos que ella fuera nuestra madrastra, así de dulce y buena era.

Dora se casó en Newark. Goldie, su hija, decía: "No fue un matrimonio de amor, pero se llevaban bien de todos modos".

Gussie "se casó con un talabartero mucho mayor que ella, tal vez 14 años más grande, y le fue muy difícil", dice Goldie. Cuando su hijo tenía 7 años y su hija 19 se divorció de su marido. Barry, su hijo, sufrió mucho: "Tuve problemas en la escuela. Los papás de nadie estaban divorciados. El divorcio era muy poco común entonces". "Quería naturalizarse norteamericana y se consiguió un yanqui", dice Lil para explicar el divorcio de su madre y su segundo matrimonio.

Rose también tuvo un matrimonio arreglado.

Mi madre estaba frustrada. Ella quería ser actriz. No quería que pensaran que era inmigrante. Era rubia, de ojos azules y muy bonita. No parecía judía, parecía rusa. Mi madre estaba frustrada, quería algo distinto. Tomó clases para aprender a hablar mejor el inglés. Mi padre la quería mucho. En mi casa era al revés: todos, hasta los niños, tenían que hacerla feliz. Cuando murió su esposo Rose se volvió a casar, cuenta Sol.

Como acostumbraban los judíos en Europa y en los primeros años después de emigrar a Estados Unidos o a Brasil, muchas parejas contraían matrimonios arreglados. Era la norma establecida que los hijos y las hijas aceptaran los arreglos matrimoniales que habían hecho sus padres. A pesar de que la sociedad judía del este de Europa era muy patriarcal, las mujeres tenían un importante papel en la economía. No sólo se encargaban del hogar y los niños, sino que también trabajaban afuera, en especial si se casaban con estudiosos de la religión.[28]

En Estados Unidos las tres hermanas Feldman tuvieron que trabajar. Su trabajo no dependía de su situación matrimonial. Trabajaban para sobrevi-

---

[a] Red social de personas procedentes del mismo pueblo o región. [E.]

[28] Susan A. Glenn, *Daughters of the Shtetl. Life and Labor in the Immigrant Generation*, Cornell University Press, Ithaca, 1990.

vir, Dora haciendo cigarros, y Gussie y Rose en una tienda. Después que se casaron trabajaron con sus maridos.

Gussie y Rose tenían grandes deseos de naturalizarse norteamericanas. Llegaron a ese país cuando eran adolescentes, después de haber padecido un duro viaje de Ucrania a Argentina, de Argentina a Brasil y de ahí, por último, a Estados Unidos. Buscaron raíces en ese país. Los rápidos cambios que ocurrieron hace cincuenta años en la sociedad norteamericana afectaron también a estas mujeres, pues tuvieron mayores oportunidades de empleo, más independencia social y hasta la posibilidad de divorciarse.

Los que emigraron a Brasil, especialmente al noreste, se encontraron con una sociedad basada en la familia patriarcal. Los hombres tenían que mantener a sus esposas —a quienes en general no les permitían trabajar— y a sus familias. El papel de éstas era cuidar de la casa y de los hijos. Así las cosas, María cuidó a sus nueve hijos y a dos niños adoptados. Como otras familias de clase media, tenía tres o cuatro sirvientas viviendo en la casa.[29] Tomó clases de portugués y aprendió a tocar el piano que había en su casa. "Cada mes nos pedía nuestras calificaciones. Como no hablaba muy bien portugués, decía: 'Déjame ver tu *boletinho*', en lugar de *boletim*, boleta de calificaciones." Sus cinco hijas fueron a la escuela primaria.[30] Rosita llegó más lejos y acabó la escuela comercial. Anita quería ir a la preparatoria, lo cual era muy raro en una muchacha, y tuvo que decirle a su hermano mayor, Jacob, que le pidiera permiso a su padre. Si estaba de acuerdo, ella podría ir a la preparatoria. Sin embargo, no pudo ir a la universidad porque no había ninguna en Natal. "Una muchacha de bien, con una familia, no puede ir a otra ciudad para ir a la universidad", decía la gente, llena de prejuicios.

León sólo mandó a sus hijos varones a la universidad. Fueron a diferentes ciudades, uno a Salvador y otro a Recife. Aunque las universidades eran públicas y no había que pagar colegiatura, le salía muy caro mantener a sus hijos mientras estudiaban. Uno acabó siendo doctor y el otro ingeniero. Israel o Zito, el hijo de Isaac, fue a la universidad a Recife, donde su familia había vivido. Estudió arquitectura.

De las cinco hijas, sólo Rosita ayudó por un tiempo a su padre en la mueblería. Ninguna tuvo que trabajar mientras estaba en casa de sus padres. Nadie esperaba que las "niñas bien portadas de buena familia" tuvieran que

[29] En ese tiempo los salarios eran bajísimos en el noreste. Las hijas de las familias pobres se ponían a trabajar, a veces a cambio sólo de techo y comida, como sirvientas en las casas de las clases medias y superiores.

[30] En ese entonces la escuela primaria duraba cinco años. Cuando un alumno terminaba podía ir a la escuela comercial o a la preparatoria. La preparatoria duraba cinco años. En Natal también había una escuela para mujeres, después de la primaria, donde podían aprender a cuidar a los hijos y a hacer tareas del hogar. No había universidad.

trabajar. Su padre tenía que mantenerlas. Además, Natal no era una ciudad industrial y no había trabajos para las mujeres.

En Estados Unidos la situación de los hijos de los inmigrantes era muy diferente. Los muchachos y las muchachas tenían que trabajar y ayudar a sus familias. No había dinero para pagarles la universidad.[31] Dice Goldie:

Muy pocos de mi generación fueron a la universidad. Los hijos de Philip no fueron. Simplemente era muy caro. De la familia de Harry, sólo Jack fue a la universidad. Terminó los estudios de leyes, pero nunca practicó. De los hijos de Dora, yo soy la única que fui a la universidad. Soy la menor. Mi hermano Ira tenía muchas ganas de ir a la universidad. Mis padres eran muy pobres. El negocio empezó a marchar mejor justo antes de la segunda Guerra Mundial y yo tuve las cosas más fáciles. No tenían mucho dinero pero sí lo suficiente para pagarme la universidad.

Siempre supe que quería ir a la universidad y nunca me preocupé porque sabía que acabaría yendo. Pienso que si mis padres no hubieran tenido el dinero yo me hubiera puesto a trabajar para poder ir. Era mi único objetivo. A Ira le hubiera gustado ir a la universidad. Una gran decepción en su vida fue que no puedo ir a la escuela.

Nadie de la familia de Gussie fue a la universidad. De los hijos de Rose, el mayor, George, se hizo optometrista y la menor, Evelyn, es una pianista muy talentosa, pero no creo que se haya graduado ni tampoco que Sol haya ido a la universidad.

Todos vivíamos en Nueva Jersey, y si hubiéramos estado en Nueva York o en California tal vez hubiéramos podido ir a la universidad. Pues bien, yo fui. Sin embargo, no había universidades públicas. Ése es otro problema, la gente trabajaba para comer. La universidad era un lujo, era sólo para los ricos.

La religión judía

Sólo había un puñado de judíos en Natal: cinco en 1900. Entre 1900 y 1940 los censos no registran judíos. En el censo de 1940 sólo aparecen 140 en todo el estado de Rio Grande do Norte, de los cuales 109 vivían en Natal. Sin embargo, las cifras no reflejan la inmigración de judíos a Natal,[32] ocurrida después de 1912.

La primera ceremonia religiosa que se celebró en esa ciudad fue en 1919, pues antes no había *minián*. En 1925 se estableció el Centro Israelita do Rio Grande do Norte, que servía de sinagoga.[33]

León participó activamente en el centro y en la sinagoga desde su fundación. Fue uno de los que firmó el acta de fundación del centro, que tenía

[31] Véase la nota 29.

[32] Egon y Frieda Wolff, *Natal, Uma comunidade singular*, Cemitério Comunal Israelita, Río de Janeiro, 1984.

[33] Luís da Câmara Cascudo, *História da cidade de Natal*, 1980.

como propósito principal "mantener una sinagoga para celebrar el culto según la ley de los hebreos, para beneficio de todos los israelitas".[34] En 1931 fue electo director. León y Jacobo, su hijo, aparecen rezando, junto con otras personas, en una fotografía tomada en un Sucot celebrado en 1929.[35]

El centro también se proponía "tener una escuela libre para los hijos de los israelitas y para los niños gentiles que quisieran asistir a sus clases". No obstante, sólo tuvieron éxito el jardín de niños y las clases vespertinas de hebreo, dirigidas a los niños. Las hijas menores de León y María, Sarita y Genita, fueron a ese jardín de niños.[36]

Aunque el centro tenía los mismos propósitos que el *landsmanshaft* de Estados Unidos, este último reunía a los inmigrantes originarios del mismo pueblo de Europa del Este. En Natal, como había muy pocos judíos, no había posibilidades de establecer un *landsmanschaft*. Casi todos venían de distintos lugares de Europa Oriental. Por ejemplo, León era de Lituania, los Palatnik de Podolia, en Ucrania, y había algunos sefaraditas.

María obsevaba las festividades judías más importantes. Dice Anita:

> En Pesaj preparaba comida para la ocasión. La separaba. Algunos días antes lavaba los platos especialmente para la cena de Pesaj. Hacía *yur* [una sopa de pollo] y pescado *gefilte* para el Yom Kipur. Cuando estábamos sentados a la mesa listos para comer el pollo con compota de ciruelas, llegaba mi padre, usualmente acompañado de los *idn* [judíos] que no tenían familia. Entonces decía: "Fuera de la mesa". Nosotros nos íbamos a comer a la cocina.

Anita era la única de los que fueron a América que practicaba la religión ortodoxa. Como Bella, su madre, era muy religiosa. Bella usaba peluca, como hacen las mujeres ortodoxas. Los hermanos y las hermanas de Dora pueden clasificarse entre moderadamente religiosos y ateos. Sin embargo, hasta los ateos practicaban algunas ceremonias, por ejemplo la circuncisión. Cada Pesaj y cada Yom Kipur Dora preparaba una magnífica cena para toda la familia. Ella era la cabeza religiosa y también tenía un poderoso sentido de la unidad familiar. Quería que la familia permaneciera junta.

Cuando Harry vivía en la ciudad de Nueva York pertenecía a un *landsmanschaft*, en el que conoció a su primera esposa. Desafortunadamente no quedan registros. Al parecer Harry fue miembro durante muchos años, incluso mientras vivió en Booton, Nueva Jersey. Jack, su hijo, dice:

---

[34] Es interesante notar que los judíos del noreste de Brasil se llamaban a sí mismos israelitas. Esto puede relacionarse con el hecho de que, en portugués, existen dos palabras que levantan prejuicios, las cuales tienen la misma raíz que *judeu* ("judío"): *judiçao*, "afrenta", "humillación"; *judiar*, "herir", "lastimar", "denostar". El populacho del noreste de Brasil suele usar estas palabras sin relacionarlas con el pueblo judío.

[35] Egon y Frida Wolff, *op. cit.*, pp. 48, 104.

[36] *Ibidem*, p. 97.

Mi *bar-mitzvá* fue único. Mi padre me llevó a la sinagoga de Nueva York y salí hecho un hombre [. . .] Una de las razones principales por las que nunca aprendí religión fue que crecí en un pueblito en el que, como sólo había 25 familias judías, no había un templo, y por el cual sólo pasaba de cuando en cuando un maestro itinerante. Ni siquera puedo decir que haya sido un rabino. Iba de pueblo en pueblo. Era un maestro judío de hebreo que iba de pueblito en pueblito para ganarse unos centavos.

Jack se dio cuenta de que el maestro no conocía muy bien el hebreo, pero siguió yendo con él. "Lo hice para complacer a mis padres. Yo no soy una persona religiosa."

Según Sol, en la casa de Rosa

no había cultura judía, no había *shabat*. A mi madre no le interesaba y mi padre era socialista. Sólo mi hermano mayor hizo su *bar-mitzvá* y eso porque todavía vivía mi abuela (Bella). Yo hice el mío sólo para poder casarme, pues la familia de mi esposa era muy religiosa. En mi casa éramos muy liberales.

La mayor diferencia entre las dos ramas de la familia se dio entre los hijos de los inmigrantes, y se debió a la posición de cada una de las ramas frente a las dos religiones principales, el catolicismo en Brasil y el protestantismo en Estados Unidos.

El catolicismo del noreste de Brasil había incorporado elementos de la cultura brasileña porque no era ortodoxo, ascético ni clerical.[37] A lo largo del siglo xx, a través de cinco generaciones, la familia Feldman, como otros inmigrantes judíos de Brasil, encontró que podía contratar empleados domésticos por un salario muy bajo. Por lo tanto, uno podía encontrar, tanto en los hogares judíos como en los gentiles, sirvientas negras y mulatas que habían criado a los hijos y a los nietos de los miembros de la primera generación, cosa que sucedió hasta entre las familias judías pobres.

Esto llevó a que hubiera una relación más cercana que la mera buena vecindad entre los judíos, los negros y los mulatos. Los judíos incorporaron algunos elementos de la religión católica africana. Por ejemplo, los hijos y los nietos de León y María tenían una *mezuzá* en el dintel y amuletos para la buena suerte dentro de la casa. Los amuletos eran de madera y tenían la forma de un puño. Cuando nacieron los nietos de León y de María les pusieron en la ropa unos pequeños amuletos de la buena suerte hechos de madera blanca, para alejar el mal de ojo.

Asimismo, las hijas de León y de María llevaron a sus niños con la *benzedeira*, una mujer que hacía oración con unas hojas para proteger a los niños contra el mal de ojo y la mala suerte. También tenían en casa una "espada

[37] Véase la nota 17.

de São Jorge", una planta de la que se pensaba tenía poderes similires. Dos de ellas incluso tenían la imagen de un santo católico en sus casas, para que les diera protección.

Es posible que este proceso no esté relacionado con el matrimonio entre judíos y gentiles. De los siete hijos de León y María, sólo la menor se casó con un gentil. Es cierto que los judíos de Europa Oriental usaban amuletos y artefactos mágicos antes de emigrar[38] y en el noreste de Brasil encontraron una cultura en la que podían continuar esas prácticas.

A pesar del ambiente ecléctico, mezcla de catolicismo y religiones africanas, en que los niños Feldman practicaban su religión, la mayoría siguió asistiendo a la sinagoga en las fiestas principales, contribuyó a las asociaciones y centros judíos y dio a sus hijos y nietos una educación judía.

La situación era completamente distinta en Estados Unidos, país en el que predomina entre la mayoría la religión protestante. El protestantismo concede especial importancia al ascetismo y a la ética del trabajo. En estas condiciones es difícil que se desarrolle el pensamiento mágico. Esta situación, junto con el antisemitismo prevaleciente, hizo que los niños Feldman se mantuvieran dentro de la esfera judía, como judíos conservadores o reformistas. A pesar de esto, hay quienes, como Jack, se consideran ateos:

> Yo soy ateo por lo que veo en el mundo. Por supuesto que en Estados Unidos cada niño judío hace su *bar-mitzvá* de modo casi automático. Yo también hice el *bar-mitzvá*. Lo hice para complacer a mis padres. Yo no soy religioso. Voy al templo cuando tengo un compromiso o cuando mi esposa me dice que vaya porque su cuñada va al templo. Estoy en muy buenos términos con los hombres de la sinagoga ortodoxa. Si a veces me llaman para ser el décimo hombre de un *minián* yo les digo que pueden usar mi cuerpo pero no mi alma. Mi cuerpo es todo lo que quieren. Eso es la religión.

Incluso entre quienes se dicen judíos, ortodoxos o reformistas, sólo unos pocos se afilian a la sinagoga, pues, dicen, "es muy caro", y sólo asisten en las fiestas importantes. De los niños Feldman sólo hay uno que profesa otra religión y afirma que cree en Bahai.

Parece que los matrimonios mixtos no tuvieron relevancia en esta generación. De todos ellos sólo dos, el ateo y el que cree en Bahai, no se casaron con judías sino con mujeres católicas.

---

[38] Joshua Trachtenberg, *Jewish Magic and Superstition. A Study in Folk Religion*, Temple, Nueva York, 1970.

CONCLUSIÓN. LOS PROCESOS DE CONVERTIRSE
EN BRASILEÑO Y EN NORTEAMERICANO

La familia Feldman, como el resto de los inmigrantes judíos del este de Europa, enfrentó presiones muy fuertes para adaptarse con prontitud a Estados Unidos. Cambiaron sus nombres y aprendieron pronto a comportarse como norteamericanos. Sin embargo, el proceso fue ambiguo: al mismo tiempo que tenían que aprender la lengua y los valores de Estados Unidos, tenían que vivir separados, dentro del grupo judío. Había mucho antisemitismo. Esta situación condujo a que los descendientes de los inmigrantes judíos enérgicamente se definieran a sí mismos como judíos.

La otra rama de la familia Feldman no sintió una presión parecida que los obligara a convertirse en brasileños. Se asimilaron más lentamente, raras veces cambiaron de nombre y sólo hubo dos miembros que tradujeron sus nombres al portugués. Este proceso fue de integración. El modelo de asimilación tiende a disminuir las diferencias étnicas entre la población. Las grandes diferencias están en la cantidad de riqueza que cada quien tiene. Para los inmigrantes judíos de Europa Oriental fue más fácil alcanzar posiciones altas en Brasil que en Estados Unidos.

TERCERA PARTE
SEGUNDA GUERRA MUNDIAL

LA ACCIÓN REVOLUCIONARIA MEXICANISTA Y SU APOYO AL NACIONALSOCIALISMO ALEMÁN

ALICIA GOJMAN DE BACKAL*

LA REVOLUCIÓN MEXICANA de 1910 a 1917 destruyó el sistema político centralista del presidente Porfirio Díaz y disolvió las redes de articulación que definían las relaciones entre los poderes locales y el Estado nacional. También sentó las bases para el resquebrajamiento de las hegemonías terratenientes en muchas regiones del país, abriendo la posibilidad de la irrupción al escenario político de una multitud de fuerzas sociales y proyectos de sociedad, en busca de una redefinición del sistema político nacional.

A partir de la organización posrevolucionaria del Estado —de 1920 en adelante—, tanto la izquierda como la derecha plantearon sus proyectos de nación. En 1919 apareció el Partido Comunista Mexicano, el cual proponía una nueva revolución: la socialista.[1]

Por otro lado el ala conservadora proponía un programa de trabajo nacionalista que tendía a afirmar y consolidar lo nacional frente a lo ajeno. Por ello reivindicaba la lengua, la raza, la cultura hispánica y el catolicismo, y atacaba al expansionismo político y cultural norteamericano.[2]

La década de los años treinta significó el fin del caudillismo, el inicio de la institucionalización del país, la educación socialista y el ascenso del cardenismo. Éste propuso un país de comunidades agrarias y educación socialista, un Estado industrializado apoyado por los trabajadores y un capitalismo subordinado a dicho Estado. Su sustento fue la alianza de los políticos, los intelectuales y la *inteligetsia* mexicana, que incluía a todo un sector de los militares de la Revolución, junto con los campesinos.

El periodo cardenista, que va de 1934 a 1940, sigue siendo uno de los más discutidos y turbulentos del siglo XX mexicano. Muchos miles de páginas se han escrito sobre la expulsión de Plutarco Elías Calles del país, sobre la reforma agraria, la expropiación petrolera, la inmigración de los españoles republicanos, las huelgas obreras, los enfrentamientos con los empresarios y sobre la oposición de derecha al régimen cardenista.

---

* ENEP-Acatlán, Universidad Nacional Autónoma de México; Centro de Documentación e Investigación de la Comunidad Ashkenazi.

[1] Adolfo Gilly, "Los dos socialismos mexicanos", en Celia Noriega Elio (comp.), *El nacionalismo en México*, El Colegio de Michoacán, México, 1988, p. 359.

[2] Toribio Esquivel Obregón, *Apuntes para la historia del derecho en México*, Polis, México, 1937.

Este ensayo pretende, a través del estudio de una organización que emanó de la clase media, llamada la Acción Revolucionaria Mexicanista o los Camisas Doradas, comprender la oposición a Cárdenas y al mismo tiempo hacer un análisis basado en ciertos conceptos, así como en actitudes y relaciones de este grupo que confirman su apoyo al nacionalsocialismo alemán que surgió también en esa década de los treinta.

La administración de Cárdenas se inició siguiendo los lineamientos planteados por el Jefe Máximo, Plutarco Elías Calles; de allí que heredó el problema religioso de los cristeros, que volvió a surgir en 1934.[3]

La educación socialista se convirtió en uno de los primeros blancos de la oposición anticardenista y vínculo entre los grupos católicos y los sectores medios de la población. Además, otros problemas surgidos en su administración fueron elementos que se conjugaron poco a poco para crear un gran frente de oposición al presidente, entre ellos la ruptura entre Calles y Cárdenas, el reparto agrario y la expropiación petrolera. De ahí surgieron grupos de oposición en tres líneas de acción: la religiosa, la civil y la militar.

En un principio fue difícil deslindar una de la otra, ya que se confundían las demandas civiles con las militares y ambas con las religiosas. Por fin los militares decidieron actuar independientemente. Así surgió esta organización semimilitarizada que se conoce comúnmente como los Dorados.

Su líder fue Nicolás Rodríguez Carrasco, antiguo general del ejército villista (de ahí el nombre de Dorados), el cual se destacó por haber participado en varias rebeliones, entre ellas la del general Gonzalo Escobar en 1927. Un año después organizó a los vasconcelistas en Estados Unidos, creando el Centro Antirreeleccionista Pro-Vasconcelos en Los Ángeles, California.[4] Más tarde regresó a México, después de haber permanecido en la cárcel de la isla McNell por haber pretendido tomar Baja California. A su regreso sirvió de rompehuelgas en la época del Maximato, actuando bajo la protección de Plutarco Elías Calles.

Entonces organizó un grupo llamado los Camisas Verdes y estrenó su grito de guerra de "México para los mexicanos".[5] Durante la presidencia de Abelardo L. Rodríguez fundó los Camisas Doradas, cuya función era agredir a comunistas y judíos.[6]

Las primeras acciones de los Dorados, en el año 1935, fueron atacar las oficinas del Partido Comunista y participar en un zafarrancho con los obreros de la fábrica Pasamanería Francesa, que estaban en huelga.

Los enfrentamientos entre Dorados y comunistas fueron muy frecuentes

[3] Jean Meyer, "Estado y sociedad en Calles", en *Historia de la Revolución mexicana (1924-1928)*, El Colegio de México, México, 1977.

[4] John Skirius, *José Vasconcelos y la cruzada de 1929*, Editorial xxi, México, 1978, p. 59.

[5] Jaime Harryson Plenn, *Mexico Marches*, Bobbs Merril, Nueva York, 1938, p. 78.

[6] Lesley Bird Simpson, *Muchos Méxicos*, Fondo de Cultura Económica, México, 1977, p. 574.

hasta que el 20 de noviembre de 1935 hubo muertos y heridos en el zócalo de la ciudad de México. Uno de estos heridos fue el mismo Nicolás Rodríguez. Después de muchas quejas y protestas al presidente Cárdenas, éste planteó la ilegalidad de la organización y decidió expulsar a su líder del país. Rodríguez fue trasladado a Texas en el año 1936, desde donde siguió conspirando contra el gobierno.

Este hombre comentaba que ya se encontraban en el país cerca de 800 mil miembros de su organización dispuestos a apoyarlo.[7] A partir de 1938 en la prensa norteamericana se comentaba sobre ciertos aliados de los nazis, espías que eran ajenos a la "unidad panamericana". Estos grupos nacionalistas, además de estar vinculados con los sectores patronales más reaccionarios de México, representaban una franca oposición al panamericanismo norteamericano. En muchas ocasiones se referían concretamente al vínculo entre ellos y los oficiales del ejército alemán, o a su participación en la creación de la "quinta columna", además de recibir ayuda económica de empresarios extranjeros que representaban los intereses del Tercer Reich.

Esas relaciones de las organizaciones de extrema derecha en México con los intereses de la Alemania nazi forman una veta muy interesante de investigación, ya que existen abundantes rumores, notas periodísticas, versiones extraoficiales y fuentes de archivo que, a la vez que han podido esclarecer un poco el tema, no han llegado a conclusiones definitivas.

En el caso concreto que nos ocupa, la relación o apoyo que los Dorados dieron al nacionalsocialismo alemán se puede analizar desde varios puntos de vista.

En primer lugar, el grupo de los Dorados fue influido por la ideología nazi que surgió en Alemania a partir de 1933. Ese año coincidió con la fundación de la Acción Revolucionaria Mexicanista. Desde la vestimenta, camisas doradas que se asemejan a las camisas pardas o negras de Hitler y Mussolini, el saludo con el puño levantado al frente, el carácter paramilitar, el liderazgo de un jefe, hasta la exaltación de lo nacional, de lo predominante de la nacionalidad y de la raza sobre otra cualquiera, hasta un desarrollado y bien definido antisemitismo, se parecen a las líneas del nacionalsocialismo.

En segundo lugar, la idea de patria nutrida por la tierra, la sangre, el honor, el orgullo, la disciplina, etc., era parte fundamental de las doctrinas totalitarias en boga en Europa en la década de los treinta. Mas no sólo es la idea de patria, sino de la patria amenazada, de las grandes catástrofes mundiales que se veían arribar debido a la maquinación judeobolchevique.

Estas ideas prendieron en la clase media mexicana en forma de un anticomunismo y un antijudaísmo rabiosos. Así, la Acción Revolucionaria Me-

---

[7] Archivo de la Secretaría de Relaciones Exteriores (ASRE), exp. III-334-29.

xicanista se manifiesta sobre todo también antijudía. Aunque su discriminación no afirma la "superioridad" del mexicano, en cambio sí exige que el trabajo y sus oportunidades sean brindados solamente a los mexicanos y que salgan del país los extranjeros indeseables.

Al sentirse poseedor de la verdad, ese nacionalista mexicano adquiere el aire de superioridad que necesita para legitimar sus acciones. Se vuelve un salvador de la humanidad ante las amenazas del mal que son el comunismo o bolchevismo, que va íntimamente unido al judaísmo.

El proceso es sobre todo el haber sufrido, el haberse recuperado e identificado el mal, como sucede en el discurso hitleriano. La idealización del instinto y la mistificación de la brutalidad, características de los discursos fascistas, son similares a las ideas de este grupo de derecha, sobre todo en la irracionalidad, el miedo y la agresividad manifiesta.[8]

En el discurso de Hitler el enemigo, o sea el judío, se vuelve "un parásito", "una sabandija", "un bastardo"; en México se convierte en "holgazán usurero", "extranjero pernicioso y criminal" y en un "hipócrita comunista".

En tercer lugar, el apoyo dado por los Dorados a la propaganda y distribución de discursos a favor del Reich, incluida la inserción pagada de noticias en espacios comerciales en los principales diarios y revistas del país, es marcadamente notorio. Además, libelos como *El judío internacional*, *El oculto y doloso enemigo del mundo*, *El bolchevismo, enemigo mundial número uno* y *La cartilla comunista*, circularon por distintas asociaciones patronales hasta llegar a los grupos de la clase media, y fueron la base para el discurso de los Dorados.

Los nazis hicieron llegar su propaganda impresa a México por muchos conductos. En agosto de 1937 la Procuraduría de la República recibió un informe respecto a la introducción de propaganda por el Caribe, Chiapas, Yucatán y la frontera norte, auspiciada entre otros grupos por los Camisas Doradas. Este hecho lo confirmó un alemán de nombre Mario R. Baldwin, que aparecía como el secretario de Economía de la mesa directiva de los Dorados en una entrevista que concedió al periódico *Los Angeles Times*.[9]

Un cuarto punto a tomarse en cuenta en este apoyo de los Dorados a los nacionalsocialistas fue su relación directa con miembros del partido nazi. Uno de sus primeros contactos fue con el agregado de prensa de la embajada alemana y prominente miembro del partido en México, Arthur Dietrich. Este hombre radicaba en el país desde 1924 y entró a formar parte de la legación en 1935. Era un nacionalsocialista convencido. Su labor ilícita consistía en sobornar a la prensa mexicana, además de que tenía una estación de radio clandestina en su casa. Dietrich entró en conversaciones con Rodrí-

---

[8] Lutz Winckler, *La función social del lenguaje fascista*, Ariel, México, 1979, p. 28.
[9] *Los Angeles Times*, agosto de 1937.

guez desde 1933 y le exigió que hiciera más radical su campaña en contra de los comunistas y los judíos, cosa que éste aceptó.

Por indicación de Dietrich, Rodríguez designó al doctor Krum Heller, prominente corresponsal de periódicos hispanoamericanos, residente en Berlín, como su representante personal ante el Reich. Heller le escribía a Rodríguez el 28 de mayo de 1935: "así como los alemanes llevan el uniforme nazi por todas partes donde van, así los Dorados debemos hacer lo mismo dando el mejor ejemplo de nuestra conducta".[10]

Después del distanciamiento entre Calles y Cárdenas, Rodríguez comprendió que, además de poder atraer a su causa a Calles, otro sector de la sociedad le sería favorable: la Iglesia. Por eso nombró a Carlos Walterio Steinman, también de origen alemán, y que había sido coronel en el ejército mexicano, como su representante en Nueva York.

El 3 de julio de 1935 el Dorado recibió una misiva de este hombre donde le relataba una reunión con el marqués George MacDonald, jefe de los Caballeros de Colón en Estados Unidos, y la recaudación de cuatro millones de dólares para la causa.

En mayo de 1938 el Ministerio Público Federal en México recibió una serie de denuncias sobre actividades subversivas promovidas por un alemán, Herman Schwim, presidente de la Deutsche Haus, quien vivía en Los Ángeles, era nazi y había convocado a una convención de agentes nazis en San Francisco, en la que participó Nicolás Rodríguez.

Parece que este hombre y su familia tenían intereses en México, ya que eran dueños de fincas cafetaleras en la zona del Soconusco, en Chiapas, donde recibían propaganda nazi que distribuían entre la población. Además había fuertes rumores de que Schwim había sido el promotor de los Camisas Doradas en Baja California.[11]

Otra relación de Rodríguez fue con Henry Allen, jefe del Silver Batallion o Camisas Plateadas en Estados Unidos. Éste le ofreció al Dorado un pasaje a Los Ángeles para "tratar asuntos de interés común".[12] Además, junto con otras dos personas, uno de apellido Kenneth y el otro Alexander, recorrieron varias ciudades mexicanas, entre ellas Guaymas, Nogales y Mulegé, y llegaron a la ciudad de México, donde visitaron al cónsul alemán, identificándose como amigos y asociados de los agentes nazis en Los Ángeles, y de él recibieron una carta de presentación. Algunos autores afirman que fue quizás en Guaymas donde se llevó a cabo la reunión entre el Plateado y el Dorado.

Por otro lado se sabe que Alexander negoció la venta de los depósitos de manganeso para el gobierno alemán y logró realizar todos los arreglos con

---

[10] Archivo General de la Nación (AGN), 541.1/41, Marcos Mena al presidente Cárdenas, denuncia que Krum Heller estuvo conferenciando con Nicolás Rodríguez, 2 de mayo de 1936.

[11] Eduardo Weinfeld, *El antisemitismo en América Latina*, Or, México, 1939, p. 157.

[12] Archivo Francisco J. Múgica (AFJM), vol. 106, doc. 297.

la compañía Hamburg American Line para hacer el embarque directo hacia Europa desde la Bahía de Santa Rosalía.

Henry Allen, por su parte, compró ciertos derechos a unos depósitos de sulfuro en los volcanes de Mulegé, por los cuales Alemania estaba muy interesada. Fue Nicolás Rodríguez el que los puso en contacto con un señor García para realizar estas operaciones, ya que éste era su amigo y había trabajado en el Departamento de Minas.[13]

Por el lado alemán se despertó interés en la causa de los Dorados, especialmente por la necesidad de difundir sus ideas y por los intereses económicos que México significaba. Por ello la embajada alemana consideró conveniente para sus intereses proporcionar un subsidio a la Acción Revolucionaria Mexicanista y apoyar al ex secretario Saturnino Cedillo, que también se había convertido en adversario de Cárdenas por no aprobar sus ideas socialistas, el reparto agrario, ni la expropiación petrolera.

Cuando Cedillo dejó su cargo, el embajador Rudt von Collenberg escribió en su diario: "Ha salido del gobierno el último defensor de una actitud enérgica frente a las creencias radicales de los izquierdistas y a los empeños comunistas".[14] La segunda relación de los Dorados con los nazis fue a través del general Saturnino Cedillo; se sabe que desde que asumió el mando en la Secretaría de Agricultura fue felicitado efusivamente por Nicolás Rodríguez con telegramas y cartas de adhesión.

Desde entonces el apoyo a los Dorados fue constante. Cuando Nicolás Rodríguez fue expulsado del país mantuvo una comunicación estrecha con Cedillo; fue Rodríguez el que lanzó el manifiesto de la rebelión desde Texas. Cuando ésta fracasó y la familia huyó hacia Estados Unidos, fue el Dorado el que recibió a las hermanas de Cedillo en la ciudad de MacAllen, Texas, y posteriormente las ayudó a establecerse en Mission, donde él tenía su cuartel general.[15]

No es éste el espacio para analizar la rebelión cedillista contra Cárdenas; lo que sí podemos es afirmar que tuvo apoyos tanto de alemanes residentes en México como de personas de la legación alemana, entre ellos su embajador, Rudt von Collenberg. Los momentos que vivió el país a raíz de la expropiación petrolera hicieron intervenir en esta rebelión quizás a los dos bandos, es decir, tanto a los alemanes como a los ingleses y norteamericanos. Probablemente Cedillo fue utilizado sin saberlo, pero la realidad es que había ganado presencia como jefe nato de múltiples agrupaciones, movimientos y corrientes de opinión de derecha, en ocasiones abiertamente fascistas, que se oponían al radicalismo oficial.

Tres personas cercanas al general Cedillo fueron identificadas por el go-

---

[13] *Idem.*
[14] Friederich Katz, "La conexión alemana", *El Buscón*, México núm. 8, 1984, p. 145.
[15] *The MacAllen Monitor*, MacAllen, años 1936, 1937 y 1938.

bierno mexicano como representantes del nazifascismo; ellos eran Ernesto von Merck, Erick Stephan y Herman Schwim, del cual ya hemos hablado.

El general Ernesto von Merck venía de una acaudalada familia alemana que a principios de siglo se estableció en Guatemala. Allí se casó con la hija del dictador Cabrera y fue nombrado ministro de Guerra. Iniciada la primera Guerra Mundial se trasladó a Europa para poder pelear a favor de Alemania. A fines de los años veinte regresó a América y se estableció en México, donde se naturalizó mexicano. Tuvo varios trabajos, entre ellos el de entrenar a los bomberos de San Luis Potosí, lugar donde fue contratado por Cedillo para labores personales.

Existen pruebas de que Von Merck tuvo injerencia en el movimiento nazi en México y en Estados Unidos. Gracias a él Cedillo logró acumular un buen número de aviones que el presidente Cárdenas le obligó a entregar a fines de 1937, pero que a principios de 1938 pudo recuperar gracias a Von Merck y que utilizó en su fallida rebelión.[16]

El piloto aviador Erick Stephan fue contratado por Cedillo en 1933 para entrenar a otros posibles pilotos. Parece que cuando Cárdenas tomó el poder aquél ya había vuelto a Alemania. Cedillo trató de conjugar las fuerzas de los callistas, los Camisas Doradas y los fascistas.[17]

Como comentamos, la política del Reich era mantener diversos canales de penetración en todo el mundo, sobre todo en América Latina. Así la Abwher, que dirigía toda esa red de espionaje alemán, se introdujo en México manejando sus influencias en diversas formas, trabajando a la par que la legación alemana pero tratando de no interferir una con la otra.

Una de las actividades a las cuales se abocó la Abwher en América Latina fue la de "fomentar desórdenes entre minorías nacionales o entre los grupos no alemanes", enviando a grupos de agitadores o saboteadores con comunicaciones entre sí. A fines de los años treinta y principios de los cuarenta estuvo muy activa organizando grupos disidentes entre las personas de ultraderecha y fomentando el desarrollo de una quinta columna.[18]

Esos agentes nazis eran observadores políticos y a su vez embajadores extraoficiales, y estaban involucrados en una diplomacia activa, al grado de que muchos tenían más autoridad que los miembros de la embajada.

Aquí nos surge la pregunta concreta: ¿Hubo relación entre la rebelión de Cedillo y el *putsch* del 11 de mayo de 1938 en Brasil? Este último también tuvo el claro propósito de derrocar al presidente Gétulio Vargas, y fue organizado por los integralistas, pero igualmente también con fuerte apoyo de

---

[16] José Bernal de León, *La quinta columna en el continente americano*, Ediciones Culturales Mexicanas, México, 1939, pp. 38-39.

[17] *Ibidem*, p. 67.

[18] *Cf.* Archivos Sutland, Washington D. C., The German Intelligence Services, Secret 119, Introducción D 19.

los nazis. Ambos fracasaron, pero ambos fueron realizados en el mismo mes de mayo de 1938.

Como quinto punto de nuestro análisis, quisiéramos enfatizar que, a raíz de las relaciones de la Acción Revolucionaria Mexicanista con el nacional-socialismo alemán, el antisemitismo en México fue en aumento.

Los Dorados se encargaron de tener en constante estado de pánico a la pequeña comunidad judía. Su ramificación en grupos por toda la República y sus amenazas permanentes hicieron que algunas familias tuvieran que abandonar su lugar de residencia y concentrarse en la capital.

Los ataques a sus comercios y las extorsiones para obtener protección eran cotidianos.[19] En los documentos relativos a la Acción Revolucionaria Mexicanista o ARM, encontrados en el Archivo Múgica, se puede constatar el envío de cartas de los Dorados a ciertos judíos de la ciudad de México, intimidándolos y presionándolos para que dejasen que "México sea para los mexicanos"; aparece además una lista bastante larga de nombres y direcciones de judíos que fue enviada por Rodríguez a todos los jefes de zona para que "procediesen según los planes de la asociación".[20]

A través de los periódicos nos enteramos de que ya en 1934 fue asaltado un establecimiento comercial judío por treinta individuos que pertenecían a los Camisas Doradas.[21] O que dos judíos fueron atacados en un mitin en la plaza de Santo Domingo por considerarlos comunistas.[22]

La agrupación se dedicó a boicotear los comercios judíos, sobre todo los que se encontraban en una zona específica del centro de la ciudad, utilizando las tácticas nazis de no permitir la entrada a los negocios, bajo la amenaza de "no compren a los judíos, compren a los mexicanos". Son frecuentes en esos años las quejas de la Cámara Israelita de Comercio contra los ataques, sobornos y chantajes que los Dorados cometían contra los hebreos.[23]

Uno de los manifiestos de este grupo, de fecha 29 de noviembre de 1935, decía lo siguiente: "La organización combate con la mayor energía a los malos extranjeros, especialmente a los judíos que se han apoderado de todo el pequeño comercio del país".[24]

[19] AGN, Gobernación 2/360(7)37724, Canatlán, Durango, 22/V/39.
[20] Desde mayo de 1934 la ARM estaba dividida en 15 zonas repartidas por toda la República, pero principalmente concentradas en la ciudad de México, donde se ubicaba la sede. Estas zonas estaban formadas por varios grupos de diez a quince individuos. Cada uno tenía su jefe de zona que a su vez informaba al "Jefe Supremo", o sea Nicolás Rodríguez. Según datos de 1935 la ARM contaba alrededor de cuatro mil miembros, AFJM, vol. 107, doc. 35.
[21] Excélsior, 10 de agosto de 1934, "Asalto cometido por Camisas Doradas y Verdes", establecimiento comercial de los señores Berkman y Zalsberg.
[22] AGN, galería Presidentes, serie Abelardo L. Rodríguez, 181/8.2, José Ángel Espinoza, presidente del Comité Pro-Raza de Venustiano Carranza 125 al C. Presidente.
[23] Archivo Kehilá Ashkenazi (AKA), Cámara Israelita de Industria y Comercio, 5 de enero de 1935, circular 49.
[24] El Universal Gráfico, México, 29 de noviembre de 1935.

Ejemplos de estas agresiones los hay infinitos en todos los estados del país; notorias son las que sufrieron directamente el presidente de la Cámara Israelita, Jacobo Landau, y el escritor y activista judío Jacobo Glantz. El primero fue agredido a cadenazos por los Dorados una noche, al llegar a su casa después de una junta, y el segundo fue agredido en el centro de la ciudad por grupos nazifascistas.[25]

Para finalizar queremos destacar concretamente la labor de los nazis en México y su red de espionaje. Del análisis de los documentos que revisamos en los Archivos Sutland de Washington D. C. surgió una serie de interrogantes.

¿Sabían los Dorados de la existencia de esta red? ¿Cuál fue el motivo de que el Führer aceptase a un representante de los Dorados en Berlín? ¿El apoyo que les brindó la legación alemana fue real o se trató de encubrir otras actividades, desviando la atención del gobierno hacia los Dorados o hacia la rebelión cedillista?

Hay autores que, después de analizar detenidamente las acciones de este grupo de ultraderecha, afirman decididamente que sí hubo relación entre los Dorados y los espías nazis, al grado de citar una casa de color café, llamada por ese motivo la Casa Parda, situada en la colonia Hipódromo Condesa de la ciudad de México, que, aparentando ser el domicilio y consultorio de un médico, era el lugar de reunión de los nazis y los Dorados.[26]

Agregan que los Camisas Doradas fue la primera organización típicamente nazi creada por el NSDAP en México, con los métodos propios de las tropas de asalto (SS) hitlerianas, por lo que conocían perfectamente su red de espionaje aquí.[27]

A pesar de lo anterior nos llama la atención, tras haber revisado con detenimiento los archivos de la inteligencia norteamericana,[28] el hecho de que por un lado no cabe la menor duda de que agentes alemanes se encontraban en México desde 1935 y quizás antes, y que existía un claro interés de parte del Tercer Reich por crear un banco de datos sobre organizaciones afines a la ideología nazifascista en América Latina (sobre todo en México, Brasil y Argentina) e instalar un servicio informativo secreto para asesorar a dependencias y al mismo partido, pero por el otro no encontramos relación directa de ningún miembro de la agrupación de los Dorados con estos agentes nazis.

No hay coincidencia entre los nombres de los alemanes que apoyaron a Cedillo o a la ARM con la lista de nombres que sacamos de estos archivos de

[25] *Cf.* Testimonios de historia oral, judíos en México, Asociación Mexicana de Amigos de la Universidad Hebrea de Jerusalén y Universidad Hebrea de Jerusalén, México, 1990.
[26] Bernal de León, *op. cit.*, p. 148.
[27] Mario Gill, *La década bárbara*, México, 1962, p. 97.
[28] *Cf.* Archivos Sutland, Washington, D. C.

Washington. En ellos aparecen cuarenta nombres de alemanes que se encontraban en México dedicados a trabajos de espionaje, sabotaje, creación de estaciones de radio clandestinas, aeródromos secretos, y que tenían direcciones o apartados postales tanto en la capital como en otros lados de la República, donde recibían correspondencia de Alemania y otros países europeos, así como de diversas naciones de América Latina, lo que nos corrobora una labor intensa en todo el territorio mexicano desde 1935 hasta 1942, cuando México entró a la guerra contra Alemania.

Los datos que obtuvimos son concretos y precisos; nos dan los nombres de cada uno, sus alias, su lugar de nacimiento, la forma como entró la persona al partido, por quién y dónde fue entrenado y cómo llegó a México. También describen sus actividades concretas y cómo las llevaban a cabo, agregando la lista de sus colaboradores.

De ahí sabemos que un buen número de ellos eran comerciantes o profesionales que trabajaban generalmente en compañías alemanas de todo tipo, entre las que destacaban las del ramo marítimo, ferretero y bancario (Banco Germánico de la América del Sur).

Su relación con la legación alemana no aparece muy clara, aunque no cabe duda de que la hubo. Las jerarquías están marcadas; cada uno trabaja por separado e informa a diferentes jefes. Se conoce una lista que Rudt von Collenberg envió en 1941 a Berlín, que dice: "De los agentes, sus actividades y sus jefes", donde menciona que quizás ésta estuviera incompleta porque "mi conocimiento —decía— se basa en observaciones ocasionales". La lista llegó a la Secretaría de Relaciones Exteriores, al igual que al diario del embajador. En ella sí coinciden los nombres, sobre todo del mayor Nikolaus y del teniente coronel Von Schleebruge, que aparecen en los archivos norteamericanos. Estos dos hombres pidieron en ese año que los destituyeran de su cargo porque ya lo consideraban riesgoso.

Sus sucesores Joachim Ruge y Edgar Hilgert fueron hechos prisioneros por el gobierno mexicano y enviados a Perote, Veracruz, de donde posteriormente salieron sin mayores cargos. Allí tuvo el gobierno a más de 300 alemanes encerrados.

El seudónimo o alias del mayor Nikolaus era Enrique López, y sus actividades fueron muy importantes, ya se tratase de espionaje desde México hacia Estados Unidos como ell informe de la salida y llegada de barcos y de inmigrantes.

No tenemos aquí el espacio para hacer un mayor análisis de la información; solamente pretendemos señalar, por un lado, la existencia de la Abwher en México y su relación con la legación alemana, y por el otro la posibilidad de que se hubiese vinculado con los Camisas Doradas.

Por ello afirmamos que el apoyo que este grupo de la Acción Revolucionaria Mexicanista dio a los nacionalsocialistas en ese momento consistió en desviar la atención hacia ellos y así encubrir las actividades clandestinas de los agentes nazis, para que no fuesen molestados por el gobierno.

Pero a pesar de las actividades de distracción y encubrimiento que realizaba este grupo, tenemos la certeza, por la poca atención que el presidente Lázaro Cárdenas les otorgó, de que para él su preocupación primordial era la red de espionaje alemana que actuaba en México, y no la Acción Revolucionaria Mexicanista.

Sin embargo, concluimos de nuestro análisis que el grupo de los Dorados fue un importante apoyo al nacionalsocialismo alemán y sobre todo a los esfuerzos de penetración que realizó el Tercer Reich en América Latina.

MÉXICO Y LOS REFUGIADOS DE GUERRA JUDÍOS: DEL DISCURSO OFICIAL A LA REALIDAD NACIONAL (1940-1942)

Daniela Gleizer Zalzman*
Juan Felipe Pozo Block

Introducción

La present ponencia intenta analizar la postura del gobierno del general Manuel Ávila Camacho con respecto a los refugiados de guerra judíos durante los dos primeros años de su sexenio, años que coincidieron con la última posibilidad que los judíos europeos tuvieron para escapar —por medio de la emigración— de las atrocidades nazis, así como con la entrada de México a la segunda Guerra Mundial.

El problema que planteamos se abordará en dos niveles. El primero corresponde al del discurso oficial, y en él se examinará la postura gubernamental explícita que asumió la administración avilacamachista frente a la posibilidad de aceptar este tipo de inmigración. En un segundo nivel se verán las condiciones "reales" del país para absorberlos. Dentro de este apartado se comprenderá tanto la legislación y las disposiciones políticas que afectaron al caso como la situación económica y social nacional con respecto al mismo.

Se intenta, por lo tanto, confrontar el discurso con la realidad, o bien medir la distancia de uno a otra en aras de indagar las posibilidades concretas que México tenía, o no, a principios de la década de los cuarenta para recibir a los refugiados de guerra judíos que llegaron a nuestras fronteras.

Balance general del sexenio

El sucesor del general Lázaro Cárdenas en la presidencia de la República fue el también militar Manuel Ávila Camacho, conocido como hombre moderado, razonable y conciliador. Desde su campaña Ávila Camacho postulaba la necesidad de realizar ciertas rectificaciones a la política cardenista, ya que ésta había ocasionado una fuerte polarización de las distintas fuer-

---

* El Colegio de México.

zas sociales del país. De aquí que su gobierno significaría la clausura de la etapa de las revoluciones y de las grandes reformas, abocándose a la recomposición de la política nacional y de las relaciones con el exterior.[1]

Su administración estuvo marcada por el curso de dos procesos principales. El primero de ellos consistió en un programa moderado hacia el interior, basado en la búsqueda de la conciliación nacional con objeto de desactivar las agudas tensiones políticas y sociales de fines del gobierno anterior. Las metas de esta plataforma debían ser la estabilidad, la unidad nacional y la consolidación, elementos considerados necesarios para lograr el ansiado desarrollo económico y el progreso.

El Plan Sexenal, como programa del futuro gobierno, necesitaba, por lo tanto, lograr un equilibrio entre las demandas de los grupos patronales y aquellas de índole popular, sin perder por ello el contenido del carácter revolucionario. De esta forma, la incorporación de ambos aspectos juntos implicó un manejo de planteamientos contradictorios.[2] Algunos autores sostienen que este equilibrio entre los distintos sectores sociales fue más aparente que real, ya que se dio prioridad a las demandas de la iniciativa privada y de los sectores de derecha,[3] en detrimento de la clase trabajadora.

El segundo de estos procesos, aquel orientado hacia el exterior, perseguía redefinir las relaciones del país con el resto de Norteamérica, así como adecuar la política nacional con la nueva coyuntura internacional producida por la guerra. En este periodo las relaciones entre México, Estados Unidos y las potencias europeas pasaron de la tirantez que las había caracterizado durante las décadas anteriores a una más abierta cooperación basada en acercamientos diplomáticos que buscaban crear un bloque americano en contra de la amenaza nazi-fascista.[4]

La presidencia de Ávila Camacho cambió sustancialmente la fisonomía del país. Hacia finales de su sexenio los aires reformistas y radicales de la Revolución habían sido superados, dando lugar a la "modernidad" y al "progreso". México, se creyó entonces, había entrado al privilegiado grupo de las naciones industrializadas.

EL LENGUAJE DISCURSIVO

El gobierno encontró su vehículo de legitimación a través de un discurso oficial que retrataba una nación que había logrado "quebrar tradiciones de

[1] Rafael Loyola, *Entre la guerra y la estabilidad política*, p. 4.

[2] Bertha Lerner y Susana Ralsky, *El poder de los presidentes. Alcances y perspectivas (1910-1973)*, p. 153.

[3] *Ibidem*, pp. 177-187.

[4] Tzvi Medin, *El sexenio alemanista*, citado en Alicia Gojman de Backal, *Generaciones judías en México. La Kehilá Askenazi en México*, vol. VIII, México, 1993, p. 75.

fuerza y de crueldad, y en cambio logrado siempre un respeto absoluto para la vida, para la dignidad y para las libertades humanas".[5]

La política interna más característica del régimen del "presidente caballero" fue la de unidad nacional. De acuerdo con ésta, se pretendía la reelaboración de un nuevo México que hacía del nacionalismo su principal vehículo de realización.

El propósito de esta filosofía se perfiló hacia la construcción de un destino nacional común sustentado en un proyecto económico y educativo basado en la tradición cultural y humanista de "lo" mexicano. De aquí que el proceso de homogenización social fuera imprescindible para el buen logro de este proyecto nacionalista.[6] El mismo fue entendido como la postergación de los conflictos partidistas,[7] y equiparaba la actividad de todos los sectores sociales en función del aporte de cada uno de ellos al gran esfuerzo nacional.

El discurso de la unidad nacional no hablaba en un lenguaje sesgado. No había referencias al indio, al mestizo, al blanco, al extranjero residente en el país, al católico, al pobre, al rural, al urbano, al trabajador, al intelectual. No. La unidad nacional sólo reconocía como propia una voz: "mexicano", y una esencia: "lo mexicano".[8] La unión, el orden, la disciplina, el trabajo y la producción[9] fueron considerados como elementos imprescindibles para lograr la anhelada armonía nacional.

Unidad nacional implicaba también una sana relación de México con el exterior, abriendo las puertas de "los grandes recursos del país a las inversiones legítimas y al estímulo de la iniciativa privada".[10]

Junto a la cosmovisión de la unidad nacional, el discurso del avilacamachismo promovió, al mismo tiempo, otra doctrina que llegó a ser, también ella, característica peculiar de su régimen: la igualdad internacional,[11] la cual definía la relación de México con el mundo. Sus postulados clave: la "justicia y humanismo democrático; la autonomía y la paz; el progreso económico y la seguridad social; la solidaridad continental y la cooperación

[5] Véase Manuel Ávila Camacho, *Seis años de actividad nacional*, p. 10.

[6] Véase el discurso del presidente Ávila Camacho ante el Congreso Superior de la Defensa Nacional, 24 de septiembre de 1942, en *Ideario de la nación mexicana*.

[7] Véase el discurso del presidente Ávila Camacho sobre el tema de la unidad nacional, 15 de septiembre de 1942, en *Los presidentes de México. . .*, tomo III, p. 188; *cf.* el discurso de Ávila Camacho en su primer acto público organizado en la plaza El Toreo, 16 de abril de 1939, en *Excélsior*, 17 de abril de 1939.

[8] Mensaje de Ávila Camacho a la nación donde explica el uso que hará de sus facultades extraordinarias, 3 de junio de 1942, en *Los presidentes. . .*, p. 201.

[9] Véase el discurso de Ávila Camacho dirigido a los trabajadores de México, 18 de septiembre de 1942, en *ibidem*, pp. 201, 202; *cf.* el discurso de Ávila Camacho en su entrevista con el presidente Roosevelt en Monterrey, 21 de abril de 1943, en *ibidem*, pp. 216 y 217.

[10] Declaraciones de Ávila Camacho en *Excélsior* del 17 de abril de 1939.

[11] Véase el balance general que de la administración avilacamachista hizo Alfonso García Robles, "Política internacional de México", en *Seis años de. . .*

universal",[12] fueron acompañados por los hechos que en la práctica México emprendía en el ámbito internacional, desde la crítica al avance de las potencias del Eje, hasta la ruptura de relaciones diplomáticas con el mismo.[13]

La igualdad internacional distinguió radicalmente a los bandos en pugna: el de la libertad democrática contra el de la represión del totalitarismo.[14] Así, la conflagración mundial fue percibida por la doctrina de la igualdad internacional como un verdadero parteaguas del destino de la humanidad.[15] De aquí que México se lanzara a la contienda "por la consolidación de los principios de libertad, por la liquidación de prejuicios raciales, y por el logro de una organización mejor y más justa para todos los hombres de la tierra",[16] "porque todas las razas tengan iguales posibilidades y gocen de igual respeto recíproco".[17]

Dentro de este marco, el lenguaje discursivo de la doctrina de igualdad internacional incluyó una política de abrigo al oprimido, al perseguido y al refugiado;[18] se ponía al lado de todos aquellos que condenaban a ultranza a "quienes en nombre de una superioridad étnica imaginaria, quieren imponer a la humanidad un orden fundado en la fuerza y en la injusticia",[19] y hacía suyo el ideal democrático de progreso y mejoramiento "sin privilegios de raza ni preferencias de estirpe o autoridad".[20] México se ufanaba, entonces, de haber construido un albergue para muchos "colegas europeos [que] han venido a buscar en este hemisferio un refugio en el que poder seguir pensando y viviendo con dignidad";[21] se jactaba de haber brindado "franca hospitalidad a las víctimas de las persecuciones raciales o políticas".[22]

---

[12] Según Alfonso García Robles en *idem.*

[13] Véase discurso de Ávila Camacho en el que informa a la nación de la existencia de un estado de guerra entre México y las potencias del Eje, 28 de mayo de 1942, en *Los presidentes.* . .

[14] Discurso de Ávila Camacho sobre la únidad nacional, 15 de septiembre de 1942, en *ibidem.*

[15] Véase "Carta del señor Presidente de la República, General de División Don Manuel Ávila Camacho, dirigida el 30 de mayo [de 1941] al Licenciado Vicente Lombardo Toledano, Presidente de la Confederación de Trabajadores de la América Latina, en respuesta a las preguntas que le hizo con respecto a la situación internacional", en *Igualdad democrática de los pueblos.* . .

[16] Benito Coquet, "Doctrina política interna de México", en *Seis años de.* . ., p. 8.

[17] Discurso de Ávila Camacho en conmemoración del trigésimo tercer aniversario de la Revolución mexicana, 19 de noviembre de 1943, en Alfonso García Robles, "Política internacional de México", p. 43.

[18] Véase el discurso de Ávila Camacho en la sesión inaugural de la Conferencia de Chapultepec, 21 de febrero de 1945, en *ibidem*, p. 51.

[19] Discurso de Ávila Camacho en la inauguración del Congreso Interamericano de Astrofísica, 17 de febrero de 1942, en *ibidem*, p. 45.

[20] Discurso de Ávila Camacho en la celebración del Día Panamericano, 14 de abril de 1942, en *ibidem*, p. 45.

[21] Discurso de Ávila Camacho en la inauguración del Congreso Interamericano de Astrofísica, 17 de febrero de 1942, en *ibidem*, p. 45.

[22] "Primer Informe de Gobierno de Ávila Camacho ante el Congreso de la Unión, 1 de septiembre de 1941", *El Popular*, 2 de septiembre de 1941.

Así pues, si la unidad nacional debía lograr la homogenización del pueblo de México, la igualdad internacional debía, por su lado, alcanzar un cosmopolitismo basado en el respeto de las soberanías. En el nivel discursivo lo primero no sólo no estorbaba a lo segundo, sino que se complementaban.

Sin embargo, la práctica conoció políticas contradictorias que irían refutando los postulados discursivos. La legislación migratoria, por ejemplo, se caracterizó desde los años treinta[23] hasta fines de la guerra por condicionar la admisión de inmigrantes al interés nacional y al grado de asimilabilidad racial y cultural de los mismos.[24] La tendencia de preferir al inmigrante "asimilable" siguió marcando la pauta a seguir, pues aunque el discurso oficial, como apuntamos, hablaba en términos humanistas en lo general, dominaba un espíritu que protegía, adoptaba y prefería "siempre a los que por su cultura y su sangre, son más fáciles de asimilar a la nacionalidad",[25] en lo particular. De aquí que, al finalizar la guerra, Ávila Camacho aclarara que la política migratoria mexicana no era discriminatoria desde el punto de vista racial, sino selectiva.[26]

Podemos concluir en una primera instancia que el discurso oficial se debatió entre una política humanitaria en lo general y una selectiva en lo particular.

[23] El 17 de octubre de 1933 la Secretaría de Gobernación emitió un documento que estaba clasificado como "Estrictamente Confidencial" en el cual se estipulaba que no podían ingresar a México "ni como agentes viajeros, directores, gerentes o representantes de negociaciones establecidas en la República, empleados de confianza, rentistas y estudiantes, los siguientes extranjeros: polacos, estuanos [sic], letones, checoslovacos, sirios, libaneses, palestinos, armenios, árabes, turcos, búlgaros, rumanos, persas, yugoslavos y griegos. Además de ciudadanos procedentes de la URSS". (Véase "Adiciones a la Circular 250 del Departamento de Migración, 17 de octubre de 1933, Archivo General de la Nación, Dirección General de Gobierno, exp. 2360 [29]).

En abril del siguiente año se emitió una disposición específica para el caso de la inmigración judía que, a la letra, estipulaba: "la inmigración judía [. . .] más que ninguna otra, por sus características psicológicas y morales [. . .] resulta indeseable [. . .]". En este documento se habla también de la dificultad para identificar al judío, por lo que se estipula exigir a todas las personas que soliciten permiso para internarse en el país, que "[. . .] declaren cuál es su raza, sub-raza y su religión, ya que el judío profesa, casi sin excepción, como religión, la israelita". En esta ley se advierte, asimismo, que aun en el caso de que la Secretaría haya autorizado la internación de un extranjero que se encuentre dentro de los casos de excepción arriba mencionados, "si se descubre que es de origen judío, no obstante la nacionalidad a la que pértenezca, deberá prohibírsele la entrada" (Archivo Histórico Genaro Estrada de la Secretaría de Relaciones Exteriores, Entrada de Judíos Americanos, III-2334-12).

[24] La Ley General de Población de 1936 favoreció la procreación y la repatriación sobre la inmigración, e "introdujo la novedad de las cuotas diferenciales de inmigrantes, las cuales se formarían teniendo en cuenta el interés nacional, el grado de asimilabilidad racial y cultural y la conveniencia de su admisión". Véase Moisés González Navarro, *Población y sociedad en México. 1900-1970*, vol. II, p. 49.

[25] "Primer Informe de Gobierno de Ávila Camacho ante el Congreso de la Unión, 1 de septiembre de 1941", *El Popular*, 2 de septiembre de 1941; *cf.* discurso de Ávila Camacho a los asilados españoles, 25 de marzo de 1943, en *Los presidentes*. . .

[26] González Navarro, *op. cit.*, pp. 52, 53.

Ahora bien, en todo este panorama cabe preguntarse qué lugar ocupó el judío, ese elemento ajeno, tan distinto a la idiosincrasia nacional mexicana. Podemos aventurar una posible respuesta: al judío, en calidad de elemento discursivo, todo; al judío, en calidad de sujeto de la realidad, nada (o muy poco). Tal parece haber sido la tónica que, por desgracia para muchos inmigrantes hebreos, imperó a todo lo largo de los años de guerra.

LA REALIDAD SUSTENTATORIA

La entrada de México a la contienda mundial, el 22 de mayo de 1942, no sólo no facilitó las cosas para aquellos refugiados de guerra judíos que llegaron a considerar a nuestro país como un lugar de abrigo; antes bien, las complicó. Es un hecho que el Holocausto no fue desconocido para las autoridades mexicanas prácticamente desde sus primeras etapas. Incluso el nivel discursivo, tan parco al respecto, no dejó pasar inadvertido tan infame suceso. Así encontramos que, por ejemplo, Ávila Camacho reconocía, sin empacho, que: "Estamos presenciando las increíbles aberraciones a que puede llegar un conjunto de pueblos cuya cultura no compensó el adelanto científico con el ascenso de los valores espirituales. . .".[27]

Para fechas tan tempranas como el propio 1941 México ya se unía al clamor de protesta que países como Chile realizaban contra las ejecuciones en masa de judíos perpetradas por los nazis.[28] Así también, el gobierno mexicano fue inundado, tanto en el nivel particular como en el diplomático, por toda una serie de informes, boletines, cartas, telegramas, mensajes, y hasta requerimientos del propio Senado de la República[29] que transmitían información detallada acerca del Holocausto. A pesar de esto, la ya aludida postura oficial en pro de la defensa de las víctimas de los regímenes totalitarios no se concretó en la práctica en medidas que pudieran beneficiar a los judíos perseguidos. Cabe, obviamente, preguntarse por qué.

En primer lugar, no pensamos que se tratase de un problema económico. En términos generales estamos de acuerdo con aquellos autores que afirman que "El periodo de guerra y la década en general fue de euforia, de crecimiento económico y expansión que marcó todos los órdenes de la vida nacional: industrialización, urbanización, proletarización, surgimiento de nuevas clases medias, consolidación de una nueva burguesía y aparición de nuevos estilos de vida y cultura 'modernos'."[30] Sin dejar de reconocer que

[27] "Tercer Informe Anual de Gobierno del presidente Ávila Camacho ante el Congreso de la Unión, 1 de septiembre de 1943", en Alfonso García Robles, "La política internacional de México", op. cit., p. 46.

[28] Así lo testifica Alfonso García Robles, en ibidem, p. 56.

[29] Véase El Popular, 7 de diciembre de 1942.

[30] Ricardo Tirado, "La alianza con los empresarios", en Rafael Loyola, op. cit., p. 203.

en el sexenio también se presentaron problemas típicos de una economía de guerra, tales como inflación, escasez de artículos de importación, desabasto alimentario, etc., pensamos, no obstante, que el crecimiento, desarrollo y expansión de la economía en ese entonces permitía la absorción de grupos de refugiados. Ejemplos de esto son los casos español y polaco.

No creemos tampoco que se tratase de un problema vinculado al clima social. En vista de que una discusión de los sectores sociales mexicanos del periodo rebasaría con mucho los límites impuestos a esta ponencia, optamos por detenernos en un breve análisis de dos fuerzas sociales que adquirieron gran relevancia en la época del México de los cuarenta: la izquierda y la derecha políticas.

Durante el cardenismo existieron diversos organismos dentro de la derecha radical que, representando a los intereses clasemedieros y empresariales perjudicados por aquel régimen, expresaron su descontento de muchas y variadas formas. Su plataforma ideológica, cercana a las doctrinas totalitarias e influida por las mismas, incluyó cierta carga de antisemitismo, el cual encontró sus canales de expresión por medio de la violencia, unas veces y, otras, a través de la propaganda. Si bien algunas fuentes señalan la influencia del nazismo en estos grupos, parece ser que manifestaban mayor afinidad con el falangismo español.[31] Para fines del sexenio del general Cárdenas dichas asociaciones iniciaron un proceso de retractación que culminaría con la incorporación de algunas de ellas al partido oficial,[32] a excepción del Partido Acción Nacional y la Unión Nacional Sinarquista. De estas dos fuerzas, sólo la segunda formó parte de la derecha radical y, a diferencia de otros sectores de la misma, se fortaleció después de las elecciones de 1940, alcanzando mayor notoriedad de 1941 a 1944.[33] Se considera que este movimiento, "aunque tuvo elementos de ideología fascista, de hispanidad y ultranacionalismo [. . .] fue ante todo y fundamentalmente católico romano".[34] Como tal, incluyó en su discurso argumentos netamente antisemitas. Por una extraña utilización de la lógica, los sinarquistas consideraron que existía una estrecha relación entre el comunismo internacional y el liberalismo capitalista, siendo el lazo entre estos dos poderes aparentemente dispares el materialismo y sus exponentes los judíos.[35] Sin embargo, por la línea moderada que el movimiento sinarquista tomó a partir de 1942, el antisemitismo parece haber sido relegado al nivel discursivo tan sólo, sin traducirse ya en manifestaciones o actos antisemitas concretos, a diferencia de lo que ocurrió en el sexenio cardenista.

---

[31] Ricardo Pérez Montfort, *"Por la patria y por la raza"*. . .
[32] *Ibidem*, p. 38.
[33] Hugh G. Campbell, *La derecha radical en México*. . .
[34] *Ibidem*, p. 96.
[35] *Ibidem*, p. 103.

La izquierda mexicana, por su actitud, ha llamado más nuestra atención. Si bien en un principio asumió una postura negativa con respecto a la participación de México en una guerra a la que calificaba de interimperialista,[36] a partir de febrero de 1941 cambiaría su línea ideológica. La propia Confederación de Trabajadores Mexicanos (CTM) fue la primera fuerza política del país que reaccionó a favor del esfuerzo para combatir a las naciones fascistas.[37]

A diferencia de las actividades de los grupos de derecha, los de izquierda presentaron una mejor y mayor organización, expresando activa y públicamente, de muy diversas maneras, su postura antifascista. Este hecho llama la atención, ciertamente, pues se trata de un comportamiento de excepción dentro de las reacciones que en el nivel social se suscitaron en los diversos países de Latinoamérica y el mundo. La izquierda mexicana levantó airada su voz no pocas veces, a través de marchas y mítines denunció las atrocidades del nazismo y se opuso repetida y consistentemente a la expansión del totalitarismo. Pero sin duda lo que resulta aún más interesante es que, además de estas manifestaciones, la izquierda mostró una actitud de singular sensibilidad y preocupación frente a las víctimas de tales regímenes, particularmente con respecto a los judíos europeos.

En agosto de 1942 tuvo lugar una "velada antifascista" en el Palacio de Bellas Artes, la cual, además de reunir a las personalidades más importantes de la izquierda, entre otras, contó también con la presencia del presidente del Partido de la Revolución Mexicana (el PRM, entonces en el poder). Cabe resaltar la solidaridad y simpatías expresadas "hacia los israelitas perseguidos tan injusta como cruelmente por la barbarie hitleriana".[38] Se hizo referencia asimismo a los judíos como "los hombres de ciencia, los grandes artistas, las más eminentes figuras que en todas las actividades dieron la honra de su nombre a Alemania".[39] El licenciado Villalobos, senador y presidente del comité ejecutivo del partido gobernante, expresó en su discurso "que el PRM patentiza por su conducto su simpatía y solidaridad al heroico pueblo israelita disperso en todas las latitudes del mundo que en cualquier circunstancia lucha por la libertad del mundo".[40] Asimismo, sostuvo que el racismo implicaba un complot de discriminación enderezado a eliminar a los israelitas del Viejo Mundo, y calificó esta teoría de falaz y pérfida de falsos sociólogos y antropólogos alemanes, considerando además "que los semitas no forman una raza humana especial, sino una variante de la raza

---

[36] Blanca Torres, *Historia de la Revolución mexicana. . .*, p. 66.
[37] *Ibidem*, p. 67.
[38] *El Popular*, 21 de agosto de 1942.
[39] *Idem.*
[40] *Idem.*

blanca, trabajadora, honesta y estudiosa cuyo contingente a la causa del progreso y de la civilización es digno de la gratitud del género humano".[41]

En los discursos de los diversos oradores se calificó a los judíos como los propulsores más importantes de la civilización, quienes han contribuido a ella con sabios y hombres de estudio. Por igual se denunció al fascismo brutal que los ha encarcelado, asesinado y continúa persiguiéndolos sin piedad. El ingeniero Palaviccini, ex representante de México en Ginebra, recordó que "Ante tal conducta de Hitler y Mussolini [. . .] México, bajo el gobierno justiciero del presidente Ávila Camacho, se ha puesto, como siempre se puso, de parte del agredido y en contra de los nefandos agresores".[42] En el mismo acto Vicente Lombardo Toledano, figura central de la izquierda y presidente de la Confederación de Trabajadores de América Latina (CTAL), también contribuyó dentro de esta tónica antifascista y filosemita. En su discurso habló de los grandes pensadores judíos y llegó, incluso, a establecer un paralelismo entre la raza judía y el pueblo de México, esclavizado por los colonizadores y explotado por los encomenderos.

Resultan también de gran interés los actos de protesta realizados en diciembre de 1942. El lunes 7 apareció en el periódico *El Popular* —vocero de la CTM— una noticia intitulada "Piden que el gobierno de México intervenga a favor de los hebreos amenazados de muerte por Hitler". En la misma nota se informa que el senador Adrián Morales Salas presentó una iniciativa proponiendo la intercesión del propio Senado de la República ante la Secretaría de Relaciones Exteriores a fin de mover al gobierno a solicitar la cooperación internacional con objeto de desarrollar una acción conjunta tendiente a impedir la matanza de los pobladores hebreos de las zonas ocupadas por los nazifascistas.[43] La iniciativa del senador estaba fundamentada en la "confirmación absolutamente fidedigna de que los nazis han asesinado en Europa cerca de dos millones de israelitas y quedan todavía bajo su dominio unos cinco millones más a los que Hitler ordenó ejecutar a más tardar el día 31 de diciembre de 1942".[44]

Las noticias aparecidas al respecto, particularmente en *El Popular*, hacen referencia constante a la incomprensible apatía de la opinión pública mundial frente a este tipo de reportajes y censuran a las naciones occidentales por su inmovilidad ante el terror hitleriano.[45]

Para el miércoles 9 se realizó un paro en la industria y comercio judíos, organizado por el Comité Central Israelita de México, de las 10 a las 12 del día, como protesta contra las matanzas de israelitas, al cual se adhirieron nu-

---

[41] *Idem.*
[42] *Idem.*
[43] *Ibidem*, 7 de diciembre de 1942.
[44] *Idem.*
[45] *Ibidem*, del 7 al 12 de diciembre de 1942.

merosos organismos nacionales y representantes diplomáticos de varios países aliados en México. Nuevamente según *El Popular*, cerraron cerca de seis mil establecimientos comerciales "integrados por casi la mayoría de los comercios israelitas, franceses, españoles y mexicanos".[46] En esta ocasión las organizaciones de trabajadores del país también mostraron su solidaridad, uniéndose al paro.

Una de las más grandes muestras de solidaridad con las víctimas del Holocausto se dio el viernes 11 de diciembre: los trabajadores realizaron su propia protesta. En toda Latinoamérica se llevó a cabo un paro de labores de 15 minutos organizado por la confederación de Lombardo Toledano. Asimismo, las organizaciones obreras afiliadas a la Confederación de Trabajadores de México secundaron con todo entusiasmo, en el nivel nacional, el paro de referencia. Fidel Velázquez Sánchez, líder de la CTM, pidió en su discurso: "exijamos respeto para la vida de los judíos y para la de todos los no combatientes. Y en caso de no ser oídos, exijamos el castigo corporal y económico de todos los nazis que habitan en nuestro hemisferio, como anticipo al castigo que deben sufrir, oportunamente, los responsables de la gran tragedia de la guerra".[47]

No se pueden soslayar, pues, todas estas muestras de apoyo y solidaridad que la izquierda mexicana brindó a la desgracia del judaísmo europeo. Sin embargo, cabe destacar que tal generosa actitud no se tradujo en ninguna propuesta concreta que pudiera beneficiar directa o indirectamente a los refugiados de guerra judíos que, de una u otra manera, habían logrado escapar de las garras del régimen hitleriano.

Encontramos nuevamente que, pese a estas protestas y manifestaciones, el lenguaje discursivo no tuvo su necesaria traducción a la realidad de entonces.

No obstante que los factores económicos y sociales no eran adversos, en términos generales, la administración avilacamachista resolvió rechazar las escasas solicitudes de refugio —más que de inmigración en sí— presentadas por judíos provenientes del infierno europeo. Si bien no existe consenso al respecto, se ha calculado que el número total de refugiados judíos que lograron entrar a México durante todo el periodo nazi (1933-1945) oscila entre 1 850[48] y 2 425.[49] Sin duda estas cifras son extraordinariamente bajas comparadas con el volumen de refugiados recibidos por otros países latinoamericanos como Argentina (50 mil), Brasil (25 mil), Chile (14 mil), Bolivia (12 mil) y Uruguay (7 mil).[50] Intentemos, pues, responder por qué.

[46] *Ibidem*, 10 de diciembre de 1942.
[47] *Novedades*, 12 de diciembre de 1942.
[48] Según cifra proporcionada por Haim Avni en *The Role of Latin America During the Nazi Era (1933-1945)*.
[49] Según cifra proporcionada por Gloria Carreño en *Pasaporte a la esperanza*, p. 98.
[50] Según cifras proporcionadas por la *Enciclopaedia Judaica*, vol. XIV, entrada "Refugees", p. 30.

Conclusiones

Consideramos que la cuestión de la recepción de refugiados de guerra judíos por parte de México no representó siquiera un problema de mediana importancia para el régimen de Manuel Ávila Camacho. En esto intervienen factores de índole diversa. El esencial, a nuestro juicio, se relaciona con la urgencia que tenía la nueva administración por consolidar su postura política hacia el interior y, hacia el exterior, redefinir sus relaciones internacionales a partir del conflicto bélico mundial. Como vimos, el gobierno centró sus esfuerzos en lograr aquel equilibrio tan necesario para su estabilidad política entre los diversos intereses antagónicos que permeaban a la sociedad de entonces. Ello exigió un manejo de principios contradictorios que, bien equilibrados, podían ser reconciliados en aras de la unidad nacional. Por lo tanto, cualquier elemento que pudiera dificultar la estabilidad deseada debía evitarse.

Por otro lado, el concepto de unidad nacional se basaba en criterios de homogenización social y cultural del país: "Nada de país plural o de diversidad de culturas. México es uno".[51] Como tal, lo ajeno, entendido como lo opuesto y no asimilable al *mexican way of life,* quedaba excluido. Esto se vio reflejado en los ya mencionados criterios de selectividad de la política migratoria mexicana.

Una consideración más se vincula con la ausencia de elementos de presión suficientes para modificar la actitud del gobierno hacia la cuestión judía. En lo interno, como se vio, la reacción de solidaridad de la izquierda mexicana no se convirtió en un factor coercitivo —ni tenía, en honor a la verdad, por qué haberlo hecho—, y fuera de tal sector ningún otro se alzó, siquiera, con la más mínima de las protestas. En lo externo, desde la Conferencia de Evian[52] quedó claro que las naciones no podían o no querían dar una solución satisfactoria al problema de los refugiados judíos. Ninguna de las potencias aliadas estuvo dispuesta a abrir sus puertas y aumentar las cuotas de inmigración. Este ejemplo fue seguido por casi todas las naciones latinoamericanas; México no fue la excepción. Se comportó, consecuentemente, de acuerdo con los lineamientos de la política internacional con respecto a los refugiados judíos.

[51] Carlos Monsiváis, "Sociedad y cultura", en Rafael Loyola, *op. cit.,* p. 264.

[52] A raíz de la invasión nazi a Austria y la anexión de este país al Tercer Reich (12 de marzo de 1938), Estados Unidos promovió una conferencia internacional para tratar de solucionar el problema gigantesco que ya representaban los desplazados y refugiados judíos de Alemania y Austria. Tal conferencia se llevó a cabo en julio de ese año en la ciudad francesa de Evian. A la misma acudieron una treintena de países, entre ellos México. Amén de crear un Comité Intergubernamental para continuar la labor de Evian en Londres, Inglaterra, la conferencia fue un fracaso, pues ningún país —fuera de la República Dominicana— se comprometió en serio a nada. El problema de los refugiados judíos no fue solucionado, agravándose hasta la ignominia en tiempos de la segunda Guerra Mundial.

Por todo lo anterior, consideramos que hubo ciertamente un abismo entre un discurso que se ufanaba de ser protector del perseguido y oprimido en lo general, y que se solidarizaba con los israelitas en lo particular, y una práctica que, condicionada por el nacionalismo interno de México y las tensas circunstancias mundiales, resultó excluyente para los hebreos. Así pues, sostenemos que el discurso oficial no fue consecuente con lo que predicaba, y ello se reflejó en el caso judío más que en ningún otro.

BIBLIOGRAFÍA

Ávila Camacho, Manuel, *Ideario de la nación mexicana*, México, 1942.

——, *Igualdad democrática de los pueblos. (México ante el conflicto mundial.) La justicia es la paz*, Secretaría de Gobernación, México, 1941.

——, *Seis años de actividad nacional*, Secretaría de Gobernación, México, 1946.

Avni, Haim, *The Role of Latin America in Immigration and Rescue during the Nazi Era (1933-1945): A General Approach and Mexico as a Case Study*, Latin American Program, Woodrow Wilson International Center for Scholars, Washington, D. C., 1986.

Bokser de Liwerant, Judit (dir.), *Imágenes de un encuentro. La presencia judía en México durante la primera mitad del siglo xx*, Universidad Nacional Autónoma de México/Tribuna Israelita/Comité Central Israelita de México/Multibanco Mercantil Probursa, México, 1982.

——, Identidad nacional y políticas migratorias. El encuentro con el grupo judío, *La Jornada Semanal* (México), 7 de febrero de 1993.

Campbell, Hugh G., *La derecha radical en México, 1929-1949*, trad. de Pilar Martínez Negrete, SepSetentas, México, 1976.

Carreño, Gloria, *Pasaporte a la esperanza*, Comunidad Ashkenazi de México, 1993, *Generaciones judías en México. La Kehilá Ashkenazi en México (1922-1992)*, tomo I, México, 1993.

Gojman de Backal, Alicia y Gloria Carreño, *Parte de México*, Comunidad Ashkenazi de México, *Generaciones judías en México. La Kehilá Ashkenazi en México (1922-1992)*, tomo VII, México, 1993.

Lerner, Bertha y Susana Ralsky, *El poder de los presidentes. Alcances y perspectivas (1910-1973)*, Instituto Mexicano de Estudios Políticos, A. C., México, 1976.

Loyola, Rafael (coord.), *Entre la guerra y la estabilidad política. El México de los 40*, Consejo Nacional para la Cultura y las Artes/Grijalbo, México, 1990.

Medina, Luis, "Origen y circunstancia de la idea de Unidad Nacional", *Foro Internacional*, núm. 3, enero-marzo de 1974.

Pérez Montfort, Ricardo, *"Por la patria y por la raza". La derecha secular en el sexenio de Lázaro Cárdenas*, Facultad de Filosofía y Letras, UNAM, México, 1993.

Presidencia de la República, *Los presidentes de México. Discursos políticos 1910-1988*, tomo III, *Lázaro Cárdenas, Manuel Ávila Camacho, Miguel Alemán, Adolfo Ruiz Cortines*, Presidencia de la República/El Colegio de México, México, 1988.

Torres, Blanca, *Historia de la Revolución mexicana 1940-1952. México en la segunda Guerra Mundial,* El Colegio de México, México, 1988.

Vernon, Raymond, *El dilema del desarrollo económico de México,* trad. de René Cárdenas Barrios, Diana, México, 1967.

Wilkie, James W., *La Revolución mexicana (1910-1976). Gasto federal y cambio social,* trad. de Jorge E. Monzón, Fondo de Cultura Económica, México, 1978.

HEMEROGRAFÍA Y ARCHIVOGRAFÍA

Diario Oficial de la Federación
El Nacional
El Popular
Excélsior
La Jornada Semanal
Novedades
Archivo del Centro de Estudios de Historia de México Condumex.
Archivo General de la Nación.
Archivo Histórico "Genaro Estrada" de la SRE.
Hemeroteca Nacional de México.

PERCEPCIONES DE LA CANCILLERÍA ARGENTINA ANTE LAS POLÍTICAS ANTIJUDÍAS EN EUROPA (1933-1945)[1]

DANIEL FEIERSTEIN*
MIGUEL ALBERTO GALANTE *

LAS RELACIONES que el Estado argentino estableció con la situación europea a partir del ascenso del nazismo ofrecen una multiplicidad de perspectivas de acercamiento.[2] Un aspecto poco explorado[3] es el análisis de las percepciones y tipos de lectura que el Ministerio de Relaciones Exteriores realizó acerca de las políticas antijudías desplegadas en Europa durante las décadas de 1930 y 1940.

Surgen, en una primera aproximación, diversos interrogantes al respecto: ¿qué se sabía sobre las políticas discriminatorias y genocidas en la Alemania nazi? ¿Y sobre la implementación de estas políticas en otros países? ¿Cuándo y cómo se obtuvo esta información? ¿Con qué nivel de precisión? ¿Qué

---

[1] Este trabajo fue realizado a partir del material del Archivo Testimonio, proyecto del Centro de Estudios Sociales de la DAIA (Delegación de Asociaciones Israelitas Argentinas), dirigido por la licenciada Beatriz Gurevich. Ambos autores se desempeñan como investigadores de dicho proyecto. Las fuentes que constituyen la base de esta investigación tienen origen en el Archivo del Ministerio de Relaciones Exteriores y Culto (en adelante AMREC), en sus secciones División Política (en adelante DP), Guerra Europea (en adelante GE), Segunda Guerra Mundial (en adelante SGM) y Legajos Personales.

* Centro de Estudios Sociales de la Delegación de Asociaciones Israelitas Argentinas.

[2] Entre ellas podrían incluirse los análisis sobre la neutralidad argentina en la segunda Guerra Mundial, la influencia de los nacionalismos europeos en la política argentina, el papel del espionaje de las potencias beligerantes en Argentina, las políticas hacia los refugiados por razones raciales, religiosas y políticas, el ingreso al país de criminales de guerra, las posturas de la sociedad civil argentina ante la guerra. Véanse, por ejemplo, Leonardo Senkman, *Argentina, la segunda Guerra Mundial y los refugiados indeseables, 1933-1945*, Grupo Editor Latinoamericano, Buenos Aires, 1991; Ronald Newton, *El cuarto lado del triángulo (La "amenaza nazi" en la Argentina, 1931-1947)*, Sudamericana, Buenos Aires, 1995; Carlota Jackisch, *El nazismo y los refugiados alemanes en la Argentina, 1933-1945*, Belgrano, Buenos Aires, 1989; Haim Avni, *Argentina y la historia de la inmigración judía (1810-1950)*, Magnes/Universidad Hebrea de Jerusalén/AMIA, Buenos Aires, 1983; Mario Rapoport, *Gran Bretaña, Estados Unidos y las clases dirigentes argentinas, 1940-1945*, Belgrano, Buenos Aires, 1981; Mario Rapoport, *¿Aliados o neutrales? La Argentina frente a la segunda Guerra Mundial*, EUDEBA, Buenos Aires, 1988; Carlos Escudé, *Gran Bretaña, Estados Unidos y la declinación argentina, 1942-1949*, Belgrano, Buenos Aires, 1983; Guido Di Tella y Cameron Watt (comps.), *Argentina between the Great Powers, 1939-1946*, St. Antonys/Macmillan, Londres, 1989; Joseph Tulchin, *La Argentina y los Estados Unidos*, Planeta, Buenos Aires.

[3] Cabe aclarar que algunas aristas de esta cuestión fueron abordadas, si bien en forma tangencial y no como eje del trabajo, en Leonardo Senkman, *op. cit.*, particularmente en su primer capítulo.

opiniones surgieron en relación con estos hechos, a medida que iban siendo conocidos? ¿Influyeron de alguna forma sobre la política exterior argentina de esos años? ¿Influyeron sobre las políticas migratorias? ¿De qué manera? ¿Se prestó algún tipo de ayuda a los grupos afectados? ¿Qué ocurrió en el caso de los ciudadanos argentinos judíos? ¿Hubo diferentes respuestas a estas cuestiones o una política institucional predominante?

No estamos en condiciones de responder a todas estas preguntas en el estado actual de la investigación. Es probable que estas percepciones puedan haber desempeñado algún papel (quizás importante, quizá menor) en las políticas adoptadas con respecto a la inmigración de los grupos afectados. Es más difícil elaborar hipótesis sobre el tipo de influencia ejercida (si efectivamente la hubo) sobre las decisiones en materia de política exterior del Estado argentino. Sin embargo, no es objetivo de este trabajo definir el alcance o el peso relativo de estos aspectos por sobre otros factores determinantes (la crisis del modelo agroexportador, las relaciones triangulares con Gran Bretaña y Estados Unidos, los cambios económico-sociales del país, la tradición liberal argentina en materia migratoria) de las políticas estatales.

Tres son las cuestiones que sí intentará responder este trabajo.

1. Cuál era la información *oficial* que poseía la Cancillería argentina en cada una de las etapas de las políticas antijudías en Europa. Al respecto, fueron relevados sistemáticamente los informes referidos a esta cuestión enviados por los diplomáticos argentinos en Europa. Si bien es posible pensar que trascendidos extraoficiales u otras formas diversas de comunicación permitieran a los funcionarios argentinos contar con mayor información que aquella producida por los miembros del servicio exterior, este trabajo busca establecer con certeza el grado mínimo de conocimiento existente en los ámbitos oficiales en relación con el desarrollo de políticas antijudías en Europa.

2. Cuál fue la interpretación que realizaron los funcionarios argentinos con respecto a estos sucesos: de qué forma se relacionaron con la situación y posición de los judíos aquellas personas que presenciaban y narraban los hechos desde el lugar del conflicto, y quiénes recibían dichos informes y/o consultas en las oficinas del ministerio, en Buenos Aires. Aquí podrán encontrarse actitudes que variaron desde el silencio, la pretensión de una neutralidad valorativa, la aceptación (e, incluso, la justificación) de los hechos, hasta la crítica y condena de los mismos.

3. Las formas de protección puestas en práctica por el Estado argentino en relación con las personas afectadas son un aspecto complementario, de significativa importancia. Más relevante aún es el caso de los ciudadanos argentinos judíos que se encontraban en Europa en el momento de los hechos y reclamaron amparo a las legaciones argentinas en el exterior. Al respecto, interesan tanto las actuaciones personales de los diplomáticos como las políticas institucionales de la Cancillería argentina.

En último término, el trabajo permite aproximarse a un posible campo de investigación sobre cuáles fueron las perspectivas ideológicas con las que pudieron interpretarse estos fenómenos y de qué modo condicionaron las diversas actuaciones.

Los informes analizados se han agrupado, en primer término, en función del país en el que describen los hechos ocurridos para, en las conclusiones, aproximarse a una tipología de los modos en que los funcionarios argentinos narraron y percibieron los sucesos, y de las prácticas institucionales y personales ante los pedidos de protección.

INFORMES SOBRE LA SITUACIÓN EN ALEMANIA

Al analizar el conjunto de las notas que, procedentes de la legación en Berlín (transformada en embajada a partir de septiembre de 1936) casi puntualmente informaban a la Cancillería argentina sobre los diferentes momentos de la política antisemita, puede hacerse una distinción cualitativa y cuantitativa.

1. Las notas enviadas entre 1933 y junio de 1939, periodo signado por la triple representación de Eduardo Labougle[4] ante los gobiernos de Alemania, Austria y Hungría, que coincide con el ascenso de Hitler a canciller del Reich, hasta los prolegómenos de la segunda Guerra Mundial.

2. Las notas remitidas desde julio de 1939 hasta 1944, periodo en que la embajada argentina en Alemania estuvo a cargo sucesivamente de Ricardo Olivera y Luis Luti (con una breve gestión de Luis Irigoyen como encargado de negocios interino), que a su vez coincide con los años del conflicto bélico.

Los sucesos iniciales de la política antijudía nazi fueron informados por Eduardo Labougle. El 29 de marzo de 1933 envía una "copia-traducción" del "llamamiento" del Partido Nacional-Socialista Alemán a sus afiliados "invitándolos a boycotear los negocios, artículos, médicos y abogados judíos [. . .] con propósitos de represalia contra la propaganda extranjera". Exceptuando esta breve introducción, Labougle omite mayores apreciaciones pues, dice, la lectura del mismo, "resulta más elocuente que el más vivo comentario".[5]

Inicia así un estilo de informes que tiene tres características notorias: la utilización en forma predominante de fuentes oficiales u oficiosas nazis; una

[4] Eduardo Labougle se hizo cargo de la legación en Berlín como enviado extraordinario y ministro plenipotenciario el 26 de junio de 1932, y permaneció al frente de ella hasta el 3 de julio de 1939 (desde el 26 de septiembre de 1936 como embajador extraordinario y plenipotenciario). Ya había sido representante argentino en Alemania entre 1914 y 1919 como primer secretario de legación.

[5] AMREC, DP, Alemania 1933, exp. 1, nota 122, 29-3-1933.

tendencia a reproducir —y a veces aceptar— el punto de vista dominante en Alemania sobre la "cuestión judía", con escasas apreciaciones críticas,[6] y la pretensión de que la "objetiva" descripción de los hechos y/o la transcripción de legislación, disposiciones y declaraciones oficiales son medida suficiente para brindar una ajustada imagen de las políticas antijudías en Alemania.

Los resultados del boicot también fueron informados dentro de la tónica señalada. Labougle desgrana la fundamentación dada por el gobierno del Reich: son "represalias" violentas por la campaña desarrollada en el extranjero contra las medidas antisemitas adoptadas en Alemania por una "revolución nacional-socialista triunfante" que quiere subordinar los problemas políticos y sociales a la depuración de la raza. El antisemitismo, así planteado, "no procede de un sectarismo religioso ni de la lucha de clases, sino tiene por objeto eliminar de la actividad nacional todos los elementos que, no siendo de pura raza germánica, han sido asimilados desde hace tiempo por la cultura y la vida alemanas, conquistando altas posiciones". En el relato de los hechos el diplomático puntualiza que una gran cantidad de negocios se vieron afectados con las medidas ya que

> casi todos los grandes Magazins son israelitas, y que no cabe duda que ha habido exageraciones acerca de las violencias cometidas y que el gobierno ha tratado de moderar el celo de las tropas de asalto hitlerianas, pero, los hechos tal como han ocurrido, arrestos, boycot a las casas pertenecientes a israelitas, exclusión sistemática del foro, de la administración, de la prensa y de las organizaciones públicas y empresas privadas, son hechos, que negarlos sería faltar a la verdad.

Por otra parte precisa las divergencias internas —oposición de von Neurath, Hindenburg y von Papen— en el gobierno alemán, que derivaron en severas órdenes de Hitler de restringir la acción antisemita.[7]

En la memoria anual correspondiente al año 1933 Labougle subraya su "espíritu objetivo": "en vez de pretender juzgar los acontecimientos y arriesgar opiniones hoy inocuas, he preferido dejar hablar a los hechos con la elocuencia convincente de las realidades, porque al conocerse los mismos resulta más sencillo explicarse las causas o razones que les impelen". Impresionado por la revolución nacional-socialista, impuesta a los dirigentes por "las fuerzas de las cosas", debiendo ceder a "los anhelos de la mayoría popular", el ministro reseña detalladamente las transformaciones iniciadas desde el gobierno con cierto dejo de admiración y, refiriéndose a las medidas antijudías, da una afirmación contundente: el Partido Nacional-Socialis-

---

[6] Esta tendencia se señala exclusivamente en relación con las políticas antijudías. Sobre otros temas, por ejemplo el concepto de derecho totalitario, la organización de los alemanes en el exterior (en relación con Argentina, más precisamente) por parte del Partido Nacional-Socialista, el diplomático desarrollará un amplio abanico de críticas.

[7] AMREC, DP, Alemania, exp. 1, 1933, nota 143, 10-4-1933.

ta en el poder "ha efectuado una campaña antisemita que ha asombrado al mundo por la audacia y firmeza con que fue encarada; lucha abierta, sin desmayos, contra un enemigo que desempeñaba rol esencial en la crisis general que asola actualmente a la humanidad".[8]

Durante el año 1934 no hubo significativas referencias al tema de nuestro interés. Pero en 1935 la "cuestión judía" reapareció con fuerza en la política alemana, y así lo reflejaron los informes de los diplomáticos argentinos. En agosto de 1935 una nueva nota del enviado extraordinario en Berlín comunica la constitución de un "ghetto intelectual y artístico", con carácter obligatorio y dirección designada por el Estado alemán, que reuniría a todas las asociaciones culturales judías. La breve explicación no se aparta de las fuentes oficiales germanas. Más extensa pero con similares fuentes es la nota que reproduce algunos de los conceptos pronunciados por Julius Streicher —"uno de los jefes, si no el principal, de la campaña antisemita", anota con precisión Labougle— en una conferencia de gran repercusión. Entre los conceptos seleccionados por el diplomático, que no realiza apreciación personal alguna, no faltan macabras humoradas antisemitas, y fundamentos varios de la acción desplegada.[9]

Por su parte Manuel Rubio Egusquiza, secretario de la legación en Berlín, interinamente a cargo por ausencia temporal de Labougle, informa con precisión y mesura sobre las llamadas leyes de Nuremberg, destacando los alcances de las mismas.[10] En relación con la Ley de Defensa de la Sangre y el Honor Alemán, llega incluso a comunicar la primera aplicación en el exterior de las restricciones para los matrimonios entre judíos y alemanes "arios".[11] Asimismo, la legación en Berlín envió copias de los decretos que reglamentaban las leyes referidas.[12]

Eduardo Labougle, al realizar la memoria anual de 1935, reitera su pretendida objetividad, agregando que los gobiernos interpretan "la fuerza inmanente de las cosas, de las necesidades y aspiraciones de los gobernados". De ese modo no dejaba de asignar necesariedad y consenso popular a la legislación de ese año, que prefiere citar antes que analizar. En su única y breve evaluación de las leyes, reconoce que los derechos de los israelitas, "ya bastante cercenados", vieron así legalizada su restricción.[13]

Durante 1936, año de escasas novedades en la acción antijudía estatal, sus notas recogieron un variado espectro de fundamentos ideológicos de la política antisemita, siempre a partir de fuentes oficiales u oficiosas nazis.

---

[8] AMREC, DP, Alemania, exp. 32, 1933, nota 116, 28-2-1934, expediente 32. La oración por nosotros subrayada es, sin duda, fruto de la redacción del propio diplomático.

[9] AMREC, DP, Alemania, exp. 1, 1935, nota 415, 21-8-1935.

[10] AMREC, DP, Alemania, exp 3, 1935, nota 466, 25-9-1935.

[11] Ibidem, nota 476, 1-10-1935

[12] Ibidem, nota 589, 21-11-1935

[13] AMREC, DP, Alemania, exp. 22, 1935, nota 114, 29-2-1936.

Así aparecen la definición del concepto de ario, la oposición a los principios igualitarios de la Revolución francesa, la teoría de la desigualdad de las razas humanas y la asociación entre judaísmo y bolchevismo.[14] Este último aspecto mereció la especial atención del responsable de la legación en Berlín, al cubrir el IV Congreso de Nuremberg, al que asistió junto con algunos otros miembros del cuerpo diplomático. Algo fascinado por los "caracteres colosales" de las festividades, destacó que uno de los "puntos primordiales" en la política del Partido Nacional-Socialista era la "violenta campaña contra el bolchevismo", no sólo "en sí mismo" sino especialmente relacionado con la cuestión de la raza, es decir, la "cuestión judía". Labougle extracta especialmente algunas alocuciones de Rosenberg y de Goebbels. Este último afirmó que el marxismo "es una locura, patológica y criminal enseñada por judíos y dirigida por judíos". Estos y otros conceptos similares seleccionados por el diplomático argentino no merecieron crítica alguna en el informe.[15]

La mayor presión estatal de 1937 dirigida hacia el despojo económico de los judíos en Alemania, así como a una virtual emigración forzosa, también fue contemplada en las notas recibidas por la Cancillería argentina. El 9 de mayo de 1938 el entonces embajador Labougle transcribió la importante ley que obligaba a los judíos alemanes, dentro o fuera del país, a la declaración de sus bienes, con fines impositivos, de contraloría, manejo y usufructo de sus bienes y capitales. Coherente con su pretendida objetividad, el funcionario argentino prácticamente no realizó comentarios. No obstante, dejó sentada su comprensión de los objetivos de estas medidas apelando a la transcripción de un análisis de un diario suizo (que, a su vez, utiliza varias fuentes nazis). Las citas extractadas no permiten dudar sobre el sentido de estas políticas: "esta forma de utilizar el capital judío en beneficio del pueblo llevará a un empobrecimiento de los judíos, y parecería que este objeto fuese una razón de Estado para luego obligarlos a salir del país". Las fuentes nazis utilizadas ya expresaban claramente que a los judíos les sería más "ventajoso" emigrar, pagando el impuesto por salida del Reich, que "ser expulsados un día u otro a Palestina o Madagascar; solución ésta que tarde o temprano entrará en vigor".[16]

La agudización de las políticas antijudías en el año 1938 iba siendo reflejada en los informes argentinos. Entre agosto y noviembre de ese año el embajador daba cuenta no sólo de las sucesivas disposiciones tomadas (cancelación de diplomas de médicos judíos, pronto desalojo de sus consultorios y residencias, separación absoluta de letrados judíos de los colegios de abogados) de las que generalmente adjuntaba copias de decretos o leyes ,[17] sino

---

[14] AMREC, DP, Alemania, exp. 1, 1936, notas 29, del 22-1-1936 y 72, del 12-2-1936.
[15] *Ibidem*, nota 509, 16-9-1936.
[16] AMREC, DP, Alemania, exp. 9, 1933, nota 204, 09-5-1938.
[17] *Ibidem*, notas 430, 13-8-1938 y 579, 19-10-1938.

que también analizaba los efectos concretos de esas medidas: numerosos negocios judíos "arianizados", expropiación de inmuebles, fin de empleos públicos, pérdida del control de sus depósitos bancarios; "mientras los judíos se están volviendo rápidamente una comunidad proletaria que pronto tendrá que depender de la caridad pública, las dificultades para emigrar aumentan, sobre todo en lo que concierne al aspecto financiero". El embajador hacía entonces una clara evaluación: "parecería que la única profesión que un judío podrá tener en Alemania será la de romper piedras en un campo de concentración, donde muchos se encuentran actualmente".[18]

Los aspectos relacionados con la deportación de judíos polacos en Alemania también fueron comunicados. El 1 de noviembre Labougle comunicaba que ya 12 mil de los presumibles 150 mil residentes polacos habían sido expulsados a Polonia; "medida draconiana", decía el funcionario, que quedó en suspenso a partir de las negociaciones entre ambos gobiernos. Las condiciones de esos deportados eran así descritas: "Numerosos trenes especiales partieron de Munich, Leipzig y Nuremberg colmados de israelitas que sólo pudieron llevar consigo la ropa indispensable para el viaje".[19]

La denominada "noche de cristal" de noviembre de 1938 fue motivo de una especial atención del diplomático, que envió dos notas sobre esos sucesos. Por un lado describió las características de "los atropellos contra las propiedades, negocios y sinagogas". Asimismo, intentó identificar a los protagonistas y organizadores de esos actos. Así subraya, con base en su propia observación y la de otros testigos, que grupos de jóvenes parecían responder a una consigna general, mencionando la cercanía de "uniformados de la SA y SS" con presuntos listados de nombres y direcciones de casas a destruir, el saqueo personal de muchos "aprovechadores", la pasividad policial —que sólo actuó "cuando ya quedaba bien poco por destruir o demoler"— y la presencia de "numeroso público" en aparente actitud de observación, sin poder interpretarse cuáles eran sus "íntimos sentimientos" debido al régimen imperante que "no admite ni tolera crítica alguna". En síntesis, ni siquiera considera la posibilidad de una reacción espontánea, destacando la caracterización de "represalia oficial" por el "atentado" en París. ¿Qué imagen brinda de los afectados por esos atropellos? Reproduce un "comunicado oficioso" nazi: la población judía en el Reich ascendía entonces a 700 mil personas, con una fortuna de ocho millones de marcos; por lo tanto las medidas no perjudicaron a un grupo pobre sino "poderoso". A esta versión Labougle añade su propia reflexión: "Sin embargo, fácil es percatarse que tanto bienes inmuebles como los negocios, industrias, etc., al ser vendidos a personas arias, no obtienen sus precios reales". También consigna trascendidos acerca de una importante ola de suicidios, "hasta de familias enteras,

---

[18] *Ibidem*, nota 430, 13-8-1938.
[19] *Ibidem*, nota 608, 01-11-1938.

al verse privadas de sus bienes y no encontrar cómo hacer frente a las primordiales necesidades de existencia". En relación con las motivaciones de estos sucesos, nos llama la atención el énfasis puesto en el concepto de "represalia" por el "criminal atentado que costara la vida al tercer secretario de la Embajada Alemana en París". El "atentado" mereció también otras sugestivas expresiones condenatorias: "el crimen de París", "vil asesinato que ha sido condenado universalmente".[20] Quizá Labougle se sintió especialmente sensibilizado por el ataque a un par suyo, es decir, a un integrante del servicio diplomático de un Estado soberano, en el ejercicio de sus funciones. Esto se ve corroborado en la indignación y el espacio que le dedica a comunicar "un desagradable asunto" sucedido al encargado de negocios de Colombia en la mañana del 10 de noviembre, quien, "aficionado a la fotografía", intentó tomar algunas escenas del estado de las sinagogas y negocios atacados la noche anterior.[21]

Los decretos que ordenaban las exacciones económicas que siguieron a partir del 12 de noviembre de 1938 también fueron puntualmente informados por Labougle y por Luis Luti, encargado de negocios interino durante un breve lapso. Este último, en un tono muy medido, describió el 13 de diciembre de 1938 una serie de decretos que restringían las actividades sociales y comerciales de los judíos alemanes o sin nacionalidad, destacando que "se tiende a la formación de un *ghetto*".

El 13 de febrero de 1939 el embajador hace una nueva referencia a los proyectos nazis para deportar a todos los judíos a un "territorio reservado como se hizo con los indios de América del Norte", al reproducir algunos conceptos de Alfredo Rosenberg expresados en una conferencia ante el cuerpo diplomático y la prensa extranjera. Destacando que los deseos de Rosenberg privilegian los territorios de Guayana o la isla de Madagascar, excluyendo la posibilidad de un Estado israelita independiente, el funcionario argentino evalúa negativamente la factibilidad de ese modo de "solución del problema israelita; solución, por cierto, puramente teórica. Parte de la hipótesis que todo el mundo estaría de acuerdo con Alemania, lo que a decir verdad, no es el caso por el momento."[22]

Resulta especialmente interesante la última nota relacionada con el tema que nos ocupa, enviada por Labougle. Nos referimos a la memoria correspondiente al año 1938, fechada el 2 de marzo de 1939. En ella el embajador analizó lo sucedido en Alemania en ese año de "trascendentes acontecimientos", que representó "el más resonante de los triunfos obtenidos en periódicas etapas por los vencidos de 1918. Lo que parecía utopía, sueño o pro-

[20] *Ibidem*, nota 637, 14-11-1938. La nota tiene además un anexo con la cobertura de los hechos realizada por el periódico oficial del régimen, *Volkischer Beobachter*.
[21] AMREC, DP, Alemania, exp. 9, 1933, nota 636, 14-11-1938.
[22] AMREC, DP, Alemania, exp. 7, 1939, nota 61, 13-12-1939.

pósito irrealizable se ha convertido en una evidente realidad". Haciendo nueva profesión de objetividad, destaca la dificultad de informarse bajo el régimen imperante ante el temor de los individuos de ser conducidos fácilmente a los campos de concentración. Su análisis de la política antijudía tiene dos referencias concretas: una, la crítica al "socialismo de Estado" instaurado y, en función de ello, al concepto de propiedad privada, libertad individual y libertad de pensamiento. Se encuentra, dice, ante una dictadura sin igual, en cuanto a la concentración de poder en un solo hombre. Uno de los ejemplos que elige para ilustrar esto es el de los israelitas, "a los que se priva no sólo de sus fortunas, sino de sus objetos de arte, alhajas, y hasta de los elementos más indispensables para la vida". Pero estas apreciaciones críticas contrastan con una sentencia que las antecede, y en la que el embajador se cita a sí mismo, reiterando su afirmación de la memoria de 1933: el Partido Nacional-Socialista "ha efectuado una campaña antisemita que ha asombrado al mundo por la audacia y firmeza con que fue encarada: lucha abierta, sin desmayos, contra un enemigo que desempeñaba rol esencial en la crisis general que asola actualmente a la humanidad".[23] La aceptación, en 1939, del embajador argentino, del punto de vista nazi sobre el papel desempeñado por los judíos para la humanidad toda es, a la vez sorprendente, y a nuestro entender, evidente.[24]

Poco después, en junio de 1939, Labougle es trasladado hacia un destino, la embajada en Chile, de menor importancia para su carrera diplomática; destino menos relevante también si se piensa que Alemania era uno de los centros nodales de la política internacional en vísperas de la segunda Guerra Mundial.

A partir de entonces los informes serán realizados por Ricardo Olivera, embajador extraordinario y plenipotenciario en Berlín entre el 1 de agosto de 1939 y el 12 de marzo de 1942, y por Luis Luti, primer secretario de la embajada, quien en varios periodos tuvo a su cargo la máxima representación argentina en Alemania (de forma casi ininterrumpida entre marzo de 1942 y el 26 de enero de 1944, fecha en que Argentina rompió formalmente las relaciones diplomáticas con Alemania). Una aclaración cabe hacer aquí: la

---

[23] AMREC, DP, Alemania, exp. 27, 1939, nota 83, 02-03-1939.

[24] Eduardo Labougle brindó una imagen de sí mismo considerablemente diferente a la que aquí exponemos en su obra *Misión en Berlín*, 1946, Guillermo Kraft, Buenos Aires. Se trata de un intento de construir una imagen propia, y *retrospectiva* y así revertir la caracterización realizada por William E. Dodd —entonces embajador de Estados Unidos en Alemania— quien le atribuyó "mentalidad fascista" a Labougle. El argentino reconstruye allí su percepción de los procesos que presenció, pero realiza una notoria selección temática (y también de documentos reproducidos). Los temas elegidos son, como ya precisamos, aquellos en que efectivamente desarrolló una amplia crítica. La política racial del régimen nazi es apenas aludida en dispersas y muy escuetas referencias.

cantidad de notas halladas que refieren la política antijudía en Alemania desciende considerablemente.[25]

Más allá de este aspecto cuantitativo, las notas recibidas por la Cancillería muestran importantes cambios cualitativos. La información parece ser menor en cuanto a cantidad de hechos, legislación y medidas informadas (las prácticas estatales del Reich son cada vez menos publicitadas). Estas notas se realizaban entonces con base en materiales poco utilizados por el anterior embajador: fuentes de prensa extranjera (es decir, no oficial ni oficiosa) de países aliados o neutrales, e incluso de organizaciones judías, al comunicar la situación de los judíos alemanes trasladados al territorio polaco.

No se advierte en estos diplomáticos ninguna insinuación cercana al punto de vista oficial sobre las políticas raciales alemanas. Si los escritos de Olivera reflejan una actitud general de distanciamiento y neutralidad deliberada, las notas enviadas por Luti ofrecen una percepción que oscila entre una descripción precisa de los hechos y una clara crítica de la política e ideología racista nazi.

En una nota de noviembre de 1939 Ricardo Olivera recurre a nuevas fuentes para describir la situación en los campos de concentración.[26]

Dentro de las características apuntadas, en septiembre de 1940 Olivera informa sobre la emigración forzosa y la situación de los judíos que, todavía entonces, quedaban en Alemania. Contrasta para ello fuentes oficiales y fuentes no alemanas. Sobre la base de United Press explica que las autoridades alemanas "no dejaron de presionar a los judíos que viven aún en el territorio del Reich, para obligarlos a emigrar". Al parecer, dice, emigraron 12 mil durante 1940 y quedaron sólo unos 200 mil judíos viviendo en Alemania de los 500 mil existentes cuando Hitler llegó al poder. Las autoridades alemanas, compara, indican unos 400 mil judíos, ya que incluyen a los que habitan en los territorios ocupados por el Reich. La lectura del informe permite percibir las durísimas circunstancias que vivían. El autor es absolutamente económico en adjetivos, pero no deja de anotar los detalles discriminatorios, por ejemplo: "Se dice que no recibirán este invierno la mitad del carbón a que tienen derecho los arios". La preocupación por brindar una

[25] Dos explicaciones pueden darse al respecto: 1. las notas, por diversos motivos que desconocemos, ya no están en el AMREC, en las secciones que sistemáticamente revisamos; 2. los diplomáticos argentinos escribieron menos informes relativos a nuestro tema. Esto efectivamente ocurrió, de alguna manera; por un lado las prácticas antijudías oficiales de Alemania se trasladaron en buena medida al territorio polaco ocupado y administrado por el régimen nazi; los diplomáticos argentinos en Berlín debían informar, entonces, sobre una realidad cada vez más lejana en términos geográficos (los informes así elaborados son analizados al describir las políticas antijudías en Polonia). Por otro lado, la legislación y otras disposiciones públicas —en su doble sentido: estatales y no secretas— tomadas también disminuyeron de manera importante en términos cuantitativos.

[26] AMREC, DP, Alemania, exp. 3, 1939, nota 43, 1-11-1939. Las fuentes son L'Independence Belge y The Times.

verdadera imagen de la situación resulta evidente. Finalmente, en relación con los judíos polacos arrestados, afirma: "se encuentran, aún, en los campos de concentración. Después de la entrada de Italia en la guerra, las dificultades para emigrar han aumentado enormemente".[27]

El 20 de octubre envió un nuevo y brevísimo informe (de seis líneas), y un mapa que muestra "la expansión judía". Sin fuente precisa, el carácter del mapa permite deducir con certeza que es de producción, si no nazi, claramente antijudía. Olivera vuelve a reflejar aquí su independencia de criterio: afirma que el mapa no ilustra la "expansión", sino que "*trata* de señalar cronológicamente la dirección que ha tomado el *movimiento emigratorio* judío desde que ese pueblo abandonó el territorio de la Palestina".[28] En ese mismo año remitió un telegrama en el que describe la solidez del régimen nacional-socialista. Al referirse a Austria consigna: "Los judíos han dejado de contar". La precisión y la intención de objetividad permanecen.[29]

En noviembre de 1941 analiza lo que considera "el punto culminante" de la política antisemita alemana: el transporte en masa de israelitas a Polonia. Las fuentes, "dignas de fe", no se explicitan; la "nota confidencial" parece querer protegerlas. La precisión de la información es notable: la deportación tiene un promedio mensual de 20 mil personas "afectadas", previéndose que el 1 de abril de 1942 "podrá hablarse de un Reich libre de judíos". Los pasos desde la "desocupación forzosa de las casas" hasta su llegada a Polonia son detallados, consignando que la mayoría son conducidas al *ghetto* de Lodz. La toma de distancia del embajador en relación con la versión oficial alemana toma la forma de un inteligente uso de entrecomillados para las expresiones o categorizaciones propias del discurso nazi; así, los utiliza para referirse a "la propiedad normal" de un judío (poco más que dos mudas de ropa), los documentos que los judíos que "emigran" debían firmar (el embajador no duda en hablar de deportación), los cuales en algunos casos "expresan su conformidad" en ser declarados "enemigos del Estado" (para confiscar sus bienes o ingresos), la consideración oficial de estos judíos como "personas emigradas". Son algunos claros ejemplos del descreimiento de Olivera hacia esta versión oficial. La sombría incertidumbre del destino de estos judíos también queda perfilada: los "planes definitivos" no son conocidos; se sabe que son empleados en trabajos complementarios de la "economía de guerra" y que muchos son trasladados a "aglomeraciones rurales cuyos nombres se ignoran".[30]

[27] AMREC, GE, exp. 161, tomo IV, 1940, nota 711, 9-9-1940, sobre minuta del consejero Luis Luti.
[28] *Ibidem*, nota 838, 28-10-1940, sobre minuta del consejero Luis Luti. Las cursivas son nuestras.
[29] AMREC, GE, exp. 268, 1940, telegrama cifrado 1215, 2-12-1940, reproduciendo telegrama 330, sin fecha.
[30] AMREC, GE, nota 1050, confidencial, 12-11-1941, sobre minuta del secretario de segunda clase de la embajada argentina en Alemania, Luis H. Irigoyen.

Los informes de Luis Luti tienen todas las características de un agudo análisis con precisa información, escasa credibilidad en la versión oficial y un creciente rechazo por lo que fue observando. Algunos de ellos son tratados al analizar la política antijudía en Polonia. No obstante, nos referiremos aquí a aquellas notas que tratan la política en Alemania, y el punto de vista oficial.

En marzo de 1942, como encargado de negocios interino, Luti brinda una escueta información sobre la perspectiva oficial acerca de la "cuestión judía": comenta un artículo de Goebbels, enfatizando el propósito del funcionario nazi de clarificar "la necesidad y lógicas de las medidas ya adoptadas y las que se piensa tomar para solucionarlo definitivamente". La perspectiva de una "solución final" era ya tempranamente informada.[31]

Durante 1943 el encargado de negocios informó sobre una proclama de Hitler, con motivo del aniversario de la fundación del Partido Nacional-Socialista. En ella el canciller alemán reiteraba uno de sus tópicos preferidos: la necesidad de destruir "el peligro mundial del judaísmo", identificado con el "bolchevismo", y también asociado con la "plutocracia". En el informe Luti describe el punto de vista nazi, mas toma distancia del mismo, usando cuidadosamente las comillas para reproducir los conceptos de Hitler.[32] En un nuevo informe analiza la especial repercusión de la proclama "en parte de la opinión pública alemana" (se refiere explícitamente a medios oficiosos nazis), destacando que la guerra ha convertido a "la lucha contra el judaísmo [. . .] en un problema central de la política alemana".[33]

En junio de 1943 Luti analiza de qué manera "la habilísima propaganda alemana" utiliza y reproduce críticas expresadas por el papa acerca de los bombardeos aliados sobre territorios de Alemania e Italia, pero a la vez omite las críticas que el pontífice y el cardenal de Bélgica realizaron, simultáneamente, "condenando la persecución de los judíos, el reclutamiento forzado de trabajadores, y otros actos no menos 'humanitarios' que están, para el observador imparcial, a la altura de los horrores que causan las bombas inglesas y americanas".[34]

El 25 de junio Luti ya precisa las características de la "solución final". Recuerda primero los repetidos anuncios de Hitler acerca del "aniquilamiento y extinción de los judíos", que se remontan al 1 de septiembre de 1939, en ocasión de la apertura del Reichstag; cita a Goebbels, triunfante, declarando el absoluto y pronto cumplimiento de estos objetivos. Ese énfasis de los portavoces nazis en su consumación era "un presagio de mal agüero" sobre el destino de los judíos deportados de Alemania y territorios ocupados; y ano-

---

[31] AMREC, DP, Alemania, exp. Informativas, nota 1062, confidencial, 19-11-1942.
[32] AMREC, GE, exp. 161, 1942/1943, tomo IX, nota 95, 25-2-1943.
[33] *Ibidem*, nota 118 del 10-3-1943.
[34] *Ibidem*, nota 249 del 1-6-1943.

ta, "Así desapareció la caravana de estos desdichados en las masas anónimas de los judíos polacos". El camino hacia la "ruina y aniquilamiento" de estos judíos deportados fue conocido a pesar de la presión del "absoluto poder" por guardar absoluto silencio. Los rumores e informaciones fragmentarias, cuyo contenido pudo comprobar "en cuanto es posible", muestran los "verdaderos hechos". La precisión de lo averiguado por Luti destaca la existencia del "campo Treblinka", equipado con "cámaras especiales en las que se encierra a los judíos para asfixiarlos". La maquinaria de muerte era así informada —con un medido pero claro rechazo del diplomático— sin tapujos a la Cancillería argentina.[35]

Luti expresa su crítica y condena al nazismo al comentar el "tono ácido y virulento" de un artículo de Goebbels, "La guerra y los judíos", publicado en un semanario nazi. Reproducimos un significativo párrafo de la irónica crítica de Luti:

Hasta poco hace, el peligro inminente para Europa y la civilización occidental lo constituía exclusivamente el comunismo ruso. Era el que inspiraba la prosa del Ministro de la Propaganda. Para reanimar argumentos un tanto usados, el Dr. Goebbels exhuma la lucha que desde hace años —lucha a muerte— mantiene el nacionalsocialismo contra una minoría desarmada e indefensa que ya ha sido casi totalmente eliminada del territorio del Reich mediante métodos que nada tienen que envidiar a los empleados por los enemigos del Este.[36]

La condena del diplomático argentino queda expresada asimismo, de modo concluyente, al comentar el concepto que los nazis desarrollaban para fundamentar las medidas antijudías tomadas durante la ocupación en Dinamarca. Nos referimos a la caracterización de los judíos como "potencia beligerante" que los propagandistas nazis explicaban. Luti afirma al respecto: "Cabe sin embargo hacer resaltar el concepto que tiene el nacional-socialismo del término empleado para justificar, en cierto modo, sin justificar absolutamente nada, la persecución de una minoría indefensa".[37]

Finalmente, en julio de 1943 Luti analiza la sanción de tres decretos con fecha del 25 de abril, que definen la existencia de cuatro grados diferentes de ciudadanía, "según su valor racial". Los judíos y gitanos, expresa, no pueden tener ninguna de las cuatro formas de nacionalidad alemana; y consigna: "el proceso seguido por la ley de ciudadanía alemana desde 1935 ha encontrado en cierto modo su conclusión".[38]

---

[35] AMREC, nota 275, reservada, del 25-6-1943, doc. 77.

[36] AMREC, GE, exp. 161, 1942/1943, tomo IX, nota 217, 11-05-1943. Luti también envía el texto completo del artículo.

[37] AMREC, GE, exp. 177, 1940, nota 416, 4-10-1943.

[38] AMREC, DP, Alemania, exp. 16, nota 305, 05-07-1943.

Un párrafo especial merece el cónsul en Munich, Ernesto Sarmiento. En 1941 Ricardo Olivera encargó diversos trabajos informativos a los cónsules de su jurisdicción. Dos de ellos realizaron ensayos relativos al tema que nos ocupa. Arnaldo Barsanti, cónsul en Leipzig, lo denominó "Cómo justifican los nacional-socialistas el Estado y el derecho alemán". Desde el título mismo, y a lo largo del trabajo, puede observarse cómo el autor procura mantener cierta objetividad y distancia del punto de vista dominante en la ideología nazi.

Contrasta así mucho más con el realizado por Sarmiento: "Memoria sobre las leyes de la raza". Éste basó su informe en un folleto oficial alemán denominado "Las Leyes de Nüremberg sobre los judíos", con prólogo de pretendido carácter científico de Gerhard Wagner, que desarrolla los principios de la desigualdad de las razas y detalla las medidas eugenésicas a adoptar. Wagner se extiende además sobre las características de la "raza judía", a la que asigna una innata y hereditaria criminalidad, amoralidad, inferioridad intelectual, taradez, etcétera.

Sarmiento precisa en su nota introductoria su trato personal con Wagner y la hospitalidad brindada por éste a médicos sudamericanos (entre ellos, argentinos) en los viajes de estudio organizados por la casa Bayer. Después de elogiar la personalidad y las teorías de Wagner, propone pedir la colaboración de los médicos que visitaron Alemania para adaptar esas teorías a "nuestra manera de ser, nuestro factor geográfico" y poder brindar consejos "saludables" en el "palpitante problema de la raza [...] sin llegar a los extremos que ha llegado Europa actualmente" para un país que, según su punto de vista, debería controlar la inmigración. Sarmiento resulta así el más claro caso de apropiación del punto de vista nazi sobre la "cuestión judía" y la "pureza racial".

Hacia el final de su informe insiste en aplicar el trabajo de Wagner "para *un estudio futuro de la Ley de Inmigración*, en la que se contemplarían las nuevas situaciones derivadas de problemas nuevos y en la que el cuerpo médico argentino pudiera (¿y por qué no?) estudiar (¿quién sabe?) el tipo de raza más interesante y que necesite la humanidad futura".[39]

---

[39] AMREC, DP, Alemania, exp. 19, 1941, nota 307, del 7-3-1941 de Ricardo Olivera remitiendo los informes de Arnaldo Barsanti y Ernesto Sarmiento. Los subrayados y las preguntas entre paréntesis pertenecen al propio Sarmiento. El cónsul Sarmiento no tuvo una gran trayectoria en el ministerio. Ingresó en 1937 a pedido del presidente Justo, pero fue dejado cesante en 1946, tras haber sufrido una suspensión en 1943 y un apercibimiento en 1946. Sus calificaciones oscilaban entre "mediocre" y "malo", no se lo consideró nunca "apto para desempeñar el cargo superior" y jamás ascendió de cónsul de tercera. Cabe acotar que Sarmiento practicaba lo que proponía en sus notas. En su gestión como cónsul de Munich desarrolló una práctica abiertamente discriminatoria hacia los judíos que querían ingresar al país, en la mayor parte de los casos contando con la correspondiente autorización de libre desembarco otorgada por la Dirección Nacional de Migraciones. Esto fue desarrollado ampliamente por Senkman, *op. cit.*, cap. 1.

DE LAS PERCEPCIONES A LAS PRÁCTICAS

Una imagen más completa de la percepción que los diplomáticos argentinos tenían de la política antisemita puede obtenerse si se analizan otros aspectos de su gestión: ¿qué actitudes tomaban los funcionarios cuando debían actuar, ya no sólo informar, ante alguna solicitud de amparo diplomático de judíos argentinos afectados? ¿Qué tipo de evaluaciones hacían, qué líneas de acción proponían al ministerio respecto de los numerosos pedidos de ingreso al país por parte de judíos en legaciones y consulados argentinos? Las fuentes consultadas nos permiten hacer algunas precisiones al respecto.

La actitud general de Eduardo Labougle, de marcada reticencia —y a veces clara oposición— para amparar a los judíos argentinos surge de manera evidente en varias ocasiones. Durante el año 1933 respaldó en forma clara y constante a un singular funcionario que se desempeñaba como cónsul en Berlín: Jorge M. Amuchástegui.[40] Este diplomático tenía un particular celo en la individualización de los "migrantes indeseables" para el país, para así negarles visa o retirarles el pasaporte (en caso de que fueran argentinos naturalizados), y bregar entonces por la anulación de su carta de ciudadanía. Su acción estaba especialmente dirigida contra los "tratantes de blancas", los israelitas y los comunistas. Es notoria también la virtual identificación entre judío y comunista, para así incluirlos fácilmente en la categoría de "indeseables".

Manifestó esta característica al adelantarse al pedido de renovación de pasaporte de Ángel Rosemblat, argentino naturalizado, miembro del Instituto de Filología de la Universidad de Buenos Aires, que, becado por dicha casa, se encontraba en la Universidad de Berlín para completar sus investigaciones. Su filiación comunista era pública y abiertamente reconocida por el propio Rosemblat. Amuchástegui tomó la iniciativa, en julio de 1932, de pedir información a la policía berlinesa. Gracias a su insistencia, pudo obtener una "respuesta categórica" de las nuevas autoridades, quienes "desarrollando una acción anticomunista" comunicaron al cónsul que Rosemblat tenía una actividad comunista comprobada, que participaba en sesiones de la Liga contra el Imperialismo y realizaba traducciones para la misma. La iniciativa del cónsul derivó en el retiro de la carta de ciudadanía de Ángel Rosemblat el 30 de diciembre de 1932, y en la rápida huida, al parecer a París, del filólogo argentino.[41]

[40] Su legajo de personal en el AMREC incluye una calificación en 1935 de "mediocre" en su foja de concepto, precisando sus "características de intrigante". En 1940 el cónsul general en Suiza también realizó una evaluación desfavorable: "carece de condiciones para el cargo por su carácter nervioso, sumamente impulsivo". A partir de entonces sus calificaciones mejoran notablemente. Por su parte Labougle, en 1935, declinó hacer una evaluación al respecto.

[41] AMREC, DP, Alemania, exp. 26, 1931, "Consulado en Berlín. Septiembre 18. Situación de naturalizados argentinos comprendidos dentro de la categoría de indeseables y que se hallan munidos de pasaportes otorgados por las autoridades del país".

La preocupación de Amuchástegui quedó también expresada ante otros casos como el de Lázaro Grünbaum, a quien le denegó la solicitud de repatriación. Se basó en una información que personalmente solicitó el cónsul a la policía de Berlín. Ésta le comunicó oficialmente que Grünbaum había sido expulsado del país por pertenecer al Centro Cultural Judío, "organización agregada al Partido Comunista", información obtenida a partir de una *razzia*.[42] Por medio de un telegrama del 29 de mayo de 1933 Eduardo Labougle ratificaba estos datos con respecto al Centro Cultural Judío Alemán, agregando: "Este Gobierno ha continuado la campaña contra las sociedades judías comunistas".[43]

A partir de entonces el alto grado de identificación (y generalización) entre judío y comunista que el régimen nazi desarrollaba parece ser aceptado por los diplomáticos Amuchástegui y Labougle. Así lo refleja el primero, en una nota de mayo de 1933, preocupado ante las noticias de que en Argentina se gestionaban exenciones de formalidades para que inmigrasen israelitas alemanes que se declaraban perseguidos en su país de origen. Alerta entonces, en primer término a Eduardo Labougle —quien "consideró oportunas mis observaciones"—, que "obraban en mi poder antecedentes que confirman las actividades comunistas de centros e instituciones israelitas en este país".[44] A fines de 1933 envió una nota con similares conceptos a la Dirección General de Inmigración, con datos sobre varios casos a los que denegaba la correspondiente visación por ser comunistas. En la misma criticaba una "cierta liberalidad" en el otorgamiento de permisos de desembarco a "personas que, en más del 95 por ciento, son israelitas".[45]

En la misma dirección, Labougle envió una nota el 28 de abril de 1933 en la que proponía reformas en la política poblacional del país: "lo que hoy requerimos es argentinizar la vida, tal cual hacen los demás países en su egoísta carrera ultranacionalista". Destacaba las medidas tomadas por Alemania de "profilaxis económica y social", para luego centrarse en la cuestión de los "ciudadanos por naturalización":

Resulta, según lo que me dice la experiencia de las últimas décadas, que la mayor parte de los ciudadanos argentinos que promueven o producen dificultades en los países en que se encuentran, no son nativos, casi todos son naturalizados. Se trata de nacionales que recuerdan entusiásticamente su condición de tales cuando así conviene a sus intereses. Han vivido muchos años sin acordarse de la tierra de adopción. Llega una guerra, entonces sí apelan a la segunda o tercera patria. Llega una revolución, es indispensable que el cónsul o el representante diplomático del lugar le haga respetar en su carácter de ciudadano. Sobreviene,

---

[42] AMREC, DP, Alemania, exp. 10, 1933, nota 42-M, 26-4-1933.
[43] AMREC, DP, Alemania, exp. 9, 1933, telegrama cifrado 788, 29-5-1933.
[44] AMREC, DP, Alemania, exp. 10, 1933, nota 52, 17-5-1933.
[45] *Ibidem*, nota 141-M, 4-12-1933.

como ahora, una persecución de razas, ahí están otra vez los decididos y sinceros ciudadanos...[46]

El diplomático se pregunta —con evidente preferencia por una respuesta negativa— si era serio y justo que el Estado argentino amparara a esos ciudadanos a los que en, algunos casos, se les retiraba al poco tiempo su carta de ciudadanía. Pretendía obtener la legitimación de una postura que tendía a discriminar entre buenos y malos argentinos, entre nativos y naturalizados.

Más prudente, el consejero legal de la Cancillería se ajustó a la jurisprudencia existente sobre ley de ciudadanía, recomendando que la legación en Berlín remitiera los antecedentes de cada caso para poder "individualizar las conductas" de los ciudadanos argentinos naturalizados que se dedicasen a "actividades contrarias al orden social", para enviárselos a la justicia.[47]

El ministro plenipotenciario recibió una comunicación que transcribía el dictamen pero, al no indicar taxativamente la acción a seguir en relación con el amparo diplomático de casos como los planteados, ni realizar crítica alguna a sus conceptos, dejaba un relativo margen de maniobra a los diplomáticos argentinos en Alemania. De aquí resulta que el perfil del diplomático argentino actuante era fundamental para que un pedido de protección diplomática tuviera una respuesta positiva o negativa, y contara con una actitud firme, dubitativa o reticente.

La actitud reticente del máximo representante argentino ante Alemania, Austria y Hungría puede verse en 1935. El 15 de noviembre Labougle informaba de los numerosos casos de argentinos naturalizados de "raza judía" que eran afectados por las políticas alemanas, como el del señor Hugo Placzek, que escuetamente describía: "Se ve continuamente trabado en sus actividades comerciales y civiles por ser de raza judía. Por este motivo, se ha presentado en quejas a la Legación, exponiendo también las molestias a que se ve sometida su hija en el colegio como consecuencia de las leyes antisemitas últimamente dictadas". Recordaba el ministro plenipotenciario las cláusulas del Tratado Argentino-Alemán de Amistad, Comercio y Navegación, acerca de los derechos y garantías otorgados tanto a argentinos como a alemanes, y en especial el artículo que precisaba que no debían ser "inquietados, molestados ni incomodados de manera alguna por motivos de su religión". Solicitaba entonces "instrucciones precisas" para aplicar en estos casos, y para la "actitud de la Legación ante posibles casos futuros".[48]

La respuesta del ministerio, con base en el dictamen de su asesor legal,

[46] AMREC, DP, Alemania, exp. 9, 1933, nota 172, 28-4-1933.

[47] AMREC, DP, Alemania, exp. 10, 1933, dictamen del consejero legal del Ministerio de Relaciones Exteriores, del 13-06-1933.

[48] AMREC, DP, Alemania, exp. 20, 1935, nota 577, 15-9-1935.

desechó dar instrucciones generales, prefiriendo analizar caso por caso. En relación con el referido tratado, señalaba que la acción argentina de amparo sólo correspondería luego de que los ciudadanos argentinos hubieran sufrido retardo o denegación de justicia, agotaran los recursos ante la jurisdicción local, y el reclamo no pretendiera interferir en la legislación interna alemana u obtener excepciones. A partir de estas precisiones concluía que el señor Placzek no especificaba cuáles trabas o molestias sufrían él y su hija, y que "si ellas son causa de leyes antisemitas", no corresponde intervención diplomática.[49] La forma escueta que Labougle eligió para transmitir las "quejas" de Placzek, y la explicación que dio a las mismas desempeñaron un importante papel en la denegatoria al amparo requerido.

Hemos visto cómo los conceptos vertidos en 1933 sobre la campaña antisemita eran reiterados sin variación alguna en la memoria correspondiente al año 1938. Del mismo modo, también mantiene sus opiniones sobre el amparo diplomático luego de cinco años de presentaciones de argentinos afectados por las políticas raciales alemanas. El 23 de junio de 1938 Labougle precisa la intensificación de la campaña antisemita y cómo acuden a las sedes diplomáticas "personas que exhiben pasaportes argentinos, como ciudadanos naturalizados, israelitas de origen alemán, que piden la intervención de los funcionarios para resguardo de sus intereses". Mientras esperaba "instrucciones expresas [. . .] ante la emergencia" recomendó a los funcionarios que lo habían consultado "prestar a los recurrentes el apoyo que esté a su alcance". No obstante, subraya que "se trata de un asunto sobre el cual tengo formada idea bien definida", y transcribe íntegramente su nota del 28 de abril de 1933, referida anteriormente.[50]

Pocos días después el embajador argentino comunicaba que el gobierno alemán le había informado que equipararía la situación de los ciudadanos argentinos israelitas con la de los ciudadanos de otras naciones como Estados Unidos, Francia e Inglaterra.

Finalmente, Labougle recibe como toda respuesta a sus reiteradas consultas la transcripción de un dictamen del consejero legal. Éste subraya que en virtud del Tratado de 1857 los argentinos pueden entrar, permanecer, alquilar u ocupar inmuebles, negociar todo tipo de mercaderías, etc., con total protección y seguridad, sujetos a las leyes y reglamentos del país; mas éstos:

> pueden reglamentar el ejercicio de esos derechos pero no suprimirlos [. . .] No nos interesa cómo puedan ser tratados los ciudadanos de otros países; lo que es indiscutible es que el Gobierno Alemán debe respetar y cumplir las disposiciones del Tratado a que me refiero, con relación a los ciudadanos argentinos en general.

[49] *Ibidem*, nota dirigida a la legación en Berlín, 7-2-1936.
[50] AMREC, DP, Alemania, exp. 10, 1933, nota 302, 23-6-1938.

No obstante, el dictamen establece una distinción en el caso de argentinos naturalizados que mantengan la ciudadanía alemana y se encuentren en Alemania: "el gobierno alemán tiene derecho a sujetarlos a las disposiciones que estime pertinentes". Por consiguiente, debería contemplarse si la nacionalidad es "originaria o adquirida" para invocar los beneficios del tratado. No hay, por lo tanto, instrucciones taxativas, sino consideraciones sobre el alcance del tratado y serias limitaciones frente a la potencial acción de amparo para los argentinos de ciudadanía "adquirida".[51]

En este marco, no sorprenden las prácticas desarrolladas institucionalmente ni la actitud tomada por el embajador ante dos pedidos de amparo que se presentaron poco después. En ambos casos los cónsules y la embajada realizaron gestiones iniciales ante las autoridades alemanas, demostrando la intención de esclarecer el hecho y proteger los intereses de los argentinos. Pero al informar al ministerio, el embajador volvía a influir para que finalmente se instruyera no proseguir con la acción de amparo.

El primer caso aludido es el de Alfredo Mundstock, argentino nativo, cuyo domicilio en Düsseldorf fue invadido, al parecer por tropas de las SA, y sus pertenencias considerablemente destruidas durante la noche del 10 de noviembre de 1938. El cónsul en Düsseldorf inició un reclamo por los daños sufridos ante la autoridad alemana correspondiente.[52] El pedido fue reiterado formalmente el 18 de enero por la propia embajada argentina.[53] Sin embargo, al día siguiente el embajador informó de un segundo caso que relacionó con el de Mundstock. La nueva solicitud la realizó Max Lindemann, quien desde Niza reclamaba protección ante la intervención oficial alemana para hacerle vender compulsivamente varias casas comerciales de su propiedad. Labougle subrayaba la demora en recurrir al consulado, su carácter de "naturalizado" en 1936, y el hecho de que escribió su solicitud en francés (no en castellano).[54] Si bien se llevaron a cabo algunas gestiones para suspender la venta de los bienes de su compañía, en marzo de 1939 la Cancillería se expidió recomendando:

> limitar la gestión a los casos en que la nacionalidad, los sentimientos y la vinculación argentinos del recurrente sean efectivos y reales, distinguiéndolos debidamente de los casos en que la nacionalidad argentina, adquirida más bien de una manera circunstancial, se presenta tan sólo como un pretexto para la obtención de amparo.

Sobre la base de los datos brindados por el propio Labougle, el secretario general del ministerio deducía que la última caracterización cabía en forma

[51] AMREC, DP, Alemania, exp. 9, 1933, dictamen del consejero legal, 10-8-1938.
[52] AMREC, DP, Alemania, exp. 26, 1938, notas 643, 60, 659, 62 y 700.
[53] *Idem.*
[54] AMREC, DP, Alemania, exp. 8, 1939, nota 19, 19-1-1939.

evidente para el señor Lindemann y agregaba "las mismas reservas" para el señor Mundstock. Olvidaba el carácter de argentino nativo de Mundstock, que tampoco había referido Labougle en su nota del 19 de enero.[55] El acuse de recibo de Labougle frente a esta comunicación expresa la

> viva complacencia con que me he impuesto de su contenido, en razón de que coincide en absoluto con el arraigado concepto que tengo formado a su respecto y acerca de cuyo importante problema para nuestro país, vengo ocupándome desde hace años, a fin de que el gran honor que implica la nacionalidad argentina no sea tomado o utilizado como simple mercancía.[56]

A pesar de lo narrado, el reclamo de Mundstock tuvo un sorprendente final positivo; fue durante la gestión del embajador Ricardo Olivera —y probablemente debido a ella—, quien en septiembre de 1940 informó que, días antes, se había indemnizado por daños a Mundstock. Olivera evaluó la solución "no sólo satisfactoria como justicia sino amistosa por lo excepcional".[57]

No aparecen en la documentación analizada otros casos de protección tramitados por Olivera en Alemania (sí existe un caso cuando asume la representación argentina ante el gobierno de Vichy). No obstante, puede apreciarse claramente su actitud receptiva, reafirmada en sus actuaciones en Francia.

Respecto de Luis Luti, si bien no hemos hallado solicitudes individuales de amparo diplomático, podemos mencionar sus "laboriosas gestiones" en septiembre de 1943 para obtener excepciones en las condiciones de vida de "ciudadanos argentinos de raza israelita". Así lo informa en una nota en la que precisa que el gobierno alemán aceptó conceder a esos argentinos residentes en el Reich y en el Protectorado de Bohemia y Moravia "las tarjetas normales de aprovisionamiento de alimentos y de ropa". Se trata de una "excepción muy especial", que se aparta de disposiciones legales, en tanto que otros ciudadanos judíos de países neutrales se hallaban sometidos al racionamiento de los israelitas alemanes, que "implica la casi total supresión de la alimentación". Una breve referencia a su actitud fue realizada en una ceremonia de homenaje que le brindó el gobierno de El Salvador, cuando Luti cumplía funciones de embajador argentino ante ese país. En dicha ceremonia el embajador de Nicaragua destacó los valores personales y humanos del funcionario argentino y subrayó que no era extraño encontrar a algún sobreviviente judío de la segunda Guerra Mundial, que todavía entonces agradecía a Luti por haberle salvado la vida.[58]

---

[55] *Ibidem*, nota 15, 15-3-1939.
[56] Ibidem, nota 150, 11-4-1939.
[57] AMREC, DP, Varios, exp. 7, 1943, nota 379, 2-9-1943.
[58] AMREC, legajo personal de Luis Luti.

LOS INFORMES SOBRE LA SITUACIÓN EN POLONIA

El 14 de julio de 1937 aparece en el material del ministerio el primer informe sobre el "problema semita" en Polonia, firmado por el cónsul argentino en Gdynia, Marcos Savon. Savon, ex capitán de fragata, pasa de la marina al servicio exterior en 1934, ocupando el consulado en Rivera, República del Uruguay. Por memorándum interno del presidente se traslada a Gdynia, respondiendo en verdad a un pedido del propio Savon "para estar en condiciones de poder restringir la inmigración de indeseables".[59] Mantiene Savon, de una parte, que el problema semita "cobra cada día caracteres de verdadera crudeza. Los ataques a personas y propiedades judías continúan". Informa asimismo que un congreso de profesionales se encuentra discutiendo una cláusula de exclusión de los judíos de sus asociaciones, que en los trenes el judío tiene "lugar reservado" y que "todas estas medidas enconan los ánimos, y fatalmente se llegará a los pogroms de anteguerra".[60]

Inmediatamente, Savon saca las conclusiones que le merece para nuestro país esta situación:

> Acosado, el judío trata de emigrar, especialmente a Palestina, donde la situación de inestabilidad ha reducido considerablemente el éxodo, buscando el camino a la Argentina, donde sabe que al amparo de leyes liberales, puede vivir tranquilo [. . .] La corriente de judíos hacia la Argentina es bastante considerable [. . .] En este año, ese porcentaje ha disminuido, pero se mantiene todavía alto y soy de opinión que se opusieran más trabas a la inmigración de esa raza, que parte de Polonia animada del más profundo rencor hacia el cristiano, y dispuesta a cometer los mayores excesos.

Termina su informe analizando la prohibición del gobierno paraguayo a la entrada de judíos inmigrantes, considerando que "enaltece al pueblo paraguayo pues demuestra que está resuelto a defender su integridad".[61]

Es evidente el desentendimiento del cónsul Savon con respecto a la situación de los judíos en la Polonia de aquellos tiempos, en la que él mismo reconoce la posibilidad de reaparición de los "pogroms de anteguerra". Pero llama más la atención que les asigne a estos grupos perseguidos "el más profundo rencor hacia el cristiano" y que los considere "dispuesta a cometer los mayores excesos" si se les permitiera ingresar al país. No se comprende cuál es el mecanismo lógico que le permite inferir que los perseguidos de Polonia serán potenciales generadores de discordia en la Argentina. Nada hay en

---

[59] Véase al respecto el legajo personal de Marcos Savon, obrante en AMREC, Legajos Personales, y la nota del propio Savon del 29-5-1936, obrante en AMREC, DP, Polonia, exp. 14, 1936.
[60] AMREC, DP, Polonia, exp. 1, 1937, notas 1 y 2, Gdynia, 14-7-1937 y 10-10-1937.
[61] *Idem.*

su propia narración que sugiera en qué basa sus acusaciones. Sin embargo, tres meses más tarde, vuelve sobre esta tesitura con un nuevo informe referido al tema:

Insisto sobre este punto, de capital importancia actualmente en Europa. Yo mismo, acostumbrado a la benignidad de las leyes argentinas, enteramente despreocupado de lo que en realidad significa el judío en la vida de las naciones, recién aquí me he apercibido de la magnitud de este problema [. . .] el judío comprende su verdadera situación, y busca países cuya temperatura política no sea tan ardiente, para él, como Europa del norte, y centro. La Argentina es siempre para el judío el país por excelencia, pues allí al amparo de leyes humanas y generosas, puede dedicarse a los más bajos menesteres, entre los que debe considerarse, como parte de su propia naturaleza, esa disposición hacia todo lo turbio, y especialmente a ser agitador profesional, para lo que revela una marcada inclinación. Insisto, como verdadero argentino, sobre el peligro que significa esa inmigración.[62]

Similar tenor de preocupaciones se encuentra en el informe de Rodolfo Freyre del 13 de noviembre de 1937, narrando su presentación de credenciales como enviado extraordinario y ministro plenipotenciario en Polonia y Checoslovaquia. En dicha ceremonia el funcionario argentino hizo notar "que los cónsules argentinos de esta jurisdicción me informaban del aumento significativo de la emigración de judíos polacos a la Argentina". El representante polaco, subsecretario Szembek, planteó a Freyre la comprensión del problema, su disposición a organizar una "inmigración dirigida de los judíos de Polonia a Madagascar" y la aprobación a que los cónsules argentinos rechazaran a todos los emigrantes judíos de las listas de pasajeros. De la posición de Szembek Freyre saca las siguientes conclusiones:

Así es, Señor Ministro, el presidente de Polonia comprende, acepta y da iniciativas para que no se admita en otro país a inmigrantes judíos; sin embargo, en la Argentina, bajo el imperio de una Constitución que abre las puertas de su territorio a los hombres libres que lleguen a trabajar a su suelo, se introducen los israelitas desalojados de las cultas naciones europeas como consecuencia de su repudio a las labores rurales y por sus deshonestos hábitos de comercio. El gobierno argentino debería tomar medidas al respecto, y una de ellas, podría ser la que aconseja el Presidente de Polonia. [63]

Resulta evidente que el diplomático argentino comparte el punto de vista del gobierno polaco acerca de la condición de los judíos y cabría inferir que no objeta el destino propuesto (la "solución Madagascar").[64]

---

[62] AMREC, DP, Polonia, exp. 6, 1937, nota 28, Varsovia, 13-11-1937.

[63] AMREC, DP, Polonia, exp. 1, 1939, nota 10, Varsovia, 10-1-1939.

[64] Para la misma época estas cuestiones fueron informadas tomando otro tipo de fuentes en consideración. El encargado de negocios, a cargo interinamente de la legación en Polonia, José

En septiembre de 1939 se produce la ocupación y anexión alemana de parte del territorio polaco (el resto fue ocupado por la Unión Soviética, tal como se estableció en el pacto secreto Molotov-Ribentropp) y, con ello, el inicio de la segunda Guerra Mundial. Polonia es ocupada militarmente; por lo tanto, los informes de lo que allí ocurre son enviados desde Berlín, por la representación argentina en Alemania.

El encargado de negocios en la embajada argentina en Alemania, Luis Luti, se refiere a la cuestión en un informe fechado el 17 de septiembre de 1942:

En lo que se refiere a la expulsión de judíos, hay una evidente contradicción en lo que afirma el Gobierno General, pues mientras dice que "los judíos y los polacos son deportados" —*no dicen dónde*— los judíos de Alemania y de los territorios ocupados son enviados a Polonia, Bohemia y Moravia, a menos que por 'Polonia' se entienda el territorio del antiguo Estado cedido a los Soviets y ocupado posteriormente por el Reich, aun cuando se sabe que existen *ghettos* en Lublin y otras regiones del llamado Gobierno General.[65]

El 23 de octubre de 1942 Luti insiste con su preocupación: "Hasta el momento, se ignora qué tratamiento se da a los judíos en la Gobernación General y las modalidades del trabajo forzado a que están sujetos".[66]

Ya para 1943 la situación comienza a ser más clara para los miembros del servicio diplomático argentino. El 2 de marzo Luti brinda precisiones:

La población polaca de los territorios anexados, que sumaba casi dos millones, ha sido expropiada sin recibir compensación alguna y transferida al territorio de la "Gobernación General" que contaba con un exceso de población, agregándose a esa cifra los centenares de miles de judíos que han sido deportados de todos los países ocupados por Alemania y que han sido confinados especialmente en la región de Lublin, en condiciones difíciles de imaginar. Se asegura que en las ciudades, los "gettos" medievales están rodeados por altas murallas y que el acceso está estrictamente prohibido a las personas de raza aria.[67]

Y en una nota del 25 de junio de 1943 Luti describe, con increíble precisión, los diversos momentos recorridos por la práctica genocida (el aislamiento en *ghettos*, el transporte en masa a los territorios anexados a Polonia, el exterminio en las cámaras de gas, citando las del "campo Treblinka";

Caballero, envía una serie de ejemplares de una publicación titulada *Questions minoritaires*, cuya perspectiva parece mucho más crítica que las manifestaciones oficiales del gobierno polaco. Véase al respecto AMREC, DP, Polonia, exp. 1, 1937. Sobre la posición de José Caballero podrá construirse un mejor perfil leyendo el parágrafo dedicado a la situación en Bulgaria.
[65] AMREC, GE, exp. 18, tomo II, 1939, nota 479, Berlín, 17-9-1942. Las cursivas son nuestras.
[66] *Ibidem*, nota 582, Berlín, 23-10-1942.
[67] AMREC, GE, exp. 18, tomo III, 1943, nota 104, Berlín, 2-3-1943.

incluso lleva a cabo una narración exhaustiva sobre el levantamiento del *ghetto* de Varsovia). No sólo eso: los números planteados por Luti a mediados de 1943 sobre la cantidad de judíos exterminados sorprenden por su precisión. Habla de nueve décimos de la población judeo-polaca, a la que estima en tres millones y medio de almas.[68]

Cabe señalar la diferencia entre las percepciones de los funcionarios argentinos en Polonia hasta 1938 (teñidas del prejuicio y la justificación político-ideológica de las acciones antisemitas, al punto de sugerir una legislación y prácticas inmigratorias restrictivas en nuestro país) y aquellos enviados desde la embajada argentina en Berlín (ya bajo la conducción de Ricardo Olivera y Luis Luti, entre los años 1939 y 1943), que oscilan entre el uso de una adjetivación que se lamenta por la suerte corrida por los judíos y las críticas ya señaladas en el parágrafo dedicado a la situación en Alemania. Las propias fuentes utilizadas por los diversos diplomáticos demuestran el tipo de percepción. Freyre y Savon se guían por las manifestaciones efectuadas por el gobierno polaco anterior a la ocupación, haciendo suyos el prejuicio y la animadversión a los judíos. Luti y Olivera, por el contrario, desconfían de las fuentes oficiales alemanas y buscan su información en fuentes periodísticas de países aliados o neutrales, en comunicados de la agencia Pat (dependiente del gobierno polaco en el exilio, en Londres) e incluso en datos aportados por organizaciones judías. Es de suponer que algunas de estas fuentes no circulaban libremente por la Alemania nazi.

LOS INFORMES SOBRE LA SITUACIÓN EN HUNGRÍA

Entre los años 1939 y 1941 los sucesos ocurridos en Hungría son informados por el encargado de negocios en Budapest, Alberto Bafico, y por el enviado extraordinario en Hungría, José Manuel Llobet. Los informes de Bafico remiten, por lo general, a la discusión sobre las leyes antisemitas y, si bien son redactados con cierta cautela, se escapa de algunos de ellos cierto tono irónico, como cuando analiza la situación de Bela de Imrédy, presidente del Consejo de Ministros y autor de las leyes antisemitas de 1939, quien debe renunciar "víctima del proyecto de ley antisemita" que él mismo presentara a la Cámara, ya que "ha debido reconocer ante pruebas irrefutables [. . .] que su ascendencia materna era judía". Al respecto, agrega Bafico que:

> se comenta que, en lo que respecta a investigaciones sobre los antepasados, no se debe ir más allá de los padres y abuelos, pues si el caso del señor Imrédy se generalizara, es decir que el origen semita remonte a los bisabuelos, gran cantidad de hombres políticos y distinguidas personalidades se encontrarán en idéntica si-

---

[68] *Ibidem*, nota 275, Berlín, 25-6-1943.

tuación, dado el gran número de matrimonios mixtos realizados entre la sociedad húngara.[69]

La tendencia crítica de Bafico se hace más clara unos años después, cuando informa desde Copenhague sobre los efectos de la invasión alemana a Dinamarca, y niega la posibilidad de que los israelitas "ni por su número, ni por su desvinculación del medio ambiente puedan constituir un peligro nacional" y, por lo tanto, no encuentra la justificación de las medidas tomadas. Es curioso que en la misma nota recoge las declaraciones del general Gortz, jefe de las tropas danesas, quien declara que "si las medidas adoptadas en favor de los soldados daneses de otorgarles la libertad, dependiera de las tomadas contra los israelitas, preferiría que dichas tropas permanecieran confinadas en sus lugares de detención".[70] El rescate de esta actitud solidaria vuelve a poner en la discusión el problema de las fuentes. Qué decide informar cada diplomático, qué le resulta relevante, de dónde extrae la información, son cuestiones que no deben despreciarse a la hora de reconstruir su toma de posición ante el problema.

Distintos fueron los informes de Llobet que, aunque mantienen el tono "neutral", parecen sugerir cierta justificación de los hechos. Cabe destacar al respecto que, cuando analiza las reacciones de la prensa ante las leyes antisemitas de 1939, distingue curiosamente sólo dos posiciones: la que "defiende la implementación de la ley" y la que la considera "aún demasiado elástica".[71] En 1941 envía una serie de artículos de la prensa húngara que señalan que los judíos todavía ocupan un porcentaje de la tierra y de los cargos profesionales superior a su incidencia en la población.[72] Si bien sería apresurado inferir de estas notas de Llobet su aprobación a las leyes discriminatorias, la elección de las fuentes de información contrasta con las elegidas por Bafico y, sin embargo, no eleva una sola observación, crítica, ironía o condena con respecto a las mismas. Por otra parte, su posición en el "caso Margel" (judío refugiado de Polonia que es contratado por el consulado argentino en Budapest, y que será tratado más adelante), si bien escasamente documentada, parecería sugerir cierta falta de solidaridad con respecto a la situación de los judíos en Hungría. Llobet inicia un expediente en el ministerio denunciando que "la designación del refugiado polaco Margel como secretario intérprete del Consulado General afecta a la representación di-

[69] AMREC, DP, Hungría, exp. 1, 1939, notas 4 y 26, Budapest, 7-01-1939 y 18-2-1939.
[70] AMREC, GE, exp. 177, 1940, nota confidencial 72, del 5-10-1943, enviada al ministro de Relaciones Exteriores, general Alberto Gilbert. En dicha nota se informa también que su telegrama del 4-10-1943 nunca llegó al ministerio, por no haberle dado curso la censura alemana. Cabe presumir que en nada debía conformar este telegrama a las tropas de ocupación nazis.
[71] AMREC, DP, Hungría, exp. Informativas, 1939, notas confidencial-informativas 1 y 6, Budapest, 5-6-1939 y 5-11-1939.
[72] AMREC, DP, Hungría, exp. Informativas, 1941, notas confidencial-informativas 6, 7 y 10, Budapest, 5-6-1941, 5-7-1941 y 5-10-1941.

plomática en Hungría", y sugiriendo, no sólo la inmediata separación del cargo del secretario, sino que estos "hechos aconsejan el traslado del cónsul sin demora" (se refiere al cónsul argentino en Budapest, Miguel Ángel de Gamas, responsable de la contratación). Las actuaciones al respecto aconsejan "se disponga la separación del empleado polaco", medida que no cumple el cónsul citado. El caso continuará unos años después.[73]

Entre 1941 y 1944 no se ha encontrado informe alguno sobre el agravamiento de la situación de los judíos. Sólo cuando Argentina decide la ruptura de relaciones diplomáticas con Alemania, tras la invasión alemana de Hungría y el inicio de la política de exterminio de los judíos, aparece en la Cancillería un extenso informe de Miguel Ángel Cullen, narrando los últimos días de la representación diplomática en Budapest y las peripecias del "canje de diplomáticos" entre la República Argentina y Hungría.

El informe de Cullen ya no posee un tono cauteloso con respecto a la situación de los judíos, sino que alterna una narración exhaustiva de la deportación de los mismos y una práctica discriminatoria (e incluso persecutoria) para con los sobrevivientes que intentaban buscar asilo en la representación argentina. La nota no puede menos que conmover al lector al notar el contraste entre la información que Cullen poseía acerca del destino de los judíos y su absoluta falta de sensibilidad al actuar.

Cullen narra día a día lo ocurrido a los judíos a partir de la invasión alemana: los allanamientos, arrestos, el uso obligatorio de las estrellas amarillas, la confiscación de bienes y el "transporte en grandes camiones celulares [. . .] siendo casi imposible conocer su nuevo destino". Llega a decir:

> he tenido oportunidad de observar el paso de trenes de ganado en que hacinados como animales y severamente custodiados, cientos de israelitas viajaban con rumbo desconocido [. . .] He podido observar también diversos campos de concentración en los cuales una gran multitud de personas de pie por falta material de espacio, debían soportar a la intemperie durante día y noche los rigores de la lluvia o el sol.[74]

Es difícil pensar que Cullen desconociera el "nuevo destino" de los camiones celulares o el "rumbo" de los trenes de ganado, más aún si observamos que su nota es de octubre de 1944, más de un año después de que Luti informara al ministerio sobre las cámaras de gas del "campo Treblinka" y el

---

[73] Estas actuaciones se encuentran citadas en AMREC, DCA, MTC, exp. reservado 1090, 1945. El expediente con la denuncia de Llobet (AMREC, DP, Hungría, exp. 2, 1941, caratulado "MINISTRO LLOBET DENUNCIA QUE DESIGNACIÓN DEL REFUGIADO POLACO MARGEL COMO SECRETARIO INTÉRPRETE DEL CONSULADO GENERAL AFECTA A LA REPRESENTACIÓN ARGENTINA EN HUNGRÍA") no se encuentra en el archivo de referencia.

[74] AMREC, GE, exp. 589, tomo IX, año 1944, nota confidencial-reservada del 15-10-1944 dirigida al ministro de Relaciones Exteriores y Culto, general Orlando Peluffo, folios 190 a 206.

destino final de los judíos deportados. De la narración de los hechos Cullen pasa directamente a su propia actuación como representante diplomático: "Como consecuencia de las persecuciones a que me he referido, presentáronse a la Legación de Suecia[75] solicitando certificados y protección una serie de personas alegando ser argentinas". Describe aquí Cullen minuciosamente la documentación, que daría lugar a suponer que era fraguada. Dice como conclusión:

> Ante la evidente falsificación de los documentos citados, casi todos ellos en manos de judíos polacos refugiados, indiqué al Sr. Ministro [de Suecia, quien quedaba a cargo de la representación de los intereses argentinos en Hungría] la conveniencia de *proceder al secuestro de los mismos y por consiguiente no hacer lugar al amparo solicitado.*[76]

Aclara, quizá para suavizar su conducta, que "los escasos súbditos argentinos con su documentación en orden" obtuvieron el permiso para viajar a Suecia.

La situación es verdaderamente espeluznante: Cullen sabía que el destino de los judíos en Hungría era la deportación (al punto que narraba algunos de sus detalles *apenas un folio atrás*), y resulta inverosímil suponer que ignoraba que la deportación terminaba en los campos de exterminio. Sin embargo, no sólo negaba el amparo diplomático a todos aquellos que no tuvieran su documentación en orden, sino que procedía al secuestro de la documentación falsificada, aplicando estrictamente los mecanismos burocráticos y condenando a dicha población a la suerte impuesta por los alemanes.[77]

Y esta actitud no sólo la aplicaba Cullen con respecto a los centenares de judíos desconocidos que asistían al consulado, sino con sus propios compañeros de trabajo. Sigue narrando Cullen que:

> el ingeniero Simón Margel, el cual durante varios años desempeñó funciones de empleado en nuestro Consulado General en Budapest [. . .] solicitóme ser incluido en la lista de las personas que acompañarían a los funcionarios argentinos que dejaban Hungría. Neguéme a ello porque el pedido no me fue hecho por el Sr. Cónsul General [se refiere al cónsul en Budapest, Miguel Ángel de Gamas, quien ya hemos visto que había tenido un incidente con Llobet y con el propio ministe-

[75] Que representaba los intereses argentinos en Hungría, una vez llevada a cabo la ruptura de relaciones.

[76] AMREC, GE, exp. 589, tomo IX, año 1944, nota confidencial-reservada del 15-10-1944. Las cursivas son nuestras.

[77] Cabe señalar que el de Cullen no era un caso aislado. Senkman, en *op. cit.*, analiza decenas de casos de cónsules que rechazaban solicitudes de inmigración de judíos que escapaban del exterminio y que ya habían sido acordadas por la Dirección de Migraciones. Lo que llama la atención de este caso, sin embargo, es la yuxtaposición de esta práctica con el relato pormenorizado de los sucesos *(en un mismo documento).*

rio, debido a la contratación de Margel] *y por ser dicho señor ciudadano polaco de raza semita, refugiado en Hungría.*[78]

No sólo le niega la salida, sino que cuando Margel gestiona ante el ministro de Suecia que se le emplee en dicha legación para representar los intereses argentinos, Cullen interviene señalando que "si bien es cierto que no puedo formular cargos concretos [. . .] a mi parecer no era conveniente que prestase servicios allí". Si bien sabía a qué destino condenaba a los centenares de judíos que asistían al consulado y al propio Margel (con quien tuvo trato personal durante una serie de años), el funcionario argentino hizo todo lo que estuvo en sus manos para que tal destino no los eludiera. Es más, aunque "no podía formular cargos concretos", es sugerente observar en qué basaba Cullen su acusación sobre la inconveniencia de dejar a Margel en la legación de Suecia:

A modo ilustrativo, doy cuenta a V. E. que poco tiempo antes de mi partida [. . .] el Sr. Danielsson mantuvo una prolongada conferencia privada con el Almirante Horthy, para hacerle entrega en nombre de Su Majestad de un pedido a favor de los hebreos perseguidos. Como consecuencia de la conversación mantenida la Legación expidió alrededor de 4 000 pasaportes a israelitas, ocupándose personalmente el Sr. Danielsson de ocultar y poner a salvo a muchos de ellos.[79]

Podemos inferir entonces de qué acusaba Cullen a Margel: *de influir sobre el ministro Danielsson para salvar a cuatro mil judíos de la muerte.* Éste era el gran pecado del "ciudadano polaco de raza semita" que trabajaba en el consulado.

Qué pensaría Cullen si se enterara de que al negarle la salida a Margel le hizo un gran favor involuntario a los intereses de esos mismos judíos a los que condenaba. Margel no sólo salvó su vida gracias a la legación de Suecia, sino que finalmente fue contratado para representar los intereses argentinos y, en dicho papel, expidió 250 pasaportes de "protección diplomática" a judíos "presuntamente" argentinos que salvaron así sus vidas.

El Ministerio de Relaciones Exteriores de nuestro país emitió un dictamen algo ambiguo en el caso Margel, considerando que "se ha excedido obrando fuera de sus facultades", pero que "no se objeta la expedición de pasaportes a los nacionales argentinos sin consulta, dada la extrema urgencia que corrían y teniendo presente las circunstancias especiales en que fueron otorgados".[80]

---

[78] AMREC, GE, exp. 589, tomo IX, año 1944, nota confidencial-reservada del 15-10-1944. Las cursivas son nuestras.

[79] *Idem.*

[80] AMREC, GE, exp. 589, tomo IX, año 1944, dictamen 5 de la Consejería Político-Legal del Ministerio de Relaciones Exteriores y Culto, firmado el 8-11-1945 por el doctor Carlos Bollini

La ambigüedad oficial puede observarse también con respecto al regreso al país de Margel. Tanto la Dirección de Migraciones como la Coordinación Federal intentaron ponerle trabas a su ingreso, pero el 22 de octubre de 1945 desembarcó en forma provisional. Las actuaciones al respecto, sin embargo, continúan hasta 1951, cuando son finalmente archivadas.

LOS INFORMES SOBRE LA SITUACIÓN EN BULGARIA

Los primeros informes sobre la situación en Bulgaria aparecen apenas en 1941,[81] con los comentarios del encargado de negocios en aquel país, José A. Caballero, sobre la legislación antijudía. El 30 de enero, dice Caballero,

> Dicha ley,[82] que visa especialmente a los judíos, los coloca en una situación verdaderamente angustiosa sobre todo si se tiene en cuenta que la mayor parte de los judíos de este país son descendientes de los judíos españoles establecidos desde hace siglos en estas regiones. No oculto a V. E. que dicha medida ha desencadenado un verdadero asalto a los consulados para emigrar.[83]

El 15 de agosto del mismo año,[84] a partir de la sanción de las leyes sobre "movilización civil de las personas de origen judío", a las que considera "arbitrarias e inspiradas sobre el sistema nazi", Caballero aclara que solicitó al gobierno "información sobre la forma en que se aplicarían con respecto a los ciudadanos argentinos", sin obtener respuesta.

El 31 de agosto de 1942 Caballero realiza una síntesis de la situación de los judíos en Bulgaria, en la que vierte afirmaciones que permiten comprender su apreciación de los hechos: al referirse a la Ley para la Defensa de la Nación, dice que "trata las restricciones para las personas de origen judío. Dícese restricciones, pero en realidad se trata de la abolición casi completa de todos los derechos del ser humano." Con respecto a los *numerus clausus*, dice:

> Quedan sin trabajo familias innumerables, sin la pequeña posibilidad de ganar su pan. De una categoría de ciudadanos trabajadores que han fundado casi la mayor

Shaw, folios 215 a 217. El caso será analizado más adelante, en el parágrafo de protección diplomática.

[81] Cabe destacar que en los años 1937, 1942 y 1944 no aparece un solo expediente de Bulgaria en el AMREC y que, en el resto de los años, la numeración permite inferir que hay numerosos faltantes. Algunas de estas notas (firmadas por José Carlos Ponti) fueron comentadas por Senkman, *op. cit.*

[82] Se refiere a la Ley para la Defensa de la Nación, aparato jurídico de medidas discriminatorias sancionado en Hungría en aquellos días.

[83] AMREC, DP, Bulgaria, exp. 2, 1941, nota 5, Sofía, 30-1-1941.

[84] *Ibidem*, nota 16, Sofía, 15-8-1941.

parte del comercio y especialmente de la industria del país, de médicos, dentistas, ingenieros, farmacéuticos, periodistas, etc., se forma una categoría de no trabajadores, sin los derechos elementales del ser humano.

En relación con las leyes económicas, dice Caballero que: "A primera vista y para los profanos en la aplicación, esta ley no parece ser tan grave y terrible. Pero la verdad es que con la Ley para la Defensa de la Nación se logra la ruina moral de todas las personas de origen judío y con la ley para el impuesto único, la ruina material". Aclara finalmente que, según los últimos decretos "todas estas personas deben ser trasladadas de Sofía a otros sitios o a campos de concentración".[85]

Pero la condena de Caballero a esta situación no sólo queda en sus palabras, sino que, al fin de la nota, insiste, esta vez con casos precisos, sobre la protección de los ciudadanos argentinos:

> Estos casos se me han presentado personalmente y en mi carácter de representante diplomático argentino. Personalmente, me refiero al propietario de la casa que ocupa la Legación, que ha sido expropiada a pesar que la renta que producía era su único recurso. En mi carácter de representante diplomático de mi país, me refiero a mi nota confidencial 16 del 15 de agosto de 1941 y confidencial 4, del 19 de marzo último.[86] Mi gestión no dando ningún resultado, el ciudadano argentino nativo Señor Ilia Bensuse, comerciante de la ciudad de Bourgas, es víctima hoy de todas las disposiciones que son el objeto de la exposición que antecede.[87]

El 22 de septiembre el asesor letrado del ministerio, Ricardo Marcó del Pont, dictamina que "sin perjuicio de aprobar la conducta del señor Encargado de Negocios, estimo que debe hacérsele presente la doctrina argentina acerca del amparo diplomático", cuyo tercer punto enuncia que "La protección diplomática tendrá como límite, en todos los casos, el principio definitivamente consagrado por el Derecho Internacional de que el extranjero no puede aspirar a un tratamiento más favorable que el nacional."[88]

¿Debía entenderse con esto que los ciudadanos argentinos judíos, al igual que el resto de los judíos, debían ser deportados por la ley de "movilización civil" y que el Estado argentino no debía ejercer protección alguna? Ya veremos en un dictamen correspondiente a la situación en Italia (pero unos años anterior a éste), que efectivamente es así: "como las medidas han sido tomadas contra todos los hebreos [. . .] de nada tendremos que reclamar".[89]

---

[85] *Ibidem*, nota 7, Sofía, 31-8-1942.

[86] Se refiere a la protección diplomática de dos ciudadanos argentinos nativos, judíos.

[87] AMREC, DP, Bulgaria, exp. 2, 1941, nota 7, Sofía, 31-08-1942.

[88] *Ibidem*, dictamen del asesor letrado del Ministerio de Relaciones Exteriores, Buenos Aires, 29-9-1941.

[89] El dictamen se encuentra en AMREC, DP, Italia, exp. 16, 1938, dictamen del 29-11-1938 y, de todos modos, será analizado en el parágrafo correspondiente a la situación en Italia.

Caballero continúa, sin embargo, sus gestiones en favor de los ciudadanos argentinos: "Esta Legación realizó ante el Ministerio de Relaciones Exteriores de este país, varias gestiones para liberar a los citados argentinos de este trabajo obligatorio, que es incompatible con los derechos y la dignidad del ciudadano extranjero domiciliado en país extranjero". El funcionario argentino considera que esta situación colma la injusticia y la humillación y hace un nuevo intento para conseguir el aval oficial a sus gestiones:

He dado cuenta en varias notas de la situación en la que se encuentran los dos ciudadanos argentinos con respecto a las leyes especiales contra las personas de origen judío y no he recibido, hasta ahora, ninguna instrucción que me permita, además de las gestiones que se me imponen para la defensa de los intereses argentinos realizar, y de conformidad con el criterio de la superioridad sobre una materia, de leyes especiales, aplicadas a individuos que gozan en nuestro país de todos los derechos e igual tratamiento ante las leyes y son considerados en este país, como personas sin defensa a las cuales se puede imponer una esclavitud moral y material.[90]

No conforme con este pedido de instrucciones, manifiesta su desacuerdo con el dictamen que le fuera enviado, demostrando que su tenacidad llega al punto de una confrontación con la posición oficial argentina respecto al amparo diplomático de judíos argentinos:

Los artículos [. . .] a que se alude en la nota [. . .] de ese Ministerio,[91] no tiene aplicación, a mi parecer, en los casos que he citado en mis varias notas respecto al tratamiento de los ciudadanos argentinos de origen judío, porque se trata, en la ocurrencia, de un estado jurídico unilateral que impone servidumbres y obligaciones a una sola parte de los domiciliados en el país y a las cuales no están sometidos los nacionales mismos. Deróganse y se alteran los principios elementales y fundamentales de la Constitución de este país, hacia los ciudadanos argentinos, principios que no permiten en ningún caso hacer diferencia entre los habitantes. Todas las leyes especiales que se han votado hasta ahora y que son en detrimento de la Constitución del país, tienen aplicación únicamente contra las personas de origen judío, sin atención a su nacionalidad. La situación de los ciudadanos argentinos, como consecuencia de estas leyes, es desesperante. Ellos han tenido que pagar un impuesto especial que los ha arruinado, no aplicable a los búlgaros, liquidar su negocio, depositar todos sus bienes en el Banco Nacional búlgaro y cumplir una esclavitud por un plazo indeterminado.[92]

Ante tanta insistencia, el ministerio emite un nuevo dictamen, esta vez adhiriéndose parcialmente al punto de vista de Caballero, por lo menos en

---

[90] AMREC, DP, Bulgaria, exp. 2, 1941, nota 5, Sofía, 1-3-1943.

[91] Se refiere a la nota confidencial 31, del 30-9-1941, por la que se le impone del dictamen del asesor letrado del Ministerio, Ricardo Marcó del Pont, en términos ya enunciados.

[92] AMREC, DP, Bulgaria, exp. 2, 1941, nota 5, Sofía, 1-3-1943.

lo que hace a la protección de los argentinos judíos "movilizados". Firmado nuevamente por Ricardo Marcó del Pont, y con fecha 31 de agosto de 1943, el dictamen dice, en sus términos generales, que:

> En vista de los antecedentes que suministra el señor Encargado de Negocios, estimo que debe dársele instrucciones para que intervenga ante las autoridades de Bulgaria a fin de obtener que los ciudadanos argentinos que han sido sometidos a trabajos forzados obligatorios sean eximidos de esa prestación, ya que ella es atentatoria a los derechos de libertad de que deben gozar. La situación especial en que se encuentran en Europa las personas de origen judío, dados los principios políticos que allí imperan en la actualidad, no es razón para privar a ciudadanos extranjeros del derecho a su libertad. Las medidas de orden económico que hayan sido tomadas por los Estados, aun con respecto a extranjeros, no dan lugar a reclamación diplomática, puesto que han sido tomadas con carácter general para los nacionales y para los extranjeros de raza judía; en cambio, las medidas que han sido dictadas contra la libertad personal de ciudadanos argentinos, autorizan una reclamación desde que la libertad es uno de los atributos de la persona que no puede ser desconocido por ningún Estado, pues el hacerlo implicaría colocarse fuera de la comunidad internacional. La gestión del señor Encargado de Negocios ante el Ministerio de Relaciones Exteriores de Bulgaria, debe tender a que los ciudadanos argentinos, señores Ilia y Jaime Bensuse, sean prontamente eximidos del servicio de trabajo obligatorio que se les ha impuesto.[93]

Queda claro que el ministerio sólo accede a la protección debido a la calificación que hace Caballero de la situación como "servidumbre" y "atentado contra la libertad", y reafirmando que, de no ser así (por ejemplo, en el caso de las medidas económicas) "no darían lugar a reclamación".

El 30 de octubre de 1943 Caballero informa sobre la liberación efectiva de los hermanos Bensuse. Documentos posteriores[94] dan cuenta del paradero de los Bensuse. Uno de ellos logró llegar a Argentina (no es posible inferir de los documentos si Caballero desempeñó algún otro papel en su salvación, aunque sí se cita a un tal Haimoff Gozes, funcionario honorario del consulado, como partícipe de su liberación y migración). El otro continuaba gestionando, ya en 1944, su salida de Bulgaria.

El caso del representante diplomático en Bulgaria contrasta con los otros, no sólo por la profunda condena de Caballero a las persecuciones antijudías, sino por su insistente y tenaz accionar en la defensa de los judíos argentinos. El caso es aún más destacable dado que se trataba de medidas claramente discriminatorias, pero no de una política genocida directa. Bulgaria fue el único país de la zona en el que no se logró efectuar el exterminio sistemáti-

---

[93] *Ibidem*, Dictamen del asesor letrado del Ministerio de Relaciones Exteriores, Buenos Aires, 31-8-1943.

[94] AMREC, DCA, Varios, exp. 57, 1944, cuarta parte, folios 97 a 101 y AMREC, DP, Varios, 1945, exp. s/n, ff. 78 a 80.

co de judíos. A pesar de poseer una escasa población judía (cerca de 30 mil personas), el gobierno postergó una y otra vez la entrega de los mismos. Sólo un primer transporte salió de Bulgaria y se produjeron numerosas manifestaciones de la sociedad civil intentando detener la política de deportación.[95]

LOS INFORMES SOBRE LA SITUACIÓN EN RUMANIA

Todos los informes concernientes a la situación en Rumania son enviados entre 1938 y 1941 por el enviado extraordinario de la República Argentina en Bucarest, Enrique Amaya. Los informes detallan las medidas discriminatorias puestas en práctica por el gobierno rumano, la migración de decenas de miles de judíos a la Besarabia ocupada por la Unión Soviética o las matanzas de enero de 1941, conducidas por el Partido Legionario.

Las notas enviadas tratan de cuidar la "objetividad" del papel informativo, y es difícil dibujar el perfil del diplomático, o hacerse una idea de sus propias opiniones sobre la cuestión. Por un lado, califica como "draconianas" las medidas discriminatorias de 1938, aunque sugiere que el "predominio del elemento judío en la banca y el comercio" obliga al jefe del Partido Nacional Cristiano, Octavian Goga, a "volver sobre sus pasos", citando la información de los diarios que titulan por aquellos días: "Venciste, Israel".[96]

En julio de 1940, cuando las tropas soviéticas ingresan en Besarabia y Bucovina, Amaya describe las migraciones internas rumanas (la huida de comunistas y judíos desde Bucarest) y otras ciudades hacia las zonas controladas por el ejército soviético: "se hace ascender a 10 000 el número de judíos que han emigrado a Besarabia y día a día la Legación Soviética se halla asediada por *centenares de personas de aspecto repulsivo* que formando una enorme cola, esperan la visación de sus documentos".[97]

Sin embargo, unos meses más tarde, al narrar el *pogrom* desarrollado por el Partido Legionario en enero de 1941, con motivo de la disputa por la conducción de la política rumana entre este partido y el sector de Antonescu, la descripción del sadismo de los legionarios rumanos deja entrever su condena a estas acciones. Amaya trata de "horda de salvajes" a los autores de una situación a la que tilda de "verdaderamente aterradora", plagada de "detalles horripilantes". Finaliza Amaya: "No creo necesario brindar más detalles sobre los acontecimientos, sólo me remitiré a manifestar la sensación de

---

[95] Véase al respecto, por ejemplo, Tzonko Gueorguiev, "La salvación de los judíos en Bulgaria", material de la embajada de Bulgaria en Argentina. Una nota de Gueorguiev apareció en *Mundo Israelita* del 14-6-1991.

[96] AMREC, DP, Rumania, exp. 1, 1938, nota 18, Bucarest, 7-4-1938.

[97] AMREC, GE, exp. 233, 1940, "Invasión de Rumania", nota 89, Bucarest, 3-10-1940, dirigida al ministro de Relaciones Exteriores, José María Cantilo. Las cursivas son nuestras.

odio y repudio que la población rumana siente en este momento hacia los autores de semejantes actos de barbarie desconocidos hasta hoy en la historia de un pueblo que se dice civilizado".[98]

Asimismo, al analizar las leyes de marzo de 1941, que reglamentan la situación de los judíos en Rumania, asegura que su contenido "significa para la población hebrea la confiscación íntegra de todos sus bienes y la obligación tácita de abandonar el país [. . .] La situación de la población hebrea es desesperada y será internada en campos de concentración".[99]

Sin embargo, simultáneamente, Amaya envía otra nota en la que destaca los problemas a que se ve sometida la legación de Chile por haber asumido la defensa de los intereses polacos en Rumania, particularmente en lo que hace a la situación de los "judíos de esta nacionalidad". El sentido de esta nota es el de alertar a los funcionarios del ministerio sobre las intenciones del gobierno chileno de retirar su representación diplomática y de solicitar al gobierno argentino que se haga cargo de la misma.[100] De la carta se desprende su recomendación de desligarse del destino de aquellos seres "repulsivos" que estaban siendo discriminados y, ya para ese entonces, directamente asesinados.

Su desentendimiento, por lo tanto, parecería encontrarse en un punto intermedio entre el afán de Cullen, Savon y otros por detectar y denunciar a los judíos y la actuación enérgicamente condenatoria y solidaria de Luti o Caballero.

Llama la atención la ausencia de información posterior a 1941, ya que Amaya permaneció en Rumania hasta 1942 y, posteriormente, quedó como encargado de negocios a cargo de la legación José Carlos Ponti. Cabe destacar que la mayor parte de los expedientes de Rumania en dichos años, por razones que desconocemos, no se encuentran en el archivo del ministerio.

INFORMES SOBRE LA SITUACIÓN EN ITALIA

El régimen fascista italiano, si bien tuvo muchos elementos en común con el nazismo alemán, no compartió hasta casi iniciada la guerra el odio fanático al judaísmo ni la persecución sistemática de sus miembros. Apenas hacia 1938 comenzaron a aparecer en Italia las primeras medidas discriminatorias contra los judíos. De las mismas se informó simultáneamente al ministerio desde dos lugares: las representaciones diplomáticas en Italia y en la Santa Sede. En Italia se encontraba Manuel Malbrán, sucesor de Cantilo en la em-

---

[98] AMREC, DP, Rumania, exp. 1, 1941, nota 9, Bucarest, 27-1-1941.
[99] AMREC, DP, Rumania, exp. 3, 1941, nota 34, Bucarest, 31-3-1941.
[100] AMREC, GE, exp. 233, anexo I, 1940, nota reservada 28, Bucarest, 20-3-1941, dirigida a Guillermo Rothe, ministro interino de Relaciones Exteriores.

bajada cuando éste fue nombrado ministro de Relaciones Exteriores. En la Santa Sede estaba Carlos de Estrada, un diplomático de extensa carrera, que se jubiló pocos años después.

Los informes, desde ambas sedes diplomáticas, son muy detallados (al punto de que prácticamente duplican la información con la utilización de términos similares) y, compartiendo el estilo de muchos diplomáticos, intentan omitir lo más que pueden cualquier opinión.[101]

En el caso de De Estrada esta parquedad hace especialmente difícil inferir su percepción sobre los hechos ocurridos. Apenas cabría preguntarse si el hecho de abordar como eje informativo la actitud expectante aunque condenatoria de la Santa Sede podría reflejar su propia posición ante los sucesos. No es el mismo caso el de Manuel Malbrán, ya que al encontrarse en el lugar de los hechos inmediatamente aparece la cuestión de los argentinos judíos afectados por las políticas antisemitas. El intercambio de misivas tiene algún parecido con el caso de José Caballero, representante argentino en Bulgaria. En primera instancia, el ministerio considera que "no tratándose de una medida que se tomaría solamente contra los argentinos de raza hebrea [. . . y. . .] como la medida ha sido tomada contra todos los hebreos extranjeros [. . .] de nada tendremos que reclamar".[102]

Malbrán envía una respuesta que, si bien refuerza la tesis argentina sobre la distinción entre ciudadanos nativos y ciudadanos naturalizados (que se utilizó, por lo general, para negar el amparo a los sujetos afectados, adjudicando "desvinculación del país" a los casos concretos que se presentaban), logra de esta forma que el ministro avale cierta actuación. En nota reservada del 14 de enero de 1939 la Cancillería considera "acertadas las sugestiones de V. E. sobre la necesidad de asumir en los casos justificados alguna intervención en defensa de los derechos de los nacionales argentinos, cuando los afecten las medidas contempladas, que suponen prácticamente una confiscación de bienes".[103]

Vemos nuevamente que el ministerio accede a la protección sólo en se-

---

[101] Cabe señalar también que las leyes italianas, si bien claramente discriminatorias, no tienen la dureza de las leyes alemanas de Nuremberg. El contraste de ambas legislaciones es digno de destacar: por lo pronto, no eran considerados "hebreos" los hijos de matrimonios mixtos (los "mediojudíos" de las leyes alemanas) y las acciones discriminatorias contaban con una serie de excepciones (eran siete posibles casos), entre las que se incluían los combatientes en cualquiera de las guerras que libró Italia en el siglo y sus familiares, los fascistas de la "primera hora" (anteriores a 1924) y sus familiares. La séptima de estas excepciones era la más singular, al incluir a todas aquellas "familias que tengan excepcionales méritos, los que serán apreciados por la comisión creada a ese fin". Parecería que la discriminación, en el caso italiano, tuviera un origen más político-ideológico que estrictamente racial, y que el caso de la persecución a los judíos obedecía más a una identificación con las políticas alemanas que a un elemento del propio régimen.

[102] AMREC, DP, Italia, exp. 16, 1938, nota confidencial 160, Buenos Aires, 29-11-1938.

[103] *Ibidem,* nota reservada 12 del ministro de Relaciones Exteriores José María Cantilo, Buenos Aires, 14-1-1939.

gunda instancia, y debido a la caracterización de la situación por el diplomático en Italia como "confiscación de bienes". Pero Malbrán no sólo logra
este viraje en la posición oficial sino que, en los casos concretos en que le
toca actuar, cataloga a todos los afectados como ciudadanos que merecen
protección diplomática y logra la promesa del gobierno fascista de que "bas-
taría que la Embajada hiciera saber [. . .] que el señor N. N., ciudadano argentino (sin considerar en manera alguna raza ni religión), había recibido
orden de expulsión; el Ministerio tomaría de inmediato las medidas para
que se dejara sin efecto dicha orden".[104]

Es sugerente que, aun aceptando teóricamente el sentido restrictivo de los
dictámenes de protección de la Cancillería argentina, Malbrán no sólo considerara todos los casos presentados como pasibles de amparo diplomático
sino que, además, consiguiera resultados positivos.

Una vez declarada la guerra, no aparecen más informes en el archivo del
ministerio sobre la situación de los judíos en Italia. Es particularmente lla-
mativo que desde ninguna sede se haya brindado información sobre la suerte corrida por los judíos en la fracción de territorio italiano ocupada por el
nazismo, pero este trabajo encuentra ciertas limitaciones para extraer conclusiones de este tipo de silencios.

OTROS INFORMES ENVIADOS POR DIPLOMÁTICOS
ARGENTINOS DESDE DIVERSOS DESTINOS[105]

Además de los diplomáticos destacados en los destinos analizados (Alemania, Polonia, Hungría, Bulgaria, Rumania, Italia), dos miembros del servicio
exterior merecen ser tratados en parágrafo aparte. Uno de ellos es el enviado extraordinario de la República Argentina, Carlos Brebbia, quien se en-

---

[104] *Ibidem*, nota confidencial-reservada 271, Roma, 29-12-1938. La observación entre paréntesis es del original.

[105] Cabe señalar que la falta de información con respecto a algunos destinos europeos responde a dos cuestiones: de una parte, la ya señalada ausencia de material en el archivo del ministerio; de otra, la falta de representantes argentinos en algunos países. En este segundo nivel
se encuentra el caso de las representaciones argentinas en Checoslovaquia y Grecia, las que tenían sede sólo en Bucarest, Rumania. Un caso similar fue el de la representación en Yugoslavia.
A partir de 1935 fue agregada a la misión en Rumania, por lo que nuestro país no contaba en
el momento del conflicto bélico con un enviado en dicho país que pudiera describir la situación
de los judíos. El único informe existente en el archivo del ministerio es enviado desde Bucarest
el 27 de septiembre de 1941 (AMREC, GE, exp. 304, 1941) por el secretario de la legación, Ernesto
Nogués, quien relata su viaje en misión oficial a Belgrado para informar sobre la situación yu-
goslava. Nogués describe la ocupación alemana de Yugoslavia y destaca la resistencia continua
de la población nativa a estos hechos. En este contexto es que analiza la persecución a que se
ven sometidos los serbios y los judíos. El clima que detalla el diplomático argentino realza las
condiciones de una verdadera guerra civil y el cuadro de situación planteado (si bien carente
de adjetivación) parece sorprender a Nogués por la crudeza de sus imágenes.

contraba en los Países Bajos hasta la invasión alemana. Con el retiro de la misión argentina de dicho país pasó por Turquía y por Berna, destinos desde los cuales brindó información y opiniones sobre la posición de los judíos tanto en los destinos en que se encontraba como en la situación general europea.

Hombre destacado de la diplomacia argentina, delegado a los congresos de inmigración de la época, la pluma refinada de Brebbia destila cierta aversión por el "elemento judío". Son sugerentes, al respecto, las conclusiones que elabora como "contribución al estudio de la cuestión judía" en un informe enviado desde Turquía en julio de 1942, un momento en el que él mismo prefigura el posible destino de las masas de judíos:

> El proceso que tiende a desalojar y expulsar a los judíos ha llegado [. . .] a la etapa más aguda por la presión unánime de todas las clases sociales con quienes los judíos tienen contactos económicos o sociales. Justificado o no, el antisemitismo es un fenómeno de odio colectivo que está en todas partes. Forzados a marcharse, no les queda a los judíos sino dos caminos a seguir: o abrir las puertas a los países de escasa población o perecer.[106]

Con la misma claridad con que expone la cuestión, Brebbia opta por la segunda opción. Analiza dos destinos posibles para la emigración judía: Palestina o la República Argentina. Considera poco probable la opción de Palestina "tanto por su capacidad económico-productiva" como en su "aspecto político". Y realiza severas recomendaciones para clausurar definitivamente la opción argentina, dejando a los judíos sólo el camino que él mismo infiere: "*perecer*". Dice al respecto, por ejemplo:

> Es innegable que veinte siglos del urbanismo miserable de donde proviene, han hecho del judío un hombre mejor equipado para todas las competencias de la vida moderna; pero las consecuencias sociales que se derivan son inevitables: provocan celos, hieren intereses y de esos resentimientos nace el antisemitismo que puede llevar a nuestro país a las mismas agitaciones sociales que han perturbado la tranquilidad en muchos países de Europa.

Vemos aquí que se insinúa que los culpables del antisemitismo serían los propios judíos. Y la recomendación con la que finaliza su nota no deja lugar a dudas:

> [. . .] la Argentina no puede ser la patria de quienes no la tienen ni el refugio de comunidades que los otros países no aceptan. Y nos parece de capital importancia reafirmarlo con medidas preventivas, para aplicar un riguroso criterio selecti-

---

[106] AMREC, DP, Varios, exp. 7, 1943, nota s/n, 25-7-1942.

vo de la inmigración cuando el mar de lágrimas y miserias que inunda hoy a Europa se desborda hacia nuestras playas.[107]

Si bien sería poco apropiado atribuir una relación directa entre estas declaraciones y la política de puertas cerradas hacia los judíos que desarrolla Senkman,[108] igualmente errado sería ignorarlas, cuando provienen precisamente de una de las opiniones más autorizadas de la Cancillería, al punto de haber sido delegado a las conferencias de Inmigración de Roma (1923), y La Habana (1928), inspector general de Inmigración (1927) y encargado argentino del estudio de los problemas migratorios (1945) con sede en Ginebra.

Algunos análisis de Brebbia sobre la situación de los judíos refugiados en Suiza ayudan a delinear mejor su percepción y opinión. En un informe enviado desde Berna el 18 de diciembre de 1942[109] sugiere lo errada de la medida de asilo adoptada por el gobierno suizo:

> Cabe preguntarse si para la tranquilidad de Suiza, no sería preferible cerrar herméticamente las puertas en momentos en que sólo pueden llegar aquí elementos indeseables en otros países; porque la hospitalidad que la Confederación brinda a las personas perseguidas, tampoco es apreciada en lo que tiene de humana, en el otro campo. Una revista judeo-anglo-sajona reprocha acerbamente al gobierno suizo por la internación de israelitas en campos de concentración, acusándolo de someter a los refugiados a un tratamiento brutal injustificado.

La internación en campos de concentración es una práctica humanitaria, al punto que "sería deseable que todos los ciudadanos suizos pudieran beneficiarse de un tratamiento igual", pero los suizos ("para tranquilidad de Suiza") deberían asumir los principios aconsejados por Brebbia también para la política migratoria argentina y abandonar a los judíos a su suerte; y su suerte es la de perecer. El estilo diplomático de Brebbia no le impide delinear los trazos de un absoluto desentendimiento e incluso de cierta justificación de las políticas desarrolladas por el nazismo con respecto a los judíos de Europa.

Del otro diplomático destacado, ya hemos hablado. Se trata de Ricardo Olivera. En el periodo en que se encontraba a cargo de la embajada en Berlín hizo suya la obligación de informar sobre los hechos ocurridos en toda la zona de ocupación alemana (tiene informes, por ejemplo, sobre la situación en Lituania, sobre los hechos ocurridos en Polonia[110] y sobre la capitulación

---

[107] *Idem.*

[108] Senkman, *op. cit.*

[109] AMREC, GE, exp. 20, "Neutralidad de Suiza", nota confidencial-reservada 156, Berna, 18-12-1942, dirigida al ministro de Relaciones Exteriores, Enrique Ruiz Guiñazú.

[110] Que ya hemos visto en el parágrafo apropiado.

de Francia). Pero en 1942 es enviado como embajador extraordinario a la Francia ocupada por los alemanes. Desde Vichy Olivera informa sobre la persecución iniciada contra los judíos en dicho país.

El 10 de septiembre de 1942 describe la "demora" en la aparición de las leyes, decretos y reglamentos antijudíos. Es singular que, reiteradas veces, atribuye a la población francesa una "severa condena" de las persecuciones a los israelitas, considerando que "estos extremos de la política antisemita" son ajenos a la naturaleza de justicia e igualdad de los franceses. El 13 de marzo de 1943 Olivera describe la deportación de los judíos a Alemania, volviendo a adjudicar a la población francesa un repudio a estas medidas.[111] El 1 de junio de 1943 se refiere a la derogación de las medidas discriminatorias en el África francesa, ahora en manos de los republicanos.[112]

En todas sus comunicaciones, al igual que en las enviadas desde Alemania, se observa la toma de distancia de Olivera con respecto al punto de vista oficial, la búsqueda de fuentes alternativas de información y la negación de consenso o legitimidad a las medidas discriminatorias.

No sólo en sus informes es posible apreciar la actitud de Olivera. El intento de protección de los judíos argentinos en la Francia ocupada incluyó también a los judíos griegos (la legación argentina asumió la representación de los intereses griegos en Vichy el 6 de abril de 1941, al iniciarse las hostilidades greco-alemanas). En telegrama cifrado del 17-18 de marzo de 1943 informa Olivera que "he obtenido que a los argentinos de raza judía les sea permitido dejar el territorio francés", agregando que con respecto a "los súbditos griegos de raza judía no podría obtener igual solución sino negociando con la Cancillería alemana directamente, sea por intermedio de la Embajada en Berlín o todavía mejor en Buenos Aires". Señala al respecto que "la situación de los protegidos griegos es desesperada; ha sido ya tomado un buen número, ancianos, mujeres, niños y aunque la falta de noticias es completa no cabe dudar hayan sido deportados a Polonia en condiciones demasiado rigurosas; queda todavía un buen número".[113]

Es más que notoria la convicción de Olivera con respecto al papel que le toca en la protección, no sólo de los judíos argentinos, sino de aquellos judíos griegos que han quedado a su cargo al asumir la representación de los intereses de este país. Sin embargo, y más allá de su descripción de la situación como desesperante y su alusión a las "condiciones demasiado rigurosas" de la deportación a Polonia de estas personas, la respuesta oficial no avala su preocupación por los judíos griegos sino que, por el contrario, en

---

[111] AMREC, GE, exps. 161-41, 241-40 (tomo I), 305-41 (tomos II y III).

[112] AMREC, GE, exp. 491-42, nota 209, Vichy, 1-6-1943, dirigida al ministro de Relaciones Exteriores, Segundo Storni.

[113] AMREC, GE, exp. 305-41, tomo III, telegrama cifrado 274, 17-18 de marzo de 1943, dirigido al ministro de Relaciones Exteriores, Enrique Ruiz Guiñazú.

telegrama del mismo 18 de marzo de 1943, responde el ministro Ruiz Guiñazú: "Entendemos que la gestión insinuada con respecto a los griegos excedería el carácter limitado de la función que hemos asumido en representación de esos intereses",[114] con lo cual culminan las gestiones oficiales.

Vemos que, al igual que en los casos de Caballero y Malbrán, la preocupación de Olivera se topa con los reparos del ministerio para otorgar la protección y que, a diferencia de los otros casos, esta negativa impidió a Olivera continuar adelante con el amparo, ya que, como él mismo informaba, sólo hubiera sido posible salvar a los judíos griegos por intermedio de una gestión directa ante la Cancillería alemana, gestión que el ministerio de ninguna forma se encontraba dispuesto a asumir.

Sin embargo, en todos los casos en que tocó actuar a los funcionarios argentinos en Francia, éstos ejercieron el amparo hasta el límite de sus posibilidades. En nota del 30 de noviembre de 1943 el cónsul en París (a las órdenes de Olivera) envía un informe sobre las actividades del consulado a su cargo, en el cual incluye una síntesis de las medidas de protección de los intereses griegos. Allí se señala, entre otras cosas, que se logró que los súbditos griegos judíos no fueran obligados a llevar la insignia con la estrella de David y que en 1942 resultaron exitosas las gestiones *para liberar a todos los judíos griegos internados en el campo de concentración de Compiègne*. Esta actitud sólo encontró su límite cuando la instancia de negociación local se vio superada y se requirió la actuación del ministerio que, como hemos visto, consideró "excesiva" dicha función protectora.

A MODO DE CONCLUSIÓN

El análisis de la multiplicidad de informes enviados por los funcionarios del servicio exterior permite reconstruir la mirada de la Cancillería argentina sobre este tema (y otras realidades contemporáneas que exceden la perspectiva de análisis), con cierta riqueza y una sugerente variedad de matices.

En función de los objetivos propuestos al inicio del trabajo, y sin pretender agotar las posibles conclusiones, se pueden hacer diversos señalamientos.

Con respecto a la delimitación del grado de información con que contaba la Cancillería argentina sobre los sucesos ocurridos en la Europa de aquellos años, se han aportado elementos que permiten situarlo en un nivel muy elevado. Las representaciones diplomáticas de nuestro país en Alemania, Italia y los países ocupados por el Eje informaron en tiempo y forma sobre las características centrales, las etapas y las consecuencias de las políticas de dis-

---

[114] AMREC, GE, exp. 305, tomo III, 1941, telegrama cifrado 180, Buenos Aires, 18-3-1943.

criminación y exterminio de la población judía. Los elementos centrales de la legislación sancionada en los diversos países europeos fueron enviados al ministerio en las fechas en que iban apareciendo; las deportaciones "con rumbo desconocido" fueron notificadas una y otra vez desde el año 1941 en adelante, y el informe de Luti de junio de 1943 terminó de despejar las dudas sobre el destino final de los judíos deportados, mencionando las cámaras de gas de Treblinka y las cifras aproximadas (con bastante precisión) de los judíos aniquilados en los campos. Este detalle incluyó hechos, como la rebelión del *ghetto* de Varsovia, que ocurrían a cientos de kilómetros de donde se encontraban los representantes argentinos y en jurisdicciones en las que nuestro país carecía de representación diplomática.

La precisión sistemática de los informes diplomáticos resignifica entonces la "política de puertas cerradas" que nuestro país sostuvo con respecto a los refugiados judíos que escapaban de las políticas del nazismo.[115] Los trabajos al respecto suponen el conocimiento de los funcionarios argentinos sobre las políticas discriminatorias y genocidas. Las precisiones aportadas transforman dicha suposición en una certeza.

La segunda cuestión de este trabajo se vincula con la forma en que los funcionarios argentinos se relacionaron con los sucesos narrados. Cabe señalar, en primer término, que estas formas de relación no fueron uniformes. Al respecto, hemos construido tres agrupamientos básicos que, con la limitación de desdibujar los matices, permiten cubrir el amplio espectro de percepciones y prácticas desarrolladas por los diplomáticos argentinos en aquellos años.

a) Aquellos funcionarios que —con diferentes énfasis, ya analizados— compartían algunos de los argumentos que sirvieron para justificar la discriminación hacia los judíos.

Aquí podemos encontrar tanto al embajador en Alemania hasta 1939, Eduardo Labougle, como al enviado extraordinario en los Países Bajos, Turquía y Suiza, Carlos Brebbia, o al enviado extraordinario en Polonia, Rodolfo Freyre. Por otra parte, ésta fue también la posición de cónsules como Jorge Amuchástegui (Berlín), Marcos Savon (Gdynia, Polonia) o Miguel Ángel Cullen (secretario de la legación en Hungría).

Algunos de estos diplomáticos consideraron la situación económica supuestamente desproporcionada de los judíos en las sociedades que habitaban como la causante de sus propios males, otros asumieron la identificación "judío igual a comunista" como justificación de las persecuciones. Otros simplemente consideraban "indeseables" o "inasimilables" a los judíos. De una u otra forma, con uno o varios de estos argumentos, encontraron cierta lógica o "necesidad" a la discriminación antisemita.

---

[115] Las políticas migratorias de nuestro país con respecto a los refugiados judíos fueron analizadas con claridad por Senkman, *op. cit.*, y por Haim Avni, *op. cit.*

Un ejemplo extremo de esta posición puede observarse en el caso del cónsul en Munich, Ernesto Sarmiento, quien fue el único en avalar aun la explicación biológico-racial de la discriminación de los judíos, llegando a proponer el estudio de las medidas eugenésicas por un consejo de médicos argentinos, a fin de adecuarlas a nuestro país.

Un caso de difícil caracterización es el de José Manuel Llobet, embajador en Hungría. Llobet, en función de las fuentes que utilizó, puede ser incluido junto a este grupo de diplomáticos; sin embargo no emite jamás una opinión propia que permita inferir su justificación de las políticas antijudías.

b) Aquellos diplomáticos que describieron las políticas antijudías en Europa, intentando omitir una toma de posición ante los hechos.

Aquí podemos incluir tanto los informes del embajador ante la Santa Sede, Carlos de Estrada, como los del cónsul Arnaldo Barsanti o del consejero de la embajada en Berlín, Rubio de Egusquiza.

Estos informes se caracterizan por la escasa o nula adjetivación y la mera descripción de leyes, medidas o sucesos.

Aquí tenemos otro caso complejo, el de Manuel Malbrán, embajador en Italia. Si bien los informes de Malbrán comparten los elementos descritos y merecen ser incluidos en este grupo, su actuación en lo que refiere a la protección diplomática de los ciudadanos judíos argentinos parecería vincularlo más con el grupo siguiente.

c) Aquellos diplomáticos que objetan en alguna medida las políticas discriminatorias, sea por medio de la condena, de la ironía o de la toma de distancia de los puntos de vista dominantes en la Europa ocupada por el nazismo.

Podemos incluir aquí tanto al embajador en Alemania durante el periodo 1939-1940, Ricardo Olivera, como al encargado de negocios a cargo interinamente de la legación entre 1942 y 1944, Luis Luti. También pertenece claramente a este grupo el encargado de negocios José Caballero, a cargo de la legación en Bulgaria y, en menor medida, el cónsul Alberto Bafico.

Si bien queda claro, entonces, que las tomas de posición ante los hechos no fueron uniformes, llama la atención el peso (tanto cuantitativo como cualitativo, por el papel ocupado por diplomáticos como Brebbia o Labougle en el ministerio) de aquellos que tendieron a comprender, compartir o justificar los puntos de vista del nazismo en lo que hace a la cuestión judía.

En relación con las prácticas hacia los ciudadanos judíos argentinos afectados por las políticas discriminatorias, cabe también hacer algunos señalamientos:

Los diplomáticos argentinos que actuaban en Europa en aquellos años (más allá de las reticencias planteadas por algunos funcionarios en Alemania durante la gestión de Eduardo Labougle al frente de la embajada) tendieron *a dar curso* a los pedidos de protección diplomática, iniciando las acciones de amparo o elevando el caso a las instancias superiores (de los consulados a las embajadas y, de allí, al propio ministerio).

Si bien en algunos casos el ministerio aceptó la pertinencia de la intervención diplomática, la lectura y análisis de la documentación (dictámenes, recomendaciones, órdenes) parece sugerir que la Cancillería tendió a encontrar permanentes reparos para la aplicación efectiva del amparo diplomático requerido. Estos reparos podrían dividirse en tres tipos: los que señalan que "no se han agotado los recursos legales ante la jurisdicción local", los que se basan en la inconveniencia de "interferir en la legislación interna" para "obtener excepciones a disposiciones generales" (recuérdese el fallo en el caso italiano: "no tratándose de una medida que se tomaría solamente contra los argentinos de raza hebrea" o el caso de Bulgaria: "las medidas de orden económico no dan lugar a reclamación diplomática, puesto que han sido tomadas con carácter general para los nacionales y para los extranjeros de raza judía") y los que admiten la protección en abstracto pero cuestionan la "argentinidad" de los sujetos concretos (fuera por ser "ciudadanos naturalizados" o por su "desvinculación con el país").[116]

Esto tuvo como consecuencia que, en los casos donde efectivamente se logró el amparo diplomático, éste se debió básicamente a la tenacidad e iniciativa de los funcionarios que actuaban en Europa que, pese a los reparos del ministerio, insistieron para revertir los dictámenes oficiales (en los casos de José Caballero y Manuel Malbrán), cambiaron, cuando pudieron, el rumbo concreto del trámite (Ricardo Olivera en el "caso Mundstock") o actuaron sin esperar las órdenes superiores (en el caso del funcionario en Hungría, Simón Margel).

Sobre la base de la documentación analizada hemos señalado algunas conclusiones generales sobre la actuación del Ministerio de Relaciones Exteriores argentino en el periodo estudiado; sin embargo, la misma no nos ha permitido establecer precisiones sobre cómo influyeron las diferentes gestiones políticas en relación con las percepciones y prácticas ante la situación de los judíos en Europa. Queda como un interrogante, y un posible campo para futuras investigaciones, el análisis de esta cuestión.

---

[116] Senkman analiza otros tres casos de pedido de amparo (Jorge Elkan, Manasse Reichmann y Jorge Plaut) que refuerzan nuestra conclusión. El primero reclamó por sus bienes secuestrados y el ministerio desestimó su pedido, pues no había agotado los recursos administrativos ante la jurisdicción local. En los dos casos restantes, inicialmente los diplomáticos en Alemania ejercieron algunas acciones, pero posteriormente el ministerio ordenó suspender o dar por concluidas las gestiones. Senkman, *op. cit.*, cap. 1, pp. 33 a 35.

LA IMAGEN DEL PERONISMO EN ISRAEL (1949-1955)*

RAANAN REIN**

A LO LARGO del decenio de su gobierno (1946-1955), no logró el presidente argentino Juan Domingo Perón desprenderse de la imagen nazi-fascista que se había adherido a él y a su régimen. Así como el régimen del general español Francisco Franco era considerado un vestigio anacrónico del mundo fascista que ardió en llamas con la derrota de Hitler y Mussolini, el de Perón era concebido por muchos como un fruto rancio de los planes expansionistas que había elaborado el Tercer Reich fuera de las fronteras de Europa.

Para personas como Spruille Braden, embajador norteamericano en Argentina (mayo a septiembre de 1945), que pronto fue nombrado secretario adjunto de Estado para Asuntos Latinoamericanos (noviembre de 1945 a junio de 1947), Estados Unidos no debía conciliarse con la existencia de gobiernos en los que participaban personas como Perón. En un artículo que publicó en abril de 1946, es decir después del triunfo de Perón en las elecciones democráticas realizadas en Argentina a fines de febrero de 1946, escribió Braden:

> Con la derrota de Alemania, la Argentina continuó bajo la dictadura sin reticencias de hombres uniformados que habían bebido de la misma fuente que Hitler, Mussolini y Franco. Mientras el pueblo argentino viva bajo la férula de esa dictadura [. . .] ninguno de nosotros podrá disfrutar noches tranquilas.[1]

The Nation, un semanario progresista liberal neoyorquino, alegó a principios de 1946 que la estrategia política de Perón había sido "copiada directamente de su mentor nazi, Adolf Hitler".[2]

La base de esta mácula que pesaba sobre Perón se originaba en las posturas germanófilas que destacaban en las fuerzas armadas argentinas desde comienzos de siglo[3] y en la postura de neutralidad adoptada por Argentina

---

* Deseo expresar mi agradecimiento a Ori Amitai y a Eliezer Nowodworski por su ayuda en la recopilación del material, y a *Yad Hanadiv* de Jerusalén por la beca de investigación que hizo posible la finalización de este estudio. Traducción del hebreo de Eliezer Nowodworski.

** Departamento de Historia, Universidad de Tel Aviv.

[1] Spruille Braden, "The Germans in Argentina", *Atlantic Monthly* 27, abril de 1946, p. 43.

[2] Citado en Ignacio Klich, "Perón, Braden y el antisemitismo: Opinión pública e imagen internacional", *Ciclos* 2, 1992, p. 19.

[3] Sobre este tema véanse G. P. Atkins y L. V. Thompson, "German military influence in Argentina, 1921-1940", *Journal of Latin American Studies*, vol. 4, parte 2, 1972, pp. 257-283; Alain Ro-

durante el transcurso de la segunda Guerra Mundial, para gran disgusto de Estados Unidos.[4] No podremos entrar a debatir estos temas en este marco, mas para nuestro asunto es importante destacar que desde su entrada a la Casa Rosada, a mediados de 1946, Perón puso gran empeño en el intento de mejorar su imagen, especialmente en Estados Unidos.[5] Ya en una etapa temprana comprendió el general que la mejora de las relaciones con los norteamericanos era una condición imprescindible para la realización de su programa de industrialización y modernización del país. Para ello se esforzó, entre otras cosas, por quitarse de encima cualquier sospecha de antisemitismo y procuró establecer buenas relaciones con la comunidad judía en su país y, posteriormente, también con el nuevo Estado judío, Israel.[6] El principal objetivo era llegar a captar la simpatía de los judíos estadunidenses, con la esperanza de que éstos, en cuya gran influencia creía Perón en forma exagerada, provocaran un cambio en la opinión pública del país del norte y entre los círculos que tomaban decisiones en Washington respecto a Argentina.[7]

quié, *The Military and the State in Latin America*, Berkeley y Los Ángeles 1987, pp. 79-80; E. B. White, *German influence in the Argentine army, 1900 to 1945*, tesis doctoral, University of Virginia, 1986.

[4] Sobre la neutralidad argentina en la segunda Guerra Mundial y sus relaciones conflictivas con Estados Unidos existe una vasta bibliografía, de la que podemos señalar como destacadas las siguientes obras: M. Rapoport, *Gran Bretaña, Estados Unidos y las clases dirigentes argentinas, 1940-1945*, Buenos Aires, 1980; Carlos Escudé, *Gran Bretaña, Estados Unidos y la declinación argentina, 1942-1949*, Buenos Aires, 1983; Guido di Tella y D. Cameron Watt (comps.), *Argentina Between the Great Powers, 1939-1946*, Londres, 1989; Ronald C. Newton, *The 'Nazi Menace' in Argentina, 1931-1947*, Stanford, 1992.

[5] Una expresión anecdótica que muestra en qué medida el régimen peronista estaba preocupado por su imagen como dictadura fascista puede encontrarse en la sección "Tu página de pibe peronista" en la revista *Mundo Peronista*: "Te damos permiso para que te enojes y grites cuando oigas decir que el General Perón es un *dictador* o un *fascista*. El General Perón es el Jefe del movimiento popular extraordinario. Los *dictadores* no tienen en cuenta al Pueblo, sino lo esclavizan. El General Perón es un argentino que ama a su tierra. La palabra fascista es un vocablo *foráneo*, extranjero, que no tiene nada que ver con lo argentino" (las cursivas en el original). Véase *Mundo Peronista* 21, 15-5-1952, p. 50.

[6] El estudio de las relaciones Argentina-Israel durante la década peronista aún aguarda una investigación histórica que dé cuenta de todos sus aspectos. Los trabajos pioneros son de Ignacio Klich. Entre éstos véanse: "Argentina, the Arab world and the partition of Palestine", *Proceedings of the Ninth World Congress of Jewish Studies*, vol. III, pp. 271-277; "A background to Peron's discovery of Jewish national aspirations", *Judaica Latinoamericana*, vol. I, Jerusalén, 1988, pp. 192-223; "Equidistance and gradualism in Argentine foreign policy towards Israel and the Arab world, 1949-1955", ponencia presentada en la conferencia de la LAJSA, Maryland, 1991. De gran importancia son las memorias de los diplomáticos israelíes Yaacov Tsur, *Cartas credenciales núm. 4* (en hebreo), Jerusalén, 1983 y Moisés A. Tov, *El murmullo de Israel: Historial diplomático*, Jerusalén, 1983. Sobre los discursos de Perón acerca de los judíos y del Estado de Israel, véanse *El pensamiento del presidente Perón sobre el pueblo judío*, DAIA, Buenos Aires, 1974; *Argentina e Israel: Una tradición que nos honra*, DAIA-OSA, Buenos Aires, 1975. Véanse también Rodolfo Baltiérrez, "La creación del Estado de Israel" y Emilio J. Corbiére, "Perón y los judíos", *Todo es Historia* 252, junio de 1988.

[7] Los representantes israelíes tenían un claro interés en fomentar esta creencia en Perón, aunque ésta se reforzó también en sus conversaciones con diplomáticos norteamericanos. Una muestra de ello la dio el embajador de Estados Unidos, Albert Nufer, quien relató sobre su en-

Los judíos argentinos continuaron siendo hostiles a Perón,[8] y en las diversas campañas electorales presidenciales y legislativas el peronismo fracasó en su intento por movilizar el apoyo de la colonia judía. También los judíos de Estados Unidos mantuvieron una postura similar de reservas y sospechas hacia el peronismo. Una expresión de dicha posición puede encontrarse en los medios de prensa norteamericanos en que la influencia judía era considerable. Un ejemplo notorio de ello es el *New York Times*. George Messersmith, que actuó durante todos los meses de su destino como embajador estadunidense en Argentina con ahínco para mejorar las relaciones entre Buenos Aires y Washington, estaba muy preocupado por la postura hostil hacia Argentina de una parte de los miembros del Departamento de Estado y de la importante prensa liberal en su país.

Este diplomático, que entabló una relación amistosa con Perón,[9] sostenía que "no había nada totalitario, fascista o nazi"[10] en el régimen, y estaba convencido de la voluntad del líder de mejorar las relaciones con Estados Unidos y promover la cooperación argentina en el marco del sistema interamericano. En numerosas ocasiones expresó su gran pesar por lo que llamaba "ciertas notas imprecisas y extremadamente tendenciosas" que continuaba caracterizando a los periódicos norteamericanos más destacados en lo que se refería a la presentación del régimen de Perón como fascista y no democrático. En un memorando ultrasecreto que envió al secretario de Estado, el embajador se quejaba:

> En lo que concierne a la prensa norteamericana, los comentarios y editoriales apuntan cada vez más a que Argentina es un Estado fascista totalitario, inamistoso hacia Estados Unidos y con planes siniestros hacia sus vecinos. Algunos de nuestros periódicos y algunos de nuestros editorialistas hablan de Argentina como si estuviéramos en una especie de guerra con ella y se tratara de un país enemigo.[11]

trevista con Perón y su canciller, Jerónimo Remorino: "Como un ejemplo de actos positivos que pueden producir una reacción favorable en la prensa estadunidense mencioné la reciente declaración de Perón a líderes judíos locales condenando el antisemitismo de la Unión Soviética. Perón pareció muy complacido cuando mencioné esto". Véase National Archives, Documents of the Department of State, Record Group 59 (Washington, D. C.) (de aquí en adelante NA), Nufer to State Department, 5-2-1953, 611.35/2-553.

[8] "Y a pesar de que [Perón] es cordial hacia los judíos e incluso abunda en gestos hacia el Estado de Israel, no logra ganar su confianza" (Tsur, *Cartas credenciales*, p. 43).

[9] Según el testimonio de Messersmith: "nos hemos convertido en muy buenos amigos por estar yo convencido de su sinceridad y lo correcto de sus intenciones [. . .] y es uno de los más receptivos y amplio de miras que he encontrado". Véase George S. Messersmith Papers, University of Delaware Library (Newark, Delaware) (en adelante GSM Papers), carta personal a Clayton, 31-10-1946, p. 6. Sobre su periodo al frente de la embajada en Buenos Aires, véase Jesse H. Stiller, *George S. Messersmith — Diplomat of Democracy*, Chapel Hill y Londres, 1987, capítulo VII.

[10] GSM Papers, carta ultrasecreta al secretario, 30-10-1946, p. 3.

[11] GSM Papers, memorando secreto para el secretario, "Inter-American Collaboration", 10-12-1946, p. 14. Véanse también carta personal a Littell, 12-3-1947 e informe confidencial del 29-

Mas el veterano diplomático no se conformó con quejas. En su intento por modificar la imagen argentina en Estados Unidos, Messersmith se dirigió en forma directa a personalidades clave en el periodismo de su país. Un ejemplo de ello es su carta a Arthur Sulzberger, del *New York Times*.[12]

LA IMAGEN EN ISRAEL NO ES UNIDIMENSIONAL NI UNIFORME

El cuadro en Israel era más complejo. La presente ponencia es un primer intento de examinar la imagen del peronismo en Israel, tal como se reflejó en la prensa de dicho país en aquellos años.[13] Dicho examen se hará mediante el análisis de contenidos de siete periódicos diarios, que manifestaban la variedad de ideas en la sociedad israelí: *Herut* (boletín de la derecha nacionalista); *Hatzofe* (órgano del sionismo religioso); *Davar* (periódico del partido socialdemócrata Mapai y de la confederación general de trabajadores, Histadrut); *Al Hamishmar* (periódico del partido socialista Mapam); *Haaretz* (que representaba las posturas del centro liberal); *Kol Haam* (perteneciente al Partido Comunista) y el vespertino de centro-derecha *Maariv*.

El trato de estos periódicos hacia el peronismo se examinará según la forma en que cubrieron un número de acontecimientos centrales en las relaciones entre Israel y Argentina, y en la historia del peronismo en aquellos días: el establecimiento de relaciones diplomáticas entre ambos países (junio-sep-

4-1947, *ibidem*. Algunos años después diplomáticos en la embajada de Israel en Washington le aclararon a Tsur que "para la opinión pública norteamericana Perón es impropio y toda declaración suya es impropia, incluso si defiende una causa justa" (Tsur, *Cartas credenciales*, p. 189).

[12] GSM Papers, carta personal y confidencial a Sulzberger, 3-4-1947. Las publicaciones negativas en la prensa norteamericana eran en parte resultado del enfrentamiento Braden-Messersmith y las diferencias en la cúpula diplomática del Departamento de Estado respecto a la política que debía adoptarse con Argentina. Messersmith acusó a Braden de haber nutrido a la prensa con informaciones hostiles hacia aquel país. En sus palabras: "He [Braden] constantly had off-the-record conversations with newspaper men in Washington in which he misrepresented to them the developments in the Argentine and it was this which gave a wrong orientation to some of our more responsible correspondents who cover these matters in our papers". Véase GSM Papers, "Developing events which led to the termination of my work in Buenos Aires, my retirement from the Foreign Service, and some circumstances immediately following my retirement", p. 6. Sea cual fuere el papel negativo de Braden en este contexto, queda claro que incluso después de haber sido destituido la prensa norteamericana continuó, en su mayoría, expresando hostilidad hacia el régimen de Perón, hasta su derrocamiento. Sobre el enfrentamiento Braden-Messersmith, véanse entre otros Messersmith to Truman, 16-8-1946 y Messersmith to Acheson, 16-10-1946, NA, 835-00/8-1646 y 835.00/10-1946; *Time*, 2-12-1946; Roger R. Trask, "Spruille Braden versus George Messersmith —World War II, the Cold War, and Argentine policy, 1945-1947", *Journal of Interamerican Studies and World Affairs*, vol. 26, núm. l, febrero de 1984, pp. 69-95; Spruille Braden, *Diplomats and Demagogues*, Nueva York, 1971, pp. 358-364.

[13] De hecho no existe una investigación de este tipo sobre la imagen de Perón en la prensa occidental. Un trato parcial y primario sobre el tema referente a la opinión pública norteamericana puede hallarse en Margaret O'Donell, "How *Time* and *Newsweek* covered the Argentine story in 1947", *Inter-American Economic Affairs*, verano de 1948, pp. 3-15; Irving G. Lewis, *American Opinion of Argentina, 1939-1949*, tesis de maestría, Georgetown University, 1951.

tiembre de 1949); la visita a Israel del presidente de la Comisión de Relaciones Exteriores del Senado argentino, Diego Luis Molinari (marzo de 1950); firma del acuerdo económico entre ambos países (abril de 1950); la visita de Yosef Shprintzak, presidente de la Knesset (el parlamento israelí), a Buenos Aires (mayo-junio de 1950); las elecciones presidenciales argentinas (noviembre de 1951); la muerte de Evita (julio de 1952); la visita del canciller Moshé Sharett a Argentina (abril de 1953) y el derrocamiento del régimen peronista (junio-septiembre de 1955).

En primer lugar es necesario referirse al volumen de la cobertura de los temas argentinos en la prensa israelí de aquellos días. La revista *Mundo Peronista*, que buscaba cómo loar y enaltecer al régimen justicialista y sostener que en todos los rincones del planeta, incluido el Estado judío, los ojos se dirigían hacia la acción peronista, escribió que "Perón no sólo ha dignificado la comunidad judía argentina, como parte del Pueblo Argentino. La trascendencia de su Doctrina y de sus realizaciones es mundial y ha tenido honda repercusión en la Nación israelí."

El periódico explicaba la popularidad del líder por la gran simpatía que éste expresó hacia el Estado judío, explicando a sus lectores que "Perón, para el pueblo de Israel, es algo tan querido y propio como para nuestro pueblo".[14]

Se entiende que en tales afirmaciones hay una gran medida de exageración y distorsión. El justicialismo no despertó mayor interés en la sociedad israelí, que sentía en aquellos días que luchaba por su vida misma frente a un mundo árabe hostil. El número de noticias y de artículos sobre Argentina que se publicó en la prensa israelí era relativamente pequeño, aunque al mismo tiempo mayor de lo que era posible esperar. Lo más notable es que cuando se hacía referencia a Argentina no se podía encontrar una imagen unidimensional y uniforme del régimen peronista, como entre la mayoría de los judíos argentinos y norteamericanos. En distintos círculos en el país podrían encontrarse puntos de vista diferentes respecto al peronismo.

El establecimiento de relaciones entre ambos países

La República Argentina reconoció *de jure* al Estado de Israel ya en febrero de 1949. En mayo del mismo año, tras ver que Israel gozaba de una amplia le-

---

[14] "Por la felicidad y la grandeza de todos los pueblos", *Mundo Peronista*, núm. 80, 1-2-1955, pp. 12-14; "Un periodista extranjero", *Mundo Peronista*, núm. 61, 15-3-1954, pp. 15-16. Simultáneamente, para mantener el equilibrio, esta publicación informaba a sus lectores que ". . . nace entonces, en la mente de la comunidad de los Pueblos árabes, con fuerza indomable, la extraordinaria y mística admiración por el Justicialismo de Perón y Eva Perón". Véase "Eva Perón en el mundo árabe", *Mundo Peronista*, núm. 63, 15-4-1953, pp. 22-23; "La doctrina y el nombre de Perón resuenan al pie de las pirámides", *Mundo Peronista*, núm. 49, 1-9-1953, pp. 18-21.

gitimidad internacional y que el Estado hebreo había sido recibido como miembro de la Organización de las Naciones Unidas, el gobierno de Perón entabló relaciones diplomáticas con el joven país, convirtiéndose luego en el primer país latinoamericano que inauguró una representación diplomática en Tel Aviv.[15] El anuncio sobre el establecimiento de relaciones diplomáticas y los nombramientos de Yaacov Tsur como ministro de Israel en Buenos Aires y de Pablo Manguel —líder de la Organización Israelita Argentina (OIA), única agrupación peronista judía—[16] como delegado argentino en Tel Aviv, recibieron una cobertura relativamente reducida en la prensa hebrea.[17] Los informes no incluyen detalle alguno sobre la naturaleza del régimen de Perón, aunque se hace referencia al hecho de que el primer representante diplomático de Argentina en Israel será un judío.

Es interesante destacar que *Kol Haam*, comunista, prefirió evitar toda mención en lo referente al establecimiento de lazos con Argentina. Ésta era una expresión de la reserva comunista respecto al régimen de Perón. Si bien éste entabló relaciones con la Unión Soviética ya en junio de 1946, inmediatamente después de haber asumido el gobierno, por otra parte "se apoderó" de la clase obrera argentina quitándola de manos de la izquierda tradicional y redujo la libertad de acción del PCA. La postura de *Kol Haam* hacia el peronismo fue, por lo tanto, hostil durante todo el periodo. Ya en abril de 1949 el diario comunista publicó una nota sobre el judaísmo latinoamericano, en la que se podía leer, entre otras cosas:

Un extranjero que llega a la Argentina, siente de inmediato su régimen reaccionario-fascista. Alcanza con que vea a los numerosos militares en las calles, que recuerdan en gran medida con sus uniformes y sus modales a los soldados nazis. En Argentina existe una gran cantidad de emigrantes nazis, que han traído mayormente propiedades robadas y que aquí se han convertido —así se comenta— en consejeros de alto nivel, con gran influencia sobre los círculos gobernantes.[18]

La ceremonia de presentación de las cartas credenciales de Tsur al presidente Perón, en cambio, gozó de mayor difusión, destacando *Haaretz* que la ceremonia "fue una de las más brillantes en la historia argentina", y *Maariv* las palabras de agradecimiento de Yosef Shprintzak, primer presidente de la

---

[15] *Diario de Sesiones de la Cámara de Senadores*, 1949, vol. I, pp. 500-501; Archivo del Ministerio de Relaciones Exteriores y Culto (Buenos Aires) (de aquí en adelante AMREC), Gabinete Político-Jurídico, Palestina, Israel, 1949, caja 52, exps. 6 y 8; *La Prensa* (Buenos Aires), 4-5-1949, 1 y 15-9-1949.

[16] Sobre la OIA, véase Leonardo Senkman, "El peronismo visto desde la legación israelí en Buenos Aires: Sus relaciones con la OIA, 1949-1954", *Judaica Latinoamericana*, vol. II, Jerusalén, 1993.

[17] *Haaretz*, 8-6-1949; *Maariv*, 7-6-1949; *Davar*, 8-6-1949; *Al Hamishmar*, 8-6-1949; *Hatzofe*, 6-6-1949.

[18] "Saludos del judaísmo sudamericano", *Kol Haam*, 10-4-1949, pp. 2-3.

Knesset, por el trato cordial que muestra el gobierno de Perón hacia Israel y por el apoyo argentino en la votación para aceptar a Israel como miembro de la ONU. El anuncio de la apertura de una línea de navegación directa entre las dos naciones fue visto como una expresión de "buena voluntad entre ambos países", que posibilitaría entre otras cosas, según se informaba, el transporte de inmigrantes sudamericanos a Israel.[19] Quizá para calmar los entusiasmos, *Al Hamishmar*, diario de la oposición socialista, transcribió la noticia de que el cónsul argentino en Beirut aclaró que "la Argentina no mantendrá lazos comerciales con Israel". El periódico explicaba que dicha declaración estaba destinada a garantizar la conservación de las buenas relaciones argentinas con el mundo árabe.[20]

ACUERDO ECONÓMICO Y VISITAS MUTUAS

El acuerdo comercial con Argentina se firmó en Buenos Aires en abril de 1950, unas cuatro semanas antes de que se aprobara un empréstito del Eximbank al país del Plata. Su volumen —diez millones de dólares— no era significativo en el marco total del comercio exterior argentino, aunque era importante para Israel y Perón resolvió, por razones propias, que el acto se realizaría con gran pompa y con la presencia de toda la cúpula del gobierno. No es de sorprender, por lo tanto, que el acuerdo fuera recibido con gran beneplácito en Israel y que ello se reflejara en las hojas de la prensa.[21] *Haaretz* describió la ceremonia a la que asistió la pareja presidencial y subrayó que "el acuerdo no es filantropía y ambas partes obtendrán beneficios del mismo". *Davar*, que reflejaba desde sus páginas las posiciones del partido go-

---

[19] *Haaretz*, 2, 3-8-1949; *Maariv*, 14, 15-9-1949; *Davar*, 3-8-1949. Sobre la ceremonia de presentación de cartas credenciales, véanse también Tsur, *Cartas credenciales*, pp. 48-51; Maleady to State Department, 2-8-1949, Washington National Record Center (Suitland, Maryland), Buenos Aires Embassy, 1949, file 301, box 98.
    La llegada de Tsur a Buenos Aires fue cubierta por todos los periódicos argentinos; véanse por ejemplo *La Época, Democracia, Noticias Gráficas, La Prensa* y *El Diario Israelita*, 24-7-1949 (recortes de prensa del Archivo de la Oficina de Prensa de la Delegación de Asociaciones Israelitas Argentinas, Buenos Aires).
[20] *Al Hamishmar*, 2-8-1949. Cinco días más tarde *Hatzofe* daba cuenta de conversaciones económicas que mantenían representantes israelíes en Argentina (*Hatzofe*, 7-8-1949). Sobre las relaciones de la Argentina peronista con el mundo árabe véanse I. Klich, "Equidistance and gradualism"; y "Towards an Arab-Latin American bloc? The genesis of Argentine-Middle East relations: Jordan, 1945-1954", *Middle Eastern Studies*, vol. 31, núm. 3, 1995, pp. 550-572.
[21] *Haaretz*, 5 y 20-3-1950, 20, 23 y 24-4-1950, *Maariv*, 19-4-1950; *Davar*, 23-4-1950; *Al Hamishmar*, 20, 23-4-1950; *Hatzofe*, 23, 26-4-1950; *Herut*, 20, 23, 24-4-1950; AMREC, Departamento de Política, Israel, año 1950, caja 3, exp. 8; Ministerio de Finanzas de la Nación, Banco Central de la República Argentina, *Memoria anual-1950*, Buenos Aires, 1951, pp. 47-48; Public Record Office, Foreign Office Papers (Londres) (de aquí en adelante FO), FO 371/82544, Balfour to FO, 10-5-1950; Ignacio Klich, "The first Argentine-Israeli trade accord: Political and economic considerations", ponencia presentada en la conferencia de la LASA, Los Ángeles, septiembre de 1992.

bernante Mapai, destacó los detalles del acuerdo y su volumen, cuidando de señalar en su primera página que Israel era el primer país mesoriental que tenía un acuerdo económico con Argentina. *Hatzofe*, órgano del partido nacional religioso, describió a Argentina como una de las potencias económicas importantes del mundo, mientras que *Herut* citó del discurso del senador Molinari que "Israel [se convertirá] en una base comercial para Argentina en el Oriente Medio". En las secciones económicas de los diversos periódicos estimaron con gran optimismo que gracias al acuerdo se incrementaría la exportación israelí a la Argentina.[22]

En todas estas notas no hay aún una referencia directa al carácter del régimen argentino; no obstante, mientras que la mayoría escribía sobre "el presidente Perón", *Al Hamishmar* prefirió la denominación de "el presidente, general Perón". En los informes de *Hatzofe,* en cambio, se expresa un gran respeto hacia el matrimonio Perón.

Con el trasfondo de las conversaciones económicas entre ambos estados y el estrechamiento de las relaciones entre éstos, el senador Diego Luis Molinari fue recibido con grandes honores en Israel y su visita, que fue definida como una misión destinada a aportar a la cristalización de la posición de su país respecto al tema de Jerusalén, obtuvo una repercusión relativamente grande y una cobertura favorable en los diversos periódicos.[23] Molinari, que era huésped del gobierno israelí, visitó varias ciudades, se entrevistó con Eliezer Kaplan, ministro de Finanzas y que a la sazón ocupaba interinamente el cargo de primer ministro y con el canciller Moshe Sharett; fue recibido con grandes honores en una sesión de la Knesset y expuso ante un numeroso público sobre historia argentina en la Universidad Hebrea de Jerusalén. Entre los periódicos hebreos sobresale la simpatía de *Herut*, que señalaba que Molinari ayudó a cien refugiados judíos a inmigrar a Argentina durante las persecuciones que realizaron las huestes del líder ucraniano Simon Petliura en 1919-1920, durante las cuales resultaron asesinados miles de judíos. *Kol Haam*, por su parte, aprovechó la visita para criticar la postura anticomunista de la Argentina peronista.

La gira del presidente de la Knesset, Yossef Shprintzak, a América del Sur, para recaudar fondos, fue una prueba para la situación de Israel en el continente. Su visita a Argentina entre fines de mayo y principios de junio se consideró como un gran éxito, y la prensa israelí informó con orgullo sobre su encuentro con el presidente Perón, las sesiones extraordinarias de

---

[22] También el embajador Manguel le dijo al canciller Sharett que Perón veía en Israel un posible centro de distribución de las mercaderías argentinas en la región. Véase Drapkin to the Israeli Legation in Buenos Aires, 6-9-1949, *Documents on the Foreign Policy of Israel,* vol. 4, Jerusalén, 1986, p. 440.

[23] *Haaretz*, 16, 19, 23-3-1950; *Maariv*, 15, 19, 21-3-1950; *Davar*, 19-3-1950; *Al Hamishmar*, 20-3-1950; *Kol Haam*, 14-3-1950; *Hatzofe*, 16, 20-3-50; *Herut*, 16-3-1950. Sobre la visita de Molinari a Israel véase también AMREC, Departamento de Política, Israel, año 1950, caja 3, exp. 8.

ambas cámaras del Congreso en honor del visitante y el que su discurso en este evento hubiera sido introducido con caracteres hebreos y en traducción al castellano en los protocolos parlamentarios.[24] En la información sobre su encuentro con la comunidad judía en el estadio Luna Park, *Davar* destacó el discurso notablemente proisraelí del senador Molinari en esa ocasión, y en su noticia sobre la sesión extraordinaria del Congreso se relataba con orgullo a los lectores que el Senado se puso de pie al mencionarse el nombre del presidente Chaim Weizmann.

Las elecciones presidenciales en Argentina

Las noticias relacionadas en forma directa con las relaciones entre ambos países no nos permiten estudiar en forma suficiente la imagen de Perón en Israel. Lo que resalta es la voluntad de destacar el progreso de las relaciones entre los dos estados en diversas áreas y las muestras de simpatía del gobierno peronista hacia Israel. En especial sobresale al respecto *Davar*. Este periódico, que era el órgano de la confederación general de trabajadores, la Histadrut, bajo la hegemonía del partido socialdemócrata Mapai, criticaba algunos aspectos del régimen de Perón, mas por ser aquel partido la fuerza dominante también en el gobierno de Israel que cultivaba los lazos amistosos con Argentina, mostraba generalmente moderación y cautela al referirse al gobierno justicialista. El periódico intentaba subrayar los logros del gobierno israelí en política exterior, por lo que generalmente solían dejarse de lado la suspicacia y la hostilidad de las comunidades judías en Argentina y Estados Unidos y de los sectores liberales y socialistas de países occidentales, en favor de las necesidades del joven Estado, que se encontraba en situación bélica con sus vecinos, de movilizar en la mayor medida posible amigos y simpatía en la arena internacional. La "perspectiva israelí" se sobreponía en este aspecto a la "perspectiva judía".

En lo que se refiere a las noticias en la prensa hebrea sobre las relaciones Israel-Argentina, se puede hablar de un triunfo del enfoque que representaba Yaacov Tsur en la lucha interna que mantuvo dentro del ministerio de Relaciones Exteriores con Moshe Tov respecto a las relaciones con Argentina. Este enfrentamiento guarda cierta similitud en varias de sus características con la más conocida disputa entre Braden y Messersmith. Tov, argentino na-

---

[24] Sobre la visita de Shprintzak véase *Haaretz*, 19, 28, 30-5-1950 y 4-11-1950; *Maariv*, 18, 29-5-1950 y 2-6-1950; *Davar*, 30-5-1950, 4-6-1950; *Al Hamishmar*, 30-5-1950; *Herut*, 28-30-5-1950 y 1-6-1950. Véase también Tsur, *Cartas credenciales*, pp. 82-85; *Diario de Sesiones de la Cámara de Diputados*, 1950, vol. I, pp. 320-322; AMREC, Departamento de Política, Israel, año 1950, caja 3, exp. 8; FO, 371/82517, Buenos Aires Chancery to FO, 22-6-1950; Archivo del Ministerio de Asuntos Exteriores (Madrid) (de aquí en adelante AMAE), leg. R. 2439/26, Navasques al MAE, 30-5-1950 y 5-6-1950.

tivo, había sido jefe del departamento latinoamericano de la Agencia Judía hasta el establecimiento del Estado y posteriormente jefe del mismo departamento en el Ministerio de Relaciones Exteriores de Israel, así como miembro de la delegación permanente de Israel en las Naciones Unidas; estaba encerrado en la perspectiva de la comunidad judía local y, por lo tanto, tenía sus reservas respecto al régimen de Perón. Tsur, en cambio, era mucho más pragmático y supo mantener un criterio independiente de crítica. Logró ver al peronismo en su complejidad, con sus matices y claroscuros. Tsur comprendió que más allá de toda etiqueta que se adhiriera al peronismo, se trataba de un régimen con el que Israel podía "hacer negocios" y que se podía aprovechar la voluntad de Perón de acercarse a Estados Unidos para promover las relaciones entre Buenos Aires y Jerusalén.[25]

En cambio, el análisis de los informes en la prensa israelí sobre los acontecimientos internos argentinos permite estudiar mejor la imagen del peronismo en el país. En estas publicaciones los periódicos se encontraban libres de la necesidad de elogiar a Argentina por sus relaciones con Israel, y los periodistas revelaban en forma mucho más notoria sus posturas hacia el régimen.

Un primer ejemplo puede verse en la cobertura de las elecciones presidenciales argentinas que tuvieron lugar en noviembre de 1951. Como se recuerda, a consecuencia de la reforma constitucional de 1949 Perón pudo presentar su candidatura a un segundo periodo consecutivo como presidente. En estas elecciones, que el fallido levantamiento del general Benjamín Menéndez intentó en vano evitar, Perón obtuvo una victoria aplastante.[26] La nota en *Haaretz* fue completamente neutral. El periódico, que mantuvo a lo largo de toda la época un tono informativo y objetivo, no se hizo eco de la propaganda peronista y al mismo tiempo evitó lanzar acusaciones contra el régimen, cuidando siempre de dar a la pareja Perón un trato honroso. Por lo tanto, *Haaretz* señaló que las elecciones se desarrollaron con tranquilidad y que las mujeres participaron por primera vez. En la noticia se menciona la enfermedad de Evita y la imposición del estado de sitio antes de las elecciones, levantado sólo para las elecciones mismas.[27]

---

[25] Sobre las diversas posturas de Tsur y Tov, véase Tsur, *Cartas credenciales op. cit.*; Moshe Tov, *El murmullo de Israel, op. cit.* Ionnathan Pratto, que se desempeñaba como segundo secretario en la embajada israelí en Buenos Aires (1951-1953), relató al autor las discusiones que había en las reuniones matinales en la embajada, cuando los ayudantes de Tsur —Tuvia Arazi, Pratto y Shimon Amir— se mostraban más críticos hacia el régimen de Perón que el embajador, quien sostenía que el peronismo había echado raíces en el pueblo argentino (entrevista con el autor, Jerusalén, 23-1-1994).

[26] Sobre la reforma constitucional peronista véanse David Rock, *Argentina 1516-1987*, Berkeley y Los Ángeles, 1987, pp. 288-289; Robert A. Potash, *El ejército y la política en la Argentina, 1945-1962*, Buenos Aires, 1985, pp. 143-145; Mario Daniel Serrafero, *Momentos institucionales y modelos constitucionales*, Buenos Aires, 1993, especialmente el capítulo IV. Sobre las elecciones de 1951 véase Rock, *Argentina, op. cit.*, pp. 304-305; Potash, *El ejército y la política, op. cit.*, pp. 195-197.

[27] *Haaretz*, 12-11-1951.

Davar, después de notas puramente informativas, publicó un comentario en que hay cierta medida de ambivalencia hacia el peronismo. El artículo, firmado por S. L., subraya que si bien el escrutinio de los votos fue correcto, no lo fue en cambio la campaña presidencial, ya que se impidió la constitución de un frente de oposición y todos los medios de comunicación estaban en manos del régimen. No obstante, el artículo señalaba que Perón gozó del apoyo de las clases desfavorecidas, a las que ayudaba "contra la explotación", y también que las fuerzas "democráticas" en Argentina no eran realmente democráticas. Según el autor, las divergencias entre Argentina y Estados Unidos surgían más por el carácter anticapitalista del régimen que por la "forma autoritaria de gobierno". El artículo continúa con la estimación de que la "tercera posición" de la política exterior carecía de contenidos y que, en caso de un enfrentamiento entre los bloques, Perón apoyaría la postura occidental.[28]

Al Hamishmar destacó en las noticias que publicó sobre las elecciones la concesión del derecho de voto a las mujeres y el hecho de que el candidato comunista a la presidencia, Rodolfo Ghioldi, fue baleado y murió en un enfrentamiento entre policías y manifestantes en la provincia de Entre Ríos. Al dar a conocer los resultados, el periódico escribía: "El dictador Juan Perón fue elegido hoy por amplia mayoría como presidente de la República".[29] La postura de *Kol Haam* fue, obviamente, aún más hostil. En la noticia sobre la muerte de Ghioldi escribió: "Queda claro que el dictador fascista, Perón, inaugura una campaña de terror y sangre contra sus opositores y sobre todo contra las fuerzas del progreso, principalmente en vísperas de las elecciones". Al día siguiente informaba a sus lectores que "el dictador argentino Perón" había sido elegido por considerable mayoría para un mandato adicional.[30]

Hatzofe no adoptó posiciones políticas o ideológicas en lo que se refería a la política interna argentina, mas como periódico que ve todo cuanto acontece con "lentes judías", enfatizó la elección de dos judíos al Congreso por parte de la oposición. También los informes de *Herut* generalmente eran neutrales. El lector de estos dos diarios podía obtener la impresión de que en Argentina se llevaban a cabo procedimientos democráticos impecables desde la primera elección de Perón en 1946.[31]

---

[28] *Davar*, 12 y 13-11-1951, así como la nota firmada por S. L., "La victoria de Juan Perón", 15-11-1951.
[29] *Al Hamishmar*, 11-13-11-1951.
[30] *Kol Haam*, 12-13-11-1951.
[31] *Hatzofe*, 12-14-11-1951; *Herut*, 11-13-11-1951.

LA MUERTE DE EVITA

La imagen de Evita —mujer, actriz y *de facto* segunda en importancia en la jerarquía del régimen— despertó gran interés fuera de las fronteras de su país, al punto de que en 1947, un 40% (!) de lo escrito en el semanario *Time* sobre lo que acontecía en Argentina estaba consagrado a la cónyuge del presidente.[32] No es de sorprender, por ende, que cuando el semanario israelí *Haolam Haze* escribió sobre la Argentina peronista, la tapa estuviera dedicada a una fotografía de Eva.[33]

No obstante, la cobertura de la muerte de Evita en julio de 1952 fue relativamente reducida en comparación con lo que era dable esperar. El derrocamiento y la expulsión de Faruk, rey de Egipto, en la revolución de los "oficiales libres" lidereados por el general Mohammad Naguib y el coronel Abdel Nasser, ocurridos tres días antes del fallecimiento de la primera dama, revestía por su naturaleza un interés mucho mayor para el pueblo israelí como tema de política exterior. Cabe mencionar que los periódicos de la primera década del Estado eran muy diferentes en su composición respecto a los que conocemos actualmente. La mayor parte de los diarios contaba con sólo cuatro páginas de domingo a jueves y el doble los viernes.

Haaretz se conformó con un informe carente de interpretaciones sobre la muerte de la "segunda en importancia en la vida política de la Argentina", sobre las reacciones en dicho país y los telegramas de condolencias enviados por el presidente interino, Shprintzak, y el ministro de Relaciones Exteriores, Sharett. La nota iba acompañada por una bella fotografía. También *Hatzofe* se conformó con una nota informativa originada en la agencia United Press, que evitaba el uso de epítetos peyorativos y críticas y en la que se honraba el recuerdo de la difunta.[34]

Herut publicó el mismo cable que *Hatzofe*, aunque agregó que uno de los líderes del movimiento revisionista Herut, el doctor Yochanan Bader, se dirigió en nombre del partido y de la facción en la Knesset al embajador argentino Pablo Manguel, comunicándole que "la muerte [de Evita] es una pérdida grave no sólo para su pueblo enlutado, sino también para todos quienes honran su nombre y su acción. Sírvase Su Excelencia transmitir nuestras condolencias al pueblo argentino y a su eximio líder." El periódico mencionó las condolencias expresadas en el nivel estatal, mas el partido opositor de derecha Herut prefirió acotar una iniciativa propia.

[32] O'Donnell, "How *Time* and *Newsweek* covered the Argentine story", p. 6. La edición del 14-7-1947, que dedicó 500 líneas a Evita, causó la prohibición de la venta del semanario en territorio argentino durante agosto y septiembre de ese año.

[33] "Perón — ¿tirano o salvador?", *Haolam Haze*, 16-8-1951, pp. 3-5. Debe señalarse a favor de este artículo, escrito seguramente por su director Uri Avnery o el subdirector, Shalom Cohen, que intenta examinar tanto lo positivo como lo negativo del régimen de Perón.

[34] *Haaretz*, 28-7-1952; *Hatzofe*, 28-7-1952.

El día posterior a la muerte de Eva, en cambio, *Maariv* publicó un artículo hostil y sarcástico en relación con el régimen todo, ilustrado con una fotografía muy mala de la muerta.[35] El artículo presentaba a Evita como la fuerza central que movía al régimen y como quien "formó a su marido". El periódico le atribuyó la movilización de las masas en la manifestación del 17 de octubre de 1945 y la victoria en las elecciones presidenciales del siguiente mes de febrero.

> En sus fundamentos, el régimen de Perón es nacional-socialista. El matiz particular de esta dictadura fascista reside en la división de tareas entre Perón y su esposa. Él es la parte nacionalista y ella la parte social. Él se opone al imperialismo del dólar, las concesiones a los ingleses y los capitales extranjeros; ella se opone a los grandes capitales locales.

El artículo, que no intentó conciliar el carácter supuestamente nacional-socialista del peronismo y las buenas relaciones que mantenía Israel con Argentina, criticaba la demagogia del matrimonio Perón y sus lemas simplistas, burlándose del libro pseudoautobiográfico de Evita, *La razón de mi vida:* "Quienes lo lean: reirán. Pero millones que han oído. . . escucharon. Y [millones] que han visto. . . se acoplaron. Y todos han visto". No obstante, el artículo enfatizó que, a pesar de sus derroches, Evita inició obras sociales, y que pese a que oprimió, supo hacerlo en forma mesurada y sólo pocos opositores habían sido encarcelados.

La nota necrológica publicada por *Davar* estaba basada en el informe de United Press, aunque parecería que el director intentó poner de relieve la dimensión social de la acción de Evita, la "vida pobre que vivió en su juventud" y su vínculo con la clase obrera argentina. Junto a una bella fotografía, se procuró destacar que ella "mostró gran interés por los asuntos de Israel, y organizó envíos de asistencia a los niños de los campos de inmigrantes".[36]

Kol Haam, el órgano comunista, prefirió obviar por completo el episodio y no mencionó ni una sola palabra sobre la muerte de Eva Perón. Como se sabe, los comunistas desarrollaron una habilidad especial para omitir a diversas personalidades y sus papeles en la historia, tanto soviética como internacional. En cambio, el socialista *Al Hamishmar* aprovechó la oportunidad para criticar acerbamente al régimen peronista "dictatorial", que engañó con demagogia a la clase trabajadora argentina. Según el periódico, Perón seguía en el gobierno gracias a "los sindicatos blancos", de los que Evita había sido la *darling* y su "ídolo":

---

[35] Y. Yaskil, "Evita Perón — la muerte de la esposa de un dictador", *Maariv*, 28-7-1952.

[36] *Davar*, "Falleció Evita Perón", 28-7-1952. El suplemento semanal *Dvar Hashavúa*, a la sazón el de mayor difusión en Israel, destacó aún en mayor medida la preocupación de Evita por los poderes de su país. Véase *Dvar Hashavúa*, 7-8-1952, p. 5.

Ella utilizó una fraseología "social" y provocó el odio hacia las compañías norte-americanas y británicas, y al mismo tiempo también al comunismo, para aparecer ante los obreros argentinos, sumergidos en la ignorancia y el catolicismo, como "revolucionaria" y como luchadora en pro de la independencia argentina.[37]

Y pese a ello se reconoce cierta ambivalencia en el artículo, que subraya que "desarrolló una actividad enérgica en favor de la construcción de clubes para trabajadores, lugares de esparcimiento, instituciones maternales, hospitales, etcétera".

Esta ambivalencia se reconoce también en un artículo extenso y básicamente hostil, publicado algunos días más tarde. Su autor, Ben-Tzion Goldberg, se preguntaba en el título si el régimen de Perón subsistiría tras la muerte de Evita. Por un lado la denominó "bastarda", se burló de ella por teñirse el cabello e insinuó que en su juventud se dedicó a la prostitución, cuando no podía ganarse la vida como actriz. Pero en forma simultánea se advierte en sus palabras estima por el éxito logrado, por haber adquirido grandes poderes en una sociedad en la que las probabilidades de una mujer de llegar a la cúpula por sí misma son reducidas. "En los países católicos se encierra a la mujer en una jaula —escribió Goldberg— y se la ceba como a un ganso." Él también vio en Perón en gran medida un producto de la acción de Evita, quien en forma paulatina comenzó "a invertir grandes energías en la construcción de una maquinaria política, que sería paralela a la pandilla militar que rodea a Perón, la misma pandilla que junto con él se apoderó del gobierno". El autor se refirió a la forma en que dilapidaba dinero, sus ropas caras, las pieles y las joyas, la transferencia de dinero a Suiza y el nepotismo, la adulación y el soborno gracias a los cuales gozó, según escribía, de la simpatía de la clase obrera. Ella era "el corazón del régimen de Perón, el teatro y el circo de los césares de Buenos Aires. Ella era el pilar del gobierno fascista."[38]

LA VISITA DE SHARETT A ARGENTINA

La visita del canciller israelí a Argentina en abril de 1953 tuvo una amplia cobertura en la prensa israelí. Si bien Sharett vaciló en aceptar la invitación a visitar la república sudamericana, para que ello no afectase las relaciones

---

[37] *Al Hamishmar*, "Murió Eva Perón", 28-7-1952.

[38] *Al Hamishmar*, 8-8-1952. Véanse también los artículos anteriores de Goldberg: "El régimen de Perón humilla la dignidad humana", 24-11-1950 y "Contradicciones sin salida en la hacienda argentina", 8-12-1950. Otros artículos hostiles publicados por *Al Hamishmar* pertenecen a Yeshayahu Austridan, quien solía escribir desde México sobre asuntos latinoamericanos. Véase "Perón refuerza el fascismo mediante la democracia", 15-4-1951 y "La tentativa de golpe y la crisis política en Argentina", 26-10-1951.

de Israel con Estados Unidos, la presión del embajador Tsur hizo efectivo el viaje. Tampoco los explosivos que estallaron durante una manifestación masiva convocada por la CGT en la Plaza de Mayo —manifestación que Sharett fue invitado a observar— lograron desviar la atención en Israel de lo que se vislumbraba como una expresión adicional de los lazos estrechos con Argentina. Como se recuerda, en estas explosiones murieron varias personas y decenas resultaron heridas; a consecuencia de ello salieron grupos de jóvenes peronistas a vengarse de los enemigos del régimen. Atacaron las sedes de los tres principales partidos opositores e incendiaron el Jockey Club, símbolo y bastión social de la oligarquía porteña.[39] Pero la prensa israelí en su mayoría destacó principalmente las recepciones a Sharett, sus discursos —que incluían loas a Perón por "su política ilustrada hacia el judaísmo en días de crisis"— y la prórroga de la vigencia del acuerdo comercial entre ambos estados.[40]

Al Hamishmar informó en forma escueta sobre la gira del canciller por el país del Plata,[41] prefiriendo destacar "el desenfreno de los acólitos del dictador", las acusaciones de los diputados radicales según las cuales "Perón puso en escena el ataque" y la comparación con el incendio del Reichstag atribuido a los nacionalsocialistas en Alemania. Una línea similar, aunque con una retórica más agresiva, puede verse en *Kol Haam*. Bajo el título de "Las bandas de Perón, el dictador fascista de la Argentina, realizaron un pogrom contra los partidos de la oposición", se escribía que los seguidores del presidente fueron quienes organizaron la explosión, y que "Perón, que aparentemente sabía sobre la explosión que iba a ocurrir como pretexto de un ataque violento contra los trabajadores argentinos, mantuvo [. . .] el buen semblante".[42]

DESDE EL LEVANTAMIENTO FALLIDO DE JUNIO DE 1955
HASTA LA CAÍDA DEL RÉGIMEN

También en este caso la cobertura de los periódicos israelíes fue menor de lo que cabía esperar, y este acontecimiento desapareció de las páginas al publicarse la sentencia del juicio contra Israel Kasztner, acusado de haber colaborado con los nazis, proceso que produjo gran polémica en el país.

[39] Potash, *El ejército y la política, op. cit.*, pp. 211-213.
[40] *Haaretz*, 14-17, 21-4-1953; *Maariv*, 13-16, 19, 23-4-1953; *Davar*, 15-17, 20-21, 24-4-1953; *Hatzofe*, 15-17, 19-4-1953. Sobre la visita de Sharett véase también Tsur, *Cartas credenciales, op. cit.*, pp. 191-201; AMAE, R. 3187/6, Aznar al MAE, 23-4-1953.
[41] Tanto *Al Hamishmar* como *Herut* mencionaron la visita en una sola ocasión (21-4-1953), en el contexto de la participación de Sharett en los festejos del aniversario de la independencia de Israel en Buenos Aires, con la asistencia de decenas de miles de judíos.
[42] *Al Hamishmar*, 17, 19, 21-4-1953; *Kol Haam*, 17-4-1953.

Haaretz procuró generalmente atenerse a una descripción objetiva del alzamiento de junio y de la denominada Revolución libertadora en septiembre, manteniendo la neutralidad por un lado y conservando un trato respetuoso hacia Perón por el otro, además de la información inevitable en el sentido de que "no ha habido víctima judías en Argentina".[43]

En *Maariv* la cobertura fue mucho más extensa, recibiendo titulares en versales negras y un sitio destacado en la primera página de cada edición. El periódico no se conformó con la transcripción de noticias y publicó además artículos interpretativos. El más interesante de ellos es el que escribió el redactor de noticias internacionales en la edición del 17 de junio. Con una actitud de soberbia hacia América Latina en general ("las revueltas militares son un medio exclusivo de América del Sur. En América Latina jamás ha surgido una verdadera democracia y pocos son los regímenes cuyos corazones estaban consagrados al beneficio de las masas"), y tras haber enumerado los diversos defectos del régimen de Perón ("El presidente-dictador"), intentó elogiar al régimen. La colisión entre éste y la Iglesia católica llevó al autor de estas líneas a comparar al peronismo con la Revolución francesa y con los republicanos en la Guerra Civil Española. A la Acción Católica Argentina la denomina "fuerzas de choque". Las reformas sociales de Perón son exhibidas en forma positiva. La oposición "reaccionaria" es comparada con Franco y descrita con colores tenebrosos y en tono mordaz. Y resume:

> Considerando que ésta es la alternativa, la opinión pública en el mundo se vuelca más hacia Perón y su régimen, a pesar de sus numerosas debilidades, a pesar de su esencia totalitaria, a pesar de la corrupción que afectó a muchos de sus cuerpos [. . .] *no cabe duda de que el régimen de Perón es uno de los mejores que tuvo jamás América Latina, y su continuidad es una de las condiciones para que esta importante región del mundo salga de un retraso de generaciones.*[44]

Tres días más tarde *Maariv* publicó otro artículo, que también era básicamente favorable a Perón.[45] Si bien la cita de sus palabras respecto a la grandeza de Mussolini y de su deseo de seguir sus pasos, aunque también de evitar repetir sus errores, no podía despertar la simpatía del lector israelí, al mismo tiempo describía al presidente como una persona enérgica y capaz, además de que sus reformas beneficiaron a la clase obrera argentina. El autor consideraba que el enfrentamiento con la Iglesia era el error más grave de Perón y que podía sellar el destino de su régimen.

También en el marco de las numerosas noticias sobre el levantamiento de septiembre, *Maariv* incluyó varios artículos que a final de cuentas mostraban cierta simpatía y aprecio por el régimen peronista. El más destacado de

---

[43] *Haaretz*, 17-6-1955, 19-20-9-1955.
[44] *Maariv*, 17-6-1955.
[45] S. Ner, "Perón y 'los descamisados'", *Maariv*, 20-6-1955.

éstos fue el de Philip Ben, "¿Qué vendrá después de Perón?" (20-9-1955). Escribe Ben que Perón era sin lugar a dudas un tirano, aunque "no se trataba de la tiranía estática y conservadora de una casta militar [. . .] el peronismo era una idea de dictadura social, y aunque no exenta de máculas del fascismo, puede atribuirse logros. "Más allá de la demagogia que caracterizó al régimen, Perón efectivamente mejoró la situación de los sectores débiles de la población, dándoles orgullo y honor propios." No hubo en Argentina campos de concentración, enfatizó Ben, y también el número de presos políticos era relativamente bajo; en la Argentina peronista se mantenía cierta medida de libertad de expresión. El autor expresó pesimismo por el futuro argentino y agregó que cualquiera que fuese la opinión sobre el peronismo, no podía intentar borrarse esa década. No había un camino de regreso a la situación argentina anterior al ascenso de Perón. Sobre la base de los logros y de los fracasos del peronismo debía construirse y continuar progresando.

Tampoco el artículo de Shlomo Shafir —redactor de noticias internacionales de *Davar*—, que intentó explicar la caída del régimen de Perón, examinó los hechos en términos de blanco o negro.[46] Se refiere a los "métodos reprobables" de Perón, que afectaron al estado de derecho y las libertades individuales, aunque también a "su política social progresista". Shafir estimó que el objetivo del nuevo gobierno del general Eduardo Lonardi sería continuar esta política social, sin el aspecto represor del anterior mandatario.

Las informaciones en *Herut* y en *Hatzofe* sobre el fracasado golpe de junio de 1955 revelan cierta inclinación hacia el lado de Perón, si bien el primero publicó un artículo traducido del *New York Times* según el cual "el régimen de Perón es una dictadura unipersonal. Su fin está próximo." También *Hatzofe* publicó un artículo traducido, originalmente del *Welt-Woche* suizo, que decía que "Perón demostró nuevamente con punzante crueldad que de ninguna manera está dispuesto a convertir la pseudodemocracia argentina en una realidad libre." Pero en los artículos de fondo redactados por los periodistas de *Hatzofe* fueron precisamente los bombardeos de la Plaza de Mayo por parte de aviones de la Marina los que se calificaron como "salvajes", destacándose el apoyo a Perón y sus logros. La conclusión del artículo era que el presidente saldría fortalecido del intento de derrocarlo.[47] Su destitución en septiembre del mismo año fue cubierta con crónicas objetivas, sin toma de posiciones, aunque con comentarios traducidos del *New York Times*, que sostenía que la única diferencia entre la Argentina peronista y las depuraciones soviéticas residía en que ninguna persona era ejecutada tras su juicio. Lo peor que podía pasar era el encarcelamiento por un periodo prolongado.[48]

---

[46] S. Shafir, "El golpe militar en la Argentina", *Davar*, 21-9-1955.
[47] M. B., "La rebelión en Argentina y sus conclusiones", *Hatzofe*, 20-6-1955.
[48] *Hatzofe*, 20-9-1955, 22-9-1955.

Es interesante observar que el carácter anticlerical que adoptó el régimen en sus últimas etapas no molestó a *Hatzofe*, que desde hacía varios años mostraba cierta simpatía por el peronismo. Aunque se trataba de un órgano judío ortodoxo, y si bien el enfrentamiento de Perón era con la Iglesia católica de su país, podía esperarse sin embargo cierta incomodidad en lo que a las relaciones entre Iglesia y Estado se refiere, incomodidad que, como queda dicho, no se advierte en sus notas sobre los acontecimientos en la Argentina peronista.

Herut, en cambio, publicó un artículo de su redactor de asuntos políticos, que intentaba resumir la década peronista. El autor destacó que Perón tenía un programa político constructivo, mientras que lo único que pudo unir a sus rivales era su oposición al régimen:

> Perón puede señalar el logro multidimensional de haber convertido a Argentina, de un país semicolonial, en un Estado industrializado y diversificado. Perón puede señalar el logro de haber hecho mucho por elevar el nivel de vida de las masas populares argentinas. Sin importar el resultado del enfrentamiento actual en Argentina, ninguno de los sucesores de Perón podrá hacer retroceder el reloj. Las fuerzas que despertó el régimen peronista en Argentina pueden aún dar señales, no sólo en Argentina sino en Sudamérica toda.[49]

Entre todos los periódicos israelíes que hemos examinado, *Herut* es el que más simpatía expresó hacia el peronismo, durante todo el tiempo que duró el régimen y hasta el último momento. El diario evitó generalmente publicar informes negativos sobre los acontecimientos en Argentina y siempre trató con respeto a los Perón. Parecería que la combinación de acentos nacionales, acentos sociales y un liderazgo carismático atraía a la gente de *Herut*.

En la izquierda israelí la evaluación general del régimen de Perón siguió siendo negativa. Mordekhai Nahumi de *Al Hamishmar* caracterizó los días del gobierno de Perón como "una época de hechos de un dictador y de demagogia". Atribuyó al líder sólo un pequeño apoyo de la clase trabajadora en las últimas etapas de su paso por el poder, debido a la inflación y a la hostilidad del régimen hacia la Iglesia. La conclusión de su artículo era que ahora había llegado la hora de que "verdaderos izquierdistas" unificaran al pueblo y lo condujeran por una vía "real", y no por el sendero de las ilusiones por el que lo guió Perón.[50]

---

[49] "Guerra civil en Argentina", *Herut*, 20-9-1955. Véase también la nota favorable en el recuadro "Nombres en las noticias — Juan Perón", *Herut*, 20-9-1955, así como las notas publicadas en los dos días siguientes.

[50] Otra expresión de la concepción contemporánea de la izquierda sobre el régimen de Perón puede encontrarse en el artículo de mi colega Yaacov Oved (entonces Versano), "El régimen justicialista en Argentina", *Mebifnim* (en hebreo), mayo de 1956, pp. 411-424. Dicho artículo fue escrito en vísperas del golpe que derrocó a Perón, al haber finalizado un periodo de trabajo en

Kol Haam reaccionó con cierta medida de perplejidad ante los acontecimientos en Argentina entre junio y septiembre de 1955, originada quizás en
el conflicto de intereses existente entre el Partido Comunista argentino y la
política exterior soviética. El 19 de junio aún había una tendencia completamente hostil al peronismo. "En su política interna Perón sigue el camino de
Mussolini", escribía este periódico. Creó organizaciones gubernamentales
forzosas para la clase obrera y dictó leyes supuestamente "beneficiosas para
los trabajadores", expresaba con cierta sorna. Al igual que el fascismo italiano y la Iglesia católica, el régimen intenta mantener una política de armonía
clasista y de paz social, y "por medio de demagogia social intenta atraer a
los trabajadores carentes de conciencia de clase". De hecho el régimen opera en contra del movimiento obrero perseguido. No obstante, el artículo no
oculta su satisfacción por la oposición de Perón al "capital norteamericano"
y al obispo Spelman, "enviado de Wall Street y del Vaticano". El autor asegura a sus lectores que "el Partido Comunista Argentino combate por resti-
tuir las libertades democráticas y la independencia económica de Argentina", y que dicho partido cuenta "con gran influencia entre los trabajadores
urbanos y rurales".[51]

Tres meses más tarde el mismo activista comunista publicaba otro artículo sobre Argentina.[52] En esta ocasión la línea era menos antiperonista.
El golpe de estado de los militares era presentado como el resultado de la
conspiración entre el Departamento de Estado y los "peces gordos de Wall
Street". No fueron las reservas del carácter no democrático del régimen de
Perón las que formaban la base de la oposición norteamericana, sostenía el
periódico. En Washington se tolera cualquier dictadura siempre y cuando
responda a sus dictámenes. La razón fue que Perón osó enfrentarse a los intereses económicos capitalistas y, más grave aún, se atrevió a cooperar con
la Unión Soviética. Parecería que el periódico comunista prefería la "tercera
posición" en el área de la política exterior a un gobierno que se rendía a las
órdenes norteamericanas.

A MODO DE CONCLUSIÓN

Las principales conclusiones de esta investigación son:

a) Si bien la revista *Mundo Peronista*, que intentaba siempre magnificar los
logros del régimen, exageró sobremanera cuando sostuvo que en Israel se
había despertado gran interés por el peronismo como doctrina social y eco-

---

Argentina como delegado del movimiento kibutziano y haber regresado a Palmahim, el kibutz
en el que vive.

[51] M. Nahumi, "Cómo han derrocado a Perón", *Al Hamishmar*, 22-9-1955; B. B., "Qué ocurre
en Argentina", *Kol Haam*, 19-6-1955.

[52] *Ibidem*, 20-9-1955.

nómica, efectivamente la prensa israelí mostraba mayor interés por los sucesos de Argentina de lo que era dable esperar.

b) En Israel no era posible encontrar una imagen unidimensional y uniforme del régimen peronista, como entre los judíos de Argentina y de Estados Unidos; en numerosos círculos del país era posible toparse con un enfoque diferente y más complejo hacia el tema.

c) La prensa israelí dependía en su mayor parte de partidos políticos; las posturas reflejadas en ella —también en lo referente a asuntos internacionales, incluido entre ellos el peronismo— estaban influidas por la posición de cada uno de los partidos respecto a la política adoptada por el gobierno de Israel.

d) En contraste con la prensa norteamericana, que tendía a referirse al peronismo básicamente como una típica dictadura latinoamericana y una campaña de megalomanía destinada a concretar los deseos irrefrenables de Juan Perón y de Eva Duarte, los periódicos israelíes solían dedicar un lugar central al aspecto ideológico del peronismo.

e) Parte de la tendencia antiperonista de numerosos informes en la prensa israelí se debe al hecho de que muchas de las notas publicadas se basaban en cables y comentarios originados en las agencias de noticias anglosajonas y en los periódicos más importantes de Estados Unidos, en primer lugar el *New York Times,* dado que ningún periódico israelí tenía un corresponsal permanente o un enviado a América del Sur que saliera a realizar notas a Argentina.

f) En términos generales, pueden verse en los periódicos de la izquierda israelí expresiones hostiles, a veces extremas, hacia el peronismo y su identificación con el fascismo, mientras que en la prensa de derecha se distingue simpatía, en algunos casos incondicional, hacia el régimen argentino.

LA POLÍTICA DE LA RESISTENCIA Y LA ADAPTACIÓN: UNA COMPARACIÓN ENTRE INMIGRANTES ITALIANOS JUDÍOS Y OTROS EXILIADOS ITALIANOS EN ARGENTINA A PARTIR DE 1938

ARND SCHNEIDER*

EL PROPÓSITO de este trabajo es contribuir a dos debates, diferentes aunque relacionados entre sí, sobre la formación de la Argentina contemporánea. El primero estudia la integración de los inmigrantes al Estado-nación argentino, durante el periodo de la inmigración masiva (1880-1930) y después, en términos ya sea del crisol de razas o del pluralismo cultural.[1] El segundo debate se concentra más particularmente en la influencia que, desde 1930,[2] tuvieron las ideologías europeas (en especial el fascismo) en los regímenes autoritarios argentinos.

Nuestro tema está en la intersección de los dos debates, pues investiga las continuidades y discontinuidades ideológicas entre los inmigrantes que se habían convertido en *opositores estructurales* al régimen fascista italiano. Argumentaremos que, debido a que sus tradiciones políticas los alejaban de las ideologías políticas de masas que había en Argentina, estos inmigrantes no se limitaron a fusionarse en el crisol de razas que, se supone, existía. Por la misma razón no se incorporaron a las estructuras políticas dominantes de la colonia italiana. Si consideramos los periodos en que llegaron, 1938-1943 y 1947-1952, tanto los judíos italianos como los partisa-

* Departamento de Sociología, Universidad de East London. Le agradezco a la Oficina de Intercambio Académico de Alemania la beca de posgrado con la que financié el trabajo de campo antropológico realizado durante 15 meses, en 1988 y 1989, entre los inmigrantes italianos de Buenos Aires. También por el viaje de investigación, que duró menos, en el verano de 1993. Agradezco también el apoyo financiero de la Academia Británica y de la Universidad de East London, el cual me permitió presentar este trabajo en la octava conferencia de LAJSA, realizada en la ciudad de México. Asimismo le doy las gracias a Ignacio Klich (Universidad de Westminster) por sus útiles comentarios sobre un borrador anterior.

[1] Sobre el primero véase, por ejemplo, Germani, 1970, 1975; para una reseña crítica del segundo, Devoto, 1992; para una crítica más extensa de estos paradigmas véanse Sábato, 1989; Schneider, 1992b, 1996 (en preparación).

[2] La antigua genealogía ideológica de la derecha argentina ha recibido una renovada atención (Buchrucker, 1987; McGee, Deutsch y Dolkart, 1993; Rock, 1993). La influencia de los fascistas europeos sobre los nacionalistas y los militares está bien documentada. En oposición a investigadores anteriores, muchos autores (por ejemplo Germani, 1975) piensan, no obstante, que el desarrollo tardío (después de 1943) del peronismo no es tanto una variante del fascismo como un populismo autoritario.

nos[3] [guerrilleros antifascistas] constituían "tradiciones menores" dentro del conjunto de la población italiana en Argentina (es decir de los nacidos en Italia). Aunque hay investigaciones recientes (Nascimbene, 1990; Newton, 1991, 1994) que han subrayado la importancia de la heterogeneidad política y de la bajísima suscripción a las organizaciones fascistas, podemos suponer que la mayoría de los italianos que estaban en Argentina entre 1938 y 1952, entre ellos los 388 mil nuevos inmigrantes que llegaron después de la segunda Guerra Mundial (Roncelli, 1987), no se opusieron al fascismo ni en Italia ni en Argentina. Con todo, sería demasiado reduccionista clasificar a las "tradiciones menores", en particular a los judíos italianos, como opositores del fascismo. En muchos casos volverse antifascista era un proceso, donde un cambio de opinión posterior acababa por superar la simpatía y el apoyo iniciales. Gracias a la posición que les otorgaba su clase, los judíos italianos, como lo acaban de demostrar los testimonios incluidos en el trabajo de Smolensky (1993), habían hecho arreglos no sólo económicos sino también ideológicos con el fascismo italiano.[4] Eso fue posible debido a que el fascismo, aunque glorificaba la Roma antigua y la latinidad, carecía en sus inicios de una ideología racista y, en particular, de un programa antisemita. Esto cambió en 1938 con la aplicación de las "leyes raciales" (que les prohibían a los judíos el ejercicio de ciertas profesiones, ocupar cargos públicos y el matrimonio con personas de otra religión). Sólo entonces los judíos italianos, que tradicionalmente se habían sentido muy asimilados y secularizados, se vieron obligados a salir de Italia. Sólo entonces también quienes habían sido partidarios del fascismo se convirtieron en opositores del régimen,[5] y algunos de ellos, aunque eran notables excepciones entre la mayoría, tomaron parte activa en la resistencia desde su exilio en Argentina, llegando incluso a cruzar de nuevo el Atlántico para enrolarse como voluntarios en las fuerzas de la Francia Libre comandadas por De Gaulle (Smolensky, 1993: 71).

Mientras parece que entendemos los motivos para la inmigración de judíos italianos a Argentina, que cabe en el panorama general de los judíos europeos que huían de la persecución y del Holocausto ominoso,[6] poco se sabe

---

[3] Por lo que toca a los partisanos italianos, nuestras fuentes incluyen las biografías reunidas en 1988 y 1989, durante el trabajo de campo antropológico, y las observaciones hechas por los participantes en la reunión de la asociación nacional de partisanos, la Associazione Nazionale Partigiani Italiani, ANPI, sección Buenos Aires. Durante ese tiempo también entrevisté a unos pocos inmigrantes italianos judíos; para más referencias véase la nota 6.

[4] Cf. también Hughes (1983: 53) y Stille (1991) sobre los judíos italianos que se volvieron fascistas y también la reseña en La Repubblica, "Quegli ebrei in camicia nera", 20 y 21 de octubre de 1991.

[5] Pero véase Stille (1991) sobre las excepciones, esto es, las familias italianas judías que siguieron siendo fascistas aun después de 1938 y se quedaron en Italia.

[6] Sobre la inmigración judía a Argentina véanse Avni, 1991; Klich, 1994; Gurevich y Escudé (comps.), 1994; para la inmigración de judíos alemanes véanse Levin, 1991, 1994; Schwarcz, 1991; sobre la inmigración de judíos italianos véanse Korn, 1983; Terracini, 1989; Smolensky, 1993, 1995.

de la inmigración de partisanos italianos a Argentina tras la segunda Guerra Mundial, y es un tema que todavía suscita curiosidad. Después de todo, estos hombres y mujeres eran los que, con los aliados, habían luchado y vencido a la república fascista de Salò y al ejército nazi que ocupaba Italia, y habían permitido con ello el nacimiento de la República italiana tras la segunda Guerra Mundial.[7] ¿Por qué querrían salir de Italia si habían cumplido sus metas? Tenemos por cierto que sus razones eran distintas de las de los judíos italianos que emigraron una década antes, y también diferentes de las de otros compatriotas que, como habían sido simpatizantes del fascismo, partidarios activos o incluso miembros del régimen, sabían que no tenían mucho que hacer en la Italia de posguerra, con lo cual cruzaron el océano en los mismos barcos.[8] Mientras que los inmigrantes judíos provenientes del Medio Oriente, de Europa Oriental y de Alemania, que habían llegado desde los *pogroms*, entre las dos guerras y, con más intensidad, después de 1933, establecieron florecientes asociaciones en Argentina, es interesante notar cómo, hasta donde sé, los judíos italianos no formaron ninguna asociación. Smolensky (1993) observa que los judíos italianos, que emigraron a partir de 1938, tenían ya conocidos entre los otros italianos en Argentina, y que los contrataban patrones argentinos. Los judíos argentinos de otras nacionalidades también les ofrecieron ayuda, en forma individual o como asociaciones. Las medidas antisemitas del gobierno de Mussolini hicieron que algunos exiliados judíos en Argentina se apresuraran a buscar una identidad poderosa con sus raíces judías y a redescubrirlas, para lo cual se unieron a las asociaciones judías, empezaron a asistir al templo y se convirtieron en judíos practicantes. Para quienes hicieron esto, su conducta les trajo como consecuencia que redefinieran su condición de judíos en el contexto de la judería argentina de diversas nacionalidades; para los otros, que prefirieron permanecer aislados, implicó que formaran lazos personales de amistad con otros judíos italianos y con antifascistas. Como señalan Smolensky (1993: 50-51) y Terracini (1989: 362), estos vínculos amistosos, aunque no estuvieran formalmente establecidos, dieron por resultado contactos sociales regulares entre las familias y, en algunos casos, el matrimonio de sus hijos. La evidencia que presentan tanto Smolensky como Terracini también sirve para refutar a quienes se adhieren al crisol de culturas y al pluralismo cultural, que ven en las asociaciones de carácter étnico la condición *sine qua non* para la

---

[7] Véanse, por ejemplo, De Felice, 1973; Delzell, 1974; Valiani, 1973; Martini, 1992.

[8] No existe un estudio completo de la inmigración a Argentina de los judíos italianos después de la segunda Guerra Mundial. Meding (1992: 143-273), que trata principalmente sobre la inmigración alemana y austriaca de posguerra, estima que de dos a cinco mil nazis y fascistas de Alemania, Italia y los aliados europeos del Eje escaparon de los aliados para evitar posibles investigaciones. De éstos, los italianos deben haber sido los más, y debe de haber habido entre 600 y 800 alemanes. Sobre casos particulares véanse también Schneider, 1993; Newton, 1994.

conservación de la identidad étnica. La etnicidad, como proceso, permite que se construyan identidades cambiantes dentro y fuera de las instituciones, las familias y las relaciones sociales.

A primera vista, entonces, las opciones para los judíos italianos eran las mismas que tenían los judíos alemanes, la mayoría de los cuales había llegado a Argentina desde 1933. Los judíos alemanes muy pronto se convirtieron, junto con otros antifascistas alemanes, en promotores prominentes de la educación y de asociaciones nuevas (pues para entonces la mayoría de las que existían había tomado la línea nazi), como el Colegio Pestalozzi y Das Andere Deutschland [La otra Alemania],[9] mientras que al mismo tiempo fundaban asociaciones y revistas judías específicamente alemanas.[10] Como lo indica con mucha razón Terracini (1989: 363), los judíos alemanes y los italianos eran diferentes en otro importante aspecto. Mientras que para los segundos parecía posible, a partir de 1938, identificarse no sólo con la lengua y la cultura italianas sino también con el Estado-nación, sin dejar por eso de distinguirlos claramente del fascismo, en especial desde que, después de 1943, Italia combatió con los aliados contra la ocupación nazi, para los judíos alemanes Alemania y el nazismo se habían vuelto inseparables.

Desde que comenzó la inmigración italiana, en la segunda mitad del siglo XIX, las asociaciones formadas en Argentina reflejaron las siempre cambiantes fronteras interiores de la colonia. Durante la segunda mitad del siglo XIX y a principios del XX la república del río de la Plata fue una fortaleza para las asociaciones republicanas italianas que, desde que iniciaron las luchas del *Risorgimento* y se estableció la monarquía en 1861 (Devoto, 1984, 1990),[11] abrió sus puertas hasta a los exiliados menos prominentes y conocidos. Cuando el fascismo tomó el poder, en 1922, esta tradición republicana, a la que habían complementado las asociaciones socialistas y anarquistas (Trento, 1974; Brezza, 1983; Bayer, 1989), redujo su influencia, aunque siguió siendo una importante fuerza de oposición (Newton, 1991, 1994; Nascimbene, 1990). Según la mayoría de los observadores y de acuerdo con los testimonios directos, la comunidad siguió estando dividida después de 1945, cuando terminó la guerra, y las divisiones se profundizaron tras el referéndum de 1946, mediante el cual Italia se convirtió en una república. Para conseguir la reconciliación oficial, a lo largo de muchos años consecutivos hubo numerosas reuniones entre los líderes de las distintas facciones políticas, a saber, los denominados "nostálgicos" (que eran los fascistas) y los antifas-

---

[9] Véanse Bauer, 1989; Jackisch, 1989; Newton, 1991, 1992; Schwarcz, 1989; von zür Mühlen, 1988; Kohut y von zür Mühlen (comps.), 1994.

[10] Por ejemplo, la fundación en 1933 de la Hilfsverein Deutschsprechender Juden (actualmente Asociación Filantrópica Israelita) y del semanario bilingüe *Jüdische Wochenschau (Semanario Israelita)*.

[11] También había asociaciones monarquistas, como la Nazionale Italiana (Petriella, 1988: 68).

cistas, el embajador de Italia Arpesani y Dionisio Petrella, el presidente de
la sociedad cultural Dante Aligheri, con Agostino Rocca, industrial y antiguo fascista, sirviendo como intermediario (Petriella, 1979: 7-12).[12] Petriella
recuerda que, como un gesto más de reconciliación, Rodolfo Mondolfo, filósofo italiano de origen judío (que había emigrado en 1938; *cf.* Terracini, 1989:
345-348), y Vittorio Valdani, presidente del Circolo Italiano (1925-1929), jefe
de las organizaciones fascistas y "embajador" de la república de Salò (1943-
1945), a la cual Argentina nunca reconoció, quienes irónicamente ocupaban
despachos contiguos, donaron sendas bibliotecas al Instituto Dante. Otro indicio de cooperación pragmática en Argentina entre los antiguos fascistas y
los antifascistas militantes es el ejemplo del inmigrante italiano de origen judío Giorgio Lattes (que había combatido con la Francia Libre de De Gaulle),
que se convirtió en un ejecutivo de TECHINT, la compañía propiedad de
Agostino Rocca.

Aunque los recuerdos de Petriella pintan lo que parece una época de rápida reconciliación entre sectores de la comunidad que habían permanecido
distantes, el testimonio de los miembros mismos de las asociaciones y de los
italianos que llegaron después de 1946 ofrece una imagen diferente. Es más,
al parecer los antifascistas italianos, en particular los partisanos, encontraron dificultades para integrarse a las asociaciones a partir de 1945, cuando
las monopolizaron los fascistas. La impresión que deben haberse llevado, de
un virulento dominio fascista de las asociaciones, puede haber sido reforzada por el hecho de que la mayoría de los italianos que emigraron después
de 1945 habían tenido simpatía por los fascistas. Para la mayoría de los italianos en la Argentina de posguerra el periodo fascista tenía que olvidarse,
más que revisarse críticamente. Las dos relaciones "hagiográficas" de los logros de la comunidad italiana, publicadas en 1974, ninguna de las cuales
menciona el periodo fascista ni las fricciones que provocó en la comunidad,
y que omiten mencionar el tema de la inmigración judía (Círculo Italiano,
1974; Mercadante, 1974), son síntomas de esta actitud.

La siguiente conversación, que escuché en 1989, nos da más claves sobre las
dificultades iniciales de la integración de los partisanos a la Argentina de los
años cuarenta, a la vez que resalta que las cosas pudieron haber sido mucho
más complejas de lo que suponen las dos tradiciones de investigación dominantes, la del crisol de razas y la del pluralismo cultural. La conversación,
que ocurrió en el invierno de 1989, fue entre Giorgio Panni,[13] que buscaba
quien lo ayudara a llenar los formularios que necesitaba para solicitar su

---

[12] Rocca había sido un industrial importante en la Italia fascista y emigró a Argentina en
1946; véase Offedu, 1984.
[13] Para conservar el anonimato de los involucrados hemos cambiado todos los nombres y
apellidos.

pensión de guerra,[14] y Paolo Terni, de una de las organizaciones benevolentes de los inmigrantes italianos en Buenos Aires:

GIORGIO PANNI: Fui partisano de 1943 a 1944. Soy de Roma. Aquí están mis papeles.

PAOLO TERNI: ¡Qué coincidencia! Yo soy el vicepresidente de la ANPI,[15] la asociación de partisanos. ¿Nunca había oído de nosotros? Todavía seguimos en la lucha de la resistencia.

GIORGIO PANNI: ¡Oh, qué sorpresa! ¿No acabó todo eso hace ya mucho? ¿En serio hay una asociación de partisanos aquí en Buenos Aires?

PAOLO TERNI: Claro que sí, yo soy uno de los fundadores.[16] También hay una revista, *Patria*, que se edita en Roma. ¿Por qué no se nos une y trabaja con nosotros?

GIORGIO PANNI: Nunca había oído hablar de esto. Cuando llegué en 1948 no me relacioné con otros italianos; todos los fascistas habían llegado para entonces.

PAOLO TERNI: Sí, sí, pero había otros también, como Unione e Benevolenza, por ejemplo, de orientación republicana, en la tradición de Garibaldi.

Los antiguos guerrilleros italianos habían ido a Argentina por dos razones. Una de ellas la compartían con sus demás compatriotas: después de la guerra el nivel de vida en Argentina era mucho más alto que el de la mayoría de los países europeos y ofrecía mejores perspectivas para el futuro. La segunda razón era política: si bien en sus inicios parecía que, con la abolición de la monarquía y el establecimiento de la república, se iba a cumplir el sueño de muchos partisanos (en especial los de izquierda), y también que podía abrirse un "frente popular", pues los comunistas y los socialistas tuvieron acceso al poder (en una amplia coalición de gobierno con los democristianos), la victoria de De Gaspari, en 1948, destruyó las esperanzas de establecer, con la participación de los comunistas, un experimento socialista o izquierdista en Italia. Esto, junto con el desastroso desempleo, instó a los partisanos y a otros italianos leales a la izquierda a dejar su país para ir a Argentina (y a otros lugares).

Por supuesto que Argentina no fue un simple receptor pasivo, pero el go-

[14] De acuerdo con las leyes de bienestar italianas una persona tiene que probar que sirvió en el ejército más de 52 semanas durante la segunda Guerra Mundial para poder obtener una pensión de guerra.

[15] Es decir, Associazione Nazionale Partigiani Italiani. De acuerdo con la guía del Ministerio de Relaciones Exteriores de Italia de las asociaciones de italianos en el extranjero, había dos secciones de la ANPI en Buenos Aires, una con 150 miembros y otra con 45.

[16] De acuerdo con los antiguos partisanos que entrevistamos, la sección de la ANPI en Buenos Aires fue fundada a principios de los cincuenta. Sin embargo, según la guía mencionada en la nota previa fue fundada en 1971 (Ministero Degli Affari Esteri, 1984: 21).

bierno peronista había fomentado la inmigración europea en el periodo de posguerra. El plan quinquenal se fijaba una meta de 4 millones de europeos, de los cuales llegaron 840 mil, y de ellos 610 mil se quedaron. Más específicamente, los gobiernos peronistas trataron, con cierto éxito, de beneficiarse de los científicos alemanes que habían trabajado con los nazis y fueron cómplices activos de un crimen al aceptar a quienes buscaban escapar de la persecución aliada (pues, en diversos grados, eran responsables de colaboración con los nazis y con otros gobiernos fascistas de Europa e, incluso, algunos de ellos eran criminales de guerra). El gobierno peronista, mientras en público promovía la ideología igualitaria del crisol de razas (que representaba el trato igual para todos los inmigrantes independientemente de su origen étnico, sus creencias religiosas y su orientación política), mantenía en secreto un programa de discriminación contra algunos inmigrantes de adaptación más dificultosa, los árabes y los judíos por ejemplo, y contra los de reconocida militancia en la izquierda. Las oficinas europeas del servicio de inmigración argentino trataron de cumplir este programa mediante la realización de entrevistas con los posibles inmigrantes.[17]

A pesar de estos esfuerzos, la mayoría de los partisanos que conozco llegaron a Argentina a través de la migración en cadena (esto es, por medio de sus parientes) y no mediante el reclutamiento individual de los programas del gobierno de Argentina. Lo importante aquí es que, dada su orientación política de izquierda, no podían haber sido considerados un grupo particularmente deseable, en vista de las preferencias de la política de inmigración peronista entre 1946 y 1955.

Uno de los temas más interesantes es saber cómo los partisanos, ya que habían vivido el fascismo en Italia y luchado contra él, percibían al gobierno populista de Perón (1945-1955). Sin embargo, resulta difícil establecer en retrospectiva la imagen que aquéllos pudieron haberse hecho al llegar a Argentina. De nuevo, parece que los testimonios que tenemos son la mejor guía para conocer las variedad de actitudes hacia el general argentino, en sí mismo una mezcla de ideologías heterogéneas. Mientras había quien lo consideraba una mala copia de Mussolini, otros alababan sus programas de bienestar y las actividades feministas de su esposa Evita. Aunque aquí hay algunas similitudes con la percepción que los inmigrantes judíos de nacionalidad alemana tenían de la política argentina (Schwarcz, 1991: 249-256), los partisanos no podían compartir su apreciación entusiasta hacia la Revolución libertadora de 1955, que marcó la caída de Perón. Ellos, que habían combatido cara a cara contra un ejército profesional, también criticaban más

---

[17] Para la inmigración durante el periodo peronista véanse, por ejemplo, Klich, 1994; Meding, 1992; Roncelli, 1987; Quijada, 1989, 1992; Schneider, 1996 (en preparación); Senkman, 1992.

a los militares argentinos, que para los judíos alemanes representaban las fuerzas del orden entre los débiles gobiernos democráticos que habían presidido en el periodo reciente volátiles situaciones económicas y sociales. Schwarcz (1991: 257) menciona que los judíos alemanes (que en esto no se distinguían del resto de la judería argentina ni, para el caso, de las clases medias en general) recibieron bien, en sus inicios, el golpe militar de 1976, pues representaba el orden después de un tiempo de caos. Sólo después, cuando se dieron cuenta de la "verdadera naturaleza" del régimen de "el proceso", y habiendo tenido ya que lamentar la muerte de los "desaparecidos" (como también lo hicieron otros grupos sociales), su opinión se volcó contra la dictadura. Por otra parte, la mayoría de los antiguos partisanos, por razones diferentes, que expondremos más adelante, se ubicaron de inmediato en una *oposición estructural* a los militares.

Todos los partisanos a quienes les preguntamos sobre esto estaban en desacuerdo con el estilo autoritario de los primeros gobiernos peronistas. En general la percepción del peronismo dependía más de la posición de clase y del interés personal que de la ideología política. Por supuesto, hay una dificultad metodológica cuando la gente habla del peronismo en 1988 y 1989, a una distancia histórica, la cual inevitablemente altera su percepción debido a sus preocupaciones presentes por la política y la economía. Por ejemplo, era típico que los antifascistas italianos de clase alta y media alta (incluidos los judíos), propietarios de negocios y comercios, criticaran en retrospectiva al gobierno peronista de los cincuenta, aun cuando hubiesen recibido beneficios prácticos de la política de sustitución de importaciones y de la promoción de la industria (*cf.* Schneider, 1992a: 185-189).

La segunda Guerra Mundial y, en particular, la guerra de resistencia en la que participaron, fueron experiencias decisivas para estos inmigrantes italianos. Su intervención activa en la resistencia en la lucha a favor de los aliados los separaba de la mayoría de los otros inmigrantes italiano que, llegados a Argentina después de la guerra, habían sido partidarios más o menos activos del fascismo, habían elegido formas pasivas de resistencia o el exilio interior.[18] Los partisanos, que encontraban en Argentina una comunidad dividida por la política, se unían a las viejas instituciones republicanas como Unione e Benevolenza, que, con proyectos como el comité Italia Libera, patrocinado por los aliados, había promovido las actividades antifascistas durante la guerra. Estas instituciones funcionaban al margen de la mayoría de las organizaciones italianas, dominadas por la embajada y el consulado fascistas, y se oponían a ellas.[19] En consecuencia, los partisanos

[18] Las variedades de la tolerancia ideológica y de las experiencias ideológicas bajo el fascismo rebasan los límites de este trabajo. Sin embargo, véanse Zunnino, 1987, 1991; Colarizi, 1991; Martini, 1992.

[19] Véanse Newton, 1991, 1994; Schneider, 1992a, 1993.

sentían que Garibaldi y los republicanos eran sus antepasados legítimos. Como me lo explicó una vez el vicepresidente de la ANPI, Unione e Benevolenza se ganó el mote de "la nona" (la abuela),[20] por ser la más vieja de las asociaciones de inmigrantes italianos, la que ofreció refugio a los guerrilleros de otro tiempo: seguidores de Mazzini, de Garibaldi, y también anarquistas. Por supuesto, tal explicación sirve para reunir en un mismo linaje lo que, en realidad, eran tradiciones políticas muy diferentes entre sí, y para aminorar fricciones y rupturas del pasado.

Sin embargo, otros ex partisanos, como ya lo vimos en la conversación que transcribimos más atrás, no sabían que hubiera tales actividades antifascistas ni asociaciones exclusivas de partisanos, y por largo tiempo no se unieron a ninguna organización ni tampoco se pusieron en contacto con alguna. Se le puede encontrar una razón a esto si se busca en un nivel más profundamente personal y psicológico. Hay indicios de que la guerra (independientemente del lado por el que se haya combatido, que, en el caso de los italianos, pudo haber sido los dos, primero en el ejército fascista y, a partir de 1943, con la resistencia) tiene un efecto traumático sobre la gente. Algunos partisanos les contaron sus experiencias a sus hijos después de años, a veces décadas, de silencio.[21]

Sin embargo, la política cambió entre 1988 y 1989. En las reuniones de la ANPI a las que asistí la política del pasado dejó de ser tema de discusión, pero seguía habiendo esa fuerte sensación de identidad y logro, como cuando el vicepresidente les recordó a los miembros en diversas ocasiones que, juntos, "habían liberado Italia". Durante cincuenta años seguidos en Unione e Benevolenza se ha celebrado el día de la liberación (la guerra en Italia terminó el 25 de abril de 1945), y ahora los ex partisanos y los *alpini* se sientan lado a lado, cosa que hubiera parecido imposible al terminar la guerra. No obstante, los ex partisanos no siempre fueron tan afortunados al celebrar en público y asociarse políticamente en Argentina. Mientras duró la última dictadura militar ("el proceso", 1976-1983) sus actividades estaban prohibidas y tenían que reunirse en secreto; en una ocasión agentes secretos del ejército asaltaron la ANPI, donde confiscaron libros y otros materiales.

Por dos razones principales, el periodo que abarca la última dictadura

---

[20] En el español bonaerense las palabras *nono* (abuelo), *nona* (abuela) y *nonos* (abuelos) provienen, respectivamente, de las palabras italianas *nonno, nonna* y *nonni*. Meo y Rossi (1970: 33) registran las variantes diminutivas *nonono* y *nonino*, que provienen del italiano *nonnone* y *nonnino*. Estas palabras se usan más para designar a los abuelos que vinieron de Italia o, en general, de Europa, en lugar de los términos comunes del español, *abuelo, abuela* y *abuelos*. También hay indicios de que esta terminología se usa para los *inmigrantes europeos de edad en general*; una vez que han pasado mucho tiempo en Argentina se convierten en *nonos* (*cf.* Schneider, 1992: 264).

[21] Para un silencio similar de los judíos alemanes sobre sus experiencias anteriores a la emigración véase Schwarcz, 1991.

militar todavía suscita controversias en las discusiones poíticas de los inmigrantes italianos. La primera es que por lo menos 304 italianos estaban entre "los desaparecidos" (Guest, 1990: 465; Brysk, 1994). La segunda, la Guerra de las Malvinas. Aunque hace falta investigar más ambos temas, vale la pena mencionar que, durante el conflicto de las Malvinas, las asociaciones de italianos formaron un comité para "la paz justa" (*comitato della giusta pace*), el cual mandó a Roma a cuatro miembros eminentes para persuadir al gobierno italiano de tomar en el conflicto una posición favorable a los argentinos, puesto que muchos descendientes de italianos estaban involucrados (*cf. Tribuna Italiana*, 1982). En el debate político que hubo en 1988 y 1989 algunos políticos de izquierda de la *collettività* acusaron a estos enviados de haberse apresurado a tomar partido en la Guerra de las Malvinas pero haber callado cuando el gobierno militar cometió atrocidades contra los italianos desaparecidos. Muchos miembros del Partido Comunista Italiano y muchos antiguos partisanos italianos tuvieron que dejar el país por la dictadura militar (1976-1983), debido a que se les imputaban relaciones con los montoneros y con la guerrilla del ERP.[22] Es más, algunos antiguos guerrilleros, ya de edad, tuvieron que buscar la protección de la embajada de Italia y dejar Argentina por un tiempo. Un hombre me dijo:

El ala política de montoneros nos pidió que habláramos de la guerra de resistencia en Italia (1943-1945). Sin embargo, cuando nos solicitaron asesoría logística les dijimos que ya nunca más íbamos a tomar las armas. También es cierto que la situación en Argentina entre 1973 y 1976 era *diferente*. No era un movimiento guerrillero del pueblo sino de un grupito elitista de estudiantes de la universidad. Nunca tuvo el apoyo popular que la resistencia tuvo en Italia. Fue mejor para mí irme a Italia por un tiempo, y la embajada me sacó en los setenta y yo regresé en los ochenta.[23]

Según los partisanos, los militares se interesaban en ellos porque sospechaban que mantenían contacto con las guerrillas argentinas, entre las cuales estaban los montoneros. Otro antiguo partisano me dijo que los montoneros se les habían acercado por mediación del Partido Comunista Argentino, que quería que los guerrilleros veteranos dieran asesoría sobre la guerra de guerrillas. No obstante, éstos dejaron muy claro que consideraban que sus actividades guerrilleras en Italia se habían basado en un movimiento popular y que eran cosa del pasado, terminada. Nunca jamás se volverían a alzar en armas, y además pensaban que las guerrillas argentinas carecían de apoyo popular.

[22] Para el contexto de los montoneros y otras organizaciones guerrilleras véase Gillespie, 1982.

[23] Los hechos se refieren a fechas posteriores a 1976 y posteriores a 1983; no obstante se omite el día exacto para respetar el anonimato del informante.

Mientras que la suerte de los antiguos guerrilleros italianos puede parecer un detalle sin importancia en el gran cuadro de la persecución política y el terror, que dieron por resultado miles de desaparecidos, todavía tiene vigencia debido a que aún se la menciona en las discusiones políticas actuales. Es más, relacionar a los antiguos partisanos con las guerrillas de los setenta era tal vez un patrón persistente, tanto entre los segmentos de derecha de la comunidad italiana, que originalmente habían sido fascistas, como entre los militares argentinos. Algunos acontecimientos públicos de finales de los ochenta mostraron cuánto habían marcado al presente el "régimen de terror" y la siempre presente "cultura del miedo" (Corradi, 1982-1983: 63) y también cuánto habían afectado a los guerrilleros.[24] Todavía en 1989, en una ceremonia pública a la que habían asistido militares argentinos, unos veteranos de guerra italianos (*alpini, ex-combattenti reduci di guerra*) urgieron al presidente de la asociación de partisanos, la ANPI, a declarar que éstos "nunca habían participado en el terrorismo sino que habían defendido su patria". La obsesión de los militares argentinos con los supuestos contactos entre las guerrillas argentinas de los setenta y los antiguos partisanos de los cuarenta, que habían combatido en Europa y otros lugares, también se hace evidente en el interrogatorio en una prisión militar al periodista Jacobo Timerman, judío argentino, cuyos interrogadores sostenían que Menachem Begin (que había luchado en Palestina a favor de los británicos) se había reunido con montoneros en Buenos Aires en 1976 (Timerman, 1988: 72-73).

No es mi intención cosificar la identidad étnica o religiosa de una persona ni tratarla como si fuera propiedad inalienable. No obstante, parece haber una diferencia fundamental entre la militancia política, que se adquiere a lo largo de la vida, y, por ejemplo, el credo religioso o la nacionalidad, los cuales pueden, por lo menos nominalmente, conferirse en el nacimiento por medio del bautismo, la circuncisión o la descendencia. En otras palabras, uno no nace con una militancia sino que se hace militante a lo largo de un proceso consciente de elección, que para muchos de los que entrevisté comenzó cuando Italia se rindió —septiembre de 1943—, se pasó al bando de los aliados y Alemania ocupó su país. Todavía cabe cierta discusión sobre este punto, a saber, si no debemos considerar leve la distinción entre la identidad adquirida al nacer (que puede sufrir cambios) y la que se adquiere con la vida, que también puede cambiar. Es más, se puede decir con razón que, en algunos casos, los militantes "futuros" ya estaban dentro de una tradición familiar de lealtades antifascistas. Estas lealtades, sin embargo, siempre son ambiguas, pues pueden dividir hasta a las familias nucleares (por no de-

---

[24] Sobre la función ritual del terror en las sociedades represivas véanse Gregory y Timerman, 1986; Taussig, 1987.

cir nada de las políticas) y separar a las generaciones, tanto por la línea materna como por la paterna. Como ya he dicho (Schneider, 1993), las opiniones políticas no sólo se transmiten a la siguiente generación sino que cada una les da una nueva interpretación y tiene que hacer nuevas elecciones. Las diferencias políticas pueden dividir a las familias, como lo muestra el ejemplo de la mujer italiana que emigró de Génova en 1927 y siguió siendo una ferviente partidaria del fascismo hasta su muerte, mientras que su esposo se oponía a Mussolini (Schneider, 1992a, 1994). Todavía más grotesca es la historia de un antiguo partisano que me contó que su cuñado trabajaba, a finales de los setenta, como agente de los militares argentinos, y participaba en los ataques nocturnos contra los sospechosos de participar en la guerilla.

Los mismos partisanos tenían sus vericuetos políticos en la historia familiar, como podemos discenir de los ejemplos siguientes. La mayoría de los hombres y mujeres que entrevisté habían nacido a mediados de los años veinte y tuvieron que unirse a las organizaciones juveniles fascistas (la *balilla*, por ejemplo), y los hombres fueron reclutados en el ejército italiano. Un patrón común era que, tras haber peleado en el ejército italiano, se unieran en 1943 a la resistencia.

El padre de Pietro Bellon había sido miembro de una cooperativa socialista, lo que, a partir de 1922, lo convertía en opositor al nuevo régimen fascista. Se exilió primero en Francia y, en 1923, emigró a Argentina. Bellon se quedó y su madre lo crió. Más tarde combatió en el frente ruso con el ejército italiano y participó en la batalla de Stalingrado, donde escapó con otros italianos del cerco que los rusos cerraban por el sur, y regresó a Italia pasando por Rumania. En Lazio se unió a los partisanos, pero fue herido y pasó el resto de la guerra en un hospital. Su madre fue a Argentina en 1951 para reunirse con su marido y su hijo la siguió en 1952. Pietro Bellon se mantuvo a distancia de la asociación de los partisanos, la ANPI. En su carrera militar, como hemos visto, hubo periodos con los *alpini* del ejército italiano, con los *carabinieri*, la policía paramilitar, y, por último, con los partisanos.

También Giuseppe Nori tenía un padre que había emigrado a Argentina en 1925, un "refugiado del fascismo", como él mismo decía, pues había sido socialista. Sin embargo las opiniones políticas dividieron a la familia por la mitad: el abuelo materno era un fascista militante que en 1922 participó en la Marcha sobre Roma, y Nori recuerda que usaba la camisa negra de los fascistas. Parece que al principio a Giuseppe lo influyeron las ideas fascistas del lado materno de la familia y a su tiempo llegó a *capo squadra* de la organización juvenil *balilla*. No obstante, cuando Italia capituló, en septiembre de 1943, se unió a los partisanos buscando la "aventura" (tenía entonces 18 años). Sólo más tarde, en la resistencia, desarrolló una conciencia política y adoptó la ideología de la izquierda. Nori emigró a Argentina en 1950. Cuando conversamos, me repetía que pensaba que el peronismo, de derecha, no era sino fascismo disfrazado, y que nunca había sentido simpatía hacia el movimiento guerrillero de los setenta, el cual, en su opinión, era un producto de la clase media alta, y no un movimiento proletario. Nunca estuvo de acuerdo con el golpe militar de 1976 y, aunque jamás se afilió a ningún partido ni asociación política, mantuvo una orientación izquierdista a lo largo de toda su vida.

En la familia de Cesare Conti la división causada por lealtades políticas diversas afectó a numerosas generaciones: tenía dos tíos fascistas y un abuelo antifascista. Su padre emigró a Argentina en 1927, pero parece que no lo hizo por razones políticas. Él se unió a la resistencia en 1943 por una decisión espontánea, como nos dijo cuando conversamos. En 1947 emigró junto con su madre a Argentina, donde su padre había hecho una carrera modesta como albañil.

Como Giorgio Panni, en la conversación que mencionamos, Conti no se esforzó por establecer contacto con las asociaciones de italianos después de la segunda Guerra Mundial, y se guardó su historia de partisanos. Si lo hizo fue porque, como nos dijo con vehemencia, "los italianos que vinieron antes de la guerra no ven con buenos ojos a los partisanos". Esto porque, en primer lugar, la mayoría de los italianos tenían simpatías fascistas y, segundo, porque aquellos italianos antifascistas que no habían combatido activamente en la guerra podían tenerles envidia y rechazarlos por eso. Eso se puede ver en el caso de Giorgio Lattes, un judío italiano que fue el único de su "grupo" que fue a Europa para luchar con la Francia Libre de De Gaulle. No fue bien recibido cuando regresó a Argentina, pues era, como él mismo dice, "un reproche encarnado para todos aquellos italianos, judíos, católicos, protestantes, antifascistas, que habían hablado mucho pero no habían ido a Europa" (Smolensky, 1993: 72).

Como Panni, Nori pensó que no había una asociación en Buenos Aires hasta que, en 1979, leyó algo sobre ella en un periódico italiano. No sin ironía, dice del peronismo:

> Antes de venir pensábamos que Argentina era el paraíso, pero nos encontramos con el peronismo. Sí, era fascismo, pero era una especie vulgar y bastarda de fascismo que se basaba en el Estado corporativo y los sindicatos, donde cada sector cuidaba su poder como si fuera un coto. No era un sistema democrático y federal como la nueva república italiana que surgió después de la segunda Guerra.

Dice, en resumen, que "nosotros hicimos la guerra de liberación de Italia y de nuevo nos encontramos enfrentados al fascismo", lo cual refleja el sentir de otros partisanos.

Sería demasiado simplista trazar linajes de tradición política y suponer sin más que los padres le inculcaron a sus hijos un poderoso antiautoritarismo político. Sin embargo, nuestro material indica que los descendientes de partisanos han incorporado a su propia identidad algo de la historia de sus padres. En cuanto a la política, los hijos definen su identidad en relación con la experiencia de sus padres pero la adaptan al contexto de la historia reciente de Argentina. No obstante, la importancia de sus antepasados partisanos no impide que tengan amistad con personas de otra orientación política, lo cual se asemeja a lo que pasaba con los descendientes de antifascistas italianos (Schneider, 1992a: 185-189). Armanda Capone, de 27 años, es la hija de unos antiguos partisanos italianos que habían emigrado de Italia en 1949. Entre 1988 y 1989 Armanda estaba cursando el último año de economía en la Universidad Católica de Buenos Aires, institución privada. Como muchos de su generación, no quería quedarse en Argentina. Se expresaba con desdén de los militares, a quienes culpaba por la desaparición de miles de personas que ocurrió durante la última dictadura militar (1976-1983). También criticaba el fracaso económico del gobierno democrático del presidente Raúl Alfonsín (1983-1989), del partido radical. Los padres de Armanda tenían una fábrica mediana de telas y, cuando se retiraron, vivían en un suburbio de clase media en el Gran Buenos Aires. Los Capone hablaban en casa italiano con acento de Venecia y de Roma, y español bonaerense. Dice Armanda: "He incorporado la historia de mi padre. Éstas son mis raíces. Pienso que la guerra afectó profundamente a su generación. Durante 15 años mi padre no pudo hablar de eso".

En 1989, cuando más dura era la crisis económica en Argentina (caracterizada por hiperinflación y devaluación constante de la moneda), las preocupaciones de los antiguos partisanos, como las del resto de los inmigrantes italianos, eran principalmente económicas. La primera era conseguir pensiones de guerra para aquellos que no las habían obtenido ya, la segunda presionar a las autoridades consulares italianas para que les concedieran a todos los beneficios del seguro social (assegno sociale), una especie de subvención a los pobres de la comunidad (Schneider, 1992a: 269-289).

Para los antiguos partisanos la situación económica actual no puede separarse de su pasado. Consideran que la batalla económica en Argentina es tan violenta como su lucha original contra el fascismo. La esposa de un partisano me dijo, refiriéndose no sólo a su resistencia silenciosa contra los regímenes autoritarios sino también a su capacidad de soportar penurias: "Aquí estamos librando otra guerra".

Dos periodos de la historia política resaltan en la memoria de los partisanos. El primero es el del peronismo clásico, de 1945 a 1955, el cual, como hemos visto, juzgan con ambigüedad. Hay quien piensa que es una mala copia del fascismo y hay quien valora sus logros sociales. El segundo periodo que mencionan con frecuencia es el de la última dictadura militar ("el proceso",

1976-1983). Sienten que fue una época en la que se suprimió la libertad de expresión y la de reunión, lo cual afectó directamente a los partisanos. Sus domicilios fueron allanados, sus documentos investigados, y algunos de ellos tuvieron que salir del país protegidos por la embajada italiana.

Como hemos mostrado en este trabajo, los partisanos difieren tanto de los antifascistas italianos que llegaron a partir de 1922 como de los judíos italianos, que emigraron después de 1938, puesto que no viajaron a Argentina por razones políticas. Sus razones eran más parecidas a las de los inmigrantes italianos que, después de la segunda Guerra Mundial, buscaban una vida mejor en América. No obstante, los motivos apolíticos no impidieron que se opusieran a los sucesivos regímenes autoritarios de Argentina, aunque su resistencia activa había concluido en Italia. Con pocas excepciones, no se naturalizaron como argentinos. Por ello no podían participar activamente en la política nacional, cuestión que un líder de la ANPI abordó directamente. Me dijo que los inmigrantes italianos podrían haber influido más en la política de la posguerra si más de ellos se hubieran convertido en ciudadanos argentinos.[25]

Detrás hay un asunto de mayor importancia, que es, por supuesto, la poca influencia que algunos inmigrantes, opositores estructurales de los regímenes totalitarios en Europa entre 1933 y 1935, pudieron ejercer sobre las ideologías y movimientos democráticos, tan poca que no pudieron hacer nada para evitar que se repitieran los gobiernos autoritarios en Argentina.

BIBLIOGRAFÍA

Fuentes primarias, Argentina

Biblioteca del Congreso de la Nación. Bibliotecas especiales. Biblioteca Peronista (sin fecha, posterior a 1949). *El inmigrante en la Argentina* (ediciones en español, inglés, alemán e italiano), FN.IU.H.17, B.P.B. 901.

Panfletos

Olmedo Jaquenod, Enrique (comp.), *100 años del Círculo Italiano Buenos Aires*, Círculo Italiano, Buenos Aires, 1974.

---

[25] Esto a pesar de los esfuerzos que hizo el gobierno peronista por naturalizar a los nuevos inmigrantes; véase *El inmigrante en la Argentina*, Biblioteca del Congreso de la Nación.

PERIÓDICOS

La Repubblica, Roma.
Tribuna Italiana, Buenos Aires.

LIBROS Y ARTÍCULOS

Avni, H., *Argentina & the Jews: A History of Jewish Immigration*, University of Alabama Press, Tuscaloosa, 1991.

Bauer, A., *La asociación Vorwärts y la lucha democrática en Argentina*, introducción de E. J. Corbière, Fundación Friedrich Ebert/Legasa, Buenos Aires, 1989.

Bayer, O., *Severino di Giovanni, el idealista de la violencia*, Legasa, Buenos Aires, 1989.

Brezza, B. (comp.), *Gli italiani fuori d'Italia: Gli emigrati italiani nei movimenti operai dei paesi d'adozione (1880-1940)*, Fondazione Brodolini/Franco Angeli, Milán, 1983.

Brysk, A., *The Politics of Human Rights in Argentina: Protest, Change and Democratization*, Stanford University Press, Stanford, 1994.

Buchrucker, C., *Nacionalismo y peronismo: La Argentina en la crisis ideológica mundial (1927-1955)*, Sudamericana, Buenos Aires, 1987.

Colarizi, S., *L'opinione degli italiani sotto il regime, 1929-1943*, Laterza, Roma y Bari, 1991.

Corradi, J., "The mode of destruction: Terror in Argentina", *Telos*, núm. 54, invierno, 1982-1983, pp. 61-76.

De Felice, R., "La Resistenza e il Regno del Sud", *Dalla dittatura alla democrazia: La Germania e l'Italia nell'epoca dopo il 1943, Conferenze della 9a. Riunione Italo-Tedesca degli Storici*, Albert Limbach, Brunswick, 1973.

Delzell, C. F., *Mussolini's Enemies: The Italian Anti-Fascist Resistance*, Howard Fertig, Nueva York, 1974.

"De Perón a Alberdi: Selectividad étnica y construcción nacional en la política inmigratoria argentina", *Revista de Indias*, vol. LII, núms. 195-196, 1992, pp. 867-888.

Devoto, F., "Las sociedades italianas de ayuda mutua en Buenos Aires y Santa Fe. Ideas y problemas", *Studi Emigrazione*, vol. 21, núm. 75, 1984, pp. 320-342.

——, "Mutualismo étnico, liderazgo y participación política. Algunas hipótesis de trabajo", en D. Armus (comp.), *Mundo urbano y cultura popular*, Sudamericana, Buenos Aires, 1990.

——, *Movimientos migratorios: Historiografía y problemas*, Centro Editor de América Latina, Buenos Aires, 1992.

Germani, G., "Mass immigration and modernization in Argentina", en I. L. Horowitz (comp.), *Masses in Latin America*, Oxford University Press, Nueva York, 1970.

Gillespie, D., *Soldiers of Peron: Argentina's Montoneros*, Clarendon, Oxford, 1982.

Gregory, S. y D. Timerman, "Rituals of the modern state. The case of torture in Argentina", *Dialectical Anthropology*, vol. 11, núm. 1, 1986, pp. 63-72.

Guest, Y., *Behind the Disappearances: Argentina's Dirty War against Human Rights and the United Nations*, University of Pennsylvania Press, Filadelfia, 1990.

Gurvich, B. y C. Escudé (comps.), *El genocidio ante la historia y la naturaleza humana*, Universidad Torcuato di Tella/Grupo Editor de América Latina, Buenos Aires, 1994.

Hughes, S. H., *Prisioners of Hope: The Silver Age of the Italian Jews, 1924-1974*, Harvard University Press, Cambridge, 1983.

Jackish, C., *El nazismo y los refugiados alemanes en la Argentina, 1933-1945*, Belgrano, Buenos Aires, 1989.

Klich, I., "La pericia científica alemana en el amanecer del proyecto nuclear argentino y el papel de los inmigrantes judíos", *Boletín del Instituto de Historia Argentina y Americana Dr. Emilio Ravignani*, tercera serie, vol. 2, núm. 10, 1994, pp. 61-89.

——, "Jewish immigration to Argentina: A view from Jerusalem", *American Jewish Archives*, primavera-verano de 1995, pp. 101-126.

Kohut, K. y P. von zür Mühlen (comps.), *Alternative Lateinamerika: Das deutsche Exil in der Zeit des Nationalsozialismus*, Vervuert, Francfort, 1994.

Korn, A., "Aportes científicos de los italianos en la Argentina del siglo xx", en F. Korn (comp.), *Los italianos en la Argentina*, Fondazione Agnelli, Buenos Aires, 1983.

Levin, E., *Historias de una emigración (1933-1939): Alemanes judíos en la Argentina*, Manrique Zago, Buenos Aires, s. f.

Martini, A., "Oral history and fascism", en L. Passerini, *Memory and Totalitarianism*, Oxford University Press, Oxford, 1992.

McGee Deutsch, S. y R. H. Dolkart (comps.), *The Argentine Right: Its History and Intellectual Origins, 1910 to the Present*, Scholarly Resources, Wilmington, 1993.

Meding, H., *Flucht vor Nürnberg? Deutsche und österreichische Einwanderung in Argentinien 1945-1955*, Böhlau, Colonia, 1992.

Meo Zilio, G. y E. Rossi, *El elemento italiano en el habla de Buenos Aires y Montevideo*, Valmartina, Florencia, 1970.

Mercadante, L., *La colectividad italiana en la Argentina*, Alzamor, Buenos Aires, 1974.

Ministero degli Affari Esteri, *Associazioni italiane nel mondo*, Istituto Poligrafo e Zecca dello Stato, Roma, 1984.

Mühlen, P. von zür, *Fluchtziel Lateinamerika: Die deutsche Emigration 1933-1945; Politische Aktivitäten und soziokulturelle Integration*, Neue Kritik, Bonn, 1988.

Nascimbene, M., "Fascismo y antifascismo en la Argentina (1920-1945)", *"C'era una volta l'America": Immigrazione dei piemontesi in America. Mostre documentarie di Buenos Aires*, L'Arciere, Cuneo, 1990.

Newton, R., "¿Patria? ¿Cuál patria? Ítalo-argentinos y germano-argentinos en la era de la renovación nacional fascista, 1922-1945", *Estudios Migratorios Latinoamericanos*, vol. 22, núm. 7, 1991, pp. 401-423.

——, *The "Nazi menace" in Argentina 1931-1947*, Stanford University Press, Stanford, 1992.

——, "Ducini, prominenti, antifascisti: Italian fascism and the Italo-Argentine collectivity, 1922-1945", *The Americas*, vol. 51, núm. 1, 1994, pp. 401-423.

——, "Cranky bedfellows: The Argentine right, German nazis, and Italian fascists", trabajo presentado en el Congreso Internacional de la Asociación de Estudios Latinoamericanos, Washington, 28 al 30 de septiembre de 1995.

Offeddu, L., *La sfida dell'accaio: Vita di Agostino Rocca*, Marsilio, Venecia, 1984.
Ostuni, M., "L'archivio di Feditalia a Buenos Aires", *Altreitalie*, vol. 2, núm. 3, 1990, pp. 98-108.
Petriella, D., *Diccionario biográfico ítalo-argentino*, Asociación Dante Aligheri, Buenos Aires, 1976.
——, *Agustín Rocca (en treinta años de recuerdos)*, Asociación Dante Aligheri, Buenos Aires, 1976.
——, *Los italianos en la historia del progreso argentino*, Asociación Dante Aligheri, Buenos Aires, 1988.
Quijada, M., "Política inmigratoria del primer peronismo: Las negociaciones con España", *Revista Europea de Estudios Latinoamericanos y del Caribe*, núm. 47 (Amsterdam), diciembre de 1989, pp. 43-64.
Rock, D., *Authoritarian Argentina: The Nationalist Movement, its History and its Impact*, University of California Press, Berkeley, 1993.
Roncelli, I. N., "L'emigrazione italiani verso l'America Latina nel secondo dopoguerra (1945-1960)", *Studi e Ricerche di Geografia*, vol. x, núm. 1, pp. 91-141.
Sábato, H., "Pluralismo y nación", *Punto de Vista*, vol. xii, núm. 34, 1989, pp. 2-5.
Schneider, A., *Italian Immigrants in Contemporary Buenos Aires: Their Responses to Changing Political, Economic and Social Circumstances*, tesis doctoral, Universidad de Londres, London School of Economics, 1992a.
——, "Ethniticity, changing paradigms and variations in food consumption among Italians in Buenos Aires", *Altreitalie*, núm. 7 (Turín), 1992b, pp. 84-95.
——, "Mazzini und Garibaldi: Die unterschiedliche Bedeutung politischer Symbole bei Italienern in Buenos Aires", en Werner Krawietz *et al.* (comps.), *Sprache, Symbole und Symbolverwendungen in Ethnologie, Kulturanthropologie und Recht (Festschrift für Rüdiger Schott)* Duncker & Humbolt, Berlín, 1993.
——, "The two faces of modernity: Concepts of the melting pot in Argentina", *Critique of Anthropology*, vol. 16, núm. 2 (1996).
Schwarcz, A. J., *A pesar de todo. . . Los judíos de habla alemana en la Argentina*, Grupo Editor Latinoamericano, Buenos Aires, 1991.
Senkman, L., "Etnicidad e inmigración durante el primer peronismo", *Estudios Interdisciplinarios de América Latina y el Caribe*, vol. 2, núm. 2, Tel Aviv, 1992, pp. 5-38.
Smolensky, N. y V. Jarach, *Colectividad judía italiana emigrada a la Argentina (1937-1943)*, Centro Editor de América Latina, 1993.
Stille, A., *Uno su mille*, Mondadori, Milán, 1991.
Taussig, M., *Shamanism, Colonialism and the Wild Man: A Study in Terror and Healing*, University of Chicago Press, Chicago, 1987.
Terracini, L., "Una inmigración muy particular: 1938, los universitarios italianos en la Argentina", *Anuario del iehs*, Tandil, vol. iv, pp. 335-368.
Timerman, J., *Prisoner Without a Name, Cell Without a Number*, Vintage Books, Nueva York, 1988.
Trento, A., "Appunti sull'emigrazione italiana a Buenos Aires agli inizi del secolo e sul apporto al movimento operaio argentino", *Affari Sociali Internazionale*, vol. ii, núm. 1/2, 1974, pp. 145-169.
Valiani, L., "Dalla resistenza alla Repubblica", *Dalla dittatura alla democrazia; La Ger-*

mania e l'talia nell'epoca dopo il 1943, Conferenze della 9a. Riunuione Italo-Tedesca degli Storici, Albert Limbach, Brunswick, 1973.

Zunino, P. G., *L'ideologia del fascismo: Miti, credenze e valori nella stabilizzazione del regime*, Il Mulino, Bolonia, 1985.

——, *Interpretazione e memoria del fascismo: gli anni del regime*, Laterza, Roma y Bari, 1991.

DOCUMENTOS, DESINFORMACIÓN Y LA LLEGADA DE NAZIS AL RÍO DE LA PLATA

Ignacio Klich*

Desde hace ya algunos años la conducta de Argentina durante la segunda Guerra Mundial y en la posguerra ha sido revisada con nuevos ojos. Aunque principalmente es un resultado de la revelación de documentos norteamericanos y británicos, también se debe en parte a la decisión del presidente Carlos Menem, anunciada por vez primera en febrero de 1992, que facilita el acceso a los archivos argentinos sobre los nazis, archivos que se encuentran en distintas dependencias gubernamentales. Cargada de consecuencias para su propio país y para otros, la decisión del jefe del Ejecutivo argentino ha despertado el interés de distintas facciones, además del de las víctimas del nazismo.[1]

El anuncio presidencial, que responde a peticiones de distintos grupos, algunas de ellas realizadas durante la visita que hizo a Nueva York en 1991, estaba dirigido primordialmente, más que al gobierno mismo, a la opinión pública de Estados Unidos, que tiene un importante componente judío.[2] Así pues, aunque otras explicaciones parecen plausibles, es posible que el principal objetivo de Argentina haya sido persuadir a los norteamericanos de que, si bien Juan Perón había atraído la desaprobación y el anatema de Estados Unidos, el gobierno posperonista de Menem no merecía que se le aplicara el estigma de nazi que se le adjudicaba al fundador del movimiento justicialista y a sus seguidores. Con ese propósito en mente, Menem había ordenado con anterioridad la deportación de Josef Schwamberger, un criminal de guerra nazi, el primero en sufrir tal suerte durante el periodo de gobierno de un presidente peronista y uno de los pocos que han sido expulsados de Argentina (o, para el caso, de cualquier otro país); también realizó un viaje a Israel, su primera visita al Medio Oriente en calidad de timonel de la nación y la primera visita oficial de un jefe de Estado de Argentina,

* Universidad de Westminster, el autor agradece a Carlos Dellepiane, director de la biblioteca del Ministerio de Relaciones Exteriores de Argentina, y a Ronald Newton, por los valiosos comentarios que hicieron a un borrador de este trabajo.

[1] Entre las consecuencias que la decisión de Menem tuvo en el extranjero, es digno de notarse que ésta impulsó al Centro Simon Wiesenthal, ubicado en Los Ángeles, a anunciar su intención de sugerir a los gobiernos de Bolivia, Brasil, Chile y Paraguay que siguiesen los pasos de Argentina, así como a pedirle a la Santa Sede mayor transparencia. *Página 12*, Buenos Aires, 6, 7 y 12 de febrero de 1992.

[2] *New York Times*, 13 de noviembre, 7 y 21 de diciembre de 1991.

la cual sirvió como un corolario proisraelí a la alineación de Argentina con Estados Unidos.[3] De aquí que no deba sorprendernos que el Congreso Judío Mundial (WJC, por sus siglas en inglés) le haya otorgado a Menem la medalla Nahum Goldmann en reconocimiento a su actitud favorable hacia los temas que les preocupan a los judíos, y que haya felicitado al presidente argentino por sus cualidades de estadista, ni tampoco que la Liga B'nai B'rith contra la Difamación (ADL, por sus siglas en inglés), sita en la ciudad de Nueva York, haya borrado a Argentina (al parecer de manera prematura, como lo muestra la posterior detención de Erich Priebke) de la lista de países latinoamericanos en los que se encuentran criminales de guerra nazis que evaden a la justicia.[4]

A consecuencia del programa económico neoliberal que aplicó, lo que hizo necesario un ajuste de la política exterior, la Argentina de Menem está ahora alineada con Estados Unidos de una manera tal que sus predecesores (ya sea civiles o militares, conservadores, peronistas o radicales) todavía deploran absolutamente. No es sorprendente que en la raíz de tal actitud desfavorable se encuentre la antigua caracterización de Argentina, que se consideraba un activista del Eje y la meca de los criminales de guerra, o del papel de Perón, a quien se tildaba de "nazi megalomaniaco". Aunque ninguna de las dos descripciones es completamente exacta, ambas tienen fundamentos. Es más, hay un cierto número de hechos que explican el surgimiento de estas imágenes en blanco y negro.

1. La neutralidad de Argentina permitió que el Eje, en especial entre enero de 1942 y enero de 1944, tuviera un pie en América Latina por más tiempo de lo que lo hubiera podido mantener, lo que sirvió para que los agentes

---

[3] Ignacio Klich, "Challenges to Jewish life in Latin America: Argentina", en William Frankel (comp.), *Survey of Jewish Affairs 1991*, Oxford, 1991, pp. 223-224; *Antisemitism: World Report 1992*, Londres, 1992, pp. 117-118. En fechas más recientes, después que supo que Erich Priebke, un oficial de la Gestapo destinado en Roma, había estado en Bariloche, el entonces ministro del Interior, Carlos Ruckauf, anunció que un cuerpo de la policía se dedicaría exclusivamente a investigar qué otros nazis estaban evadiendo la justicia en su país. Para medir la importancia de este anuncio es útil hacer una comparación en perspectiva: si bien es muy probable que la iniciativa de Argentina no resulte en un número verdaderamente inusual de solicitudes de extradición, y sin olvidar la diferencia entre la policía y el Poder Judicial, los cuerpos policiales dedicados a buscar nazis que hay en Australia, Gran Bretaña, Canadá y Estados Unidos han sido reducidos o disueltos en los años recientes. Véanse, por ejemplo, Michael May, *The state of Nazi war crimes. Prosecutions in the United Kingdom, Australia, Canada, the United States, Germany and France*, manuscrito inédito, 1991; Antony Lerman, "The prosecution of Nazi war criminals in Australia, Canada and the United Kingdom, 1987-1994", trabajo presentado durante el seminario internacional Discriminación y Racismo en América Latina, Universidad de Buenos Aires, 23-25 de noviembre de 1994.

[4] El certificado de buena conducta que le fue dado a la Argentina de Menem coincidió con el de Herbert Limmer, embajador de Alemania en Argentina. Sin embargo, antes de encontrar a Priebke esto no iba muy de acuerdo con la insistencia de Simon Wiesenthal, el cazador de nazis, en que Rudolf Mildner, el antiguo jefe de la Gestapo en Katovice, podía estar viviendo en Argentina. *New York Times*, 10 de diciembre de 1991; *Página 12*, 4 y 6 de febrero de 1992; *WJC Report*, Nueva York, febrero-marzo de 1992, pp. 1-3; *WJC Report*, mayo-junio de 1992, p. 18.

del Tercer Reich recabaran información sobre los movimientos de barcos aliados y contrabandearan bienes muy cotizados en Alemania.[5]

2. Entre los militares que tomaron el poder en junio de 1943 había quienes simpatizaban con el Eje y, por si fuera poco, Perón era un admirador de los métodos del fascismo italiano.

3. Este régimen militar trató sin éxito de obtener armas alemanas para contrarrestar el debilitamiento de la posición argentina en América Latina debido al envío de armas norteamericanas a Brasil.

4. Este mismo régimen y el sucesivo, de Perón, buscaron atraer a Argentina a los científicos alemanes y a otros inmigrantes llamados "útiles".

Comoquiera, el gobierno de Menem ha justificado su participación en la operación Tormenta del Desierto (que representa un cambio grande con respecto a la tradición diplomática argentina, de aislacionismo frente a los conflictos remotos, y que además, por su carácter militar, fue única entre los países de Latinoamérica), sensible a la crítica a la neutralidad de Argentina durante los dos grandes conflictos mundiales. Si se miran desde este punto de vista, los registros documentales argentinos, aunque carecen de revelaciones estremecedoras, pueden servir para que perdure este proceso de revisión.

No es una mera coincidencia que el anuncio del presidente haya estado lejos de ser universalmente celebrado.[6] Sin embargo, esto no debe impedir apreciar que la decisión de Menem ha facilitado el acceso a la enorme cantidad de documentos que ya pertenecen al dominio público y ha permitido que los grupos interesados consulten algunos archivos que datan de fecha mucho más reciente, como, por ejemplo, el de Abraham Kipp, un colaboracionista holandés condenado, *in absentia*, a muerte; Holanda solicitó su extradición durante el mandato de Raúl Alfonsín pero ésta fue rechazada durante los primeros meses del gobierno de Menem. Sin restarle importancia

[5] El secretario de Estado norteamericano, Cordell Hull, afirmaba, sin poderlo probar nunca en los hechos, que los agentes nazis que operaban en Argentina habían permitido que submarinos alemanes hundieran barcos para el aprovisionamiento aliado. En vez de eso, los documentos permitieron a Leslie Rout y a John Bratzel llegar a la conclusión de que cuando el canciller, Enrique Ruiz Guiñazú, pidió que se le diera evidencia incontrovertible de que hubo datos enviados a Alemania que de verdad provocaron el hundimiento de barcos aliados, Estados Unidos le entregó un "manojo de ficciones, mentiras y hechos circunstanciales". Por lo que ahora sabemos, el mayor logro de esos agentes nazis fue contrabandear pequeñas aunque útiles cantidades de alimentos y materiales estratégicos, así como el 20% de la tripulación de un destructor de bolsillo alemán que había sido capturado. Robin Humphreys piensa que las mercancías eran enviadas en paquetes pequeños, por lo que hubiera sido difícil detectarlas, incluso si las autoridades argentinas hubieran estado colaborando directamente con Estados Unidos. Leslie B. Rout, Jr. y John F. Bratzel, *The Shadow War: German Espionage and US Counterespionage in Latin America during World War II*, Frederick, 1986, pp. 339-340.

[6] Entre los que estaban dispuestos a admitir que algo importante había ocurrido, James Neilson dijo que la decisión de Menem era "un acto inusual de valentía política", *Página 12*, 6 de febrero de 1992.

a los documentos argentinos examinados por los expertos antes de que Menem llegara a la presidencia,[7] el actual jefe de Estado argentino y su ministro de Relaciones Exteriores no han recibido todo el crédito que merecen por abrir el debate sobre el desempeño de su país durante la era nazi y durante el periodo de su derrumbe.

Aunque no es más que una gota en el mar, esto podría permitir que se abriera en Argentina el camino a cambios más significativos, pues la conducta recelosa del gobierno ha entorpecido la consulta de los registros existentes.[8] Por lo menos en teoría, el acceso a los archivos diplomáticos argentinos, por ejemplo, está determinado por una restricción de 50 años. El resultado neto de este dilatado periodo de espera (sumado a que, por desgracia, los gobiernos electos, alegando que estaba incompleto, mantuvieron fuera del alcance de los investigadores el inventario del archivo de Relaciones Exteriores, que no se abrió al público durante los regímenes militares) es que gran parte de la historia contemporánea de Argentina ha sido objeto de conjeturas y se ha basado en entrevistas y en fuentes secundarias, las únicas a las que tienen acceso quienes no pueden visitar las colecciones de documentos de otros países.

Quienes critican o se oponen a Menem por convertirse, de un día para

---

[7] Véase, por ejemplo, Mario Rapoport, ¿Aliados o neutrales? La Argentina frente a la segunda Guerra Mundial, Buenos Aires, 1988. Antes del valioso libro documental de Rapoport, sólo se podían encontrar referencias a documentos aislados o copias de cartas sueltas en Silvano Santander, Técnica de una traición: Juan D. Perón y Eva Duarte, agentes del nazismo en la Argentina, Buenos Aires, 1955; Carlos von der Becke, Destrucción de una infamia: Falsos "documentos oficiales", Buenos Aires, 1956. Es de lamentar que la poca confiabilidad de las aseveraciones de Santander permitiera que hasta Walter von Simons, un periodista alemán y propagandista de los nazis, publicara una respuesta satírica al libro después de que Perón dejara el poder. Como testimonio de la insuficiente franqueza de Von Simons tenemos, entre otras cosas, que afirma que la agencia noticiosa Transocean, cuyas operaciones en Argentina había dirigido desde 1940, no era propiedad del gobierno nazi sino de diversas firmas alemanas con intereses en los bancos, el comercio y la industria. Cualquiera que haya sido la identidad de los propietarios de Transocean, Von Simons era un hombre del Ministerio de Propaganda alemán, encabezado por Josef Goebbels. De ahí que no pueda sorprendernos que entre las tareas que tenía a su cargo estuviera colocar noticias favorables sobre el Tercer Reich y desinformar a las agencias noticiosas norteamericanas y británicas. Véase Walter von Simons, Santander bajo la lupa: Técnica de un papelón, Buenos Aires, 1956, p. 10. Hay otros tres escritores, Robert Potash, Alain Rouquié y Robert Crassweller que, a diferencia de Von Simons, han comentado con verosimilitud las deficiencias de la literatura combativa de Santander. A pesar de esto, hay otros que, sin fijarse en lo que hacen, todavía utilizan a este desacreditado escritor. Véase Robert A. Potash, El ejército y la política en la Argentina, tomo I, p. 282, nota 33; Alain Rouquié, Poder militar y sociedad política en la Argentina, Buenos Aires, 1982, tomo II, p. 22, nota 27; Robert D. Crassweller, Perón and the Enigmas of Argentina, Nueva York, 1987, p. 143.

[8] No es de sorprender que las madres de Plaza de Mayo y otras víctimas de los regímenes militares recientes demandaran que se abrieran los archivos policiales y de inteligencia sobre los desaparecidos entre 1976 y 1983, mientras que el Movimiento Obrero Argentino (MOA) urgió a Menem a utilizar el precedente establecido con los nazis para hacer públicos los documentos que se refieren a las dictaduras "de 1955, 1966 y 1976", Clarín, Buenos Aires, 3 de febrero de 1992; Página 12, 4, 5 y 6 de febrero de 1992.

otro, del estatismo al neoliberalismo y, por consiguiente, por alinearse con Estados Unidos, se han aprovechado, para cuestionar la sinceridad del gobierno, del reducido número de expedientes de la Policía Federal que puso a disposición del público José Luis Manzano, entonces ministro del Interior, y en la sobreabundancia de recortes de periódico en esos expedientes. Demasiado incisivos o mal informados, parece que quienes piensan que los expedientes fueron limpiados antes de ser publicados olvidan que incluso en Gran Bretaña o en Estados Unidos (países que, con todo y sus diferencias, superan con mucho a Argentina en cuanto al acceso que permiten a sus documentos) hay muchos documentos penosos que se guardan lejos de la vista del público.[9] Por ejemplo, en el Reino Unido apenas en 1993 se revelaron los documentos sobre la colaboración que las autoridades de la isla de Guernsey, en el canal de la Mancha, brindaron a los ocupantes nazis. Es muy cierto que no todos los aliados han sido completamente sinceros en cuanto a la conducta de sus respectivos países durante la segunda Guerra Mundial. Es más, si el papa Juan Pablo II igualara el impulso de Menem, se alcanzaría un conocimiento mucho mayor del que jamás podría obtenerse de los archivos argentinos sobre la huida a Latinoamérica de numerosos colaboradores del Báltico y de los Balcanes, si no es que de los peores criminales de guerra nazis.

Ahora que esto está dicho, podemos advertir que no se deben depositar esperanzas excesivas en el contenido de los archivos argentinos. Supongamos que son ciertas las peores acusaciones que hacen los detractores nacionales y extranjeros de Perón, esto es, que el golpe que en junio de 1943 llevó a Perón a la notoriedad pública tenía las características del nazismo; que Perón y Evita eran agentes del Tercer Reich y, por último, que Perón estaba especialmente interesado en que Argentina se convirtiera en el paraíso terrenal de los criminales de guerra nazis. ¿Sería entonces probable que dejara a los historiadores una mina de evidencia en su contra? Aunque esto no se pueda rechazar de antemano, tal situación no iría de acuerdo con la imagen de Perón, un astuto operador político. También es importante considerar que, invaluables como son, los registros argentinos contienen pocos documentos que no puedan encontrarse ya en los Archivos Nacionales de Washington (NA, por sus siglas en inglés), en la Oficina del Registro Público de Londres (PRO por sus siglas en inglés) o en alguna otra parte. En pocas palabras, parece un poco inocente esperar que los archivos argentinos revelen algo que Estados Unidos no haya podido averiguar en los archivos alemanes, diplomáticos y de otras clases, que capturaron sus ejércitos, o cuando interrogaron a los oficiales del Tercer Reich. A esto podemos añadir que no sólo al Congreso de Argentina le sirve la advertencia que hizo Ronald New-

---

[9] *Somos*, Buenos Aires, 10 de febrero de 1992.

ton, entre otros, sobre la desinformación sembrada en los archivos de la Comisión Investigadora de Actividades Anti-Argentinas de 1940.

Para ilustrar la importancia de la advertencia antes mencionada, este trabajo está dedicado a uno de esos documentos argentinos, que expone el involucramiento personal de Perón cuando 11 mil criminales de guerra nazis llegaron de manera poco conspicua a Argentina. Este documento, fechado en julio de 1967, podría ser equivalente a una acusación contra el vicepresidente de facto del país y su verdadero gobernante (1944-1945) y contra el jefe de Estado electo (1946-1955). En él, la División de Asuntos Internacionales de la Policía Federal (que de aquí en adelante llamaremos DAE) evalúa los tratos que el ministro del Interior de Perón tenía con el embajador de la Alemania nazi, Edmund Freiherr von Thermann, durante la década de los cuarenta. Perón, como era el jefe de la GOU, la logia militar secreta que llegó al poder en junio de 1943, propuso algunos tratados mutuamente ventajosos. El diplomático nazi solicitó a Perón "8 000 pasaportes y 11 000 documentos de identidad" para aquellos "que pudieran enfrentar persecución como criminales de guerra, pues el embajador sabía desde entonces que habían perdido la guerra", y Perón accedió; hizo que le mandaran al agregado militar de la embajada, un tal "general von Leers" los documentos en blanco. A su vez, el general los mandó a Estrasburgo, donde los recibió Heinrich Himmler en agosto de 1944. La buena disposición de Perón no quedó sin recompensa. La gratitud alemana, de manera tal vez sorprendente, tomó la forma de una propiedad en El Cairo, en la cual el líder argentino permitió que von Leers pasara sus días hasta su muerte, en los años sesenta.

Es desafortunado —para quienes están mal informados— que la exactitud no sea una de las virtudes del documento. En realidad sólo se puede encontrar una poca de verdad histórica en él. Los alegatos del documento parten de la presencia de Perón, que en ese tiempo era un joven mayor, en una de las galas sociales que los von Thermann ofrecían en honor del alto mando militar argentino, así como del acceso directo que el embajador tenía con Himmler mismo. También se basa en que el coronel Perón estaba entre los jefes del GOU y en su terco empeño por atraer a Argentina a ciertos alemanes. Igual de contundentes son la única estancia de von Leer en la Argentina y su eventual mudanza a Egipto, así como el interés que, en sus primeros días, puso en la experiencia peronista el presidente Gamal Abdel Nasser.

El documento en cuestión es, con todo, un revoltijo lamentable de verdades a medias y a cuartos, aderezado hasta la redundancia con inexactitudes comprobables. De una manera perversa, su mérito principal radica en que saca a la luz el conocimiento extraordinariamente deficiente que algunos oficiales argentinos tienen de la historia de su país. Aparte de esto, todo el documento apesta a carne podrida. Sin detallar las razones de sus sospechas, un perceptivo diplomático argentino dijo de inmediato que la supuesta venta de 11 mil documentos podía no ser digna de confianza.[10] Los archivos históricos, que se burlan de dicho reporte de la DAE, justifican su desconfianza.

Los entrevistadores, biógrafos e historiadores, ya sean partidarios u oponentes de Perón, o les resulte indiferente, han establecido desde hace mucho que Perón estuvo en Europa hasta bien entrado el año de 1940. No bien llegó a Buenos Aires fue asignado a Mendoza. Esto sucedió en enero de 1940, y Perón no regresó a la capital de Argentina sino hasta poco antes de marzo de 1942.[11] De todos modos, los primeros pasos que se dieron para formar la logia militar secreta que Perón llegó a encabezar no se tomaron antes de noviembre de 1942, según una versión, o febrero de 1943, según otra.[12] Por su parte, el embajador von Thermann fue llamado de vuelta en diciembre de 1941, y partió dos meses después. De aquí que no estuviera ya en Argentina cuando nació la logia militar secreta que tomó el poder en 1943, a consecuencia de lo cual Perón se elevó a posiciones cada vez más influyentes: primero ministro del Trabajo, después ministro de Guerra, después presidente en funciones. Es un hecho que la permanencia diplomática de von Thermann antecede al nacimiento de la GOU y al golpe militar con el cual se asocian la notoriedad de Perón, y la certidumbre de la derrota irreversible de los nazis.

Sobre esto último basta inspeccionar los diarios de Joseph Goebbels, en particular la entrada que el mandamás de la propaganda nazi hizo el 23 de enero de 1942, donde adscribe las dificultades que tuvieron los norteamericanos en la conferencia de Río de Janeiro al hecho de que los sudamericanos "primero querían ver algunos éxitos militares de los norteamericanos antes de lanzarse a la guerra".[13] Con todo esto se puede apreciar que la credibilidad de las supuestas negociaciones entre Argentina y Alemania radica por

[10] José R. Sanchís Muñoz, *La Argentina y la segunda Guerra Mundial*, Buenos Aires, 1992, p. 424.

[11] Enrique Pavón Pereyra, *Preparación de una vida para el mando (1895-1942)*, Buenos Aires, 1952, pp. 197-211; Arthur P. Whitaker, *La Argentina y los Estados Unidos*, Buenos Aires, 1956, p. 140; Joseph A. Page, *Perón, una biografía: Primera parte (1895-1952)*, Buenos Aires, 1984, pp. 49-51, 60; Enrique Pavón Pereyra, *Diario secreto de Perón*, Buenos Aires, 1986, pp. 40-56; Torcuato Luca de Tena, Luis Calvo y Esteban Peicovich, *Yo, Juan Domingo Perón: Relato autobiográfico*, Buenos Aires, 1986, pp. 26-30. El último libro, publicado por vez primera en España después de la muerte de Perón, se basa en las entrevistas que se grabaron durante los años finales del exilio de Perón en Madrid. Toda vez que no es fácil distinguir las palabras de Perón de las de los entrevistadores, y de que falta una bibliografía que pueda indicar que la visión histórica de los periodistas no se basa sólo en lo que dice Perón, los lectores se quedan con la impresión de que deben descartar hechos que creían estaban bien establecidos.

[12] Robert A. Potash, *El ejército y la política en la Argentina*, Buenos Aires, 1971, tomo I, p. 267; Woods, p. 89; Robert A. Potash, *Perón y el G.O.U.: Los documentos de una logia secreta*, Buenos Aires, 1984, p. 14; Juan Carlos Torre, *La vieja guardia sindical y Perón: Sobre los orígenes del peronismo*, Buenos Aires, 1990, p. 38.

[13] Louis P. Lochner (comp.), *The Goebbeles Diaries 1942-1943*, Nueva York, 1948, p. 39.

fuerza en la posibilidad de que Perón y von Thermann se hayan encontrado con posterioridad. Sin embargo, es muy difícil encontrar información sobre alguna visita de incógnito que haya hecho a Argentina el ex embajador o sobre una visita secreta de Perón a Europa o sobre la presencia simultánea de ambos hombres en un tercer país. Es crucial que no se haya desenterrado información sobre esto en los archivos alemanes ni en ningún otro; igualmente infructuosos fueron los duros interrogatorios a los que los norteamericanos sometieron a von Thermann y a otros diplomáticos nazis, así como a funcionarios de inteligencia. En otras palabras, la evidencia existente descalifica tales aseveraciones.

Para confirmar que ésta no es la única mella en la credibilidad del documento, mostraremos algunas inexactitudes apabullantes. Von Leers no era el agregado militar de la Alemania nazi ni vivió en Argentina en el tiempo de las supuestas entrevistas entre Perón y von Thermann, ni murió en 1967. La verdad es que, desde finales de enero de 1943 y hasta que ambas naciones rompieron sus relaciones diplomáticas, en enero de 1944, el general Friedrich Wolf era el agregado para el ejército, la armada y la fuerza aérea. Por cierto que no es de poco interés hacer notar que, según Newton, los aliados sabían que la señora Wolf tenía antepasados judíos, lo cual "casi con certeza" permitió que los norteamericanos o los británicos chantajearan a su esposo. De ser así, hay razones para preguntarse cómo pudo hacer el agregado para mandarle a Himmler un paquete de documentos de identidad y pasaportes argentinos sin que lo supieran los aliados. Aunque Newton no resuelve esta cuestión, escribe que, curiosamente, después de la guerra Wolf recibió una excelente recomendación personal de manos nada menos que de J. Edgar Hoover.[14]

Sin embargo, no se puede negar que un tal profesor Johann von Leers se estableció en Argentina. No obstante, esto ocurrió después de la derrota de los nazis; según los documentos británicos, llegó al Río de la Plata con un nombre falso, Hans Euler, en 1946 —año que se menciona en relación con la supuesta ayuda que ofreció a otros nazis que iban ahí a refugiarse— o 1950. Antes de esto, sólo los textos de von Leers habían entrado a Buenos Aires, como parte de un lote de libros que von Thermann ofreció a la Biblioteca Nacional en 1934. Von Leers, uno de los peores propagandistas antijudíos del Tercer Reich, era de profesión historiador y lingüista. De aquí que no sea sorprendente que hasta 1933 haya sido el editor en jefe de la revista mensual del NSDAP, una publicación de propaganda llamada *Wille und Weg*; más tarde encabezó el departamento de política internacional de la Deutsche Hochschule für Politik y ocupaba un puesto de profesor en la Universidad de Jena. Aunque no era un oficial de alto rango, von Leers tenía el nivel de

---

[14] Ronald C. Newton, *The "Nazi menace" in Argentina, 1931-1947*, Stanford, 1992, pp. 289, 312.

un SS Sturmbanführer. En el tiempo en que se lo confundió con el general Wolf, algunas de sus composiciones más virulentamente antijudías (*Juden hinter Stalin*, Berlín, 1943, y *Die Verbrechnatur der Juden*, Berlín, 1944) estaban saliendo a la luz en Alemania.

Mientras estuvo en Argentina von Leers fue un destacado colaborador de la publicación periódica *Der Weg: Revista de Cultura y Reconstrucción*. Es más, él fue quien consolidó el perfil antijudío de *Der Weg*. En 1949 las autoridades de Alemania Occidental y de Austria, ocupadas por los aliados, prohibieron la circulación de este periódico alemán, nacionalista y conservador, que salió por primera vez en Buenos Aires en junio de 1947. Tras la caída de Perón von Leers se retiró a El Cairo, no sin achacar la suerte del presidente depuesto a "los judíos y los clérigos, los buitres y los cuervos". En Egipto se inventó a sí mismo en la figura de un musulmán de nombre Omar Amin von Leers; murió el 5 de marzo de 1965, y no dos años más tarde.[15]

Para terminar con la credibilidad del informe de la DAE, encontramos que omite toda evidencia sobre la sorprendente residencia de Perón en la capital de Egipto y sobre la hospitalidad que supuestamente le ofreció en El Cairo a von Leers. Si esa residencia hubiese existido, hubiera querido decir que los agradecidos alemanes timaron a Perón. Para ponerlo de otro modo: o actuaron de mala fe, o no estaban tan agradecidos, o las dos cosas; Perón no era de los argentinos fascinados por el encanto indudable de la capital de Egipto. De ahí que no hubiera apreciado una casa en El Cairo. Es más, si fuera cierto que Perón tenía una propiedad en El Cairo, hubiesen sido menos las preocupaciones que pasó el ministerio de Relaciones Exteriores por las complicaciones diplomáticas que podrían haber surgido si el depuesto presidente de Argentina se hubiera ido a vivir a la casa en la campiña inglesa que, según los archivos diplomáticos británicos, le había comprado uno de sus simpatizantes.[16]

Hasta que no aparezcan datos más confiables, la fecha del documento de la DAE —los días inmediatamente posteriores a la guerra de junio de 1967 entre árabes e israelíes— nos da la oportunidad de suponer que la dimensión

[15] Public Record Office, Kew, Foreign Office 371, AA 1571/1. Minuta de A. Andrews; AA 1571/2, "De la Cancillería Argentina a Relaciones Exteriores, 29 de octubre de 1954"; "Dr. Johann von Leers: A propagandist of extermination", *Wiener Library Bulletin*, vol. v, núm. 3-4, 1951, p. 19; "The voice of Cairo in *Der Weg*", *Wiener Library Bulletin*, vol. xi, núm. 2, 1960, p. 21; *Der Spiegel*, Hamburgo, 6 de noviembre de 1957; "Eichmann and justice", *Wiener Library Bulletin*, vol. xiv, núm. 2, 1960, p. 21; Robert S. Wistrich, *Who's Who in Nazi Germany*, Londres, 1982, pp. 187-188; Christian Zentner y Friedemann Bedürftig, *Das grosse Lexikon des Dritten Reiches*, Munich, 1985, p. 347; Louis L. Snyder (comp.), *Encyclopedia of the Third Reich*, Londres, 1989, p. 207.

[16] Roger Gravil, "The fall of Juan D. Perón and its aftermath, 1955-56", trabajo presentado en el XVI Congreso Internacional de la Latin American Studies Association, Washington, D. C., 4-6 de abril de 1991; Roger Gravil, "The denigration of Peronism", en Alistair Hennessy y John King (comps.), *The Land that England Lost: Argentina and Britain, a Special Relationship*, Londres, 1992, p. 101.

egipcia fue sólo un intento para presentar a Perón como un enemigo incorregible de los judíos. Por eso debe ser innegable que tuvo amigos entre los nazis de Buenos Aires y entre quienes estaban en la nómina de los enemigos de Israel. Aunque varios autores han dicho que no se puede clasificar a Perón como un judeófobo,[17] quizá sea más exacta la opinión que sostiene que, por lo menos, no era más antisemita que muchos latinoamericanos de la época, de los que no se juzgaba que merecieran este sobrenombre tan utilizado.[18] Sin embargo, es innegable que Perón logró ascender acompañado de judeófobos, y no hay evidencia de que la cohabitación política con ellos le haya causado alguna incomodidad ni de que haya alterado significativamente su actitud pragmática hacia los judíos.[19]

Regresemos a las inexactitudes del memorándum de la DAE; el primer enviado diplomático de Israel a Buenos Aires, Yaacov Tsur, le dio sin querer el golpe de gracia al documento. Ya desde 1983 Tsur había declarado que la leyenda de los 7 500 pasaportes en blanco que Perón había dado a los nazis, según afirmaba Simon Wiesenthal, era una exageración.[20] De ser así, esto significa que las cifras del documento, más altas, son mucho más extravagantes. Quizá debido al comentario de Tsur, Wiesenthal, si no ha sido mal citado y si no hubo un error al transcribir la cifra revisada, redujo el número de pasaportes a dos mil.[21] Por cierto, vale la pena tener en mente, al refutar algunas de las afirmaciones extravagantes de Wiesenthal, que Tsur no ha sido el único diplomático israelí que ha cuestionado las aseveraciones del cazador de nazis. En tiempos más recientes Benno Weiser Varon, ex jefe del departamento latinoamericano de la Agencia Judía y ex embajador de Israel en Paraguay, coincidió con Tsur cuando le tocó encargarse de otros pro-

[17] Para una evaluación de aquellos que han escrito que, ya fuese por un esclarecimiento interesado o por pragmatismo, Perón no era antijudío y que buscó disminuir la judeofobia, véase Ignacio Klich, "Jewish settlement in Argentina", *American Jewish Archives*, vol. 26, núm. 1, Cincinnati, 1994.

[18] Por ejemplo, Carlos Saavedra Lamas, un argentino que ha ganado el premio Nobel de la paz, estaba entre los que firmaron un desplegado prosionista en noviembre de 1945, mientras que, por otro lado, el diputado conservador Reynaldo Pastor se unió a los patrocinadores de un manifiesto prosionista que fue leído en el Congreso en agosto de 1946. No obstante, su historial progermano tras el ascenso de Hitler al poder no coincide del todo con la judeofilia que demostraron con sus acciones después de la guerra. A Saavedra no le preocupó el odio nazi contra los judíos cuando fue a tocar a la puerta de von Thermann a pedirle de favor un lugar entre los directores de Siemens Argentina. Del mismo modo, el desempeño de Pastor en los debates de la cámara baja demuestra que se oponía a quienes se preocupaban por la penetracion nazi en el país, diciendo que sus opiniones lastimaban la cordialidad de las relaciones entre Alemania y Argentina. Carlota Jackisch, *El nazismo y los refugiados alemanes en la Argentina 1933-1945*, Buenos Aires, 1989, p. 248; Newton, p. 408, nota 48.

[19] La evidencia de que los miembros y los consejeros de la logia militar que encabezaba Perón odiaban a los judíos se puede ver en Potash, *Perón y el G.O.U.*, pp. 145, 246 y 252.

[20] Ignacio Klich, "Perón, Braden y el antisemitismo: Opinión pública e imagen internacional", *Ciclos*, vol. 2, núm. 22, Buenos Aires, 1992, p. 221.

[21] *Página 12*, 4 de febrero de 1992.

nunciamientos de Wiesenthal que sólo buscaban llamar la atención. Por ejemplo, Weiser explicó, llamando al pan pan, que ciertas declaraciones de Mengele que aparecen en las memorias de Wiesenthal son el producto de la necesidad de llegar a las primeras planas, pues de otro modo el Centro de Documentación Judía, con sede en Viena, se vería corto de donativos. Este comentario, no carente de mérito, es aplicable, por desgracia, a muchos otros expertos en los nazis. De paso, Weiser denunció también la falsedad de algunas afirmaciones de Ladislas Farago, en particular la que sostiene que Farago se vio con Bormann y Mengele.[22] Para decirlo en pocas palabras, si las declaraciones de Wiesenthal deben tomarse con cuidado, en especial cuando las evidencias de sus afirmaciones no están documentadas, la misma prudencia es necesaria cuando se trata de otros.

En resumen, el documento en cuestión tiene el sello de la falta de confiabilidad, y varios escritores y periodistas argentinos han permitido que su trabajo quede empalado en la pluma del autor del documento de la DAE. Tal ha sido el caso de Jorge Camarasa y Juan José Sebreli, aunque desafortunadamente ellos no han sido los únicos en abstenerse de comprobar la exactitud del documento y, por lo tanto, de exhibir sus muchos defectos. Por ejemplo, Sebreli se equivocó al escribir en el semanario *Somos* (10 de febrero de 1992) un artículo sobre Perón y los documentos que supuestamente facilitó a través de von Leers, "8 000 pasaportes y 1 100 cédulas de identidad [*sic*]". No obstante, si tomamos por buena la versión de Sebreli, podemos remplazar la improbable casa en El Cairo por "una fortuna almacenada en cuentas secretas en Suiza". El artículo de Sebreli se inspiró en el documento de la DAE, que *Somos* publicó en el mismo número, como para condimentar un bocado de la misma carne podrida. Este documento se había publicado en *Última Clave* (14 de septiembre de 1972) y el mismo semanario de Buenos Aires

---

[22] Benno Weiser Varon, *Professions of a Lucky Jew*, Nueva York, 1992, pp. 383, 384, 386. Si la explicación de Weiser sirve para algo, las torpezas de Farago muestran sus perdurables esfuerzos por inventar exageraciones en el recuento de los andares nazis por Argentina. En 1942, por ejemplo, Farago aseguraba que el Eje mantenía "un control bastante generalizado sobre la prensa local" en Argentina y en otros tres países latinoamericanos, una equivocación que tiene que ver con los tiempos de guerra. En esa misma época, la actidud de los periódicos más importantes del país, que apoyaron a los aliados, desmintió rotundamente tal opinión; de hecho, sólo unos pocos diarios, casi todos completamente marginales, estaban bajo el poder del Eje. Es más, poco después de que terminó la guerra, Sidney Robertson, el diplomático británico que se encargaba de contrarrestar esa amenaza en Buenos Aires, escribió que para 1941 se habían neutralizado los esfuerzos del Eje por tomar los medios de comunicación de Argentina. Además de la voz de alerta de Weiser, hay que tomar en cuenta que la credibilidad de los documentos argentinos que muestra Farago descansa sobre pies de barro: "una declaración de buena fe de uno de mis contactos principales, fuente de los dos documentos clave, quien asegura *sin temor a equivocarse y bajo juramento que todos los documentos en mi poder son genuinas* (cursivas de Farago) copias de los originales del archivo". En el mejor de los casos esto quiere decir muy poco; ¿el reporte de la DAE sería más creíble si viniera con una declaración jurada similar? Lo más seguro es que no. Ladislas Farago, *Aftermath: Martin Bormann and the Fourth Reich*, Londres, 1975, p. 450.

le quiso dar más difusión el 1 de noviembre de 1977, tal vez para espantar a los judíos argentinos la víspera de que Perón fuera electo por tercera ocasión para ocupar la Casa Rosada, así como para recordar a los tibios o a los que criticaban el régimen militar que depuso del gobierno a su viuda que eso no era lo peor que podía sucederles a los judíos de Argentina.[23]

De acuerdo con el relato bastante maquillado de *Última Clave*, von Leers no sólo recibió y mandó los 8 mil pasaportes y las 11 mil cédulas de identidad, sino que también le compró a Perón una casa en El Cairo. Ahí se refugió "una vez que terminó la guerra, y ahí murió en 1967". *Última Clave* también presenta a von Leers como el intermediario de las ventas de armas a los estados árabes; éstas se hacían a través de una empresa fundada en 1967 —es decir, dos años después de su muerte— por alguien que actuaba a nombre de Perón. Sobra decir que von Leers llegó a Egipto después de la caída de Perón y no después de que terminó la segunda Guerra Mundial y que, a pesar de sus actividades de propaganda a favor del gobierno de Nasser y de su posible involucramiento en ventas de armas, que hasta la fecha no se tienen por ciertas, murió en 1965. Sobre lo anterior, hay que tener en mente que, de acuerdo con el historiador israelí Michael Laskier, hay que verificar "en los abundantes archivos egipcios" incluso las fuentes judías que afirman que von Leers (junto con otros antiguos nazis en Egipto) "fue responsable de la propaganda antisemita" a partir de 1955. De aquí que, por el momento, no sólo parezca fuera de lugar afirmar que von Leers tuvo que ver en las operaciones de la compañía ibérica en cuestión, sino que, si nos seguimos guiando por la franqueza de Laskier, todavía está por corroborarse el verdadero papel de este judeófobo repugnante y de otros nazis en El Cairo.[24] Hay que añadir que es difícil hacer coincidir con los documentos de los archivos norteamericanos investigados por otro autor argentino la leyenda de la riqueza que añadió Perón a su fortuna cuando supuestamente llegaron a Argentina los submarinos nazis cargados de botín, cuyo inventario también trató de proporcionar *Última Clave*.[25]

Sin embargo, es innegable que se sabe desde hace mucho tiempo de dos submarinos alemanes que se rindieron en Argentina en 1945. No obstante,

[23] Sobre las vicisitudes que sufrieron los judíos argentinos entre 1976 y 1983 véanse, por ejemplo, CONADEO, *Nunca más*, Buenos Aires, 1984, pp. 69-75; Judith Elkin, "We knew but didn't want to know", *Jewish Frontier*, Nueva York, febrero de 1985; Ignacio Klich, "Communal policy under the Argentine junta", *Jewish Quarterly*, núm. 118, Londres, 1985; Javier Simonovich, "Desaparecidos y antisemitismo en la Argentina", *Nueva Sión*, Buenos Aires, 19 de octubre de 1985; Marcel Zohar, *Let My People Go to Hell*, Tel Aviv, 1990; Yehuda Bauer, "Antisemitism in the contemporary world", Amigos de la Universidad Hebrea de Jerusalén, Londres, s. f.

[24] Tomás Eloy Martínez, "Perón and the nazi war criminals", Wilson Center, Washington, D. C., 1984, p. 13. El mismo punto de vista se puede encontrar en J. F. Vila-San Juan, *Dr. Antonio Puigvert, Mis vidas. . . y otras más*, Barcelona, 1981, pp. 258-259.

[25] Michael M. Laskier, "Egyptian Jewry under the Nasser regime, 1956-1970", *Middle Eastern Studies*, Londres, julio de 1955, pp. 584-585.

"para 1945, los aliados interceptaban las comunicaciones navales alemanas con tal perfección que era posible seguir los movimientos de *todos* [cursivas de Newton] los submarinos alemanes"; esto, concluye Newton, hace "improbable que alguno pudiera escapar de la red".[26] No puede sorprendernos entonces que todavía no tengan bases los rumores sobre la llegada de otro submarino alemán ni la idea de que la tripulación de la segunda fuera más pequeña prueba "que los miembros faltantes habían sido suplantados por otras personas o por objetos valiosos para evitar que cayeran en manos de los aliados", como recuerda significativamente Spruille Braden, entonces embajador de Estados Unidos.[27] Las memorias de Braden, a pesar de que no concuerdan del todo con un memorándum británico que dice que "la embajada de Estados Unidos en Buenos Aires tiene la misma opinión que la embajada de Su Majestad, a saber, que al día de hoy, es improbable que las autoridades argentinas dieran facilidades a los submarinos alemanes para esconder a sus tripulantes o pasajeros que llegaran a desembarcar",[28] sirven porque desmienten implícitamente uno de los tejemanejes del no muy confiable Enrique Jürgues, otro traficante de información falsa y fabricante de fraudes, según el cual llegó antes a Argentina un submarino cargado de oro, joyas y documentos de los peces gordos nazis. Para decirlo en pocas palabras, es imperativo volver a evaluar las historias fantásticas sobre un tercer submarino y la interpretación que hace Braden sobre los datos del segundo.[29] O bien nunca existieron esos submarinos inconspicuos cargados de botín nazi y de jerarcas del Tercer Reich o, si existieron, los aliados les permitieron pasar antes de que sucesivos gobiernos argentinos los protegieran en Buenos Aires.

Para regresar a los desafortunados usuarios del documento de la DAE, sería muy injusto juzgar a cualquier autor basándose en una sola metida de pata.[30] Sin embargo, al mismo tiempo es difícil no pensar que la inexperien-

[26] Newton.

[27] Spruille Braden, *Diplomats and Demagogues: The Memoirs of Spruille Braden*, New Rochelle, 1971, p. 357.

[28] National Archives, Washington, D. C., Record Group 165, 929/OPD 336 Germany, "JCS memo on German submarines off Argentina", 30 de mayo de 1945.

[29] Sin que esperemos que los cineastas proporcionen los datos precisos que no brindan algunos diplomáticos e historiadores profesionales, puede decirse lo mismo de Aída Bortnik. Puesto que es fiel a Braden y a otros observadores por el estilo, la supuesta llegada de criminales nazis a Argentina, hecha con submarinos alemanes, la cual se menciona en *Pobre mariposa*, la película de esta famosa directora, por desgracia está en desacuerdo más de una vez con los hechos. De cualquier modo, lo que hizo Bortnik no es nada si se compara con lo que hicieron los guionistas de la película argentina *Mientras dormías*, que describen a Argentina como un país de "ganado y nazis".

[30] Los escritores, argentinos o no, académicos o no, no están exentos de dar un resbalón. Consideremos, por ejemplo, una nota aparecida en el reputado periódico *Página 12*, 4 de febrero de 1992. Se equivoca al decir que "para cuando Argentina le declaró la guerra a Alemania, Japón e Italia, el 10 de marzo de 1945, Chile lo había hecho dos años antes". Se sabe que Italia no estaba incluida en la declaración de guerra de Argentina, emitida el 27 de marzo de 1945.

cia en el manejo de documentos, las ganas de creer y la simpatía política hicieron que Camarasa y Sebreli resbalaran sobre las pieles de plátano que tanto abundan en este terreno. Consideremos el último trabajo de Camarasa sobre la influencia nazi. Sin posiblidad de duda, este trabajo representa un avance con respecto a su libro anterior sobre el mismo tema, en el cual también se incluye un facsímil del documento de la DAE.[31] No obstante, el memorándum de la DAE no vuelve a aparecer entre los documentos del nuevo libro. Además, la investigación más profunda de Camarasa lo ha llevado sin duda a alertar a los lectores sobre la carne podrida preparada por los operativos de la inteligencia estatal (SIDE) para beneficio de los ingenuos, entre ellos el ya mencionado Ladislas Farago, y a admitir que no todos "los supuestos hallazgos" de Silvano Santander deben tomarse por buenos.[32]

A pesar de principios tan alentadores, Camarasa vuelve a insistir en que von Leers, y no Wolf, era el agregado militar de la Alemania nazi en Buenos Aires al mismo tiempo que, de modo curioso, advierte al lector que no confunda a este Johannes von Leers con otro Johannes von Leers, un general de la SS que llegó a Argentina después de la guerra y que, como su homónimo, acabó por irse a Egipto. Esto significa que ahora, en lugar de tener un Johannes von Leers, tenemos dos personas del mismo nombre, de los cuales el primero es quien, según *Última Clave* (14 de julio de 1972), se ocupó de obtener, en 1944, los 8 mil pasaportes y las 11 mil cédulas de identidad. Esta vez los documentos se nos presentan como un regalo del gobierno de Argentina, aunque von Leers todavía le obsequia a Perón una casa en El Cairo, en la que pudo vivir como ocupante. En otras palabras, haciendo de lado todas las referencias al memorándum de la DAE, Camarasa todavía le da crédito a su contenido a través de la versión de *Última Clave*.[33]

Sería injusto no mencionar que Camarasa agrega, apropiadamente, aunque en una nota al pie, que nunca se ha confirmado la historia de que Perón proporcionó los documentos antes de ser presidente. Además, observa que, aun si hubieran sido entregados, a fin de cuentas "la mayoría de los nazis llegó al país con documentos falsos que consiguieron en Europa (a través del Vaticano o con otros auspicios)". Dicho esto, Camarasa dice que el nombre que más se menciona en relación con la entrega de 8 mil pasaportes argentinos y 11 mil cédulas de identidad al Tercer Reich no es el de von Leers

Además, dos años antes Chile había roto relaciones diplomáticas con el Eje, no declarado la guerra. Véanse también Randall Bennett Woods, *The Roosevelt Foreign Policy Establishment and the "Good Neighbor": The United States and Argentina, 1941-1945*, Lawrence, 1979, p. 191; Daniel J. Greenberg, "From confrontation to alliance: Peronist Argentina's diplomacy with the United States, 1945-1951", *Canadian Journal of Latin American and Caribbean Studies*, vol. 7, núm. 25, Toronto, 1987, pp. 3-4.

[31] Jorge Camarasa, *Los nazis en la Argentina*, Buenos Aires, 1992.

[32] Jorge Camarasa, *Odessa al sur: La Argentina como refugio de nazis y criminales de guerra*, Buenos Aires, 1995, pp. 9-10, 205-210.

[33] *Ibidem*, pp. 115-116, nota 7, p. 138.

sino el de Alberto Vignes, "el entonces embajador en Viena".[34] No hace falta ni decir que en 1944 Argentina no tenía embajada en Viena. Como Alemania había absorbido a este país, Argentina tenía en Viena un cónsul, que se llamaba Juan Giraldes, y no Alberto Vignes. Sin embargo, antes de llegar a conclusiones, hay que preguntarse si Vignes, el hombre que, la década anterior, supuestamente vendió visas a solicitantes judíos,[35] estaba acreditado en Berlín o en algún otro lugar del Tercer Reich en agosto de 1944.

Vignes no figura en la lista de los argentinos que, en septiembre de 1944, cuando llegó la demorada ruptura de relaciones diplomáticas con el Tercer Reich, fueron repatriados vía Suecia y Portugal. ¿Por qué? Porque en 1943 el hombre que durante el tercer gobierno de Perón trabajaría como ministro de Relaciones Exteriores estaba en Buenos Aires y no en Europa. Esto no es ningún secreto de Estado; se puede encontrar fácilmente, por ejemplo, en los diccionarios biográficos argentinos.[36] Es más, si uno se atreve a revisar los documentos del Ministerio de Relaciones Exteriores, hasta es posible dejar en claro que, durante los últimos días del gobierno de Ramón Castillo, Vignes fue desplazado al Ministerio del Interior y, aunque regresó a la Cancillería en julio de 1943, no sobrevivió cuando el contralmirante Segundo Storni abandonó la dirección de las relaciones exteriores de Argentina. Por lo tanto, Vignes no sólo estaba lejos de ser el embajador argentino en Viena (de hecho nunca sirvió a su patria en ese país durante la era nazi); ni siquiera estuvo involucrado en la diplomacia entre el 21 de septiembre de 1943 y el 11 de junio de 1946.[37]

Para resumir, en esta nueva obra Camarasa, aun cuando se ha sobrepuesto a otros problemas que presentó en su libro anterior, sigue equivocándose, por lo menos en la misma medida que en el primer libro, en lo que respecta al documento de la DAE. Para decirlo en pocas palabras, por segunda vez Camarasa parece renuente a verificar los datos y a denunciar el olor fétido del memorándum de la DAE o de sus variaciones, en circulación desde de 1972. Dicho esto, los casos de Camarasa y de Sebreli pueden contarse entre los que ilustran algunos de los problemas que asedian a las investigacio-

[34] *Ibidem*, nota 7, p. 138.

[35] Entre junio de 1936 y febrero de 1938 Vignes trabajó en Praga como encargado de negocios interino para Checoslovaquia y Polonia; de ahí fue transferido a Belgrado, donde ocupó, hasta junio de 1941, un puesto similar para Bulgaria, Grecia, Rumania y Yugoslavia. Después de una corta estancia en Finlandia, Vignes se convirtió, en octubre de 1941, en el encargado de negocios interino de Argentina en Budapest y de ahí, en marzo de 1943, fue transferido a Buenos Aires, al Ministerio del Interior. Archivo del Ministerio de Relaciones Exteriores y Culto (AMREC), Buenos Aires, expediente personal de Alberto J. Vignes, decretos núm. 84155.M.11, junio de 1936, 125575.M.52, febrero de 1938 y 146,179-M-61, marzo de 1943; resolución núm. 112, octubre de 1941.

[36] Juan Pinto, *Diccionario de la República Argentina*, Buenos Aires, 1950, p. 704.

[37] Un decreto que firmaron el presidente Pedro Ramírez y Alberto Gilbert, el canciller, declara que Vignes estaba "en disponibilidad"; AMREC, expediente personal de Vignes.

nes peridísticas argentinas sobre los nazis, a saber, un interés por demostrar que su influencia explica primero que nada el terrorismo estatal de los setenta y los ochenta y una renuencia a separar la verdad de la fantasía, especialmente cuando ésta se ajusta a las conclusiones preconcebidas. De aquí que sea un hecho biográfico importante que un hombre haya pertenecido a las juventudes nazis cuando era un adolescente en Europa, pues explica los métodos particulares que utilizó cuando se desempeñó como interrogador y verdugo en uno de los infames equipos del régimen militar que duró desde 1976 hasta 1983.

De la misma manera, ni Camarasa ni Sebreli pueden hacerse a la idea de dejar de lado el memorándum de la DAE y la versión que aparece en *Última Clave* (los cuales han aparecido ya en una biografía de Eva Perón).[38] Para eso tendrían que decir algunas cosas que su público no está preparado para saber: cuestionar la supuesta llegada de más de dos submarinos, así como lo que se refiere al botín nazi y a los jerarcas del Tercer Reich que supuestamente iban a bordo, sin pasar por alto la habilidad de los especialistas británicos para diseminar noticias falsas que servían para desmoralizar al público alemán y, en consecuencia, acortar la guerra, lo cual fue revelado hace más de una década.[39] En el mismo tenor, no es accidental que hayan mezclado a Vignes en el asunto mítico de los 11 mil documentos para los criminales de guerra nazis; conlleva un elemento de continuidad indispensable: es precisamente el mismo hombre que supuestamente les cobraba las visas argentinas a los judíos que querían salir de Europa en los treinta quien entrega una década más tarde el regalo de Perón —pobremente recompensado y que no llegó a ser usado— para los criminales de guerra nazis; ese hombre que en los setenta funge como máximo diplomático de un régimen en descomposición cuyo mentor ideológico había llegado a pensar que el sionismo era una de las cinco plagas internacionales que amenazaban con encadenar al Tercer Mundo.

Sin embargo, si recordamos el estallido del ex embajador de Israel en Asunción contra algunas de las aseveraciones principales de Farago, en particular su presunta deshonestidad al inventar una reunión con Bormann y Mengele en Sudamérica, sería erróneo pensar que los *best-sellers* extranjeros y los especialistas aficionados de otros países lo han hecho mejor que sus colegas argentinos. La diferencia está, tal vez, en que Camarasa incluye en su lista de agradecimientos al Centro Simon Wiesenthal por verificar la exactitud de su información.[40] De ser así, quedaría demostrado, para su desgra-

---

[38] Alicia Dujovne Ortiz, *Eva Perón: La biografía*, Buenos Aires, 1995, pp. 97-107.

[39] Ronald C. Newton, "Indifferent sanctuary: German-speaking refugees and exiles in Argentina, 1933-1945", *Journal of Interamerican Studies and World Affairs*, Coral Gables, noviembre de 1982, p. 415.

[40] Camarasa, *Odessa al sur*, p. 8.

cia, que el centro es insensible a las críticas que los diplomáticos israelíes y los especialistas judíos y gentiles, entre otros, han lanzado sobre Wiesenthal. Mientras esto deja una puerta abierta para hacer preguntas más sustanciales sobre el daño que una actitud desdeñosa hacia la verdad incómoda puede hacerle a los esfuerzos notables que Wiesenthal y el centro han realizado para evitar que los criminales nazis escapen a la justicia, también nos recuerda dos cosas importantes. Por un lado, tenemos la aguda observación de George Bernard Shaw: "no hay hecho científico más sólido en el mundo que la capacidad de la fe para producirse en cantidad e intensidad prácticamente ilimitadas, sin razones ni observación, incluso contra ambas, por el solo deseo de creer, basado en un fuerte interés en creer". Por otro lado, la identificación política de Wiesenthal con una facción de la escena política israelí que se opone amargamente a la cesión de tierras a cambio de la paz que Israel ha negociado con sus vecinos árabes en general, y con Siria en particular, puede tener que ver con que el Centro Wiesenthal le haya proporcionado a Camarasa información que tiende a sugerir que los criminales de guerra que llegaron a Argentina terminaron por ir a los países árabes o viceversa.

Lo anterior no pretende negar que hayan llegado a Buenos Aires personajes del Tercer Reich, contratados por Perón y con pasaportes proporcionados por él; ni sugerir que la mayoría de los documentos depositados en los archivos más importantes de Argentina sean de la misma calidad de los que han comprometido los *best-sellers* más exitosos de Camarasa y de Farago. Por el contrario, a pesar de estos ejemplos malolientes a carne podrida, quedan claras tres cosas: *a)* cuando el Tercer Reich fue derrotado, algunos de sus miembros consiguieron pasaportes argentinos; *b)* parece que la cantidad de documentos que mencionan el informe de la DAE y Wiesenthal es exagerada más allá de límites razonables; *c)* incluso si fueron pocas personas, por ejemplo, los miembros del equipo aeronáutico de Kurt Tank, quienes recibieron pasaportes para acelerar su salida de Europa, esto no quiere decir que Argentina no les haya abierto sus puertas a otros que, llevando el estigma del Tercer Reich,[41] llegaron a Buenos Aires con documentos de otros países.

---

[41] Heinz Conradis, *Designed for Flight: The Kurt Tank Story*, Londres, 1960, pp. 176-177.

ALTERIDAD EN LA HISTORIA Y EN LA MEMORIA: MÉXICO Y LOS REFUGIADOS JUDÍOS

JUDIT BOKSER LIWERANT*

> En realidad el problema radical que el ser judío nos plantea —a todos nosotros, a los hombres genéricamente hablando, tanto a los que no somos judíos como a los que lo son— es el problema del Otro. El problema de la alteridad. El judío es, en efecto, el Otro por definición y antonomasia, al menos en el universo cultural de lo que viene llamándose Occidente.
>
> JORGE SEMPRÚN

ENTRE las dualidades constitutivas de la modernidad resulta determinante el papel que desempeña el Otro, tanto real como imaginario, en la formación así como en la continua reconstrucción de las identidades colectivas. La alteridad opera como un referente constitutivo de comparación y oposición y, como tal, si bien puede conducir a la conciencia de la relatividad de las pertenencias colectivas, puede convertirse en objeto de marginación. A su vez, la circularidad que comporta todo discurso cultural-grupal conduce al difícil hecho de que lo que es central o esencial para un grupo puede resultar tangencial o marginal para otro.

En tanto colectivas, las identidades conjugan imaginario social y conformación de presentes institucionalizados que operan en diferentes claves de inclusión y exclusión. Las identidades son referenciales: el Otro emerge ya sea como resultado de una interacción existente o bien de una percepción que la precede (y condiciona), lo que resulta determinante en las modalidades de relación e interacción que se establecen entre diferentes colectivos humanos. En esta línea de pensamiento —y desde la visibilidad que la dimensión nacional ha tenido como referente de identidad colectiva en la modernidad—, la actitud que un país manifiesta frente a la admisión de inmigrantes y refugiados aparece como un terreno particularmente significativo de exploración. En él la percepción del Otro adquiere un papel central, toda vez que conjuga de un modo complejo consideraciones de orden pragmático, tanto económicas como políticas.

Ahora bien, mientras que en el caso de la recepción de inmigrantes el ca-

* Universidad Nacional Autónoma de México; Universidad Iberoamericana.

rácter de permanencia que usualmente comporta esta opción confronta a un país con la imagen del perfil poblacional deseado y el modelo de identidad nacional al que aspira el potencial país receptor, los motivos, así como el carácter transitorio del refugio, le confieren un peso distinto a esta confrontación, ampliando el margen y el papel que desempeñan las consideraciones humanitarias en la decisión de conceder el asilo. Más aún, en este caso, la amenaza real existente sobre el grupo solicitante opera como factor que tiende a acelerar su tratamiento, rebasando la mayoría de las veces la evaluación individual de los solicitantes y convirtiendo la resolución del asilo en una cuestión de carácter colectivo.

Este deslinde de consideraciones frente a la inmigración y al exilio, sin embargo, se vio diluido frente a los judíos precisamente cuando la posibilidad de abandonar el continente europeo era de vital urgencia y resultaría, a la postre, su única opción de supervivencia. Desde una visión global podría afirmarse que el ingreso de los judíos durante los años treinta y principios de los cuarenta en calidad de refugiados se vio limitado por (y subsumido en) la lógica restrictiva de la política migratoria entonces vigente en la mayoría de los países de Occidente. El entrelazamiento de ambas lógicas, entonces, formó parte de un patrón caracterizado por una línea de continuidad entre las medidas restrictivas a la inmigración adoptadas desde el inicio de la década y las limitaciones al ingreso de refugiados con la consolidación del nazismo.

Desde el punto de vista específico de México, empero, y comparado con el comportamiento de apertura que el país asumió frente a otros exilios, notablemente el español, fue diferencial. Desde esta perspectiva, y sin desconocer la incidencia que tuvieron diversos factores y dimensiones en la definición de una política de ingreso restrictiva, nuestro interés es analizar el papel de la percepción de la alteridad del judío como obstáculo para su admisión, a la luz de la difusión de los estereotipos y prejuicios que engendró y reforzó el nazismo. Ello no sólo nos permitirá abordar desde este ángulo la siempre difícil operación de adscripción identitaria, sino que nos ayudará a analizar un segundo tema igualmente importante que se derivó de este (des)encuentro histórico. Con ello nos referimos a una compleja paradoja resultante, en primer lugar, de la conversión que la memoria hizo de la política de puertas cerradas, a través de sucesivas reformulaciones y mediaciones, hasta desembocar en la imagen de una generosa política de asilo frente a los judíos. En segundo lugar, mientras que fue la percepción de la alteridad del judío la que estuvo presente en los límites puestos a la concesión del refugio buscado entonces, con el tiempo, y reconvertida, la misma habría de operar como argumento que reforzaría dicha condición de alteridad.

En efecto, a partir de la década de los cuarenta, se construiría en la memoria nacional una imagen de México como país que brindó asilo a millares de refugiados judíos, imagen, por otra parte, que la historiografía sobre el periodo ha sancionado.[1] Ciertamente parece haber contribuido a esta magnificación la afirmación de la vocación hospitalaria genérica del país que hizo extensiva la política de puertas abiertas al caso judío, sin deslindar el comportamiento frente a otros exilios. Sin embargo, en la medida en que la memoria, en sus elaboraciones del pasado, responde a las necesidades de la acción presente, nuestro interés será también arrojar luz sobre el discurso imaginario construido a través de sucesivos momentos. Su ulterior impacto sobre la condición de alteridad resulta igualmente importante. La memoria colectiva permite a los grupos sociales tomar conciencia de su identidad en el tiempo y, como tal, contribuye a la constitución del Nosotros *vis-à-vis* los Otros. Es por ello que los diversos aspectos que este trabajo analiza se insertan en la compleja interacción de significados entre alteridad, extranjería y pertenencia nacional.

Nuestro interés inicial es destacar el modo como la percepción-adscripción de Otredad medió en la restricción del ingreso de los refugiados judíos al país, constituyéndolo en un espacio de hermenéutica conceptual y política. En el complejo proceso que comportó históricamente la aspiración a definir la identidad nacional, a descubrir lo propio, lo original, se llevaron a cabo complejas operaciones de inclusión y de exclusión y se fue conformando la idea de fusión étnica como un recurso de identidad, a partir de la convicción —como proyecto político y como instrumento de integración nacional— de que era posible y deseable crear una sociedad unificada y homogénea que compartiría una identidad nacional única. De allí se derivó la idea del mestizaje como sinónimo de identidad nacional, de modo tal que el mestizo sería el depositario de la misión de unificar la nacionalidad mexicana. Mientras que en esta misión el indígena era el Otro susceptible de asimilación, la otra rama fundacional —la hispano-cristiana— convertía al extranjero diferente en un elemento no legítimamente constitutivo de lo nacional.[2]

Visto globalmente, la conjunción del axioma de mestizaje como recurso de integración con la autoaserción y afirmación identitaria nacional, fijó parámetros conflictivos a partir de los cuales se clasificaría la inmigración extranjera: la evaluación de la capacidad de asimilación a la población nacional de los diferentes grupos humanos y la valoración diferencial de éstos de acuerdo con su semejanza y capacidad de fusión. Estos parámetros que delinearon las políticas migratorias desde finales de los años veinte se mani

---

[1] Ha sido el excelente trabajo pionero y comprensivo de Haim Avni el que arrojó luz sobre el papel de México frente a los refugiados judíos de la segunda Guerra Mundial. *Vid.* Haim Avni, *The Role of Latin America in Immigration and Rescue During the Nazi Era (1933-1945)*, Latin American Program, Wilson International Center, Colloquium Paper, 1986.

[2] Judit Bokser, "La identidad nacional: Unidad y alteridad", en Serge Gruzinski, Jacques Lafaye *et al.*, *México: Identidad y cultura nacional*, UNAM, México, 1994, pp. 71-86.

festarían en la estrategia migratoria con que se inició la década de los treinta, en las sucesivas propuestas, reglamentaciones y legislación, e incidirían y condicionarían la política de asilo a los refugiados judíos. En efecto, ya en la Ley de Inmigración de 1926 y en la de 1930 aquélla fue restringida tanto por consideraciones económicas como raciales, perfilándose como criterios determinantes la evaluación de la capacidad de asimilación a la población nacional de los grupos inmigrantes y la valoración diferencial de éstos.[3] Así, en 1934 se retomaron prohibiciones y restricciones a la inmigración y se formularon otras nuevas que afectaban directamente a diversos grupos raciales, entre los que se encontraban la raza negra, la amarilla, la indoeuropea, oriental, la aceitunada o malaya, así como miembros de nacionalidades europeo-orientales y del Medio Oriente, de las repúblicas socialistas, étnicos, raciales y nacionales. Un apartado especial mereció la inmigración judía, ". . .aquella que, más que ninguna otra, por sus características psicológicas y morales, sigue en los negocios de índole comercial que invariablemente emprende, resulta indeseable".[4] La prohibición de su ingreso al país resultó ser más extrema y especificada que la de otros grupos, reduciendo las posibilidades de excepción por consideraciones profesionales "no obstante la nacionalidad a la que perteneciera".[5]

Alimentado por contenidos de un nacionalismo a la vez popular y progresista, el cardenismo recuperó la dimensión de etnicidad en su política migratoria.[6] La Ley General de Población del 29 de agosto de 1936 así lo reflejó, y las cuotas diferenciales de ingreso de inmigrantes se formularían en función del interés nacional, del grado de asimilación racial y cultural de cada grupo y de la conveniencia de su admisión al país.[7] De frente a la cues-

---

[3] En 1927 la restricción se aplicó a los grupos identificados, según la nomenclatura de la época, como negros, indobritánicos, sirios, libaneses, armenios, palestinos, árabes, turcos y chinos, reflejando, esencialmente, un criterio étnico, y en 1930 se sumó el grupo de los polacos, bajo la argumentación de que los que ya se encontraban en el país se ocupaban exclusivamente del comercio ambulante o bien de agitar a los trabajadores. *Vid.* Moisés González Navarro, *Población y sociedad en México 1900-1970*, UNAM, México, 1974, t. 2, pp. 44-45.

[4] Circular confidencial Núm. IV-32-71, "Prohibiciones y restricciones establecidas en materia migratoria", Secretaría de Gobernación, 11 de agosto de 1934, Archivo de Relaciones Exteriores (AREM), Entrada a México de Judíos Americanos, III-2334-4-12. Agradezco a Daniela Gleizer que me haya llamado la atención sobre este documento.

[5] *Ibidem*, Las restricciones fueron enviadas en forma confidencial a los consulados en el extranjero. El tenor extremo de las restricciones al grupo judío llevó al embajador de México en Estados Unidos, Francisco Castillo Nájera, a externar su preocupación ante el conflicto que estas medidas generarían en caso de llegar a ser del conocimiento del gobierno norteamericano. Carta confidencial del embajador Castillo Nájera a la Secretaría de Relaciones Exteriores, 25 de julio de 1935, AREM, *loc. cit.*

[6] El presupuesto de que el desarrollo del país dependía de la superación de la baja densidad de población condujo a que, junto al aumento de la natalidad y a la repatriación, la inmigración continuara ocupando un lugar destacado; sin embargo, se insistió en que debía tratarse de grupos asimilables y que no representaran una competencia económica desleal para la población nacional.

[7] Ley General de Población, *Diario Oficial de la Federación*, México, 29 de agosto de 1936, t. XCVII.

tión del ingreso de los judíos como refugiados, el régimen cardenista exhibió una profunda ambivalencia tanto en el plano discursivo como en el desfase que se dio entre discurso y acción.[8]

Ciertamente la alteridad judía cobró durante el periodo en cuestión nuevos significados derivados del dominio de prejuicios difundidos a través de una compleja correa transmisora que tuvo su epicentro en los ámbitos internacionales, donde se discutió la cuestión de los refugiados judíos. Tal fue el caso de la Conferencia de Evian, convocada por el presidente Roosevelt en junio de 1938 para encontrarle solución a la cuestión de los refugiados políticos de Alemania y Austria, así como del Comité Intergubernamental de Londres que se conformó a partir de aquélla. Ambos momentos se convirtieron en arena de debates a partir de los cuales, irradiando pero retroalimentándose a su vez del contexto nacional, se conformaron círculos argumentativos que reforzaron las ambivalencias e indecisiones frente a la solución del problema. En tanto representaciones mentales, las percepciones y actitudes que orientaron a los actores pueden ser vistas como palimpsestos, en la medida en que se dio una reescritura de los contenidos de la alteridad, que en unos casos conservó atributos vagamente legibles, mientras que en otros la superposición fue total. Así, por ejemplo, la visión del judío como inmigrante trabajador, emprendedor, vigoroso, que habría de contribuir a la construcción del país, que formó parte de los considerandos que orientaron la política migratoria en los regímenes de Obregón y Calles, fue desplazada por argumentos que subrayaron las diferencias y distancias que el grupo guardaba con la población, o bien, como veremos, las inconveniencias o riesgos que conllevaría su presencia en el país.

La Conferencia de Evian fue, así, un foro del cual los sucesivos representantes del gobierno mexicano enviarían sus percepciones y sugerencias, que orientarían los lineamientos que a su turno recibirían desde el gobierno.[9] Dicho circuito encontraría nudos de retroalimentación en amplios foros de la prensa nacional, que se volvió una arena central de toma de posiciones. Desde el inicio de la conferencia el representante mexicano informó sobre las

---

[8] Ciertamente diversas dimensiones interactuaron de un modo complejo hasta arrojar un difícil panorama restrictivo frente al ingreso de los judíos al país. Entre ellas destacan la depresión económica mundial, que reforzó las tendencias a la restricción y el temor a que los solicitantes de ingreso pudiesen convertirse ya sea en un peso para la economía o en amenaza de desplazamiento de los nacionales; el uso alternativo de este argumento por los diferentes grupos gremiales y políticos en el complejo espectro de la oposición (y defensa) del proyecto cardenista; así como la correlación de fuerzas en el nivel mundial, a la luz de los nexos entre la expropiación petrolera y las relaciones bilaterales con Estados Unidos en el marco del escenario mundial. *Vid.* Haim Avni, *op. cit.*; Judit Bokser Liwerant, "Cárdenas y los judíos: Entre el exilio y la inmigración", *Canadian Journal of Latin American and Caribbean Studies*, vol. 20, núms. 39-40, 1995, pp. 13-38.

[9] *Vid.* Juan Felipe Pozo, "México en Evian: Propuestas teóricas, realizaciones prácticas", UIA, Programa de Estudios Judaicos. Este trabajo orienta una parte sustantiva de nuestro análisis en torno a la Conferencia de Evian.

ambivalencias que privaban en los participantes: "actitud todos países fue defensiva dentro declaraciones simpatía por obra humanitaria".[10] Con esta percepción habría de interactuar la disposición inicial del gobierno de México, que bien puede ser calificada de positiva, a la vez que ambivalente. Así, mientras que México "esta[ba] en la mejor disposición de acoger a los refugiados de que se trata", ello se haría "dentro de los límites que nuestras leyes migratorias establecen".[11] De este modo, rigidez o laxitud definían los parámetros teóricos de la disposición que privaría frente a los exiliados. Junto a las razones humanitarias y a la tradición hospitalaria del país, el criterio que se sugería normarse la aceptación de los refugiados contemplaba su contribución al esfuerzo productivo nacional, prioritariamente en el agro, pero no sólo en él, sino también en ramos más amplios del quehacer nacional.[12]

Ya en el marco del encuentro internacional el representante mexicano informó que las potencias pretendían canalizar a los refugiados judíos hacia otros territorios "para prevenir la crisis internacional" y ofrecer una "válvula de escape para librarse de las serias consecuencias de la afluencia semítica en sus territorios. . .".[13] A su vez, el representante ante el Comité Intergubernamental en Londres consideraría que los países de América Latina manifestaban una creciente molestia ante lo que consideraban era la reiterada posición de las potencias de desembarazarse de la "población sobrante de Europa".[14] Esta visión del carácter de "sobrante" (surplus) de la población judía sería una representación de gran influencia sobre la disposición a aceptar a los refugiados. Reflejaba, de un modo contundente, las reelaboraciones de la alteridad; en efecto, se había operado el cambio de la imagen del inmigrante buscado, pleno de cualidades, a la del refugiado aislado, "sobrante" y por lo tanto objeto de rechazo o indiferencia ante su problemática

[10] Primo Villa Michel, mensaje dirigido a la Secretaría de Relaciones Exteriores, 15 de junio de 1938, AREM, Refugiados III-1246-9-I. Añadió que, debido al carácter preliminar de la reunión, la "delegación mexicana al mismo tiempo que dio satisfacción a puntos de vista Estados Unidos, dejó nuestro Gobierno en posibilidad de ofrecer próximas facilidades amplias o restringidas, según convéngale, para establecimiento continuado esta emigración".

[11] Respuesta del general Eduardo Hay, secretario de Relaciones Exteriores, al embajador Josephus Daniels, 26 de marzo de 1938, AREM, III-1246-9-I.

[12] Se aludía a "profesionistas destacados, obreros de alto tipo técnico y especialistas en las diferentes ramas del saber, que, expulsados de los centros de investigación y trabajo quieran venir a aportar su experiencia y su conocimiento al estudio y al aprovechamiento de nuestros recursos naturales y al perfeccionamiento de la agricultura y de la industria". Memorándum de Ignacio García Téllez al secretario de Relaciones Exteriores, 20 de junio de 1938, AREM, Refugiados, III-1246-9-I e ibidem, "La Conferencia de Evian. Razones para convocarla y política que México seguirá en ella".

[13] Informe reservado de Primo Villa Michel al secretario de Relaciones Exteriores, Ginebra, 18 de julio de 1938, AREM, III-1246-9-I [III/342.1 (44)/10974].

[14] Informe sobre el Comité Intergubernamental, de G. Luders de Negri al secretario de Relaciones Exteriores, Londres, 27 de febrero de 1939, AREM, Refugiados, III-1246-9-I.

individual y colectiva. Esta imagen alimentaría la justificación de las estrategias restrictivas.[15]

Progresivamente las percepciones y representaciones previas condujeron a sucesivas evaluaciones del carácter del grupo, las que reforzarían la tendencia de confrontarlo en grados de semejanza con los caracteres nacionales, para así desembocar en una nueva evaluación: aquella que desde la conveniencia nacional separa y antagoniza las consideraciones humanitarias *vis-à-vis* los intereses nacionales. De este modo, en la definición de la estrategia a seguir, el representante mexicano sugería "que nuestra respuesta se redacte en tal forma que deje la puerta abierta para aceptar tan sólo a aquellos elementos que convengan al país. . .".[16] Más aún, insistiría en el interés de las grandes potencias por "encontrar acomodo para los refugiados en otros países que no sean los suyos propios". A ellos canalizaban, a su entender, los mejores elementos, argumento que, por otra parte, refleja una fuerte ambivalencia en la percepción del grupo. Frente a ello, el delegado mexicano veía la opción de apoyar una inmigración bien seleccionada que estuviese de acuerdo con las necesidades nacionales.[17]

Una representación ulterior de la alteridad del judío estaría alimentada por la imagen de una extranjería permanente, carente de vínculos, del Otro como *outsider* en sus lugares de residencia. Conjuntada ésta con los considerandos anteriores, se afirmaría:

> haciendo a un lado los sentimientos humanitarios y generosos que impulsaron a nuestro país a dar asilo a los perseguidos de los regímenes totalitarios, es necesario que se tenga en cuenta el interés nacional. Es bien sabido que los elementos que buscan refugio integran grupos que no son asimilables y que la experiencia de otros países ha demostrado que a la larga, cuando el número de judíos es im-

---

[15] *Vid.* Michel Marrus, *The Unwanted, European Refugees in the Twentieth Century*, Oxford University Press, Nueva York, 1985, cap. 3, "In flight from fascism".

[16] ". . .admitiéndose en números reducidos y únicamente cuando las condiciones económicas de la nación puedan absorberlos sin sufrir perjuicios". Informe sobre el Comité Intergubernamental, de G. Luders de Negri al secretario de Relaciones Exteriores, Londres, 25 de enero de 1939, AREM, *loc. cit.* El cónsul cancelaba así una propuesta suya inicial que aludía a un número determinado de refugiados y sugería, en su lugar, la conveniencia de tomar como modelo la política restrictiva y selectiva asumida por otros países, concretamente Perú. *Vid.* informe confidencial núm. 000249, sobre la posición del Perú ante la política migratoria, de G. Luders de Negri al secretario de Relaciones Exteriores, Londres, 25 de enero de 1939, y "Letter from the Peruvian Minister to the Chairman of the Intergovernmental Committee", Londres, 12 de enero de 1939, AREM, en Felipe Pozo, *op. cit.* Esta proposición parecía cancelar la sugerencia previa de aceptar mil refugiados anuales durante cinco años, o sea, cinco mil durante todo el periodo, lo que no significaría "un problema económico o étnico para el país". Informe sobre el Comité Intergubernamental, de G. Luders de Negri al secretario de Relaciones Exteriores, Londres, 31 de agosto de 1938, *loc. cit.*

[17] Informe del Consulado General de México en Londres, G. Luders de Negri al canciller general Hay, sobre la reunión del Comité Intergubernamental, 20 de marzo de 1939, AREM, Refugiados.

portante, llegan éstos a constituirse en una casta exclusiva, dominante y poderosa, que no tiene ningunos vínculos con el país donde se establecen y muy a menudo son la causa de problemas interiores. Si hemos de admitirlos, que sea en el menor número posible, seleccionándolos con el mayor cuidado, y siempre que económica y étnicamente no vayan a constituir un problema para el país.[18]

De este modo, al carácter no asimilable se le sumaba la visión prejuiciosa de "casta exclusiva, dominante, poderosa" convirtiendo al tropo judíos en un elemento ajeno tanto al perfil de la sociedad nacional como al modelo ideal que se pretendía construir.

Las percepciones-sugerencias de la delegación mexicana tuvieron una marcada influencia sobre la Secretaría de Gobernación, instancia que definiría la estrategia restrictiva de México. Al presidente el secretario de Gobernación le sugería mantener frente a los refugiados "suma escrupulosidad en la admisión de extranjeros que por lo general no se mezclan ni espiritual ni económica ni consanguíneamente con nuestra raza ni con su movimiento revolucionario".[19] A la Cancillería, mientras que estipulaba que la política de la Secretaría de Gobernación había sido la de estimular el ingreso al país de todos aquellos elementos extranjeros de quienes pudiese esperarse algún beneficio social, que se cuidaba "con todo celo de evitar aquella inmigración que, ya sea por las calidades propias de los presuntos inmigrantes o por las circunstancias especiales del país, no sólo no producen los beneficios que deben esperarse, sino que provocan situaciones de desequilibrio".[20]

Resulta pertinente señalar que junto a la preminencia de los intereses nacionales por sobre las consideraciones humanitarias, la definición última de las condiciones estrictamente económicas y ocupacionales a las que deberían atenerse quienes solicitasen asilo no parecen guardar ningún elemento discriminatorio; sin embargo, ante la creciente necesidad de los judíos de encontrar refugio, la posibilidad de su ingreso se veía restringida.[21] Ciertamente se cancelaba la autonomía de la dinámica frente a los perseguidos por razones políticas, religiosas o nacionales que convertía al grupo judío en exiliados políticos, y que exigía, una vez tipificado el motivo, una atención co-

[18] Informe sobre el Comité Intergubernamental, de G. Luders de Negri al secretario de Relaciones Exteriores, Londres, 31 de agosto de 1938, AREM, Refugiados, III-1246-9-I [342.1 (44)/10974].

[19] En la argumentación una consideración adicional reforzaba esta actitud restrictiva, a saber, el problema de la repatriación de emigrados indocumentados mexicanos en Estados Unidos, "que sufren hambre y humillaciones, y cuya solución es primordial frente a cualquier otro problema de inmigración extranjera". Memorándum del secretario de Gobernación para el presidente de la República, México, 3 de enero de 1939, AREM, Refugiados, III-1246-9-I (549 ?/18).

[20] Oficio referente a los criterios que debían normar la inmigración, del secretario de Gobernación al secretario de Relaciones Exteriores, México, 23 de marzo de 1939, AREM, Refugiados III-1246-9-I.

[21] Vid. Felipe Pozo, op. cit.

lectiva y pronta.[22] De este modo, las solicitudes de ingreso de los refugiados judíos se enfrentarían al muro de contención de la Secretaría de Gobernación.[23]

El comportamiento diferencial demostrado frente al exilio español refuerza la tesis del papel desempeñado por la percepción de la alteridad judía. Ésta fue sancionada por el gobierno, frente a la apertura de las puertas del país a los miembros de las Brigadas Internacionales y la llegada masiva de los refugiados españoles republicanos, al afirmarse que el país prefería

> individual y colectivamente a quienes por su raza (edad, estado civil, instrucción y recursos) vengan a residir definitivamente, a formar familia, a identificarse con nuestra ideología y a aportar sus capitales sin constituir peligros de razas superiores que con propósitos de explotación de los connacionales, agravan el desequilibrio social, sino por el contrario, se identifiquen de tal manera con los intereses económicos, raciales y espirituales de la nación, que hagan de México su nueva patria y de sus descendientes, la patria definitiva.[24]

En el caso de los refugiados españoles la posición de solidaridad con la España republicana dio un juego mayor y más definitivo al presidente; no sin razón su política frente a aquélla y a los refugiados fue definida como "excepcional, clara y precisa", y habría de caracterizar su "praxis hispanis-

[22] Por las características internacionales del periodo cardenista y su estrecho vínculo con el escenario político nacional, la política migratoria y la actitud frente a los refugiados constituía un ámbito de intersección entre la política poblacional y la exterior. La definición de esta última estuvo a cargo del propio presidente Cárdenas, al tiempo que el secretario de Gobernación definía la migratoria. En el seno de la vorágine política del régimen el presidente Cárdenas optó por la delegación del poder decisorio en este rubro, quedando así reducida la cuestión de los refugiados judíos a un problema de política migratoria interna. Las cuotas inmigratorias para 1939 resultaron ser aún más extremas. Mientras que se mantenía sin limitación la inmigración de todos los latinoamericanos, se reducía de cinco mil a mil la de personas procedentes de Alemania, Bélgica, Checoslovaquia, Dinamarca, Francia, Holanda, Inglaterra, Italia, Japón, Noruega, Suecia y Suiza, y hasta cien las de los demás países. Los "sin patria y los que hayan perdido su nacionalidad" sólo serían aceptados por acuerdo expreso de la Secretaría de Gobernación.

[23] Este hecho parece haber sido captado por el embajador Castillo Nájera, quien al ser abordado por organizaciones judías a sugerencia del secretario asistente del Departamento de Estado, George Messersmith, para que recibiese académicos y científicos austriacos y alemanes, sugirió formular la petición directamente al presidente Cárdenas, pero sin embargo ésta fue inmediatamente turnada por el secretario particular del presidente al secretario de Gobernación para su atención. Cartas de la B'nai-B'rith al presidente Lázaro Cárdenas del 21 de julio de 1938; del secretario particular del presidente al secretario de Gobernación del 13 de septiembre de 1938, y del secretario particular del presidente al embajador Castillo Nájera de la misma fecha, Archivo General de la Nación (AGN), serie Lázaro Cárdenas, 534.6/825.

[24] Declaraciones del secretario de Gobernación, Ignacio García Téllez, *El Popular*, México, 12 de junio de 1939. Por acuerdo de dicha secretaría se decidió otorgarles a los refugiados españoles el carácter de inmigrados, más que de asilados, y se les concedería la nacionalidad mexicana con el único requisito de solicitarla voluntariamente. *Vid.* Gilberto Bosques, *Historia oral de la diplomacia mexicana*, núm. 2, SRE, México, 1988, p. 63.

ta".[25] En este caso, junto a las definiciones políticas, la semejanza étnica, religiosa y cultural redujo sensiblemente la necesidad de una hermenéutica.

En diversas ocasiones el secretario de Gobernación justificó la estrategia restrictiva en términos de la necesidad o conveniencia de evitar "malestar y protesta popular". La percepción del judío que durante esta década se vio influida por el impacto de un entramado ideológico que incluyó elementos antiliberales y anticomunistas, recogió los temores de las clases medias —tanto económicos como políticos— y permeó los canales de conformación de la opinión pública hasta conducir a la afirmación compartida de la existencia de una "simpatía pronazi en amplios sectores" de la opinión.[26] Confrontando la dificultad de dar cuenta precisa de esta afirmación, y de su propia utilización durante el periodo, resulta necesario apuntar hacia el hecho significativo de que el impacto de la propaganda nazi trascendió el alcance de los grupos de derecha. Los nexos entre una simpatía proalemana y la profusión de prejuicios antijudíos, aunque relacionados, no son inmediatos ni lineales. Ello resulta tal vez más claro si se toma en cuenta que aquélla se nutrió en diversas fuentes: tanto en un anticomunismo como en un intenso antinorteamericanismo avivado por la expropiación petrolera.[27] En todo caso, la reinterpretación de la alteridad judía derivada de los desarrollos europeos a la luz de la consolidación del nazismo no sólo se manifestaría en el terreno definido de la derecha y de la extrema derecha, sino que pasaría a formar

[25] *Vid.* Luis González, *Los días del presidente Cárdenas*, El Colegio de México, México, 1981, p. 129.

[26] *Vid.* Hugh Campbell, *La derecha radical en México 1929-1949*, SepSetentas, México, 1976; Luis González, *op. cit.*; Betty Kirk, *Covering the Mexican Front: The Battle of Europe versus America*, University of Oklahoma Press, 1942; Haim Avni, *op. cit.*, Héctor Orestes Aguilar, "México y la segunda Guerra Mundial", *El Nacional*, 7 de junio de 1995.

[27] Ante el boicot al petróleo mexicano, el presidente Cárdenas afirmó su preferencia por mantener relaciones comerciales con las democracias, pero advirtió que, de no estar aquéllas interesadas, México habría de encontrar otros mercados, que no eran sino los del Eje. Continuando con una tendencia iniciada previamente, ya que en 1937 Alemania ocupaba el segundo lugar de los países exportadores a México, en septiembre de 1938 ambas naciones firmarían el primer acuerdo directo de intercambio de petróleo por bienes de consumo. Italia primero, y Japón después, seguían el ejemplo alemán, llevándose a cabo acuerdos de compraventa del petróleo mexicano. María Emilia Paz Salinas, *La dimensión internacional y el Estado cardenista 1934-1940*, IIS, UNAM, México, 1985, p. 117 y ss. Dicha apertura reforzó aún más la preocupación del gobierno norteamericano por la infiltración nazi en el continente a la luz del sistema interamericano que el presidente Roosevelt buscaba construir. Una tercera dimensión que ha sido señalada: la identificación de la lucha de un "pequeño país" contra las potencias coloniales tradicionales, como Francia, Gran Bretaña y Estados Unidos. Resulta ilustrativa la afirmación de Alfonso Díaz Soto y Gama: "Mi oposición ideológica al fascismo y a los fascistas no basta para que yo pueda inclinarme, como de hecho me inclino, ante la voluntad formidable y ante el talento excepcional de los dos máximos representantes de las tendencias totalitarias: Hitler y Mussolini", *El Universal*, 19 de octubre de 1938. O bien: "No somos hitleristas, porque somos amigos de la libertad, pero reconocemos que el caudillo alemán ha llevado a cabo grandes obras que representan esfuerzos admirables y titánicos", "Ayer, Hoy y Mañana", *Excélsior*", 25 de octubre de 1938.

parte profusa —sin duda en una articulación ideológica sustantivamente diferente— de amplios sectores del espectro político nacional, permeando en forma considerable la prensa independiente. Así, la invasión alemana a Austria operó como detonador de posturas antisemitas,[28] reforzando la visión del judío como un grupo ajeno, con intereses propios y contrarios a la sociedad nacional.[29] De igual modo se vio reforzada la imagen del supuesto poderío económico y político judío y su control internacional.[30]

Desde la perspectiva específica del ingreso de refugiados judíos al país, la prensa se hizo eco de la discusión del futuro de los refugiados judíos en Evian en sus dos aspectos paralelos; por una parte, destacó la posición excepcional, positiva y abierta de México;[31] el énfasis fue puesto en las dificul-

---

[28] Así, por ejemplo, frente a la invasión alemana a Austria, mientras que el gobierno elevaba su condena, la prensa independiente no registró comentario editorial alguno. Por el contrario, hubo expresiones favorables a la invasión, ya fuesen justificadas en términos de "etnopolítica", ya en términos propiamente racistas. "La anexión de Austria a Alemania —o la de Alemania a Austria— que para el caso es lo mismo. . . no constituye ni mucho menos un acto de conquista, sino meramente la reconciliación y fusión de dos ramas de la misma familia que habían estado distanciadas", Juan Sánchez Ascona, "La realización del pangermanismo", *El Universal*, 18 de marzo de 1938. Junto a la ausencia de condena a la anexión, se da un renovado ataque a la URSS por su iniciativa de crear un Frente Antifascista Internacional para detener la expansión nazi. Editorial de *El Universal*, 9 de marzo de 1938.

[29] "Sabido es que el antisemitismo crece todos los días en México. El pueblo ve que los judíos gangrenan la economía nacional, que la penetran y la absorben implac.:blemente, mientras que los nacionales son desposeídos y arrojados a la miseria; el pueblo ve que los fundamentos de la nacionalidad están luidos por la influencia judía, y el pueblo odia a los judíos." El prejuicio es a su vez canalizado hacia la lucha anticomunista: "En la patria del proletariado, la Unión Soviética, la Revolución fue hecha fundamentalmente por judíos. . . En Alemania, cuando el Kaiser huye, se desencadena el caos comunista, bajo la dirección de los Leaders hebreos: Rosa Luxemburgo directora de la Liga Espartaquista; Kurt Eisner, instigador del bolchevismo en Baviera y Karl Liebnecht. . . Estos datos bastan para persuadirnos que, si los judíos no han creado internacionalmente el comunismo con fines mesiánicos, sí lo han aprovechado", Rubén Salazar Mallén, "Otro fracaso de los comunistas", *El Universal*, 17 de marzo de 1938.

[30] "El ex-Canciller Achusnigg hacía los postreros esfuerzos hace apenas unos cuantos días, para continuar oponiéndose a lo inevitable —la unión de dos pueblos alemanes reclamada desde hace veinte años casi unánimemente. La oposición a este acto de propia determinación estaba sostenida dentro de Austria por los judíos —178 000 sólo en Viena— que dominaban su vida económica, y con gran influencia política en el gobierno, y por los pocos lacayos de los grandes poderes aliados; fuera de Austria, por estos mismos poderes, principalmente Francia, y por una prensa hostil a Alemania y manejada en gran parte por judíos. . .", Rafael Zubarán Capmany, "¿Cuál independencia?", *El Universal*, 23 de marzo de 1938.

[31] Citando a Primo Villa Michel, "México ofrece asilo a los extranjeros que teman por sus vidas y les dará oportunidad de trabajar". Haciéndose eco de las intervenciones públicas del delegado de México se destaca lo señalado en el sentido de que, junto a la tradición hospitalaria y comprensiva de México frente a los refugiados políticos, la nueva situación que se enfrentaba no era de un asilo ordinario o de una inmigración ordinaria, sino una expresión de la interdependencia entre pueblos y naciones. En todo caso, se minimizó la información de las afirmaciones condicionantes de la comprensión y buena voluntad, tales como los límites de las "posibilidades legales, sociales y económicas", o bien las limitaciones a la inmigración acorde al proyecto de reforma social y económica que estaba llevando el país, o evitar que el influjo de inmigrantes produjese resultados indeseados (para los inmigrantes o para el Estado), *Excélsior*,

tades externadas por los países para recibir la inmigración israelita.[32] De allí que fue un amplio foro de expresión de posturas en el que se vertían argumentos que relacionaban alteridad y prejuicios antijudíos con reclamos de limitación a la llegada al país de "elementos extranjeros indeseables", formulados en términos de la "amenaza de invasión de extranjeros, especialmente judíos".[33] Así se afirmó también que se trataba de una inmigración que "ofrece inconvenientes por cuanto se refiere a su inasimilibilidad al medio mexicano por pertenecer a razas conservadoras y fieles observantes de su tradición histórica. . .".[34]

En el proceso de fijarse las pautas que guiarían la actitud de México respecto al ingreso de los judíos, la opinión pública se manifestó frente a las tablas diferenciales de inmigración emitidas al finalizar 1938. Las voces que aplaudieron como justas las nuevas restricciones lo hicieron conjuntando el argumento económico con el de la "semejanza de civilización y sangre" *vs* "razas y culturas distantes y ajenas".[35]

A partir de la guerra el comportamiento de la opinión pública dio un sustancial viraje, consonante con el alineamiento con Estados Unidos.[36] Esta nueva tendencia acabaría por definirse cabalmente al año siguiente, tras la incautación, en abril de 1941, de los barcos del Eje que estaban en puertos mexicanos.[37] Si bien ésta era la tendencia global de la opinión pública, pa-

---

10 de julio de 1938. *Vid. Proceedings of the Intergovernmental Committee, Verbatim Record of the Plenary Meetings of the Committee, Evian, July 6th to 15th*, 1938, p. 29.

[32] "Los discursos pronunciados en público dejaron pocas dudas de que la mayor parte de las naciones no están dispuestas a brindar asilo"; "No hay asilo para hebreos"; "Nuestro hilo directo", *Excélsior*, 8 de julio de 1938.

[33] "No todos los países quieren la inmigración de israelitas", *Excélsior*, 12 de julio; *El Universal*, 12 de julio. En esta línea, se destaca el señalamiento de Brasil acerca de la necesidad de cuidarse de todo acto que pudiera perjudicar las relaciones comerciales con los países de Europa Oriental, así como la conveniencia de desarrollar criterios de admisión asociados con "la asimilación de los inmigrantes, ya que no sólo han cambiado las corrientes desde la guerra (1914) sino que era igualmente importante contrarrestar la absorción un poco lenta de ciertas nacionalidades. . .", "El asilo para los fugitivos", *Excélsior*, 14 de julio.

[34] Elementos que suman exclusión: la afirmación "científica" italiana de un grupo de profesores universitarios bajo los auspicios del Ministerio de Cultura Popular: no son italianos de pura sangre los israelitas, y la política gubernamental de exclusión de los cargos públicos. *El Universal*, 15, 16, 26, 29 de julio. Artículo editorial, *Excélsior*, 18 de agosto de 1938; artículo editorial, *El Universal*, 18 de agosto de 1938.

[35] "Inmigración que puede ser nociva", *El Universal*, 26 de julio de 1938; "Que se impida el desembarque de los judíos", *Excélsior*, 21 de marzo; Rafael Subarán Capmany, "La inmigración judía en México", *ibidem*, 22 de junio; "Gestiones para evitar la inmigración de judíos", *ibidem*, 8 de julio.

[36] "Justas restricciones a la inmigración", *El Universal*, 3 de noviembre de 1938.

[37] Se minimizan las expresiones de simpatía con los países del Eje; ante la preocupación creciente en Estados Unidos por las actividades subversivas de los agentes del Eje en México, el secretario de Gobernación convocó a los editores y gerentes de la prensa el 11 de junio de 1940 para notificarles que la política exterior del gobierno mexicano era de simpatía con Estados Unidos; ese mismo día Arthur Dietrich, encargado de propaganda de la embajada alemana, fue declarado persona *non grata*.

rece haber persistido la simpatía por Hitler.[38] Esta compleja dinámica de la opinión pública, atrapada durante el régimen cardenista en la exacerbación generada por la oposición al régimen de sectores radicalizados y por posiciones intransigentes de un nacionalismo excluyente, recogió tendencias previas y se proyectó, de modo reforzado, hacia la década siguiente. Ciertamente la recomposición internacional, así como el alineamiento de México desde los inicios de los años cuarenta, constituyeron el principal contrapeso a aquéllas.

El régimen cardenista se proyectó desde su inicio por su carácter antifascista, su comprometida toma de posición internacional y su vocación libertaria. A pesar de ello, en lo que concierne al ingreso al país de los refugiados judíos, los resultados fueron magros. Se estima que durante el régimen cardenista 1 631 judíos provenientes de Europa ingresaron al país.[39]

Sin embargo la memoria nacional, a través de sucesivas elaboraciones y redefiniciones, registraría este periodo como aquel en que el país se convirtió en asilo de "millares de refugiados judíos". En la medida en que sólo se recuerda como miembro de un grupo social y la memoria grupal responde a las necesidades de la acción presente, una dinámica compleja parece haber nutrido las sucesivas elaboraciones por las que pasaría la política migratoria restrictiva y la limitada concesión de asilo a los refugiados judíos, hasta culminar en la consolidación de la imagen contraria.

A su vez, de modo paradójico, la utilización del argumento de la apertura del país hacia los refugiados judíos reforzaría la condición de alteridad de la comunidad judía. El discurso no se dio en el vacío sino que interactuó con las condiciones estructurales de inserción del grupo en el seno de la sociedad nacional y las modalidades de interacción, que son condicionadas (a la vez que condicionan) por la autoadscripción grupal.

Inicialmente, uno no puede desconocer que el benévolo comportamiento del cardenismo frente al exilio español sería el primer elemento que perfilase esta imagen durante el propio periodo, proyectándola de un modo genérico hasta subsumir el carácter diferencial del comportamiento del gobierno hacia otros solicitantes de asilo.[40]

[38] La prensa secundó esta medida; otro tanto haría un mes después, frente al envío de las listas negras por parte del gobierno de Estados Unidos, y criticaría la posición de protesta alemana; artículo editorial, *Excélsior, El Popular, El Universal,* 2 de agosto de 1941.

[39] Todavía en octubre de 1941, oponiéndose a la presión de la izquierda por reanudar relaciones con la URSS, se afirma: "Es torpe ignorar que en nuestro país existe antipatía por Rusia, como ineludible reacción contra las prácticas del comunismo allá y los excesos teorizantes en México. Hitler, en la fantasía popular, aparece como el Sigfrido que destruirá al dragón marxista. . .", artículo editorial, *Excélsior,* 30 de octubre de 1941.

[40] Luis Enrique Hernández Jiménez, "La inmigración ashkenazita en cifras", apéndice 1 en Gloria Carreño, *Pasaporte a la esperanza,* en Alicia Gojman de Backal, *Generaciones judías en México. La Kehilá Ashkenazi (1922-1992),* Comunidad Ashkenazi, México, 1993, pp. 109-149. Al fi-

Durante la década de los años cuarenta dos momentos clave alimentarían la reelaboración imaginaria de la política restrictiva de México frente a los refugiados judíos. El primero de ellos se ubica en el régimen avilacamachista, cuyo discurso, comprometido con afianzar el alineamiento de México con las democracias beligerantes y distanciarse de los nexos iniciales sostenidos por el régimen anterior con el Eje, habría de encontrar, en el compromiso de solidaridad con los perseguidos y oprimidos, un recurso instrumental para tal propósito. De este modo, se destacó el papel de México al haberse convertido en albergue para los europeos que habían abandonado el viejo continente huyendo de la persecución al pensamiento y a la libertad, y al haber brindado "franca hospitalidad a las víctimas de las persecuciones raciales o políticas".[41] En el marco de la redefinición de rumbos en la política interna y exterior llevada a cabo por el presidente Ávila Camacho, que implicaba, entre otras muchas cosas, el distanciamiento del carácter socialista del régimen cardenista, este énfasis en la sensibilidad frente a los perseguidos resultaba funcional. Mientras que el discurso de la unidad nacional diluía el perfil socialista del cardenismo, el tema del asilo a los perseguidos tejía, en clave de continuidad, el carácter antifascista, libertario y hospitalario de México. En este discurso se proyectaba la sostenida apertura frente al exilio español y, aunque en menor número, frente al germanoparlante, al caso de los refugiados judíos; a la vez, el discurso convertía la intención manifiesta en acción llevada a cabo: la apertura del país sin distinción de raza o credo a todos los perseguidos.

Un segundo momento de la reelaboración de la imagen de México debe ubicarse en la segunda mitad de esa misma década, cuando *vis-à-vis* la comunidad judía de México, y en el marco de la justificación del voto de abstención de México en la Organización de las Naciones Unidas frente a la partición de Palestina, asistimos a la sanción discursiva del papel de México como albergue para "millares de refugiados judíos". Entonces se argumentó que, frente a la trágica experiencia del Holocausto, México ". . .abrió sus puertas a millares de refugiados, venciendo para ello enormes dificultades de orden económico y demográfico que se oponían y se siguen oponiendo a una crecida inmigración".[42] México extendía así su papel de excepción al exilio judío. En aquella ocasión, sin embargo, el recurso al argumento de la política hospitalaria frente a los refugiados judíos conduciría, tal como señalamos, a la paradoja del reforzamiento de su condición de alteridad, de extranjería. En efecto, dicho argumento contrastaba a la comu-

nalizar 1939 Salvador Novo calculaba que había 6 304 refugiados españoles inscritos en el país. Salvador Novo, *La vida en México en el periodo presidencial de Lázaro Cárdenas*, Empresa Editorial, México, 1957, pp. 497-480.

[41] *Vid.* Haim Avni, *op. cit.*

[42] *Vid.* Maximino Ávila Camacho, *Primer informe de gobierno, Los presidentes de México ante la nación.*

nidad judía de México con la colonia árabe residente en el país. Al justificar el gobierno la simpatía que guardaba hacia ambas comunidades, razón por la cual explicó su abstención frente a la partición de Palestina, mientras que en el caso judío se esgrimieron las consideraciones humanitarias derivadas de su condición de refugiados de "las atroces persecuciones de que habían sido víctima", frente a la colonia árabe se enfatizó el hecho de que "en México habían hallado una segunda patria millares de sirios y libaneses, quienes con su esfuerzo, su iniciativa, su dedicación al trabajo y su amor a la tierra en la que han formado sus hogares, han sabido captarse la admiración y el cariño de los mexicanos".[43] Al bifurcar los referentes de alteridad, el discurso distinguió el carácter diferencial de ambos grupos alrededor del eje de la alteridad que interactuaba, a su vez, con el de la identidad colectiva en clave de lo nacional-extranjero.

En esa misma línea, si uno atiende el énfasis argumentativo del canciller Torres Bodet al justificar la contemplación de las demandas de ambos grupos, judíos y árabes, ya que "unos y otros tenían en México múltiples simpatías", mientras que de los árabes destaca la existencia en México de "una importante colonia de sirios y libaneses", del judío "su dramático nomadismo, su perseverancia en el esfuerzo y la admirable plasticidad de su inteligencia, que les había permitido adaptarse —con éxito incuestionable— al sistema de vida de los países que les brindaron, salvo excepciones honrosas, hospitalidad reticente, enojosa, dura".[44]

Este episodio pondría en juego la adscripción identitaria y la centralidad del concepto de alteridad. En esta ocasión ésta se vio abordada y significada a través del binomio judíos-árabes. Toda vez que estos últimos tampoco formaban parte de la ecuación étnica fundacional de lo mexicano definida por su rama hispano-indígena, la percepción del carácter diferencial de ambos colectivos apunta hacia el lugar que no sólo la entidad sino también la religión tiene en la configuración de las identidades colectivas en el marco de lo nacional.

Nuevos episodios de asilo reforzarían en las décadas siguientes el carácter progresista de México en lo que a la solidaridad con los perseguidos se refiere. Esta actitud se insertaba en línea de continuidad con un pasado que se recuperaba en esa misma clave, por lo que actualizaba y proyectaba desde y hacia aquél la imagen de México como país de asilo de todos los grupos necesitados. Así, la proliferación de regímenes anticomunistas y militares en el ámbito latinoamericano convirtió a México en "un santuario para los perseguidos políticos".[45] Sumado a la sostenida disposición demostrada frente a

[43] Rafael de la Colina, "Declaración de abstención en torno al problema de Palestina", en *Sesenta años de labor diplomática*, Secretaría de Relaciones Exteriores, México, 1981, núm. 10, p. 192.
[44] *Idem.*
[45] Jaime Torres Bodet, *Memorias*, Porrúa, México, 1981, II, *La Victoria sin alas*, pp. 587-588.

diferentes países de la región, el papel protagónico que México desempeñó frente al golpe de Estado en Chile, y el flujo significativo de refugiados, así como la disposición frente al exilio uruguayo y al argentino, sumaron elementos que moldearon la imagen de México como país abierto, sin criterios diferenciales, diluyéndose así el carácter excepcional de las restricciones frente a los refugiados judíos de la segunda Guerra Mundial.

Junto a la consolidación de esta imagen en la memoria nacional se desprenderían nuevas dimensiones de la alteridad judía que perfilarían su adscripción en el escenario nacional. El Otro, constitutivo de identidad, convoca círculos referenciales centrífugos-centrípetos. Desde una perspectiva complementaria, la vida social y política no puede desarrollarse sin reconocimientos y racionalizaciones, sin que sus objetivos se comenten y se justifiquen, sin que los grupos (al igual que los poderes políticos) sean objeto de un discurso de legitimación-deslegitimación.[46] Éstos nutren el imaginario social que, junto con los presentes institucionalizados, perfilan el complejo juego del reconocimiento de las identidades. En este sentido, resulta de particular interés atender los modos como este imaginario recuperó, redefinió y proyectó el lugar que la alteridad asumiría como dato constitutivo de la comunidad judía.

Así, el tropo de la condición judía se desprendería de su carácter de refugiados para emerger, hacia finales de la década de los años sesenta, como parte de un discurso que reflejaba los cambios políticos internacionales. El argumento de la inversión de su carácter histórico de refugiados y la conversión del judío en generador de nuevos exilios, que cobró fuerza a partir de la Guerra de los Seis Días, permearía el ámbito nacional.

Cierto es que si bien las identidades no constituyen ecuaciones de suma cero, su manifestación se ve condicionada por los discursos que así lo pretenden. Desde este punto de vista, los crecientes nexos de solidaridad de la comunidad judía con Israel operarían como un elemento adicional de cuestionamiento de su adscripción como colectivo legítimamente constitutivo de lo nacional, concepción derivada en lo esencial de la imagen normativa del sujeto nacional. En esta línea, 1967 reforzó, en el imaginario y en la realidad, los nexos de la comunidad judía con el Estado de Israel.[47] Ello habría de traducirse, en dicho momento y en el nivel del lenguaje discursivo identitario, en la creciente asimilación del judío con el israelí.[48]

A partir de entonces, y coincidente con los cambios en el ámbito internacional, en el marco del tránsito de la imagen del Estado de Israel de David a

---

[46] Habría que acotar que este carácter lo había asumido y mantenido desde las décadas previas, sobre todo por su papel frente a Guatemala, Nicaragua y Perú, entre otros.

[47] Pierre Ansart, *Ideología, conflictos y poder*, Premià, México, 1983, p. 9.

[48] Judit Bokser, "The Six Day War and its impact on the Mexican Jewish community", Universidad Hebrea de Jerusalén, Jerusalén (en prensa).

Goliat, junto a un discurso crecientemente hostil que manejó el argumento de deslinde entre buenos y malos judíos, entre los antifascistas de ayer y los nacionalistas y militaristas del presente,[49] la imagen de los judíos como refugiados emergió. En este periodo, que I. L. Horowitz calificó de tránsito de Israel y del sionismo "de héroe a paria", se confrontarían los refugiados de "ayer" con los de hoy.[50] Esta ecuación se dio en el seno de un discurso de izquierda crecientemente radicalizado que operó una severa crítica a los sionistas-judíos frente a los refugiados palestinos.[51] Así formulado, los refugiados de ayer resultaban insensibles y responsables de los de hoy. Por la ecuación judío-israelí, las imputaciones a uno se harían extensivas al otro. De este modo, y haciéndose extensiva a la opinión pública progresista, la imagen del judío recuperaba su irrenunciable carácter de refugiado y se entrecruzaba con otros atributos que el discurso tercermundista articulaba progresivamente.

Este carácter se mantendría en el centro de la discusión durante la década siguiente. Así, mientras que la alteridad del judío como extranjería cobró nuevos bríos a la luz de la identificación con el Estado durante la Guerra de Yom Kipur,[52] otros contenidos más difíciles se le sumarían a raíz del voto afirmativo de México a la resolución 3379 de las Naciones Unidas, que condenó al sionismo como una forma de racismo. Como resultado de la compleja dinámica que se dio entre los tres momentos constitutivos de este episodio —la votación en sí, el boicot turístico encabezado por la comunidad judía norteamericana y la "rectificación" del gobierno—, el proceso de modelación de la representación que la sociedad mexicana construyó en torno a estos acontecimientos reforzó directamente nuevos contenidos de la condición de alteridad. El discurso tejió una imagen en la que los tres momentos interactuaron y, en su seno, la alusión al asilo brindado otrora por México a los judíos se construyó en clave de una imputada falta de identificación o compromiso con el país. En esta línea, se enfatizó la injusticia de la condena y del boicot turístico a un país como México, que había sido asilo para los judíos perseguidos y en el que se desarrolló una comunidad en condiciones de libertad y de prosperidad.[53] Los intentos de rectificación llevados

---

[49] Así, el 6 de junio, ante el estallido de la Guerra de los Seis Días, se informa que en la embajada de Israel hay gran inquietud y "40 000 *israelís* forman la comunidad judía en México. . .", *Excélsior,* 6 de junio de 1967.

[50] Fernando Carmona Nenclares, "Nasser. Murió el corazón árabe", *Excélsior,* 29 de septiembre de 1970.

[51] *Vid.* Irving Louis Horowitz, "From pariah people to pariah nation: Jews, Israelis and the Third World", en Michael Curtis y Susan A. Gitelson (comps.), *Israel in the Third World,* New Brunswick, 1976, pp. 361-391.

[52] Froylán López Narváez, "Los palestinos y los Otros. Las batallas de hoy", *Excélsior,* 9, de septiembre de 1970.

[53] *Vid.* Judit Bokser Liwerant, "Fuentes de legitimación de la presencia judía en México: El voto positivo de México a la ecuación sionismo-racismo", *Judaica Latinoamericana III,* AMILAT, Magnes, Jerusalén, 1997, pp. 319-350.

a cabo entonces por el gobierno reforzaron la imagen de la presión judía como un factor externo determinante, que amenazaba con afectar la autonomía del país. De este modo, hechos tales como el viaje del canciller Rabasa a Israel; los viajes de secretarios de Estado a Estados Unidos y el viaje a México de una delegación de líderes judíos de Estados Unidos para entrevistarse con el presidente Echeverría, más que ser leídos como expresión de solidaridad grupal, acentuaron los nexos de la comunidad judía con el exterior, subrayando, en consecuencia, la dimensión de extranjería a través de su representación como grupo poderoso en el nivel internacional.[54]

Las nuevas representaciones de la alteridad interactuaron de un modo agregado con la marginalidad y el extrañamiento que definieron esta ocasión. La complejidad e intensidad del conflicto generado incidieron de un modo directo sobre los referentes de identidad de la comunidad judía y pusieron de manifiesto la autopercepción de extranjería en lo que al tema siempre contundente de los asuntos nacionales se refiere, orientando las líneas de acción hacia un difícil y contradictorio esfuerzo de deslinde entre su judaísmo y su mexicanidad. El primero, en calidad de condición colectiva, quedaba restringido al ámbito de lo privado, mientras que el segundo, para ser expresado públicamente, debía renunciar al particularismo de dicha dimensión colectiva. La conjunción de la postura antisionista del régimen con la tradicional trayectoria de un discurso nacionalista se sumaron a la delimitación estructural de los parámetros de acción de la comunidad judía de México, reforzando su condición sociopolítica de enclave.

No sólo el tropo judío asumió las diversas dimensiones enunciadas. También la figura de México como país de asilo ampliado recibiría una nueva sanción. En su visita a Israel en el marco de la gira tricontinental que realizó el presidente Echeverría en los meses previos a la votación, al visitar el monumento de recuerdo a las víctimas del Holocausto, Yad Vashem, ante la aseveración de que el mundo había sido indiferente durante el nazismo a la necesidad judía de abandonar el continente europeo, hizo hincapié en la política de asilo de México. Se ha señalado que al indagar el presidente entre los acompañantes judíos sobre el número de refugiados que ingresaron a México durante la segunda Guerra Mundial los asistentes confirmaron la cifra de cinco mil, dato que denotó el esfuerzo de los judíos mexicanos por hacer fácil la posición del presidente al no cuestionar la imagen prevaleciente.[55]

[54] Antonio Armendáriz, "¿Semitismo o sionismo?", *Novedades*, 1 de diciembre de 1975; Abelardo Villegas, "¿México antijudío? Una diplomacia errática", *Excélsior*, 8 de diciembre de 1975; Beatriz Eugenia de la Lama, "Desproporcionado ataque contra México por parte de los judíos norteamericanos", *Revista de la Secretaría del Trabajo*, 9 de diciembre de 1975; Leopoldo Zea, "¿Qué es por fin el sionismo?", *Novedades*, 16 de diciembre de 1975 y "El sionismo y las trampas del pacifismo", *ibidem*, 23 de diciembre de 1975; Abelardo Villegas, *op. cit.*, y Abelardo Villegas, "Balance político de 1975. Candidato, grupos de presión, Israel", *Excélsior*, 22 de diciembre de 1975.

[55] Gustavo G. Rodríguez, "Golpe de los judíos contra México", *El Heraldo de México*, 30 de noviembre de 1975; José Luis Huerta Cruz, "Antisionismo no es antisemitismo", *El Universal*,

Uno sólo recuerda como miembro de un grupo social. En 1947 la comunidad judía de México cuestionó el hecho de que, al justificar la abstención de México en la votación de la partición de Palestina, el embajador De la Colina se refirió a la importancia de la colonia sirio-libanesa, sin hacer alusión en esa línea de pensamiento a la comunidad judía que radicaba en el país. A ella se refirió en términos de la apertura del país a los exiliados judíos, argumento que, como señalamos, parece haber operado como cuestionador de su arraigo en el país, acentuando su extranjería.[56] Ahora bien, mientras que el malestar que ello ocasionó entonces condujo a que la comunidad judía cuestionase su exclusión en términos de componente legítimo de la sociedad nacional, en ningún momento se cuestionó la visión de México como refugio para "millares de refugiados judíos". Con ello, ciertamente, se sancionó una imagen.

Décadas después la historia fue nuevamente reelaborada por la memoria. En Jerusalén el presidente Echeverría habló de millares de refugiados judíos que habían entrado al país. Las sensibilidades, exacerbadas por la coyuntura política, operaron en el sentido de reforzar la imagen oficial alrededor de la cifra de cinco mil refugiados judíos.

A su vez, el 31 de agosto de 1995, al recordar el establecimiento en México, en el marco del ascenso del nazismo en Europa, de la Logia Spinoza y su papel para la apertura de las puertas del país a los refugiados judíos, emergió una cifra sustantiva: México recibió, durante la segunda Guerra Mundial, 20 mil refugiados, y además, "con la autorización de las autoridades de México, se reubicó a otros tantos en otros países".[57]

A cincuenta años de finalizada la guerra la memoria comunitaria se engarzaba con la nacional, consolidando la imagen de un país abierto a "millares de refugiados judíos". Desde esta perspectiva, toda vez que las identidades conjugan imaginario social y conformación de presentes institucionalizados, el no cuestionamiento, primero, y la internalización de la imagen, después, parecen haber obedecido a consideraciones que reflejan la propia condición de alteridad, que se ve acentuada en una sociedad comprometida con la homogeneidad. En otros términos, podría ser explicado desde la interpenetración de estratos con los que tienden a operar las identidades (y la memoria). Cabría preguntarse también, desde la perspectiva de los nexos entre selectividad y funcionalidad de la memoria, hasta dónde no habría operado como recurso frente al difícil tema de la autoevaluación de los esfuerzos desplegados entonces por la comunidad judía para abrir las puertas

---

29 de noviembre de 1975; Antonio Rodríguez, "Nuevo pretexto para el antisemitismo", *ibidem,* 8 de diciembre de 1975.

[56] *Vid.* Adina Cimet.

[57] Artículo editorial, "Lo que se puede leer entre líneas de la explicación mexicana", *Der Weg,* México, 25 de noviembre de 1947, p. 1; artículo editorial, "El Dr. de la Colina nos ha desilusionado", *Der Weg,* 29 de noviembre de 1947.

del país, aunque ésta ya es otra dimensión de las aventuras de la memoria.[58] También podría ser visto como respuesta al predominio del concepto de una identidad —putativamente singular, unitaria e integral— por sobre una comprensión de las identidades plurales, entrecruzadas y diversas.[59]

Desde la óptica nacional, como hemos visto, la reelaboración de la imagen resultó ser funcional a la autoadscripción con un pasado global y genéricamente hospitalario. A su vez, y como se desprende del análisis de diversas coyunturas, el recurso a su mención reflejó los complejos avatares de la marginación a la que está sujeto el Otro, tanto real como imaginario, contraparte de una interacción existente o bien depositario de la percepción que la precede.

[58] Enrique Elías, "Carta del presidente", B'nei-Brith, 31 de agosto de 1995.
[59] En este tema lejos estamos de implicar algún tipo de calificación. Consideramos que resulta fundamental ponderar las acciones de las comunidades judías de entonces a la luz de las condiciones prevalecientes.

LOS ARTISTAS MUSICALES EMIGRADOS
DEL TERCER REICH A ARGENTINA

Agustín Blanco Bazán*

Introducción

Músicos perseguidos u opuestos ideológicamente al Tercer Reich se radicaron de manera temporal o permanente en Argentina a partir de 1933. La elección respondió no sólo a las excepcionales facilidades de trabajo ofrecidas por el Teatro Colón de Buenos Aires, sino también al hecho de que inmigraciones de origen europeo a partir del siglo XIX habían creado un ambiente cultural particularmente propicio para el desarrollo de las actividades musicales.

Este trabajo analiza aspectos históricos y políticos de particular relevancia para evaluar el aporte de los emigrados a la cultura musical argentina. Se trata de una aportación de decisiva importancia, parcialmente malograda por circunstancias no relacionadas con el origen racial o étnico de los emigrados sino con el perjuicio sufrido por las artes en general como consecuencia de la inestabilidad política y económica de Argentina durante la posguerra.

Resulta inevitable que, como en el caso de otras disciplinas artísticas de proveniencia europea, asimiladas en Argentina, las referencias geográficas dentro de este país sean normalmente Buenos Aires o el Río de la Plata. Una referencia aglutinadora adicional y de decisiva importancia es la del Teatro Colón, que, más que la Argentina y más que Buenos Aires, fue la verdadera residencia de algunos de los emigrados más notables.

La vida musical en Argentina y su repercusión política

La recepción de la música clásica europea en Argentina adquirió un impulso decisivo ya a partir de los años posteriores a la Independencia (1816), gracias al incremento de relaciones culturales con naciones europeas y el progresivo afianzamiento de comunidades de origen extranjero en Buenos Aires.

* Universidad de Buenos Aires. Ronald C. Newton e Ignacio Klich contribuyeron a la versión final de este trabajo con comentarios de importancia decisiva, que mucho agradezco.

El trasplante de elementos culturales europeos, tan típico y repetido en la historia argentina, tuvo en el caso de la música clásica una característica de importancia peculiar: las obras musicales eran apreciadas en sus propiedades puramente estéticas, con ignorancia o dejando de lado los ingredientes ideológicos que tantas dificultades ocasionaron a muchos compositores. A diferencia de lo ocurrido históricamente en Europa Occidental hasta el fin de la segunda Guerra Mundial y en los países del Este europeo hasta la caída de la Cortina de Hierro, la llamada "música clásica" ha sido la disciplina cultural menos afectada por las interferencias estatales o de censura artística ocurridas durante periodos de gobiernos totalitarios en Argentina. Un ejemplo temprano en este sentido es la asistencia en 1845 de Manuelita Rosas y acompañantes oficiales a la iglesia norteamericana de Buenos Aires para la ejecución de *La creación* de Haydn, a cargo de coro y solistas integrados por ingleses y alemanes.[1] La xenofobia cultural de la dictadura rosista, apoyada por una Iglesia católica siempre lista para estigmatizar herejías, no parece haberse interpuesto en este encuentro entre la hija del dictador de la Santa Federación con la obra de Haydn, aun cuando el concierto tuviera lugar en una iglesia protestante.

Las asiduas visitas a Buenos Aires, a partir de comienzos del siglo XX, de los más importantes compositores, cantantes y directores de orquesta, y la inauguración del segundo y actual Teatro Colón, en 1908, es un ejemplo más de la influencia de colectividades extranjeras y el interés en el desarrollo de una vida cultural similar a la europea por parte de los sectores sociales locales prósperos.

La apoliticidad musical de esta burguesía no impidió que, a partir de comienzos del siglo XX, la intensa repercusión que como consecuencia de corrientes inmigratorias masivas pasaron a tener los conflictos ideológicos europeos en Argentina, se hicieran sentir en el mundo de la música con algunos hechos dignos de mencionar. Por ejemplo, en 1913 los representantes del conservadurismo artístico local iniciaron acción legal para impedir la representación de *Salomé*, la obra de Richard Strauss que había escandalizado a muchos públicos europeos. En su ataque contra el autor los accionantes utilizaron un vocabulario sugestivamente similar al que dos décadas después emplearía el gobierno nacionalsocialista para atacar al llamado "arte degenerado". Según los antisalomistas argentinos Strauss era el "prototipo de una generación [de compositores] numerosa de espíritu desviado por una ambición loca y precoz".[2] Las autoridades ignoraron la solicitud y la obra subió a escena ante un público de abonados aparentemente poco dis-

---

[1] Werner Hoffman, "Die Deutschen in Argentinien", p. 80, en Hartmut Fröschle (comp.), *Die Deutschen in Lateinamerica, Schicksal und Leistung*, Horst Erdmann, Tubinga, 1979.
[2] Enzo Valenti Ferro, *100 años de música en Buenos Aires*, Gaglianone, Buenos Aires, 1992, p. 73.

puesto a aplaudir demasiado. Las críticas de la prensa local, en cambio, son esclarecedoras en sus alabanzas a la obra y la inclusión de pedagógicas advertencias sobre la necesidad de separar el arte de prejuicios capaces de aniquilarlo.[3]

También la noción del artista comprometido con ideas políticas de avanzada fue atacada en ocasión de las representaciones de *Parsifal* en el teatro Coliseo en 1920. Para esa oportunidad fue organizado un boicot contra el famosísimo director de orquesta Felix Weingartner, por haberse adherido en 1917 a un movimiento pacifista en Alemania.[4] En contraste con las intenciones de los agitadores, la radio oficial transmitió la ópera en directo el 27 de agosto de 1920. Fue la primera transmisión mundial de ópera por radiofonía.

Poco tiempo después surgieron algunas señales de que el arte musical había entrado en la mira del nacionalismo vernáculo. En 1922 y 1923 una Filarmónica de Viena hambrienta por las dificultades económicas de posguerra y, consecuentemente, por honorarios que sólo Argentina y otros pocos países podían ofrecer, brindó en Buenos Aires 44 conciertos y representaciones de ópera bajo la dirección del pacifista Felix Weingartner, el "espíritu desviado" de Richard Strauss y Gino Marinuzzi. La gira también tenía una indudable importancia diplomática como gesto de retribución de Austria a la ayuda material brindada por Argentina durante la primera posguerra. Los vieneses, que en estos dos viajes perdieron tres ejecutantes (uno por suicidio y dos por bronconeumonía), se las arreglaron para incluir, en medio de una verdadera inundación de lo mejor de la música europea, las *Escenas infantiles*, de Troiani, *Escenas argentinas*, de López Buchardo, *Sobre las montañas*, de Ugarte, y *Campo*, de Fabini. Esto no fue suficiente para los voceros del ser nacional, a juzgar por una nota enviada por la embajada de Austria en Buenos Aires a la Cancillería en Viena, indicando que luego de la despedida de la orquesta parte de la prensa local había adoptado "una actitud abruptamente nacionalista frente a la invasión de artistas extranjeros. Se ha afirmado que nuestra excelente orquesta no había ejecutado casi ninguna composición argentina o sudamericana [. . .] Esto indica que aquí, como en el mundo entero, hay un nacionalismo estrecho y malentendido que es antepuesto a los intereses de los músicos ejecutantes."[5]

Las crónicas de visitas de músicos extranjeros al Buenos Aires de principios de siglo no deben llevar a pasar por alto la importancia de la labor de educación artística local impulsada por las colectividades de inmigrantes radicadas en Argentina. Un ejemplo notable es el del violinista Ricardo Od-

---

[3] *Historia del Teatro Colón 1908-1968*, t. III, Buenos Aires, 1968.

[4] R. C. Newton, *German Buenos Aires, 1900-1933*, University of Texas Press, Austin, 1977, p. 116.

[5] Clemens Wellsberg, *Demokratie der Könige, die Geschichte der Wiener Philarmoniker*, Schweizer, Viena, 1992, p. 406.

noposoff, que al colocarse en 1932 como *Konzertmeister* (concertino o primer violín) de la misma Filarmónica de Viena, habrá seguramente despertado en los (no pocos) xenófobos de esa ciudad inquietudes parecidas a las provocadas por la visita de la orquesta al Río de la Plata.

De padres rusos, Odnopossof había nacido en Buenos Aires en 1914, en una familia de indudable vocación musical. Entre sus hermanos, Nélida era pianista y Adolfo un destacado violoncelista. Pero Ricardo fue una especie de Menuhin argentino, que después de debutar en Buenos Aires a la edad de 7 años actuó como solista en un concierto de la Filarmónica de Berlín bajo la dirección de Erich Kleiber y completó sus estudios en esa ciudad. Su carrera como *Konzertmeister* de la filarmónica vienesa terminó con su cesantía junto a otros 24 ejecutantes, también judíos, en 1938. Cuatro de ellos murieron en campos de concentración. El pasaporte argentino permitió a Odponosoff volver a su país de nacimiento, para regresar a Viena luego de la guerra.[6] Poseer un pasaporte argentino también permitió a un notable musicólogo, Ernesto Epstein, escapar de Alemania para radicarse definitivamente en el país donde había nacido durante una corta estadía de sus padres. Junto a otros dos exiliados, el compositor Guillermo Grätzer y Erwin Leuchter, Epstein fundó en 1946 el Collegium Musicum, la más importante institución educativa musical de la Argentina.

BUENOS AIRES COMO CENTRO MUSICAL INTERNACIONAL EN LOS AÑOS TREINTA

En su libro sobre los judíos de habla alemana en Argentina Alfredo Schwarcz transcribe el siguiente testimonio de un anónimo refugiado procedente de Viena. Se trata de una cita reveladora de lo que ha sido y es Argentina para cualquier persona en el mundo con conocimientos básicos de música clásica: "Yo sabía de la Argentina porque de chico ya había leído en la prensa vienesa sobre el Teatro Colón y la vida musical. Sabía también dónde estaba ubicada la Argentina en el mapa".[7] Las posibilidades de trabajo para los inmigrantes ofrecidas en los cuerpos estables del Colón (orquesta, coro y asistencia técnica) eran necesariamente restringidas, pero en la década de los treinta se veían complementadas con actividades fuera del teatro en instituciones como la Orquesta Filarmónica de la Asociación del Profesorado Orquestal. Las orquestas de Radio Splendid y Radio El Mundo aseguraban,

---

[6] *Idem.*

[7] Alfredo José Schwarcz, *Y a pesar de todo. . . Los judíos de habla alemana en Argentina*, p. 33, Grupo Editor Latinoamericano, Buenos Aires, 1991. Un destacado trabajo sobre los inmigrantes judíos llegados a Argentina luego del advenimiento del nacionalsocialismo es *Historias de una emigración (1933-1939). Alemanes judíos en la Argentina*, de Elena Levin, Manrique Zago, Buenos Aires, 1991.

junto a Radio del Estado y Radio Municipal, la difusión radiofónica de conciertos y óperas y nuevas posibilidades de empleo para músicos profesionales.

Un análisis de las listas de fundadores de asociaciones musicales e instituciones públicas de educación musical demuestra que ya a principios de siglo el cultivo de la música clásica había trascendido el ámbito inicial de las comunidades extranjeras radicadas en Buenos Aires para desempeñar un papel significativo en la cultura de los nativos. Era una actividad impulsada por generosos subsidios oficiales y una iniciativa privada consistente en un importante aporte de miembros de la aristocracia, prósperas familias de inmigrantes asimiladas a la vida nacional, y la clase media de Buenos Aires. A semejanza de otras manifestaciones culturales europeas, la música clásica había dejado de ser un fenómeno "extranjero" para integrar un quehacer cultural de tipo nacional que se benefició de la actitud liberal y aun de fomento por parte de las autoridades.[8]

Y por supuesto que, contrariamente a lo que ocurriría en Alemania a partir de 1933, ni repertorios ni artistas se encontraban con interferencias en Argentina por consideraciones políticas o raciales. Es por ello explicable que uno de los primeros emigrados del Reich, el director de orquesta Fritz Busch, refiriera su travesía en el *Conte Biancamano* de Génova a Buenos Aires, en 1933, como un viaje "a un mundo nuevo y libre".[9] En comparación con el Tercer Reich, Argentina era decididamente un mundo libre. Sin embargo, es preciso tomar la idealización de Busch con alguna reserva, porque el ambiente donde le tocó actuar, más que un mundo, era un microclima, donde la prosperidad de quienes iban al Colón y la generosa subvención municipal que permitía la realización de una de las mejores temporadas operísticas del mundo entero contrastaba con la profunda crisis económica que paralelamente nutría la proletarización masiva de la sociedad argentina.

Demás está decir que, como en cualquier lado donde la música ocupa un lugar cultural preponderante, también en Buenos Aires existía una germanofilia melómana. La influencia dominante de la inmigración itálica había hecho inicialmente del Colón un bastión de la ópera italiana. Pero ya a partir de aquella visita de la Filarmónica de Viena, en los años veinte, el repertorio alemán, fundamentalmente compuesto por obras de Wagner y Richard Strauss, había comenzado a cantarse en lengua original y ocupaba un lugar importante, aunque comparativamente reducido, en la temporada oficial del teatro; en medio de alrededor de 70 u 80% de óperas italianas y algunas francesas o rusas, entraban los títulos alemanes, considerados como un deleite musical para verdaderos conocedores, entre los cuales existían quienes despreciaban el repertorio tradicional italiano como vulgar y sensiblero.

[8] Enzo Valenti Ferro, *op. cit.* La obra contiene una excelente síntesis de la vida musical en Argentina desde 1880 hasta 1980.

[9] Fritz Busch, *Aus dem Leben eines Musikers,* S. S. Fischer, Munich, 1982, p. 213.

Pues bien, luego de algunas importantes representaciones wagnerianas de 1930 y 1931, el año 1932 fue particularmente malo, no sólo para la República de Weimar sino también para los germanófilos de Buenos Aires; sólo un exponente del arte musical alemán subió a escena, y en el contexto artístico relativamente modesto de la temporada de primavera: la primera ópera de Richard Strauss, *Feuersnot*, traducida como *Los fuegos de San Juan*, fue cantada. . . ¡en italiano! por un conjunto de artistas locales. Este circunstancial desbalance en perjuicio de la ópera alemana vino de maravillas a las tareas de propaganda iniciadas por los representantes de la nueva Alemania el año siguiente.

1933

No bien llegado a Buenos Aires, Fritz Busch dirigió uno de los mejores ciclos de ópera alemana organizados en el Teatro Colón: entre agosto y septiembre de 1933 subieron a escena *Los maestros cantores de Nuremberg*, *Tristán e Isolda*, *Fidelio*, *Parsifal* y *El caballero de la rosa*.

Grete Busch reconoce que la rápida organización de la temporada alemana de 1933 que dio de comer a su marido fue en gran parte obra de la campaña de publicidad organizada por el Ministerio de Propaganda del Reich.[10] Y un libro reciente de Sam Shirakawa recoge algunos detalles sobre la organización de este golpe propagandístico.[11] Según Shirakawa, el gobierno nacionalsocialista hasta habría llegado a financiar la gira con el objeto de neutralizar la mala imagen adquirida por la particular virulencia de las persecuciones políticas y antisemitas orquestadas en las primeras semanas que siguieron a su toma del poder, en 1933. Es por ello que el reparto incluía un socialdemócrata y un judío prominente, respectivamente el *regisseur* Carl Erbert y el cantante Walter Grossmann, así como también a Lauritz Melchior, el famoso tenor wagneriano que sólo años después llegaría a convertirse en un vociferante antinazi. En estas circunstancias era inevitable que las apariencias de buena conducta artística que los nazis se preocupaban por convertir en producto de exportación se viera contrarrestada por algunas tensiones tras bambalinas. Así lo demuestra un informe sobre la gira presentado al Ministerio Prusiano para la Ciencia, el Arte y la Educación Popular el 12 de octubre de 1933:[12]

desgraciadamente se registraron unos pocos pero muy desagradables encontronazos en los que se vieron envueltos el señor director musical general Busch y

[10] Grete Busch, *Fritz Busch, Dirigent*, S. S. Fisher, Munich, 1970, p. 77.
[11] Sam Shirakawa, *The Devil's Music Master*, Oxford University Press, Oxford, 1992, menciona como fuentes el archivo de la Fundación Busch y el Centro de Documentación de Berlín.
[12] *Idem.*

[. . .] también el tenor Lauritz Melchior. Quisiera mencionar a este último en conexión con un incidente particular en que el tenor Melchior rompió un silencio expresando: "No se olvide que usted está aquí representando a Hitler", a lo cual el tenor Seider contestó: "A mí eso no me importa". Melchior replicó: "Es realmente desafortunado que todo da lo mismo para usted, un alemán. ¡Para mí, un danés que ha estado sirviendo el arte alemán durante veinte años, el asunto importa decididamente!

Pero la gira fue indudablemente un éxito de buena música y propaganda, separado por unos pocos meses del importante acto organizado también en el Colón por los nazis locales y los representantes del Volksbund. En aquella oportunidad un público de tres mil personas pudo cantar el *Horst-Wessel Lied* y escuchar instrucciones sobre la forma de expandir la cultura alemana en escuelas, iglesias, e instituciones de caridad.[13] Quienes se hallen familiarizados con el esnobismo tradicional de la burguesía porteña saben muy bien que si este acto hubiera tenido lugar en un estadio de futbol los efectos propagandísticos hubieran sido menores. En el Colón las cosas siempre han sido diferentes porque, independientemente de sus legendarios logros artísticos, el teatro es un curioso símbolo de prestigio social: llegar al Colón es un sinónimo de excelencia a los ojos del ciudadano medio. Y la historia de la sala no registra como frecuente su arriendo para actos políticos. Los grupos de presión progermánicos habían hecho, pues, un excelente trabajo de *marketing* al celebrar allí un encuentro de efectivo histrionismo teatral. En el importante mundo de las apariencias sociales sólo la gente respetable, seria, mesurada y culta hace cosas en el aún hoy pomposamente apodado "primer coliseo". El *Horst-Wessel Lied* debe haber sonado como en ningún otro lugar de la tierra en la sala del Colón, reconocida por celebrados artistas internacionales como poseedora de la mejor acústica del mundo.

Un acto semejante en la Ópera de Dresden hubiera sido imposible durante la administración que allí ejerciera Fritz Busch, hasta el comienzo de su camino al exilio. Como director general de aquel teatro, y visceralmente comprometido antinazi de la primera hora, Busch se había opuesto abiertamente a cualquier ejercicio de propaganda nacionalsocialista. El resultado fue su alejamiento del cargo luego de un tumulto organizado por la rama local del partido durante una función de *Rigoletto,* en marzo de 1933. El camino del exilio de Busch y su involuntario servicio a la temporada alemana de 1933 organizada por sus enemigos nazis sólo puede ser cabalmente entendido por quienes conocen la ambigüedad que durante los años de preguerra caracterizaron la política musical del Tercer Reich y las actitudes de mu-

[13] R. C. Newton, *The "Nazi menace" in Argentina,* Standford University Press, Stanford, 1992, p. 46.

chos de los artistas involucrados. Lo que sigue es un relato sucinto de este problema.

De Alemania a Argentina: Paradojas del camino del exilio

Una de las principales tareas de Hermann Goering durante los primeros años del régimen nacionalsocialista fue contrarrestar la pésima imagen creada en el exterior por los excesos cometidos por las bases del partido durante las primeras semanas que siguieron a la llegada de Hitler al poder, en 1933. Ocurría que los efectos más devastadores de estos excesos se hacían sentir nada menos que en la música clásica, el producto de exportación por excelencia de la tradición cultural alemana. Para compensar los excesos cometidos por los nazis de Dresden, Goering intentó retener al ario Fritz Busch con la promesa de un puesto de mayor importancia en Berlín,[14] y pretendió fundamentar la primera expulsión de un gran músico, el director de orquesta Bruno Walter, insinuando que la medida se había debido más a su ideología política que a su origen racial. La situación se volvió decididamente crítica luego del alejamiento del director judío Otto Klemperer y del ario Wilhelm Furtwängler, que renunció a sus cargos musicales y a la dirección de óperas y conciertos en disconformidad por el veto gubernamental a la obra del compositor Paul Hindemith. Cuando otro ario de renombre, Erich Kleiber, decidió seguir el camino del exilio sudamericano emprendido por Busch, el Reich pareció a punto de perder a casi todos los grandes directores de música alemana.

Fracasados los intentos iniciales de hacer volver al recalcitrante Busch, Goering se contentó con la participación de éste en la temporada alemana del Colón en 1933, mientras planeaba, en vano, otros intentos de hacerlo regresar a Alemania. Con el gran Furtwängler las cosas fueron mucho mejor, porque éste aceptó reconciliarse con el régimen a cambio de la promesa, por supuesto no cumplida, de que el maestro podría hacer música sin interferencias políticas. También la participación de artistas judíos en el elenco de la temporada de Buenos Aires respondía a planes determinados. Goering había afirmado que sólo él decidía quién era ario y quién no, y el ejemplo más notable de lo que con ello quería decir fue la dispensa especial concedida a Leo Blech, el único director judío que como director musical general de Berlín aún dirigía en esa ciudad en 1937. El ministro de Cultura y Propaganda pudo saborear el triunfo de su astucia política cuando Furtwängler, reintegrado a sus tareas musicales en el Reich y convertido en el exponente número uno de la excelencia de la música alemana, dirigió en la exposición

[14] Fritz Busch, *op. cit.*

mundial de París y en las festividades oficiales de la coronación de Jorge VI en 1937. Ello autoriza a recordar, una vez más, que el acto en el Colón de años antes, y las demostraciones de simpatía hacia el Reich en la Argentina de los años treinta, palidecen en su importancia frente a la entusiasta aceptación de la nueva realidad alemana en Europa, reflejada en artículos de periódicos conservadores liberales como el *Sunday Times,* y también en Inglaterra, en las importantes actividades de apoyo al Reich por parte de activistas políticos como E. Mosley y el mismo duque de Windsor.

La actitud de Furtwängler tiene particular relevancia histórica como el factor desencadenante de la más importante polémica sobre la ética de los artistas musicales frente al nacionalsocialismo. Los defensores de Furtwängler utilizaron el concepto de "exilio interno" o "resistencia espiritual desde adentro" para justificar la decisión del director de quedarse. Según ellos, la presencia de la música era un importante componente espiritual de la resistencia interna al régimen y, con sus conciertos, Furtwängler habría hecho del arte musical alemán un verdadero alivio a las vicisitudes de quienes no habían podido escapar. También está constatado que ayudó a judíos y perseguidos políticos. Los partidarios de la alternativa del exilio migratorio elegida por Busch, Kleiber y muchos otros, sostienen que, si también Furtwängler se hubiera ido, la reacción hubiera socavado seriamente las posibilidades de Hitler de mantenerse en el poder. Al quedarse se hizo inevitable que Furtwängler fuera utilizado como instrumento de propaganda nazi hasta el fin de la guerra.[15]

LOS EXILIADOS EN BUENOS AIRES[16]

Busch y Kleiber eran artistas de fama comparable a la de Thomas Mann en el ámbito literario, y era inevitable que al sentar sus bases de trabajo en Argentina atrajeran a colaboradores de importancia. Hasta 1939 los exiliados tuvieron que compartir sus tareas con los artistas que, habiendo decidido quedarse en la nueva Alemania, viajaban periódicamente para trabajar en el Colón. Pero a partir de ese año las dificultades de los viajes hicieron que los exiliados pasaran a gozar de un periodo de absoluta hegemonía.

Busch monopolizó la temporada alemana en el Colón en 1933, 1934, 1935, y 1936. Erich Kleiber lo hizo en 1937, 1938, 1939 y 1940. En 1941 Busch diri-

---

[15] Reseñas sobre las circunstancias que rodearon la emigración de los artistas musicales de Alemania pueden encontrarse en el libro antes mencionado de Shirakawa, en *Musik im Nazi Staat,* de Prieberg, y en *Furtwängler, Eine kritische Biographie,* de Berndt W. Wessling.

[16] Información sumaria sobre nombres y actividades de exiliados en esta sección ha sido extraída de Herbert Strauss y Werner Roeder (comps.), *International Biographical Dictionary of Central European Emigres 1933-1945,* K. G. Saur, Munich-Nueva York, 1983.

gió dos títulos en la temporada italiana, mientras que Kleiber siguió encargándose de las obras alemanas, incluyendo el repertorio mozartiano y de opereta. Ambos dirigieron en 1942 y 1943. Busch lo hizo en 1944 y 1945 y Kleiber entre 1946 y 1949. También dirigieron numerosos conciertos. Ambos directores actuaron extensamente en Montevideo, Santiago de Chile y otras capitales latinoamericanas.

La mayoría de las puestas en escena de ópera (en algunos años el monopolio total) entre 1939 y 1948 fueron realizadas por tres famosos emigrados, Carl Ebert (socialdemócrata), Otto Erhard (director de escena del Festival de Salzburgo) y Joseph Gielen (emigrado por su ideología política y su matrimonio con la actriz judía Rosa Steuermann). También el exiliado Georg Pauli puso en escena periódicamente espectáculos en el teatro. Las coreografías del Colón estuvieron casi todas a cargo de Margarita Wallmann, directora general del ballet de la Ópera de Viena, emigrada de esa ciudad en 1938. El tenor húngaro Koloman von Pataki fue, entre los grandes cantantes de la época, el exiliado que más tiempo pasó en Argentina durante los años del nacionalsocialismo.

Junto a estos importantes artistas encontraron trabajo en Argentina otros de importancia menor, pero que más adelante ejercerían notable influencia en el desarrollo de la vida musical local: Erich Engel (asistente de Busch), Martin Eisler y Herman Geiger Torel (escenógrafos), Guillermo Graetzer y Werner Wagner (compositores), Esteban Eitler (flautista), Ljerko Spiller (violinista), Roberto Kinsky, Teodoro Fuchs, Erwin Leuchter, Kurt Pahlen y Alejandro Szenkar (directores de orquesta), Poldi Mildner (pianista).

Importantes estrenos de obras del repertorio alemán incomprensiblemente postergadas tuvieron lugar bajo la batuta de los enemigos del Reich. Erich Kleiber, por ejemplo, dirigió el estreno en el Colón de *La flauta mágica*, y en 1934 Fritz Busch tuvo a su cargo el estreno en el continente americano de la versión completa de *La pasión según san Mateo*. Grete narra su sorpresa ante el inesperado sentimiento religioso que pareció sobrecoger a la sociedad bonaerense, normalmente superficial, cínica y dada a la broma. . . Había hombres que durante la transmisión de la obra por altoparlantes en la calle se sacaron el sombrero al oír cantado en su idioma el severo coral "Oh rostro ensangrentado, imagen de dolor".[17] Un crítico del diario *La Prensa* parece, en cambio, haber mezclado su religiosidad con un criterio estético más inquietante:

> Se trata de una obra cumbre del género oratorio, de una grandiosa construcción sonora cristiana, que sólo halla su equivalente espiritual en las grandes catedrales góticas; y se trata también como en éstas de una expresión de arte colectivo,

[17] Grete Busch, *op. cit.*, p. 101.

en que una raza, la germánica, por obra de sus genios más representativos y con el material de sus corales de origen popular, llora dolorosamente, con acentos desgarradores, la tragedia del Gólgota.[18]

La mayoría de los exiliados parecen haber trabajado en el Colón periódica u ocasionalmente, sin grandes interferencias políticas, aun cuando una historia de espionaje de oficina contada por Grete Busch demuestra que también algunos simpatizantes del Eje habrían estado familiarizados con la vida cotidiana en el teatro.

Indignado por el creciente carácter diabólico del nacionalsocialismo nuestro hijo decidió hacerse ciudadano argentino. Un agente alemán encontró su solicitud sobre la mesa del secretario de administración del Teatro Colón. Preguntado sobre si autorizaba la actitud de su hijo, Busch respondió que el joven era lo suficientemente maduro para tomar sus propias decisiones. Y agregó que viendo lo que ocurría en Alemania también él y su esposa harían lo mismo. Los nazis nunca reconocieron nuestra renuncia a la ciudadanía alemana y seguimos siendo germano-argentinos hasta el final de nuestras vidas.[19]

A más de interesarse por las actividades de sus compatriotas en el exilio, los agentes del Reich siguieron conviviendo con el *establishment* musical de Buenos Aires en diversas actividades culturales, aun cuando sin entrometerse demasiado en temas políticos. Un ejemplo de esta cohabitación está reflejado en la composición de la Comisión Prodifusión de la obra de Richard Wagner, que durante los años del nacionalsocialismo auspició la publicación de una famosa colección de libretos bilingües y comentados de las obras de aquél. Desde 1935 hasta 1940 la comisión incluyó al embajador de Alemania, Edmund Freiherr von Thermann y, de la misma embajada, a los consejeros Otto Meynen y Eric Haeberlien y los agregados civiles Hermann Metzger y Wilhelm Keiper. Los miembros locales de la comisión eran Gregorio Araoz Alfaro y Ricardo Seeber, en su carácter de presidentes de la Institución Cultural Argentino-Germana, así como Nicolás Besio Moreno, Luis Ochoa y Luis Viggiare, de la Asociación Wagneriana de Buenos Aires, una de las más antiguas y todavía hoy importantes instituciones musicales argentinas. Carlos López Buchardo figura como presidente de la Asociación Wagneriana, miembro de la Comisión Directiva del Teatro Colón y del directorio del Conservatorio de Música de Buenos Aires; Rafael Girondo como miembro de la Comisión Directiva del Colón y vocal de la Asociación Wagneriana de Buenos Aires. Los nombres del embajador de Alemania y los diplomáticos de la embajada son conspicuamente omitidos en el libreto

---

[18] Diario *La Prensa*, 1 de junio de 1934, citado en *La historia del Teatro Colón*, t. III, p. 197.
[19] Grete Busch, *op. cit.*, p. 98.

de *Los maestros cantores de Nuremberg* que fue publicado en 1941. Los comentarios del doctor Carlos Duverges son estrictamente de filosofía artístico-musical.[20]

ACTIVIDAD POLÍTICA DURANTE LOS AÑOS DE GUERRA

Fritz Busch parece haber mostrado una total prescindencia política durante su exilio. Kleiber, por el contrario, aceptó ser nombrado presidente de la Asociación por Austria Libre. Ambos artistas parecen haberse abstenido, sin embargo, de involucrarse intensamente en actividades políticas antinazis en Buenos Aires. A la precaución obvia que en este sentido acostumbran guardar los exiliados famosos en países neutrales se une la explicación de que eran, por naturaleza, profesionales que aun antes de la guerra veían la política con desagrado y aprensión. Es por ello que mientras Furtwängler vivía el drama de su exilio interno, Busch y Kleiber observaron en su exilio externo una idéntica actitud de refugio en la música, no sólo por vocación y necesidad existencial sino también como fuente indispensable de recursos materiales.

Como convencido socialdemócrata, Otto Erhard encontró tiempo para participar en actos de Vorwärts, el club socialista fundado en diciembre de 1882 por obreros, intelectuales y políticos alemanes internacionalistas llegados al Río de la Plata escapando del gobierno autoritario de Bismarck. En su libro *La asociación Vorwärts y la lucha democrática en la Argentina*[21] Alfredo Bauer se refiere a los espectáculos de Tropa 38, un grupo teatral que practicaba el arte épico de agitación y propaganda en boga en la cultura proletaria promovida por el movimiento obrero alemán durante la época de la República de Weimar, y que había ejercido una importante influencia sobre la obra de Bertolt Brecht. Entre los representantes del arte musical activos en Tropa 38 Bauer menciona al musicólogo Ernesto Epstein, los compositores Wolfgang Vacano y Hermann Ehrenhaus, los bailarines y coreógrafos Rennate Schotelius y Otto Werberg, y el cantante Helmut Jacoby. Un importante activista antifascista, el director de teatro Paul Walter Jacob, encontró tiempo para ejercer su vocación musical actuando como director del coro de Tropa 38. Bauer menciona como participantes en los actos de Vorwärts al compositor Guillermo Graetzer, la coreógrafa Margarita Wallmann y los directores de escena Joseph Gielen y Martin Eisler.

---

[20] Libretos y comentarios de óperas de R. Wagner editados por Pro-Arte, Buenos Aires, 1935 a 1941.

[21] Legasa, Buenos Aires.

Después de la guerra

Luego de cumplidos los trámites de sus juicios de desnazificación, los artistas que habían optado por quedarse en la Alemania de Hitler reiniciaron sus giras internacionales, en muchos casos presionados por la necesidad de trabajar para comer. Fue así que Buenos Aires recibió la visita del joven ex miembro del partido nazi Herbert von Karajan, que pasó prácticamente inadvertido en la serie de ocho conciertos que dirigiera entre abril y mayo de 1949, año dominado por Kleiber como director de orquesta y Otto Erhardt como *regisseur*. Otro ex artista del Reich, Walter Gieseking, dio importantes recitales de piano en 1948. Y 1948 fue también el año de la aparición de Wilhelm Furtwängler al frente de ocho conciertos sinfónico vocales. Furtwängler era en ese momento el centro de la recapitulación de posguerra del debate exilio interno *vs* exilio externo. A la luz de la forma en que el director había sido utilizado como medio de propaganda por Hitler hasta el final de la guerra, era orquestada una furiosa campaña internacional abogando por su boicot total por Thomas Mann, Toscanini y Bruno Walter, entre muchos otros. Pero Furtwängler contó con el apoyo de importantes artistas de credenciales probadamente antinazis; a la cabeza de ellos se encontraba Yehudi Menuhin, el violinista judío norteamericano por entonces fervorosamente ocupado en tareas de reconciliación entre alemanes y judíos. En sus memorias Menuhin agradece el apoyo brindado por la comunidad judía argentina (sin especificar más) a su posición en el caso Furtwängler.[22] Este director volvió a trabajar por última vez en Buenos Aires en 1950 y en el momento de su muerte, en 1954, se encontraba plenamente rehabilitado, salvo en Estados Unidos, donde la opinión pública había conseguido mantener el boicot.

Fritz Busch rehusó incorporarse a este boicot informando escuetamente que consideraba de mal gusto hacer carrera política a costa de colegas en desgracia. Sin embargo, cuando su gran amigo y colaborador Erich Engel le escribió sobre las dificultades morales que le ocasionaba asistir en Buenos Aires a artistas que habían trabajado en la época del nacionalsocialismo, Busch incluyó en su carta de respuesta lo siguiente:

> Así como Martial Singher [yerno de Busch] le tiene alergia a la pimienta, yo le tengo una alergia a los nazis que empezó en 1924 y se hace cada vez más fuerte con la edad. Simplemente no puedo dejar de lado todo lo ocurrido. ¡Me dicen que todos esos XX o comoquiera que se llamen "no sabían" lo que ocurría!. . . que todos esos "grandes" artistas no se hayan encaminado al exterior donde seguramente no se hubieran muerto de hambre, mire, mi querido amigo, eso lo perdono cada

---

[22] Y. Menuhin, *Unfinished Journey*, Futura, Londres, 1978, p. 299.

vez menos cuanto más viejo me vuelvo. Si esos oportunistas, incluidos otros representantes de la llamada elite espiritual, hubieran dejado a centenares Alemania, estoy convencido de que el imperio de los mil años no hubiera durado doce sino a lo sumo dos años, y a la humanidad le hubiera sido ahorrada la peor catástrofe desde Gengis Khan. No tengo el derecho de reprochar nada a un amigo probada e inusualmente noble. Pero de cualquier manera me he sorprendido. ¡¿Cómo piensa que X y su consorte lo hubieran tratado a usted en Buenos Aires si Hitler hubiera ganado?!²³

Fatalmente, era inevitable que en el Buenos Aires de posguerra la alergia antinazi de Busch volviera a brotar, esta vez por causa del peronismo. Según Grete,

Hacía bastante tiempo que Busch venía indicando que su vuelta al Colón sería imposible ante una victoria de Perón. A su entender el país vivía una situación similar a Alemania doce años antes. La libertad que habíamos venido a buscar estaba siendo destruida. "Vivimos diariamente redadas y detenciones", nos informaron; "el actor Quartucci, en su momento aquel excelente Frosch en *El murciélago* del Teatro Colón, fue ayer apaleado por elementos nazis luego de una función en el Teatro Odeón. . ."²⁴

Que Busch exageraba en su comparación de la Argentina de aquel entonces con la Alemania nazi sólo es comprensible en retrospectiva. En su momento sus aprensiones eran compartidas por muchos ante las banderas anticulturales de un movimiento nacionalista-popular que, inevitablemente, consideraba la cultura de la burguesía porteña como elitista e inmerecedora de la sustantiva inversión de recursos que requieren las actividades musicales. La misma Grete reseña, muy al pasar y sin darse cuenta, las nubes de tormenta que amenazaban ese paraíso de libertad que para los Busch era Argentina. Su libro contiene muchas alusiones a la coincidencia de la llegada de los exiliados con el comienzo de sucesivas crisis económicas que a su vez llevaron a desórdenes e incertidumbres administrativas. Y fatalmente el Colón, como repartición sin autonomía laboral y presupuestaria dentro de la Municipalidad de Buenos Aires, estaba expuesto a las tradicionales deficiencias de esta última: las autoridades del teatro cambiaban constantemente y los artistas tenían poca idea sobre las condiciones de sus contratos hasta el último momento.

Pero a diferencia de lo ocurrido con las universidades o la prensa, la actitud de Perón hacia la actividad musical no fue hostil, simplemente por el hecho de que ésta no tenía mayores repercusiones políticas. En el Reich las

---

²³ Berndt Wessling, *Furtwängler, eine kritische Biographie*, Wilhelm Heyne, Munich, 1987, p. 164.

²⁴ Grete Busch, *op. cit.*, p. 167.

representaciones de *Los maestros cantores* en ocasión de las masivas conferencias partidarias de Nuremberg, la participación de Furtwängler en conciertos en fábricas de armamentos o la asistencia de combatientes y heridos de guerra a los festivales de Bayreuth, eran acontecimientos de gran resonancia. A Perón, en cambio, jamás se le hubiera ocurrido obligar a Busch o Kleiber a matizar con la *Novena* de Beethoven un acto del Día de la Lealtad.

La única posibilidad de asociar la ideología peronista con la música clásica era, lógicamente, atacando la simbología elitista del Colón. Y el ataque consistió en fomentar la actuación de nacionales, más como revancha o favoritismo que como resultado de méritos artísticos. Pero no fue un ataque similar al sufrido por otros sectores, y las programaciones y repartos de aquellos años indican que una parte importante del presupuesto municipal se invirtió en la actuación de importantes artistas extranjeros. Sin embargo estas aisladas muestras de excelencia contrastaban con una infraestructura debilitada por la progresiva emigración de los exiliados más importantes, lógicamente aprensivos por el giro nacional populista y autocrático del sistema político, y sin el apoyo de los medios necesarios para fortalecer orquestas y educar coros, cantantes o instrumentistas.

Es por ello que la relativa decadencia de la vida musical argentina ocurrida durante la primera década de la posguerra deba ser tal vez analizada, en términos tentativos, fundamentalmente como una oportunidad perdida. A diferencia de lo ocurrido en Estados Unidos, Argentina no pudo impedir el regreso a Europa de muchos de los exiliados más importantes, o invertir los recursos suficientes para que los que se radicaron definitivamente en el país pudieran crear un centro musical internacional con artistas propios. Pero también a diferencia de Estados Unidos, Argentina debía afrontar las consecuencias inevitables del desarrollo industrial y la proletarización de gran parte de la población. La hegemonía gremial en la Municipalidad, por ejemplo, era un obstáculo importante para las exigencias de trabajo de un Busch o un Kleiber. Por el contrario, en Estados Unidos era posible reformar orquestas con cesantías generales y contratación de nuevos artistas con fondos particulares totalmente deducidos de impuestos. Y la infraestructura universitaria estadunidense fue puesta a disposición de los exiliados para educar a jóvenes músicos.

Sin embargo, los siguientes párrafos indican que tanto los exiliados que se fueron como los que se quedaron contribuyeron decisivamente a la indudable importancia de Argentina como centro musical fuera de Europa, Japón y Estados Unidos. Y también se verá que en los años cincuenta tampoco Europa fue, para algunos regresados, una panacea cultural.

Los regresados

Busch dirigió por última vez en Buenos Aires en 1947, en un concierto de beneficencia para los niños hambrientos en Europa. "Esa mañana se reunieron por primera vez después de la guerra toda la oficialidad bonaerense, los alemanes y los emigrantes con el fin de que los niños no tuvieran que pagar la culpa de las naciones."[25] Pero este director, que había llegado a Dresden en 1925 con la intención de quedarse allí toda su vida, nunca pudo recuperarse de su expulsión de la ciudad en 1933. Hasta su muerte, en 1951, Busch llevó una existencia literalmente nómada, cuyas estancias más prolongadas fueron Inglaterra, Dinamarca y Estados Unidos. Sólo en ocasiones visitó Alemania (Hamburgo y Colonia).

Kleiber, en cambio, siguió trabajando durante parte de la época peronista, bien que en condiciones mucho más desfavorables que en años anteriores. Sólo dirigió ópera en el Colón hasta 1949, y sus últimos conciertos en 1951 y 1952 los dio en un cine, el Gran Rex, al frente de la Orquesta Sinfónica del Estado. Pero también su vuelta a Europa estuvo acompañada de algunas serias frustraciones. Para empezar, su naturalización argentina no le ayudó cuando, al tratar de conseguir un puesto de importancia en Viena, su ciudad natal, sus posibilidades se vieron frustradas debido a la existencia de una política que. . . obstaculizaba el empleo de inmigrantes. Kleiber aceptó entonces volver a Berlín para hacerse cargo como director musical general de la Ópera del Estado en Unter den Linden. . . sólo que allí la geografía política ubicaba a ese teatro al este de la Puerta de Brandenburgo. Esto hizo que el director tuviera que volver a alejarse de la ex capital del Reich por razones políticas, esta vez su desavenencia con las autoridades soviéticas. Murió en 1956 poco antes de regresar al Buenos Aires posperonista para dirigir obras de Mozart en el bicentenario del nacimiento del compositor.

También el director de escena Josef Gielen enfrentó a su regreso a Europa problemas políticos inesperados cuando, luego de haber sido nombrado director del Burgteater de Viena, en 1948, se alejó del cargo, en 1954. Paradójicamente su gestión se vio afectada por problemas ideológicos que seguramente no hubiera tenido en la Argentina de Perón, como por ejemplo el boicot a Bertolt Brecht que en ese entonces era parte de la política cultural oficial vienesa.

La estadía de Kleiber y Gielen en Buenos Aires permitió que dos importantes directores de orquesta, hijos de los nombrados, iniciaran sus estudios en esta ciudad. Carlos Kleiber estudió música brevemente en Buenos Aires a partir de 1950. Hoy reside en Alemania y en su reducido repertorio es considerado como el más grande director de la actualidad.

[25] *Ibidem*, p. 186.

Michael Gielen también estudió teoría musical en Buenos Aires y trabajó en el Colón como maestro concertador en 1947, regresando a Europa en 1950. Es hoy un conocido compositor y director de orquesta, activo en los principales festivales musicales europeos.

Erich Engel volvió a Europa para desempeñarse como director artístico del primer festival de Bayreuth de la posguerra, en 1951. También regresó Erhardt, uno de los más asiduos directores de escena del Colón, para continuar en Europa su importante carrera internacional.

La contribución de los exiliados a la vida musical argentina

En medio de las condiciones materiales relativamente adversas los refugiados del Tercer Reich en Argentina contribuyeron decisivamente a una vida musical que, sin ellos, posiblemente hubiera desaparecido. A más del aporte esencial prestado a las temporadas del Teatro Colón y a orquestas en Buenos Aires y el interior del país, muchos exiliados sentaron las bases de todo lo que hoy puede llamarse educación musical en Argentina.

En el nivel individual, el nombre del violinista pedagogo de fama internacional Ljerko Spiller es especialmente destacable. Alberto Lysi, fundador de la Camerata Bariloche, la única agrupación instrumental argentina de nivel internacional, estudió con Spiller, y también lo hizo el violista Thomas Tichauer. Spiller estrenó como solista obras de Berg y Krenek, fundó una orquesta juvenil y dio clases de música de cámara en la Universidad de La Plata entre 1957 y 1975.

Tres exiliados que decidieron quedarse, Ernesto Epstein, Erwin Leuchter y Guillermo Graetzer, son los fundadores del Collegium Musicum, la más destacada institución de educación musical en Argentina, donde se desempeñaron por décadas como profesores. Leuchter fue director de la orquesta filarmónica de la Asociación del Profesorado Orquestal y de la Sociedad Filarmónica de Buenos Aires. También publicó estudios de sociología musical. Graetzer introdujo el método de enseñanza de Carl Orff en Argentina y lo adaptó al folklore latinoamericano, lo cual también se refleja en muchas de sus composiciones.

Como director de la Orquesta Sinfónica de Córdoba y director permanente de la Sinfónica Nacional Teodoro Fuchs estrenó en Argentina obras de la importancia de la *Novena Sinfonía* de Bruckner. En Córdoba fue asistido por Otto Meisels, el cantor del coro de niños de la sinagoga de Pazmaniten y de la Ópera de Viena, expulsado de allí en 1938. Meisels se hizo violista y profesor en Córdoba, lugar al que emigró su familia, y permaneció allí hasta su muerte, en 1992.

Kurt Pahlen fue el único exiliado que llegó a ser director del Teatro Colón por un breve periodo, en 1957. También se desempeñó como director de orquesta en Buenos Aires y Montevideo antes de radicarse en Zurich, en 1972. Es mundialmente conocido por sus libros de historia y divulgación musical y una serie de libros sobre ópera (*Opern der Welt*). Werner Wagner, el compositor judío, llegado a Buenos Aires en 1935, estrenó varias de sus obras en el Colón y se desempeñó como agente de conciertos hasta 1960.

Martin Eisler fundó con Leonor Hirsch la importante Sociedad de Amigos de la Música. Roberto Kinsky, el inseparable asistente de Fritz Busch, trabajó ininterrumpidamente como maestro interino, director de orquesta y director de estudios del Teatro Colón desde 1933 hasta su muerte, hace pocos años.

EVALUACIÓN

La información contenida en este trabajo permite ensayar algunas conclusiones fundamentales.

El carácter elitista y relativamente apolítico de la actividad musical en Buenos Aires permitió que durante la guerra los emigrados no sólo pudieran trabajar sin mayores interferencias por parte de elementos nacionalistas o simpatizantes con los gobiernos del Eje sino que, de hecho, dominaran la vida musical argentina.

Las dificultades sufridas por los emigrados a partir de 1945 no se relacionaron con sus creencias políticas o su origen racial sino que sobrevinieron como consecuencia del deterioro de la economía y la consecuente escasez de recursos, y la reversión de valores culturales representada por el gobierno nacional-populista de Perón.

Esta política hizo que, a diferencia de lo ocurrido en Estados Unidos, los más importantes emigrados musicales se alejaran de Argentina o permanecieran en ella sin los recursos necesarios para educar a artistas locales en cantidad y calidad suficientes para establecer las bases de un centro musical internacional con artistas propios.

Aun disminuido por estas circunstancias, el aporte de los emigrados fue de cualquier manera decisivo para que Argentina, a pesar de las crisis económicas y políticas sufridas a partir de la posguerra, siga siendo el más importante centro musical fuera de Europa, Estados Unidos y Japón.

EPÍLOGO

La tradicional liberalidad de la vida musical argentina, fortalecida por el aporte de los emigrados del Tercer Reich y sostenida por muchos de ellos a través de los difíciles periodos políticos de posguerra, sufrió su primer embate de autoritarismo ideológico mucho después de terminada la guerra y desaparecidos los grupos de presión pro Eje.

En 1967, a sesenta años de la esclarecida actitud de la Municipalidad de Buenos Aires de permitir la representación de *Salomé*, el gobierno militar prohibió, aduciendo razones de moral pública, el estreno de *Bomarzo*, ópera de Alberto Ginastera con libreto de Manuel Mujica Lainez. Guillermo Graezter renunció a su cargo de profesor en la Universidad de La Plata con la llegada de otro gobierno militar, el de 1976. Fue este gobierno el que decretó, a fines de los setenta, que los pasaportes argentinos debían renovarse periódicamente en el país, para dilema de aquellos argentinos naturalizados que vivían en el exterior. Uno de los afectados fue Carlos Kleiber, que, al no poder viajar a Buenos Aires, perdió su pasaporte argentino. Luego de ocurrido este incidente, el afectado recibió un pasaporte del gobierno austriaco, ansioso tal vez de reparar la *gaffe* de posguerra para con su padre.

CUARTA PARTE
IDENTIDAD

ANITA BRENNER: UNA MUJER JUDÍA MEXICANA

Susannah Glusker Brenner*

Anita Brenner inició su trayectoria de periodista y escritora en el México de los años veinte, en la época del renacimiento cultural, del muralismo y del indigenismo, escribiendo artículos que defendían a México como país para recibir la inmigración de judíos europeos.

Anita nació en la ciudad de Aguascalientes en 1905 y murió en un accidente automovilístico rumbo a su tierra natal, en 1974. Su padre, Isidoro Brenner, había llegado de Latvia, no como refugiado sino en busca de fortuna. Don Isidoro había inmigrado a Estados Unidos, pero prefirió el ambiente que encontró en Aguascalientes. Tuvo éxito como comerciante y se le recuerda con cariño, ya que fundó el equipo de beisbol (los Tigres de Brenner), los Rotarios y el Club de Leones. Se le recuerda también por haber tenido el valor de enfrentarse a la tropa revolucionaria para pedir una tregua de 24 horas para preparar el ganado que habían matado, y así poder consumirlo en vez de dejar que se pudriese.

Los judíos que llegaron a México durante el siglo pasado no fundaron centros comunitarios o escuelas; se integraron a la comunidad extranjera, sin identificarse como judíos.[1] Anita creció sabiendo que era diferente, sin saber que era judía. Su imaginación la llevó a construir su propio entorno que describió como una "Raza de príncipes", el título de un cuento que publicó en el *Jewish Daily Forward* en mayo de 1925, y que le mereció un premio de cincuenta dólares.[2]

La familia Brenner abandonó Aguascalientes tres veces. La primera cuando el embajador Henry Lane Wilson entabló una guerra de rumores contra Madero, con el fin de recibir fondos y armamento del Departamento de Estado de Estados Unidos para Félix Díaz. La segunda cuando los norteamericanos desembarcaron en Veracruz, y peligraban todos los extranjeros, especialmente si se les llegaba a identificar como norteamericanos. La tercera y última fue al reunirse los líderes de la Revolución en la Convención de Aguascalientes.

Anita tenía 9 años en 1916, cuando llegó a San Antonio, Texas, con su familia. Había visto correr sangre en las calles de su ciudad natal, había oído

---

* Universidad de las Américas.
[1] Judit Bokser, *Imágenes de un encuentro*.
[2] Anita Brenner, "A race of princes", *Jewish Daily Forward*, mayo, 1925.

a los soldados tocar en la puerta de su casa a medianoche para pedirle a su mamá, doña Paula, que preparara un pastel para la boda del coronel. También se había escondido bajo los asientos del tren para no recibir balas. Había observado a la tropa buscando norteamericanos para matarlos. Recordaba la subasta que realizó su padre para vender todo, con el fin de reunir fondos suficientes para el viaje a la frontera.

Al integrarse a la sociedad texana Anita vivió experiencias de discriminación. Primero se la señaló por ser "the little Mexican girl" (la niñita mexicana). Cuando empezaba a hablar inglés y a integrarse, de nuevo sufrió el rechazo, esta vez por ser judía. Le prohibieron a su única amiga jugar con ella, ahora que era la "little jew-girl" (la niñita judía). La desubicación quedó inscrita en una novela autobiográfica inédita, en la que se palpa una crisis existencial prematura. Dice:

> En la preparatoria fui nuevamente mártir. Estaba amargada porque había desaparecido mi bella imagen. Sin profetas con voces graves vestidos de batas blancas ni Davides con cobertores azules, no quería a los judíos. No creía que en verdad fueran judíos, ya que hablaban con voces toscas, y no se les permitía entrar a los mejores clubes. Fue entonces que descubrí que también a mí me estaba prohibido pertenecer.
>
> No tenía amigos. Mi gran sentido del orgullo no me permitía buscar amistades cuando sentía que no me querían, y era también demasiado extraña para mi propia gente. Mi propia gente. Me daba una alegría dolorosa e irónica repetir esa frase.[3]

La adolescencia de Anita fue un proceso de búsqueda de identidad. Participó en el club de debates de la preparatoria aun cuando los compañeros judíos la presionaron, diciéndole: "no puedes pertenecer, *nosotros* no somos de ese grupo".

En 1920, cuando murió Carranza, traicionado, Anita ingresó a la Universidad de Nuestra Señora del Lago, en San Antonio, donde una monja le llamó la atención, acusándola de plagiar textos ajenos. Sin embargo, fue también allí donde aprendió de otra monja que: "cuando uno sabe lo que quiere decir, el texto se escribe solo".[4] Cansada de pintar flores en porcelana, logró convencer a su padre de que la dejara ir a Austin a estudiar en la Universidad de Texas.

Su desorientación persistió en Austin. Colaboró con el periódico de la

---

[3] Brenner, "A race of princes" (traducción de la autora).
In high school I was a martyr again. I was bitter because my pretty pictures were gone. No more thundering white-robed prophets and gentle, blue-mantled Davids. I did not like the Jews. I did not really believe they could be Jews, for they yelled coarsely, they were barred from the best clubs. Then I discovered that I, too, was barred. I had no friends. I was too proud to seek much intimacy where I felt undesired, and too queer for my own people. My own people. I got a good deal of rather dolorous ironic joy out of that phrase.
[4] Diario inédito de Anita Brenner.

universidad; asistió al seminario que impartía el renombrado J. Frank Dobie con una generación de futuros escritores.[5] Aun cuando le sentó la vida intelectual universitaria, estaba inconforme con su ambiente. Su angustia se debió en parte al hecho de que en la comunidad universitaria los estudiantes judíos se aislaban, y ella no había logrado integrarse al grupo de sus correligionarios.

No se integró en primaria, ni en secundaria, ni en preparatoria, ni en la Universidad de Texas. Sus diarios, su correspondencia y una novela autobiográfica inédita presentan a una joven sola. Anita describió su vida universitaria así:

La universidad acabó con mi religión. Era igualito que en la preparatoria, con más tortura, mental y emocional. Sustituí el misticismo con el emersonianismo, y luego atravesé varias etapas de pesimismo, fatalismo, agnosticismo, ateísmo. Sufría. Me preguntaba cómo cambiarme la nariz. No tenía amigos. Los judíos me eran intolerables. Me relacioné muy poco con ellos. Los consideraba vulgares. Tenía unos cuantos amigos gentiles, rechacé escalar la barrera entre judíos y gentiles, un muro compacto como un *macadam*. Era una persona absurda, torpe, ensimismada en mi soledad. Me sentía fea y tonta. Me ignoraban. Resentía y odiaba todo. Una nadie confusa e infeliz.[6]

Anita abogó con su padre nuevamente, esta vez para regresar a México. Don Isidoro aceptó, ya que había platicado con el rabino de San Antonio, quien estaba en contacto con el doctor Weinberger, director de la organización B'nei Brith en México. En 1923 Anita se inscribió en la Escuela de Altos Estudios. Se alojó en un colegio de misioneros presbiterianos, donde trabajó brevemente como maestra de inglés. Un fin de semana, en septiembre, visitó al doctor Weinberger y a su esposa, Frances Toor, quienes vivían en una vecindad en la calle de Abraham González. Ellos la introdujeron al mundo del YMHA y a muchos de los intelectuales, judíos y no judíos, que participaban en la vida cultural. Así conoció Anita a Carleton Beals, Jean Charlot, Ella Goldberg, Alphonse Goldschmidt, Roberto Haberman, José Clemente Orozco, Tina Modotti, Diego Rivera y Edward Weston, entre muchos otros.

En la ciudad de México, en 1923, se vivía el auge del muralismo, del renacimiento del arte y del indigenismo, tras haber terminado la fase armada de la Revolución. Intelectuales extranjeros habían llegado a México huyendo de la persecución de los socialistas en Estados Unidos, o por afinidad de

[5] E. Douglas Branch, *The Hunting of the Buffalo*, University of Nebraska Press, Lincoln, 1962. La introducción a este libro, escrita por J. Frank Dobie, y la correspondencia entre Dobie y Brenner, mencionan a E. Douglas Branch, Elizabeth Boykin, Hartman Dignowity, Leeper Gay y Shirley Lomax. [La correspondencia de Dobie es propiedad del Harry Ranson Humanities Research Center de la Universidad de Texas en Austin, Texas.]

[6] Brenner, "A race of princes".

ideas con la Revolución mexicana. Buscaban compartir y participar en la formación de una sociedad idealista que promoviera la justicia para todos.[7] Personas como Frank Tannenbaum, Waldo Frank, Carleton Beals, Ernest Gruening y Alma Reed simpatizaban con la Revolución y se dedicaron a defender la imagen de México en la prensa extranjera. También llegaron personajes como D. H. Lawrence, John Dos Passos, William Spratling, Hart Crane y Katherine Anne Porter, entre otros.

La ciudad era pequeña y todos se conocían, se frecuentaban y se divertían en las tertulias, merendando tamales, churros y chocolate preparados por Lupe Marín, casada con Diego Rivera. Se veían en casa de Lupe y Diego, en casa de los Salas y hasta en casa de don Carlos Braniff, que ofrecía cenas elegantes.[8] Anita describió sentirse nuevamente envuelta en el misterio y el orgullo de ser judía, de pertenecer a un pueblo de nobleza.

Afortunadamente los mexicanos son espléndidamente indiferentes a "lo judío" como una distinción de clase; he recuperado algo de la sensación del romance y la elegancia de ellos, y cuando grupillos alegres de vendedores ambulantes se empezaron a filtrar en las calles de México, me sentí enorme y activamente interesada en ellos, y a través de ellos en otras cosas abiertamente judías.[9]

En 1924 Ernest Gruening estaba en México realizando la investigación para su libro *Mexico and its Heritage*. Gruening conoció a Monna Salas en la Biblioteca Nacional, y ella le recomendó a la joven Anita como asistente.[10] Para entonces Anita había abandonado su trabajo como maestra y colaboraba con el doctor Weinberger, recibiendo a representantes de la comunidad judía de Estados Unidos que venían "a ver cómo estaban sus correligionarios," y viajando a Veracruz a recibir a los judíos que llegaban de Europa.

Su carrera como periodista despegó cuando empezó a redactar reportajes sobre esta situación para la agencia noticiosa Jewish Telegraphic Agency (JTA), así como para el periódico *Jewish Morning Journal (JMJ)* para su publicación. Su postura era "diferente" a la de la mayoría de los judíos norteamericanos, ya que defendía México como un buen lugar para el arraigo de los refugiados.

Los archivos de Anita incluyen borradores y copias de más de 60 artículos sobre asuntos judíos publicados por *JMJ, The Nation, The Menorah Journal* o enviados a JTA para que los mandaran a suscriptores. Anita presentó un

[7] Henry C. Schmidt, "The American intellectual discovery of Mexico in the 1920's".
[8] Nancy Newhall (comp.), *The Daybooks of Edward Weston*, vol. I.
[9] Brenner, carta a Elliot Cohen, 4-12-1929. Anita Brenner Archive, traducción de la autora.
Fortunately Mexicans are splendidly indifferent to "Jewishness" as a class distinction; I recovered some of the feeling of romance and glamour from them, and when genial little clumps of peddlers began filtering through Mexican streets, I became vastly and actively interested in them, and through them, in other things openly and interestingly Jewish.
[10] Entrevista con Monna Salas.

México positivo, habló del éxito de los judíos que se habían establecido en el país y de la vida comunitaria, dando respuesta a los ataques de Maurice Hexter.

Anita también escribía sobre los artistas de México, en forma paralela a la defensa del país, dando a conocer la obra de Diego Rivera, Jean Charlot, Carlos Mérida y otros en las revistas *Art News* y *La Rennaissance de Paris*, entre otros. Como intelectual se relacionó en forma semejante con judíos y no judíos. No tenía conflicto en ser parte de ambas comunidades, la de los eventos sociales en el YMHA y del trabajo con la B'nei Brith, y la de los artistas e intelectuales.

Cuando José Clemente Orozco le metía caricaturas antisemitas debajo de la puerta, se reía con él. Sin embargo, en el nivel personal sufrió un conflicto emocional por su identidad judía, causado por su relación con Jean Charlot. Era el gran amigo, el compañero constante, el consejero, y el pretendiente. Charlot le ayudaba, y ella le correspondía, al grado que publicaron los mismos textos: en una revista los firmó él, en otra ella. La relación entre Anita y Jean Charlot tenía varios niveles: trabajaban juntos en proyectos como el libro *Ídolos tras los altares*, se tenían un cariño profundo; sin embargo, había diferencias. El conflicto religioso movió a Anita a definir su judaísmo, frente al catolicismo. Charlot hablaba de tomar los hábitos y ella recuerda: "la sumisión completa y total. . . que vi en él al hincarse frente al confesionario".[11] Las dudas persistían. . ., en sus diarios ella expresó sus sentimientos y su angustia, en prosa y en poesía, como, por ejemplo, la que se transcribe.

ALEPH BET[12]

Para Hart Crane, después de leer the Bridge.

El ganado de mi padre tenía una marca torcida
el Aleph Bet.

Sabía tan poco como el ganado
el significado de la marca
y ahora sé igual.

La marca en mi frente y en mi lomo
la marca de Dios, con pinza fuerte, que no se siente
me ataban antes de poder hundirme agradablemente entre

[11] Diario inédito de Brenner; 22 de febrero de 1928.
[12] Hart Crane fue un poeta norteamericano que llegó a México con una beca Guggenheim. Se suicidó en el camino de regreso a Estados Unidos.

las canciones complacientes,
me ataban del vuelo hacia lo que brilla,
desierto de logros, donde se pudren los renegados.

Ven a la comunión, decía mi nodriza,
una mujer morena, misteriosa, que olía a humo y a maíz,
su piel lisa como una ciruela,
su cuerpo como un árbol,
su cabeza una corriente de lava con ojos de turquesa sumidos,
su respiración una hierba que sopla
su corazón un péndulo complejo de tambores nocturnos,
y la Muerte en la palma de su mano derecha.

Tendrás, decía
desayuno: chocolate, pan y fruta,
vestido nuevo, te cubrirá un velo.

El llano asoleado de pertenecer
se estiraba ante mis pies idish
Y yo, que casi no sabía unir palabra con palabra,
escuché la voz de mi alma, decía: Creo
que a mi madre no le gustaría,
escuché que decía.

La marca de Dios vibra bajo
mi pequeña falda gris.

Luego, un día, un año y
cientos de millas lejos de allí
escuché de nuevo. . .

Había un hombre que me quería
y no era judío,
pero era mil novecientos veinte y cuatro
no mil cuatrocientos noventa y dos.

Ven a la comunión, este amante decía
tu alma encontrará su lugar.
pero el Aleph Bet en mi lomo y en mi frente
muy presente lo tenía.

Mis pies no tendrán descanso,
mi cabeza no tendrá hogar,
en mi casa no hay árbol genealógico,
ni raíces que amarren mis huesos.

Mi pecho se llena de leche amarga
mi lengua no dice palabra.
Mis caderas son anchas y mi panza llena
con los circuncidados en mi matriz.

Hija de dos países, ciudadana de ninguno.
La estrella de Zion tu única tierra,
Vete a tu sinagoga.[13]

La relación con Charlot la atormentó hasta que conoció a David Glusker en Nueva York y se casó con él. Sin embargo lograron conservar la amistad y seguir colaborando en varios libros para niños.

En septiembre de 1927, al terminar Anita el trabajo de investigación para Ernest Gruening, así como el primer manuscrito del libro *Ídolos tras los altares*, viajó a Nueva York. Sus diarios hablan de la disyuntiva: estudiar antropología o trabajar como periodista. Optó por el primer camino y, siguiendo los pasos de Adolfo Best Maugard, Miguel Covarrubias y Manuel Gamio, se inscribió en la Universidad de Columbia. Ya conocía al renombrado profesor Franz Boas, decano de la Escuela de Antropología. Él la aceptó en el programa para doctorado aun cuando no tenía licenciatura ni maestría.

Don Isidoro no apoyó económicamente su decisión, y así Anita siguió trabajando como periodista, manejando el compromiso doble de estudiar y trabajar, enriquecida con la actividad de promover el arte mexicano y de lograr la publicación de su libro. Trabajó como editora latinoamericana de la revista semanal *The Nation*, en la cual ya había publicado varios artículos. También escribió para otras publicaciones y realizó traducciones.

Además de los nuevos amigos norteamericanos, estaban en Nueva York Miguel y Rosa Covarrubias, Emilio Amero, Carlos Chávez, Octavio Barreda, José Juan Tablada, y llegaría José Clemente Orozco. Rivera pasó rumbo a Moscú; en la década de los treinta, cuando sus murales en el Centro Rockefeller causaron un gran escándalo, Anita lo defendió.

Anita organizó una exposición de arte mexicano con Francis Paine y Walter Pach. Había traído la obra de México y con la ayuda del cónsul en Nueva York, Elías Calles —hermano de Plutarco— logró localizar y entregar todo menos unos dibujos de Máximo Pacheco que acabaron en el bote de la basura, ya que los de la aduana pensaron que eran ¡papel de empaque!

---

[13] Traducción del inglés hecha por la autora. El original aparece al final de este texto.

Mucha gente visitó la casa de Anita para conocer la obra, impactándose con la riqueza de la muestra de Goitia, Orozco, Mérida, Rivera, Pacheco y Charlot. Ella formó parte del grupo mayor del departamento de antropología en Columbia: nada menos que Margaret Mead, Ruth Benedict y George Vaillant. También se integró con otros grupos, como el de los liberales de Nueva York que colaboraban en *The Nation, New Masses,* y el *Menorah Journal,* y los mexicanos residentes en Nueva York.

Se había desarrollado como profesional durante los cuatro años que estuvo en México: tenía más de cien artículos publicados y prestigio como periodista. Gruening la presentaba y sus textos la recomendaban. Publicó cuentos en la revista *Menorah Journal,* recién iniciada por un grupo de judíos de vanguardia que intentaban proyectar su posición política en un foro alterno a los tradicionales. Entre los colaboradores de este grupo estaban el filósofo Sidney Hook, el escritor Lionel Trilling, Waldo Frank, Elliot Cohen y Herbert Solow, quien más tarde sería editor de la revista *Fortune.*

Los diarios que Anita escribió en Nueva York entre 1927 y 1929 reflejan una vida de presión económica, actividad universitaria, periodística y personal. Tardó dos años en poder publicar *Ídolos tras los altares,* pero el impacto del libro en la comunidad intelectual, artística y mexicanófila de Nueva York fue positivo. Se vendió y produjo ingresos. Anita dejó de trabajar en *The Nation* ante la necesidad de elaborar su tesis; además, estaba ya locamente enamorada de su futuro esposo, el doctor David Glusker.

Todos los aspectos de su vida culminaron juntos. Se publicó *Idols Behind Altars,* se doctoró, y se casó. La pareja de recién casados aprovechó la beca Guggenheim de Anita para viajar a los museos de Europa y a los pueblos de Guerrero a documentar el arte azteca. Así, su luna de miel se volvió la introducción del doctor Glusker a México.[14]

Al terminar el viaje de bodas Anita permaneció en México, donde realizó la investigación para su libro *Your Mexican Holiday,* guía que se publicaría en 1932. Se relacionó nuevamente con amistades de la comunidad judía en México, en especial con Alberto Mizrachi, quien la ayudó a preparar su obra.

La crisis económica de 1929 llegó a México en 1931, con la expulsión de trabajadores mexicanos de Estados Unidos y la baja de los precios y venta de minerales. Surgió una ola xenofóbica en contra de judíos y orientales. Anita tomó la iniciativa de enviar un telegrama a *The Nation* para poder realizar entrevistas y reportajes sobre las manifestaciones de los llamados Camisas Doradas. Logró publicar en la primera plana la declaración del presidente de México de que no se expulsaría a los judíos de México. Los reportajes transmitían la realidad del éxito de los judíos en su integración al

---

[14] *Guerrero, imágenes de ayer,* SEDUE / Taller Libre de Arte José Clemente Orozco, Universidad Autónoma de Guerrero, Chilpancingo.

comercio y el hecho de que la competencia los creía suficientemente proble-
máticos como para financiar el movimiento de expulsión del mercado de la
Lagunilla y del país. Casi treinta años después Anita y Jacobo Zabludowsky
lograron otra primera plana con declaraciones del presidente de México durante una campaña de esvásticas en los años sesenta.

Anita regresó a Nueva York para reunirse con su marido a finales de
1932. Practicó el arte de ser esposa y periodista a la vez, ya que la situación
económica en Nueva York era difícil. La joven pareja sobrevivió con los ingresos de ella: regalías de libros y honorarios por artículos. Su vida social
giró alrededor de los colegas periodistas, los movimientos radicales y la protesta contra las injusticias.

Hubo infinidad de reuniones de comités: algunos comunistas, afiliados a
la Internacional Rusa; otros, comunistas norteamericanos independientes
de Moscú. Anita participó sin afiliarse a ningún partido. Hoy sus amistades de
entonces dicen: "Anita era peligrosa, pensaba por sí misma, ¡era incapaz
de obedecer órdenes!" Las reuniones en su casa se volvieron legendarias.

Anita publicaba semanalmente en el *Brooklyn Daily Eagle;* escribía una columna mensual en la revista *Charm*, además de colaborar con artículos en el
Sunday New York Times Magazine. Al estallar la Guerra Civil en España el *New
York Times* la envió como corresponsal especial. Se entrevistó con personajes
como Miguel de Unamuno y Federico García Lorca, y entabló contacto con
la comunidad extranjera que apoyaba a los republicanos.

Para Anita la situación era obvia. Los comunistas de Moscú estaban en
vías de traicionar a los republicanos. Lo que se sabía en España afuera parecía increíble. Aunque lo escribió, tuvo dificultades para que se publicara
la sacrílega noticia. La correspondencia indica que la primera batalla fue lograr publicar la verdad. La segunda fue defenderse ante el ataque de los comunistas que la calumniaron, acusándola de trotskista o de lo que fuera,
para desacreditar su información. Anita persistió: publicó bajo seudónimo,
habló en reuniones, rescató refugiados, se involucró de lleno.

A su regreso publicó ediciones nuevas de *Your Mexican Holiday* y escribió
defendiendo la expropiación petrolera de México. La mayor parte de su trabajo representaba ingreso y la defensa de "los de abajo".

Ante la realidad política de la segunda Guerra Mundial el doctor Glusker
se unió a la lucha contra el fascismo como médico militar. Ella, con dos hijos, produjo menos, pero publicó *The Wind that Swept Mexico*, obra que se sigue publicando en español y en inglés a la fecha, cincuenta años después.[15]
La ciudad de Nueva York, en tiempos de guerra, era difícil. Había apagones,

---

[15] *The Wind that Swept Mexico*, University of Texas Press, Austin. Existen dos ediciones en español: *El viento que barrió a México*, publicado por el estado de Aguascalientes en homenaje a
Anita Brenner en 1975, y *La revolución en blanco y negro*, Fondo de Cultura Económica, México,
1985.

faltaba combustible, entraba poco dinero y para trabajar había que pagar por el cuidado de los hijos. Las amistades intelectuales y artistas también tenían hijos y se coordinaban para ayudarse. En esta época Anita empezó a escribir cuentos para niños. Primero, con Lucienne Bloch, muralista que trabajó con Diego Rivera en Detroit y en el Centro Rockefeller, un libro infantil, *Yo quiero volar*. El texto lo ensayaron con sus hijos y en las guarderías.

Anita permaneció en Nueva York hasta que se publicó *The Wind that Swept Mexico*; en 1942 viajó a México con ambos hijos, menores de 6 años. El destino de la familia era San José, Costa Rica, y ella decidió esperar en México para poder trabajar. En 1943 publicó *The Boy Who Could Do Anything*, una colección de cuentos para niños. Su producción creativa se vio drásticamente reducida por el limbo personal y profesional. Cuando el doctor Glusker regresó a Estados Unidos por razones de salud, la residencia en Costa Rica se canceló.

Al terminar la guerra la correspondencia entre la pareja reflejaba la disyuntiva: Nueva York o México. Nueva York ofrece retos profesionales, bibliotecas y oportunidades de investigación. México ofrece un costo de vida mucho menor y por ende menos presión económica, y mucho campo para la investigación y para contribuir al bienestar. La decisión es México y el doctor Glusker se integra a la práctica y a la investigación con Arturo Rosenblueth y Maximiliano Ruiz Castañeda.

La década de los cincuenta fue traumante para Anita. Murió su padre, se separó de su marido y padeció cáncer. Sus amistades, intelectuales y artistas, la apoyaron en su lucha por sobrevivir. Retomó el hábito de escribir un diario, donde descargó lo profundo de su crisis y su dolor. Su primer logro profesional, en esa época, fue un contrato para escribir un artículo semanal en la sección dominical del periódico *The News*. Entrevistó a personajes como León Felipe, amigo de tiempos de la guerra de España, acompañada no por fotógrafos sino por artistas de la calidad de Vlady y José Luis Cuevas.

Providencialmente, se abrió la oportunidad de crear una nueva revista en inglés sobre México, promoviendo el turismo en países de habla inglesa. Se entregó de lleno al proyecto y *Mexico/This Month* publicó su primer número en 1955. Anita se volvió una persona clave para artistas, fotógrafos y redactores jóvenes. Tenía el talento de reconocer la calidad del trabajo y contrató como artistas, entre otros, a José Bartolí, José Luis Cuevas, Felipe Ehrenberg, Pedro Friedeberg, Germán Horacio, Myra Landau, Abel Quezada, Vlady y Cora von Milligan.

La asesoró Mathías Goeritz, en calidad de amigo fiel, sin percibir ingresos. Las fotografías que publicaron fueron de Héctor García, Nacho López, Mariana Yampolsky, Tina Modotti y Edward Weston. El equipo de redactores se conformó con norteamericanos que llegaban de paso a México, con distinguidas excepciones como Margaret Leveson Medina y Virginia Barrios, quien actualmente dirige la editorial Minutae.

Anita fue exigente en la labor de producir *Mexico/This Month*. Además de convocar reuniones editoriales en su casa los sábados, era frecuente tener que llevar pruebas o recoger textos en la ciudad de Aguascalientes. Pedro Friedeberg diseñaba mapas de México y además inventaba sistemas de inventario con alfileres de colores. El conflicto entre las fechas de cierre y la cosecha de espárragos lo vivieron todos los colaboradores de *Mexico/This Month*. La labor de producir una revista mensual, ocupándose de suscriptores, publicidad y subsidios del gobierno para el envío de ejemplares a las embajadas y consulados de México la ocupaba de lleno. Restableció contacto con amistades de tiempos pasados y formó nuevas. Desarrolló un foro para el diálogo accesible y ameno entre México y Estados Unidos propiciando, entre otros, concursos de traducción de proverbios. México agradeció y respetó su labor: los artistas jóvenes tenían un foro y los extranjeros un aliado del cual se podían fiar durante 17 años.

Anita inició una nueva carrera en Aguascalientes, la de agricultora. Introdujo al mercado espárrago fresco verde, brócoli, alubia y chabacano. En 13 años su huerta experimental se transformó en una deliciosa ensalada de frutas, como las que recordaba Anita haber gozado en su niñez: membrillo, ciruela, higo, durazno, nectarina, cereza, además de las nuevas variedades de chabacano traídas de California. Los técnicos israelíes iban y venían y la tertulia se llevaba a cabo en el "despacho colectivo" de Aguascalientes: el Café Fausto del Hotel Francia.

Anita se ocupó de diseñar nuevos sistemas de riego; aun manejando la revista, le dio batalla frontal a políticos insaciables que fraguaban trampa tras trampa para rebanar las propiedades Brenner en su beneficio personal. Anita se defendía: sus amigos periodistas tomaban fotografías, los notarios daban fe y los intelectuales tramaban ideas al anochecer.

Se veía la luz al final del túnel. El rancho estaba vendido; se acabarían los problemas de tenencia; Anita podría escribir. Tenía en su mesa de trabajo varios proyectos: la historia de la familia Carbajal; el pergamino de Gonzalo Guerrero, de Yucatán; un Moisés accesible para adolescentes. Sin embargo, esos proyectos se quedaron en el restirador cuando murió en un accidente automovilístico camino de la ciudad de México a Aguascalientes, el día 1 de diciembre de 1974.

Tuvo el honor de rechazar la prestigiosa condecoración Águila Azteca para extranjeros distinguidos. Con gran sentido del humor, soltó la carcajada al decir: "¿Cómo? ¡No! Yo soy mexicana!" Se negó a recibirlo.

Como mujer judía, Anita aportó a la comunidad; sin embargo no se volvió parte de ella. Participaba cuando había necesidad de luchar contra el antisemitismo o de recabar fondos para el Estado de Israel. Se apasionaba en el estudio sobre la familia Carbajal, que dejó sin terminar. En lo personal estudió Cábala con el rabino Everett Gender del Beth Israel Community Center, pero en todos los otros aspectos se mantuvo independiente. Este fenómeno lo comprendí sólo después de escuchar una conferencia de Judit Bokser sobre la comunidad judía en México. Anita vivía en México por cariño, respeto y gusto, no como muchos de los inmigrantes que llegaron en espera de poder seguir a Estados Unidos. Anita pudo haberse quedado allá, pero se identificó como mexicana.

Descansa en paz.

BIBLIOGRAFÍA

Bokser, Judit, *Imágenes de un encuentro; La presencia judía en México durante la primer mitad del siglo XX,* UNAM / Tribuna Israelita / Comité Central Israelita de México, México.

Brenner, Anita, *Idols Behind Altars,* Payson and Clark, Nueva York, 1929.

——, *Your Mexican Holiday,* Putnam, Nueva York, 1932.

——, *The Wind that Swept Mexico,* Harper & Row, Nueva York, 1943.

——, *The Boy Who Could Do Anything,* Young Scott Books, Nueva York, 1942.

——, *A Hero by Mistake,* Young Scott Books, Nueva York, 1953.

——, *Dumb Juan and the Bandits,* Young Scott Books, Nueva York, 1957.

——, *The Timid Ghost,* Young Scott Books, Nueva York, 1966.

Gruening, Ernest, *Mexico and its Heritage,* The Century, Nueva York y Londres.

Hale, Charles, "Frank Tannenbaum and the Mexican Revolution", ponencia presentada a la reunión de la Latin American Studies Association, Atlanta, Georgia, marzo de 1994.

Hart, John Mason, *Revolutionary Mexico,* University of California Press, Berkeley, 1987.

Hexter, Maurice, "The Jews in Mexico", separata American Jewish Congress, 1926.

Kahan, Solomon, "The Jewish community in Mexico", *Contemporary Jewish Record,* vol. I, 1940.

Krause, Corinne, *Los judíos en México,* Universidad Iberoamericana, México, 1987.

Larkin Elkin, Judith, *Jews of the Latin American Republics,* University of North Carolina Press, Chapel Hill, 1980.

Larkin Elkin, Judith (comp.), *Resources for Latin American Jewish Studies. Proceedings of the First Research Conference of the Latin American Jewish Studies Association,* LAJSA, Ann Arbor, 1982.

Modena, María Eugenia, *Pasaporte de culturas: Viaje por la vida de un judío ruso en México,* Instituto Nacional de Antropología e Historia, México, 1982.

Newhall, Nancy (comp.), *The Daybooks of Edward Weston,* vol. I, George Eastman, Rochester.

Rojas, Beatriz, *La destrucción de la hacienda en Aguascalientes, 1910-1931,* El Colegio de Michoacán, Zamora, 1981.

Schmidt, Henry C., "The American intellectual discovery of Mexico in the 1920's", *The South Atlantic Quarterly,* 77, verano, 1978, pp. 335-351.

Seligson, Sylvia, *Los judíos en México: Un estudio preliminar,* tesis de licenciatura, Escuela Nacional de Antropología e Historia, México, 1975.

Wald, Alan, *The New York Intellectuals: The Rise and Decline of the Anti-Stalinist Left from the 1930s to the 1980s*, The University of North Carolina Press, Chapel Hill y Londres, 1987.

Wise, Ruth R., "The New York Jewish intellectuals", *Commentary*, noviembre de 1987.

Wolfe, Bertram D., *Diego Rivera: His Life and Times*, Knopf, Nueva York, 1939.

Woods, Richard, "Anita Brenner: Cultural mediator of Mexico", *Studies in Latin American Popular Culture* 9, 1990, pp 209-222.

Zárate Miguel, Guadalupe, *México y la diáspora judía*, Instituto Nacional de Antropología e Historia, México, 1986.

ALEPH BETH

For Hart Crane, after reading The Bridge.

My father's cows were branded
with a twisted mark

An Aleph Beth.
I knew as little as the cows
The meaning of that brand.
And now I know as much.

For branded on my brow and flank
God's mark, with numb and mighty thongs
Bound me from sagging pleasantly among
The postures of complacent songs,
Bound me from flight to the bright
Deserts of achievement, where rot the renegades.

Come to Communion, my foster-mother said
A brown mysterious woman, smelling of smoke and maize.
Her skin as taut as a flushed plum
Her body like a tree
Her head a lava flow with inset turquoise eyes
Her breath a whistling water-reed
Her heart a complex pendulum of drums at night
And Death the inner palm of her right hand.

You shall have, she said,
Breakfast: chocolate and fruit and bread,
A new dress, and a veil upon your head.

The sunlit prairies of belonging
Stretched for my Yiddish feet
And I, who hardly knew how to link word to word,
Let my soul speak. I think,
My mother would not like it,
I heard it say.

And God's mark tingles underneath
My grey and meager skirt.

Then one day, one year, and
Many hundred miles away,
I heard something again. [. . .]

There was a man who loved me
And he was not a Jew
but this was nineteen hundred and twenty four
Not fourteen ninety two.

Come to Communion, this lover said
Your soul will find a place.
but the Aleph Beth on my flank and brow
Sniggered in my face.

My feet they have no resting place
My head it has no home
My house is bare of family trees
And no roots bind my bones.

My breasts are full of bitter milk
And wordless is my tongue
My flanks are wide and my belly full
Of the circumcised in my womb.

Daughter of two countries, citizen of none
A Zion star your only firmament
Get to your Synagogue.

LAS REDES DE PARENTESCO EN LA RESTRUCTURACIÓN COMUNITARIA: LOS JUDÍOS DE ALEPO EN MÉXICO*

LIZ HAMUI DE HALABE**

EL FENÓMENO migratorio significó una disrupción en el orden y la práctica social de los judeoalepinos. El espectro de lo posible adquirió dimensiones insospechadas confrontando las tradiciones y costumbres grupales instituidas y poniendo a prueba su capacidad de respuesta ante situaciones inéditas. Las redes de parentesco desempeñaron un papel primordial, no sólo en el acto de traslado de un espacio a otro, sino en la estructuración de la nueva comunidad en México.

La cohesión grupal desde Alepo ha estado fuertemente estructurada a través de prácticas sociales duraderas en las que se reafirman o cuestionan rasgos de la identidad subjetiva y grupal que operan como dispositivos culturales frente a situaciones no experimentadas. Los sistemas de parentesco en fenómenos como la migración no pueden entenderse fuera de esta práctica social, en que entran en juego las reglas y recursos, los productos objetivados y lo subjetivo, incorporándose a los esquemas históricos de los agentes que comparten un imaginario colectivo y un horizonte cultural en movimiento.

El objetivo de este trabajo es descubrir ciertos rasgos identitarios del grupo que operan en las prácticas sociales a través de sistemas estructurantes como las redes de parentesco. Elementos constitutivos del orden social se manifiestan en la dinámica familiar e intervienen en la construcción de las identidades personales y colectivas. Algunos de estos factores implican cuestiones como la división del trabajo, los papeles de cada miembro de la familia, los modos de producción y consumo, las relaciones parentales y otras que afectan el complejo tejido social.

La manera en que una sociedad codifica sus redes de parentesco tiene efectos prácticos en la transmisión y estructuración de los cambios en el orden social —por ejemplo en la sucesión de cargos, la herencia de títulos y propiedades, etc.— pero más que eso, se puede decir que la importancia de los sistemas de parentesco radica en que se trata de un fenómeno universal ordenador de sentido que, aunque con variantes culturales, implica ciertos

* Esta ponencia forma parte de la investigación de mi tesis de maestría en sociología titulada *Prácticas, identidad colectiva y estructuración social. Estudio de caso: Los judíos de Alepo en México*.
** Universidad Iberoamericana, México.

acoplamientos básicos de los sujetos y refleja la forma en que el hombre da sentido y relevancia a la interacción social.

El énfasis del análisis estará puesto en las estrategias matrimoniales practicadas por la generación de inmigrantes judeoalepinos en México, que tendieron a reforzar la endogamia como un aspecto básico de su imaginario colectivo y como una práctica social en la cual se reflejan los capitales simbólicos apreciados comunitariamente, los valores y las actitudes característicos del grupo. La endogamia no sólo operó como factor cohesionador intragrupal, sino que reforzó la condición minoritaria de la comunidad frente a una sociedad mexicana con características culturales distintas. De ahí que la percepción del otro y la autopercepción desde la óptica de cada uno de los grupos, que constituyen elementos fundantes de la identidad, se defina en la idea de concebirse como pueblo diferenciado, no sólo por razones ideológicas, históricas y religiosas, sino también étnicas (Bokser, 1992: 98).

El matrimonio opera como una reordenación continua de las estructuras sociales, pues da origen a nuevos núcleos familiares. El matrimonio no se origina únicamente entre los individuos, sino entre los grupos interesados en relacionarse (familias, linajes, clanes, etc.); si bien es el que origina la familia, es la familia, o más bien son las familias, las que generan matrimonios, como una forma de dispositivo legal para establecer alianzas entre ellas, de tal suerte que el matrimonio no es un asunto privado (Lévi-Strauss, 1987: 32).

El sistema de parentesco según el cual se estructura el grupo judeo-alepino, tanto en el lugar de origen como en México, se asemeja al esquema patrilineal denominado por Claude Lévi-Strauss familia doméstica, en la cual la propiedad, así como la autoridad paterna y el liderazgo económico, corresponden al ascendiente vivo de mayor edad o a la comunidad de hermanos originada a partir del mismo ascendiente. La familia extensa —formada por el hermano mayor y los hermanos siguientes, sus esposas, los hijos casados y sus esposas, los hijos e hijas solteros y así sucesivamente hasta llegar a los bisnietos— es muy valorada y cercana; sin embargo cada núcleo familiar se constituye como grupo doméstico, es decir como unidad que en ocasiones engloba un número significativo de parientes que trabajan bajo la misma autoridad formal y moral (Lévi-Strauss, 1985: 146; Franco Pellotier, 1993: 23).

La vía paterna de descendencia se reconoce fundamentalmente por aspectos como la transmisión del apellido paterno primero y el materno después y, en el caso de los judíos sirios, por la costumbre de ponerle al primogénito varón el nombre del abuelo paterno o si, es mujer, el nombre de la abuela paterna; al segundo varón se le asigna el nombre del padre de la madre y a la segunda hija el nombre de la madre de la madre. El reconocimiento o institucionalización del nacimiento de un descendiente, como perteneciente a la familia y a la comunidad, se da así de entrada por su nombre. Los reconocimientos rituales y religiosos, como la ceremonia de la circuncisión, son sanciones que afirman este tipo de identidad del sujeto por parte del grupo, y no sólo eso, sino que aseguran la continuidad del apellido y la alcurnia familiar paterna (Cohen, 1981: 6). Otra característica de la transmisión patrilineal es la legitimidad matrimonial otorgada por el jefe de familia a su hijo y a los hijos de éste en la sucesión y la herencia del patrimonio familiar, así como la preferencia por residir cerca del padre.

Ciertamente la familia tiene una importancia fundamental en los esquemas primordiales del imaginario colectivo; forma parte del *habitus*, de lo que se percibe como dado en la institucionalización de las relaciones sociales. El parentesco aparece, entonces, como una serie de disposiciones culturales asumidas que ordenan y dan sentido a la interacción social. Un sujeto sin articulaciones de parentesco queda fuera del tejido social. En este sistema jerarquizado, basado en la descendencia unilineal patriarcal, la pertenencia al grupo está definida por la ubicación en la familia. En una comunidad como la alepina, conformada por un número relativamente pequeño de familias (dos mil familias en Alepo, aproximadamente, en 1928, y 160 familias en México en 1938), no era difícil que todos se conocieran entre sí, o que por lo menos tuvieran referencias sobre el abolengo y la trayectoria de los miembros de las distintas familias. El hecho de que los inmigrantes provinieran de un mismo pueblo permitió que la cohesión social estuviera fuertemente fundada en el parentesco y no en instituciones formales creadas ex profeso para promover la interacción comunitaria. Las referencias familiares eran importantes sobre todo cuando estaba de por medio un casamiento, momento en el cual el capital simbólico y el sistema de prestigio eran activados para definir las estrategias matrimoniales. La funcionalidad que el grupo judeo-alepino le otorgaba a la familia tenía un valor primordial en la práctica social, de tal suerte que en las estrategias matrimoniales (Bourdieu, 1991: 79) el tipo de cónyuge escogido, que permitía la descendencia, era en ocasiones más importante que el tipo de unión que formarían juntos.

Entre los factores que determinaban la alcurnia de las familias quizás el más importante era la antigüedad del apellido, factor inalcanzable por méritos propios. Pero no sólo el tiempo le daba abolengo a una familia: estaban también los estudios, pues cuando un miembro del linaje era reconocido como persona muy culta aumentaba su capital simbólico y el de sus descendientes. Contaban también la educación y la urbanidad: el hecho de que una persona supiera comportarse con propiedad en lugares públicos hacía que fuera tomada en cuenta por los demás (Hamui, 1990: 131). La alcurnia era factor determinante en la vida social, pues las relaciones se establecían principalmente con otras familias del mismo abolengo, rango o nivel social (Sutton, 1979: 178). Aun cuando la posición económica no era el factor determinante, influía en la consideración de los linajes. El capital material también entraba en juego en las relaciones interfamiliares.

Cuando algún miembro de la familia cometía un acto reprochable por parte de la sociedad, marcaba, de hecho, a toda la familia. Esto hacía recaer una gran responsabilidad, sobre todo en los jóvenes, quienes en ocasiones buscaban cambios o una forma de vida diferente. Es importante mencionar que cualquier familia de judíos de Alepo era mejor que una de fuera, y las familias siempre preferían casar a sus hijos con otro alepino, antes que con un extranjero. Solamente cuando el hijo o la hija rebasaban la edad del matrimonio los mandaban a casarse a otro lugar. Estas disposiciones estructurales habrían de tener un gran impacto en la regeneración comunitaria de los judeoalepinos en los nuevos espacios americanos. De hecho podemos decir que una de las características más importantes del grupo ha sido la endogamia; esto es, que una vez señaladas las restricciones entre los parientes prohibidos (el incesto), se abre una amplia gama de posibilidades entre las familias del grupo para casarse dentro de la misma comunidad. Esta disposición cultural fue rigurosamente respetada por los inmigrantes que llegaron a México, pues en la primera generación los matrimonios fuera del grupo fueron casi inexistentes, como lo demuestra el anexo genealógico del libro *Los judíos de Alepo en México* (1989: 312-420). El matrimonio con judíos de otras procedencias fue un fenómeno que se presentó en las generaciones siguientes, ya nacidas en México. El matrimonio intragrupal reafirmó la intención de mantener un espacio social diferenciado, lo que ha constituido un rasgo primordial de identidad étnica.

Asumiendo el valor de la familia como principio básico de la estructura comunitaria, no es extraño pensar en la concertación de matrimonios como una práctica en la cual los intereses económicos y de prestigio social tenían un peso importante. Los arreglos maritales se hacían a través de un intermediario entre los padres de familia. En el "bazar" o acuerdo se trataban cuestiones como la dote que el padre de la novia daría al novio, los regalos que la familia del novio aportaría a la pareja, el lugar donde viviría el nuevo matrimonio y las posibilidades del novio para mantener dignamente a su futura esposa. (Para una descripción detallada de estas prácticas matrimoniales véase Dabbah, 1982: 71-86.) Como indica Bourdieu (1991: 86) acerca de la dote, no se pueden disociar en las estrategias matrimoniales los aspectos simbólicos y materiales que están en juego en las transacciones; se trata de actos de intercambio de dones y contradones, de conductas de honor a través de las cuales se demuestra el estatus de las familias. Al reducir la dote a su puro valor monetario, ésta se encuentra desposeída, para los agentes mismos, de su significación de cotización simbólica, y los debates de que es objeto se ven rebajados, así, al plano de los regateos, que han venido poco a poco a parecer vergonzosos.

La existencia de casamenteros reconocidos en la labor de formar parejas acordes con las disposiciones de parentesco operantes en la comunidad y en las concertaciones matrimoniales, refleja las modalidades institucionalizadas en las relaciones de afinidad. La evasión de encuentros frontales entre las familias involucradas, antes de llegar a los acuerdos maritales, respondían a la posibilidad de evitar posiciones irreconciliables que pusieran en peligro la liga próxima a establecerse. La mediación era una fórmula funcional desempeñada por "profesionales" en la materia. Los casamenteros sabían de la alcurnia y la situación económica de cada familia, del grado de ortodoxia religiosa y de las virtudes y vicios de todos los miembros de la comunidad. Ciertamente, la labor de estos personajes era muy apreciada y era remunerada por quienes solicitaban sus servicios (entrevista Allegra Shamah-L. Hamui).

La práctica del "bazar" y la existencia de casamenteros siguió presente en la comunidad judeoalepina en México. Hasta hoy los arreglos matrimoniales son tratados por mediadores —muchas veces amistades o familiares con reconocido prestigio comunitario—; en ellos se fijan la dote y las aportaciones de cada familia a la pareja. El matrimonio se establece generalmente entre familias ya unidas por toda una red de intercambios anteriores, verdadero aval de la convención particular.

En los matrimonios comunes la acción femenina tenía un efecto importante; eran las mujeres las que estaban pendientes de contactar al casamentero sobre las posibilidades que el mercado matrimonial ofrecía para sus hijos. Si no había otros intereses de honor o económicos de por medio, era factible que se activaran los mecanismos normales para los arreglos matrimoniales, proceso que duraba comúnmente un par de meses o menos. Las relaciones maritales aseguraban la reproducción social del grupo. Ningún miembro debía permanecer soltero; era menester buscarle pareja y favorecer la procreación.

En las estrategias matrimoniales las prácticas no sólo estaban determinadas por el *habitus* y las disposiciones culturales sino también por factores biológicos como el número de hijas e hijos entre quienes debían calcularse la herencia y la dote. De esta manera, el factor sexual desempeñaba un papel importante en la definición de estrategias: si una familia estaba compuesta principalmente por mujeres, la dote de cada una sería menor y sus posibilidades de un buen partido menores también. Otro elemento a tomar en cuenta era la edad del candidato; una mujer que hubiera pasado la edad normal para casarse (generalmente lo hacían entre los 14 y los 22 años, y los varones de los 18 en adelante), tenía menos posibilidades de encontrar un marido virtuoso, y a veces tenía que buscarlo en otras comunidades judías donde hubiera conocidos. Lo cierto es que, al contraer matrimonio, la mujer cambiaba su ubicación simbólica en el sistema parental; pasaba de su familia paterna a incorporarse en la familia del esposo, que desde ese momento ejercía control sobre ella y sus hijos. Sin embargo no perdía la relación y cercanía con su núcleo familiar originario.

Muchos matrimonios eran concebidos como medios estratégicos para formar alianzas entre linajes, por intereses políticos —como solucionar pleitos anteriores a través del parentesco—, para entablar o estrechar sociedades económicas, o relacionarse con familias judías extranjeras con algún interés específico. En estos casos el jefe de la familia precedía la concertación matrimonial y el hijo o la hija poco tenía que decir frente a las decisiones autoritarias del padre. Estos matrimonios en los cuales la vida de los hijos era decidida por los padres —así como el caso de la primogenitura, donde el hijo mayor era comúnmente designado para detentar el linaje familiar, con los deberes y derechos que esto implicaba—, los sentimientos de los hijos eran relegados en aras de los intereses familiares, lo que frecuentemente resultaba en conflictos filiales que podían desembocar en la ruptura y la salida del hijo de la comunidad.

Los matrimonios extraordinarios generalmente eran o demasiado cercanos o demasiado lejanos. Los matrimonios entre primos hermanos o entre tío y sobrina son ejemplo de los más cercanos, y casi siempre respondían a ajustes internos de un linaje. Ante la amenaza de una escisión familiar, o de la desintegración del patrimonio, el matrimonio entre parientes (casi siempre por línea paterna) era visto como una alternativa para mantener la unidad familiar a través de descendientes comunes que aseguraran la integridad de sus haberes simbólicos y materiales.

El otro tipo de matrimonio extraordinario, también concertado por la autoridad patriarcal, era aquel establecido en la lejanía o extranjería con respecto al cónyuge. Podía tratarse de familiares en otro país o de miembros pertenecientes a otra comunidad judía. Casarse con sujetos de otra religión era considerado una trasgresión a los límites grupales y quien lo hiciera era excluido de la comunidad. Esta última disposición tenía —y tiene hasta hoy— tal fuerza que las ligas filiales y afectivas perdían efecto frente al interés comunitario. Se trata de una de las fronteras culturales más eficientes para mantener la identidad colectiva, y opera como una condición primordial para asegurar la reproducción grupal.

Es interesante notar que para finales del siglo XIX había alepinos establecidos en otras partes del mundo, como Manchester, París, El Cairo y otros lugares que seguían manteniendo vínculos familiares con Alepo. Cuando en las primeras décadas del siglo XX los pioneros judeoalepinos se establecieron en los distintos países del continente americano (Cuba, Argentina, Brasil, Panamá , Colombia, México, etc.), las ligas de parentesco siguieron funcionando a través de estas redes internacionales (Zenner, 1970: 3-7).

El fenómeno migratorio permitió una flexibilización de las jerarquías y disposiciones culturales familiares originarias, así como una amplia movilidad social. La religiosidad exacerbada dejó de ser un parámetro rígido de alcurnia en un mundo donde las creencias pasaron a formar parte del ámbito de lo privado. El éxito económico por el cual se mostraba la capacidad de emprender y progresar se volvió preponderante. La actuación individual adquirió una significación fundamental para determinar el estatus social, así como la pertinencia o no del matrimonio. No obstante, las estructuras de parentesco y el alto valor otorgado a la familia siguen presentes en las prácticas sociales. Sin embargo, los cambios generacionales han alterado las prácticas matrimoniales; mientras en la primera generación el mercado matrimonial ofrecía pocas alternativas en la formación de parejas, con el crecimiento demográfico comunitario experimentado por las generaciones nacidas en México la posibilidad de encontrar cónyuge se amplió, y la decisión, aunque supervisada por los padres, pasó a ser de los jóvenes.

Para concluir, y citando a Claude Lévi-Strauss (1987: 59), se puede decir que los sistemas de parentesco y las reglas matrimoniales, en estos esquemas patrilineales, reflejan un tipo de dinámica social en la que grupos consanguíneos compuestos de hombres y mujeres intercambian lazos de parentesco y dan la posibilidad de establecer nuevas familias con las piezas ya existentes, que deben destruirse para dicho propósito. Estructuras como la familia y esquemas simbólicos como el parentesco forman parte de las fronteras entre un mundo natural y uno socializado, ordenado culturalmente, donde se le da sentido no sólo a la vida psíquica del sujeto que lo habita, sino también a la sociedad, a través de instituciones comunes que permitan la vida en comunidad.

Para los judíos de Alepo la familia ha sido un ordenador fundamental y ha desempeñado un papel primordial en la reproducción social y cultural del grupo. Este tipo de instituciones ha operado con tal fuerza que, a pesar de los desajustes que provocaron los movimientos migratorios que dispersaron geográficamente a los judíos alepinos, los lazos parentales permitieron la restructuración comunitaria y la reproducción grupal, haciendo brotar nuevas comunidades, como la de México.

Lo interesante es que incluso, a veces inconscientemente, las posibilidades de acción de los individuos que forman parte de este grupo estuvieron condicionadas por su *habitus* originario, donde la introyección de reglas y recursos, de estructuras colectivas, era percibida como dada. En su horizonte, a pesar de todos los cambios que experimentaron después de una vivencia tan intensa como la migración, han seguido operando esquemas primordiales compartidos poco cuestionados —como el patriarcalismo—, que forman parte del imaginario colectivo y generan una identidad grupal reforzada en acciones sociales como las estrategias matrimoniales. En estas prácticas colectivas se traslucen las formas culturales, las configuraciones sociales, las jerarquías familiares, la distinción de los sujetos clasificados según su posición en este entramado que denominamos redes de parentesco; en suma, distinguimos las estructuras que subyacen a las formas de identidad subjetiva y grupal. Las ordenaciones parentales no solamente ubican a los sujetos en una posición social simbólica primaria sino que también articulan procesos ideológicos indispensables para la reproducción social.

BIBLIOGRAFÍA

Bokser, Judith, *Imágenes de un encuentro. La presencia judía en México durante la primera mitad del siglo xx*, UNAM / Tribuna Israelita / Comité Central Israelita de México / Multibanco Mercantil Probursa, México, 1992.

Bourdieu, Pierre, *El sentido práctico*, Taurus, Madrid, 1991.

Cohen, Eduardo, *Estudio sobre la Comunidad Maguén David*, inédito, 1981.

Dabbah A., Isaac, *Esperanza y realidad. Raíces de la comunidad judía de Alepo en México*, Libros de México, México, 1982.

Franco Pellotier, Víctor Manuel, *Grupo doméstico y reproducción social. Parentesco, economía e ideología en una comunidad otomí del valle del Mezquital*, CIESAS, México, 1992.

Hamui de Halabe, Liz (coord.), *Los judíos de Alepo en México*, Maguén David, México, 1989.

Hamui Sutton, Alicia, *Antecedentes y causas de la emigración de los judíos de Alepo a México*, tesis de licenciatura, Universidad Iberoamericana, México, 1990.

Lévi-Strauss, Claude, *Las estructuras elementales del parentesco*, Origen/Planeta, México, 1985.

——, "La familia", *Polémica sobre el origen y la universalidad de la familia*, Anagrama, Barcelona, 1987.

Sutton, Joseph A. D., *Magic Carpet. Aleppo-in-Flatbush*, Thayer-Jacoby, Nueva York, 1979.

Zenner, Walter, "International network in a migrant ethnic group", en Robert F. Spencer (comp.), *Migration and Anthropology, Proceedings of the 1970 Annual Spring Meeting of the American Ethnological Society*, University of Washington Press, Seattle, 1970.

Entrevista Allegra Sasson de Chammáh-Liz Hamui-Halabe, 10 de noviembre de 1987, México, D. F.

IDENTIDADES COLECTIVAS DE LOS COLONOS JUDÍOS EN EL CAMPO Y LA CIUDAD ENTRERRIANOS

Leonardo Senkman*

La colonización judía fue presentada como relato épico fundacional de la historia de los judíos en Argentina. Con ella siempre empieza el relato histórico de la génesis de la comunidad más numerosa de América Latina. Varios textos fueron escritos sobre este relato colectivo fundacional y forman parte inseparable de él. Muy pocos, en cambio, ofrecen el perfil colectivo de la identidad grupal de agricultores y artesanos que encontraron en las colonias rurales y pueblos de varias provincias argentinas un espacio de reconocimiento y de pertenencia específico que los diferencie en el marco de la identidad judeo-argentina.

Precisamente la finalidad de este trabajo es esbozar el perfil de la identidad colectiva de colonos rurales y urbanos, sobre la base de un rico censo de población levantado en las provincias de Entre Ríos y Santa Fe por la JCA en 1942, y establecer hipótesis de su influencia en la configuración identitaria regional de una importante comunidad judía.

Una cuestión metodológica: ¿Identidades colectivas o identidad étnica?

Existe una dificultad teórica en el abordaje de la identidad judía en Argentina, que en realidad también comparten los estudios inmigratorios de otras colectividades extranjeras. En un principio la mayoría de los trabajos utilizaron categorías nacionales para el análisis de los desplazamientos transcontinentales de grupos de inmigrantes que supuestamente habían arribado con flujos culturales y étnicos homogéneos, que eran portadores de una misma conciencia nacional. Así, fueron estudiados los inmigrantes españoles, italianos, alemanes, portugueses, polacos, y también judíos. En una segunda etapa los investigadores perfeccionaron su indagación y remplazaron esas amplias categorías con el supuesto de la prexistencia de formaciones ya consolidadas del Estado-nación de los países de emigración, por estudios étnico-religiosos y categorías regionales comunitarias, incluidas redes de re-

---

* Universidad Hebrea de Jerusalén

laciones primarias y familiares. De esta forma, la categoría nacional fue remplazada por la categoría de la etnicidad comunitaria de los inmigrantes, poniendo énfasis en las diferencias de origen en los países de emigración. Últimamente la historia social de los inmigrantes y de sus asociaciones procura utilizar un marco teórico adscrito a los estudios étnicos, pero más refinado, para descubrir la "invención" de la etnicidad de los grupos inmigratorios en el proceso de construcción de sus identidades particulares americanas, las cuales, según Werner Sollor o Benedict Anderson, habrían dejado de ser adscripciones étnicas invariantes para ser redefinidas como formas cambiantes e históricas de identificación.[1]

Siguiendo las incitantes proposiciones de estas últimas reflexiones teóricas, intentaré emplear la categoría analítica de la formación —en vez de reinvención— de identidades colectivas según Eisestadt, dentro de los grupos inmigratorios judíos que se colonizaron en las condiciones específicas de su asentamiento espacial y de patrones residenciales rurales.[2] La teoría de la invención de la identidad de grupos inmigratorios en las sociedades de recepción, como la italoargentina, hispanoargentina, germanoargentina o judeoargentina, si bien toma en cuenta la dinámica histórica del grupo, sigue adscrita a la matriz étnica de la comunidad madre, y no considera suficientemente las distintas subidentidades colectivas que se forman dentro de cada una de esas comunidades.

El estudio de las identidades colectivas de los colonos judíos en Entre Ríos constituye un excelente ejemplo para analizar la influencia que la representación simbólica del espacio común de asentamiento ejerce en las formas de identificación, no sólo con el país receptor, sino también con los otros subgrupos de la comunidad judía toda. Los colonos judíos forjaron una identidad colectiva organizada en el seno de sus espacios rurales de asentamiento, que cumplió una función de diferenciación en el seno de toda la comunidad judía en Argentina. Pero a su vez estos colonos, que se autodefinieron como gauchos judíos, también ayudaron a reformular una tradición de arraigo a la tierra que confirió legitimidad a la inserción de la comunidad urbana en el país. A través de la producción simbólica de un espacio común

---

[1] Erik Hobsbawm y Terence Ranger (comps.), *The Invention of Tradition*, Londres, 1982; Werner Sollor, *The Invention of Ethnicity*, Nueva York, 1989; Katleen Neil Conzen, David Gerber, Ewa Morawska, George Rozeta y Rudolph Vecoli, "The invention of ethnicity: A perspective from USA", *Aletreitale*, 3, abril de 1990, pp. 37-62.

[2] Sigo los lineamientos teóricos de S. N. Eisenstadt, *The Constitution of Collective Identity — Some Comparative and Analytical Indications, Preliminary Version*, mimeo, 1995; Richard LaRue y Jocelyn Letourneau, "A propósito de la unidad y la identidad del Canadá: Ensayo sobre la desintegración de un Estado", en Mario Rapoport (comp.), *Globalización, integración e identidad nacional. Análisis comparado Argentina-Canadá*, Buenos Aires, 1994, pp. 289-310. R. de Matta, *For an Anthropology of the Brazilian Tradition*, The Wilson Center, Latin American Program, Working Paper, Washington, D. C., 1990; Howard Winant, "Rethinking race in Brazil", *Journal of Latin American Studies* 24, 1992.

tuvo lugar la formación de la identidad colectiva de los colonos, convertidos en padres fundadores. Esa identidad colectiva precisamente cumplió una función de unificación para la colectividad en su conjunto. No importa que el proyecto fundacional de la vuelta a la tierra se desarrollara sólo a través de la colonización por parte de un reducido segmento de la población judía —26 310 almas sobre un total de 253 mil en 1934—, y que para la mayoría urbana, en cambio, perdurase como un ideal utópico. Lo que interesa señalar es que esa identidad territorializada ayudó a muchos judíos a hacer el tránsito a un colectivo imaginario y estimuló la construcción identitaria. La territorialización de las pertenencias a grupos de origen nacional o étnico posibilitó la producción de espacios simbólicos y la formación de identidades colectivas, no obstante que contradecía la base del proyecto de integración nacional argentino. La legitimación del proceso de construcción identitaria de los inmigrantes por parte del Estado-nación argentino es el síntoma de uno de sus principios reguladores fundamentales: la dualidad fundadora de la oligarquía que controlaba el Estado, del cual quería excluir a los inmigrantes, pero que los convocó para trabajar las tierras de su propiedad e insertarlos en la sociedad civil.

Esta construcción identitaria inmigratoria en la sociedad civil se anticipó y luego se superpuso a la construcción identitaria política por parte del Estado-nación. La formación de identidades colectivas de inmigrantes italianos, colonos suizos protestantes y judíos en las provincias de Santa Fe y Entre Ríos ofrece ejemplos interesantes de construcción, deconstrucción y recomposición identitaria, diferentes de las categorías nacionales de sus países de origen, así como de la identidad nacional argentina.[3]

PERFIL SOCIODEMOGRÁFICO DE LOS COLONOS RURAL-URBANOS DE ENTRE RÍOS: UNA COMPARACIÓN CON SANTA FE

El abordaje sociohistórico de las identidades colectivas regionales de los colonos judíos en Argentina no puede iniciarse metodológicamente sólo con el análisis de testimonios autobiográficos o historias de vida. Requiere, pre-

---

[3] Gianfausto Rosoli (coord.), *Identità degli italiani in Argentina. Reti sociali, famiglia e lavoro*, Roma, 1993; véase también Arnoldo Canclini, "Inmigración y evangelización en el ámbito protestante argentino", en Néstor Tomás Auza y Luis V. Favero (comps.), *Iglesia e inmigración*, CEMLA, Buenos Aires, 1991, pp. 301-314. Dos casos interesantes de estudio son el impacto sobre las identidades colectivas de miles de maronitas libaneses dispersos en provincias argentinas después que decidieron fusionarse con la Iglesia católica, y el impacto del bautismo de inmigrantes musulmanes de Siria y Líbano; véase el trabajo de Gladys Jozami, "Identidad religiosa e integración cultural en cristianos sirios y libaneses en Argentina, 1890-1990", *Estudios Migratorios Latinoamericanos*, año 9, núm. 26, 1994, pp. 95-113; "La identidad nacional de los llamados turcos en Argentina", *Estudios de Asia y África*, núm. 2, 1993.

viamente, relevar información básica sobre el origen geográfico en el este europeo, estructura sociodemográfica, pautas residenciales y culturales, perfil económico ocupacional, y saber más de la organización institucional comunitaria rural, preferentemente con una perspectiva comparativa respecto a otras colonias. Gracias a la rica información demográfica que provee el primer censo de población de las colonias y pueblos en Entre Ríos y Santa Fe, que realizó para la JCA Jedidia Efron en 1941 y 1942, es posible, primero, esbozar un análisis descriptivo de esas comunidades rurales y urbanas, y sólo después ensayar un esbozo de hipótesis para trazar el perfil de las identidades colectivas de aquellos colonos judíos.

Demográficamente, los judíos entrerrianos se destacaron respecto al resto de sus correligionarios en Argentina. En el censo realizado por el ingeniero Simón Weill en 1934 la población judía estimada sobre la base de corresponsales informantes fue de 28 231 almas. Esta población provincial era la más alta respecto a los judíos del interior, fuera de las provincias de Buenos Aires y Santa Fe. Sin embargo, si la provincia de Buenos Aires tenía 29 408 judíos y la provincia de Santa Fe 29 946, la proporción de judíos frente a la población general era incomparablemente menor a la de la provincia de Entre Ríos: el porcentaje en las dos primeras era 0.89 y 2.09%, respectivamente, frente a 4.21% en Entre Ríos, la mayor densidad de todo el país.[4]

Siete años después el único censo directo de población judía en la provincia, levantado por iniciativa de la JCA en 1942, arroja cifras menores, pero más precisas, ya que fueron censadas personalmente por Jedidia Efron las 98 localidades provinciales donde residían un total de 20 803 judíos. Del total de familias judías, 4 678 eran judíos ashkenazis, que sumaban 20 045 almas, mayoritariamente rusos, y sólo había 209 familias sefaradíes, con 758 almas. La población total, pues, estaba compuesta de 4 887 familias,[5] residentes mayoritariamente en áreas rurales de colonización según la siguiente clasificación:

a) 9 266 almas en las colonias de la JCA (Avigdor, Clara, Cohen Oungre, Lucienvielle y Santa Isabel);

b) 1 687 almas en seis pueblos de colonias formadas por la JCA en sus terrenos (Villa Domínguez, Villa Clara, La Capilla, Pueblo Cazés, Pedermar y Ubajay);

c) 2 100 almas en una ciudad formada por la JCA (Basavilbaso);

d) 1 604 almas en 62 pueblos, villas y aldeas;

[4] Simone Weill, *Conferencia sobre población israelita en la República Argentina*, Buenos Aires, 1935, pp. 10, 12, 13, 30.

[5] El censo fue realizado por Efron, en el marco de un informe general de las colonias y centros urbanos en todo el país, en 1942-1943. El censo de población judía en Entre Ríos fue realizado personal y directamente, y constituye una valiosa fuente aún inédita. Véase su "Informe sobre la colectividad judía de la provincia de Entre Ríos, presentado a la Dirección General de la JCA de Buenos Aires, 16 de febrero de 1944" (en adelante Informe Efron Entre Ríos); Archivo Central Histórico del Pueblo Judío, Jerusalén (ACHPJ), 514/a, Fondo JCA, Londres.

e) 908 almas en diez pueblos adyacentes a las colonias de la JCA, formados en terrenos particulares (Alcaraz, Escriña, General Campos, Gilbert, Jubileo, San Salvador, Las Moscas, Libaros, La Clarita y Villa Mentero);

f) 5 238 almas en 14 ciudades de la provincia. La mayor población judía urbana la tenía Paraná, con 2 150 judíos, seguida de Concordia, con 1 054.

Por lo tanto, hace cincuenta años dos tercios de la población judía (74.8%) vivía en áreas rurales y pueblos de campaña de Entre Ríos, y 43% de esa población se ocupaba en tareas agropecuarias, porcentaje que constituyó un récord insuperable para toda la demografía judía de las provincias argentinas. En el censo de Weill para 1934, en la provincia de Buenos Aires residían en la zona rural-urbana de las colonias 4 623 judíos frente a un total de 29 408 en toda la provincia; en la provincia de Santa Fe vivían 6 674 en la zona rural-urbana de las colonias frente a 29 946 en toda la provincia; en la aislada colonia Dora había 282 judíos frente a 2 543 en toda la provincia; sólo porcentualmente se aproximaba la relación demográfica judía rural-urbana de Entre Ríos en Gobernación de La Pampa, donde residían 953 judíos en la colonia Narcisse Leven (incluido el pueblo Villa Alba) frente a 2 943 judíos que se asentaban en toda La Pampa (32.7%).[6]

Este perfil rural de los judíos entrerrianos resulta aún más significativo en términos comparativos con las pautas residenciales generales rural / urbana, ya que mientras 56% de la población entrerriana era urbana, la población judía asentada en zonas completamente urbanas no excedía de 20.4%. De ahí que los judíos no se concentraran en las principales ciudades de la provincia, y que su densidad fuese alta en zonas de pueblos, de colonias y líneas de chacras [granjas] en los departamentos Villaguay, Colón y Gualeguay.

Un cuadro muy diferente ofrece la colonización judía en la vecina provincia de Santa Fe. Allí la desproporción entre judíos urbanos y rurales fue enorme: 64% de los 21 833 judíos censados en 1941 se concentraba en las dos ciudades más importantes, Rosario (10 mil almas), segundo centro urbano del país, y Santa Fe (4 078 almas), capital de la provincia. El 36% restante se distribuía de la siguiente forma: menos de la mitad en la zona de colonización de la JCA, las colonias Moisesville (2 427 almas), Montefiore (529 almas), y en los pueblos de colonización judía, el pujante centro urbano Moisesville (1 612), Monigotes (265), Las Palmeras (172), Palacios (124), y en otros centros urbanos, como Rafaela (160), Ceres (514), Tostado (160), Hersilia. Los restantes 1 485 judíos vivían dispersos en 112 localidades de la colonización italiana y suiza santafesina, en números muy pequeños, menores de 100.[7]

A pesar de que la población total para la provincia de Entre Ríos era de

---

[6] *Ibidem*, pp. 12, 30.
[7] Jedidia Efron, "Informe sobre la colectividad judía de la provincia de Santa Fe, presentado a la Dirección General de JCA en Buenos Aires, 1 de junio de 1944", ACHPJ, 514 / a (en adelante Informe Efron Sta. Fe).

755 846 personas, los 20 803 judíos censados en las 98 localidades donde residían formaban parte de una población general de 484 089 habitantes, y su porcentaje promedio de 4.29% variaba según zonas rurales de colonización. En la provincia de Santa Fe, con una población total de 1 572 850 habitantes, el porcentaje de los judíos frente a esa población general sólo era de 1.38 por ciento.

En las áreas rurales sobresalían los agricultores judíos, en su casi totalidad colonizados por la JCA, que se componían en 1941 de 2 091 familias de colonos con 9 011 almas, 43.7% de los judíos de Entre Ríos. Las chacras de los colonos y tierras de la JCA en Entre Ríos ocupaban una extensión de 221 334 ha. Según la estimación censal aproximada, un total de 35 mil familias, criollas e inmigrantes, se ocupaban en las actividades agropecuarias de Entre Ríos en 1941. Por lo tanto, comparando el número de los colonos de la JCA de Entre Ríos con el número general de agricultores radicados en la provincia, su porcentaje era aproximadamente de 6% de campesinos judíos.

Aquí radica otra diferencia fundamental de la colonización judía entrerriana respecto de la santafesina, ya que esta última no tuvo carácter exclusivamente agrícola, sino agrícola-ganadero, a pesar de que la provincia era una de las principales productoras de cereales (maíz, trigo) y lino. Según datos del censo, no había más que 716 colonos entre los colonos emancipados, aquellos con promesa de venta, arrendatarios y quinteros [hortelanos], y trabajaban una superficie de cerca de 90 mil ha. Mientras que la proporción representada por los agricultores judíos entrerrianos excedía de 6% —con relación a la cantidad total de colonos— los judíos santafesinos sólo llegaban a 1.4%. Pero la diferencia es sobresaliente si comparamos el porcentaje de los agricultores judíos respecto al total de la población judía en ambas provincias: en Entre Ríos era de 43% frente a 12% en Santa Fe. Estas diferencias en la estructura productiva y ocupacional en el campo explica también el más rápido proceso de despoblación de las colonias judías en ambas provincias: la explotación netamente ganadera de los colonos en Moisesville permitió a las generaciones nativas vivir en el pueblo vecino y administrar su campo de pastoreo por intermedio de peones o puesteros, mientras que las faenas agrícolas y de granja de los colonos judíos entrerrianos les exigía residir más supeditados al trabajo en sus chacras y obligados a permanecer en ellas. Tal como lo caracteriza Efron, el abandono y la movilidad de los chacareros entrerrianos para establecerse en los pueblos adquirió formas más esporádicas y menos permanentes que en el caso santafesino.[8]

Una de las consecuencias de ello fue la ausencia de vida cultural en las líneas de chacras de la colonia Moisesville, donde en 1943 no había bibliotecas ni funcionaban sinagogas, excepto en los pueblos Moisesville, Palacio,

[8] Véase Weill, *op. cit.*, p. 13; Informe Efron Sta. Fe, p. 25.

Las Palmeras y Monigotes. En cambio, del total de 28 bibliotecas censadas en la provincia de Entre Ríos, 18 estaban localizadas en las colonias y pueblos adyacentes.[9]

También había diferencias de vida y actividad judía activa en la mayoría de los pequeños pueblos entrerrianos de las colonias respecto a su total ausencia en los pueblos urbanos importantes como Hersilia (160 judíos en una población de 4 500 almas) o en el pujante centro comercial de San Cristóbal, cabeza del rico departamento cerealero santafesino (9 500 almas, con 177 judíos).

El abigarrado asentamiento rural judío en la provincia de Entre Ríos, formado por líneas de chacras en las colonias, pueblos de colonia y un centro urbano integrado por la JCA, villas, aldeas y pueblos adyacentes a las colonias, conformó la base de la colonización judía, pero también conoció formas de vida cívica y participación vecinal de carácter urbano en la campaña entrerriana. La experiencia de vida en una sociedad civil rural con precarias instituciones públicas de índole urbana aldeana permeó las formas de sociabilidad y de relación de los judíos entre sí, pero también moldeó su relación con la sociedad no judía entrerriana, diferenciando profundamente la experiencia judeoentrerriana de la de otros asentamientos judíos más aislados de la sociedad criolla. Por ejemplo, en los pueblos de colonias algunas funciones públicas eran ocupadas sólo o mayoritariamente por judíos. Un judío era secretario de juzgado en Clara y los miembros de su junta de fomento y sendos jefe de correos y telégrafos ocupaban esas funciones en Pueblo Cazés, Ubajay y La Capilla. En ciertas épocas los alcaldes respectivos de Pueblo Cazés y Pedermar fueron judíos. Los maestros y profesores de escuelas fiscales fueron mayoritariamente judíos en pueblos como La Capilla, San Salvador, General Campos, Pedermar y Cazés. Dado el pequeño tamaño de los pueblos de colonias judías en la provincia de Santa Fe y la preponderancia de judíos en la población general, no sorprende que en 1942 el vicepresidente de la comisión de fomento y el director de la escuela fiscal de Palacios hayan sido judíos, y que también lo fueran el comisario de policía, el jefe de correos y el juez de paz de Las Palmeras, o que en Monigotes tres judíos integraran la junta de fomento. Tampoco sorprende de esta relación demográfica que 80% del pequeño comercio haya estado en manos de judíos. De ahí que, a pesar de ciertas semejanzas, esos tres pueblos fundadores de colonias de la JCA en Santa Fe, con 561 judíos, distan de homologarse en su relación de vecindad y participación cívica con la sociedad general de aquella compacta red de pueblos de colonias creados por la JCA en

---

[9] Sin embargo, en volúmenes, las bibliotecas de los pueblos de las colonias concentraban 20 565 libros del total de 26 875 que existían en las 13 bibliotecas judías de la provincia, incluidas las ciudades de Rosario y Santa Fe; *ibidem*, p. 22.

Entre Ríos, donde los 1 687 judíos que residían entre los 14 451 habitantes no judíos debían interactuar con otros actores sociales y públicos.[10]

Ésta es la diferencia entre un pequeño pueblo rural como Moisesville, donde vivían y trabajaban en tareas urbanas casi mayoritariamente judíos, y Basavilbaso, enclave urbano y centro ferroviario más importante de Entre Ríos, por donde cruzaban las comunicaciones a Corrientes, Misiones y Paraguay, fuente de ocupación para importantes masas de operarios, obreros y funcionarios no judíos. En los espacios sociales y públicos de Basavilbaso interactuaban judíos y no judíos, generalmente en cordiales relaciones de vecindad, pero a veces se tornaban en espacios de confrontación, donde a partir del peronismo empezaron los judíos a participar no sólo en la política municipal, sino también en la esfera provincial. Mucho más pequeño, Moisesville ofrecía a los residentes judíos sus propios espacios comunales como ámbitos para deliberar y tomar partido en asuntos políticos: la biblioteca Barón Hirsch fue la institución donde numerosos judíos del pueblo debatían y se alineaban con distintas corrientes de la política provincial y nacional. A diferencia de Basavilbaso, los campos de Moisesville, ubicados en los departamentos de San Cristóbal y Castellano, estaban rodeados por aldeas y pueblos más grandes de colonización predominantemente italiana, con cuyos inmigrantes y descendientes los colonos judíos mantenían cordiales relaciones de vecindad. El pueblo más cercano, Sunchales, contaba en 1941 con una población de 6 500 habitantes y tenía una importante colectividad italiana.[11]

Las colonias italianas estaban muy concentradas en el departamento de San Cristóbal; tres cuartas partes residían en sólo cuatro de los once distritos censales de ese departamento. En 1914 los italianos constituyeron el grupo étnico mayoritario entre los agricultores (44% del total) y el segundo entre los ganaderos (después de los argentinos). Sin embargo, a pesar de que en el censo de 1914 la población rural de las colonias judías (2 705) casi igualaba a los italianos (2 766), en los pueblos era mucho mayor (1 239 frente a 779), superando los 4 034 judíos en el departamento de San Cristóbal a los 3 545 italianos. Pero los colonos de la JCA figuran en el censo de 1914 con la proporción mayor de propietarios de sus explotaciones agrícolas (87%) y ganaderas (96%), frente al 28 y 71%, respectivamente, de los italianos.[12] Esta alta proporción de propietarios revela una relación directa entre la forma

[10] Véase Informe Efron E. Ríos, pp. 84-90.

[11] Informe Efron Sta. Fe, pp. 35-44; Informe Efron E. Ríos, planilla 16; sus vínculos de buena vecindad provenían del momento en que la primera cosecha de la colonia judía fue trillada con una máquina facilitada por un italiano apellidado Cortassi, vecino de Sunchales; véase Moisés Ratuschni, "La colonia Moisesville en su cincuentenario", *El Alba*, Moisesville, 15-10-39; para Basavilbaso véanse testimonios recogidos en Graciela Rotman *et al., Tierra de promesas. Cien años de colonización judía en Entre Ríos*, Nuestra Memoria, Buenos Aires, 1995, pp. 213-230.

[12] III Censo Nacional de Población, 1914, p. 189.

de colonización a través de la JCA y las facilidades de acceso a la propiedad de que carecieron los colonos italianos.

Los patrones de asentamiento italiano en los pueblos y colonias vecinas de Moisesville fueron altamente concentrados, y sus implicaciones fueron decisivas a largo plazo para su sociabilidad endogámica y la falta de estímulo de integración cívica.[13] Los judíos de Moisesville no fueron una excepción a estos patrones residenciales y a su aislamiento respecto a una pampa gringa étnicamente más compacta que en el campo entrerriano; ellos acentuarán sus pautas de *klein shtetl* [villorrio] endogámico y falto de interacción con la sociedad criolla, y por lo tanto habrían de conocer un menor grado de confrontación con los no judíos.[14]

Las diferencias entre los pueblos de Basavilbaso y Moisesville no se explican sólo por las distintas líneas y grupos de chacras aledañas. Tampoco pueden ser comprendidas sin tener presentes las diferencias regionales entre las estructuras demográficas, económicas, culturales e institucionales de sendas comunidades judías en las provincias de Entre Ríos y Santa Fe. Tales diferencias regionales son imprescindibles para estudiar la formación de sus identidades colectivas.

Demográficamente, de los 21 833 judíos censados en la provincia de Santa Fe en 1942, 64% estaban concentrados en las dos grandes ciudades, Rosario (10 mil almas) y la capital, Santa Fe (4 076). El 36% restante vivía en pueblos rurales, aunque en el más grande de todos, Moisesville, fueron censados 1 612 habitantes. Toda la red de colonias en las zonas de Moisesville y Montefiore comprendía sólo 14% de la población judía, 2 956 habitantes. Esta concentración urbana santafesina moderna la diferenciaría profundamente del perfil sociodemográfico de la comunidad entrerriana, básicamente rural: del total de 20 803 judíos, sólo 5 238 vivían en las grandes ciudades de la provincia, mientras que en las colonias de la JCA fueron censadas 9 266 almas. Pero tomando en consideración el conjunto de la red de colonias y pueblos adyacentes, la población rural representaba casi 65% de todos los judíos residentes en Entre Ríos. De ahí que la proporción de los colonos judíos en esta entidad respecto del total de los agricultores de la provincia era superior a 6%, mientras que esa relación en la ampliamente colonizada provincia "gringa" de Santa Fe representaba apenas 1.6 por ciento.[15]

No sorprende, pues, que la estructura demográfica urbana santafesina haya incidido profesional y económicamente sobre los judíos de un modo

---

[13] Alicia Bernasconi, "Inmigración italiana, colonización y mutualismo en el centro-norte de la provincia de Santa Fe", en Fernando J. Devoto y Gianfausto Rosoli (comps.), *L'Italia nella società argentina*, Centro Studi Emigrazione, Roma, 1988, pp. 178-189.

[14] Profundizamos las caracteristías sociodemográficas de Basavilbaso y Moisesville en la investigación en curso, *Identidades colectivas de judíos provincianos: Los casos de Basavilbaso y Moisesville, 1900-1950*, Universidad de Entre Ríos, Paraná, 1995.

[15] Informe Efron Sta. Fe, p. 16.

distinto que en Entre Ríos. Ellos sobresalen en la industria liviana, donde fueron censados 169 judíos, con predominio en fábricas de muebles (casi 50% del ramo), ropa, alpargatas, radiotelefonía, espejos y cuadros, etc. Pero también en el sector comercio hay diferencias importantes. La estructura comercial urbana santafesina era propia de las actividades mercantiles de concentraciones de judíos en centros urbanos más desarrollados del país, donde cumplía una función relevante el pequeño vendedor ambulante a crédito (*cuentenik*). Mientras en la provincia de Santa Fe fueron censados 230 *cuenteniks* —150 en Rosario y 80 en la capital provincial—, en Entre Ríos sólo se registraron 29. Comercialmente, Rosario era la segunda ciudad del país, y por lo tanto resulta imposible compararla con Paraná. Pero si comparamos el comercio de los judíos en ambas ciudades capitales provinciales se observa que, si bien predominaban en tiendas y almacenes de comestibles y talabarterías, las proporciones eran distintas a causa de la mayor población y desarrollo urbano de Santa Fe. Sin embargo, esta última le lleva ventaja absoluta a Paraná en fábricas y manufacturas, especialmente de muebles, pero también en talleres de sastres y santerías. A su vez, fueron censados comercios judíos en Paraná dedicados a ramos rurales inexistentes en Santa Fe (aves y huevos, barracas) y había más oficios artesanales mercantiles tradicionales (carnicerías, panaderías, gorrerías, dulces). Un signo inequívoco de oficios urbanos modernos era la ocupación de ocho tranviarios judíos en Santa Fe (guardas, *motormans*) y 20 tranviarios judíos en Rosario.[16]

Pero hay otra diferencia importante, perspicazmente señalada en el informe de Efron, respecto a las disímiles pautas de asentamiento y ocupación de los judíos en los pequeños pueblos rurales de ambas provincias. Los judíos santafesinos tendían a la concentración urbana en las dos grandes ciudades mayores, y al mismo tiempo se concentraron sólo en algunos pocos pueblos de las zonas rurales. Según el censo, de las 395 localidades existentes en la provincia, tan sólo en 125 residían judíos (31.6%), mientras no vivía ni uno solo en las 270 restantes. En Entre Ríos fueron censadas 98 localidades con población judía (43.3%) sobre un total de 226.

Además, los pueblos adyacentes a las colonias eran mucho más pequeños y menos poblados que sus pares entrerrianos, y no sorprende entonces que el porcentaje de judíos haya sido más elevado. Sobre una diminuta población general de 332 almas en el pueblo de Palacios, 124 eran judíos (35.2%); en Las Palmeras, con 307 almas, 172 eran judíos (56%); Monigotes tenía 410 vecinos, de los cuales 265 eran judíos (64.6%). Además, la vida judía organizada en esos pueblos perdió importancia a partir de los años veinte y treinta, a medida que Moisesville se afianzaba. Por otra parte, ninguno de

---

[16] ACHPJ, JCA 514b, "Informe Efron Población Israelita de Rosario, presentado a la Dirección General de JCA, Buenos Aires, 14 de enero de 1943".

los pueblos adyacentes a las colonias de la JCA estaban geográficamente tan alejados como Ceres (7 500 almas y 514 judíos), al noroeste de la provincia de Santa Fe, en el límite con Santiago del Estero.

De acuerdo con el porcentaje de habitantes judíos y no judíos, los pueblos entrerrianos de San Salvador (5.67%) y Ubajay (7%) eran los que más se aproximaban a Ceres (7%), pero había diferencias en la estructura ocupacional urbano-rural entre ellos: en Ceres existía un amplio predominio de actividades comerciales y profesiones liberales que los judíos desempeñaron en centros urbanos provinciales más desarrollados, mientras que en los pueblos entrerrianos, junto al comercio típico, se destacaban mucho en almacenes de ramos generales y acopiadores de productos de granjas, así como artesanos (panaderos, peluqueros, herreros, carniceros).[17]

Las diferencias en los patrones de asentamiento rural de ambas provincias ofrecía, pues, un potencial mucho más grande en Santa Fe para la absorción de inmigrantes judíos con profesiones liberales y también con ciertas ocupaciones comerciales en numerosos pueblos pequeños con más de 6 mil habitantes. La excepción era Ceres, un pueblo de 7 500 almas, donde vivían 514 judíos. En los otros pueblos no superaban las 174 personas. En contraste, en Entre Ríos las pautas de asentamiento rural distribuyeron menos concentradamente a la población judía en casi todos los pueblos rurales de la zona de colonización; además, la estructura ocupacional judía fue mucho menos concentrada en determinadas ramas urbanas.[18]

Las diferencias también son importantes respecto al porcentaje de judíos en las profesiones liberales. En los sectores urbanos de Santa Fe, precisamente porque su número era mucho más grande que en la ruralizada Entre Ríos, la proporción de profesionales judíos respecto a los no judíos fue menor. Santa Fe, además, era un importante centro universitario regional que atraía población de las colonias. En la Facultad de Química 11.1% de los estudiantes eran judíos (45 estudiantes sobre 385) y en la Facultad de Ciencias Jurídicas 6.4% sobre el total (78 alumnos judíos sobre 1 292).[19]

A diferencia de Entre Ríos, la actividad bancaria judía en la provincia de Santa Fe era prototípica de centros urbanos mercantiles e industriales desarrollados. En la ciudad de Santa Fe funcionaban tres instituciones de crédito: la Cooperativa Popular de Crédito, con 451 socios; la Sociedad Cooperativa La Mutua Ltda., con 225 accionistas, y cuyo personal era de hijos de colonos de Moisesville, y la Sociedad Comercial Israelita, fundada por ven-

---

[17] Informe Efron Entre Ríos, planillas 18, 20, 25, 27; Informe Efron Sta. Fe, pp. 45-48. En Tostado vivían 150 judíos, 3% de sus cinco mil habitantes, y su estructura comercial-artesanal era bastante semejante a la de pueblos de Entre Ríos como Galarza. Véase Informe Efron Sta. Fe, planilla 19; Informe Efron Entre Ríos, planilla 26.

[18] Informe Efron Sta. Fe, pp. 9-11.

[19] "Informe Efron sobre las colectividades judías de la ciudad de Santa Fe y Rafaela presentado ante la Dirección General de la JCA, Buenos Aires, 8 de febrero de 1943".

dedores ambulantes, que asociaba a 59 *cuenteniks*, aunque su cartera de crédito abarcaba aproximadamente a 80 vendedores ambulantes. Además, existía un banco privado propiedad de un rico comerciante judío oriundo de la colonia Lucienville, cuyo espectacular desarrollo lo condujo a abrir la casa central en Buenos Aires. Aunque en menor escala, esta actividad crediticia se asemejaba al gran movimiento financiero judío en Rosario, donde fueron censadas tres instituciones: el Banco Cooperativo Ltdo., fundado en 1927, con 1 246 asociados judíos; el poderoso Banco Comercial Israelita, fundado en 1932 y que tenía 1 772 accionistas judíos, y la pequeña Cooperativa Mutual Fraternal, con 93 asociados, para apoyar al comercio ambulante de *cuenteniks* de la ciudad, y cuyo movimiento de fondos era levemente superior que el de la cooperativa de vendedores ambulantes de Santa Fe.[20]

Aún no se efectuó el estudio detallado del proceso de abandono de los campos de la JCA durante los años treinta y cuarenta, su reasentamiento en pueblos vecinos y la emigración a ciudades de Entre Ríos, Santa Fe, Córdoba, y a la Capital Federal. Pero además de las implicaciones demográficas, como la triplicación del crecimiento de la población judía de Paraná entre los años 1935 y 1941 (de 850 a 2 150 almas), esta emigración interna (4 872 abandonaron colonias y pueblos entre 1940 y 1948),[21] confirió pautas de vida y hábitos semirrurales diferenciadores que incidieron en las formas de identidad colectiva urbano-rural de la *kehild* en Entre Ríos.[22]

También las diferencias institucionales y orientaciones ideológicas fueron importantes entre las dos colectividades. Pese a que la población judía era algo mayor en la provincia de Santa Fe, numéricamente había más instituciones de culto, culturales y sociales en Entre Ríos. Pero la observancia religiosa, el consumo de carne *kosher* y la ocupación de *shojets* [matarifes rituales] en Santa Fe era mayor que en Entre Ríos. Interesante es destacar que el censo estimaba que sólo 10% de la población entrerriana consumía comida *kosher*.

Entre Ríos llevaba ventajas en la vida comunitaria y cultural debido a que la estructura institucional en la provincia tenía sus anclajes y reservas básicamente en la zona rural de colonización, y no en los centros urbanos más importantes, como ocurría en la provincia de Santa Fe. En Entre Ríos existían 19 bibliotecas en las ciudades y pueblos y 9 en las colonias, mientras en

[20] Véase tabla 4, Informe Efron Sta. Fe. En Córdoba también operó la Cooperativa Israelita de Vendedores a Cuenta hasta el año 1930, y contaba con 200 asociados. Luego del golpe militar del general Uriburu la intervención federal de Carlos Ibarguren allanó la cooperativa y ésta fue clausurada, alegando infracciones a la ley de sellos y patentes. Todos sus bienes fueron incautados y vendidos en subasta pública, con un sensacionalista proceso de liquidación judicial que tuvo ribetes antisemitas, dejando en la ruina a todo un gremio. Apenas en 1942 hubo un intento, entre los 125 *cuenteniks* de Córdoba, para volver a levantarla. Véase ACHPJ, JCA 514 / a, "Informe de Jedidia Efron sobre la Colectividad Judía Pcia. de Córdoba presentado a la Dirección General de la JCA, Buenos Aires, 11 de junio de 1943".

[21] ACHPJ, JCA 712, "Rapport Annuel 1948-49 de JCA Buenos Aires a JCA London".

[22] Véase Informe Efron Entre Ríos, pp. 9-10.

Santa Fe había sólo 11 en los centros urbanos y 2 en Moisesville exclusivamente. En Entre Ríos había 18 sociedades de socorros mutuos y beneficencia —13 en los centros urbanos y 5 en las colonias— y en Santa Fe tan sólo 8, una sola en la colonia Montefiore y ninguna en los grupos de líneas de chacras de Moisesville. También llevaba amplia ventaja Entre Ríos en sociedades deportivas: 13 frente a 4 (una en Rosario, otra en Moisesville, la tercera en Las Palmeras y la cuarta en Montefiore). Institucionalmente la actividad sionista en Santa Fe contaba con 11 agrupaciones frente a sólo 7 de Entre Ríos. También indica la polarización entre sionistas de izquierda y centro-derecha en *kehiloth* como Rosario, donde funcionaba la agrupación Poalei Sion, y en Moisesville la Liga Pro Palestina Obrera.

Aunque el censo no ofrece datos sobre la acción sionista en la provincia de Santa Fe —salvo para su capital—, detalla valiosa información para la provincia de Entre Ríos. Resulta significativo que ésta haya sido muy solicitada para las campañas sionistas y, desde el comienzo de la Guerra Mundial, por el Comité Pro Víctimas Israelitas de la guerra. Ambas campañas se unieron hasta 1942 por consideraciones prácticas para realizar una sola campaña unificada de fondos. El censo ofrece datos muy elocuentes sobre los resultados de la campaña unificada de 1941, año en que se perdió la cosecha, y destaca la preponderancia que tuvo el Keren Hayesod poco tiempo antes del comienzo del exterminio judío en Europa. Los aportes mayores provinieron de las ciudades de Paraná y Concordia. Pero en términos de número de contribuyentes en relación con las comunidades judías se destacaban los pueblos de las colonias. La segunda campaña sionista era la WIZO, que movilizó a 1 700 mujeres entrerrianas, un número mayor que los 1 340 contribuyentes del Keren Hayesod. La tercera campaña fue la del KKL, Fondo Agrario de Palestina (nuevo nombre adoptado desde la revolución de junio de 1943, para evitar malinterpretaciones por su nombre original, Fondo Nacional Agrario). A pesar de ser la campaña más popular de todas, ya que en todos los rincones de las colonias había una alcancía azul y blanca de honda tradición entre los colonos que instituyeron la cosecha colectiva, en términos cuantitativos la colecta en 1941 fue menor.[23]

La provincia de Entre Ríos fue importante dentro de la historia del sionismo argentino. Antes que en ningún otro lugar, se creó en la provincia la Federación Juvenil Sionista Entrerriana, con sede en Basavilbaso y Paraná, donde se publicó el periódico *Sion*, dirigido por José Monin, cuyos 15 números aparecieron regularmente en 1933-1934. Por iniciativa de esta federación se reunió el 30 de octubre de 1937, en Rosario, el núcleo fundador de lo que sería la Confederación Juvenil Sionista Argentina, creada en el congre-

[23] Elaboración propia con base en datos del Informe Efron Sta. Fe, pp. 23-26; Informe Efron Entre Ríos, pp. 96-100; Informe Efron sobre colectividad judía de la ciudad de Santa Fe y Rafaela, p. 13.

so convocado en esa ciudad en julio de 1938. El presidente del congreso fundador fue el entrerriano doctor Israel Yagupsky, y junto a Isaac Arcavi, Meer Malenky, David Tabacman, Abraham Dolinsky, se destacaron los entrerrianos Isaac Goldemberg, Máximo Yagupsky, Marcos Socolovsky, José Vetcher. Los ocho centros juveniles sionistas de la provincia que participaron fueron los más numerosos del interior de Argentina.[24]

Pero también en Entre Ríos, a 5 km de la ciudad de Paraná, funcionaba la primera escuela de aprendizaje agrícola en todo el litoral para futuros pioneros que se entrenaban para el trabajo en *kibutzim*. Esta *hajshará* ocupaba el solar de una quinta donde, a la fecha de realización del censo, recibían instrucción agrícola práctica 9 alumnos, procedentes de la Capital Federal, Rivera y Colonia Montefiore, y estaba dirigida por un colono de la JCA del grupo Barón Guinzburg en Colonia Clara. La *hajshará* —de corta vida— fue iniciativa de la Confederación Juvenil Sionista Argentina y la Organización Escolar Hebrea de Entre Ríos.[25]

Es posible constatar algunas diferencias en la dimensión y el contenido de las redes de educación judía. A principios de 1939 funcionaban 15 cursos de educación religiosa en toda la provincia de Santa Fe, cuya responsabilidad había sido transferida ese año por la JCA al Comité Central de Educación Israelita de la República Argentina. Siete cursos se impartían en Santa Fe, Rosario y Ceres, cuatro en los pueblos y otros cuatro en las colonias, con un total de 619 alumnos atendidos por 19 maestros. Según el censo, 18% de los niños judíos en edad escolar concurrían a los cursos, porcentaje semejante al de la provincia de Entre Ríos, y muy superior al de la Capital Federal.[26] Ese año concurrían 837 alumnos en Entre Ríos (265 en las ciudades, 301 en pueblos y 271 en colonias), y la cifra descendió a 580 en 1943 (232 en ciudades, 216 en pueblos y 132 en colonias). A pesar de la mayor población de los centros urbanos de la provincia de Santa Fe, el número

---

[24] Compárese el número de los centros entrerrianos con las demás provincias cuyas delegaciones eran las siguientes: Centro Juvenil Sionista de Santa Fe, Asociación Macabi de Rosario, Noar Sioní de Córdoba, dos de la provincia de Buenos Aires (Macabi La Plata y Círculo Sionista Bahía Blanca), Círculo Cultural Sionista de Mendoza y Juventud Sionista de Corrientes. Luego de la presidencia de Isaac Arcavi, Isaac Goldemberg lo sucedería al frente de la Confederación en Buenos Aires. Jóvenes del movimiento sionista socialista Dror en Moisesville tuvieron una importante función en la dirección de la nueva Confederación Juvenil Sionista Argentina, cuyo órgano, *Nuestra Voz*, se editó en Santa Fe durante un tiempo. (Documentos con motivo de los 50 años de la Confederación Juvenil Sionista Argentina, Archivo Kibutz Mefalsim, Israel, julio de 1988.)

[25] En su informe Efron recuerda, al consignar la actividad del Centro Juventud Sionista de Santa Fe, que surgieron diferencias ideológicas entre los jóvenes santafesinos de la Confederación Juvenil Sionista Argentina, adheridos al Dror, y los revisionistas, apoyados por el doctor José Mirelman, el mecenas que compró la chacra para la *hajshará* cerca de Paraná. Efron atribuye a estas diferencias ideológicas la decisión del cierre de la *hajshará*. Véase Informe Efron Sta. Fe, p. 14.

[26] Véase Informe Efron Sta. Fe, p. 27. Pero las diferencias con la red escolar de Entre Ríos eran muy grandes.

de alumnos judíos era igual que en los centros urbanos de Entre Ríos. Sin embargo, en Rosario funcionaba una escuela laica, sostenida por la agrupación sionista socialista Poalei Sion, de tendencia idishista, con una concurrencia de 50 alumnos en 1943. Los miembros dirigentes de esta agrupación eran socios de la Asociación Israelita, la *kehilá* rosarina, y buscaban participar en la contienda política para controlar la institución, frente a la coalición de sionistas generales.[27] Estas luchas ideológicas entre poaleisionistas, sionistas de derecha y religiosos no existían en la vida institucional entrerriana. Tampoco estaban organizados los pocos comunistas judíos de Paraná, mientras que en Rosario y Santa Fe mantenían activos ateneos culturales, bibliotecas y escuela. Así, la Sociedad Cultural I. L. Peretz de Santa Fe, fundada en 1933 por 30 socios, ya contaba con 120 en 1941 y sostenía una escuela laica propia donde estudiaban 45 alumnos, además de otro curso nocturno para adultos y ex alumnos. Sus socios, la mayoría ex colonos de Moisesville y jóvenes profesionales, se adherían a la corriente ideológica de los judíos progresistas, simpatizantes de la URSS, antirreligiosos e idishistas. Participaban de la comisión directiva de la Jevrá Kadishá, Unión Israelita. Si se toma en cuenta que los cursos religiosos de la escuela hebrea de la Unión Israelita totalizaban 68 alumnos en tres turnos, luego de perder alumnos desde 1938, se comprenderá la importancia de los 45 alumnos del curso laico de la I. L. Peretz, cuyo sistema pedagógico fue reconocido por el mismo Efron como superior a los cursos religiosos. Lograron el autosostenimiento económico de la institución gracias a sus propios asociados, pero también por subsidios de la Cooperativa Popular de Crédito y mediante la ayuda que consiguieron de la misma Unión Israelita, actitud opuesta a la adoptada por la *kehilá* de Rosario respecto a la escuela de los Poalei Sión.[28]

En los pueblos y colonias la ventaja cuantitativa en Entre Ríos era evidente: en todo el grupo rural santafesino asistían 347 alumnos, frente a 572 en la provincia vecina. El informe del censo consignaba decepcionado que en ningún grupo de la colonia Moisesville existía curso alguno, ni siquiera un *jeder*, para la enseñanza religiosa o hebrea, mientras que años atrás habían funcionado ocho; en cambio, se impartían cuatro cursos religiosos en la colonia Montefiore, con una población cinco veces menor, e incomparablemente inferior en el aspecto económico respecto a aquélla. El informe atribuía la desaparición de la enseñanza religiosa en la colonia Moisesville a la desidia de los padres.[29]

[27] Efron, Informe sobre la colectividad de Rosario, p. 25; véanse las quejas de Efron por la indiferencia de los "padres acriollados frente al problema educacional religioso y hebreo de sus hijos" y los temores ante la competencia de la "escuela fiscal de las ciudades, administrada con todo confort, que atrae al niño a sus clases y que le quita las mejores horas del día, por una parte, y el medio ambiente que facilita la asimilación, por la otra", p. 23.
[28] Informe Efron Sta. Fe, p. 15.
[29] *Ibidem*, p. 27.

En Entre Ríos la red escolar judía entrerriana históricamente tuvo un desarrollo mayor que en la provincia de Santa Fe. En los años 1910 el sistema de escuelas mixtas de la JCA en Entre Ríos alcanzó a tener, en su época de mayor florecimiento, 42 escuelas.[30] Los cursos religiosos de la JCA, creados en 1911, habían cobrado impulso en Entre Ríos luego del traspaso de las escuelas mixtas al Consejo Nacional de Educación. La situación en las colonias de Moisesville fue diferente. En 1914 la JCA traspasó la red de sus escuelas mixtas de las colonias santafesinas al Consejo Nacional de Educación, junto con las escuelas de la colonia Dora (Santiago del Estero), Mauricio (provincia de Buenos Aires) y Narcise Leven (territorio de La Pampa). Excepto en la colonia Moisesville, en todos los otros lugares fueron remplazadas inmediatamente por los cursos de religión que organizó la JCA. Apenas en 1920, durante su visita a Moisesville, el director general de la JCA, Louis Oungre, obligó a abrir los cursos religiosos en Virginia, Wavemberg, Byalistock, Ortiz, Monigotes Sur y Norte y Zadok Kahn I y II.[31]

Intelectuales entrerrianos de las colonias, como Máximo Yagupsky, oriundo de Colonia Clara, estaban a cargo de la dirección de esos cursos en todo el país. Pero la red de los cursos religiosos se debilitaba continuamente al estar en desventaja para competir con la enseñanza laica, en particular en la provincia de Entre Ríos, donde las autoridades del Partido Radical fueron paladines del laicismo en materia educativa. En el censo de 1942 sólo se registraron 27 cursos, cinco de ellos tan sólo nominalmente, algunos con apenas tres o cinco alumnos.[32] En 1935 fue creada la Organización Escolar Hebrea de Entre Ríos, dirigida por el oriundo de Colonia Clara doctor Israel Yagupsky, para ayudar financieramente a las escuelas desde que los cursos religiosos sostenidos por la JCA entraron en crisis. A diferencia de Santa Fe, la Organización Escolar logró reclutar durante cinco años a dos mil contribuyentes, con la ayuda de delegados en cada localidad del interior entrerriano, y pudo acordar subvenciones parciales a todos los cursos que funcionaban en Entre Ríos con apoyo de padres. En el transcurso de esos cuatro años se cerraron diez cursos en las colonias por falta de alumnos y numerosos maestros los abandonaron al ser contratados con mejores sueldos y condiciones por la Jevrá Kadishá de Buenos Aires. Numerosos docentes de las colonias, pues, se transformaron en docentes de las escuelas urbanas que supervisaba el nuevo Consejo de Educación Israelita que se creara en el nivel nacional.[33] A esta caída en el número de alumnos se añadiría, a partir de junio de 1943, otro factor externo en la abrupta disminución de los cursos de religión judía: la judeofobia de las nuevas autoridades federales que inter-

[30] Informe Efron Entre Ríos, p. 31.
[31] Informe Efron Sta. Fe, pp. 28-29.
[32] *Ibidem*, p. 41.
[33] Informe Efron Entre Ríos, pp. 39-41.

vinieron la provincia de Entre Ríos a consecuencia de la revolución nacionalista católica restauradora. Esta situación de antisemitismo estatal no la conocerían los colonos judíos en la provincia de Santa Fe, quienes tampoco experimentaron el celo laico de los gobernadores entrerrianos. En realidad, la intervención militar en Entre Ríos aplicó, con todo el rigor, algunas de las restricciones nacionalistas en materia educacional que ya habían sido dispuestas por el ex gobernador radical doctor Miguel Mihura, en virtud de la cual prohibía que los estudiantes concurrieran a escuelas particulares si no habían terminado antes el cuarto grado de la escuela fiscal provincial. Si bien es cierto que ese decreto no entró en vigor respecto a las escuelas judías antes de la revolución nacionalista de 1943, desde la intervención federal se lo aplicaría de modo irrestricto, clausurando escuelas, suspendiendo personerías jurídicas y amenazando la continuidad de la red de cursos religiosos.[34]

También en este aspecto la situación de la provincia de Santa Fe fue muy distinta. Los gobiernos liberales demócrata-progresistas no supervisaron con rigor laico nacionalista la enseñanza religiosa en su provincia, y nunca se sancionó un decreto sobre laicismo educacional tan limitativo como el del gobierno radical de Mihura en Entre Ríos. Tampoco durante la intervención federal de la Revolución de 1943 las instituciones judías de las colonias sufrieron restricciones de carácter antisemita.

Espacios públicos y antisemitismo en Entre Ríos

¿Cuáles eran las pautas de participación de los judíos en las esferas públicas de ambas provincias?

Según la estimación de Efron, hacia 1941 se habían naturalizado cerca de seis mil judíos en Entre Ríos, pero sin embargo su influencia en la política provincial y en la administración pública de la provincia era menor que en Santa Fe.[35] Aún no había diputados provinciales judíos. El primero sería José Katzenelson, de Concordia, elegido durante el gobierno peronista. Pero en las dos grandes ciudades entrerrianas ya habían sido designados varios judíos como funcionarios públicos. En Concordia eran judíos el procurador fiscal de la Receptoría de Rentas y también un alcalde para registros de nacimientos y defunciones. En Paraná el censo consignaba la existencia de los siguientes funcionarios: un jefe y un secretario que trabajaban en la Dirección Provincial de Vialidad; un alto funcionario en la Dirección General de Navegación y Puertos; un inspector en la Dirección General de Rentas y em-

---

[34] *Ibidem,* p. 45.
[35] Informe Efron Colectividad judía de Rosario, p. 27.

pleados en Obras Públicas y en la Sub-Prefectura Marítima, además de un escribiente en el juzgado federal. Cuatro médicos trabajaban en la Municipalidad, la Asistencia Pública y el Hospital Municipal. Los cargos públicos de intendente municipal ocupados por judíos sólo se encuentran en pueblos pequeños, como Villa Domínguez (2 052 almas, 29.67% judíos), localidad en la cual también eran judíos el alcalde a cargo del registro civil y el jefe de estación del ferrocarril. Resulta significativo que el primer intendente judío de Basavilbaso apenas sería elegido en 1955.[36]

En cambio, los funcionarios judíos en la administración pública de la provincia de Santa Fe eran de mayor rango jerárquico. Bajo el gobierno radical había sido elegido consejal del municipio de Santa Fe José Malenky, hijo de un colono de Moisesville; durante el gobierno demócrata-progresista fue electo diputado nacional el señor Gotfried, y también encontramos en la Legislatura Provincial a dos diputados santafesinos judíos, el doctor Juan Malamud y Alfredo Herskovitz. Situación semejante ocurría en la provincia de Córdoba, donde Andrés Bercovich, hijo de un ex colono de la colonia Rosh Piná de Entre Ríos, fue elegido presidente de la Cámara de Diputados de la provincia por la Unión Cívica Radical durante tres periodos parlamentarios. También se desempeñaba como alto funcionario del Departamento de Trabajo de la provincia el doctor Manuel Vachs, ex colono de la zona de Moisesville. En Rafaela otro hijo de un colono de Moisesville ocupaba el cargo de agente fiscal de Tribunales, nombrado también bajo el gobierno demócrata-progresista, y permaneció en sus funciones varias administraciones, a pesar de que durante los gobiernos radicales de Iriondo y Argonz fueron removidos todos los funcionarios designados por Luciano Molina.

Un hijo de un colono entrerriano, el doctor Lázaro Nemirovsky, fue contador general de la Corporación del Transporte de la Municipalidad de Rosario. En dos facultades de la Universidad del Litoral que funcionaban en Santa Fe estudiaban judíos de las colonias y ciudades de ambas provincias. En la Facultad de Química eran 43 sobre 385 alumnos (11.1%) y en Ciencias Jurídicas estudiaban 78 alumnos judíos sobre 1 292 (6.4%). La mayoría cursaba abogacía, seguidos por notariado y procuración (50, 23 y 5, respectivamente).[37]

Pero en la Universidad Nacional del Litoral de Rosario, al igual que en la Universidad de Córdoba, los únicos docentes judíos eran auxiliares o suplentes, a pesar del clima mucho menos conservador y católico respecto de Córdoba.[38]

[36] Informe Efron Entre Ríos, p. 50.
[37] Informe Efron Colectividad judía de Rosario, pp. 26-27. Informe Efron Colectividad judía de Santa Fe y Rafaela, planilla 4.
[38] En la Universidad Nacional de Córdoba la escuela que tenía más estudiantes judíos en 1939 era la de farmacia (12.35%), seguida de odontología (11.13%), medicina (9.96%) y obstetricia (7%); en total había 245 estudiantes judíos en las cuatro escuelas de la Facultad de Medicina. La mayoría provenía de Buenos Aires —95 alumnos— por las dificultades en el ingreso y

Sin embargo, una de las diferencias fundamentales entre la vida política y social de las comunidades rurales en ambas provincias fue la intolerancia ante expresiones públicas de la etnicidad judía, así como en las manifestaciones de antisemitismo social y estatal que conoció Entre Ríos mucho más que Santa Fe en determinadas épocas de la historia argentina. Bajo gobiernos liberales del partido Unión Cívica Radical el particularismo étnico-religioso de las escuelas y colonias en Entre Ríos fue criticado por algunos diarios, pero sobre todo por el inspector Ernesto A. Bavio del Consejo Nacional de Educación en 1908, cuyo intolerante informe fue la base de la crítica que utilizó el afiliado radical Ricardo Rojas en su famoso libro *La restauración nacionalista*.[39]

Durante casi 25 años los cursos de educación primaria general y religiosa judía estuvieron en Entre Ríos bajo la responsabilidad financiera y pedagógica de la JCA. A partir de 1920 la JCA traspasó al Consejo Nacional de Educación su red escolar, pero las autoridades provinciales pusieron trabas al compromiso de permitir cursos de religión judía a cargo de maestros particulares, según lo permitía la ley 1420. A diferencia de otras provincias, la aplicación de esta prerrogativa encontró dificultades en Entre Ríos porque regía una ley provincial sobre laicismo, promulgada por gobiernos radicales, que impedía ofrecer cursos complementarios de religión en los edificios de las escuelas del Consejo Nacional de Educación en el ámbito de la provincia.[40] Finalmente, los antiguos Cursos de Religión que fueron organizados y supervisados por la JCA desde 1911 hasta 1939 se transformaron en complementarios de la escuela oficial, y tuvieron que funcionar en forma independiente, sin posibilidad de ser impartidos en los marcos prescritos por la ley de educación popular y laica.

el clima hostil a los judíos en la Universidad de Buenos Aires, luego eran cordobeses (70 estudiantes censados) y los 40 restantes venían de las colonias entrerrianas (18 de Clara y 8 de Lucienville), santafesinas (12 de Moisesville, 1 de Montefiore) y La Pampa (1 de Narcise Leven). Los dos docentes judíos, hijos de colonos de Moisesville, censados en Córdoba como suplentes, fueron el doctor Isaac Volaj en la cátedra de higiene y Juan Ducach en la de clínica médica. A pesar del carácter de suplentes de estos docentes Efron consideraba un éxito que médicos judíos pudieran enseñar en una universidad dominada por profesores católicos y conservadores; véase "Informe Efron sobre la colectividad judía de la provincia de Córdoba presentado a la Dirección General de la JCA", Buenos Aires, 11 de junio de 1943. Para los años previos, y durante la intervención de la Universidad de Buenos Aires luego de la revolución nacionalista de 1943, las memorias de un médico oriundo de la colonia santafesina de Tacural, vecina de Moisesville, que estudiaba en la Facultad de Medicina, ofrecen un testimonio personal sobre discriminación de los propios docentes y compañeros contra los practicantes judíos en los hospitales municipales; véase Alberto D. Kaplan, *Memorias de un médico*, Buenos Aires, 1993, pp. 72-74, 78-79. La DAIA denunció las discriminaciones contra los practicantes judíos en hospitales municipales durante esos años y bajo los primeros del régimen peronista; véase Leonardo Senkman, "Response of the first Peronist government to antisemitic discourse 1945-1955: A necessary reassesment", *Judaica Latinoamericana, III*, Jerusalén, 1997.

[39] Véase Haim Avni, *Emancipación y educación judía. Un siglo de la experiencia del judaísmo argentino* (en hebreo), Jerusalén, 1985, pp. 36-42.

[40] Informe Efron Entre Ríos, pp. 32-33.

Los ramalazos de la violenta Semana Trágica de enero de 1919, el primer *pogrom* de Buenos Aires, también llegaron a amenazar a los judíos de Villaguay y de las colonias vecinas en 1921. Esta traumática experiencia antisemita no la conocieron los judíos santafesinos.[41]

Del testimonio de un colono es posible conocer que se organizó la autodefensa entre los colonos entrerrianos amenazados por un grupo nacionalista, y felizmente el peligro físico fue conjurado.[42] Durante los años treinta el nacionalismo católico de derecha proveyó cuadros entrerrianos importantes al movimiento nacionalista argentino, como Juan Carulla, y algunos grupos lograron organizarse en pueblos y ciudades de la provincia con apoyo y agentes de la Unión Germánica. Las dos organizaciones más importantes que actuaban organizadamente, en vísperas y durante los años de la segunda Guerra Mundial, fueron la Unión Nacionalista Entrerriana y las filiales locales de la Legión Cívica Argentina. Entre 1939 y 1941 algunos grupos de ruso-alemanes en Entre Ríos fueron activados en su campaña antisemita por el Partido Nacional-Socialista Alemán —NSDP— en un intento por cooptar aliados. Esta amarga experiencia no fue conocida en Santa Fe.[43]

Luego de los decretos del presidente Ortiz para contrarrestar las actividades antiargentinas de organizaciones e instituciones alemanas, fueron extremadas las medidas en Entre Ríos para inspeccionar las escuelas de "idioma y religión". Junto a la alerta sobre las 41 escuelas protestantes alemanas, el gobernador radical de la provincia creyó oportuno también alertar por las 34 escuelas hebreas que funcionaban en 1940, y proponía un plan para "que dejen de minar nuestra nacionalidad". Tal denuncia en la Legislatura provincial de Entre Ríos, que equiparaba el peligro totalitario alemán con la etnicidad de los judíos, tampoco la conoció la Legislatura de Santa Fe.[44]

Pero las colonias judías entrerrianas, a diferencia de las santafesinas, sufrirían el antisemitismo estatal a partir de la revolución nacionalista de junio de 1943, cuando fue intervenida por el gobierno nacional la provincia de Entre Ríos. Era la primera vez en la historia de los judíos argentinos que se ensayó desde el gobierno, durante un año y medio, retirar la personería ju-

[41] Leonardo Senkman, *La identidad judía en la literatura argentina,* Buenos Aires, 1983, pp. 206-208.

[42] Juan Charchir, *Viaje al país de la esperanza* (memorias inéditas), prólogo, entrevista y notas de Julio Ardiles Gray, Entre Ríos-Buenos Aires, 1954-1983, precedidas por la autobiografía de Mauricio Charchir, quien llegó a Colonia Clara junto con los "pampistas", Enrique y Adolfo Dickmann.

[43] Véase el informe presentado por el ministro de Gobierno y Obras Públicas sobre actividades antiargentinas ante la Honorable Cámara de Diputados de la Provincia de Entre Ríos, 26 de agosto de 1941, *Memoria del Ministerio de Gobierno y Obras Públicas,* Gobierno de Entre Ríos, 1941, pp. 81-101. En los pueblos y ciudades de Galarza, Nogoya, Crespo, La Paz y Concordia hubo actividad profascista y demostraciones públicas nacionalistas, con apoyo de sacerdotes.

[44] Mensaje del gobernador de Entre Ríos, doctor Enrique Mihura, al iniciarse el 81 periodo ordinario de sesiones de la H. Legislatura, julio de 1940, Paraná, 1941, pp. 26-27.

rídica de las asociaciones comunales, religiosas y culturales de la colectividad con el fin de clausurarlas, prohibir el faenamiento ritual judío de alimentos *(kashrut)*, suspender el funcionamiento de numerosas escuelas, agraviar de palabra y con uso de violencia a colonos, discriminar a los conscriptos judíos en las efemérides patrias y decretar la cesantía de maestros y funcionarios judíos bajo la administración provincial del interventor federal coronel Zavalla. Apenas a fines de 1944 se levantaron algunas de las graves medidas antisemitas, y sólo al término de la intervención federal del general Humberto Sosa Molina, en octubre de 1945, se restableció la normalidad institucional judía.

En particular los pequeños pueblos de las colonias sufrieron el rigor sin precedentes de estas acciones oficiales antijudías. El 15 de julio de 1943, por ejemplo, por orden del comisario de Pedermar, fue clausurada la Escuela Israelita dependiente de los cursos religiosos, y se incautaron todos los libros que se encontraron. En agosto de 1944 todavía seguía clausurada la escuela y los libros no devueltos. Todos los miembros de la Sociedad Cultural Max Nordau de ese pueblo fueron obligados, en junio de 1944, a renunciar por orden del comisario, quien los acusó de antipatriotas. El presidente de la sociedad fue detenido en Concordia y obligado a pagar una multa por resistir la orden. Los nuevos directivos nombrados —cinco no judíos y tres judíos, de los cuales uno solo era socio— fueron obsecuentes con las autoridades y aceptaron cambiar el nombre de Max Nordau por el del caudillo entrerriano Pancho Ramírez. En agosto de 1944 el *shojet* y carnicero de Ubajay fue detenido, y a cambio de su libertad se le obligó a firmar el compromiso de cesar su labor de faenamiento ritual en Pedermar.

Ese caso no fue aislado, sino que se repitió en otros pueblos. Ante los reclamos de la DAIA la restricción contra el faenamiento de animales según el rito *kosher* fue levantada por orden del nuevo interventor provincial, general Humberto Sosa Molina, tan pronto asumió sus funciones en septiembre de 1944. Sin embargo, a pesar de la buena impresión que causó el interventor en los dirigentes judíos de Entre Ríos, su orden no fue observada por las autoridades policiales y algunos municipios. Dos ejemplos fueron el jefe de policía de Villaguay y la delegación municipal en Villa Domínguez, donde los funcionarios antisemitas siguieron agraviando a los judíos. En este último pueblo fue clausurada la Biblioteca D. F. Sarmiento, y a las exoneraciones de maestras judías bajo el anterior interventor federal se sumaron nuevas cesantías y denuncias de comunismo y falta de patriotismo contra seis maestras judías, por parte del Consejo General de Educación de la Provincia. La reincorporación de las docentes fue realizada en forma paulatina durante 1945.[45]

---

[45] Véase Archivo DAIA, Paraná, la presentación de una petición firmada por varios judíos de Villa Domínguez el 13 de septiembre de 1944 al nuevo interventor provincial, general Sosa Molina, con las quejas documentadas de detenciones, vejámenes, cesantías, clausura de la biblio-

En especial la restitución de la personería jurídica retirada a las *kehilot* y centros culturales, que imposibilitaba el funcionamiento de las sinagogas y bibliotecas, fue condicionada por Sosa Molina a que se reformasen los estatutos y se sustituyesen los nombres hebreos.[46] El nuevo interventor era hombre del vicepresidente de la nación, coronel Juan D. Perón, y buscaba demostrar que el gobierno revolucionario era ajeno al antisemitismo. Sin embargo, en forma similar a lo ocurrido en la Capital Federal, a pesar de las seguridades y buena voluntad oficiales, en los hechos la tranquilidad no se restableció en los pueblos judíos, a causa del profundo sentimiento judeofóbico de autoridades policiales en algunas ciudades como Concordia y Villaguay, donde actuaban con un alto grado de autonomía del poder central. Un ejemplo dramático fue la prohibición del jefe de policía de la provincia al cierre de negocios que la comunidad judía de Basavilbaso había organizado el 27 de marzo de 1945, de conformidad con la DAIA central, en señal de duelo por los millones de judíos víctimas del nazismo.[47]

COMPONENTES DE LA IDENTIDAD COLECTIVA JUDEOENTRERRIANA

Ahora bien, ¿cuáles fueron los materiales fundamentales en el proceso de construcción de la nueva identidad judeo-argentina que se iba haciendo a través de transacciones no siempre conscientes entre los legados étnico-religiosos que traían consigo esos colonos inmigrantes y las nuevas demandas de integración que les requerían la sociedad y el estado provincial?

A título indicativo destacaré sólo cuatro componentes básicos.

1. Los judíos de las estepas de Ucrania y Crimea muy pronto adquirieron en Entre Ríos el sentimiento de pertenencia, no a un espacio público nacional, sino a un delimitado espacio rural provincial. Sin embargo, aun antes que el provincial, el primer marco de pertenencia para esta inmigración fue

---

teca y discriminación antijudía; véanse la denuncia de la Federación del Magisterio de Entre Ríos sobre cesantías y el comunicado del interventor en el Consejo General de Educación sobre los motivos de las mismas en *La Acción*, Paraná, 5-9-1944.

[46] A la *kehilá* de Paraná, la más grande de la provincia, se le retiró la personería jurídica el 20 de octubre de 1943; el pedido de revocación de la resolución oficial fue denegado el 23 de abril de 1944 y el interventor federal Zavalla decretó la disolución de la sociedad. Apenas a mediados de 1945 se restituyó la personería jurídica, una vez reformados los estatutos y cambiado el nombre. Archivo DAIA Entre Ríos (Paraná), "Carta del presidente y secretario DAIA Entre Ríos, Dr. Israel Yagupsky y Bernardo Jaimovich al ministro de Gobierno de la Pcia. Dr. Benito Raffo Magnasco, Paraná, 1 agosto 1944"; "Carta del presidente y secretario DAIA Paraná al presidente DAIA Buenos Aires, Paraná, 4 octubre 1944", *Intervención Federal de Entre Ríos, gobierno del gral. de brigada José Humberto Sosa Molina, Memoria*, Paraná, 1945, p. 24.

[47] Véase Archivo DAIA, Paraná, Entre Ríos, texto del comunicado de prensa firmado por el comite *ad hoc* de las instituciones judías de Basavilbaso donde protestan públicamente contra el agravio; "Carta del presidente y secretario DAIA Entre Ríos al Dr. Moisés Goldman, Paraná, 3 abril 1945".

la empresa colonizadora JCA, que se hizo cargo de su viaje desde Rusia y los colonizó en las líneas de chacras. La "Iewish" (como pronunciaban el nombre de la gran empresa colonizadora del Barón Mauricio de Hirsch) fue su primera carta de identidad colectiva en el nuevo medio. Sus administradores, antes de transformarse en los odiados acreedores hipotecarios de sus campos, que debían pagar mensualmente, constituían para ellos los representantes legales ante las autoridades locales. Ninguna otra colonización tuvo una empresa que, al mismo tiempo que se ocupaba de la inmigración y colonización, los representaba y gestionaba en su favor ante los poderes públicos provinciales. La antigua empresa colonizadora de suizosfranceses en San José, en la década de 1850, ya había desaparecido. Los fundadores de pueblos italianos como Chajari en el mejor de los casos sólo eran recordados por sus descendientes.[48]

Mucho antes de nacionalizarse a la generosa República Argentina que los acogió, los judíos rurales adoptaban paulatinamente, junto a la certidumbre de ser colonos de la JCA, un sentimiento de raigambre e identidad regional: las 202 966 ha que compró la JCA para sus ocho colonias de Entre Ríos se encontraban concentradas en el centro-este de los departamentos de Villaguay, Colón, Gualeguaychú y Concordia. Las primeras referencias topográficas eran las líneas de chacras, como la línea 25, que nacía junto a las vías del ferrocarril, a 5 km de Basavilbaso; o los campos de la línea 23, que terminaban a la vera del arroyo Calá. En este "pago natal" parieron sus mujeres, en él se criaron los hijos de los colonos y también enterraron a sus muertos; en ese hábitat frecuentaban los domingos sus pueblos rurales y urbanos, y en sus sinagogas rezaban durante las festividades judías; a esa "querencia" pertenecían las estaciones de las tres líneas de ferrocarril con que atravesaban la provincia hacia el resto del país, y donde aprendieron a nombrar el paisaje de tupidos montes de ñandubay y talas, ríos y arroyos, pájaros y ganado, grandes estancias y campos extensos sembrados de trigo, lino y maíz. Pero sobre todo, ése era el *topos* del nuevo paisaje humano que iba formando parte inseparable del paisaje natural en la convivencia acriollada de los judíos rusos con los gauchos entrerrianos. Nadie como Gerchunoff ha idealizado el primer componente fundamental de esta relación de naturaleza telúrica con el paisaje y la tierra entrerrianas; basta leer ese conmovedor libro agradecido a su "patria chica" que sugestivamente tituló *Entre Ríos, mi país*. A partir de Gerchunoff una frondosa literatura autobiográfica fue escrita por colonos judíos que incorporan el paisaje natural a sus hábitos y estilo de vida judía tradicional.[49]

[48] Véase Celia Vernaz, *La Colonia San José y la voz del inmigrante. 125 aniversario de la fundación*, Santa Fe, 1982; César Manuel Varini, *La fundación de Chajari*, Chajari, 1969; G. M. Favoino y A. Bufardeci, *Gli italiani nella provincia di Entre Ríos*, Paraná, 1914.

[49] Esta literatura autobiográfica y de memorias dispersas, la mayoría inédita, se complementa con una serie de 60 historias de vida y testimonios orales que fueron relevados para una investigación histórico-cultural en avance que coordina la profesora Graciela Rotman, de Para-

A través de su riqueza cualitativa de fuentes primarias es posible estudiar algunas memorias personales de hijos de colonos que vivieron los no siempre conscientes procesos de transculturación, donde fueron actores en la transacción entre viejos y nuevos componentes identificatorios; en esas memorias y testimonios, además, es posible conocer insospechados aspectos de cómo fueron percibidos esos gauchos judíos por los sectores populares criollos.

El sentimiento telúrico que incorporaron inmigrantes judíos en el campo entrerriano fue un fuerte componente de su identidad colectiva surgida del "aquerenciamiento" con criollos cristianos. Aún no se emprendió la historia social y cultural contada desde la perspectiva de esos sectores populares de Entre Ríos durante la época de la inmigración y colonización europea para apreciar sus vínculos con los "gringos" e inmigrantes que profesaban otros cultos, no católicos. Gracias a relatos autobiográficos de colonos y de sus hijos podemos conocer valiosos testimonios al respecto. Es el caso de las memorias del escritor Máximo Yagupsky al evocar su infancia entrerriana y la figura legendaria de su padre, Efraim Yagupsky. Éste, junto a su abuelo, un matarife ritual y talmudista, llegó de Rusia a fines del siglo XIX y en seguida fueron instalados por la JCA en la colonia San Gregorio. Años más tarde el joven Efraim se trasladó a La Capilla, para ejercer la misma profesión paterna en ese pueblecito más antiguo de Colonia Clara, que recibió su nombre por el hecho de que todo el caserío circundaba a la pequeña iglesia católica. Poco tiempo después de la llegada de los colonos judíos a la zona, instalados por la JCA, el cura párroco se trasladó a otra localidad vecina y puso en venta la casa. El pueblo creció con la llegada de más inmigrantes judíos y poco a poco se convirtió en un centro semiurbano de la zona de Colonia Clara, antes de la construcción del ferrocarril Concordia-Buenos Aires. Máximo Yagupsky recordaría emocionado, muchos años después, el afecto con que los criollos se relacionaban con su padre Efraim, llamándolo "el cura Froike", deformación de su nombre hebreo, porque era *shoijet* y vivía en una casa adyacente a la parroquia.[50]

2. Uno de los espacios fundamentales para proceder a la transacción entre los legados religiosos del viejo hogar de los inmigrantes judíos y las demandas de integración a la Argentina fueron las escuelas de la JCA hasta su cesión al Consejo Nacional de Educación, en 1920. El sostenimiento por parte de la JCA de escuelas públicas mixtas que impartían nociones de educación básica primaria y los cursos de religión y lengua hebrea cumplió un

ná, con el auspicio del gobierno de la provincia de Entre Ríos. El autor del presente artículo es asesor académico de ese proyecto de investigación, de enero de 1994 a la fecha, y trabaja sobre estas fuentes primarias relevadas para una historia social y étnica de la inmigración europea a Entre Ríos.

[50] Máximo Yagupsky, "Daguerrotipo de un judío de las colonias. El cura Froike", *Megamot*, 3, 1988, pp. 85-87.

papel importante en la concreción de ambos componentes de la nueva identidad en gestación: la preservación de la continuidad judía tradicional y el sentimiento de pertenencia al nuevo país. Durante veinte años egresaron alumnos judíos y también criollos cristianos que continuaron sus estudios en centros urbanos mayores. En los informes internos de la JCA se dejaba bien establecida la ideología de la *argentinidad* y la *castellanización* como los dos objetivos explícitos de esa enseñanza, que logró establecer en la provincia una red de 42 escuelas.[51]

Al cabo de dos décadas la JCA decidió ceder sus establecimientos escolares al Consejo Nacional de Educación. Este proceso empezó en 1914 con la entrega de las escuelas de las colonias Moisesville y Montefiore, y culminó en 1920 con las de Entre Ríos. Pero el ideal pedagógico de la escuela mixta que sostenía la JCA no prosperó. De acuerdo con el convenio de cesión de los edificios escolares y dependencias de la JCA, el Consejo Nacional de Educación había acordado que maestros hebreos de las colonias pudieran dictar la enseñanza religiosa dentro de las aulas cedidas, durante dos horas diarias. Pero hubo dificultades legales en la aplicación de este acuerdo porque, a diferencia del ámbito nacional, en la provincia de Entre Ríos regía una ley provincial laica que no permitía impartir cursos complementarios de religión en las escuelas del Consejo Nacional de Educación.[52]

En la nueva etapa escolar judía la JCA subvencionaría hasta 1939 los cursos religiosos que se impartirían en locales separados de las escuelas fiscales de la provincia. Los cursos religiosos fueron perdiendo paulatinamente alumnos en la provincia, ya que la mayoría de los padres enviaban a sus hijos a las escuelas laicas fiscales. Cuando en 1939 la JCA traspasó su responsabilidad de la obra de los cursos religiosos al antiguo Comité Central de Educación Israelita, funcionaban 35 cursos con 840 alumnos. Cuatro años después funcionaban 27 cursos con 580 alumnos —una pérdida de 260 alumnos—, con una caída brusca en los pueblos y en las colonias. Después estas escuelas serían supervisadas paulatinamente, en los años cuarenta y cincuenta, por el Comité de Educación de la *Jevrá Kadishá* de Buenos Aires.[53]

[51] Informe Efron Entre Ríos, p. 31.

[52] El mismo director del Consejo Nacional de Educación, Ángel Gallardo, sugirió a la JCA no solicitar al gobierno de Entre Ríos la implantación de cursos complementarios, porque una vez cedidos al ámbito nacional él impartiría instrucciones para su autorización; véase testimonio de Efron, *idem*.

[53] En 1939 asistían en Entre Ríos 816 alumnos a escuelas de las colonias y pueblos, frente a 582 en la provincia de Santa Fe (incluidas las grandes comunidades en las ciudades de Rosario y Santa Fe), 216 en la provincia de Buenos Aires y 193 en el resto del interior del país. "Cursos religiosos israelitas de la República Argentina", memoria y balance al 31 de diciembre de 1939, Buenos Aires, 1940. Véase información sobre el estado de la educación en las colonias agrícolas de la JCA durante la década de 1930 en Meir Yagupski, "Di idishe deertziung in di colonies in provintzn", *Iovl Buj fun Di Idishe Tzaitung*, Buenos Aires, 1940, pp. 445-458; Mendel Maryn-Lazer, *Das idishe shul in Argentine*, Buenos Aires, 1948, pp. 101-108. Para una reseña histórica de la

¿En qué medida la currícula y orientación de los cursos mixtos de la JCA influyeron en el proceso de transacción de componentes básicos para plasmar una identidad colectiva judeo-argentina? Al menos una generación completa nativa de judíos de las colonias pudo haber sido influida por las escuelas sostenidas por la JCA, antes de que éstas pasaran a ser conformadas ideológicamente por las orientaciones del judaísmo ashkenazi del este europeo del Comité de Educación de la futura *Kehilá* de Buenos Aires. ¿Qué componentes tradicionales se transformaron y cuáles se perdieron durante el proceso de transacción identitaria en el campo entrerriano? ¿En qué medida esos distintos espacios educativos ayudaron a la integración cultural y nacional de las generaciones nativas judeoargentinas y le ofrecieron módulos para construir una identidad colectiva judeoentrerriana? Tales son algunos interrogantes para futuras investigaciones en materia educativa.

Del testimonio de maestros judíos egresados de la Escuela Rural Alberdi de Paraná se deduce la voluntad de castellanización y de integración sociocultural y laboral al medio rural entrerriano. Sin embargo, es más difícil conocer en qué medida los componentes judíos identificatorios se debilitaron o se transformaron.[54]

Un abordaje necesario pasa a través del estudio comparado de los efectos de las escuelas étnicas de otros grupos migrantes sobre las formas de identidades colectivas de las generaciones nativas en el interior del país. Los estudios sobre educación y lengua italiana aportan pistas estimulantes y sugieren líneas de investigación comparada sobre la inserción sociocultural de los italianos y los cambios en su etnicidad en los espacios rurales.[55]

3. Si existe un tercer componente fundamental de la identidad colectiva judeoentrerriana que nació en las colonias agrícolas de la provincia fue la vocación cooperativista y el ideal de ayuda mutua. En Entre Ríos se forjó el ideal cooperativista, y en los espacios de las cooperativas agrarias se plasmó el pensamiento y la acción de un puñado de pioneros judíos que creyeron necesario trabajar el campo, con la fe puesta en la colaboración entre los hombres y las mujeres. Ese ideal, mucho antes que en otras provincias argentinas, se cristalizó en las primeras cooperativas que se fundaron en colo-

---

red escolar en la Capital Federal y el resto del país, véase el estudio de Iaacov Rubel, "La educación judía en la Argentina", *Rumbos*, 12, 1985, pp. 100-132.

[54] Véase el testimonio novelado del padre del escritor José Chudnowsky, *Pueblo Pan*, Buenos Aires, 1966; véanse las memorias inéditas de Sediel Zeiguer, que fue maestro alberdino, *Recuerdos de infancia en Colonia Clara*.

[55] Carina Laura Frid de Silberstein, "Educación e identidad. Un análisis del caso italiano en la provincia de Santa Fe (1880-1920)", en Fernando J. Devoto y Gianfausto Rosoli (comps.), *op. cit.*, pp. 266-287; en el mismo volumen Alicia Benasconi, "Inmigración italiana, colonización y mutualismo en el centro norte de la provincia de Santa Fe", pp. 178-189; L. Favero, "Las escuelas de las sociedades italianas en Argentina (1860-1914)", F. Devoto-G. Rosoli (comps.), *La inmigración italiana en la Argentina*, Buenos Aires, 1985, pp. 165-207.

nias judías de Entre Ríos en 1900 y 1904, y luego se proyectaron al resto del país.[56]

Estas cooperativas fueron la infraestructura para la creación de bancos y cajas de crédito, primero en las mismas colonias (Banco Agrícola de Domínguez, Banco Agrícola S. A. de Ubajay), y luego en ciudades como Paraná (Caja de Crédito Mutuo, 1927), y Concepción del Uruguay (Cooperativa de Crédito Ltda., 1941).

En el censo realizado en 1942 todas las cooperativas y cajas bancarias reunían un total de 5 187 socios accionistas. Las más importantes eran ocho cooperativas agrícolas en las colonias con 1 482 socios; tres cooperativas lecheras con 367 socios, y dos de consumo de carne, con 209 socios. En toda la provincia existían seis instituciones mutuales de crédito, y fueron censados 2 303 socios accionistas. Durante el primer lustro del decenio de 1920, años signados por la crisis ganadera y la baja de los precios internacionales de los cereales, los principales dirigentes cooperativistas judíos entrerrianos del Fondo Comunal de Domínguez —Miguel Sajaroff, Isaac Kaplan y Marcos Wortman— propulsaron la creación de nivel nacional de la Fraternidad Agraria, el 1 de mayo de 1925, con la participación de trece delegaciones de las colonias judías de la JCA de todo el país. Esta federación de cooperativas de nivel nacional tuvo su origen previo en la malograda Federación Agraria Israelita Entrerriana, y marca la consolidación de un auténtico movimiento cooperativista que desde Entre Ríos se proyectó al resto del país.[57]

Sin embargo, el ideal cooperativista no fue sólo un impersonal y abigarrado conjunto de instituciones de crédito, de consumo y financieras levantadas por pequeños productores rurales que necesitaban defenderse de los monopolios cerealeros y bancarios. Su espíritu de solidaridad fue un ideal vivo que se manifestaba en la práctica cotidiana a través de una *identidad mutualista* con las gentes. Esa identidad colectiva se expresó en Entre Ríos en la puesta en práctica de antiguos valores de la tradición humanista del judaísmo transmitidos durante siglos de diáspora. Al influjo de ese *ethos* social, el mutualismo y la ayuda al semejante remplazaron poco a poco en la provincia a la competencia y el egoísmo mercantil; la solidaridad y fraternidad fueron propuestas por esos "chacareros" [granjeros] como metas de conducta, en lugar de la explotación y la soberbia mercantil. No se trata de una corriente ideológica más, sino que fungió como una identidad colectiva y una forma de vida que permearon profundamente la escala de valores de los

[56] Véase la lista completa de cooperativas agrícolas, de consumo y crédito, fechas de fundación y número de socios, en Informe de Efron Entre Ríos, p. 7.

[57] El primer congreso de cooperativas entrerrianas fue celebrado en septiembre de 1913, en Lucas Gonzales, por iniciativa del presidente del Fondo Comunal, don Isaac Kaplan, con la asistencia de delegados de las cooperativas de Colonia Clara, Villa Domínguez, Basavilbaso, Urdinarráin, Crespo, y Lucas Gonzales. Véase A. Gabis, D. Merener *et al.*, *Fondo Comunal, 50 años de su vida*, Buenos Aires, 1957, pp. 229-230.

miles de asociados cooperativistas para quienes el trabajo productivo de la tierra entrerriana no podía (ni debía) ser valorado por la mezquina lógica del mercado sino por la lógica comunitaria de campesinos y campesinas que anhelaban construir una vida al servicio del bien común. Basta con leer las memorias de algunos cooperativistas para comprender cuán profundamente están ligados en ellos la pasión de ser agricultores judíos dignos con el orgullo de sentirse ciudadanos de una patria sin fronteras nacionales porque bregaban por la fraternidad agraria del trabajo mutual. Miguel Sajarov, fundador del Fondo Comunal de Villa Domínguez, y cuñado del legendario médico Noé Yarcho, testimonia en sus cartas y discursos una identidad colectiva laica construida desde el credo cooperativista. Los dos componentes inescindibles de esta identidad colectiva eran la altruista apuesta universalista por una sociedad más justa y humana, de raíz tolstoiana, que iba más allá de una identidad étnica, y simultáneamente su pueblerino amor por los judíos arraigados al trabajo agrícola.

En el congreso preparatorio del abortado proyecto de crear en 1910 lo que sería más tarde la Fraternidad Agraria, primera confederación cooperativa agrícola en toda América Latina, se demandaba en el proyecto de estatutos la colonización del excedente de población de las colonias respectivas y el fomento del espíritu de arraigo al cultivo de la tierra entre los inmigrantes israelitas, a la par que se solicitaba coadyuvar moral y materialmente al desenvolvimiento amplio de las escuelas de esas colonias.[58]

Otro gran mutualista, Isaac Kaplan, nos ha legado memorias de una vida consagrada a la causa del cooperativismo agrario entrerriano y argentino, al mismo tiempo que se asume como un decidido adherente a la causa de la obra colonizadora judía, aun antes de la creación del Estado de Israel. Él condensa una identidad de judío cooperativista agrario comprometido con la tarea práctica de la Fraternidad Agraria Argentina y el ideal sionista.[59]

También esta identidad mutualista se expresó en las cooperativas de las escuelas rurales, en los centros juveniles, grupos filodramáticos campesinos

---

[58] Miguel Sajaroff, *Cuarenta años de labor cooperativista* (en idish), redacción y monografías de P. Bizberg, Fraternidad Agraria, Buenos Aires, 1940; Isaac Kaplan, *Don Miguel Sajaroff. Anécdotas, cartas y discursos*, Buenos Aires, 1965, p. 36.

[59] Inmigró en 1895 a Entre Ríos y fue colono en Clara (grupo Desparramados), donde hizo su aprendizaje junto a la familia Dickmann. Fue uno de los fundadores del Fondo Comunal, sociedad de ayuda que se transformaría en cooperativa, donde trabajaría muchos años como gerente. Dirigió, entre 1921 y 1947, *El Colono Cooperador*, órgano doctrinario y de información del Fondo Comunal, luego de la fundación, en 1925, de la Federación Agraria Israelita Argentina. Actuó tesoneramente en la organización del cooperativismo agrario en Argentina. Véanse sus memorias completas en idish, *Idishe kolonist in Argentina*, Buenos Aires, 1966. En español véanse sus escritos "La cooperación agrícola en las colonias judías", *Judaica* 18 (Buenos Aires), 1934; *Don Miguel Sajaroff. Anécdotas, cartas y discursos, op. cit.; Recuerdos de un agrario cooperativista, 1895-1925*, Buenos Aires, 1969 (ésta es una reducidísima versión castellana de las memorias en idish). Véase además David M. Merener, *El cooperativismo de Entre Ríos y sus pioneros*, Buenos Aires, 1971.

y en la obra benéfica de hospitales y centros asistenciales a pobres, enfermos y menesterosos.[60]

4. Las memorias de algunos hijos de las colonias agrícolas que estudiaron profesiones liberales y participaron en la política provincial y nacional ofrecen testimonios valiosos para analizar la construcción de una *identidad cívica* de judíos de segunda generación con materiales forjados en la experiencia colectiva rural entrerriana. Las trayectorias de participación cívica de dos hijos de colonos entrerrianos, el economista Benedicto Caplan, primer ministro judío en un gobierno provincial, y el abogado y político David Blejer, primer ministro judío en el gobierno nacional, son muy elocuentes. En este trabajo me limitaré a destacar las ricas memorias inéditas de Caplan.

Benedicto Caplan nació en la colonia San Antonio en 1915, y jamás olvidará sus tareas de adolescente en el campo y su gusto por la vida acriollada. Tampoco olvidará a los gauchos judíos valerosos, como aquel Jaime Rabinovich, amplias "bombachas" [pantalón gaucho], alpargatas en verano, botas en invierno, pero siempre de faja y facón [cuchillo] con cabo de plata, la misma arma blanca que desenvainó para retar a duelo a un gaucho pendenciero a quien hirió mortalmente por insultarlo. Cuando Benedicto fue a visitarlo a la cárcel y le preguntó si valió la pena haber matado, nunca olvidará lo que don Jaime le contestó en idish: *"Ehr wer mir shoin mer nisht zoguen judío de mierda".[a]* Al igual que otros jóvenes se fue a estudiar a Rosario, a la Facultad de Ciencias Políticas, a pesar de que la carrera elegida le resultaba completamente no rentable a su padre, quien quiso que fuese abogado. Felizmente lo desobedeció porque Caplan tenía sus muy buenas razones: soñaba con hacer carrera universitaria y también entrar en la política. Paralelamente a sus actividades comerciales, su padre fue partidario primero de Irigoyen y después de Perón, y cumplía, según Benedicto, la función política de ciudadanizar a los colonos judíos. Muy seguramente le quedó grabado para siempre al hijo cuando acompañaba al padre a llevar en grupo de tres o cuatro a los judíos de las colonias al juzgado federal de Concepción del Uruguay, donde les ayudaba, traduciendo del idish, para hacer los trámites de su naturalización. Quizás el padre actuara como "puntero" del líder radical irigoyenista en las colonias tratando de convencer a sus paisanos de que se naturalizaran para votar por ese caudillo populista. Tal interés por la política lo acompañaría durante los años de estudiante en la facultad, cuando formó una nueva agrupación universitaria que ganó el centro de es-

---

[60] Véase Celia Gladys López de Borche, *Cooperativismo y cultura. Historia de Villa Domínguez, 1890-1940*, Editorial de Entre Ríos, 1987, pp. 98-122. En el censo de 1942 mencionado anteriormente fueron censadas 21 bibliotecas en pueblos y colonias rurales y siete en ciudades, así como 18 sociedades de protección a pobres, enfermos y menesterosos, administradas casi exclusivamente por mujeres. Véase Jedidia Efrom, *op. cit.*, pp. 19-20.

[a] "Ya no volverá a decirme judío de mierda." [E.]

tudiantes, y la representó en la Federación Universitaria Argentina y como miembro del consejo consultivo de su facultad en el claustro de estudiantes. Al poco tiempo entró a militar en el Partido Demócrata Progresista y fue designado secretario de la juventud. Dadas sus dotes excepcionales, se doctoró luego de una brillante carrera, en 1936, e ingresó a la cátedra de derecho público del doctor Adolfo Bielsa como jefe de trabajos prácticos. El doctor Bielsa, después de haber ocupado la Subsecretaría Nacional de Justicia e Instrucción Pública en el gabinete de Ramón Castillo, retornó a la facultad rosarina donde fue designado decano, además de ejercer la titularidad de su cátedra. En 1941 Benedicto Caplan sufrió por primera vez en carne propia la discriminación antisemita. Según su propio relato, el doctor Bielsa, un hombre del Partido Conservador de Justo, pero lejos de las posiciones nacionalistas de derecha, estaba alarmado ante el avance arrollador de los ejércitos nazis en Europa y temía un inminente triunfo militar de Hitler que lo conduciría, según él, también a conquistar América del Sur. A pesar de sus buenas relaciones, el catedrático le notificó al joven entrerriano que había decidido suprimir el cargo docente de Caplan en el presupuesto del próximo año. En sus memorias Caplan recuerda las razones dadas por las cuales:

> no podía seguir enseñando en la facultad porque el decano pensaba que Alemania prevalecería en todo el mundo, y en tal caso, no era conveniente para la facultad tener un docente judío. Este hecho, unido a otras actitudes de las autoridades del país, me convencieron de que lo poco que se había avanzado en la integración cívica, había retrocedido. Por lo tanto, como todos los de mi condición étnica, tuvimos que orientarnos a la actividad privada.[61]

Más allá del hecho de que ese acto discriminatorio proviniera de un conservador de la línea del general Justo, y no de los grupos nacionalistas abiertamente pro Eje, la exclusión de un joven docente judío de la Universidad del Litoral por razones preventivas no pareció alarmar a la FUA[b] ni a los amigos personales de Caplan en la agrupación universitaria; incluso la decisión de su alejamiento fue recibida resignadamente por la juventud del Partido Demócrata Progresista. Luego de este incidente, que dejara profundas huellas, Caplan decidió retirarse a la esfera privada en Entre Ríos. Apenas en 1946 retornaría a la administración pública, cuando el gobernador peronista de la provincia de Mendoza lo invitó a ejercer el cargo de subdirector de Finanzas. Dos años después sería nombrado director general de Rentas, y a comienzos de 1952 fue designado asesor económico de la gobernación. Felizmente fracasaría un segundo intento de frustrar su designación en un

---

[61] Benedicto Caplan, *Testimonio de la colonización judía en Argentina. Utopía y epopeya*, memorias inéditas, Buenos Aires, 1992.

[b] Federación Universitaria Argentina. [E.]

cargo público, esta vez con rango ministerial. En efecto, ante la propuesta del gobernador para nombrarlo ministro de Hacienda de la provincia de Mendoza, hubo resistencias en el entorno político gubernamental. Pero según Caplan, gracias a la directa intervención personal de Eva Perón, por primera vez fue designado un ministro judío en una provincia argentina, cargo que mantuvo hasta el derrocamiento de Perón, en 1955.[62]

Las memorias inéditas de Benedicto Caplan, escritas al final de una fecunda carrera pública, profesional y académica en Argentina y como asesor económico en OEA y varios países latinoamericanos, ofrecen una cantera muy rica de anécdotas autobiográficas y reflexiones a modo de balance de toda una vida, en la cual constantemente reaparece su sentimiento de entrerriano judío acriollado ligado a las colonias, a la par que su vocación cívica de servicio a la Argentina.

El capítulo IV de sus memorias, dedicado a los gauchos judíos, se abre con una interrogación existencial y étnica: "¿Por qué digo un 'gaucho judío'? ¿Qué es un gaucho? ¿Qué es un judío?", y se cierra con una reflexión que me parece muy reveladora desde la perspectiva de la construcción de una identidad grupal colectiva, porque luego de reseñar los cambios socioculturales entre los gauchos, Caplan concluye remitiéndose a su biografía:

> Como un habitante nacido en esas colonias hace más de 80 años y vinculado a las mismas casi hasta su extinción, puedo testificar que aun los viejos judíos ortodoxos como mis abuelos, que leían un texto en idish a la sombra de los paraísos tomando mate, demostraron ya un prematuro espíritu de cambio en sus costumbres y de tal arraigo al país, que justifican la denominación que acuñó Gerchunoff. Después hubo numerosos hijos de judíos y varios parientes míos que fueron y son verdaderos gauchos. Pero no lo fueron en este sentido los primeros inmigrantes que describió Gerchunoff. Pues la primera generación, aunque se identificó con el trabajo rural, no abandonó sus costumbres europeas tradicionales [. . .] A pesar de no ser un argentino de pura cepa, me siento identificado con el país y arraigado para siempre aquí. Tuve varias oportunidades de radicarme en otros países. En

[62] De su testimonio personal surge que Eva Perón, poco tiempo antes de fallecer, fue informada por trascendidos de prensa de la resistencia en la gobernación de Mendoza para impedir el nombramiento de Caplan como ministro de Hacienda. El obispo local no se opuso, pero hubo varios altos funcionarios que hacía poco tiempo habían logrado revocar el nombramiento de juez federal en San Juan a un judío de apellido Goldstein. Evita lo mandó llamar para una entrevista personal en Buenos Aires, a la que Caplan viajó, aunque finalmente la enfermedad de Evita impidió su concreción. Al poco tiempo de su muerte asumió como ministro de 1952 a 1955. Caplan se afilió al Partido Justicialista sin ningún tipo de condicionamientos partidarios. Renunciaría como afiliado apenas en 1993, por considerar que "el justicialismo de Menem está completando el retorno liso y llano al régimen existente antes del advenimiento de Perón". Fue presidente de las grandes bodegas Giol de Mendoza. Después del golpe de septiembre de 1955 Caplan, junto con el ex gobernador Evans, estuvo preso durante un año y medio. Luego de varios años de trabajar como asesor en programas de administración pública de la OEA en países de América Latina, retornó a principios de 1970 al país, y estuvo muy cerca de Antonio Cafiero en 1975. Entrevista del autor con Benedicto Caplan, Buenos Aires, 7 de octubre de 1995.

los hechos, he trabajado exitosa y honorablemente en varios países durante numerosos años, pero invariablemente quise regresar a mi patria, y así lo hice. A pesar de no ser un argentino de pura cepa, hice una carrera todo lo satisfactoria que
me lo permitió mi capacidad o tal vez mayor. Aunque al final, llegué a comprender que no obstante mi total entrega a los intereses argentinos y mi amor por esta
tierra, mis compatriotas nunca me considerarán un argentino de "cepa". No, no
soy un gaucho. Soy un gaucho judío. . .[63]

¿Por qué este entrerriano nacido en una colonia de la JCA nos confiesa al
final de su vida, después de haber sido durante diez años funcionario público y ministro, que sus compatriotas no lo consideran argentino de pura
cepa? Tal vez la respuesta haya que encontrarla en otra sección de sus memorias, donde parece tomar conciencia de su experiencia sobre los límites
puestos por la sociedad política a su civismo judeo-argentino:

> Durante muchos años los judíos se dedicaron a la agricultura, el comercio, los ofi-
> cios, las profesiones liberales. En esas actividades, sin participación en la vida po-
> lítica e institucional del país, eran como unos extranjeros —aunque estaban ciu-
> dadanizados— que eran bien tratados, pero sabían cuáles eran sus límites
> permitidos. No era una vida ciudadana plena, como la que podrían aspirar los ar-
> gentinos "verdaderos" (latinos y católicos), pero era incomparablemente mejor
> que en sus países de origen: tenían paz y libertad para dedicarse a sus trabajos
> [. . .] La Constitución y las leyes los consideraban ciudadanos argentinos igual que
> los descendientes de los latinos y de mezcla de éstos con los indios. ¿Pero lo eran
> realmente? Aunque a partir de Perón varios judíos —yo entre ellos— fueron pro-
> movidos a altos cargos gubernativos, todo se hizo en forma limitada, cuidando no
> enfurecer a los dueños del país con demasiados nombramientos [. . .] No influía
> la mayor educación, sino más bien una cierta proporción no escrita.
> Al mismo tiempo que Perón incorporaba numerosos israelitas como legisla-
> dores, ministros, y también gobernadores, reconoció al Estado de Israel y envió
> un embajador judío [. . .] Desde otro punto de vista, totalmente opuesto, con Pe-
> rón la Argentina se convirtió en el principal refugio de nazis fugitivos de Europa
> después de la derrota de Hitler [pp. 23-24].

Finalmente, tras el estudio de las reflexivas memorias de Caplan, es posible ensayar la hipótesis de otro componente fundamental de la identidad rural judeoentrerriana: la utopía. En efecto, el capítulo final de sus memorias
lo cierra Caplan con una indagación comparativa entre la empresa colonizadora entrerriana que cataloga como "una utopía" frente a la "epopeya" de
la colonización sionista en Palestina, al comparar la obra del barón de Hirsh
con la del barón de Rotschild.[64]

---

[63] *Idem.*
[64] *Idem.*

Conclusión

Luego de estudiar en el nivel macro la estructura sociodemográfica y cultural de los judíos entrerrianos, y sus pautas de participación en espacios públicos provinciales y en las instituciones comunitarias, hemos indagado en algunos componentes básicos de la identidad colectiva de los judíos entrerrianos de segunda generación según surgen en testimonios escritos y autobiográficos. Tales componentes distintivos de su identidad colectiva fueron el telurismo, la convivencia acriollada con sus coprovincianos, la utopía mutualista y la participación cívica en los espacios públicos provinciales y nacionales argentinos. Estos componentes forjados en la experiencia rural perduraron durante mucho tiempo cuando la generación nativa emigró a ámbitos urbanos, confiriendo un peculiar rasgo rural de las colonias no sólo a sus actividades sociocomunitarias y profesionales, sino también a sus formas de identidad colectiva judeoargentina.

MUJERES: LA MITAD OLVIDADA DE LA HISTORIA DE LOS JUDÍOS DE ARGENTINA[1]

Sandra McGee Deutsch*

El propósito de estas conferencias es comparar a los judíos de Argentina, Brasil y México, concentrándonos en la influencia de las circunstancias nacionales y, más ampliamente, la de las cuestiones sociales. En un principio pensé en hacer un trabajo sobre la inmigración en masa y la debilidad del conservadurismo, que han afectado profundamente la posición de los judíos en Argentina. El trabajo, que se hubiera llamado "Espejos y escudos", hubiera explorado la manera en que los judíos argentinos reflejan tendencias generales de la sociedad al mismo tiempo que se protegen contra esas mismas tendencias. Parece que ya se ha trabajado demasiado sobre el tema y, como se concentra en el antisemitismo, es deprimente.

Mientras hojeaba la bibliografía sobre la inmigración en general y sobre los judíos en particular, cierta omisión me llamó la atención. La variable faltante era tan importante como las que había pensado examinar y, como faltaba en la mayoría de los trabajos, me pareció más urgente. Si se incluyera ese factor se podría añadir una dimensión positiva al estudio de la judería argentina. Decidí entonces dedicar mi trabajo a ese tema.

Una sugerente colección de fotografías y comentarios sobre la judería argentina contiene estas palabras: ". . .somos hombres y mujeres, protagonistas de un destino común, que aportan sus peculiaridades para enriquecer la diversificación de los seres que habitan este país".[2] Hombres y mujeres crearon las comunidades urbanas y rurales, las escuelas e instituciones judías, los sindicatos, las familias y las diversiones. No obstante, por lo que hay en las fuentes primarias y secundarias,[3] uno apenas puede saber que las mujeres participaron en estas empresas. Ellas son el factor que falta. Es extraño,

---

[1] Este título es una paráfrasis del título del trabajo de Nancy Caro Hollander, "Women: The forgotten half of Argentine history", en Ann Pescatello (comp.), *Female and Male in Latin America. Essays*, University of Pittsburgh Press, Pittsburgh, 1973, pp. 142-158.

* University of Texas, El Paso.

[2] Martha Wolff (coord.), *Pioneros de la Argentina, Los inmigrantes judíos*, Manrique Zago, Buenos Aires, 1982, p. 7.

[3] Eugene F. Sofer escribió: "Los registros de la *jevrá* reflejan el patriarcado tradicional en los judíos e impiden que se examine el papel de las mujeres en la comunidad"; véase *From Pale to Pampa: A Social History of the Jews of Buenos Aires*, Holmes & Meier, Nueva York, 1982, p. 13, nota 16.

pero el único aspecto de su historia que ha merecido gran atención es la prostitución.[4] De seguro se puede decir algo más de las mujeres judías de Argentina.

Así, una respuesta a la pregunta de estas conferencias (¿qué significa ser judío en un ambiente nacional en particular?) es que el género ayuda a construir la propia identidad judía y las propias experiencias. Este trabajo examina lo que la historiografía refiere sobre los pensamientos y las actividades de las judías de Argentina.[5] Hace preguntas, compara e indica hacia dónde pueden ir las investigaciones futuras.

Primero es necesario saber cómo se ajustaban estas mujeres al contexto de una sociedad de inmigrantes. Desde el periodo de las migraciones en masa, a principios del siglo XX, hasta mediados de siglo, los varones, especialmente los nacidos en el extranjero, fueron muchos más que las mujeres. En 1914 el 53.6% de la población era de hombres y el 46.4% de mujeres, y entre los inmigrantes la preponderancia era más aguda: 62.5 de hombres y 37.5% de mujeres. El censo no indica la religión pero, como la mayoría de los judíos eran rusos, la categoría "ruso" proporciona una burda estimación de sus características.[6] Los hombres constituían el 58.7% de los rusos y las mujeres el 41.3, una situación más pareja que para el resto de los inmigrantes. Esto es igual para las regiones donde se establecieron la mayoría de los judíos, en especial Entre Ríos.[7] De cualquier modo, uno esperaría que la cantidad de hombres y de mujeres estuviera más balanceada, dada la importancia de la migración de la familia entera y la relativa renuencia a regresar a la patria, si se compara a los judíos con otros inmigrantes.[8]

La razón entre los sexos en la población judía se niveló gradualmente, a pesar de que la inmigración prosiguió durante los veinte y los treinta. El censo municipal de Buenos Aires de 1936 indica que el 51.8% de los israeli-

[4] Véanse Donna J. Guy, *Sex and Danger in Buenos Aires: Prostitution, Family, and Nation in Argentina*, University of Nebraska Press, Lincoln, 1990; Victor A. Mirelman, "The Jewish community versus crime: The case of white slavery in Buenos Aires", *Jewish Social Studies*, vol. 46, núm. 2, primavera, 1984, pp. 145-168; Nora Glickman, en este volumen.

[5] Sólo he leído las fuentes documentales e históricas en inglés y en español; dejo fuera la narrativa, los estudios literarios y los trabajos en idish y en hebreo.

[6] Pero muy burda, pues no incluye a los sefaraditas ni a los del occidente de Europa y puede incluir algunos gentiles. Sergio DellaPergola, "Demographic trends of Latin American Jewry", en Judith Laikin Elkin y Gilbert W. Merkx (comps.), *The Jewish Presence in Latin America*, Allen & Unwin, Boston, 1987, p. 92, ofrece mejores estimaciones de la población judía que el censo de 1914, pero no toma en cuenta el género.

[7] República Argentina, *Tercer censo nacional levantado el 1 de junio de 1914*, vol. 1, Buenos Aires, 1916, pp. 131, 202, 206; del vol. 2, véanse las pp. 148-149, 219-220, 236-237, 248-249. Véase también Richard J. Walter, *Politics and Urban Growth in Buenos Aires, 1910-1942*, Cambridge University Press, Cambridge, 1993, p. 8.

[8] Haim Avni, *Argentina and the Jews. A History of Jewish Immigration*, trad. de Gila Brand, University of Alabama Press, Tuscaloosa, 1991, pp. 81, 123. En ese libro Avni dice que, aunque era menos probable que los inmigrantes judíos se fueran, de ningún otro país al que emigraron los judíos salieron tantos.

tas era varón y el 48.2 mujer; entre los nacidos en el extranjero, el 52.9% era de hombres y el 47.1 de mujeres. La misma tendencia se observa en el resto de la población: 49.8% era de hombres y el 50.2% de mujeres. Incluso entre los inmigrantes en general los hombres abundaban menos que en el pasado: 54.7% varones y 45.3% mujeres.[9] En 1960 50.6% de los judíos de Argentina eran hombres y el 49.4% mujeres.[10]

Conforme aumentó el porcentaje de mujeres entre la población de judíos, se elevó su nivel de educación. De todas las mujeres de 7 años o más, el 58.5% sabía leer y escribir, mientras que, de las nacidas en el extranjero, sólo 55.6% estaban alfabetizadas y, de las que venían de Rusia, sólo 48.22%.[11] La tasa de alfabetización entre las mujeres argentinas aumentó con el tiempo, como fue el caso con el resto de los habitantes. Según Moisés Syrquin, el día de hoy los logros educativos de las mujeres judías son mucho mayores, en promedio, que los del resto de las mujeres de la nación, aunque las diferencias son menores en el Gran Buenos Aires. Judith Laikin Elkin dice que, en 1960, el 21% de las mujeres judías de edad universitaria iban en efecto a la universidad o ya la habían terminado. Un estudio realizado con los padres de los alumnos de las escuelas judías, llevado a cabo en los ochenta, encontró que el 32.3% de las madres tenía un nivel educativo por lo menos de preparatoria o universidad.[12]

¿Cómo se produjo esta transformación? Los cambios socioeconómicos ocurridos en el este de Europa, así como las corrientes reformistas de la comunidad, urgieron a los judíos de la región a empezar a darles a sus hijas una educación secular, la cual no necesariamente era espiritual. Las mujeres judías del "otro lado" anhelaban mayores conocimientos y esperaban recibirlos en América. Es más, los padres recién llegados a Estados Unidos alentaban a sus hijas a ir a la escuela tanto como a sus hijos. Hay evidencias fragmentarias que indican que las madres inmigrantes en las colonias agrícolas judías, muchas de las cuales eran analfabetas, inspiraron a sus hijos para que aprendieran a leer y estudiaran.[13]

[9] República Argentina, Municipalidad de la Ciudad de Buenos Aires, *Cuarto censo general 1936. Población*, vol. 3, Buenos Aires, 1939, pp. 294-295. No pude conseguir el censo nacional de 1947 mientras preparaba este trabajo. Las estadísticas reunidas por Walter, *Politics*, p. 8., muestran que la razón entre los sexos siguió nivelándose.

[10] DellaPergola, "Demographic. . .", p. 113.

[11] Argentina, *Tercer censo*, vol. 3, p. 329. No queda claro si los que levantaron el censo apuntaron sólo a quienes podían leer en español o si también apuntaron a quienes lo hacían en idish.

[12] Moisés Syrquin, "The economic structure of Jews in Argentina and other Latin American countries", 2, *Jewish Social Studies*, vol. 47, núm. 2, primavera, 1985, p. 124; Judith Laikin Elkin, "Latin American Jewry today", *American Jewish Yearbook*, núm. 85, 1984, p. 28; Ricardo Feierstein, *Historia de los judíos argentinos*, Buenos Aires, Planeta, 1993, p. 373.

[13] Hèléne Gutkowski (comp.), *Rescate de la herencia cultural; Vidas. . . en las colonias*, Contexto, Buenos Aires, 1991, p. 177; Susan A. Glenn, *Daughters of the Shtetl: Life and Labor in the Immigrant Generation*, Cornell University Press, Ithaca, 1990, pp. 33-34, 46-47, 87, 154; Paula E. Hyman, *Gender and Assimilation in Modern Jewish History: The Roles and Representation of Women*,

Era difícil adquirir una educación en las colonias. La pobreza obligaba a muchos niños y niñas a dejar la escuela y a pocos les alcanzaba para salir de la ciudad e ir a la preparatoria o la universidad. Comoquiera, hubo mujeres que perseveraron. Tuba Teresa Ropp, hija de un pionero de Lucienville, Entre Ríos, nos cuenta que ella y sus hermanas se alojaban con una familia de Paraná en la época en la que iban a la escuela. Ella obtuvo grado de farmacéutica (y con el tiempo fue doctora), otra se inscribió en el liceo de señoritas y otra más estudió obstetricia. Muchos residentes de Lucienville criticaron a su padre por permitirles salir de casa para ir a estudiar pero él, como no tenía dinero para garantizarles el futuro, las apoyó. En otro caso un argentino de primera generación que se había mudado de la colonia a la ciudad alentó a su hija para que estudiara medicina. Le dijo que los judíos podían perder sus propiedades en cualquier momento, pero que no podían quitarles sus conocimientos.[14]

El anhelo de beneficios económicos no explica que se haya revertido el prejuicio, tradicional entre los judíos, contra la educación de las mujeres, el cual también existía en Europa Oriental. ¿Acaso fue que los padres decidieron que, como estaban emigrando, no podrían evitar la asimilación y, para adaptarse a la nueva sociedad, tenían que educarse? Esto no explica que, en un principio, los colonos vivieran en pueblitos en los que duplicaban muchas características de su vida en el este de Europa, ni que vivieran aislados de los gentiles. ¿Acaso fue que las decisiones representaron un modo de continuar, aunque fuese en parte, la costumbre judía del este de Europa, según la cual son las mujeres quienes ganan el pan? ¿Puede ser que los padres buscan ascender en la escala social a través de sus hijas? El miedo que les metieron en sus países natales también influyó para que mandaran a sus hijas a la escuela, como en el caso del que emigró a la ciudad.[15]

El cambio que hubo en el cuerpo de maestros de la Asociación Judía de Colonización y en el de otras escuelas, que incorporaron más mujeres que hombres, es síntoma de la tendencia hacia la educación de las mujeres. Los diarios de las mujeres mencionan a las primeras maestras que tuvieron en las escuelas a las que iban; en un caso la autora misma, María Arcuschin, fue la primera educadora del Hogar Infantil Israelita Argentino.[16] Estas pio-

---

University of Washington Press, Seattle, 1995, pp. 54-55. La cita proviene de Donna Gabaccia, *From the Other Side: Women, Gender & Immigrant Life in the U. S. 1820-1990*, Indiana University Press, Bloomington e Indianápolis, 1994.

[14] Tuba Teresa Ropp, *Un colono judío en la Argentina*, Biblioteca de Memorias del Instituto Científico Judío IWO, 1971, pp. 51-52; Nora Scott Kinzer, "Women professionals in Buenos Aires, en Pescatello (comp.), *Female*, p. 164; Gutkowski, *Rescate*, p. 200.

[15] Judith Laikin Elkin, *Jews of the Latin American Republics*, University of North Carolina Press, Chapel Hill, 1980, pp. 135-136; Hyman, *Gender*, p. 94; Kinzer, "Women", p. 163.

[16] Ropp, *Un colono. . .*, p. 45; Lea Literat-Golombek, *Moisesville: Crónica de un "shtetl" argentino*, La Semana, Jerusalén, 1982, p. 37; María Arcuschin, *De Ucrania a Basavilbaso*, Marymar,

neras deben haber sido poderosos ejemplos, pues demostraban las posibilidades que, a través de la educación y las profesiones, había para las mujeres. Muchos estudios encuentran que las jóvenes de las colonias agrícolas no tardaron en aprovecharse de estas oportunidades y estudiaron para maestras; 34 hijas de colonos de Mauricio, Buenos Aires, siguieron este camino. Tales oportunidades se incrementaron cuando el gobierno hizo que cada escuela judía incluyera entre sus directores un argentino nativo con un título reconocido en el nivel nacional. Parece que casi todos los judíos con tales títulos eran mujeres.[17]

Incluso las mujeres que no eran educadoras en un sentido estricto ayudaron a difundir la educación. Clara Litvik fue la primera bibliotecaria de la colección en idish de Colonia Clara, Entre Ríos. Éste fue un trabajo importante, pues las bibliotecas cumplían funciones vitales para la vida educativa, cultural y social de las comunidades judías rurales y urbanas. Frida Kaller-Gutman, una colona de Moisesville, Santa Fe, era la "madre" del Seminario Hebreo para Maestros, una escuela en la que se preparaban los profesores, que además nació en su propia casa. Clara S. de Filer, doctora y esposa del director del hospital de Colonia Clara, dirigió en los treinta la Sociedad Protectora de la Escuela y la Niñez, que se encargó de limpiar la escuela pública y de estimular las actividades de la cooperativa escolar La Colmena. La cooperativa, que fundó el director de la escuela, pedía donativos para comprar útiles escolares. Había mujeres entre sus funcionarios y miembros.[18]

Como el programa de la escuela judía incluye hebreo y religión, es posible que las mujeres de las colonias y algunas de las ciudades hayan recibido una educación más intensa en ambas materias de la que era común en Europa. Es más, con frecuencia eran profesoras quienes impartían esas lecciones. ¿Qué explica este cambio significativo en los papeles de los géneros? Una posible respuesta se encuentra en las memorias de Lea Literat-Golombek, cuando habla de la vida en Moisesville. Cuando era niña y estudiaba hebreo en una escuela de la JCA ganó premios por aplicación. Su padre pasó por encima de la decidida oposición del rabino y la metió en un *jeder*, una escuela religiosa para niños, para que aprendiera a rezar y a cumplir sus deberes hacia Dios, los cuales él no podía cumplir porque su trabajo en el ta-

---

Buenos Aires, 1986, p. 88. Según Robert Weisbrot, en los setenta, la mayoría de las profesoras eran judías. Véase *The Jews of Argentina. From the Inquisition to Perón*, Jewish Publication Society of America, Filadelfia, 1979, p. 152.

[17] La cifra aparece en Susana B. Sigwald Carioli, *Colonia Mauricio. Génesis y desarrollo de un ideal*, Editora del Archivo, Carlos Casares, 2a. ed., 1991, p. 127; véase también Celia Gladys López de Borche, *Cooperativismo y cultura: Historia de Villa Domínguez 1890-1940*, Concepción del Uruguay, 2a. ed., 1985, p. 68; Literat-Golombek, *Moisesville. . .*, p. 232. Es posible que el gobierno militar de 1943-1946 haya sido responsable por este requisito.

[18] Haim Avni y Leonardo Senkman, *Del campo al campo. Colonos de Argentina en Israel*, Milá-AMIA, Buenos Aires, 1993, p. 141; López de Borche, *Cooperativismo. . .*, pp. 41, 117-118.

ller le absorbía todo el tiempo. Aunque éste es un caso extremo, los hombres, al confiarles las oraciones y el saber religioso a las mujeres, pudieron dedicarse a sus negocios, sus granjas y a dirigir las cooperativas agrícolas y otras instituciones comunitarias.[19]

Tal vez fue por accidente, pero este cambio en los papeles de los géneros facilitó la asimilación a la sociedad argentina. Se alentaba a las mujeres judías a que usaran los conocimientos religiosos que habían adquirido en la escuela para criar a los hijos y formar hogares judíos. Esto acercó a los judíos a las normas de los criollos, que confiaban a las mujeres la tarea de inculcar a los hijos la piedad cristiana y de ser las guardianas espirituales del hogar.[20] Es irónico, pero el anhelo de educación (en este caso, de títulos profesionales) urgió a los muchachos y muchachas judíos a dejar las colonias por ir a las ciudades, lo que significó la decadencia de las comunidades agrícolas y la asimilación de los judíos a la sociedad urbana.

El tema de la educación se relaciona estrechamente con el del trabajo. En 1914 el 22% de la fuerza de trabajo estaba constituida por mujeres. Del total de mujeres, 31.8% ganaba un salario; de las inmigrantes, sólo el 25.2. Por desgracia, en el censo no hay estadísticas acerca de la participación de las mujeres judías en la fuerza de trabajo.[21]

No obstante, sí indica que el porcentaje de mujeres rusas dueñas de propiedades era mucho menor que el de españolas, italianas o argentinas nativas. También era mucho más bajo que el de rusos, y la diferencia entre hombres y mujeres era mayor que entre los grupos que mencionamos antes.[22] Como entre otros inmigrantes había todavía más hombres que mujeres, esta comparación puede mostrar dos características de la JCA: otorgar la propiedad a los granjeros y la reducida cantidad de propietarios judíos (ya sea hombres o mujeres) que había fuera de las colonias.

A pesar de la falta de estadísticas, hay numerosas fuentes que sugieren que las judías, como el resto de las mujeres, pertenecían a la fuerza de trabajo. Como dijimos antes, esto era parte de su herencia. En Europa Oriental se estilaba que las esposas de los estudiosos mantuvieran a su familia por

[19] Literat-Golombek, *Moisesville. . .*, pp. 25-27; Hyman, *Gender. . .*, p. 48.

[20] Sobre la situación en Europa véase Hyman, *Gender. . .*, p. 29; sobre las ideas del catolicismo acerca de los papeles de la mujer argentina véase Sandra McGee Deutsch, "The Catholic Church, work, and womanhood in Argentina, 1890-1930", en *Gender and History*, vol. 3, núm. 3, otoño, 1991, pp. 304-325.

[21] Argentina, *Tercer censo. . .*, vol. 1, p. 251. Sobre las mujeres y el trabajo véanse Nancy Caro Hollander, *Women in the Political Economy of Argentina*, tesis doctoral, Universidad de California, Los Ángeles, 1974; Donna J. Guy, "Women, peonage, and industrialization: Argentina, 1810-1914", *Latin American Research Review*, vol. 16, núm. 3, 1981, pp. 65-89; Asunción Lavrin, "Women, labor, and the left: Argentina and Chile, 1890-1925", *Journal of Women's History*, vol. 1, núm. 2, otoño, 1989, pp. 88-116; Roberto Korzeniewicz, "Labor unrest in Argentina, 1887-1907", *Latin American Research Review*, vol. 24, núm. 3, 1989, pp. 81-86; Deutsch, "Catholic. . .".

[22] Argentina, *Tercer censo. . .*, vol. 1, p. 207.

medio de sus actividades económicas y, en general, la pobreza ordenaba que las hijas, y a veces las madres también, trabajaran para ganar el pan. Las mujeres ayudaban asimismo a sus maridos en los negocios o en los talleres.[23] En Argentina ya no tuvieron que trabajar para solventar los estudios de sus maridos; no obstante, las exigencias financieras las obligaron a trabajar por dinero, o por un pago en especie, en las granjas familiares. No era raro que las mujeres de las colonias laboraran en los campos juntos con sus padres y sus esposos. Un ex colono recuerda que su madre araba los campos con los bueyes, construía cercas de alambre de púas y ordeñaba las vacas. Cuando Frida Kaller-Gutman era niña acompañaba a su madre cuando iba a vender las verduras que había cultivado en el huerto de Moisesville. En los asentamientos agrícolas también había parteras, algunas doctoras y enfermeras y profesoras.[24]

Las mujeres de las zonas urbanas se dedicaron a una mayor variedad de ocupaciones. Las fotografías y la historia oral atestiguan la presencia de las mujeres en las fábricas y talleres textiles; muchas, especialmente las que tenían hijos, se contentaron con trabajar como costureras en sus casas. El pie de una fotografía de principios de siglo de unos judíos llegando a Buenos Aires dice que los inmigrantes se dedicaron a nuevas ocupaciones; por ejemplo, "la madre se volvió cocinera". Otras entraron a trabajar a los hogares, como sirvientas o institutrices, como fue el caso de un pequeño grupo de inmigrantes alemanas que llegó en los treinta. Las fotografías revelan la existencia de aboneras o *cuenteniks* y de vendedoras callejeras. Una instantánea aparecida en una *Revista Gráfica* de 1936 muestra a la decana de las voceadoras judías. Según la historia gráfica de los judíos argentinos, el papel de "Doña Pola", personaje de una película cómica de los treinta llamada *Calle Libertad*, caracteriza a las vendedoras judías de la zona y de la Plaza Once; es revelador que éste sea un personaje femenino. Muchas mujeres trabajaban (es posible que a cambio de nada) en los negocios de sus parientes varones; por ejemplo, cuando era adolescente, la madre de María Arcuschin vendía cigarros, dulces y baratijas en la tiendita de su marido. Por último, la pobreza, la frustración e incluso la presión de sus maridos explotadores obligaron a algunas mujeres a ejercer la prostitución. Cerca del 20% de las prostitutas que había en Buenos Aires en los veinte eran judías.[25]

---

[23] Gutkowski, *Rescate.* . ., pp. 64-65; Glenn, *Daughters*. . ., pp. 8-30.

[24] Gutkowski, *Rescate.* . ., p. 67; López de Borche, *Cooperativismo*. . ., pp. 23-24; Avni y Senkman, *Del campo*. . ., pp. 137-138.

[25] Ana Epelbaum de Weinstein, *Bibliografía sobre judaísmo argentino*, vol. 4, *El movimiento obrero judío en la Argentina*, Centro de Documentación e Información sobre Judaísmo Argentino Marc Turkow, Buenos Aires, 1987, parte 1, pp. 152-153, 160; Wolff, *Pioneros*. . ., pp. 116-117, 128, 160 *(Revista Gráfica)*; Martha Wolff (comp.), *Judíos y argentinos — Judíos argentinos*, Manrique Zago, Buenos Aires, 1988, pp. 70, 75; Feierstein, *Historia*. . ., p. 123; Sara Itzigshon, Ricardo Feierstein, Leonardo Senkman e Isidoro Niborski, *Integración y marginalidad. Historias de vida de*

Unas pocas mujeres atrevidas y talentosas encontraron un lugar en el teatro. Berta Singerman comenzó su carrera en el teatro idish de Buenos Aires
y en giras por las colonias. Su padre, que las animó a ella y a su hermana
para que siguieran la carrera actoral, la acompañaba en la giras. Para hacerse de cierta experiencia como cantante Singerman, por invitación del director, se unió al coro de varones de la sinagoga y tenía que vestirse de niño
para cantar. Su disfraz no impidió que cantara solos. Con su marido como
agente, Singerman fue actriz y recitadora dramática, en español y en idish,
por toda América.[26]

Conforme pasaba el tiempo se expandían los horizontes profesionales de
las mujeres judías. La primera y segunda generaciones se educaron y ascen-
dieron a los puestos gerenciales y a las profesiones.[27] Con más privilegios
que las inmigrantes anteriores, las mujeres del centro de Europa que llegaron en los treinta y los cuarenta se sumaron al contingente. Por ejemplo, la
notable psicoanalista Mary Langer llegó a Argentina, desde Viena, en 1942.
Del grupo de mujeres que mencionamos antes, muchas se convirtieron en
profesoras y otras emprendieron sus propios negocios.[28]

Para 1960 el 20% de las mujeres judías y el 24 del total de mujeres pertenecían a la fuerza de trabajo; en el Gran Buenos Aires las cifras eran 19.9
para las judías y 26.4 para la población general. No obstante, es interesante
notar que las judías porteñas, nacidas en Argentina, tienen exactamente la
misma tasa de participación que las porteñas en general; las inmigrantes judías tienen tasas considerablemente menores. Sin embargo, tres cuartas partes de las mujeres judías trabajaban en una oficina y sólo un cuarto en una
fábrica, mientras que más de la mitad de las argentinas eran obreras. De las
mujeres judías que trabajaban 20% eran profesionales, cerca de la mitad de
ellas profesoras. Un estudio realizado entre las profesionales de Buenos Aires muestra que, en esa categoría, destaca una importante presencia judía:
cerca de una tercera parte. Las mujeres judías siguieron trabajando en los negocios; las dueñas de tiendas eran el 10.2% y las aboneras y dueñas de puestos otro 10.6 por ciento.[29]

inmigrantes judíos en la Argentina, Pardés, Buenos Aires, 1985, pp. 122, 205-206, 256-257; Mirelman, "Jewish community. . .", p. 151 (estadísticas); Elkin, *Judíos. . .*, p. 108; Arcuschin, *De Ucrania. . .*, p. 25; Kurt Julio Riegner, "Un proyecto migratorio judeo-alemán cincuenta años después: El "Grupo Reigner" en la Argentina (1938 / 88)", *Coloquio*, núm. 19, 1988, p. 138.
   [26] Berta Singerman, *Mis dos vidas*, Tres Tiempos, Buenos Aires, 1981, pp. 24, 27-28, 31, 33, 39-45.
   [27] Wolff, *Judíos. . .*, p. 144; Reigner, "Un proyecto", pp. 166-172.
   [28] Elkin, "Latin. . .", p. 29; Elkin, *Jews. . .*, pp. 214-216; Syrquin, "Economic structure. . .", pp.
125-126; Marysa Navarro, "Hidden, silent and anonymous: Women workers in the Argentine
trade union movement", en Norbert C. Soldon (comp.), *The World of Women's Trade Unionism.
Comparative Historical Essays*, Greenwood, Westport, 1985, p. 191; Kinzer, "Women. . .", p. 164.
   [29] Feierstein, *Historia. . .*, p. 133; hay estadísticas para todas las mujeres en Bárbara J. Nelson
y Najora Chowdhury (comps.), *Women and Politics Worldwide*, Yale University Press, New Haven, 1994, p. 59. No obstante, las compiladoras no dan la fecha del dato.

La diferencia entre las porteñas judías nacidas en Argentina y las nacidas en el extranjero, mencionada antes, sugiere que, conforme la población judía se iba "nacionalizando", la tasa de incorporación a la fuerza de trabajo fue en aumento. Es más, puede ser que hoy la participación de las judías en la fuerza de trabajo sea mayor que la del resto de las mujeres. En los ochenta 42% de las madres de los alumnos de las escuelas judías trabajaba fuera de casa, pero sólo el 26.6% del total de mujeres argentinas lo hacía.[30]

No obstante, para la mayoría de las mujeres judías que se dedicaron al hogar en lugar de al trabajo remunerado, quedarse en casa no significó una vida sin esfuerzo. Puede que algunas de ellas hayan participado en el trabajo si así lo necesitaban. Incluso cuando dedicaban la mayor parte de su tiempo a sus familias, muchas percibían ingresos como modistas o recibiendo pensionados. Las mujeres de las colonias y de las ciudades tenían bastante trabajo nada más con tener limpias sus casas abarrotadas y viejas, dar de comer a sus familias y cuidar a los hijos. Muchas mujeres recuerdan que, por quedarse a coser y remendar la ropa, sus madres inmigrantes se dormían tarde, después que sus familias.[31] Estas labores eran arduas, aunque no remuneradas.

Dada la cantidad de mujeres judías en las fábricas en los sesenta, no es sorprendente que, como otras,[32] fueran miembros activos de los sindicatos y de los movimientos izquierdistas de este siglo. Los expertos, salvo recabar algunos datos biográficos sobre unas pocas mujeres excepcionales, no han hecho nada por investigar esta participación. Las militantes más famosas eran las Chertkoff, aunque se las conoce más por haberse casado con cuatro socialistas prominentes que por sus propias actividades. Adela Chertkoff se casó con Adolfo Dickman, Mariana con Juan B. Justo y Fenia con Nicolás Repetto. Éste fue su segundo matrimonio; Victoria Gucovsky, hija del primero, se casó con Antonio de Tomaso. De las cuatro, sin embargo, sólo Adela y sobre todo Fenia eran activistas.[33]

Fenia Chertkoff, que junto con su familia vino de Rusia, donde era maes-

[30] Gutkowski, *Rescate. . .*, p. 67; Singerman, *Vidas. . .*, p. 285. Para una comparación con Estados Unidos véase Gabaccia, *Other Side. . .*, pp. 55-58.

[31] Sobre la participación de las mujeres en el movimiento laboral y en la izquierda véanse Lavrin, "Women. . ."; Navarro, "Hidden. . ."; Hollander, "Forgotten half. . .".

[32] Para información sobre este párrafo y el que sigue véanse Boleslao Lewin, *La colectividad judía en la Argentina*, Alzamor, Buenos Aires, 1974, pp. 191-193; Marifran Carlson, ¡*Feminismo! The Woman's Movement in Argentina From its Beginnings to Eva Perón*, Academy, Chicago, 1988, pp. 131, 141-142; Navarro, "Hidden. . .", pp. 171, 176; María del Carmen Feijóo, "Las luchas feministas", *Todo es Historia*, núm 128, enero de 1978, pp. 11, 13-14; Lily Sosa de Newton, *Diccionario biográfico de mujeres argentinas*, Plus Ultra, Buenos Aires, 1980, p. 122; Edgardo Bilsky, "Etnicidad y clase obrera: La presencia judía en el movimiento obrero argentino", ponencia, 1987, p. 23. El trabajo de Bilsky apareció más tarde en Epelbaum de Weinstein, *Bibliografía*, t. 4, parte 1, pp. 11-96.

[33] Sobre Bondareff véase Bilsky, "Etnicidad. . .", pp. 23-24. Sobre Kañuki véanse Navarro, "Hidden. . .", p. 183, y Epelbaum de Weinstein, *Bibliografía. . .*, vol. 4, parte 1, pp. 159-169.

tra y ya era socialista, se estableció en 1894 en Colonia Clara, Entre Ríos, y allí abrió una biblioteca. Al final de la década fue a Europa, donde estudió la pedagogía de Froebel y observó los movimientos feministas. Las cuatro hermanas se mudaron a Buenos Aires, donde Fenia empezó a frecuentar los círculos obreros, a los que algunas veces la acompañaban otras mujeres. Se hizo escultora, escritora, traductora de *La Vanguardia,* una publicación socialista, e inspectora del Departamento Nacional del Trabajo. Fundó una escuela froebeliana en Morón y, con otras socialistas, el Centro Socialista Femenino, en 1902, así como, un año después, la efímera Unión Gremial Femenina, un sindicato de mujeres de oficios diversos. Como le interesaban particularmente los problemas de las mujeres y niños que trabajaban, presentó un estudio, en cuya redacción colaboró, sobre la propuesta de ley de Silla ante el Congreso Femenino Internacional de Buenos Aires, realizado en 1910. El gobierno promulgó esta ley en 1919. En 1913 ayudó a crear la Asociación de Recreos y Bibliotecas Infantiles, que fue imitada en el interior del país. Fenia también trabajaba en la Biblioteca Rusa, la primera organización importante de judíos, fundada en 1906.

Ya han aparecido otras publicaciones sobre mujeres izquierdistas. Ida Bondareff, ucraniana que pertenecía, en su tierra, al partido socialdemócrata, emigró a Argentina en 1906. Mientras estudiaba para obtener el doctorado en ciencias naturales se unió, primero a la Biblioteca Rusa, después al Partido Comunista, y regresó a la Unión Soviética en 1923. Gisela Kañuki, una costurera polaca, se unió a su llegada a Argentina, en 1924, al sindicato de trabajadores textiles, muchos de cuyos miembros eran judíos. Ayudó a la organización del sindicato y encabezó a sus miembros de sexo femenino en marchas y huelgas. Los artículos que publicaba en *Di Presse,* el periódico en idish, urgían a las mujeres a que siguieran su ejemplo y se unieran al sindicato. Como los peronistas estaban en contra de que los izquierdistas participaran en el movimiento laboral, dejó el sindicato en 1950 para dedicarse por completo al periodismo progresista judío.[34]

Dispersos por ahí hay más datos sobre el activismo feminista. Según una bibliografía acerca de los trabajadores judíos, *Di Presse* y otros periódicos judíos publicaban artículos de mujeres trabajadoras o sobre ellas, en especial respecto a los sindicatos textiles y sus huelgas. Una de tales publicaciones se llamaba, de modo esclarecedor, *Di Javerte* [*La Camarada*]. Las organizaciones comunistas judías tenían mujeres entre sus miembros y la Vanguardia Federalista tenía un centro femenino.[35] El reto para los historiadores está en estudiar la historia del activismo obrero femenino más allá de las anécdotas y los personajes sobresalientes.

[34] Epelbaum de Weinstein, *Bibliografía. . .,* t. 4, parte 1, pp. 155-158; parte 2, pp. 13, 123-135, 139, 142-192, 187; Itzigshon *et al., Integración. . .,* p. 256; Bilsky, "Etnicidad. . .", pp. 44-45.
[35] Singerman, *Vidas. . .,* pp. 112-116.

Otras mujeres, sin pertenecer a los sindicatos ni a los partidos de izquierda, tenían lazos con los círculos progresistas. Cuando los aliados liberaron París, Berta Singerman, miembro de la Junta de la Victoria, organización partidaria de los aliados, cantó dos veces *La marsellesa* ante las multitudes jubilosas de la Plaza Francia. El gobierno militar disolvió la segunda manifestación. En los días siguientes la actriz volvió a cantar varias veces en público, agregando al recital *La cucaracha* pero cantando "nazi" donde iba "cucaracha". Singerman, opositora de Perón, no pudo trabajar durante su mandato. Cuando solicitó un pasaporte para salir del país las autoridades la interrogaron sobre sus actividades en pro de los franceses y sobre un manifiesto contra Franco que había firmado.[36]

Las mujeres judías se involucraron en otras formas poco tradicionales de protesta política. Uno se pregunta si participaron en las moratorias del pago de renta, organizadas en los barrios de Buenos Aires a principios de siglo, o en los grupos que, en los treinta, se organizaron contra el antisemitismo. Probablemente hayan intervenido en los movimientos estudiantiles de izquierda de los setenta. Es muy sabido que hay judías entre las Madres de la Plaza de Mayo, aunque falta investigar bien el tema. La participación judía en este movimiento se explica porque el 15% de los desaparecidos eran judíos, aunque sólo el 1% de la población lo es. Durante la dictadura (1976-1983) las madres de los judíos desaparecidos se manifestaron incluso delante de la sede de la comunidad judía, llamada Asociación Mutual Israelita Argentina (AMIA), donde demandaron ayuda para buscar a sus hijos perdidos.[37]

Desde los tiempos de los asentamientos agrícolas las mujeres judías también ayudaron a promover la justicia social dentro de sus comunidades a través de obras de caridad. Quizá se deba remontar el origen de estos círculos informales, creados a través del tiempo y la amistad, a los vínculos que se formaron entre los compañeros de barco; si los hombres tenían "hermanos de barco", es muy probable que las mujeres tuvieran "hermanas de barco". Un grupo de ancianas, las damas piadosas de Moisesville y tal vez de otros lugares, ayudaron a las muchachas (incluso a las que no querían casarse) a encontrar maridos, y sufragaron los ajuares de las novias necesitadas. Presidían los arreglos funerarios y, cuando faltaban los familiares, hacían de plañideras. Las damas piadosas también pedían limosnas y la

---

[36] Wolff, *Judíos*. . ., pp. 234-235; Judith Laikin Elkin, "The Jewish community of Buenos Aires: Dilemmas of democratization", *Proceedings of the Ninth World Congress of Jewish Studies*, división B, vol. 3, *The History of the Jewish People (The Modern Times)*, World Union of Jewish Studies, Jerusalén, 1986, pp. 345-352; cuadro en Judith Laikin Elkin, "We knew, but we didn´t want to know", *Jewish Frontier*, febrero de 1985, p. 7. Está apareciendo una gran cantidad de información sobre las Madres; véase, por ejemplo, Margarita Guzmán Bouvard, *Revolutionizing Motherhood: The Mothers of the Plaza de Mayo*, Scholarly Resources, Wilmington, 1994.

[37] Wolff, *Pioneros*. . ., p. 40; Literat-Golombek, *Moisesville*. . ., pp. 43-44, 146; Hyman, *Gender*. . ., p. 32.

distribuían con discreción entre los pobres. Tales tareas se asemejan a las que las mujeres judías realizaban en Europa. No obstante, parece que estas asociaciones fueron precursoras de otras organizaciones que incursionaron en nuevas funciones o en tareas que antes estaban reservadas a los hombres.[38]

La sociedad de Damas Auxiliares del Hospital Clara es un ejemplo de estas asociaciones. El presidente del Servicio Sanitario Israelita organizó en 1928 una reunión con las mujeres de la Colonia Clara, en la cual les solicitó que pidieran dinero para construir el nuevo edificio del hospital. Las damas se convirtieron en la rama femenina del servicio, que sólo admitía hombres, a lo cual se opusieron no pocos de sus miembros. Al fin las desesperaron, cuando les dieron voz pero no voto en las reuniones a las que el servicio las invitaba. Las mujeres terminaron por elegir a sus funcionarias, entre quienes figuraban esposas de los jefes de la comunidad de hombres. Reunían fondos, muebles y otras cosas en Clara y otros pueblos cercanos y organizaban fiestas de caridad. La inauguración del hospital no terminó con sus labores; en 1938 las damas solicitaron dinero para comprar una máquina de rayos X para el hospital. También en otras colonias había auxiliares y muy bien pudieron haber provocado controversias parecidas sobre el papel público de las mujeres.[39]

En Buenos Aires se creó una multitud de organizaciones femeninas, muchas de las cuales existen todavía. El doctor Samuel Halphon, gran rabino de la Congregación Israelita de la República Argentina, ayudó a fundar, en 1908, la Sociedad de Socorros de Damas Israelitas, la cual a su vez abrió un orfanatorio para niñas. La Organización Sionista Femenina Argentina (OSFA), dependiente de la Organización Sionista Femenina Mundial (WIZO), se constituyó en 1926. Sus integrantes abrieron una escuela agrícola para mujeres en Palestina. Las diversas organizaciones de mujeres se juntaron, en 1937, en una federación, llamada Consejo Argentino de Mujeres Israelitas (CAMI), que estableció círculos de costura, campamentos vacacionales para niños, un cuerpo de paramédicos voluntarios, cursos para mujeres, servicios de asesoría para niños y familias y un club para los ancianos.[40]

No conozco ningún estudio sobre estas organizaciones ni sobre otras. No obstante, si se investigaran podría entenderse el efecto que tuvieron sobre la

---

[38] López de Borche, *Cooperativismo.* . ., pp. 76-79, 117; Ropp, *Un colono.* . ., p. 58.

[39] Victor A. Mirelman, *Jewish Buenos Aires, 1890-1930. In Search of an Identity*, Wayne State University, Detroit, 1990, pp. 139, 190; Wolff, *Judíos.* . ., pp. 31, 43, 83; Weisbrot, *Jews.* . ., pp. 78-79, 100. Se mencionan otros grupos en Abraham Monk y José Isaacson, *Comunidades judías de Latinoamérica*, Oficina Latinoamericana del Comité Judío Americano, Buenos Aires, 1968, p. 248; José Isaacson y Santiago E. Kovaldoff (comps.), *Comunidades judías de Latinoamérica*, Oficina Latinoamericana del Comité Judío Americano, Buenos Aires, 1970, p. 251.

[40] Sobre la clase social de los filántropos judíos, véase Wolff, *Judíos.* . ., p. 31; sobre las amas de casa de Estados Unidos véase Mary P. Ryan, *Womanhood in America. From Colonial Times to the Present*, Franklin Watts, Nueva York, 2a. ed., 1979, p. 139 y siguientes.

comunidad. Por ejemplo, parece que funcionaron como agentes de la asimilación y como indicadores de ésta. La presencia de mujeres judías prestigio-
sas en la Sociedad de Socorros y en otras asociaciones reflejaba la estructura de clases de otras organizaciones caritativas de no judíos. También es
cierto que las filántropas judías, "amas de casa sociales", se parecían en su
orientación a las filántropas católicas.[41]

Esta orientación pudo haber suscitado controversias entre los judíos. Los
judíos socialistas, comunistas y de otras militancias consideraban que las
obras de beneficencia comunitarias, incluso tal vez las de mujeres, eran esfuerzos por atraer a los obreros hacia el sistema capitalista y disminuir así
su celo revolucionario. También sospechaban de las organizaciones religiosas y de las conexiones sionistas. Para contrarrestar los efectos de estos grupos, los obreros establecieron sus propias asociaciones de ayuda mutua.[42] Es
necesario que los historiadores estudien la participación de las mujeres en
los conflictos de clase dentro de la comunidad judía.

Otra área de estudio potencialmente fructífera es la de la relación entre el
ocio y el cortejo. Los matrimonios arreglados por los padres, los casamenteros tradicionales, y, en algunos casos, por las damas piadosas de las colonias,
fueron superados por los matrimonios organizados con el consentimiento
de los novios. En alguna medida el proceso de cambio había comenzado en
Europa, pero progresó con mucha mayor rapidez en Argentina. Los espacios de socialización, mezcla de lo viejo y de lo nuevo, les daban a los jóvenes oportunidad de conocerse. Las visitas familiares del sábado en la tarde
y de los días de fiesta eran una tradición que ya se observaba en Europa; no
obstante, la costumbre de tomar mate durante las reuniones era argentina.
Los jóvenes se encontraban para bailar en los hogares, las bodas y, más tarde, en los clubes sociales. Durante las festividades de Purim hombres y mujeres se disfrazaban y prevalecía una atmósfera de carnaval. Otra actividad
se parecía más a una costumbre rural de Sudamérica que a una del *shtetl*. En
un pueblito cercano a Montefiore, Santa Fe, los muchachos hacían fila a ambos lados del bulevar, donde observaban fijamente a las mujeres mientras
les lanzaban piropos a las muchachas que se atrevían a caminar por en medio de la calle.[43]

[41] Bilsky, "Etnicidad. . .", pp. 34-35. Sobre las actitudes paternalistas de las obras caritativas
de Estados Unidos véase Charlotte Baum, Paula Human, Sonya Michel, *The Jewish Woman in
America*, New American Library, Nueva York, 1977, pp. 169-185. No obstante, este paternalis-
mo involucraba cierta condescendencia de los judíos de Europa Occidental hacia los de Europa Oriental, algo que no sucedía en Argentina, donde, antes de los treinta, había pocos de los
primeros.

[42] Bilsky, "Etnicidad. . .", p. 7; Ropp, *Un colono. . .*, p. 40; Gutkowsky, "Rescate. . .", pp. 85,
202; López de Borche, *Cooperativismo. . .*, p. 83; Wolff, *Pioneros. . .*, pp. 88, 89, 92.

[43] Literat-Golombek, *Moisesville. . .*, pp. 117, 118; Itzigshon, *Integración. . .*, pp. 33, 67, 72, 205,
206, 256; Singerman, *Vidas. . .*, p. 38; Gutkowski, *Rescate*, pp. 201-202, 212; Wolff, *Pioneros*, pp.
94-95.

Los eventos y clubes mixtos eran igualmente importantes en el campo y en la ciudad. Muchachos y muchachas convivían en las conferencias, discusiones y veladas literarias, algunas organizadas por mujeres. Las bibliotecas y los clubes solían patrocinar estas actividades y otras más, como la noche del buzón. En estas ocasiones los participantes anotaban posibles temas de conversación en unos papelitos y los metían en una caja; alguien escogía uno y sobre él se conversaba. Los hombres y las mujeres se congregaban en el teatro idish y en las asociaciones sionistas, como la Liga Pro-Palestina Obrera y la Asociación Juvenil Dror. Mediante sus reuniones, programas culturales y acontecimientos sociales las organizaciones de izquierda también ofrecían a los jóvenes oportunidades de conocerse. Había además otra institución muy importante: según recuerda un militante obrero, "los obreros judíos iban al café después del trabajo".[44]

Esta información nos deja con varias preguntas. ¿Se opusieron los padres y los abuelos a estas formas de socialización y a estos cortejos más liberales? ¿Fueron las madres, en caso de que haya sido así, quienes suavizaron los conflictos entre generaciones? ¿Cuánto contribuían al deseo de casarse de una muchacha las ganas de salir de su hogar empobrecido? ¿Cuánto tardaron en establecerse nociones modernas, como la del amor romántico?[45] ¿Se basaban más en la empatía intelectual y la camaradería política estas nuevas parejas, formadas en el contexto de reuniones culturales, sionistas y obreras?

El tema del cortejo representa uno de los muchos que este trabajo ha mencionado y sobre los que se pueden hacer investigaciones futuras sobre las mujeres judías. También es digno de atención el papel de la mujer en las granjas, la educación, la fuerza laboral, la filantropía, los sindicatos y la política. Esto también puede decirse de su participación en temas que se dejaron al margen de este trabajo, como la reproducción cultural (fuera de la escuela) y biológica, el consumo y los pensamientos de las mujeres sobre la inmigración a Argentina y la vida ahí. A través del lente de las mujeres judías también podrían mirarse más de cerca cuestiones más generales, como la continuidad y el cambio con respecto a la experiencia europea, las diferencias entre las comunidades judías y con respecto a otros grupos de inmigrantes. Los periódicos en idish y la prensa obrera gentil, los archivos locales, los registros de las asociaciones de mujeres judías y las entrevistas con los judíos argentinos pueden proporcionar material para estas investigaciones. Si usamos esta información e incluimos a las mujeres en estudios más

---

[44] *Idem.*

[45] Gutkowski, *Rescate. . .*, p. 213; Sydney Stahl Weinberg, "The treatment of women in immigration history: A call for change", en Donna Gabaccia (comp.), *Seeking Common Ground: Multidisciplinary Studies of Immigrant Women in the United States*, Greenwood, Westport, 1922, p. 15; Glenn, *Daughters. . .*, pp. 157-158, 162.

amplios, es seguro que se alterará nuestra visión de la judería argentina en general.[46]

Las mujeres han ayudado a formar la identidad judía en Argentina. Son, como los "gauchos" judíos, tan trabajadores, símbolo de la asimilación de los judíos al arquetipo ideal de Argentina. Con su participación en la educación y en las profesiones ayudaron a crear una comunidad de clase media. Han transmitido a las generaciones sucesivas, desde el hogar, la escuela y las instituciones comunitarias, la cultura judía. Las judías sindicalizadas, las activistas políticas, las madres y las filántropas, a través de ideas diferentes de la justicia social, han ayudado a inspirar ideales en la comunidad. Las investigaciones adicionales podrían ayudarnos a saber más sobre cómo ha influido la condición de mujer en la vida de este importante núcleo de población judía.

---

[46] Weinberg, "Treatment. . .", pp. 1, 4, 11, ha influido sobre estos comentarios.

JUDÍOS EN AMÉRICA LATINA: EL CASO DE BRASIL

Sonia Bloomfield Ramagem*

Se entiende mejor una sociedad si se estudian sus minorías étnicas; tal es el punto de vista que orientará este estudio sobre la judería latinoamericana. Desde esa perspectiva, surgen dos preguntas: ¿cuál ha sido el papel que les ha tocado representar a los judíos en los procesos de cambio económico, social y político que se siguen dando en Latinoamérica? ¿Qué revela la experiencia de los judíos acerca del carácter de la sociedad latinoamericana? (Merkx, 1987: 5).

Me concentraré sobre todo en la primera pregunta, pero la segunda estará siempre presente como telón de fondo, pues no creo que en el vacío se pueda decir algo sobre las acciones humanas. El "carácter" de las sociedades latinoamericanas, sus culturas y sus sociedades, y el "carácter" del pueblo judío, una cultura, son realizaciones de los procesos históricos que, en algún momento, se unieron para crear lo que Marshall Sahlins llama "la estructura de la coyuntura".

Hasta ahora he escrito "judería latinoamericana" en un sentido muy general. La intención de este trabajo es mostrar algunas peculiaridades de la experiencia brasileña y contrastarlas con la argentina. Las razones por las que escogí esos dos países son: *a)* el total de judíos que vivían en Latinoamérica en 1982 se ha estimado en 465 mil (Sergio DellaPergolla, 1987: 87), de los cuales hay 233 mil en Argentina y 100 mil en Brasil (la tercera comunidad judía de Latinoamérica tiene 35 mil miembros y está en México). El número de judíos por cada mil habitantes es muy diferente en Brasil y en Argentina, 0.8 y 8.3, respectivamente. Sin embargo, tan sólo por su tamaño las comunidades de Brasil y de Argentina justifican que las haya escogido; *b)* como soy brasileña, este trabajo me sirve para conocerme a mí misma.

La historia de la "inmigración" judía a Latinoamérica comenzó cuando España y Portugal se adueñaron de la región, en 1492 y 1500, respectivamente. En 1492, por obra de la Inquisición, los judíos que no aceptaron bautizarse fueron expulsados de España y, poco después, de Portugal. Los que se convirtieron fueron llamados "cristianos nuevos" o "marranos" (los historiadores tratan estas dos categorías por separado, pero tal distinción no es importante para este trabajo), y una gran parte de esta población llegó a las

* Universidad de Brasilia.

regiones americanas que por entonces dominaban España y Portugal. Hubo una larga historia de discriminación, subterfugios, sobornos y asimilación. Para fines del siglo XIX, quedaban muy pocos judíos en América Latina.

A finales del siglo XIX comenzó la moderna inmigración de judíos a Latinoamérica. La primera ola fue de judíos del África española, principalmente de Marruecos. Estos inmigrantes, tal vez remanentes de los judíos expulsados de España y Portugal en 1492 (sefaraditas) hablaban español y estaban acostumbrados al régimen educativo, político y cultural de España, por lo que fueron a América Latina (en especial a Brasil en época temprana, 1822, y, a partir de 1880, a Argentina), donde no se enfrentaron a muchos problemas porque no se distinguían del resto de la población. Esto no quiere decir que en esos países no hubiera judíos de Europa Occidental y Central (ashkenazis), sino que había muy pocos: en 1873 sólo 200 de ellos vivían en Río de Janeiro, y en 1862 se inauguró en Buenos Aires la primera sinagoga ashkenazi. Aunque los dos grupos frecuentaban la institución, la mayoría de los marroquíes (sumamente religiosos) se abstuvo de ir, y sólo en 1891 construyó su propia sinagoga. La primera sinagoga moderna de Brasil la construyeron los marroquíes en 1824, y en 1889 crearon la segunda.

La segunda ola de inmigración ashkenazi a Brasil y Argentina (de la cual surgieron las comunidades judías modernas) comenzó en la segunda mitad del siglo XIX y terminó al estallar la primera Guerra Mundial. Dos contingentes distintos formaban esta ola: *a*) los grupos que, tras el inicio de los *pogroms* y las hostilidades en el este de Europa, sobre todo en Rusia y Polonia, llevó allí la Agencia Judía de Inmigración (JCA, por sus siglas en inglés), para que se hicieran agricultores; muchos de los miembros de estos grupos fueron a formar el Estado de Israel, aun cuando la JCA no era sionista; *b*) los grupos que, fuera en conjunto o individualmente, llegaron sin patrocinio de ninguna institución. La Organización Sionista Mundial (WZO, por sus siglas en inglés) dudaba, en esa época, entre Argentina y Palestina para establecer la patria judía, y de ahí que hubiera frecuentes comunicaciones entre los funcionarios de la WZO y los de la JCA. Sin embargo, un desacuerdo personal entre el barón de Hirsch (fundador de la JCA) y Theodor Herzl (fundador de la WZO) hizo que la JCA se volviera antisionista (esto es, que se opusiera a elegir Palestina), y que sus esfuerzos de colonización se concentraran en Argentina y en Brasil, donde establecieron numerosas colonias hasta la primera Guerra Mundial. Estas colonias no prosperaron, pero subsisten como núcleos rurales o pequeñas ciudades. Pese a las metas de colonización de la JCA para América Latina, las actividades sionistas eran sólidas tanto en Brasil como en Argentina, como ya lo ha demostrado Haim Avni (1991).

En el siglo XIX hubo un gran desarrollo agrícola en Argentina, el cual produjo, hasta cierto punto, una descentralización de la economía. En consecuencia, entre 1860 (fecha de la guerra civil argentina contra el poder descentralizador de los "caudillos") y 1930 (cuando, debido a una crisis económica, un golpe militar de derecha derrocó al gobierno), Argentina estuvo gobernada por una oligarquía muy liberal. Gracias a las nuevas tecnologías marítimas que hicieron más rápido el viaje entre Argentina y Europa, y a las nuevas técnicas de refrigeración de alimentos, Argentina se convirtió en un país muy rico por la exportación de carne de res y carneros, de lana y de lino (Morse, comunicación personal, 1990). Esta oligarquía liberal soñaba con transformar el país en una nación "moderna y civilizada", y para conseguirlo decidió poblarlo con inmigrantes europeos, que también enriquecerían el "acervo cultural" de la nación: así resolverían al mismo tiempo los problemas demográficos y los culturales.

La situación en Brasil tenía sus peculiaridades. Antes que nada, la economía portuguesa era mercantilista y, como tal, moderna; se basaba en el mercado y en el intercambio comercial en escala mundial, pero carecía de una institución concomitante, como la burguesía comercial, de ideas igualitarias y equitativas (Anita Novinsky, 1972, describe a la Inquisición en Portugal como la guerra del "antiguo orden" contra la incipiente burguesía compuesta por judíos y cristianos nuevos); el rey era el principal capitalista; además, en 1808 la corte portuguesa escapó a Brasil debido a las Guerras Napoleónicas, lo cual marcó el inicio de la modernización del país. La corte portuguesa se unió a los empresarios locales y al pueblo contra la "nobleza rural"; ésa fue la época en la que se pudieron desarrollar las industrias en el país y en que se inauguraron las primeras universidades brasileñas, cuyos alumnos prefirieron no volver a las granjas de sus padres y quedarse en la ciudad, con lo cual formaron una clase urbana (Morse, comunicación personal, 1990). Aunque se permitía que los europeos compraran tierras, a partir de 1808 la inmigración de trabajadores europeos no fue muy grande, debido principalmente a que las labores agrícolas eran realizadas por la enorme cantidad de esclavos (hasta 1881, cuando se abolió la esclavitud). Con el segundo emperador brasileño, *dom* Pedro II, se hizo un intento por convertir a Brasil en un país más europeo, y entonces acudieron muchos inmigrantes al país, debido en parte al auge cafetalero y a la prohibición de importar esclavos africanos, de 1850.

A fines del siglo XIX ambos países recibieron una influencia enorme del movimiento positivista y de la doctrina del liberalismo económico, las cuales se conjugaron para crear una movilidad internacional de trabajo, inversión, capital y habilidades empresariales (Elkin, 1982). Por lo tanto, disminuyó la tradicional influencia de la Iglesia católica y se dio la bienvenida a inmigrantes con otras religiones. En el caso de Brasil, *dom* Pedro II, monarca liberal, apoyó abiertamente el movimiento masónico (al cual pertenecían muchos judíos) y se opuso a la Iglesia. En ese tiempo numerosísimos inmigrantes, entre los cuales había judíos, llegaron a Argentina y a Brasil, llenos de sueños de una vida mejor como agricultores, pero dado que apenas podían sobrevivir como propietarios de tierra independientes se convirtieron en trabajadores urbanos, cuya ideología iba contra el viejo sueño liberal.

La variedad de positivismo que arraigó en Brasil era modernizadora; intentaba mejorar la educación para crear en el país una elite tecnocrática, y daba mucha importancia a la prosperidad material y al desarrollo del capitalismo. Antes aun de 1889, cuando se proclamó la república en Brasil, la política de modernización se aceleró con la construcción de los ferrocarriles que llevaban el café del interior a los puertos, al igual que con la formación de empresas modernas, como bancos, y la llegada de inversionistas europeos, españoles e italianos, que arribaron a São Paulo para invertir en el campo, y alemanes, que fueron al sur de Brasil (así como a Río de Janeiro y a Espirito Santo). La liberalidad del régimen hizo que se difundiera el positivismo, que negaba la existencia de un dios personal y tomaba a la "humanidad" como su objeto principal; así se creó un medio acogedor para los judíos (que eran extranjeros y también tenían una religión diferente de la mayoría de la población).

Los grupos de sefaraditas y ashkenazis se mantuvieron separados en los dos países. Los judíos tendían a relacionarse con sus paisanos y "[en Brasil] las mayores diferencias eran entre los sefaraditas del este de Europa, los alemanes, los sefaraditas árabes (o franceses), los ladinos de habla sefaradí y los norafricanos), mientras que un judío alemán de Buenos Aires tenía más en común con un judío alemán de Lima que con uno sirio de su propia ciudad "(Elkin, 1986). Esto representa una anomalía, pues los judíos suelen verse a sí mismos como muy diferentes de acuerdo con el grupo étnico, mientras que las sociedades que los reciben tienden a verlos como un grupo homogéneo.

Los inmigrantes ashkenazis provenían de sociedades y culturas muy diferentes de las culturas española o portuguesa, jerárquicas y tradicionales, que tanto influyeron en América Latina. Muy por el contrario, venían de sociedades en las que el capitalismo industrial y el ideal igualitario eran la norma. En la tradicional sociedad rural argentina, y en la menos tradicional de Brasil, sólo encontraron un modo de sobrevivir en la industria y el comercio, pues en ellos podían aprovechar las habilidades y la educación de sus culturas modernas. Como estos países estaban sufriendo un proceso de transformación a la llegada de los judíos (y también a causa de ese proceso), los inmigrantes urbanos resultaron estratégicamente aptos para integrarse por medio de un proceso de industrialización: esta "estructura de la coyuntura" ha unido a los judíos y a las nuevas naciones latinoamericanas en una empresa común, en la cual la historia de cada grupo se mezcla con la del otro en ocasiones específicas, lo que crea sendos cambios sociales para cada grupo y un cambio para los dos como país.

Según Rattner (1984), la profundidad y el grado en que una población se integra a una sociedad se puede estudiar a través de los indicadores de estructura ocupacional y de la movilidad social del grupo. En un estudio, "La movilidad económica y social de los judíos de Brasil", concluyó que los judíos que emigraron a Brasil "pueden considerarse como un éxito notable [. . .] pues no sólo se enriquecieron y obtuvieron prestigio, sino que también lograron integrarse a las elites políticas y culturales del país (*op. cit.*, p. 187).

Según Elkin (1982), los empresarios judíos fueron los primeros en convertir:

> productos locales en mercancías comercializables, invirtiendo así la tendencia histórica, que había consistido en exportar materias primas para su manufactura en el exterior, y la consiguiente reventa a precios altos en el mercado latinoamericano. Este proceso de sustitución de importaciones suele considerarse como el primer paso para hacer que América Latina dejara de depender de los mercados extranjeros. Los inmigrantes judíos, que ya habían roto sus nexos con sus países de origen, no necesitaban exportar capital para pagar a inversionistas extranjeros, sino que eran libres de reinvertir sus ingresos en la expansión de plantas industriales (*op. cit.* p. 121).

Esta cita nos trae a la memoria la ética protestante, estudiada por Max Weber, pero es estructuralmente distinta por el hecho de que no fue acompañada por un ideal calvinista de salvación y ascetismo, sino por un hecho bastante prosaico: los judíos no tenían una patria propia, de la cual o a la cual se les pudiera prestar o enviar dinero.

El comercio fue la primera opción para los judíos que se volvieron aboneros. Mediante la innovación que representaba vender, por medio de cómodas mensualidades, productos manufacturados en regiones y a personas (como los campesinos y las familias de menores ingresos de las áreas urbanas) a las que nadie les vendía, el pueblo tuvo acceso a la modernización, lo que borró las agudas diferencias entre el campo y la ciudad. Sin embargo, vender en las calles era una actividad riesgosa y agotadora, y al poco tiempo algunos de los judíos la dejaron para dedicarse al comercio establecido, lo que les permitió expander sus ventas a un mercado mayor, o para dedicarse a transformar, con sus habilidades europeas, las materias primas locales.

En el momento en que alcanzaron la Independencia las antiguas colonias españolas y portuguesas se sintió la necesidad de precisar sus fronteras y definir sus identidades. Argentina, donde casi no había negros ni indígenas, intentó poblarse con europeos, por lo cual hubo un debate sobre el origen nacional o "racial" de los inmigrantes a los que se les permitiría ingresar al país: ¿debían ser sólo "latinos" y católicos o se podía permitir el ingreso a otros grupos? Este último punto de vista fue el que prevaleció, y entre 1857

y 1965 llegaron seis millones y medio de inmigrantes de distintas nacionalidades y herencias culturales (de los cuales el 88% venía de España y de Italia), a un país cuya población se calculaba en 1 200 000 (Elkin, 1982).

La gran inmigración del sur de Europa y la dependencia de Argentina
con respecto de Inglaterra, a la cual compraba productos manufacturados,
hizo que en Brasil se bromeara: "Los argentinos son italianos que hablan español y se creen ingleses". La necesidad de definir a Brasil como nación tenía en su favor el hecho de que es el único país de la región que habla portugués, lo cual ha generado una barrera natural. Por otro lado, a diferencia
de Argentina, en Brasil hay un número considerable de negros que, a lo largo de la historia, han dejado una descendencia mestiza. También a diferencia de Argentina, que tuvo (y tiene todavía) la mayor parte de su población
concentrada en la capital, Buenos Aires, la población de Brasil está distri-
buida a lo largo de los 7 408 kilómetros de su costa, y se concentra principal
pero no exclusivamente en Río de Janeiro. Brasil, cuya atmósfera religiosa
era mucho más relajada, reprodujo de alguna manera la cultura marítima
portuguesa y observó una actitud más tolerante hacia las mezclas sociales y
sexuales con otros pueblos.

A diferencia de las oleadas de inmigrantes españoles, italianos o alemanes, entre los judíos que llegaron a Latinoamérica había un número grande
de trabajadores especializados, los cuales, junto con otros inmigrantes de
origen urbano, formaron en el decenio de 1890 los primeros sindicatos. Al
término del siglo las industrias de São Paulo empezaron a salir del centro de
la ciudad por temor a los extranjeros "comunistas" y "anarquistas" (Morse,
comunicación personal, 1990).

Desde que terminó la primera Guerra Mundial hasta hace relativamente
poco tiempo la industrialización permitió que surgieran nuevas fuerzas sociales que, junto con el trabajo organizado, parecían estar alterando el orden
en Argentina y, en grado menor, también en Brasil. Estos países se enfrentaban asimismo a un nacionalismo de las elites, que subrayaban los elementos
folklóricos (como el mito argentino del "gaucho" y la importancia de la religión católica en la formación del país) frente a los inmigrantes extranjeros.
Las elites argentinas empezaron a temer al liberalismo, al comunismo y a la
masonería, por lo que el fascismo europeo, con su concomitante antisemitismo, encontró un terreno fértil. Se creía que los judíos rusos eran anarquistas y bolcheviques y, en 1919, fueron atacados (junto con los catalanes)
por la llamada "guardia blanca", comandada por un almirante argentino, de
lo cual resultaron cerca de mil muertes; este suceso se conoce como la "Semana Trágica".

Los judíos llegaron a Brasil individualmente hasta 1922. En lo sucesivo
empezaron a arribar en grupos organizados y, en 1933 (año en que Hitler subió al poder), había 40 mil en el país. Sin embargo, en 1937, cuando apare-

ció en Brasil el fascismo organizado (a través de la antisemita Acão Integralista Brasileira), el gobierno trató de dificultar el ingreso de judíos al país (uno de los que se enfrentaron a esta situación fue Claude Lévi-Strauss), a pesar de que no era declaradamente antisemita (entre los historiadores brasileños todavía perduran algunas discusiones sobre el periodo de Vargas, mas para este trabajo bastará mencionar los problemas de las visas).

Para evitar las influencias alemana, italiana y japonesa sobre las comunidades de inmigrantes de Brasil, el gobierno prohibió toda clase de asociaciones extranjeras; en las escuelas se tenía que hablar el portugués, los medios de comunicación debían usar ese idioma, los maestros de primaria debían ser nativos y el plan de estudios estaba concentrado en la geografía e historia del país. Estas medidas, tomadas contra la amenaza nazi, afectaron profundamente a los judíos brasileños, que tuvieron que dejar de hablar idish en público (irónicamente, porque temían que los confundieran con alemanes) y se cerraron las escuelas de idish y los teatros, periódicos y bibliotecas en ese idioma.

Sólo los judíos alemanes reformados (una de las divisiones religiosas judías) pudieron conservar su vida cultural, pues habían adoptado el portugués en los servicios de la sinagoga (como lo hacen todos los judíos reformados con el idioma del país en que se encuentran). Ése fue uno de los pocos grupos religiosos "extranjeros" que el gobierno nunca acosó (es irónico que el latín, idioma de la misa católica, jamás haya sufrido restricciones), junto con los sefaraditas, que sólo diferían del resto de la población en su religión. Debido a la gran influencia que los cultos indígenas y africanos han tenido en Brasil, así como a la del kardecismo (espiritismo), se desarrolló un sincretismo religioso que facilitó la aceptación de nuevas religiones.

Por lo tanto, la religión de los judíos fue fácilmente aceptada en Brasil. No obstante, contra lo que se define como judaísmo en ese país, la identidad judía está definida por una mezcla de elementos religiosos y nacionales (Herman). Fueron aceptados como grupo con una religión específica, pero no como enclave étnico ni como nación extraña (más tarde me referiré a los dilemas que la formación del Estado de Israel causó entre los judíos).

Brasil es una nación que se enorgullece de la pacífica integración de "tres razas" (blanca, negra e indígena), la cual representa la "ideología dominante", "la más poderosa fuerza cultural" del país, para decirlo en palabras de uno de sus principales antropólogos, Roberto de Matta. ¡No hay lugar para las diferencias étnicas (no hay combinaciones de identidades aquí), pero sí lo hay para las diferencias religiosas! Éste es el dilema al que se enfrentan los judíos de Brasil: o se integran, conservando su religión, o no hay lugar para ellos. Las comunidades discuten todo el tiempo sobre cómo ser judío y brasileño, cómo hacer que los jóvenes se queden en la comunidad, y no encuentran otra respuesta que las sinagogas y los clubes sociales o deportivos.

Por el contrario, el catolicismo ha sido una de las bases del nacionalismo argentino. Incluso hoy, según la constitución, el presidente de Argentina tiene que ser católico apostólico y romano, por lo cual el presidente Menem, que era musulmán, se convirtió a fin de poder ser candidato. Desde que en tiempos de Perón hubo un golpe militar contra la oligarquía liberal, y hasta épocas recientes, con el gobierno de los militares (junto con la Iglesia católica, una de la mayores fuerzas conservadoras del país), los judíos fueron sistemáticamente desplazados de la vida pública o abiertamente perseguidos por "comunistas".

Un estudio de *Cabildo*, revista marcadamente antisemita de Argentina, fundada en 1973 después de que desapareció *Presencia*, que circulaba ampliamente entre los militares, Carlos Waisman toca un tema muy interesante: ¡los judíos no pueden ser tolerados como argentinos pero son elogiados como israelíes! Señala que para la política nacionalista de derecha "las fronteras del territorio nacional se consideran como producto invariable de la historia y la tradición, la población está definida por el linaje más que por el nacimiento [. . .] y la cultura nacional por los valores tradicionales o ideales" (1984, p. 235). Si seguimos esta lógica, no debe sorprendernos que *Cabildo* alabe a Israel al mismo tiempo que denigra a los "extranjeros" judíos; para pertenecer a la nación argentina hay que ser descendiente de católicos españoles o de otros países (sólo el 10% de la población practica otra religión). El odio a los judíos es especialmente agudo porque son "extranjeros" y porque hay muchos de ellos en la burguesía que apareció con la modernización del país, y en la intelectualidad izquierdista.

Otra característica interesante de *Cabildo* es su posición contra Brasil: presenta a este país, de manera obsesiva, como una potencia en expansión, como una amenaza a la hegemonía de Argentina sobre el continente. De esta manera, muestra continuamente su obsesión por las fuerzas modernizadoras (el comunismo, el liberalismo, el capitalismo y —por supuesto— la masonería) que se encarnan en los judíos y en Brasil (en una mezcla sumamente heterodoxa). A medida que se estancaba la economía de Argentina, a partir de los cincuenta, fue necesario culpar a alguien o a algo por las desgracias del país y, para ello, hubo que buscar fuera del "corazón de la patria": los judíos, los clásicos chivos expiatorios de la historia de Europa, tuvieron el mismo destino en Argentina.

La creación del Estado de Israel significó un verdadero dilema para los judíos de los países nacionalistas de América Latina: según la ley de retorno (de los judíos a Israel), la ciudadanía del país se define por el judaísmo, por lo cual todos los judíos son ciudadanos del Estado de Israel. También hay una confusión en los términos que se emplean en América Latina para denotar que alguien es judío: no es raro que se use la palabra "israelita" ni que se confunda con "israelí". De ahí que se culpe o se alabe a los judíos por las políticas del Estado de Israel. En el mismo sentido, como se sabe que Israel es aliado de Estados Unidos, los nacionalistas de derecha y los grupos izquierdistas culpan a los judíos por el capitalismo norteamericano, el cual creen que está controlado por judíos.

Cardoso de Oliveira (1979) estudió en México el fenómeno de relacionar el prestigio de un grupo inmigrante con su país de origen. Sus resultados pueden aplicarse a los casos de Brasil y Argentina. Como los judíos tienen ahora una patria (Israel), pueden obtener prestigio o perderlo según la manera en que la sociedad que los acoge considere al Estado de Israel, que parece tiene un doble valor: por una parte, lo perciben como una nación de agricultores aguerridos, capaces de defenderse contra sus vecinos hostiles y de resguardar la Tierra Santa, y entonces se lo tiene en alta estima; por la otra, no obstante, la izquierda entiende que se opone a los derechos del pueblo palestino y, en consecuencia, no lo quieren.

CONCLUSIONES

Las dos preguntas que se hicieron al comienzo de este trabajo eran: ¿Cuál es el papel que les ha tocado representar a los judíos en los procesos de cambio económico, social y político que siguen ocurriendo en Latinoamérica? ¿Qué es lo que revela la experiencia de los judíos acerca del carácter de la sociedad latinoamericana?

Como este trabajo se ha concentrado en Argentina y Brasil, las respuestas se basan en las experiencias de esos países, a pesar de que pueden existir pautas similares en el resto de América Latina.

La respuesta a la primera pregunta parece sencilla: los judíos fueron agentes de modernización en los países que estaban tratando de industrializarse pero que carecían del capital humano necesario. Sin embargo, cuando el proceso no funcionó bien en Argentina, o cuando otros intentaron recoger los frutos del trabajo de los inmigrantes, los judíos se convirtieron en blanco del odio y la discriminación basados en el origen étnico (el porcentaje de judíos desaparecidos durante el régimen militar argentino fue muy alto en relación con el número de judíos en la población total). En Brasil (debido a la situación estructural del sincretismo religioso) los judíos han adoptado una posición discreta como grupo étnico, concentrándose en el elemento religioso, por lo cual hasta este momento no han sido perseguidos de manera sistemática.

La segunda pregunta, que se refiere al carácter de Argentina y de Brasil, es más difícil de contestar. Para hacer más visibles las diferencias, en este trabajo se ha presentado a los dos países como si fueran radicalmente opuestos, lo cual no significa que no tengan grandes similitudes. En lo que se refiere a las semejanzas, se puede decir que las dos naciones están sumamente jerarquizadas debido a su pasado colonial, y que ambas se estaban modernizando al mismo tiempo, para lo cual se valieron de los inmigrantes de la misma manera.

Sin embargo, como ya lo hemos mostrado, la historia de Argentina tiene una clara actitud de contrarreforma, lo que ha modelado la jerarquía étnica y religiosa del país. Por el contrario Brasil, donde un inmenso número de esclavos influyó profundamente en las estructuras religiosas del país, y donde ha habido una larga historia de anticlericalismo (que comenzó en 1759 cuando el marqués de Pombal, un portugués, expulsó a los jesuitas de todas las tierras de Portugal, siguió hasta el siglo XIX, con el positivismo, hasta llegar a la teología de la liberación y la Conferencia de Obispos Católicos de Brasil, muy liberal), ha mantenido una actitud más relajada que Argentina hacia la religión. Otro punto importante es que Brasil no comparte el idioma con sus vecinos, lo cual ha hecho que fuese más fácil que en Argentina (que colinda con países donde se habla español) el proceso de formar una nación.

De todo ello resulta que en Brasil los judíos no se destacan entre la población por sus características étnicas, sino por sus creencias religiosas o su clase social. Como dice Rattner (1984), su éxito social y económico ha sido notable y, en una nación donde la mitad de la población vive debajo de la línea de la pobreza, puede ser incluso inquietante, lo cual puede verse en los problemas generacionales de las comunidades judías, donde una juventud idealista choca contra el pragmatismo de sus mayores.

Se puede decir que, mientras Brasil avanza en su modernización, creando "individuos" basados en los valores burgueses, Argentina se ha quedado atrás en sus esfuerzos y tiene, por lo tanto, que usar las viejas y jerárquicas nociones de "persona" (Dumont, 1970), que se basan en la sangre y en consideraciones religiosas. No obstante, se debe considerar que la elección de Menem (un árabe, un "turco", un musulmán que tuvo que convertirse al catolicismo para ocupar el cargo) demuestra que el proceso de cambio se está desarrollando de manera sorprendente en Argentina y en toda Latinoamérica (la elección de Fujimori en Perú es otro ejemplo). En Brasil, durante las elecciones de 1990, el candidato Collor organizó un mitin con la comunidad judía de São Paulo y dijo que su abuelo era judío, lo cual, hasta donde yo sé, es el primer intento de un político brasileño por ganarse el voto étnico.

BIBLIOGRAFÍA

Avni, Haim, "The origins of Zionism in Latin America", en Judith Laikin Elkin y Gilbert W. Merkx (comps.), *The Jewish Presence in Latin America*, Westview, Colorado, 1987.

Cardoso de Oliveira, Roberto, "Etnia e estructura de classes: A propósito de identidade e etnicidade no México", en *Anuário Antropológico 79*, Tempo Brasileiro, Río de Janeiro, 1979.

DellaPergola, Sergio, "Demographic trends of Latin American Jewry", en Elkin y Mercx (comps.), *op. cit.*

Dumont, Louis, *Homo Hierarchicus: The Caste System and its Implications*, Weidenfeld & Nicholson, Londres, 1970.

——, "The Argentine community in changing times", *Jewish Social Studies*, vol. 2, núm. 48, pp. 175-182.

——, "The evolution of Latin American-Jewish communities: Retrospect and prospect", en Elkin y Merkx (comps.), *op. cit.*

Herman, Simon, *Jewish Identity, A Social-Psychological Perspective*, Sage, Londres, 1977.

Lesser, Jeffrey, *O Brasil e a questão judaica: Imigração, diplomacia e preconceito*, Imago, Río de Janeiro, 1984.

Merkx, Gilbert W., "Jewish studies as a subject of Latin American studies", en Elkin y Merkx (comps.), *op. cit.*

Morse, Richard, comunicación personal, investigación de estudiantes de posgrado sobre urbanización en Brasil, Universidad Católica de América, Washington, D. C., 1990.

Novinsky, Anita, *Cristaõs-novos na Bahia*, Perspectiva, São Paulo, 1972.

Waisman, Carlos H., "Capitalism, socialism and the Jews: The view from *Cabildo*", en Elkin y Merkx (comps.), *op. cit.*

QUINTA PARTE
ESTUDIOS SOCIODEMOGRÁFICOS

ASIMILACIÓN/CONTINUIDAD JUDÍA: TRES ENFOQUES

Sergio DellaPergola*

Si se sigue la perspectiva social científica desarrollada, entre otros, por S. Herman,[1] la distintividad cultural e ideológica de un grupo puede determinarse con referencia a tres criterios fundamentales.

1. La naturaleza de la *identidad* grupal, o el sentido profundo de pertenencia que experimenta un individuo respecto de un grupo dado. La identidad grupal es real pero al mismo tiempo difícil de medir, puesto que puede estar oculta o inexpresada.

2. La naturaleza de la *identificación* grupal, o los modos mediante los cuales los individuos externalizan su sentido de identidad de modo concreto, a través de conductas mensurables y actitudes claramente definidas.

3. Los *contenidos* distintivos de la cultura de un grupo dado, o sea el complejo específico de ideas, valores, símbolos e instituciones comunitarias con los que los individuos se identifican y en relación con los cuales externalizan su identificación.

Entre estas tres dimensiones básicas de la relación entre los marcos de referencia individuales y colectivos operan constantemente interacciones complejas e influencias mutuas.

El debate actual sobre la continuidad judía[2] refleja una creciente preocupación ante investigaciones recientes que muestran una decreciente intensidad en la adhesión a la vida comunitaria judía, junto con niveles descendentes de identificación judía individual, todo ello epitomizado en niveles sin precedente de matrimonios exogámicos. Se trata de aspectos diferentes y complementarios de un proceso general que suele denominarse *asimilación*, el cual, desde el punto de vista de una comunidad y de los individuos que la integran, tiende a incluir dos componentes: el primero es el debilita-

---

* Instituto A. Harman de Judaísmo Contemporáneo, Universidad Hebrea de Jerusalén.

[1] S. Herman, *Jewish Identity: A Social Psychological Perspective*, Beverly Hills, Sage, 1977.

[2] Véanse, entre muchos otros, la visión optimista de C. Silberman y A. Zuckerman, *The Transformation of the Jews*, Chicago, Chicago University Press, 1984, y C. Silberman, *A Certain People: American Jews and Their Lives Today*, Summit, Nueva York, 1986; la perspectiva pesimista de D. Vital, *The Future of the Jews*, Harvard University Press, Cambridge, 1990, y B. Wasserstein, *Vanishing Diaspora: The Jews in Europe Since 1945*, Hamish Hamilton, Londres, 1996; o el estimulante análisis de J. Sacks, *One People? Tradition, Modernity, and Jewish Unity*, The Littman Library of Jewish Civilization, Londres y Washington D. C., 1993.

miento y la pérdida, en el interior, del complejo de normas y cultura que distingue al grupo; el segundo es la absorción e incorporación de normas y hábitos derivados de la cultura de otros grupos. Semejante transformación multiforme caracteriza, de una manera o de otra, a todos los grupos culturales y sociales a lo largo de la historia. Puede convertirse en un tema de preocupación cuando la supervivencia misma de un grupo, tal como la manifiestan los sentimientos de identidad grupal, las expresiones de identificación grupal y la singularidad de sus contenidos normativos y culturales, es puesta en peligro por la naturaleza y la profundidad de los cambios que tienen lugar.

La asimilación ha recibido mucha atención por parte de los sociólogos, quienes han propuesto diversas tipologías de sus etapas de desarrollo, en relación con una variedad de circunstancias dependientes del tiempo y el espacio. Dentro de este marco general, las comunidades judías del siglo xx han sido objeto de un estudio intensivo, el cual a su vez ha llevado a la formulación de diversos modelos teóricos.

Una tipología constituye una económica herramienta descriptiva y predictiva orientada hacia la comprensión de algún rasgo central de una sociedad. Su caracterización sintética tiende a reflejar la obvia negociación entre profundidad y complejidad, por una parte, y la compresión en un espacio limitado, por la otra. Las tipologías del colectivo judío, tanto cuando describen una diversidad de situaciones contemporáneas como cuando proyectan dinámicamente los cambios acontecidos, pueden ser interpretadas como un intento de estimar las modificaciones previsibles en la continuidad judía en el marco de una generación posterior, basándose en las circunstancias observadas en el marco de la generación actual. La pertenencia a una categoría o etapa descrita por una tipología implica una probabilidad diferente de ser judío en un momento posterior, tanto para la población directamente involucrada (como totalidad, no necesariamente para cada individuo singular) como para sus descendientes en generaciones inmediatas o mediatas.

Este trabajo examina brevemente dos modelos bien conocidos de pautas de mantenimiento o pérdida de identificación en comunidades judías modernas y contemporáneas, y luego sugiere un enfoque adicional que permite organizar nuestra comprensión global de la población judía contemporánea. El siguiente es un intento de observar y clasificar a los judíos en tanto individuos y en tanto partes de un colectivo coherente, no a través del discurso interpretativo de las elites intelectuales, sino tal como lo revela un método comprensivo y, en la medida de lo posible, neutral y objetivo, mediante indicadores sociales mensurables.

Dos modelos clásicos de asimilación

El primer Ruppin

A comienzos del siglo xx, unos cien años después de la emancipación de los judíos europeos, el sociólogo judeoalemán Arthur Ruppin procuró construir una tipología concisa de los principales procesos que estaban modelando la experiencia cultural y social de los judíos.[3] Junto con la especificación de las etapas y variables principales del proceso de asimilación, Ruppin trató de realizar una cuantificación de la composición del judaísmo mundial en relación con dichos componentes.

Las principales variables involucradas en semejante tipología conciernen a aspectos socioeconómicos (condiciones económicas, logros educacionales, urbanización), actitudes religiosas, conductas demográficas (tasa de natalidad) y correlatos identificacionales de tendencias demográficas (tasas de matrimonios mixtos y conversión). Articulando los indicadores relevantes para judíos de diferentes países, Ruppin sugirió una clasificación cuatripartita de los 12 millones de judíos que vivían a comienzos del siglo. Cada sección estaba típicamente representada por judíos en un área geográfica o clase social particular, dentro de una partición geográfica.

1. Cerca de la mitad (6 millones, la mayoría en Europa Oriental) incluía la gran masa de judíos en Rusia y Galitzia; obreros, artesanos y pequeños comerciantes sin medios y de incierta subsistencia, educados en el *jeder*, de religión ortodoxa, con altas tasas de natalidad (30-40 por mil), y virtualmente sin casos de exogamia o conversión a otra religión.

2. Cerca de un cuarto (3 millones, incluidos los nuevos inmigrantes en Inglaterra y Estados Unidos, así como los judíos rumanos) estaba formado por artesanos y comerciantes de recursos modestos pero estables, educados en escuelas elementales judías, liberales en lo religioso, con moderadas tasas de natalidad (25-30 por mil) e incipientes tasas de exogamia (2-10%) y conversión (2-5 por 10 000).

3. Cerca de un sexto (2 millones, típicamente representados por los judíos alemanes) incluía a la burguesía acomodada, educada en escuelas primarias y secundarias cristianas, librepensadora en religión, aún ligada en alguna medida a la cultura judía, con tasas de natalidad decrecientes (20-25 por mil) y tasas crecientes de exogamia (10-30%) y conversión (5-15 por 10 000).

4. Finalmente, un millón componía la rica burguesía judía en todas las ciudades importantes, educada en escuelas públicas y universidades, ag-

---

[3] A. Ruppin, *Der Juden der Gegenwart*, Calvary, Berlín, 1904; A. Ruppin, *The Jews of To-Day*, Henry Holt, Nueva York, 1913.

nóstica en lo religioso y aparentemente a punto de perder contacto con todo sentido de identificación judía, como lo evidenciaban tasas de natalidad muy bajas (15-20 por mil) y altas tasas de exogamia (30-50%) y conversión (15-40 por 10 000).

El modelo de Ruppin, que implica claramente una evolución secuencial cronológica desde los tipos más tradicionales de judaísmo hacia los más asimilados, representa una aseveración significativa sobre la naturaleza supuestamente unidireccional e irreversible de la asimilación. Ruppin considera que todas las principales características demográficas, socioeconómicas e identificacionales forman un conglomerado, en el cual un cambio en una variable tiende a estar sincronizado con cambios en cada una de las otras variables.

La movilidad geográfica, particularmente desde el este hacia el oeste europeo, y desde pequeñas poblaciones semirrurales hacia grandes urbes, marchaba de la mano con una mejora socioeconómica, progreso educacional, secularización y una declinación de la reproducción demográfica y cultural. La suya es la hipótesis de una transición gradual desde, en un extremo, una comunidad judía ecológicamente segregada, poco instruida y marginal desde el punto de vista económico, observante en lo religioso y universalmente endogámica, con altos porcentajes de crecimiento demográfico, hacia el extremo opuesto: un tipo de población rica, muy educada, dispersa en términos geográficos, agnóstica, culturalmente alienada y asimilada, con un balance demográfico bajo o negativo.

En la concepción de Ruppin toda la población judía, si se la dejara librada a su propia dinámica interna, atravesaría las cuatro etapas del ciclo asimilacionista hasta su completa disolución. Descartando un cambio radical en las condiciones mundiales, que Ruppin consideraba improbable, la principal fuerza capaz de revertir dicho proceso sería el sionismo. Las nuevas variables que (se esperaba) surgirían en Palestina —tales como el retorno de los judíos a la tierra, una economía judía cerrada y el renacimiento de la lengua hebrea— crearían las condiciones para revertir la inevitable erosión y extinción de la judería diaspórica.

Al considerar la diáspora judía contemporánea se hace evidente de inmediato que muchas de las tendencias evolutivas señaladas por Ruppin parecen realmente haber completado su curso. La casi totalidad de la población judía contemporánea vive en la actualidad en grandes ciudades. Los niveles de educación secular han aumentado en forma enorme, y más de la mitad (en algunos países, más de 80%) de la actual generación adulta joven posee formación universitaria. La mayor parte de la fuerza laboral judía se ha desplazado, gradual pero masivamente, desde las artesanías y el comercio hasta la administración y las profesiones liberales. Uno de los cambios más significativos en el último siglo concierne a la amplia mejora en las condiciones de salud y en la longevidad. Otra transformación difundida afecta la declinación de la familia extensa y, con ella, un descenso generalizado en las tasas de natalidad. En términos generales, la judería mundial (al menos en la diáspora) se ha vuelto relativamente homogénea en cuanto a pautas demográficas y características socioeconómicas. Pese a la constante erosión identificacional, existen en el mundo occidental comunidades judías numéricamente importantes y en funcionamiento, en condiciones de modernidad, mientras que el enfoque original de Ruppin preveía su desaparición. Por lo tanto parece necesario indagar nuevamente en el proceso de cambio que afecta a la sociedad judía, a fin de determinar de modo más exacto sus tendencias presentes y perspectivas futuras.

Milton Gordon

En el periodo en que Ruppin escribía sus trabajos tempranos, América (especialmente la del Norte, pero también la Latina) se hallaba en proceso de absorber la inmigración masiva, y los judíos involucrados todavía portaban consigo muchos de los rasgos de sus respectivas comunidades de origen en Europa Oriental y en menor medida en Medio Oriente. Sin embargo, Ruppin incluyó a los inmigrantes judíos a Estados Unidos e Inglaterra en la *segunda* e incipiente sección modernizante de su tipología básica, implicando de ese modo que el proceso mismo de movilidad geográfica y cambio ambiental modifica irreversiblemente parte de las pautas sociodemográficas y culturales de los migrantes.

En sus escritos más maduros, a comienzos de los años treinta,[4] Ruppin percibió algunos de los rasgos distintivos, organizacionales e identificacionales de la judería norteamericana, para entonces ya la más grande del mundo. Mientras reconocía los elementos de diversidad entre la experiencia de las comunidades judías de Estados Unidos y de Europa —en particular la alemana, que constituía la plataforma fundamental de su análisis—, Ruppin no previó en Estados Unidos un desarrollo fundamentalmente distinto en la evolución sociológica de las juderías diaspóricas. En ese momento estaba adoptando una posición analítica que se convertiría en objeto de un agitado debate, que aún continúa.

Precisamente el análisis de la transformación de grupos inmigrantes en el contexto de la sociedad veterana que los absorbe constituye el objeto de un enfoque más sistemático del estudio de la asimilación en Estados Unidos. La influyente teoría sugerida por Milton Gordon a comienzos de los años sesenta, dirigida a diseñar un modelo general de la sociedad norteamericana,

---

[4] A. Ruppin, *Die Soziologie der Juden*, Jüdische Verlag, Berlín, 1930-1931, cap. 38.

provee un ejemplo que aún vale la pena considerar dentro del contexto judío contemporáneo.[5]

Gordon sugiere un modelo que comprende siete etapas distintas de asimilación, que involucran cambios tanto por parte del grupo inmigrante como de la sociedad que lo absorbe. En la primera parte de su complejo modelo, que es la más inmediatamente relevante para el análisis de los cambios en el colectivo judío, Gordon considera el proceso desde la perspectiva del grupo que se asimila, destacando cuatro aspectos diferentes de dicho proceso.

1. *Asimilación cultural:* la adopción de los modos típicos de la cultura y la sociedad exteriores, en cuanto al aspecto de la persona, el lenguaje, la comunicación y la conducta en la vida cotidiana, pero sin afectar todavía el estrato profundo de normas y valores del grupo original propio.

2. *Asimilación estructural:* el ingreso en gran escala en asociaciones con miembros de la sociedad mayoritaria o de otros grupos, en términos de lugar de residencia, ocupación, instituciones políticas y culturales y otros marcos similares.

3. *Asimilación matrimonial:* la formación en gran escala de matrimonios heterogámicos.

4. *Asimilación identificacional:* la adopción de normas y valores crecientemente similares y por último idénticos a los de la sociedad mayoritaria o a los de los grupos particulares que proporcionan los principales modelos de roles.

La hipótesis era que estos distintos procesos forman una secuencia lineal de etapas sucesivas. No es relevante considerar si la secuencia es normativamente buena o mala para la sociedad en sentido amplio, ni en qué medida un compromiso ideológico de los participantes con la asimilación constituye un prerrequisito que condiciona el resultado final. Limitándose meramente a enfocar la dinámica del proceso, cada etapa habría de constituir la condición necesaria para el desarrollo de la siguiente, hasta que en cierto punto la cadena de la asimilación resultase completa.

Si observamos la escena norteamericana durante las casi cuatro décadas transcurridas desde Gordon, es posible llegar a la conclusión de que existe una variedad mayor de secuencias y rutas dentro del proceso general de asimilación. Ha sido posible alcanzar altos grados dentro de una dimensión, sin volverse sustancialmente involucrado en la dimensión siguiente; o bien alcanzar la asimilación en una dimensión supuestamente posterior en la secuencia, sin haber incurrido en una asimilación sustancial dentro de una etapa anterior. Un caso relevante es la exogamia en gran escala que tiene lugar

---

[5] M. Gordon, *Assimilation in American Life: The Role of Race, Religion and National Origins,* Henry Holt, Nueva York, 1913.

frente a una medida sustancial de diferenciación social estructural. En Estados Unidos la persistencia de concentraciones judías en regiones geográficas y áreas residenciales definidas, niveles educacionales, ramos y niveles ocupacionales y organizaciones políticas y culturales, no impidió que la tasa de exogamia alcanzara niveles sin precedente hacia fines de la década de 1980.

El hecho de que la secuencia prevista de asimilación haya resultado a veces inconsecuente o errada no significa, sin embargo, que la exogamia no constituya un indicador relevante de asimilación, a la vez resultado de tendencias previas y determinante de tendencias consecuentes, o que sea necesario rechazar por entero la teoría de Gordon. Los recientes hallazgos en Estados Unidos y datos de otros países sugieren que, probablemente, cada una de las cuatro etapas de Gordon posee mayor validez como resultado y generador de cada una de las tres restantes que como parte de una secuencia lineal.

La progresiva desaparición de las barreras contra la asimilación originadas en la sociedad mayoritaria fue analizada por Gordon en la sección posterior de su modelo. Distinguió entre asimilación *receptiva de actitudes*, asimilación *receptiva de conductas* y asimilación *cívica*; con ellas designaba la desaparición desde gradual hasta total de los obstáculos legales, políticos y culturales que impiden la asimilación plena a las complejas sociedades modernas.

Mientras señalaba las principales etapas y mecanismos de la desaparición gradual y virtual de los grupos diferentes en el contexto de la sociedad estadunidense, Gordon indicó también los principales modelos alternativos de la sociedad que emergería bajo el impacto de la inmigración variada. Uno de ellos, la completa *segregación* de los diferentes grupos, sería indeseable y prácticamente no factible. Dos alternativas significativamente diferentes, cada una de las cuales implica la pérdida casi total de una identidad grupal separada por parte de la mayoría de sus miembros, serían la *anglo-conformidad* —la convergencia de todos los otros grupos hacia las pautas establecidas de los "blancos-anglosajones-protestantes"— y el *crisol* —la creación de una nueva pauta unificada social y cultural que remplazaría a todas las anteriores—. Dado que la relevancia y factibilidad de estos dos modelos ideales tiende a disminuir ante las actuales tendencias societales, la cuarta alternativa teórica se presenta como la más realista, y quizá también la más deseable: *pluralismo cultural-estructural*, un proceso general de norteamericanización por parte de todos los grupos, que al mismo tiempo preservan ciertos rasgos distintivos, tanto respecto de orientaciones valorativas como de características poblacionales.

Esta situación intermedia es la que constituye el verdadero terreno del conflicto entre las fuerzas que impulsan a la asimilación y a la continuidad dentro de las comunidades judías en las sociedades modernas, principalmente en Estados Unidos pero también, con variantes significativas, en todos los otros países.

UNA TIPOLOGÍA SOCIOCULTURAL DE IDENTIFICACIÓN JUDÍA

La relación entre características socioeconómicas e ideacionales constituye un aspecto central de las dos teorías comentadas. Las características sociodemográficas de los judíos contemporáneos se corresponden con los estados 3 y 4 de la tipología de Ruppin, y con combinaciones variables de las etapas 2, 3 y 4 en la tipología de Gordon. Como ya se señaló, pese la homogenización de la estructura social, la diferenciación ideacional-cultural dentro de la población judía contemporánea es todavía sustancial. Las pautas de movilidad social han ejercido visibles efectos sobre la identificacion judía a lo largo del tiempo, pero la relación ha trabajado también en el sentido inverso. La notable convergencia de muchas características demográficas de los judíos en todo el mundo generó la expectativa de que la similaridad social-estructural reforzaría nuevas y diferentes formas de cohesión comunitaria dentro de la población judía.[6] Ello tiende a confirmarse en lo que respecta a la concentración en una clase social y a una persistente distintividad en la distribución ocupacional, pero no necesariamente en términos de las pautas subyacentes de identificación judía. Procuraremos realizar una revaluación de los principales modos de identificación cultural, a fin de diseñar la actual tipología del judaísmo mundial.

Individuo judío y comunidad judía

Mencionamos anteriormente a la *religión* como uno de los criterios fundamentales con que Ruppin define y mide la intensidad de la identificación judía. Las transformaciones socioculturales acontecidas en el curso de las últimas generaciones nos exigen movernos más allá del concepto de una variable unidimensional que despliega diferentes grados de intensidad, de máximo a mínimo. En el contexto de la modernización y secularización generales es posible que la identificación judía haya evolucionado desde una pauta, la religión, a otras de naturaleza más laica, pero no menos intensas y significativas para la continuidad judía individual y colectiva.

Como punto de partida, habría que considerar que la identificación judía

---

[6] C. Goldscheider, *Jewish Continuity and Change: Emerging Patterns in America*, Indiana University Press, Bloomington, 1986.

de una persona puede expresarse a través de creencias, actitudes y conductas *individuales*, así como de la participación en un ente *colectivo* o comunidad. Tomando en cuenta dichas posibilidades, definiremos y describiremos brevemente las dos principales alternativas que se han planteado a la religión y que permiten una identificación judía positiva y significativa, para luego ocuparnos de situaciones marginales que se están generando en la periferia de la identificación grupal.

Una primera pauta típica de vinculación con el judaísmo definido como *religión* se manifiesta principalmente en un complejo de creencias, normas y valores particulares, así como en la realización constante de prácticas rituales tradicionales. Estas últimas son, en cierto sentido, innaturales —una carga que la persona asume sin que esté inmediata y funcionalmente relacionada con un beneficio material o económico—. El judaísmo implica el cumplimiento de reglas de conducta relativamente rigurosas, aparejadas con la sumisión a posibles sanciones por parte de una autoridad reconocida o de la comunidad toda. Numerosos ritos judaicos requieren la presencia de un quórum de otros judíos. La identificación judía activa a través de la relación exige, por lo tanto, la adhesión a un singular complejo de valores, normas y conductas y, *simultáneamente*, la pertenencia a una comunidad exclusiva de referencia.

Un segundo modo principal de vinculación con el judaísmo, aquí definido a través de un sentido de *etnicidad* o *comunidad* compartidas, consiste en general en el mantenimiento de redes de asociación estricta o predominantemente judías, teniendo en cuenta que las comunicaciones intragrupales incluyen una cantidad mucho mayor de contenidos culturales espontáneos y no específicos que los que existen dentro de la religión. Semejante compromiso con un colectivo judío implica al menos cierta empatía respecto del judaísmo tradicional, pero no una adhesión sistemática a las peculiares creencias y conductas judaicas, ni sanciones claramente definidas por parte de la comunidad en caso de incumplimiento de esas pautas normativas. Un ejemplo de ello es la afiliación con una determinada *landsmanshaft* judía o, en contextos más recientes, un centro comunitario judío. Si bien los participantes tenderán a ser exclusiva o mayoritariamente judíos, los contenidos de su participación incorporarán a menudo una gran cantidad (incluso una total mayoría) de símbolos e información no exclusivamente judaicos. La identificación étnico-comunitaria judía puede incluir frecuentes elementos de religiosidad, tal como lo muestra la difusa e inconstante presencia de observancias tradicionales dentro de poblaciones judías que según muchos parámetros se definen como laicas. Por ello parece justificado incluir en el tipo de identificación por *etnicidad/comunidad* a muchos judíos cuyo principal nexo con el judaísmo consiste en una congregación religiosa. Cuando los contenidos de la interacción colectiva judía se han transformado y han incorporado gran cantidad de símbolos y conceptos provenientes del mundo exterior no judío, como ocurre con varias congregaciones no ortodoxas contemporáneas, queda preservado el sentido de comunidad, pero se ha perdido el elemento de *exclusividad* religiosa o, en términos más amplios, cultural.

La vinculación con el judaísmo puede persistir aun independientemente de una pauta reconocible de conducta personal o compromiso asociacional en la vida colectiva de una comunidad judía. Una persona puede desplegar interés, curiosidad y algún conocimiento sobre su propio pasado histórico, su tradición y su cultura. El conocimiento de un idioma judío (como el idish o el judeoespañol), el interés general en estudios sobre judaísmo, o aun una sensación de "nostalgia por el hogar" que una vez adquirida puede resultar indeleble, constituyen ejemplos de este tercer modo principal de identificación judía que definimos como *residuo cultural*. Vista en este contexto particular, la cultura es un concepto más bien vago y subalterno, especialmente cuando consideramos que la mayoría de quienes exhiben este modo de identificación judía ignoran literalmente la filosofía y la literatura judías y, fuera de Israel, la lengua hebrea. Un *residuo cultural* provee por lo tanto un parámetro más ambiguo y menos ineludible de identificación judía a un individuo que no suele estar afiliado a ninguna organización comunitaria judía. No proporciona una alianza mutuamente excluyente respecto de los extraños (como ocurre con la *religión* y la *comunidad étnica*), y puede con mayor facilidad ser adquirido, compartido o perdido. También en este caso elementos esporádicos de religión y etnicidad / comunidad pueden acompañar el modo *residual cultural* de identificación judía, el cual, sin embargo, se expresa sobre todo mediante un nexo intelectual individual, cualquiera que sea su grado de intensidad.

Cada uno de los tres modos principales de identificación judía *(religión, etnicidad/comunidad, residuo cultural)* puede manifestarse a todo lo ancho de la gama que va de máxima a mínima intensidad. Por lo tanto, en términos del debilitamiento identificacional típico del proceso de asimilación, cada uno podría ser estimado como una pauta paralela igualmente significativa. El pasaje de los judíos de un modo de identificación a otro, que tuvo lugar en gran medida en el curso del proceso de modernización y secularización, puede ser equiparado a una mera transformación de contenidos formales sin gran impacto o intensidad global. No obstante, postularemos que las distintas pautas principales de identificación judía pueden ser ordenadas jerárquicamente. Interpretamos la identificación por *religión* —que implica una práctica individual exclusivamente judía y una comunidad de orientación exclusivamente judía— como un modo más fuerte de judaicidad que la identificación por *etnicidad/comunidad* —que implica una comunidad (en gran medida) exclusiva pero no una práctica individual particular—. Esta última, a su vez, es más fuerte que la identificación judía consistente en un *residuo cultural*, en la que no están presentes ni una práctica individual particularizada ni una comunidad de orientación.

El cuadro 1 presenta la clasificación precedente de los principales modos de identificación judía:

CUADRO 1

Creencias y prácticas individuales exclusivamente judías	Comunidad de orientación exclusivamente judía	
	Sí	No
Sí	Religión	X
No	Etnicidad/comunidad	Residuo cultural

En este esquema una expresión activa individual de creencias y prácticas exclusivamente judaicas, en ausencia de una comunidad de orientación exclusivamente judía, no es considerada una posibilidad realista.

A estas tres principales categorías positivas de identificación judía debe agregarse una cuarta y más débil, aplicable a aquellos judíos para quienes no resultan relevantes los modos y prácticas precedentes. Algunos restos de algunas de las tres anteriores pueden estar presentes entre los judíos de este cuarto grupo. En la práctica, las intensidades declinantes de identificación judía tienden a menudo a ser compensadas mediante crecientes identificaciones con marcos alternativos de referencia religiosa, étnica, comunitaria o cultural. De otro modo, una identificación judía debilitada puede simplemente constituir el indicador de un débil sentido general de identificación grupal en los individuos. Muchos de ellos, por cierto, al mismo tiempo que todavía pertenecen formalmente a la población judía, exhiben un nexo débil o nulo respecto al judaísmo, unido a la presencia sustancial de conductas rituales y/o actitudes definidamente no judías. Éstas pueden reflejar las crecientes redes relacionales no judías de dicha persona, o el intento activo de crear una solución identificacional sincrética. La existencia de semejantes identidades *duales judías/no judías* ha sido claramente documentada en Estados Unidos a través del National Jewish Population Survey (NJPS) de 1990.[7] Su contraparte está constituida por aquellos miembros no judíos de la sociedad que, debido a antecedentes judíos o a vinculaciones familiares actuales, exhiben algunos rasgos de judaísmo. Este último caso queda fuera de los alcances del presente trabajo.

Un aspecto fundamental de la realidad judía, no suficientemente destacado por la tipología que acabamos de analizar, es la presencia de heterogeneidades, diferencias e incluso fracturas existentes *dentro* de cada uno de los

---

[7] S. DellaPergola, "New data on demography and identification among Jews in the U. S.: Trends, inconsistencies and disagreements", *Contemporary Jewry*, vol. 12, 1991, pp. 67-97.

grupos y categorías del modelo. Las fracturas y tensiones intragrupales pueden convertirse en uno de los más poderosos elementos de movilización y de definición de la identidad.

El tipo *religioso*, tal como se lo definió aquí, es coherente visto desde afuera, pero no lo es necesariamente cuando se lo observa desde el interior, ya que incluye una variedad de subgrupos separados por profundas rivalidades y hasta desacuerdos en torno a temas fundamentales de naturaleza religiosa, los cuales poseen profundas raíces en la historia y la geografía judías. En términos de coherencia interna, también el tipo *étnico/comunitario* puede incluir fragmentaciones y litigios: la pertenencia judía se manifiesta en él a través de una variedad de marcos colectivos subétnicos, culturales, políticos y aun económico-funcionales, los cuales se hallan a veces en competencia mutua o incluso en conflicto irreconciliable. El tipo *residuo cultural* es todavía menos coherente en su interior, ya que cada miembro individual sigue su propia incorporación particular de elementos culturales judaicos, en el marco de una visión del mundo dominada por conductas individuales y pautas de asociación comunitaria que son generales y no específicamente judías. Y el tipo *dual judío/no judío* es por definición el de menor coherencia interna, al estar dominado por un mundo de contenidos no judíos cuya extensión y variación son virtualmente infinitas.

No obstante, sostenemos que, en términos de la relación entre individuo judío y comunidad judía, estas diferencias *intragrupales* resultan de importancia secundaria cuando se las compara con las diferencias *intergrupales*. Todas las poblaciones o etapas evolutivas aquí descritas comparten con las otras características crucialmente importantes. Esas pautas comunes nos parecen lo bastante fuertes como para que las diferenciaciones analíticas sugeridas resulten útiles a fin de comprender el presente judío y proyectar el futuro.

Un intento de cuantificación

Para intentar traducir las categorías identificacionales mencionadas más arriba a estimaciones cuantitativas aproximadas de las poblaciones judías contemporáneas es necesario reunir información proveniente de una gran cantidad de fuentes. La calidad y comparabilidad de los datos no siempre resultan satisfactorias.[8] Los datos sobre judíos en la diáspora son provistos por el NJPS de 1990 para Estados Unidos, una variedad de estudios similares en otros países y fuentes institucionales judías. Debe prestarse especial atención al sustancial espectro de variaciones entre las comunidades judías del

---

[8] U. O. Schmelz y S. DellaPergola, "World Jewish population 1992", *American Jewish Year Book*, vol. 94, 1994, pp. 465-489.

mundo. Nuestra tipología se basa primariamente en las frecuencias registradas de una variedad de *conductas judías concretas*, en especial observancia de tradiciones religiosas y participación en organizaciones judías. Las pruebas de actitudes judías sirvieron como fuente complementaria para indicar la variación en los modos de identificación judía. Los datos asequibles sobre observancia ritual y religiosa en general fueron útiles para evaluar el número de quienes se identifican a través de la religión. Aparecen significativas diferencias entre país y país, aunque la jerarquía de los niveles de frecuencia de diferentes observancias rituales tiende a ser muy similar en los diversos países.

Claramente, la presencia de la religión organizada dentro de la vida comunitaria judía es mayor en Estados Unidos que en gran parte de otras comunidades diaspóricas, aunque ello no implica de manera necesaria una frecuencia particularmente elevada de conductas religiosas.[9] La presencia de la religión también tiende a ser mayor en Gran Bretaña[10] que en Francia[11] o las comunidades latinoamericanas (con la excepción parcial de México);[12] Europa Oriental ocupa el lugar inferior en este continuo. En cuanto a la afiliación comunitaria formal, elemento importante en la evaluación del número de judíos que se identifican ante todo a través del modo étnico/comunitario, los porcentajes afiliados pueden llegar a 90% en México, 70% en Inglaterra, menos de 40% en Francia, entre menos de 20% y más de 70% en diferentes ciudades de Estados Unidos, y, hasta tiempos recientes, cerca de cero en la ex URSS.

Nuestro análisis trata de establecer la presencia de diferentes combinaciones de observancia religiosa, afiliación comunitaria y otros aspectos cognoscitivos o actitudinales respecto del judaísmo dentro de cada una de las poblaciones judías contemporáneas importantes. En el caso de Estados Unidos, que domina numéricamente los totales de la diáspora, la preferencia por y la afiliación con las grandes corrientes judaicas (ortodoxa, conservadora, reformista) fueron consideradas cuidadosamente en relación con las prácticas religiosas concretas y otros aspectos de identificación judía. Las respectivas estimaciones fueron obtenidas mediante la delimitación, dentro de cada una de dichas corrientes, de la subpoblación que parecía coincidir

[9] C. S. Liebman y S. M. Cohen, *Two Worlds of Judaism: The Israeli and American Experiences*, Yale University Press, New Haven, 1990; B. A. Kosmin y S. P. Lachman, *One Nation under God: Religion in Contemporary America*, Harmony, Nueva York, 1993.

[10] S. Miller, M. Schmool y A. Lerman, *Social and Political Attitudes of British Jews: Some Key Findings of the JPR Survey*, Institute for Jewish Policy Research, Londres, 1996.

[11] D. Bensimon y S. DellaPergola, *La population juive de France: Sociodémographie et identité*, The Hebrew University, Jerusalén y CNRS, París, 1984; E. H. Cohen, *L'étude et la education juive en France ou l'avenir d'une communauté*, Cerf, París, 1991.

[12] S. DellaPergola y S. Lerner, *La comunidad judía de México: Perfil demográfico, social y cultural*, Universidad Hebrea de Jerusalén/El Colegio de México/Asociación Mexicana de Amigos de la Universidad de Jerusalén, México y Jerusalén, 1995.

mejor con el respectivo modo de identificación, de acuerdo con nuestra tipología.[13] Por ejemplo, nuestra estimación de quienes se identifican a través de la religión incluyó, para Estados Unidos, a personas afiliadas a cualquiera de las tres corrientes religiosas, pero en proporciones diferentes y menguantes para cada uno de los grupos. Es interesante que nuestra clasificación general de los modos de identificación judía en Estados Unidos coincida *ex-post facto* con lo que encontró el NJPS de 1990: que los judíos norteamericanos se consideran, en orden descendente, un grupo cultural, un grupo étnico y un grupo religioso.[14]

Recientes pruebas sobre los modos de identificación judía en Israel fueron provistas por una encuesta nacional sobre formación familiar y fertilidad,[15] y por una encuesta nacional sobre creencias, observancia e interacción social entre judíos israelíes.[16] Pruebas adicionales se reunieron a partir de datos sobre enrolamiento en los diferentes sectores religiosos y laicos del sistema educacional israelí, y mediante el análisis de los resultados en las recientes elecciones israelíes, tomando en cuenta la posición de cada partido en lo concerniente a las cuestiones religiosas y nacionales.[17] La categoría dual judío/no judío en Israel refleja la presencia de secciones más marginalmente identificadas entre los recientes inmigrantes provenientes de la ex URSS.

Para 1990, basados en las mencionadas evaluaciones, cuyo carácter tentativo reconocemos, podemos evaluar en unos dos millones el número de judíos cuyo principal modo de identificación pasa por la participación *religiosa* activa; la mitad de los mismos se encuentra en Israel (véase el cuadro 2). El número mayor, posiblemente cercano a seis millones, parece corresponder al modo identificacional *etnicidad/comunidad*. Dentro de este subtotal, el sector mayor está representado por la corriente central de judíos en el Estado de Israel, quienes, aun cuando se inclinan al laicismo, tienden a mantener algunas prácticas tradicionales y las han incorporado a un modo predominantemente étnico / nacional de identificación. Más de cuatro millones de judíos en la diáspora, en su mayoría carentes de afiliación comunitaria, parecen mantener al menos algunos elementos residuales de una conexión cul-

---

[13] U. Rebhun, "Trends in the size of American Jewish denominations: A renewed evaluation", CCAR *Journal: A Reform Jewish Quarterly*, invierno, 1993, pp. 1-11.

[14] B. Kosmin, S. Goldstein, J. Waksberg, N. Lerer, A. Keysar y J. Scheckner, *Highlights of the CJF 1990 National Jewish Population Survey*, Council of Jewish Federations, Nueva York, 1991; S. DellaPergola, "New data" (cf. nota 7).

[15] I. Adler y E. Peritz, "Religious observance and desired fertility among Jewish women in Israel", en S. DellaPergola y J. Even (comps.), *Papers in Jewish Demography 1993 in Memory of U. O. Schmelz*, The Hebrew University, Jerusalén, 1997, pp. 377-389.

[16] S. Levy, H. Levinsohn y E. Katz, *Beliefs, Observances and Social Interaction among Israeli Jews*, The Louis Guttman Israel Institute of Applied Social Research, Jerusalén, 1993.

[17] U. O. Schmelz, S. DellaPergola y U. Avner, *Ethnic Differences among Israeli Jews: A New Look*, The Hebrew University, Jerusalén, 1991.

tural con el judaísmo. Cerca de un millón de judíos son portadores de una identidad *dual judía/no judía*.

El cuadro 2 presenta también perfiles identificacionales judíos tentativos para Israel y para cada una de las principales comunidades de la diáspora. Una variación significativa puede observarse o al menos inferirse de los datos existentes. Aun teniendo en cuenta las profundas diferencias entre los contextos nacionales, el modo predominante de identificación judía estimado en Estados Unidos, Francia, Rusia, Hungría y Belarús fue el *cultural*. En esos países predominan niveles bajos o muy bajos de afiliación comunitaria judía. Una importante distinción, sin embargo, es que mientras en Estados Unidos el residuo cultural judaico es a menudo canalizado en alguna forma de religión institucionalizada, en la mayoría de los otros países las opciones identificacionales más relevantes tienden a ser políticas y cívicas. El modo *etnicidad/comunidad* tendía a prevalecer, además de en Israel, en Canadá, Gran Bretaña, Ucrania, Argentina, Brasil, Sudáfrica, Australia, Alemania y México.

CUADRO 2. Principales modos de identificación judía.
Estimaciones generales. Comienzos de la década de 1990

País[a]	Total (miles)	Total (%)	Religión	Etnicidad/ comunidad	Residuo cultural	Dual judío/ no judío
Total mundial (miles)	13 000		2 000	6 000	4 000	1 000
Total mundial %		100	15	46	31	2
Israel	4 400	100	23	63	12	2
Estados Unidos	5 620	100	10	35	45	10
Francia	530	100	15	25	55	5
Rusia	415	100	1	36	50	13
Canadá	356	100	20	50	20	10
Gran Bretaña	298	100	27	44	27	2
Ucrania	276	100	3	52	35	10
Argentina	211	100	10	57	28	5
Brasil	100	100	15	60	20	5
Sudáfrica	100	100	15	65	20	—
Australia	90	100	15	60	25	—
Hungría	56	100	12	33	45	10
Alemania	50	100	10	40	30	20
Belarús	47	100	5	40	45	10
Uzbekistán	45	100	33	33	33	1
México	40	100	38	50	12	—
Otros países de la diáspora	366	100	16	30	39	15

[a] Las poblaciones judías de la diáspora están ordenadas según tamaño, en orden decreciente. Los datos fueron tomados de Schmelz y DellaPergola, 1994.

El énfasis que hacen las comunidades judías de América Latina, y hasta cierto punto los países del ex Commonwealth británico, en fuertes centros judíos de deportes, entretenimiento y cultura, así como la persistencia de comunidades judías subétnicas,[18] constituye una importante manifestación del modo predominante de identificación judía en esos países.

Al comparar las estimaciones de principios de los noventa con las de comienzos de siglo,[19] resulta claro cuán grande ha sido la declinación del modo religioso de identificación judía en la diáspora. A la inversa, los modos intermedio y débil de identificación judía se han vuelto más típicos. La *Shoá* [Holocausto], con sus desastrosas consecuencias para la población judía, es responsable de la mayor parte de estas modificaciones. Otros cambios significativos se relacionan con graduales transformaciones en la identificación judía de las comunidades contemporáneas. La presencia de Israel en el mundo contemporáneo se percibe en las condiciones ambientales judías distintivas que ha generado, y en el refuerzo de un modo esencialmente étnico/nacional/comunitario de identificación judía, en lugar del modo religioso que predominaba en la diáspora en el pasado.

El papel de Israel

¿Cómo podemos conciliar en una y la misma tipología los parámetros sustancialmente diferentes de una mayoría judía en un Estado soberano con los de minorías judías relativamente pequeñas y dispersas? En primer lugar, debe mencionarse el doble papel de Israel en tanto constructor de identidad judía:

1. como uno de los polos de referencia simbólica más poderosos de la identidad judía contemporánea, y en consecuencia un elemento fortalecedor de la existencia colectiva de los judíos;

2. como una opción existencial para los judíos, que puede ser evaluada en términos de su propia realidad.

Cuando nos concentramos en este segundo aspecto, resulta interesante percibir que el mayor cambio introducido por la presencia de Israel en la sociología identificacional del judaísmo mundial parece operar por medio de un mecanismo *social-estructural*, más que a través de una singularidad *cultural-identificacional*. Cada uno de los cuatro modos diferentes de identificación judía que señalamos puede existir y de hecho existe dentro de la sociedad israelí, tal como existe en la diáspora. Mientras que los elementos

[18] S. DellaPergola, G. Sabagh, M. Bozorghmer, C. Der-Martirosian, S. Lerner, "Hierarchic levels of subethnicity: Near Eastern Jews in the U. S., France and Mexico", *Sociological Papers*, vol. 5, núm. 2, 1996, pp. 1-42.

[19] A. Ruppin, *Der Juden, op. cit.*

específicos de la experiencia identificacional y cultural de los judíos pueden ser diferentes en Israel y fuera de él,[20] las principales categorías tipológicas son igualmente aplicables en Israel y en la diáspora. Las diferencias conciernen más al peso relativo de cada tipo identificacional que a la existencia en Israel de un modo totalmente innovador de identidad, que no podría haber sido derivado o adaptado de la experiencia judía preisraelí.

Lo que, en cambio, aparece como decisivamente innovador y mutuamente excluyente frente a situaciones conocidas en la experiencia diaspórica es un nivel por entero nuevo de lo que podemos definir como *densidad ecológica*. Los judíos no sólo han alcanzado en Israel una situación de mayoría en el nivel local de barrios residenciales o incluso ciudades, como ocurría con frecuencia en varias comunidades diaspóricas hasta la primera Guerra Mundial. Los judíos constituyen en Israel una muy densa mayoría nacional, a la que agregan la fundamental dimensión de la soberanía política. Para los fines de este estudio la manifestación estatal, que constituye un instrumento quintaesencial para expresar las preferencias identificacionales judías, consiste en un sistema político comprehensivo, integrado, pluralista, competitivo, que proporciona la oportunidad, única existente hoy en día en el mundo, de *una interacción activa y significativa entre todos los miembros de la población judía*. Semejante medida de total participación en una actividad de relevancia obviamente judía, a la vez que cívica en términos generales, no puede ser nunca alcanzada en la estructura organizacional fragmentada, sectorial y voluntaria de las comunidades judías de la diáspora actual. De hecho, la arrolladora diversidad de las organizaciones judías existentes refleja en gran medida los diferentes modos de identificación descritos más arriba (religioso, étnico/comunitario, cultural-residual, y aun dual judío/no judío), y las necesidades diferentes y a menudo en conflicto de las respectivas comunidades judías.

El cuadro 3 provee una síntesis de las principales diferencias entre la distribución de judíos en Israel y la diáspora, según los principales modos identificacionales. Como se dijo, el tipo más frecuente en Israel es *etnicidad/comunidad*, seguido de lejos por *religión*, mientras que para la diáspora judía globalmente considerada el tipo más frecuente es *residuo cultural*, seguido de cerca por *etnicidad/comunidad*. Israel contenía, a principios de los noventa, cerca del 34% de la población judía mundial, pero presentaba 50% o más de los dos tipos identificacionales más fuertes, y sólo 10-12% de los dos tipos más débiles.

---

[20] C. Liebman y S. M. Cohen, *Two Worlds, op. cit.*

CUADRO 3. Resumen de los principales modos de identificación judía
en Israel y la diáspora.
Estimaciones generales, comienzos de la década de 1990

Tipo	Total mundial	Israel	Diáspora	% en Israel
Total	13 000 000	4 400 000	8 600 000	33.8
Religión	2 000 000	1 000 000	1 000 000	50.0
Etnicidad/comunidad	6 000 000	2 800 000	3 200 000	53.3
Residuo cultural	4 000 000	500 000	3 500 000	12.5
Dual judío/no judío	1 000 000	100 000	900 000	10.0

CONCLUSIONES

Es obvio que los ejercicios taxonómicos como el que hemos intentado aquí
no pueden pretender grado alguno de precisión, y sólo sugieren tendencias
muy amplias. Hemos destacado, y lo reiteramos aquí, que la sociedad judía
no puede separarse en categorías discretas, sino que constituye un continuo
sumamente dinámico y fluido. Los pasajes de una a otra categoría pueden
ser fáciles y frecuentes, realizarse en cualquier dirección y de hecho ser re-
petidamente experimentados por la misma persona dentro del ciclo de una
vida, o aun en cualquier momento, bajo el impacto de las circunstancias y el
contexto.

Maneras diferentes de manejar los conceptos y datos que hemos revisado
pueden producir resultados ligera pero no sustancialmente distintos.[21] Es
muy importante recordar que las categorías identificacionales analizadas en
este trabajo se refieren a conceptos muy amplios sin siquiera explorar los
contenidos culturales ideales y simbólicos asociados con cada categoría.
También éstos están ciertamente sujetos al cambio en el tiempo, entre otras
cosas debido al fortalecimiento o debilitamiento de los diversos tipos identificacionales a los que nos referimos.

Pese a esas obvias limitaciones, la diversidad de las pautas existentes de
identificación judía constituye un rasgo central de la realidad judía contemporánea. Semejante diversidad es el resultado actual de una prolongada tendencia que, de muchas maneras, y siguiendo diferentes caminos conceptuales (algunos de los cuales hemos delineado aquí), puede ser ampliamente
proyectada contra el concepto general de asimilación. La diversidad identificacional judía debe también ser reconocida y apreciada en todo el trabajo

---

[21] Véase, por ejemplo, S. M. Cohen, *Contents and Continuity? Alternative Bases for Commit-
ment: The 1989 National Survey of American Jews*, The American Jewish Committee, Nueva York,
1991.

práctico de las organizaciones judías, en especial el de aquellas que tratan de educar y movilizar a amplios sectores del público judío y encontrar dentro del mismo los puntos comunes más relevantes. La diversidad identificacional influirá enormemente en el carácter de la transición de los judíos contemporáneos a la próxima generación, en las oportunidades de continuidad judía en una perspectiva histórica de largo alcance, y en la posibilidad de mantener un (mínimo) consenso cultural entre los judíos de Israel y cada una de las comunidades en el mundo.

FUENTES PARA LA HISTORIA DEMOGRÁFICA
DE LA COMUNIDAD JUDÍA DE MÉXICO:
EL CENSO DE 1949

Luis Enrique Hernández Jiménez*
David Sergio Placencia Bogarín*

La HISTORIA demográfica debe procurar describir de forma coherente los acontecimientos pasados, usando a la población como si fueran hechos de mayor interés que deben ser explicados por otros factores.[1]

La demografía intenta medir la población más de una vez, ya que lo importante es medir el cambio poblacional. Aquélla reconoce cambios naturales y mecánicos; los primeros se subdividen en nacimientos o muertes (cifras fundamentales). Los cambios mecánicos, a su vez, consisten en inmigración y emigración.[2]

Para comprender la evolución de una población es necesario conocer los niveles y tendencias de la fecundidad, la mortalidad y las migraciones para explicar ciertas configuraciones en las estructuras actuales, a partir de comportamientos demográficos de generaciones pasadas.[3]

Prácticamente en todos los países se recaban datos demográficos fundamentalmente mediante dos formas: a) censos, que se realizan a intervalos regulares, y b) sistemas de registro vital: nacimiento, matrimonio y defunción, fundamentalmente.[4] Para la historia demográfica una de la fuentes más utilizadas son los censos, aunque la confiabilidad de los datos depende de varios indicadores que varían de acuerdo con cada región o sistema político. Según Hollingsworth, los elementos que alteran la veracidad de los datos pueden ser sociales, políticos, religiosos y económicos. La razón de dichas alteraciones, presentes sobre todo en los censos nacionales, es la pretensión de eliminar las diferencias, suponer una población homogénea en cuanto al grado de instrucción, el ingreso familiar, la apertura ante las cuestiones relativas a la reproducción, o el miedo a acciones ulteriores derivadas de la afiliación religiosa o política.

En nuestro país el estado de los datos censales ha mostrado limitaciones

---

* Centro de Documentación e Investigación de la Comunidad Ashkenazi de México.
[1] Hollingsworth, p. 32.
[2] *Ibidem*, p. 12.
[3] Mier y Terán, p. 94.
[4] Hollingsworth, pp. 21-22.

que se han superado con el tiempo; en otros casos el tipo de información que contienen varía de uno a otro de acuerdo con las políticas del Estado, o las necesidades del régimen en turno. En todo caso no se debe esperar la total certeza de cada uno de los datos. Por otro lado, las cifras sobre extranjeros son más bien discontinuas, pues "fueron captados con más detalle en los primeros censos generales de población debido a que en ese momento histórico se les consideró relevantes"; a partir del censo de 1950 los extranjeros dejaron de interesar en los censos.[5]

Pese a las fallas que pudieran tener los datos censales, rastrear la presencia extranjera en México a través de los censos generales de población es la mejor manera de estudiar a los inmigrantes, aunque definitivamente quedan muchos huecos.

En este trabajo se ha utilizado un censo llevado a cabo por la comunidad judía de México. El hecho de que la fuente haya sido generada por un grupo de inmigrantes supone que se salvan en lo sustancial los elementos que alteran la veracidad de los datos, pues es una población en gran medida homogénea. Casi desde los primeros años de la presencia de judíos en México éstos se identificaron en términos de cultura y lenguaje, creando clubes e instituciones a los cuales se integraba la población de acuerdo con su origen.[6]

Hacia finales de la década de los treinta se habían fundado ya algunas instituciones importantes como Nidjé Israel (de los ashkenazis), Alianza Monte Sinaí, Sedaká y Marpé (ambas del sector árabe), la Cámara de Comercio Israelita, el Hils Farein, la Federación Sionista, entre otras.[7]

En este momento se pueden diferenciar dos procesos en la integración de la comunidad judía; el primero caracterizado por la solidaridad y participación común en los eventos que afectaban a la comunidad; el segundo, por la creación de instituciones cuya determinante era el origen cultural o geográfico, que hacen ver a la comunidad judía fraccionada en su interior. Aunque se seguía participando en causas comunes, las decisiones pasaban primero por los representantes de cada sector.

Los judíos en la diáspora han buscado la protección que da el grupo, la asociación; por ello en noviembre de 1938 se creó oficialmente el Comité Central Israelita de México, con la asistencia de 27 representantes de organizaciones judías; la base de su creación fue que no intervendría en los asuntos de las instituciones representadas, ni en las tendencias ideológicas de cada una. El objetivo era crear una representación oficial ante las autoridades del país, así como coordinar las labores comunitarias comunes.[8]

[5] Salazar Anaya, pp. 79-83.
[6] Sobre aspectos sociológicos de la identidad entre los judíos véase el trabajo de Celia S. Heller citado en la bibliografía. Véase también Krause, pp. 147-173.
[7] Zack de Zukerman.
[8] *Ibid.*, p. 27.

Es importante apuntar que, en términos de la ciencia política, la fundación de este organismo dibuja a una comunidad judía en un proceso de modernización, que corresponde al momento en el que las organizaciones creadas en el seno de un grupo social traspasan la representatividad a una institución central, secular y nacional.[9] Así, "el Comité Central se dedicó a las tareas que no eran consideradas en los programas de trabajo de otras instituciones, y a aquellas que sólo una institución central, con el apoyo de toda la comunidad, podía realizar".[10]

I

Así como un Estado moderno necesita conocer a su población a través de los censos, el Comité Central Israelita de México realizó, en 1949, un censo poblacional. El objetivo final no era de tipo demográfico; es decir, no se pretendía conocer con precisión las características sociodemográficas de la comunidad, sino conformar un padrón electoral para las elecciones de representantes. Para ello se constituyó un comisión integrada por los señores Maizel, Shimanovich, Dultzin, Epstein y Rosen; de esta comisión surgió el Departamento de Estadística, el cual sería el responsable de realizar el censo.[11]

El cuestionario incluía datos de domicilio (hogar y negocio), nombre, apellidos, sexo, edad, estado civil, nacionalidad actual (para 1949), año de entrada al país, ocupación, idiomas (tanto el materno como el que se hablaba en casa y otros que hablara el individuo), el grado de escolaridad y el tipo de escuela. Así pues, se pueden contar sólo 12 variables, lo que hace una notable diferencia con la encuesta sociodemográfica realizada por Sergio DellaPergola y el equipo de El Colegio de México en 1991, en la cual se consideran más de 250 variables,[12] o incluso con el censo realizado en Brasil en 1992, cuya encuesta considera alrededor de 50 variables.[13]

Debido a que las razones para realizar este censo no eran netamente demográficas, se omitieron datos como fecha de nacimiento, relación de parentesco, religiosidad, ingreso, instituciones a las que pertenece, aspectos de identidad, familia de origen, nupcialidad, etcétera.

Las encuestas para el censo fueron realizadas en los primeros meses de 1949, utilizándose para ello encuestadores pertenecientes a la comunidad judía. Esta circunstancia, así como el hecho de que la institución patrocinadora fuera el Comité Central Israelita de México, dan un margen mayor de

[9] Huntington, p. 147.
[10] Zack de Zukerman, pp. 27-29.
[11] ACCIM, libro de actas núm. 3, acta del 27 de julio de 1948, pp. 42-43v.
[12] Véase DellaPergola-Lerner, 1995.
[13] Véase Brumer, 1994.

confiabilidad a los datos, pues con toda seguridad no se desconfiaba de un encuestador "paisano", aunque tampoco se debe descartar el hecho de que, ante la familiaridad del encuestador con el encuestado, algunos cuestionarios hayan sido contestados previamente, para ahorrar tiempo.

En la asamblea realizada el 2 de agosto de 1949 por el Comité Central el señor Tuvie Maizel presentó un informe preliminar sobre los primeros resultados del censo (debemos aclarar que hasta el momento no se han podido localizar ni los aspectos metodológicos que rigieron este censo ni los informes de los resultados que se obtuvieron). En éste se dijo que se registraron 3 949 familias, de las cuales 2 678 (67.81%) eran de origen ashkenazi, 800 (20.26%) de habla árabe y 471 (11.93%) sefaraditas.[14]

II

Para el presente trabajo se utilizaron las encuestas originales halladas en el Archivo del Centro de Documentación e Investigación de la Comunidad Ashkenazi de México. El trabajo se realizó con una muestra de 195 registros familiares, que son los que han sido hallados hasta la fecha. De estos registros, 15 corresponden a personas que vivían solas, 36 a matrimonios sin hijos —que aún no habían procreado o que ya no vivían con ellos— y el resto son de familias completas.

La composición por sexo se observa en la gráfica 1.

GRÁFICA 1

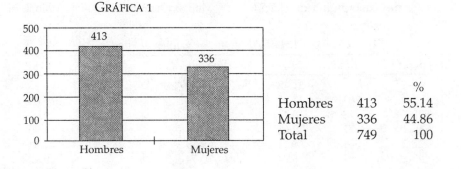

		%
Hombres	413	55.14
Mujeres	336	44.86
Total	749	100

Esto da una relación de masculinidad de 123 hombres por cada 100 mujeres. Tomando en cuenta que en una población estacionaria la esperanza de

[14] En Gojman y Carreño, 1993, pp. 20-21, se da la cifra de 3 988 familias censadas; este dato fue tomado de Jacobo Levitz, *Jewish Education in Mexico*, Nueva York, 1956. Para este trabajo se va a considerar la cifra que presentó Tuvie Maizel.

vida es de 65 años para los hombres y de 70 para las mujeres, la relación sería de 92 hombres por cada 100 mujeres; en este caso estamos ante un proceso de inmigración, en el cual la mayoría de los inmigrantes son hombres. Aunque para el caso de la inmigración judía a México se puede observar que en algunos periodos la femenina superó a la masculina; por ejemplo, entre 1930 y 1934 se registró el ingreso de 551 hombres y 679 mujeres; entre 1935 y 1939 se registran 558 hombres y 680 mujeres. Sin embargo, en el periodo 1925 a 1949, el ingreso fue de 3 412 hombres y 3 384 mujeres.[15]

El cuadro 1, de distribución por grupos de edad, muestra que en 1949 la población menor de 15 años correspondía al 33.10%. Observamos que debido a que la población judía estaba sujeta a cambios mecánicos, es decir a la inmigración, el grupo de 35 a 39 años de edad no sigue una tendencia poblacional a la baja, sino que opera un incremento de la población, y sólo en el grupo de 55 a 59 años vuelve a tomar su tendencia natural al descenso.

En efecto, de acuerdo con el cuadro 2, un alto porcentaje de las generaciones más jóvenes había nacido en México; de 0 a 24 años sumaban 316, 82.94% del total de los efectivos de esta generación; de 25 años en adelante sólo el 7.07% habían nacido en México, el resto eran inmigrantes; de 50 años en adelante, el total de los censados nació en el extranjero (gráfica 2). Si bien la proporción de inmigrantes era todavía mayor que la de los nacidos en México, se observa el crecimiento de la llamada *segunda generación*, que remplazaría a los inmigrantes.

De los nacidos en el extranjero, la mayor parte provenía de Europa Oriental;[16] Polonia fue el país que más inmigrantes judíos aportó a México (38.4%); de Rusia venía el 21.95% y de Medio Oriente el 13.47% (véase el

CUADRO 1. *Distribución por grupos de edad*

Grupos de edad	Total	%	Grupos de edad	Total	%
0-4	86	11.48	45-49	47	6.28
5-9	84	11.21	50-54	50	6.68
10-14	78	10.41	55-59	23	3.07
15-19	72	9.61	60-64	21	2.80
20-24	61	8.14	65-69	10	1.34
25-29	52	6.94	70-74	5	0.67
30-34	41	5.47	75-79	4	0.53
35-39	54	7.21	+80	3	0.40
40-44	58	7.74	*Total*	749	100.00

[15] AGN, Gobernación Registro de inmigrantes. Los datos han sido calculados por los autores de este trabajo.
[16] Es abundante la bibliografía que hace referencia a la proporción de judíos provenientes de esta región.

CUADRO 2

Grupos de edad	Nacidos en el extranjero	%	Nacidos en México	%	Total
0-4	11	12.79	75	87.21	86
5-9	4	4.76	80	95.24	84
10-14	6	7.69	72	92.31	78
15-19	15	20.83	57	79.17	72
20-24	29	47.54	32	52.46	61
25-29	42	80.77	10	19.23	52
30-34	34	82.93	7	17.07	41
35-39	48	88.89	6	11.11	54
40-44	56	96.55	2	3.45	58
45-49	50	97.87	1	2.13	47
50-54	50				50
55-59	23				23
60-64	21				21
65-69	10				10
70-74	5				5
75-79	4				4
+80	3				3
Total	406	100.00	342		749

GRÁFICA 2

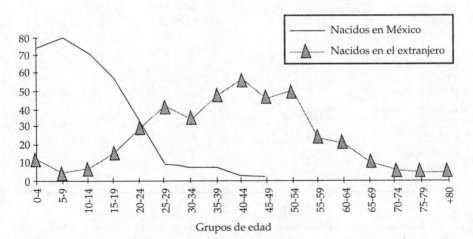

cuadro 3).[17] Comparativamente, el total de polacos inmigrantes a México era, para 1950, de 1 493, que representa el 1.4% del total de los extranjeros radicados en el país.

Para 1949, de acuerdo con la muestra, de las 401 personas nacidas en el extranjero el 60.35% ya se habían nacionalizado; 154 conservaron su nacionalidad (cuadro 4). Según el Censo General de Población y Vivienda de 1950, el 41.81% de los extranjeros en México se nacionalizó. El hecho de que el porcentaje de judíos nacionalizados sea mayor que el porcentaje general habla de que había una decisión de arraigarse en México, a pesar de que la primera intención había sido continuar su viaje hacia Estados Unidos. Es muy probable que la existencia de instituciones judías sólidas haya contribuido a frenar esas intenciones.[18]

En la muestra se registraron 413 hombres y 336 mujeres. En la generación de 0 a 14 años el total de hombres era de 140 y el de mujeres de 108; el sensible déficit de mujeres puede indicar que había más nacimientos de varones; sin embargo se tienen registrados 11 menores de 4 años nacidos en otro país, lo que varía las proporciones naturales del crecimiento de una población. Las personas de 65 años y más representan el 2.94% (cuadro 5).

En relación con el estado civil, el patrón general es el de casados: 338 (45.13%). Esta proporción es indicativa de una alta nupcialidad, que en este periodo se debe a la necesidad de la continuidad judía y la preservación de sus valores culturales en México. Esta idea se ve reforzada por la casi ausencia de divorcios, sólo dos personas (0.59%). Debido a la naturaleza de

CUADRO 3. *País de origen de los nacidos en el extranjero*

Alemania	20	Israel	2
Arabia	2	Latvia	1
Austria	10	Letonia	2
Bélgica	6	Lituania	19
Checoslovaquia	4	Palestina	4
China	1	Perú	1
Cuba	3	Polonia	154
Estados Unidos	8	Rumania	7
Francia	1	Rusia	88
Galitzia	3	Siria	48
Guatemala	2	Turquía	2
Hungría	11	Ucrania	1
Inglaterra	1	*Total*	*401*

[17] Para conocer mejor la distribución de la inmigración ashkenazi a México véase Carreño, 1993.

[18] Carreño 1993; Gojman y Carreño, 1993.

CUADRO 4. *Nacionalidad actual*

alemana	6	húngara	3
apátrida	7	inglesa	1
árabe	2	israelí	1
austriaca	5	latvia	1
belga	5	letona	1
checa	4	lituana	6
costarricense	1	mexicana	242
cubana	6	polaca	53
damasquina	3	rumana	1
estadunidense	9	rusa	8
francesa	2	siria	22
guatemalteca	2	turca	1
holandesa	4	*Total*	396

CUADRO 5. *Distribución por edad y sexo*

Grupos de edad	Hombres	%	Mujeres	%	Total	%
0-4	49	11.86	37	11.01	86	11.48
5-9	48	11.62	36	10.71	84	11.21
10-14	43	10.41	35	10.42	78	10.41
15-19	44	10.65	28	8.33	72	9.61
20-24	31	7.51	30	8.93	61	8.14
25-29	24	5.81	28	8.33	52	6.94
30-34	21	5.08	20	5.95	41	5.47
35-39	25	6.05	29	8.63	54	7.21
40-44	34	8.25	24	7.14	58	7.74
45-49	26	6.30	21	6.25	47	6.28
50-54	27	6.54	23	6.85	50	6.68
55-59	15	3.63	8	2.38	23	3.07
60-64	13	3.15	8	2.38	21	2.80
65-69	5	1.21	5	1.49	10	1.34
70-74	4	0.97	1	0.3	5	0.67
75-79	2	0.48	2	0.6	4	0.53
+80	2	0.48	1	0.3	3	0.40
Total	413	100.00	336	100.00	749	100.00

494 ESTUDIOS SOCIODEMOGRÁFICOS

este censo, no es posible determinar si hubo segundas nupcias, lo que permitiría establecer con mayor precisión el número de divorcios.[19] Sin embargo, suponemos que la tendencia era a permanecer en matrimonio, pues la proporción general de divorciados en la República mexicana era de 0.45%. Asimismo, tampoco se pueden determinar con precisión los matrimonios exogámicos ni mixtos. Pero no descartamos que para cubrir la diferencia entre hombres y mujeres solteros se haya buscado pareja fuera del contexto judío, o incluso fuera del país; la afirmación anterior se sustenta en que los solteros entre 15 y 29 años presentan un alto porcentaje de casamientos en el estudio de DellaPergola (este grupo de edad corresponde al de 55 a 74 años del citado estudio).[20] También es de mencionar que la viudez empieza en el grupo de edad de 45 a 49 años, generación que sufrió la época de persecución en Europa y pudo haber perdido a su cónyuge.

Una de las limitaciones de este censo es que no se especificó el número de hijos nacidos vivos, por lo que para obtener las tasas de natalidad y de mortalidad infantil es necesario recurrir a otras fuentes y a otras estimaciones. Por el momento calculamos el promedio de hijos por mujeres unidas en matrimonio, de 2.6 hijos por mujer, cifra que resulta muy baja para una época tan temprana en el desarrollo demográfico de México; el promedio nacional

CUADRO 6. *Distribución por edad, sexo y estado civil*

Edad	Solteros		Casados		Divorciados		Viudos		
	Hombres	Mujeres	Hombres	Mujeres	Hombres	Mujeres	Hombres	Mujeres	Total
15-19	48	23		1					72
20-24	26	12	7	16					61
25-29	21	3	6	21	1				52
30-34	4		17	20					41
35-39	1		24	29					54
40-44	1		35	22					58
45-49	2		26	17			2		47
50-54			25	20		1		4	50
55-59	1	1	14	6				1	23
60-64			12	5				4	21
65-69			3	4				3	10
70-74			4	1					5
75-79			2	1				1	4
+80							3		3
Total	104	39	175	163	1	1	5	13	749

[19] En el reciente estudio de DellaPergola se estableció que la proporción de divorciados, en 1991, era de 3 por ciento.
[20] DellaPergola y Lerner, 1995, p. 51.

CUADRO 7

Número de hijos por mujer	Frecuencia de mujeres	Total
1	35	35
2	42	84
3	42	126
4	10	40
5	6	30
6	5	30
7	2	14
8	1	8
9	1	9
Total	144	376

era de 6 hijos por mujer en 1950. Es muy probable que la explicación de este promedio tan bajo se halle en la naturaleza de la muestra que se trabajó, pues en 1991 las mujeres de 65 años y más (correspondiente al grupo de edad de 23 a 40 años en 1949) habían tenido un promedio de 3.5 hijos.

Desde la época bíblica la educación en el pueblo judío ha sido obligatoria para todos los niños, sin distinción de clases sociales.

El sistema de enseñanza universal y obligatoria, en efecto, sobrevivió a la dispersión del pueblo hebreo, y contribuyó grandemente a la perduración del judaísmo hasta los tiempos presentes. Desde entonces, el padre que se negaba a enviar a sus hijos a la escuela elemental recibía el nombre despectivo de Am Haaretz (ignoto, patán). La reforma de Yehoshua Ben Gamala es el primer ejemplo de un sistema de educación universal y obligatorio del que se tiene noticia en la historia antigua.[21]

La necesidad de educar a los niños dentro de la religión y la cultura judías llevó a crear colegios desde los primeros años del establecimiento de los inmigrantes.[22] Y aquellos que por su edad o nivel de estudio no podían incorporarse a las escuelas judías lo hicieron en las escuelas y universidades del país. En el censo de 1949, aunque se preguntó el grado de instrucción, casi exclusivamente se anotó el de aquellos que se encontraban estudiando, esto es, no se registró si alguien dedicado al comercio tenía la secundaria o la preparatoria terminadas.

Los datos que se han trabajado muestran que 203 declararon estar estudiando; de éstos, 105 estaban en la primaria (nivel básico), que de acuerdo con la edad en que se cursa este nivel representa el 64.81 por ciento.

El promedio nacional para 1950 de escolaridad en el nivel de primaria era

[21] Finkelman, p. 48.
[22] Véase Finkelman.

de 33% para edades entre 5 y 14 años. Este contraste tan grande se debe fundamentalmente al valor que los judíos daban, y siguen dando, tanto a la educación como a la cultura. Por otro lado, en este periodo el país empezaba a incorporarse a la modernidad y la alfabetización aún no alcanzaba a un importante sector de la población.[23]

Asimismo, se tenía cuidado de mantener la continuidad de la cultura por medio de la educación; a eso se debe que el 63.16% de los estudiantes en todos los niveles asistía a escuelas judías. Nuevamente la carencia de datos en este censo impide diferenciar el tipo de escuela judía, pues ya estaban establecidos el Colegio Israelita de México, la escuela Yavne y el Colegio Hebreo Tarbut.

La estructura socioeconómica de la comunidad judía en 1949 mostraba el predominio de la actividad comercial en la población económicamente activa judía (cuadros 10 y 11) pero ya se había incursionado en la actividad industrial. Los profesionales conformaban el 8.38% de la PEA judía.

CUADRO 8. *Escolaridad*

		%
Jardín de niños	17	8.37
Primaria	105	53.20
Secundaria	30	14.78
Comercial	13	6.40
Bachillerato	11	5.42
Superior	26	12.80
Posgrado	1	0.49
Total	203	*100.00*

CUADRO 9. *Tipo de escuela*

		%
Pública	28	14.74
Privada	42	22.10
Israelita	120	63.16

[23] De acuerdo con el Séptimo Censo de Población y Vivienda, de la población entre 5 y 14 años, que sumaba 6 784 277, solamente 2 239 980 asistían a la escuela.

CUADRO 10

	Comerciante	Empleado	Oficio	Industrial	Hogar	Profesional	Estudiante	Otros	N/e	Total
0-14	2	1			2		156		83	244
15-19	11	10	1	2	5		43			72
20-24	16	11		1	21	1	8		4	62
25-29	11	8		3	25	3	2			52
30-34	12	4		3	18	4				41
35-39	17	2	3	5	26	1			2	56
40-44	22	1		8	23	3				57
45-49	19	2		6	17	3		1	1	49
50-54	19	2	1	6	16	3			2	49
55-59	9	1		2	5	4			1	22
60-64	5			6	8				1	20
65-69	5				4				1	10
70-74	3				1				1	5
75-79	1				2			1		4
+80					1	2				3
n/e	1								3	4
Total	153	42	5	42	174	24	209	2	99	750

CUADRO 11

PEA	501
Comerciantes	30.54%
Empleados	8.38%
Industriales	8.38%
Profesionales	4.79%
Oficios	0.99%

III

Si bien los objetivos del censo realizado en 1949 no eran de carácter socio-demográfico, su importancia trascendió su fin último. Las variables que se manejaron, si bien no son exhaustivas, son las básicas para tener un panorama más particular del perfil sociodemográfico de la comunidad judía de México al término de la primera mitad del siglo XX. Ante un tratamiento estadístico con técnicas más eficaces, así como el cruce de información con otras fuentes, es posible salvar muchas deficiencias que presenta este censo. En un futuro se podrá llegar a conclusiones todavía más claras.

Sin embargo, la importancia de este censo se vería limitada si no se establecen las líneas de continuidad con el trabajo desarrollado por Sergio DellaPergola, lo que mostraría más claramente las tendencias sociodemográficas de la comunidad judía en México desde su establecimiento hasta la actualidad.

BIBLIOGRAFÍA

FUENTES DOCUMENTALES

AKA, Fondo Comité Central, Administrativo, censo de 1949.
Comité Central de la Comunidad Judía de México, Actas, Libro 3, 1947-1950.

OBRAS

Brumer, Anita, *Identidade e mundança*, Federación Israelita de Rio Grande do Sul, Rio Grande do Sul, 1994.
Carreño, Gloria, *Pasaporte a la Esperanza, Generaciones judías en México. La Kehilá Ashkenazi (1922-1992)*, Comunidad Ashkenazi de México, México, 1993.
Finkelman de Sommer, Maty, "Instruye a tus hijos", *Generaciones judías en México. La Kehilá Ashkenazi (1922-1992)*, Comunidad Ashkenazi de México, México, 1993.

Gojman de Backal, Alicia y Gloria Carreño, "Parte de México", *Generaciones judías en México. La Kehilá Ashkenazi (1922-1992)*, Comunidad Ashkenazi de México, México, 1993.

Heller, Celia S., "Ethnic differentiation among the Jews of Israel", *Migration and Development Implications for Ethnic Identity and Political Conflict*, Mounton, La Haya y París, 1975, pp. 97-111.

Hollingsworth, T. H., *Demografía histórica*, Fondo de Cultura Económica, México, 1983.

Huntington, Samuel P., *El orden político en las sociedades en cambio*, Paidós, Buenos Aires, 1974.

Mier y Terán, Marta, "Evolución de la población mexicana 1895-1970", *Estudios cuantitativos sobre la historia de México*, UNAM, México, 1988.

Salazar Anaya, Delia, *La población extranjera en México (1895-1995). Un recuento con base en los censos generales de población*, INAH, México, 1996.

Séptimo Censo General de Población, resumen general, Consejo Nacional de Población y Vivienda, México, 1950.

Zack de Zukerman, Celia, "Colectividad y kehilá", *Generaciones judías en México, La Kehilá Ashkenazi (1922-1992)*, t. VI, Comunidad Ashkenazi de México, México, 1993.

COMPORTAMIENTO ECONÓMICO Y ESPACIAL
DE LOS COMERCIOS E INDUSTRIAS JUDÍOS
EN LA HABANA: 1902-1959

MARITZA CORRALES CAPESTANY*

Pero ahora, te digo, el exotismo amenaza invadirnos de veras. Las leyes xenófobas de exclusión que han votado los yanquis, de rechazo nos inundaron a nosotros de polacos, de judíos, de turcos. Algún arrabal de la ciudad está lleno de ellos. Las accesorias clásicas se aturden con su jerigonza. Tienen comercios fijos y ambulantes; tienen casas de hospedaje, restaurantes, mujeres [. . .] ¿Te imaginas lo que eso significa? Maternidad polaca y semítica, cubanitos con Kas y eins en el apellido para el futuro; por lo pronto, idilios incomprensibles en el muro pasmado del Malecón. . .[1]

JORGE MAÑACH

Así describía Mañach, en sus estampas costumbristas de 1925, a este conjunto de inmigrantes de los que en Cuba se conocía muy poco. Incluso para su aguda percepción los polacos, los turcos y los judíos —que en nuestro medio eran prácticamente ramas de un mismo tronco— constituían tres grupos disímiles de extranjeros exóticos que traían consigo costumbres, lenguas y religiones diferentes y venían a poblar una ciudad que crecía sin orden ni concierto.

Hasta este momento, en nuestra historia, "la cultura judía había solido estar siempre escondidiza entre la de otros grupos [. . .] Si nos llegó con los españoles de todas las regiones, tanto más se infiltró en Cuba so capa de portugueses, de flamencos, de italianos, de británicos, de franceses, hasta de alemanes y luego de norteamericanos y polacos", como certeramente afirmara Ortiz.[2]

Ahora como realidad tangible, paseándose por nuestras calles, estos

---

* Investigadora en La Habana.

[1] Jorge Mañach, *Estampas de San Cristóbal*, p. 44. En Cuba se denominó "polaco" a todo extranjero proveniente de Europa Oriental (rusos, rumanos, húngaros, lituanos) y "moros o turcos" a los oriundos de Siria, Líbano, Palestina, Turquía, Egipto, fueran árabes o judíos.

[2] Fernando Ortiz, *Los factores humanos de la cubanidad*, p. 185.

hombres integran aun con más fuerza ese "ajiaco criollo" que es nuestra cubanidad, y dejan en ella su firme impronta.

Desde que Davey situara en 1898 la cifra en 500 judíos, "mayormente de origen hispánico y dedicados al comercio",[3] hasta los 7 800 del informe de Viteles en 1925[4] o los 12 a 15 mil que se calcula existían en 1959, se establece una progresión numérica que unas veces se presenta como consecuencia lógica de los acontecimientos históricos y económicos de la isla y, otras, se produce a contrapelo de esas mismas condiciones, como la corriente de los años veinte, en pleno apogeo de las vacas flacas.[5]

La historia económica de Cuba —puede afirmarse— es en buena medida la historia de su inmigración.

En el lapso de apenas una generación evidenciamos un incremento neto de 1 280 000 habitantes, aproximadamente la tercera parte de nuestro monto demográfico en 1925, lo que nos ubica como un país de inmigración en el mismo nivel —proporcionalmente hablando— de Australia, Estados Unidos o las naciones del Plata.[6] Entre los migrantes habituales a la isla (españoles, chinos, jamaiquinos, haitianos y árabes) los judíos son el último grupo en arribar, pues no lo hicieron de manera ostensible hasta después de 1920. Primero, a inicios de siglo, vinieron los judíos norteamericanos que vislumbraron en Cuba posibilidades más halagüeñas que las que brindaban las superpobladas zonas del este de Estados Unidos,[7] y que se unieron al grupo de soldados yanquis que después de la guerra con España habían permanecido en el territorio. Estos "pioneros" constituían una elite acomodada de unas 200 familias, dueñas o representantes de grandes empresas comerciales e industriales, que vivían en plena integración socioeconómica con las clases altas cubanas.

Luego llegaría el grueso de la inmigración sefaradita, entre 1908 y 1917, impulsados por la Revolución de los jóvenes turcos, la Guerra de los Balcanes y los prolegómenos de la primera Guerra Mundial. Y por último los hombres del *shtetl*, los ashkenazis, que entran al país en el periodo crítico del fin de la "danza de los millones",[8] en el peor de los momentos para intentar imbricarse en nuestro contexto económico y social.

Ninguno de estos hombres, por lo general, traía capital. Sólo juventud, energía y muchas esperanzas.

[3] Richard Davey, *Cuba Past and Present*, p. 27.
[4] Harry Viteles, *Report on the Status of the Jewish Immigrants in Cuba*, p. 5.
[5] Etapa de desplome económico, a consecuencia de la súbita caída del precio del azúcar, acaecida entre 1920 y 1921.
[6] Juan Pérez de la Riva, "Los recursos humanos de Cuba al comenzar el siglo: Inmigración, economía y nacionalidad", p. 11.
[7] Arnold Roller, *Letters from Abroad*, p. 259.
[8] Calificativo que dieron los periódicos de la época al periodo de especulación desenfrenada del mercado azucarero en 1919 y 1920, que trajo aparejada una extrema bonanza económica para la isla.

En el camino de la integración: De "peddlers" a industriales

Entre nuestros historiadores ha sido frecuente abundar, apologéticamente, en los beneficios de la inmigración china y española, obviando el hecho de que desde el punto de vista económico en realidad no los hubo tan grandes, ya que estos grupos —regresaran o no a su país— repatriaban una parte considerable de sus ahorros, a una tasa superior a la de ninguna otra inmigración. Sin tomar en consideración, además, que la avalancha española debilitaba "el sentimiento nacional forjado en las guerras de independencia y coadyuvaba —al acaparar gran parte del sector terciario— a la tradición nacional de la burguesía nativa de convertir la política en la segunda zafra del país".[9]

Cuba, pues, estaba necesitada de una política demográfica que diese empleo a las clases medias urbanas. Pero las condiciones para implementarla no eran las más propicias.

A partir de 1920-1921 la penetración de capital norteamericano se aceleró en la isla, y entre 1921 y 1924 la crisis cíclica de posguerra significó el hundimiento de las exportaciones por la aguda baja de los precios del azúcar. Así, los años que corren de 1920 a 1925 —periodo de la mayor inmigración judía— representan un verdadero punto de viraje histórico nacional, no sólo por la crisis estructural que sufre la economía, sino también por otros fenómenos conexos de la caída política y social del país, que traen aparejados la posibilidad de soluciones radicales y que conducen a la Revolución de 1930.

En este contexto, y como consecuencia de las restricciones inmigratorias de Estados Unidos a partir de las Leyes de Cuota de 1921 y 1924, comienza en gran escala la entrada al país de los judíos, de un grupo de hombres que carecían de vinculación política con el pasado nacional y que no repatriarían sus ahorros, de un grupo que marcaría con su sello particular el quehacer mercantil de la isla en los próximos 35 años.

Según los registros de pasajeros[10] podemos calcular que sobre el 80% de este conglomerado humano arribó a Cuba entre 1922 y 1930, declarando mayoritariamente ser comerciantes, sastres, zapateros, carpinteros, carniceros, barberos, por lo que se ubicarían en los estratos de proletariado urbano, artesanos y pequeña burguesía,[11] con la característica de trabajador independiente común a buena parte de ellos.

[9] Pérez de la Riva, *op. cit.*, p. 13.
[10] *Inmigración y movimiento de pasajeros*, Secretaría de Hacienda, Publicación anual. La falta de datos precisos producto del carácter "flotante" de buena parte de esta colectividad, sobre todo en los primeros tiempos, y la pérdida de la casi totalidad de los archivos de la Comunidad Hebrea y de un importante fondo del Archivo Nacional vinculado con el tema, dejan su huella sobre nuestro trabajo y dificultan nuestro intento de trazar un cuadro homogéneo de esta inmigración y de su contribución económica al país.
[11] Margalit Bejarano, "The deproletarization of Cuba Jewry", p. 58.

Aunque un análisis de la demanda laboral, realizado en 1925 a través de anuncios clasificados, arrojara la necesidad de sastres, carpinteros y cortadores,[12] las dificultades idiomáticas de la mayoría europea, el carácter masivo de su llegada, la ausencia de una infraestructura adecuada para recibirlos, el clima y su mentalidad de "refugiados" en tránsito hicieron muy difícil y penoso este primer estadio de su integración.

A su llegada encontraron que en el comercio de la isla,

> como en la mayor parte de las tierras hispánicas [. . .] los nativos de la mejor clase no han logrado competir en los negocios con los extranjeros [. . .] Los norteamericanos controlan la mayor parte de los grandes negocios, les siguen los ingleses, en tanto que los españoles acaparan en gran parte el comercio al por menor.[13]

Unida a esta realidad, la falta de empleo, los bajos salarios por la competencia en el mercado laboral, el escaso desarrollo de la industria, la desestimulación a la inversión productiva, una sociedad receptora que si bien no los rechaza tampoco los apoya individualmente, así como el lugar secular que el comercio ocupara entre los valores de Europa y el Mediterráneo Oriental[14] y, sobre todo, un poderoso deseo de salir adelante, de ascender socioeconómicamente, eran imperativos más que suficientes para obligar a cientos de desempleados[15] a ocuparse de actividades comerciales menores como forma de supervivencia.

¿Cómo insertarse en este contexto de tan exiguas alternativas? ¿Cómo encontrar espacio disponible para hombres llegados sin profesión ni dinero? Parece ser que, ante esta disyuntiva, el comercio ambulante se irguió como única solución, como un escalón forzoso a transitar en el proceso de integración económica de los judíos en toda Latinoamérica. Un escalón que permitía comerciar sin capital inicial, con mercancías entregadas a crédito y con un nivel mínimo de entrenamiento y de conocimiento del idioma.

De esta forma, los judíos ingresaron a lo que Jozami denomina el "sector informal de la economía".[16] En los inicios todos más o menos vendieron corbatas, hilos, peines, medias, botones, alfileres y otras mercaderías:

[12] Viteles, *op. cit.*, p. 55.

[13] Charles E. Chapman, "Los males de las elecciones cubanas", p. 8. Estas firmas foráneas tenían todo a su favor: sistema de comunicación y transporte, crédito, etc. Los cubanos no podían competir, ni tampoco lo querían. No había una clase criolla con mentalidad comercial, sólo una actitud aristocrática, carente de pragmatismo, que despreciaba el comercio y tendía hacia las profesiones y la política como vía de enriquecimiento. Este abandono dejó el campo abierto a las potencias extranjeras que, gradualmente, tomaron el control sobre la economía y las finanzas del país.

[14] Gladys Jozami, "Aspectos demográficos y comportamiento espacial de los inmigrantes árabes en la NOA", p. 70.

[15] En mayo de 1924 el 90% de esta población se encontraba sin trabajo, según un informe del U. S. National Council of Jewish Women citado por Judith Laikin Elkin en *Jews of the Latinamerican Republics*, p. 87.

[16] Jozami, *op. cit.*, p. 66.

El vendedor de tapices y de zapatillas, que siempre va mirando al interior de los establecimientos, embistió al pobre Luján con su vientre enorme. Era un tipo amplio y peregrino —de cicerone bohemio, de alcahuete turco, vaya ud. a saber— con una redonda calva sonrosada y una perilla de rabí joven. . .[17]

En un plano superficial, la presencia judía de estos primeros años es la imagen de este pintoresco vendedor callejero que nos brinda Mañach, pero en esencia es mucho más, es algo que trasciende lo aparencial para convertirse en factor fundacional en nuestra economía.

Estos buhoneros judíos modificaron —junto con los árabes— el sistema mercantil cubano, introduciendo el concepto de crédito y las ideas del capitalismo moderno, insuflándole a la transacción comercial la agresividad que ya había perdido, creando nuevos segmentos de mercado al rescatar a los estratos más pobres, permitiéndoles satisfacer sus necesidades a través de las ventas a plazo, flexibilizando los precios y rebajándolos sustancialmente, rompiendo así, con la competencia, el monopolio español.[18]

Constituyeron una pieza en el engranaje de la distribución[19] que los comerciantes judíos ya establecidos supieron poner en funcionamiento. Les suministraron mercancías a crédito, y aunque se aprovecharon de las circunstancias y hasta intentaron controlar sus áreas de venta, sin ellos y sin la ayuda de las organizaciones norteamericanas[20] habría sido mucho más engorroso el camino.

Para estos baratilleros no todo resultó fácil. Fueron combatidos por la competencia española y también por algunos norteamericanos, pero la población los aceptó.[21] En la ciudad, el modo extrovertido de la vida en los cafés, al aire libre, favorecía al ambulante colocándolo ante un gran público, en tanto que en el campo el aislamiento y la lejanía hacían que fueran acogidos como alguien que rompía la monotonía cotidiana de la vida.[22]

Estas dos circunstancias auspiciaron este tipo de actividad que fue determi-

[17] Mañach, op. cit., p. 77.

[18] Para una apreciación del fenómeno en todas sus facetas deben considerarse también los matices negativos que apunta Ignacio Klich en "Criollos and Arabic speakers in Argentina: An uneasy pas de deux, 1888-1914", p. 24, en relación con las ansias consumistas y suntuarias que estos vendedores despiertan en las clases de muy bajos ingresos.

[19] Klich, op. cit., p. 24.

[20] Morris Lewis, Report of the Director of the Jewish Committee for Cuba, p. 17, señala que el 36% de los préstamos concedidos correspondió a los peddlers.

[21] En marzo de 1925 el Diario de la Marina se unió a las quejas de los comerciantes españoles. Pero parece ser que desde 1921 algunos miembros de la colonia norteamericana coincidieron también con estos intentos de eliminar el comercio ambulante, según refiere el señor Marcus, representante del HIAS en Cuba, citado por Viteles, op. cit., p. 57.

[22] En La Habana, en 1925, había no menos de 500, y en el interior más de 300 (Viteles, op. cit., p. 55). Si comparamos estas cifras con las del censo de 1919 —231, de los que 106 eran blancos nativos y 69 blancos extranjeros—, podremos apreciar el incremento que se experimentó, fundamentalmente por la incorporación de los judíos al sector.

nante para su posterior desarrollo como comerciantes. Gracias a ello pudieron acumular el capital que después reinvertirían en empresas más ambiciosas, y conseguir —al responder a los requerimientos de diversos niveles sociales— quedar asociados positivamente en la mente del consumidor con bienes económicos de bajos precios, con alguien que hacía que su dinero valiera más.[23]

Por la astucia de sus prácticas comerciales, su modo colectivo de hacer, su interrelación en los negocios y la ausencia de tradición consumista que manifestaban como grupo, progresaron vertiginosamente en la escala comercial, y vemos que ya en la segunda mitad de la década de los veinte la comunidad judía empieza a sentar las bases de lo que sería su futuro desarrollo. La imagen del *peddler* va desapareciendo gradualmente y ya a fines de los treinta quedará circunscrita a los pequeños poblados. La etapa ambulante del comercio judío termina para dar paso al negocio *in situ*, a una categoría mercantil y social de rango superior.

Paulatinamente transitaron al pequeño establecimiento, solos o con un socio, de productos altamente diversificados (sedería y quincalla). Después, a la tienda más especializada, relacionada en su mayoría con artículos textiles o de cuero, y a los almacenes de venta al por mayor. De ahí, al negocio de importación-exportación, que en una primera etapa estuvo centralizado por los norteamericanos, y a la producción industrial y, por último, a la fase de entrada a las profesiones.

Este tránsito no se realizó de manera festinada. Hubo —aunque somero— cierto análisis previo. De los apuntes de Viteles[24] se puede colegir que, tras la revisión de las cifras de importación de Cuba para 1923, dedujeron que había espacio para la comercialización y la industrialización en el país en los renglones de zapatos, medias, ropa para hombres y niños y artículos manufacturados de piel. Y es aquí, en estas líneas, donde comienzan, como puede observarse en el cuadro I (al final de este trabajo).

UN NUEVO GRUPO ECONÓMICO: PROTAGONISTA ACCIDENTAL EN LA GUERRA ENTRE POTENCIAS

Como habíamos señalado antes, el comercio en Cuba se encontraba en manos extranjeras, y los principales países proveedores de la isla (Estados Unidos, España e Inglaterra) disputaban entre sí su predominio, en tan intenso modo que llegaban hasta el rejuego en la determinación de los candidatos presidenciales.[25]

[23] Howard Johnson, "Safeguarding our traders: The beginnings of immigration restrictions in the Bahamas, 1923-1933", p. 11.

[24] Viteles, *op. cit.*, p. 11.

[25] José Miguel Gómez, presidente de Cuba en 1909 y que sustituyó al gobierno intervencionista de Charles Magoon, fue el candidato del capital inglés en la isla —en ese periodo aún el

A partir de la conversión de Cuba en una neocolonia de Estados Unidos, la contradicción entre los intereses mercantiles españoles y norteamericanos, cuya expresión en el plano político había significado la guerra, quedó modificada en favor de los intereses comerciales estadunidenses. En términos generales, la antigua clase comerciante peninsular quedó reducida —salvo excepción— a la importación y distribución de productos manufacturados para consumo interno. En breve esta supremacía en el comercio minorista también le sería disputada,[26] propiciándose, con esta otra escalada, el surgimiento de un nuevo grupo económico en la isla: el judío.

Los españoles estaban equivocados. Hacían descansar su posición en el mercado en lazos de tradición, idiomáticos y culturales, pero empleaban métodos comerciales anticuados. Compraban y vendían mal, productos españoles y alemanes especialmente. Preferían realizar pocas ventas con altos precios, en lugar de negociar cantidades superiores a precios más bajos pero con una rotación mayor, que multiplicara las ganancias.

Como definiera un competidor español:

ellos nos enseñaron cómo hacer negocios [. . .] nos enseñaron que había más de 20 formas diferentes de lograr que las cosas se hicieran [. . .] Hoy comprendo que lo que entonces pensé que era despiadado era lo práctico. Pero nosotros éramos muy conservadores.[27]

Los judíos, al no poder encajar en los patrones mercantiles imperantes, tuvieron que crear un *modus operandi* propio. Necesitaban una fuente suministradora más económica y eficiente que la dominante en el mercado para así mantener su recién adquirida posición. Los vínculos con familiares radicados en Estados Unidos la proveyeron: materias primas a menores costos, productos ya terminados a granel, mejores condiciones de precios y rapidez en los fletes, un nivel mayor de actualización de la moda y sobre todo la erradicación, en buena parte de los casos, de los importadores intermediarios, lo que les permitió introducir productos con precios mucho más competitivos.

Así fueron desplazando las mercancías españolas, inglesas y francesas de las tiendas, y convirtiéndose, de modo natural, en instrumento de la nueva "diplomacia del dólar" norteamericana inaugurada por Taft, en la cual los métodos intervencionistas de Roosevelt habían sido suplantados por un uso inteligente del capital financiero e industrial que les posibilitase obtener la

principal inversionista extranjero en nuestro territorio—, y no la opción que favorecía el Grupo Rockefeller (Menocal), ni la del gobierno norteamericano (Zayas).

[26] Alejandro García Álvarez, *La gran burguesía comercial en Cuba, 1899-1920*, p. 143.

[27] Carolina Amram, *The Assimilation of Immigrants in Cuban Society during the 1920s and 1930s*, p. 77, en entrevista realizada al dueño de Varas Hermanos y Cía., almacenista en pieles.

supremacía en un área que los politólogos estadunidenses percibían, además de comercial, como estratégica.[28]

A partir de ahora los judíos en Cuba como clase comerciante favorecerán los intereses norteamericanos en detrimento de los de españoles e ingleses, como los sirios lo habían hecho en Haití contra los de Francia y Alemania.[29] Hasta este momento Estados Unidos no contaba con una comunidad comercial de peso arraigada en el país, que alejase a la isla de la esfera de influencia europea y propiciase cada vez más un mayor nivel de dependencia económica de su mercado.

Las cifras de las importaciones cubanas de España y Reino Unido permiten apreciar cómo fue intensificándose este proceso de desplazamiento económico que se había iniciado con el Tratado de Reciprocidad de 1902. Si de 1923 a 1929 decrecieron de 13.2 a 8.9 millones las de España y de 13.0 a 12.0 las de Inglaterra, ya a partir de 1935 se minimizarían en favor de las de Estados Unidos, que aumentó sustancialmente su participación como se muestra en el cuadro 1.

Cuadro 1. *Importaciones*

Países	1935-1939*	1940-1945*
Estados Unidos	72.9	136.1
Inglaterra	4.6	3.2
España	2.6	1.6

* Las cantidades son el promedio anual en millones de pesos para el quinquenio.
FUENTE: *Report on Cuba*, BIRF, p. 763.

LA REFORMA ARANCELARIA DE 1927 Y LA LEY DEL 50%,
PILARES DEL *BOOM* ECONÓMICO JUDÍO

En 1925, con la fundación del Partido Comunista —hecho en el que fue considerable el aporte judío— comienza el gobierno de Gerardo Machado (1925-1933), cuyo principio y fin sintetizan en lo político el reflejo de la crisis económica y social que afectara el país. Fechas ambas que, también, marcarían y matizarían buena parte de la vida comunitaria judía cubana en lo político y lo económico.

Después de la primera Guerra una ola de proteccionismo recorrió el

[28] Brenda Gayle Plummer, "Race, nationality and trade in the Caribbean: The Syrians in Haiti 1903-1934", p. 532 y "The metropolitan connection: Foreign and semiforeign elites in Haiti, 1900-1915", p. 131.
[29] En relación con la aplicación de esta política en el Caribe utilizando otras minorías, pueden consultarse los textos que citamos de Plummer y Johnson.

mundo. En Cuba la crisis de 1920 hizo que un sector de la burguesía cubana tomase conciencia de la nocividad del monocultivo e iniciase un movimiento en favor del desarrollo de la industria nacional.

Ante ellos se abrían dos caminos: se buscaban productos alternativos para impulsar la exportación o se propugnaba una política de sustitución de importaciones. En este último sentido se inscribe la reforma arancelaria del 1 de octubre de 1927, como primer intento de regulación estatal indirecta de la problemática económica y como protección de determinados productos no azucareros.[30]

Aunque esta reforma es un fenómeno que no debe sobredimensionarse, ya que dejó intacta la estructura económica, sí ejerció un efecto estimulante sobre ciertas industrias locales (zapatos, textiles, perfumes, pinturas, etc.) hasta la crisis de 1929-1934, año en que fue neutralizada por el nuevo Tratado de Reciprocidad firmado con Estados Unidos.

A las circunstancias favorables que la reforma propició para la incorporación de los judíos al desarrollo industrial del país, se une otro factor que, aunque a primera vista puede parecer negativo, en rigor representó el detonante, el impulso final que lanzó de lleno a este grupo a la clase media y provocó en unos pocos años el sorprendente *boom* económico judío: la ley del 50% o de Nacionalización del Trabajo, del 8 de noviembre de 1933, que estipuló que la mitad de todo el personal laboral debía ser cubano nativo, y que según cálculos de la Comisión de Asuntos Cubanos[31] desplazó a no menos de 25 a 30 mil trabajadores.

Entre este número de desocupados se encontraba una mayoría de españoles —para los que fue concebida la ley— y una cantidad nada despreciable de judíos, que fueron así empujados a diseñar nuevas estrategias de adaptación y supervivencia.

Como la ley no limitaba la actividad económica de los extranjeros en tanto que dueños o empleados de "industrias caseras", les permitió ocupar los trabajos abandonados por los españoles que, presionados por la baja demanda, se vieron obligados a cerrar. Los judíos, conocedores de los métodos más modernos norteamericanos, descubrieron cómo salir adelante trabajando con sus familias y aprovechando la variante de la subcontratación.[32]

---

[30] Entre las medidas que se tomaron se cuentan: remisión de los derechos aduanales sobre la importación de maquinaria industrial y materias primas, exención del pago de impuestos internos a las nuevas industrias durante periodos de hasta diez años, restricción cuantitativa de las importaciones de algunos artículos, etcétera.

No obstante, el proceso de crecimiento hacia dentro de la economía cubana no fue nunca tan intenso o amplio como el de Argentina, Brasil o México, por diversos factores, en especial los limitados recursos energéticos y una actitud gubernamental de escaso alcance que elevó los aranceles pero dejó intacto el Tratado de Reciprocidad con Estados Unidos.

[31] Foreign Policy Association, *Problems of the New Cuba*, p. 233.

[32] Bejarano, *op. cit.*, p. 61.

Muchos de los comerciantes hebreos entendieron las oportunidades que les brindaba la reforma de 1927. Otros de entre ellos, que no se decidieron en esa primera etapa y habían permanecido como obreros, fueron forzados por la ley de 1933 a independizarse.[33] De esta manera, ambos grupos impulsaron la industrialización del país, convirtiéndose en sus mejores y más dinámicos empresarios, inaugurando industrias desconocidas en la isla (artículos de punto, corbatas, cinturones, etc.), que producían nacionalmente buena parte de lo que antes se importaba.

Así ya es posible encontrar, en fecha tan temprana como el mismo año de 1927, 30 fábricas de judíos dedicadas a la manufactura de ropa interior, trajes, corbatas, zapatos y artículos de piel, que aglutinaban entre uno y dos mil judíos.

Sólo unos años más tarde, en 1934, según cálculos aproximados, las *industrias* de los hebreos liquidaban unos quinientos mil dólares de ingresos municipales e importaban mercancías por valor de tres millones, pagando al Tesoro cubano cerca de un millón de dólares en impuestos. Además, si se estima el promedio de las compraventas mensuales en quinientos mil dólares, tan sólo por concepto del impuesto del 1 $\frac{1}{2}$% los *comercios* ingresarían cien mil dólares anuales.[34]

A este respecto es interesante la estadística de la Caja de Maternidad de La Habana de lo abonado como salario por 370 sociedades mercantiles judías en 1938.[35]

Si comparamos estas cifras con la información brindada por 704 industrias (calzado, confección de ropa, sombreros, colchones, muebles) que consignaron en 1939 como jornales pagados 3 772 992 dólares,[36] y presuponemos para este año una cantidad similar a la de 1938, podríamos tener una idea aproximada de la importancia de la participación judía en relación con la totalidad de ese sector, la que ascendería a casi el 50% de los salarios del mismo.

Uniendo los tipos de ocupaciones de la relación de Kaplan con los del cuadro 1 es posible apreciar la muy extensa variedad de sectores en que se desenvolvía esta comunidad desde sus primeros años. Podremos constatar también cómo, generalmente, las ramas comerciales mantenían una estrecha vinculación con las productivas. El industrial judío, siempre que le era posible, importaba directamente y fabricaba y vendía él mismo su pro-

---

[33] Según Bejarano, *op. cit.*, p. 63, los obreros judíos pasan de 1 200 en 1933 a 200-300 al fin de la segunda Guerra Mundial.

[34] Sender Volson, "Los hebreos en la vida económica de Cuba", p. 127.

[35] Sender Kaplan, "Los judíos en la vida económica de Cuba", p. 18 (en idish). Desafortunadamente, la totalidad de estos archivos desapareció en un incendio, por lo que este importante aspecto de la investigación no puede ser completado.

[36] Carlos M. Raggi Ageo, *Condiciones económicas y sociales de la República de Cuba*, p. 66.

Cuadro 2

	Dólares de Estados Unidos
Industria y comercio de ropas hechas	476 761
Fábrica de zapatos	214 619
Fábrica de tejidos	153 368
Tiendas	199 874
Distribuidores de películas	152 290
Tabaco	58 242
Fábrica de medias	98 706
Fábrica de camisas	71 006
Comisionistas	60 992
Quincallerías	50 876
Tintorerías	31 512
Fábricas de espejos, botones, muebles, licores y perfumes, panaderías, restaurantes, fotógrafos, chapisterías, bazares, bodegas, expendios de víveres, peleterías, tiendas mixtas, etcétera	224 952
Total	1 773 202

ducción. Los almacenistas, los de calzado sobre todo, suministraban la materia prima a los fabricantes y luego les compraban el producto terminado para comercializarlo también como mayoristas. Los confeccionistas menores trabajaban la ropa en pequeños talleres para proveer así sus propios puestos de venta.[37]

Esta estructura vertical, a todo lo largo de la línea productiva y de los canales de comercialización y distribución, era algo bien pensado que les permitía potenciar las ganancias y brindar, a un mismo tiempo, precios más bajos a los consumidores, abasteciendo por lo tanto a mayores segmentos de mercado.

PRINCIPALES INDUSTRIAS DE PARTICIPACIÓN JUDÍA

Veamos en un breve bosquejo algunos datos sobre el comportamiento de industrias como la del calzado, textil, confecciones y diamantes, que muestran el grado de flexibilidad y adaptabilidad que tuvieron los judíos y su contribución económica al país como propulsores de las mismas.

---

[37] Estas industrias operaban en dos formas fundamentales: se importaban directamente los tejidos, se cortaban y se distribuían a pequeños talleres y luego los ordenadores vendían los productos terminados a las diferentes tiendas; o se adquirían —también sin intermediario— los tejidos, nacionales o de importación, se elaboraban las prendas en todos sus procesos tecnológicos y, con posterioridad, se vendían directamente a las tiendas.

Cuando llegaron a Cuba la incipiente industria del calzado se encontraba paralizada por la crisis, en tanto que la de confecciones era prácticamente inexistente. Muchos de ellos, que en sus países de origen trabajaron como sastres o zapateros, decidieron comprar hormas y algunas máquinas e instalar talleres individuales o en cooperativas.

El fabricante judío comprendió que la baja del poder adquisitivo imponía ropa y calzado de precios reducidos si se quería satisfacer el mercado y, una vez más, fue flexible y tuvo éxito. El pequeño taller, al crecer la demanda de su producto, se convirtió en fábrica de tamaño considerable, oscilando las de calzado entre 100 y 200 obreros, mientras que en las de confecciones laboraban más de 6 000 (el 85% de ellos cubanos) y en las de textiles unos 2 000 (99% cubanos), distribuidos en unidades de entre 100 y 250 obreros cada una.[38]

Para 1934 en una revista judía se reseñaban 150 talleres y fábricas de calzado (90 de ellos en La Habana) que producían dos millones de pares al año y empleaban a más de cinco mil trabajadores —la mitad de la fuerza laboral de esa industria—, donde un 95% aproximadamente era cubana.[39]

La proliferación llegó a tal punto que Acevedo, en una de sus diatribas del comercio judío y la reforma del 27, reconoce —aunque de modo negativo—, el importante papel judío en esta industria: "a partir del 31 hase visto amenazado por los clásicos métodos mercantiles del hebreo [. . .] y si no se realiza algún milagro, quizás no tarde un lustro en ser lo más extranjero que haya en el país".[40]

Ante este grado de aceptación, el que hasta entonces fue obrero decidió abrir su propio taller y así fueron multiplicándose las instalaciones (83 para este periodo), cuyo logro fundamental estriba en haber sabido acomodarse a las especificidades de la demanda.

Las fábricas de calzado se ubicaban en el Cerro, tradicionalmente la zona de este tipo de industria por encontrarse allí la sede de la Unión de Fabricantes de Calzado, y en los municipios ultramarinos de Guanabacoa y Regla, donde, según un fabricante de la época,[41] era más fácil y barato obtener la licencia y los locales adecuados, en tanto que las de confecciones se concentraban, en esta primera etapa, en las calles Compostela, Sol y Villegas.

De lo anteriormente apuntado podemos afirmar que la industria del calzado y de textiles y confecciones comienza a tener relevancia en el periodo

---

[38] Volson, *op. cit.*, p. 128. Para una idea de las dimensiones de las fábricas pertenecientes a los judíos baste señalar que el 45.1% de nuestras instalaciones industriales contaba con menos de 5 obreros y sólo el 3.6, 1.4 y 0.8% tenían empleados entre 101-250, 251-500 y más de 500 obreros, respectivamente.

[39] Jaime Schuchinsky, "Los hebreos en la industria del calzado", p. 118.

[40] J. M. Álvarez Acevedo, *La colonia española en la economía cubana*, p. 173.

[41] Entrevista a Samuel Lifsitz, La Habana, 8 de marzo de 1995.

CUADRO 3. *Importaciones y exportaciones de calzado (1920-1940)*

	Importaciones		Exportaciones	
Años	Miles de pares	Miles de pesos	Miles de pares	Miles de pesos
1920	4 499	14 634	—	—
1921	2 657	8 550	—	—
1922	2 059	3 608	—	—
1923	4 104	8 631	—	—
1924	3 864	8 087	—	—
1925	3 230	7 019	—	—
1926	2 716	5 319	—	—
1927	2 560	4 622	—	—
1928	1 389	2 682	22.4	74.9
1929	832	1 818	142.9	110.1
1930	301	828	32.1	85.5
1931	66	181	30.6	85.6
1932	18	45	36.0	87.0
1933	9	20	40.9	63.7
1934	36	76	20.0	51.2
1935	113	212	21.5	14.2
1936	237	422	3.7	7.6
1937	321	563	3.5	4.6
1938	253	450	2.8	4.5
1939	328	558	1.1	3.1
1940	296	543	0.9	2.1

FUENTE: *Resúmenes estadísticos seleccionados,* Ministerio de Hacienda, Dirección General de Estadísticas, La Habana, 1959.

interbélico (1919-1939), en nuestro país, gracias al aporte judío. Si analizamos el cuadro 3, con las estadísticas de importación de zapatos, apreciaremos cómo a partir de 1921 se inicia una tendencia de constante decrecimiento, provocada tanto por la baja del poder adquisitivo como por el aumento de la producción nacional, hasta llegar incluso en 1928 a exportar calzado a áreas de Centroamérica y el Caribe.

Aun en 1940, después de haber desaparecido un buen número de pequeños fabricantes de calzado por la competencia de firmas cubanas y españolas, aparecen inscritos 466, de los que 148 corresponden a la provincia de La Habana,[42] con el 49.4% de la producción total. En nuestras estadísticas tenemos 53 fábricas de calzado judías para igual periodo en la capital, sin contar las de Habana interior, lo que significaría el 35.8% de las industrias registradas.

En cuanto a la industria textil y de confecciones, Cuba antes de 1927 era

[42] *Censo de 1943*, p. 370.

CUADRO 4. *Evolución de las importaciones de algodón: 1928-1945*

Años	Valor* (miles de pesos)	Años	Valor* (miles de pesos)
1928	7 886	1937	431 105
1929	15 009	1938	457 066
1930	43 522	1939	722 250
1931	39 615	1940	599 709
1932	22 402	1941	1 634 890
1933	31 055	1942	1 372 311
1934	91 961	1943	2 372 505
1935	230 199	1944	2 563 666
1936	631 203	1945	2 469 194

* De 1928 a 1934, aunque aumentan, se mantienen en niveles más bien bajos, por la caída que experimentan nuestras exportaciones y la norma de nuestra capacidad de compra.
FUENTE: *Anuarios de comercio exterior*, La Habana.

prácticamente un terreno virgen. La vocación económica de los inmigrantes más el proceso de industrialización sustitutiva de la isla impulsó a los judíos a iniciar estas producciones, que en las dos décadas que van de 1927 a 1947 experimentaron un desarrollo constante.

Si analizamos las cifras de importación de algodón de los años 1928 a 1945 veremos un incremento sostenido que se corresponde con la tendencia cada vez mayor de fabricar y confeccionar en Cuba los textiles y la ropa hecha que antes se traían como productos terminados.

La promulgación en 1945 del Decreto-Ley 2144, que concedió exención arancelaria y créditos a bajo interés a industrias nuevas, fue aprovechada por las fábricas judías para realizar ampliaciones y modernizaciones, dando un salto cuantitativo y cualitativo en su producción, ubicándose de este modo entre las más importantes del país.

Otra prueba de la habilidad de integración y del aporte de este grupo a nuestra economía fue el episodio de la industria del diamante, que aparece en La Habana con la llegada de los refugiados de Amberes y Amsterdam como una industria de transición por la segunda Guerra Mundial.

Cuba no era el lugar idóneo, pues no tenía máquinas, ni tradición, ni diamantes en bruto, ni mercado para el producto, pero sí era el único con las puertas abiertas y la energía y el ingenio necesarios en su comunidad para obviar ese cúmulo de dificultades. Además, contaba con su cercanía al mayor mercado del mundo (Nueva York) y sus facilidades de transporte aéreo.

Así surgió en 1942 la Primera Industria Cubana de Diamantes, S. A., hasta llegar, al fin de la guerra, a 48 fábricas con 4 500 obreros y un salario semanal de 180 mil dólares, además de los talleres de maquinarias para la talla y de piezas de repuestos, que no sólo se llegaron a producir en el país sino que también fueron exportadas. Si a esto añadimos los aranceles, impuestos, salarios, producción de máquinas, alquiler de locales, seguros, etc., obtendríamos una cantidad mayor de siete cifras como contribución de esta industria a la economía cubana en 1942-1943.[43]

EL "BOOM" DE LA POSGUERRA Y SUS CONSECUENCIAS

Al terminar la segunda Guerra Mundial no se produjo la rápida y aguda deflación de la vez anterior. El conflicto bélico sacó al comercio y a la economía en general de la postración de los años treinta, convirtiendo al quinquenio 1945-1949 en su conjunto en el periodo de mayor actividad de nuestra economía.

Hasta el decenio de los treinta el país creció hacia afuera, destinando la mayor parte del capital real incorporado al acervo nacional a la industria de exportación. Por el contrario, en la posguerra se invierte esta tendencia y las ramas dependientes del mercado interno constituyen la fuente de absorción de capital más importante del país.[44]

La necesidad de diversificar la producción interna llevó al gobierno a adoptar nuevas medidas proteccionistas, llegando incluso a declarar —aunque por poco tiempo— un embargo virtual de las importaciones de tejidos, y a ofrecer a los inversionistas industriales exenciones de   impuestos a la importación de maquinarias y materias primas.

Entre los industriales que se beneficiaban con estas regulaciones se encontraba un buen número de judíos, en posiciones ya tan relevantes dentro de nuestra economía que hicieron apuntar a Entralgo en 1947, al realizar su clasificación de las clases en Cuba, que la "industria de variadas dedicaciones al principio sólo pertenecía a los españoles, después a algunos cubanos blancos y por último, en su mayoría, a norteamericanos y hebreos", y que "los grandes comercios de importación y exportación en sus inicios eran españoles y más tarde de hebreos del oriente europeo".[45]

El desarrollo del sector manufacturero —donde mayormente se concentraron los capitales judíos—, uno de los más dinámicos de la producción industrial no azucarera, aumentó después de la guerra en un 32.9% entre 1946 y 1958, como observamos en el cuadro siguiente.[46]

[43] William Berger, "Significación para Cuba de la última corriente migratoria hebrea", pp. 23-24.

[44] Gustavo Gutiérrez, *El desarrollo económico de Cuba*, pp. 154- 155.

[45] Elías Entralgo, *Perioca sociográfica de la cubanidad*, p. 53.

[46] A pesar de esta alza general, dentro del conjunto de las industrias la textil y la del calzado sufrieron más que las otras el peso de la competencia foránea. Esta fuerte competencia ex-

CUADRO 5. *Índices de la producción industrial no azucarera 1946-1958*
(1953 = 100)

Año	Minerales	Construcción	Electricidad	Manufacturas	Índice
1946	—	68.6	53.7	89.3	79.3
1947	38.6	68.6	57.1	96.4	81.9
1948	25.0	81.1	63.9	76.7	69.8
1949	22.5	88.8	69.0	82.3	74.6
1950	36.4	98.6	76.0	94.0	85.8
1951	36.6	109.5	83.2	99.4	91.2
1952	59.2	92.5	91.2	104.0	96.7
1953	100.0	100.0	100.0	100.0	100.0
1954	86.7	124.5	108.7	102.1	102.7
1955	79.0	111.3	118.6	104.8	104.2
1956	78.6	118.3	132.2	112.3	111.6
1957	89.0	112.0	147.5	121.7	121.4
1958	80.4	120.8	107.5	118.7	120.1

FUENTES: *La economía cubana en 1956-57*, Banco Nacional de Cuba, La Habana, 1958, p. 57; *Informe del Ministerio de Hacienda*, p. 68.

Este proceso de concentración y centralización no resultó incompatible con el mantenimiento de multitud de pequeñas fábricas de carácter semiartesanal —donde también había un número considerable de miembros de esta colectividad— reducidas al papel de productoras marginales, abastecedoras de la demanda en aquellos sectores no monopolizados por las grandes empresas y de los grupos de población excluidos por sus bajos ingresos, a los que una vez más rescataría y suministraría el comerciante judío.

El procesamiento de los datos sobre industrias y comercios inscritos en 1954 en el Directorio Comercial del Municipio de La Habana[47] nos permite apreciar el peso específico que el sector económico judío ostentaba en algunas ramas de la manufactura, ya que representaba el 75% de las fábricas de guantes y corbatas, el 70% de los almacenes de tejidos, el 67% de las fábricas de hormas y tacones, el 65% de los talleres de confección de ropa al por mayor, el 63% de los almacenes de pieles, el 44% de los almacenes de sede-

tranjera impulsó a las empresas locales a solicitar una mayor protección arancelaria del gobierno, que prohibió por un corto lapso, en 1948, la importación de ciertos tipos de manufacturas y tejidos de algodón, hasta que decidió negociar con Estados Unidos la cancelación del trato preferencial a tres productos (cintas, ribetes y medias de nylon), que se importaban de aquel país y en los que, nacionalmente, la participación judía era importante. Así los hebreos, que como grupo económico constituyeron en un momento dado un importante eslabón en la estrategia norteamericana en el Caribe, resultaron al paso del tiempo un bumerang. Su éxito económico hizo decrecer sustancialmente las importaciones de productos terminados, convirtiéndose en fuertes competidores de las manufacturas estadunidenses.

[47] *Directorio comercial del municipio de La Habana*, 1954.

ría y quincalla y de las fábricas de juguetes, el 40% de las fábricas de toallas, el 38% de las fábricas de carteras y el 37% de las tiendas de sedería.

La importante participación en el sector de confecciones de tejidos planos y cruzados, del que fueron pioneros, y que puede tomarse como paradigma de su contribución económica al país, se resume en las cifras recogidas por el Ministerio de la Industria Ligera,[48] que arrojan que en Cuba se producían, en 1959, todas las prendas de vestir necesarias para cubrir la demanda nacional en un 98% para las confecciones de algodón, un 97% para las de rayón, acetato y nylon y un 85% para las de lana, dacrón y otras fibras.

Este tercer periodo de consolidación y profundización del desarrollo económico de esta colectividad, donde ya el proceso de "desproletarización" del que habla Bejarano ha sido consumado, sitúa a este grupo en el camino de la asimilación de los valores de la elite nacional y de la integración paulatina —a partir de su pujanza económica y sus logros profesionales— a un nuevo estatus social.

De La Habana Vieja a Miramar, de "klappers" a doctores: Evolución socioespacial de una comunidad

¿Cuál fue el comportamiento espacial de esta comunidad y cómo se manifestó su evolución social a lo largo de estas cinco décadas?

Con la crisis de los años veinte muchos españoles regresaron al Viejo Continente. Este éxodo, unido al que tuvo lugar durante la etapa de bonanza, cuando un buen número de comerciantes españoles y cubanos exitosos se mudaron para repartos [barrios] más selectos, dejó locales comerciales vacantes en la zona de La Habana Vieja que rápidamente ocuparon los judíos.

La corriente nacionalista que desplazó a tantos extranjeros hizo que los judíos, una vez interiorizada la realidad de que su salida a Estados Unidos era imposible, empezaran a aceptar a Cuba como una tierra "sustituta" de promisión e intentaran —tal y como pedía Kaplan desde las páginas del *Havaner Lebn*— hacer su "América en Cuba".[49]

Así, abandonando la idea de transitoriedad, los judíos comenzaron a echar raíces.

Donde primero se asentaron fue en las cercanías del puerto y el ferrocarril, en el nudo económico que concentraba el movimiento de entrada y sa-

---

[48] Datos de la Bolsa Nacional de Confecciones en *Informe del Ministerio de la Industria Ligera,* 1979.

[49] Jeffrey A. Kahn, *The History of the Jewish Colony in Cuba,* p. 74 y Robert M. Levine, *Tropical Diaspora,* p. 179.

lida de las mercancías de y hacia el exterior y el interior de la isla, en lo que Jozami denomina "barrio de mercado".[50]

El barrio de los judíos o de los polacos, en La Habana Vieja, reproducía hasta cierto punto la segregación espacial de sus lugares de origen, con sus pensiones, sus bodegas, sus cafés, sus carnicerías *kosher*, sus comercios, sus revistas, sus sinagogas y sus lugares de reunión, todo imbricado en una trama compacta que ocupaba un espacio de seis manzanas, enmarcadas por tres calles principales que llevaban los inapropiados nombres de Santa Clara, San Ignacio e Inquisidor.

Este reducido segmento territorial acapara, en los inicios, el mayor porcentaje de inmigrantes, y presenta una estrecha relación con el tipo de actividades laborales que desempeñaron, en su mayoría comerciales y de industrias de pequeño tamaño, para abastecer sus propios puestos de venta.

Después van ascendiendo, alejándose del puerto, introduciéndose más hacia el centro de la vieja ciudad, donde ya adoptan una fisonomía comercial típica, con lo que queda definida un área especial de la capital que los distingue como colectividad.[51]

Así tenemos la calle Muralla, antes tan española, tan de "jotas y zetas, tan de lacón y grelos",[52] como la describiera Mañach en 1925, y que en muy poco tiempo se va tornando la calle de los polacos, la "nueva Jerusalén" como alguien intentara renombrarla, o la calle Bernaza que —por alguna razón para mí aún desconocida— fuese el lugar predilecto de distintas oleadas de judíos desde los años veinte y que ya en la década de 1950 se convirtiese, en el tramo de Teniente Rey a Muralla, en el área de mayor concentración de comercios judíos.

Si nos detenemos a observar el cuadro II, podemos apreciar cómo algunos tipos de comercios tuvieron preferencia por determinadas calles. Las tiendas de tejidos y confecciones por Muralla, Compostela, Sol, Habana y Bernaza, las peleterías por Teniente Rey y Amargura, las ópticas y joyerías por Egido y Monserrate, las bodegas, carnicerías y panaderías por Cuba y Acosta; así se identificaban en la mente del consumidor como el lugar idóneo para comprar determinado producto, aquel donde encontraría el mayor surtido y los mejores precios que una competencia, inteligentemente controlada, puede ofrecer.

De esta zona, en la medida en que iban mejorando económicamente, emigraron y fueron abriendo negocios en otras áreas de la ciudad: en Centro Habana, Santos Suárez, en los municipios más alejados de Guanabacoa, Re-

---

[50] Jozami, *op. cit.*, p. 72.

[51] Lorenzo Agar Corbinos, "El comportamiento urbano de los migrantes árabes en Chile", p. 84.

[52] Mañach, *op. cit.*, pp. 121-123.

gla, Marianao, Luyanó, Lawton, y por último, en los cincuenta, en los más exclusivos del Vedado y Miramar.

Este desplazamiento comercial se correspondió —aunque en mucho menor medida— con el de sus patrones residenciales. Aun cuando el grupo religioso más observante y el menos exitoso en términos económicos permaneció relativamente concentrado en La Habana Vieja, los otros se trasladaron creando núcleos poblacionale en Santos Suárez, Vedado y Miramar, según sus nuevas posibilidades de integración socioeconómica, con pautas de conducta que traducían ya una cierta apropiación mimética de las de la sociedad receptora.

Muchos hijos de vendedores ambulantes pasaron a las profesiones en el sorprendente lapso de sólo una generación. Abogados, médicos, dentistas, ingenieros, farmacéuticos, arquitectos y contadores públicos judíos llenaban los directorios de profesionales en la década de 1950,[53] en una proporción desmesurada a su tamaño como grupo (el 4% frente al 0.4% la población general cubana).[54]

Cuando llegó la Revolución de 1959 los judíos cubanos se encontraban en una fase plena de evolución hacia formas superiores de capitalización (inversiones en inmuebles, en la esfera turística) y de integración social. Ya no eran una minoría de extranjeros, sino cubanos que comenzaban a sentirse cómodos en su piel, a los que la cadencia de un bolero podía tornar sensuales y melancólicos. Tan cubanos que cuando de nuevo iniciaran su diáspora sus comercios no se llamarían La Bodega Europea o La Zapatería Balcánica, porque ya —incluso los más viejos— sentirían la nostalgia de una patria que no era propiamente la suya. Esa nostalgia al revés que les hizo ver que la palabra *polaco* en realidad no era ofensa sino cariño, un amor que acaso nunca supieron del todo comprender y que hoy, ausente, les hace pensar que sería bueno poder añadir otro destino al voto final de Pesaj, mientras repiten para sí mismos, en silencio, "el año que viene en La Habana. . .".

CONCLUSIONES

El comercio ambulante, puerta de entrada judía a la esfera económica nacional, modificó el sistema mercantil cubano introduciendo las ideas del ca-

---

[53] Directorios de profesionales: médicos, farmacéuticos, abogados, ingenieros y arquitectos, contadores públicos. Es significativo que el número de profesionales de otros grupos de inmigrantes, incluso con más años de residencia en el país y con núcleos poblacionales mayores, como chinos y árabes, sea muy inferior al de la comunidad judía. Por ejemplo, en el sector de ingeniería y arquitectura los hebreos, aun cuando sólo son el 0.2% de la población, representan el 4.4%, mientras sólo encontramos un descendiente de asiáticos y ninguno de árabes.

[54] *Censo de 1953*, p. 126.

pitalismo moderno y sirvió como base para el posterior desarrollo de esta comunidad.

El proceso de inserción económica de este grupo refleja un análisis empírico de las características del mercado y una capacidad de adaptación inusitada para los estándares nacionales. Los diferentes estadios por los que transitaron comercialmente, su modo de estructuración vertical y la selección de los nichos por explotar así lo indican.

El *modus operandi* que establecieron para competir más eficientemente, basado en las relaciones con familiares y conocidos en Estados Unidos, coadyuvó al alejamiento de la isla de la esfera de influencia europea y al desplazamiento de la clase mercantil española del comercio minorista, y los convirtió, en una primera etapa, en importante eslabón de la nueva estrategia norteamericana en el Caribe y, al paso del tiempo, contradictoriamente, en competidores de los propios estadunidenses, cuyas manufacturas fueron perdiendo terreno en nuestro mercado.

La reforma arancelaria y la Ley del 50% constituyen los dos factores determinantes del *boom* económico judío, de su proceso de desproletarización y de su papel como "pioneros" en algunas de las ramas de la industrialización del país. La explosión de nuestra industria manufacturera en la posguerra está fuertemente determinada por la participación judía, que fue decisiva en los sectores de confección de ropa al por mayor, fabricación de corbatas, guantes, hormas y tacones, etcétera.

Su comportamiento espacial-comercial se mantuvo altamente concentrado en La Habana Vieja, delimitando un área en la capital que los define como colectividad, aun cuando se desplazó hacia zonas más selectas a partir de los cincuenta. El residencial verificó un mayor grado de dispersión —excepto para los grupos más religiosos y de menores ingresos— según sus nuevas posibilidades socioeconómicas, exhibiendo pautas conductuales que traducen cierta apropiación mimética de las de la sociedad receptora.

Al triunfo de la Revolución los judíos cubanos se encontraban ya en una fase plena de evolución hacia formas superiores de capitalización e integración social. El sorprendente y desproporcionado paso a las profesiones, en sólo una generación, significó la asimilación de los valores de la elite nacional y la integración paulatina de este grupo a un nuevo estatus social.

COMENTARIOS AL CUADRO I

1902-1927

Se dedican mayoritariamente al "Comercio minorista" más diversificado (confecciones y sedería y quincalla) con el 45% del total de unidades.

CUADRO I. *Comercios, industrias y servicios judíos (1902-1959)**

Periodo	Industrias	Comercio mayorista	Comercio minorista	Servicios profesiones	Otros[1]	Total
1902 -1927	30 (6.4)	34 (7.2)	212 (45.0)	78 (16.6)	117 (24.8)	471
1928 -1945	164 (28.0)	51 (8.7)	219 (37.4)	84 (14.4)	67 (11.5)	585
1946 -1959	216 (14.0)	107 (6.9)	633 (40.8)	469 (30.2)	126 (8.1)	1 551

Industrias

Periodo	Ropa interior y de punto	Confec- ciones	Calzado y artículos de piel	Corbatas	Textiles	Otros[2]	Total
1902 -1927	3 (10,0)	8 (26.7)	9 (30.0)	3 (10.0)	—	7 (23.3)	30
1928 -1945	13 (7,9)	40 (24.3)	83 (50.0)	11 (6.7)	7 (4.3)	10 (6.2)	164
1946 -1959	17 (7,9)	110 (51.0)	54 (25.0)	4 (1.8)	11 (5.1)	20 (9.2)	216

Comercio mayorista

Periodo	Sedería quincallas	Confec- ciones	Pieles y cueros	Tabaco	Tejidos	Otros[3]	Total
1902 -1927	3 (8.8)	3 (8.8)	2 (5.9)	13 (38.3)	10 (29.4)	3 (8.8)	34
1928 -1945	7 (13.7)	4 (7.8)	14 (27.5)	7 (13.7)	11 (21.6)	8 (15.7)	51
1946 -1959	17 (15.8)	3 (2.8)	40 (37.5)	5 (4.7)	28 (26.2)	14 (13.0)	107

Comercio minorista

Periodo	Sedería quincallas	Confec- ciones	Peleterías y artículos de cuero	Joyerías y perfume- rías	Tejidos	Otros[4]	Total
1902 -1927	50 (23.6)	89 (42.0)	4 (1.9)	19 (9.0)	30 (14.1)	20 (9.4)	212
1928 -1945	34 (15.6)	94 (42.9)	16 (7.3)	28 (12.8)	31 (14.1)	16 (7.3)	219
1946 -1959	116 (18.3)	235 (36.8)	44 (6.8)	50 (7.8)	114 (17.8)	74 (12.5)	633

Servicios, profesiones

Periodo	Carnice- rías/ Bodegas[5]	Fotogra- fías	Tinto- rerías	Zapa- terías	Talleres de joyería y relojería	Barbe- rías y salas de lim- piabotas	Profesio- nales	Otros[6]	Total
1902 -1927	15 (19.2)	4 (5.2)	4 (5.2)	5 (6.4)	3 (4.2)	7 (8.9)	3 (4.2)	30 (38.5)	78
1928 -1945	28 (33.4)	3 (3.9)	6 (7.9)	9 (10.5)	6 (6.7)	8 (9.5)	13 (14.6)	16 (19.0)	84
1946 -1959	75 (16.0)	7 (4.9)	10 (2.0)	5 (1.0)	20 (4.2)	45 (9.5)	266 (56.7)	41 (8.7)	469

* Las cantidades entre paréntesis son porcentuales.
[1] Incluye importadores-exportadores, representantes, agentes, seguros, corredor de bienes inmuebles, etcétera.
[2] Abarca la fabricación de perfumes, joyas, juguetes, embutidos, licores, radiadores, peines, plásticos, pero no la industria del diamante.
[3] Incluye almacenes de películas y artículos cinematográficos, de muebles, electrodomésticos, loza y cristales, ferretería, sombreros, etcétera.
[4] Comprende las de muebles, colchones, implementos deportivos, agrícolas y eléctricos, ferretería, accesorios para autos, tabaco, cigarros y licores, efectos de escritorio, sombrillas y capas de agua, etcétera.
[5] Incluye panaderías, cafeterías, restaurantes, bares, cantinas, casas de huéspedes, hoteles, etcétera.
[6] Comprende garages, intérpretes, modistas, carpinteros, albañiles, chapisteros, tapiceros, mecánicos, talleres de vulcanización, imprenta, etcétera.

Calles/negocios	Confecciones, tejidos[1]	Calzado, pieles[2]	Joyerías, ópticas[3]	Sedería, quincallas[4]	Bodegas, panaderías[5]	Talabarterías, zapaterías	Tintorerías, barberías[6]	Comisionistas, importadores[7]	Efectos electrodomésticos[8]	Otros	Total
Acosta	11	—	1	2	5	1	1	—	1	3	25
Aguacate	9	2	1	—	1	4	—	1	—	1	19
Aguiar	9	1	3	—	—	—	2	3	—	—	18
Amargura	—	7	—	—	—	—	—	2	—	1	10
Baratillo	—	—	—	—	—	—	—	1	—	—	1
Bayona	1	—	—	—	—	—	—	—	—	—	1
Bernaza	20	2	1	8	—	2	—	1	—	—	34
Compostela	30	1	1	2	5	7	2	2	2	2	54
Cristo	7	2	4	3	—	2	—	—	—	—	18
Cuba	6	1	—	1	6	1	1	3	—	1	20
Curaçao	3	—	—	—	—	—	—	—	—	3	6
Damas	5	—	—	—	—	1	1	—	—	1	8
Egido-Monserrate	16	1	9	4	4	3	3	1	—	2	43
Empedrado	—	—	—	—	—	—	—	2	2	—	4
Fundición	1	—	—	—	—	—	—	—	—	—	1
Habana	19	—	—	1	2	3	—	1	—	2	28
Inquisidor	—	—	—	—	1	1	1	—	—	1	3
Jesús María	4	2	—	—	2	3	—	1	1	2	15
Justiz	—	—	—	—	—	—	—	1	—	—	1
Lamparilla	1	1	1	—	—	—	1	—	—	1	5
Luz	11	2	—	2	2	5	4	1	—	2	29
Mercaderes	—	—	—	1	—	—	—	1	—	—	2
Merced	4	—	—	—	—	2	—	—	—	—	6
Misiones	—	—	—	—	—	—	—	—	—	1	1

Cuadro II. *Establecimientos judíos de La Habana Vieja en la década de 1950*

Calles/negocios	Confecciones, tejidos[1]	Calzado, pieles[2]	Joyerías, ópticas[3]	Sedería, quincallas[4]	Bodegas, panaderías[5]	Talabarterías, zapaterías	Tintorerías, barberías[6]	Comisionistas, importadores[7]	Efectos electrodomésticos[8]	Otros	Total
Muralla	40	—	—	5	—	1	—	4	—	—	50
Obispo	7	—	2	1	—	—	—	6	—	—	16
Obrapía	2	—	1	—	—	—	2	—	—	1	5
Oficios	—	—	1	1	—	—	—	—	—	—	2
O'Reilly	—	—	—	—	1	—	—	1	1	—	2
Paula	4	—	—	1	1	3	—	—	—	—	9
Picota	2	—	—	—	3	1	1	1	—	1	6
Prado	—	—	6	8	3	1	2	1	2	1	24
San Ignacio	3	—	1	1	4	1	2	3	1	1	17
San Isidro	3	—	—	—	1	2	1	—	—	—	7
Santa Clara	1	—	—	—	—	—	1	—	—	—	2
Sol	41	6	5	1	1	3	—	1	1	2	61
Teniente Rey	—	17	3	1	2	6	—	1	—	2	32
Villegas	18	3	3	3	—	1	2	1	1	1	33
Zulueta	1	2	1	—	—	—	1	1	—	4	10
Total	279	50	43	46	39	54	29	40	12	36	628

[1] Incluye industrias, almacenes y comercios.
[2] Incluye almacenes y comercios.
[3] Incluye relojerías y perfumerías.
[4] Incluye tiendas y almacenes.
[5] Incluye carnicerías, restaurantes, hoteles, etcétera.
[6] Incluye peluquerías y fotografías.
[7] Incluye representantes y agentes de seguros.
[8] Incluye efectos de escritorio y mueblerías.

El segundo lugar lo ocupa el sector "Otros" (24.8%) por la inclusión de la actividad de importación-exportación, representación, etc., que realizaban los judíos norteamericanos asentados en la isla desde el siglo XIX como integrantes de firmas estadunidenses y, además, por la diversificación lógica de una etapa incial de tanteo del mercado laboral.

En el "Comercio mayorista" se destaca la participación de los almacenes de tabaco (38.3%), determinado por las firmas judías norteamericanas y europeas que desde el siglo XIX se dedicaban a este rubro, como Kaffenburgh, Rothschild, Pollack, etcétera.

En "Servicios, profesiones" el alto porcentaje (38.5%) de "Otros" viene dado por la gran variedad de oficios que desempeñaron para subsistir en esta primera etapa. El de "Bodegas, hospedaje, carnicerías, panaderías" (19.2) se debe mayormente a la satisfacción de necesidades y costumbres tradicionales propias de ellos como colectividad (comida *kosher*, albergues de los inmigrantes recién llegados, etcétera).

1928 - 1945

Aunque la rama de "Comercio minorista" continúa siendo la principal en número de unidades, decrece porcentualmente de 45 a 37.4% por la explosión del acápite "Industria", el de mayor dinamismo, que aumenta en un 546% como consecuencia de las dos medidas ya comentadas de 1927 y 1933.

En lo general, "Otros" disminuye ostensiblemente por la reorientación ocupacional que, como es lógico, esta comunidad experimenta al ir reconociendo y aprovechando las oportunidades que el mercado ofrece.

En "Industria" se aprecia un *boom* en "Calzado, cinturones, carteras y otros artículos de piel" (50.6%) en relación con el total, cosa comprensible por los aranceles preferenciales otorgados para favorecer la industria del calzado y, también, por los antecedentes de buena parte de estos inmigrantes, sobre todo los judíos polacos, que durante la ocupación de su territorio se dedicaron a producir como zapateros para el mercado ruso.

Consecuentemente con el alza anterior y su estructura vertical, vemos que en el "Comercio mayorista" los almacenistas de pieles crecen del 5.9 al 27.5 por ciento.

La elevación de 4.2 a 14.6% en "Servicios y profesiones" se debe a la incorporación de la primera generación de judíos cubanos al sector profesional, producto del aumento del nivel de vida de la comunidad y de su proceso de integración social.

Es también significativo el incremento de los servicios de "Bodegas, restaurantes, carnicerías", que pensamos se corresponde con la necesidad de abastecer a una cantidad cada vez mayor de refugiados judíos en tránsito por la guerra.

1946 -1959

Todas las unidades por sectores crecieron desde el primer periodo, lo que demuestra una tendencia francamente alcista de los negocios judíos en la economía del país. Pero debe destacarse que, aunque en este último periodo existe un aumento cuantitativo en los sectores de "Industrias", "Comercio mayorista" y "Otros", su participación porcentual decrece al verificarse un alza sustancial en "Servicios y profesiones" por la incorporación —desproporcionada al tamaño de la comunidad— de las nuevas generaciones a las profesiones, para un 56.7% del total.

El incremento en "Comercio mayorista" de los "Almacenes de pieles curtidas" —que viene desde la etapa anterior— y de los de "Tejidos" es considerable, a causa de la estructura vertical para la importación y venta de materias primas para la fabricación y comercialización de los productos que ya explicáramos.

En "Comercio minorista" vemos un alza porcentual proporcional de las tiendas de tejidos y de sedería-quincalla con la de almacenes de las dos ramas. La tendencia de concentración de la actividad comercial en "Confecciones" y "Sedería-quincalla" se mantiene a todo lo largo de las tres etapas, resultando el de "Confecciones" siempre el más favorecido. "Otros" también aumenta por la inclusión y ampliación de ciertas áreas de comercialización, como accesorios para autos, colchonerías, efectos electrodomésticos, implementos deportivos, agrícolas, ferreterías, etcétera.

El incremento mayor en el sector de "Industrias" lo presenta "Confecciones", que pasa del 24.3 al 51% por el *boom* de posguerra, las medidas proteccionistas adoptadas y la propensión a concentrarse económicamente en determinadas ramas donde la competencia ajena a la comunidad es menor; en tanto que "Calzado" y otros artículos de cuero disminuye sustancialmente en casi un 50%, como consecuencia del cierre de los pequeños talleres, que deja funcionando sólo aquellos con un mayor nivel de consolidación, y de un desplazamiento de funciones hacia el rubro de almacenes de esta especialidad por razones similares a las expresadas para el de Confecciones.

BIBLIOGRAFÍA

Agar Corbinos, Lorenzo, "El comportamiento urbano de los migrantes árabes en Chile", *Revista Eure* 6, núm. 27 (Santiago de Chile), 1983, pp 73-84.

Alienes Urosa, Julián, *Características fundamentales de la economía cubana*, La Habana, 1950.

Álvarez Acevedo, J. M., *La colonia española en la economía cubana*, La Habana, 1936.

Álvarez Díaz, José R., *A Study on Cuba: The Colonial and Republican Periods. The Socialist Experiment*, University of Miami Press, Coral Gables, 1965.

Amram, Carolina, *The Assimilation of Immigrants in Cuban Society During the 1920s and 1930s*, tesis de maestría, University of Miami, 1983.

Bailly-Baillière e Hijos, *Guía directorio del comercio en Cuba*, Madrid, publicación anual (1902-1917).

Bailly-Baillière-Riera Reunidos, S. A., *Guía directorio de la República de Cuba*, Barcelona, publicación anual (1919-1924).

Bejarano, Margalit, "The deproletarization of Cuban Jewry", *Judaica Latinoamericana: Estudios histórico-sociales*, Magnes y Universidad Hebrea, Jerusalén, 1988.

Berger, William, "Significación para Cuba de la última corriente migratoria hebrea", *Almanaque Hebreo Vida Habanera* (La Habana), 1944, pp. 17-28.

Chapman, C. E., "Los males de las elecciones cubanas", *Revista Bimestre Cubano* 11, núm. 5, septiembre-octubre de 1926, pp. 7-12.

Clark, W. J., *Commercial Cuba: Book for Businessmen*, Nueva York, 1898.

Cuba en la mano, La Habana, 1940.

Davey, Richard, *Cuba, Past and Present*, Chapman and Hall, Londres, 1898.

Directorio comercial del Municipio de La Habana, La Habana, 1954.

Directorio de abogados de Cuba, La Habana, 1956.

Directorio de contadores públicos, La Habana, 1957.

Directorio de Cuba, Schneer, La Habana, 1927.

Directorio de exportadores cubanos, La Habana, 1937-1938.

Directorio de ingenieros y arquitectos, La Habana, 1958.

Directorio farmacéutico, La Habana, 1958.

Directorio industrial, La Habana, 1954.

Directorio industrial y comercial de Regla, La Habana, 1938.

Directorio médico, La Habana, 1949-1950.

Directorio odontológico de Cuba, La Habana, 1960.

Directorio oficial de exportadores e importadores, producción y turismo, La Habana, 1941.

Directorio social, profesional y comercial e industrial de Guanabacoa, La Habana, 1957.

Directorios telefónicos, La Habana, 1954 y 1959.

Elkin, Judith L. y Gilbert W. Merkx (comps.), *The Jewish Presence in Latinamerica*, Allen and Unwin, Boston, 1987.

Entralgo, Elías, *Perioca sociográfica de la cubanidad*, La Habana, 1947.

Foreign Policy Association, *Problems of the New Cuba, Report of the Commission on Cuban Affairs*, Nueva York, 1935.

García Álvarez, Alejandro, *La gran burguesía comercial en Cuba 1899-1920*, La Habana, 1990.

Gayle Plummer, Brenda, "Race, nationality and trade in the Caribbean: The Syrians in Haiti 1903-1934", *International Migratory Review*, octubre de 1981, pp. 517-539.

——, "The metropolitan connection: Foreign and semiforeign elites in Haiti, 1900-1915", *Latin American Research Review* 19, núm. 2, 1984, pp. 119-142.

Gutiérrez, Gustavo, *El desarrollo económico de Cuba*, La Habana, 1952.

Informe general del censo, 1919, 1943, 1953.

Johnson, Howard, "Safeguarding our traders: The beginnings of immigration restrictions in the Bahamas, 1925-33", *Immigrants and Minorities* 5, núm. 1 (Londres), marzo de 1986, pp. 57-90.

Jozami, Gladys, "Aspectos demográficos y comportamiento espacial de los inmigrantes árabes en la NOA", *Estudios Migratorios Latinoamericanos* (Buenos Aires), abril de 1987, pp. 57-90.

Kahn, Jeffrey A., *The History of the Jewish Colony in Cuba*, tesis, Hebrew Union College-Jewish Institute of Religion, 1981.

Kaplan, Sender, "Los judíos en la vida económica cubana", *Almanaque Vida Habanera* (La Habana), 1943, pp. 13-19 (en idish).

Klich, Ignacio, "Criollos and Arabic-Speakers in Argentina: An uneasy pas-de-deux, 1888-1914", en Albert Hourani y Nadim Shehad (comps.), *The Lebanese in the World: A Century of Emigration*, Londres, 1992.

Le Riverend, Julio, *La República: Dependencia y revolución*, La Habana, 1966.

——, "Historia económica 1902-1951", *Historia de la nación cubana*, T. V., La Habana, 1952.

Levine, Robert M., *Tropical Diaspora: The Jewish Experience in Cuba*, Miami, University Press of Florida, 1993.

Lewis, Morris, *Report of the Director of the Jewish Committee of Cuba*, La Habana, 1927.

Libro del inmigrante y el turista, La Habana, 1926.

López Segrera, Francisco, *Cuba, capitalismo dependiente y subdesarrollo*, La Habana, 1972.

Mañach, Jorge, *Estampas de San Cristóbal*, La Habana, 1926.

MINIL, *Informe sobre la industria ligera antes de 1959*, La Habana, 1979.

Ministerio de Hacienda, *Comercio Exterior*, 1902-1959.

Ortiz, Fernando, "Los factores humanos de la cubanidad", *Revista Bimestre Cubano* 45, núm. 2, marzo-abril de 1940.

Pérez de la Riva, Juan, "Los recursos humanos al comenzar el siglo: Inmigración, economía y nacionalidad 1899-1906", *La República Neocolonial, Anuario de Estudios Cubanos* 1 (La Habana), 1975, pp. 11-44.

Raggi Ageo, Carlos M., *Condiciones económicas y sociales de la República de Cuba*, La Habana, 1944.

Sapir, Boris, *The Jewish Community of Cuba*, Nueva York, 1948.

Schuchinsky, Jaime, "Los hebreos en la industria del calzado", *Oyfgang*, agosto-septiembre de 1934, pp. 118-119.

Secretaría de Hacienda, *Inmigración y movimiento de pasajeros*, publicación anual (1902-1930).

Viteles, Harry, *Report on the Status of the Jewish Inmigration in Cuba*, 1925 (mecanuscrito).

Volson, Sender, "Los hebreos en la vida económica de Cuba", *Oyfgang*, agosto-septiembre de 1934, pp. 127-128.

Zanetti, Oscar, "El comercio exterior" *La República Neocolonial. Anuario de Estudios Cubanos* 1 (La Habana), 1975, pp. 47-126.

Zuaznábar, Ismael, *La economía cubana en la década del 50*, La Habana, 1986.

Fuentes periódicas

Almanaque Vida Habanera, publicación anual (1943-1960).

Revistas
Belleza Israelita.
Colegio Hebreo del Centro Israelita.
El Estudiante Hebreo.
Hebraica.
Israelia.
Oyfgang.
Shtral.
Tiempo Nuevo.
Universal.
Vida Hebrea.
Vida Hebrea en Cuba

IDENTIDAD JUDAICA: REFLEXIÓN SOBRE LA COMUNIDAD DE RÍO DE JANEIRO

Helena Lewin*

Introducción

Esta comunicación expone algunas de las dimensiones que contiene una investigación sociológica —"El hecho de no ocultarse — Primer paso para entender la diferenciación"—, realizada durante los años 1993-1994, que tuvo como objetivo general aprehender la manera en que la comunidad judía de Río de Janeiro percibe su judaísmo, cómo lo experimenta y cómo afecta su cotidianidad en lo que se refiere a las relaciones intersubjetivas con judíos y no judíos y con la sociedad brasileña en general.

La investigación abarcó una amplia temática que va desde la problematización conceptual de "judío" y "judaísmo" hasta la tensa cuestión de la "identidad" en sus modelos intergeneracionales; analizó los aspectos históricos de la inmigración judía a Brasil y la construcción del amplio aparato institucional en su papel integrador y reforzador de la vida comunitaria, además del estudio de la inserción de estos inmigrantes en la vida económica nacional; se introdujo el debate entre ciudadanía e identidad; se trató el problema de la asimilación y del matrimonio mixto, y la construcción social del judaísmo brasileño desde la "mirada" y las "aseveraciones" de tres grandes grupos de entrevistados: el inmigrante, la mujer y el joven.

Para esta exposición se recortó la temática antes mencionada para destacar algunos conceptos que se presentarán de manera sucinta, y algunos resultados de dicha investigación en lo que se refiere a las cuestiones de "identidad", "endogamia", "asimilación" y "continuidad judaica", con transcripciones de observaciones de cada uno de los tres grupos entrevistados.

La problematización conceptual

Varias han sido las definiciones de judaísmo. Sin embargo, de un modo general, el inventario que define este término permite afirmar que hay una convergencia en lo que respecta al hecho de que el judaísmo es un conjunto

* Directora del Programa de Estudios Judaicos de la Universidad del Estado de Río de Janeiro.

interactivo de múltiples componentes —religión, historia, pueblo, tradición, moral, ética, hábitos, sentimientos, actitudes, normas y valores—, que se organizan de manera diferente, según sea el énfasis o el ámbito que se elija para caracterizarlo. Esta variedad de percepciones ha sido responsable de las innumerables formas de entender este fenómeno social.

Para esta investigación se elaboró la categoría "judaísmo", cuyo objetivo fue contemplar la compleja reacción de los múltiples componentes presentes en su expresión final.

Judaísmo es una visión del mundo —la Weltanschauung*—, una cultura al mismo tiempo religiosa y laica que explica el mundo —natural, espiritual, material y social— y el lugar del hombre en este mundo desde un punto de vista singular y específico, sus esencias y trascendencias, pero sin ser inmutables en el tiempo, en la medida en que se presentan en permanente elaboración/relaboración sin abdicar de sus principios fundadores. En el nivel empírico el judaísmo se sitúa en la confrontación entre mantener sus formas propias de pensar, actuar y sentir, al mismo tiempo que sufre profundas influencias de su "entorno", que le exige respuestas adecuadas para poder sobrevivir eficazmente.*

Las polémicas talmúdicas que traducen las innumerables interpretaciones de los textos sagrados dan testimonio de la tensión continua entre las fuerzas que rigen el movimiento de permanecer y de transformar, continuar y cambiar. Y a medida que la secularización de la sociedad se amplía, esa tensión se exacerba e interfiere en la concepción judaica del mundo, a la vez que tiene que ver con la construcción de la identidad judía.

En consecuencia, se puede definir el "judaísmo" como una categoría compuesta, cuya ecuación dinámica de elementos constitutivos varía según los tiempos y los espacios en los que los judíos estuvieron en el pasado, y con los que están vinculados en el presente. Se observa que, a pesar de su longeva trayectoria, los judíos preservan un núcleo básico común que traspasa épocas y lugares. Por otro lado, debemos agregar su carácter pluralista, es decir que en una misma comunidad/sociedad es posible la convivencia de diferentes ejercicios de lo judío y autodefiniciones de lo que es ser judío.

La cuestión de la identidad judaica es objeto de variadas decodificaciones. Su particularidad y singularidad no la excluyen de la definición general de identidad, entendida como un producto histórico que sufre influencias internas y externas, creando mecanismos de resistencia o de asimilación y que, aunque forma parte de la condición humana, no es genéricamente constitutiva de su naturaleza, debido a que está determinada por la cultura.

La complejidad de la categoría "identidad" presupone un "constructo específico"; es individual; cada uno construye su identidad; es un "hacer" individual que, aunque abstracto, está socialmente configurado, referenciado y dotado de relativa permanencia.

Cuando esta configuración social de la identidad, a pesar de ser profundamente penetrante —como todo lo social, por lo demás—, se trabaja en términos de expectativa, ofrece un modelo más flexible y dinámico, en el cual el comportamiento de una persona en determinada posición depende de la interacción entre las propias expectativas aprehendidas y las presiones que le son impuestas por otros que, posiblemente, tienen expectativas diferentes. De ahí que una persona sea portadora de un conjunto de identidades y, dentro del judaísmo, de otras tantas, como consecuencia de las varias fuentes de expectativas, lo que presupone un proceso de configuración/reconfiguración/transfiguración de las identidades.

En la primera infancia existe prácticamente una relación unilateral entre el agente socializador y el socializado. En relación con la formación de la identidad esto significa que los padres —principales transmisores de ideologías en esta etapa— imponen, aun inconscientemente, su propio "mapa" a los niños. En este aprendizaje los valores y el modo de ver el mundo se dan a través de los ojos de los padres, o sea que el "mapa judaico" de los hijos es semejante al de sus padres. En la dinámica de sus socializaciones secundarias —varias, concomitantes y sucesivas— el individuo construye su propio "mapa". Por lo tanto, los "mapas" posteriores que se agregan al primario pueden ser reforzadores o significar una discontinuidad con respecto a la socialización primaria, generando una situación de convivencia contradictoria que compite en la construcción de un nuevo diseño orientador.

La identidad se constituye en gramática generadora que da el sentido de la vida, en la medida en que el hombre "nace sin sello" pero necesita construir su universo de entendimiento cultural, de relaciones sociales y de sentimientos éticos y estéticos.

Este conocimiento permitirá al individuo explicarse en cuanto "yo" y entender su mundo en cuanto "nosotros", al mismo tiempo que creará un sistema de oposiciones que también se refiere "al otro" en cuanto identidad posible. Por consiguiente, la identidad se deriva de un acto de elaboración personal frente al mapa social de su grupo y de su comunidad. No es necesariamente una copia del diseño disponible; factores internos/individuales reelaboran el marco externo, descifrándolo, traduciéndolo e imprimiendo un carácter particular a su identidad.

No obstante, los grupos humanos muestran algunos rasgos de permanencia que constituyen su ecuación central o identidad base, rasgos que trascienden el ciclo vital de sus miembros y se resisten a la introducción de algunas transformaciones sociales.

En la modernidad se observa que las peculiaridades étnicas y, principalmente, las religiosas, no se descartan ni son descartables, como se suponía, a partir de la rápida intercomunicación y creciente interdependencia de las naciones, que conduciría inevitablemente a una disminución de la diversidad étnica. Muy por el contrario, dos situaciones contradictorias conviven una junto a la otra. La primera es la expansión de una cultura planetaria dominante, envolvente, moderna y posmoderna, transmitida por los medios de comunicación de masas a través de las diferentes modalidades de expresión cultural —música, cine, literatura, deportes, patrones estéticos, moda, alimentación, entretenimiento—, consumida por millones de individuos y asociada con el reordenamiento de la economía mundial en términos de globalización y formación de grandes conglomerados y de regionalización de los mercados. La otra es la conciencia de la necesidad de cuidar la preservación de la identidad cultural específica, ya sea nacional o comunitaria, como forma de personalizar el espacio de convivencia y de comunicación con los "pares", frente al anonimato de las megaestructuras.

La integración forzada por el poder político dominante —a través de mecanismos de coerción violentos sobre las culturas minoritarias para garantizar la unidad y el carácter nacional— ha producido un efecto de aplastamiento sorprendentemente provisional. Ello porque los componentes de la cultura reprimida sólo están retenidos, no han sido expulsados del inconsciente colectivo del grupo dominado. Varios grupos étnicos han demostrado esa heroica resistencia, principalmente los judíos, cuya longevidad histórica se ha visto marcada por el dramatismo de las persecuciones de las inquisiciones, de los *pogroms* y del Holocausto.

La identidad judía tradicional se apoyó en mecanismos de preservación asociados con el "imperativo de la memoria", a través del cumplimiento de la exigencia religiosa de recordar y rememorar su pasado histórico y de actualizar diariamente su fe en el futuro mesiánico y en la esperanza de participar en el plano divino de la salvación. Y esa adhesión pudo y puede realizarse incluso en secreto o bajo tortura. Recordar el pasado se volvió, por lo tanto, un acto reiterativo de "pertenencia grupal", sobre todo para un pueblo que ha vivido la mayor parte de su historia en la situación caracterizada como el "exilio de Sion". Así, el carácter mesiánico del judaísmo tradicional funcionó como una "estrategia de resistencia" frente al mundo hostil que se manifestaba de diversas formas.

La igualdad y la libertad, defendidas por la Ilustración y por la Revolución francesa, se constituyen en la premisa básica de la ciudadanía política extendida a los judíos en sus derechos de miembros efectivos de los países en que viven, de modo que el judaísmo se restringe a una filiación religiosa como cualquier otra. Este nuevo acercamiento conduce a la integración cultural, sin que ello implique negar los rituales y símbolos propios de los judíos. Así, los principios fundamentales del "mesianismo" y del "pueblo elegido" se debilitan en virtud de la introducción de las propuestas seculares de racionalidad y cientificismo, y las Escrituras pierden su poder aglutinador y estimulador para la continuidad del judaísmo clásico/tradicional. Es la "modernidad" como filosofía y acción social, penetrando en la *Weltan-*

schauung específica y exclusivista del judaísmo que, a su vez, busca legitimidad en la aceptación del mundo exterior.

En la sociedad moderna el conocimiento judaico y su celebración obedecen a un ritual de secularización; la explicación científica dirige el entendimiento de la historia judía y de sus héroes hombres, y muy poco de su Dioshéroe. La religión, sus milagros y misterios, se vuelven inaceptables para el hombre urbano sometido a fuertes presiones que se desprenden del proceso de desacralización y desencantamiento del mundo, según Weber. En este caso el judaísmo se convierte en una rutina de símbolos y comportamientos, con lo que pierde su eficacia monopólica de orientador y normador de la conducta judaica en la vida privada y pública. Ser judío en la modernidad es un acto de voluntad personal, ya no una certeza marcada por la matrilinealidad legitimada por la religión y la cultura.

El judío —como individuo y como grupo— casi no vive su tiempo y espacio presentes. Hereda culturalmente tres conjuntos de factores históricos que se imbrican de manera orgánica, determinando el perfil de su identidad comunitaria:

1. Temporalidad/espacialidad.
2. Dispersión/unidad.
3. Continuidad/cambio.

La larga trayectoria judaica, asociada con la diversidad espacial producto de la pérdida del territorio nacional y su dispersión, le otorgó una elevada movilidad físico-espacial, a tal punto que se puede afirmar que el judío es siempre un "inmigrante en el tiempo".

Al migrar los judíos llevaban consigo su fe, cultura y tradiciones y, al establecerse en el lugar de destino, creaban estructuras comunitarias que, durante su tiempo de permanencia en esos lugares, permitieron contribuir en su nuevo mundo y recibir de él un aporte significativo que, retraducido, se llevarían consigo al próximo destino. En cada sitio los judíos interactúan con la sociedad que los hospeda, asimilando la lengua, la vestimenta, la comida, la cultura popular y erudita.

El fenómeno histórico de las múltiples diásporas desarrolló como consecuencia la llamada "solidaridad del exilio": una responsabilidad judaica colectiva y continua. El individuo judío, al vivir la condición de multipertenencia en tiempo y espacio, forma lazos de adhesión y cohesión que unen a los miembros de su comunidad entre sí y con otras comunidades, creando condiciones singularizadas de vida y de organización social.

En grupos minoritarios o en aquellos deliberadamente excluidos por discriminación de la marca racial, religiosa o étnica, la cristalización de la identidad puede ser más intensa y funcionar como mecanismo de defensa. Es el caso de la identidad judaica. Y, a pesar de su durabilidad y resistencia, ésta no es necesariamente idéntica para todos los judíos.

En este sentido, el grupo/comunidad pone límites a la elección de alternativas, ya que la fijación de la identidad judaica tiene que ver con su demarcación social frente a otros grupos minoritarios y frente a la sociedad global. Esta demarcación acaba por garantizar su sobrevivencia grupal en cuanto singularidad, aunque con el tiempo llegue a adquirir otros rasgos constitutivos.

CARACTERIZACIÓN DE LA INVESTIGACIÓN

Introducción

La investigación sobre la comunidad judía brasileña y sobre la identidad de su población residente en Río de Janeiro se fundamentó en las consideraciones conceptuales formuladas anteriormente, que funcionaron como marco orientador para la elaboración de los instrumentos de recolección de datos.

El carácter de la investigación fue exploratorio. No se utilizó ningún criterio de muestreo estadístico porque ni siquiera hay datos dispersos en el estado y municipio de Río de Janeiro, lo que imposibilita estimar con precisión una representación comunitaria confiable, además de los "sesgos" que comprometen el significado censal de la variable "judío". Por otra parte, puesto que se eligió la historia oral como técnica de selección de las informaciones cualitativas deseadas, no se usaron cuestionarios con preguntas cerradas o semiabiertas; tampoco los instrumentos clásicamente utilizados en los levantamientos de datos sobre opiniones y tendencias.

El universo indagado estuvo constituido por tres grupos: inmigrantes; jóvenes judíos (divididos en dos grupos, 16 a 18 y 19 a 25 años); y mujeres (profesionales en el mercado de trabajo, preferentemente entre 35 y 50 años). Se elaboró un itinerario de entrevista específico para cada grupo, compuesto cada uno de diez grandes módulos temáticos. Sin embargo, esta ponencia privilegiará sólo dos campos temáticos presentes en el estudio de estos tres grupos: identidad y asimilación, comparándolos intergeneracionalmente.

Los itinerarios deben entenderse como guías de orientación de las entrevistas con el fin de verificar cómo perciben su judaísmo esos diferentes "actores sociales grupalizados", en qué se diferencian o se asemejan entre sí, el grado de adhesión al distanciamiento del judaísmo y de la vida comunitaria, qué formas de sociabilidad y solidaridad se desarrollan como elemento de cohesión social, cómo se relacionan las identidades judía y brasileña, entre otras cosas.

Para la selección de los entrevistados se optó por una conceptualización más abarcadora de "quién es judío", ampliando los parámetros conservadores utilizados por la ortodoxia judaica que se basa en los principios de la *halajá*, según la cual "ser judío" es resultado de la ascendencia judía, definición que sólo se aplica al grupo de inmigrantes porque, de acuerdo con su visión tradicional, así definían la condición judaica. Para los demás segmentos entrevistados se utilizó una categorización más amplia, en la cual se considera judío a aquel que así se sienta y autodefina.

Se partió de la observación de que la comunidad judía no es homogénea, aunque presente cierto consenso en torno a algunos puntos del orden del comportamiento. Inserta en la modernidad brasileña, se constituye en un grupo relativamente abierto, que adopta una pluralidad de ideas y de organización comunitaria. Esta pluralidad no elige cualquier camino posible porque "un cualquiera" indiscriminado puede significar su propia negación en cuanto "especificidad grupal". En este sentido, el grupo/comunidad pone límites a la elección de alternativas, ya que la fijación de la identidad judaica tiene que ver con su demarcación social frente a otros grupos minoritarios y frente a la sociedad global, garantizando su supervivencia grupal como singularidad, aunque a lo largo del tiempo llegue a adquirir otros rasgos constitutivos.

Cuando la primera generación de inmigrantes judíos llegó a Brasil, su "mapa" dominante era el judaico, ya que las socializaciones secundarias, ocurridas aún en el *shtetl*, tuvieron un carácter preponderantemente reforzador de la socialización primaria. La inmigración es un proceso delicado y dramático de amalgama tomando en cuenta el enfrentamiento que ocurre entre dos sistemas, cada cual con características de totalidades: la comunidad que se trae en el corazón y en la mente, y la sociedad adonde se llega y con la que se enfrenta, de incluyente y dominante presencia.

La gran dificultad del inmigrante es convivir con situaciones que siente excluyentes. Encontrar una fórmula, una ecuación de aproximación entre esos opuestos, se convierte en su objetivo, so pena de sucumbir ante el peso del nuevo contexto sin siquiera entenderlo, vale decir, alienarse definitivamente. Por lo tanto, el gran esfuerzo será encontrar "rendijas" por donde introducir sus patrones comunitarios. En un primer momento transformará su casa a través del "replante" simbólico del *shtetl* como lugar de resguardo de los valores tradicionales y, en un segundo momento, ese inmigrante construye un equipamiento religioso, asistencial y cultural de carácter institucional mediante el cual vincula/rehace los eslabones de la convivencia solidaria, pero con contenido formal e impersonal revestido de una sociabilidad anónima, aunque mejor preparado para atender las diversificadas y crecientes demandas de los inmigrantes y sus descendientes.

Otra es la naturaleza del problema que se plantea para la generación intermedia que tiene su "mapa judaico" construido a través del mundo de sus padres inmigrantes, y pasa por la necesidad de una resocialización dentro de condiciones nuevas en su totalidad, que los lleva necesariamente a una reelaboración posterior del "mapa".

Para la tercera y cuarta generaciones el asunto se presenta de manera muy diferente, porque el "mapa judaico" que se les transmite en la socialización primaria ya es muy débil y tenue, ha perdido mucho de su poder de confrontación con las socializaciones secundarias. Entonces el nuevo "mapa", cuando existe, es una tentativa de recomposición de las dificultades y contradicciones, que pueden llevar a una situación conciliatoria o de ruptura.

Las entrevistas con los inmigrantes fueron 47, bastante complicadas dadas las dificultades de expresión y entendimiento, por lo que, cuando fue necesario, se usó el *idish* como forma de comunicación propia de su universo cognoscitivo. En una lucha con recuerdos y memorias, presentaron cierta conmoción en su resistencia física y emocional. La mayoría de las entrevistas terminaron sólo después de la segunda o tercera visitas. Hubo dos casos, bastante atípicos, en los que el entrevistador fue llamado cinco veces por los entrevistados que recordaban algún detalle y querían ser escuchados nuevamente; en realidad, en poquísimas ocasiones hubo agregados significativos a lo que ya se había captado antes. Lo que se demostró fue el "placer" que estas personas experimentaban al tener a un oyente no doméstico que les daba reconocimiento como inmigrantes. Ese "placer" provenía de dos tipos de factores: uno, debido a la condición que sufrieron como extranjeros cuando llegaron aquí, por lo que su autoestima era baja y seguía baja en relación con las generaciones posteriores, y la otra porque la familia ya no tenía "paciencia" para escuchar una historia ampliamente conocida y rechazada al punto de silenciar la memoria de sus vidas. La indagación y las entrevistas revivieron la posibilidad de contar su historia e historias, muchos de ellos por primera vez.

En cuanto a las entrevistas con el grupo de "jóvenes judíos" (16-18 y 19-25 años), en los que se encontraban cerca del límite superior de edad seleccionada se observó una pronta respuesta cuando se les contactó, a diferencia del subgrupo más joven, que sólo atendía las solicitudes después de la autorización familiar.

El grupo joven se distinguió del de los inmigrantes por su objetividad frente a las preguntas formuladas. Por otro lado, según el temperamento de cada uno, las entrevistas fluyeron más espontáneamente, de modo que se aprovechó la oportunidad de encuentro para ampliar el propósito del propio itinerario que orientaba la entrevista, aunque se mantuvo el objetivo principal de establecer el mapa y entender a los jóvenes y su propia percepción del mundo, su situación particular como "judíos brasileños" o como "brasileños judíos", y sus relaciones con la tradición y la cultura propias de la vivencia judaica. Se entrevistó a 60 jóvenes, 54% muchachos y 46% muchachas, distribuidos espacialmente según el diseño de localización de la comunidad judía de Río de Janeiro, que presentaron diferencias y cruces debidos a variables tales como descendencia judía o mixta; origen cultural (sefaradíes / ashkenazis), nacionalidad brasileña de la primera, segunda y tercera generaciones; asistencia o no a la escuela judía, sinagoga, movimientos juveniles, clubes y asociaciones judíos, partidos políticos y actividades socioculturales brasileñas y de Israel.

El itinerario de las entrevistas con el segmento de mujeres judías en el mercado de trabajo se delimitó originalmente entre los 35 y 50 años de edad, porque se pensaba que en este periodo las mujeres ya habrían consolidado, en general, el proceso de socialización judaica de sus hijos y tendrían experiencia y madurez para dar una mirada crítica a su identidad individual y familiar, la organización comunitaria, las relaciones intergeneracionales ascendentes y descendentes y, finalmente, el llamado proceso de asimilación.

No obstante, en el transcurso de la investigación se consideró oportuno incluir a mujeres más jóvenes, para comparar y comprobar cómo se confrontan en lo relativo al judaísmo las mujeres de las dos generaciones diferenciadas —28 a 40 y 41 a 54 años, lo que dio un total de 34 largas entrevistas grabadas, con una duración media de dos horas y cuarto cada una, además de otras dos realizadas anteriormente como prueba preliminar.

SER INMIGRANTE, SER JUDÍO Y SER BRASILEÑO: LA CUESTIÓN DE LA IDENTIDAD

Para la mayoría de estos inmigrantes fue muy difícil decodificar el término "identidad", pues no conocían ni su significado ni su significante. El equipo, al formular las preguntas de la entrevista, no percibió que la palabra "identidad" es un vocablo asociado con la modernidad, vinculado a categorizaciones que surgen a partir de la psicología y la sociología, y que, históricamente, tiene su origen en las discusiones filosóficas de la Ilustración.

Estos entrevistados —originarios de contextos sumamente tradicionales, alejados del movimiento de las ciencias y de las ideas—, por imposibilidad tanto objetiva como subjetiva, no pudieron aprehender su contenido y sus implicaciones. De manera que se buscó un sucedáneo lingüístico accesible a su comprensión, para no abandonar este importante aspecto.

Se comenzó por introducir una "conversación dirigida" con el entrevistado para aproximarlo al concepto de identidad.

Las preguntas giraron alrededor de: "se sentía judío y cómo", "qué significado atribuía a su condición de judío", "cómo comparaba su declarada condición de judío en relación con su descendencia", "cómo se practicaba ese judaísmo en términos familiares, o sea, quién practicaba y cómo participaba".

Por otra parte, como la identidad se constituyó por dos movimientos simultáneos —de asemejarse (el nosotros) y de diferenciarse (el otro)—, lo siguiente fue percibir cómo relacionaba el entrevistado estos dos hechos, si los fusionaba como campos contrastantes pero complementarios, o si los separaba en campos antagónicamente irreversibles.

La mayor parte de los entrevistados afirmó que el hecho de ser y sentirse judío estaba vinculado intrínsecamente con la religión, pues era la que determinaba el comportamiento ético judaico. A pesar de que esta respuesta significaba un consenso casi generalizado, este grupo de inmigrantes no era practicante ni observante; no cumplía los preceptos y mandamientos bíblicos en su totalidad, como acostumbran los judíos ortodoxos.

Estos inmigrantes creían que ser judío era responsabilidad histórica de cada uno individualmente y de todos los judíos colectivamente, en una cadena intergeneracional que venía del pasado y que debía proyectarse al futuro —deseo expreso de continuidad— en la esperanza de un mundo mejor y más justo. ¿Actitud mesiánica? Ninguno de ellos mencionó la llegada del mesías como salvador o salvación de la humanidad, pero, posiblemente, trascodificaron la "utopía religiosa" en términos laicos y seculares.

De cualquier manera, con excepción de aquellos inmigrantes que habían participado en movimientos políticos en su tierra natal, los demás entrevistados —la gran mayoría— afirmaban que su vida de judíos en Brasil era diferente a la de sus padres y de su comunidad original. Calificaban esa diferencia afirmando que su judaísmo era "más débil". ¿Qué querían decir con "más débil"? ¿Sería sólo una medida de intensidad en relación con las prácticas religiosas o un alejamiento, deliberado o no, de los valores judaicos? Argumentaban que el judaísmo está ligado a la religión y, como no eran practicantes como su ascendencia, su judaísmo no presentaba el mismo fervor ni dedicación, aunque afirmaran que lo tenían en el corazón. "Claro que me gustaría que fuese el mismo judaísmo de mis padres", se expresaron. Señalaron una serie de factores que les impedía reproducir el modelo de su casa paterna: "mucho cansancio o falta de tiempo" para la práctica cotidiana del judaísmo.

Sin embargo, pese a no ser practicantes, estos judíos crearon sinagogas —como un espacio sagrado y también de convivencia—; el *hilsfarain* (organización de ayuda) —como un espacio institucional de ayuda a los inmigrantes que llegaban, brindándoles apoyo material y afectivo—; los *landmanschaft* (asociación de paisanos, de afinidades locales) —como espacio de solidaridad y de reunión para celebrar la memoria y las historias de su tierra de origen, que funcionan como mecanismos de resistencia—; las *escuelas* —como espacio de educación y continuidad judaica—; además de las *organizaciones asistenciales, culturales* y otras. Se puede afirmar que, aun sin saber el contenido de la palabra "identidad", la construcción de la infra y superestructura comunitaria aspiraba a reforzar su identidad y, más propiamente, la de sus hijos, en un país en el que las fuerzas de movilidad social actuaban como solventes de su diferenciación.

Dado que la mayoría de los entrevistados había iniciado sus actividades económicas como *clienteltic* o *klapper*, es decir vendedor callejero en abonos, su sueño más grande era escapar de este tipo de trabajo —humillante, dijeron— y establecerse como comerciante propietario de tienda, como empleado-gerente, como contador o volver a su oficio original —sastres, peleteros, sombrereros, relojeros, entre otros—. Ese deseo de conseguir una ocupación comercial se debía al hecho de que ésta estaba revestida de un estatus positivo. Era una actividad establecida, fija, regida por horarios pactados y descanso semanal, en contraste con los atributos negativos de la actividad del *clienteltic*, irregular, socialmente despreciada, agotadora al grado de comprometer la salud; algunos declararon haber "agarrado tuberculosis".

Con los testimonios que se recogieron, se comprobó que muchos realizaron, con grandes sacrificios, su sueño dorado: abrir una tienda, no importaba dónde, ni su tamaño, ni su ramo; lo relevante era tener su establecimiento. Incluso aquellos que declararon haber obtenido menos lucro con la tienda que con la clientela que hicieron crecer durante años de trabajo, de todos modos consideraban que había valido la pena, debido al respeto y la consideración que les tenía la propia comunidad.

Cuando se les interrogó acerca de las posibles diferencias entre ellos y las generaciones de los hijos y de los nietos en relación con la cuestión de la pertenencia judaica, sus respuestas fueron afirmativas al declarar que existen grandes diferencias intergeneracionales, con una relación inversa entre la distancia generacional y su grado de judaísmo. Muchos mostraron preocupación por el destino judaico de los jóvenes de la comunidad y señalaron "el vacío de saber y de sentirse judío", confirmando la existencia del fenómeno en la "crisis de identidad", aunque no lo hayan formulado explícitamente con estos términos.

"Los jóvenes no se apegan a las tradiciones"; "Tiene más interés en los amigos ajenos a la comunidad"; "Hay muchos casamientos mixtos"; "Los hijos de este matrimonio no saben si son judíos o no."

Todos consideraron incuestionable el principio de la endogamia. Para estos entrevistados es manifiesto que la continuidad judaica sólo será posible a través del matrimonio intragrupal, lo que según ellos "no está ocurriendo como en el pasado".

Comentaron su decepción y resignación frente al "vaciamiento judaico" de su descendencia. Se sentían frustrados por no haber cumplido plenamente con su destino histórico y olvidaron mencionar —por desconocimiento u omisión voluntaria— los factores que componen el marco de cambios políticos, económicos y tecnológicos de la sociedad brasileña, con su mercado capitalista y las impactantes influencias sobre la organización social de la vida en familia, de las redes de parentesco, de las amistades, de las relaciones de vecindad y de la competencia en el mundo del trabajo.

Pese a todo, sentían que aún les restaba una función importante dentro del ámbito judaico familiar, porque al reunir a toda la familia en épocas de celebración de las grandes festividades presumían que ejercían el mecanismo reforzador del ejemplo judaico, integrándola, uniéndola y volviéndola solidaria.

Se confirmó que el vínculo judaico con los jóvenes pasa por los abuelos. Cuando la gran familia se queda sin sus organizadores (los abuelos), las conmemoraciones se dan de manera segmentada, es decir que cada hijo y su familia celebran en su casa y a su manera, se rotan entre ellos, o ni siquiera recuerdan que hay que celebrar.

Gran parte de estos inmigrantes —sefaraditas o ashkenazis, hombres o mujeres— declararon que su mayor placer fue haber posibilitado a sus descendientes una carrera técnica superior o una formación académica que abrió camino para que ocuparan puestos relevantes en la administración privada o pública, o para que, como profesionales, montaran sus consultorios/oficinas. Es interesante notar que tanto los hijos varones como las mujeres tuvieron la misma oportunidad, aunque al escoger sus profesiones hayan obedecido a la clásica división de carreras femeninas y masculinas. Se referían con gran orgullo a sus "hijos doctores".

Hay un debate polémico entre investigadores sociales sobre la cuestión de la identidad de los inmigrantes de primera generación. Una corriente afirma que, con el paso del tiempo, esos individuos van perdiendo y hasta eliminando los rasgos característicos de su identidad básica que se constituyó en sus países de origen. Por el contrario, la otra corriente sostiene que, en la medida en que los viejos inmigrantes van entrando en edad provecta, se van fijando y reiterando los elementos constitutivos de su identidad preinmigración.

En el primer caso, la justificación es el impacto y la exposición permanente a los valores, las normas de comportamiento y culturales del contexto de adopción, que borran las huellas de la identidad e identificación pasadas. En el segundo caso la argumentación se asocia con cuestiones orgánicas y psicobiológicas de la memoria pasada, que se aproxima y llega, a veces, a rebasar la memoria presente.

Con respecto a los inmigrantes judíos entrevistados en esta investigación, se comprobó que podrían enmarcarse en el segundo caso. Pero existe un condicionante cultural de extrema importancia, que probablemente sobrepasa los factores biológicos, sea cual fuere el imperativo de la conciencia judaica autoimpuesta frente a su descendencia. De acuerdo con las respuestas de los entrevistados, se estaría dando un proceso acelerado de alejamiento del judaísmo —la denominada "asimilación"— en relación con el contenido y las vivencias judaicas. Se sienten moralmente obligados a mantener o a recuperar la "casa judía" como un modelo o como un "efecto de demostración" para las nuevas generaciones, practicando, celebrando, reuniendo los componentes dispersos que salen de la "ciudad grande", por lo menos en ocasiones judías especiales, en las que el menú culinario de origen desempeña un papel estimulador de los "recuerdos infantiles".

Cuando se inquirió a esos inmigrantes sobre el significado de ser brasileño, todos fueron enfáticos: "La oportunidad de una nueva vida en un país que garantiza la tranquilidad y el respeto por su diferenciación", a pesar de las burlas y mofas de las que fueron y aún son blanco. Sobre todo, "ser brasileño es pertenecer a un país donde echamos nuestras anclas, constituimos nuestras familias y construimos nuestra comunidad".

Los jóvenes, sus opiniones y sentimientos: Identidad y asimilación

La mirada del joven sobre la memoria judía de su familia es bastante variada; algunos conocen más la historia de su madre, otros la de su padre. Pero en conjunto algo saben, aunque a veces de modo superficial. "Oí a mi padre contar hace mucho tiempo, pero no recuerdo casi nada", "La gente casi no conversa sobre ese asunto de familia."

Los abuelos siempre quisieron contar con detalles la historia de su comunidad de origen, inserción económica y cultural, trayectoria familiar en términos de casamiento, relaciones endogámicas o exogámicas. Pero los jóvenes declararon no haber tenido mucho interés en preguntar o escuchar hasta que los despertó la escuela judía que, en el momento de concluir el primer grado, incentiva a sus alumnos para que elaboren un "álbum de familia" o "historia de mi vida". En esa ocasión el joven va en busca de entrevistas con sus antepasados, de fotografías, de documentos antiguos de identidad, etc., como resultado de una obligación escolar en la que toda su familia queda involucrada, pero no por un interés espontáneo en sus orígenes. Aun así, dijeron que este ejercicio escolar fue importante para su identidad y para conocer mejor la trayectoria de su familia; no obstante, una vez terminada la tarea apenas quedan recuerdos y tiempo para continuar escuchando las historias, generalmente tristes, de sus abuelos, los testigos siempre dispuestos a contar, como una "obligación de la memoria". "Nunca más me senté a conversar con mis abuelos."

A la historia de la familia no se le presta mucha atención y pierde su importancia cuando el matrimonio de los padres es mixto o cuando la pareja está separada, por falta de tiempo de convivencia, generalmente con el padre. En el caso de un segundo casamiento, la ignorancia sobre el "padrastro/madrastra" —"el marido de mi madre o la mujer de mi padre"— es completa; parece que el nuevo cónyuge no tiene historia ni historias: llega a la nueva familia desposeído, como si no tuviese su propio mapa. Por parte del joven hay un silencio total; sólo la confirmación de su presencia en el núcleo familiar. En términos generales la madre habla más sobre su origen, aunque cada vez menos porque las oportunidades de encuentro y horas de recreo en familia son cada vez más raras, y ese tiempo se aprovecha para conversaciones vinculadas directamente con los problemas cotidianos de la vida de cada uno: estudio, trabajo, situación económica, noviazgos, casamiento, política, etcétera.

Los encuentros con la familia extensa o ampliada ocurren en los aniversarios, pero sobre todo en las fechas de celebración del calendario judío, no todas igualmente apreciadas o festejadas; en particular se menciona el Pesaj. Estos acontecimientos familiares son cruciales como fenómeno de aglutinación y de confraternización de la parentela dispersa; se hace referencia a la comida típica judía como diferenciación de lo cotidiano, aunque también cada vez menos presente debido a la ausencia/muerte de los abuelos. Estas figuras son las que sostienen la tradición frente a la corrosión urbana, a la laicización, a la descendencia mixta, y rehacen simbólicamente a la familia extensa que se partió en varias unidades nucleares. Cuando los abuelos han fallecido algunas familias se rotan la responsabilidad de las fiestas del calendario judío, pero los jóvenes manifiestan que "nunca volvió a ser como antes".

De los jóvenes que se investigaron, el 13.6% siempre estudió en una escuela judía, el 86.4% restante no siempre: 45.5% hizo el primer y segundo grados completos, 31.8% concluyó el primer grado y después se fue a otros establecimientos escolares, y sólo el 9.1% dejó de cursar la escuela judía en la tercera serie del segundo grado a fin de prepararse mejor para el bachillerato.

De los que frecuentaron un colegio judío, un 85% afirma que la escuela contribuyó a la formación, complementación y/o consolidación de su identidad judaica, variando el énfasis sobre el papel del colegio en combinación con la familia, y un 15% afirmó que la escuela tuvo poca o nula participación. Dos tipos de expresiones fueron recurrentes y mostraron las posiciones antes referidas. "Todo lo que sé del judaísmo se lo debo a la escuela"; " La escuela contribuyó a la formación de la conciencia, de la tradición y de la historia judaica"; "La casa contribuyó mucho más a mi identidad judaica que la escuela. La escuela da la instrucción/conocimiento y la casa de la vivencia/educación"; "El colegio no basta para formar la identidad judaica, la familia es la que determina."

Cuando se les preguntó sobre "lo que es ser brasileño", casi la totalidad de los entrevistados orientó sus respuestas en el sentido de demostrar que la condición de brasileño se basaba en la nacionalidad y en la ciudadanía, con sus responsabilidades sociales correspondientes.

Cuando se indagó sobre "lo que es ser judío" sus respuestas variaron, desde el parámetro de la descendencia familiar hasta la declaración del fuerte sentimiento de adhesión a las tradiciones y cultura judaicas, pasando por la religión, intervalo en el que se crea un "gradiente" de desdoblamientos semánticos. No había una respuesta rápida; parecían estar elaborando, en el momento, un discurso sobre el que, hasta entonces, nunca se les había cuestionado. Por eso una gran parte comenzaba afirmando que era difícil decir lo que era ser judío, pero ninguno dejó de responder. "Es difícil decirlo... es nacer de padres judíos y formar parte de la cultura judaica"; "Ser judío es practicar la religión de nuestros antepasados"; "Ser judío es asimilar la cultura judaica milenaria, continuarla y transmitirla"; "Ser judío es algo que viene de adentro, es sentimiento"; "Ser judío es tener una relación histórica"; "Ser judío es un modo de pensar y ver el mundo." Estas afirmaciones se seleccionaron para ejemplificar las diferentes maneras en que los jóvenes manifiestan su condición judía.

La pregunta siguiente: "Qué es más importante, ser brasileño o ser judío", pareció bastante delicada para estos jóvenes pues los colocaba en una pseudoencrucijada, o al menos sus respuestas implicaban una elección y una toma de decisión. Hubo tres tipos de respuestas: la primera señalaba que ambas condiciones eran igualmente importantes y no presentaban ninguna contradicción entre sí. La segunda respuesta afirmaba que ser brasileño era más importante que ser judío "soy brasileño judío", en la medida en que ser judío era un adjetivo a la condición sustantiva de ser brasileño, como eran los católicos, los protestantes, los espiritistas, etc. Y la tercera respuesta se centraba en ser "judíos brasileños", porque consideraba que la identidad, sea cual fuere el grupo, minoría o etnia, es la orientadora de la conducta étnica de cada uno, mientras que la ciudadanía es una condición jurídica que puede apartarse del individuo, como sucedió en la Alemania nazi, o ser abandonada por el propio individuo a cambio de otra. En este caso, el "ser judío" se explica como el sustantivo de la calificación ciudadana.

Cuando se les preguntó respecto de posibles dificultades —discriminación, prejuicio— por el hecho de ser judíos, el 85% afirmó no haber sentido jamás ningún impedimento para el ejercicio de su condición de judío, y el 15% declaró que alguna vez fue blanco de manifestaciones antisemitas. Incluso aquellos que afirmaron que la sociedad brasileña respetaba su diferencia declararon saber de casos de amigos que fueron discriminados por compañeros en el aula y en el mercado de trabajo, y que fueron objeto de pullas, burlas y hasta de riñas callejeras.

En el apartado que se refería explícitamente al sentimiento antijudío en Brasil la casi totalidad hizo una distinción entre sentimientos antijudaicos, movimientos antisemitas y discriminación sociorracial. Varios señalaron el hecho de que la sociedad brasileña es cultural y religiosamente prejuiciosa contra las minorías, pues algunos segmentos de su población repetían ciertas "fórmulas" y "acusaciones" aun sin saber de qué se trataba y, cuando se les explicaba, parecían sorprendidos y algunos avergonzados, al enterarse de algo nuevo, en este caso, sobre los judíos. Incluso aquellos que señalaron enfáticamente la existencia de un sentimiento antijudío marcaron en una proporción bastante alta, desde la calificación de insignificante, sutil, poco expresivo, esporádico, hasta su opuesto, aunque en este último polo la intensidad de las respuestas haya sido menor, atribuidas generalmente a las manifestaciones neonazis en América Latina y en el mundo.

Ante la pregunta acerca de la asimilación, los jóvenes afirmaron que en la comunidad judía se estaba dando una tendencia en esa dirección, con ritmos variados, pese a que, por otro lado, se refirieron a la existencia de un movimiento, aún débil, de valoración de la cultura y tradiciones judaicas; cuando se les preguntó acerca de las causas, no hubo uniformidad en las respuestas. Unos consideran que el proceso de asimilación en curso es responsabilidad de la laicización que disuelve los fundamentos religiosos judaicos; otros opinan que los factores de exogamia tienen un peso mayor, y los demás afirman que las demandas de la modernidad, asociadas con la fuerte presencia de los medios de comunicación, así como el deseo democrático de igualdad, que se confunde con los derechos de ciudadanía y la singularidad de la identidad, funcionan como factores centrífugos que se presentan, mucho más poderosos, ante los mecanismos y control de naturaleza centrípeta.

Parte de estos jóvenes distingue aculturación de asimilación, al afirmar que la primera es una consecuencia natural de los contactos entre varias culturas en una sociedad "sin *ghettos*", que termina por incorporar a las vivencias de lo cotidiano las formas de comportamiento y los lenguajes socialmente establecidos. La asimilación, a veces, es entendida por este segmento como la pérdida sustancial de las tradiciones y de la memoria cultural judaica, debilitándola, desfigurándola al punto de romperla por completo, además del hecho de que este fenómeno puede o no estar vinculado con la conversión hacia otra relación, pero que posee un fuerte componente exogámico. En líneas generales, la asimilación fue definida como un sentimiento de apatía y desinterés por la cultura y por su acervo histórico familiar judaicos, que se podía transformar en vagos y diluidos recuerdos al extremo de olvidar los orígenes, situación ésta provocada en forma consciente o no.

"Asimilar es perder las raíces históricas y religiosas"; "Asimilar es perder la identidad, es estar fuera, es la negación sentimental de la condición judaica"; "La asimilación se da por la gran cantidad de matrimonios mixtos"; "Asimilación es ruptura definitiva con el judaísmo"; "Asimilación es diferente de aculturación, que es una forma de composición entre las culturas judía y no judía. . ."

Finalmente, en cuanto a la endogamia y la exogamia, los jóvenes manifestaron que en la elección de la pareja conyugal lo más importante sería el amor y la afinidad de gustos e intereses y no la ascendencia judaica. De todos modos, cuando se les preguntó sobre el destino de su descendencia en el caso del casamiento exogámico, la gran mayoría expresó que era su deseo que los niños fuesen educados dentro del judaísmo. Mientras que para sí mismos el proyecto matrimonial era abierto, para la descendencia estaba "teóricamente" cerrado, y apenas un reducido número, cerca del 8%, declaró que los hijos decidirían y optarían sin presión de ningún lado.

La mujer judía: Abordando cuestiones polémicas

Este grupo estuvo compuesto por 34 mujeres entrevistadas; de ellas, un 85.2% tenía estudios universitarios y de posgrado, concentradas en el ramo de la docencia (40%) y como profesionales en el mercado de trabajo (34.4%). Su situación conyugal presentó la siguiente configuración:

mujeres judías casadas con judíos: 50%;
mujeres judías casadas con no judíos: 18.75%;
mujeres judías convertidas casadas con judíos: 3.12%;
mujeres no judías (no convertidas) casadas con judíos: 9.37%;
mujeres judías divorciadas, casadas antes con judíos: 6.25%;
mujeres judías divorciadas, casadas antes con no judíos: 3.12%;
mujeres judías solteras: 6.25%.

Esta composición no fue aleatoria. Se buscó incluir una gama variada de situaciones matrimoniales en la medida en que entre las variables de comportamiento importantes dentro del judaísmo está la endogamia, como mecanismo de reforzamiento de la continuidad/perpetuación de la identidad intergeneracional. Por otro lado, se realizó una nueva división a partir de la religiosidad de las entrevistadas, en lo que se refiere a la conceptualización de judaísmo y religión:

mujeres judías religiosas ortodoxas: 18.75%; ⎫
mujeres judías religiosas "reformistas": 12.50%; ⎬ 31.25%
mujeres judías no religiosas, perfil tradicionalista: 28.12; ⎫
mujeres judías no religiosas, perfil progresista: 31.25%; ⎬ 59.37%
mujeres no judías: 9.37%.

Al preguntárseles sobre lo que es ser judía, la gran mayoría declaró que la condición judaica no se restringe sólo a una cuestión de nacimiento. Además de la ascendencia, es necesario que haya un acto de voluntad de permanecer judío y construir una continuidad judaica de manera permanente, porque juega con factores centrífugos muy fuertes que estimulan su incorporación al *out group* en contraposición al *in group*.

También señalaron las implicaciones de la modernidad, que instituyó y separó las categorías de ciudadanía e identidad de las de nacionalidad y religión, provocando una atmósfera social que permitió a los individuos exponer su judaísmo, ya fuese como inmigrantes o hijos de éstos. Muchas veces la necesidad de encubrir su condición judía reside en amenazas y miedos objetivos que, en Brasil, están relacionados con el integrismo y el Estado nuevo. Este "llegar a la luz" de una categoría, hasta entonces reprimida, fue un factor estimulador para la búsqueda de representaciones sobre la identidad o de la religiosidad como forma de identidad. "Convivir con personas de otras religiones es inevitable y saludable, a no ser que se quiera vivir en un *ghetto* cerrado. Se terminó aquella época de ocultar que somos judíos"; "La madurez hace que se asuma más abiertamente la condición judaica"; "Las personas laicas, después de las crisis recientes, no tienen identidad. El hecho de ir a la sinagoga es señal de que están buscando una identidad como judíos"; "Ser judía es mantener las tradiciones, identificarse con su grupo, mantenerse dentro de ese grupo y declararse abiertamente judía."

A través de las entrevistas se percibe que las mujeres religiosas —ortodoxas o "reformadas"— hacen énfasis en la estrecha vinculación, hasta de sinonimia, como la cara y la corona de una moneda judaica, entre la religión y la identidad. A su vez, las mujeres no religiosas consideran su identidad como algo que proviene de las raíces judías milenarias de la educación en la escuela y en la familia, de la cultura y de la historia.

La judía conversa tiene una posición singular. La adhesión de esta mujer es reciente, ligada a su nuevo proyecto de vida como judía. Tiene mayor determinación en la realización del compromiso asumido con respecto a la práctica y el ritual judaico. Paralelamente, su esfuerzo por "ser judía" se transfiere en forma acumulativa a la dimensión de "parecer judía", con un énfasis en lo exterior y visible para demostrar su desempeño judaico y garantizar su inserción en la comunidad.

Hay un movimiento pendular entre las declaraciones de las mujeres entrevistadas. En uno de los polos se sitúan aquellas que definen su identidad judaica como un apéndice de su ciudadanía, que es su determinante en última instancia, y en el polo opuesto están las mujeres que afirman que la identidad es más importante porque se lleva en el corazón —es emoción, es sentimiento— y, por lo tanto, independiente de espacio y tiempo. Sin embargo, cuando se trata de declarar su judaísmo e identidad, la gran mayoría afirma que actualmente lo hace con más naturalidad porque está asociado con la madurez que implica percibir el valor de la diferencia y defender su espacio. Algunas de ellas agregan que esta situación se vincula con el despertar general de las minorías y etnias, cuya conciencia de la diferencia debe valorarse.

"Identidad judía es un sentimiento de pertenencia. . . es algo ligado inexorablemente a la cuestión de la historia de los orígenes. Para mí, tiene más ese sentido de arraigo que la cuestión de la religión propiamente dicha. . ."

"Identidad judía es mi referencia cultural e histórica. Mi judaísmo es sin religión y sin sionismo. Soy una persona arreligiosa, me siento auténticamente judía. Es tan fuerte en mí que mi marido, que no es judío, lo respeta mucho."

"Es tener gusto por la religión y transmitir eso a otras personas que compartan esta alegría. Es identificarse."

"Identidad judía es la obediencia a las leyes y a la esencia filosófica de la Torá."

"Soy una ciudadana del mundo. La nacionalidad es racional y reflexiva, mientras que la identidad es emocional y menos reflexiva. Incluso aquellos que se apartaron del judaísmo no consiguen desligarse totalmente de su identidad judaica, experimentan un sentimiento de culpa, de duda."

Es importante notar la posible construcción de una taxonomía de identidad judaica que fue surgiendo a lo largo de la investigación, a partir de la autodenominación de las propias entrevistadas, que revela las múltiples "miradas" sobre el judaísmo:

judía cultural;
judía ecuménica;
judía histórica;
judía asimilada;
judía laica;
judía religiosa;
judía liberal;
judía conversa.

No se puede negar que los judíos en Brasil se incorporan a la cultura brasileña y procesan cierta simbiosis que genera un judaísmo propio —el judaísmo brasileño—, hecho que acontece en todos los países. Los judíos entienden la asimilación como un caso límite, es decir una aculturación radical a tal grado que borra los rasgos característicos y diferenciadores de su etnicidad.

Cuando se introdujo en la investigación la cuestión de la asimilación, se confirmó que casi la totalidad de las mujeres entrevistadas entendían el significado del término en la acepción semántica producida por las comunidades judías y cuyo contenido comprende el fenómeno de sentimiento de indiferencia, apatía, ruptura de lazos y desarraigo del judío, frente a su religión y su patrimonio histórico cultural.

En la visión de las mujeres religiosas el énfasis está en un "distanciamiento de un alma judaica de su religión" o, en afirmaciones más contundentes, declaran que se trata del judío al que no le gusta su religión y la abandona definitivamente o la cambia por otra: salida definitiva del judaísmo. Por otro lado, las no religiosas —tradicionalistas o progresistas— también están de acuerdo con el hecho de que la asimilación es una forma de alienación frente a la cultura judía; es un desconocimiento de sus raíces históricas; es un no participar deliberadamente en su comunidad y, finalmente, un despreciar los principios y valores que constituyen la identidad judaica.

Algunas mujeres no creen en la asimilación total, ni siquiera tratándose de la conversión. Afirman que ninguna persona podrá ser asimilada en el sentimiento; éste persiste y aflora en forma inesperada, desequilibrando su ecuación emocional. Paralelamente, lo dicho por otras mujeres llama la atención hacia el hecho de que declararse judío no es suficiente para caracterizarlo; es preciso vivir judaicamente.

El análisis del material de la investigación, según las respuestas, permite establecer tres tipos de judíos asimilados:

1. aquellos que se alejan deliberadamente del judaísmo negando u ocultando su identidad judaica;

2. aquellos que se alejan inconscientemente del judaísmo como resultado del poco conocimiento de sus orígenes, asociado con la desvaloración progresiva de su diferencia cultural;

3. aquellos que, a pesar de que se reconocen judíos, lo son sólo en el nivel formal, exteriorizado y sin contenido, pues no practican ni viven como judíos su cotidianidad.

La "asimilación" como fenómeno histórico se vuelve un proceso recurrente y previsible porque significa una respuesta a las demandas de laicización, generadas por la modernidad, y de igualdad, propuestas por el Iluminismo, según las declaraciones de las entrevistadas, con excepción de las mujeres religiosas ortodoxas que constituyen un 18.75% del total. Dado lo exiguo de esta presentación no será posible reproducir un número significativo de opiniones.

"Cuanto más libre y menos perseguido, el judío se vuelve mucho más asimilado, porque es mucho más parecido a los otros pueblos. Las personas quieren parecerse mucho. Por un lado la gente quiere ser diferente, y por otro igual. ¿Será un error querer ser igual? Llega un momento en que la gente no logra ser igual, y en ese momento no sabe lo que es o no verdadero."

"Desde niña oigo hablar de asimilación, está en el vocabulario judaico y, mientras haya judíos fuera de Israel, siempre va a haber asimilación porque la gente está siempre en contacto y no puede cerrarse. La formación es importante. Por eso siento que nunca voy a asimilarme, tengo base judía, algo sólido dentro de mí. . . se da más asimilación hoy en día que antiguamente."

"Soy una judía asimilada, porque encuentro que los judíos que continúan viviendo de manera segregada, enquistados, van a morir, van a desaparecer. Sólo a través de la apertura y de las relaciones ecuménicas podrá sobrevivir el judaísmo. Hubo una época en que se creía que para que sobreviviera el judaísmo no había que asimilarse. Hoy, para mí, es lo contrario, el judaísmo sólo va a sobrevivir si hay asimilación. Asimilación es la integración dentro de la sociedad como un todo, es romper las fronteras del *ghetto*."

La cuestión de la endogamia/exogamia matrimonial constituye una discusión importante dentro del judaísmo contemporáneo. Esto no significa que la preocupación sobre el fenómeno no haya habitado muchos momentos de la historia judaica, pero, actualmente, ha adquirido gran relevancia porque apunta hacia una tendencia de aumento acelerado de la "asimilación".

En las entrevistas se observa que el llamado casamiento mixto, es decir fuera del grupo, es para las mujeres judías una consecuencia directa del proceso de asimilación previamente comentado. Para las mujeres religiosas, sobre todo, este hecho representa el fin creciente e inexorable del judaísmo en términos de proceso histórico, por la disolución de sus valores básicos.

La problematización de la exogamia es un tema preñado de una elevada carga emocional para la familia judía, y "por más desligados que estén los padres, quieren casamiento endogámico para sus hijos". La socialización de los valores matrimoniales judaicos está muy acentuada y genera el "síndrome de prohibición": "Tengo una gran censura conmigo misma". Entender esta cuestión forma parte de la visión del mundo sobre el futuro judío en cuanto religión, historia y cultura, porque la continuidad judaica se asegura mediante el fortalecimiento de los lazos de unión y solidaridad que resultan de la pertenencia a un pasado común y de la responsabilidad personal y colectiva por el destino futuro.

Esta preocupación por el "matrimonio *intragrupal*" marca el comportamiento de los judíos, en todos los periodos de su historia, como un mecanismo de preservación de su identidad judaica en situaciones adversas. Debido a que han vivido separados en innumerables comunidades sin un centro religioso unificador y hasta sin contacto entre ellas, lo cual tiene que ver con la condición diaspórica de fragmentación y dispersión, el mantenimiento del judaísmo durante tantos siglos sólo podía anclarse en el fortalecimiento del principio de "nosotros" además de la fe, la historia y la cultura como ingredientes comunes a un determinado grupo. De ese modo, la resistencia a su disolución pasaba por la recomposición intergeneracional de la comunidad. Y el matrimonio endogámico cumplía esta función.

Algunas de las entrevistadas analizaron el proceso de asimilación como una tendencia natural en curso y que debe encararse como parte de la aculturación promovida en las sociedades democráticas, abiertas, en las que —aun cuando pueda haber algunas formas de prejuicio— el acceso a los servicios de la sociedad y a las áreas de decisión política está garantizado legalmente.

No obstante, la visión de esas mujeres —ya sea admitiendo como un presagio trágico el fin del judaísmo, ya sea postulándolo como un proceso natural que tendrá como resultado adaptaciones sucesivas y la introducción de características nuevas del judaísmo futuro— es unánime en relación con las dificultades de los hijos de casamientos mixtos. Los niños son considerados las grandes víctimas porque "no van a transitar por terreno alguno". La postura de neutralidad asumida por los padres en cuanto a que cuando los hijos crezcan decidirán lo que serán crea problemas de ambigüedad de difícil resolución, pues se manipula el tiempo como una categoría que determinará su identidad, que debe quedar entre paréntesis, sin forma ni contenido, en espera de un tiempo hipotético para definirse.

Algunas de las mujeres judías casadas con no judíos presentaron comportamiento diferenciado en el sentido de definir y garantizar, desde luego, su descendencia como judaica, enviando a sus hijos a escuelas y espacios de convivencia judaica, considerados formadores de la identidad judía.

ACTITUDES DE UN GRUPO DE ADOLESCENTES JUDÍOS RESPECTO A SU IDENTIFICACIÓN, RELACIÓN Y PARTICIPACIÓN CON MÉXICO E ISRAEL. UN ESTUDIO DE CASO

Frida Staropolsky Shwartz*

I

Este trabajo forma parte de uno más amplio sobre educación judía y pluralismo cultural en México y presenta, de manera somera, algunas reflexiones sobre la educación en la problemática del grupo minoritario judío, así como algunos aspectos que reflejan las actitudes de un grupo de jóvenes judíos mexicanos, poniendo de manifiesto su relación, identificación y participación hacia México e Israel.

El reto que representa aprehender el futuro de las actuales condiciones societarias, así como el del mundo judío en particular —desde los diferentes espacios: el institucional educativo, el contexto familiar y el comunitario—, nos lleva a plantear nuestras inquietudes acerca de la responsabilidad de educar hacia la tolerancia y el respeto de los derechos de las minorías a preservar su identidad en sociedades y grupos multiculturales.

Después de la segunda Guerra Mundial hemos estado viviendo acelerados y profundos cambios tecnológicos, económicos y políticos que no necesariamente han correspondido a los dados en los espacios ideológicos y socioculturales. La modernidad, entre otros, ha permitido los avances económicos, producto de la industrialización; su mayor cruzada: el progreso de la democracia y el despunte de los nacionalismos que apuestan al "nosotros" y a "los otros". Las consecuencias de esto se manifiestan en una compleja red de relaciones que conjugan pasado, presente y futuro, donde los procesos de cambio —el desarraigo y el arraigo de esos "otros"— enfrentan al individuo y al Estado al reto de la multiculturidad,[1] a "la exigencia del reconocimiento de la identidad y la acomodación de las diferencias culturales" de los grupos minoritarios o étnicos.

Para el mundo judío este siglo se ve marcado, desde sus inicios, por los procesos de desarraigo de millones de judíos, quienes se dirigen hacia nue-

* Universidad Iberoamericana.
[1] Will Kymlicka, *Ciudadanía multicultural.*

vos derroteros, sobre todo hacia el continente americano. La segunda Guerra Mundial y el Holocausto marcan, además, en forma determinante, las nuevas condiciones de la población y la vida judía con la pérdida de millones por muerte y destrucción, y la desagregación cultural como pueblo.[2] Las constantes migraciones han cambiado la faz de la dispersión judía, que ha supuesto un reconocimiento y reacomodamiento a nuevas realidades. Los procesos de continuidad y ruptura se caracterizan por una transición que se refleja en la búsqueda de nuevos contenidos y significantes que integran y modifican la propia herencia cultural y la de aquellos con quienes se entra en contacto, dando cabida a modalidades culturales y de identidad que hoy definen y particularizan a cada una de los comunidades judías de la diáspora.

El surgimiento del Estado de Israel y el renacimiento del idioma hebreo permiten, por su parte, la creación de una cultura israelí específica. Israel se convierte en un eje central de intercomunicación judía con las comunidades de la diáspora.

II

Hasta la década de los setenta la preocupación de los estudiosos del mundo judío y de las comunidades judías de la diáspora, sobre todo la latinoamericana, fue dar respuestas a las "interrogantes acerca de la capacidad de los judíos de conservar sus rasgos específicos individuales en una sociedad culturalmente homogenizante con fuertes tendencias nacionalistas".[3]

Tenemos que señalar aquí la problemática de los grupos minoritarios en el marco de las políticas del Estado nacional y de la identidad nacional. Aparentemente, en el sistema educativo nacional, coexisten dos estrategias para neutralizar la falta de homogeneidad religiosa y socioeconómica, que en el fondo pretenden mantener las especificidades étnicas o religiosas sin forzar la asimilación. La primera se funda en el aislamiento de diversas culturas que se mantienen alejadas unas de las otras; es el caso de colegios particulares destinados a sectores determinados que gozan de cierto grado de autonomía educativa y religiosa. La segunda se basa en la integración mediante la subordinación a la cultura de la capa dominante y, por ende, en la creación ficticia de una cultura nacional homogénea: lengua, estética, criterios de rendimiento y normas aplicables a todos.[4]

---

[2] No es que en el pasado se diera una homogenización cultural, religiosa, política o siquiera en la geopolítica comunitaria; sobre todo durante el siglo XIX se marca la diversidad de orientaciones que asumen en forma individual y colectiva los judíos. El nazismo y sus consecuencias hicieron tambalear las bases estructurales de la población y la vida judía en el curso de los primeros 50 años del siglo XX.

[3] D. Schers y H. Singer, "Las comunidades judías de Latinoamérica: Factores internos y externos en su desarrollo".

[4] Tobías Rülker, "Educación multicultural, programas escolares y estrategias para su elaboración", p. 54.

Hoy estas interrogantes persisten. Todo indica que es ahí donde debemos efectuar una relectura de las actitudes y los valores de las nuevas generaciones de jóvenes judíos mexicanos y de la forma en que éstas se reflejan inquietantemente en su formación intelectual y en su sensibilidad ética, social y política.

Desde la perspectiva de la minoría judía —producto de las oleadas inmigratorias de este siglo, cuyos vínculos familiares, culturales, religiosos y afectivos se enraizan en una historia nacional y en la conservación de tradiciones culturales y lenguas que no son comunes a las de la sociedad— esta problemática da lugar a estructuras de comunicación y a interpretaciones relacionales que buscan la aceptación de su propio concepto de "identidad nacional".

Por lo tanto es indispensable destacar ciertos rasgos del marco educativo que no son exclusivos de la comunidad judía y que merecen atención especial. Uno de ellos es el que se refiere a la corresponsabilidad de las instituciones educativas como enlaces entre la cultura y la sociedad. Explícitamente, su función primordial es dirigir, desde edades tempranas, a niños y jóvenes hacia la adquisición de determinados conocimientos básicos e irlos estructurando en su personalidad. Su finalidad es proporcionar y preparar a los jóvenes en un papel funcional, que incluye desde aspectos relativos a sus características socioeconómicas hasta sus logros educativos, para continuar a futuro una formación profesional o técnica exitosa en los espacios del mercado laboral.

Por otra parte, la interacción con los maestros y con los compañeros, la socialización por medio de las normas, los ritos y las actividades que se desarrollan en la vida escolar, se manejan a través de lo que especialistas en educación señalan como la currícula oculta,[5] un espacio donde legitiman o impugnan, refuerzan o debilitan incesantemente, de manera implícita, las características éticas, las actitudes y los valores.

La educación en los colegios judíos en México enfrenta complejos retos. Han trabajado en una verdadera empresa de aculturación y socialización sin asimilación, al tratar de proporcionar, en un marco judío y nacional, una identidad individual y colectiva donde perviva su judaísmo, con autonomía en el reconocimiento de las cuestiones culturales, educativas y religiosas como grupo minoritario. Además, está la búsqueda hacia la integración y legitimidad respecto al entorno nacional, cuyo marco dentro del sistema nacional de educación primaria y de nivel medio y medio superior los prepare y capacite para atender las necesidades del medio socioeconómico en el que se desenvuelven, a fin de que vivan con responsabilidad y compromiso.

No obstante, se plantea cuánto puede modificar la escuela los valores que estos jóvenes han recibido de la familia, de la comunidad, así como del en-

[5] Henry Giroux, "La escuela y la política del currículum oculto", pp. 67-100.

torno en el que se desenvuelven y que forman parte de su imaginario colectivo o, como lo conceptualiza Landowski,[6] "un privado colectivo" que se manifiesta bajo la conciencia del "*nosotros*".[7]

Un "nosotros" que puede ser explicado sociológicamente por varios factores diferenciadores como la edad, el estatus socioeconómico, el nivel educativo, el estatuto político que distingue la cultura dominante de la subcultura, así como la pertenencia étnica y nacional.[8] Interesa poner énfasis en los dos últimos conceptos como fenómenos que afectan "más a los jóvenes cuyos padres son de diferente origen étnico y a la segunda generación de inmigrantes que tienen que enfrentarse al problema de encontrarse en una 'tierra de nadie', esto es, entre dos culturas".[9] Un estudio más a fondo de esta situación debería escudriñar que "no se trata únicamente de quienes viven como 'extranjeros' en un país huésped o en el propio, sino también de los que vuelven a su origen que, en realidad, es la cultura de sus padres, pero no la suya", aunque sean la tercera o cuarta generación.

Esta problemática abarca más allá de una identidad puramente étnica o cultural cuando trata de conciliar los componentes educativos y estilos de vida del grupo minoritario judío, caracterizado, a su vez, por sectores de diferentes procedencias geográficas, étnicas y culturales. Esa diferenciación cultural atestigua una serie de vínculos con el entorno nacional y con la comprensión histórica de una realidad pasada y presente.

Su particularidad y riqueza implica no sólo asumir por parte del grupo minoritario una responsabilidad colectiva para evitar la asimilación y, con énfasis similar, la segregación, sino también fomentar el respeto y el reconocimiento de que los individuos tienen el derecho a tomar sus propias decisiones con respecto a su identidad étnica y cultural, sin menospreciar otras culturas, y a participar conjuntamente, o de manera coexistencial, con ellas.

III

Éste es un sumario resultado de una investigación que se aplicó a un sector de jóvenes[10] de un colegio judío que se particulariza por la convivencia de

---

[6] Eric Landowski, *La sociedad figurada. Ensayos de sociosemiótica*, p. 115.

[7] *Ibidem*. Este autor se apoya en Émile Benveniste, quien plantea que "la noción básica no es la individualidad, sino más bien la del grupo (parental), de comunidad (étnica), de círculo [. . .] y que el concepto de identidad 'personal' propiamente dicho se constituye precisamente [. . .] a partir de la noción fundadora de pertenencia al 'tronco' colectivo": "Cada miembro de la unidad social no descubre su 'sí' más que en el 'entre sí'"; *cf*. Benveniste, p. 321.

[8] Wolfgang Mitter, "La educación multicultural: Consideraciones básicas desde un punto de vista interdisciplinario", pp. 31-40.

[9] A. J. Cropley, *La educación de los hijos de trabajadores inmigrantes: Niños entre dos mundos*.

[10] Esta investigación se llevó a cabo en los primeros meses de 1995; se aplicó a un total de 227 jóvenes.

estudiantes provenientes de diferentes sectores comunitarios, e ilustra algunos aspectos de su relación con México e Israel.

En síntesis, la mayoría de estos jóvenes, entre los 14 y 19 años, con una escolaridad media y media superior, han nacido en México —en un 90%—, y pertenecen a la tercera y cuarta generaciones, dado que sus abuelos proceden sobre todo de Europa Oriental y del Medio Oriente. De acuerdo con el lugar de nacimiento se clasificaron siete regiones que se agruparon de la siguiente manera:

1. México;
2. Estados Unidos;
3. América Latina: Argentina, Bahamas, Brasil, Chile, Costa Rica, Colombia, Cuba, Guatemala, Nicaragua, Panamá, Uruguay y Venezuela;
4. Europa Central y Meridional: Alemania, Austria-Prusia, Bélgica, Suiza, Inglaterra, Francia, Grecia, España y Turquía;
5. Europa Oriental: Bulgaria, Checoslovaquia, Hungría, Lituania, Polonia, Rumania, Rusia;
6. Israel;
7. Asia y África: Irak, Líbano, Siria (Damasco-Alepo), Egipto, Marruecos, Senegal, Túnez.

Esta dimensión ilustra los patrones de inmigración judía a México. Se observa la proporción de abuelos paternos y maternos provenientes de Europa Oriental y Central (35%), y entre 17 y 23% provenientes de los países del Medio Oriente. Destaca la alta proporción de abuelas maternas nativas de México (51%) y un 37% correspondiente a las abuelas paternas; la proporción es menor en los abuelos paternos y maternos, 23 y 28%, respectivamente.

Por sus particularidades étnicas-culturales este grupo se caracteriza por su diversidad comunitaria:[11] ashkenazis, sefaraditas y los denominados nativos de Oriente: halevis y shamis. (Véase anexo, cuadro 1.)

Aunque la lengua materna sea el español, cabe destacar que el inglés se utiliza como segunda forma de expresión. Sin embargo, la riqueza cultural queda manifiesta en las expresiones que aún hoy escuchan en sus casas en hebreo, árabe, idish, ladino y francés.

Estos jóvenes declaran estar creciendo en un ambiente religioso tradicionalista y poco sionista en su hogar. La religiosidad y el sionismo tienen que

[11] Los conceptos utilizados denotan la procedencia geográfica y la identificación con el grupo étnico-cultural y/o la pertenencia comunitaria. El sector ashkenazi comprende a los judíos que provienen de los países de Europa Central y del Este. El sector denominado de los nativos de Oriente abarca a aquellos judíos de los países y ciudades del Medio Oriente, Líbano y Siria. Se distinguen dos grupos: halevis —Maguen David— y shamis —Monte Sinaí—. El sector sefaradí comprende principalmente a los judíos que proceden de la Península Ibérica, Turquía, los países balcánicos y algunos de África. Véase también Sergio DellaPergola y Susana Lerner, *La población judía de México: Perfil demográfico, social y cultural*, pp. 30-31.

ver con los espacios significativos que las familias otorgan a estos temas en la educación de sus hijos, que, a su vez, son reforzados en otros espacios socializadores. La mayoría caracteriza el ambiente religioso de su hogar como tradicionalista —un 84%—, lo que concuerda, en general, con los distintos tipos de religiosidad comunitaria que se presentan en el estudio sociodemográfico de la comunidad.[12] El contexto de secularización aunado a las características psicosociales de la adolescencia permiten tal vez que sea con ese marco tradicional[13] con el que encuentran mayor identificación. Por otra parte, estos jóvenes muestran una tendencia a sentirse mexicanos de modo especial. Son parte de México, les interesa saber lo que pasa en México y comparativamente consideran estar más informados de lo que sucede en el país que en Israel.

Les preocupa, en primer lugar, la situación económica del país, debido a la crisis, ya que forma parte de las conversaciones cotidianas familiares, de los medios y del entorno en general, así como de los aspectos políticos y sociales que tienen que ver con política interior y problemas como la pobreza y la contaminación. Estos problemas ya no permanecen en la indiferencia y parecen trascender como preocupaciones. Escuchan por vez primera, como la mayoría de los ciudadanos de este país, posturas divergentes en política, y se hallan relacionados con un entorno que no sólo vive una violencia real, sino que también participa de una violencia simbólica a la que tienen que responder desde una problemática de su situación de clase socioeconómica media alta y alta. Este presente vivencial se da en las condiciones de vulnerabilidad económica, política y social que vive México en estos momentos, así como desde su particularidad diferencial. Declaran que se sienten parte de un grupo minoritario excluyente que es excluido también por la sociedad. No obstante, perciben que el ambiente en México es propicio para los judíos, ya que les permite participar en la vida y en la cultura del país. Manifiestan, además, que el contacto con personas no judías contribuye a un mejor conocimiento en ambos sentidos.

En su mayoría, como jóvenes, se sienten identificados con los jóvenes judíos de la diáspora y afectivamente ligados con un fuerte sentimiento hacia México; cuando mencionan que se sienten mexicanos es de un modo especial, porque consideran que no hay relación entre el sentirse judío y el ser mexicano. (Véase anexo, cuadros 2, 3, 4.)

Son jóvenes cuyas fuentes de información acerca de lo que sucede en la actualidad son los medios de comunicación, principalmente la televisión,

[12] *Ibidem*, p. 121, donde se señala que el ambiente familiar actual en los hogares judíos es tradicionalista según un 63% de los entrevistados.

[13] Ser tradicionalista implica, para muchos judíos, la observancia de ciertas prácticas y costumbres, sin tener necesariamente una orientación religiosa relevante. En el caso de estos jóvenes apenas ahora se cuestionan, y parecieran no tener clara y mucho menos definida una posición religiosa.

la prensa escrita y la casa. La escuela actúa, en menor proporción, como un espacio de información de la actualidad.

Consideran que en el espacio escolar se le otorga más importancia a Israel que a México, no sólo por el tratamiento y la frecuencia que se les da en sus actividades académicas, sino también por las actitudes en la forma cómo se expresan de cada uno de ellos.

Por otra parte, una mayoría ha visitado Israel. Se sienten con los israelíes como cualquier judío. Señalan que se enteran de lo que sucede en Israel a través de los medios y de su casa. Comparativamente hablando, declaran conocer más de Israel que del mundo, pero menos que de México. En sus casas escuchan, sobre todo, la situación de Israel en torno al conflicto árabe-israelí y por lo tanto mencionan el tema de la paz, así como el conflicto con los palestinos.

Observan que Israel tiene importancia para los judíos como factor unificador: un vínculo permanente y un refugio en caso de peligro. Además, la comunidad judía de México debe contribuir prioritariamente al apoyo financiero y moral hacia Israel, pero es igualmente importante, para los jóvenes, el fortalecimiento comunitario y la educación judía. No obstante, muestran una postura débil hacia la *aliá*,[14] no sólo en cuanto a su disponibilidad personal de llegar a efectuarla en un futuro, sino también en su percepción de cuál es la postura que tienen los judíos de México. Para algunos la *aliá* es vista como una opción personal de cada judío. La importancia de Israel, por lo tanto, se percibe como parte del cúmulo de información que se recibe en el ámbito escolar, pero como realidad futura está alejada de su vida presente.[15]

Su afiliación es, en su mayoría, participativa en cuanto a las actividades recreativas que desarrrollan en centros comunitarios, no así en torno a la de organizaciones o movimientos juveniles de la comunidad que tienen especial significación por ser el semillero del liderazgo comunitario. Probablemente la tendencia decreciente de la participación en estas agrupaciones se deba a la exigencia de un voluntarismo ideológico que las caracteriza. Al señalar que se debe fortalecer la comunidad y la educación judía manifiestan tener interés en conocer más los espacios para los jóvenes, para finalmente llegar a plantear, con incertidumbre, que el futuro de esta comunidad se encuentra en peligro o que ese futuro sólo está asegurado en las condiciones actuales.

Entre sus principales preocupaciones se encuentran, de manera significativa, el antisemitismo en la diáspora y la seguridad del Estado de Israel.

---

[14] *Aliá* significa inmigración hacia Israel.

[15] Hoy en día ser sionista adquiere significados diversos debido a los cambios que ha sufrido el pueblo judío y las diferentes formas en que se representa la centralidad de Israel. En el medio escolar Israel ocupa un lugar preponderante en el proceso educativo, por lo que era relevante indagar acerca del ambiente sionista en sus casas. Un 39% de los jóvenes señalan que en sus hogares el ambiente es fuertemente sionista y sionista (5 y 34%, respectivamente), mientras que el 59% manifiesta que en sus casas no son sionistas ni antisionistas.

Otras preocupaciones importantes son las condiciones económicas y la seguridad en México. (Véase anexo, cuadro 5.)

Éste es un esbozo de algunas de las inquietudes de estos jóvenes. Quizás aquí no se muestren todas aquellas contradicciones a las que se enfrentan como tales y los problemas que perciben en general. Sólo destacamos los aspectos que entrañan ser parte del grupo minoritario al que pertenecen, sin poder esclarecer todavía cuáles de estas inquietudes vendrían a representar mayores problemáticas en un futuro que ellos señalan como incierto.

ANEXO

CUADRO 1. *Origen étnico cultural familiar**
(en porcentaje)

| | Origen étnico cultural | | | | | |
Familiar	Ashkenazi	Sefaradí	Shami	Halevi	Israelí u otro	Total
Padre	44.9	7.0	27.8	17.2	3.1	100
Madre	49.3	12.3	22.9	12.8	2.6	100
Alumno	51.5	5.7	23.8	15.9	3.0	100
	Sujetos					
Familiar	Ashkenazi	Sefaradí	Shami	Halevi	Israelí u otro	Total
Padre	102	16	63	39	7	227
Madre	112	28	52	29	6	227
Alumno	117	13	54	36	7	227

* La información se basa, en todos los casos, en la encuesta actitudes adolescentes judíos hacia México e Israel, mayo de 1995.

GRÁFICA 1.

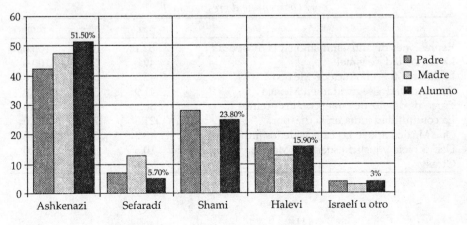

CUADRO 2. *Sentimientos que declara tener en relación con México y con Israel*
(porcentaje de respuestas)

Mi sentimiento hacia	México	Israel
Muy fuerte	19.4	26.4
Fuerte	44.1	34.8
Ni fuerte ni débil	26.4	31.3
Débil	3.1	5.7
Ninguno	6.6	0.9
No contestó	0.4	0.8
Total	*100.0*	*100.0*

CUADRO 3. *Como mexicano me siento*

Más judío	10.1
Igual judío que mexicano	22.5
No existe ninguna relación	57.3
No sé	8.8
No me siento mexicano	0.4
No contestó	0.9
Total	*100.0*

CUADRO 4. *Entre los israelíes me siento*

Como cualquier judío	52.4
Igual a un israelí	21.1
Como extranjero	13.7
Como mexicano	12.8
Total	*100.0*

CUADRO 5. *Preocupaciones como joven judío mexicano*
(porcentaje de respuestas)

	Sí	No	Total
Expresiones de antisemitismo en la diáspora	62.1	37.8	100.0
La seguridad de Israel	49.3	50.6	100.0
La situación económica de México	42.3	57.7	100.0
Tranquilidad y seguridad en México	41.9	58.1	100.0
Procesos de paz de Israel con los vecinos	36.1	63.8	100.0
La continuidad judía en la diáspora	21.6	78.4	100.0
Que México apoye las causas de los judíos	13.2	86.7	100.0
Democracia y justicia social en México y en el mundo	10.6	89.4	100.0
Otras	2.6	97.3	100.0

BIBLIOGRAFÍA

Benveniste, É., *Le vocabulaire des institutions indo-européennes*, vol. I, *Economie, parenté, societé*, Minuit, París, 1969.

Cropley, A. J., *La educación de los hijos de trabajadores inmigrantes: Niños entre dos mundos* (en alemán), Ehremwirth, Munich, 1982.

DellaPergola, Sergio y Susana Lerner, *La población judía de México. Perfil sociodemográfico, social y cultural*, El Colegio de México, México, 1995.

Henry Giroux, "La escuela y la política del currículum oculto", *Teoría y resistencia en educación*, Siglo XXI, México.

Kymlicka, Will, *Ciudadanía multicultural*, Paidós, Barcelona, 1996.

Landowski, Eric, *La sociedad figurada. Ensayos de sociosemiótica*, Fondo de Cultura Económica, México, 1993.

Mitter, Wolfgang, "La educación multicultural: Consideraciones básicas desde un punto de vista interdisciplinario", *Perspectivas* (París), Unesco, vol. XXII, núm. 1, 1992 (81), pp. 31-40.

Rülker, Tobías, "Educación multicultural, programas escolares y estrategias para su elaboración", *Perspectivas* (París), Unesco, vol. XXII, núm. 1, 1992 (81).

Schers, D. y H. Singer, *Las comunidades judías de Latinoamérica: Factores internos y externos en su desarrollo*, Programa de Estudios para la Diáspora, Tel Aviv, 1977.

Taylor, Charles, *El multiculturalismo y "la política del reconocimiento". Ensayo y comentarios de Amy Gutmann, Steven C. Rockefeller, Michael Walzer, Susan Wolf*, Fondo de Cultura Económica, México, 1993.

SEXTA PARTE

LITERATURA

ÁLBUM DE FAMILIA JUDÍA: PROFUNDIZANDO "LAS GENEALOGÍAS" DE MARGO GLANTZ

Jennifer Garson Shapiro*

LAS GENEALOGÍAS de Margo Glantz es una novela con alma. Ella no sólo rescata el alma de su historia familiar sino también emprende una búsqueda de su propia identidad judía y a la vez se enfrenta con su alma judía perdida. El libro existe para que los judíos tengan una voz; más específicamente, para que los judíos en Latinoamérica tengan una voz. Glantz suelta la voz judía de la jaula canónica de la literatura latinoamericana y la centra en una sociedad que los marginaliza. En el marco de una charla nostálgica el foco del texto es la búsqueda de identidad. La que emprende la búsqueda es Glantz misma. Al recuperar los momentos históricos de su familia brinda la oportunidad de integrarse a su cultura y encontrar sus raíces. La autora recobra la experiencia de su padre Jacobo Glantz y, con la ayuda de una grabadora, la realiza en forma escrita. En su libro *Las hacedoras; Mujer, imagen, escritura,* Marjorie Agosín señala: "Glantz no sólo busca sino permite dejar que el padre encuentre la raíz del arraigo y lo dice con poesía, con belleza y con memoria que se hace" (p. 171).

Con anécdotas, diálogos y momentos de nostalgia familiar, el lector forma parte de la historia temprana de la familia Glantz y la sigue en su inmigración a México desde Ucrania.

La novela *Las genealogías* posibilita sentir la llegada de Jacobo Glantz, la presencia de la madre Lucía, porque se presentan desde el cimiento de la emoción de la autora y la memoria de su familia y su pasado.

Este texto permite dialogar las voces de ayer con las de hoy. Salta del pasado al presente. Hay momentos de nostalgia y referencias al futuro con los cuales la memoria se confunde. Sin emplear la narrativa tradicional lineal, *Las genealogías* recupera los avatares de la vida de una familia judía. La autora resucita la tradición oral y a la vez resucita el recuerdo. La técnica y el tono de la novela se manifiestan cuando la protagonista describe su estilo de recuperación histórica:

> Prendo la grabadora (con todos los agravantes, asegura mi padre) e inicio una grabación histórica, o al menos me lo parece y a algunos amigos. Quizá fije en el

* University of California, Los Ángeles.

recuerdo. Mi madre me ofrece *blintzes* (crepas) con crema [. . .] Le pregunto acerca de su infancia y Jacobo Glantz contesta [p. 17].

La obra trata de reconstruir la historia de la familia Glantz. Esta reconstrucción es espacial, temporal y lingüística. La historia genealógica de los Glantz se expresa por medio de los discursos del padre y de la madre. A veces surgen las contribuciones de Lilly, la hermana mayor de Margo. Glantz, la autora/narradora/protagonista, facilita estos discursos con su voz íntima y familiar. Es esta ternura que capta al lector. Sin el uso de la narrativa lineal, el texto habla con una familiaridad que trasciende la cronología. Lo sentimental domina lo temporal. Glantz cita a Isaac Bashevis Singer en la novela al hacer hincapié en su filosofía de la cronología: "Los judíos, dice en alguna parte Bashevis Singer, no registran su historia, carecen del sentido cronológico. Parece como si, instintivamente, supieran que el tiempo y el espacio son mera ilusión". Glantz añade: "Esa sensación de un tiempo largo, gelatinoso, contraído y dispuesto a resumirse en un tema con múltiples variaciones y *cadenze*, coincide con la vida de mis padres y con las conversaciones repetitivas de las que sale de repente una chispa que ilumina algún evento descuadrado por la cronología ideal que la historia nos quiere hacer tragar" (p. 32).

Glantz celebra esta misma filosofía del tiempo. Hay un laberinto de recuerdos donde se intercalan otras lenguas, otras costumbres y otras experiencias. Glantz, al enfrentarse con esta perspectiva familiar, se siente enajenada en un momento e integrada en otro. Aunque ser judío implica ser el otro, la autora habla y se identifica con su posición de ser de otra parte, de no haber aprendido idish, de no haber leído el Talmud, de no saber lo que había pasado en Babi Yar, y de haberse casado con un *goi*. Ella se hermana con su estado de ser de otra parte. La construcción del texto es simultánea con su propia reconstrucción y reclamación judía.

Las genealogías es una obra de estructura compleja con varias voces, perspectivas, épocas y espacios. El hilo que vincula todos los elementos es el rescate de la historia de los Glantz y el rescate colectivo de la historia de los judíos. Por medio de la incorporación de diálogos, múltiples voces y técnicas narrativas, lenguaje y dichos populares en ruso, español e idish; como también con la inclusión de fotografías, fotocopias de documentos de identidad, recetas de cocina, crea el fenómeno que se llama "heteroglosia" de acuerdo con el concepto desarrollado por Bakhtin. Se incorpora a la obra narrativa por medio de los siguientes elementos: la narración del autor en sus diferentes manifestaciones: autor implícito, narrador en primera, segunda o tercera persona; los distintos niveles narrativos; las múltiples voces que salen de los personajes, discursos extra artísticos de carácter filosófico, moral, científico, religioso, y uso de palabras ajenas al lenguaje de la obra. *Las ge-*

nealogías emplea la heteroglosia, una combinación literaria de carácter histórico, cultural y religioso.

A primera vista *Las genealogías* es un texto fragmentado. Hay momentos en los cuales el lector no sabe quién está hablando. Aunque parezcan momentos aislados de confusión, es precisamente a través de los fragmentos y los pedazos literarios como Glantz construye su propia integridad. Debajo de un exterior fragmentado el texto posee una unidad interna y temática. La ironía es que las fragmentaciones crean una integridad exterior e interior. La integridad exterior es el texto mismo, una novela completa que sigue un hilo nostálgico de los Glantz; y la interior es la reconciliación cultural y étnica de la autora.

El constante diálogo entre Margo y su padre crea una dialéctica en la novela. Pero éste no es el único diálogo: la narración de las peripecias pasadas antes de inmigrar a América y del proceso de adaptarse al nuevo ambiente, con el correspondiente agravante del desconocimiento del idioma español, hacen partícipe al lector de una realidad histórica, cultural y religiosa de otra época, que se entreteje y conversa con una realidad nuestra de una índole que tiene lugar en el presente. Este diálogo interno de la narración se basa en oposiciones binarias. Esta construcción de dualidades llega a ser de suma importancia en el texto. Ella crea la problemática de la protagonista en su intento de encontrar un equilibrio en el cual puede existir en paz. Hay una serie de oposiciones binarias que se yuxtaponen. Elizabeth Otero-Krauthammer destaca estas dialécticas binarias en su artículo "Integración de la identidad judía en *Las genealogías*, de Margo Glantz". Otero-Krauthammer escribe:

> Este diálogo interno de la narración está basado en tensiones binarias de suma importancia para la búsqueda y hallazgo de un balance interno en la obra literaria y en el viaje interno/autoanalítico en que se ha embarcado la autora/protagonista. Esencialmente importante para comprender el mencionado proceso son las siguientes oposiciones:

Pasado	versus	*Presente*
Mundo interior	versus	*Mundo exterior*
Necesidad	versus	*Soberbia*
Lengua rusa	versus	*Lengua española*
Judaísmo	versus	*Cristianismo*
Ucrania	versus	*México*
Tradiciones familiares (costumbres ruso-judías)	versus	*Tradiciones nacionales* (costumbres mexicanas)
Tiempo interior	versus	*Tiempo exterior*
Heterogeneidad externa de la obra	versus	*Homogeneidad interna de la obra*
Identidad nacional	versus	*Identidad universal*

Yo añadiría a esta serie de oposiciones tres dualidades más:

Viaje simbólico	versus	*Viaje literal*
Identidad judía	versus	*Identidad mexicana*
Marginalidad	versus	*Centro*

La serie de oposiciones existe en un continuo: Margo está en el proceso de encontrar su hueco personal. Ella emprende dos viajes en la novela. El primero es simbólico. Glantz entra en el pasado de su familia a través de múltiples medios: el oral, el visual, el auditivo y el documental. Finaliza esta jornada metafórica con un viaje a un destino de suma importancia histórica y familiar: Ucrania. Los dos viajes existen en una secuencia necesaria. Para que Glantz pudiera viajar a Rusia, tuvo que experimentar el viaje simbólico contado por su padre Jacobo. Hay la necesidad de conectarse físicamente con el pasado. Después de haber escuchado todos los detalles de la tierra nativa, Glantz se siente tan conmovida que regresa a su pueblo familiar:

> En esta búsqueda de raíces enfilé hacia la Europa Oriental, cuna de mis antepasados por parte de padre y por parte de madre. Sí, fui a Rusia para convertirme en la primera persona de la familia (mexicana) en rehacer el trayecto para repasar las huellas que mis padres dejaron (en 1925) antes del viaje hacia México, cuando abandonaron, para siempre, la tierra de sus antepasados, su madre patria [p. 229].

La protagonista no sólo repasa las huellas de sus padres sino que también las descubre como si fuera la primera vez. Glantz presenta una metáfora mordaz: se compara a Colón: "Soy muy valiente: aventurarme así y elegir las expediciones tierra afuera es siempre una marca de descubridores... Soy Colón" (p. 229). Las dos diferencias que sobresalen son: 1. Glantz viaja, no para reclamar, sino para trazar, y 2. Colón encuentra un pueblo desconocido en sus hazañas, pero el pueblo que encuentra Margo Glantz es familiar. Es el regreso a su propio pueblo.

Cuando está en Rusia Margo conoce a un profesor de la Universidad de Kiev, cuya experiencia histórica de familia se parece mucho a la de ella. Es esta índole de familiaridad que le otorga a Glantz un sentido de plenitud e integridad. Está fascinada por la coincidencia de conocer a alguien con un pasado tan semejante y exclama: "¡El mismo barco!, las mismas aventuras, los mismos exámenes médicos, un miembro de la familia" (p. 231). Al encontrar sus raíces, Glantz se da cuenta del hilo que conecta a todos los judíos. Su experiencia rusa es una epifanía para la protagonista. Glantz, aunque está en Ucrania retrazando su pasado, siente una vinculación tenaz y tierna con México: "Mi nostalgia se acrecienta para ponerse a tono con la de mi nuevo amigo, no es ya nostalgia; es *saudade*, dulce, pegajosa, cursi, rosa" (p. 235). Margo se siente muy mexicana y llega a sentirse judía al progresar la novela. Con su doble viaje, la segunda identidad, más marginada, se destaca más.

Al aceptar la combinación de dos identidades —la judía y la mexicana—, Glantz tiene la posibilidad de lograr una estabilidad interna. En la búsqueda de este balance psicosocial la protagonista relata su viaje a la tierra paterna. Cuando llega a Rusia de inmediato se encuentra con algunos viajeros mexicanos, señalando su lealtad a una de sus dos culturas:

Pues bien: mi primera relación con la tierra nativa fue Kiev. Salí de Budapest y llegué a tierra rusa adonde me esperaba un guía y un flamante automóvil negro hecho en la URSS. Mi transcurso por las planicies cercanas al Dniéper fue emocionante; mi corazón latía [. . .] no las encontré [las estepas] pero sí a varios viajeros mexicanos con quienes me enlazó el Intourist, inteligentemente [p. 229].

La obra reconstruye la historia de la familia Glantz a través de varias técnicas. Una de estas técnicas es visual. Las fotos forman parte de esta reconstrucción visual y la imagen; y el guardapelo desempeña un papel simbólico. Es una metáfora del texto. Las fotos se encasillan como momentos preservados. Hay fragmentos de la vida de los Glantz captados por la imagen visual. Son recuerdos del pasado en cajitas que quedan cerca del corazón, literal y metafóricamente. El guardapelo encapsula un momento y lo sitúa cerca de la piedra de toque del cuerpo. . . el corazón. La imagen del guardapelo encierra el final de *Las genealogías* y lo convierte en un texto inolvidable. El guardapelo recupera la esencia fundamental de la memoria. La novela es un pequeño guardapelo que recobra el pasado y recupera la identidad:

En los guardapelos se encimaban las fotos a los cabellos, colgados junto al pecho, calientito, especie de una funeraria del recuerdo, ahora los repaso, los alineo, los coloco en hileras diferentes, trato de leer en ellos nuevas historias y Toño Martorell me llama la atención sobre esas fotos de estudio especialmente posadas, especialmente construidas, desde el traje que se han vestido aquellos que irán a posar el día sagrado para que el clic ("ese que se produce cuando el dedo fotografía, porque es el dedo, no el ojo, el que fotografía", dice Barthes) los inmortalizara como inmortalizó a mi padre [p. 179].

Glantz destaca esta idea cuando medita su vida:

Yo tenía muchos diplomas y certificados de esa época con mi retrato, pero al pasar por el corredor polaco de Danzig, entré en el excusado del tren y rompí todos los papeles, no sé por qué, tenía miedo y los rompí, y no nos quedó nada. No es cierto, digo triunfante, yo tengo varios, están todos rotos, hechos cachitos. Como nuestra vida [p. 54].

Las genealogías es un álbum de familia judía en el cual los momentos fugaces del pasado de una familia judía y nuestro pasado colectivo se rescatan en el guardapelo de la vida.

El viaje, como el guardapelo, es otra metáfora clave en *Las genealogías*. Toma múltiples formas en este texto. El lector viaja a las escenas que describe en detalle Jacobo Glantz. El viaje cuenta una historia familiar, pero también posibilita profundizar dentro de la autora misma. Es un viaje simbólico. A través de las palabras nostálgicas de Jacobo Glantz su hija viaja al pasado, ella puede estar casi presente en el *shtetl* de Ucrania. El viaje funciona en un nivel exterior. Es una jornada al pasado. Es histórico, cultural y biográfico. Este viaje se realiza a través de los relatos, diálogos familiares, conversaciones telefónicas, cuentos culturales y referencias específicamente judías. Otro viaje se integra interiormente. Es de carácter solipsista, sentimental, afectivo y tierno. Éste se realiza por medio de comentarios, preguntas, reflexiones y monólogos interiores; nace de una obligación de buscarse y encontrar las raíces. El viaje es una metáfora del libro. Es una imagen central que toma al lector de la mano y le acompaña por la obra. El lector embarca en los mismos viajes de la autora misma. Se va para Rusia y a la nostalgia y el pasado de los Glantz. El viaje que realiza Glantz al final es a Ucrania, mientras todo el libro es un viaje simbólico al pasado familiar.

Profundizar *Las genealogías* es profundizar a Margo Glantz misma. El libro es una búsqueda de identidad mientras ella intenta reconectar con su pasado ancestral. No sólo rescata el pasado sino que se rescata también a ella misma como judía. Señala sus incongruencias al principio de la novela: "Y todo es mío y no lo es y parezco judía y no lo parezco y por eso escribo-estas-mis-genealogías" (p. 20). Es su propia afirmación en cuanto a su cultura y su religión. La analogía que Glantz presenta entre ella y la hija del protagonista del *Violinista en el tejado* es una imagen precisa para la enajenación que siente Glantz ante su propia familia y religión: "Él me dijo que cómo era posible que la hija de un poeta judío no la conociera (*El violinista en el tejado*); hasta ahora me sigue la vergüenza, más aún porque la protagonista fue profética y me casé fuera del pueblo elegido, como la hija del protagonista" (p. 198).

Al escribir *Las genealogías* Glantz realiza una catarsis. Poder borrar esta vergüenza a través del acto de escribir es su purificación. Reconciliarse y renacer como judía mientras inmortaliza la historia de su familia es una agenda noble. Margo Glantz realiza esta agenda y, a través de entretejer los hilos de *Las genealogías*, nos incita a revaluar nuestro propio pasado con la fineza y la ternura con que ella examina el suyo.

BIBLIOGRAFÍA

Agosín, Marjorie, "Dialogando *Las genealogías* de Margo Glantz", en *Las hacedoras; Mujer, imagen, escritura*, Cuarto Propio, Santiago, 1993.

Glantz, Margo, *Las genealogías*, Martín Casillas, México, 1981.

Otero-Krauthammer, "Integración de la identidad judía en *Las genealogías* de Margo Glantz", *Revista Iberoamericana* 51, julio-diciembre, 1985, p. 868.

DE "BALÚN CANÁN" A "LA BOBE":
EN BUSCA DE UNA ESCRITURA FEMENINA

LOIS BAER BARR*

INTRODUCCIÓN

EL POETA y psicoanalista doctor Arnaldo Liberman ha regocijado a los congresos de LAJSA en varias ocasiones con sus cuentos de la *bobe*. ¿Y quién no ha oído hablar de *bobe maises*, supersticiones o creencias populares que, o son increíbles o son tonterías, a pesar de las enseñanzas religiosas de la religión judía para honrar a nuestros padres (y por extensión a los abuelos)? La palabra en idish *bobe* proviene de la palabra eslava *baba*, que significa bruja o mujer vieja, y señala que en nuestra historia también la bobe era a veces la anciana temida por sus extraños poderes.[1] En muchas obras de escritores judeo-latinoamericanos se ven retratos no muy positivos de la abuela. La destacada escritora argentina Alicia Steimberg abre su primera novela, *Músicos y relojeros,* con un cuento de la *bobe:* "Mi abuela conocía el secreto de la vida eterna". Pero resulta que su secreto son las acelgas con limón para el *moguen* y que al final de la novela su secreto no le sirve de mucho puesto que se cierra la narración precisamente con la muerte de la abuela. Es notable la ausencia, hasta hace poco, de la abuela judía en la literatura norteamericana y en la argentina. A lo sumo es una figura distante.[2] O en algunos casos es una figura ridícula al estilo de Woody Allen, cuyas madres y abuelas judías son vergonzosas representantes de lo no norteamericano. El habla tan distinta y sus cuerpos muchas veces sumamente corpulentos fueron objeto de burla. La feminista norteamericana Letty Cottin Pogrebin explica por qué su madre prefería gastar dinero que no tenía para enviar a su hija mayor a un colegio con internado cuando lo más fácil y menos costoso hubiera sido que la abuela la cuidara: "Ella creía que los acentos idish de sus padres y sus costumbres de inmigrantes se le pegarían a su hija. Para que tal tragedia no sucediera, trabajó largas horas para pagar las caras colegiaturas de un colegio privado. . ." (p. 228).

---

* Dawn Schuman Institute.

[1] El diccionario de Uriel Weinreich da *hag* como una de las definiciones en inglés.

[2] Por ejemplo se ve la separación en la misma novela de Steimberg: "La abuela no murió de presión alta. Ya octogenaria (aunque nunca confesó más de setenta y ocho), fue sometida a una operación. Para entonces yo ya estaba lejos de ella, de todos. Me enteré por teléfono de que estaba mal, de que iba a ser operada. También por teléfono me enteré de que había muerto" (p. 127).

En cambio, es notable en la ficción de las escritoras mexicanas contemporáneas la figura de la anciana venerada, ya sea como la sirvienta indígena, la Nacha de *Como agua para chocolate*, o la abuela judía que vemos en *La bobe* de Sabina Berman o en *Nueva casa* de Sara Gerson.[3] De entre las judías mexicanas hay que destacar a Margo Glantz, que empezara esta visión venerativa de los abuelos con sus *Genealogías*. En las obras de estas mujeres el que las abuelas hablen distinto idioma y se vistan de manera un poco rara no resulta vergonzoso sino interesante y atractivo. Es más, en varios casos, el cuerpo de la mujer anciana llega a ser céntrico para la narración que brota de su voz y de su útero. Hay que reconocer de antemano también una enorme fuente de inspiración: las obras contemporáneas de Esther Seligson y Angelina Muñiz-Huberman, en las que la tradición mística provee todo un mundo espiritual y una cosmovisión donde el patriarcado y la escritura fálica no dominan.

Las abuelas y las nanas se han vuelto populares también por este lado del río Bravo en libros y en el cine. Tomemos como ejemplo la gran popularidad de *Como agua para chocolate*, *Fried Green Tomatoes*, *Walking in the Clouds*, *Miami Rhapsody*, *Soñar en cubano* y *How to Make an American Quilt*. Ahora Henny Wenkart prepara como proyecto de una importante organización de las mujeres judías, The National Council of Jewish Women, *The Bubby Book*, y Ellen Gould está de gira con *Bubbe Mayses*. Esto corresponde en parte al hecho de que una generación demográficamente prepotente se aproxime ahora a la edad de los abuelos.[4]

Creo que el caso mexicano, sin embargo, se debe no sólo a la importancia que se presta a la familia en la sociedad en general, sino también a una fuerte influencia de los grupos indígenas. Es decir, la escritora judeo-mexicana llega a apreciar a la abuela judía porque pertenece a una sociedad que aprecia la figura de la mujer anciana, pero además ese aprecio se debe a la influencia de las raíces indígenas. En la literatura contemporánea hay una fuerte presencia de las voces literarias de mujeres de grupos marginados. Que Rosario Castellanos reconociera y expusiera en *Balún Canán* (1957) las trabas patriarcales y la importancia de escuchar las voces femeninas e indígenas rompió el hielo para las mujeres que vinieron después. El aprecio por

---

[3] Rosa Nissán es una excepción notable en *Novia que te vea*: "¿Querer parecerme a mi mamá, a mi abuela, a mi tía? No, mejor a mi abuelo, a mi papá, o hasta a mi hermano. ¡Qué aburridas son las mujeres y además tontas!; bueno, mi mamá no es tonta, pero no es nada divertida; mi abuelita no puede ir sola ni siquiera a Sears, que está a dos cuadras" (pp. 25-26). En el caso de Gerson se ve la figura de la nana sintetizada con la de la abuela porque vienen a reforzar las mismas cosas y hasta entenderse en idish (pp. 157-169).

[4] Una conocida locutora de la Radio Pública Nacional tuvo la temeridad de decirle al auditorio que no quería que escogiesen para representar a la nueva Betty Crocker a una mujer de menos de 30 años. Risible cuando ella es de la generación que no se fiaba de nadie que tuviera más de 30 años.

los ancianos por parte de la cultura indígena se puede ver en la obra de la ganadora del premio Nobel, la quiché guatemalteca Rigoberta Menchú. Desde luego Rigoberta Menchú destacó en su testimonio la importancia de los ancianos y la veneración que los quichés prestaban a a aquéllos en su explicación de las ceremonias de nacimiento (Menchú, p. 27). Los ancianos guardan los secretos del pueblo. Las ancianas, en particular, saben cosas de la naturaleza, las hierbas especiales y hasta los hechizos. Estas mujeres, consideradas como locas o brujas en un momento, fueron marginadas. Por ejemplo, la abuela kikapú del doctor Brown en *Como agua para chocolate* se vio limitada a un cuartucho trasero de la casa para sus experiencias médicas, pero después su nieto se dedica a rescatar sus curas naturales. La antropóloga Ruth Behar estudia con sumo detenimiento las prácticas devotas de una bruja norteña llamada Esperanza.[5] Es el caso que algunas escritoras de ascendencia mexicana que antes tenían vergüenza de las prácticas indígenas que habían heredado ahora tienen orgullo de aquello. Así, Sandra Cisneros le explica a Ruth Behar por qué siempre pone un altar para el Día de los Muertos.

> Las chicanas como ella que hayan tenido éxito en el mundo académico o literario, están recobrando estas prácticas porque sus familias antes tenían miedo de que reclamándolas aparecerían como unos mexicanos atrasados. Ahora encienden velas las unas por las otras antes de una decisión sobre la permanencia o la publicación de un ensayo nuevo, un poema o un libro [. . .] "Nos estamos haciendo muy brujitas", y se ríe [Behar, p. 342].

Una comparación de la figura de la nana en *Balún Canán* con la de *La bobe* en esta novela epónima revelará muchas semejanzas en cuanto a recursos narrativos, imágenes y motivos. Desde luego, para estudiar las razones sociológicas de este fenómeno —si tal fenómeno existe— habría que hacer estudios más detallados y con mayor número de ejemplos, y sin embargo este estudio puede servir de primer intento para establecer cómo las tradiciones subyacentes y marginadas pueden influir las tradiciones de otro grupo marginado.[6] Se verá en ambas novelas cómo una mujer marginada en la sociedad se vuelve la figura central, necesaria para abrir y cerrar la narración. En ambas novelas hay una multiplicidad de idiomas (la heteroglosia), mayor-

---

[5] "Conforme la medicina fue avanzando, fue llevando a John de regreso a los conocimientos que su abuela le había dado en sus inicios, y ahora, después de muchos años de trabajo y estudio, regresaba al laboratorio convencido de que sólo ahí encontraría lo último en medicina" (Esquivel, p. 108).

[6] Habría que comparar datos sociológicos como el número de asilos de ancianos en la colectividad judía de México, D. F., con el número en Chicago (35 más 5 casas de apartamentos para los ancianos de recursos económicos reducidos, según *Guide to Jewish Living in Chicago*, Jewish Federation, Chicago, 1995).

mente por parte de la influencia indígena en *Balún Canán* y la abuela en *La bobe*. Ambas novelas tienen un título con una voz extranjera.[7] La nana y la abuela ofrecen amparo y seguridad a una niña cuya madre no se los puede ofrecer, puesto que la madre representa la sociedad patriarcal y apoya los valores de dicha sociedad.[8] En cambio, la abuela y la nana representan el mundo de la comida, las tradiciones místicas y el mundo natural. La abuela y la nana ofrecen un modelo para la identidad y para la escritura, ya que son la fuente de la narración. Desde su cuerpo brota la voz narrativa. En ambas ficciones el cuerpo de la mujer se revela de una manera no convencional para la representación literaria. La desnudez en estas obras —la abuelita judía en el baño en el instante de su muerte y la sirvienta indígena que no lleva nada debajo de su *tzec*— indica dos mujeres cabales plenamente integradas a la naturaleza.

Hay también marcadas diferencias en estas obras que analizaremos a continuación, en parte debido a la distancia cronológica entre ellas. En *Balún Canán* la mujer tiende a desaparecer y a hacer el papel de la víctima. La joven narradora pierde la voz y la visión que le ha prestado su nana, mientras que en *La bobe* la visión de la mujer anciana es imborrable y la mujer no es tanto la víctima sino la compañera del hombre. En *La bobe* la joven narradora tiene una fuente de inspiración siempre asequible dentro de sí a causa de las enseñanzas y del ejemplo de la abuela. La novela de Berman es un *bildungsroman* que indica el desarrollo de la joven narradora, mientras que en la de Castellanos la narradora termina frustrada, desengañada y trabada en su intento de comprender su mundo.

"BALÚN-CANÁN"

En *Balún-Canán* la visión de la nana da espíritu a la novela. Las jerarquías vigentes —la Iglesia católica y el sistema de hacendados— se ven desde un punto de vista crítico, ya que la obra se abre con las palabras de la nana. La nana imparte la tradición oral de los indios para infundir en la joven narradora un respeto por lo divino, lo natural y lo humano. A través de los ojos y las palabras de la nana la niña aprende a apreciar y a observar. La posición de la nana como ser aparte y marginado le da a la niña también una postura narrativa de observadora apartada. Desde esta perspectiva se da cuenta la joven de que la misma narración y las palabras tienen un poder peligro-

---

[7] A pesar de que los títulos sean en un idioma extranjero, se ve la influencia española. Es *Balún Canán* y no *balum canam* [los nueve guardianes] y es *La bobe* y no *di bobe* [la abuela], y todo está escrito, desde luego, en letras latinas.

[8] Para citar otros ejemplos tenemos los casos de Lourdes en *Soñar en cubano* y Mamá Elena en *Como agua para chocolate*.

so. Nota que en su casa hay que cerrar las puertas cuando se habla y hay que guardar ciertos papeles escritos porque funcionan lo mismo que los mojones que ponen los hombres: son símbolos que representan y refuerzan el patriarcado.

En realidad la mayor enseñanza de la nana (y un tema importante en la novela) para su joven protegida es que la lengua ha vuelto a ser patrimonio de los ladinos, los hombres, los conquistadores, los que usurpan la lengua por medio de la escritura. En la primera página de la novela le dice: "nos desposeyeron, nos arrebataron lo que habíamos atesorado: la palabra, que es el arca de la memoria". En la novela César emplea el tzeltal pero únicamente con el fuste en la mano, a caballo o "recostado en la hamaca" (p. 15). *Balún Canán* termina como empieza, con la idea del lenguaje como patrimonio de los hombres. Así, a la chiquita la castiga la madre por tocar los papeles de Mario diciendo: "No juegues con estas cosas. . . son la herencia de Mario. Del varón" (p. 60), y al final la niña le pide perdón al hermano difunto en cuya tumba entrega la llave que había robado del oratorio familiar. El habla está en manos de los que tienen dinero. El gobierno ordena que se enseñe el castellano a los indios pero César hace todo lo posible por impedirlo. Las palabras de los indios son el patrimonio de Mario, que las tiene en un cuaderno para probar legalmente que la tierra le pertenece. Las palabras escritas pertenecen al hombre.

En cambio, la nana encarna la tradición oral. La novela es un encuentro entre las profecías de la tradición oral representada por la nana y la lengua imperial representada por los escritos y los mandatos de César. Si la profecía de la nana llega a ser la verdad, ella es castigada y rechazada por lo que representa. Los otros indios la repudian mientras que los ladinos la expulsan de su hogar.

La nana, como ser marginado, no tiene nombre en la narración, y la niña tampoco. En realidad no se le presta nunca atención a la niña por ser nada más que niña. Durante el curso de la novela se trata de imponer: "no soy un grano de anís". La niña se rebela robando la llave del oratorio pero se rompe el hilo narrativo cuando se calla por el remordimiento. Se siente culpable por la muerte del hermano a quien tuvo que envidiar puesto que la mamá apreciaba y protegía sólo al varón.

Mientras trabaja en casa de los Argüello, la nana ampara a esta niña un tanto olvidada.[9] Le da el vaso de leche fresca en el primer capítulo, así como le recuerda al despedirse de ella que la había amamantado. La nana la lleva de la mano por las calles de Comitán y aparece en su dormitorio cuando la niña se siente sola en Chactajal: "—Yo estoy contigo, niña. Y acudiré cuan-

---

[9] La figura de la nana aparece en *Como agua para chocolate* para salvar a Tita del espíritu maligno de la Mamá Elena.

do me llames como acude la paloma cuando esparcen los granos de maíz.
Duerme ahora. Sueña que esta tierra dilatada es tuya; que esquilas rebaños
numerosos y pacíficos; que abunda la cosecha en las trojes".

Es tan importante este amparo de la nana porque la madre casi no trata a
la niña. De hecho la madre apoya siempre el sistema patriarcal y apenas reconoce la existencia de su hija. La regaña y le da una bofetada cuando la
niña reconoce la iniquidad humana y el sufrimiento tanto en el indio como
en la figura sangrante de Cristo. La madre impone la superioridad de los
blancos desterrando a la nana, que es como la hija pierde a su querida protectora.

Pero además de amparar, la nana anuncia el terror en la novela. Su despedida tan cariñosa tenía también un aviso horrendo: "Pero cuida de no
despertar con el pie cogido en el cepo y la mano clavada contra la puerta.
Como si tu sueño hubiera sido iniquidad" (p. 74). Es más, las mujeres son
víctimas de los hombres. Las mujeres que no se quedan dentro de los límites impuestos por los hombres tienden a desaparecer o son rechazadas. (Las
mujeres independientes son brujas, curanderas, porque necesitan infundir
terror para sobrevivir.)[10] Y así la niña termina en silencio. . . deja de narrar-
nos su historia para escribir el nombre del difunto hermano Mario en todas
las paredes de la casa.

La novela trata de darle voz al ser marginado pero es un intento fallido.
La heteroglosia existe en los términos indígenas que se emplean en toda la
narración, pero la niña no entiende cuando hablan las indias entre sí. "Con-
versan entre ellas, en su curioso idioma. . ." (p. 11). Para los vencidos no hay
más que la frustración, la culpabilidad y el destierro. Así como el aborto y la
infertilidad son temas importantes en la novela, se verá también en la narradora una voz abortada. Porque el lenguaje siempre será fálico en esta novela. Los símbolos clave son la llave, el fuste, el lápiz y el cuaderno. El cuaderno es patrimonio del hijo y la llave de la capilla es patrimonio de la
Iglesia, de la casa, y de la salvación espiritual de Mario (en los ojos de la narradora). Al final la niña vencida escribe el nombre de Mario en todas partes de la casa. A pesar de la heteroglosia, la lengua y la cultura marginadas
no logran integrarse en la sociedad dominante, ni siquiera en la personalidad y el entendimiento de la narradora que se siente tan atraída por ellas. Si
en ambas novelas la evocación y las palabras de una mujer anciana abren y
cierran la narración, para la niña en *Balún Canán* hay una separación que
hace que la cara de la nana se le borre y que nunca la pueda recobrar como
algo suyo.

[10] Es así la táctica de Esperanza en el libro de Ruth Behar. Aquélla aprende a sobrevivir en
una sociedad machista, donde su hijo y su marido son abusivos, por medio del mal de ojo que
supuestamente le ha dado a su marido.

Ahora vamos por la calle principal. En la acera opuesta camina una india. Cuando la veo me desprendo de la mano de Amalia y corro hacia ella, con los brazos abiertos. ¡Es mi nana! ¡Es mi nana! Pero la india me mira correr, impasible, y no hace un ademán de bienvenida. Camino lentamente, más lentamente hasta detenerme. Dejo caer los brazos desalentada. Nunca, aunque la encuentre, podré reconocer a la nana. Hace tanto tiempo que nos separaron. Además, todos los indios tienen la misma cara [p. 291].

"LA BOBE"

Con *La bobe* (1990) Sabina Berman nos ofrece una gran figura mítica. La abuela de Sabita abrió la boca y extrajo de una muela un diamante para salvar a la familia inmigrante que no podía salir de Japón. Aunque en realidad muy diminuta, a los ojos de la joven narradora la abuela es altísima. A diferencia de otras memorias de criarse en el marco mexicano, Berman apenas da lugar al peso del catolicismo.[11] En realidad la *bobe* logra eclipsar el culto cristiano: "Contra el perfil de la abuela se recorta la Catedral: el reloj dorado en lo alto de la Catedral: el perfil de la abuela se adelanta y lo cubre" (p. 20).[12]

Como la nana, cuyo regazo es "caliente y amoroso" (*Balún Canán*, p. 17), la *bobe* ampara constantemente a la joven narradora. Sus recuerdos están llenos de paseos de la mano con la abuela, de abundantes comidas y de una comodidad extraordinaria en casa de la abuela. Evoca la "cama grande, mullida como una nube. En una camisa larga, blanca. La abuela me cubre con el edredón de plumas de ganso, hasta la barbilla, y permanece sentada en la orilla de la cama" (p. 43). La abuela prepara infinitas tazas de té para el abuelo y antes de morirse cocina una suntuosa cena para el *shabat:* cuatro panes trenzados (*jalas*), pescado, sopa, fideos que ella misma confeccionara y el *strudel*.[13] En este universo, blanco, limpio y ordenado, la niña siempre puede encontrar a la abuela y sus explicaciones del universo. De hecho la abuela llega a ser una especie de comida mística y sagrada. La *seudat javraa*, la cena de consuelo después del entierro, se describe en términos parecidos

[11] La novela de Rosa Nissán, *Novia que te vea*, se abre con una invocación al ángel de la guarda y "el Padre Nuestro para Dios y el Ave María para la Virgencita" (p. 9). En entrevistas que tuve con judeomexicanas se alude siempre a la influencia de la nana que las llevaba a la iglesia y elogiaba el catolicismo, confirmando así la visión que Sara Gerson nos da de la criada otomí Sofi en *Nueva casa*. Este peso también se ha expuesto en *Su espíritu inocente*, de la argentina Alicia Steimberg y *Los deuses de Raquel*, del brasileño Moacyr Scliar.

[12] Este motivo se repite en la página 40: "La abuela vuelve a ser la mujer alta cuyo perfil se desliza para cubrir el reloj dorado de la Catedral. Sus ojos negros en mis ojos. Su rostro blanco como una luna, asomándose a un estanque, mi rostro, y blanqueándolo". Y en otro momento la niña se refiere a la altura de la abuela como "su estatura de catedral" (p. 22).

[13] Un banquete únicamente eclipsado por la torta de 170 huevos que confeccionan Tita y Nacha en *Como agua para chocolate*.

a los del rito central de la misa católica: "Nos estamos comiendo a la abuela y ya está dentro de los nietos. Esa rareza: los abuelos dentro de los nietos. Bebemos vino, vino rojo, rojo escarlata, demasiado [. . .] Veo la salsa en el plato. Café, rojiza. Sangre vieja. A un lado de la rebanada de carne roja, lustrosa como un músculo, ese remanso de sangre vieja" (p. 122).

Desde luego Berman emplea el lenguaje de la trasmigración del cuerpo en la hostia y la sangre de Cristo en el vino.[14]

La abuela, como la nana en *Balún Canán*, es la guía espiritual de la joven. Le enseña cómo hacer la caridad *(tzedaká)*, así como las tradiciones de los *jasidim* acerca de los 36 *tzadikim* (los justos) que mantienen el universo. Pero lo más importante es que le enseña que, cuando cierra los ojos, la luz que se ve es una luz infinita que emana de Dios. El idish viene a ser casi una lengua privada para comunicarse con la abuela. No es una lengua cómica, como la del argentino Szichman en sus novelas sobre la familia Pechof, ni es la lengua de las pesadillas, como en las obras del peruano Isaac Goldemberg, sino una lengua exótica y al mismo tiempo familiar e íntima. Así como la nana enseña a la pequeña hija de los Argüello sobre los guardianes del mundo, los animales y los vientos, a Sabita la abuela la lleva al zoológico y le enseña cómo se dice el nombre de los animales en idish.

A diferencia de la niña en *Balún Canán*, Sabita puede participar en el mundo de la heteroglosia. Y si la voz de la niña es vencida en el final de la novela de Castellanos, en *La bobe* la niña tiene un recuerdo imborrable de su abuela, que le sirve de inspiración por la narración entera. Y le da un modelo de una mujer marginada frente a la sociedad que la rodea pero que no está marginada nunca dentro de su propio cuerpo, de su propia mente, ni dentro de su propia casa.

En realidad la mujer viene a ser un texto. Su propio cuerpo tiene los colores de las páginas de un libro: blanco y negro. En la descripción de la muerte de la abuela, que abre y cierra la novela, se destacan todos los elementos blancos y únicamente los ojos y los vellos púbicos son negros. Si el texto escrito es sobre la base del contraste entre el blanco y negro, con mínimas diferencias entre varios símbolos, aquí los pares mínimos son los ojos negros —el signo exterior de la capacidad de la abuela para comprender el mundo— y el pelo del pubis que simboliza la capacidad de la abuela para la reproducción y la regeneración.

La muerte de la abuela es un retorno al comienzo (y la novela empieza y termina con este acontecimiento). Vuelve a las aguas primordiales del vien-

[14] El caso aquí es muy distinto del de la niña en *Balún Canán*, donde el mundo de la cocina es muchas veces muy distante y a veces prohibido. Muy distinto también de la cocina en *Como agua para chocolate, Nueva casa* y *La bobe:* "De lejos llegan los rumores: la loza chocando con el agua en la cocina, la canción monótona de la molendera" (pp. 47-48). Luego se fabrica el chocolate dentro de un cuarto con las puertas cerradas donde los niños no pueden entrar (Castellanos, p. 61).

tre maternal. En la imaginación de la niña la embolia cerebral se convierte en un derrame de sangre que cubre todo los pensamientos de la abuela, o como si fuera una vuelta a la sangre nutritiva del feto. Sin temor alguno la abuela vuelve a sus orígenes: a Dios. Puesto que es *shabat*, ella entra en el baño no sólo para limpiarse sino también para purificarse. Su muerte se asemeja a una última vista al baño ritual, la *mikvá*. Ya que el baño en la *mikvá* es el rito obligatorio de las novias antes de casarse, aquí todos los símbolos cabalísticos del *shabat* como la novia de Dios son apropiados también para la abuela que vuelve a su Creador. La *mikvá* es un renacimiento. Una purificación: "Rompiendo todas las formas, deshaciendo el pasado, el agua posee el poder de purificar, de regenerar y de dar nuevo nacimiento [. . .] El agua purifica y regenera porque nulifica el pasado —y restaura, así sea sólo por un momento— la integridad del alba de las cosas" (Mircea Eliade en *The Jewish Catalogue*, p. 167).

Leo Trepp señala en su descripción de la muerte el siguiente comentario: "El día de la muerte es el momento de encuentro entre dos mundos en un beso. . ." (Yerushalmi, Yevamot 15: 2). En la muerte la abuela vuelve simbólicamente al útero. La sangre que cubre sus pensamientos por una embolia cerebral y el agua que cubre su cuerpo la llevan nuevamente al estado del feto.

Si la sangre en su cerebro escribe su fin, la *bobe* le ha enseñado a su nieta a concebirse de una manera que no tiene nada que ver con la liberación de la mujer según la define la madre de la joven. La abuela es una página escrita por Dios. Explica con orgullo sus ojos y nariz sefaraditas de hace varias generaciones. Para la abuela la Biblia no es patriarcal sino divina. La *bobe* le da un tremendo respeto por su propio cuerpo de mujer y por las capacidades creativas de la mujer. La abuela da el ejemplo de cómo se deben terminar las cosas. No se muere hasta poner todo en orden. Hasta perdura para ver la separación e individuación en forma de rebelión de la nieta. Es decir, se muere cuando la nieta ha podido establecer su propia identidad.

La narradora rechaza los preceptos feministas que apoya su madre, o sea el concepto de la mujer liberada por el trabajo. El retrato de la madre es bastante irónico. La madre está identificada con su mentor, el psicoanalista cuyo nombre es Santiago. . . el santo patrón de España, figura colonial por excelencia. Se satirizan los preceptos de la madre:

Hay un silencio largo, penoso. Eso, "ser algo" (o más bien: "ser Algo") quiere decir, y eso lo entiende mi abuela, ser algo más que una mujer, ama de casa, esposa, abuela. Ser, por ejemplo, abogada, médica, psicoanalista. ¿Con qué autoridad puede discutir la abuela con una universitaria, como es su hija? Se inclina para servir en el dedal más licor. Yo igual no puedo discutir aún con mi madre, la doctora, y me dejo vencer por ella una vez más. Estoy sentada en el sofá, me dejo deslizar hasta el tapete y allí me quedo tumbada, de espaldas [p. 64].

La madre acepta únicamente lo racional y para ella Moisés es simplemente "un astrónomo egipcio" [p. 36].

También el abuelo se guía por la razón, pero su meta en la vida es la posibilidad de armonizar la religión con la razón. El abuelo está identificado con el estudio de la *Guía de los perplexos* de Maimónides y el afán de poder racionalizarlo todo. Las gafas, el silencio, y la ausencia identifican al abuelo. Éste también representa un comportamiento completamente machista ya que persiste en sus traviesas andanzas mujeriegas a pesar de su vejez y la lealtad de su esposa.

Bajo la influencia de la abuela, la narradora aprende a deconstruir la escritura fálica. Buscando en un cajón en casa de los abuelos encuentra un lapicero del abuelo (un viejo don Juan). Este lapicero tiene el don de poder transformarse, o sea contiene en una envoltura de plástico el dibujo de una mujer vestida de negro que se desviste según la posición vertical u horizontal del implemento: "Si lo inclino un poco más, queda en ropa interior negra y zapatos negros de tacón. Horizontal, está desnuda, descalza, con sus piececitos en punta, como una bailarina inusualmente harta en carnes" (p. 48). En el colegio la nieta ataca la capa de plástico con un cuchillo y así libera y desnuda a la mujer dejando escapar todo el tinte negro. La mujer en blanco y negro que es el implemento, el juguete del hombre, por medio de las manos de Sabita queda simplemente como mujer, tal y como Dios la creara.

Conclusiones

En su concepto de mestizaje Françoise Lionnet dice: "El sujeto poscolonial así llega a ser muy diestro en tejer todas las tradiciones a su disposición, empleando los fragmentos que lo constituyen para así participar más de lleno en un proceso dinámico de la transformación" (p. 5). Por medio de un camino abierto, por la obra de Rosario Castellanos donde el valor de la mujer y la cultura indígena se reconocen, la narradora judía llega a sus propias raíces, secretos, genes, sangre, escritura, voz. La nana y la abuela son seres marginados por idiomas que no se aceptan en la sociedad mayoritaria y representan una fuerza de oposición a una mamá totalmente sumergida en una sociedad machista. Saben de las curas y recetas tradicionales y las costumbres antiguas. Pertenecen a un mundo del misticismo.[15] Estas mujeres son tan importantes porque prestan un refugio en una sociedad racional y patriarcal donde el ser humano se encuentra alienado y separado de la naturaleza y de los otros seres humanos.

---

[15] Esquivel emplea el símbolo de santa Teresa, la cebolla en la mollera, para abrir *Como agua para chocolate*.

El lenguaje de estos modelos es lunar, sangriento de la menstruación, lleno de hierbas y aguas, olores de la cocina, y recetas. En una sociedad que tan rápidamente se transforma, el llamado pueblo global nuestro, una comunidad electrónica con fronteras cambiantes, inmigraciones múltiples y constantes, las raíces son importantes, las tradiciones atraen cada vez a más personas. La antropóloga Lynn Davidman explica esta vuelta a la tradición en la cual los abuelos, y especialmente la abuela, inspiran a las mujeres de su estudio, las *baalot tshuvá*. Estas nuevas ortodoxas "contaban cariñosas y cálidas memorias de la religiosidad de sus abuelos", en particular las abuelas. Una de las mujeres habló de este sentimiento así: "Siento que lo que me pasa es realmente un símbolo, no sólo un símbolo, sino un colmarse; es muy espiritual, como si se colmara mi familia entera. Es lo que somos todos. Me miro en el espejo y veo a mi abuela y sé que ésta es lo que es ella" (p. 89).

Otras mujeres de su estudio hablan de conversaciones espirituales que mantienen con el espíritu de sus difuntas abuelas en momentos clave de su retorno espiritual.

Estas asociaciones de las *baalot tshuvá* (Bais Chana y Lincoln Square Synagogue), y el retrato de la *bobe* de Sabina Berman, nos recuerdan la ley del sociólogo Hansen, que habla del retorno de la tercera generación.[16] Esta tesis mantiene que la tercera generación de una comunidad inmigrante querrá restablecer las tradicionales costumbres étnicas abandonadas por la segunda generación en su intento de tener éxito en la nueva sociedad. Estas mujeres creen cumplir con un camino que les habían señalado sus abuelos y así recobran una identidad y un nexo con un orden más grande y con sus raíces (p. 89).

En ambas obras la figura de la mujer marginada sirve de puente entre una sociedad patriarcal y una narradora que busca liberarse de las normas falocéntricas de esa sociedad. La nana y la *bobe* representan la otredad y un refugio, al mismo tiempo que presentan la posibilidad de superar un concepto puramente racional de la experiencia humana.[17]

BIBLIOGRAFÍA

Behar, Ruth, *Translated Woman: Crossing the Border with Esperanza's Story*, Beacon Press, Boston, 1993.

Berman, Sabina, *La bobe*, Planeta, México, 1990.

Cahan, Abraham, *The Rise of David Levinsky*, Penguin, Nueva York, 1993.

[16] Will Herberg explica esta ley en *Protestant, Catholic, Jew* (Davidman, p. 89).

[17] ¿Es una vuelta al esencialismo de la mujer tan fuertemente rechazado por el movimiento feminista de las décadas pasadas? Esta cuestión se habrá de discutir con más detenimiento.

Castellanos, Rosario, *Balún Canán*, Fondo de Cultura Económica, México, 1957.

Cottin Pogrebin, Letty, "Mother, I hardly knew you", en Faye Moskowitz (comp.), *Her Face in the Mirror: Jewish Women on Mothers and Daughters*, Beacon Press, Boston, 1994.

Davidman, Lynn, *Tradition in a Rootless World: Women Turn to Orthodox Judaism*, University of California Press, Berkeley, 1991.

Esquivel, Laura, *Como agua para chocolate*, Doubleday, Nueva York, 1989.

Fingueret, Manuela, *Los huecos de tu cuerpo*, Grupo Editor Latinoamericano, Buenos Aires, 1992.

Gerson, Sara, *Nueva casa*, México, 1993.

Glantz, Margo, *Las genealogías*, Martín Casillas, México, 1981.

Lionnet, Françoise, *Postcolonial Representations: Women, Literature, Identity*, Cornell University Press, Ithaca, 1995.

Menchú, Rigoberta y Elizabeth Burgos-Debray (edición), *Me llamo Rigoberta Menchú y así me nació la conciencia*, Siglo XXI, México, 1985.

Nissán, Rosa, *Novia que te vea*, Planeta, México, 1992.

Roskies, David G., *A Bridge of Longing: The Lost Art of Yiddish Storytelling*, Harvard University Press, Cambridge, 1995.

Scliar, Moacyr, *Os deuses de Raquel*, L & PM, Porto Alegre, 1975.

Steimberg, Alicia, *Músicos y relojeros*, Centro Editor de América Latina, Buenos Aires, 1971.

Szichman, Mario, *Los judíos del Mar Dulce*, Galerna/Síntesis 2000, Buenos Aires y Caracas, 1971.

Tirado, Thomas C., *Celsa's World*, Center for Latin American Studies, Arizona State University, Tempe, 1991.

Trepp, Leo, *The Complete Book of Jewish Observance: A Practical Manual for the Modern Jew*, Summit, Nueva York, 1980.

INSCRIPCIONES DE LA OTREDAD JUDEOFEMENINA EN LAS NOVELAS DE ALICIA STEIMBERG Y ROSA NISSÁN

JUDITH MORGANROTH SCHNEIDER*

HACE cincuenta años un breve pero influyente ensayo de Jean-Paul Sartre inició el análisis de la otredad judía con su definición del judío como aquel a quien los otros perciben como judío. Al seguir la línea del argumento sartreano, Albert Memmi, en sus imponentes tratados sobre la condición judía, desplazó el enfoque de la "cuestión judía" desde el desprecio de los antisemitas, cuestión que preocupaba a Sartre, hacia las reacciones de los judíos mismos frente a su situación marginal. Memmi destacó el dilema moral del judío en la diáspora, quien no puede asumir auténticamente su condición de judío sin aceptar implícitamente el estatus del oprimido, del excluido, del Otro (1966: 192). Al analizar las posiciones judías más comunes con respecto al mito cultural de su otredad absoluta —desde la negación de la identidad judía mediante la conversión religiosa o la asimilación hasta la afirmación de la judeidad por medio de la segregación social o la religión ortodoxa—, Memmi comprueba que la percepción por parte de los judíos del reflejo de su otredad a través de la mirada del grupo de referencia siempre provoca reacciones contradictorias, conflictivas y ambiguas.

Una de las reacciones judías más reiteradas y más inquietantes, ya mencionada por Memmi, es la del autoodio (1966: 104). A partir de los análisis de los fenomenólogos, Sartre y Memmi, Sander Gilman, en su estudio titulado *Jewish Self-Hatred,* ha teorizado el proceso psicoanalítico del "autoodio", término que define como intercambiable con los términos "antijudaísmo" o "antisemitismo judío" (p. 1), actitud que significa la aceptación por parte del judío del mito de su propia otredad (p. 2).[1] Según dice Gilman, los excluidos reciben un mensaje contradictorio de parte de la mayoría; por un lado le dicen: "Hazte como nosotros y te aceptaremos", pero por otro lado se transmite otro mensaje: "por más que intentes imitarme, yo sé que eres un 'impostor', un excluido" (1986: 2). Este dilema Gilman lo califica de "situación

---

* Universidad de Maryland.

[1] Gilman (1986: 5-6) señala que esta línea de pensamiento sartreana es la misma que siguió Franz Fanon para analizar la interiorización de la Otredad racial colonialista por los colonizados mismos. Las traducciones en este ensayo de las citas de Gilman del inglés al castellano son mías.

clásica de doble-conflicto" (1986: 2). Al igual que Memmi, Gilman hace hincapié en la contradicción inherente a la ideología de la asimilación. "Lo ideal —dice— hubiera sido jamás haber sido distinto, estado que nunca se puede realizar" (1986: 3). Como consecuencia de esta imposibilidad, el judío despreciado se divide: afirma su identificación con la mayoría, se declara "bueno" y, por consiguiente, se separa de los Otros judíos a quienes rechaza como "malos", mientras proyecta en ellos los mitos negativos ya elaborados por los antisemitas (1986: 4). Por lo tanto, las imágenes estereotipadas del judío inscritas en los artefactos culturales de la sociedad mayoritaria se inscriben igualmente en el discurso de los judíos que son percibidos y tratados y se perciben y se tratan como Otros (1986: 13).

Se impone considerar la problemática del autodesprecio en la literatura judeolatinoamericana —aunque nos pueda caer mal el término autoodio— puesto que la temática del menosprecio hacia la mujer judía, la familia judía, las colectividades judías y las prácticas religiosas judías se destaca en esta literatura y ya ha sido comentada por algunos críticos.[2] El autodesprecio compone una respuesta a la situación marginal de la literatura judeolatinoamericana cuya escisión se indica, según Saúl Sosnowski, por el "guión", literatura de identidad desdoblada que "surge siempre de situaciones conflictivas" (1987: 36). Todos los escritores que Gilman analiza son masculinos. No obstante, en la introducción de su libro sugiere que estudiemos "el doble-doble-conflicto de ser judío y mujer" (1986: 21). Intento aquí el análisis de la problemática del autoodio en la novelística de dos escritoras judeolatinoamericanas, Alicia Steimberg (argentina) y Rosa Nissán (mexicana). Consta que en las novelas de estas escritoras surgen contradicciones entre el punto de vista de la protagonista, de la narradora y de la autora de cada obra. Aunque se pone de manifiesto el menosprecio de lo "judío" y de lo "femenino" en cuanto a las protagonistas adolescentes, la narradora de cada novela ironiza su propio autoodio, mientras la autora imagina un espacio metafórico más allá del autoodio, donde ya no figuren las otredades.

Las novelas autobiográficas *Músicos y relojeros* (1971) y *Su espíritu inocente* (1981), de Steimberg, son presentadas por Leonardo Senkman en su seminal estudio de *La identidad judía en la literatura argentina* (1983) bajo el subtítulo "Del autoodio a la tentación cristiana" (p. 283). Senkman afirma que la primera novela de Steimberg "ofrece [. . .] una riqueza y transparencia singulares [. . .] para analizar [. . .] la descalificación de los judíos" (*idem*). Quisiéramos profundizar la representación negativa por Steimberg de los judíos y, en particular, de las judías. *Músicos y relojeros* es una novela "autofictiva"

---

[2] Véanse Senkman (1983: 283-295) y Lindstrom (1989: 45-49). Con respecto a las obras de Mario Goloboff, Mario Szichman y Alicia Steimberg, Lindstrom (p. 45) consta la representación "of less than admirable aspects of the Jewish presence in Argentina [which] reveals the social processes being played out as Jews were first entering various sectors of national life".

cuya protagonista-narradora se identifica explícitamente con el nombre y apellido de la escritora. La obra relata la historia familiar de una joven argentina, nieta de inmigrantes rusos ashkenazis, que vive su adolescencia en los años cuarenta y cincuenta, de la posguerra y del peronismo. El libro se narra con el tono de diario íntimo adolescente entretejido con los comentarios de una narradora ya adulta y algo distanciada de ese periodo angustiante. Aunque la narradora comenta que su abuelo paterno leía el hebreo y estudiaba la Torá, las prácticas y creencias religiosas casi no figuran en la novela como núcleo gestador de su identidad judía. La narradora se identifica más bien con los miembros de la familia materna, quienes no observan los ritos judíos, y particularmente con el abuelo materno, ateo y socialista.

La identidad judía de Alicia, así como la del judío concebido por Sartre, se representa sobre todo por su percepción de la otredad judía. En esta representación la protagonista-narradora proyecta en sus familiares las imágenes negativas señaladas por Gilman en sus investigaciones del autoodio judeoeuropeo y de los estereotipos antisemitistas: el mito del lenguaje secreto/discurso corrupto de los judíos (Gilman, 1986: 16-18) y el mito de la inherente enfermedad de la etnia (1985: 151). Para ilustrar, la adolescente Alicia se burla del acento idish de sus presumidos abuelos que "en su ilustre ascendencia [llegaban] —según decía su bisabuela— di<u>rre</u>ctamente hasta el <u>e</u>rrey David" (Steimberg, 1971: 24). Como niña, Alicia "estaba convencida de que en Rusia la gente hablaba castellano, con acento" (p. 24). Aun allí, en su país de origen, sus progenitores le parecían marginales y lingüísticamente inadecuados. El mito del lenguaje corrupto del judío crea un dilema particular al escritor judío que se angustia ante la necesidad de comprobar su capacidad en la lengua de la cultura dominante, así como observó Gilman en un ensayo sobre la ambivalencia de Primo Levi con respecto al uso del idish o del italiano para recordar sus experiencias en los campos de concentración: "Frente a esta percepción [la del lenguaje corrupto] el escritor judío (judío porque él o ella asume la etiqueta de 'judío' vigente en la sociedad dentro de la cual mora) tiene que comprobar su dominio del idioma y del discurso de la cultura en que vive" (Gilman, 1991: 298).

El discurso corrupto de los judíos se subraya en las primeras líneas de la novela, *Músicos y relojeros,* cuando la narradora evoca irónicamente el "secreto de la vida eterna" de su abuela materna, cuyo discurso con pretensiones éticas consistía nada más que en las reglas y rituales para evitar el estreñimiento (p. 7). En esta figura matriarcal e hipocondriaca hay una confluencia de los dos mitos antisemitas mencionados previamente: el del lenguaje secreto/discurso corrupto y el del judío enfermo/neurasténico. Otros personajes enfermos de *Músicos* —el padre de la narradora que se muere joven, la otra abuela "enferma [. . .] desde tiempo inmemorial"

(p. 86), la tía hepática, el sobrino "resfriado [que] tenía una adicción a las gotas nasales" y, por fin, la abuela y las tías maternas, mujeres histéricas, siempre al borde de "ser internadas en el manicomio" (p. 72)— inscriben la figura de los judíos descalificados por la debilidad física y mental.

Sin embargo, a pesar de la representación satírica de la familia judía, las novelas autofictivas de Steimberg contribuyen tanto a la deconstrucción del mito de la otredad judía como a su perpetuación. Representan la problemática del autoodio como reacción judía al antisemitismo, pero no proponen esa actitud como solución al dilema. Por ejemplo, revela la confusión engendrada en la adolescente debido a las actitudes contradictorias de sus familiares con respecto a su identidad judía. La reacción de la abuela paterna frente al antisemitismo argentino es la más clara, puesto que su práctica religiosa le otorga una percepción afirmativa de su diferencia judía. Así, le aconseja a su nieta llevar muy en evidencia, en cada ocasión, su cadenita con la estrella de David, y nunca negar su lealtad al judaísmo. Al contrario, los familiares de la rama materna, enfrentados con las interrogaciones antisemitas más o menos disimuladas de las vecinas, ofrecen respuestas contradictorias a propósito de su supuesta otredad judía. La consigna de la tía Otilia es esconder sus orígenes judíos delante de los argentinos católicos. La adolescente opta por la línea de la tía materna; cuando su maestra de quinto grado pregunta a las alumnas quiénes son judías, no levanta la mano. Menos mal, pues la maestra sigue explicándoles que "los judíos todavía estaban pagando un crimen cometido hacía dos mil años: el de haber matado a Jesús. Prueba de ello era la cantidad de judíos que morían en la guerra. (¡Pobres! agregó)" (p. 71). Con la representación de esta maestra disimuladamente antisemita, Steimberg plantea el problema de la otredad judía no tan sólo en función de la reacción judía, sino que descubre y censura el antisemitismo argentino que fomenta el autodesprecio.

No obstante, la narradora sigue burlándose de las contradicciones judías personificadas por sus tías maternas, quienes "a medida que mejoraba su estatus económico, se fueron acercando a entidades sociales, deportivas y de beneficencia de la colectividad" (p. 71). La tía Otilia expresa explícitamente su menosprecio hacia los demás judíos —al decir que una de sus nuevas amigas burguesas "tiene una cara de rusa que voltea" (p. 71)— pero demuestra su propia hipocresía al contradecirse así: "Lo mejor es estar con gente de la colectividad. Cuando hablan de una, por lo menos no van a pensar: 'Tiene una cara de rusa que voltea'" (p. 71). Mientras el personaje-narradora descalifica las reacciones cambiadizas de sus tías, Steimberg, la autora, toma conciencia del proceso psicológico del autoodio judío y revela a sus lectores sus mecanismos dañinos. Más aún, demuestra cómo las contradicciones de su familia judía, las cuales ilustran la situación del "doble-conflicto" analizado por Gilman, se determinan, en gran medida, por su percepción del real antisemitismo de la sociedad argentina de la posguerra, y en este desprecio se ubica el verdadero problema moral.

Otra manifestación del autoodio judío que se representa en las novelas de Steimberg es la tentación de la conversión. Los intentos de la adolescente Alicia por convertirse al catolicismo no se inscriben como solución al dilema de la otredad judía, sino como una de las engañosas tentativas de evasión de la condición marginalizada del judío, tal como Memmi clasifica la conversión. La intención de convertirse de Alicia no se deriva de ninguna revelación religiosa. Como señala Senkman, las incursiones de Alicia en las iglesias muchas veces son "precedidas de insoportables reproches y mandados con que la mortificaba su madre" (p. 287) y sencillamente forman parte de su rebeldía adolescente. Más aún, las tentativas de conversión de la protagonista-narradora son relatadas por Steimberg con un tono autocrítico, muy característico del humor judío, que las exponen al ridículo.[3] Para ilustrar, la parodia de la imagen del Paraíso, que se representa como lugar idílico donde la pubescente Alicia podría evitar las tentaciones obsesivas del onanismo, imposibilita toda interpretación de su deseo de conversión como serio impulso religioso: "El Paraíso está lleno de pajeros [onanistas] arrepentidos, felices, cada cual con sus alas, su lira, su túnica blanca y sus sandalias doradas. Todos giran alrededor de Dios Padre, que les sonríe y los quiere como si jamás se hubieran hecho la paja. Ellos ya no tienen ganas de hacerse la paja, ni podrían hacérsela: debajo de sus túnicas blancas no hay nada" (p. 102). Al mismo tiempo que ironizan los supuestos impulsos espirituales de la adolescente, las primeras novelas de Steimberg representan las presiones sociales ejercidas a favor de la conversión, por un lado, de parte de la escuela, "institución catequizadora de la religión oficial y obligatoria" (p. 290), y por otro de parte de los argentinos católicos, como las vecinas que tienen una "vocación misionera" (p. 287).

Al señalar la imposibilidad de asimilarse por más que el marginalizado se convierta o se transforme, la novela hace sobresalir el "doble-conflicto" que queda implícito, según dice Gilman, en la situación del judío. La narradora toma conciencia de su ineluctable rechazo por la mayoría argentina, al imaginar la supuesta reacción de los católicos a su proyecto de convertirse: "Vos dirás: ¿Y qué se le ha dado a esta judía por meterse en mi templo? ¿Por qué no se mete en el suyo y nos deja en paz?" (p. 117). De modo semejante, revela la indiferencia de los argentinos del grupo mayoritario a la historia de los inmigrantes judíos, mientras que a ella, sí, sigue importándole el pasado de los suyos. Así inscribe la narradora su percepción del desprecio de sus lectores no judíos: "Vos dirás, ¿y qué me viene a joder ahora con estas cosas del cementerio? ¿No le alcanza con meterse en mi templo, con renegar del

---

[3] Para un análisis extensivo del funcionamiento del humor judío en la literatura judía de la diáspora véase Judith Stora-Sandor, *L'humour juif dans la littérature*, PUF, París, 1984.

suyo? ¿Qué carajo me importa a mí de las cenizas de su abuelo?" (p. 118). Finalmente, la protagonista-narradora desvaloriza sus propias tentativas de convertirse al catolicismo cuando se declara heredera del ateísmo de su abuelo socialista y confiesa su incredulidad: "Y mi religión, cualquiera que ella sea, tiene que ser un secreto, porque yo, en realidad, soy atea" (p. 117).

En las dos primeras novelas de Steimberg no se separan fácilmente la representación del discurso judío de la del discurso patriarcal; más bien, como lo señala Naomi Lindstrom (1989: 46), se entretejen. Los valores que determinan la construcción social de lo femenino se promulgan por las figuras femeninas identificadas repetidas veces como *judías*. El menosprecio que la adolescente Alicia dirige hacia ciertos aspectos de su percibida diferencia judía es menos agudo que el desprecio que amenaza su representación del discurso patriarcal transmitido por su abuela materna, sus tías, e impuesto autoritariamente, como apunta Lois Baer Barr, por su madre (p. 56). La abuela materna, quien mandaba en su propia casa hasta la muerte de su esposo, manda igualmente en la casa de su hija, madre de la narradora, donde se traslada después de ser viuda. Las "fieras" —es así como Alicia denomina a su madre y sus tías— con su gritos, arengas, materialismo, complejos de mártir que se sacrifica por sus desgraciados hijos, recrean la imagen estereotipada de la madre judía dominadora y castradora encarnada en la literatura judía moderna, desde sus comienzos, por personajes femeninos como la regañona suegra de Menajem Mendl en los cuentos de Sholem Aleijem.[4] Las abuelas, las tías y la madre de Alicia, mientras le enseñan que la meta esencial de la mujer es casarse (y casarse con un judío), perpetúan aún más la represión de los deseos sexuales de la adolescente que debería defender "lo único que un hombre valora en una mujer: el corchito" (p. 62). No obstante, al ironizar esa consigna, la narradora reconoce (y rechaza) un discurso patriarcal más generalizado que el que se entreteje en el discurso familiar judío, es decir, la identifica como una consigna compartida por todos los representantes del patriarcado occidental: "Católicos como este autor, científicos como el doctor Otero, judías tradicionales como las hermanas de papá, judías medio renegadas como las fieras, todos coincidían en un punto: había que cuidar el corchito. En general y en particular, no había que ser estúpida, che" (p. 64).

La otredad judeofemenina la vive Alicia adolescente en forma de las contradicciones y restricciones que provocan su desvalorización de estas dos

---

[4] Aunque en los cuentos de Tevye y sus hijas (*Tevye the Dairyman and The Railroad Stories*, Schocken, Nueva York, 1987), Sholem Aleijem creó personajes femeninos cuyo espíritu independentista y moderno, característico de la Ilustración judía del siglo XIX, provoca hasta cierto punto la admiración del narrador, la mujer de Tevye en dichos cuentos, así como Sheineh-Sheindl, la mujer de Menajem-Mendl, y su madre en *The Adventures of Menahem-Mendl* (Paragon, Nueva York, 1969) encarnaron estereotipos negativos de la mujer judía que influyeron enormemente en la literatura judía posterior al clásico escritor de la literatura en idish.

construcciones arbitrarias de su identidad. Sin embargo, en cuanto a lo judío, las novelas de Steimberg no se quedan ni con la tentación cristiana ni con la descalificación de los judíos de su protagonista. La narradora se reconcilia con su identidad judía, al asumir la confusión de sus orígenes y del discurso contradictorio de sus familiares inmigrantes: "Soy, por lo tanto, el resultado de muchos trajines y afanes: trasplantes, desarraigos, matrimonios que no se sabe si se hicieron aquí o en Rusia, peleas que no se sabe por qué empezaban, dietas alimenticias equivocadas, lecturas de la Torah, y la religión es el opio de los pueblos" (p. 50). Con esta afirmación de la pluralidad de su identidad judía la narradora se acerca al "discurso minoritario" y mestizado que Edna Aizenberg (1993: 112) analiza a través de *Mestizaje*, novela de Ricardo Feierstein, otro escritor judeoargentino contemporáneo de Steimberg.[5] Para trascender la otredad judía, *Músicos y relojeros* sugiere un espacio utópico más allá del autoodio percibido en la casa de Alicia, pero este lugar no será la Iglesia católica sino la calle bonaerense, sitio donde la protagonista-narradora encuentra un mestizaje de gente, sitio que se vuelve espacio metafórico en que la imaginación de la narradora puede desviarse libremente. Después de la publicación de *Músicos y relojeros* y *Su espíritu inocente* desaparece por largo tiempo de los escritos de Steimberg la temática judía —aunque quizá persista en el apellido de la escritora, quien suele señalar el poder revelador de las identidades judías de los apellidos (1971: 71; 1992: 64)— para resurgir en las reflexiones sobre la otredad judía que se intercalan en su última novela, *Cuando digo Magdalena*, reflexiones nostálgicas y filosóficas que ya no cargan el autoodio adolescente.

En cuanto a lo femenino, ¿se rescata algo de la histórica diferencia femenina en la novelística de Steimberg? En efecto, se rescata —pero mediante una inversión de los valores patriarcales— la locura femenina, la amenaza reiterada de las "fieras" judías que gritaban que "iban a ser internadas en el manicomio" por culpa de sus hijos desgraciados y pajeros (Steimberg, 1971: 72). De cierta manera Steimberg recupera una metáfora ya conocida de la literatura femenina que durante el siglo XIX proyectó en figuras femeninas locales los impulsos de rebeldía de sus autores, figuras que Sandra Gilbert y Susan Gubar denominan "la doble loca".[6] La narradora de la novela siguiente de Steimberg, titulada explícitamente *La loca 101*, revaloriza esta

---

[5] Refiriéndose al trabajo del crítico Josaphat Kubayanda, Aizenberg (1993: 113) subraya una analogía entre el proyecto pluralista de la literatura judeolatinoamericana y el de la literatura afroamericana en Estados Unidos: "The project of collective or multiple existence in America is precisely Feierstein's, and the liberating and constructive potential that Kubayanda finds in Black minority discourse is precisely that of Jewish minority discourse in *Mestizo*".

[6] John H. Sinnigen, en su artículo titulado "Melodrama y religión: La novelística de Catalina Macpherson" (*Revista de Estudios Hispánicos* 21, 1994, p. 41), relaciona el análisis de "la doble loca" como *doble* de la autora, hecho por Gilbert y Gubar, con "la existencia de una tradición parecida entre escritoras románticas españolas" del siglo XIX.

imagen estereotipada de la mujer, al inscribirla como consigna de su liberación en la vida y en la poética.[7] A través de sus novelas posteriores Steimberg intenta crear una escritura que trascienda a la vez los límites convencionales de la narración y las definiciones patriarcales de la otredad femenina.

Novia que te vea (1992), primera novela de Rosa Nissán, inscribe la otredad judía y femenina de modo semejante al estilo de Steimberg. Situada en la colectividad sefaradita de México en los años cincuenta, narra con el tono de diario íntimo adolescente la formación de una joven judía mexicana, cuyos padres inmigraron de Turquía y Persia. Al igual que la Alicia de Steimberg, Oshinica, el personaje-narradora de la novela de Nissán, internaliza los códigos sociales que le enseñan sus padres y la colectividad sefaradita, mientras los rechaza como narradora por medio de la autoironía. A semejanza del personaje-narradora de *Músicos y relojeros* y *Su espíritu inocente*, la protagonista de *Novia que te vea* desvaloriza el lenguaje judío (en este caso el ladino) así como el discurso patriarcal judío, que tratan de encarcelarla en su doble diferencia marginalizada. A diferencia de la formación de la protagonista de Steimberg, la práctica y los ritos de la religión ejercen una influencia trascendente sobre la educación de Oshinica, el personaje-narradora de Nissán. Pese a su formación religiosa, la mexicana Oshinica experimenta una tentación de conversión al catolicismo parecida a la que experimenta la argentina Alicia. Lo que es más, la joven adolescente protesta contra el papel subalterno de la mujer dentro de los ritos sefaraditas. Se rebela igualmente contra las reglas de conducta de la buena judía sefaradita, las cuales asumen la otredad absoluta judía y femenina, al exigir su separación casi completa de los grupos sociales dominantes: los hombres y los mexicanos no judíos. La narradora relata con ironía que debe estudiar y trabajar en compañía de puros judíos, comer comida judía, tener una casa de estilo judío y ganar el dinero a la manera judía. Con respecto a estos códigos sociales sus familiares sefaraditas no califican a los ashkenazis (en cuya colectividad se incluye Becky, la mejor amiga de Oshinica) de judíos.

En contraste con las novelas de Steimberg, la primera novela de Nissán, mientras critica ciertos códigos sociales y religiosos sefaraditas, valora otros aspectos de la identidad judía. Por ejemplo, aunque perpetúa en algunos contextos la imagen corrosiva del lenguaje secreto de los judíos históricamente utilizada para apoyar el concepto de la absoluta otredad judía (Gilman, 1986: 14-15), en otros instantes Nissán opera una inversión de valores en su representación del lenguaje judío. Repetidas veces, a lo largo de la novela, la narradora elogia las bellezas, la poesía y la sabiduría del ladino y del

---

[7] Para un análisis profundo del funcionamiento metafórico de la locura y del manicomio en la novela *La loca 101*, véase el capítulo 3 de Barr, "Fighting Freud and other father figures: Alicia Steimberg", en *Issac Unbound*, pp. 59-68.

hebreo. Además Oshinica, a diferencia de Alicia, que pretende no comprender el idish, salpica su castellano con palabras hebreas y ladinas sin tener vergüenza de hablar un lenguaje extranjero. Como señala Gilman (1986: 17), la valoración del idioma judío implica una estimación positiva del grupo de origen. De modo semejante, la narradora describe con admiración los movimientos alegres y sensuales de los bailes hebreos. Su gusto de bailar, así como la efervescencia de su bilingüismo, se vislumbran en la obra de Nissán como indicios de la identidad cultural mestiza de la protagonista-narradora judía y mexicana. Otro aspecto de la diferencia judía que la novela valora es la búsqueda de las raíces sefaraditas de la narradora en la historia de las inmigraciones y migraciones, desde España hasta los países del Medio Oriente y desde estos países hasta México. Israel, que figura en *Músicos y relojeros* sólo como el lugar al cual, según dicen las tías de Alicia, van las "románticas desdeñadas" a buscarse un marido (p. 41), por el contrario, es visto por la narradora de *Novia que te vea* como la tierra prometida donde los jóvenes judíos de su generación van al encuentro de la igualdad entre hombres y mujeres y la justicia entre ricos y pobres.

Nissán destaca, así como Steimberg, la inscripción de la otredad femenina dentro del discurso judío. Los familiares de Oshinica le enseñan que la buena sefaradita, cuya meta es hacerse novia y tener hijos, no hace estudios superiores, no tiene una profesión seria, acepta el matrimonio arreglado por sus parientes, se casa con un hombre más viejo y acomodado, y pare sólo varones. En cuanto a su sexualidad, Oshinica recibe la misma consigna que Alicia: las chicas no se dejan manosear por sus novios (antes del casamiento), y para asegurarse de que su hija siga este consejo sus padres no le permiten salir. Contra esta definición de la otredad femenina la adolescente Oshinica, del mismo modo que Alicia, se rebela por medio del autoodio: "¿Querer parecerme a mi mamá, a mi abuela, a mi tía? No, mejor a mi abuelo, a mi papá, o hasta a mi hermano. ¡Qué aburridas son las mujeres y además tontas!" (p. 25). También a través de sus acciones autónomas la joven mexicana protesta contra las restricciones que le están impuestas por ser judía y mujer: juega al futbol con los muchachos, lee libros prohibidos, termina la escuela secundaria, asiste a la Universidad Femenina, y hasta empieza a trabajar y ganar su propio dinero. Más aún, se empeña, disimuladamente, en escoger novios sin la aprobación de sus padres.

Al final de la novela *Novia que te vea* la protagonista comienza a imaginar un espacio situado más allá del autoodio judío y/o femenino. Sin separarse ni de sus padres ni de la colectividad —su matrimonio se celebra en la sinagoga sefaradita bajo la *jupá* [dosel]— Oshinica logra romper con el código de casarse por razones de comodidad y concordancia familiar, casándose con un joven judío pobre, de su gusto y no del gusto de sus padres. Aunque haya indicaciones de que su matrimonio ya tiene los gérmenes de una fisura futura, sirve de afirmación del derecho de la mujer al placer sexual. Otro medio que se crea el personaje-narradora para trascender la diferencia femenina es su declarada intención de estudiar después del matrimonio. Esa decisión, opuesta a los códigos sociales de la colectividad sefaradita, primero se le representa a Oshinica como una locura: "Esta señora Alicia que estudia con nosotras ¡está loca! ¿Qué hace una mujer de su edad en la escuela?" (p. 96). Al igual que Steimberg, Nissán resucita la imagen literaria tradicional de la locura femenina como metáfora de la rebeldía. Convierte a "la loca" de la Universidad Femenina en su modelo de conducta: "Me he estado acordando de Alicia, la que estudiaba periodismo, y eso que era abuelita. ¿Y si me caso y mi marido me deja estudiar como ella? ¿Encontraré un hombre que no me considere loca si ya casada quiero estudiar?" (p. 152). Lo que es más, la narradora representa el manicomio, donde Oshinica se hace ayudante sin que sus padres se enteren de esa actividad, como el lugar donde la protagonista percibe por primera vez su capacidad de trabajar y vivir fuera de la familia.

En resumen, aunque *Músicos y relojeros* y *Su espíritu inocente* de Alicia Steimberg, y *Novia que te vea* de Rosa Nissán, inscriben el autoodio de los judíos y de las mujeres, las novelas representan esta respuesta como un momento transitorio en el desarrollo de la personalidad de sus protagonistas adolescentes y no como una reacción definitiva a la percepción de la otredad judeofemenina diseminada por los discursos antisemita y patriarcal. Más bien la novelística de estas escritoras judeolatinoamericanas contribuye a poner fin a la historia del autoodio judío y femenino por su acto doble de revelar los mecanismos y efectos nefastos de esta respuesta a la marginalidad y de inscribir una identidad pluralista que niega toda posición céntrica, autoritaria y generadora de Otredades.

BIBLIOGRAFÍA

Aizenberg, Edna, "Jewish identity, pluralism, and survival: Feierstein's *Mestizo* as minority discourse", en Robert DiAntonio y Nora Glickman (comps.), *Tradition and Innovation; Reflections on Latin American Jewish Writing*, State University of New York, Albany, 1993, pp. 107-114.

Barr, Lois Baer, *Isaac Unbound; Patriarchal Traditions in the Latin American Jewish Novel*, ASU Center for Latin American Studies, Tempe, 1995.

Gilman, Sander L., *Difference and Pathology: Stereotypes of Sexuality, Race, and Madness*, CUP, Ithaca y Londres, 1985.

——, *Inscribing the Other*, UNP, Lincoln y Londres, 1991.

——, *Jewish Self-Hatred; Anti-Semitism and the Hidden Language of the Jews*, JHU, Baltimore y Londres, 1986.

Lindstrom, Naomi, *Jewish Issues in Argentine Literature; From Gerchunoff to Szichman*, UMP, Columbia, 1989.

Memmi, Albert, *La libération du juif*, Gallimard, París, 1966.

——, *Portrait d'un juif*, Gallimard, París, 1962.

Nissán, Rosa, *Novia que te vea*, Planeta, México, 1992.

Sartre, Jean-Paul, *Réflexions sur la question juive*, Gallimard, París, 1954.

Sosnowski, Saúl, *La orilla inminente: Escritores judíos argentinos*, Legasa, Buenos Aires, 1987.

Steimberg, Alicia, *Músicos y relojeros*, Centro Editor de América Latina, Buenos Aires, 1971.

——, *La loca 101*, Ediciones de la Flor, Buenos Aires, 1973.

——, *Su espíritu inocente*, Pomaire, Buenos Aires, 1981.

——, *Cuando digo Magdalena*, Planeta, Buenos Aires, 1992.

USOS DEL ANACRONISMO EN "LOS GAUCHOS JUDÍOS"

NAOMI LINDSTROM*

LA NOVELA *Los gauchos judíos,* de Alberto Gerchunoff, escrita en 1910, es notable, entre otras cosas, por la franca inexactitud de sus referencias temporales y espaciales. El narrador de la novela llama la atención hacia el empleo de anacronismos mediante su uso de los adjetivos. Hace notar la "elegancia *arcaica*" (p. 86) de la expresión del personaje y dice que un sabio piadoso conoce una "lengua *remota*" (p. 99; cursivas mías). Hay muchos otros fenómenos que el narrador llama arcaicos, incluso plegarias que todavía se usan. Este trabajo considera cómo los elementos anticuados y anacrónicos de la novela sirven para subrayar su función didáctica y para darle un barniz exótico a un texto que, sin él, sería opresivo y tendencioso.

Los gauchos judíos presenta, en el nivel más fácilmente descriptible, algunas viñetas de la vida judía entre finales del decenio de 1880, cuando empezaron a llegar a Argentina los primeros inmigrantes judíos del este de Europa, y 1910, año del centenario de la nación, celebrado en *Los gauchos judíos.*[1] La escena inicial sucede en Rusia y muestra a toda una comunidad que decide iniciar una nueva vida en Argentina. Los episodios siguientes ocurren en las colonias agrícolas de la pampa argentina, el lugar en que se permitió establecerse a los judíos. El narrador principal se identifica diciendo que ha crecido, como Gerchunoff, en las colonias. Puesto que la novela data de 1910 y la inmigración comenzó poco antes de 1890, la narración bien podría haber ocurrido realmente entre esas dos fechas. No obstante, en términos de verosimilitud, la novela rebasa el periodo que encuadra.

La novela está organizada por episodios, lo cual le da un cierto aire de recuerdos desbalagados, que sirven para presentar argumentos (más de naturaleza poética que estrictamente racional) a favor de la sociedad argentina y del papel que los judíos desempeñarían en ella. Estos argumentos pueden resumirse así: *a)* emigrar a la pampa argentina era la única solución a las penurias de los judíos del este de Europa; *b)* la pampa argentina satisface las condiciones para el establecimiento de Sión; *c)* la misión del pueblo judío es la agricultura, por lo que los judíos no deben anhelar la vida de las ciudades; *d)* para merecer el lugar que la nación argentina les ha otorgado, los ju-

---

* University of Texas, Austin.
[1] Aunque la novela apareció en 1910, como parte de los festejos por el centenario de la independencia de Argentina, ya había aparecido, por entregas, en el periódico *La Nación.*

díos deben abandonar toda tradición judía que les impida convertir la pampa en tierra de labranza; *e)* los granjeros judíos representan la evolución lógica de la cultura gaucha (esto a pesar de que, tal como fueron las cosas, los colonos europeos llegaron para sustituir a los gauchos, cuyo pastoreo nómada y extensivo era considerado un obstáculo para el progreso).

Lo más preocupante de la novela tal vez sea que, siendo un texto escrito para promover medidas políticas específicas de un gobierno y que contiene tantos pasajes tendenciosos, ejerce una fascinación enorme sobre la imaginación de los lectores. Aunque muchos escritores han querido escribir sobre la inmigración de los judíos sin distorsionar la historia por razones ideológicas, como hace Gerchunoff, ninguno ha podido "llegarle" al gran público; *Los gauchos judíos* sigue siendo la obra judía argentina más popular. Aunque los lectores con espíritu crítico suelen desdeñarla, *Los gauchos judíos* es todo un éxito, y por méritos propios. Fue creada para cumplir con ciertos criterios ideológicos dados y para estimular y halagar a los lectores con toques de exotismo y fantasía, salpimentados con el mito de la unidad nacional.

Por sus escenas de la vida rural hoy *Los gauchos judíos* parece, en la superficie, un texto costumbrista. No obstante, a diferencia del costumbrismo, no le interesa la verosimilitud. La novela, libre de las exigencias del realismo, en particular la que exige consistencia interna, incluye pasajes deshilvanados de la lógica del discurso principal. Estos añadidos son protagonizados por narradores que no pueden ser los mismos que la voz principal de la obra y que parecen murmurar en condiciones muy diferentes de las que prevalecen en la mayor parte del texto. Estos pasajes anómalos difieren del resto de la novela en diversos puntos; hay un cambio en el lenguaje; la situación narrativa se vuelve, de pronto, diferente; es obvio que el narrador no es un hombre del siglo xx.

Parece que los pasajes más anacrónicos se originaron en la Península Ibérica, mucho antes que el resto de la obra. Viñas (p. 178) se refiere a ellos como "la transcripción de textos aljamiados". No obstante, en gran parte de la novela los pasajes anacrónicos no son transcripciones estrictamente literales, como sería el caso en un trabajo académico. Al contrario, Gerchunoff tiende a revolver préstamos de fuentes premodernas con un idioma de su invención. A lo largo de su carrera demostró que tenía talento para imitar el español premoderno. En algunos casos tomó préstamos de Cervantes, a quien reverenciaba, o bien lo imitó; en otros inventó un español que, aunque arcaico, no pertenece a ningún periodo.

Hay veces en que el narrador de *Los gauchos judíos* se convierte en un arruinado juglar de antaño, que espera complacer a su público para que éste quiera recompensarlo, lo cual contrasta tajantemente con el propósito didáctico y edificante del narrador memorioso, quien no espera otra recompensa que establecer ciertas proposiciones en la mente de sus lectores. Es todavía más notable que estos renglones de lenguaje arcaico sigan inmediatamente a las palabras del narrador memorioso o, incluso, que a veces estén mezclados con ellas. Por ejemplo, tras la prolija recordación de una boda en la colonia, sigue, separada tan sólo por asteriscos, una coda dirigida al "desocupado lector", apelativo arcaico que está señalado a propósito con comillas. A continuación el narrador se refiere a "la colonia judía donde aprendí a amar el cielo argentino. . ." (p. 81). Sin embargo, pronto cambia y se dedica a defender el modo probo y simple en que realiza sus narraciones: "la historia referida con más puntualidad que arte [. . .] Bien me gustaría adornarla con coplas parecidas a las del libro divino, pero Dios negóme ingenio. Doyte yo la verdad escueta de lo contado y si quieres coplas, ponlas tú en modo gracioso, mas no olvides mi nombre. . ." (pp. 81-82). Además, para distanciarse de los primeros años del siglo xx, cuando se supone que ocurre la narración principal, dice a sus lectores: "Si tan exacta narración te place, no me mandes maravedíes, pues no alcanzan para pan y agua. Envíame drachmas de oro, o si no, agradeceréte una calabaza de vino de Jerusalem. . ." (p. 82).

Un modo de explicar estos fragmentos de lenguaje arcaico es identificarlos con los motivos ideológicos para incluir en la novela los elementos que contienen los pasajes incrustados. Por ejemplo, Viñas señala que Gerchunoff está particularmente deseoso de introducir en su obra referencias a las épocas anteriores de la historia ibérica. Por medio de estas alusiones el autor idealiza un tiempo en que una parte importante de los españoles judíos "vivían tranquilos al amparo de los reyes de Castilla" (Gerchunoff, p. 139; citado en Viñas, p. 178). Lo que Viñas ve aquí es "el esfuerzo de Gerchunoff por lograr un renacimiento de la coexistencia judeoespañola en América" (p. 178).

Aunque la observación antes resumida y otras por el estilo explican los elementos que se encuentran en los pasajes incrustados, no explican por qué el texto tiene que incluir pasajes que no tienen congruencia lógica con el esquema general de un libro de memorias. Los elementos que se encuentran en estas inserciones pudieron haber sido integrados al texto, pero en lugar de ello están apiñados en secciones del libro señaladamente distintas, algunas de las cuales (como la coda ya citada, que cambia de pronto de moderna a arcaica) llaman la atención por sus propias cualidades premodernas. Aquí parece que Gerchunoff está ostentando los anacronismos de su novela para darle un atractivo mágico.

También rompe la verosimilitud el hecho de que entre los granjeros inmigrantes abunden hombres que se distinguen por la riqueza de sus conocimientos. La novela muestra con insistencia a sus personajes judíos como granjeros dedicados. Esta caracterización es improbable, pues la política de residencia de la Rusia de la época fue planeada para expulsar a los judíos de las tierras labrantías y encerrarlos en la tristemente sobrepoblada

Área de Asentamiento. A pesar de su amor a la tierra, muchos de los personajes masculinos tienen una gran maestría en materia de la ley judía, la filosofía o la literatura. Es más, el narrador describe a un personaje como producto del famoso seminario de Vilna, a pesar de que en la misma oración subraya su dedicación a la agricultura (p. 49). Los personajes suelen citar obras de todo el mundo y no sólo de la Torá y el Talmud, como haría un judío devoto de los campos. En el capítulo "El divorcio" se congrega un colegio de jueces rabínicos en una comunidad rural aislada. Hay por lo menos diez cultos rabinos; el narrador se jacta de su capacidad para traer al caso "la sabiduría y la jurisprudencia de Hillel, de Gamaliel y de Ghedalia" (pp. 102-103).

Aquí Gerchunoff, descartando toda verosimilitud realista, subraya el motivo de la novela: decir que los inmigrantes judíos le convienen a Argentina. Los personajes judíos no sólo son cultos y respetuosos de la ley, sino que poseen una antigua tradición de gran fama. No sólo le ofrecen a Argentina trabajadores rurales, sino también el lucidor prestigio de una de las principales elites de Europa.

Por lo menos desde el punto de vista del realismo resulta chocante que los granjeros estén tan familiarizados con la cultura sefaradita. Parece que conocen muy bien la edad de oro de la civilización sefaradita en España y Portugal. En su aspecto más realista la novela sucede entre judíos del este de Europa; sin embargo, los días gloriosos de la judería ibérica persisten de modo irracional. En dos ocasiones algunos rabinos que representan esta edad de oro aparecen entre los campesinos para resolver sus problemas. La figura de Moisés que los inspira a salir de Rusia es "el último representante de aquellos grandes rabinos que ilustraron con su sabiduría las comunidades de España y Portugal" (p. 17). Durante las deliberaciones de divorcio "tampoco faltaba en la reunión un descendiente de los talmudistas del siglo de oro español", un rabino marroquí que "renovaba, entre paredes de la casucha de barro, las disquisiciones medievales de Toledo y Córdoba" (p. 103). Hay ciertos rasgos que sugieren que los jueces pueden haber llegado por medios mágicos desde la España medieval. Se dirigen entre sí con el *vos* y el *vosotros;* son elocuentes cuando expresan respeto y deferencia, y uno de ellos se inclina ante el marroquí; por último, escriben su juicio sobre un pergamino.

Aunque no aparece ningún representante de la cultura sefaradí, persiste la antigua influencia sefaradita. El narrador, criado en las colonias agrícolas entre judíos del este de Europa, alude con frecuencia a las cumbres de la civilización sefaradita. Una niña judía rusa-argentina canta una balada ladina, la cual transcribe el narrador, explicando que la niña la aprendió en la escuela. Las continuas alusiones a la cultura sefaradita parecen un intento por reducir, para los lectores gentiles de la época, la extrañeza de la población judía en una nación hispanohablante. La cultura judía, antes de la expulsión de España, contiene un precedente familiar y prestigioso, y crea una unidad confiable, aunque nada realista, entre el pasado y el presente. Judith Laikin Elkin ha caracterizado esta mezcla de las poblaciones modernas de judíos latinoamericanos y los días gloriosos de los sefaraditas como un intento por lograr una "cultura neosefaradita" (pp. 1-2). Dice que Gerchunoff construyó este mito unificador sobre "cimientos endebles" (p. 3).

Si se considera la lógica poética de la obra, en un sentido es deseable que cosas normalmente imposibles sucedan en el texto. *Los gauchos judíos* busca transmitir una fe visionaria sobre el destino del Nuevo Mundo como sede de la redención judía. La noción de este mundo redivivo se convierte abiertamente en tema del discurso sionista que aparece al principio de la novela. Un rabino carismático exalta a los aldeanos oprimidos con una visión que evoca a Argentina como Sión, "donde el cristiano no nos odiaría, porque allí el cielo es distinto, y en su alma habitan la piedad y la justicia" (p. 15). La perspectiva de una nueva realidad deja a los aldeanos "sumidos en éxtasis" (p. 15). Por todo el texto se reafirma el principio de que el Nuevo Mundo es, salvo por ciertas tradiciones que hay que respetar, un nuevo comienzo para el pueblo judío. Se recurre a la convención retórica, común en las naciones americanas, según la cual la inocencia del Nuevo Mundo contrasta con la decadencia del Viejo. No obstante, la novela se apoya más firmemente en el pensamiento judío radical que existía en el este de Europa, el cual, ya fuese expresado como sionismo o de otra manera, recalcaba que los judíos hostigados tenían la capacidad de construir su propia realidad. El fervor lírico y casi mesiánico de esta visión es factor importante en las inconsistencias temporales de la novela. Aunque imposibles en la realidad, pueden permitirse en un nuevo mundo que opera según reglas nuevas.

BIBLIOGRAFÍA

Altamirano, Carlo y Beatriz Sarlo, "La Argentina del Centenario: Campo intelectual, vida literaria y temas ideológicos", *Hispamérica*, núm. 25-26, 1980, pp. 33-59.

Elkin Laikin, Judith, "Centaur on the roof: Can a Neo-Sephardic culture emerge in Latin America", *Shofar: An Interdisciplinary Journal of Jewish Studies*, vol. 2, núm. 13, invierno de 1995, pp. 1-15.

Gerchunoff, Alberto, *Los gauchos judíos*, Ercilla, Santiago de Chile, 1940.

Onega, Gladys, "Lugones: La tetralogía del Centenario", *La inmigración en la literatura argentina*, 1880-1910, Universidad Nacional del Litoral, Santa Fe, 1965, pp. 124-125.

Viñas, David, "Gerchunoff: Gauchos judíos y xenofobia", *Literatura argentina y realidad política: Apogeo de la oligarquía*, Siglo Veinte, Buenos Aires, 1975, pp. 165-185.

"DE SUS SEMILLAS, LUZ": LA POESÍA DE JOSÉ KOZER

Angelina Muñiz-Huberman*

José Kozer, poeta cubano residente en Nueva York, cuenta con una importante obra publicada y mayor aún sin publicar. Escribir es una necesidad, una voluntad, un acto de fe. Es la vida misma fluyendo. Es la actividad de cada día: la encomienda y el rezo.

Internarse en su mundo poético es llegar a un país desconocido que todo lo ofrece y no se sabe por dónde empezar. Su poesía refresca la lectura de todo quehacer literario. Si placer es leer, placer es escribir, en su caso. Su prolífico mundo es generoso y abierto a toda frontera. Es claro en el bosque y es acumulación en la tierra. Su ejercicio de la libertad consiste en reunir, decantar y entregar, sin remedio, su transparencia poética al lector que siempre aguarda la sorpresa de la palabra siguiente, de la línea que se construye y de la arquitectura final de su poema.

La palabra no encuentra su límite en el inagotable fondo que constituye su vocabulario. Pareciera abarcar la totalidad de la lengua, sin esfuerzo, sin violencia.

Su verso es poderoso, propio, con un ritmo abarcante de múltiples ritmos. Su medida, la que él sobrepasa. Su estilo, el de su exclusiva fragmentación.

Lector voraz, ha reunido en su poesía antiguas tradiciones y modernas expresiones. Se desliza entre la potencialidad sonora y la evocación que todo lo suaviza.

La poesía de José Kozer es de pérdidas y de recuperación armónica matizada por una dolorosa recreación de la memoria. Poesía entre lo cruel cotidiano, el cinismo hiriente y una sacralización irónica de la realidad.

Entre sus temas queridos, que podrían ser muchos, hay uno recurrente y, a veces, disfrazado, que es el del exilio. Exilio como reflejo del modo existencial y del modo metafórico. Y, claro, del modo lingüístico.

Si hay un estado vital relacionado con el ser del judaísmo que más lo define es el del tránsito, trasmigración o éxodo. En este caso, la poesía de Kozer es de índole itinerante. Se escribe a lo largo del camino y se convierte en un reflejo de vacíos y desiertos que deben llenarse. La experiencia del exilio es, así, una experiencia acumulativa y no tanto de pérdidas.

* Universidad Nacional Autónoma de México.

La creación poética se equipara a la creación cabalista de Isaac Luria, donde los pasos a seguir constituyen un proceso de alejamiento de Dios o involución *(tsimtsum)*, ruptura de las ataduras o recipientes *(shevirá)* y la reparación o redención *(tikún)*.[1] Pasos que se cumplen en la poesía de José Kozer.

Empieza recogiendo las enseñanzas y los relatos de la familia que ha emigrado de Polonia a La Habana. Todo lo que puede ser nombrado es recogido en la memoria y trasladado al poema. El bagaje de palabras va creando su propia separación de los hechos. Al final sólo quedan los sonidos y su función es guardar la historia:

> Mi padre, que está vivo todavía,
> no lo veo, y sé que se ha achicado,
> tiene una familia de hermanos calcinados en Polonia,
> nunca los vio, se enteró de la muerte de su madre por telegrama,
> no heredó de su padre ni siquiera un botón,
> qué sé yo si heredó su carácter.
> Mi padre que fue sastre y comunista.[2]

Luego, cuando a su turno le toca emigrar al poeta, agrega a las historias recibidas las que le pertenecen y, en Nueva York, ordena sus recuerdos de infancia y adolescencia cubanas. El cambio del idioma es lo primero a lo que se enfrenta. Instalado en Nueva York se siente dominado y envuelto por la lengua inglesa. Mientras su inglés mejora, su español empeora, como declara en una entrevista a Jacobo Sefamí.[3] Lee y habla intensamente en inglés y durante ocho años, de 1960 a 1968, prácticamente es incapaz de escribir. No termina un solo poema en esa época. En 1968 hay un cambio virtual en su vida: conoce al escritor Isaac Goldemberg y recupera el español. Al mismo tiempo, íntimos desgarramientos lo orillan a tocar fondo. De pronto, casi sin darse cuenta, empieza a escribir a todas horas y en todo lugar, de manera incontenible. En ese momento recupera la lengua perdida y el deseo de ahondar en ella y buscarla a todo trance. Casi se enfrenta a la lengua con la misma avidez del niño que empieza a hablar: todo le sorprende y todo es novedad. Aquilata las palabras de sabor antiguo, se deleita en las nuevas. Experimenta, juega, hace y deshace un vocabulario que es infinito cada día que pasa, cada poema que escribe. Es, entonces, cuando adquiere la voluntad de escribir: "Si no escribo, me siento muerto", afirma.[4] Aspira a la "uti-

---

[1] Angelina Muñiz-Huberman, *Las raíces y las ramas. Fuentes y derivaciones de la Cábala hispanohebrea*, Fondo de Cultura Económica, México, 1993, *cf.* cap. IV, p. 80.

[2] José Kozer, *Este judío de números y letras*, premio de poesía Julio Tovar, 1974, Nuestro Arte, Santa Cruz de Tenerife, 1975, p. 22.

[3] Jacobo Sefamí, "Excrementos, elipsis, revoluciones y viceversa", *De Azur* (Nueva York), 1, otoño, 1993, pp. 36-43. *cf.* p. 39.

[4] *Ibidem*, p. 40.

lización de todo el vocabulario: se me está acabando el diccionario. ¿Dónde hay más palabras? Me ahogo. Denme más palabras."[5]

José Kozer, ahogado en sus palabras, sobrevive por el poema diario, por la súbita revelación que une la palabra a su sentido sagrado. Una palabra que puede ser desmitificada, que se permite, tal vez en acto de contrición, ir y venir entre lo terreno y lo divino, lo profano y lo herético, sin límite estético, en la complejidad de lo barroco, que no desdeña el mundo de la escatología o la desesperada búsqueda alquímica del oro entre el fango o los desperdicios. Es un poeta de los que bajan a los infiernos y regresan insatisfechos, con nuevas canciones, sí, pero con el dolor de la pérdida y lo irremediable.

La poesía de José Kozer se labra en un yunque de esos antiguos herreros que eran también iniciados en el arte oscuro del ritmo, del golpe, de la chispa que salta, del fuego y del metal moldeado, del peligro, del infierno de nuevo. No en vano alquimistas y herreros son hermanos cercanos, como bien observó Mircea Eliade. No en vano uno de los cantes matrices del flamenco es el de los herreros.

Poesía que se forja en antiguas leyes iniciáticas: el camino de Orfeo es tentador, pero cobra su precio. Parece, a ratos, un camino imposible de vislumbrar y si se llega a vislumbrar exigirá el pago total: no hay regreso y no hay modo de parar. Puede ser una condena o puede ser una salvación. En cualquier caso, es estar pendiente de una paradoja: el poderoso hilo de una araña, invisible y multicolor a la vez.

La recuperación de la lengua ha sido el consuelo por el sufrimiento. La pérdida se trasmutó en la página blanca que debe ser llenada: el orfismo, finalmente, redime. El nacimiento a la luz ha sido doloroso, pero se ha adquirido la sabiduría.

El poeta aprende a separar las tinieblas y el camino vislumbrado es el momento del alba: cuando empiezan a reconocerse las cosa. Sólo por el tránsito de la oscuridad se puede nombrar, de nuevo, las cosas. Sin caos no habría creación. Es así como la cercanía de la palabra recoge la semilla de la vida y la poesía se conforma en la fragua de los exilios.

Aquellas semillas que guardaba el poeta empiezan a germinar y el periodo de gestación concluye: la oscuridad se desvela y emerge a la luz la nueva vida. Parecería que las tierras por las que han transitado los antepasados de José Kozer se han quedado adheridas entre los dobleces de las ropas o los flecos del *talit*. Y esas tierras eran la acumulación de todos los peregrinajes del mundo.

El judaísmo en la poesía de Kozer es un total abarcador que no niega otras fuentes religiosas y toma del cristianismo, en su esencia pura, lo que

[5] *Ibidem*, p. 43.

de universal lo caracteriza. Es capaz de incorporar todo tipo de elemento germinal, de otras culturas y de las más diversas tendencias. Así la línea poética puede fluctuar entre un barroquismo *sui generis* y una elementalidad consustancial. El resultado es una poesía de hondas raíces conmovedoras.

Una poesía que presenta la forma de un exilio traspuesto. Doloroso exilio, no evidente, sino de fondo, que permea cualquier situación cotidiana o mística inmediata. Por la palabra quebrada, obstinada, se conocerá esa forma del exilio traspuesto.

Si, como sabemos, Kozer perdió y ganó la lengua de origen, una vez readquirida la dice y la desdice. Como propia la hace sonar en un altar, pero también la arroja a un rincón. Lo que cuenta es el eco: el poderoso eco de la voz perdida.

Es, entonces, la palabra poética la encargada de rescatar los elementos del exilio, entendido el exilio en sus términos más amplios.

Acude por principio José Kozer a la preservación de la lengua en tierra extraña, a borrar el olvido mediante el poema de cada día. Determina, de este modo, las fronteras entre el mundo externo y el interno. Crea una isla de sonidos que le gana terreno al mar. La batalla es con la letra, con la sílaba, con la arena.

Después, en un segundo paso, convierte la oración en una desoración, cuyas partes convencionales se transforman en partes plenas de movimiento, intercambiables, como fichas de un dominó derrumbado. Y, sin embargo, con el orden del número de juego que busca su complemento:

Epitafio

Suplantó
el error de la insularidad con la variable opulencia del lenguaje.
Dos, tres palabras (hilván) la mano a la garganta.
Resonaron
sus bruces en la habitación: sílabas
y hormigas.[6]

Una vez que la oración-desoración se descompone en una nueva recomposición, las palabras clave son islas apenas unidas por un hilván. La fragilidad de los elementos sólo puede acarrear su fin o muerte; la palabra se concentra al máximo: "resonaron sus bruces", en lugar del sonido de caer de bruces. El fin, es el fin reducido: "sílabas y hormigas".

Otro paso dado, tercero en orden, es el de la equiparación entre situación existencial y metáfora en exilio. La ruptura ocurre en el mundo real y en el

---

[6] José Kozer, *El carillón de los muertos*, Último Reino, Buenos Aires, 1987; p. 29.

metafórico: no se pueden separar una ruptura de la otra y, entre sí, el anhelo es enmendar las resquebrajaduras. Como en la corriente cabalística luriana, la única redención es la de reparar la ruptura de los recipientes. La armonía cósmica sólo se logra por el concepto redentor: la potente luz no se derramará inútilmente aunque quede de ello una cicatriz. Es así como la herida del exilio se regenera. En el poema "Periferia" (*La garza sin sombras*), las metáforas han sido rotas:

Periferia

Íbamos
de brote en brote y nos alimentamos de las
   excrecencias de la oruga, ovillos
y el filamento
de la seda fueron nuestra alimentación: tiernos
    retoños, piñones que se perdían en
     los bolsillos y el amarillo

más vetusto
de las ciudades, nos alimentaron.[7]

Se trata de una experiencia periférica, soslayada, en la que el alimento es lo inconcebible, lo frágil, lo diminuto. Las metáforas son vulnerables, tangenciales, con el nostálgico dolor de una periferia, de un exilio de la ciudad. Un triste abandono que se recupera en imágenes guardadas de la infancia perdida: donde todo sucede al margen del centro y de la materialidad.

La corrección de la ruptura, la redención, aparece en la armonía final, cuando el mundo recurre a la imagen materna:

     . . .Y la ciudad se hizo muy pequeña
y nosotros
crecimos grandes y desprovistos, nuestras madres riendo
       a la altura
de los muebles.[8]

El exilio sigue un suave cauce metafísico cuando descubre la revelación, el equivalente laico a una experiencia mística, siempre al margen, en entredicho. Del judaísmo a las revelaciones de otras maneras de religión, José Kozer escoge el leve intenso momento en que la luz todo lo invade, no importa sobre qué: un jarrón, una piel, un pájaro del amanecer, el dedo del abuelo

---

[7] José Kozer, *La garza sin sombras*, Ediciones del Mall, Barcelona, 1985; *cf.* p. 12.
[8] *Ibidem*, p. 14.

que señala el versículo sagrado. O bien es la nieve, preámbulo del ángel que pasa. Leve intenso momento en que acaece la comunión:

Pietà

¿Nevó? ¿Qué tierra es ésta qué canteras blancas los accidentes del
terreno? ¿Labran? Su fiebre, un arrecife:
encima, el arcángel de alas policromadas
(debajo) pausado en su dirección el manto
de la noche.[9]

El curso de la mística acopla su paso al curso del exilio. El ímpetu asceta se desprende de sus vestiduras. José Kozer nombra uno de sus libros *Carece de causa*. El abandonado, el extranjero, el eremita, todos ellos carecen de causa. Es decir, de tanta causa, carecen de ella. Es el vaciamiento que todo lo llena. La palabra, una por una, que adquiere infinita carga semántica. Impostergable encrucijada de significados. En realidad, el poeta también "carece de causa".

El libro de poesía *Carece de causa* es el proceso de la unión mística otorgado a los hechos cotidianos. Las partes que abarca son las del ritual: un ritual que se aferra a la terrenalidad que se ha escapado y que sólo queda recordar. La sacralización es el olvido. Las partes son: Introitus, Dies irae, Offertorium, Miserere, Graduale, Communio. Así principia el camino místico entre las palabras exiliadas. Entre la humildad de lo cotidiano religioso, en su sentido primigenio de "religado". De nuevo, el afán de unir las pérdidas es lo que marca la poesía del exilio. Judaísmo y cristianismo se mezclan: o más bien el exilio del judaísmo en medio del cristianismo:

Indicios, del inscrito

El dedo de mi abuelo Isaac o Ismael o rey ahora sin nombre
o de nombre Katz o de nombre Lev
o corazón de Judá (señala) la
palabra donde se retuvo la recta
maraña de las palabras, rey
extranjero: el dedo, sobre la boca
del hormiguero.[10]

Las múltiples evocaciones son un compendio de historia del pueblo de Israel: del abuelo y el dedo índice que marca la lectura de la Biblia (por algo

[9] José Kozer, *Prójimos/Intimates*, trad. de Ammiel Alcalay, Carrer Ausiàs, Barcelona, 1990.
[10] José Kozer, *Carece de causa*, Último Reino, Buenos Aires, 1988, p. 41.

el poema se llama "Indicios, del inscrito"), a las genealogías, al rey David, a la extranjería.

Un poema de la parte Communio lleva el mejor de los títulos: "Uno de los modos de resarcir formas". Y las formas no son sino el lenguaje lejano, la tierra perdida, la infancia áurea, la presencia del pequeño mundo judeo-europeo en el clima tropical de la isla de Cuba. Qué de formas esparcidas, qué de ambientes encontrados, qué de idiomas, señas, temperaturas: la nieve en la memoria y el ciclón ganado. Todo ello redimido por un verso, donde "blasona estearinas de lis, / flor hebrea".[11] O por otro: "El sobresalto es una ventolera ciclón del '44 ya se armó".[12]

Pero, sobre todo, lo que se ansía es la recuperación y comunión del idioma de la isla:

> Da por mí yo he vuelto, somos turba de la flor saqueada:
> masticadora, ni tú ni la flora
> padecemos: ya se alteró déjalo
> hablar es viento huracanado por
> él reconozco la pubertad de las
> palabras cierra tapia solavaya
> el viento.[13]

Luego, en deliberadas confusiones, los paisajes entremezclados, la nostalgia se vuelve una: no sólo la Jerusalén de los antepasados, sino la isla recién perdida: "¿Jerusalén? Extraña ínsula,"[14] se funden en solitaria emoción.

De este modo, la poesía de José Kozer reúne las experiencias de los múltiples exilios en rupturas, fragmentos y restituciones: el mundo no termina si se rehace por medio de la palabra heredada y de la poesía en tránsito. Leer y releer las señas sagradas es la posibilidad de volver a crear el mundo.

El sentido de la creación parte de un caos que debe ser reordenado por medio del rayo de luz que separa los reinos del todo absoluto y de la nada absoluta. Los conceptos que toman su lugar y que dan origen a la vida y a la lengua son los que hereda directamente el poeta. "De sus semillas, luz"[15] es la fórmula para continuar en el proceso poético. Cuando se alcanza esta realidad, el poeta, que ha caminado a tientas por todos los caminos de la tierra, recibe una tenue luz a sus espaldas que hace presentes las sombras en las que balbucea la palabra que está por nacer.

---

[11] *Ibidem*, p. 146.
[12] *Idem*.
[13] *Ibidem*, p. 147.
[14] *Ibidem*, p. 144.
[15] *Ibidem*, p. 136.

"TERRA NOSTRA": UNA LECTURA "MARRANA"

GILDA WALDMAN M.*

LA VASTA obra literaria del escritor mexicano Carlos Fuentes puede abordarse desde una doble perspectiva. Por una parte, como un intento de resaltar la dimensión española cristiana, árabe y judía de la cultura mexicana (sin excluir por ello sus vertientes indígena y mestiza). Por la otra, como un esfuerzo por recuperar la pluralidad de sentidos y lecturas que caracterizaron, desde sus inicios, a la novela moderna, género que, desde Cervantes, explota la relatividad y el carácter contradictorio de la realidad, destruyendo toda certeza y transformando cada afirmación en un interrogante.[1]

En esta línea, *Terra nostra*[2] constituye, dentro de la creación literaria de Fuentes, un hito sustancial. En su compleja densidad de referencias, contextos, tiempos y personajes, esta novela posee un rasgo distintivo: ser una crítica de la lectura. En un primer sentido, Carlos Fuentes asume que cada libro refleja al lector, quien es, a su vez, autor de lo que lee; el libro es, así, un texto infinito que cambia en cada lectura por el hecho mismo de ser leído. En una segunda dimensión, Fuentes parte del hecho de que no existe un solo texto, sino una diversidad de textos posibles que ofrecen una pluralidad de lecturas inagotables. Don Quijote, por ejemplo —eje literario rector de *Terra nostra*—, multiplica sus aventuras cada vez que alguien las lee. En este sentido, el escritor mexicano ofrece en *Terra nostra* un diálogo con las interpretaciones relativas de cada lector, aun "al precio de la incertidumbre —diría el filósofo alemán T. W. Adorno— y de la falta de seguridad, temida como la muerte, por la norma del pensamiento establecido".[3]

Terra nostra constituye, así, una propuesta literaria que se quiebra en una multiplicidad de sentidos abiertos que no se agotan en un significado monolítico. Asimismo, en la conjugación de diferentes espacios en un solo lugar y de diferentes personajes en un solo personaje, como también en la fusión de pasado y presente y en la simultaneidad y secuencia de la narrativa que fluye en un tiempo progresivo y en un tiempo mítico, Carlos Fuentes abre en *Tierra nostra* un principio narrativo que asume como punto de partida la idea de la historia como proceso humano no acabado y, por lo tanto,

---

* Universidad Nacional Autónoma de México.
[1] *Cf.* Milan Kundera, *El arte de la novela*, Vuelta, México, 1988.
[2] Carlos Fuentes, *Terra nostra*, Joaquín Mortiz, México, 1975.
[3] T. W. Adorno, *Notas sobre literatura*, Ariel, Barcelona, p. 24.

la posibilidad de una historia abierta y diversa. Literatura polisémica e historia inconclusa se conjugan, de este modo, en una sola realidad, en la que la primera cuestiona a la segunda, al tiempo que la historia puede ser escrita, desde esta perspectiva, sólo por la creación literaria.

Terra nostra se ubica, como lo señala el propio Fuentes en su ensayo *Cervantes o la crítica de la lectura*,[4] en tres momentos clave de la historia española: en 1492, cuando cae Granada y los judíos son expulsados de aquel país; en 1520, cuando la derrota de la rebelión comunera anticipa el fin de las tendencias democráticas en España, y en 1598, cuando la muerte de Felipe II ya ha sentado las bases para el cierre intelectual y religioso de la península. En estos tres momentos, afirma Fuentes, la herencia plural de España fue aplastada, de manera diversa, por la intolerancia y la ortodoxia. *Terra nostra* recorre la historia de los detentadores del poder; es decir de quienes —creyéndose Dios en la tierra— reclamaron poseer una versión verdadera y única del mundo, liquidando con ello toda libertad de pensamiento, al considerar que ésta equivale a una lectura polivalente del universo y, por lo tanto, una amenaza al poder divino y real.

En palabras de Felipe II, bastión de la ortodoxia de la Contrarreforma española y personaje central de la obra de Fuentes, "La legitimidad única es reflejo de la posesión del texto único."[5]

Y agrega: "Las palabras y las cosas deben no sólo coincidir; toda lectura debe ser lectura del verbo divino [. . .] Todas las palabras y todas las cosas poseen un lugar para siempre establecido y una función precisa y una correspondencia exacta con la eternidad divina".[6]

Desde esta perspectiva uniforme y ordenada en la que el lenguaje del poder y el de la fe deben coincidir, toda lectura "Otra" del mundo es quebrantamiento del orden divino y humano. En otras palabras, toda lectura diferente del Texto —llámese Biblia o normas cristianas— es, también, impugnación del poder real; si existen diversas lecturas religiosas, puede existir, asimismo, una pluralidad política.

Sin embargo, desde que Cervantes escribió la historia de Don Quijote se sabe que el mundo ya no es similar a la palabra, y que es imposible, así, poseer certezas sobre verdades absolutas. Don Quijote recorre los caminos polvosos de La Mancha con la esperanza de encontrar un mundo en el que cada cosa tenga un sentido, como en el Libro, pero evidencia en su peregrinar que el Libro, que ordena el caos del mundo, ya no puede contener su multiplicidad. El Caballero de la Triste Figura constituye, de esta manera, la figura antitética de Felipe II, acorazado en su palacio de El Escorial, mausoleo reacio

---

[4] Carlos Fuentes, *Cervantes o la crítica de la lectura*, Joaquín Mortiz, México, 1976.
[5] *Terra nostra*, p. 611.
[6] *Ibidem*, p. 624.

a todo cambio. Don Quijote, extraño ya a la quietud de un universo inmutable, ha traspuesto, por el contrario, las verdades ciertas del medievo para adentrarse en las promesas de un nuevo orden que disuelve la lectura unívoca del universo y asume que todo es, al mismo tiempo, posible.[7] Don Quijote desafía, así, toda certeza, para reconstruir el mundo según su propio pensar, defendiendo, hasta sus últimas consecuencias, la libertad del individuo y su derecho de interpretar la realidad, lo mismo como molinos de viento que como gigantes, rebaños o ejércitos.

Ciertamente en la Edad Media abundaron las trasgresiones religiosas y existió una lectura de "Otra" visión del mundo: fue la que realizaron los herejes, quienes dieron la espalda a la interpretación unívoca y ortodoxa de la autoridad eclesiástica. En este sentido *Terra nostra* constituye un extenso recorrido por múltiples voces heréticas: desde las que sostenían

> la naturaleza fantasmal del cuerpo humano de Cristo [. . .] el carácter desconocido e intransmisible del Padre único, [la] que hace a Simón el Cirenaico suplantar a Cristo en la cruz y a Cristo simple testigo de una muerte ajena [. . .] la que atribuye a dos personas distintas los actos de Jesús y los de Cristo [y] la que niega la doctrina del pecado original,[8]

hasta la de los movimientos milenaristas que surgieron en Europa entre los siglos XI y XVI, ofreciendo una salvación terrestre, colectiva y total.[9]

Indudablemente las tradiciones heterodoxas minaron el orden medieval, tanto en una dimensión religiosa como política. Las herejías rescribieron el dogma, pero, al mismo tiempo, cuestionaron violenta y anárquicamente las instituciones señoriales y eclesiásticas. El curso de la historia condujo a que, posteriormente, otras fuerzas centrífugas contribuyeran a desintegrar el mundo medieval. Los viajes de los conquistadores abrieron la geografía terrestre al mismo tiempo que los descubrimientos de Copérnico y Galileo abrían los espacios celestiales. En ambos casos, los antiguos universos —terrenales y religiosos— perdían su centralidad al tiempo que se gestaban las grandes transformaciones cosmogónicas de la modernidad, sustentadas en la noción de relativización de los absolutos.[10] En el contexto de una economía que giraba ya en torno al mercado y al valor móvil del dinero, desgajando al hombre del arraigo a la tierra y al pasado, el viaje de la modernidad —aventura, diversidad, y quizás "incertidumbre como condición de su

---

[7] ". . .eso que a ti te parece bacía de barbero, me parece a mí el yelmo de Mambrino y a otro le parecerá otra cosa", Miguel de Cervantes, *El ingenioso hidalgo Don Quijote de la Mancha*, Porrúa, México, 1990, p. 46.

[8] *Terra nostra*, pp. 245-246.

[9] *Cf.* Norman Cohn, *En pos del milenio,* Seix Barral, Barcelona, 1972.

[10] *Cf.* Luis Villoro, *El pensamiento moderno. Filosofía del Renacimiento*, Fondo de Cultura Económica, México, 1992.

cumplimiento"[11] constituía un acto de ruptura con la finitud redonda e inmutable de un universo en el que hombres y cosas ocupaban un lugar definido en el cosmos. En otras palabras: la búsqueda de libertad del hombre con respecto a dogmas, reyes y dioses —que convertía a Don Quijote en símbolo emblemático de la modernidad— se transformaba también, metafóricamente, en la expresión última del exilio,[12] el cual rememoraba, entre muchos otros, el exilio judío de España en 1492. La dispersión de los judíos desde esa fecha, llevando consigo su herencia cultural y mística, fue una de las principales semillas que configuraron una nueva atmósfera intelectual en Europa, erosionando seriamente las formas cognoscitivas anteriores.[13] Al mismo tiempo, la huida de los "conversos" españoles y portugueses de las persecuciones religiosas hacia el resto de Europa —quienes, a pesar de su conversión forzada, ponían en duda la autoridad eclesial y cuestionaban las interpretaciones cristianas tradicionales de las Escrituras—, abría paso a la crítica y al libre examen y, con ello, a la Reforma; consecuentemente, al colapso de la unidad cristiana. Así,

> Los problemas planteados por los conversos en torno a la cristiandad, tales como la adoración de imágenes, el culto de santos, la fe en milagros y la tradicional interpretación cristiana de las Escrituras, anticipaban la Reforma. A medida que los judíos y los conversos escapaban de las persecuciones religiosas, expandían su conocimiento, valores y metodologías por toda Europa.[14]

En *Terra nostra,* novela laberíntica de tiempos, espacios y personajes superpuestos y desdoblados, Carlos Fuentes —fiel al legado cervantino— recoge los vértigos de la ambigüedad, la oposición, la duda y la incertidumbre como respuesta a la España unívoca y vertical de la Contrarreforma y en contraposición a la unidad monolítica de las interpretaciones y el poder. Pero ambigüedad, oposición e incertidumbre fueron elementos constitutivos del espíritu de los marranos en España, obligados a vivir en un doble juego permanente, a pensar entre las grietas y fisuras de lo absoluto desacralizando las verdades únicas. "Católicos sin fe y judíos sin conocimiento", desgarrados entre lo que aparentaban ser y lo que eran, los "marranos" creían en cosas contradictorias, ponían todo en duda y usaban un doble lenguaje religioso e intelectual. Vulnerables en una realidad ambigua, equívoca e incierta, la pérdida de un cuerpo religioso original los desplazaba a un

---

[11] Eduardo Subirats, *Figuras de la conciencia desdichada,* Taurus, Madrid, 1979, p. 77.

[12] Jean-Paul Sartre lo explicaba lúcida e implacablemente: "Estoy solo [. . .] soy mi propia libertad [. . .] Libertad es exilio", *Los caminos de la libertad,* Losada, Buenos Aires, 1948, vol. 3, p. 203.

[13] *Cf.* Francis Yates, *Giordano Bruno y la tradición hermética,* Ariel, Barcelona, 1973.

[14] José Faur, *In the Shadows of History. Jews and Conversos at the Dawn of Modernity,* State University of New York Press, Nueva York, 1992, p. 40.

extraño simulacro que no encajaba con ningún sistema doctrinal. Ubicados entre las fronteras de la duda y la fe, su identidad original era un secreto; su identidad adoptada, una ficción. Para ellos el pasado estaba prohibido y el presente era sólo una ilusión. Desgarrados entre la autonomía de la conciencia y la fragilidad de las creencias, se encontraban aislados en un mundo que no lograban comprender y del cual no se sentían partícipes por completo. Arrancados de su religión, tradición y ley, se hallaban desheredados frente a una historia intolerante y única. Expulsados de un mundo pero no aceptados cabalmente en el otro, la grieta insalvable entre ellos y toda noción de "hogar" los conducía a una interpretación permanente de cruces e intersecciones. Ajenos y extraños en ambas culturas, habían perdido a Dios, sin ganar la tierra prometida. Su exilio interior expresaba la negativa del espíritu para aceptar la no libertad impuesta por la fuerza o el poder y, al mismo tiempo, la libertad del espíritu para encontrar lo novedoso entre los intersticios de lo absoluto. Desencantados de toda forma de organización religiosa y anhelantes de una sociedad libre de las ataduras de la fe, en ellos se abría paso la secularización de la modernidad, traducida, en algunos casos, en escepticismo con respecto a toda noción absoluta de "bien" o "verdad". Extranjeros en la cultura judía, no conocían tampoco las normas e ideología que regulaban la vida en el mundo cristiano. Los "marranos" crearon, por lo tanto, una identidad escindida que se convirtió en la identidad propia del hombre moderno —arrancado tanto de la Madre-Iglesia como de la Madre-Tierra—, extranjero perpetuo en un mundo en el que ya nada estaba en su lugar.

A pesar de sus diferencias internas[15] los "marranos" siguieron siendo el "Otro", como lo había sido tradicionalmente el judío y, con ello, parte de la España silenciosa y subterránea que se contraponía a la España oficial y triunfante que había restaurado la fe y el imperio en los marcos de la Inquisición. Sin embargo, a pesar de encontrarse ubicados en una España que intentaba mantenerse al margen de los cambios que acontecían en Europa, los "marranos", desde el disimulo y la clandestinidad, se inscribieron en la rebelión creadora (filosófica, literaria y artística) que desafió al orden oficial español —inquisitorial y ortodoxo— durante el Siglo de Oro.[16] La literatura, en especial, se convirtió en una de sus principales formas de expresión, no sólo porque el mundo de los conversos, por su irrealidad, se asemejase a la ficción literaria, sino porque la fabulación crea "Otro" universo como condición de alteridad, resistencia y rebeldía hacia toda realidad inmediata o toda voluntad de verdad absoluta. En este sentido, la literatura ha constituido siempre, en esencia, tanto el territorio de lo posible como el puente a través del cual se leen y se reconstruyen la memoria y la identidad. Literatura

---

[15] José Faur, *op. cit.*
[16] Carlos Fuentes, *Cervantes. . ., op. cit.*

y no pertenencia se han entretejido, así, a lo largo de la historia: la primera, encontrando en la palabra un ancla para deslizarse, desde allí, hacia las diversas pautas de la cultura y la historia; la segunda, buscando en el Libro un arraigo en tierras incógnitas y extrañas. La literatura constituye el "Otro" relato, el que interpela e interpreta las claves del presente. Para quien carece de pertenencia, ella cierra la fractura de una vida sobresaltada. No es casual, por lo tanto, que en el caso español "marrano" haya sido, por ejemplo, el escritor anónimo de *El Lazarillo de Tormes* —pícaro cuya mirada, desde el fondo de la escala social, niega todos los valores de la sociedad española de la época—[17] o Fernando de Rojas, autor de *La Celestina*, "obra de un hombre en conflicto, de un converso judío producto de su tiempo: la España del edicto de expulsión, y de su lugar: La Salamanca del Renacimiento español, sede de reflexiones y lecturas nuevas".[18] De igual manera, "marranos" fueron figuras tan paradójicas como santa Teresa o fray Luis de León —asentados en una autenticidad personal ante la dificultad de asentarse en una cultura ajena— o el propio Miguel de Cervantes y Saavedra, perteneciente "a una de las familias de judíos cristianizados que, en la España de la Inquisición, llevaban una vida de perseguidos real o virtualmente, incesantemente amenazados de delación y obligados por el destino a la astucia y al desdoblamiento".[19]

El "marranismo" constituyó, así, un complejo fenómeno cultural, profundamente ligado a la historia moderna española. En este sentido,

> los conversos contribuyeron con mucho a España: administración, logros intelectuales, excelsa poesía, formas religiosas, etc. Pero con lo que contribuyeron al mundo fue nada menos que con la posibilidad del mayor género literario de los tiempos modernos: la novela. Cervantes y los hombres que lo proveyeron de esta tradición —Mateo Alemán, Alonso Núñez de Reinoso (quien revivió por primera vez en España la novela bizantina), Jorge de Montemayor (creador de la primera novela pastoral en castellano), el autor anónimo de *El Lazarillo de Tormes*, el "novelista sentimental" Diego de San Pedro, y antes que nadie, Alonso Martínez de Toledo —quien por primera vez introdujo el discurso en la prosa castellana— fueron todos conversos. Y la manera en que crearon, la forma de la tradición a la que contribuyeron, refleja la situación sin precedentes que compartieron.[20]

Ciertamente la tensión entre lo permitido y lo deseado, entre la palabra y el silencio, agudizó entre los "marranos" su sentido crítico, de reflexión y cuestionamiento, anticipando en ellos lo que sería más tarde una de las figuras más fecundas de la historia cultural de Occidente: la del intelectual

---

[17] José Faur, *op. cit.*
[18] Carlos Fuentes, *Cervantes*, *op. cit.*, p. 46.
[19] Marthe Robert, *Novela de los orígenes y orígenes de la novela*, Taurus, Madrid, 1973, p. 172.
[20] José Faur, *op. cit.*, p. 56.

desarraigado, crítico y corrosivo, ubicado en las fronteras de la "no pertenencia",[21] es decir, de una "alteridad" que permite develar lo oculto y lanzar una mirada total sobre la opacidad de lo establecido. En este sentido, el
intelectual moderno, en su carácter de espíritu libre educado en la duda, que
encuentra en el Libro su único bien, y quien se halla profundamente entre-
gado a su tiempo para alzarse luego sobre él e interpelarlo,[22] encontraba sus
antecedentes en el "marrano" español, obligado a excluirse a sí mismo para
encontrar lo nuevo en los vacíos dejados por las certidumbres ajenas.

Terra nostra constituye, como ya se ha señalado, una travesía por las herejías que contribuyeron a mantener vivos los aspectos más valiosos del pluralismo cultural español, silenciados por una España anclada en la visión
católica medieval que se deseaba idéntica a sí misma, y que culminaron en
la lucha, a sangre y fuego, de Felipe II contra la herejía luterana, no tanto
en sí misma, sino como cuestionamiento de su poder. En palabras de Carlos
Fuentes se pregunta Felipe II: "¿En qué se funda un gobierno sino en la unidad del poder? Y semejante poder unitario ¿en qué se funda sino en el privilegio de poseer el texto único, escrito, norma incambiable que supera y se
impone a la confusa proliferación de la costumbre?"[23]

Para Felipe II, enclaustrado en su fortaleza de El Escorial, empeñado en
un combate sin concesiones contra todos aquellos que desafiaban la autoridad divina y real, la herejía luterana era, ciertamente, responsabilidad de los
conversos. Más aún: la lucha contra Lutero a mediados del siglo XVI no era
sino la continuación de la lucha contra los judíos en 1492. En este sentido,
toda alternativa intelectual, existencial, religiosa o vital contrapuesta con los
puntos de referencia oficiales fue considerada una herejía, como heréticos y
subversivos fueron los "marranos", y junto con ellos los rebeldes, brujos, he-
chiceros, pícaros, comuneros, disidentes religiosos y trasgresores políticos
—personajes todos de *Terra nostra*— acusados por la Inquisición (junto con
toda práctica, idea o libro diferente) de "judaizantes".[24]

Si bien el trasfondo de *Terra nostra* está recorrido por los textos sagrados,
las controversias entre los padres de la Iglesia, las doctrinas milenaristas
y las referencias a la religión azteca, el libro puede leerse —siguiendo la invitación de Fuentes— a través de "Otra" voz narrativa que la atraviesa de
principio a fin: la voz "marrana", cuyo silencio y palabras sugeridos, al igual
que los de la Cábala judía, reconstruyen los intersticios de la palabra homogénea y rebasan toda literalidad. En este sentido, la Cábala judía, tradición
mítica judía a "contracorriente" de los comentarios hegemónicos de la auto-

---

[21] *Cf.* Karl Manheim, *Ideología y utopía*, Fondo de Cultura Económica, México, 1987.
[22] Elías Canetti, *La conciencia de las palabras*, Fondo de Cultura Económica, México, 1981, pp.
15-33.
[23] Carlos Fuentes, *Terra nostra*, p. 194.
[24] Henry Kamen, *La Inquisición española*, Grijalbo, Barcelona, 1977.

ridad religiosa rabínica, y que alcanzó su máximo esplendor en la España medieval, se correspondió, posiblemente, con las prácticas y virtudes secretas de los "marranos" en España. Escribía Carlos Fuentes: "Detrás del vasto palimpsesto hispano-hebreo de 'La tragicomedia de Calixto y Melibea' se leen las palabras del Zohar judío: 'Dios se mantuvo ausente del mundo y ésta fue la causa de la caída común de Dios y de los hombres'".[25]

Terra nostra trasgrede la ortodoxia de la identidad cerrada al asumir, al igual que la Cábala, la filosofía de la transformación, el movimiento, el cambio y la transformación de las almas. "Una vida no basta", escribe Fuentes, "Se necesitan múltiples existencias para integrar una personalidad".[26] En esta línea, la mitología cabalística de la rencarnación aparece en *Terra nostra* en personajes que se confunden pero que son los mismos, representando a la historia. Pero sustancialmente *Terra nostra*, novela que se comenta a sí misma, concibe la lectura, al igual que la Cábala, como un ritual sagrado que configura al universo e imagina, tras cada texto, el vínculo de la palabra con el devenir de la historia. "El libro nunca termina de leerse —afirma Fuentes—. El libro es de todos. . ."[27] La narrativa de Carlos Fuentes en *Terra nostra* se interna en una multiplicidad de voces del pasado; entre ellas resuena el eco de una voz silenciada, "la marrana", la cual, al igual que la de la Cábala, lee entre líneas los espacios en blanco del texto en una lectura infinita de claroscuros, dudas, distancia y subversión. *Terra nostra* es el texto que se interroga y se examina a sí mismo para crearse y recrearse en cada lectura, al igual que la Cábala se confronta incesantemente con ese espejo que es el libro y, asimismo, al igual que el "marrano" que se interroga sin cesar, poniéndose a prueba permanentemente, interrogándose sobre las raíces más profundas de su ser, y cuestionando con ello a toda palabra y a todo poder homogéneo y absoluto.

---

[25] Carlos Fuentes, *Cervantes. . .*, p. 57.
[26] Carlos Fuentes, *Terra nostra*, p. 539.
[27] *Ibidem*, p. 610.

PUDOR Y PODER: FEMINEIDAD, IDENTIDAD JUDÍA Y ESCRITURA EN "MUJERES PUDOROSAS" DE SILVIA PLAGER

Florinda F. Goldberg*

Escribir [. . .] es una manera de ordenar [. . .] ese grito almacenado durante siglos de sometimiento.

Silvia Plager, "Mujer, memoria y represión"

. . .porque en todas partes el judío parece no pertenecer a ninguna parte.

Djuna Barnes, *El bosque de la noche*

Desde su primera novela, *Amigas* (1982), la narradora argentina Silvia Plager viene elaborando la problemática de la mujer y de sus opciones existenciales enmarcadas en la dialéctica entre autonomía y dependencia, sobre todo en los terrenos del erotismo, la vida familiar y la creación intelectual y artística.

Mujeres pudorosas (1993) presenta una nueva elaboración y jerarquización de esos temas, con un énfasis mayor en el componente judío. Se cuenta en ella acerca de Graciela y de Clara. Graciela, 38 años, divorciada reciente sin hijos, procura hallarse a sí misma mediante la composición de una novela protagonizada por Clara, 45, viuda reciente con hijos "que ya no la necesitan", quien para hallarse a sí misma viaja a Israel con la esperanza de retomar un fugaz *affaire* que viviera allí cinco años atrás.

Ambas protagonistas comparten varios rasgos: son mujeres, atractivas, argentinas, judías (ashkenazis), de edad y nivel social semejantes; en su pasado amoroso, razonablemente feliz hasta que se acabó, lo erótico y lo judío se hallaban total o parcialmente disociados: el marido de Clara era católico, el de Graciela era judío pero se negó al matrimonio religioso. Se sienten solas, ansiosas, inseguras; con media vida ya vivida, están insatisfechas y anhelan imprimir un nuevo rumbo a sus existencias. Son, nos dice el título, pudorosas, y queda por dilucidar el sentido específico de ese pudor, que, sospechamos, tiene poco que ver con lo meramente corporal. También hay entre

* Universidad Hebrea de Jerusalén y Universidad de Tel Aviv.

ellas diferencias significativas. Mientras que Graciela se pretende cerebral y se recluye para buscarse a sí misma a través de su novela, Clara concentra toda su atención en su propio cuerpo y realiza un largo viaje para recuperar su sexualidad. Ello establece en el comienzo un paradigma que opone movimientos de concentración y de expansión, integrado por las disyunciones soledad/aventura amorosa, escritura/erotismo, inmovilidad/desplazamiento, ámbito habitual/ámbito exótico, Argentina/Israel. En las semejanzas, diferencias y variaciones entre sus respectivas personalidades e historias, Plager elabora diversas posibilidades de articulación entre lo judío, lo erótico y lo femenino; entre el vivir y el escribir;[1] entre territorios propios y ajenos,[2] y las relaciones de poder en cuyo seno se ejercen y juegan la identidad femenina y la creación literaria. Mi lectura se propone mostrar cómo, en todos los ámbitos existenciales, las circunstancias obligan a las protagonistas a una negociación en que la cesión de o la renuncia a determinadas prerrogativas constituye la condición necesaria para una medida, imperfecta pero satisfactoria, de realización personal y de felicidad.

Graciela posee una pobre imagen de sí misma. Sabe que ha vivido poco, que le teme a la vida, que no es capaz de presentar batalla; se reconoce incapaz de saber cuándo es feliz. Su maniática introspección la lleva a dividirse en varios yos: llama "Yo misma" a su severo superyó; "Desorientada de Belgrano" a su poco confiable instinto de placer, y "Graciela" a la siempre fugaz armonía del principio de realidad. Su mejor arma defensiva y ofensiva es la ironía, que aplica implacablemente contra sí misma y contra los demás. Graciela es consciente de que proyecta en sus personajes sus propios deseos y tormentos: en Clara, el anhelo de vivir con y por su cuerpo; en el israelí Eleazar Ben Moshé, al galán ideal. Pero incluso su trabajo creativo no logra superar su alienación: Graciela se describe como un albañil que construye "la casa que otros habitarán" (p. 106).

Al comienzo de la novela Graciela se compara con cierto explorador inglés que vivía aislado en el Himalaya pero rodeado de lujosos enseres domésticos, entre ellos un fonógrafo de madera y discos de Enrico Caruso. Al identificarse con él, Graciela intenta asumir la masculinidad del escritor prototípico, pero procura al mismo tiempo resguardar su esencial femineidad:

---

[1] Interesa también señalar que en Graciela y Clara se combinan, de manera diferente, rasgos de personajes femeninos en novelas anteriores de Plager. En, por ejemplo, *Amigas* y *Prohibido despertar* la artista y la escritora no son judías y viajan, la soñadora romántica se queda en Buenos Aires, y la emigración de Mónica a Israel se menciona con frecuencia pero no es narrada. En *Mujeres pudorosas* dichos componentes se articulan de otro modo: la intelectual se queda en su ciudad, la soñadora romántica viaja, ambas son judías y ambas atravesarán un proceso de aprendizaje que involucra su papel femenino, su erotismo y su identidad colectiva.

[2] Scheines (1991) señala dos variantes del pasaje del territorio propio al ajeno: el invasor y el inmigrante. *Mujeres pudorosas* (al igual que *Prohibido despertar*) trabaja sobre una tercera variante, que podríamos denominar "turista existencial" o "explorador", el viajero que espera hallar, en un viaje con retorno asegurado, las claves de su identidad.

contra el orden elegantemente viril del explorador, la femenina y cuasibohemia dispersión de su cuarto; contra el ascetismo de aquél, la conciencia de su propio cuerpo: "Habrá que avanzar sola, como el explorador [. . .] Apretarse los pechos. Agradecer su tibia compañía. En el cuerpo de una mujer, incluso estando sola, puede cantar Enrico Caruso" (p. 11). El proyecto de Graciela es, pues, reivindicar y mantener una parte de su femineidad al mismo tiempo que se constituye en sujeto autónomo y recupera para sí prerrogativas tradicionalmente adjudicadas a lo masculino. La otra forma de la femineidad, el ejercicio erótico, se lo deja a Clara, que no es intelectual y que no escribe. En el punto de partida de la trama erotismo y escritura constituyen para Graciela alternativas tan excluyentes como encerrarse y viajar.

Imprevistamente, empero, también a ella comienzan a ocurrirle cosas, que se reflejarán a su vez en las direcciones que imprima a los avatares de su personaje. Inducido por la hermana de Graciela, un tal Simón le telefonea y le propone un encuentro. Simón es mucho menos atractivo que Eleazar, pero resultará tan buen amante como su contraparte ficcional; además, comienza a intervenir en su trabajo literario, con comentarios y críticas e incluso documentación que él considera adecuada, y si bien los gustos y criterios literarios de ambos difieren en casi todo, la relación amorosa se convierte en el estímulo que permite a Graciela superar el *impasse* de su escritura y llevar adelante la novela.

Simón se jacta de descender del escritor hispanojudío Simon Ibn Negrela e investiga la cultura sefaradí. Graciela llegará a aceptar que su perseverante y poco reconocido trabajo no es menos heroico que las empresas militares y pioneras de su personaje israelí. "El descendiente del talmudista", como ella lo llama irónicamente, complementa la pertenencia étnico-cultural de la ashkenazi Graciela para constituir simbólicamente un judaísmo diaspórico total. En la novela que está escribiendo Graciela ya había imaginado una complementación parecida al concebir a Eleazar como nativo de Marruecos. Eleazar, guía profesional, hará recorrer a su amante los distintos espacios étnicos, culturales e históricos del Estado judío, configurando así una totalidad judía aún más comprehensiva. De este modo se introduce en la novela la oposición diáspora-Israel como dos alternativas de totalidad judía y existencial, y cada una de las protagonistas tendrá que definir su forma de inserción en el espacio judío en el que se encuentra.

En el mundo de Graciela la identidad judeoargentina o judeodiaspórica posee varios voceros. La actitud acrítica y banal es la representada por su hermana mayor, típica burguesa para la que las ventajas y la "naturalidad" de la pertenencia a lo judío, entendida ante todo socialmente, no necesita analizarse ni justificarse: "Si vos sabés muy bien que con alguien de la colectividad por lo menos partís de un punto en común. ¿Que para entender si eso es un punto en común te encerraste a escribir? Ay, Graciela, ese punto no se entiende: existe" (p. 83). La ironía se refuerza cuando la hermana pasa fácilmente de ese gregarismo intuitivo al mito de la normalidad y la invisibilidad, también acrítico: "Decíme, ¿y si la novela la hacés transcurrir en Argentina y con personajes que no sean tan específicos? Digo, porque ser judío, si no se hace ninguna referencia al respecto, es ser como cualquiera y eso es más fácil que ser algo determinado. ¿Que me contradigo? Puede ser" (p. 83).

Las posiciones reflexivas sobre lo judío tienen como voceros a Simón y a Graciela. Simón tiene claro que concibió su proyecto de explorar seriamente la cultura sefaradí —que "no es valorado por la comunidad y menos por la familia" (p. 99)— "tal vez porque quería entender qué es ser judío" (p. 160), y se identifica con esa cultura, ya que "tiene la convicción de ser, después de generaciones, el nexo entre la clase ilustrada que vivió en España durante el esplendor del Islam, y los que —forzados a la dispersión— tuvieron que dedicarse al comercio" (p. 152). Para Graciela, la "historia triste" (p. 34) del pueblo judío se simboliza en un sueño, inducido por un relato acerca de una sinagoga abandonada en Cuba, llamada "de los pájaros" porque las aves que entran y salen por las ventanas sin vidrios son sus únicos feligreses; esa visión resume para ella la inutilidad de todo esfuerzo "para perpetuar algo que está destinado a desaparecer" (p. 51). En su pesadilla se identifica con la ruinosa sinagoga: "yo, carcomida, apolillada, raída, era el sitio abandonado" (p. 53); cuando la sinagoga se derrumba a su alrededor, quien la salva es su propio personaje, el héroe israelí, identificado con un héroe bíblico: "Eleazar Ben Moshé, con jeans ajustados, el torso desnudo y los fuertes brazos que sostienen el marco de madera podrido es el Sansón que evita el derrumbe y posibilita la huida" (p. 76). Graciela, pues, envía a Clara a Israel como intento vicario y experimental de una identidad judía más completa: "Me digo que, de alguna manera, ella está más cerca de su casa que yo" (p. 106).

La relación con Simón progresa a través de conflictos, resistencias, adaptaciones mutuas, y le permite, gradualmente, armonizar a las tres Gracielas, recuperar su eroticidad, completar el problemático primer capítulo de su novela, ampliar su visión del judaísmo e incluso, quizá, llegar a la maternidad que le rehusara su ex marido. Cuando decide, en el párrafo final, aceptar la convivencia con Simón, las alas de pájaro de su pesadilla reaparecen como una antigua metáfora judía para las buenas noticias: "Yo me apresuraré en comunicarle que me acaba de rozar el ala del pájaro y que su roce memorioso me ha concedido el derecho al descanso sabático" (p. 196).[3]

---

[3] "Entre las imágenes y símbolos más frecuentemente mencionados como típicamente femeninos se encuentran los pájaros y el valor [. . .] También en su uso cabe observar ciertos cambios. Los pájaros solían simbolizar el deseo impedido de volar [. . .] Hoy los pájaros entran más bien por el valor de su movilidad" (Ciplijauskaité, 1988: 222-223).

La búsqueda de Clara, por el contrario, parte de la identificación entre femineidad plena y sexualidad. A la multiplicidad de los yos de Graciela, Clara opone un yo vacío, en el que el cuerpo es el único productor de significaciones relevantes. Su familia le otorgaba un marco de contención; sin ella, se siente amenazada por la disgregación. El recuerdo de su única experiencia autónoma y trasgresiva —el encuentro erótico con Eleazar en el ómnibus a oscuras —la impulsa a retornar hacia él, con la esperanza de que ello "la ayudaría a apresar su propia imagen" (p. 63). Con todo, su narradora no le permite olvidar que un viaje a Israel implica algo más que una búsqueda personal: "no porque Clara haya ido a recuperar el deseo sexual, dejará de preguntarse quién es. Porque todo judío [. . .] alguna vez experimentó aquello de que 'nuestros antepasados están en nosotros como sangre que bulle y gesto que asciende'" (p. 51).

Clara tiene una noción difusa de su identidad judía. La conciencia de provenir de un "pasado enigmático y bello" (p. 116), recibida a través de los relatos de sus abuelos, no ha constituido parte activa de su vida. Su marido era cristiano; paradójicamente, en la computadora del Museo de las Diásporas no había encontrado su propio apellido pero sí el de su marido como nombre marrano, lo cual contribuyó a desdibujar la para ella superficial diferencia entre judío y no judío. No obstante, al emprender este viaje sabe que va no sólo hacia un hombre sino a un sitio cargado de significaciones: "Viuda carente de afectos busca raíces y emociones en un viaje a los orígenes" (p. 43), pensará irónicamente sobre sí misma. Pero al mismo tiempo teme comprometerse y se refugia en su condición de turista: "lo que ella está viviendo [. . .] tiene el encanto de la transitoriedad" (p. 89). En cierta forma Clara encarna un principio femenino impersonal y ahistórico: "En la ciudad vieja de Jerusalén no sólo es un acertijo quién es Clara, sino dónde está y en qué época" (p. 64). De ahí que perciba a su amante, no como un individuo concreto, sino casi como una función: "aunque fuera otro el hombre que camina a su lado, ella lo estaría amando" (p. 144); "ellos tampoco tienen una identidad determinada: son una pareja que se desea" (p. 93).

Pero ocurre que el hombre que camina a su lado sí posee una identidad determinada, ligada a un país y a una historia simbólicamente inscritos en su bello cuerpo por las cicatrices de varias guerras. Mientras que Clara vive todo como transitorio y apariencial, para Eleazar la realidad es sólida y definida; un minidiálogo al comienzo de su reencuentro emblematiza esa diferencia entre ambos: "*Sabe a* anís —dice Clara [. . .] —*Es* anís —responde Eleazar" (p. 41, cursivas mías). Al guiarla por Israel Eleazar le va enseñando la historia pasada y presente del país y del pueblo judío, estilos de vida que ella desconoce (como el de la familia marroquí), conflictos y peligros que vividos de cerca son muy diferentes de las noticias transmitidas por diarios y pantallas. Vale la pena señalar que Eleazar carga con sus propias ambivalencias respecto de Israel: "Los discursos turísticos a él nunca lo engañaron; el desierto, por más que sembrasen y construyesen sobre él, seguiría siendo desierto [. . .] cualquier detalle, el mínimo, terminaba por delatar al mar de arena" (p. 17).

Clara comienza a entender que "el tiempo de aprendizaje todavía no se ha cumplido" (p. 185), y que "un judío jamás será totalmente turista en la tierra de sus antepasados" (p. 184). Al mismo tiempo, toma conciencia de su desarraigo constitutivo: "Nada ha hecho por la tierra de sus antepasados; nada ha hecho por su país de nacimiento, esa patria que se agranda en los olores y sabores que emergen de la infancia" (p. 24). La transitoriedad va perdiendo aquel "dulce encanto": "Ella no pertenece a ese lugar ni a ese hombre: sin embargo ha regresado como quien intenta en una nueva mudanza el nuevo espacio y la nueva vida. Es inútil, aquí o allá posee el mismo pasado" (p. 23). Su primera reacción es de temor: "debía haberme quedado con las ensoñaciones eróticas. El mundo es terrible, y pretender que la propia vida no lo sea, es ingenuo" (p. 26).

Gradualmente la experiencia amorosa, combinada con su aprendizaje intelectual y emocional de Israel, se convierte en catalizador de su identidad judía, reflejándose en el lenguaje con el que describe sus experiencias más íntimas. Por ejemplo, se dice a sí misma que en su reencuentro erótico "ha librado su propia batalla y, como Jacob, ha renacido con un nuevo nombre" (p. 67); en otro momento, recordando la historia del barco *St. Louis*, piensa que "si Eleazar la rechazara, ella sería como esos seres sin patria que no tuvieron otra salida que la muerte" (p. 118). La "universalidad a la que aspiraba" (p. 76) va dando paso a la convicción de que para retener a Eleazar deberá volverse "digna de la estirpe de Judith, de Esther" (p. 77). En Israel, descubre, "hay algo que lo trastrueca todo y es como si una gran sábana los recogiera en su centro y los hiciera rodar por ella como un guijarro" (p. 92). Todos esos motivos confluyen en un episodio notablemente audaz y trasgresivo que tiene lugar en el espacio en que simbólicamente se entrecruzan Israel y la diáspora, el museo de Iad Vashem en Jerusalén. La reacción de Clara consiste, por un lado, en una especie de delirio que dota de vida y movimiento a las fotografías del Holocausto y les superpone rostros conocidos, incluidos el propio y el de su marido, los de sus abuelos, el de una vieja actriz judía de Buenos Aires que ha conocido en el hotel, etc., al mismo tiempo que experimenta estremecimientos eróticos provocados por la cercanía de Eleazar. En su fantasía se ve transportada por el tren de la muerte mientras su marido e hijos quedan en la estación, a salvo gracias a su apellido cristiano: de este modo, queda cruelmente dirimida la confusión "normalizadora" entre judío y no judío estimulada por el episodio de los apellidos en la computadora.

Tanto la historia de Graciela como la de Clara tienen un final feliz, aunque provisional y abierto ("no con moñito" [p. 194], aclara Graciela, en su doble papel de protagonista y narradora): Simón y Graciela vivirán y escribirán juntos, al menos durante un mes; Clara se queda con Eleazar en Israel, al menos por un año. Ambas mujeres se han afirmado (provisionalmente) como personas, como mujeres, como judías, como escritoras —ya que Graciela ha decidido atribuirle a Clara un diario de viaje—, gracias a una relación que a la vez que amorosa ha tenido algo de *Bildungsroman*.

En ese proceso de aprendizaje el papel de maestro corresponde al hombre, lo que refuerza la asimetría de la relación de poder entre los sexos. El magisterio masculino se tematiza en tres ámbitos. El más obvio es el del perfeccionamiento erótico. El segundo, más claramente didáctico, tiene que ver con lo cognoscitivo e incluye el discurso turístico e histórico, la consolidación de la identidad y el estímulo práctico y simbólico de la escritura. Esas dos funciones concuerdan con el papel establecido del hombre como quien "sabe más", y se desarrollan en lo que podemos considerar el estrato realista de la narración.

La tercera función, en cambio, mediante una inversión de los papeles tradicionales, adquiere una fuerte significación simbólica del sometimiento de la mujer al varón. Me refiero a la función de alimentar; recuérdese su importancia dentro del estereotipo de la *idishe mame*. Todos los personajes masculinos, aun los secundarios, eligen e imponen a las mujeres dietas y menús e incluso les dan literalmente de comer y de beber. De su ex marido Graciela recuerda "su habitual manía de querer apelar a los mínimos actos de la vida en común para probarme que él ya lo sabía todo. Hasta decidía el tipo de comida que nos convenía a ambos para mantenernos jóvenes, sanos y atléticos" (pp. 32-33). Incluso un personaje transitorio como su casual vecino de vuelo (im)pone en la mano de Clara latas de cerveza que ella acepta "como una niña obediente" (p. 209). Los nuevos amantes ejercen el mismo tipo de autoridad. Graciela (la más fuerte y menos pasiva de las dos) consigue, al menos, que el rigor naturista de Simón transe con el mate; cuando Clara traga algo por propia iniciativa se trata de una dosis imprudente de barbitúricos, es decir, de un peligroso error. A la función nutricia acompaña la también tradicionalmente femenina de atender el cuerpo, lavarlo y vestirlo. Simón baña a Graciela y lava su ropa después de que ésta, borracha, se ha orinado encima; Eleazar cubre los hombros desnudos de Clara ante la mirada crítica de una mujer árabe, le elige la ropa, la limpia cuando ella come inhábilmente golosinas orientales que chorrean azúcar y miel. La contrafigura de esa pasividad femenina es el personaje de Norma, quien, a una edad en que las conquistas amorosas ya no son fáciles, emplea el infalible recurso de cenas deliciosas como anzuelo para atraer candidatos a su cama. Sin embargo, cocinar sigue siendo una función femenina, trátese de una sometida mujer oriental judía o árabe, de una seductora como Norma o de la pretendidamente emancipada Graciela.[4] En el caso de ésta cabe recordar que la correlación simbólica entre cocinar y escribir como formas genéricamente excluyentes de creación tiene su arquetipo latinoamericano en la célebre frase de sor Juana Inés de la Cruz: "Si Aristóteles hubiera guisado, mucho más hubiera escrito", y ha sido estudiada en textos de otras escritoras latinoamericanas, como Amparo Dávila y Rosario Castellanos.[5]

Nuestras protagonistas realizan diversos intentos de subvertir esas relaciones de poder sin demasiado éxito. En su primera cita con Simón Graciela rechaza la invitación a cenar y cree así imponer sus propias reglas de juego; pero de poco le sirve rehusarse a ser alimentada: Simón la emborracha y se acuesta con ella; cuando al despejarse toma conciencia de lo ocurrido su reacción es más de placer que de indignación. Cuando él le pide un jugo de frutas en mitad de la noche, protesta pero obedece: "Ninguna mujer —afirmo— ni la más abnegada, se pondría a pelar, trozar, azucarar y licuar a las cinco de la madrugada [. . .] Se lo grito cortando cuartos de manzana con la energía de Jack el Destripador" (p. 174). Clara cree haber invertido los papeles al contratar y pagar los servicios profesionales de Eleazar: "¿Acaso no ha tomado un guía? La excita su posición de contratista y la posesión que implica" (p. 26). Eleazar revierte rápidamente ese tipo de posesión al tomar todas las decisiones, transformarla mediante la vestimenta —"Esa noche, ella será una mujer árabe" (p. 64)— o desnudarla en una playa pública. En ambas protagonistas la resistencia al orden fijado por el hombre conduce a reacciones irracionales como la masturbación, las fantasías masoquistas, los barbitúricos de Clara o la regresión infantil por la que Graciela terminará orinándose encima. Graciela tiene más oportunidades, por cierto, con lo que es su fuerte: el lenguaje y la ironía que emplea, por ejemplo, para deconstruir la convencional retórica amorosa con la que Simón la convierte en objeto: cuando él la llama "dulce Gracielita", ella se declara "ascendida a la categoría de postre" (p. 175); cuando al rato él promete hacerle el amor "con la dedicación y el respeto que merecen las grandes empresas", ella firma, entre indignada y divertida: "De postre he pasado a ser la Represa de Asuán, la Torre Eiffel, el Coliseo Romano, el Palacio del Louvre, la Capilla Sixtina. . ." (p. 177).

Gran parte de las conversaciones y discusiones entre las parejas tienen como tema el machismo y el feminismo; todos esos diálogos desembocan en el terreno que equipara a varón y mujer, es decir, en el acto erótico. ¿Equipara? Es curioso que en brazos de Simón Graciela se sienta "incrustada en

---

[4] El papel social e interpersonal de la comida y la cocina, y sus potenciales connotaciones eróticas, son el tema de la novela de Plager *Como papas para varenikes* (1994), parodia en clave judía y final feliz de *Como agua para chocolate* de Laura Esquivel.

[5] La cita de sor Juana es de la *Respuesta a sor Filotea de la Cruz* (p. 74). Sobre los poemas de Dávila y Castellanos, véase Oyarzún, 1990.

él como si se tratara de Eva saliendo de la costilla" (p. 162), y que considere un triunfo personal que Simón decida abandonar a su familia e irse a vivir con ella, lo cual no es sino atenerse a la primera ley bíblica de derechos y deberes femeninos: "dejará el hombre a su padre y a su madre, y se unirá a su mujer" (Génesis 2, 24). En cuanto a Clara, sus reacciones son clásicamente pasivo-femeninas: se angustia ante una demora injustificada de Eleazar, siente celos de una joven bailarina, acepta que Eleazar, sin consultarla, haya cancelado su pasaje de regreso.

Al mismo tiempo, de la comparación entre ambas protagonistas surge que Graciela detenta una mayor dosis de poder, radicado ante todo en su estatuto de narradora y autonarradora, y su correlativa condición de escritora: Graciela goza de los privilegios que otorga el ejercicio de la palabra. Ello nos lleva a preguntarnos si la novela que escribe Graciela y la novela que ha escrito Silvia Plager responden o no a lo que se considera (con límites bastante poco precisos) como escritura femenina o feminista. Tomando como base el sensato y documentado estudio de Biruté Ciplijauskaité, hallamos que buena parte de las características de la novela femenina entendida como autobiografía figura en *Mujeres pudorosas:* la protagonista mujer y escritora; la narración en primera persona; el énfasis en lo interior y personal; lo erótico como vehículo de la rebelión; la preferencia por la realidad psicológica antes que por la sociedad, y por la expresión personal antes que por el lenguaje convencional; la ironía. Ciplijauskaité señala que varias escritoras prefieren escribir sólo comienzos para permitir al yo mayores posibilidades de exploración; recordemos que Graciela escribe y reescribe el primer capítulo de su novela. Al mismo tiempo, Ciplijauskaité reconoce que las definiciones de la novela femenina no pueden cerrarse ni limitarse sólo a la narrativa escrita por mujeres.[6] *Mujeres pudorosas* se narra desde un enfoque femenino pero no feminista, es decir, su discurso no subvierte las relaciones convencionales de poder y autoridad, y su enfrentamiento con esas convenciones y limitaciones está más cerca de la protesta que de la denuncia. Los procesos psicológicos y las relaciones interpersonales están conformados a través de la mirada femenina; pero el discurso social, que aquí se conforma como narración de la historia, está a cargo de los hombres (diferencia que resalta si la comparamos con textos que subvierten genéricamente el discurso histórico, como *Hasta no verte Jesús mío* de Elena Poniatowska o *La plaza del diamante* de Mercè Rodoreda). En el nivel narratológico, el relato doble y su parcial especularidad, y el dislocamiento cronológico de la narración sobre Clara, no alteran la linealidad de las dos historias, que responden al esquema clásico de la novela de amor: encuentro-primer acerca-

---

[6] "Al llegar la hora de pronunciarse sobre si existe o no existe un estilo decididamente femenino [. . .] hay que admitir con humildad que la cuestión queda abierta: abierta como el libro que la mujer está escribiendo" (Ciplijauskaité, 1988: 224).

miento-obstáculos y conflicto-resolución de los mismos-desenlace, en este caso feliz: es decir, del menos al más, del no tener al tener, del caos al cosmos, del principio al fin. En otras palabras, se mantiene la estructura profunda de la narración patriarcal.[7]

No quiero decir que ello implica una limitación o un defecto. Creo que en ésta, como en sus otras narraciones, Plager se propone reflejar la media tinta, el estatuto ambiguo que poseen en la realidad los dos temas centrales de su novela: la identidad femenina y la identidad judía. Ambos temas se intersecan no sólo en la circunstancia existencial (ser una mujer judía), sino también porque la identidad judía y su cultura han sido definidas históricamente a partir del *hombre* judío: "[The works by Latin American women writers] reflect upon the role of the contemporary woman within two male-dominated societies: the traditional Jewish world and the sociopolitical actuality of present day Latin America [. . .] They analyze the role of the Latin American Jewish female and her feelings of dual marginality" (DiAntonio, 1993: 2); "The duality of living within two groups simultaneously, as women in a dominantly male Jewish literary tradition, and as Jews in a dominantly Latin American Catholic tradition, is an inherent trait they all share" (Gilckman, 1994: 321).

En el espacio social israelí Clara se halla a mitad de camino entre la velada mujer árabe y la joven de uniforme militar, es decir, masculino ("Clara se dice que su mundo es ajeno al de las que siguen al amo pero también es diverso al de la joven soldado", p. 63); en el argentino, Graciela logra asumir una femineidad que no es la de su hermana, ni la de Norma o las evangelistas chilenas, y realizarse como escritora, por propia iniciativa, pero en última instancia gracias al estímulo e incentivo del hombre adecuado. Sus expectativas quizás hayan sido diferentes y más ambiciosas; pero Graciela aceptará finalmente que la felicidad puede consistir en "adornar [mi cuarto interior] con felicidades miniatura" (p. 179).

El mismo estatuto intermedio corresponde en la novela al ser judío en la diáspora: una identidad definida mediante una pertenencia intuitiva (recuérdese: "lo judío no se entiende, existe") y recuerdos familiares que son de hecho recuerdos de relatos, mediatizados y esfumados por la distancia temporal y espacial. La vida judía en el marco de la sociedad argentina no es,

---

[7] "[En la narrativa de la mujer] el acontecer ha estado determinado por un concepto del acontecimiento narrativo, según la perspectiva y el conjunto de valores propiciado por la literatura masculina" (Guerra-Cunningham, 1986: 18); "a feminine subject of discourse who recognizes herself in her writing, even though her production is still inscribed within the dominant cultural and social norms which devalue her role in society" (López Morales, 1990: 124); "en algunos textos feministas recientes [. . .] la sexualidad femenina es un *locus* de ambivalencia, en el cual el sujeto femenino, si bien asume su propio discurso, lo hace a menudo bajo las mismas condiciones de subordinación que el cuerpo social le ha impuesto [. . .] casi siempre el sujeto femenino habita el mismo espacio psíquico y material, simbólicamente hablando, que ocupaba cuando era el objeto del discurso ajeno" (Morello-Frosch, 1990: 22).

ciertamente, el abismo de los *pogroms* y del Holocausto, pero tampoco es el pasado bíblico ni la edad de oro en España ni la densidad existencial del mundo de los abuelos ni la complejidad del Estado judío. En esta novela las alternativas para que ser judío en Argentina no se parezca a la sinagoga de los pájaros, o a la vieja actriz de teatro idish cuyo maquillaje anacrónico intenta en vano anular el tiempo, pasan, no por la acción social o histórica, sino por el texto: investigar documentos, escribir una novela.[8] Para captar otro posible sentido, más totalizador, del judaísmo, Graciela envía a su personaje a Israel.

Identidad judía, condición femenina y escritura se presentan como transacciones. Ser y no ser dueña de una identidad nacional y de una historia. Ser y no ser dueña del cuerpo. Ser dueña de la propia creación pero necesitar las formas establecidas y del estímulo externo y masculino para ponerla en práctica. El poder de lo que se posee. . . y el pudor que imponen los límites de ese poder.

BIBLIOGRAFÍA

Araújo, Helena, "Narrativa femenina latinoamericana", *Hispamérica* 32, agosto de 1982, pp. 23-34.

Ciplijauskaité, Biruté, *La novela femenina contemporánea. Hacia una tipología de la narración en primera persona*, Anthropos, Barcelona, 1988.

Cruz, Juana Inés de la (1691), "Respuesta a sor Filotea de la Cruz", en E. Arenal y A. Powell (comps. y trads.), *The Answer/La Respuesta*, The Feminist Press at the SUNY, Nueva York, 1994.

DiAntonio, Roberto, "Introduction I", en R. DiAntonio y N. Glickman (comps.), *Tradition and Innovation — Reflections on Latin American Jewish Writing*, SUNY Press, Nueva York, 1993, pp. 1-8.

Gimbernat González, Ester, *Aventuras del desacuerdo. Novelistas argentinas de los 80*, Vergara, Buenos Aires, 1992.

Glickman, Nora, "Jewish women writers in Latin America", en J. R. Baskin (comp.), *Women of the Word. Jewish Women and Jewish Writing*, Wayne University Press, Detroit, 1994, pp. 299-322.

Grosgold, Judith, "Silvia Plager: *Mujeres pudorosas*", *Noaj* 10, 1995, pp. 123-124.

Guerra-Cunningham, Lucía, "Algunas reflexiones teóricas sobre la novela femenina", *Hispamérica* 28, abril de 1981, pp. 29-39.

——, "El personaje literario femenino y otras mutilaciones", *Hispamérica* 43, abril de 1986, pp. 3-19.

——, *La mujer fragmentada: Historias de un signo*, Casa de las Américas, La Habana, 1994.

---

[8] Grosgold (1995) destaca la importancia del proceso escritural en esta novela, junto con la lectura y relato de otros textos (historia, diarios, etcétera).

López Morales, Berta, "Language of the body in women's texts", en L. Guerra Cunningham (comp.), *Splintering Darkness: Latin American Women Writers in Search of Themselves*, Latin American Literary Review Press, Pittsburgh, 1990.

Masiello, Francine, "Texto, ley, transgresión: Especulación sobre la novela (feminista) de vanguardia", *Revista Iberoamericana* 132-133, 1985, pp. 807-822.

Morello-Frosch, Marta, "Discurso erótico y escritura femenina", *Coloquio internacional: Escritura y sexualidad en la literatura latinoamericana*, Fundamentos, Madrid, 1990, pp. 21-30.

Oyarzún, Kemy, "Beyond hysteria: 'Haute cuisine' and 'cooking lesson' — Writing as production", en L. Guerra-Cunningham (comp.), *Splintering Darkness: Latin American Women Writers in Search of Themselves*, Latin American Literary Review Press, Pittsburgh, 1990.

Plager, Silvia, *Amigas*, Galerna, Buenos Aires, 1982.

——, *Prohibido despertar*, Galerna, Buenos Aires, 1983.

——, *Boca de tormenta*, Galerna, Buenos Aires, 1984.

——, *A las escondidas*, Galerna, Buenos Aires, 1986.

——, *Alguien está mirando*, Planeta, Buenos Aires, 1991.

——, *Mujeres pudorosas*, Atlántida, Buenos Aires, 1993.

——, *Como papas para varenikes*, Beas, Buenos Aires, 1994.

——, *Al mal sexo buena cara*, Planeta, Buenos Aires, 1994.

——, "Mujer, memoria y represión", *Clarín-Cultura*, Buenos Aires, s/f.

Poniatowska, Elena, *Hasta no verte Jesús mío*, Alianza, Madrid, 1969.

Rodoreda, Mercè, *La plaza del diamante*, Edhasa, Barcelona, 1965.

Roffé, Reina, "Qué escribimos las mujeres en la Argentina de hoy", en K. Kohut y A. Pagni (comps.), *Literatura argentina hoy — De la dictadura a la democracia*, Vervuert; Francfort, 1993, pp. 205-213.

Scheines, Graciela, "La última generación del ochenta: La peculiaridad del fracaso en la novela argentina actual", en R. Spiller (comp.), *La novela argentina de los años 80*, Erlanger Lateinamerika Studien 29, 1991, pp. 271-281. Reproducido con modificaciones en G. Scheines, *Las metáforas del fracaso*, Sudamericana, Buenos Aires, 1993.

LA TRAYECTORIA TEATRAL DE ARÍ CHEN: DE BRASIL A ISRAEL

REGINA IGEL*

AUNQUE pueda ser encuadrada en una dramaturgia contemporánea, original y multifacética, la obra teatral de Arí Chen no ha sido estudiada más allá de la época de sus puestas en escena, a través de artículos y comentarios de la prensa teatral de los lugares en que se presentaran sus piezas. Este estudio intenta compensar, en parte, la omisión de trabajos más amplios, con una presentación panorámica y analítica de algunos aspectos que caracterizan el teatro de este dramaturgo.

Arí Chen nació en Petrópolis, una ciudad en las montañas del estado de Río de Janeiro, el 11 de julio de 1929. Hijo de inmigrantes de Besarabia, recibió el nombre original Leão (León) Rinque. Al trasladarse a Israel, en 1952, pasó a firmar Arieh Chen (en portugués y español su nombre se escribe Arí).[1] Falleció en Jerusalén, de un ataque cardiaco, a la edad de 50 años, el 12 de julio de 1979. Al morir ya era conocido como un dramaturgo cuyas piezas teatrales se caracterizaban por sus dimensiones de crítica social, propuestas para reflexiones individuales y ambientación superrealista.

En su ciudad natal Arí creció en una atmósfera familiar asimilada y geográficamente distante de cualquier comunidad judaica tradicional. Mientras cursaba la escuela secundaria buscó informarse sobre la historia judía, y a la edad de 19 años, recién ingresado en la Facultad de Química, se impregnó de ideas sionistas-socialistas. Esa toma de posición política lo llevó a organizar, junto con otros jóvenes, el primer grupo del Ha Shomer Ha Tzaír, una asociación juvenil judía. Sus actividades en ese movimiento determinaron la creación de la primera *hajshará*, granja experimental comunitaria, en la región de la ciudad de Campinas, en el estado de São Paulo. Su ideal era poder vivir un día en una granja colectiva en Israel y trabajar su suelo.

La guerra en el Medio Oriente que resultó de la independencia del Estado de Israel, en 1948, fue una fuerte motivación para trasladarse a aquel país. Sin embargo la decisión no le fue fácil, ni tampoco momentánea. Cuatro años pasaron antes de que se viera embarcando en un navío, en el puerto de Santos, para seguir su intuición y sus ideales. En su diario, que siguió

* Universidad de Maryland.
[1] Adoptar un nuevo nombre hebreo es una costumbre practicada por muchos inmigrantes en Israel. Arich significa "león", y *chen* es "gracia, bendición". Arí también adoptó un *nom de plume* para algunas de sus piezas: Harry Caine y Arieh Heyn.

llevando toda su vida, Arí confiesa y analiza entonces su dolor al abandonar Brasil (las cursivas son mías).[2]

Siento que estoy despidiéndome de ese país que tanto amo, de mis padres, de los
pocos amigos que he conservado, de toda una cultura en la cual me he criado.
Siento eso y mucho más, que sólo alcanzaré a describir poco a poco [. . .] Llevo conmigo una tarea mucho más grande de lo que me imaginaba. No es bastante irme
a Israel con todas mis cosas y absorber una cultura ya existente. Algo me fuerza a
buscar más. *Trasmutar y amalgamar la cultura brasileña, la cual me absorbió toda mi
vida, con la que se está formando allá* [. . .] Ésa es la raíz de toda mi perturbación intelectual actual frente a la próxima absorción en Israel.[3]

El proceso de "amalgamación" (término químico que él traspuso con éxito a la escritura literaria personal) de la cultura brasileña se daría en partes
de su futura obra teatral; además de ubicar algunas de sus piezas en ciudades
brasileñas, como Petrópolis, Río de Janeiro y São Paulo, incorporó ciertos
elementos africanos, aprendidos en Brasil, en la trama de uno de sus dramas, como se examinará adelante.

Su primer puesto en Israel fue de tractorista en el *kibutz* Negva, una granja colectiva, donde conoció a la joven Sara, de origen yemenita; graduada en
educación, se encontraba allá como profesora de hebreo para los inmigrantes. Se casaron y siguieron viviendo en Negva, y Sara pasó a ser miembro
del *kibutz*. Pronto los directivos de la granja se dieron cuenta de que la carrera adecuada para Arí sería más provechosa, para los demás miembros y
para la comunidad, si se relacionara con la enseñanza. Así, lo enviaron a que
completara sus estudios de química en el colegio Terra Sancta de la Universidad Hebrea, en Jerusalén, de donde fue a Rejovot para estudiar en su afamado Instituto de Agronomía. Forzado por las circunstancias a vivir lejos
del *kibutz*, que estaba ubicado cerca de Ashkelon, volvía con frecuencia a ver
a su pequeña familia, ahora aumentada por un bebé nacido en enero de
1956. Completados sus estudios formales, Chen volvió a Negva como profesor de agronomía y química de la escuela secundaria. Al cabo de dos años él
y Sara decidieron salir del *kibutz* para vivir en la región urbana. Para eso alquilaron una casa cerca de Netania, donde ambos obtuvieron puestos docentes en el liceo Rupín. Mientras su marido enseñaba las materias en las cuales
acababa de graduarse, Sara impartía clases de hebreo y danzas israelíes.

[2] Los diarios de Arí Chen se encuentran en la biblioteca de su casa, en Netania, Israel, donde vive la señora Sara Chen, su viuda. Tuve la oportunidad de examinarlos en mayo de 1996,
gracias a la extrema amabilidad de la señora, a quien agradezco todas las facilidades que me
ofreció mientras trabajaba en la obra del dramaturgo. (La reproducción de las líneas del diario
se hace con su permiso.) Mi gratitud es extensiva al Joseph and Rebecca Meyerhoff Center of
Jewish Studies por su apoyo a mis investigaciones sobre la obra de Arí Chen en Israel.
[3] Ese registro trae la fecha inicial de 29 de enero de 1952, de la propia mano de Arí Chen. La
escritura se interrumpe y prosigue como diario de viaje con la fecha 14 de marzo de 1952, cuando el autor ya se encontraba en camino a Israel. (El original está en portugués.)

Desde el *kibutz* en el que vivió los primeros siete años de su experiencia en Israel, Chen volvería a Brasil una sola vez, para visitar a su madre (quien falleció 15 días después de la visita). La segunda vez que viajó a Brasil, ya como emisario cultural del Estado *(sheliaj)*, vivió en Río de Janeiro cuatro años (1963-1967).[4] Durante ese periodo Sara Chen enseñó hebreo, historia bíblica y danzas israelíes en la escuela secundaria brasileña-judía Max Nordau, entonces ubicada en Copacabana; su esposo, además de sus funciones de representante cultural de Israel, dio clases de historia judaica en portugués, preparó a jóvenes judíos para su *bar mitzvá* y coordinó el departamento teatral de la misma escuela. En Río de Janeiro Arí sería testigo del éxito del drama *O sétimo dia (Um exorcismo em dois atos e um epílogo)* [*El séptimo día (Un exorcismo en dos actos y un epílogo)*][5] en el escenario carioca, de la buena acogida del público y de la mayor parte de la crítica, además de presenciar las lecturas dramáticas públicas de otras piezas de su autoría.

Chen ha dejado un acervo de cerca de 14 piezas teatrales, entre dramas y comedias, de las cuales por lo menos diez se encuentran en su lengua original o traducidas, ya sea al portugués, el inglés, el francés o el hebreo, o a todos ellos.[6] En una entrevista declaró que, aunque ya había escrito poemas en hebreo cuando empezó a escribir para el teatro, tenía dudas en cuanto a su dominio de ese idioma: "Si por un lado me gustaba escribir en portugués, mi lengua madre, por otro lado no me sentía lo bastante seguro para escribir en hebreo".[7] Sin embargo, sus primeros trabajos teatrales fueron escritos en hebreo, a raíz de un concurso literario de una estación radiofónica de Tel Aviv. Eso le proporcionó a Chen la ocasión de que sus piezas, que obtuvieron el primer lugar, fueran transmitidas por la radio. Una de ellas, *El foso* (en inglés *The Gap*), hablaba sobre la situación entre vecinos que disputaban un espacio para niños en el patio de un *shikún*, complejo habitacional densamente poblado, típico de la rápida urbanización israelí en la década de 1960; la segunda, *El sello* (en inglés *The Seal*), se concentraba en el comportamien-

---

[4] Ésas y otras informaciones de orden personal me fueron proporcionadas por la señora Chen, mientras hacía mi investigación en la biblioteca de su casa, en Netania, en el ambiente en que vivió con el dramaturgo y entre sus amigos israelíes y brasileños radicados en Israel.

[5] *O sétimo dia (Um exorcismo em dois atos e um epílogo)* (Prêmio Serviço Nacional de Teatro, 1966; texto que fue presentado con el título *Visitas para o sábado* [*Visitas para el sábado*], según carta firmada por la directora del Serviço Nacional de Teatro, señora Heliodora Carneiro de Mendonça, en carta fechada el 23 de agosto de 1966), Río de Janeiro, Serviço Nacional de Teatro/Ministério de Educação e Cultura, 1968. (Cuando se indiquen por primera vez en el texto los títulos estarán en la lengua en que fueron encontrados, portugués, o inglés, seguidos por la traducción al español. Posteriormente aparecerán en español aunque la pieza no se encuentre traducida a esta lengua.)

[6] Una lista de diez piezas escritas por Arí Chen hasta el año 1968 se encuentra en el *Catalogue of Israeli Plays Available in Translation*, The Israeli Center of the International Theater Institute, Tel Aviv, octubre, 1968. No toda su producción teatral está publicada; la mayor parte se encuentra en forma de guión.

[7] *Ma'ariv*, (Tel Aviv), 3 de diciembre de 1967.

to de una pareja bajo las tensiones provocadas por un forzado aislamiento en una habitación sin puertas.[8]

Algunos de los puntos más característicos de su obra teatral son sus impulsos multiculturales, por el uso de su idioma nativo en la escritura de muchas piezas, por la presencia de un paisaje físico tropical en algunas de ellas y por la agregación de elementos judíos y no judíos en ciertas tramas. Otros rasgos distintivos son la pluralidad de interpretaciones vinculadas con el sistema escénico, que se abre a lecturas metafóricas, principalmente en las piezas que tratan de la situación del judío en el mundo y, por extensión, de las personas marginalizadas y excluidas.

Ciertos dramas de Chen se prestan a una disección del sistema social y de relaciones humanas en los niveles individual y colectivo. Exploran, en general, ciertas condiciones complejas de la vida en la diáspora, comportamientos psicológicos resultantes de guerras (desde el Holocausto hasta disputas bélicas en el Estado de Israel), problemas personales con el paso del tiempo e indagaciones sobre conflictos agregados a la mera condición humana.

Chen sufrió una fuerte influencia de la modernidad teatral, adoptando, en muchos de sus dramas, el superrealismo al modo chagaliano, como destaca en *El séptimo día* y en *Se eu te esquecer, Jerusalém* [*Si me olvidara de ti, Jerusalén*].[9] Algunas de las tragedias guardan también un tono dramático shakesperiano, evidente en los diálogos en los que predominan profundos encuentros con dudas existenciales, búsquedas sin respuestas y pasajes de contemplación filosófica, como en *Excluso*[10] [*Excluido*] y *Espelho*[11] [*Espejo*]. Sin embargo, escribió también comedias, aunque en menor número. En ellas utiliza cuadros cómicos para exponer situaciones de perplejidad creadas por la hipocresía comunitaria. La comicidad se apoya, en general, en el equívoco y la sorpresa resultantes de descubrir identidades ocultas, como en *Karina. . .*[12] y *Ellas los prefieren. . . un "poquito locas"*.[13]

---

[8] Esas piezas se encuentran en el original hebreo; sus temas me fueron narrados por la señora Chen (Netania, junio de 1996).

[9] *Se eu te esquecer, Jerusalém* (segundo lugar en el Prêmio Serviço Nacional de Teatro, Río de Janeiro, Ministério de Educação e Cultura, 1967).

[10] *Excluso, Drama em 2 atos*, Letras e Artes, Río de Janeiro, 1965.

[11] *Espelho*. Guión en inglés (traducción de Asher Tamor), con el título *The Mirror*. La primera página informa: "This play was first performed in Tel Aviv, on 12th January, 1971, at the Tzavta Club-Theatre, with the following cast from the Kibbutz Theatre [. . .] Directed by Shmuel Shilo; Settings by Joe Carl". ("Esta pieza fue puesta en escena por primera vez en Tel Aviv, el 12 de enero de 1971, en el Teatro-Club Tzavtá, con los siguientes actores del teatro Kibutz [. . .] dirigida por Shmuel Shilo; escenografía de Joe Carl.")

[12] *Karina. . .* recibió diversos nombres, de acuerdo con los países en los que se escenificó: en francés, *Pour Karine, comédie*, en español, *Representando a Karin* y también *Amor es. . .* La pieza se encuentra en guión.

[13] No me fue posible leer *Use Me. . .*, uno de los títulos de la obra. La información sobre ella la obtuve en diarios, comentarios y carteles en los archivos del autor. Este título, como los demás, tuvo diversas versiones de acuerdo con los países en los que la representara; en Holanda se llamó *Veilig Alibi*; en Inglaterra, *A Game for Two Players (Use Me)*.

El drama *El séptimo día* presenta un hibridismo cultural africano-brasile-
ño-judío conectado con la temática del Holocausto. Los personajes principales son cuatro personas que se encuentran en São Paulo, Brasil, con una
vida normal, con actividades diarias, después de haber escapado de la segunda Guerra. Un día cada una de ellas recibe "la visita" de sus seres queridos, desaparecidos en la guerra: Mauricio y su joven esposa tienen como
huéspedes a una pareja que se presenta como sus padres; Marco es visitado
por la novia que tenía cuando la guerra los separó, mientras Rosa, casada y
con un bebé, recibe la visita del hombre que fuera su marido en el pasado.
Los visitantes se muestran como personas, y aunque sus anfitriones no lo se-
pan, son espíritus que encarnaron solamente por ese sábado. Desde una
perspectiva analítica, el conjunto de reminiscencias simultáneas en los tres
hogares sería una alegoría del proceso de resucitación hecho por los vivos a
través de sus recuerdos. Así se envuelven en una leyenda milenaria por la
cual se aprende que los muertos pueden, sí, visitar a los vivos por un sábado. . . aunque solamente sea en la imaginación de los últimos.

En las instrucciones escenográficas para esa pieza Chen indica su preocupación por mantener una atmósfera chagaliana en el escenario:

> Paredes y tejados, si los hay, deberán ser de colores muy fuertes, deberán estar in-
> clinados, sin perspectiva, a la manera expresionista. No es el Bom Retiro [barrio
> judío de São Paulo] lo que quise representar, pero sí su esencia fantástica, que so-
> lamente Chagall podría representar. Por eso imaginaría dentro de ese escenario (y
> perfectamente compatible con el verdadero Bom Retiro) siluetas de sinagogas e
> iglesias inclinándose, haciéndose reverencias una a la otra; sobre algún tejado una
> veleta en forma de gallo, girando. Si es posible un violinista alado pasaría tocan-
> do en el momento de la boda [. . .] Ángeles y demonios traerían en sus brazos a
> las visitas para el sábado. Y muchos más. Y sobre todo eso, una cubierta de opti-
> mismo mezclado con infinita tristeza.[14]

En la trama se introduce un prisma realista por intermedio de cuatro personajes no judíos de diferentes orígenes: el portugués Manuel, la italiana
María y los brasileños Nair y Francisco. A través de ellos el autor transmite
una perspectiva empírica a la historia, pues, libres de las evoluciones del
proceso mental y psicológico de los demás personajes, éstos representan los
datos reales en contraste con los oníricos, el presente en relación con el pasado y el mundo empírico en comparación con el imaginado. Es posible que
el autor intente, con una presentación étnicamente diversificada, una representación simbólica de diversas reacciones al dolor creado por el Holocausto. Mientras Nair le ofrece amor y apoyo terapéutico a Marco, María y
Manuel desempeñan papeles que evocan el coro griego, informativo, espe-

---

[14] "Notas para un escenario", *El séptimo día* (obra citada), sin número de página.

culativo, con pasos por la ironía y el chisme. Al negro Francisco le está reservada la misión de aplicar sus poderes secretos y esotéricos para hacer que el tiempo se suspenda. Así, los visitantes no tendrán que volver a sus sitios de origen, lo que harán cuando el sol se ponga y se termine el *shabat*. Francisco parece resumir, en su persona, diversas dimensiones, una de las cuales sería la representación de una unión mística entre los dos grupos ahí plasmados, los judíos y los no judíos.

La pieza, que había recibido el Premio Nacional de Teatro de 1964, se estrenó en el teatro João Caetano, en Río de Janeiro, la noche del 8 de julio de 1967, con ocasión de su reapertura después de una gran reforma (el estreno se ha dedicado a organizaciones de beneficencia). Chen fue entrevistado por los diarios más importantes de aquel tiempo y el drama fue examinado por críticos renombrados como Yan Michalski, João Bethencourt, Ney Machado, Van Jafa y Fausto Wolff.[15] Según Yan Michalski, para Rubem Rocha Filho, el director de la pieza, "el más grande problema de la puesta en escena de El *séptimo día* —drama que descubre a un autor brasileño de nivel internacional, inexplicablemente aún desconocido en Brasil— es la conciliación de ambientes realistas con la atmósfera del sueño".[16] Michalski fue quien más escribió sobre el drama mientras se lo escenificaba en la ciudad. En uno de sus artículos observa que "Arí Chen inaugura un nuevo filón en nuestra literatura teatral: la temática judío-brasileña [. . .] hay aquí [en Brasil] un mundo de asuntos a la espera de un poeta que quiera explorarlos y transformarlos en realidad escénica. El *séptimo día* es el primer intento, valeroso y decidido, de hacerlo."[17] En ese mismo artículo, Michalski indica que

los muertos que vienen a visitar a los vivos adaptados al Bom Retiro no son, obviamente, muertos de verdad: son proyecciones y símbolos de doloridos recuerdos que cada uno de los sobrevivientes busca, a su modo, reprimir y eliminar de su existencia, a fin de alcanzar una adaptación ficticia a la rutina diaria. Pero solamente después de ese sábado mágico, cuando son forzados a confrontarse y aceptar el recuerdo de su pasado, de sus muertos, de sus raíces, los habitantes del Bom Retiro podrán aceptar todas sus responsabilidades y seguir una vida verdaderamente auténtica.[18]

[15] Yan Michalski, "O ressuscitar dos mortos", *Jornal do Brasil*, Caderno B, 2 de julio de 1967, p. 5; João Bethencourt, "O Sétimo Dia do Poeta de Culpa", *Jornal do Brasil*, Caderno B, 9-10 de julio de 1967, p. 2; Ney Machado, "Um judeu no teatro brasileiro", *Diário de Notícias*, Quarto Caderno, 9 de julio de 1967, p. 6; Van Jafa, "O Sétimo Dia", *Correio da Manhã*, Segundo Caderno, 11 de julio de 1967, p. 2; Fausto Wolff, "Teatro", *Tribuna de Imprensa*, 21 de julio de 1967.

[16] En Yan Michalski, "O ressuscitar dos mortos", *loc. cit.*, *Jornal do Brasil*, Caderno B, 2 de julio de 1967, p. 5.

[17] Yan Michalski, "Uma questão de vivos e mortos" *Jornal do Brasil*, Caderno B, 18 de julio de 1976.

[18] *Idem.*

Pese a sus alabanzas a Chen, observando que "el autor realiza con una seguridad técnica sorprendente para un dramaturgo sin experiencia la fusión entre el medio ambiente realista y la intervención de lo fantástico", el crítico también relata algunas fallas del escritor tal como se reflejan en la obra, y que se traducen en la ausencia de autocrítica, de capacidad de contención y de control de sus excesos, lo que hace que la misma resulte en una "delirante melodramaticidad".[19]

Cuando la pieza de Arí Chen subió al escenario carioca el régimen político brasileño estaba bajo el poder militar. Durante este periodo, conocido por sus excesos despóticos y la represión cultural, la pieza *Vereda de salvaçao*, de Jorge Andrade, era puesta en escena por Antunes Filho en Río de Janeiro. Le traía al espectador urbano una faceta de la realidad brasileña: el abandono del campesino, víctima de injusticia social y rechazo, problemas para los cuales él mismo tenía que buscar una solución, encontrada en el "camino de salvación", el título de la obra. En ese ambiente de búsquedas, la pieza de Chen representaba una dimensión mágico-onírica de problemas resultantes de otra dictadura militar, la alemana nazi. Mientras en la de Andrade la revuelta de la gente del campo se ejerció por un mesianismo involucrado con la violencia física, la de Chen ejercía la fascinación del sueño, de la búsqueda de un pasado en el cual la vida solía tratarlo a uno en sus parámetros naturales, con ingredientes comunes como amor, esperanza e ilusiones, entre la familia de padres e hijos, los jóvenes enamorados y la pareja de esposos recién casados. La brutal aparición de la guerra contra los judíos les mutiló sus esperanzas y sendas, de ahí la búsqueda de una "salvación" en caminos fuera de la realidad empírica. Aunque las piezas de Andrade y de Chen parezcan pertenecer a mundos separados, con soluciones artísticas distintas en cuanto al material comunicativo (el realismo materialista de Andrade hace contraste con el realismo mágico de Chen), coinciden en el hecho de que ambas tratan situaciones agobiantes, resultantes de dictaduras, restricciones sociales y la ausencia de libertad individual y colectiva.

Otro drama compuesto por Chen dentro del mismo esquema onírico o chagaliano y, posiblemente, revestido también de gran fuerza dramática, es *Si me olvidara de ti, Jerusalén*. Dan, el personaje principal, es un joven militar israelí que, como parte de la Brigada Británica, fue gravemente herido en la campaña de Italia, en 1945. Perdió brazos, piernas, sentidos y sensaciones; le quedaron el tronco, la cabeza y sus funciones mentales. Durante 18 años, a partir del desastre, busca escapar de la soledad y la locura por medio de recuerdos de Jerusalén, donde pasó su niñez, de su madre y de escenas diarias de su vida adulta, que para todo fin práctico ha concluido. La solución

---

[19] *Idem*. En portugués el término "melodramático" y sus derivados están cargados de un significado despectivo.

escenográfica para expresar las proyecciones mentales del protagonista y el mundo a su alrededor es indicada por el autor:

> El escenario estará dividido en dos partes. De un lado, lo que he decidido llamar de "plano exterior", en lo cual pasarán los acontecimientos reales. Del otro, "el plano interior", en lo cual serán vistos los recuerdos y visiones. Al fondo del plano interior: una pantalla para las proyecciones. Como gran parte de la acción será simultánea en los dos planos, se requerirá una sincronización con el máximo cuidado. Los detalles del escenario serán descritos a lo largo de los acontecimientos.[20]

Los cuadros se construyen vivamente en la memoria del enfermo y son traspuestos por personajes que emiten palabras fragmentadas, ovaciones que no se completan, pensamientos sueltos, como si imitaran la incomunicabilidad de los sueños. Muchos aspectos de la vida del ex combatiente se desarrollan a través de su memoria, cuando el escenario se llena con las presencias de su antigua novia, la madre, un tío y un pajarito que se hace emblemático de la prisión de la vida y la liberación de la muerte. Reflexiones sobre la necesidad y la inutilidad de las guerras, el valor de la eutanasia y otros asuntos pertinentes al ambiente penetran a través de casi todos los encuentros y diálogos entre las personas que tuvieron importancia en la vida de Dan. Escenas de alta tensión dramática ocurren en un hospital, cuando un viejo trata de ayudarlo inaugurando un sistema de comunicación en que el enfermo se comunica mediante golpes con la cabeza. En su curso la pieza descubre la importancia de las relaciones humanas, se asocia con los que ya no pueden hablar y resalta la significación del pasado, la tradición y la búsqueda de un significado para el sufrimiento.

Se puede interpretar, en la historia de Dan, la historia del pueblo judío, en su ruta de desfallecimientos, en las tentativas hechas en el mundo para mutilarlo, paralizar sus movimientos y callar su voz. Mientras Dan tiene un corazón y una mente, y mientras un viejo —la historia— quiera hablarle, escucharlo y hacerlo revivir, hay esperanza para Dan. La última escena lo muestra en los brazos de su madre, que el autor quiere hacer parecer a la "*Pietá* de Miguel Ángel".[21]

El tema de la guerra fue bastante explorado en la dramaturgia de Chen. Entre los dramas que trajeron a la superficie situaciones producidas por la segunda Guerra se encuentra la pieza *The Twenty Days of Anna* (*Los veinte días de Anna*, original en hebreo, traducida al inglés) sobre la revuelta de prostitutas judías en un burdel para el ejército alemán, en una pequeña ciudad de Rumania, en 1942. Otra pieza, también en forma de guión, es *O julgamento* [*El juicio*], cuya acción se ubica en Brasil.

---

[20] *Se eu te esquecer, Jerusalém, op. cit.*
[21] *Ibidem*, p. 99.

El juicio se hizo en lectura dramática por estudiantes de teatro durante un seminario de dramaturgia que tuvo lugar en Río de Janeiro mientras el autor se encontraba allí.[22] Su principal personaje es Sami, ex prisionero de un campo de concentración, que se encuentra, por casualidad, con su verdugo nazi en Brasil. La víctima primero trata de olvidar que lo ha visto, pero no lo logra. Luego busca llamar la atención de las autoridades locales y de los demás judíos para llevar a la justicia al criminal de guerra, pero no hay cooperación de nadie. Se ve en la necesidad de buscar él mismo el juicio y la sentencia para el nazi.

También relacionada con el tema de la guerra es la obra, en inglés, *The Day the Sea Came up the Mountains* [*El día que el mar subió a las montañas*].[23] Tiene que ver con la Guerra de los Seis Días entre Israel y los árabes, en 1967. Una mujer, cuyo único hijo murió en combate, trata de suicidarse. En sus últimos momentos se ve en una estación vacía de autobuses, adonde se encuentra con el padre de su hijo, quien los había abandonado a los dos. Las escenas, construidas con sueños y alucinaciones, adquieren también las mismas características chagalianas de otros dramas suyos.

Apartándose de los temas de guerra, pero aún en el sector dramático, Arí Chen dejó los guiones *Man in the House* (en inglés, *Hombre de la casa*), cuya acción, ubicada en un hotel y un sanatorio en Brasil, tiene que ver con la hija de un suicida y sus relaciones con la madre adúltera.[24] *Enough is too much* (tiene también otro título en inglés: *Voyage into Light*; en portugués *Bastante e demasiado* y también *Os cegos* [*Los ciegos*]), fue presentada en lectura dramática por el Grupo Decisão, en Río de Janeiro, durante la permanencia de Arí en Brasil.[25] Clasificada en segundo lugar en el Concurso Nacional de Piezas Teatrales del Consejo de Artes de Israel de 1968, es la historia de un muchacho ciego que encuentra a una muchacha en un parque y la invita a su casa, sin darse cuenta de que ella también es ciega. Los dos están bastante rehabilitados y pueden pasar por personas con vista normal. El descubrimiento de que ambos son ciegos los llevará al "viaje a la luz", uno de los títulos en inglés. Según informaciones obtenidas de Sara Chen, el dramaturgo escribió *Los ciegos* mientras estaban en Río de Janeiro:

[22] Fue representada en Holanda con el título *De Confrontatie*; se estrenó el 20 de febrero de 1981 (no hay indicaciones sobre teatro ni local de presentación); en Bélgica fue presentada en Brujas el 23 de febrero de 1982 y el 8 de marzo del mismo año en Amberes, bajo la dirección de Horst Mentzel.

[23] De acuerdo con la información del *Catalogue of Israeli Plays, op. cit.*, p. 11.

[24] La pieza también recibió el título *Paula*, de acuerdo con información en el *Catalogue of Israeli Plays, op. cit.*, p. 13. La versión en inglés es de Jerome Cantor, según el guión.

[25] En Francia *Los ciegos* fue puesta en escena con el título *Le jour qui va a venir*, en el teatro Dallery, París XI, el 3 de noviembre de 1970, en adaptación de Pierre Roudy, bajo la dirección de Jacqueline Chabrier; la temporada duró hasta el 2 de enero del año siguiente. En Holanda se representó como *Liefde is Blind*, con una temporada que empezó el 29 de enero de 1981. Versión en inglés de Sara Koren (del original en hebreo).

"En esa época visitó varias veces una escuela para ciegos para observarlos en sus actividades diarias. Sólo después de haberse instruido en la sensibilidad de los ciegos hacia la luz, los colores y los sonidos se sentó a escribir la pieza".[26]

Dos años después del segundo lugar que obtuvo el texto de la puesta en escena sobre los ciegos Chen recibió el primer premio en el mismo concurso teatral para el año 1970 por la pieza *Virgo* (el símbolo del zodiaco; el original en hebreo se titula *Mazal betulá*).[27] Se puso en escena en el teatro Habima de Tel Aviv, bajo la dirección de Shmuel Atzmón, en el teatro Ha Kibutz y en otros sitios.[28] Son tres personajes que se encuentran en vísperas de las celebraciones del vigésimo aniversario de la Independencia de Israel en casa de los Weinberg, la pareja protagonista. Éstos se habían ido de Israel a Nueva York, desde donde acababan de regresar a instalarse en una villa de gran lujo en la ciudad costera de Hertzlía. Eran los llamados *iordim*, nombre sarcástico en hebreo con que se suele identificar a los que abandonaron Israel para hacerse ricos en América o en otras tierras. El tercer personaje es una vieja amiga del señor, que hace el papel de instigadora de la historia pasada, recurso que usó Chen para hacer que Weinberg hablara del pasado, informando así a los espectadores de los problemas que iban a desarrollarse, antes de la entrada tempestuosa de la señora. Todos se ponen a esperar la llamada telefónica de la hija de Weinberg, que se había vuelto *hippie* y se había unido a un negro norteamericano que los explotaba financieramente. Tal cuadro familiar se debía, según el padre, a la madre y a sus ideas liberales y revolucionarias, adquiridas entre los grupos más avanzados de la anticultura neoyorquina. La guerra verbal, el combate mano a mano y las agresiones físicas entre marido y mujer contrastan con la tranquilidad del ambiente típico de nuevos ricos. El escenario es dominado por una tensión balística, delirante y destructora de cualquier esperanza de llevar una vida más convencional. Chen parece demostrar que los Weinberg y todos los demás *iordim* tienen que pagar un precio por sus ambiciones de hacerse ricos en América, por las trampas en que se envolvieron y por exponer a su hija a valores extraños a su tradición. En la pieza se respira una atmósfera moralista, lo que la hace distinta de los demás dramas en cuanto a sus intenciones, pero no la aleja de ellos en cuanto a su sustancia, compuesta por controversias, búsqueda de respuestas y reflexiones sobre decisiones y sus consecuencias. La actitud crítica que se desprende de esta obra hace que ciertos pasajes estén cercanos a la comedia, aunque el desarrollo psicológico de los participantes indique una tragedia doméstica de proporciones nacionales.

[26] Entrevista a Sara Chen, Netania, junio de 1996.

[27] *Virgo* (traducción al inglés de Asher Tamor), World Zionist Organization (Cultural Division), Institute for the Translation of Hebrew Literature, Tel Aviv, sin fecha.

[28] Esa información me fue proporcionada por la señora Chen.

La pieza *Excluido,* ya mencionada en este estudio, es un drama en el cual es tan importante el discurso lingüístico cuanto su expresión formal como imagen escénica. El personaje principal es huérfano y tartamudo. En el rechazo de que es objeto a lo largo de su vida, por sus evidentes problemas de dicción y comunicación, está la alegoría del rechazo del judío en el orden diaspórico, que no podía hablar y, cuando lo hacía, nadie lo quería escuchar y mucho menos comprenderlo. Así pasa con el personaje principal que alimenta, además, el sueño de convertirse en actor shakespeariano. El papel de Hamlet se le presenta como un desafío que él enfrenta en medio de lacerantes conflictos interiores. La soledad del tartamudo se revela a través de ese personaje, principalmente cuando una voz interior se mezcla al habla escénica para recordarle que es un ser distinto, aislado, marcado por un destino peculiar y, sobre todo, un ser solo. Stella Leonardos, cuando se estrenó *Excluido,* observó que se trataba de una pieza "anticonvencional, inconformista, en la mejor línea de Adamov, Beckett, Brecht, de las antipiezas de Ionesco", agregando que la característica fundamental del personaje principal "es el ser huérfano, perseguido, no aceptado (y aquí se ingresa en el problema universal de las minorías oprimidas por todos los rincones de la tierra)".[29] Fue presentada en el teatro Oficina el 21 de enero de 1968.[30]

En *Espejo* también sobresale la historia de un hombre viejo, solo y aislado. La historia gira en torno a Max, quien había sido comunista y se encuentra de vuelta en Israel, después de una existencia de aventuras políticas y desilusiones ante la aplicación de sus ideales en tierras rusas. Su encuentro casual con un joven, a quien ofrece un escondrijo en el escaso espacio de su sótano, se traduce como un encuentro consigo mismo, con su juventud y con los años guiados por sus ideales. Los diálogos y monólogos son extroversiones de Max, el viejo que habla consigo mismo en voz alta, mientras se dirige a Henri, el joven que trata de escapar de la justicia por haber cometido un crimen. El laberíntico proceso de Max de volverse y lastimar su pasado se construye con fotos de Stalin y de Greta Garbo, la locuacidad de una prostituta y de una sirvienta (que pueden ser la misma persona más otra Greta, ex amante de Max), el poder escénico de un espejo y la alusión a un jardín salvaje poco más allá de la puerta de salida. A esos elementos orgánicos de la trama se unen la confusión de los personajes Max y Henri, que cambian sus identidades aunque quede claro que el primero es el viejo ex prisionero de Stalin en Siberia y Henri es el joven protegido de Max. Pero tampoco es así; los hombres se confunden, las vidas se mezclan, Max y Henri se superponen, uno es el otro y ése es aquél. El teatro del absurdo dejó sus huellas

---

[29] Stella Leonardos, "Arí Chen — Excluso," en *Comentário* (Río de Janeiro, Instituto Brasileiro-Judaico de Cultura e Divulgaçao), VII [7], 1er. semestre, 1 [25], 1966, pp. 84-85.

[30] Entre los papeles guardados por Arí Chen encontré un cartel anunciando la puesta en escena de *Excluso,* con esa fecha, pero sin precisar si era en São Paulo o en Río de Janeiro.

en esa pieza de Chen. Escrita primero en hebreo, luego traducida al inglés, fue puesta en escena en Tel Aviv.[31]

El espíritu crítico de Arí Chen encontró un cauce en la comedia, habiendo dejado escritas *Karin*. . . y *Use Me*. Ambas fueron escenificadas en varios teatros del mundo, en la versión original o en adaptaciones, que empezaban por el título, que no era simplemente traducido sino cambiado para adaptarlo mejor al público local. La primera de las piezas fue escrita en hebreo y luego traducida al portugués, español, inglés, francés, sueco y alemán. En América Latina fue puesta en escena en Venezuela por la Compañía de Alta Comedia, bajo la dirección de Orlando Cárdenas, con el título *Representando a Karin*, en el teatro del Triángulo, entre abril y mayo de 1971; en España, con ese mismo título, en el teatro cómico, bajo la dirección de Fernando Fernán Gómez, en adaptación de Juan José de Arlache y con el título *Amor es*. . ., en un teatro no identificado, bajo la dirección de Carlos Vasallo; en Inglaterra fue escenificada en un teatro en Richmond, cerca de Londres, alrededor de 1973, como *Playing Karine*; en Israel, en el teatro Zavit, en Tel Aviv, bajo la dirección del brasileño (director y actor) Felipe Wagner; en Francia una de las puestas tuvo lugar en el Théatre des Mathurins, cerca de París, bajo la dirección de Radifié Harry Baur, con adaptación de Michel André.[32] La historia en *Karina* se basa en un equívoco provocado por un misógino recalcitrante. A las muchachas con las que salía y se divertía les decía que estaba casado, que era infeliz, etc., y que vivía separado de su mujer, Karina. Ese juego tiene éxito hasta que encuentra a la chica de la que se enamora. Como para exorcizar la presencia mental de la mujer inexistente, pero viva por su propia invención, él le pide que juegue a la Karina imaginaria una hora al día, que es cuando se desarrollan muchos equívocos. Esa aventura le costará al protagonista su récord de hombre invicto ante las mujeres.[33]

La comedia que tiene por título en inglés *A Game for Two Players* [*Un juego para dos jugadores*] también fue escenificada como *Use Me*. Es la confusión resultante de una pareja en la cual el marido le oculta a su mujer el secreto de que es homosexual. Cuando su amigo se acerca, el trío se conduce de manera histriónica para los espectadores que conocen la verdad y se divierten con las acrobacias mentales y físicas que los hombres tienen que hacer para conservarse como amantes de incógnito. En Inglaterra la pieza fue presentada en el Richmond Theatre, bajo la dirección de Ivor Danvers (sin año), mientras en España se representó con el título *Ellas los prefieren*. . . *un "po-*

---

[31] Bajo la dirección de Shmuel Shilo, con escenografía de Joe Carl, fue escenificada por primera vez el 12 de enero de 1971 en el Teatro-Club Tzavtá con artistas del teatro Kibutz, según la página inicial del guión en inglés (*The Mirror*).

[32] En cuanto a *Playing Karin*. . ., una de sus piezas más conocidas en el mundo, he encontrado, entre los papeles y en el archivo del escritor, muchos carteles referentes a sus diversas puestas, pero sin fecha precisa sobre los años de las presentaciones.

[33] Ese resumen se encuentra en el *Catalogue of Israeli Plays, op. cit.*, p. 10.

quito locas", bajo la dirección de Conrado Blanco (para esa presentación Arí Chen usó el seudónimo de Harry Caine, que también utilizó en la puesta de la misma pieza en el teatro Lara, de Buenos Aires, el 11 de enero de 1975). En Holanda, como *Veilig Alibi*, la pieza fue dirigida por Gaert Lunskens en el Merksems Kamertheater, en febrero de 1980, siete meses después de la muerte del autor.

Transcurridos menos de veinte años de su muerte, los dramas y las comedias de Arí Chen dejaron de ser presentados y poco se sabe de él. Sin embargo, su contribución al teatro universal es incuestionable. Fascinado por los problemas humanos, relacionados o no con la condición judía, sus escenarios se pueblan de personajes intrigados y seducidos por una búsqueda que parece nunca llegar a su fin.

En su totalidad el teatro de Chen es un ejercicio del conocimiento y el análisis de las reacciones personales ante catástrofes colectivas, como en *El séptimo día*, o de la desesperación de sentirse abandonado por la vida, como en *Espejo*, o aun de la angustia de una chica que paga con su salud mental el descubrimiento de la verdad en su familia, como en *El hombre de la casa*. Chen ahondó en problemas que no han dejado de existir. Su teatro tiene una fuerza que no es pasajera; al contrario, guarda una vitalidad permanente. Si los problemas cambiaron de cara, no han cambiado de sustancia: todavía hay criminales nazis reconocidos por sus antiguas víctimas, como en *El juicio*; hay ciegos que saben ver mejor que muchos videntes, como en *Los ciegos*, y hay videntes que están ciegos para la realidad circundante, como los *iordim* de *Virgo*.

En cuanto a las comedias, son tan actuales como cuando Chen las escribió. Los enredos tienen mucho interés cómico y mientras haya una sociedad que no quiera ver a sus miembros como iguales participantes de la misma aventura humana, mientras haya una cubierta tendida por la hipocresía, habrá espacio para que *Use Me* o *Karina*. . . sean interpretadas, comprendidas y apreciadas.

Con muchas de sus piezas enmarcadas en los parámetros del teatro del absurdo y suprarrealista, Arí Chen ha dejado una obra teatral moderna, contemporánea y universal. Será el reflejo de un espíritu luchador, que utilizó el teatro, no como un mero instrumento, sino como el espejo mismo en el cual todavía se pueden reflejar la humanidad y las circunstancias contemporáneas. La época es otra, pero el mundo ardiente visto por Chen no es un vislumbre; sigue ardiendo tal como lo veía el dramaturgo. De ahí la vitalidad de sus piezas, retratos de una sociedad que bien podría darle ya, casi dos décadas después de su muerte, un día de sábado para una visita.

ALICIA FREILICH SEGAL

JOAN ESTHER FRIEDMAN*

EN LA TRADICIÓN de los grandes ensayistas y pensadores latinoamericanos, Alicia Freilich Segal, nacida en Caracas, Venezuela, en 1939, hija de Max Freilich, que salió de Polonia en 1928, y de Rifka o Rebeca Warzawska, por quien regresó en 1937, ejerce un periodismo cultural y de opinión. Su obra nos muestra una visión particular del mundo desde la perspectiva de una mujer muy judía y muy venezolana. La búsqueda del sentimiento de pertenencia familiar y cultural del pueblo judío, el viaje físico y espiritual hacia la América en este siglo, para Alicia Freilich Segal abarca el turbulento viaje que por fuerza tienen que emprender los descendientes de esos viajeros. Su lucha contra el antisemitismo y lo que produce, sobre todo después de un impactante viaje a Israel en el año 1960, el mismo año en que se publica su tesis doctoral titulada *El niño en la cuentística venezolana,* se convierte en indagación y defensa del individualismo en particular y de las minorías en general.

En su obra *Triálogo,* publicada en 1973, compara temas y sujetos históricos, como el Shylock de Shakespeare y la consecuencia horrible de un mito; traza el paralelismo entre la vida de Isaac Babel y otros exiliados rusos, como A. Solienitsyn y B. Pasternak; asocia a Shalom Aleijem con el humor judío, y estudia a los escritores italianos N. Ginsberg y Giorgio Bassani. En 1975 publica una serie de comentarios polémicos, *Cuarta dimensión;* en 1977 sale *Entrevistados en carne y hueso,* y en 1978 la *Venedemocracia,* entrevistas a los dirigentes de los diferentes partidos políticos, examinadas en relación con la realidad histórica de veinte años de vida democrática iniciados en 1958. Para ella la "venedemocracia" es un sistema peculiar, caracterizado por la tendencia al pluralismo, por su amplia base social y un bipartidismo bien definido. *Legítima defensa* se publica en 1984; es un libro dedicado a tíos que milagrosamente sobrevivieron a Auschwitz y a la generación de judíos que encontró la libertad y las puertas abiertas de países como Venezuela; es un fuerte y justo reclamo a las democracias del mundo por su silencio cómplice y su pasividad suicida frente a las atrocidades del siglo, y "una advertencia a la generación de los 60 para quienes Auschwitz, Treblinka y Buchenwald son leyendas remotas e increíbles". En 1974 el gobierno de Venezuela le otorgó el prestigioso premio Francisco de Miranda por su excelencia periodística.

* Swathmore College.

El motivo de nuestras múltiples identidades, la búsqueda de la identidad individual y colectiva, del espacio primario (casa y comunidad) a través de un proceso literario introspectivo y memorioso, caracterizan sus dos novelas. *Colombia descubierta* es una novela escrita en 1991 y galardonada en 1992 con el premio Fernando Jeno en México. El jurado declaró:

Alicia [F.] Segal llega al lector, a sus fibras, con su innata claridad lingüística, certera intuición y poder imaginativo, capaz de sugerir atmósferas y situaciones no convencionales, en que se entrelazan mágicamente claves, enigmas y misterio como los hubo en Cristóbal Colón. *Colombia descubierta*, hoy por hoy, deja una huella única e indeleble en el ámbito de la creación literaria judía de fines de este siglo.

En esta novela la autora crea un mundo borgiano a través de una visión feminista de Sefarad, Cristóbal Colón, la Inquisición, el marranismo, el encuentro con el "Nuevo Mundo". El lector, testigo y partícipe, se encuentra al mismo tiempo en el siglo XV y el XX, entrelazando el pasado con el presente y el futuro. La técnica narrativa obliga a la confrontación de lo real y lo imaginario, de la historia y la aventura.

Pero es su primera novela, *Cláper*, la que tuvo para mí un significado impactante. En un reciente viaje a Venezuela una amiga me regaló un ejemplar (¡inconseguible, por cierto!) que leí en el viaje de regreso; al día siguiente llamé por teléfono a la autora para rogarle que me permitiera traducirla. Acabo de hacerlo y será publicada por University of New Mexico Press a principios de 1998.

En muchos sentidos *Cláper* es mi novela y quizá la de algunos de ustedes. (Mi acta de nacimiento dice "Shanghai Jewish Hospital, Nationality: Stateless.")

Cláper o abonero se publica en 1987. La primera edición se agota en pocas semanas y la France Presse International News Service la nombra "la segunda autora más leída en Venezuela". La novela es una odisea, que comienza cuando Mordechai Freilich, un joven de fuertes convicciones religiosas y morales, dice: "Estoy alegre. A través del espejo limpio, como un cristal puro, veo que por fin, sí, por fin, el sol se retira y sale la primera estrella. Termina el sábado y comienza mi noche. . . me voy, aldea mía y tú me despides sin saberlo. . .". El viaje concluye 160 páginas después, en Caracas, Venezuela, donde don Máximo Freilaj dice:

apúrate con prisa Mordejai Luzer de Lendov, hijo de David, retírate del vidrio porque empezaste a conversar contigo mismo ayer sábado por la noche, mirando el crepúsculo, al salir la primera estrella, y ya es domingo de madrugada cuando este asilo para ancianos desmemoriados abre sus puertas a los cuerdos visitantes. . . Aléjate pues del espejo pero límpialo porque está inmundo. Hablándote, has recordado a Lendov, y Cuba y París y Varsovia y Caracas, durante horas y horas, tantas, que lo nublaste con saliva y llanto. Está humedecido de risa, parloteo y lágrimas. . . [y concluye:] Por fin se ocultó la última estrella y termina mi noche. Ya limpié bien el espejo y quedó seco. ¡Pasen adelante! ¡Estoy freilaj! Alegre.

La palabra *cláper* hoy forma parte del léxico venezolano y se refiere a un hombre que va, clap-clap, de puerta en puerta, vendiendo a plazos. Aunque solo y a pie, con una carga pesadísima sobre los hombros, este abonero está firmemente anclado y respaldado por una gran fuerza interior derivada de siglos de sabiduría talmúdica. A diferencia de otros viajes migratorios, el de Max en búsqueda de sustento y libertad se muestra en paralelo y se contrapone al de su descendiente, Alicia, que viaja en busca de su identidad propia, la cual descubre en las callejuelas de la memoria de su padre al mismo tiempo que reclama el derecho legítimo de ser parte de una historia, la venezolana, a la cual pertenece por nacimiento y cultura. La novela es *memoir*, una autobiografía ficticia, una conversación y contrapunto de dos vidas. La de Max, expresada en el idioma de Isaac Bashevis Singer y nutrida por la misma fe que nutrió por centurias a los miserables *shtetls* que poblaban Europa. Su voz es el idioma de ese *shtetl*, de los que nunca tienen qué comer ni mucho menos las necesidades básicas de la vida, pero a los que nunca falta la conexión espiritual, el calor familiar o la fe en un Dios del que no se debía hablar, pero con el que sí se podía hablar, como dice Martin Buber. La vida de Max es la historia del judío, errante desde la Edad Media, incluyendo los viajes de los ashkenazis y sefaradíes a la dorada América. La otra vida es la de su hija Alicia. Para Alicia el venezolano es su lengua madre. Esta feminista, universitaria, dialoga con el "musiú", su papá, en un idioma refinado y poético, sofisticado, lleno de jerga feminista, castrista, marxista, sionista. Con gran originalidad Alicia Freilich Segal criolliza la literatura. El venezolanismo de esta obra es profundo y distintivo. No es una narrativa de emigraciones a un país de raíces europeas; aquí las raíces son indígenas y africanas, raíces no rechazadas sino celebradas. La multiplicidad migratoria llega a un lugar que aún está tratando de digerir su propia diversidad cultural. La vida de la hija del *cláper* es la historia cultural y política de la Venezuela de los años 1940-1980, única en abrir sus puertas a cuatro barcos llenos de judíos rechazados por el resto del mundo. Ella es una mujer en busca de sí misma, una mujer que respeta las tradiciones de su cultura, a la vez que trata de deshacerse de ellas. Al rescatar su pasado en este diálogo con su papá recopila la voz de sus antepasados y encuentra su propia alma. La novela es un diálogo abierto, interminable, que reproduce eficazmente ese discurso igualmente interminable entre padres e hijos, entre seres humanos y Dios y, por cierto, entre nosotros mismos. El contrapunteo va de lo sencillo a lo poético, de lo profundamente espiritual a lo romántico y seductor de esos boleros de los cincuenta y los sesenta. Abarca los milenarios proverbios en idish, la enseñanza del Talmud y los venezolanismos como *musiú, ñapa y rochela, arepas, hallacas, aguinaldos, joropos y guarachas*. Es de una poesía y espiritualidad que nos conecta, nos hipnotiza con aromas de humildes sopas de col y la fragancia de los habanos de Fidel. Nos mece nostálgicamente entre el siempre presente sonido siniestro de las botas de los soldados cosacos y los ritmos sensuales y calientes de mambos y merengues; entre la intimidad calurosa de una cena de *shabat* donde no hay sino agua para compartir con el invitado y el caudal inagotable de frutas jugosas, flores exóticas, verduras jamás vistas e imposibles de pronunciar con que el Caribe caliente recibe a Max, el inmigrante en traje y sombrero negro que no posee nada más que su *yármulke*.

En *Cláper* Alicia Freilich Segal eleva y afirma su tierra. Muestra cómo se la conquista en una generación. Ella no sólo se desempeña en la cultura y con el idioma, sino que se hace vocera, profesora, periodista, activista del idioma que sus padres casi no manejan, el castellano *musiú* y, para colmo, un castellano idish. La autora asume y reclama su autenticidad venezolana y judía, una autenticidad indudable, nada periférica sino tan legítima como la del mismísimo Simón Bolívar, a quien su papá el *cláper* dedicó varias poesías en idish. . .

Cláper es rescate y restauración. Es memoria. Nos da el testimonio de la odisea de Max, judío desplazado que no olvida nunca sus raíces, y el de su hija, que casi no logra identificar el origen espiritual de su fuerza. Mujer judía en un mundo latinoamericano en la primera mitad de siglo, la autora se adelanta a nuestras exigencias de fin de siglo. Nos muestra cómo vivir en nuestra época, cómo vivir cómodamente en nuestros mundos múltiples y diversos.

LA TRATA DE BLANCAS EN EL CINE

Nora Glickman*

Las cuatro películas que se comentan a continuación *(Asesinato en el Senado, Camino del sur, Last Embrace* y *Tango desnudo)* proporcionan representaciones imaginarias de las *polacas* y percepciones originales sobre la trata de blancas. Los directores, aunque a tres décadas de distancia de los hechos mismos, ocurridos en los años treinta en Europa y Argentina, han establecido nuevas perspectivas en las condiciones políticas y sociales prevalecientes en aquel entonces, tales como la corrupción de las autoridades oficiales de los organismos gubernamentales y la escandalosa explotación de las mujeres inmigrantes que se abrieron paso hasta Buenos Aires.

Aunque algunos de los personajes fácilmente pueden reconocerse como estereotipos del inframundo de la trata de blancas, está claro que los observadores del presente tienden a retratar a las mujeres en el negocio de la prostitución como si fueran víctimas a merced de padrotes sin escrúpulos y de procuradores que sacaban ventaja de la falta de liderazgo en el país. A fin de siglo los inmigrantes argentinos constituían la mayoría de la población.

Asesinato en el Senado (1984), dirigida por Juan Jusid, se desarrolla en la Argentina de los treinta. Se concentra sobre el corrompido ambiente político del país que condujo al intento de asesinato perpetrado contra el senador Lisandro de la Torre, uno de los pocos senadores ilustrados que hablaban en favor de la democracia. La película utiliza, exagerándolo, el contraste entre la *polaquita* recién llegada y menor de edad (piel blanca como la leche, ojos azules, sumisa) y las demás prostitutas, que se ven más viejas, profesionales y mejor adaptadas a sus trabajos. Representa a la madama encargada del burdel como una astuta mujer de negocios cuya única lealtad es hacia una clientela que le permite mantener abierto su establecimiento en un barrio residencial de Buenos Aires. Su preocupación por el bienestar de sus "chicas" está determinada tan sólo por la cantidad de beneficios que extraiga de ellas.

Asesinato en el Senado dirige su condena contra la corrupción generalizada entre algunos sectores del gobierno argentino y contra su manipulación de las relaciones internacionales, en particular las que tienen que ver con la exportación de carne refrigerada. Las estrategias económicas de Gran Bretaña en sus relaciones con Argentina y las jugosas ganancias que le producían

* Queens College, Nueva York.

se presentan como otra forma de explotación económica, como idénticas a la corrupción social y política del país. El senador Lisandro de la Torre fue el primero en exponer la complicidad entre los ingleses y los terratenientes argentinos, que se arreglaban para clasificar dolosamente la carne. Despojaban de sus ganancias a los ganaderos argentinos al exportar la carne de primera calidad como si fuera de segunda. La diferencia se la quedaban los intermediarios y los hacendados, que sacaban provecho de sus conocidos en la política y manipulaban las regulaciones oficiales en el Senado.

En la película de Jusid la "carne" que se vende a los mercados extranjeros representa una metáfora de las mujeres que, en los burdeles, eran vendidas como si fueran "comida" o "mercancías". Mientras todas las prostitutas retratadas en esta película son adultas, la *polaca* es una quinceañera que no entiende español y a quien obligan a satisfacer los caprichos perversos de sus clientes. A esta *polaca* la viola un malviviente. Jusid establece un paralelo entre la prostituta violada por un individuo corrupto y la Argentina (país de inmigrantes), contra quien los políticos del lugar cometen sacrilegio.

El proletariado izquierdista que se opone a la presidencia del general Uriburu está en el mismo nivel que la *polaca*. Cuando los trabajadores se quejan de la corrupción y los abusos y amenazan con irse a la huelga, unos rufianes al servicio de los políticos criminales los torturan con salvajismo. Es más, en los años treinta Argentina empezó a experimentar con el uso de picanas eléctricas sobre seres humanos. La película sugiere que la crueldad contra aquellos que se atrevían a desafiar a las autoridades es tan vil como la que se usaba en los burdeles contra las *polacas*.

La acción de *Asesinato en el Senado* alude a la nueva "campaña de moralidad" lanzada en Argentina en 1934 (sin resultados duraderos) después del largo periodo de corrupción que se dio bajo la dictadura militar de Uriburu. Durante este tiempo unos jueces honestos trataron de imponer las nuevas leyes sobre moralidad prohibiendo la prostitución y mandando cerrar muchos burdeles. El suicidio del senador De la Torre sucedió poco después del asesinato a sangre fría de su partidario, el doctor Enzo Bardever, que trataba de interceptar con su cuerpo una bala dirigida contra el senador durante una sesión del Senado en Buenos Aires. A pesar de la gran popularidad de que gozaba De la Torre entre las multitudes, su suicidio refleja la reacción desesperada del senador ante su incapacidad para conseguir cambios de importancia en el Senado.

La segunda de las películas, *Camino del sur*, dirigida por Juan Bautista Stagnaro (1992), sigue a una polaca desde su pueblo natal en Polonia hasta Argentina. Aquí los estereotipos se mueven dentro de un marco realista. El burdel (ubicado en La Boca, un distrito pobre de Buenos Aires) a veces está inundado por completo y toda la operación tiene que ser desmantelada por un tiempo; se ve a las prostitutas, víctimas de la consunción y de las enfermedades venéreas, pasar por los exámenes médicos de rutina en los hospitales del lugar, evidentemente para protegerlas contra la sífilis. A pesar de los exámenes, no era raro que los médicos del gobierno, por usar instrumentos poco higiénicos, transmitieran la infección que se suponía estaban previniendo.

La primera escena de *Camino del sur*, basada en un cuento de Bedia Feijó y Juan B. Stagnaro, el director, se enfoca sobre el ritual judío para la matanza de animales en un *shtetl* polaco. La primera sección (una de las cuatro en que está dividida la película) se llama "La posta", que quiere decir literalmente "un caballo fresco para remplazar otro que ya no sirve". La palabra viene de un capítulo del libro documental, de 1923, *Le Chemin de Buenos Aires* [*El camino a Buenos Aires*], de Albert Londres. La posta, como una metáfora usada por los tratantes de blancas, se refiere al cargamento de chicas secuestradas de sus pueblos en Europa Oriental, embarcadas a Buenos Aires y obligadas a practicar la prostitución.

Camino del sur sigue de cerca la "educación" de una prostituta. En este caso es incongruente que el polaco sea el idioma que hablan los personajes judíos ubicados en una aldehuela polaca, pues los campesinos judíos hablaban idish mientras que el polaco estaba confinado a las ciudades. Cuando la ambientación cambia a Buenos Aires, los idiomas que se hablan alternan entre el polaco y el español. Se recrea la vida religiosa del *shtetl* a través de la música y las canciones nupciales. La música evoca el paisaje de las aldeas y las costumbres de un pueblo aniquilado en la segunda Guerra Mundial. Sin embargo, las melodías que se escuchan en esta película están en polaco y no en idish. La música *klezmer* era la que tradicionalmente se tocaba en las bodas judías en todos los países del este de Europa. Las pañoletas campesinas tradicionales que usan estas mujeres (decoradas en el frente y completamente enrolladas alrededor de sus cabezas) también son diferentes de las pañoletas típicamente judías. Se percibe la influencia de la religión judía en la conducta sumisa de las muchachas, quienes no se oponen a las elecciones que sus padres hacen por ellas. La película ilustra la anuencia de los padres candorosos que, alentados por los procuradores locales al servicio de los tratantes, cambiaban con inocencia a sus hijas solteras por comodidades materiales y un futuro en Buenos Aires.

Tal es el caso en *Camino del sur*, que sigue el itinerario de un joven polaco que se hace pasar por un novio rico que regresa a Polonia a buscarse una esposa para llevarla con él a Buenos Aires. Después de la ceremonia religiosa judía, la pareja de recién casados sale hacia Argentina. El viaje a través del Atlántico se convierte en una cárcel para la joven novia. El barco, el lugar en que se inician en la prostitución, proporciona el primer escenario en que las mujeres prisioneras pueden establecer relaciones con otras mujeres en aprietos similares. Como explica Albert Londres en su narración, era una práctica común tratar mal a las muchachas en el barco para así ofrecerles mejores condiciones en el burdel.

La película ilustra brevemente la influencia de la Zvi Migdal, una organización. Después que la protagonista tiene un hijo del padrote que la explota, él se asegura de que ella nunca se escape utilizando a su hijo como arma. Le hace saber que, aun si quisiera, no podría traicionar al Zvi Migdal pues teme por su vida.

Camino del sur retrata en detalle la vida de tortura de la *polaca* y sus frecuentes intentos de escape. Su amorío romántico y callado con un cliente misterioso del burdel es una de las tramas secundarias que examina la película. La confianza que la *polaca* deposita en el cliente, que parece entenderla cuando se acuesta con ella pero que la abandona cuando la joven descubre que es sacerdote, simboliza el silencio de la Iglesia y de otras instituciones en una atmósfera de hipocresía y de doble moral. Ni el sacerdote católico (comprometido con el celibato) ni la prostituta (comprometida a vender su cuerpo a sus clientes) pueden expresar abiertamente sus sentimientos íntimos.

Camino del sur también explora las relaciones incestuosas y homosexuales entre las polacas. Mientras estaba en Polonia y era una muchachita la protagonista coquetea inocentemente con su hermano ortodoxo cuando lo incita a que baile con ella. Por su parte, el credo del hermano y la atracción que siente en secreto por su hermana lo hacen sexualmente reprimido.

Dentro del marco que proporcionan los días del carnaval, durante el cual la gente camina disfrazada por las calles y se permiten libertades que no se tomarían el resto del año, el hermano, de manera similar a la de un noble español del siglo XVII, viene a Buenos Aires para limpiar el honor de la familia. El círculo trágico se cierra con la película, cuando el hermano venga a la hermana y mata de modo ritual al padrote responsable de su deshonra. Mientras tanto, los guardaespaldas lo asesinan de manera brutal.

Tango desnudo (Naked Tango), dirigida por Leonard Shrader, tiene un reparto internacional que incluye al español Fernando Rey y, de Argentina, a Cipe Lincovsky. Unos vistazos de Rodolfo Valentino (con la fusta en la mano y las brillantes espuelas afiladas en las botas) dan el tono de sexo y violencia que perdurará el resto de la película. En ella se ve a Valentino retar a un rival y matarlo antes de conducir a la mujer en un tango. El baile inicia una serie de prácticas sexuales tortuosas a las que se somete la mujer victimada. De todo el vasto cuerpo de literatura derivada del tango, las observaciones realizadas por el ensayista argentino Ezequiel Martínez Estrada parecen las más apropiadas para describir lo que pasa en *Tango desnudo*. Martínez Estrada escribe que, aunque el tango preludiaba encuentros sexuales en los que se suponía que los hombres tenían el papel dominante, el baile por sí mismo no representa la fortaleza masculina sino la debilidad de los hombres. Para él el baile carecía de sensualidad pues tenía "la seriedad del hombre, quien parece inseminar sin placer, durante la cópula". Martínez Estrada va más lejos y proclama que el tango humillaba a las mujeres, no porque demostrara su subordinación sexual sino porque las dominaban hombres "pasivos" y "atados" como ellas.

Tango desnudo, un melodrama de suspenso basado en identidades equívocas, comienza en un viaje transatlántico de Europa a Argentina. Estefanía, una mujer recién casada, insatisfecha de su esposo, aprovecha la oportunidad para huir de éste, rico pero viejo, suplantando a otra mujer (Alba) que se había tirado por la borda. Estefanía pronto descubre que su destino nuevo es peor que su peor pesadilla. Cae entre las garras de los tratantes de blancas, que piensan que ella es Alba, la *polaca* que se había suicidado.

Durante la década de los veinte Buenos Aires se ganó una terrible reputación internacional como la pecadora metrópolis del "tango" y como un puerto donde forzaban a las vírgenes europeas secuestradas a vender sus cuerpos a extraños. Algunas de las historias provenían de las víctimas que escapaban de la servidumbre sexual y contaban más tarde historias horrendas de seducción y brutalidad. Tal es el caso en esta película, que se apega al diario que Estefanía continúa tras la muerte de Alba. Cuenta en el diario cómo su esposo la reconoció en el puerto de Buenos Aires porque se parecía a lo que le habían contado de ella, y como la llevó a una casa, donde su futura suegra le dio instrucciones para ser una buena esposa judía.

Cipe Lincovsky, la renombrada actriz argentina de origen judío, en el papel de madama polaca, interpreta un personaje que despierta asco y curiosidad a la vez. Como suegra responsable, le da la bienvenida a la novia con *Una mamá judía* como música de fondo y una mesa repleta de comida. Para más cinismo, hace como que "comprende" a la novia cuando le da un corazón de pollo para que manche las sábanas durante la noche de bodas, como prueba de que era virgen aunque no lo haya sido.

Lo único que ofrece Shrader es un vistazo a la conducta de la comunidad judía, pues interrumpe la boda creando un disturbio afuera de la sinagoga. El novio tranquiliza a su futura esposa diciéndole: "No les hagas caso. Son de una sinagoga radical. . . Están celosos, te digo. No hay mujeres en esta ciudad". La multitud, sin embargo, está manifestándose en contra del matrimonio fingido cometido por la parte impura de la comunidad, la Zvi Migdal.

A través de toda la película hay un entendimiento entre los empleados del gobierno y los padrotes, que les da a estos últimos la sensación de que son dueños de la ciudad. Cuando Alba escapa del burdel para pedir auxilio, los policías conocen bien a Rico Bornstein, el padrote que la esclavizó. Uno de los oficiales comenta: "Él dice que sus esposas son vírgenes de París pero en realidad siempre son judías de Varsovia". Aún más, en lugar de salvar a la víctima, prontamente la devuelven a su "esposo" fingido y a la subyugación perpetua.

La banda de Bornstein es rival de la Zvi Migdal, aunque a los ojos de los gentiles argentinos todos los tratantes pertenecen a la misma mafia. El director da una mirada a una subasta de polacas, que basta para mostrar cómo los padrotes examinan la "mercancía" que se exhibe sobre un pedestal mientras comentan en idish: "Gib a kuk, a tujes, azá sheyne meidl" ("Mira qué trasero, qué linda chica").

Es importante que en *Tango desnudo*, como en *Camino del sur*, los padrotes más poderosos resultan hombres impotentes. Paradójicamente, la fantasía más acabada de la película es la del padrote que lo tiene todo pero está reprimido en su sexualidad. En *Tango desnudo* el lenón satisface sus fantasías eróticas a través del voyerismo, mirando a su propio hermano violar a la mujer esclava que él pudo haber poseído. Su única fuente de placer es bailar tangos eróticos, no en un salón de baile sino en un matadero, donde se desliza sobre charcos de sangre animal mientras sostiene una navaja abierta contra la garganta de su compañera.

La mayoría de los lectores que conozcan *El matadero*, la magistral historia del siglo XIX de Esteban Echeverría, reconocerán de inmediato la situación representada en ese cuento y el simbolismo paralelo que intenta esta película. Echeverría condenaba las medidas inclementes que el dictador Juan Manuel de Rosas tomó contra quienes se oponían a sus ideas despóticas. La brutalidad del matadero y el abuso contra las víctimas (mujeres, extranjeros) están claramente establecidos en esta película.

Después de intentar huir de sus explotadores en repetidas ocasiones, Alba tiene éxito y encuentra a su legítimo esposo. Él la reconoce y la reclama para sí. Aunque ella vuelve por un tiempo a su vida de esposa de un político rico, su pasado reciente interfiere y no puede evitar la tragedia final. El padrote que la exige de vuelta la sigue, los mata a ella y a su esposo y paga por ello con su propia vida.

Último abrazo, bajo la dirección de Jonathan Demme, es un *thriller* basado en *The Thirteenth Man*, una novela de Murray Teigh Bloom, y en una obra de teatro de David Shaber. La acción transcurre en los años setenta, en selectos escenarios coloridos, entre los que están las cataratas del Niágara y la Universidad de Princeton, en Estados Unidos. La heroína es una estudiante de posgrado cuya investigación la conduce a descubrir la verdad sobre su abuela (una inmigrante judía) y a buscar venganza por la tragedia que destruyó su salud. Ella hablará ahora por su abuela y será su vengadora. Por esta razón el director asigna los dos papeles, el de abuela y el de nieta, a la misma actriz.

La trama se refiere sólo de paso a la trata de blancas, mientras sigue la huella de una organización criminal de traficantes judíos. En repetidas ocasiones atentan contra la vida de Harry Hannan (Roy Sheider), un agente del gobierno. Aunque al parecer no hay ninguna relación entre él mismo y otros hombres asesinados en extrañas circunstancias, Hannan determina que todos eran judíos. En el transcurso de la investigación también descifra una clave en arameo, proveniente del siglo I d. C., usando el Deuteronomio, capítulo XIX, versículo 12. Las palabras *goel hadam*, que quieren decir "el vengador de la sangre", cobran sentido para Hannan cuando las relaciona con los otros atentados que acabaron en homicidio.

Al final descubre que las iniciales Z. M. quieren decir Zvi Migdal, la organización criminal que ocultaba sus cuarteles detrás de la vieja sinagoga del Lower East Side de Nueva York. Encuentra las mismas iniciales inscritas sobre la tumba de su padre y las vuelve a encontrar sobre el escritorio de un profesor de antropología de Princeton.

El asesino múltiple resulta ser una muchacha (Janet Margolin) que, fingiendo realizar una investigación erudita, estaba buscando vengar a su abuela muerta, una víctima del Zvi Migdal que fue violada y esclavizada por los padrotes. Eva está comprometida a cazar y matar a los nietos de aquellos que lastimaron a su abuela que, como ella misma, se llamaba Eva.

A diferencia de las otras tres películas, ésta expresa la rabia de la víctima oprimida. La verbalización de las condiciones de la mujer sólo se produce dos generaciones después de que ocurrieron los hechos. La nieta, elocuentemente, defiende su inocencia y condena a los hombres por convertirla en una víctima. Ésta es la razón por la cual, a pesar de que asesinan a la nieta de un modo espantoso al final de la persecución, los espectadores pueden identificarse con su búsqueda frenética de justicia y con su deseo desesperado por redimir la muerte de su abuela. Ésta es la primera vez, a tres generaciones de distancia de los dramáticos hechos, que una mujer habla sobre la ira y la humillación de las víctimas. Los espectadores pueden identificarse fácilmente con su elocuencia, expresada en su plan insensato para vengar los actos cometidos contra su abuela, el cual la abatió en cuerpo y alma. Como dice Aaron Applefeld sobre la conducta de los nietos de los sobrevivientes del Holocausto, tuvieron que pasar tres generaciones para que pudieran expresar el dolor completamente, pues quienes lo vivieron habían sufrido demasiado como para hablar de las brutalidades que sufrieron.

SÉPTIMA PARTE
ANTISEMITISMO

LA PRIMERA GUERRA MUNDIAL, EL ANTISEMITISMO Y LA UNIDAD JUDÍA EN ARGENTINA

Victor A. Mirelman*

ARGENTINA, aunque muy lejos de los campos de batalla, resultó muy afectada por la primera Guerra Mundial. Desde un comienzo la administración de Victorino de la Plaza se declaró neutral en relación con el conflicto europeo.

Cuando en 1916 resultó electo el Partido Radical, el nuevo presidente, Hipólito Yrigoyen, ratificó la neutralidad. Pero en ese momento el país se había dividido ya entre neutralistas y rupturistas. Estos últimos aplicaban una presión creciente sobre el gobierno para que le declarase la guerra a Alemania y se alinease con los aliados económicos y políticos tradicionales del país. No obstante, Yrigoyen resistió la retórica de las diversas fuerzas probélicas, entre las que se contaban algunos sectores de los radicales y los socialistas, así como el grueso de los conservadores, influidos éstos por el gran peso de las comunidades italiana, francesa, belga, inglesa y norteamericana que había en el país, así como de su aparato cultural y periodístico.

También los judíos de la nación estaban divididos, aunque la enorme mayoría apoyaba a los aliados. Casi todos los judíos alemanes se mantuvieron fieles a su país de origen, y lo mismo ocurrió con los franceses y los ingleses. Para el sector más grande, el de los judíos de Europa Oriental, la cuestión era más complicada, porque siempre les había costado bastante tomarle cariño a la Rusia zarista. Después de la revolución de Kerensky, a principios de 1917, ya nada impedía su apoyo total al esfuerzo aliado. Sin embargo las sociedades judías del país mantuvieron una neutralidad rigurosa y uniforme y en sus reuniones evitaron toda discusión pública sobre la guerra. Esto se debía, primero, a que en todas las asociaciones había miembros con lealtades en conflicto y, segundo, a que en general sentían que, como judíos, era preferible no tomar partido.[1]

A medida que avanzaba la guerra empezó a desarrollarse una excepción muy notoria entre los sionistas, sobre todo los miembros de la Federación Sionista Argentina (FSA), que a mediados de 1916 adoptó una posición proaliada y entabló fuertes vínculos con el embajador británico, sir Reginald

---

* Spertus Institute de Estudios Judaicos y Universidad de Illinois.

[1] El hecho de que las sociedades judías, como la Congregación Israelita, Ezrah y otras, mantuvieran una estricta neutralidad mientras sus miembros, como individuos, tomaban partido en la guerra europea es algo que se refleja claramente en las actas de las reuniones de consejo y en la correspondencia que se encuentra en sus archivos.

Tower. Esto coincidía con la posición de los dirigentes de la organización sionista en Europa y Estados Unidos, a la que se adhirió rápidamente la FSA. El sentimiento proaliado entre los judíos argentinos crecía a medida que las fuerzas británicas ganaban terreno en el Cercano Oriente, y culminó con la formación de un grupo local de la Legión Judía.

Durante los años de guerra la judería argentina vio parcialmente cortados sus vínculos con el Viejo Mundo. La inmigración estaba casi detenida. Las publicaciones y cartas del otro lado del océano llegaban muy intermitentemente, y las noticias hablaban de devastación y desintegración de un importante sector de la judería del este de Europa. Hasta los subsidios para la educación judía que se enviaban por los buenos auspicios de la Jewish Colonization Association iban mermando poco a poco, ya que en Europa había necesidades más urgentes.[2]

De hecho había llegado el momento de que los judíos de Argentina apoyasen a las víctimas judías de la guerra, preocupación esencial de la judería de todo el mundo. La joven comunidad del Cono Sur de América se vio a sí misma, por primera vez, bajo una luz totalmente diferente. En este trabajo se analizarán dos temas principales. Primero, cómo el cambiante programa de la judería mundial afectó a las sociedades judías locales, en particular con el enorme crecimiento del movimiento sionista. Segundo, cómo los activistas locales percibieron la necesidad de organizar a la comunidad judía de todo el país para realizar una labor más efectiva en favor de la judería mundial, así como para su propia defensa, en vista de las crecientes expresiones de xenofobia y antisemitismo. Estos dos temas están íntimamente relacionados.

El sionismo argentino experimentó una transformación dramática durante la guerra, y de ser organización marginal se convirtió en una importante fuerza política dentro de la comunidad judía local. Esta evolución pudo advertirse en tres niveles. Primero, los sionistas mostraron su preocupación por las víctimas judías de la guerra europea y organizaron la estructura necesaria para darles ayuda; segundo, tenían un legítimo interés por consolidar a los judíos argentinos en una comunidad más firme, con un poder y una dirigencia adecuados; por último, mostraron un celo creciente por difundir el mensaje sionista en todo el país.

A principios de 1915, a fin de contribuir a aliviar el drama de los judíos de Europa, destacados sionistas de Buenos Aires, con ayuda de unos cuantos activistas judíos, organizaron el Comité Central Pro Víctimas Israelitas de la Guerra (Zentral Komité far Idishe Miljome Leidnde). En muy poco tiempo lograron convertirse en una institución nacional, con más de setenta filiales en el interior de Argentina y en Uruguay, Paraguay y Chile. En poco

---

[2] Véase Victor A. Mirelman, *Jewish Buenos Aires, 1890-1930. In Search of an Identity*, Detroit, 1990, pp. 150-151.

más de cuatro años el Comité Central, gracias a una gran variedad de actividades y recursos de recaudación, logró enviarle más de 530 mil pesos al American Jewish Joint Distribution Committee.[3]

En cuanto a la organización de los judíos en Argentina, a finales de 1915 los sionistas comprendieron que a medida que, en los años de guerra, la comunidad iba empezando a adquirir forma, tenía que hacerlo sobre bases más sólidas. Además de sus metas sionistas, dirigidas hacia el exterior, se concentraron en varios proyectos locales. Entre ellos se contaba despertar el orgullo y el honor nacional de los judíos, tender puentes entre la judería local y el pueblo judío en general, sobre todo en Europa y América del Norte y, por último, desempeñar un papel político en relación con el gobierno argentino, a fin de conseguir su apoyo para los objetivos sionistas. Con estas metas los sionistas convocaron a la formación de un Congreso Judío Argentino, por medio de la elección de delegados de todo el país. El congreso se reunió en Buenos Aires del 26 al 29 de febrero de 1916 y logró en parte lo que se deseaba. Más abajo analizaremos sus implicaciones.

Los años de guerra provocaron un resurgimiento del sionismo, tal como ocurrió en Estados Unidos.[4] En 1916 se inició un periodo de aumento fundamental de las actividades sionistas. A principios de 1917 la FSA le pidió a la dirigencia sionista de Estados Unidos que enviara a un propagandista que promoviera en la comunidad del país las aspiraciones a una nación judía. La federación argentina sentía que era el momento adecuado para difundir los ideales sionistas entre los judíos que poco o nada sabían al respecto, o que hasta entonces se habían mostrado indiferentes e incluso hostiles a esas metas. En consecuencia llegó de Estados Unidos el doctor Baer Epstein, quien recorrió las comunidades judías de Argentina y de algunos de los países vecinos desde marzo de 1917 hasta su partida, a principios de 1919. Epstein era un orador apasionado de la causa sionista y le dio un inmenso impulso en Argentina. En palabras de un cronista de la época, Epstein "escribió un brillante capítulo de la historia del sionismo argentino".[5]

A comienzos de la primera Guerra la dirigencia sionista europea estaba dividida en relación con el conflicto. A finales de 1914 el ejecutivo sionista decidió que el movimiento se mantuviese neutral en relación con las actividades beligerantes de los países europeos.

La oficina central, que estaba en Berlín, se trasladó a la neutral Copenha-

[3] Mirelman, *op. cit.*, pp. 185-186 y 274, n. 6.

[4] Sobre la oleada de sionismo en Estados Unidos véase Jehuda Reinharz, "Zionism in the U.S.A. On the eve of the Balfour Declaration", *Studies in Zionism* 9: 2, otoño de 1988, pp. 131-145.

[5] Archivo Sionista Central en Jerusalén (en lo sucesivo ASC), Z4 1658 (1920-1922), Informe de la FSA sobre actividades sionistas en Argentina durante los últimos ocho años. Véanse también Mordechai (Marcos) Regalsky, "Politische shtremungen und partaien in argentiner ishuv" ["Partidos políticos en Argentina"], *Yoblbuch Idishe Zeitung*, Buenos Aires, 1940, pp. 542-543; Y. L. Gorelik, *Be'eretz Nod* [*En la tierra de Nod*], Buenos Aires, 1943, p. 155.

gue, y las actividades sionistas se transfirieron a diversas capitales de las grandes potencias; algunas incluso se instalaron en Estados Unidos. Los dirigentes del movimiento, como Louis Brandeis, Vladimir Jabotinsky, Jaim Weizman, Nahum Sokolow y Ejad Haam, estaban convencidos, desde principios de la guerra, de que el imperio otomano se derrumbaría, y opinaban que era el momento de vincular el futuro del sionismo con Gran Bretaña. Weizman reconoció muy pronto la combinación de factores que acercaba las metas sionistas y británicas en el Cercano Oriente. "Se desarrolló así una situación en la cual los sentimientos mutuos, junto con los intereses comunes, se fusionaban para alcanzar fines políticos similares." La Declaración Balfour del 2 de noviembre de 1917 marcó el inicio de la política sionista británica.[6] En Argentina la declaración cayó en el terreno fértil que dejara Epstein al difundir el mensaje sionista, y motivó también a inmigrantes judíos más jóvenes, seguidores de diversos tipos de sionismo laborista. Un buen número de estos últimos se ofreció para servir, bajo la bandera británica, en la Legión Judía, y un primer contingente llegó a zarpar de Buenos Aires rumbo a los campos de batalla el 4 de octubre de 1918. Otros voluntarios, a punto de salir hacia Inglaterra y Palestina, no pudieron hacerlo ya por el armisticio. Además, la difusión del entusiasmo sionista se pudo medir positivamente por las animadas celebraciones del primer aniversario de la Declaración Balfour, en noviembre de 1918, en sectores que antes se mantenían alejados del sionismo, como algunos grupos sefardíes, la Congregación Israelita y diversas asociaciones culturales y de estudiantes. De modo que al final de la guerra el sionismo había alcanzado un nuevo nivel de reconocimiento y legitimidad, impulsado por la Declaración Balfour, los triunfos de Allenby y la creación de la Legión Judía. El espaldarazo de Gran Bretaña al sionismo estaba contribuyendo a su prestigio incluso en la remota Argentina. La popularización de los objetivos sionistas durante la guerra contribuyó a que los judíos argentinos se mostrasen mucho más abiertos a los *schleijim* (emisarios) de Palestina en los años veinte, como Leib Jaffe, Judah L. Wilensky, Benzion Mossensohn, Alexander Goldstein y Jacob (Akiva) Ettinger.[7]

El Congreso Judío Argentino

La iniciativa de celebrar un congreso judío en Argentina fue una propuesta de la FSA en respuesta a los que se habían realizado en Italia y en Estados Unidos. En las primeras semanas de la guerra Luigi Luzzatti, ex primer ministro de Italia, proclamó que todos los judíos, en todas las naciones, debían

---

[6] Jehuda Reinharz, *Zionism and the Great Power: A Century of Foreign Policy*, The Leo Baeck Memorial Lecture núm. 38, Leo Baeck Institute, Nueva York, 1994, pp. 6-7.

[7] *Cf.* Mirelman, *op. cit.*, pp. 120-123 y 261-262, n. 42-53.

recibir los mismos derechos que los demás ciudadanos, y que el pueblo judío debía tener su propia patria. Con ese fin creó un comité "pro causa judaica", compuesto por renombradas personalidades italianas de distintos campos de actividad. Cuando Italia entró en la guerra la idea encontró suelo fértil entre sionistas de Estados Unidos, que imaginaban un sólido cuerpo de representantes judíos presentando ante la futura Conferencia de Paz, al finalizar la guerra, esos temas específicos. . . iguales derechos y una patria judía.

En Argentina los sionistas de la FSA invitaron a los dirigentes de otras sociedades judías a formar un comité Pro Congreso Judío Argentino. En el "Llamamiento a un Congreso Judío" se describían las persecuciones y sufrimientos de los judíos de Europa Oriental; terminaba con una apasionada súplica para que los judíos argentinos cobrasen conciencia de las necesidades de los del resto del mundo y se registrasen para la elección de 120 representantes, de manera que la voz de esta comunidad pudiese hacerse oír junto a la de otras juderías del mundo.

Tras unos cuantos meses de febril actividad los delegados electos, entre los que había una mujer, se reunieron en Buenos Aires, a finales de febrero de 1916, para las deliberaciones. El congreso recibió muchísima publicidad; la mayoría de los semanarios y diarios tenían información al respecto e incluían detalles de los discursos y las resoluciones.

El primer punto —iguales derechos para los judíos en todos los países en que vivan— fue aprobado unánimemente por aclamación. En cuanto a la cuestión de un hogar judío en Palestina, no hubo más que una ligera oposición. La sociedad bundista Avangard se había negado a participar en el congreso porque ése era uno de los temas. De modo que las únicas voces de desacuerdo provinieron del sector anarquista, sobre todo del delegado de la Biblioteca Rusa y de otras sociedades de obreros, como la Biblioteca Progreso, Jacob Gordin y la Biblioteca Villa Crespo. Como se esperaba el voto fue abrumador: de 110 delegados presentes sólo 4 votaron en contra. En consecuencia el congreso telegrafió a los organizadores del American Jewish Congress cuál era la voluntad de la judería argentina en relación con las peticiones ante una eventual Conferencia de Paz.[8]

En la historia del sionismo argentino no se le atribuyó demasiada importancia a este congreso. Un cronista de la época, involucrado en él, lo consideró secundario en la oleada de sionismo de la guerra, diciendo que la visita del doctor Epstein y la Declaración Balfour habían sido los factores decisivos de ese entusiasmo.[9]

---

[8] *Bericht fun'm Yddishen Kongress in Argentina* [*Informe del Congreso Judío Argentino*], Buenos Aires, 1916; *Juventud*, 6: 49, julio de 1916, pp. 77-89; Natán Gesang, "A kapitel argentiner zionistish politik" ["Un capítulo de la política sionista argentina], *Yoblbuch Idishe Zeitung*, Buenos Aires, 1940, pp. 609-620.

[9] Gorelik, *op. cit.*, p. 155.

Sin embargo, el enorme apoyo de los delegados a la posición sionista de una patria judía en Palestina, y la aclamación *de facto* de los dirigentes sionistas como dirigentes de la judería argentina, los alentaron sin duda a seguir adelante e invitar a un emisario permanente del exterior. Ya se había sondeado el ambiente y los sionistas se sintieron impulsados a nuevos objetivos.

El último punto al congreso lo presentó el delegado de Moisesville, Noe Cociovich, y tenía que ver con la organización y representación de la judería argentina. Sostuvo la necesidad de una organización de ese tipo por los frecuentes ataques contra ellos en Argentina, país caracterizado, por lo demás, como de igualdad y libertad. Un segmento mayoritario de los judíos de la nación, so capa de ser "extranjeros", podían ver limitados sus derechos por un capricho del Poder Ejecutivo o debido a denuncias de ciertos sectores de la prensa local. Un cuerpo representativo podría hablar en nombre de toda la población judía y tronchar los primeros brotes de antisemitismo en cuanto apareciesen. Cociovich ofreció varios ejemplos. Uno eran las acusaciones de 1908 contra las escuelas judías de las colonias de Entre Ríos por impartir una educación "extranjera". Este incidente, aunque serio, no había sido el único, sobre todo en una época de profundo revisionismo cultural en un país que estaba en búsqueda de sus raíces más auténticas. Ricardo Rojas, quien publicó *La restauración nacionalista* en 1909, se convirtió en el abanderado de esta postura, cada vez más hostil a las culturas y valores étnicos, y exigiendo la rápida argentinización de todos los inmigrantes y de sus hijos. Cociovich también le recordó al público las acusaciones en el sentido de que los judíos formaban en el país un Estado dentro de un Estado, que trataban de desmoralizar a la población en general y no se regían por las leyes nacionales. Cuando un diario tan importante como *La Nación* publicaba comentarios como ésos, ¿cuál era la respuesta judía? Pasividad, decía Cociovich, aseverando que un cuerpo de representantes podría responder con autoridad a esas falsas imputaciones. Una sección de estadísticas reuniría información acerca de la inmigración judía, datos de población, logros educativos y contribuciones de los judíos a la agricultura y la economía del país. "Serían nuestras armas contra los ataques y contra el trato injusto." Cociovich abogaba por el desarrollo y la disponibilidad de datos para invalidar las despreciables ideas que se divulgaban contra los judíos.

No bastaba con una simple negativa. Tenía que estar basada en información precisa para ilustrar al público y, con suerte, hacerle cambiar de opinión. Por eso había que crear una biblioteca y un archivo para conservar esa documentación hasta que se la necesitase. En última instancia, con base en esa información se redactarían los textos apologéticos que hiciesen falta.[10]

Como último ejemplo de antisemitismo Cociovich hizo que los delegados se remontasen a 1906. En ese año la Sociedad Argentina Contra la Crueldad

[10] Bericht, pp. 31-38. *Cf.* también Mirelman, *op. cit.*, pp. 53-61.

hacia los Animales denunció el método judío de matanza ritual como cruel y opuesto a la legislación vigente en la ciudad de Buenos Aires. Aunque se realizaron inspecciones e investigaciones, no quedó claro si el asunto se basaba en razones humanitarias o en el antisemitismo. A finales del siglo XIX y principios del XX hubo ataques contra esta práctica histórica judía tanto en Europa como en Estados Unidos. Lo mismo los humanitaristas que los antisemitas abogaban por la proscripción de la *shejitá*, alegando que, en el mejor de los casos, era una reliquia del pasado bárbaro y, en el peor, un intento deliberado de hacer sufrir a los animales. En Argentina el asunto afectó a millares de familias que observaban las leyes alimentarias del *kashrut*.[11]

Los ecos de esta controversia llegaron a la prensa judía en Europa y crearon inquietud entre los judíos que planeaban emigrar a Argentina. Una sociedad que ayudaba a los emigrantes judíos que iban a Sudamérica le envió una nota al respecto al ministro argentino en Berlín, doctor Indalecio Gómez, señalando que en un momento en que los judíos rusos emigraban en grandes cantidades a Argentina, "con grandes ventajas para el país, una prohibición de ese tipo podía interrumpir la inmigración". Gómez les aseguró que no se había proclamado interdicción alguna contra la libertad de los ciudadanos, y que "cualquiera injustamente impedido de la libre ejecución de sus deberes religiosos" podía "apelar a la justicia federal que, indiscutiblemente, eliminará el obstáculo".[12]

La controversia en torno a la *shejitá* duró como mucho un par de meses. El mismo Cociovich redactó un documento en español basado en el texto clásico de Isaac Dembo defendiendo la *shejitá* contra las imputaciones de crueldad por parte de los antisemitas rusos. Un minúsculo grupo de sionistas ayudó también, por medio de contactos personales, a impedir el riesgo de que se prohibiese la práctica. No obstante, el señalamiento que hizo Cociovich en el congreso seguía teniendo validez. Si hubiese estado disponible el trabajo de Dembo, y en español, el problema se hubiese simplificado mucho.[13]

El caso de la *shejitá* es de especial interés porque al mismo tiempo (1906), en Nueva York, el talmudista más célebre de su generación, Louis Ginzberg, le mandó una carta al editor de *The Nation* defendiendo la *shejitá* de manera un poco indirecta. La carta era en respuesta a un artículo previo de *The Nation* en el cual se decía que el judaísmo y el cristianismo desdeñaban la im-

---

[11] Bericht, p. 35; *La Nación*, 28 de marzo de 1906, p. 8, y 29 de marzo de 1906, p. 9; *El Sionista*, 1 de abril de 1906, p. 12; 23 de abril de 1906, p. 8 y 20 de junio de 1906, p. 3.

[12] *Jewish Cronicle*, 25 de mayo de 1906, p. 16; véase también el número del 20 de abril de 1906, p. 21.

[13] Bericht, p. 35. El trabajo de Dembo se publicó originalmente en Leipzig en 1894; se tradujo al inglés y apareció en Londres como *The Jewish Method of Slaughter* ese mismo año. La versión en hebreo se publicó asimismo en 1894. Véase también ACS Z. B. Colonia B. Ig 123 fasc. 1, Esteban Crenovich al Comité de Acción Sionista (Colonia), e *ibidem*, Informe sobre la historia del sionismo en Argentina, 14 de marzo de 1907, p. 7.

portancia de los animales en el esquema del mundo. Ginzberg demostraba el carácter humanitario de ambas religiones occidentales citando ejemplos de la Biblia y de fuentes judías posteriores. El tono del artículo indica claramente un proyecto político, además de la necesidad de defender la observancia de las leyes alimentarias. Unos años más tarde, en 1913, Ginzberg demolió sistemáticamente todas las objeciones contra la *shejitá* con citas de respetados científicos, en un artículo inequívocamente polémico, cuyo verdadero objetivo era desenmascarar el antisemitismo en el origen de la agitación contra esa práctica. Ese mismo año Louis Marshall, por entonces presidente del American Jewish Committee, había recibido una copia del testimonio presentado contra Mendel Beilis en el infame juicio de Kiev por el libelo de la sangre. Marshall, que daba mucho apoyo al Jewish Theological Seminary en el que enseñaba Ginzberg, le pidió a éste una refutación de los argumentos contra Beilis y las prácticas rituales judías. Ginzberg redactó un largo documento que demolía las imputaciones de misantropía judía, odio a los cristianos y prácticas rituales bárbaras. Si bien la solicitud de Marshall coincidió con la declaración de inocencia de Beilis en Kiev, se puede hacer una importante inferencia del hecho de que Marshall no cancelara su petición. Tanto él como Ginzberg comprendían la necesidad de responder a toda distorsión de los derechos judíos dondequiera se los pudiese negar, y de protegerlos en los países en los que se concedían. Ambos, hombres de visión y responsabilidad comunitaria, líderes intelectuales y políticos que se ubicaban en el centro de la vida judía norteamericana, entendían los valores de la apología y la polémica, y no se negaban a usar para ello las armas eruditas de que disponían. En el lejano Buenos Aires, mundo por entero diferente, había una necesidad similar. Aunque no podían tener a su lado a Louis Ginzberg, se veía muy bien la utilidad de las polémicas respuestas eruditas a las imputaciones de los antisemitas.[14]

La importancia del Congreso Judío Argentino fue poco perdurable. Pese a las expectativas de quienes lo convocaron, no causó un fuerte impacto en la subsecuente batalla por el liderazgo entre los judíos del país. La resolución de establecer un comité de 36 delegados para seguir estudiando la cuestión de la representación judía no fue más allá del nombramiento del comité, que probablemente nunca llegó siquiera a reunirse y, si lo hizo, no dejó huellas. Pero por el lado positivo, el congreso creó conciencia de la necesidad de combatir frontalmente el antisemitismo tanto en Argentina como en el extranjero.

[14] Baila R. Shargel, "Louis Ginzberg as apologist", *American Jewish History* 79: 2, invierno, 1980-1990, pp. 210-220. Qué irónico que el fundador del Partido Socialista de Argentina y mentor de toda una generación de dirigentes socialistas en ese país, Juan B. Justo, cuando le pidieron un comentario sobre el caso Beilis, respondiera que "en cuestiones de religión y superstición considero que todo es posible [y] si los judíos son capaces de practicar la circuncisión, también pueden tener otros rituales sanguinarios", *Shtraln* 2, diciembre de 1913 y *Juventud* 3: 31, enero de 1914, p. 51.

La intervención de Cociovich, así como los discursos clave de Salomón Liebeschutz y Natán Gesang, reflexionan sobre el antisemitismo en Europa, en Estados Unidos y, sobre todo, en Argentina. La idea subyacente era que los asuntos que señalaban los antisemitas tenían que responderse con textos eruditos basados en datos históricos y evidencia científica. Esos artículos, aunque apologéticos, podían cumplir el propósito de no permitir que las imputaciones difamatorias quedaran sin respuesta.

Apenas cuatro meses después de la clausura del congreso sus dirigentes encontraron la oportunidad de llevar a cabo precisamente lo que habían discutido. El prestigioso *Boletín Mensual del Museo Social Argentino* publicó un artículo de Francisco Stach en el cual el autor pasaba revista a los logros de varios grupos de inmigrantes en el país, denigrando los de los judíos. Stach decía que el elemento menos apto para la nación eran los judíos rusos, porque entre ellos "hay muchos elementos peligrosos, anarquistas, caftens (dedicados al tráfico de blancas) y prostitutas capaces de cometer actos criminales". Escribía además que en Argentina los judíos no tenían éxito como agricultores ni como artesanos. Estaban sobre todo en el comercio y controlaban el mercado cerealero, no sólo en el país sino también en el nivel internacional. Además, Stach sugería que el aumento de quiebras fraudulentas durante los años previos se debía a la participación de los judíos. Por último, "aparte de las razones religiosas, económicas y morales, que deberían bastar para no fomentar la inmigración judía sino para rechazarla de plano, hay también una razón fisiológica, porque no hay otra raza en Europa más degenerada que la judía. Hoy tenemos en los manicomios de la capital un gran número de niños degenerados e idiotas de origen judío".[15]

Poco después se publicaron dos importantes respuestas apologéticas en sendas publicaciones académicas muy respetadas. Manuel Bronstein, un joven estudiante que había asumido un papel dirigente en la Juventud Israelita Argentina, una sociedad cultural judía, respondió, defendiendo la inmigración judía, en la misma revista en la que apareciera el artículo de Stach. Empezó por trazar una clara diferencia entre los *caftens* y las prostitutas judías y el resto de la comunidad, que no tenía ningún contacto real con ellos en la vida cotidiana. Segundo, Bronstein demostró que la inmigración judía cumplía las tres condiciones que consideraba más importantes para una buena asimilación al país: el hábito de trabajar, costumbres morales y salud física. Además, destacaba las contribuciones que habían hecho los judíos al progreso económico argentino y a la cultura del país.[16]

La segunda respuesta fue del mismo Natán Gesang, que hiciera una de

---

[15] Francisco Stach, "La defensa social y la inmigración", *Boletín Mensual del Museo Social Argentino* 5: 55-56, julio-agosto de 1916, p. 384 y siguientes.

[16] Manuel Bronstein, "La inmigración israelita", *Boletín Mensual del Museo Social Argentino*, 5: 59-60, noviembre-diciembre de 1916, pp. 550-567.

las presentaciones clave del congreso, un avezado líder sionista con una educación judaica impresionante. Escribió en la misma línea que Bronstein, subrayando las contribuciones del pueblo judío a la civilización en general, así como el Talmud, a Filo y varios estudios sociológicos e históricos, incluyendo los de Werner Sombart. Proporcionó copiosos datos sobre las actividades económicas de los judíos en Argentina y los lazos judaicos históricos con la agricultura en Rusia, Palestina, Estados Unidos y la misma Argentina. También incluyó una sección sobre sionismo y otra sobre antisemitismo en Europa, con citas de algunos de los estudios más malignos, como los de Drumont, Picard y Chamberlain. Por último, también para refutar las imputaciones de Stach, citó estudios sobre los judíos y la criminalidad en varias regiones de Europa Central. Como buen apólogo, tiene secciones sobre los judíos en el arte y la ciencia y los judíos en la guerra, demostrando claramente que habían servido en las fuerzas armadas de todas las naciones beligerantes de Europa.[17]

Durante los años de la guerra, época en que tanto los intelectuales como los políticos especulaban sobre lo que ocurriría después de la guerra, algunos miembros de la comunidad de Argentina se las ingeniaron para sacar artículos sobre los judíos en las publicaciones académicas del país. El Congreso Judío Argentino les había hecho ver la necesidad de hacerlo como señal de integración al país y forma de defender sus derechos como judíos y como argentinos.

Es interesante notar que al año siguiente el rabino Samuel Halphon, de la Congregación Israelita, le solicitó al presidente del Consejo Municipal de Buenos Aires, el doctor Francisco Beiró, la supresión de ciertos libros antisemitas del programa escolar. Ocho semanas después del fin de la guerra, durante la Semana Trágica, tuvo lugar un importante ataque físico contra los judíos. La respuesta de la comunidad se vio facilitada por la experiencia y el avance en materia de acercamiento que se había logrado durante los años de la contienda. El tono y el contenido de esa respuesta, así como la subsecuente petición a las autoridades, eran de carácter apologético y no demasiado imperativo, pero lograron ponerle un alto a la violencia física y sacar la lucha de las calles para llevarla a un debate en los medios impresos acerca del valor de la inmigración judía.[18]

---

[17] El Museo Social Argentino y otros grupos académicos siguieron interrogando a escritores, pensadores y políticos de renombre sobre la cuestión de los inmigrantes deseables para el país. *Vida Nuestra* difundió un cuestionario sobre los inmigrantes judíos y publicó las respuestas a lo largo de 1919.

[18] Natán Gesang, "Los judíos", *Revista Argentina de Ciencias Políticas, Derecho Administrativo, Economía Política, Sociología, Historia y Educación* 13, 1916, pp. 225-247.

¿CATÓLICOS ANTISEMITAS E IGLESIA ANTISEMITA? EL CASO DE LA IGLESIA CATÓLICA ARGENTINA DURANTE LOS AÑOS DEL HOLOCAUSTO

Graciela Ben-Dror*

Este estudio sobre la Iglesia católica respecto a los judíos y el judaísmo aborda el tema de la Iglesia católica en su dimensión histórica, o sea como institución y como institución jerárquica que tuvo propósitos y decisiones. Sus acciones y su decisión de no tomar otras influyeron sobre el correr de los acontecimientos.

Puesto que se trata de la época del Holocausto, nos referimos a los años 1933-1945. Cabe preguntarse cuáles fueron los mensajes del catolicismo argentino respecto a los judíos en esos años críticos; ¿mensajes de rechazo ante la violencia nazi y compasión hacia las víctimas, ante las noticias llegadas de Europa, o discurso de aceptación de los hechos? ¿O quizá desentendimiento y falta de interés? Hubo diferentes estratos y el discurso católico fue multifacético. ¿Cuál fue la línea central del mismo aceptada por el Arzobispado de Buenos Aires? ¿Hubo cambios en esa línea durante el curso de la guerra? ¿Qué papel desempeñó la jerarquía eclesiástica en esos años? ¿A quién apoyó? ¿A quién condenó? ¿Trató de marcar su sello tomando posturas de liderazgo, o, por el contrario, dejó libre margen de acción a los creyentes en lo referente al nazismo en general y sobre el antisemitismo en particular?

Para analizar la actitud de la Iglesia ante el judaísmo y los judíos durante los años del Holocausto se deben tomar en cuenta, como trasfondo, tres círculos de problemas diferentes, pero relacionados entre sí: el primero se refiere a la dimensión teológica, o sea la actitud de los cristianos ante los judíos durante el correr de los siglos; el segundo se refiere a la perspectiva de la Iglesia argentina ante los judíos sobre el telón de fondo de sus vínculos con el Vaticano durante los años de la segunda Guerra Mundial, y el tercero debe tomar en cuenta el lugar de la Iglesia argentina dentro del Estado durante los años de la llamada "década infame", hasta fines del año 1945.

Respecto al problema teológico, es importante señalar que, al formular sus concepciones con respecto al pueblo judío, el catolicismo argentino —como el catolicismo en general— portaba el bagaje teológico e ideológico de los siglos pasados. Pero no obstante ello, la tradición teológica católica no era monolítica ni uniforme, y se puede hablar de dos corrientes principales

* Universidad de Haifa.

que caracterizaron la actitud del cristianismo ante el judaísmo; en ese momento, una es la tradición que recalca los aspectos negativos de la doctrina de san Pablo que está representada especialmente por Juan Crisóstomo, obispo de Antioquía en el siglo IV a. C., quien predicaba que los judíos eran la fuente de todos los males, la suciedad y los pecados, y que a todo cristiano le estaba vedado entrar en contacto con ellos, pues las sinagogas eran focos de prostitución y maldad. De esta manera prevenía a los cristianos de todo contacto social o económico con ellos, arguyendo que constituían una amenaza para el orden social. La solución propuesta era la separación total de ellos para prevenir todo contacto de contaminación. En el siglo IX Agobardo de Lyon continuó y propagó la prédica en este sentido y también esta corriente tuvo su arraigo durante el Medievo y pasó también a la modernidad.

La segunda corriente estaba representada por la vertiente paulino-agustina, y a diferencia de la primera sostenía que, al no aceptar a Jesús como Mesías, los judíos fueron castigados, y su pecado —como el de Caín— debía servir de enseñanza a todos los hombres; por ello, por un lado, estaba prohibido atacar a los judíos físicamente y era necesario conservarlos dentro de la sociedad cristiana, pero por otro lado se les debía mantener en una existencia denigrante para que fueran testimonio de la verdad y de la revelación de Jesucristo y señal de advertencia para quienes tendieran a abandonar a la Iglesia. Ésta fue la corriente imperante en el Medievo, transmitida también a la época moderna.[1]

Es interesante comprobar que en la Iglesia argentina de los años treinta y cuarenta las ideas de san Juan Crisóstomo y Agobardo de Lyon fueron muy conocidas, ya que quienes las citaban y difundían eran sacerdotes de mucho prestigio intelectual y autoridad teológica, que eran considerados autoridades en la materia, como por ejemplo Julio Meinvielle[2] y Leonardo Castellani.[3]

El segundo aspecto de los problemas que resulta importante para analizar la actitud del catolicismo argentino ante los judíos se basa en la relación de estos últimos con el Vaticano en los años analizados en este estudio.

El mundo moderno proporcionó a la Iglesia nuevos desafíos, especialmente frente a la irrupción de las masas en la escena histórica y la necesidad de definir nuevamente sus posturas doctrinarias ante la aparición de las nuevas ideologías que constituían un reto a su hegemonía. Desde fines del siglo XIX la temática de las encíclicas y sus anexos fueron un fiel testimonio de la necesidad de la Iglesia de ponerse a la defensiva, actitud que muy

---

[1] Kenneth Stow, "Sinat Israel o Ahavat havat Haknsia", en Shmuel Almog (comp.), *Sinat Israel Ledorotea*, Zalman Shazar, Jerusalén, 1980, pp. 91-111.

[2] Julio Meinvielle, *El judío*, Antídoto, Buenos Aires, 1936, p. 54. (2a. ed., Gladium, 1940).

[3] Leonardo Castellani, *Las ideas de mi tío el cura*, Excalibur, Buenos Aires, 1948, pp. 45-55, 111-118.

pronto se transformó en una ofensiva del Vaticano contra las ideologías imperantes: el naturalismo, el racionalismo, el liberalismo, el socialismo y el comunismo. Desde el *Syllabus,* documento papal anexo a la encíclica *Quanta Cura,* pasando por la encíclica *Rerum Novarum* y siguiendo con la encíclica *Cuadragesimo Anno,* los diferentes papas impusieron el sello de la Iglesia en contra de estas modernas tendencias ideológicas de los siglos XIX y XX.[4]

Lógicamente estas tendencias imperaban también en la Iglesia argentina, cuyos lazos con el Vaticano se fueron haciendo más y más estrechos, especialmente después del año 1935, a raíz del Congreso Eucarístico Internacional, celebrado en Buenos Aires en octubre de ese año, que contó con la presencia del cardenal Eugenio Pacelli, secretario de Estado del papa Pío XI, quien a la muerte de este último, a principios de 1939, fuera elegido papa con el nombre de Pío XII. Estos lazos especiales que se fueron creando con la Santa Sede le confirieron a Argentina un lugar de preferencia en el Vaticano.[5]

Para completar el marco histórico de la época, debe tomarse en cuenta el lugar de la Iglesia argentina dentro del Estado en los años de este estudio. Envuelto en una ideología que preconizaba un "catolicismo de penetración", el catolicismo argentino se fue arraigando cada vez más durante la década de los treinta. A partir del Congreso Eucarístico Internacional ya mencionado el poder de convocatoria masiva de la Iglesia se tornó un hecho palpable y el apoyo eclesiástico fue una garantía que los gobiernos de la llamada "época infame" supieron atraer hacia sí. Las relaciones Estado-Iglesia estaban en su apogeo. Este catolicismo halló el momento propicio para introducirse en los marcos políticos e imprimir su sello definitivo al estallar la revolución del 4 de junio de 1943 (GOU), en la cual los militantes católicos vieron la hora propicia para la cristalización del viejo ideal de la "Argentina católica" y cooperaron en el aparato burocrático del gobierno militar en puestos públicos de envergadura.[6]

Sobre este trasfondo histórico cabe preguntarse cuál fue la actitud oficial de la Iglesia argentina hacia los judíos y hacia el judaísmo.

En su intento de influir sobre la opinión pública y modelarla, la jerarquía eclesiástica fijó su posición en temas políticos internos e internacionales. Tales posiciones fueron claras en relación con las diversas ideologías, ya que —siguiendo las directrices pontificias— la Iglesia argentina expidió las llamadas "Normas para los jóvenes de la Acción Católica", en las cuales condenó el liberalismo, el comunismo, "el nacionalismo exagerado" y el racis-

---

[4] Émile Poulat, *Integrisme et catholicisme integral,* Casterman, París, 1972.

[5] Daniel Levine (comp.), *Religion and Political Conflicts in Latin America,* University of North Carolina, Chapel Hill, 1986; Daniel Levine, *Church and Politics in Latin America,* Sage, Londres, 1980.

[6] Fortunato Mallimaci, *Catholicisme et état militaire en Argentina,* tesis doctoral, École des Hautes Études, París, 1988.

mo. Es significativo el hecho de que en los documentos publicados por el Episcopado argentino entre los años 1933 y 1945 las palabras "judío" o "judaísmo" no fueran mencionadas ni una sola vez.[7]

No obstante, esta omisión en los documentos oficiales no significaba indiferencia con respecto a los tópicos referentes a los judíos, ya que las formas de transmisión de los mensajes de la jerarquía eclesiástica fueron variadas y diversas, y no siempre por vías oficiales. Tales posiciones del Episcopado argentino podían identificarse a través de las voces no oficiales o semioficiales de grupos, organizaciones y personalidades —sacerdotes y laicos católicos— que formaban parte de la institución eclesiástica.

Dichas posturas expresaron un amplio espectro de creencias, posiciones y criterios, que fluctuaban desde el odio fanático al judaísmo en general y al judío como individuo en particular, por un lado, hasta manifestaciones de piedad y de conmiseración frente al sufrimiento de los judíos bajo el yugo de la ocupación nazi en Europa, por el otro. Estas tendencias muy polarizadas se ajustaban a posturas políticas más generales respecto a la guerra: los católicos "aliadófilos" tomaron mayormente posiciones de compasión hacia los judíos y los católicos "neutralistas" tomaron en general posiciones antisemitas en sus diversos matices.[8]

A pesar de esta gama de posiciones, la mayoría de los católicos allegados al Episcopado adoptó una posición de "neutralidad" en la guerra, ya fuese como expresión de fidelidad a la política de neutralidad declarada por el gobierno argentino o como reflejo de la "imparcialidad" en el conflicto mundial adoptada por el Vaticano. Pero la posición católica respecto a los judíos y el judaísmo tenía ciertamente raíces más profundas. En las publicaciones del clero en relación con los judíos, incluidas las instrucciones para maestros de catecismo, en la década de 1930 se remarcaron no sólo los motivos del "deicidio" cometido por los judíos, sino también los presuntos crímenes rituales cometidos por ellos contra niños católicos y contra la hostia sagrada; todo ello sin dejar de enfatizar los contenidos de *Los protocolos de los sabios de Sión* y la conspiración judía mundial para conquistar el mundo cristiano.[9]

El judío como individuo era el símbolo de quienes se rebelaban contra Jesús en la imagen de Judas Iscariote, pero era también el judío de la nueva era, que se había alzado contra el cristianismo medieval, por intermedio de la Revolución francesa, y se había convertido en el principal beneficiario del liberalismo que había conducido directamente a la Revolución bolchevique.

---

[7] En las pastorales colectivas de los obispos argentinos entre los años 1933 y 1945 no existe ninguna mención de la palabra judío o judaísmo. La primera mención se hace en el año 1945 en la pastoral colectiva respecto a los protestantes.

[8] Véase por ejemplo esa gama de posiciones en publicaciones católicas como: *El Pueblo, Criterio, Orden Cristiano, El Cruzado, Restauración Social, Crisol,* y boletines parroquiales.

[9] Graciela Ben-Dror, *La Iglesia católica argentina y el pueblo judío durante los años del Holocausto, 1933-1945*, tesis doctoral, Universidad Hebrea de Jerusalén, 1994, caps. 3 y 4.

Así, Rothschild y Marx pasaron a ser el anverso y el reverso de una misma moneda que implicaba la destrucción del cristianismo y la creación del reino de Israel sobre la tierra, suplantando a aquél.

La hostilidad hacia "el judío" como materialización del demonio o imagen del Anticristo halló su expresión en una percepción del judío como enemigo multifacético. En la imagen del judío traidor y deicida fueron conjugándose todos los enemigos del cristianismo: el liberalismo, la democracia, la masonería, el modernismo, el socialismo, el comunismo y la corrupción moral que emanaba de ellos y de su concepción del mundo. Transmisores de este mensaje fueron *Los protocolos de los sabios de Sión, El judío internacional*, de Henry Ford, y el antisemitismo de la derecha radical de Francia, a través de E. Drummont, C. Maurras y M. Barres.[10]

Así, en el marco de la concepción de un mundo antimodernista de la Iglesia argentina de esos años, muy influida por el pensamiento de la derecha europea, el antisemitismo se convirtió en un componente integral y vital que se nutría tanto de una tradición histórica y teológica imbuida de prejuicios antijudíos como de los motivos del antimodernismo tan en boga en los círculos de los militantes católicos de la época. De lo antedicho se desprende que los motivos de "la conspiración judía para dominar el mundo" como medio de destrucción de la civilización cristiana arraigaron en el discurso católico, creando un nuevo estrato de raciocinio y lógica interna sobre el basamento teológico antijudío tradicional ya existente, proporcionándole una dimensión de continuidad y actualidad a lo largo de las generaciones.

De aquí que la temática del antisemitismo moderno se fusionó con el sólido basamento tradicional ya existente y lo reforzó. La centralidad de tales mensajes en el catolicismo argentino allegado a la jerarquía eclesiástica en las décadas de 1930 y el 1940 fue decisiva.[11]

Sobre esta base, sacerdotes antisemitas como Julio Meinvielle, Leonardo Castellani y Virgilio Filippo, y laicos católicos como Gustavo Martínez Zuviría, conocido con el seudónimo de Hugo Wast —todos ellos de gran renombre, que publicaban ensayos y pronunciaban discursos antisemitas—, no constituyeron una desviación de los lineamientos de la Iglesia argentina ni eran marginales, sino que representaban una norma aceptada como parte de la cultura católica de la época.

Sólo una ínfima minoría (en general ligada a la oligarquía conservadora probritánica), que sustentaba tendencias democristianas influidas por Europa, rechazó la definición de la Guerra Civil española como "guerra santa", se inclinó hacia las potencias aliadas en el conflicto mundial y se hizo eco del

---

[10] *Orden Cristiano*, órgano de la corriente democristiana, que comenzó a aparecer en el año 1941. Véase también "Desvirtuando calumnias contra el cardenal Hinsley", *Criterio*, núm. 795, 27, 5, 1943, pp. 92-93.

[11] Graciela Ben-Dror, *op. cit.*

padecimiento judío en su semanario *Orden Cristiano*. A pesar de sus posturas básicamente anticomunistas —que formaban parte del consenso católico de la época—, estos grupos condenaron la invasión nazi a la Unión Soviética y señalaron la diferencia entre el régimen comunista y el pueblo ruso, apoyándose siempre en personalidades católicas europeas con el fin de legitimar sus posiciones; en este caso concreto, en el enfoque del cardenal Hinsley de Gran Bretaña.[12]

Monseñor Franceschi, editor del semanario *Criterio,* era una de las personalidades intelectuales católicas más reconocidas en toda Latinoamérica. Sus opiniones reflejaban las posturas del Episcopado, que avaló a *Criterio* como revista católica. Su enfoque antirracista en el nivel teológico era absoluto y sin vacilaciones. Aun así otorgó un espacio en su semanario al comentarista antisemita José Assaf, quien escribía artículos antisemitas rabiosos. Pero no sólo él. Para monseñor Franceschi, como director de la revista, la condena al racismo se fue agudizando durante el correr de la guerra en forma paralela a su antisemitismo, manteniéndose ambos sobre la base de una argumentación doctrinaria principista: la condena del "racismo pagano" por una parte y el "racismo judío" por la otra, en forma simultánea. Esto pasó a ser un fenómeno que caracterizó no sólo a *Criterio* sino también a muchos sacerdotes y católicos laicos allegados a los marcos de la jerarquía eclesiástica, como por ejemplo el periódico católico *El Pueblo*.[13]

De ahí que no sólo no hubo en los principios cristianos formulados contra el racismo nazi un elemento capaz de detener o por lo menos atenuar los tan arraigados prejuicios antijudíos sino que, por el contrario, la divulgación de los motivos racistas en Argentina por parte de varios grupos nacionalistas de derecha y fascistas facilitó la legitimación de ese antisemitismo tradicional tan enraizado en la cultura católica de la época: se rechazaba el racismo pero no el antisemitismo en sí; cada uno de ellos dependía de una dinámica diferente y los católicos generalmente no lograban establecer la conexión entre ambos. Por el contrario, a través de sus voceros más representativos, el catolicismo argentino adoptó una postura por la cual el "racismo pagano" debía ser reprobado, mientras que el "antisemitismo tradicional" o "antisemitismo moral", de acuerdo con el padre Filippo, debía ser adoptado como autodefensa de los cristianos ante la amenaza del judío moderno liberal y comunista a la vez.[14]

[12] Este tema resalta mucho en las observaciones del diario *El Pueblo*, y también en órganos del Movimiento Nacionalista, como *Nueva Política, Nuevo Orden, Sol y Luna, Cabildo, Nuestro Tiempo*, que en parte son editados por católicos laicos y sacerdotes. Entre las loas al régimen de Hitler véase, por ejemplo: "Tal es la señalada virtud del régimen de Hitler, haber dado la primera clarinada contra el pueblo de Israel", *El Cruzado*, núm. 945, 1934, p. 133.

[13] "Mit Brennender Sorge", *Colección completa de encíclicas pontificias*, 1932-1965, BAC, Madrid, t. I, pp. 1466-1481. Esta encíclica casi no tuvo eco en los marcos católicos argentinos.

[14] "Divini Redemptoris", *Colección completa de encíclicas pontificias*, 1932-1965, t. I, pp. 1482-1502; véase *El Cruzado, Semanario Católico Militante* de Córdoba, núm. 1120, pp. 688-689.

Más aún, el rechazo doctrinario al racismo como ideología, desde que fue divulgada la encíclica *Mit Brennender Sorge* por el papa Pío XI en el año 1937, no incluyó una condena hacia el régimen nazi. En el caso del catolicismo argentino, a través del vocero de Buenos Aires, el diario católico *El Pueblo*, puede observarse que la "neutralidad" adoptada públicamente encerraba una preferencia por el triunfo de Alemania en la guerra, al tiempo que el comunismo —representado por la Unión Soviética, la República española y el régimen de la Revolución mexicana— continuó siendo considerado como la mayor amenaza y principal enemigo del cristianismo. Ése fue uno de los principales factores por los cuales la crítica contra el régimen de la Alemania nazi se formuló en tonos menores, basándose en la anhelada perspectiva de que pudiera vencer totalmente a la Unión Soviética.[15]

Puede afirmarse que respecto a la cuestión judía el catolicismo argentino fue "más papista que el papa". Aun cuando —como ya se ha dicho— el judaísmo jamás fue incluido entre los "errores modernos" condenados por la Santa Sede, es significativo el hecho de que más de una vez fuera mencionado en las publicaciones católicas argentinas como uno de los errores condenados por el papa.

Para ciertos medios católicos como el semanario jesuita de Córdoba *El Cruzado*, la relación entre comunismo y judaísmo era tan obvia y tan cotidiana que el semanario "recordaba" a sus lectores que el papa había condenado "al comunismo y al judaísmo" en su encíclica *Divini Redemptoris* en el año 1937. Los estereotipos antijudíos tan profundamente arraigados formaban parte de ese consenso. En otras palabras, para los jesuitas de Córdoba la condena del comunismo era una novedad relativa, la condena del judaísmo era obvia e intrínseca, aunque ella existiera sólo en el mito de su imaginación.[16]

Desde una perspectiva comparativa puede comprobarse que a pesar de que no se observaba en el catolicismo argentino un tratamiento obsesivo del tema judío, contrariamente a lo que sucedía con el tratamiento obsesivo del tema comunista, ello no era precisamente un signo de moderación. Por el contrario: se puede deducir que la concepción antijudía estaba tan profundamente arraigada que no era necesario traerla a colación cotidianamente. El antijudaísmo y el antisemitismo no eran novedades sino componentes ordinarios e integrales; y la medida de oficialismo del mensaje no era la que establecía su influencia sobre la sociedad. En la búsqueda de una alternativa cultural católica integral, el antisemitismo estaba implícito en esa

---

[15] Por ejemplo: "La Iglesia y los israelitas", *Los Principios*, 7-1-1943; Jacques Maritain, "¿Por qué no somos racistas ni antisemitas?", *Los Principios*, 29-10-1943, 30-10-1943, 31-10-1943. También monseñor Franceschi alaba el libro de Gabriel Riesco, *Criterio*, núm. 780, 11-2-1943.

[16] Sobre el crimen ritual del niño Dominguito del Val, *Catequesis*, núm. 67, abril de 1937, pp. 46-47; véase también Julio Meinvielle, *Los judíos*, pp. 58-59.

opción antiliberal, anticomunista y antijudía que debía ser la base del "Nuevo orden católico".[17]

Cabe preguntarse si tales posturas básicas se mantuvieron estáticas o fueron objeto de cierto viraje a lo largo de la segunda Guerra Mundial. A través de los documentos revisados para este estudio se observó un panorama muy estático en las posiciones básicas del catolicismo argentino a lo largo de todo el periodo que tratamos, si bien hubo excepciones: los salesianos, que también sufrieron del mal antisemita durante los años treinta, realizaron un viraje en los años cuarenta; asimismo el periódico católico de Córdoba *Los Principios* mostró señales de un cambio de posición, dando cabida a voces que se identificaban con el sufrimiento judío, luego de haberse hecho públicas las noticias sobre el exterminio a fines de 1942 y principios de 1943. No sucedió lo mismo con el principal periódico católico de Buenos Aires, *El Pueblo*, que no solamente no moderó sus posturas, sino que reforzó su odio antijudío en el curso de esos años. El periódico otorgó considerable espacio a sacerdotes antisemitas extremistas como Virgilio Filippo y a otras personalidades menos conocidas pero muy antisemitas y ubicadas en posiciones de influencia, como el padre Gabriel Riesco, o comentaristas oficiales laicos como Luis Barrantes Molina, columnista oficial del diario *El Pueblo* y activista central de la Acción Católica Argentina.[18]

La jerarquía, como se ha señalado, optó por dar sus instrucciones cuando se trataba de laicos católicos que trasgredían las normas convenidas. En la primera mitad de los años cuarenta, cuando se dio el fenómeno del ingreso masivo de laicos católicos a organizaciones políticas militantes de la derecha nacionalista, que trasgredieron las enseñanzas de la Iglesia, la jerarquía instruyó claramente a la juventud católica emitiendo las "Normas para los jóvenes de la Acción Católica", donde recordaba, de año en año, lo que doctrinariamente había sido prohibido por la Iglesia: el socialismo, el comunismo, el racismo y el "nacionalismo exagerado". La jerarquía no sólo dio instrucciones verbales a los jóvenes católicos sino que también abordó el tema con prohibiciones muy concretas: se prohibió portar los emblemas de la Acción Católica en las manifestaciones de carácter político, o sea actos del Movimiento Nacionalista, ya que a ellos acudía la juventud católica, aunque no se prohibió la participación en las mismas.[19]

No sólo razones doctrinarias ni tampoco la preocupación por las vocife-

[17] "Norma para los jóvenes de Acción Católica, prohibición de llevar el emblema"; acerca del ambiente católico, véase José Luis de Imaz, *Promediando los 40*, Sudamericana, Buenos Aires, 1977.

[18] Compara los nombres de los militantes católicos de los cursos en Raúl Rivero de Olazábal, *Cursos de cultura católica*, pp. 229-235, con Manuel de Lezica, *Recuerdos de un nacionalista*, Astral, Buenos Aires, 1968, pp. 105-114.

[19] *Revista Eclesiástica del Arzobispado de Buenos Aires*, noviembre de 1944, p. 771. Véase también *Nuestro Tiempo*, 1-12-1944.

raciones antisemitas en tales manifestaciones llevaron a la injerencia de la jerarquía eclesiástica en tales temas. Las motivaciones pragmáticas parecen haber tenido no menos peso. Cuando la jerarquía eclesiástica advirtió que la juventud que se había educado en los marcos de la Acción Católica Argentina y los cursos de cultura católica se aprestaba a una acción política y militante "aquí y ahora" en los marcos nacionalistas extraeclesiásticos, intentó poner freno a esa tendencia, que podía conducir a la pérdida de su égida sobre los fieles. Los marcos nacionalistas se convirtieron en competidores de los marcos católicos; militantes centrales de la Acción Católica y de los cursos de cultura católica fueron simultáneamente activistas centrales en las diferentes organizaciones del Movimiento Nacionalista. Resultaba así muy difícil establecer límites claros entre los "católicos nacionalistas" y los "nacionalistas católicos", tanto en el nivel conceptual como el nivel humano: lo común superaba a las diferencias.[20]

Precisamente los nacionalistas de derecha destacaban y enfatizaban todo aquello que los unía: el catolicismo, el antiliberalismo, el antiparlamentarismo, el anticomunismo y el antisemitismo. De aquí que los gritos de: "¡Viva Cristo Rey! ¡Muerte a los judíos! ¡Viva Hitler! ¡Argentina sí, judíos no!" que se dejaron oír en las manifestaciones de la Unión de la Juventud Nacionalista, respondieran a los moldes de pensamiento aceptados por los laicos católicos que militaban en sus filas, aun cuando expresaban la pérdida del dominio eclesiástico sobre esa juventud que se había educado en los marcos de la Iglesia. Los mensajes católicos captados por los jóvenes fueron trasladados de los contenidos religiosos hacia las categorías políticas.

Pero el Arzobispado de Buenos Aires creaba un mensaje desorientador para muchos católicos cuando abiertamente deslegitimó las posiciones contrarias y nunca al Movimiento Nacionalista. Ciertamente, ya desde el año 1935 la Iglesia oficial tomó distancia de Enrique Oses y de su diario *Crisol*, que había sacado un editorial bajo el título "Heil Hitler" y continuaba publicándolos a Hitler y a su régimen (F. N. *Crisol Prensa Católica*). Pero hacia fines del año 1944, en el mes de noviembre, aun cuando la Guerra Mundial ya tomaba un viraje muy claro, monseñor Copello anunciaba en un documento oficial publicado en la *Revista Eclesiástica de Buenos Aires* que la revista democristiana *Orden Cristiano* llevaba inapropiadamente el subtítulo de "*Revista Católica*" (para el regocijo de sacerdotes y laicos católicos nacionalistas). Si se toma en cuenta que se trataba de una publicación editada por militantes católicos aliadófilos y era una de las poquísimas publicaciones ca-

---

[20] Julio Meinvielle, *El judío, op. cit.*, Leonardo Castellani, *Las ideas de mi tío el cura, op. cit.*, Hugo Wast, *Kahal-Oro*; Virgilio Filippo, *El monstruo comunista*, Tor, Buenos Aires, 1939; véase la recomendación de su libro publicada en la *Revista Eclesiástica del Arzobispado de Buenos Aires*, 1939, p. 512.

tólicas que se compadecía del sufrimiento judío, las posturas del Arzobispado de Buenos Aires no necesitan más explicaciones.[21]

En relación con la cuestión judía, el mensaje fue ambivalente desde un comienzo: "Guetoización", "legislación especial", "discriminación" y "rechazo" eran nociones que no entraban en contradicción con la doctrina católica. Por tal razón, los jóvenes que habían recibido educación religiosa podían llevar los distintivos de la Acción Católica y alistarse en la Alianza de la Juventud Nacionalista sin sentir ninguna contradicción entre ambas, por cuanto esa conjunción era considerada como una integridad teológico-política. Lo que sí estaba en franca contradicción era la "violencia física" que se contraponía a la teología cristiana, y esa "advertencia" doctrinaria pudo haber sido uno de los diques que detuvieron el proceso de violencia. Es decir: la misma doctrina que incitaba a la discriminación era también la que ponía freno a la violencia.

Irónicamente, en la Argentina de los años treinta y cuarenta la doctrina católica que educaba con la idea de amor al prójimo encerraba también un estímulo latente al antisemitismo violento, dados los fundamentos teológicos antijudíos que destacaban componentes antisemitas modernos que se adoptaron como parte intrínseca de la doctrina católica integral y el ambiente católico nacionalista que los propagaba.

Algunos sacerdotes y laicos católicos de prestigio intelectual muy reconocido pregonaban en sus discursos y escritos el doble mensaje de la conversión de los judíos o su muerte; por ejemplo, el padre Leonardo Castellani, que ponía en boca de uno de sus personajes literarios el dilema: "Pero tío —preguntaba el niño a su tío el cura—, a los judíos ¿hay que convertirlos o hay que matarlos?", y su tío le contestaba: "ambas cosas a la vez". "¿Pero cuál primero?", insistía el niño. "Las dos juntas", contestaba su tío el cura. O el caso más conocido de Hugo Wast, que ponía en boca de uno de sus personajes las palabras: "¡Muerte a los judíos!", o el padre Filippo, que defendía la necesidad de un "antisemitismo moral", que llevaba implícita la violencia para expulsarlos de la sociedad cristiana, como autodefensa católica ante la amenaza judía.[22]

Este "antisemitismo teológico" bien elaborado del catolicismo argentino se transformó en una propuesta católica que formaba parte de un proyecto más amplio de catolicismo integral e intransigente, en el cual toda la vida política, social, económica, cultural, moral y espiritual debía ser regida por los principios católicos. Es significativo que sus más altos exponentes fueran sacerdotes de enorme vuelo intelectual cuya influencia espiritual sobrepasaba a la de su propia grey. Puede concluirse que si bien la jerarquía ecle-

---

[21] ADSS, vol. 6, doc. 8, pp. 62-65.

[22] Sobre el caso de Brasil véase Abraham Milgram, *Brasil y el problema de los refugiados judíos durante la segunda Guerra Mundial*, tesis de maestría, Universidad Hebrea de Jerusalén, 1989.

siástica y la Iglesia en tanto institución no fomentaban ni incitaban al antisemitismo en sus documentos, tampoco trató de ponerle frenos ni mediante escritos ni por medio de prohibiciones o deslegitimación de sus portavoces.

EL DESENTENDIMIENTO DEL PADECIMIENTO JUDÍO

Durante los años del Holocausto el antisemitismo no traspasó generalmente el umbral de la palabra escrita y no se registraron crímenes mayores. A pesar de ello las consecuencias del mismo se hicieron sentir indirectamente. Argentina contaba en esos años con un alto potencial de ayuda a los refugiados de Europa, por varias causas: 1. su posición geográfica, fuera de los marcos del conflicto mundial; 2. como resultado de su política de neutralidad, siguió manteniendo relaciones con la Alemania nazi hasta principios del año 1944, a diferencia de la mayoría de los países del continente; 3. la Iglesia argentina tenía especiales relaciones de cordialidad con el papa Pío XII, desde que éste (cuando aún era el cardenal Eugenio Paccelli, secretario de Estado del papa Pío XI), visitó Argentina como delegado apostólico durante el Congreso Eucarístico Internacional, celebrado en Buenos Aires en el mes de octubre de 1934; 4. por otra parte, la Iglesia mantenía muy buenas relaciones con los diferentes gobiernos que se sucedieron durante la década infame, lo cual le otorgaba también una posición privilegiada dentro del país, especialmente después de 1934 y a raíz del éxito y el impacto que obtuvo el Congreso Eucarístico ya señalado.

Todo ello otorgaba a la Iglesia argentina un potencial de ayuda preferencial en relación con otras iglesias católicas en otros países, dentro y fuera del continente. Sin embargo esto no fue aprovechado. El tema de los "católicos no arios", o sea judíos que se habían bautizado y así convertido al catolicismo, es un ejemplo de la repercusión de la ambivalencia eclesiástica. En marzo de 1939, encontrándose el cardenal Copello, arzobispo de Buenos Aires, en Roma, junto al resto de los cardenales, con motivo de la muerte de Pío XI y la elección del nuevo papa, monseñor Faulhaber, arzobispo de Munich, le solicitó un pedido de intervención ante el gobierno argentino para que éste aceptase el ingreso a Argentina de refugiados "católicos no arios". Faulhaber se refería a judíos bautizados, por cuyo destino sentíase responsable la Iglesia alemana, ya que las leyes racistas del país continuaban considerándolos como judíos. Todo indica que esta solicitud no obtuvo ningún eco en el cardenal primado de Argentina.[23]

Dicho pedido —que fuera también cursado al arzobispo de Río de Janeiro, monseñor Leme— obtuvo por diversos motivos y en primera instancia

[23] Por ejemplo Julio Meinvielle, "Sin Iglesia no puede haber verdadera civilización", *Nuestro Tiempo*, núm. 31, 20-4-1945; "Argentinizar, también en la cultura", *El Pueblo*, 10-3-1945.

una respuesta afirmativa por parte del gobierno brasileño, que concedió tres mil visas para ese fin. En Argentina, por el contrario, todo indica que esa petición no fue siquiera transmitida a los jefes del gobierno. Fuera de esa petición de Faulhaber, no se ha encontrado hasta el presente ningún documento que pueda permitir otras conclusiones.

La Iglesia argentina no sólo se mostró indiferente ante el sufrimiento de los judíos, sino que, a pesar de su prédica a favor de la conversión, tampoco mostró su compasión por los que se habían convertido al cristianismo. En caso de haber deseado actuar la Iglesia argentina contaba con el potencial necesario para que su voz hubiera sido oída en los medios gubernamentales. Aun así, cuando recibió el pedido concreto de ayuda humanitaria se mantuvo pasiva y no reaccionó, pese a que se trataba de víctimas consideradas católicas, conforme a sus propias definiciones y parámetros doctrinarios.

Se puede concluir que sobre la base del estereotipo teológico antijudío, muy elaborado y ampliamente aceptado, se superpuso otro estrato de antisemitismo moderno, ambos difundidos por sacerdotes católicos de gran prestigio, considerados especialistas en la materia. Así, el mito de la necesidad de "autodefensa católica" ante la "amenaza judía" se impuso a los códigos morales de la doctrina católica de amor al prójimo. Más aún, durante las décadas de 1930 y 1940 se dio el fenómeno de una gran escalada antisemita. A pesar de los cambios, las crisis y los vuelcos en el panorama mundial, la Iglesia católica argentina mantuvo una posición estática, y no manifestó mayores modificaciones en los contenidos de este discurso antisemita transmitido por sus voceros. Es así que la falta de reacción del Arzobispado ante el fenómeno del antisemitismo abierto en los medios católicos puede interpretarse más como el reflejo de sus propias convicciones que por desinterés en un tema que era central en la teología cristiana. El antisemitismo formaba parte de la cultura católica integral.

ARGENTINA: VEINTE AÑOS DESPUÉS UNA REVISIÓN DE LAS POLÍTICAS DE ISRAEL HACIA LOS JUDÍOS ARGENTINOS DURANTE LA JUNTA MILITAR (1976-1983)*

JOEL BARROMI**

ACCESO A ARCHIVOS INÉDITOS

EN EL AÑO de 1991 solicité la autorización del Ministerio del Exterior de Israel para examinar los documentos sobre Argentina, incluido el material clasificado, archivados entre 1976 y 1984. Mi propósito era evaluar la conducta de la embajada de Israel en Buenos Aires y la de la Cancillería de Jerusalén en cuanto a la difícil situación creada por la violación en masa de los derechos humanos que perpetró la junta militar. Me sentía especialmente preparado para la tarea, pues durante más de 25 años trabajé como funcionario del Ministerio de Relaciones Exteriores, especializado en asuntos latinoamericanos, y estuve en Buenos Aires entre 1955 y 1961. Por otra parte, durante los difíciles años transcurridos entre 1975 y 1981 me fueron asignadas otras tareas, por lo que estaba en posición de juzgar sobre el asunto en cuestión con alguna distancia.[1]

Tras recibir el consentimiento del ministerio me puse a escudriñar los documentos que, de acuerdo con la ley israelí, sólo se publicarán después del año 2006. Muy pronto me di cuenta de que clasificaban los memorandos, las cartas y los telegramas de modo aleatorio. De ahí que la colección esté incompleta y llena de cosas irrelevantes. Sería muy útil que, cuando fuera posible, alguien llenara las lagunas y revisara los hechos, comparando los archivos israelíes con otras fuentes, en especial las de los ministerios de Relaciones Exteriores y del Interior de Argentina y la de los servicios secretos de las fuerzas armadas. A pesar de sus debilidades, los archivos de Is-

---

* Este trabajo se llevó a cabo con la colaboración del Instituto Truman por la Paz, de la Universidad Hebrea de Jerusalén.
** Miembro del consejo directivo de Yad Vashem, Museo del Holocausto en Israel.
[1] En el desempeño de diversas funciones tuve que ver con Latinoamérica entre 1953 y 1983. No obstante, entre 1975 y 1977 trabajé como director de la División de Organizaciones Internacionales y, entre 1977 y 1981, como embajador ante los organismos internacionales en Ginebra. Entre octubre de 1981 y octubre de 1983, esto es, en la última fase de la junta, me desempeñé como subdirector general para América Latina. Había terminado ya el tiempo de las violaciones en masa a los derechos humanos, y la embajada de Israel en Argentina se concentraba en promover la liberación de los detenidos judíos.

rael proporcionan una gran cantidad de información y nos permiten reconstruir la secuencia de los hechos, la interrelación de las fuerzas políticas y el trabajo de rescate que se realizó.

CÓMO SE PLANEARON LAS POLÍTICAS

Los archivos nos ayudan a visualizar la situación en Argentina durante los inviernos sangrientos de 1976 y 1977. El régimen de la junta militar, llamado oficialmente "Proceso de Reorganización Nacional", fue instalado con firmeza. Para su fortuna la mayoría de los argentinos lo apoyaban o lo aprobaban, pues todavía recordaban con disgusto el mandato de Isabel Perón, en el cual campeó la corrupción. Los gobiernos militares tienen la ventaja de ser un recurso común en la historia de Argentina, para, en tiempos de desorganización y anarquía, devolverle a la nación las virtudes viriles. La junta tenía frente a sí un alzamiento de izquierda que entre 1976 y 1977 alcanzó su apogeo y que duró hasta mediados de 1979. Ya en junio de 1978 el embajador de Israel en Buenos Aires, Ram Nirgad, envió un cable al Ministerio del Exterior en Jerusalén en el que estimaba entre 12 y 15 mil hombres armados y 100 mil simpatizantes la fuerza de las dos principales guerrillas de izquierda, los Montoneros, de filiación peronista, y el Ejército Popular Revolucionario (EPR), de ideología trotskista. La junta había organizado ambiciosas campañas contra los rebeldes. No obstante, para finales de 1976 era evidente que la represión masiva e indiscriminada rebasaba la contrainsurgencia y se dirigía a la eliminación física de cualquier opositor, grupo o individuo, real o potencial, y al establecimiento de un gobierno autocrático absoluto. En abril de 1976 Nirgad informó a Jerusalén que habían sido arrestadas por lo menos seis mil personas, entre quienes había políticos y líderes sindicales. Los telegramas siguientes informaban sobre asesinatos brutales y secuestros, de cuyas víctimas no se volvía a tener noticia. Así empezó el fenómeno de los "desaparecidos". Entre ellos había judíos. El 1 de junio de 1976 las fuerzas de seguridad de Córdoba arrestaron a Alejandra Jaimovich, una estudiante de 16 años, hija del presidente de la representación local de la DAIA (Delegación de Asociaciones Israelitas de Argentina), el cuerpo representativo de la judería argentina. Nunca más se supo de ella. Otro caso terrible fue el del arresto y desaparición, en julio de 1976, de toda la familia Tarnopolsky, padre y madre, dos hijos y una hija política; el otro hijo pudo escapar a Israel porque en el momento del arresto no estaba en su casa. Mientras se acumulaban las noticias sobre los desparecidos judíos, a la embajada llegaron informes de que el 22 de julio de 1976 tres judíos argentinos prosionistas y cinco israelíes (tres funcionarios de la Agencia Judía y las esposas de dos de ellos) fueron arrestados en Córdoba. Los funcionarios de la

Agencia Judía se habían hecho sospechosos a los ojos del servicio secreto porque habían establecido contactos, con el propósito de devolverlo al seno del sionismo, con un pequeño grupo disidente de las Juventudes Judías que tenía nexos con la guerrilla. El embajador Nirgad actuó con celeridad y, como el ministro de Relaciones Exteriores no lo ayudó, recurrió al jefe del Estado Mayor argentino, general Roberto Viola, un personaje importante entre los militares moderados que tenían entonces el poder. Con el tiempo intervino el presidente de Argentina, general Jorge Rafael Videla, y los ocho detenidos fueron liberados tras trece días de sufrimiento.

El desenlace del asunto de Córdoba iba de acuerdo con la imagen que quería proyectar el gobierno de Argentina, de un gobierno fundamentalmente benévolo y respetuoso de las libertades, obligado, no obstante, a tomar duras medidas por las exigencias de la guerra contra la guerrilla. Era por esto que en apariencia se mantenía la libertad de prensa. El *Buenos Aires Herald*, publicación porteña en inglés, publicaba a menudo atrevidas críticas contra las decisiones del gobierno. Los periodistas eran mantenidos a raya con el temor a un arresto inesperado o a un secuestro. Incluso el editor del *Herald*, Robert Cox, sintió que peligraba su vida y huyó de Argentina en 1979. Los tribunales también funcionaban. Sin embargo, en los casos relacionados con actos de gobierno o la seguridad del Estado, la falta de cooperación policiaca los dejaba impotentes.

Dentro de la junta los moderados, encabezados por los generales Videla y Viola, trataban de controlar a los duros, una agresiva facción de derecha. Los voceros extraoficiales se dedicaron a mandar un mensaje: que el gobierno del general Videla era el último bastión que impedía el surgimiento de las fuerzas fascistas. La ola de violencia y de secuestros y la invasión de la privacidad de los hogares, a la que seguía el arresto y asesinato de sus habitantes y el robo de sus propiedades, se atribuían a bandas de extremistas que actuaban por su cuenta o por órdenes de oficiales regionales. Herzl Inbar, asesor de la embajada, propuso otra explicación, a saber, que las verdaderas intenciones de la junta militar no eran muy diferentes de las de los duros. La junta quería limpiar el país a fondo. Por razones tácticas, deliberadamente había afrontado el riesgo de encargar el trabajo sucio a grupos independientes, pues así podía confundir y aplacar al público nacional y extranjero. La fuente de Inbar era Rodolfo Fernández Pombal, un periodista reconocido. Pocos días después de su reunión con Inbal Fernández Pombal fue secuestrado y, presumiblemente, asesinado. La posibilidad de ese desenlace preocupó a la comunidad judía.

La comunidad, de 260 mil miembros, sentía que la situación creada por el "Proceso" era, a grandes rasgos, satisfactoria. En lo económico los judíos solían apoyar las medidas favorecedoras del mercado del gobierno, que habían reducido marcadamente el ingreso de la clase trabajadora sin afectar a la clase media ni a la clase media alta. En lo político, el grueso de la judería argentina detestaba a la extrema izquierda. Se identificaban poco con las víctimas judías de la represión, esto es, los individuos que vivían y actuaban fuera de la comunidad y pertenecían a ese margen de revolucionarios que no constituía más de 4% de la población de judíos de Argentina. Solían asombrarse de que a Israel le preocupara su suerte.

Una característica importante es que no se impusieron restricciones para salir del país ni para emigrar. Los judíos de Argentina podían irse del país cuando quisieran y llevarse sus pertenencias. A pesar de esto, sólo unos pocos miles se fueron a Israel, Venezuela, España o Estados Unidos. El resto se quedó. Era obvio que no consideraban que la vida bajo la junta fuera lo suficientemente intranquila o peligrosa como para que valieran la pena el trastorno y el gasto de salir del país. Cada vez que se enteraban de los planes para "salvarlos" y llevarlos a otro país los judíos reaccionaban con irritación.

Es mucho lo que se ha escrito sobre los líderes de los judíos argentinos. En el libro *Prisoner Without a Name, Cell Without a Number*, Jacobo Timerman[2] escribe que los jefes de la comunidad judía no eran muy diferentes de los *Judenrat* de los *ghettos*. Esto significa que, queriéndolo o no, colaboraron con las autoridades en el exterminio de los judíos. Esta acusación es grave y completamente sin fundamento. Es posible que los líderes judíos se hayan equivocado o que hayan sido poco efectivos, pero nunca traicionaron la confianza de su gente. La Delegación de Asociaciones Israelitas Argentinas, DAIA, organización que actuó, en el nivel nacional e internacional, a nombre de la judería argentina, se formó mediante una asamblea de representantes de las asociaciones judías de todo el país. De esas asociaciones, la de ashkenazis de Buenos Aires, AMIA, era la que, por su poder económico y el número de sus miembros, tenía una importancia decisiva. Durante cuatro años la AMIA celebró elecciones regulares entre candidatos de distintos partidos, de acuerdo con el modelo de los congresos sionistas. Por tradición, el presidente de la DAIA recibía el apoyo del principal partido de la AMIA, el Poalei Sión (hoy conocido como Avodá). Se puede decir sin temor que la DAIA y la AMIA eran más democráticas y más representativas que instituciones similares de Estados Unidos y de casi toda Europa.

Al enfrentar los peligros de la junta, el presidente de la DAIA, el doctor Nehemías Reznisky, consideró que su primera obligación era proteger la estructura institucional, sumamente visible y muy centralizada, de la comunidad, construida con mucha paciencia a lo largo de las generaciones. En esta estructura había edificios comunitarios, sinagogas, instituciones de salud y de seguridad social, un vasto sistema de escuelas, un seminario para for-

[2] Véase Jacobo Timerman, *Prisoner Without a Name, Cell Without a Number*, Arthur A. Knopf, Nueva York, 1981, p. 71. Sobre el arresto de Timerman y su liberación subsecuente véase *infra*, pp. 678-683.

mación de rabinos, centros juveniles, clubes deportivos y juventudes sionistas. El gobierno podía interferir o clausurar cualquiera de estas instituciones. Hubo momentos de miedo. En septiembre de 1976, después del asunto de Córdoba, el presidente de la organización sionista argentina, doctor Lázaro Rubinson, fue largamente investigado por la policía sobre la naturaleza de las organizaciones sionistas y sus posibles nexos con las organizaciones de izquierda. Para impedir lo peor, fue indispensable establecer un diálogo con las autoridades y trabajar con ellas. Con el tiempo la junta se dio cuenta de que le convenía más que la comunidad judía funcionara de modo normal. Vale la pena notar que, durante todo el tiempo que duró la junta, el Keren Hayesod y las campañas de donativos para las universidades y hospitales de Israel siguieron trabajando sin problemas. Durante estas campañas llegaba una multitud de personajes importantísimos de Israel, lo cual el embajador Nirgad consideraba inapropiado, en vista de la situación de los derechos humanos en el país.

Otra prioridad de la DAIA fue luchar contra el antisemitismo; en este campo alcanzaron numerosos logros, como la suspensión, en 1977, del semanario antisemita *Cabildo*; la clausura, en 1976, de la editorial nazi Milicia,[3] y la eliminación, en 1979, de la materia de educación física, que se impartía en la secundaria y estaba basada en libros de texto antisemitas.

La cuestión de los detenidos y los desaparecidos ocupaba apenas el tercer lugar. La tarea de los funcionarios de la DAIA que daban ayuda a las familias de la víctimas estaba llena de peligros y algunos testimonios indican que no eran amigables ni útiles. Comoquiera, la influencia que la DAIA pudiera tener sobre las autoridades era muy limitada. Las manifestaciones públicas tan sólo hubieran afectado negativamente las demás funciones de la DAIA. Ésta utilizó ampliamente la ayuda de la embajada de Israel, que tenía el prestigio de representar a una nación extranjera y además contaba con las ventajas de la inmunidad diplomática y las comunicaciones internacionales.

Con las repercusiones de una serie de escándalos financieros y políticos en los que había involucrados judíos, hubo un momento en que pareció que se materializaba el temor de los líderes de la DAIA, quienes pensaban que la sociedad podía volcarse al antisemitismo y el fascismo. Estos acontecimientos comenzaron a sucederse después que, en agosto de 1976, en un misterioso accidente de aviación, muriera en México David Graiver, un joven y poderoso banquero judío, y de que, en septiembre de 1976, se derrumbara súbitamente su imperio bancario y de inversiones. Quebraron las sucursales del banco Graiver en Nueva York y Bruselas. En Buenos Aires algunos miembros de la familia Graiver fueron arrestados acusados de lavar y reci-

---

[3] Poco después Milicia reanudó sus actividades con el nombre de Odal. No obstante, Odal cerró en 1977.

clar el dinero de los Montoneros, adquirido mediante asaltos bancarios y el rescate de los ricos empresarios que secuestraban. El asunto Graiver provocó reacciones antijudías en buena parte de los periódicos de Argentina y desencadenó una rabiosa campaña antisemita en las publicaciones de extrema derecha. A comienzos de 1977 se suscitó un nuevo escándalo, la quiebra de la fábrica de aluminio ALVAR, propiedad de judíos. La crisis alcanzó su nivel máximo cuando, en abril de 1977, Jacobo Timerman, importante periodista, editor del diario de izquierda *La Opinión*, y miembro prominente de la comunidad judía, fue arrestado bajo el cargo de hacer negocio, junto con los Graiver, con el dinero de los Montoneros.

Timerman era un famoso analista político y mantenía una relación estrecha con numerosos miembros de diversos círculos políticos. Había completado la singular tarea de sacar a la calle un brillante periódico de izquierda que, aunque seguía los lineamientos del francés *Le Monde*, era publicado bajo un gobierno muy diferente. Había celebrado el advenimiento de la junta militar y aparentemente gozaba de su simpatía. Parecía dotado de la rara virtud de la inmunidad personal, lo que le permitía enfrentar cualquier peligro. La prensa antisemita, que había llevado a cabo una amarga campaña de difamación en su contra, recibió su caída con beneplácito, como si fuera una gran victoria suya.

Timerman mantenía una relación especial con la embajada de Israel. Gracias a sus profundos conocimientos del ambiente político de Argentina, era una fuente invaluable de información y consejos. Más aún, su periódico favoreció, de un modo atrevido, a Israel. En 1975, cuando la Asamblea General de la ONU adoptó una resolución en la que equiparaba al sionismo con el racismo, Timerman firmó un artículo titulado "Por qué soy sionista" en la primera plana de *La Opinión*. A la embajada le preocupaba seriamente que Timerman estuviera en las manos inclementes de sus captores, en espera de una suerte incierta. Las noticias de su arresto causaron sorpresa e indignación en Israel.

En Jerusalén se le confió a Yeshaiahu Anug, un funcionario del Ministerio del Exterior, la tarea de planear la política exterior de Israel a la luz de estos acontecimientos. Si quitamos el asunto de los derechos humanos, las relaciones entre Israel y Argentina eran correctas pero no particularmente buenas. Argentina mantenía nexos cercanos con varios países árabes y, en las Naciones Unidas, solía votar en contra de Israel. Por otra parte, las instituciones militares de Israel mantenían por separado ciertas relaciones con los militares argentinos, en esencia debido a la venta de armas israelíes a Argentina.

Está claro que Anug pensaba que Israel debía proteger sus activos e intereses en Argentina: la comunidad judía. Las autoridades argentinas estaban muy conscientes de esta situación y no hay duda de que, si Israel hubiera llegado a la confrontación, la comunidad judía hubiera tenido que pagar el precio. La seguridad y el bienestar de la comunidad sólo podían asegurarse si se cedía ante Argentina en cuanto al prestigio y el honor de su gobierno. En un telegrama del 5 de mayo de 1977 Anug le dice a Nirgad que Israel y el mundo judío deseaban que el entonces gobierno de Argentina permaneciera en el poder y que debían hacérselo saber al presidente de Argentina. Por otro lado, el gobierno de Argentina debía saber que el peligroso camino del antisemitismo sólo lo conduciría a un choque frontal con Israel y con todo el mundo judío.

Anug estimaba que, en lo tocante al caso Timerman y al problema de los desparecidos y detenidos, debía intentarse un acuerdo con el gobierno de Argentina. Las demandas de Israel se formularían de tal manera que pudieran aceptarlas los argentinos. La liberación de los detenidos debía buscarse sin importar sus afiliciones políticas. En vista de los servicios que Timerman le había proporcionado a Israel, debían hacerse esfuerzos especiales para conseguir su liberación.

LA OPERACIÓN TIMERMAN

Cuando quedó establecido el *modus operandi* de Israel, Anug se encargó de manejar la cuestión Timerman, que ya se había convertido en un asunto internacional. Los periódicos de Estados Unidos dijeron que la detención era un claro ejemplo de interferencia con la libertad de expresión. El presidente Jimmy Carter, que cuando ocupó el cargo a principios de 1977 había proclamado que la política exterior se basaría en los derechos humanos, abogó públicamente en favor de Timerman. Como los intereses militares y económicos de Estados Unidos en Argentina no eran de gran importancia, fue más fácil para ese país sostener su posición. En septiembre de 1977 Carter sacó a colación el caso de Timerman mientras conversaba con el presidente Videla, que había ido a Washington para asistir a la firma del tratado del Canal de Panamá. El secretario de Estado estadunidense, Cyrus Vance, que había visitado Buenos Aires en noviembre de 1977, destacó que el gobierno de Estados Unidos estaba interesado en solucionar dos problemas de derechos humanos, el caso Timerman y el de la familia Deutsch (una familia judía de Córdoba, cuatro de cuyos miembros fueron secuestrados en agosto de 1977). Sin embargo, la tensión entre Estados Unidos y Argentina hizo que la intervención norteamericana no tuviera efecto. Pocas semanas después del encuentro enre Carter y Videla, el 23 de octubre de 1977, la junta anunció que Timerman había sido transferido a la jurisdicción militar bajo un decreto de emergencia que permitía que alguien estuviera preso por un periodo indefinido. No obstante, la familia Deutsch fue liberada en noviembre de 1978.

Israel escogió entonces la diplomacia silenciosa. Sus primeros intentos, en el nivel del Ministerio de Relaciones Exteriores de Argentina, no obtuvieron resultados. En diciembre de 1977 Nirgad recibió instrucciones de hablar con el canciller, el vicealmirante Oscar A. Montes y, después, con la ayuda de éste, conseguir por primera vez una entrevista con el presidente Videla. Este encuentro se realizó el 23 de diciembre de 1977. Nirgad transmitió al presidente un mensaje personal de Moshé Dayan, ministro del Exterior de Israel, en el que le proponía el siguiente *quid pro quo:* Timerman sería liberado e iría a Israel, a cambio de lo cual se comprometería a no publicar más artículos que vulneraran la posición del gobierno de Argentina.[4] El presidente Videla dijo enfáticamente que, a pesar de que apreciaba que Israel, a diferencia de otros países, tratara de llegar a un acuerdo, Timerman no podía ser liberado porque era culpable de serios delitos contra la seguridad nacional.

En este punto Anug juzgó que era necesario aplicar presión sobre la junta, cuidando, no obstante, de que la misma fuera amable y suave y que no se considerara un acto hostil. Lo decepcionó la renuencia de la DAIA a desempeñar un papel sustantivo en la lucha pública a favor de la liberación de Timerman. El plan de Anug era convencer a importantes personajes extranjeros, bien conocidos en Argentina y ubicados en el centro del espectro político, de que escribieran artículos o manifiestos en protesta por el arresto de Timerman o de que mandaran cartas sobre el asunto al gobierno de Argentina (en ese tiempo la televisión no tenía la importancia que tiene ahora). Se solicitó a las embajadas de Israel en Europa y Estados Unidos que entraran en contacto con las personas adecuadas. Toda la operación tenía que llevarse a cabo en secreto y debía hacerse con el máximo cuidado para que no se supiera el papel de Israel. Uno de los primeros personajes en mandarle una carta al presidente Videla fue el escritor y filósofo francés Raymond Aron. Un acontecimiento de gran resonancia fue el debate sobre Timerman en la Cámara de Diputados de Estados Unidos el 13 de marzo de 1978. Los diputados que hablaron siguieron las directrices de Anug. Introdujeron peticiones para que Timerman fuera liberado o se le permitiera ir a Israel, mientras alababan las políticas sociales y económicas del gobierno argentino y se referían con simpatía a los valores históricos del pueblo argentino. En general, el resultado fue que el problema de Timerman salió a la luz en los periódicos de Estados Unidos, Gran Bretaña, Alemania Occidental, Francia, Italia, Suiza y otros países importantes. En una etapa posterior, a partir de la segunda mitad de 1978, cuando los conflictos con las fuerzas armadas estancaron la situación, Anug tomó la iniciativa de establecer un Comité Internacional pro Timerman bajo la dirección del editor alemán Alex Springer. Springer le mandó cartas a un amplio número de celebridades mundiales,

---

[4] Nos falta evidencia documental que muestre sobre qué bases se encargó Nirgad de proponer tal acuerdo. Suponemos que la disposición de Timerman a aceptarlo le fue comunicada por el rabino Marshall Mayer, quien pudo visitarlo en la cárcel en diversas ocasiones.

como Marc Chagall, Alexander Soljenitzin, Saul Bellow, Salvador Dalí, Milton Friedman, Margaret Thatcher, Franz Josef Strauss, Milovan Djilas, el senador Patrick Moinihan, el primer ministro británico, el periodista y escritor italiano Indro Montanelli y a los editores de numerosos periódicos. La mayoría no se unió al comité y hubo un tiempo en que a Alex Springer le asaltaron las dudas sobre el carácter de Timerman, lo cual hizo que no siguiera adelante en sus acciones. Por otro lado, la lista inicial de nombres se publicó en Alemania y la nota salió en los periódicos de muchos países, Argentina entre ellos, y adquirió el carácter de verdad incuestionable.

El primer objetivo de Israel era transferir a Timerman de la cárcel, donde sufría torturas y vejaciones, a la seguridad relativa del arresto domiciliario. Con esto en mente, Nirgad se puso en intensísima actividad y estableció lazos personales con personajes clave de las fuerzas armadas. La fuerza aérea y la armada admitieron el alegato de Nirgad en el sentido de que la opinión pública mundial recibiría con beneplácito un cambio en la situación de Timerman, lo cual fortalecería la postura internacional de Argentina. En el ejército muchos oficiales de alto rango dudaban y todos los duros se oponían a muerte. Las consultas prosiguieron durante varias semanas. Con el tiempo el presidente Videla intervino y por fin se tomó la decisión correcta. El 17 de abril de 1978, un año después de su arresto, Timerman fue transferido a su casa bajo una fuerte custodia. Anug, en un telegrama a las misiones de Israel, les recomendó no congratularse y, especialmente, no dar ningún indicio de que toda la operación a favor de Timerman había sido dirigida por Israel: imponerse esta restricción a sí mismos podría servir para dar lustre al honor de los argentinos y para que Timerman llegara con buen éxito a Israel.

Las reglas del arresto domiciliario de Timerman fueron duras. Podía ver a los miembros de su familia o a un rabino una vez a la semana, en un horario prestablecido y bajo la vigilancia de un agente de la seguridad argentina. El resto de las personas, incluso el embajador de Israel, sólo podían verlo si solicitaban permiso del Ministerio del Interior. En una de sus primeras conversaciones con Nirgad Timerman anunció que se iba a quedar en Argentina, donde lucharía por sus derechos. Anug pensó que las decisiones de Timerman debían respetarse. Sólo en ocasiones favorables debía proponérsele que fuera a Israel. Nirgad se entrevistó con Videla seis meses después, el 19 de octubre de 1978, y dijo algo sobre Timerman. Videla se negó enfáticamente. Dijo que las fuerzas armadas, incluyendo a los soldados rasos, odiaban tanto a Timerman que dejarlo salir significaría la caída de su gobierno. A principios de 1979, en vista del posible nombramiento del general Carlos Suárez Mason, uno de los principales duros, como jefe del Estado Mayor del ejército, se sintió la urgencia de actuar con prontitud en favor de Timerman. Nirgad aprovechó sus contactos entre la fuerza aérea, que pudo crear cuando Israel le vendió aviones a Argentina, y le propuso al secretario político de la misma, brigadier Arturo Y. Lami Dozo, que tomara la iniciativa para la siguiente jugada: transferir a Timerman a Israel. Lami Dozo estuvo de acuerdo, pero dejó bien claro que Timerman podía salir de Argentina sólo mediante una orden de deportación y que necesitaba que Timerman lo solicitara por escrito. Al principio el periodista se opuso, pero el 27 de junio de 1979 firmó la petición.

La armada apoyó la propuesta de la fuerza aérea, pero el ejército no cedió. Nirgad vio por última vez al presidente Videla el 30 de junio de 1979, ocasión en que se despidió de él pues concluía su misión. Videla volvió a decir que no podía cambiarse la situación de Timerman. Hubo dos sesiones de la junta sobre el tema de Timerman. La segunda, realizada el 12 de julio, no arrojó ningún resultado.

Una de las revelaciones interesantes de los archivos de Israel es que el círculo vicioso se rompió por un proceso interior, constitucional y político, de Argentina. El 23 de octubre de 1977 un tribunal militar declaró que Timerman era inocente de los cargos que se le hicieron por lavar el dinero de los Montoneros en complicidad con David Graiver. Dadas las circunstancias, fue un fallo sorprendente. La junta evitó las consecuencias de la sentencia declarando que Timerman estaba bajo arresto según el decreto de emergencia (Acta Institucional número 1) emitido por la junta en 1976. La esposa de Timerman apeló a la Suprema Corte de la Nación para que le concediera un *habeas corpus*. Esta solicitud constituyó una prueba para la Suprema Corte debido a dos circunstancias extrañas: *a)* el Tribunal Militar había establecido ya los hechos principales, una tarea que la Suprema Corte no hubiera podido llevar a cabo por falta de colaboración de la policía y las fuerzas armadas; *b)* como se sabía bien dónde estaba detenido Timerman (en su propia casa) no había modo de que las autoridades dijeran que no podían cumplir la orden de la corte porque no sabían dónde estaba la persona en cuestión.

El 20 de julio de 1978 la Suprema Corte emitió una declaración. En principio aceptaba la petición de un *habeas corpus*, pero no iba a ordenar que liberaran al detenido. La sentencia decía que la Constitución no permitía que, bajo los poderes de emergencia del gobierno, Timerman estuviera detenido tanto tiempo, pero añadía que no podía dar opinión sobre la detención bajo el Acta Institucional número 1 porque no se le había pedido opinión al respecto. La mayoría de la gente interpretó la sentencia como una astuta maniobra de la corte para evitar un choque con las autoridades militares. No obstante, Timerman comprendió la lógica del juicio y sus posibles implicaciones. Su esposa presentó entonces una solicitud corregida de *habeas corpus*. El 19 de septiembre de 1979 la Suprema Corte emitió su juicio definitivo. Señaló que la detención de Timerman sobrepasaba los límites razonables de una detención transitoria por razones de seguridad y que más parecía un castigo que, sin mediar razones y por tiempo indefinido, le imponía el gobierno. La Suprema Corte subrayó que este estado de cosas contravenía los artículos 23, párrafo 2, y 95 de la Constitución. Sobre esta base, otorgaba el *habeas corpus* y ordenaba la inmediata liberación del detenido.

El presidente Videla y los moderados enfrentaron entonces un dilema. Todos sus esfuerzos por hacer pasar a Argentina por un país en el que se respetaban las leyes se vendrían abajo si el gobierno se negaba a acatar una orden expresa de la Suprema Corte. El 20 de septiembre por la noche los comandantes del ejército se reunieron de emergencia. El ministro del Interior, general Albano Harguindeguy, dijo que la única salida era deportar a Timerman y cancelar su nacionalidad argentina antes de que la Suprema Corte le mandara al gobierno el mensaje en el que le notificaba la orden de liberación. La mayoría de los generales ahí presentes objetó. Entonces, el general Harguindeguy amenazó con renunciar y, al cabo, su propuesta fue adoptada. Al día siguiente, 21 de septiembre, Harguindeguy mandó llamar al encargado de negocios de Israel, Herzl Inbar, y le preguntó si Israel estaba listo para recibir a Timerman. La respuesta afirmativa de Israel llegó el 25 de septiembre debido a las festividades de Rosh Hashaná [Año Nuevo]. Timerman, acompañado por el encargado de negocios de Israel, fue conducido de inmediato al aeropuerto, donde abordó un avión argentino con destino a Roma. Tras una escala en Roma, Timerman llegó a Israel el 28 de septiembre. Al bajar del avión besó la tierra de sus antepasados. Recibió una calurosa bienvenida y de inmediato adquirió la nacionalidad israelí.[5]

El trabajo de rescate

Al mismo tiempo que sus tareas diplomáticas regulares (en asuntos de la ONU, los judíos soviéticos, las relaciones económicas y culturales) y de la operación especial Timerman, Nirgad se ocupaba de rescatar, cuando había oportunidad, a los judíos víctimas de la junta militar. Al ver que las negociaciones con el Ministerio de Relaciones Exteriores de Argentina no lo conducían a ninguna parte, Nirgad decidió utilizar sus relaciones con militares prominentes, que empezó a desarrollar durante el incidente de Córdoba. A principios de 1977 se entrevistó con el ministro del Interior, el general Harguindeguy, que aceptó revisar una lista de 14 desaparecidos y detenidos. La primera respuesta de Harguindeguy, transmitida en febrero de 1977, fue: *a)* nueve de los nombres de la lista eran de personas que habían puesto

---

[5] Una vez que Timerman llegó a Israel se abstuvo de intervenir en la vida pública del país. Al mismo tiempo, criticaba duramente las políticas de Israel. Pasó la mayor parte de ese tiempo en Estados Unidos, donde lanzó una campaña vigorosa contra la dictadura argentina. En 1984, cuando volvió la democracia a Argentina, regresó a Buenos Aires y adquirió nuevamente la nacionalidad de este país.

en peligro la seguridad del Estado; *b)* las autoridades no sabían nada sobre los otros cinco nombres. No obstante, en mayo fueron liberados dos detenidos cuyos nombres estaban en la lista y, en agosto, otros cuatro fueron puestos en libertad. En septiembre de 1977 Nirgad hizo llegar al ministro del Interior una lista de 262 nombres, entre los cuales había 167 desaparecidos. En octubre de 1977 el ministro del Interior estuvo de acuerdo en reconocer a Israel como uno de los países que podía invocar el llamado "derecho de opción". El sustento legal era una vieja ley argentina que permitía deportar a un prisionero si había un país dispuesto a aceptarlo. Italia, Francia y España habían usado ya este "derecho de opción" para sacar de Argentina a sus ciudadanos o a argentinos con doble nacionalidad. En el caso de Israel la novedad radicaba en aplicar la ley a los detenidos judíos de nacionalidad argentina. De ahí que Israel fuese el primer país en abrir sus puertas a los ciudadanos extranjeros. No tardó en anunciar que estaba dispuesto a recibir a las 262 personas de la lista que acababan de mandar.

En noviembre de 1977 Nirgad se entrevistó con el general Viola para un serio y franco intercambio de opiniones sobre la cuestión de los detenidos y desaparecidos. Esta reunión produjo consecuencias beneficiosas. En diciembre de 1977 se permitió que los cónsules de Israel visitaran a los detenidos para quienes habían solicitado la "opción" de llevarlos a Israel, con el propósito de aclararles los procedimientos. Para cada visita se necesitaba un permiso especial que se demoraba por incontables obstáculos burocráticos. Comoquiera, a los miembros de la embajada se les otorgaba el raro privilegio de ver a los detenidos judíos, incluso a quienes estaban en prisiones remotas, y de hablar con ellos a sus anchas; las visitas no sólo esperanzaban a los prisioneros, sino que garantizaban sus vidas.

A menudo los encuentros regulares entre Nirgad y el ministro del Interior eran tensos y dramáticos. Por ejemplo, en la reunión del 26 de julio de 1978 Nirgad se quejó amargamente de que los carceleros se comportaban de un modo sádico y antisemita hacia los prisioneros judíos. Nirgad comentó que no se les permitía recibir libros, ni siquiera Biblias o devocionarios. El ministro contestó que los guardias no eran ángeles, pero enfatizó que no se toleraría el antisemitismo. Nirgad sometió dos tristes casos a la atención del ministro: un joven, miembro de un grupo clandestino que había participado en un enfrentamiento armado con la policía, estaba herido y corría el riesgo, por falta de atención médica, de que le amputaran las piernas; una muchacha de 16 años estaba en prisión por la sola razón de que su hermano era guerrillero y lo mataron frente a ella. El ministro prometió que el hombre recibiría atención médica adecuada y que la muchacha sería puesta en libertad. No cumplió sus promesas. Por otra parte, se dieron instrucciones para que los prisioneros pudieran recibir Biblias.

Nirgad redactaba sus informes en un estilo seco y objetivo, subrayando los hechos sin revelar su estado de ánimo. Sólo en algunas ocasiones es posible sentir su profunda identificación con los prisioneros y la terrible presión que le causaba el diario contacto con su sufrimiento. Nirgad se oponía a la preferencia que le daba Anug a la liberación de Timerman y, al calor de la discusión, dio rienda suelta a sus sentimientos. En un telegrama que le envió a Anug el 18 de octubre de 1978 declaró:

> Ahora la embajada está encargada de 500 casos.[6] Aunque ha sido reducida, la lista es todavía muy larga. Incluye 220 desaparecidos, entre ellos un primo del primer ministro Begin, amigos de poderosas familias de Israel e hijos de mis amistades de Buenos Aires. Mis esfuerzos por encontrarlos han fracasado y debe suponerse que todos o casi todos han muerto. Hemos salvado unas pocas docenas de detenidos y algunos de ellos han sido enviados a Israel [. . .] Si usted supiera lo que sucede en las cárceles, lo que tienen que sufrir y padecer los prisioneros y sus familias y lo que tenemos que experimentar nosotros al tratar con sus problemas, vería las cosas de otro modo. Hace unos días me senté dos horas con una muchacha judía de 18 años que fue liberada y se va a ir a Israel. La violaron dos veces, la golpearon gravemente y le dijeron que tenía más suerte que sus compañeras (judías y gentiles). Es por casos como éste, que no son esporádicos, que vemos la situación de manera diferente que en Jerusalén.

La última lista que Nirgad le entregó al ministro del Interior, en mayo de 1979, contenía 357 nombres, 64 detenidos y 293 desaparecidos. En julio de 1979, cuando concluyó su misión, 39 de los detenidos de la lista de la embajada habían sido puestos en libertad; 19 de ellos habían apelado al derecho de opción y se habían ido a Israel.

Al mismo tiempo que los trabajos de rescate de la embajada, los agentes del Departamento Aliá de la Agencia Judía llevaban a cabo el proyecto *Milut* ("extracción"), que consistía en ayudar a las personas en peligro de arresto a pasar a Uruguay o Brasil y a viajar de ahí a Israel. Era un secreto máximo y a menudo una empresa peligrosa, que incluía estar en contacto con personas buscadas por la policía y guiarlas para que cruzaran ilegalmente la frontera. Un memorándum de la División América Latina II a Anug, fechado el 2 de junio de 1978, dice que durante los últimos dos años (1976-1978) alrededor de 200 personas habían salido de Argentina gracias al *Milut* y habían llegado a Israel.

El embajador Nirgad encabezó la embajada de Buenos Aires entre 1976 y 1979, los años críticos de la junta militar. El nuevo embajador, doctor Dov Schmorak, llegó en tiempos menos turbulentos. Él también se concentró en la cuestión de los detenidos y desaparecidos. Consiguió liberar a siete pri-

---

[6] La embajada sabía en ese entonces que 500 judíos estaban detenidos o desaparecidos. Por otra parte, compilaba sus listas basándose en las solicitudes de ayuda que le llegaban directamente o a través de instituciones judías.

sioneros en 1980 y, hasta febrero de 1983, a 50 más (según consta en un telegrama de la embajada al director de América Latina II, Menahem Karmi, fechado el 24 de febrero de 1983). Entre tanto, el ministro del Exterior de Israel visitó Argentina en diciembre de 1982. Shamir le dio al entonces presidente de la junta, Reynaldo Bignone, una lista de 350 nombres, 340 desaparecidos y 10 detenidos. Durante 1983 fueron liberados ocho detenidos de la lista de Shamir. Treinta más fueron puestos en libertad en las últimas semanas del gobierno militar, antes de las elecciones democráticas (realizadas el 30 de octubre de 1983). En total son 134 (39 + 7 + 50 + 8 + 30). Si añadimos a esta cifra los 60-70 prisioneros judíos liberados en diversas ocasiones, por mostrar buena voluntad hacia Israel o por otras razones, llegamos a 200 judíos puestos en libertad. Los casos de *Milut*, entre 1978 y octubre de 1983, puede que asciendan a 100. Una cifra total tentativa puede ser, entonces, de 500 (200 + 100 casos de *Milut* y 200 prisioneros liberados).

NO HUBO ANTISEMITISMO DE ESTADO

Los que se salvaron fueron liberados de la cárcel o los sacaron del país antes de que los arrestaran. Los esfuerzos para encontrar y rescatar a los desaparecidos resultaron infructuosos porque los mataron en el momento de arrestarlos o poco después. En un juicio contra ex oficiales de la armada, celebrado en Buenos Aires en marzo de 1995, los acusados dieron detalles horribles de cómo llevaban a los prisioneros semiconscientes a bordo de aviones militares y los tiraban al mar infestado de tiburones.

La comisión nacional (CONADEP) presidida por el escritor Ernesto Sábato, conformada por intelectuales, juristas y religiosos distinguidos, y establecida por el presidente Raúl Alfonsín para investigar la cuestión de los desaparecidos, publicó en su informe *Nunca más* una lista de 8 800 casos comprobados de desaparición. La CONADEP señaló que la lista no estaba completa porque, por diversas razones, algunas familias habían preferido no declarar la desaparición de sus miembros. La CONADEP evalúa que el porcentaje de judíos entre los desaparecidos, calculado por el número de nombres judíos en listas de prisioneros de los campos de traslado, era de 9% del total. Esto significa que hubo alrededor de 800 víctimas judías.

Edy Kaufman y Beatriz Cymberkopf, en su trabajo *La dimensión judía en la represión durante el gobierno militar en la Argentina (1976-1983)*, dicen que, en opinión de un miembro de la comisión (el rabino Marshall Mayer), el número de desaparecidos está entre 12 y 15 mil personas. De acuerdo con la escala de 9%, el número de víctimas judías está entre 1 100 y 1 350. Otras fuentes, como las Madres de Plaza de Mayo y Emilio Mignone, un activista de los derechos humanos, hablan de 30 mil víctimas.

El porcentaje de judíos entre los desaparecidos (9%) es mucho mayor que el porcentaje de judíos entre la población total (1%). Esto se debe, como recalca el informe *Nunca más*, a los sentimientos antisemitas que prevalecían entre la policía y las fuerzas armadas. Algunos antisemitas famosos, miembros de los duros, ocuparon cargos importantes en el aparato represor. Otras razones son que los judíos tenían una larga tradición de activismo político en la izquierda, casi todos vivían en las ciudades, lo que los exponía más que a los habitantes rurales a la represión, y eran más numerosos en los sectores escogidos por la represión, como los estudiantes y profesores universitarios, los psiquiatras y psicólogos, y los profesionales de la literatura, las artes plásticas, los museos y el teatro.

No cabe duda de que, en las prisiones, los judíos recibían un trato peor, como lo reconoce el informe *Nunca más*.[7] Es más, el solo hecho de tener un nombre que sonara judío incrementaba el riesgo de ser arrestado, aunque no se tuvieran antecedentes izquierdistas. Con todo, esta desgracia afectó tan sólo a una fracción pequeñísima de los 260 mil judíos. Nadie tocó a los demás, que continuaron sus vidas normalmente. Debe decirse también que hubo muchos gentiles que, por error o por las circunstancias, fueron arrestados y que también fueron maltratados, torturados y asesinados. Hubo veces en que los judíos y los gentiles sufrieron lo mismo, como lo muestra el telegrama del 18 de octubre de 1978, mencionado con anterioridad. Además, los testimonios de los detenidos en Córdoba en 1976 muestran que, incluso entre los investigadores de la policía, había individuos que no parecen haber sido antisemitas.

En realidad, no hubo antisemitismo de Estado durante la dictadura militar. El rabino Marshall Mayer, prominente activista en favor de los derechos humanos, aceptó la falta de antisemitismo oficial en un discurso que pronunció en el Congreso Mundial de Sinagogas, celebrado en Buenos Aires en un momento crítico, el 21 de octubre de 1976, y así lo volvió a declarar en numerosas ocasiones.

Un ligero sabor a etnocentrismo

La noticia de que más de mil judíos habían sido asesinados en un país con el cual Israel mantenía relaciones amistosas en numerosos campos, incluido el de la venta de armas, despertó sentimientos profundos en Israel y provocó críticas contra las acciones del gobierno, especialmente contra el desempeño del Ministerio del Exterior y de la embajada de Israel en Buenos Aires. Hubo veces en que los llamados en favor de una actitud más enérgica de Israel en defensa de las víctimas judías alcanzaron, en Israel y en el extranjero, en la

[7] Véase CONADEP, *Nunca más*, Eudeba, Buenos Aires, p. 72.

izquierda y la derecha, tonos desconcertantes. Tendían a pasar por alto el hecho de que los judíos en la guerrilla argentina no peleaban por los derechos de los judíos (como sí lo hacían los activistas judíos de la Unión Soviética) sino a causa de ideologías ajenas a la religión. No los arrestaban por judíos, y compartían con sus compañeros gentiles la muerte y la tortura. En vista de estas circunstancias, tiene un ligero de sabor de etnocentrismo pedirle a la embajada que creara su propio servicio de inteligencia y que se comportara como si fuera Rambo para ir al rescate de personas por el solo hecho de que fueran judíos de nacimiento. También mostraba una actitud paternalista y despectiva hacia Argentina, junto con la falta de cualquier esfuerzo por conocer la historia de Argentina, los sentimientos de la nación y situaciones políticas específicas. Hay que notar que también en Sudáfrica hubo judíos que lucharon por la libertad y que sufrieron duras penas de prisión. No obstante nadie sugirió que Israel debía acusar a los blancos de Sudáfrica de antisemitismo ni desafiarlos con temerarias operaciones de rescate.

Huelga decir que las embajadas tienen un campo de acción muy limitado para interceder a favor de los ciudadanos del país anfitrión y que, además, se las puede objetar por falta de *locus standi*. Dadas estas circunstancias, y en el clima de violencia desatada que imperaba en Argentina, fue una hazaña salvar a cientos de personas de las garras de un sistema represor inmisericorde. Ninguna otra misión diplomática en Buenos Aires hizo algo similar. El general Viola en persona dijo, mientras conversaba con Nirgad en 1978, que "Argentina le había dado más a Israel que a ningún otro país", a pesar de que Italia, España y Francia intercedieron a favor de personas con doble nacionalidad, mientras que Israel lo hizo a favor de ciudadanos de Argentina[8] (telegrama de Nirgad a Anug, 4 de febrero de 1978).

Como ya dijimos, Israel no estaba en libertad de chocar con el gobierno de Argentina pues tenía, más que ningún otro país, intereses y compromisos morales en ese país y sólo podía protegerlos si se aseguraba la buena voluntad del gobierno argentino. En consecuencia, no podía seguir el modelo de condena pública que estableció Carter en 1977, como parte de su política exterior posterior a Vietnam. Las naciones de Europa mantuvieron durante muchos años una actitud reservada. Sólo en 1982-1983, cuando, después de la Guerra de las Malvinas, era inminente el fin de la junta, los parlamentos de Italia, España, Suecia y Francia, así como el parlamento europeo, criticaron a Argentina o adoptaron resoluciones condenatorias. La posición de Israel se definió más o menos al mismo tiempo. El ministro del Exterior, Shamir, mencionó por vez primera que a Israel le preocupaban los derechos humanos en una presentación con la prensa argentina, durante la visita que realizó a ese país en diciembre de 1982. En esa ocasión recibió a las madres de

[8] El general Viola añadió después que comprendía "la relación especial entre los judíos e Israel, porque Israel es la Madre Patria para ellos".

los desaparecidos judíos y, en una reunión con los líderes de la comunidad judía, reiteró el compromiso de Israel para socorrer a las víctimas judías de la represión. El embajador Schmorak recomendó que Israel no se quedara atrás de las naciones europeas al denunciar expresamente las violaciones a los derechos humanos en Argentina. En un telegrama del 10 de mayo de 1983 Schmorak recalcó sus esperanzas de que "la voz de Israel no deje de escucharse entre las voces de las naciones ilustradas del mundo". El 17 de mayo de 1983 el ministro del Exterior Shamir invitó al embajador de Argentina y le dijo que Israel repudiaba los intentos del gobierno de Argentina para eximir de toda responsabilidad personal a los involucrados en la cuestión de los desaparecidos.

Antes de terminar este trabajo vale la pena examinar por un momento un tema sobre el que se ha debatido mucho: las ventas de equipo militar a Argentina. Según datos publicados por el SIPRI, el instituto sueco que monitorea las ventas de armas en el mundo, entre 1976 y 1981 Israel le vendió a Argentina 13% de las armas que compraba el país sudamericano. Alemania Occidental encabezaba la lista con 33%, le seguía Estados Unidos (17%) y Francia (14%). Después de Israel venían Inglaterra (12%), Suiza, Bélgica, España y Austria. En otras palabras, todas las naciones democráticas e ilustradas del mundo participaron en la competencia por obtener un lugar en este lucrativo comercio. Hasta Estados Unidos, que en 1978 prohibió las exportaciones de armas a Argentina, siguió cumpliendo los contratos realizados con anterioridad. La situación de Argentina, en lo tocante a la compra de armas, era de un cómodo *embarras de richesse*. Si Israel hubiera decidido unirse al embargo como protesta o castigo, el efecto inmediato hubiera sido un aumento correspondiente de la venta de armas francesas. Cuando sucedieron estos hechos parecía poco realista e ilógico pedir que Israel dejara, a cambio de nada, un ingreso considerable, que ha sido valuado en 150 millones de dólares anuales.

Sin embargo, al leer los archivos con el beneficio de la retrospección, parece que la venta de armas pudo haber afectado negativamente la credibilidad de las reclamaciones de Israel sobre derechos humanos. El embajador israelí estaba obligado a lidiar al mismo tiempo con la venta de aviones y con los detenidos y desaparecidos judíos. A veces las relaciones cercanas con las fuerzas armadas, surgidas de la venta de equipo militar, fueron útiles para la solución de un problema específico, como el caso Timerman. Sin embargo, es probable que los argentinos interpretaran la disposición de venderles modernos aviones y torpederos como una señal de que la defensa de los derechos humanos no era una prioridad para Israel. La conducta adecuada hubiera sido reducir la intervención de Israel en el comercio de armas. Tal disminución se hubiera podido llevar a cabo gradualmente, sin publicidad y tratando de no exponer a la comunidad judía a represalias de la junta. No obstante, sucedió justamente lo contrario. Durante la Guerra de las Malvinas, cuando las naciones de Europa Occidental suspendieron las ventas de armas a Argentina, las de Israel alcanzaron un nivel sin precedentes.

UN FRACASO MORAL INTERNACIONAL

Los hechos ocurridos en Argentina crearon un dilema moral para el mundo. Israel trató de ayudar a los judíos. Italia, España, Francia y Alemania trataron de ayudar a sus ciudadanos o a personas específicas que tenían lazos étnicos con sus países de origen. No obstante, decenas de miles de personas fueron víctimas de violaciones masivas a los derechos humanos. La comunidad internacional no intervino. En 1978, cuando se realizó el mundial de futbol, la junta estuvo a punto de perpetrar el crimen perfecto. La prensa, la radio y la televisión de todo el mundo estaban concentrados en Buenos Aires, pero transmitían las manifestaciones delirantes de alegría por la victoria de Argentina, y no las violaciones a los derechos humanos.

Las naciones del mundo se mantuvieron alejadas. Incluso Estados Unidos se abstuvo de tomar medidas efectivas y enérgicas durante el gobierno de Carter. Reagan reanudó las ventas de armas. Las Naciones Unidas no adoptaron ninguna resolución a favor de los derechos humanos en Argentina. El papa visitó Argentina a su regreso de Inglaterra, en junio de 1982, en medio de la Guerra de las Malvinas. Denunció el "fenómeno de la guerra, absurdo y siempre injusto" y se conmiseró de las familias que "sufrían la incertidumbre de no saber de sus seres queridos", pero no condenó los pecados que se estaban cometiendo.

La sociedad civil argentina tampoco está libre de falta. Sólo unos pocos activistas de los derechos humanos, como Adolfo Pérez Esquivel, que recibió el premio Nobel de la paz, se atrevieron a alzar su voz en defensa de los derechos humanos. La mayoría de los políticos y de los líderes sindicales siguieron viviendo en sus casas y atendiendo sus intereses y, desde que en 1980 comenzaron un diálogo con la junta para conseguir el retorno al gobierno civil, se abstuvieron de levantar cargos contra el gobierno. La mayor parte de la Iglesia católica, de la Sociedad Rural y de la Asociación de Industriales mantuvieron un cauteloso silencio.

Todo mundo fracasó cuando se trató de proteger los derechos humanos de los argentinos. Desde entonces se ha desarrollado una jurisprudencia internacional que permite la intervención internacional con fines humanitarios. Se aplicó en 1991, después de la Guerra del Golfo, a favor de los kurdos de Irak. La guerra interminable en la ex Yugoslavia, sin embargo, ha demostrado que los intereses particulares pueden impedir la acción conjunta y que la fuerza prevalece sobre el derecho.

NUEVOS HALLAZGOS SOBRE LOS INTENTOS DE RESCATE DE JUDÍOS EUROPEOS POR PARTE DE REPÚBLICA DOMINICANA DURANTE LA SEGUNDA GUERRA MUNDIAL

Yitzchak Kerem*

AUNQUE se han realizado numerosas investigaciones sobre los esfuerzos de República Dominicana para salvar judíos del Holocausto, este trabajo se concentrará en algunos nuevos hallazgos sobre el tema. Cuando empezaron estos esfuerzos, en 1937, República Dominicana era sincera cuando expedía visas a los judíos que querían escapar de la ocupación nazi. Durante el siglo XIX habían llegado al país sefaraditas ricos y, a mediados del siglo, muchos de ellos representaban al país en el extranjero como diplomáticos. Alrededor de 1882 el gobierno dominicano expresó interés por atraer a los judíos rusos que escapaban de los *pogroms* para que se establecieran en el país y formaran una colonia. Desafortunadamente nada se concretó y, en los años treinta, sólo podían encontrarse unos cuantos judíos en el país.

Jacob Benardout, un judío de Salónica, tuvo una participación activa en el otorgamiento de visas a los judíos desde 1937 hasta 1939. Si bien el gobierno de República Dominicana se comprometió en la Conferencia de Evian, en 1938, a recibir cien mil judíos, su actividad de rescate fue relativamente poco duradera. En 1940 se formó Sosua, una colonia agrícola, organizada y financiada por un proyecto especial del Comité Conjunto de Distribución (JDC, por sus siglas en inglés), y ese mismo año empezaron a llegar ahí algunos judíos. La colonia prosperó y unos cuantos judíos arribaron a las ciudades, pero la inmigración se limitó a unos mil de ellos. Para 1942, después que la marina de Estados Unidos sospechó que se estaban infiltrando agentes alemanes entre los refugiados, República Dominicana ya no fomentó que los refugiados judíos se establecieran en sus costas. Las dificultades para repartir las visas, los refugiados que dejaban Europa para ir a países desde los cuales podían salir en barco al mundo libre, y la oposición de Estados Unidos para que se concedieran visas de tránsito fueron los factores que detuvieron el impulso de la inmigración de judíos a República Dominicana.

República Dominicana sólo otorgaba visas a los colonos agricultores,

* Universidad Aristóteles, Salónica.

pues era ésa la actividad con la que estaba más de acuerdo. Como no participaba en el transporte de refugiados, la DORSA (siglas en inglés de la Asociación para el Establecimiento en República Dominicana), fundada por el Comité Conjunto de Distribución, tuvo que encargarse del trabajo, el cual dependía del capricho de los diplomáticos extranjeros y de los gobiernos. La intervención directa del gobierno dominicano en favor de los refugiados podría haber generado mejores resultados, pero tal especulación no viene al caso en un trabajo académico.

Jacob Benardout, hijo de Aarón Benardout, uno de los fundadores de la comunidad sefaradita de Salónica, que con el tiempo se convirtió en la sinagoga de Holland Park, era un judío sefaradí nacido en Londres. Comenzó su actividad antinazi en 1933, cuando Hitler tomó el poder en Alemania, y para 1937 fue nombrado embajador de República Dominicana en Inglaterra. Sucedió en el cargo a Maximiliano Henríquez Ureña, de familia criptojudía sefaradita y, como cónsul general de República Dominicana encargado de la legación en Londres, tenía el poder de otorgar visas a los judíos para que emigraran a ese país. Conocía bien el español y tenía influencia en los círculos políticos y cercanía con la familia real inglesa.

Benardout fue enviado a la Europa ocupada por los nazis para otorgar las visas y organizar el transporte de los refugiados hacia su libertad. Estuvo activo en este trabajo desde 1937 hasta que estalló la Guerra Mundial, en septiembre de 1939. Desafortunadamente, los primeros refugiados llegaron a República Dominicana apenas a mediados de 1940. En octubre de 1939, en el curso de unas conversaciones entre la JDC y los asesores del presidente,[1] el general Trujillo anunció que admitiría de inmediato, bajo los auspicios del IGCR (siglas en inglés del Comité Intergubernamental para los Refugiados creado por los participantes en la Conferencia de Evian), a 500 familias. Estos refugiados no llegaron hasta mayo de 1940, cuando se estableció la cooperativa agrícola de Sosua.

La primera misión de Benardout fue en Alemania, donde trabajó como espía del Banco de Inglaterra.[2] Lo motivaban sus sentimientos contra Hitler, los cuales había formulado cuando tomó el poder en 1933. En 1938, después que Alemania conquistó Austria en el Anschluss, Benardout repartió 700 visas a sendos judíos vieneses para que emigraran a República Dominicana. También distribuyó visas en Alemania. Estas visas dominicanas permitieron que un grupo de judíos saliera de Alemania, pasara por Francia en calidad de pasajeros en tránsito, llegara a Marsella y, ahí, se embarcara hacia Haifa. Otros judíos salían para República Dominicana desde Marsella.

---

[1] Catálogo del Archivo del Comité Conjunto de Distribución (JDC) y de la Asociación para el Establecimiento de la República Dominicana (DORSA), 1939-1977, 1, y archivos 45a y 45b de República Dominicana.
[2] Entrevista con Jacob Benardout, Londres, Inglaterra, 20 de junio de 1993.

Las autoridades alemanas lo persiguieron en Austria por haber sido espía de Inglaterra en Alemania. Cuando se le notificó esto, dejó Alemania para ir a Italia y, más tarde, a Francia. El cónsul en Austria le había informado a Benardout que los alemanes se habían puesto en contacto con él para preguntarle detalles de su arribo y salida de Austria, y que Hitler quería capturarlo antes de que saliera de Alemania. En otro viaje a Alemania les dio visas a algunos líderes judíos. Los que salían de Alemania iban a Francia y en Marsella tomaban un barco para República Dominicana. Muchos de los que recibieron las 500 visas dominicanas que él y otros concedieron no fueron a ese país americano. Algunos viajaron a Estados Unidos y otros a Palestina.

Benardout le siguió el rastro al *Patria*, un barco de refugiados ilegales capturado por Inglaterra después de la caída de Francia, y llegó a Haifa antes que él. Preocupado por la suerte de los judíos alemanes y austriacos en los barcos del Pacífico, del Atlántico y de Milos que llegaban a Haifa, los cuales iban a ser deportados a la isla Mauricio, el 25 de noviembre de 1940 presenció la muerte de más de 150 judíos del *Patria*, cuando los británicos habían transferido a bordo a algunos detenidos del campo Attlit y el barco fue saboteado en protesta por la Haganá y se volteó. Benardout fue denostado en un discurso que pronunció un ministro del gabinete inglés en el Parlamento, que pidió que se le acusara de traición contra el mandato inglés en Palestina. El 26 de julio de 1942 se les concedieron visas para entrar a República Dominicana a cinco judíos que habían sido deportados a la isla Mauricio.[3] Benardout, al margen de los acuerdos de la Conferencia de Evian, había ayudado a algunos judíos a escapar de la Europa ocupada por los nazis. Los que salían para República Dominicana desde Marsella pasaban por Ellis Island. Otros siguieron su camino sin ayuda de la "Junta" (la JDC) ni de otras organizaciones judías. Otros más fueron a Canadá. En una visita a las comunidades judías del continente europeo Benardout les aconsejó a los líderes judíos de Austria y Alemania qué hacer mientras tanto, y distribuyó visas entre ellos. En Londres ayudó a seleccionar entre los refugiados judíos candidatos para emigrar a República Dominicana. También viajó a Sosua, donde ayudó a establecer la colonia de judíos alemanes. Terminó su colaboración con República Dominicana cuando se ofreció como voluntario del cuerpo de inteligencia inglés y fue a Europa a luchar contra los alemanes. No se distribuyeron más visas para los judíos debido a los peligros y complicaciones que esto involucraba, como lo demuestra el caso de Benardout.

También son dignos de atención los esfuerzos de Virgilio Trujillo, hermano del dictador dominicano Trujillo y embajador de República Dominicana

---

[3] Archivo del Comité Conjunto de Distribución (JDC de aquí en adelante), DORSA 50a, "Imigration 1942-1944", ciudad de Nueva York.

en París, a quien su hermano le ordenó, en 1939, que les distribuyera visas a los judíos.[4]

Aunque Trujillo, el líder de República Dominicana, declaró el 4 de agosto de 1938, durante la reunión en Londres del Comité Intergubernamental,[5] organizado por la Conferencia de Evian en 1938, que estaba dispuesto a recibir a cien mil judíos, sólo llegaron mil. En la reunión del 9 de julio República Dominicana fue uno de los pocos países que hicieron ofertas concretas para aceptar refugiados judíos y expresó que estaba dispuesto a hacer una oferta importante.[6]

Lo que sigue es un relato de su compromiso, hecho en 1938, durante las reuniones preliminares de Evian y después, para reinstalar a los refugiados judíos:

El gobierno dominicano, anfitrión del Comité Intergubernamental, fue, en esta ocasión, el primer gobierno americano en aceptar la invitación que el 23 de marzo de 1938 hizo el presidente Roosevelt a 32 gobiernos para que se reunieran con el de Estados Unidos a discutir el problema de los refugiados; fue el primer gobierno americano en nombrar un delegado, el señor don Virgilio Trujillo Molina, hermano del generalísimo Trujillo, quien entonces era el presidente de la república; fue el único gobierno que, en la Conferencia de Evian, hizo una propuesta específica para recibir refugiados y, en las reuniones subsecuentes del Comité Intergubernamental en Londres, la acompañó con un plan detallado para su asentamiento.

De acuerdo con el procedimiento puntual dictado por el Comité Intergubernamental, hubo intercambios diplomáticos para tratar la propuesta dominicana; el primero de ellos entre lord Winterton, presidente de la delegación británica, el honorable Myron C. Taylor, presidente de la delegación norteamericana, y el honorable Max Henríquez Ureña, ministro dominicano en Londres; el siguiente de esos intercambios entre el honorable James G. McDonald, presidente del Comité de Asesores Presidenciales para los Refugiados Políticos, y el honorable señor don Andrés Pastoriza, ministro dominicano en Washington; el último, en París, fue entre el señor Taylor y el generalísimo Trujillo. Se pudieron alcanzar tentativas de acuerdo sobre las líneas generales de un proyecto de asentamiento, y el siguiente paso, una encuesta técnica sobre las oportunidades prácticas para que se establecieran en la república, se llevó a cabo bajo la égida del Comité de Asesores Presidenciales. El doctor Isaiah Bowman organizó la encuesta, que fue financiada por la Corporación Económica de Refugiados; tras una viaje previo a República Dominicana del señor Alfred Houston, experto en asuntos latinoamericanos, una comisión formada por el doctor H. D. Barker, de la Oficina de Plantas Industria-

[4] Franklin J. Franco, *Israel y Palestina: Pasado, presente y futuro*, Editora Nacional, Santo Domingo, 1988, p. 40.

[5] Mark Wischnitzer, "The historical background of the settlement of Jewish refugees in Santo Domingo", *Jewish Social Studies*, vol. IV, núm. 1, 1942, pp. 45-58.

[6] JDC, DORSA, 45b, "Report on the meeting of the intergovernmental committee at Ciudad Trujillo and the Sosua settlement in the Dominican Republic", pp. 4-5.

les del Departamento de Agricultura, el doctor William P. Kramer, de la Oficina de Bosques de Estados Unidos, el doctor Arthur Kocher, de la Oficina de Conservación del Suelo, todos ellos asistidos por el doctor Pablo Morales Otero, profesor de la Escuela de Medicina Tropical de San Juan de Puerto Rico, visitó la república durante los meses de marzo y abril de 1939. La comisión visitó 17 lotes sobre los que podrían instalarse los refugiados, y aprobaron su salubridad, su clima y la fertilidad de su suelo; además recomendaron que el establecimiento que se hiciera en la república se basara en la agricultura de subsistencia, que podría extenderse a la producción de bienes comerciables.[7]

Suele pensarse que Trujillo estaba tratando de apaciguar al gobierno de Estados Unidos con sus propuestas de planes altruistas para salvar o rescatar a los judíos, pues quería aminorar las atrocidades que cometió contra los haitianos. Entre el 2 y el 4 de octubre de 1937 los agentes de Trujillo ejecutaron a unos 20 mil haitianos para asegurar la superioridad de los blancos e impedir que los haitianos negros tomaran el mando.[8] A pesar de esto, ya a mediados de 1937 Trujillo expresó su interés por rescatar e instalar a los judíos de la Alemania nazi. Bernardo Vega escribió:

En enero de 1937 Trujillo intercambió correspondencia con organizaciones judías en Nueva York, encabezadas por Stephen Wiese, iniciando así el diálogo que concluyó con la llegada a nuestro país de unos 500 refugiados judíos a partir del mes de mayo de 1939.[9]

Trujillo donó un total de 26 685 acres al establecimiento de Sosua, lo cual le representó una inversión de cien mil dólares o más. La "Junta" prefirió que la contribución no fuera una donación, por lo que puso a Trujillo para integrar el consejo de DORSA y le dio acciones de propietario en Sosua. Se esperaba que con el tiempo los colonos pagaran algunos de los gastos que se hicieron para su instalación y para operar el establecimiento, como si estuvieran pagando un préstamo.[10] Trujillo ofreció que posteriormente les daría más tierra y otorgó a los colonos una vacación anual en un retiro en las montañas.[11] En su intento por blanquear el país, pensó que los varones judíos solteros que iban a llegar "se casarían con mujeres dominicanas y tendrían hijos de tez clara".[12] En la reunión celebrada en Nueva York el 24 de sep-

---

[7] *Idem.*

[8] Kai Schoenhals, "An extraordinary migration, Jews in the Dominican Republic", *Caribbean Review*, vol. XIV, núm. 4, otoño, 1985, pp. 41-43.

[9] Bernardo Vega, *Nazismo, fascismo y falangismo en la República Dominicana*, Fundación Cultural Dominicana, Santo Domingo, 1985, p. 180.

[10] Carta de Rafael L. Trujillo a James N. Rosenberg, firmada en Ciudad Trujillo el 20 de enero de 1940. Véanse las pp. 20-21 del documento referido en la nota 7.

[11] JDC, DORSA, 2, "Letter from Rafael L. Trujillo, New York, NY, December 26, 1940 to James N. Rosenberg, Presidente, Dominican Republic Settlement Association".

[12] Sue Fishkoff, "Trujillo's Jews", *The Jerusalem Post Magazine*, 6-1-1995, pp. 16-17.

tiembre de 1941, con motivo de que el embajador en Estados Unidos, Andrés Pastoriza, concluía su misión y comenzaba la de su sucesor, Jesús María Troncoso, el presidente de DORSA, James Rosenberg, observó que en Santo Domingo no existe el "mañana". Se refería a dos productivas reuniones que sostuvieron el generalísimo Trujillo y el embajador Pastoriza, en las cuales el gobierno se comprometió a "abrir sus puertas gradualmente para el asentamiento masivo de refugiados".[13]

Morris C. Troper, que durante los últimos tres años se había encargado del Comité Conjunto de Distribución en Europa, habló sobre el peligro inminente que se cernía sobre la judería europea bajo el dominio nazi. Desafortunadamente, República Dominicana no rescató a esos judíos, y los funcionarios de la "Junta" no actuaron con la urgencia que señalaban las palabras siguientes de Troper:

> Me da tantísimo gusto estar aquí en América que me resulta duro volver a los horrores que hay en Europa, de los cuales vengo. Me parece imposible encontrar, en esta tierra gloriosa, gente que entienda lo que de verdad está sucediendo allá. No puedo hacer que vean lo que vi y sentí ese terrible 10 de noviembre de 1938, cuando estaba en Berlín y presencié los motines, los atentados contra las sinagogas, el secuestro en masa de personas de bien, inocentes que fueron a parar a los campos de concentración. ¿Cómo describir el éxodo de los refugiados heridos, enfermos, desesperados, que salieron de los Países Bajos hacia Francia? ¿Cómo mostrarles el derrumbe de París, de donde salimos mis ayudantes y yo el 10 de junio pasado, tras la caída de Francia? ¿Cómo darles noticia de las buenas personas encarceladas en España porque se atrevieron a cruzar la frontera en su intento por salvarse de los nazis? Tampoco puedo referir lo que pasa en Holanda ni en la misma Alemania, ni en Polonia, herméticamente cerrada para que nadie pueda escapar. Pero no todo es oscuridad. Hitler ha inventado y usado toda clase de máquinas infernales del horror, pero puedo decirles que hay una cosa que no ha podido hacer y es acabar con la fe y la esperanza de los que todavía están en el continente. Es nuestra tarea mantener viva esa fe.[14]

En una conferencia de prensa celebrada el 27 de agosto de 1940 el doctor Joseph A. Rosen, vicepresidente de DORSA y arquitecto y director de Sosua, declaró que la República Dominicana había expedido más de 20 mil visas que DORSA había solicitado, y que, dependiendo de la habilidad de DORSA para hacerse cargo de la gente,[15] este número podía multiplicarse varias ve-

---

[13] JDC, DORSA, 43, "Sosua haven for refugees in the Dominican Republic, A meeting in New York, September 24, 1941 in honor of Their Excellences Dominican ministers to the United States Andrés Pastoriza, Jesús María Troncoso. . .", p. 5.

[14] *Ibidem*, p. 7.

[15] JDC, DORSA, 2, Administration general, 1940 (July-December), Statement by Dr. Joseph A. Rosen, V. President of the Dominican Republic Settlement Association at Press Conference, August 27, 1940, 4.

ces. Los primeros colonos, 37 judíos alemanes, llegaron a Sosua en mayo de 1940.[16]

Durante los primeros diez meses de actividades de DORSA se otorgaron 1 079 visas dominicanas en 19 países. De éstas, 853 eran de residente y 226 de no residente. Estas últimas se repartieron en la segunda mitad del año, principalmente en Portugal, Suiza y Francia. La administración de DORSA recibió cartas de casi todos los países que había en el mundo en ese entonces, y contestó las que venían en inglés, francés, español, alemán, idish, húngaro, italiano y polaco. De los 252 primeros colonos de Sosua, 98 recibieron sus visas en Suiza, 55 en Inglaterra, 37 en Alemania, 35 en Italia, 7 en Estados Unidos, 4 en Haití, 2 en Cuba, 1 en Portugal y los 13 restantes fueron seleccionados de entre los refugiados que ya estaban en República Dominicana.[17]

En las minutas de DORSA del 14 de agosto de 1940 consta que el doctor Rosen, uno de los principales agrónomos del mundo, que había colaborado con el señor Rosenbergen en la reubicación en granjas de la Ucrania rusa y de Crimea de 300 mil judíos de las ciudades, presentó un reporte sobre el asentamiento de DORSA en República Dominicana.

Dijo que el gobierno dominicano había cooperado extensamente y de forma amistosa con el esfuerzo y que no había dificultad para asegurar visas para 450 residentes y 208 no residentes, además de 500 niños y aprendices. Dijo también que, a pesar de esto, había un gran obstáculo contra la inmigración de personas a quienes les habían retenido las visas, debido a que el Departamento de Estado de Estados Unidos sospechaba que los individuos que venían directamente de Alemania podían considerarse indeseables porque podían ser elementos de la quinta columna, etc. En consecuencia, sólo 50 personas pudieron llegar a Sosua, aunque se habían hecho preparativos para recibir a 200, además de niños y aprendices; 150 alemanes y un número de italianos, que tenían visas, encontraron imposible llegar por causa de la actitud del Departamento de Estado. Además de esto, dijo que había 50 alemanes refugiados en Suiza y algunos en Holanda que estaban listos para salir hacia Santo Domingo pero que dicha actitud se los impedía. El doctor Rosen se dedicó a resolver este problema a través de los conductos adecuados del gobierno norteamericano pero, a la fecha del reporte, sin éxito. Volvió a decir que el gobierno dominicano en sí había cooperado y no ponía obstáculos.[18]

El 17 de abril de 1940 Robert Pell, empleado del Departamento de Estado responsable de los refugiados, dio a DORSA la primera alarma contra la selección de colonos alemanes. De ahí en adelante esa alarma se manifestó en forma creciente hasta que DORSA prometió que no elegiría ya más colonos

[16] JDC, DORSA, 50a, "Immigration 1942-1955. Confidential DORSA Memorandum from D. R. Dexter to Mrs. Reyher, June 18, 1943", p. 4.

[17] JDC, DORSA, "Report. . .", p. 80.

[18] JDC, DORSA, 2, "1940. Minutes of the Meeting of DORSA on August 14, 1940".

entre los habitantes de los "territorios ocupados". Hubo repetidas negociaciones que intentaban invalidar este acuerdo.[19] El señor Trone, enviado por DORSA a Europa en abril de 1940 para que se hiciera cargo de la selección, y que trabajaba desde Suiza y Lisboa, fue a Alemania y se ofreció como fiador de cada uno de los miembros del grupo original. Salvo por los 37 primeros, ningún otro alemán fue escogido, "excepto algunos pocos individuos que se fueron a otros países por sus propios medios y ahí consiguieron visas dominicanas".[20] James Rosenberg le escribió al presidente Roosevelt en protesta por la xenofobia del Departamento de Estado y se quejó de sus sospechas de que había elementos de la quinta columna, pero sin resultados.

Cuando Italia entró a la guerra del lado del Eje, en la primavera de 1940, ya tampoco pudieron venir de ahí los colonos alemanes. Ahora tenían que llegar de Estados Unidos y tener visas de tránsito norteamericanas. Esto se convirtió en un problema mayor y en un gran obstáculo. El Departamento de Estado tenía que aprobar los planes de emigración de DORSA, y darle asistencia y apoyo. El gobierno dominicano tenía plena conciencia de que la política del Departamento de Estado y sus medidas hacia DORSA eran consecuencia de consideraciones de defensa, entre las cuales estaba la inmigración de refugiados.

En Holanda varios cientos de judíos fueron seleccionados para ir a establecerse con DORSA, pero nunca se les permitió salir de su país debido a la ocupación nazi.[21] En algún momento entre el verano y el otoño de 1940 Trone fue a Holanda. DORSA les consiguió visas dominicanas pero, como no les dieron las de tránsito norteamericanas, no se les otorgaron permisos de salida.[22] DORSA concedió 155 visas dominicanas a otros tantos judíos de Alemania, pero Italia les negó visas de tránsito. Un grupo llegó ahí y se quedó varado. DORSA había preparado alojamiento para 500 aprendices y 500 niños, que debían salir de Inglaterra, pero la mayoría de los cuales nunca llegó. Algunos miembros del grupo de Luxemburgo, judíos austriacos que estuvieron temporalmente en Luxemburgo en calidad de trabajadores agrícolas, hasta que tuvieron que salir por la invasión alemana del 10 de mayo de 1940 y el gobierno de Petain los internó en Francia, llegaron con el paso del tiempo a la República Dominicana. De ese grupo 132 no pudieron ser examinados por las autoridades norteamericanas, requisito para obtener visas de Estados Unidos, porque las autoridades españolas les negaron visas de tránsito, que les hubieran permitido llegar a Portugal. Aunque les dieron visas dominicanas,[23] muchos de ellos nunca llegaron. DORSA pidió permisos para

---

[19] Véase la página 5 del documento citado en la nota 16.
[20] *Idem.*
[21] JDC, DORSA, 45b, p. 193.
[22] Véase la página 7 del documento citado en la nota 16.
[23] *Ibidem,* p. 8.

88 personas de Luxemburgo y anotó a 7 en las listas de pasajeros del *S. S. Nyassa*.[24] En Bayona Trone visitó el campo de concentración donde estaban internados miles de refugiados judíos. El gobierno de Vichy trasladó a muchos de ellos a los campos de la muerte nazis. Ahí, en Bayona, más de mil refugiados se ofrecieron como voluntarios para realizar trabajos agrícolas en República Dominicana, pero Trone sólo escogió a cincuenta.[25]

Desafortunadamente, República Dominicana dejó de otorgar visas a refugiados el 11 de diciembre de 1942.[26] En un momento dado llegaron 670 judíos a Sosua.[27] En total, poco más de mil judíos habían ingresado a República Dominicana. En 1947 llegaron a Sosua más judíos que venían de Shangai.

Como resultado del anuncio de Trujillo, que dijo que iba a recibir a 100 mil judíos, la inteligencia naval de Estados Unidos preparó, en mayo de 1940, un informe sobre los peligros que podría acarrear la infiltración de espías, la cual sería difícil de controlar.[28] Muchos de los informes que prepararon sobre los judíos que colaboraban con los nazis en República Dominicana eran incorrectos o exagerados, pero había razones para sospechar de individuos aislados. Sin embargo, esto no justifica que los gobiernos de República Dominicana y de Estados Unidos hayan dejado por completo de otorgar visas a refugiados judíos a partir de 1942.

En el Palacio Nacional de Santo Domingo hay un informe del agente X-33, fechado en abril de 1942, que afirma que los judíos se embarcaban en Sosua por la noche, se ponían en contacto con submarinos enemigos y regresaban por la mañana, y que tenían estaciones de radio.[29] Ninguna de estas afirmaciones pudo verificarse; tampoco las detectaron la inteligencia naval de Estados Unidos ni los funcionarios de la inteligencia dominicana, quienes realizaron una indagación en Sosua, la colonia judía. En 1944 un informe del FBI declaró que no se habían encontrado elementos de la quinta columna entre los judíos.[30] Mientras tanto, entre 1942 y 1944, cuando Estados Unidos impidió la migración de judíos a República Dominicana, 21 mil judíos fueron admitidos a Estados Unidos entre el ataque de Pearl Harbor y el fin de la segunda Guerra Mundial.

La inteligencia naval de Estados Unidos sospechaba que Bruno Phillips, un judío checo que emigró a República Dominicana en 1939 y que había establecido un banco agrícola, era un agente de los nazis. Había trabajado

---

[24] JDC, DORSA, 50, "Telegram by Reyher to Leon Falk, December 31, 1941, and List of December 30, 1941".

[25] Schoenhals, p. 42.

[26] JDC, DORSA, 50a.

[27] Oficina Sudamericana del Comité Judío Americano, Instituto de Relaciones Humanas, "Comunidades judías de Latinoamérica (1973-1975)", 1977, pp. 167-168.

[28] Vega, p. 181.

[29] *Ibidem*, p. 187.

[30] *Ibidem*, p. 188.

como agente comercial de Adolfo Arturo Oscar Spitta, renombrado colaborador nazi. Se informó que Phillips se había reunido con Carl Hertel, líder de los nazis de la isla.[31] No se pudo obtener evidencia concluyente en su contra. El FBI lo calificó como espía en enero de 1942. Fue detenido pero no se le levantaron cargos. A pesar de esto, se le concedió una visa norteamericana en 1944 y más tarde, cuando regresó a República Dominicana, fue nombrado cónsul de Israel.[32] Phillips trató de llevar a cabo un proyecto para traer a 50 refugiados checos a la Bahía de Samana. Había recibido, junto con el doctor Paul Bleier, vastos fondos gubernamentales, entre 2 y 3 millones de dólares, para destinarlos al desarrollo de la tierra. Bleier creó una fábrica de cemento y otra de dentífrico. En noviembre de 1941 él y Phillips establecieron una granja arrocera en Nagua. Los norteamericanos acusaron a Bleier, en diciembre de 1941, de mantener relaciones con Plescha, afamado agente de los nazis, pero no lo detuvieron.

Se sospechaba que Walter Kahn colaboraba con los esfuerzos comerciales de los nazis para fletar tabaco hacia Holanda, donde se lo destinaría al consumo de los alemanes. En septiembre de 1944 la representación norteamericana en República Dominicana reveló que Kahn había recibido autorización de los ingleses para embarcar tabaco portugués en buques británicos y para usar a Argentina y a España como puntos de paso. Las autoridades de Estados Unidos admitieron que no tenían información concluyente de sus tendencias nazis, pero que les había llegado un informe de la inteligencia dominicana, de julio de 1942, sobre reuniones con el embajador alemán sostenidas en su granja de Santiago.[33] Con todo, Kahn se estableció más tarde en Estados Unidos. Rudolf Ivanier admitió que trabajaba para el partido nazi. Se le acusó de vender información a los nazis y lo arrestaron en mayo de 1942, pero no se demostró que fuera culpable de ningún crimen.[34] Como había sospechas de que los judíos participaban en el espionaje nazi, en lugar de admitirlos sin cargo en la República Dominicana, como había prometido Trujillo, les empezaron a cobrar una tarifa de 500 dólares por cabeza. Hubo una familia de cinco miembros que sólo tenía dos mil dólares y el de mayor edad prefirió suicidarse antes que regresar a la Alemania nazi.[35] Esta tarifa de 500 dólares se empezó a cobrar a los ciudadanos alemanes judíos a partir de los treinta, después que Hitler subió al poder. Se impuso debido a que muchos de estos judíos no tenían los medios para mantenerse. La tarifa se canceló en enero de 1940, como parte del acuerdo entre DORSA y República Dominicana.[36] Se estableció de nuevo en 1942.

[31] *Ibidem*, p. 189.
[32] *Ibidem*, p. 309.
[33] *Idem*.
[34] *Ibidem*, p. 310.
[35] *Ibidem*, p. 308.
[36] Véase la página 2 del documento citado en la nota 16.

Alrededor de enero de 1941 el *Times Herald* publicó que en Sosua pululaban los espías nazis. Por esas fechas Robert Pell, subjefe de la División de Asuntos Europeos del Departamento de Estado norteamericano, le sugirió a DORSA que no llevara alemanes a Sosua.[37] A pesar de que los apremiaba la necesidad de reunirse con sus familiares, de lo cual él estaba muy consciente, pensaba que los involucrados debían proceder con tacto y esperar a que se aplacara el nerviosismo suscitado por la noticia. Le aconsejó que Trone evitara ir a Alemania durante esos días, pues podía levantar sospechas debido al artículo publicado en el *Times Herald*. Pell hizo saber que tenía intenciones de proseguir los esfuerzos para sacar de Holanda a más colonos e "industriales", pero no las cumplió.

Aunque Trujillo, líder de República Dominicana, declaró en la Conferencia de Evian, en 1938, que estaba dispuesto a recibir a cien mil judíos, sólo llegaron mil. Debido al peligro que involucraba la operación y a las difíciles comunicaciones, como lo muestra el ejemplo de Benardout, no se distribuyeron más visas para que los judíos pudieran salir hacia República Dominicana. También tuvo que ver que en Estados Unidos, en el FBI, y en el gabinete de Trujillo había miedo de que los alemanes estuvieran mandando espías disfrazados de inmigrantes judíos. Se sospechaba de numerosos judíos alemanes, y muchos fueron arrestados. Uno de ellos fue deportado a Estados Unidos, acusado de espía, junto con algunas docenas de alemanes, pero más tarde fue puesto en libertad.

Trujillo demostró primero que tenía el deseo altruista de rescatar a cien mil judíos de la Europa ocupada. En los archivos del Conjunto hay ejemplos de los elogios pomposos que hacía a las iniciativas humanitarias de Roosevelt, pero quedan dudas sobre la sinceridad de su interés. Trujillo, aunque era un dictador terrible, demostró un interés genuino, pero no quiso ensuciarse las manos ni las de sus diplomáticos extendiendo visas en la Europa nazi. A diferencia de los daneses y del ELAS-ELAM, un movimiento guerrillero griego de izquierda, no instituyó ningún plan para evacuar a los judíos de los países ocupados por los nazis ni organizó actividades para transferirlos a zonas libres de Europa. Éstas fueron actividades de los gobiernos de España y de Portugal, durante el Holocausto, y que un gobierno podía llevar a cabo si estaba motivado frente al régimen cruel de los nazis. Como nadie los sacó de Viena, Holanda, Alemania, Francia ni de ninguna otra parte, los judíos no pudieron usar las visas dominicanas que les habían otorgado o que en París, en Bayona, en Londres o en Portugal hubieran podido obtener con facilidad dadas sus circunstancias.

Los gobiernos de Italia y de España les negaron el paso a través de su te-

---

[37] JDC, DORSA, 50, "Letter from Robert T. Pell, Assistant Chief, Division of European Affairs, State Department, Washington D. C., to Mrs. Reyher, January 18, 1941".

rritorio y no pudieron seguir su camino hacia la tierra prometida, República Dominicana. Ya en 1940, debido a que la marina norteamericana acusaba a los judíos, alemanes o de donde fuera, de espionaje, lo cual no pudo probar, se redujeron el tránsito y la inmigración de judíos que escapaban de la ocupación nazi, y para finales de 1942 habían cesado. La inteligencia británica, sin embargo, que durante la guerra estuvo en contra de la migración de judíos a Palestina, interrogaba a los que pasaban por Alepo en su huida de la Europa ocupada y dejó entrar a Palestina a muchos de ellos. En cambio, a la inteligencia de Estados Unidos no le bastó con encerrar temporalmente en Ellis Island a los refugiados que iban a República Dominicana, sino que usó su influencia para detener la inmigración de judíos a ese país.

Si uno se pone a ver "el vaso medio lleno", como dice el refrán, se puede pensar que República Dominicana permitió a mil judíos alcanzar sus costas y salvarse de ser aniquilados en Auschwitz y los demás campos de la muerte. Aunque no estaban acostumbrados al rudo trabajo de las cooperativas agrícolas, más de 600 judíos llegaron a Sosua y tuvieron suerte ahí. Los otros se establecieron en las ciudades y prosperaron. Naturalmente, aquellos que llegaron a República Dominicana fue porque no pudieron entrar a Estados Unidos. Muchos judíos salieron de ahí entre 1941 y 1947 y consiguieron establecerse en este último país. Por lo menos entre dos mil y cinco mil judíos recibieron visas dominicanas. Muchos pudieron salir de la Europa ocupada, llegar a otros países y sobrevivir. A la fecha no hay datos disponibles sobre esto. Muchos judíos murieron en Auschwitz con sus visas dominicanas, pues no pudieron salir de sus países de origen o de residencia. República Dominicana también ayudó a refugiados gentiles y un pequeño porcentaje de la población de Sosua no eran judíos.

Trujillo y los diplomáticos gentiles de República Dominicana no arriesgaron su vida y no se les puede considerar, según Yad Vashem, "gentiles justos", como a diplomáticos de la talla de Wallenberg, Per Anger, Ulkumen, Mendes, Sugihara, etc., que heroicamente corrieron grandes peligros para salvar vidas judías. Sin embargo, República Dominicana ofrecía un lugar de destino y un documento que ayudó a algunos judíos a escapar de la ocupación y la persecución de los nazis y llegar a un refugio seguro y permanente. La colonia de Sosua, como el *kibutz* y el *moshav* contemporáneos, transformó a los judíos europeos de las ciudades de Europa Oriental y Central en agricultores y obreros. En una época en que la mayoría de los países del mundo libre se negaban a aceptar refugiados judíos que huían de la Europa nazi, la República Dominicana ofreció una solución concreta para unos pocos de ellos.

OCTAVA PARTE
HOMBRES, INSTITUCIONES Y FONDOS NACIONALES

CONFLICTOS EN TORNO AL KKL ENTRE LA ORGANIZACIÓN SIONISTA UNIDA KADIMA Y LOS SIONISTAS SOCIALISTAS EN MÉXICO HASTA 1936

Efraim Zadoff*

En un artículo recientemente publicado en la revista académica *EIAL*,[1] la doctora Adina Cimet-Singer plantea que "al transformarse el sionismo en una fuerza central en Eretz Israel y al desear asegurar el apoyo político en la diáspora, trató de lograr la exclusividad política en la comunidad sin permitir una diversidad política de la comunidad y las condiciones de la diáspora, diferentes a las de Israel".

No es mi propósito entrar en la discusión sobre si las condiciones de la dinámica política en la diáspora eran pluralistas y si lo que describe Cimet-Singer fue una actividad exclusiva del movimiento sionista en México. Tampoco deseo analizar la posible actitud de cualquiera de los movimientos políticos que actuaban en ese momento en el seno comunitario, y revisar la hipótesis de que si tan sólo hubiesen contado con el apoyo popular necesario habrían detentado también ellos una posición similar. En este trabajo quiero referirme a una situación que se registró dentro del propio movimiento político sionista, en la cual uno de los sectores aspiró a una hegemonía absoluta.

La contienda política originada en esta rivalidad generó una estructuración organizativa de los diversos grupos políticos, de modo tal que los debates contribuyeron a una definición sectorial y a la creación de marcos internos de negociación que llevarían, en la década de 1940, a una mayor institucionalización de la Organización Sionista en México.

El movimiento sionista organizado, que dio sus primeros pasos durante el decenio de 1920 y que se estableció como Organización Sionista Unida Kadima en 1925, estuvo al poco tiempo controlado por un núcleo de adherentes a la ideología de los sionistas generales. Su convicción estipulaba que no había lugar, en el seno del movimiento, para divergencias políticas, pues éstas debilitarían irremediablemente el accionar sionista. Por ello intentaron evitar por todos los medios a su alcance que otras corrientes sionistas, espe-

* Amilat, Universidad de Tel Aviv.
[1] Adina Cimet-Singer, "The last battles of Old-World ideologies in the race for identity and comunal power: Communists vs. Bundists vs. Zionists in México, 1938-1951", EIAL, julio-diciembre de 1994, 5: 2, pp. 59-84.

cialmente la de los socialistas, identificados con el movimiento Pro-Palestina Obrera y el partido Poalei Sión, presentasen una posición independiente en la comunidad judía y dentro de la propia organización sionista.

Tal como lo destacan Cimet-Singer y la doctora Judit Bokser-Liwerant en su tesis doctoral,[2] las actividades en torno a los fondos de recaudación de recursos para la construcción del hogar nacional judío en Eretz Israel y especialmente el Fondo Nacional Agrario —el Keren Kayemet Leisrael— se transformaron en el foco de las actividades sionistas desde su comienzo. Por esto no sorprende que las campañas de recaudación del KKL hayan sido el principal catalizador de esta rivalidad.

Este análisis de la rivalidad entre esos dos sectores en torno al KKL y a la organización política en el seno del movimiento sionista se basa en monografías e investigaciones publicadas, en material de archivo que ya ha sido analizado en otras investigaciones y en material que aparentemente aún no ha sido utilizado en investigaciones publicadas. Este material se encuentra en los archivos de las oficinas centrales del Keren Kayemet atesorados en el Archivo Sionista Central de Jerusalén, en material del Movimiento Socialista Sionista conservado en el Archivo Laborista de Tel Aviv, y en material del Archivo Itzjak Ben Izvi en Jerusalén.

Una donación para el KKL

La primera etapa a la que se refieren estas fuentes en el conflicto entre la Organización Sionista Unificada Kadima y el grupo de sionistas socialistas se desarrolló en torno a uno de los líderes de este grupo, Menajem Biderman (Heruti), en los años 1929-1931. Menajem Biderman participó en la fundación de Kadima en 1925, y probablemente fue por su intervención que en los estatutos de esta institución se determinó, como uno de los objetivos, recaudar dinero para KAPAI, Keren Poalei Eretz Israel [Fondo para los Obreros de Eretz Israel], cuyo objetivo era prestar apoyo económico para las actividades de la Histadrut Haovdim, la organización obrera de Eretz Israel. Es de destacar que en este estatuto se omitió la recaudación de dinero para el KKL como uno de los objetivos de Kadima.[3]

En noviembre de 1928, y hasta enero de 1929, Biderman asumió la dirección de la oficina del KKL y se hizo responsable de la recaudación de fondos. Al mismo tiempo continuó actuando para KAPAI y recolectando dinero, que enviaba a la Histadrut, como lo había hecho en los cuatro años anteriores.

[2] Judit Bokser Misses, *El movimiento nacional judío. El sionismo en México, 1922-1947*, Universidad Nacional Autónoma de México, 1991, pp. 183-184.
[3] Véase ASC, Z4/2753, M. Berguer, Secretario Organización Sionista Unificada Kadima a Organización Sionista Mundial, sin fecha, fecha de recepción 24-2-1925.

En julio de 1930 los dirigentes del KKL, doctor Iehoshúa David (Ovsei) Mintz e Iosef Tchornitzky, acusaron a Biderman, ante los directivos del KKL en Jerusalén, de haber enviado a la Histadrut 150 pesos (75 dólares) recibidos como aporte para el KKL. Como demostración, adjuntaron una solicitud escrita por el donante (S. Scabes) exigiendo un recibo del KKL.[4] Hasta que este hecho fue esclarecido y Biderman presentó un documento escrito por el cual el donante reconoció su error, pues originalmente había destinado el dinero para KAPAI,[5] participaron en la discusión la comisión de Kadima, funcionarios del KKL en Jerusalén, dirigentes de la Histadrut en Tel Aviv, y se publicaron varios artículos con mutuas acusaciones en las páginas del periódico local en idish *Der Veg*.[6]

Aparentemente Biderman intentó desarrollar una política de recaudación que asociaba al KKL con el KAPAI. En su opinión, el descuido del KAPAI por parte de Kadima lo llevó a asociar ambos fondos en su presentación ante el público judío.[7] Cabe destacar que esta actitud era contraria a la política de recolección establecida por las oficinas centrales del KKL, que determinaba que a sus campañas podría asociarse el Keren Hayesod solamente.

La evolución posterior en este conflicto podría indicar que la discusión en torno a este hecho era parte de una campaña desarrollada por Kadima para desacreditar al grupo KAPAI por su actuación independiente, sin rendirle cuentas a ella. Además de concentrar todos los ataques en la persona de Biderman argumentando que el grupo formado en su derredor tenía por único objetivo su defensa, Kadima promovió la creación de una organización, Farband farn arbetn Eretz Isroel [Liga Pro-Palestina Trabajadora] que actuaría en su seno y que se atribuía mayor representatividad y cien asociados que abonaban una cuota mensual.[8] En esta nueva organización participaban activistas socialistas sionistas como Mordje Korona, Moshé Temkin, Bentzion Tamin, etc., que al parecer se enemistaron personalmente con Biderman en el plano de la labor conjunta para KAPAI. Sin embargo, el apoyo activo a esta nueva organización por parte de dirigentes de Kadima alineados

---

[4] Archivo Sionista Central (ASC), KKL5/4204, Mintz y Tchornitzky a la Oficina Central del KKL en Jerusalén, 1-7-1930.

[5] En un recibo al KAPAI firmado el 2-9-1930, ASC, KKL/5, 4204, KAPAI en Tel Aviv al KKL en Jerusalén, 3-11-1930.

[6] Véase la profusa correspondencia sobre el tema en ASC y en el Archivo Laborista en Tel Aviv (AL), IV-202-12-A, cartas entre Israel Mereminsky, director de KAPAI en Tel Aviv, KKL Jerusalén y los siguientes grupos en México: Kadima, KAPAI y Liga Pro-Palestina Obrera, entre noviembre de 1929 y noviembre de 1930.

[7] Véase la posición presentada por Biderman en una reunión con la comisión de Kadima el 21-10-1929, AL, IV-202-12-A, protocolo núm. 2. Tres activistas de la Organización Sionista y del KKL (Berguer, Rabinovich y Kutcher) atestiguaron que Biderman les anunció que había recibido 150 pesos de Shabes y que los distribuiría en partes iguales entre el KKL y KAPAI. Véase ASC, KKL/5 4204, KKL México a KKL Jerusalén, sin fecha.

[8] AL, IV-202-12-A, Tchornitzky, secretario de Kadima, a KAPAI Tel Aviv, 21-1-1930.

con los sionistas generales, como Mintz y otros, y la falta de actividades por su parte unos meses más tarde, indican que tal vez esta organización se creó para neutralizar el trabajo del grupo KAPAI y desacreditarlo ante las instancias centrales en Tel Aviv.[9]

La respuesta a esta acción de KAPAI en Tel Aviv no fue la esperada por este grupo. Si bien es cierto que Israel Mereminsky, director de la organización mundial de KAPAI, aceptó la formación de la liga e instó a sus fundadores a trabajar en favor de la Histadrut, los llamó a unirse al grupo de KAPAI que lidereaba Biderman. Asimismo, destacó que la liga no podría presentarse como parte de Kadima, sino como organización independiente de todo ente institucional local o mundial, y asociarse directamente a la Organización Mundial de Ligas Pro-Palestina Trabajadora, es decir el KAPAI.

Más aún, Mereminsky rechazó las acusaciones sobre la mala fe de Biderman y de que él actuaba solo, sin ningún apoyo del público judío en México.[10] Su respuesta en relación con Biderman se centró en los siguientes aspectos:

1. No puede ser que una persona sola, sin el apoyo y la confianza del público, pueda, durante cuatro años, juntar dinero para KAPAI.

2. Itzjak Ben Tzvi, en esos momentos secretario político de la Histadrut, avala que Biderman es una persona honesta y dedicada al apoyo de la causa sionista obrera.

En esta respuesta Mereminsky se basaba en dos hechos. Ante todo, Biderman formó parte de la primera comisión directiva de Kadima, organizada en 1925, y es de suponer que fue por su intervención que KAPAI fue incluida entre los fondos que recibirían su apoyo.[11]

El segundo aspecto aquí mencionado es el testimonio personal de Ben Tzvi, que conoció a Biderman durante su única visita a México del 4 al 9 de abril de 1926. Esta visita fue parte de una misión que desempeñó Ben Tzvi en el marco de una campaña en favor de KAPAI en Estados Unidos. Los dos principales objetivos de esta visita fueron *a)* establecer contacto entre los movimientos obreros mexicanos y de Eretz Israel; *b)* encontrarse con los activistas de KAPAI en México y recaudar recursos para dicho fondo.

El primer objetivo fue cumplido cuando se entrevistó el día 9 de abril de 1926 con el ministro de Comercio, Industria y Trabajo, Luis Morones, y con el secretario general de la CROM —Confederación Regional Obrera Mexicana—, Ricardo Treviño. En estas gestiones colaboró con Ben Tzvi Roberto Ha-

---

[9] También Sourasky interpreta esta actitud de este modo. Véase L. Sourasky, *Historia de la comunidad israelita de México 1917-1942*, p. 264.

[10] Véanse respuestas de Mereminsky: AL, IV-202-12-A, Mereminsky a Kadima, 10-3-1930; Mereminsky a la Liga Pro-Palestina Obrera en México, 20-3-1930; ASC, KKL/5 4204, KAPAI Tel Aviv a KKL Jerusalén, 12-8-1930.

[11] ASC KKL5/703, M. Berguer a KKL Jerusalén, 25 de *av* de 5626, 5-5-1926.

berman, un judío oriundo de Rumania, ampliamente involucrado en el movimiento obrero mexicano.[12]

El segundo objetivo fue logrado al realizarse una reunión pública en la Organización Sionista Kadima el 8 de abril de 1926, por la noche. Esta reunión fue organizada tras un encuentro que mantuvo Ben Tzvi el 6 de abril por la mañana con el secretario de Kadima, Meir Berguer, y en una reunión realizada esa misma noche con la comisión de la organización, compuesta por Berguer, Sourasky, Kirsch, Biderman y Vinietzky. Asimismo, en la reunión se resolvió apoyar la campaña de KAPAI. Según el testimonio de Ben Tzvi, la difusión de la realización de este encuentro estuvo a cargo de los activistas locales del KAPAI,[13] pues los activistas de Kadima lo boicotearon discretamente. En esta reunión Ben Tzvi recaudó cerca de 300 pesos, de ellos más de 200 en efectivo.[14] La relación entre Ben Tzvi y Biderman está documentada en el diario del primero, donde registró que se encontró varias veces con él.[15]

Esta descripción de la política desarrollada por la Organización Sionista Unificada Kadima respecto al grupo independiente de KAPAI, que según esta interpretación fue el móvil del boicot a la conferencia de Ben Tzvi en 1926 y condujo a la oposición a la labor independiente de Biderman y a la creación de la Liga Pro-Palestina Trabajadora que competía con el grupo de este último, señala que éstas fueron etapas anticipatorias de la política de Kadima tal como la describe Bokser-Liwerant respecto a mediados de la década de 1930. Según ella "la Organización Sionista Unida de México luchó por mantener su presencia exclusiva como la organización representativa del sionismo local, y vivió la aparición de nuevos grupos como una amenaza de desintegración".[16] Si bien es cierto que el acto más formal en el desafío que presentó la izquierda sionista a las aspiraciones hegemónicas de los sionistas generales fue el establecimiento en México del partido político Poalei Sión en mayo de 1935,[17] los hechos arriba descritos eran parte integral y precursora de este conflicto, y el papel desempeñado en el mismo por KKL fue circunstancial.

El conflicto alrededor del aporte de 150 pesos al KKL fue aclarado al pre-

[12] Archivo Itzjak Ben Tzvi (AIBT), 18-3-1922, diario personal de Ben Tzvi del año 1926; *ibidem*, 1-4-16-1938, cartas personales de Ben Tzvi a su esposa Rajel Ianait, carta núm. 20, 14-4-1926.

[13] No tengo información sobre el comienzo de las actividades del grupo de KAPAI en México. Véase el número testimonio de 1923 sobre una recaudación de fondos para Poalei Sión en Eretz Israel, ASC, Z4/2753, Werner, Organización Sionista de México, a las oficinas centrales de la Organización Sionista en Londres, 11-6-1923.

[14] Véase AIBT, diario de Ben Tzvi, 6 y 8-4-1926; AL, IV-104-7-5, invitación a la reunión.

[15] AIBT, 1-8-3-1922, diario personal, días 8-4-1926, 9-4-1926. Con base en este conocimiento Ben Tzvi le extendió unos años más tarde un certificado en el que expresaba conocerlo, que era un miembro honorable de la colectividad en México, que no pertenecía al movimiento comunista y que era merecedor de recibir autorización a inmigrar a Eretz Israel, ASC, KKL5/6806, febrero de 1934.

[16] Bokser-Liwerant, *op. cit.*, pp. 190-191.

[17] En diciembre de 1934 se estableció formalmente la Liga Pro-Palestina Trabajadora y en mayo de 1935 el partido Poalei Sión-Leirei Sión. Véase Bokser-Liwerant, *op. cit.*, p. 191.

sentarse el documento firmado por Shabes.[18] Un segundo conflicto en relación con la transferencia de fondos del KKL a Biderman en noviembre de 1928, cuando asumió la dirección del mismo y la entrega del saldo en caja por su parte a los que lo sucedieron en enero de 1929, se solucionó más adelante. En noviembre de 1931 la oficina del KKL en México anunció a las oficinas centrales en Jerusalén que en una reunión en la que participaron Reznikoff, presidente del KKL, Ben Tzion Tamin y Leib Dulzin por la Organización Sionista, y Biderman, Berguer, Rabinovich y Scharkansky, se solucionó el problema de la transferencia de los fondos del KKL entre las diversas comisiones durante 1928 y 1929, al reconocer todos que no hubo mala voluntad por parte de los activistas y al aportar los presentes personalmente los 8.66 pesos que faltaban.[19]

REPRESENTACIÓN INDEPENDIENTE DEL SIONISMO SOCIALISTA

A pesar de la aparente solución de este conflicto, la oposición a Biderman no cesó. Años más tarde reapareció cuando volvieron a personalizar en él los ataques contra las aspiraciones de la izquierda sionista a actuar como grupo político independiente que detentara la legitimidad en la representación de una orientación ideológica diferente a la imperante en el seno del movimiento sionista.

A comienzos de 1934 este grupo estaba organizado bajo el nombre de Liga Pro-Palestina Trabajadora y lo presidían Ben Tzion Tamin y Meir Goldgrub. Al sentir que su trabajo estaba paralizado, en su opinión por una acción intencionada de la Organización Sionista unificada, solicitaron a Itzik Hamlin, secretario general de KAPAI en Estados Unidos, que enviase a un orador destacado para revitalizar su acción política. Hamlin mandó a Pinjas Cruzo, ex secretario de Poalei Sión en Estados Unidos, que llegó a México en abril de ese año con la intención de dirigir una campaña para KAPAI.[20] De acuerdo con un informe que presentaron Tamin, Goldgrub y Biderman (manuscrito por este último), al llegar Cruzo a México los dirigentes de la Organización Sionista se ofrecieron a dirigir la campaña para KAPAI y se comprometieron a recaudar 750 dólares. Asimismo se formó una comisión con dos representantes de la Organización Sionista y Biderman para que se ocupase de esta campaña. Tras la partida de Cruzo los representantes de la Organización Sionista no

[18] A fines de 1931 el KKL en Jerusalén demandó de KAPAI en Tel Aviv el pago de la mitad de este aporte, equivalente a 75 pesos. A pesar de que KAPAI rechazó la demanda por haber sido demostrado que Shabes había destinado el dinero exclusivamente al KAPAI, esta última decidió destinar una suma similar a actividades en beneficio del KKL. ASC, KKL5/5436, Mereminsky a KKL Jerusalén, 5-11-1931 (agradezco a la doctora Margalit Bejarano que me facilitó este documento).

[19] ASC, KKL5/5434, KKL México a KKL Jerusalén, 29-11-1939.

[20] Véase aviso de su visita en *Farn Folk*, 1-4-1934, p. 16.

concurrieron a los llamados de Biderman y cuatro meses más tarde, tras pedidos de Hamlin y Cruzo, la Organización Sionista envió sólo 400 dólares. Esta acción estuvo acompañada por declaraciones de la Organización Sionista en el sentido de que las actividades para KAPAI pertenecían al ámbito personal de cada individuo y que no había lugar para ellas en la Organización Sionista. Más aún, Resnikoff y Sulkes se dirigieron en nombre de la Organización Sionista al Ejecutivo Sionista en Londres, informando que cuando la comisión para la liga que ellos formaron durante la visita de Cruzo comenzó a actuar independientemente recolectando dinero para KAPAI ellos condenaron su acción, porque de este modo todos los fondos partidarios comenzarían a hacer lo mismo y perjudicarían profundamente al KKL.[21]

Ante esta actitud, Hamlin se dirigió a los activistas en México, los instó a que estableciesen la Liga Pro-Palestina Trabajadora como entidad independiente y solicitó a la Organización Sionista que los apoyase por ser el KAPAI una entidad sionista reconocida. La Organización Sionista, en cambio, revivió su accionar de 1930 y formó en su seno una comisión de apoyo al KAPAI para demostrar que no era necesaria una nueva organización.

En el informe mencionado, Tamin, Goldgrub y Biderman solicitaron a KAPAI en Tel Aviv ser reconocidos como únicos representantes en México y pidieron instrucciones sobre si debían establecer una liga o una representación del partido Poalei Sión.[22]

Tal como se publicó en el órgano oficial de la Organización Sionista, *Farn Folk*, esta protesta por la actitud de la Organización Sionista respecto al KAPAI fue escuchada también en la Asamblea General de esta institución. Pero la comisión directiva de la misma la rechazó con el argumento de que la Organización Sionista representaba a una entidad unificada y no podía realizar campañas para fondos pertenecientes a un partido determinado.[23]

La respuesta de KAPAI de Tel Aviv fue, esta vez, de apoyo total al grupo independiente. En una carta a la Organización Sionista en la que agradecían la simpatía por la labor de KAPAI, se planteaba que la formación de comisiones en el seno de las organizaciones sionistas contradecía las decisiones de los congresos sionistas, que determinaron que las organizaciones partidarias debían ser independientes de las territoriales. Asimismo encargaron a la liga que organizase una campaña para renovar un asentamiento de trabajadores en Tel Jai durante el mes de *adar* [del calendario lunar hebreo] (aproximadamente en febrero).[24]

---

[21] ASC, Z4/3244, Resnikoff y Sulkes, México, al Ejecutivo Sionista, Londres, 17-12-1934.

[22] AL, IV-208-1-772, Goldgrub, secretario de la liga, México, a Mereminsky, Tel Aviv, 18-10-1935; Tamin, Goldgrub, Biderman, México, a Dobkin, director KAPAI, Tel Aviv, 27-11-1934 (aquí dicen que la Organización Sionista envió a Nueva York sólo 100 dólares).

[23] I. Vishnievich, "Noj der alguemeiner farzamlung", *Farn Folk*, núm. 21, 15-11-1934, p. 4. Vishnievich actuaba en ese momento como secretario de finanzas de la Organización Sionista.

[24] AL, IV-208-1-772, Mereminsky a Tamen, Goldgrub, Biderman, 6-1-1935.

Éste fue el trasfondo de un primer intento de involucrar al KKL en el conflicto en torno a la formación de la liga como ente político sionista independiente. En una carta del KKL en México a sus oficinas en Jerusalén, a pesar de que la comisión del KKL planteaba que no quería verse involucrada en este conflicto, exponía ésta lo ocurrido, destacando que la formación por parte de la liga de una comisión separada perjudicaría a la Organización Sionista y al trabajo para el Keren Kayemet Leisrael y el Keren Hayesod. Nuevamente surge aquí el ataque personal contra Biderman, al puntualizarse que él se opone a discutir esta situación y que sus seguidores se niegan a participar del trabajo del KKL si no se permite a Biderman actuar para el KAPAI en el seno de la Organización Sionista.[25]

A partir de esta carta, y durante la primera mitad del año 1935, los líderes del KKL México trataron con insistencia de inculpar a los activistas de la liga de perjudicar las campañas del KKL. Así fue como plantearon que la campaña de Tel Jai y la visita de Baruj Zukerman, líder de Poalei Sión y miembro del Comité de Acción Sionista, perturbaban la colecta para inscribir al barón Rotschild en el libro de oro del KKL (hasta insinuaron que la liga hacía esto con la anuencia de las instancias sionistas superiores). También atribuyeron al KAPAI la declaración de que este fondo cumplía con objetivos que eran hasta entonces exclusivos del KKL. De este modo quería destacar que el comportamiento de la liga causaba una reducción en los ingresos del KKL.[26]

Los activistas del KKL en México, que pertenecían a la Organización Sionista Unificada, trataron de involucrar al KKL también en el conflicto que se desarrolló en torno a la venta de *shkalim*, cuya adquisición otorgaba el derecho a elegir delegados al XIX Congreso Sionista que se convocaba en 1935. Tal como lo describe Bokser-Liwerant,[27] las oficinas de la Organización Sionista Mundial en Londres rechazaron la solicitud de la liga de otorgarle dos mil *shkalim* para su venta y le indicaron que los solicitara a la Organización Sionista en México. A pesar de que la liga pidió de ésta que la incluyese en la comisión territorial del *shékel*, la Organización Sionista no formó tal comisión ni otorgó a la liga *shkalim* para su venta. Ante esta situación la liga se dirigió, por recomendación de Mereminsky, a Hamlin, en Nueva York, quien les envió mil *shkalim* "provisorios" para su difusión en nombre de Poalei Sión.[28]

---

[25] ASC, KKL5/6806, KKL México a KKL Jerusalén, 1-1-1935.

[26] ASC, KKL/5 6806, cartas de KKL México a KKL Jerusalén, 14-2-1935, 26-2-1935, 18-4-1935, 10-4-1935, 7-6-1935, 26-5-1935, 14-6-1935; la Organización Sionista publicó en *Farn Folk* del día 1-4-1935 que habían decidido continuar la campaña de inscripción de Rotschild en el Libro de Oro del KKL en los días 15 de abril al 15 de mayo. El 12 de abril solicita la Organización Sionista la liga que postergue la visita de Zukerman para que la campaña de KAPAI no perjudique a la del KKL. ASC 180/84, archivo personal Baruj Zukerman, Resnikoff y Sulkes, Organización Sionista Unificada de México a Liga Pro-Palestina Trabajadora, México, 12-4-1935.

[27] Bokser-Liwerant, *op. cit.*, p. 192.

[28] AL, IV-208-1-772, Dvora Segal-Biderman a Mereminsky, 12-3-1935; Bentzion Tamin al Comité de Acción de la Histadrut, 30-7-1935. ASC, Z4/3602, Resnikof y Sulkes, Organización Sio-

La difusión de *shkalim* provisorios se ajustaba a los requisitos del estatuto del Congreso Sionista. Pero en México los *shkalim* que difundía la Organización Sionista llevaban una estampilla (de Motzkin) del KKL, que era uno de sus medios de recolección de fondos. La difusión realizada por la liga de *shkalim* provisorios sin esta estampilla fue utilizada por los activistas de la Organización Sionista y del KKL como otro elemento para atacar a la liga y argüir, además de que Poalei Sión no tenía derecho a existir en México, que sus actividades perjudicaban directamente al KKL.[29]

A comienzos de mayo de 1935 llegó a México Baruj Zukerman para dirigir una campaña de KAPAI.[30] La liga decidió aprovechar su autoridad como líder reconocido en el Movimiento Sionista Mundial y que ayudara como mediador a encontrar una solución al conflicto suscitado. El 5 de mayo de 1935 se realizó una reunión presidida por Zukerman en la que participaron seis dirigentes de la Organización Sionista y cinco de la liga. En esta reunión tenían que resolver diversos asuntos: *a)* la participación de los activistas de la liga en las campañas del KKL y del KH; *b)* la relación entre éstas y las campañas del KAPAI; *c)* la posición de los activistas de la liga en la comisión del *shékel.*

Tras agrias discusiones, en las que volvieron a surgir las acusaciones contra Biderman pendientes desde 1929 respecto a la transferencia de dinero al KAPAI en vez de al KKL, no se llegó a ningún acuerdo.[31]

LA POSICIÓN DE LA OFICINA CENTRAL DEL KKL EN JERUSALÉN

La política de los funcionarios de la oficina central del KKL en Jerusalén, al advertir sus raíces políticas, fue de no involucrarse en este conflicto, y se ocuparon exclusivamente de defender los intereses del KKL. Al mismo tiempo exigieron de los activistas del KKL en México pruebas concretas de las

nista México a la oficina central de la Organización Sionista en Londres, 23-4-1935. Aquí opinan que con la situación económica imperante no habrá nadie que esté dispuesto a viajar al Congreso Sionista, por lo que destacan que el único interés en la difusión del *shékel* provisorio es competir con la Organización Sionista.

[29] ASC, KKL5/6806, KKL México a KKL Jerusalén, 10-4-1935, 26-5-1935. En la segunda carta los activistas del KKL insinuaron que la situación creada por la liga no sólo perturbaba la campaña del KKL sino que imposibilitaba la realización de la campaña del KH.

[30] AL, IV-208-1-772, Dvora Segal-Biderman, liga de México a Mereminsky, 20-5-1935.

[31] Véase una descripción detallada de los temas discutidos en Bokser-Liwerant, *op. cit.,* pp. 192-193, núm. 58; ASC, Z4/3602, Baruj Zukerman, Nueva York a Berl Loker, Londres, 17-5-1935, aquí le envía el protocolo de la reunión del 5-5-1935 y destaca que los sionistas generales no aceptaron refrendar el protocolo por no admitir que la lista laborista [sionista] tiene derecho a actuar también en México. *Ibidem,* Resnikoff y Sulkes, Organización Sionista México, a la oficina central de la Organización Sionista en Londres, 13-5-1935, señalan que en la reunión mencionada intentaron llegar a un acuerdo para que las campañas del KAPAI no se encontrasen con las de los fondos nacionales (KKL y KH), pero la gente de la liga no quiso firmar a instancias de Zukerman, quien, a pesar de ser miembro del Comité de Acción, no demostró interés por los fondos.

acusaciones contra la liga.[32] Así fue como en el caso de la venta de *shkalim* provisorios por parte de Poalei Sión la respuesta fue que esto no incumbía al trabajo del KKL, y que respecto a las estampillas de Motzkin, se dirigirían al centro mundial de Poalei Sión cuando recibieran toda la información referente al conflicto.[33]

La primera y única prueba concreta enviada por la oficina del KKL de México a Jerusalén fue un recorte impreso de un volante o de un artículo en un periódico publicado por el KAPAI en México que decía: "con el dinero que recolectamos ayudamos al KKL a comprar tierras y al KH a adquirir maquinarias para trabajar la tierra". El 1 de julio de 1935 la oficina del KKL en Jerusalén le escribió al centro mundial de KAPAI en Tel Aviv citando el fragmento y solicitando que instruyesen al KAPAI en México que no debía competir con el KKL ni difundir falsa información.[34]

La reacción de KAPAI en Tel Aviv fue casi inmediata. El 9 de julio de 1935 Mereminsky escribió a la liga en México protestando por el contenido del volante, solicitando que se le enviase de inmediato una copia del mismo. En esta carta destacó que si bien los objetivos de KAPAI eran importantes, el mayor y primordial compromiso era para con el KKL y el KH, y no se debía competir con ellos en los periodos de sus campañas y en sus métodos de recaudación.[35]

La respuesta de KAPAI de México fue negar que sus activistas hubiesen publicado tal declaración. En primer término lo hizo Biderman oralmente en una visita que realizó a la oficina de Mereminsky en Tel Aviv el 28 de julio de 1935.[36] Unos meses más tarde escribió el secretario de la liga, Meir Goldgrub, declarando que ninguno de sus activistas recordaba que se hubiese publicado tal declaración, que todos consideraban como sumamente negativa. Además mencionaba que los activistas del KKL en México les impedían participar de las campañas de este fondo, actitud sobre la que podían escuchar el testimonio de Baruj Zukerman.[37]

La falta de pruebas fehacientes sobre la actitud atribuida al KAPAI de Mé-

---

[32] ASC KKL5/6806, KKL Jerusalén a KKL México, 30-1-1935, 19-3-1935, 22-3-1935, 1-4-1935, 17-5-1935.

[33] ASC KKL5/6806, KKL Jerusalén a KKL México, 17-5-1935.

[34] ASC, KKL5/6302 Defensa de campañas, KAPAI, Minz y Tchornitzky, KKL México a KKL Jerusalén, 7-5-1935, *ibidem*/6806, KKL Jerusalén al Centro Mundial de KAPAI Tel Aviv, 1-6-1935. Véase referencia retrospectiva al recorte enviado en *ibidem*/8185, *ibidem*, 15-1-1936. Los funcionarios de ambos fondos tenían claro que para que este recorte tuviese validez como prueba debía estar completo y presentado en su contexto. Véase *ibidem*/8185, Comité Ejecutivo de la Histadrut al KKL en Jerusalén, 22-12-1935.

[35] AL, IV-208-1-772, Mereminsky a la liga en México, 8-7-1935.

[36] En el margen de una copia de la carta enviada por Mereminsky a la liga en México el 9-7-1935 hay una anotación manuscrita que dice: "Nos visitó el compañero Biderman en nuestra oficina y anunció que no hubo tal volante y todo el asunto carece de fundamento. 28.7", AL, IV-208-1-772.

[37] AL, IV-208-1-772, Goldgrub, liga de México a Mereminsky, Tel Aviv, 18-10-1935.

xico respecto al KKL, la sensación de que en este asunto había en juego intereses políticos y el profundo interés de que las campañas del KKL no fueran perturbadas, llevó a los funcionarios del mismo en Jerusalén a considerar a comienzos de 1936 que este caso estaba cerrado. A fines de abril del mismo año hizo lo propio la oficina del KKL en México.[38] Esta última atribuyó la finalización del conflicto con la liga en México a la *aliá* de Biderman a Eretz Israel a mediados de 1935, renovando de este modo la personalización de la disputa que se había hecho unos años antes.[39]

En realidad la partida de Biderman de México coincidió y tal vez aportó al apaciguamiento del enfrentamiento entre ambos sectores, pero no solucionó sus discusiones políticas. A juzgar por las protestas de miembros de la liga en México de que los dirigentes del KKL no les permitían participar de sus campañas y de la credibilidad que despertaron estas protestas en las oficinas de KAPAI en Tel Aviv y del KKL en Jerusalén,[40] la disputa entre los sionistas socialistas y los sionistas generales por el lugar que deberían ocupar los primeros en el seno de la Organización Sionista y los fondos nacionales continuó durante 1936. Más aún, la prolongación de los conflictos en torno a las campañas de recaudación de ambos fondos aun tras la partida de Biderman demuestran que éste fue sólo un catalizador de esa rivalidad. Sin embargo, es de destacar que en estas disputas incidieron otros aspectos, además de la rivalidad política entre dos sectores del movimiento sionista. Se puede suponer que el sector socialista sionista no estuvo exento de divergencias internas, considerando que entre los opositores a la posición lidereada por Biderman se encontraban adeptos a Poalei Sión como Mordje Korona,[41] y Moshé Temkin.[42]

---

[38] ASC KKL5/8185, KKL Jerusalén, a KAPAI Tel Aviv, 15-1-1936, KKL México a KKL Jerusalén, 24-4-1936.

[39] I. Vischnievich, "Di vos brejn", *Farn Folk*, 8-4-1935, p. 6; ASC, KKL5/6806, KKL México a KKL Jerusalén, 14-6-1935, 29-6-1935.

[40] Véanse cartas de la Histadrut al KKL en Jerusalén anunciando que el KKL en México impide a activistas de la liga actuar para el KL, e instrucciones enviadas por la oficina del KKL Jerusalén al KKL en México para que incorporen a activistas de la liga en la labor del KKL; ASC, KKL5/8185, Histadrut Tel Aviv a KKL Jerusalén, 22-1-1936, 1-3-1936, KKL Jerusalén a KKL México, 20-2-1936.

[41] A fines de la década de 1920 y comienzo de la de 1930 lidereó la liga establecida por la Organización Sionista Unificada (AL, IV-202-12-A, Acta de la primera reunión de KAPAI en la sede de Kadima, 22-12-1929), y en 1935 era líder de un grupo antifascista relacionado con Poalei Sión, de izquierda (*ibidem*, IV-407-1-912, contiene correspondencia al respecto de 1936).

[42] Véase *supra* su artículo de crítica a la posición de Biderman publicado en *Farn Folk* en abril de 1935. En febrero de 1936 ocupó el cargo de secretario de la liga: AL, IV-208-1-772, Temkin a Mereminsky, febrero de 1935. Una acotación en esta carta en la que puntualiza que sólo las cartas firmadas por el presidente (Bentzion Tamin) y el secretario (él mismo) de la liga son representativas de la organización y que todas las otras firmas son exclusivamente personales, da lugar a suponer que hubo rivalidades internas en este grupo.

Conclusiones

En los dos conflictos analizados aquí, el KKL no fue objeto de la agresión de ninguno de los sectores en pugna, sino que por su centralidad en la actividad judía desarrollada en esos años en México, y por su importancia en la arena del accionar sionista en el mundo, las actividades para él desarrolladas fueron utilizadas por estos sectores como medio para presionar sobre los líderes y la opinión pública y lograr sacar ventaja para sus posiciones. Los funcionarios del KKL en sus oficinas centrales en Jerusalén advirtieron esta situación y sostuvieron en estos conflictos posiciones objetivas que mantuvieron al KKL al margen de las posiciones partidarias.

Como última demostración de ello es de destacar que, a pesar de las continuas advertencias por parte de los activistas de la Organización Sionista Unificada y del KKL en México en el sentido de que la posición de la liga perjudicaría la campaña del KKL,[43] en realidad los resultados de la campaña de 1935, que llegaron a los 18 846 pesos, superaron los objetivos prefijados para ese año, de 15 mil pesos.[44]

La continuación del análisis de las relaciones políticas en torno a las campañas del KKL en México hasta el final de la década de 1930 indicará que tanto los activistas de los sionistas generales como los de la Liga Pro-Palestina Trabajadora y de Poalei Sión continuaron utilizando las campañas del KKL como instrumento para presionar al sector contrincante.

Asimismo, la posterior formación de comisiones conjuntas para determinar las fechas de las campañas y la aceptación formal por parte de los sionistas generales de la representación de otros grupos políticos en la Organización Sionista demostraron que los conflictos aquí descritos, y los suscitados más tarde, contribuyeron a una mejor organización de los marcos institucionales sionistas.

---

[43] ASC, KKL5/6806, KKL México a KKL Jerusalén, 14-6-1935.
[44] ASC, KKL5/8185, KKL México a KKL Jerusalén, 3-10-1935; "In un arum dem natzionaln fond", *Farn Folk*, febrero de 1936, p. 23.

LA COLECTIVIDAD JUDÍA DE ARGENTINA DESDE EL PRISMA DEL KEREN KAYEMET LEISRAEL

SILVIA SCHENKOLEWSKI-KROLL*

EL KKL inició sus actividades en Argentina al poco tiempo de su fundación, en 1902. A pesar de que el reglamento de la Organización Sionista Mundial (OSM) aseguraba la autonomía de los fondos nacionales, hasta los años treinta, al igual que el segundo fondo nacional, el Keren Hayesod (KH), KKL era parte de la Federación Sionista Argentina (FS), que actuaba como representante de la OSM en el país. La actitud de la FS hacia cada uno de los fondos fue muy distinta. KH fue considerado de más prestigio; su campaña anual, generalmente con la participación de un enviado especial del Comité de Acción de la OSM, representaba la cumbre de las actividades de la FS en la capital y en el interior del país. El KKL, con su labor cotidiana de colectar centavo tras centavo en todos los estratos de la colectividad judía, no obtuvo el reconocimiento de su valor por parte de la federación. Esta situación de pertinencia que no concordaba con la reglamentación establecida indujo a otros partidos sionistas que actuaban en Argentina —Poalei Sión y Zeirei Sión (PS-ZS)— a no colaborar o a participar sólo nominalmente en los comités de ambos fondos. Esta situación llegó a una solución definitiva, en lo que se refiere al KKL, en 1935. El rabino Zlotnick visitó ese año Argentina como emisario del KKL, y consiguió la completa separación de presupuestos y contabilidad entre el KKL local y la FS, y al mismo tiempo la participación activa de PS-ZS en el comité del KKL. La relativa facilidad con que se consiguió ese acuerdo en el KKL estriba en lo antedicho: la poca importancia del KKL para la FS y la irradiación de esta apreciación al público sionista local.[1]

El KKL salió del estancamiento con la llegada de Natan Bistritsky a fines de 1941. Bistritsky puso en práctica en Argentina los métodos utilizados en Europa. El KKL se transformó, de un mero instrumento de recaudación de fondos en todas y en cada una de las oportunidades de la vida judía, en un órgano de educación sionista. Bistritsky trazó un plan de acción que abarcaba las escuelas judías, los movimientos sionistas juveniles, la WIZO (organización sionista femenina mundial) y una red de activistas abocados especialmente a las tareas del KKL. No todo lo propuesto por Bistritsky se llevó a

---

* Universidad de Bar Ilan y Universidad Hebrea de Jerusalén.
[1] S. Schenkolewski, *The Zionist Movement and the Zionist Parties in Argentina (1935-1943)*, tesis doctoral, Universidad Hebrea de Jerusalén, 1984, pp. 17-25, 87, 139-140 (hebreo).

la práctica, pero el esclarecimiento que desde entonces formó parte integral del KKL aumentó la recaudación de fondos y mejoró su imagen en la comunidad judía.[2] En 1945 asumió la presidencia del comité territorial Isaac Kaplan, oficialmente representante de la FS, en la práctica una figura respetada por todos los círculos comunitarios en general y por todos los partidos e instituciones sionistas en particular. Kaplan era en aquel entonces gerente general de la Fraternidad Agraria (cooperativa de las cooperativas agrícolas judías de Argentina), y entre otros cargos comunitarios era miembro de la comisión directiva de la DAIA (Delegación de Asociaciones Israelitas Argentinas).[3] A pesar de estos cambios positivos, el KKL fue considerado hasta 1948 como el "fondo menor" de los dos fondos nacionales. En el periodo entre el fin de la guerra y la creación del Estado de Israel el liderazgo sionista mundial había ya reconocido la importancia de dedicar recursos a la educación sionista; sin embargo todavía primaba ver en el judaísmo argentino una fuente de recursos económicos; de aquí emana el papel primordial que siguió teniendo el KH, también entre el liderazgo sionista local.[4]

Después de la creación del Estado de Israel la relación Israel-diáspora argentina se concretó en corrientes bilaterales: por una parte la continuación de la recaudación de fondos como en épocas anteriores, en montos superiores, dados el entusiasmo provocado por la creación del Estado y las crecientes necesidades del mismo; la *aliá* a Israel por motivos ideológicos, especialmente la *aliá* de miembros de los movimientos *jalutzianos* [pioneros]; por otra parte los esfuerzos de la OSM, de la Agencia Judía y de la legación y luego la embajada de Israel en Buenos Aires, por apuntalar la educación y la cultura sionista, tanto en los marcos educacionales formales como en los informales. Dentro de la colectividad misma el movimiento sionista conquistó posiciones en el campo institucional. Puede afirmarse que en la primera mitad de los años cincuenta, fuera de un grupo marginal de la izquierda antisionista, todos los organismos judíos se identificaban con el sionismo e Israel.[5]

Dada esta situación, después de la creación del Estado y durante la presidencia de Kaplan, hasta 1956, cabe analizar la posición del KKL en el marco institucional judío en general y en el sionista en particular, así como tam-

---

[2] *Ibidem*, pp. 141-144.

[3] S. Schenkolewski-Kroll, "Isaac Kaplan y la tierra: Argentina, Eretz Israel, Estado de Israel", *Judaica Latinoamericana*, Magnes, Jerusalén (en prensa).

[4] S. Schenkolewski-Kroll, *El movimiento sionista en Argentina, 1935-1948*, Magnes, Jerusalén (hebreo) (en prensa); S. Schenkolewski (Tractinsky), "The relationship of the World Zionist Organization to the Jewish community of Argentina, 1897-1947", *Zionism*, XIII, 1988, pp. 247-262 (hebreo).

[5] J. Goldstein, *The Influence of the State of Israel and the Jewish Agency on Community Life in Argentina and Uruguay Between 1948-1956*, tesis doctoral, Universidad Hebrea de Jerusalén, 1993, pp. 68-100, 118-212, 221-240 (hebreo); S. Schenkolewski, "Zionism versus the left in Argentina", *Zionism and its Opponents*, Jerusalén, 1990, pp. 186-187 (hebreo).

bién la interacción entre el KKL y la comunidad judía, y su papel ante las autoridades nacionales; cuál fue la postura del KKL frente a otros entes recaudadores de fondos, especialmente la Campaña Unida pro-Israel; la postura de los partidos sionistas con respecto al KKL en comparación con otras instituciones de actividad interpartidaria; los cambios ocasionados por la creación del Estado de Israel en lo que respecta a la misión del KKL en la colectividad local, como también la repercusión de los cambios en la posición del KKL en Israel en la opinión judía de Argentina.

Los acontecimientos que se fueron sucediendo a partir de fines de 1947 provocaron el primer cambio en la rutina del KKL. La Campaña de Emergencia, proclamada en diciembre de 1947, acarreó la suspensión de la acción Kol Haadamá [Voz de la Tierra]. El KKL local tuvo que enfrentarse con la oficina central en Jerusalén para conseguir el permiso de cese de la campaña. La oficina central expresó su disgusto y accedió solamente a la postergación de la misma hasta febrero de 1948. Visto el éxito de la Campaña de Emergencia, y dadas las circunstancias, tanto el KKL como el KH apelaron a sus respectivas casas matrices argumentando a favor de una campaña unificada. Ambos fondos recibieron respuestas negativas basadas en la necesidad de resguardar el carácter educativo de los fondos nacionales.[6] El liderazgo sionista local y los *shlijim* que actuaban en ese entonces en Argentina insistieron al respecto o, como lo expresó el gerente del KKL M. Graiver, "La campaña por motivos de seguridad demostró que el motivo conmovió a las masas como cincuenta años de propaganda del sionismo constructivo."[7] Finalmente la autorización de realizar la Gran Campaña Unificada pro Defensa y Consolidación del Estado Judío (Keren Hayesod, Keren Kayemet, Haganá), proclamada en abril de 1948, se consiguió por una intervención directa del liderazgo local ante el ejecutivo de la Agencia Judía, pasando por alto las instancias directivas de los fondos nacionales.[8] Esto demuestra el abismo que existía entre la oficina central y la realidad cambiante en la diáspora argentina, frente a hechos de los cuales la misma central era partícipe: la Guerra de Independencia.

En una época única en su género los ejecutivos de Jerusalén no comprendieron el vuelco ocasionado por la resolución de la ONU en la comunidad judía y trataron de seguir la rutina de años anteriores.

---

[6] ACS, KKL5/16267, 28-12-1947, Oficina Central Jerusalén a Oficina Territorial, Buenos Aires; *ibidem*, 11-2-1948; *idem*; *ibidem*, 12-3-1948, Oficina Central para América Latina a Oficina Central Jerusalén; ACS, KH4B/1258, 14-12-1947, Jaffe a Dobkin; *ibidem*, 15-12-1947, Dobkin a Mibashan; ACS, KH4B/1248, Jaffe a E. Kaplan; "Centenares de judíos afluyeron el sábado y el domingo a las oficinas del KKL, *El Estado Judío*, 5-12-1947, p. 6.

[7] ACS, KKL5/16267, 14-2-1948, Graiver a Oficina Central Jerusalén.

[8] ACS, KH4B/1258, 12-2-1948, Chill a Dobkin; ACS, KKL5/16267, 12-3-1948, Oficina Central para América Latina a Oficina Central Jerusalén; *ibidem*, Oficina Central Jerusalén a Oficina Central para América Latina.

Ya proclamada la Campaña Unida el KKL tuvo que adaptarse a la nueva situación; de acuerdo con lo estipulado recibiría 25% de lo colectado, otro tanto iría al KH y 50% sería para defensa y seguridad.[9] Esto significaba que el KKL no realizaría acciones o campañas; por otra parte debió plantear nuevamente su postura ante la labor cotidiana: inscripción en los libros del KKL, venta de árboles y bosques, colectas en celebraciones familiares y sinagogas. Desde la creación de la Campaña Unificada se consideró que los rubros antes mencionados eran compatibles con dicha campaña, vale decir, esas actividades podían seguir su curso; más todavía: la proclamación de plantación de bosques podría ocupar el lugar de la campaña anual, sin por eso contravenir lo acordado con la Campaña Unida, y de esa forma acrecentar las entradas del KKL. Por ejemplo, esto se concretó en 1950, con el bosque General J. de San Martín, plantado con motivo del centenario de su muerte. A pesar de ello, el KKL tuvo conflictos con la Campaña Unida, no por competir con ella, sino por todo lo contrario: la Campaña Unida recibió fondos colectados en acontecimientos familiares que debían haber sido derivados al KKL. Esto se explica por la popularidad de que gozó la Campaña Unida durante sus dos primeros años de existencia entre determinados círculos de izquierda no sionista que contribuían a la Campaña Unida pero no a un fondo netamente sionista.[10]

El *statu quo* con respecto a la recolección de fondos continuó durante el periodo tratado, salvo ciertas trasgresiones de Poalei Sión, que no accedió a derivar al KKL el dinero de las colectas realizadas en el "tercer *seder*" [cena ritual de Pascua] anual organizado por el partido.[11]

Después de la creación del Estado de Israel no varió esencialmente la organización interna del comité territorial y sus filiales en el Gran Buenos Aires y en el interior del país. KKL siguió siendo, a la par de WIZO, la institución más difundida entre el público judío. Llegó a tener unas doscientas filiales entre 1949 y 1952.[12] Por influencia de Israel el proceso de politización se agudizó, como en todo el sistema comunitario. Los diferentes puestos en los entes directivos fueron ocupados por representantes de partidos, situación que Kaplan quiso por lo menos evitar, pero sin éxito, con respecto a la elección de los miembros del Comité Juvenil. KKL fue una base más de coaliciones y

[9] ACS, KH4B/1257, 29-4-1948, Hermann a Zuchovitzky.

[10] ACS, KKL5/16257, 8-12-1947, protocolo del Directorio del KKL Argentina; ACS5/16267, 19-12-1947, Oficina Territorial Buenos Aires a Oficina Central Jerusalén; *ibidem*, 1-12-1948, Graiver a Oficina Central Jerusalén; *ibidem*, 15-12-1948, Oficina Territorial KKL Buenos Aires a Oficina Central Jerusalén; ACS, KKL7/19/1, Dobkin a Oficina Territorial KKL Buenos Aires; ACS, A/305/5 [sin fecha], declaración del KKL local sobre la plantación del bosque general San Martín; *ibidem*, A/305/16, 26-4-1950, secretario privado, Presidencia de la República, a I. Kaplan.

[11] ACS, KKL7/16/1, Asociación de Amigos de Keren Kayemet a Oficina Territorial Buenos Aires; *ibidem*, 10-11-1950, Oficina Territorial Buenos Aires a Asociación de Amigos del Keren Kayemet.

[12] ACS, KKL7/7/2; ACS, KKL7/47.

enfrentamientos entre los partidos sionistas, como tantos otros que proliferaron en la comunidad judía. Según Kaplan, los partidos no delegaron al KKL figuras de primera línea, hecho que en su opinión se hizo sentir en el trabajo cotidiano.[13]

Después de la creación del Estado KKL intensificó su labor educativa. La presencia de *shlijim* fue permanente, tomando impulso especialmente el Comité de Maestros (Moetzet Hamorim) y el Comité Juvenil. El presidente I. Kaplan vio en estos proyectos la base de la educación judía que debía remplazar la ya perdida educación tradicional. El Comité Territorial agregó a sus obligaciones financieras locales, como la subvención a los periódicos judíos del país, la de solventar los gastos de los grupos de maestros que viajaban a cursos de perfeccionamiento al Instituto J. Grinberg de Jerusalén. Otro rubro que floreció a partir de 1948 fue el turismo, que dio también ocupación al Departamento Latinoamericano del KKL en Israel.[14]

En lo que respecta al público sionista y a la comunidad judía, el KKL tuvo que esclarecer su posición. Cundieron rumores de que, al tener Israel posesión sobre sus tierras, la función del KKL caducaría. Así también, sin llegar a ese extremo, la situación real del KKL en Israel, antes de definirse el acuerdo entre el gobierno israelí y el KKL (1960), pudo haberlo desprestigiado.[15] Parecían confirmarlo ciertas actitudes por parte de instituciones centrales, como DAIA, con respecto al KKL; por ejemplo, al acto recordatorio del primer presidente de Israel, J. Weizman (noviembre de 1953), no fue invitado un representante oficial del KKL. Un caso similar ocurrió en una convención convocada por el Consejo Central Sionista, en la que el KKL tuvo que asegurarse de antemano de que sería incluido en el temario. Pero no solamente las instituciones judías locales no dieron al KKL el lugar que de acuerdo con sus dirigentes se merecía, sino que las mismas fuentes nos informan acerca de la total ausencia de *shlijim* de Israel en actividades centrales, como la Convención Territorial del KKL de 1954.

Las excelentes relaciones y el prestigio del que gozó el presidente I. Kaplan ante los embajadores J. Zur y A. Kubobi no siempre influyeron para

[13] ACS, A/305/2, 1-6-1955, I. Kaplan a Arzi; ACS A/346/24, 3-5-1955, 30-5-1955, 11-6-1955, 4-11-1955, I. Kaplan a Graiver.

[14] ACS, KKL5/16257, 22-2-1949, Oficina Territorial Buenos Aires a Oficina Central Jerusalén; ACS, A/305/7, 19-9-1950, I. Kaplan a Haezrahi; ACS, A/305, Informe (idish); ACS, KKL/7/19/1, 16-9-1954, Oficina Territorial Buenos Aires a Comité Central de Educación AMIA; ACS, A/346/24, 6-10-1954, 19-6-1955, I. Kaplan a Graiver.

[15] ACS, KKL/5, 16257, 29-12-1947, Oficina Central Jerusalén a M. Graiver; ACS, KKL/5, 17675, 16-6-1950, Oficina Territorial Buenos Aires a Oficina Central Jerusalén; ACS, A/346/24, 10-1-1954, I. Kaplan a Graiver; ACS, A/305/4, 10-3-1955, J. Weitz a I. Kaplan; ACS, A/305/2, 4-12-1955, Oficina Central Jerusalén a I. Kaplan. El 24 Congreso Sionista (1956) resolvió que el KKL debía llegar a un acuerdo con el gobierno de Israel acerca de la tenencia de tierras. El resultado de esas tratativas fue la promulgación de tres leyes referentes a bienes raíces (1960). Véase *The Executive of the Zionist Organization and the Executive of the Jewish Agency, Reports Submitted to the Twenty-Fifth Zionist Congress in Jerusalem*, Jerusalén, 1960, pp. 467-469.

que el KKL fuese invitado a ceremonias, homenajes o visitas oficiales, como la de Golda Meir en 1951.[16] Esta actitud, tanto por parte de instituciones locales como de representantes oficiales y extraoficiales de Israel, sin haber sido consecuente, ¿es una mera casualidad o demuestra una cierta falta de consideración hacia el KKL? Por otra parte cabe también preguntarse si el comité territorial y sobre todo Kaplan, que colocó sin ambages al KKL en un plano de santidad,[17] no pretendió para este fondo nacional un lugar que seguramente le correspondía pero que estaba por encima de las posibilidades reales, dadas la cantidad y categoría de instituciones y organismos que funcionaban en el marco comunitario. Para ello debemos discernir entre instituciones sionistas, como el Consejo Central Sionista, que debió dar al KKL un lugar de primacía; DAIA, que era la "organización cúpula" del judaísmo argentino, y a pesar de su carácter sionista KKL era una institución entre tantas; la embajada, que tenía su escala de prioridades y obviamente, como el KKL no era algo que debía esclarecerse a favor de Israel, es posible que pusiese su empeño en acercar círculos menos allegados al quehacer sionista.[18]

Con respecto a relaciones con diversas esferas gubernamentales, debemos discernir entre problemas específicos del KKL y el KKL como instrumento de la colectividad judía.

La época tratada corresponde a la primera presidencia del general J. D. Perón, en que la centralización del poder llegó a una de sus máximas expresiones.[19] En octubre de 1948, a consecuencia de las importantes sumas recolectadas por la Campaña Unida (cerca de 50 millones de pesos), con parte del monto se exportó carne argentina a Israel. Este sistema de transferencia de fondos se hizo indispensable para el KKL, dado que, a consecuencia de una investigación policial, se vio obligado a inscribirse oficialmente como ente que lleva libros rubricados. En septiembre de 1949, a raíz de un decreto del Poder Ejecutivo que ordenaba el cese de toda acción a favor de las víctimas de la guerra, KKL recibió el aviso oficial de suspensión de actividades. El ejecutivo local contestó explicando su legítima posición y pidió la intervención de la embajada de Israel. A consecuencia de esta situación quedó congelada en los bancos una suma de cerca de 3 millones de pesos. La única forma de

[16] ACS, KKL/7/16/1, 29-5-1951, Asociación Amigos del KKL a I. Kaplan; *ibidem,* 8-6-1951, Oficina Territorial Buenos Aires a Asociación Amigos del KKL; ACS, A/346/24, 15-11-1954, I. Kaplan a Graiver; ACS, KKL7/19/1, 10-12-1953, Oficina Territorial Buenos Aires a DAIA; *ibidem,* 30-3-1954, Oficina Territorial Buenos Aires a Consejo Central Sionista; *ibidem,* 6-1-1954, Consejo Central Sionista a Oficina Territorial Buenos Aires; *ibidem,* Burman a Oficina Territorial Buenos Aires; ACS, KKL7/19/2, 11-5-1954, Oficina Territorial Buenos Aires a Legación de Israel; ACS, KKL7/19/3, 3-8-1955, Oficina Territorial Buenos Aires a Consejo Central Sionista.

[17] ACS, A/305/4, 2-11-1954, transmisión radial de I. Kaplan; *ibidem,* 6-7-11-1954, discurso en la IV Convención Territorial del KKL; ACS, A/346/24, 13-1-1954, I. Kaplan a Graiver; *ibidem,* 19-7-1956, *idem.*

[18] Este tema merece un análisis aparte.

[19] Véase, por ejemplo, D. Rock, *Argentina, 1516-1985,* Berkeley, 1985, pp. 262-319.

transferirla a Israel fue con permisos de exportación que involucraban comisiones a los funcionarios correspondientes y un 10% a la beneficencia local, seguramente a la Fundación Eva Perón. A diferencia del KKL, el dinero de la Campaña Unida no estaba bajo control oficial. A pesar de ello, por acuerdos concertados entre los ejecutivos de Jerusalén de ambos fondos nacionales, parte de la suma correspondiente a la exportación de 1 400 toneladas de carne vacuna debía ser transferida al KH. El ejecutivo del KKL en Buenos Aires se opuso terminantemente a esta decisión, argumentando que el KH no tenía problemas de transferencia de fondos (la mayor parte de las sumas estaba en cuentas privadas); todas las gestiones pertinentes a la compra y los permisos de exportación fueron trabajo exclusivo del KKL local. Lamentablemente estos hechos no fueron tomados en cuenta por la casa matriz. La exportación de productos argentinos siguió siendo, durante la época de Perón, una de las vías de transferencia de fondos a Israel, no sólo del KKL sino de todas las campañas y colectas, sistema que al parecer no se transformó en rutina; de ahí las apelaciones al embajador de Argentina en Israel, doctor P. Manguel, para que intercediese al respecto ante las autoridades competentes.[20]

Tres acontecimientos ilustran las relaciones KKL, colectividad judía local, gobierno argentino, Israel: el anteriormente mencionado bosque general San Martín (1950); el homenaje rendido a Perón por la OIA (Organización Israelita Argentina), la agrupación de judíos peronistas, en noviembre de 1953, y la plantación del bosque Presidente Perón en enero de 1955.

La plantación del bosque general San Martín fue proclamada en nombre del gobierno de Israel, a iniciativa del directorio del KKL local, en un acto organizado por OIA, al que concurrieron el presidente Perón, Eva Perón y el embajador de Israel J. Tzur.[21]

En el homenaje de OIA I. Kaplan agradeció a Perón y a su inolvidable esposa su ayuda a los necesitados de Israel, y le hizo entrega de un diploma conmemorativo. Pocos días después una delegación de la colectividad encabezada por el presidente de DAIA, doctor M. Goldman, y en la que participó Kaplan, se entrevistó con Perón para expresarle su agradecimiento por haber participado en el acto mencionado. En esa oportunidad Kaplan volvió

---

[20] ACS, KKL5/16257, 1-4-1948, Graiver a Oficina Central Jerusalén; ACS, KKL5/16266, 10-9-1948, memorándum de Uri y Haviv; ACS, KKL5/17675, 10-10-1949, Ministerio de Hacienda a Fondo Agrario de la Organización Sionista; *ibidem*, 12-10-1949, Oficina Territorial Buenos Aires a Oficina Central Jerusalén; *ibidem*, 13-10-1949, Fondo Agrario de la Organizacion Sionista a Secretaría del Trabajo y Previsión; *ibidem*, 23-10-1949, ministro J. Tzur a Ministerio del Exterior Israel; *ibidem*, 12-12-1950, informe sobre tratativas con representantes de la Campaña Unida; *ibidem*, 29-1-1951, Oficina Territorial Buenos Aires a Oficina Central Jerusalén; KKL5, 16256, 19-9-1949, J. Weiss a Y. Grinboim; KKL5/17672, toda la carpeta trata sobre la importación de carne argentina.
[21] Véase nota 10, *supra*.

a hacer uso de la palabra. En ambos encuentros impresionó muy favorable-
mente al presidente y recibió el beneplácito de sus correligionarios.[22]

El embajador de Argentina en Israel, doctor P. Manguel, fue de la iniciativa de plantar el bosque Perón. En marzo de 1954 llegaron a un acuerdo
para llevar a cabo el proyecto DAIA, AMIA, la Campaña Unida, el Consejo
Central Sionista y obviamente el KKL, con el visto bueno del embajador A.
Kubobi. En abril del mismo año una delegación de las mencionadas instituciones más el secretario de la OIA anunciaron a Perón la plantación del bosque. En noviembre de 1954, después de conversaciones mantenidas por Kubobi y B. Locker, presidente de la Agencia Judía, con el canciller y con el
mismo Perón, se publicó oficialmente la plantación del bosque. Este compromiso, que involucraba no solamente a la colectividad judía sino también
al gobierno de Israel, movió a Kaplan a pedir condiciones especiales acordes
a las circunstancias: que la Campaña Unificada recibiera instrucciones de no
interferir en la labor del KKL por el bosque Perón, no sólo por el honor del
proyecto sino por ser la campaña la principal beneficiada de los favores de
Perón. Kaplan no se contentó, sino que pidió la transferencia de un millón
de pesos al KKL para asegurar el éxito de la empresa. Asimismo sugirió que,
dadas las expresiones de simpatía de Perón por Israel, el gobierno israelí lo
invitara oficialmente con oportunidad de la inauguración del bosque. El primer punto fue aprobado, el segundo no obtuvo el visto bueno de las instancias centrales y el tercero, la visita de Perón a Israel, fue derivado al Ministerio del Exterior de Israel. El bosque Perón se inauguró en Mesilat Zion
en enero de 1955. Hicieron uso de la palabra el primer ministro y ministro
del Exterior M. Sharet, el doctor Manguel y el presidente ejecutivo del KKL,
doctor A. Granot. En el acto se leyeron el saludo del presidente I. Ben-Zvi y
los discursos de Perón y Kaplan.[23]

El común denominador de los tres casos fue, primero, la instrumentación
del KKL en las relaciones con el gobierno (bosques, diplomas) y la figura de
I. Kaplan, ampliamente conocida en los círculos oficiales allegados a la agricultura y el cooperativismo; segundo, la necesidad de asegurar la continuidad de la transferencia de fondos a la que hicimos referencia. En los dos primeros participó la OIA, que vio en estos actos parte fundamental de su
programa de acción, muestras de gratitud y homenaje a Perón por parte de
la comunidad. La diferencia entre ambos radica en que en el caso del bosque San Martín el KKL se sirvió de la OIA, y en el segundo la iniciativa de la
OIA convocó la presencia del KKL. La embajada de Israel estuvo involucrada

---

[22] ACS, A/305/5, 16-12-1953, discurso de I. Kaplan en el acto OIA; ACS, A/346/24, 10-11-1953,
15-12-1953, 16-12-1953, I. Kaplan a Graiver.

[23] ACS, KKL7/19/1-6-12-1954, Oficina Territorial Buenos Aires a DAIA; ACS, A/305/4, 5-12-
1954, Graiver a I. Kaplan; ACS, A/346/24, 22-1-1955, 29-1-1955, Graiver a I. Kaplan; *ibidem*, 5-2-
1954, 15-11-1954, I. Kaplan a Graiver.

en los dos bosques, por ser actividades que concernían a la relación Argentina-Israel. En el caso del bosque Perón la OIA tuvo un papel secundario; sólo participó en la parte ceremonial, siendo DAIA la autoridad responsable de toda la acción, hecho que confirma que OIA no desempeñó un papel directivo en la comunidad.[24] La relación fue directa: Manguel, KKL Buenos Aires, embajada y gobierno de Israel, gobierno argentino.

De acuerdo con lo expresado anteriormente, KKL siguió siendo, durante los años tratados (1948-1956), una institución popular, ampliamente difundida en los círculos sionistas y su periferia, que agregó a sus quehaceres tradicionales tareas que se desarrollaron por la relación Israel-comunidad judía local; al frente del KKL hubo una figura descollante, por encima del promedio del liderazgo local, imbuida de una fe religiosa en el KKL y su obra; es por eso que la diferencia entre Kaplan y sus colaboradores estriba más en la singularidad del primero que en la categoría de los segundos. KKL, por "tradición" y por influencia de su posición en Israel, no siempre recibió el trato merecido por parte del *establishment* judío. A pesar de ello, éste supo aprovechar los atributos del KKL, que cumplió funciones y sirvió de instrumento que sólo esta institución, por su carácter específico, pudo realizar, tanto en beneficio de la comunidad local como del Estado de Israel.

---

[24] L. Senkman, "El peronismo visto desde la legación israelí en Buenos Aires: Sus relaciones con la OIA (1949-1954)", *Judaica Latinoamericana*, II, Jerusalén, 1993, pp. 115-136.

BISTRITSKY EN CUBA: SU INFLUENCIA SOBRE LA ESTRUCTURACIÓN DEL KEREN KAYEMET LEISRAEL Y SU ACTIVIDAD POLÍTICA ENTRE LOS CUBANOS

MARGALIT BEJARANO*

ESTA ponencia es parte de un trabajo de investigación sobre la historia del Keren Kayemet (KKL) en Cuba, un estudio que refleja el desarrollo del Fondo Nacional Judío en una nueva y pequeña comunidad creada a principios del siglo en América Latina. El KKL era una organización de carácter nacional judío, cuyos fines trascendían las necesidades locales de los inmigrantes; sus fuentes de inspiración ideológica y las instrucciones para su trabajo práctico provenían de la oficina central en Jerusalén. Los medios principales de comunicación entre el centro y la periferia eran dos: la correspondencia y los *shlijim*.

El *sheliaj* aparecía como el portavoz del Movimiento Sionista Mundial y el único contacto vivo con el nuevo *ishuv* en Eretz Israel. Representaba la autoridad superior de la oficina de Jerusalén hacia el liderazgo sionista local y era el intérprete de las necesidades nacionales a las condiciones locales de cada comunidad. Ésas dependían de la situación económica y política en determinadas circunstancias, pero también de la orientación ideológica hacia la institución representada por el *sheliaj*, y de la competencia con otras instancias judías que enviaban sus emisarios a la misma comunidad.

Uno de los *shlijim* que más impacto causaron en la historia del movimiento sionista en América Latina en general, y en Cuba en particular, fue Nathan Bistritsky, poeta y dramaturgo jerosolimitano, miembro del Directorio Mundial del Keren Kayemet Leisrael. Bistritsky fue enviado a Argentina en plena guerra mundial para establecer un contacto vivo con las comunidades judías de América Latina y sembrar en ellas los ideales sionistas. Su misión fue formulada por la directiva del Vaad Leumí (Consejo General de la Comunidad Judía en Palestina) en una carta enviada a la DAIA de Argentina en julio de 1941:

> El Sr. Bistritsky les llevará la palabra del *ishuv* y del sionismo, de sus esfuerzos por vencer los peligros que amenazan en esa hora de emergencia y de la participación de sus mejores hijos en los esfuerzos de la guerra contra Hitler; al mismo tiempo

* Amilat, Universidad Hebrea de Jersualén.

les contará sobre nuestros logros y nuestras preocupaciones en otro campo, el de la redención de la tierra [. . .] La solución de algunos de los problemas básicos de nuestro arraigo en Eretz Israel depende de la expansión del trabajo del Keren Kayemet [de] la preparación del fundamento de nuestras exigencias políticas y la absorción de las masas de nuestros hermanos, refugiados de la diáspora.[1]

La estadía de Bistritsky en América Latina se prolongó cinco años, dejando su sello en todas las comunidades judías que visitó en el continente. Sin pretender abarcar todos los aspectos de su misión, este trabajo se limita al análisis de su actuación en Cuba, como un estudio de caso que refleja la problemática del *sheliaj*, así como las características personales de Bistritsky.

Este trabajo se divide en tres partes: una breve reseña de la historia del Keren Kayemet en Cuba hasta el estallido de la segunda Guerra Mundial; la misión de Bistritsky y su impacto sobre la restructuración de la vida sionista, y el trabajo político de Bistritsky en círculos no judíos.

El KKL en Cuba antes de la llegada de Bistritsky

Los activistas sionistas que llegaron a Cuba en la ola inmigratoria de Europa Oriental en los años veinte trajeron la tradición del trabajo popular en favor del Keren Kayemet. La organización había creado una serie de símbolos, tales como la compra de árboles y la inscripción en el libro de oro, que permitían a todas las capas socioeconómicas del pueblo judío adherirse con modestas contribuciones a sus obras: cada niño que ponía un centavo en la alcancía azul se sentía partícipe de la redención de la tierra de Israel.

La primera organización sionista en Cuba fue fundada en 1924, pero hasta 1929 sus actividades a favor del Keren Kayemet se limitaban a algunas colectas esporádicas.[2] El lento desarrollo de la vida sionista provenía de varios factores, relacionados con las condiciones locales y con el movimiento sionista mundial. En aquellos años este último no invertía recursos humanos o educacionales en las pequeñas y lejanas comunidades de América Latina. La participación de los inmigrantes judíos en actividades sionistas se apoyaba en la tradición trasladada de sus comunidades de origen y en el material estándar de propaganda y esclarecimiento que llegaba por correo desde Jerusalén, sin ser adaptado a las necesidades particulares de cada comunidad.[3]

---

[1] *Hanhalat havaad haleumí lemoetzet hazirim shel haagudot haiehudiot beargentina*, 30-7-1941, Archivo Central Sionista (en adelante CZA), KKL5/10746.

[2] Sociedad Sionista de Cuba a Oficina Central de KKL, 17-9-1925; Oficina Central a Catarivas, 16-3-1927, KKL5/715; Shiniuk a Oficina Central, 25-5-1928; Kamioner-Hacohen a la Oficina Central, 6-9-1929, KKL5/2991.

[3] Una propuesta del Keren Kayemet en Cuba de abrir un departamento español para mantener mejor contacto con los países de habla española y con las comunidades sefardíes recibió

Durante los años veinte la Unión Sionista constituyó casi una organización marginal dentro del ambiente judío local. Los movimientos de izquierda, encabezados por los comunistas, presentaban una ideología de mayor relevancia para los inmigrantes de Europa Oriental, en particular para los obreros que se incorporaron a la industria textil y del calzado. La presencia de un pequeño núcleo de líderes comunistas, relacionados con el Partido Comunista Cubano, garantizó la vía de comunicación con las fuentes de inspiración ideológica y de instrucción práctica de que los sionistas carecían.[4]

En sus primeros años la comunidad judía ashkenazi de Cuba tenía un carácter transitorio, que se manifestó también en la emigración de activistas a Estados Unidos o a Palestina, perjudicando la consolidación de un liderazgo sionista local. Los líderes sionistas eran conscientes de su debilidad, lo que los llevó a conformar la Unión Sionista, que nucleaba a todas las orientaciones sionistas.[5]

Los primeros emisarios sionistas que llegaron a Cuba hacia el fin de la década de 1920 fueron enviados por el Keren Hayesod para recaudar fondos a favor de la construcción de Eretz Israel. El agrónomo Akiva Ettinger escribió a Jerusalén en diciembre de 1928: "En ningún lugar he encontrado tantas dificultades como en Cuba. El sionismo es más débil aquí que en cualquier otro país de América del Sur". Su conclusión era que los dirigentes de la organización sionista local no podían considerarse como base para el trabajo de Keren Hayesod: "pero quizá son capaces de trabajar para el Keren Kayemet".[6]

El doctor Victor Epstein, rabino de la comunidad norteamericana en Cuba y emisario de la Organización Sionista de Estados Unidos, llegó a la misma conclusión: "Las condiciones locales favorecen una campaña para el Fondo Nacional Judío".

En aquel periodo el problema principal que preocupaba a la colectividad judía era la defensa contra el antisemitismo que atacaba ferozmente la llegada de refugiados de Alemania. El grupo judío comunista pretendió ponerse al frente de la lucha contra el antisemitismo, a través de su alianza con elementos no judíos relacionados con el Partido Comunista Cubano. Los sionistas exigieron una lucha judía separada, haciendo una alianza con los sectores no sionistas del sector norteamericano y del ashkenazi.[7]

la respuesta de que: "el español no es uno de los idiomas que tenemos muchas oportunidades de usar".

[4] Margalit Bejarano, "Deproletarization of Cuban Jews", *Judaica Latinoamericana*, Magnes y Universidad Hebrea de Jerusalén, Jerusalén, 1988, pp. 57-60.

[5] Isaac Bleiser, "Mijtav mikuba" ["Carta de Cuba"], *Doar Haiom*, 8 iyar 5787 (1927); *Oyfgang* 7, 31-12-1928; Jaim Shiniuk, "Di entviklung fun der zionistisher bavegung in Cuba" ["El desarrollo del movimiento sionista en Cuba"], *Havaner Lebn Almanaque*, La Habana, 1943, pp. 1331-1347; entrevista con Israel Luski, Miami, mayo de 1984, División de Documentación Oral, Instituto de Judaísmo Contemporáneo, Universidad Hebrea [ICJ].

[6] Translation of a Letter from Mr. J. Ettinger, from Havana, 1-12-1928, CZA, KKl 5/2990.

[7] Bejarano, *El judaísmo cubano 1898-1939*.

La agitación contra los comunistas creció como consecuencia del pacto Molotov-Ribbentrop, llegando a su culminación en 1940, con su expulsión del Centro Israelita. En aquel periodo los ataques contra los judíos habían disminuido considerablemente, y se crearon condiciones favorables para la expansión del movimiento sionista en el público judío. Sin embargo, la Unión Sionista carecía de una dirección ideológica e institucional que le facilitara aumentar su influencia en la vida pública judía. La oportunidad se presentó con la llegada de Bistritsky.

LA MISIÓN DE BISTRITSKY Y SU IMPACTO SOBRE LA VIDA SIONISTA EN CUBA

Nathan Bistritsky llegó a América Latina con una extraordinaria experiencia de trabajo en varios países de Europa Oriental, en los cuales desarrolló un sistema especial de labor, que contradecía la imagen del sionismo filantrópico fomentado por sus predecesores en América Latina: "No existe sionismo del Keren Kayemet, o de fondos en general, existe un solo sionismo, y los fondos sirven solamente como su expresión". En su trabajo de esclarecimiento elaboraba un amplio análisis de la problemática del pueblo judío en los países de la diáspora, que concluía con la presentación del sionismo como la única vía de solución. Su mensaje no iba dirigido hacia la inmediata recaudación de fondos, sino que se centraba en la construcción de una conciencia sionista: "Yo no creo en la propaganda, ya que su influencia es pasajera, sino en la educación que profundiza y arraiga, que conquista individuos y círculos que continúan el trabajo".[8]

La llegada de Bistritsky a América Latina coincidió con el conflicto entre los dos fondos sionistas, resultante del derecho otorgado al Keren Kayemet de aumentar sus entradas regulares con la organización de campañas anuales. El convenio entre los fondos establecía la prioridad al Keren Hayesod en la organización de dichas campañas, pero la situación en las pequeñas comunidades de América Latina no permitía mantener el convenio firmado entre las dos oficinas centrales en Jerusalén. La competencia entre los dos fondos con aparentes fines similares era contraproducente y perjudicaba su prestigio dentro de las comunidades.[9]

Los ecos del conflicto entre los dos fondos llegaron a Cuba en 1942. Yosef Tjornitzky fue enviado desde México para organizar la campaña del Keren Hayesod, cuyas entradas sobrepasaron considerablemente todas las anteriores. Eso se debió a varios factores, entre ellos el impacto de las noticias de

---

[8] Bistritsky a Zeev Nijensohn (KKL Buenos Aires), 25-7-1941, CZA, KKL5/10746.
[9] Oficina Central al círculo general de América Latina, 5-8-1941; Hantke a Kaplan, 5-10-1941; Oficina Central de KKL a KH, 4-12-1941; Hantke a KKL, 9-12-1941; KKL a Hantke, 25-5-1942, CZA, KKL5/12198.

Europa, el mejoramiento económico en Cuba, el impacto personal de Tjornitzky y la presencia de un grupo de refugiados sionistas de Bélgica, que empezó a tomar parte activa en la Unión Sionista.[10] El convenio entre los dos fondos sionistas garantizó al Keren Kayemet una tercera parte de las entradas de la campaña de 1942. El establecimiento de los criterios para el reparto de los recursos fue acompañado de largas discusiones; la oficina central del Keren Kayemet exigió una mayor parte de las entradas, ante lo cual el Keren Hayesod demostró una posición intransigente.[11]

La solución del conflicto en Cuba fue puesta en manos de Bistritsky, cuya posición era la de evitar enfrentamientos con el Keren Hayesod acerca de los porcentajes asignados a cada fondo en la campaña anterior, concentrándose en la búsqueda de colaboración para el futuro, con la visión de aumentar los recursos de ambos fondos. En su primera visita a Cuba Bistritsky llegó a un acuerdo con Leib Jaffe, director del Keren Hayesod, a fin de organizar en La Habana una oficina del Keren Kayemet que trabajase para los dos fondos. Sin embargo, Jaffe no estaba conforme con la idea de mantener campañas unidas, sosteniendo que el Keren Kayemet podía trabajar en la comunidad durante todo el año, mientras que el Keren Hayesod estaba limitado a una única actividad anual.[12]

Jaffe llegó a Cuba en abril de 1943 para proclamar la campaña anual del Keren Hayesod, organizada otra vez por Tjornitzky. Bistritsky, que estaba en camino a México y no consiguió visado, tuvo que hacer una breve escala en Cuba. Jaime Shiniuk, uno de los veteranos sionistas cubanos, describió la profunda impresión creada por los dos oradores, poetas y dirigentes de los fondos sionistas: "las dos semanas en las cuales Leib Jaffe y Nathan Bistritsky estuvieron aquí, trajeron un espíritu de fiesta, de exaltación y esperanza en los difíciles y oscuros momentos que estamos viviendo".[13] Los ingresos de la campaña del Keren Hayesod de 1943 llegaron a 30 mil dólares, en comparación con los 10 mil recaudados por ambos fondos en la campaña del año anterior.[14] Este incremento se debió, en parte, a

[10] Kaplan al KKL, 9-7-1942, "Barijt fun zig-campain far Eretz Isroel 1942 (Keren Hayesod un Keren Kayemet)", ["Informe de la campaña de la victoria 1942"], CZA, KKL5/12199; entrevistas con Israel Luski, Miami, 1984, Sender Kaplan, Miami, 1991, ICJ; Shiniuk, op. cit.

[11] Blumenfeld a Ulitzur, 8-1-1941; Jaffe a Tjornitzky, 6-2-1942; Oficina Central KKL a KH, 8-1-1943, 19-2-1943; Blumenfeld a Ulitzur, 25-3-1943, CZA, KH4/9526; KKL a Unión Sionista (cable), 7-1-1942; Oficina Central KH a Hantke, 13-2-1942; Hantke a Oficina Central KKL, 20-5-1943; Oficina Central KKL a KH, 20-6-1943, 4-7-1943. KKL5/12199; Oficina Central a Bistritsky, 20-10-1942, KKL5/12198;

[12] Oficina Central KKL a Bistritsky, 16-2-1942; Oficina Central KKL a KH, 23-3-1942, KH4/9526; Oficina Central de KH a Hantke (copia a Bistritsky), 13-2-1942, 16-2-1942; Oficina Central a KH, 27-3-1942, 29-5-1942, CZA, KKL5/12199; Oficina Central KKL a Bistritsky, 11-8-1943, KKL5/13224; Luski y Eisenzweig a la Oficina Central del KKL, 10-10-1943, KKL5/13232.

[13] Shiniuk, op. cit., p. 145.

[14] Oficina Central de KH a Shertok, Kaplan y otros, 13-6-1943; Rosenblatt a Oficina Central KH, 24-12-1943, KH4/9526.

la prosperidad de la industria del diamante, establecida por los refugiados de Bélgica.

Entre los más de cinco mil refugiados que llegaron a Cuba durante la segunda Guerra Mundial se encontraban algunos centenares de refugiados de Bélgica que habían trabajado en Amberes en la industria diamantera. Bajo las circunstancias de la guerra, y gracias a la colaboración del Joint y al interés del gobierno cubano, se establecieron en Cuba varios talleres de diamantes que tuvieron un gran éxito durante los años de guerra.[15] Los refugiados belgas, cuyas comunidades de origen estaban en Polonia, tenían una larga experiencia de trabajo sionista, y bajo su influencia se crearon nuevos criterios de contribución a las campañas.[16]

La presencia de un grupo de líderes del Hashomer Hatzair entre los refugiados de Bélgica influyó sobre el desarrollo del movimiento juvenil, orientándolo hacia la *aliá* y la idea socialista. Al mismo tiempo el Hashomer Hatzair participó activamente en la reorganización del trabajo del Keren Kayemet bajo la dirección de Bistritsky,[17] que regresó a Cuba a principios de diciembre de 1943.

La misión de Bistritsky en Cuba se prolongó durante cuatro meses, y puede dividirse en dos partes principales: primera, esclarecimiento y recaudación de fondos en la comunidad judía; segunda, el trabajo político entre los gentiles. El trabajo político ha de analizarse a continuación, pero cabe destacar que las buenas relaciones desarrolladas por Bistritsky, así como el apoyo otorgado al movimiento sionista por parte de políticos e intelectuales famosos, tuvieron un enorme impacto sobre el prestigio del *sheliaj* y de su causa.

Bistritsky tenía la convicción de que los limitados horizontes de los activistas sionistas se reflejaban en el nivel de sus logros. La situación encontrada en Cuba fue descrita por el *sheliaj* Tanjum Berman, que lo acompañó: "El trabajo del Keren Kayemet está centrado en un pequeño y oscuro cuarto, en el cual funciona también la oficina de la Unión Sionista y el resto de las organizaciones sionistas. Todo [el archivo] está dentro de un pequeño y desordenado armario. Los compañeros guardaban cada centavo [. . .] y no podían trabajar".[18]

Bistritsky consideraba que la construcción de una organización sionista sana y sólida constituía la condición previa a cualquier actividad sionista. La recuperación de la Unión Sionista fue dirigida a las condiciones físicas del

---

[15] Robert Levine; Margalit Bejarano, *La comunidad hebrea de Cuba. La memoria y la historia.*
[16] Bistritsky a N. Eisenzweig (uno de los líderes de los sionistas belgas con los cuales Bistritsky tenía contactos), 14-7-1942, KKL5/12199; entrevistas con Najman Solowiejczyk, Tel Aviv, 1983, Chiel Morgenstern, Nueva York 1987, ICJ; Austridan, Bitzaron, *op. cit.*, p. 185.
[17] Luski y Eisenzweig a Oficina Central de KKL, 10-10-1943, CZA, KKL5/13232; Austridan, *op. cit.*, pp. 185-186; "Nuestro trabajo para el KKL durante los tres últimos años", *Hashomer Hatzair*, 1-2-1945-1946.
[18] Tanjum Berman, "Informe sobre La Habana", 7-6-1944, KKL5/12906.

local y al empleo de personal técnico, así como al reclutamiento y entrenamiento de nuevos activistas.[19]

El incremento del núcleo de activistas y simpatizantes se debió a la carismática personalidad de Bistritsky y a su infatigable trabajo de esclarecimiento entre todos los sectores de la población judía, incluyendo a los grupos que estaban hasta entonces fuera de la esfera de actividad de los *shlijim*, los norteamericanos, la comunidad sefaradí y los refugiados de Europa Central.

Bistritsky se propuso cambiar la imagen filantrópica del movimiento sionista en Cuba, presentando la recaudación de fondos a favor del Keren Kayemet como un "sacrificio nacional". Para evitar conflictos con la campaña del Keren Hayesod, proclamó una obra especial titulada "Najalat Iehudei Cuba", cuyos fines eran recaudar fondos para la compra de tierras en nombre de los judíos de Cuba. Las entradas de la campaña sobrepasaron las del Keren Hayesod, llegando a 40 mil dólares, a pesar de las dificultades económicas que atravesaba el ramo de los diamantes.[20]

Bistritsky colaboró con la WIZO en la organización de la primera feria de Eretz Israel en América Latina, con una exposición y venta de productos. Con esa actividad empezó una larga tradición de colaboración entre la WIZO y el Keren Kayemet, a través de ventas de bazar y bailes de Purim, los cuales durante muchos años fueron considerados como eventos principales en el ciclo de actividades del Fondo Nacional en Cuba.

No todos los esfuerzos de Bistritsky tuvieron un resultado positivo. La unión de los seis movimientos juveniles judíos en una Alianza de Juventud Sionista, que debía ser el foco del trabajo educacional, se disolvió cuando abandonó Cuba. Sin embargo, Bistritsky se ocupó de la continuación de sus obras, dejando al *sheliaj* Tanjum Berman a cargo de la oficina de Keren Kayemet. Desde entonces, la presencia permanente de un *sheliaj* de Eretz Israel fue parte integral de la vida sionista en Cuba, influyendo mayormente en las actividades de los movimientos juveniles.

La estadía de Bistritsky en Cuba se prolongó más allá de lo acordado con el Keren Hayesod, complicando el conflicto entre los dos fondos. La posición de Bistritisky al respecto era firme; sostenía que el Keren Hayesod ganaría con su trabajo en Cuba, al haber profundizado la conciencia sionista de la comunidad, acercado nuevos círculos a sus obras y creado nuevas normas de contribución.[21] Su conclusión era que no sólo los judíos de la diáspora debían cambiar su actitud frente a las campañas, sino muy especialmente los dirigentes sionistas en Jerusalén:

---

[19] Zilber y Levis a la Oficina Central de KKL, 25-2-1944, KKL5/13232; Bistritsky a la Oficina Central de KKL, 7-5-1944, KKL5/12906.

[20] Bistritsky a la Oficina Central, 7-5-1944, KKL5/12906.

[21] Oficina Central de KKL a Bistritsky, 19-3-1944, 26-3-1944; Bistritsky a la Oficina Central, 19-4-1944, 21-4-1944, CZA, KKL5/12905.

El principal problema es: Cuál debe ser el *sistema* de nuestro trabajo en América Latina. ¿Tenemos el derecho de continuar ahora también el viejo sistema de campañas apresuradas, sin preocuparnos verdaderamente de la organización de la vida sionista en esas jóvenes comunidades, como hicimos durante todos los años de entreguerras, o debemos preparar el terreno en las comunidades de América Latina para un sionismo de renacimiento y revolución en la vida, y no solamente de donaciones de caridad a los refugiados que vendrán a Eretz Israel?[22]

Los informes sobre la misión de Bistritsky en Cuba demuestran que siguió siendo fiel a su principio de sembrar las semillas para luego recoger los frutos. Los dirigentes de la Unión Sionista de Cuba resumieron la estadía de Bistritsky como una revolución, que cambió totalmente sus conceptos y su forma de trabajo:

Ésta es verdaderamente la primera vez en la historia del sionismo local que un líder sionista que nos visita no se contenta sólo con la recaudación de fondos, sino tomando para Eretz Israel nos da mucho más en el concepto de alzar el nivel de nuestro trabajo a una altura tal que nos hace comprender y sentir que no somos solamente una pequeña oficina [para hacer campañas] dos veces al año [. . .], sino comentaristas de un grande movimiento nacional.[23]

La restructuración de la Unión Sionista, bajo las directivas de Bistritsky, cambió las funciones de la organización: no sólo filantropía-nacional sino también factor político.

EL TRABAJO POLÍTICO DE BISTRITSKY

Hasta la llegada de Bistritsky la Unión Sionista de Cuba casi no había ejercido un trabajo político sistemático, aunque existían algunos políticos cubanos que manifestaron en varias ocasiones una posición favorable hacia la comunidad judía, o se solidarizaron con las víctimas de las atrocidades nazis.[24] El único grupo judío que cultivaba las relaciones con círculos cubanos no judíos eran los comunistas, cuya posición dentro de la población judía cambió radicalmente después de la invasión de Rusia por el ejército de Hitler, cuando la Unión Soviética estaba en primera fila de defensa contra el Eje. El prestigio del Partido Comunista creció también en la vida política cubana; en marzo de 1943 Juan Marinello fue nominado miembro del gobierno de Unión Nacional del presidente Fulgencio Batista, y poco después se entablaron relaciones diplomáticas con la Unión Soviética.

[22] Bistritsky a la Oficina Central de KKL, 5-5-1944, CZA, KKL5/12906.
[23] Zilber y Levis a la Oficina Central de KKL, 25-2-1944, KKL5/13232.
[24] Desiderio Weiss, Informe sobre la visita de Bistritsky, 12-2-1944, CZA, S25/3504; *Kubaner Idish Vort*, 1-11-1942.

El periódico judío comunista —*Kubaner Idish Vort*— refleja las relaciones de amistad desarrolladas en aquel periodo entre la comunidad judía y el Frente Nacional Antifascista, encabezado por el gobernador de la provincia de La Habana, Rafael Guás Inclán. El pequeño grupo de activistas comunistas se puso al frente de las actividades judías para recolectar fondos a favor de los ejércitos aliados, formando el Comité Hebreo Cubano Pro Aliados, auspiciado por el ministro de Defensa, Arístides Sosa de Quesada. El comité ganó la simpatía de muchos sectores de la población judía que no se identificaban ideológicamente con el grupo comunista, pero apoyaban su iniciativa en favor de la causa común.[25]

Con anterioridad al arribo de Bistritsky a Cuba los comunistas llegaron a dominar el órgano representativo de las organizaciones judías: el Comité Central de las Sociedades Hebreas de Cuba. La Unión Sionista, adversaria del grupo comunista, decidió salir del Comité Central durante la campaña del Keren Hayesod, en protesta contra la decisión de dedicar a fines locales el 10% de todos los fondos recaudados para el exterior.[26] Atacando a la Unión Sionista por romper la unión interna de la comunidad judía el *Kubaner Idish Vort* escribió: "Los líderes sionistas locales, durante los últimos años de lucha sangrienta contra el nazismo, no han aprendido nada. Siguen los mismos sectarios de ideas cerradas".[27]

El trabajo político desarrollado por los comunistas sirvió como base para los primeros contactos de Bistritsky, que estableció lazos con políticos e intelectuales de tendencias liberales e izquierdistas, entre ellos varios miembros del Frente Nacional Antifascista. Bistritsky se acercó a las personalidades cubanas, buscando un trasfondo común con los escritores y poetas. Según el testimonio de Sender Kaplan, en sus conferencias Bistritsky desarrollaba dos temas: el sionismo y la literatura hebrea. Sus relaciones con el ministro de Defensa Sosa de Quesada se estrecharon por ser ambos poetas.[28]

Arístides Sosa de Quesada puso su departamento de propaganda, incluyendo a la radio oficial, al servicio de la propaganda sionista durante toda la visita de Bistritsky. La directora del Departamento de Propaganda de Guerra, Ofelia Domínguez y Navarro, se convirtió en una defensora entusiasta de la lucha del pueblo judío por su patria histórica, y dedicó varios años de trabajo en favor de esa causa.[29]

En acto público de "solidaridad con Palestina en su lucha al lado de los

---

[25] *Kubaner Idish Vort*, 6-6-1942; 23-8-1942; 30-8-1942; 14-2-1943; 18-4-1943; 16-5-1943.
[26] Según las entrevistas con Sender Kaplan, Arón Yuken, Miami, 1987, y León Yarmus, Tel Aviv, 1991, los comunistas crearon varias agrupaciones y así ganaron su influencia en el Comité Central. Véase también *Kubaner Idish Vort*, 20-9-1942, 2-5-1943.
[27] *Kubaner Idish Vort*, 2-5-1943.
[28] Entrevista con Sender Kaplan.
[29] Sobre las actividades de Ofelia Domínguez existe una vasta correspondencia. Véase por ejemplo Archivo del Estado de Israel [ISA] 2276.7.

países aliados y en favor de los derechos históricos del pueblo judío" participaron varios políticos destacados, entre ellos los ministros Juan Marinello y Sosa de Quesada, el gobernador Guás Inclán, el rector de la Universidad de La Habana, los embajadores de China y de Gran Bretaña y muchos otros.[30]

Bistritsky fue recibido por el encargado de negocios soviético, Dimitri Zaikin, lo que provocó las sospechas del embajador de Estados Unidos. En una serie de informes Spruille Braden manifestó su convicción de que Bistritsky y la Unión Sionista de Cuba trabajaban al servicio de la embajada soviética y del Partido Comunista Cubano. Braden llegó a la conclusión de que la participación de Juan Marinello en el acto público a favor del sionismo era una evidencia de la política del Partido Comunista, lo que podía señalar la penetración de los comunistas en el movimiento sionista en Cuba.[31] Las sospechas del embajador norteamericano no reciben ningún apoyo en la correspondencia de las oficinas sionistas, ni en el periódico judío comunista, que dio muy poca publicidad a la visita de Bistritsky, a pesar de sus relaciones con personajes del partido.[32]

La meta de los contactos establecidos por Bistritsky era el fomento de la fundación de una organización de destacadas personalidades, que apoyaría las aspiraciones nacionales judías al terminar la guerra. La decisión de fundar el Comité Cubano Pro Palestina Hebrea fue tomada en un encuentro el 29 de marzo de 1944, en el cual participaron destacados políticos, como Cosme de la Torriente, Emeterio Santovenia y Miguel Ángel Céspedes.[33] El acto de fundación tuvo lugar en el Senado cubano el 13 de abril de 1944. Como presidente fue elegido Gustavo Gutiérrez, un abogado cuya participación en la UNRRA lo puso en contacto directo con el problema de los refugiados y desplazados judíos. Ofelia Domínguez fue nominada secretaria, y quedó convertida en el mayor propulsor del comité. Los fines de la nueva organización eran:

1. Trabajar en favor de la comunidad hebrea libre y democrática en Palestina y estrechar los lazos entre una Palestina hebrea y la patria cubana por medios espirituales, políticos y económicos.

---

[30] Desiderio Weiss a la Agencia Judía, 12-2-1944, S25/7504; Nathan Bistritsky, Resumen de mis actividades en América Latina (s/f), KKL5/14186.

[31] Spruille Braden a Hull, 18-1-1944, National Archives [NA] 800.00B, Unión Sionista de Cuba/1, 2; 29-3-1944, 4-4-1944, NA800.00B, Unión Sionista de Cuba/4, 5. Agradezco a Ignacio Klich por dichos documentos.

[32] El escritor comunista Benzion Goldberg, que estuvo en La Habana al mismo tiempo que Bistritsky, recibió una publicidad muy grande en el mismo periódico, mientras que las referencias de la visita de Bistritsky eran muy breves. En la única entrevista que le otorgaron los editores, citaron solamente su opinión sobre el Ejército Rojo y la ayuda judía, sin interesarse en el asunto sionista. *Kubaner Idish Vort*, 4-3-1944.

[33] Nota preliminar del Comité Cubano Pro Palestina, CZA, Z5/3053.

2. Esclarecer al pueblo cubano acerca de los problemas palestinos y dar a conocer la cultura hebrea por medio de publicaciones.[34]

Con la fundación del Comité Cubano Pro Palestina Bistritsky llegó a la culminación de su misión en Cuba. Sin embargo, el caso cubano representa solamente un detalle en una gran obra que abarcaba casi todos los países de América Latina.

La fundación de comités gentiles no era parte integral de la misión del Keren Kayemet, sino que pertenecía a las actividades del departamento político de la Agencia Judía en Nueva York, encabezado por el doctor Nahum Goldman. No obstante, Bistritsky se veía como la persona adecuada para realizar ese trabajo, por su conocimiento de la realidad del continente y por sus relaciones personales con intelectuales y políticos: "Empezaba con obras de esclarecimiento durante semanas y meses entre individuos de todos los círculos y esferas, así como con actos de esclarecimiento públicos, hasta que llegaba a establecer un círculo reducido de personas de influencia, que se hacían cargo por sí mismas de la fundación de un comité cristiano".[35]

La actitud de Bistritsky hacia el trabajo político se basaba sobre los mismos conceptos que tenía hacia las campañas: el apoyo del mundo cristiano a las demandas nacionales del pueblo judío no podría conseguirse sobre la base de conversaciones esporádicas, sino que debería ser preparado sistemáticamente a través del esclarecimiento y la educación en todos los sectores políticos e intelectuales.

CONCLUSIÓN

En la misión de Bistritsky en Cuba se encontraron varias condiciones favorables para su éxito; el dolor causado por las noticias acerca del exterminio de los judíos en Europa profundizó la conciencia del destino común del pueblo judío.

La entrada de Cuba en la guerra al lado de los países aliados creó una atmósfera de simpatía hacia los judíos, víctimas del régimen nazi y partidarios en la lucha común de las democracias.

La situación de la comunidad judía local se hizo más estable con el cierre de la entrada de refugiados y la desaparición de la propaganda antisemita. Al mismo tiempo su situación económica mejoró, aumentando su capacidad de realizar donativos.

El liderazgo sionista en Cuba no estaba preparado para enfrentarse con la nueva situación, y necesitaba la inspiración espiritual y la dirección práctica del centro sionista de Eretz Israel. Bistritsky apareció como "el hombre

---

[34] Message of the Cuban Pro Palestine Committee to the People of Cuba; Reglamento del Comité Cubano Pro Palestina, CZA, Z5/3053.

[35] Nathan Bistritsky, Resumen de mi actividad en América Latina (s/f), KKL5/14186.

adecuado en el momento adecuado". Sin embargo, su éxito excepcional no puede explicarse solamente como resultado de las circunstancias, sino que provenía de su capacidad analítica y amplia visión, superiores a las del *sheliaj* común.

En sus observaciones de la realidad latinoamericana de las nuevas comunidades judías[36] Bistritsky se convirtió en el *sheliaj* del judaísmo del continente en las instituciones sionistas. Criticando las instituciones que lo mandaron, Bistritsky no quiso limitarse a las instrucciones que recibió, cumpliendo mucho más que su misión formal y —según el ejemplo cubano— con mucho éxito.

La gestión de Bistritsky en Cuba refleja una pequeña parte de sus actividades en América Latina, lo que requiere un estudio mucho más amplio. En la historia del sionismo cubano su misión dejó una huella, marcando el comienzo de una era distinta.

---

[36] Bistritsky publicó dos libros bajo la inspiración de su misión en América Latina, uno describiendo la cultura de los países que visitó y otro analizando la problemática de las comunidades judías: *Kismei iabeshet* [*Maravillas de un continente. Impresiones de viaje en América del Sur*], Sifriat Poalim, Merjavia, 1948; *Al haiahadut vehazionut beamerica halatinit* [*Sobre el judaísmo y el sionismo en América Latina*], Oficina Central del Keren Kayemet, Jerusalén, 1947.

DOCTOR MORITZ (DON MAURICIO)
HOCHSCHILD (1881-1965)
¿Visionario o villano?

HELMUT WASZKIS*

VENGO a esta reunión, y al tema, no sólo por ser experto en estudios judaicos, sino por haber trabajado durante tres décadas como hombre de negocios con comerciantes en metales, minerales, chatarra y otros productos metálicos, en compañías cuyos orígenes y dirección eran judíos, por haber siempre sentido una fascinación por el aparente hecho de que habían sido judíos alemanes quienes habían inventado, hecho crecer y dominado el negocio de compra y venta de metales. De esta fascinación creció una sed de saber, de investigar, de entender, y de explicarme a mí mismo, y a otros, estas cosas.

Entre los grandes empresarios judíos en el negocio de metales y en la minería en Latinoamérica, aparte de los Guggenheim, que venían a México solamente por breves periodos para hacer inversiones pero no para vivir, nadie brilla más que el doctor Moritz (don Mauricio) Hochschild, quien actuó como comprador, industrial, minero y empresario en Chile a partir de 1911, en Bolivia entre 1919 y hasta 1952, también en Perú desde 1922, así como en Argentina, Brasil y Colombia.

Llegó a Chile en 1911 sin dinero pero con una carta de crédito muy sustancial, de unos 250 mil dólares a valor de hoy, y comenzó a comprar mineral de cobre para las industrias de Europa. Le resultó muy próspero el negocio, ganó dinero rápidamente, y ya en 1913 invitó a uno de sus hermanos a que fuera a Chile y se asociara con él. El señor Hochschild pasó la primera Guerra Mundial en Europa, pero ya en 1919 regresó a Chile. Decidió dejar el negocio chileno en manos del hermano, y se fue a Bolivia.

Bolivia, en 1919, comenzó a entrar en otro gran *boom* de los metales. La riqueza de la plata que se había extraído en Potosí y otros grandes centros mineros desde 1545, y nuevamente en los años ochenta del siglo XIX, había sido sustituida por la riqueza proveniente del estaño, que había comenzado con Simón Patiño y sus grandes minas a partir de 1900.

Hochschild, al llegar a Bolivia en 1919, no tenía dinero para comprar minas grandes, pero sí decidió aplicar, o reaplicar con modificaciones, el viejo método colonial de comprar mineral por "rescate". Logró así establecerse a

* New York University.

la sombra de los grandes mineros Patiño y Aramayo, y en pocos años tenía un negocio de cierto tamaño y con cierto lucro, lo cual le permitió comenzar a comprar minas.

Además Hochschild pensó que el método usado por los otros mineros, de solamente exportar minerales de muy alta ley, podría permitirle comprar, y baratos, los minerales de baja ley si encontraba en Europa una fundición que pudiera procesárselos. Se acordó de que Alemania había volatilizado bronce durante la guerra, para así tener acceso a estaño, y pensó que quizás este método podría dar resultado con los minerales de baja ley. La fundición de Berzelius en Duisburg aceptó hacer algunas pruebas, y el resultado fue la aplicación de dicho método para minerales de baja ley. Este proceso le dio ganancias sustanciales a la fundición y a Hochschild; posteriormente fue copiado por otros.

Creo que Hochschild merece el crédito y debe ser recordado por haber contribuido así a aumentar el nivel de empleo en Bolivia, tanto por la reaplicación del método de rescate como por el embarque de minerales de baja ley. Aumentaron también los ingresos de divisas y la cantidad de impuestos pagados. Un antiguo jefe de la casa Metallgesellschaft de Francfort estimó, hace dos años, que Hochschild le dio trabajo a decenas de miles de bolivianos.

¿Quién era este personaje misterioso y fascinante? Había nacido en Biblis, cerca de Francfort, en 1881, de una familia de clase media. El padre era "comerciante" de ganado y de mercadería en general. Su situación económica eran tan buena que le permitió enviar a tres hijos a estudiar a otras ciudades, incluso a los *gymnasiums* de Francfort y Worms, así como mandar a dos hijos a la entonces famosa Escuela de Minas de Freiberg, en Sajonia, para que recibiesen una educación universitaria. Moritz y su hermano Julius se graduaron como ingenieros de minas; otro hermano, Sali, se graduó como ingeniero en química en Munich. Más tarde, después de la guerra, Moritz regresó a Freiberg para hacer su doctorado.

Un tío de Hochschild había sido uno de los fundadores de la casa Metallgesellschaft, famosa en la historia de Alemania como la casa más poderosa y más rica en el comercio de metales y minerales, así como en minería en general. Dicho tío le facilitó a Moritz el ingreso en Metallgesellschaft y posteriormente lo empleó como gerente de una mina en Australia. Moritz también trabajó como comprador de minerales en Madrid. Pero en 1911 decidió irse a Chile para trabajar por su cuenta. Chile era, en aquel entonces, un horizonte nuevo en el negocio de metales; comprar minerales de cobre parecía prometedor.

Los Hochschild se expandieron y abrieron varias oficinas en el norte de Chile. Al estallar la primera Guerra Mundial Moritz se encontraba en Alemania, y la pasó en Alemania y en Austria. Diferentes fuentes afirman que trabajó como lector de cartas para el servicio secreto de Alemania, pero que también actuó como *liaison* entre el estado mayor de Austria y Alemania.

Al terminar la guerra regresó a Chile; decidió que seguramente existían más o mayores oportunidades para ganar buen dinero en Bolivia. Dejó el negocio de Chile en manos del hermano y se fue a Bolivia.

Iría más allá de los límites de esta presentación detallar detenidamente la trayectoria de Hochschild en Bolivia; deberá bastar con hacerlo en forma escueta: trabajó duro (sus horas de oficina eran de 7 de la mañana a 9 de la noche, los sábados "solamente" hasta las 6 de la tarde, y los domingos solamente hasta mediodía); controló los gastos hasta los últimos centavos; hizo trabajar a su mujer. Pero, además de todo esto, les dio a sus mineros condiciones de compra más favorables que sus competidores, y así logró establecerse en menos de diez años como el segundo de los barones del estaño de Bolivia, sin contar con que era entonces el único que compraba también minerales de antimonio, plomo y tungsteno para la exportación. En todos los casos aplicó generalmente los principios de rescate, es decir, compró lotes pequeños y medianos, adelantó dinero, alimentos o materiales, como sacos y herramientas. Después mezcló estos pequeños lotes de mineral para formar un lote grande para embarque a la fundición.

Hochschild compró también minas, pequeñas plantas de concentración, así como plantas para generar energía eléctrica; asimismo adquirió una sección de uno de los ferrocarriles. En general se puede decir que se estableció como un gran industrial y empresario. No es exageración afirmar que alrededor de 1952, cuando los grandes mineros fueron expropiados, Hochschild había logrado una posición de mucho prestigio y de gran poder económico en Bolivia.

Poder económico significaba poder político, y poder político significaba participar en las decisiones de cómo se iban a hacer las cosas y quién iba a hacerlas. Hochschild indudablemente intervino en las decisiones sobre quién iba a manejar el país y cómo lo iba a hacer.

La gran depresión de la década de 1930 afectó también a Hochschild; pero, por ser más comerciante que los otros mineros, y no tanto un dueño operador de minas, probablemente sufrió menos; sin embargo, varias veces estuvo a punto de declararse en bancarrota. Se salvó por sus medidas de austeridad y por haberse diversificado. Pero después de unos pocos años, ya en 1933, las cosas mejoraron nuevamente y los mineros comenzaron a recuperarse.

Bolivia se involucró entre 1932 y 1935 en la Guerra del Chaco, una guerra fratricida con Paraguay. Hochschild contribuyó, como los otros mineros, con grandes sumas de dinero para financiar la guerra. Pero la envidia, así como un incipiente nacionalismo asociado con el fascismo y el socialismo, llevaron a German Busch, en 1939, a nacionalizar la compra y venta de minerales, y a exigir la entrega de todas las divisas de las ventas al exterior. Ambas medidas afectaron principalmente a Hochschild, que protestó. Fue arrestado, acusado de antipatriotismo y traición, y condenado a muerte. Esta decisión unilateral de Busch debía ser ratificada por el gabinete en pleno, el cual, felizmente, estaba dividido y logró convencer a Busch de cambiar de opinión. Hochschild fue perdonado.

Cinco años más tarde, en 1944, otro presidente, Gualberto Villaroel, se dejó llevar nuevamente por el chovinismo y el patriotismo celosos, así como por la envidia y los resentimientos sociales, y mandó arrestar nuevamente a Hochschild. Hochschild se tuvo que quedar muchos días en la cárcel central de La Paz. Una vez libre, debido a presiones internacionales, fue secuestrado por oficiales de baja graduación y otra vez amenazado de muerte. Finalmente libre, más por suerte que por intervención de terceros, salió del país y no volvió más.

Este incipiente nacionalismo, asociado con socialismo y nacionalsocialismo, culminó en el año de 1952 con la asunción del poder del MNR, el Movimiento Nacionalista Revolucionario; una de sus promesas fue expropiar, o nacionalizar, las grandes minas de estaño. Lo hicieron. La nación iba a recuperar esta riqueza que, según ellos, había sido explotada siempre por los ricos en beneficio propio y de la cual poco o nada había beneficiado al país. Así Patiño, Hochschild y Aramayo perdieron sus propiedades y sus derechos. Poco después de la nacionalización los ejecutivos de Hochschild estimaron que el valor de los bienes de Hochschild en Bolivia alcanzaba unos 30 millones de dólares, y que esto representaba más o menos un 80% del total de los bienes de don Mauricio.

De un total de 22 millones de dólares que Bolivia reconoció para los dueños como compensación, Hochschild debía recibir alrededor de 8, pero al final solamente obtuvo menos de 5 millones de dólares.

Hochschild salvó de esta expropiación el principal y más importante de sus bienes: un grupo de hombres dedicados. Ingenieros, metalurgistas, ejecutivos, contadores y otros fueron transferidos rápidamente a otros países. Hochschild comenzó a comprar nuevas minas. Este grupo de expertos reforzó las organizaciones ya existentes en países como Brasil, Perú, Chile, Argentina y Colombia y, ayudados por la gran expansión del comercio y por la demanda de metales en aquel entonces, el grupo rápidamente comenzó a expandirse.

Hochschild murió en 1965, en París. Ya en 1960 había sido inaugurada la mina y planta metalúrgica de Mantos Blancos, en las afueras de Antofagasta, Chile, la que entre 1960 y 1970 dio unos 180 millones de dólares en ganancias, seis veces más de lo que Hochschild había perdido en Bolivia.

He evitado mencionar hasta este momento la palabra judío, porque este término ha tenido poco que ver con el paso de Hochschild por Chile y Bolivia.

El antisemitismo no intervino en el contexto de la vida y del trabajo de Hochschild. No fue arrestado ni condenado a muerte por Busch, ni arrestado y amenazado de muerte por Villaroel, o expropiado por el MNR en 1952, por ser judío. Fue por ser rico, poderoso, con mucha influencia, quizá manipulador de los elementos de poder, pero no por ser judío. El antisemitismo puede haber desempeñado un papel en la educación de ciertos elementos militares de Bolivia en los años treinta, ya que algunos visitaron Alemania e Italia, pero solamente por breves periodos, y siempre con el inconveniente de no hablar alemán. Y la quinta columna alemana, aunque de cierta influencia en estos países, nunca logró una posición de verdadera fuerza.

Pero Hochschild era judío. No lo negó. No se conoce qué tipo de instrucción religiosa recibió. No era ortodoxo, esto sí se sabe. Era un buen alemán, esto sí se sabe. Sirvió en la primera Guerra Mundial, en su patria, Alemania. Sabemos también que consideraba a Hitler un elemento que no debía ser tomado en serio, declarando varias veces que "esta cosa, el nazismo, desaparecerá rápidamente". Hochschild se había nacionalizado argentino en el año 1933, no sabemos si por premonición o por otro motivo. Sabemos también que regresó a Alemania, a Duisburg, para negociar una deuda que Berzelius tenía con él, a fines del año 1939 o a comienzos de 1940, después del inicio de la guerra con Polonia pero antes de que los alemanes invadieran Francia. Insistió tanto en sus derechos que los de Berzelius lo amenazaron con que iban a llamar a la Gestapo para mandarlo a un campo de concentración; y hay también una historia de que Hochschild salió de París en el último avión para Londres antes de que los alemanes entraran a la ciudad.

Era un hombre de negocios, un empresario profundamente pragmático. Le dejó la política a los políticos; sólo trató de interferir cuando parecía que afectarían sus negocios. Pero también soñó. . . con una Europa unificada, ya en los años treinta; con una Sudamérica unificada, ya en los años veinte; con utilizar las aguas del lago Titicaca para una gigantesca hidroeléctrica que le iba a dar energía a muchas industrias en Chile, Perú y Bolivia. . . después, claro, de proporcionarle potencia a su mina y a la planta Matilde, junto al lago. Fue, en conclusión, un hombre con mucha visión; villano no fue.

Como puede verse, un hombre extraordinario. Pero hay más.

A pesar de cierta despreocupación para con Hitler y para con los nazis, y aunque no tomaba en serio lo que estaba aconteciendo en Alemania, no corrió riesgos: fue a Biblis y le dijo a su familia —y había muchos Hochschild— que saliesen, y que iba a pagarles el pasaje a quienes no tenían dinero, pero los urgió a salir. Y en Berlín, París y Londres contrató a un sinnúmero de personas para ir a Bolivia a trabajar en sus compañías. También ayudó a otros a conseguir visas para emigrar, a Sudáfrica, a Bolivia y a otros países.

Él mismo, como me fue manifestado recientemente, dijo haber ayudado así a más de dos mil personas, aunque uno de sus altos ejecutivos, el doctor G. Goldberg, estimó que habían sido solamente unas 500. Pero Goldberg puede haberse referido a quienes les fue dado trabajo; Hochschild puede haber pensado en empleados y miembros de sus familias. Esto importa poco. Lo que importa es que Hochschild ayudó, contribuyó, y salvó vidas.

Es con este pensamiento que quiero concluir, recordando a don Mauricio Hochschild, un ciudadano alemán formado a comienzos del siglo, quien había sido educado y había crecido con los valores morales y éticos de la clase media de Europa Central de los años 1880-1910, quien hubiera podido obtener fácilmente cualquier trabajo en Europa, a la altura de sus conocimientos profesionales, pero que eligió emigrar a un mundo lejano, misterioso, y hasta cierto punto peligroso e incierto, llevó a Sudamérica valores y conocimientos y contribuyó al crecimiento de Bolivia. Y cuando era preciso que se acordara de que era judío, ayudó a salvar a sus correligionarios.

LOS AUTORES

ALICIA GOJMAN DE BACKAL, historiadora, doctora en historia por la Facultad de Filosofía y Letras de la Universidad Nacional Autónoma de México, profesora titular de la ENEP-Acatlán, directora del Centro de Documentación e Investigación de la Comunidad Ashkenazi de México. Entre sus publicaciones se encuentra *Generaciones judías en México. La Kehilá Ashkenazi 1922-1992*, 7 vols.; *La Acción Revolucionaria Mexicanista. Los Camisas Doradas. 1934-1940.*

JUDITH BOKSER LIWERANT, socióloga, doctora por la Facultad de Ciencias Políticas y Sociales de la Universidad Nacional Autónoma de México, coordinadora de Posgrado en la Facultad de Ciencias Políticas y Sociales de la misma universidad, directora del Programa de Estudios Judaicos, Universidad Iberoamericana. Entre sus publicaciones se encuentra *Imágenes de un encuentro. La presencia judía en México durante la primera mitad del siglo XX.*

HELLEN SORIANO, maestra en comunicación por la Universidad Iberoamericana, escritora, ha publicado cuentos y relatos sobre la vida judía en México en diversas revistas, correctora de estilo de la obra *Generaciones judías en México.*

HAIM AVNI, historiador, director del Centro para los Estudios Universitarios de la Cultura Judía, Universidad Hebrea de Jerusalén, autor de innumerables libros, entre ellos *Los judíos en América.*

MIGUEL LEÓN-PORTILLA, historiador y filósofo, profesor emérito de la Universidad Nacional Autónoma de México, autor de innumerables libros y artículos, entre ellos *La visión de los vencidos.*

JUDITH LAIKIN ELKIN, historiadora, fundadora de LAJSA y redactora de su boletín, asociada del Centro Frankel para Estudios Judaicos en la Universidad de Michigan, autora del libro *Jews of the Latin American Republics.*

SCHULAMIT C. HALEVY, maestra de estudios judaicos en el Spertus Institute de Chicago, investigadora del tema de los conversos de España y Portugal. Entre sus publicaciones se encuentra el libro de poesía *Interior Castle.*

NACHUM DERSHOWITZ, maestro en ciencias de la computación en la Universidad de Tel Aviv, ha participado en investigaciones en la Universidad de Bar Ilan. Entre sus publicaciones se encuentra un libro sobre calendarios del mundo, *Calendrical Calculations.*

MORDECHAI ARBELL, embajador de Israel en diversos países, investigador de la historia sefaradí, Instituto Ben Zvi, Universidad Hebrea de Jerusalén, ha publicado libros y ensayos sobre los primeros asentamientos judíos en América, la cuenca del Caribe y las Guyanas.

STANLEY M. HORDES, historiador, profesor en la Universidad de Nuevo México, se especializa en la historia de los criptojudíos en el norte de México. Ha publicado numerosos artículos y libros sobre los conversos en Nueva España en el siglo XVII.

KRISTINE K. BORDENAVE, doctora en medicina, profesora de la Universidad de Nuevo México, se especializa en estudios de genética, sobre todo en enfermedades hereditarias de hispanos.

EVA ALEXANDRA UCHMANY, historiadora, profesora titular de la Facultad de Filosofía y Letras de la Universidad Nacional Autónoma de México. Entre sus publicaciones se encuentra *Entre el judaísmo y el cristianismo*. Su especialidad es el estudio de los conversos en Nueva España.

MONICA BAUSSET ORCUTT, literata, profesora de literatura en la Universidad Brigham Young de Utah, ha publicado libros y artículos sobre literatura en América Latina.

CARLOS MARTÍNEZ ASSAD, sociólogo e historiador, investigador del Instituto de Investigaciones Sociales de la Universidad Nacional Autónoma de México. Ha publicado innumerables libros y artículos sobre la historia de México, entre los que se encuentra *El rebelde vencido*.

GLORIA CARREÑO, historiadora egresada de la Universidad Michoacana de San Nicolás de Hidalgo, coordinadora técnica del Centro de Documentación e Investigación de la Comunidad Ashkenazi de México. Entre sus publicaciones se encuentran *Pasaporte a la esperanza, El convenio ilusorio: Refugiados polacos de guerra en México*.

BLANCA ESTELA LÓPEZ GÓMEZ, historiadora, egresada de la ENEP-Acatlán, investigadora restauradora del Centro de Documentación e Investigación de la Comunidad Ashkenazi de México.

CRISTINA GUTIÉRREZ ZÚÑIGA, historiadora, investigadora de El Colegio de Jalisco. Entre sus publicaciones se encuentra el libro *Los israelitas de Guadalajara*.

MATY FINKELMAN DE SOMMER, historiadora egresada de la Facultad de Filosofía y Letras de la Universidad Nacional Autónoma de México, investigadora del Centro de Documentación e Investigación de la Comunidad Ashkenazi de México. Entre sus publicaciones se encuentran *Instruye a tus hijos* y *La educación como factor del arraigo judío en México*.

ROSA LOSOWSKY TEVEROW, historiadora, egresada de la Universidad Iberoamericana, investigadora del Centro de Documentación e Investigación de la Comunidad Ashkenazi de México. Entre sus publicaciones se encuentran *Identidad y supervivencia* y *La educación como factor del arraigo judío en México*.

Celia Zack de Zukerman, socióloga e historiadora egresada de la Universidad de Haifa, Israel, investigadora del Centro de Estudios Judaicos de la Comunidad Ashkenazi de México. Entre sus publicaciones está el libro *Colectividad y Kehilá. El pueblo judío y la comunidad internacional, El convenio ilusorio: Refugiados polacos de guerra en México.*

Gunther Bohm, historiador, director del Centro de Estudios Judaicos de la Universidad de Chile en Santiago, investigador del tema de los judíos en América del Sur. Ha publicado innumerables libros y artículos sobre los sefaradíes en América del Sur.

Nélida Bouldgourdjian, historiadora, investigadora de la Universidad de Buenos Aires, y del Conicet. Se especializa en el tema de las emigraciones a Argentina en la primera mitad del siglo XX.

Diana L. Epstein, historiadora, investigadora de la Universidad de Buenos Aires, y del Conicet. Ha publicado diversos artículos sobre la emigración a Argentina en el siglo XX.

Dieter Schonebohm, historiador, maestro de la Universidad de Montevideo, Uruguay. Entre sus publicaciones se encuentra el tema de la segunda Guerra Mundial y el problema de los refugiados.

Ethel V. Kosminsky, historiadora, profesora de la Universidad de São Paulo, campus Marilia, en Brasil. Ha realizado muchas investigaciones sobre el tema de la inmigración de judíos de Europa Oriental a Brasil y a Estados Unidos.

Daniela Gleizer, historiadora, investigadora en El Colegio de México. Ha realizado investigaciones sobre el problema de los refugiados judíos en México en la época del general Lázaro Cárdenas.

Juan Felipe Pozo Block, historiador egresado de la Facultad de Filosofía y Letras de la Universidad Nacional Autónoma de México, investigador en el área de los refugiados judíos en México. Entre sus publicaciones se encuentra *El sionismo.*

Daniel Feierstein, historiador, maestro de la Universidad de Buenos Aires, así como de la Universidad Hebrea Argentina, Bar Ilan y del Centro de Estudios Sociales DAIA, investigador en el área de judaísmo en Argentina.

Raanan Rein, historiador, maestro y coordinador en el Departamento de Historia de la Universidad de Tel Aviv, Israel, investigador sobre la época del peronismo en Argentina.

Arnd Schneider, antropólogo, maestro en la Universidad de East London, Inglaterra, ha realizado investigaciones en diversos países del mundo, entre ellos Argentina, Uruguay y Ecuador. Entre sus publicaciones se encuentran *Dos caras de la moder-*

nidad: El concepto del "melting pot" en Argentina; Emigración que regresa en un pueblo de Sicilia.

AGUSTÍN BLANCO BAZAN, historiador, profesor de la Universidad de Buenos Aires, Argentina, investigador en el área de la segunda Guerra Mundial, ha publicado infinidad de artículos sobre el tema del Tercer Reich.

SUSANNAH GLUSKER BRENNER, historiadora, maestra de la Universidad de las Américas en Puebla. Entre sus publicaciones más recientes está la historia de Anita Brenner en México.

LIZ HAMUI DE HALABE, historiadora y socióloga, maestra en la Universidad Iberoamericana, investigadora de la historia de los judíos procedentes de Alepo a México. Entre sus publicaciones se encuentra *Los judíos de Alepo en México.*

LEONARDO SENKMAN, historiador y escritor, maestro e investigador en la Universidad Hebrea de Jerusalén, Departamento de Judaísmo Contemporáneo, ha realizado infinidad de investigaciones sobre el judaísmo argentino. Entre sus publicaciones se encuentra *Los refugiados judíos en Argentina durante la segunda Guerra Mundial.* Director de la Revista *Noaj.*

SANDRA MCGEE DEUTSCH, historiadora, maestra en la Universidad de Texas en El Paso, investigadora de la historia del judaísmo latinoamericano, sobre todo en Argentina y Chile. Ha publicado muchos artículos sobre el tema de la ultraderecha en la década de los años treinta y cuarenta.

SONIA BLOOMFIELD RAMAGEN, geógrafa y antropóloga, maestra en la Universidad de Brasilia, donde imparte geografía de las religiones; sus áreas de investigación son la identidad judía en Brasil y la territorialidad en Israel.

SERGIO DELLAPERGOLLA, demógrafo, director de la División de Demografía y Estadística del Pueblo Judío, Instituto de Judaísmo Contemporáneo, de la Universidad Hebrea de Jerusalén, Israel. Ha publicado infinidad de artículos y libros sobre la demografía judía en el mundo.

LUIS ENRIQUE HERNÁNDEZ, historiador, egresado de la Universidad Metropolitana, especialidad en historia demográfica, investigador del Centro de Documentación e Investigación de la Comunidad Ashkenazi, México.

DAVID PLACENCIA BOGARIN, historiador, egresado de la ENEP-Acatlán, especialidad en economía financiera, investigador del Centro de Documentación e Investigación de la Comunidad Ashkenazi de México.

MARITZA CORRALES CAPESTRANY, historiadora con especialidad en historia económica, investigadora en La Habana, Cuba, sobre el desarrollo económico de la comunidad judía.

HELENA LEWIN, socióloga, profesora de la Universidad del Estado de Río de Janeiro en Brasil, investigadora de la identidad judía en Brasil, autora de numerosos artículos sobre el tema.

JENNIFER GARSON SHAPIRO, doctora en literatura latinoamericana contemporánea, ha sido profesora visitante del Scripps College en Claremont, Estados Unidos. Entre sus publicaciones se encuentran artículos sobre Luisa Valenzuela e Isaac Goldemberg.

ANGELINA MUÑIZ HUBERMAN, escritora, ha publicado más de 20 libros de narrativa, ensayo y poesía. Doctora en letras y maestra de la Facultad de Filosofía y Letras de la Universidad Nacional Autónoma de México, ha recibido importantes premios literarios.

GILDA WALDMAN M., socióloga, maestra de la Facultad de Ciencias Políticas y Sociales en la Universidad Nacional Autónoma de México, investigadora de la producción literaria en América Latina. Ha publicado innumerables artículos sobre el tema.

FLORINDA F. GOLDBERG, maestra de literatura latinoamericana en la Universidad Hebrea de Jerusalén y en la Universidad de Tel Aviv. Entre sus publicaciones están *Alejandra Pizarnik; Este espacio que somos nosotros,* subdirectora de la Revista *Noaj* y coordinadora de la Revista *Reflejos.*

REGINA IGEL, catedrática de literatura y cultura en lengua portuguesa en la Universidad de Maryland, College Park. Su libro más reciente se titula *Inmigrantes judíos-escritores brasileños. El compromiso judío en la literatura brasileña.*

JOAN ESTHER FRIEDMAN, maestra en las universidades de Harvard y Wisconsin, actualmente es profesor en la Facultad de Lenguas Modernas y Literatura en Swathmore College. Entre sus artículos destaca "Mujeres escritoras judías en América Latina" y la traducción de la novela *Cláper* de la venezolana Alicia Frielich Segal.

NORA GLICKMAN, escritora, investigadora de los judíos conversos en América, profesora del Queens College en Nueva York, ha escrito varias obras de teatro.

VICTOR A. MIRELMAN, historiador, investigador de la historia judía argentina, es actualmente el rabino del templo Har Zion en River Forest, Illinois, y profesor de historia judía en el Spertus Institute de Estudios Judaicos y en la Universidad de Illinois, en Chicago. Es autor del libro *Buenos Aires judío, 1890-1930.*

GRACIELA BEN DROR, historiadora, maestra de la Universidad de Haifa, investigadora del tema de la Iglesia católica en Argentina, ha escrito artículos y libros sobre el tema de la Iglesia durante el Holocausto.

JOEL BARROMI, miembro del consejo directivo de Yacd Vashem, Museo del Holocausto, en Israel, antiguo diplomático y docente universitario. Publicó libros y artículos sobre América Latina, Israel y antisemitismo.

YITZCHAK KEREM, historiador, maestro en la Universidad Aristóteles de Salónica, Grecia, investigador del tema de la segunda Guerra Mundial y el caso de los refugiados judíos en República Dominicana.

EFRAIM ZADOFF, historiador, doctorado de la Universidad de Tel Aviv, Israel, especialidad en historia de la educación judía en Argentina, investigador del Instituto de la Historia del Keren Kayemet Leisrael. Autor y redactor de varios libros y artículos sobre las comunidades judías en América Latina, redactor y editor de la *Enciclopedia de la historia y de la cultura del pueblo judío*.

SILVIA SCHENKOLEWSKI-KROLL, historiadora y archivista, doctora por la Universidad Hebrea de Jerusalén, docente del Departamento de Estudios de Información y Bibliotecología de la Universidad de Bar Ilan y de la Escuela de Bibliotecología de la Universidad Hebrea de Jerusalén, autora de un libro y trabajos sobre las corrientes políticas del judaísmo en Argentina.

MARGALIT BEJARANO, historiadora, investigadora del Instituto de Judaísmo Contemporáneo de la Universidad Hebrea de Jerusalén, docente en el Departamento de Estudios Españoles y Latinoamericanos de la misma universidad y del Seminario Salomon Schechter de Estudios Judaicos en Jerusalén.

HELMUT WASZKIS, investigador y docente en la Universidad de Nueva York, se ha dedicado al estudio de personajes en la historia del judaísmo latinoamericano.

IGNACIO KLICH, profesor en la Facultad de Lenguas, Derecho y Comunicación en la Universidad de Westminster, Londres, coordinador académico de la Comisión de Investigación de las actividades nazis en Argentina, Secretaría de Relaciones Exteriores.

FRIDA STAROPOLSKY SHWARTZ, socióloga por la UNAM, con especialización en estudios judaicos por la Universidad Iberoamericana, directora académica de la Universidad Hebraica, México, D. F.

ÍNDICE

Cuarta Parte
IDENTIDAD

Quinta Parte
ESTUDIOS SOCIODEMOGRÁFICOS

Séptima Parte
ANTISEMITISMO

Octava Parte
HOMBRES, INSTITUCIONES Y FONDOS NACIONALES

Este libro se terminó de imprimir en noviembre
de 1999 en los talleres de Impresora y Encuader-
nadora Progreso, S. A. de C. V. (IEPSA), Calz. de
San Lorenzo, 244; 09830 México, D. F. Su composición, en que se usaron tipos Palatino de
10:12, 9:11 y 8:9 puntos, se hizo en Schussheim
y Asociados, Arenal, 255; 14420 México, D. F., a
cuyo cuidado estuvo la edición, que consta de
2 000 ejemplares.